WANDER GARCIA

AUTOR
BEST SELLER
1 MILHÃO DE LIVROS
VENDIDOS

DIREITO ADMINISTRATIVO

+ FÁCIL *porque tem:*

- TEORIA ALTAMENTE SISTEMATIZADA
- QUESTÕES COMENTADAS
- QUADROS SINÓTICOS
  para Leitura Rápida
- CONTÉM TAMBÉM CONTEÚDO das Leis 8.112/1990 (Estatuto dos Servidores), 8.666/1993 (Licitações), 9.784/1999 (Processo Administrativo) e 8.429/1992 (Improbidade)

COMPLETO PARA CONCURSOS E OAB

2016 © Wander Garcia
Autor: Wander Garcia
Editor: Márcio Dompieri
Gerente Editorial: Paula Tseng
Equipe Editora Foco: Georgia Renata Dias e Ivo Shigueru Tomita
Capa: R2 Editorial
Projeto Gráfico e Diagramação: Ladislau Lima
Impressão miolo e capa: Gráfica INTERGRAF

Dados Internacionais de Catalogação na Publicação (CIP)
(Câmara Brasileira do Livro, SP, Brasil)

Garcia, Wander

Direito administrativo fácil / Wander Garcia. – Indaiatuba, SP : Editora Foco Jurídico, 2016. – (Coleção direito fácil)

ISBN 978-85-8242-152-9

1. Direito administrativo 2. Direito administrativo – Concursos – Brasil I. Título. II. Série.

16-00848 CDU-35

Índices para Catálogo Sistemático:
1. Direito administrativo 35

DIREITOS AUTORAIS: É proibida a reprodução parcial ou total desta publicação, por qualquer forma ou meio, sem a prévia autorização da Editora Foco, com exceção do teor das questões de concursos públicos que, por serem atos oficiais, não são protegidas como Direitos Autorais, na forma do Artigo 8º, IV, da Lei 9.610/1998. Referida vedação se estende às características gráficas da obra e sua editoração. A punição para a violação dos Direitos Autorais é crime previsto no Artigo 184 do Código Penal e as sanções civis às violações dos Direitos Autorais estão previstas nos Artigos 101 a 110 da Lei 9.610/1998.

Atualizações e erratas: A presente obra é vendida como está, sem garantia de atualização futura. Porém, atualizações voluntárias e erratas são disponibilizadas no site www.editorafoco.com.br, na seção *Atualizações*. Esforçamo-nos ao máximo para entregar ao leitor uma obra com a melhor qualidade possível e sem erros técnicos ou de conteúdo. No entanto, nem sempre isso ocorre, seja por motivo de alteração de *software*, interpretação ou falhas de diagramação e revisão. Sendo assim, disponibilizamos em nosso *site* a seção mencionada (*Atualizações*), na qual relataremos, com a devida correção, os erros encontrados na obra. Solicitamos, outrossim, que o leitor faça a gentileza de colaborar com a perfeição da obra, comunicando eventual erro encontrado por meio de mensagem para contato@editorafoco.com.br.

Impresso no Brasil (03.2016)
Data de Fechamento (03.2016)

2016
Todos os direitos reservados à
Editora Foco Jurídico Ltda.
Al. Júpiter 542 – American Park Distrito Industrial
CEP 13347-653 – Indaiatuba – SP
E-mail: contato@editorafoco.com.br
www.editorafoco.com.br

APRESENTAÇÃO

Por que você está diante de um Manual **FÁCIL** de Direito Administrativo?

Porque este livro é escrito numa **LINGUAGEM DIRETA** e **ALTAMENTE SISTEMATIZADA**, sem exageros linguísticos e com foco constante na melhor e mais atualizada informação, de modo que se tem um texto que, de um lado, vai direto ao ponto e é sistematizado e, de outro, traz o maior número possível de informações úteis para você.

Além disso, no decorrer do texto usamos GRIFOS, *ITÁLICOS* e **NEGRITOS**, proporcionando a você verificação fácil do início de cada ponto, e das palavras, expressões e informações-chave, facilitando ao máximo a leitura, a compreensão e a fixação das matérias.

Não bastasse, você terá, no final de cada capítulo do livro, um **QUADRO SINÓTICO** com o resumo deste, proporcionando uma revisão rápida da matéria, com o intuito de solidificar o conhecimento de cada capítulo que terminar de ser lido, e também para possibilitar uma passagem de olhos na matéria estudada pouco antes de se submeter a uma prova.

Mas não paramos aí. No final de cada capítulo você encontrará um número expressivo de **QUESTÕES COMENTADAS**, essenciais ao desenvolvimento do raciocínio jurídico e à fixação da matéria. Cada questão é comentada item por item quando necessário, e foram escolhidas dentre os principais concursos da área Jurídica, além de concursos de Tribunais e da área Fiscal, e também do Exame de Ordem.

Tudo isso sem contar que a obra foi escrita por um **AUTOR CONSAGRADO**, que já vendeu mais de 1.000.000 livros na área jurídica, e que trabalha e respira o puro Direito Administrativo há mais de 15 anos, tanto na condição de Procurador do Município de São Paulo pelo mesmo período (nas áreas consultiva e contenciosa), como na condição de palestrante, professor e coordenador de cursos de graduação, pós-graduação, extensão, escolas de governo e preparatórios presenciais e a distância para concursos públicos e exame de ordem (1ª e 2ª fases).

Em resumo, os profissionais, estudantes universitários, examinandos de concursos públicos e exame de ordem e demais interessados têm em mãos um verdadeiro **MANUAL FÁCIL de DIREITO ADMINISTRATIVO**, que certamente será decisivo nas pesquisas e estudos com vista ao enfrentamento dos desafios profissionais, bem como das provas, concursos e exames.

Boa leitura e sucesso!

Sumário

1 – REGIME JURÍDICO-ADMINISTRATIVO 1
    1.1. Conceito de Regime Jurídico 1
    1.2. Direito Público e Direito Privado 1
    1.3. Conceito de Direito Administrativo 2
    1.4. Atividade administrativa 2
    1.5. Origem do Direito Administrativo 3
    1.6. Fontes do Direito Administrativo 3
    1.7. Conceito de Administração Pública 4
    1.8. Direito Administrativo e Ciência da Administração 4
    1.9. Direito Administrativo moderno 5
    1.10. Funções próprias da Administração Pública moderna 9
    1.11. Sistemas de Controle Jurisdicional da Administração 10
    1.12. Quadro sinótico 11
    1.13. Questões comentadas 12

2 – PRINCÍPIOS DO DIREITO ADMINISTRATIVO 13
    2.1. Introdução 13
    2.2. Princípios basilares do direito administrativo (supraprincípios ou superprincípios) 14
    2.3. Princípios do Direito Administrativo em espécie 15
    2.4. Quadro sinótico 30
    2.5. Questões comentadas 32

3 – PODERES DA ADMINISTRAÇÃO PÚBLICA 37
    3.1. Considerações gerais 37
    3.2. Definições de Hely Lopes Meirelles 37
    3.3. Poderes vinculado e discricionário 38
    3.4. Poderes hierárquico e disciplinar 39
    3.5. Poder regulamentar 39

3.6.	Poder de polícia	40
3.7.	Quadro sinótico	46
3.8.	Questões comentadas	47

4 – ATOS ADMINISTRATIVOS 53

4.1.	Conceito de ato administrativo	53
4.2.	Perfeição, validade e eficácia	53
4.3.	Silêncio administrativo	54
4.4.	Requisitos do ato administrativo	54
4.5.	Atributos do ato administrativo	60
4.6.	Formas de extinção dos atos administrativos	62
4.7.	Classificação dos atos administrativos	71
4.8.	Atos administrativos em espécie	75
4.9.	Procedimento administrativo	78
4.10.	Quadro sinótico	78
4.11.	Questões comentadas	82

5 – ORGANIZAÇÃO DA ADMINISTRAÇÃO PÚBLICA 91

5.1.	Considerações gerais	91
5.2.	Conceitos básicos sobre a organização da Administração Pública	91
5.3.	Administração indireta	94
5.4.	Entes de cooperação (paraestatais)	104
5.5.	Ordem dos Advogados do Brasil – OAB	111
5.6.	Quadro sinótico	112
5.7.	Questões comentadas	115

6 – AGENTES PÚBLICOS 123

6.1.	Conceito de agentes públicos	123
6.2.	Natureza da atuação dos agentes públicos	123
6.3.	Classificação dos agentes públicos	124
6.4.	Espécies de vínculos: cargos, empregos e funções	125
6.5.	Cargo público	128
6.6.	Vedação ao nepotismo (Súm. Vinculante 13)	133
6.7.	Acessibilidade a cargos e empregos na Constituição	134
6.8.	Direito de greve e de sindicalização	144
6.9.	Proibição de acumulação remunerada	146

6.10.	Estabilidade e estágio probatório	149
6.11.	Disponibilidade	150
6.12.	Sistema remuneratório	151
6.13.	Aposentadoria	153
6.14.	Processo administrativo disciplinar	157
6.15.	Quadro sinótico	160
6.16.	Questões comentadas	164

7 – REGIME JURÍDICO DOS SERVIDORES PÚBLICOS CIVIS FEDERAIS (LEI 8.112/1990)... 177

7.1.	Disposições Preliminares	177
7.2.	Provimento, Vacância, Remoção, Redistribuição e Substituição	178
7.3.	Direitos e Vantagens	192
7.4.	Do Regime Disciplinar	207
7.5.	Processo Administrativo Disciplinar	216
7.6.	Seguridade Social do Servidor	224
7.7.	Disposições Gerais	230
7.8.	Disposições Transitórias e Finais	231
7.9.	Quadro sinótico	232
7.10.	Questões comentadas	236

8 – IMPROBIDADE ADMINISTRATIVA ... 247

8.1.	Conceito de improbidade administrativa	247
8.2.	Modalidades de improbidade administrativa	247
8.3.	Sanções ou penas pela prática de improbidade administrativa	253
8.4.	Sujeitos do ato de improbidade administrativa	254
8.5.	Processo	255
8.6.	Prescrição (art. 23)	257
8.7.	Disposições penais	258
8.8.	Quadro sinótico	258
8.9.	Questões comentadas	259

9 – BENS PÚBLICOS ... 269

9.1.	Conceito de bens públicos	269
9.2.	Classificação dos bens públicos	269
9.3.	Afetação e desafetação	270
9.4.	Regime jurídico dos bens públicos	270

9.5.	Formas de aquisição e uso dos bens públicos	272
9.6.	Espécies de bens na CF (da União)	273
9.7.	Quadro sinótico	275
9.8.	Questões comentadas	277

10 – INTERVENÇÃO DO ESTADO NA ORDEM ECONÔMICA E NO DIREITO DE PROPRIEDADE 283

10.1.	Intervenção do Estado na ordem econômica	283
10.2.	Intervenção do Estado na propriedade privada	284
10.3.	Quadro Sinótico	302
10.4.	Questões comentadas	306

11 – RESPONSABILIDADE CIVIL DO ESTADO 313

11.1.	Evolução histórica e teorias sobre a responsabilidade estatal	313
11.2.	Modalidades de responsabilidade	314
11.3.	Fundamentos da responsabilidade objetiva e motivos que a ensejam	316
11.4.	Pressupostos ou requisitos da responsabilidade objetiva	316
11.5.	Excludentes da responsabilidade do Estado	317
11.6.	Responsabilidade do agente público. Denunciação da lide do agente público que causou o dano e direito de regresso	317
11.7.	Responsabilidade das pessoas jurídicas prestadoras de serviço público	318
11.8.	Responsabilidade das pessoas de direito privado estatais exploradoras de atividade econômica	319
11.9.	Responsabilidade por obra pública	319
11.10.	Responsabilidade do tabelião e do registrador	320
11.11.	Responsabilidade por atos legislativos e jurisdicionais	321
11.12.	Responsabilidade por atos do Ministério Público	321
11.13.	Responsabilidade subsidiária	322
11.14.	Prescrição	322
11.15.	Responsabilidade civil e administrativa de pessoas jurídicas (Lei 12.846/2013)	323
11.16.	Quadro sinótico	327
11.17.	Questões comentadas	328

12 – LICITAÇÃO PÚBLICA 337

12.1.	Finalidades ou objetivos	337
12.2.	Legislação	338

12.3.	Princípios da licitação	340
12.4.	Quem deve licitar?	343
12.5.	Contratação direta	344
12.6.	Fases da licitação	350
12.7.	Modalidades de licitação	362
12.8.	Tipos de licitação	369
12.9.	Licitação com participação de Microempresa (ME) e Empresa de Pequeno Porte (EPP)	371
12.10.	Licitação e promoção do desenvolvimento nacional	374
12.11.	RDC – Regime Diferenciado de Contratações Públicas	375
12.12.	Licitação e Sistemas de Defesa	376
12.13.	Revogação da licitação	376
12.14.	Anulação da licitação	376
12.15.	Quadro sinótico	377
12.16.	Questões comentadas	383

13 – CONTRATOS ADMINISTRATIVOS 393

13.1.	Conceito de contrato administrativo	393
13.2.	Características principais do contrato administrativo	393
13.3.	Regime jurídico do contrato administrativo	394
13.4.	Formalização do contrato administrativo	395
13.5.	Alterações dos contratos (art. 65 da Lei 8.666/1993)	396
13.6.	Execução do contrato	398
13.7.	Extinção do contrato	400
13.8.	Outras questões referentes a contratos administrativos	401
13.9.	Contratos administrativos *versus* Convênios	401
13.10.	Quadro sinótico	402
13.11.	Questões comentadas	405

14 – SERVIÇO PÚBLICO 411

14.1.	Conceito de serviço público	411
14.2.	Instituição de serviços públicos	411
14.3.	Características dos serviços públicos	411
14.4.	Serviço adequado	412
14.5.	Classificação dos serviços públicos	413
14.6.	Quadro sinótico	414

14.7. Questões comentadas 415

15 – CONCESSÕES DE SERVIÇO PÚBLICO 417

15.1. Conceito de concessão de serviço público 417
15.2. Noções gerais acerca da concessão de serviço público 417
15.3. Formalidades para a realização da concessão 418
15.4. Poderes do concedente 418
15.5. Prazo 418
15.6. Transferência da concessão e do controle acionário da concessionária 419
15.7. Direitos do concessionário 419
15.8. Formas de extinção 419
15.9. Reversão dos bens 420
15.10. Responsabilidade do concessionário 421
15.11. Permissões de serviço público 421
15.12. Concessão de serviço público precedida da execução de obra pública 422
15.13. Parcerias Público-Privadas 422
15.14. Quadro sinótico 428
15.15. Questões comentadas 430

16 – PROCESSO ADMINISTRATIVO 437

16.1. Aspectos gerais 437
16.2. Processo Administrativo Federal (Lei 9.784/1999) 438
16.3. Quadro sinótico 457
16.4. Questões comentadas 458

17 – CONTROLE DA ADMINISTRAÇÃO 465

17.1. Controle interno 465
17.2. Controle externo 467
17.3. Mandado de segurança 470
17.4. *Habeas data* 477
17.5. Ação popular 480
17.6. Ação civil pública 482
17.7. Autocomposição de conflitos em que for parte pessoas jurídica de direito público (Lei 13.140/2015) 484
17.8. Quadro sinótico 487
17.9. Questões comentadas 498

Regime Jurídico-Administrativo 1

1.1. CONCEITO DE REGIME JURÍDICO

Regime jurídico pode ser conceituado como *o conjunto harmônico de princípios e normas que incidem sobre determinada categoria ou instituto de direito.*

No sentido mais amplo possível, há dois grandes regimes jurídicos, o de direito público e o de direito privado.

1.2. DIREITO PÚBLICO E DIREITO PRIVADO

Costuma-se dividir o direito objetivo nessas duas grandes espécies. Tal divisão é feita tendo em vista a diferença de **regime jurídico**.

No **regime jurídico de direito público,** vigem dois princípios basilares, quais sejam, o da *supremacia do interesse público sobre o privado* e o da *indisponibilidade do interesse público.*

Pelo princípio da **supremacia do interesse público sobre o privado**, a relação entre o Estado e o particular é *vertical*, ou seja, há uma *hierarquia*. Isso se expressa em institutos como a *desapropriação*, da qual o particular não pode se esquivar, e as *cláusulas exorbitantes*, que permitem ao Poder Público modificar unilateralmente um contrato administrativo, independentemente da concordância do contratado.

Já pelo princípio da **indisponibilidade do interesse público**, o Estado fica obrigado a velar pela proteção incondicional e irrestrita dos bens e interesses do povo. Em virtude desse princípio, o agente público só pode fazer o que a vontade do povo (expressa na lei) permite, obedecendo-se ao *princípio da legalidade*. Além disso, tal princípio vai exigir que em todas as compras estatais se busquem as melhores condições, daí a necessidade de se fazer *licitação*. Os *bens públicos* são, ainda, inalienáveis, impenhoráveis e imprescritíveis.

No **regime jurídico de direito privado**, por sua vez, há dois princípios basilares, quais sejam, o da *igualdade* e o da *autonomia da vontade*.

Pelo **princípio da igualdade**, as pessoas estão numa relação *horizontal*, ou seja, não há uma hierarquia entre elas. Assim, ninguém pode tomar a propriedade do outro à força (*autotutela*). Um contratante não pode mudar unilateralmente um contrato independentemente da vontade da parte contrária.

Não se deve esquecer, todavia, que a igualdade supõe tratar os iguais igualmente e os desiguais desigualmente, de modo que em algumas situações, como no caso dos incapazes, algumas pessoas poderão ter mais direitos do que outras.

Pelo **princípio da autonomia da vontade**, as pessoas podem fazer tudo o que quiserem, salvo o que a lei proíbe. Assim, diferentemente do que ocorre com os agentes públicos, se não houver proibição legal, os particulares podem agir à vontade. Podem doar bens, podem comprar onde quiserem e o que quiserem.

E **como se sabe** se uma dada situação de fato será regida pelo direito público ou pelo direito privado?

As relações fáticas em que houver o Estado em **qualquer dos polos** serão regidas pelo direito público, salvo quando o Estado estiver se valendo, com a permissão legal, de um instituto de direito privado, como quando emite um cheque ou quando é locatário de um imóvel. No mais, ou seja, quando estiver celebrando um contrato, desapropriando, aplicando sanções ou atuando em suas demais tarefas, estará sendo regido pelos princípios e regras do direito público.

São ramos do Direito Público Interno os Direitos Constitucional, Administrativo, Tributário, Ambiental, Processual do Trabalho, Processual Civil, Processual Penal, Penal, entre outros. São ramos do Direito Público Externo o Direito Internacional Público, que regula as relações entre Estados e organismos internacionais, e o Direito Internacional Privado, que regula as relações entre pessoas ligadas a diferentes Estados.

As **demais relações**, ou seja, as relações entre particulares, ou aquelas em que o Estado atua em pé de igualdade com o particular, são regidas pelo direito privado.

O Direito Administrativo, que nos interessa na presente obra, tem, assim, **natureza jurídica** (também chamada de **taxinomia**) de Direito Público.

1.3. CONCEITO DE DIREITO ADMINISTRATIVO

Vários critérios foram utilizados para tentar conceituar o Direito Administrativo.

O primeiro foi o critério do "Poder" (o direito administrativo regula a autoridade estatal), que se seguiu aos critérios do "Serviço Público" (o direito administrativo regula os **serviços públicos** em geral – **serviços públicos** em sentido amplo, portanto), do "Poder Executivo" (o direito administrativo regula a atividade do Poder Executivo), das "Relações Jurídicas" (o direito administrativo regula as relações entre a Administração e os administrados), "Teleológico" (o direito administrativo regula a atividade do Estado para cumprir os seus fins) e ao critério da "Administração Pública".

Nesse último critério, o Direito Administrativo é o conjunto de princípios que regem a Administração Pública. Trata-se do critério mais adotado entre os juristas.

1.4. ATIVIDADE ADMINISTRATIVA

A Administração Pública tem deveres extremamente importantes para com a sociedade. Tais deveres englobam tarefas de *segurança*, de *fiscalização e controle* de condutas antissociais, de regulação e de oferecimento de *serviços essenciais*, como educação, saúde, energia elétrica, água, transporte, de fomento, dentre outros. Para que tais deveres sejam devidamente cumpridos é necessário que haja um regime jurídico diferenciado, um **regime jurídico de direito público**, que tem, conforme já visto, duas grandes marcas: a) supremacia do interesse público sobre o interesse privado; b) indisponibilidade do interesse público.

Porém, não se pode esquecer que o Poder Público age em **três grandes atividades**, quais sejam: a) *atividade legislativa*, de elaborar leis; b) *atividade administrativa*, de executar direta e concretamente a lei; c) *atividade jurisdicional*, de aplicar a lei, mediante provocação, com o fito de compor conflitos de interesse caracterizados por pretensões resistidas.

A *atividade legislativa* é objeto do Direito Constitucional, destacando-se o tema do "processo legislativo".

A *atividade jurisdicional* é objeto do Direito Processual (penal, civil, do trabalho etc.).

Já a *atividade administrativa* é objeto do Direito Administrativo. Esse ramo do Direito regula o chamado **regime jurídico administrativo**, que também pode ser definido como *o conjunto harmônico de princípios e normas que regem a Administração Pública, em sua função de realizar concreta, direta e imediatamente os fins desejados pelo Estado.*

É importante destacar que o Direito Administrativo rege toda e qualquer atividade da Administração, seja ela do Executivo, do Legislativo ou do Judiciário, já que os dois últimos poderes também exercem (atipicamente) atividades administrativas. Por exemplo, quando exercer o poder disciplinar sobre servidores ou fazer licitação para adquirir bens.

Assim, um membro do Poder Judiciário (magistrado) pratica tanto atos jurisdicionais (ex.: quando exara uma sentença) como atos administrativos (ex.: quando aplica uma advertência ao servidor do fórum).

Enfim, todos os poderes têm sua Administração Pública e, assim, praticam atos administrativos, inclusive o Poder Judiciário e o Poder Legislativo, que apesar de o fazê-lo atipicamente, atua, assim, em atividade administrativa.

1.5. ORIGEM DO DIREITO ADMINISTRATIVO

Só é possível falar-se em regime jurídico administrativo com o aparecimento do Estado de Direito, em que a lei passa a valer tanto para os administrados como para o administrador.

Tal se deu com o declínio dos regimes absolutistas, marcados pela vontade incontrastável dos soberanos, e que foi perdendo espaço, até se extinguir, após a Declaração dos Direitos do Homem e do Cidadão na França (1789) e a Declaração de Independência dos Estados Unidos (1796).

Os Estados de Direito, por sua vez, valeram-se da ideia de separação dos Poderes desenvolvida por Montesquieu (*O Espírito das Leis*, 1748), segundo o qual faz-se necessária a distribuição de tarefas entre órgãos distintos para que não haja a perniciosa concentração de poder numa pessoa só. Por outro lado, para que cada órgão que receba um poder não abuse deste, faz-se também necessário que haja um sistema de controle de um poder pelo outro.

A partir do aparecimento desses dois elementos – a) subordinação do Estado à lei (Estado de Direito) e b) divisão de tarefas entre órgãos estatais com sistema de controle de um pelo outro (Separação de Poderes) – tem-se os pressupostos para existência do Direito Administrativo.

1.6. FONTES DO DIREITO ADMINISTRATIVO

Quando se pergunta "quais são as fontes do Direito", fica sempre a dúvida sobre a qual fonte a indagação se refere. Existem *fontes criadoras* do Direito (legislador, por exemplo). Há *fontes formais* do Direito (a lei, por exemplo). Há *fontes históricas* do Direito (fatos históricos marcantes que deram origem à modificação de uma lei).

As **fontes formais** do Direito podem ser divididas em duas espécies: principais e acessórias.

As **fontes *formais principais*** são: a lei, a analogia, o costume e os princípios gerais do direito. Como adotamos o sistema romano-germânico, de início, só a lei é fonte formal principal. Apenas em caso de lacuna é que se admite que o aplicador se valha da analogia, do costume e dos princípios gerais, nessa ordem, como fonte formal jurídica (art. 4º da LINDB).

Quanto ao costume, que consiste na **prática reiterada de determinado ato, com a convicção de sua obrigatoriedade jurídica**, não se confunde com a praxe administrativa que é a prática burocrática rotineira adotada na Administração, sendo que o primeiro é considerado forte formal secundária do Direito e o segundo não é considerado fonte do Direito Administrativo, apesar de se tratar de meio útil para resolver problemas administrativos, desde que atendido o princípio da legalidade.

Para completo entendimento do assunto, é importante destacar que, por lei, deve-se entender norma constitucional, lei ordinária, lei complementar, lei delegada, resolução legislativa, decreto legislativo e medida provisória.

Já as **fontes *formais secundárias ou acessórias*** são: os decretos, as resoluções administrativas, as instruções normativas, as portarias etc. São acessórias pois guardam obediência a uma fonte principal.

Doutrina e jurisprudência são consideradas, tradicionalmente, como *fontes não formais* ou *fontes indiretas* (mediatas). Isso porque trazem preceitos não vinculantes. São também consideradas *fontes meramente intelectuais* ou *informativas*.

Há de se fazer alguns temperamentos com relação à jurisprudência. Isso porque, apesar de um entendimento reiterado pelos tribunais não ter força de lei, a Emenda Constitucional 45/2004 estabeleceu que o Supremo Tribunal Federal poderá, após reiteradas decisões sobre matéria constitucional, aprovar súmula, que terá efeito vinculante e incidirá sobre a validade, a interpretação e a eficácia de normas determinadas acerca das quais haja controvérsia (art. 103-A da CF).

Tais súmulas, ainda que declarativas em relação ao que é Direito, poderão ser consideradas verdadeiras fontes formais, já que têm eficácia *erga omnes*.

1.7. CONCEITO DE ADMINISTRAÇÃO PÚBLICA

O Estado tem três Poderes independentes e harmônicos entre si (Legislativo, Executivo e Judiciário). Porém, é por meio da **Administração Pública** que o Estado atua, tratando-se esta do aparelhamento necessário à realização de sua finalidade.

Em sentido *formal*, Administração Pública é o conjunto de órgãos instituídos para consecução dos fins do Governo (que é o comando, a iniciativa).

Em sentido *material*, é o conjunto das funções necessárias aos serviços públicos em geral.

E em sentido *operacional*, é o desempenho sistemático dos serviços estatais.

O fato é que a Administração é o instrumento de que se vale o Estado para pôr em prática as opções políticas do Governo.

Tal atuação se dará por intermédio de *entidades* (pessoas jurídicas), *órgãos* (centros de decisão) e de *agentes* (pessoas investidas em cargos, empregos e funções).

1.8. DIREITO ADMINISTRATIVO E CIÊNCIA DA ADMINISTRAÇÃO

Não se deve confundir o Direito Administrativo com a Ciência da Administração. O primeiro é o conjunto de princípios e normas jurídicas que regem a Administração. Já a segundo é a ciência que estuda as melhores práticas com vistas à melhoria da gestão administrativa. Naturalmente, um agente público, entre cumprir a lei e adotar uma ideia da ciência da administração que não esteja prevista em lei ainda, deve ficar com a primeira. Porém, é importante destacar que é a ciência da administração tem papel essencial na inovação, sendo que muitas normas vem ao mundo jurídico a partir de pesquisas da ciência em questão, que acabam por inspirar os legisladores a fazerem mudanças na lei.

E por falar em ciência da administração, outra distinção importante é a que se dá entre **administração pública gerencial** e **administração pública burocrática**.

A segunda é a visão antiga de administração pública, em que o mais importante é fazer o controle de meios, pouco importando se a administração está atingindo suas finalidades. O mais importante é cumprir as regras formais, os ritos, os procedimentos, os prazos e todo e qualquer tipo de formalidade, pouco importando o resultado das ações administrativas. O modelo de administração burocrática tem como característica principal a relação de subordinação (vertical) entre órgão e agentes, sempre sobre o primado da autoridade lastreada na lei.

Já a administração gerencial tem por objetivo principal verificar se o Estado está atendendo aos objetivos previstos em lei e satisfazendo adequadamente ao interesse público. Nessa administração a maior preocupação é controlar os fins, ou seja, verificar se os resultados estão acontecendo, vale dizer, se efetivamente a Administração está conseguindo atingir suas finalidades.

Mais recentemente, surge a noção de "Estado em Rede", que é um *plus* em relação à ideia de administração gerencial, já que prega, mais do que a simples busca por resultados, que o Estado conte com a participação popular na tomada de decisões administrativas, proporcionando uma gestão participativa e mais próxima das necessidades dos administrados.

1.9. DIREITO ADMINISTRATIVO MODERNO

O Direito Administrativo vem sofrendo transformações hodiernamente, com destaque para o seguinte:

a) constitucionalização do Direito Administrativo: basta observar o extenso art. 37 da Constituição para verificar que o poder constituinte, a fim de dar maior rigidez às normas administrativas, fez questão de enunciar princípios (*caput*) e uma grande casuística e regras administrativas; da mesma forma, há normas administrativas no art. 5º, LIV, LV e LXXVII (processo administrativo), nos arts. 5º, XXIV, 182 e 184 (desapropriação), no art. 5º, XXV (requisição administrativa), nos arts. 39 e 40 (agentes públicos), no art. 175 (permissões e concessões de serviço público), entre outros; essa tendência não se limitou ao poder constituinte originário, já que, após a CF/1988, inúmeras emendas constitucionais trataram especificamente de direito administrativo, com destaque para as ECs 19, 20, 41 e 47;

b) petrificação do Direito Administrativo: considerando o fato de que diversas normas administrativas estão listadas como direitos e garantias fundamentais (vide, por exemplo, os dispositivos administrativos citados no art. 5º da CF) e considerando também que a forma federativa de estado e a separação de Poderes, temas muito caros ao Direito Administrativo, são considerados cláusulas pétreas pelo art. 60, § 4º, da CF, tem-se que, hoje, há um número importante de normas administrativas não passíveis de modificação sequer por emenda constitucional;

c) multiplicação de microssistemas administrativos: nunca tivemos tantas leis regulamentando à exaustão atividades administrativas pontuais; além das tradicionais leis de

Tombamento (Dec.-lei 25/1937), de Prescrição (Decreto 20.910/1932) e de Desapropriação (Dec.-lei 3.365/1941), Administração Pública (Dec.-lei 200/1967), temos leis importantes pós-Constituição, como de Licitação e Contratos (Lei 8.666/1993), de Concessões de Serviço Público (Lei 8.987/1995) e do Regime Jurídicos dos Servidores Federais (Lei 8.112/1990), de Improbidade Administrativa (Lei 8.429/1992), de Trânsito (Lei 9.503/1997), de Processo Administrativo Federal (Lei 9.784/1999), de Ação Punitiva (Lei 9.873/1999) e do Estatuto da Cidade (Lei 10.257/2001), e, na última década, outra importante leva de leis como as de Parceria Público-Privadas (Lei 11.079/2004), Consórcios Públicos (Lei 11.107/2005), Lei de Responsabilidade Civil e Administrativa de Pessoas Jurídicas (Lei 12.846/2013), entre outras;

d) multiplicação das leis gerais nacionais de poder de polícia para a defesa de interesses difusos e coletivos: quase todas as leis que tratam de interesses difusos e coletivo trazem, além da proteção civil e muitas vezes penal dos interesses tutelados, a proteção administrativa também, que se exerce, na maior parte das vezes, por meio do poder de polícia, conforme se verifica, por exemplo, em disposições do Estatuto da Criança e do Adolescente, do Código de Defesa do Consumidor, da Lei de Crimes Ambientais, do Estatuto do Idoso, do Estatuto da Juventude, da Lei de Proteção à pessoa com deficiência;

e) maior ingerência do Judiciário nas condutas omissivas e comissivas da Administração: no passado o Judiciário só apreciava atos vinculados da Administração; em seguida, passou a também apreciar atos discricionários, mas limitadamente a parte estritamente vinculada deste; atualmente, o Judiciário aprecia a legalidade estrita dos atos vinculados e também outros aspectos não tão objetivos, como o respeito à moralidade administrativa e à razoabilidade;

f) busca do atendimento ao princípio da eficiência: por muito tempo o objetivo maior dos que não se conformavam com o regime absolutista era que fosse instaurado um Estado de Direito, em que o princípio da legalidade orientasse a atuação estatal; em seguida, percebeu-se que, sob a vestes do princípio da legalidade, muitas vezes se cometiam atos imorais, o que fez com que o princípio da moralidade fosse inserido em diversos ordenamentos jurídicos, como se deu na CF/1988 que o erigiu expressamente como princípio administrativo; mas não foi suficiente; hodiernamente, os administrados, razão de ser do Estado, querem mais do que legalidade e moralidade, querem que o Estado seja eficiente; nesse sentido, a EC 19/1998 tornou a eficiência um princípio expresso na Constituição, estabelecendo uma série de instrumentos, como o contrato de gestão e a avaliação de desempenho dos agentes públicos, para que o princípio fosse atendido; na legislação infraconstitucional destaque para a Lei de Parcerias Público-Privadas, que também estabelece uma série de meios para que os contratos respectivos atendam ao princípio da eficiência;

g) responsabilidade fiscal e responsabilização pessoal dos agentes públicos: desde a proclamação da República o Brasil nunca teve uma norma que trouxesse regras bem claras e definidas e a respectivas sanções pelo seu descumprimento referente a responsabilidade na gestão fiscal por parte dos agentes públicos; tal medida só se deu com a Lei de Responsabilidade Fiscal-LRF (Lei Complementar 101/2000), que trouxe como diretriz no setor "a ação planejada e transparente, em que se previnem riscos e corrigem desvios capazes de afetar o equilíbrio das contas públicas, mediante o cumprimento de metas de resultados entre receitas e despesas e a obediência a limites e condições no que tange a renúncia de receita, geração de despesas com pessoal, da seguridade social e outras, dívidas consolidada e mobiliária, operações de crédito, inclusive por antecipação de receita, concessão de garantia e inscrição em Restos a Pagar"; essa lei trouxe consequências fortíssimas no âmbito do Direito Administrativo e da gestão da atividade administrativa, já que os administradores, que antes gastavam sem ter grandes preocupações com o endividamento, agora precisam não só reconhecer as necessidades de gastos com vistas ao atendimento do interesse público, como também avaliar acerca da possibilidade do gasto, o que impõe escolha rigorosa de prioridades, criatividade, planejamento e atendimento de metas de receitas e despesas. Ou seja, desde a entrada em vigor da LRF, é absolutamente temerário um administrador que se arrisque a descumprir a responsabilidade fiscal, sendo certo que quem o fizer, terá de responder na esfera criminal e de improbidade administrativa (art. 73); está-se na expectativa, agora, de que o Congresso Nacional aprove a Lei de Responsabilidade Social, em que os responsáveis pelo cumprimento de metas de atendimento social estarão também sujeitos a punições pesadíssimas em caso de descumprimento.

h) desburocratização: o Direito Administrativo sempre foi muito formal, muito preocupado com a forma e pouco preocupado com o conteúdo; quem trabalhou ou lidou com a Administração Pública há uns 15 anos atrás, por exemplo, pode perceber na pele o quanto as repartições estavam mais preocupadas com a correção formal dos atos praticados (carimbos, ofícios, tramitações), do que com o efetivo atendimento do interesse público e dos interesses dos administrados em geral; um marco na diminuição dessa burocracia foi a Lei de Processo Administrativo Federal (Lei 9.784/1999), que, dentre outras medidas, estabeleceu o princípio da instrumentalidade das formas ("observância das formalidades essenciais à garantia dos direitos dos administrados" – art. 2º, parágrafo único, VIII), o princípio da informalidade ou formalidade moderada ("adoção de formas simples, suficientes para propiciar adequado grau de certeza, segurança e respeito aos direitos dos administrados" – art. 2º, parágrafo único, IX); no mesmo sentido, a Lei Complementar 123/2006 determina que tanto a Administração Pública, quanto as microempresas e empresas de pequeno porte, facilitem o processo de abertura de empresas (arts. 4º a 11), bem como que promova um tipo de fiscalização menos preocupado com a forma e mais preocupada com a orientação do fiscalizado para que não cometa irregularidades ou que corrija eventual irregularidade cometida, criando-se, inclusive a figura da dupla visita para lavratura de autos de infração (art. 55, § 1º).

i) transparência absoluta: apesar de o princípio da publicidade ter sido erigido como princípio administrativo expresso na CF/1988 (art. 37, *caput*), o fato é que muitas informações públicas acabavam não ficando acessíveis aos administrados, por ausência de instrumentos que pudessem fazer valer esse direito na prática; os arts. 48 e 49 da LRF trouxeram alguns instrumentos nesse sentido, mas limitado à gestão fiscal, mas foi a Lei do Acesso à Informação (ou Lei da Transparência – Lei 12.527/2011) que maximizou o princípio e impôs, de forma muita ampla, as regras de transparência das informações públicas, sendo que o art. 5º dessa lei traz uma disposição que traduz bem o espírito da lei: "é dever do Estado garantir o direito de acesso à informação, que será franqueada, mediante procedimentos objetivos e ágeis, de forma transparente, clara e em linguagem de fácil compreensão". Por conta dessa lei, por exemplo, é possível que qualquer um de nós tenhamos acesso à efetiva remuneração de todo e qualquer agente público do País, informação essa que deve estar disponível para acesso não só na repartição pública, como também na internet, já que a lei obriga a divulgação dessas informações na internet também (art. 8º, § 2º).

j) adoção de certas práticas próprias do direito privado: o Direito Administrativo, sem descuidar de seu fim maior que é regular a atividade estatal com vistas ao atingimento do interesse público, tem, premido pela necessidade de ser mais eficiente, adotado certas práticas próprias do direito privado, como os mecanismos privados de resolução de disputas, inclusive a arbitragem (ex: art. 23-A da Lei 8.987/1995), a repartição objetiva de riscos entre o Estado e a empresa contratada para uma parceria público-privada (art. 4º, VI, da Lei 11.079/2004) e a utilização de garantias contratuais próprias do direito privado mesmo em desfavor da entidade estatal num parceria público-privado (vide os casos admitidos no art. 8º da Lei 11.079/2004), todos instrumentos que sempre foram um enorme tabu no Direito Administrativo e que agora, com vistas à adequar às normas administrativas à realidade econômica e de mercado, e ao princípio da eficiência, não só estão presentes na lei, como vem sendo utilizados pela Administração no seu dia a dia.

k) participação popular: cada vez mais se verifica a criação legal de conselhos de orientação e até de deliberação junto à Administração, dos quais fazem parte pessoas que não são agentes públicos profissionais, mas pessoas eleitas pela população ou escolhidas por outros critérios para compor, temporariamente, tais conselhos e, assim, exercer a participação popular direta na tomada de decisões administrativas; um exemplo clássico são os Conselhos Tutelar e o Municipal da Criança e do Adolescente, previstos no Estatuto da Criança e do Adolescente (Lei 8.069/1990); mas pode-se ver o mesmo na área da saúde, da previdência social, do idoso, do meio ambiente, entre outros; seria salutar se a participação popular redundasse também em mais iniciativas de orçamento participativo, que ainda são muito tímidas no País, mas que, quem sabe no futuro, serão a regra nas administrações, permitindo que cada um de nós possa participar da escolha de eleição de prioridades de gastos públicos, especialmente no âmbito municipal;

l) desestatização: a Lei 8.031/1990 foi a primeira a instituir um Programa Nacional de Desestatização, programa que foi alterado pela Lei 9.491/1997, a qual tem como objetivos reordenar a posição estratégica do Estado, transferindo à iniciativa privada atividades indevidamente exploradas pelo setor público, possibilitando redução da dívida pública, retomada dos investimentos nessas atividades pelo capital privado, modernização da infraestrutura do País e oportunidade do Estado concentrar seus esforços nas atividades que sua presença seja fundamental (art. 1º); de acordo com a lei citada, a desestatização pode ocorrer em três grandes frentes, quais sejam, alienação de empresas estatais, aumento das permissões e concessões de serviço público e alienação de bens móveis e imóveis da União; o que se percebe é que, mesmo no período em que o Partido dos Trabalhadores (que sempre trouxe certas reservas a essa tendência) esteve com seu representante à frente do governo federal, a desestatização continuou seu curso, com destaque para as medidas tomadas em relação às rodovias federais, com muitas concessões no período, e também ao aeroportos ("Programa de Investimentos em Logística: Aeroportos"), que, mesmo tendo um sistema *sui generis* de participação privada na sua gestão (já que a INFRAERO continuará como acionista dessas concessões, com 49% do capital social de cada uma e participação da governança dos aeroportos na proporção de sua participação acionária nas concessionárias, com poder de decisão em temas relevantes, nos termos estabelecidos em acordos de acionistas firmados entre as partes) são exemplos importantes de desestatização. O que não se viu muito foi a venda de empresas federais nesse período, como se deu no período em que o Partido Social Democrático (PSDB) esteve com representante seu na Presidência da República, quando se viu a venda de um grande número de empresas estatais, num fenômeno que foi chamado de privatização à época, ainda que esteja no conceito de desestatização nos termos da lei mencionada. Outra importante marcado da desestatização é a Lei dos Portos (Lei 12.815/2013), que regula concessões (cessão onerosa do porto, com vistas à administração e à exploração de sua infraestrutura), delegações, arrendamentos e autorizações no segmento, permitindo, assim, a ampliação da participação privada no setor.

m) incremento da participação do terceiro setor na colaboração com a Administração: há três tipos de entes de cooperação (também chamados de entidades do terceiro setor ou de entidades paraestatais) que colaboram com a Administração em atividades de utilidade pública. São elas: serviços sociais autônomos, organizações sociais e organizações da sociedade civil de interesse público (OSCIPs). Tais entidades são *aquelas pessoas jurídicas de direito privado dispostas paralelamente ao Estado e sem fins lucrativos, que executam atividade de interesse público.* Os serviços sociais autônomos dizem respeito às entidades do Sistema "S" (SESC, SENAI, SESI etc.) e são *vinculados a categorias profissionais e destinadas ao fomento de assistência social, educacional ou de saúde, podendo receber recursos públicos e contribuições parafiscais.* Já as **organizações sociais** são *entidades privadas, sem fins lucrativos, cujas atividades se dirigem a atividades que o Estado deve prestar, como ensino, pesquisa científica, desenvolvimento tecnológico, proteção e conservação do meio ambiente, cultura, saúde, qualificadas como tal por decisão do Ministro respectivo da atividade e do Ministro da Administração Federal e Reforma do Estado,* estando previstas na Lei 9.637/1998. E as **organizações da sociedade civil de interesse público (OSCIPs)** são regulamentadas pela Lei 9.790/1999 e atuam em atividades de utilidade pública, em relação às quais o Estado tem interesse de fomento, tais como promoção da segurança alimentar, da ética e da paz. De um lado, o Estado não dá conta de atuar sozinho em todas essas áreas e há entidades seriíssimas e com bastante especialização que têm como colaborar com o Estado nesse sentido. De outro, há um número expressivo de entidade inidôneas que se aproveitam da ausência de licitação no setor e da relação espúria com certos políticos que trocam vantagens políticas e até econômicas por uma colaboração para que certas entidades sejam contratadas pelo Poder Público. Não bastasse, há entidades que, por não terem uma gestão empresarial, acabam por serem fonte de pouco profissionalismo, desperdício de recursos públicos e ineficiência na prestação de serviço. Não é bom generalizar, mas é bom prevenir lembrando que há muitos casos em que há grandes desvios de dinheiro público na contratação de algumas dessas entidades. No mais, percebe-se que o Partido dos Trabalhadores se diferencia do anterior grupo que ocupava a presidência da república nesse quesito, pelo fato de que não há grande estímulo, pelo primeiro, de que serviços de grande relevância pública, como educação e saúde, sejam prestados com esse tipo de parceria, havendo uma preferência pela execução direta desses serviços pelo Estado;

n) dinamismo: enquanto o direito constitucional, na sua essência, traz princípios e diretrizes mais perenes (*vide*, por exemplo, a longevidade da Constituição Americana), o direito administrativo, por dizer respeito ao aspecto prático do Estado (ou seja, à execução das leis), é muito mais dinâmico, buscando sempre novas tecnologias e estando sempre em mutação; exemplos disso são a criação de organizações sociais e OSCIPs, bem como das parcerias público-privadas.

1.10. FUNÇÕES PRÓPRIAS DA ADMINISTRAÇÃO PÚBLICA MODERNA

Diante dos elementos acima coligidos, pode-se concluir que a Administração Pública moderna tem as seguintes funções precípuas:

a) Regulação intermediária de atividades e serviços públicos: apesar de a Administração Pública não poder inovar na ordem jurídica, já que este é papel do Poder Legislativo, por meio da lei, a primeira tem o papel de regulamentar a lei (no sentido específico de expedir regulamentos de lei, mas também no sentido de adensar a lei em outros frentes, como por meio de instruções normativas de Ministros ou de resoluções de agências reguladoras), como se dá numa norma da ANVISA, a ser obedecida por certas indústrias em matéria de vigilância sanitária, bem como de, com base na lei, nos regulamentos e nas situações concretas, regular serviços públicos concedidos, estipulando o regulamento de serviço a ser observado pelas entidades concessionárias e permissionárias;

b) Prestação direta ou indireta de serviços públicos: serviços como educação e saúde são prestados diretamente pelo Estado com bastante frequência; já outros, como os serviços de telefone e energia elétrica são prestados por meio de terceiros (prestado indireta), os chamados concessionários de serviço púbico, mediante licitação pública, na forma do art. 175, *caput*, da CF;

c) Fiscalização das concessões e permissões: quando a Administração delega a prestação de serviços públicos a terceiros, além de manter para si o direito-dever de regulação deste, também passa a receber a incumbência de fiscalizar a prestação de serviço, como se dá no caso em que uma agência reguladora (por exemplo, a ANATEL) fiscaliza o cumprimento, pelas concessionárias (no caso, de telefonia), nas normas previstas na lei e nos regulamentos da agência, como de observância obrigatória pelo concessionário;

d) Poder de polícia: a Administração Pública, a par das relações de poder específicas que tem sobre certas entidades que firmarem contratos com ela (*vide* o caso da fiscalização das concessionárias de serviços públicos), tem também relação de poder sobre pessoas indeterminadas, consistente e prevenir e reprimir eventual descumprimentos de limitações administrativas previstas em lei, relação de poder esta denominada poder de polícia; por exemplo, caso alguém, ao dirigir um veículo, o faça em descumprimento normas de trânsito, a Administração, no exercício do poder de polícia, atuará para o fim de condicionar a liberdade e a propriedade dessa pessoa aos interesses da coletividade; no caso, a depender da infração de trânsito, o poder de polícia poderá gerar a aplicação de multa, suspensão da habilitação para dirigir e até mesmo a apreensão do veículo.

e) Gestão de bens e agentes públicos: outra função precípua da Administração, que não pode, assim, ser praticada por um particular é a gestão de bens públicos e de agentes públicos, o que se dá mediante o cumprimento de normas específicas acerca dessa gestão, como é o caso da Lei 8.112/1990, que trata das normas aplicáveis à gestão dos servidores públicos federais.

f) Previdência pública obrigatória: esse tipo de previdência só pode ser gerida pelo Estado e não se confunde a previdência privada, já que esta é facultativa.

g) Fomento de certas atividades: mais do que nunca o Estado tem se proposto a fomentar certas atividades, como se dá em relação às produções culturais (ex: utilização de recursos públicos para uma peça de teatro), fomento este que, uma vez determinado em lei, transforma-se em atividade precípua do Estado, ainda que um particular também possa fazer o mesmo.

1.11. SISTEMAS DE CONTROLE JURISDICIONAL DA ADMINISTRAÇÃO

Acerca do Sistemas de Controle Jurisdicional da Administração há duas espécies: a) o sistema do contencioso administrativo (sistema francês); b) o sistema judiciário (sistema inglês).

O Brasil adotou o segundo, ou seja, o sistema da jurisdição única, de maneira que compete apenas ao Poder Judiciário a jurisdição sobre o controle de atos administrativos postos em disputa.

Na Europa continental, por sua vez, há órgãos independentes e autônomos da própria Administração destinados a efetuar o controle dos atos administrativos. Trata-se da chamada *dualidade de jurisdição* (ou *contencioso administrativo*), em que um órgão exerce a jurisdição sobre os atos administrativos e o Poder Judiciário a exerce sobre os demais atos e fatos jurídicos. Na França, por exemplo, o Conselho de Estado é quem faz esse papel de exercer a jurisdição sobre atos administrativos, ficando o Judiciário responsável pelos demais conflitos de interesse. Quanto ao Conselho de Estado há os chamados tribunais administrativos, que se sujeitam a ele, que funciona como juízo de apelação, de cassação e até de juízo originário e único de determinados litígios administrativos.

Em suma, o Brasil adotou outro sistema, o anglo-americano, em que não existe essa dualidade, cabendo apenas ao Poder Judiciário exercer a jurisdição, de modo que é este que faz todo e qualquer controle jurisdicional sobre atos administrativos.

Como exceção, temos a possibilidade de um ato da Administração vir a ser apreciado por uma corte de arbitragem, mas nos casos taxativamente estabelecidos em lei, que, em verdade, se limitam a tratar de aspectos comerciais e técnicos não relacionados à determinações administrativas que busquem assegurar o interesse público. Por exemplo, o art. 23-A da Lei 8.987/1995 permite o uso de arbitragem em matéria de concessões de serviço público. Isso significa que, caso a Administração modifique o regulamento do serviço a ser prestado pela concessionária, aumentando os custos desta mas sem um aumento no mesmo patamar na remuneração da concessionária, esta poderá discutir a questão junto a uma corte arbitral, mas limitada à questão da remuneração, não podendo querer que uma corte arbitral discuta se foi de interesse público ou não a modificação no regulamento do serviço, discussão essa que, ressalvado o mérito administrativo, só poderá ser feita no âmbito do Poder Judiciário.

1.12. QUADRO SINÓTICO

1. Atividade Administrativa
1.1. Conceito: *atividade de executar concreta, direta e imediatamente a lei*
1.2. Exemplos: fiscalização de trânsito, fiscalização de obras, fiscalização de posturas, gestão de serviços públicos (transporte, lixo etc.)
1.3. Regime jurídico: de direito público, em que vigem dois princípios basilares, quais sejam, o da *supremacia do interesse público sobre o privado* e o da *indisponibilidade do interesse público*. No regime de direito privado, ao contrário, há dois princípios basilares, quais sejam, o da *igualdade* e o da *autonomia da vontade*.

2. Conceito de Administração Pública: a) em sentido *formal*, Administração Pública é o conjunto de órgãos instituídos para consecução dos fins do Governo (que é o comando, a iniciativa); b) em sentido *material*, é o conjunto das funções necessárias aos serviços públicos em geral; c) em sentido *operacional*, é o desempenho sistemático dos serviços estatais.

3. Transformações no Direito Administrativo moderno: a) constitucionalização do Direito Administrativo; b) petrificação do Direito Administrativo; c) multiplicação de microssistemas administrativos; d) multiplicação das leis gerais nacionais de poder de polícia para a defesa de interesses difusos e coletivos; e) maior ingerência do Judiciário nas condutas omissivas e comissivas da Administração; f) busca do atendimento ao princípio da eficiência; g) responsabilidade fiscal e responsabilização pessoal dos agentes públicos; h) desburocratização; i) transparência absoluta; j) adoção de certas práticas próprias do direito privado; k) participação popular; l) desestatização; m) incremento da participação do terceiro setor na colaboração com a Administração; n) dinamismo.

4. Funções próprias da Administração Pública Moderna: a) regulação intermediária de atividades e serviços públicos; b) prestação direta ou indireta de serviços públicos; c) fiscalização das concessões e permissões; d) poder de polícia; e) gestão de bens e agentes públicos; f) previdência pública obrigatória; g) fomento de certas atividades.

5. Sistemas de controle jurisdicional da Administração: a) o sistema do contencioso administrativo (sistema francês); trata-se da chamada *dualidade de jurisdição* (ou *contencioso administrativo*), em que um órgão exerce a jurisdição sobre os atos administrativos e outro órgão, o Poder Judiciário, a exerce sobre os demais atos e fatos jurídicos; na França, por exemplo, o Conselho de Estado é quem faz esse papel de exercer a jurisdição sobre atos administrativos, ficando o Judiciário responsável pelos demais conflitos de interesse; b) o sistema judiciário (sistema inglês), adotado pelo Brasil, no qual se tem jurisdição única, de maneira que compete apenas ao Poder Judiciário a jurisdição sobre o controle de atos administrativos postos em disputa.

1.13. QUESTÕES COMENTADAS

(Delegado/SP – 2014 – VUNESP) O conceito de Direito Administrativo é peculiar e sintetiza-se no conjunto harmônico de princípios jurídicos que regem os órgãos, os agentes e as atividades públicas tendentes a realizar concreta, direta e imediatamente os fins desejados pelo Estado. A par disso, é fonte primária do Direito Administrativo

(A) a jurisprudência.
(B) os costumes.
(C) os princípios gerais de direito.
(D) a lei, em sentido amplo.
(E) a doutrina.

Dentre as fontes citadas, apenas a lei é fonte primária do Direito. As demais decorrem todas da lei, como é fácil perceber em relação à doutrina e a jurisprudência, lembrando que os costumes e os princípios gerais de direito só podem ser utilizados em caso de lacuna da lei, ou seja, não têm aplicação primária.
Gabarito "D".

(Defensor Público/AM – 2010 – I. Cidades) No campo do Direito Administrativo, a relação jurídico-administrativa:

(A) É regida pelo princípio do *pacta sunt servanda*, não havendo casos em que a Administração Pública pode modificar, unilateralmente, um contrato previamente assinado entre as partes.
(B) Submete a Administração Pública à vontade exclusiva dos governantes, pois cabe a estes apontar os rumos que a Administração Pública deve seguir.
(C) Deve sempre estar vinculada à finalidade pública, à vontade do administrador e à vontade das pessoas públicas.
(D) Implica em uma predominância da propriedade pública sobre a propriedade privada, ainda que a propriedade privada esteja a serviço de um interesse público.
(E) Implica em atuação de ofício na consecução e proteção dos interesses públicos contidos na esfera de competências atribuídas pela lei ao administrador.

A: incorreta, pois no Direito Administrativo incide o princípio da supremacia do interesse público sobre o privado, o qual permite que a Administração modifique, unilateralmente, contratos administrativos (art. 58, I, da Lei 8.666/1993); **B:** incorreta, pois cabe à LEI apontar os rumos que a Administração deve seguir; **C:** incorreta, pois a Administração está vinculada à vontade da LEI; **D:** incorreta, pois a propriedade privada que estiver a serviço de um interesse público tem uma proteção jurídica diferenciada; **E:** correta, pois a afirmativa deixa claro que a lei é quem dita as competências, bem como que a Administração deve atuar de ofício no cumprimento da LEI.
Gabarito "E".

(Delegado/MG – 2012) Em relação à interação do direito administrativo, com os demais ramos de direito, analise as afirmativas a seguir:

I. O direito administrativo é que dá mobilidade ao direito constitucional.
II. O direito administrativo tem vínculo com o direito processual civil e penal.
III. As normas de arrecadação de tributos podem ser tidas como de direito administrativo.
IV. A teoria civilista dos atos e negócios jurídicos têm aplicação supletiva aos atos e contratos administrativos.

Marque a alternativa correta.
(A) apenas as afirmativas I, II e III estão corretas.
(B) apenas as afirmativas II e IV estão corretas.
(C) apenas as afirmativas I e II estão corretas.
(D) as afirmativas I, II, III e IV estão corretas.

I: correta, pois o direito constitucional, na sua essência, traz princípios e diretrizes mais perenes; *vide*, por exemplo, a longevidade da Constituição Americana; o direito administrativo, por dizer respeito ao aspecto prático do Estado (ou seja, à execução das leis) é muito mais dinâmico, buscando sempre novas tecnologias; exemplos disso são a criação de organizações sociais e OSCIPs, bem como das parcerias público-privadas; **II:** correta; exemplo de relação com o processo civil é o processo administrativo; exemplo de relação com o direito penal é o processo disciplinar; **III:** correta, pois tais normas têm natureza administrativa, seguindo princípios próprios do direito administrativo; **IV:** correta, pois os atos e contratos administrativos têm disciplina própria, decorrente do regime jurídico de direito administrativo, que afasta o regime de direito privado; porém, supletivamente, ou seja, quando se estiver diante de ausência de diretriz pública sobre o ato ou contrato administrativos, aplicam-se as disposições de direito privado; aliás, em matéria de contrato administrativo, há disposição específica nesse sentido (art. 54, *caput*, da Lei 8.666/1993).
Gabarito "D".

Princípios do Direito Administrativo

2.1. INTRODUÇÃO

Vejamos primeiro o que são princípios.

Princípios *são normas jurídicas de especial relevância e alta carga valorativa que, além de vincular, servem de vetor interpretativo a todos os destinatários do Direito.*

São, então, (1) alicerces do ordenamento jurídico, (2) normas vinculantes, (3) vetores interpretativos e integrativos, (4) normas relevantes, (5) além de deterem alta carga valorativa.

Destaca-se, assim, as seguintes funções dos princípios:

a) interpretativa: pois servem de vetor interpretativo normas jurídicas gerais (previstas nas leis administrativas) e individuais (trazidas nos contratos administrativos, por exemplo);

b) integrativa: pois servem de vetor integrativo em caso de lacunas de normas gerais ou individuais, colaborando na criação de regra a reger a situação não regulada de modo a promover os fins do sistema;

c) criativa de deveres adicionais: pois são também normas vinculantes, relevantes e com alta carga valorativa, estabelecendo deveres acessórios a normas gerais e individuais, por exemplo, o dever de a Administração com boa-fé, decorrente dos princípios da moralidade e da segurança jurídica;

d) função corretiva: pois os princípios são também normas vinculantes, de modo que, caso violados, ensejam a anulação do ato, como se dá no caso de um ato que desrespeita o princípio da moralidade administrativa;

Outra questão importante é a observação de Robert Alexy, para quem, na medida do possível, o conteúdo do princípio deva ser realizado na maior medida possível dentro das possibilidades fáticas e jurídicas e existentes. Essa teoria é chamada de **mandamento de otimização**.

Considerando que os princípios são os alicerces do ordenamento jurídico, poder-se-ia dizer que esse mandamento não se aplica, pois haveria uma relativização muito grande de algo tão importante. Porém, observada a questão mais a fundo, perceber-se-á que, no plano jurídico, é impossível imaginar que um princípio vai se aplicar sem exceções, daí porque, partindo do pressuposto de que alguma exceção haverá, há de se buscar, no mais, a maior realização possível do princípio. Um exemplo é a relação entre o princípio da moralidade e a necessidade de deixar em sigilo certos atos. Da mesma forma, o plano fático pode fazer com que o princípio tenha alguma dificuldade. Por exemplo, o mesmo princípio da publicidade pode ser mais otimizado em locais onde exista diário oficial e vasta rede de internet, ao passo que municípios muitos pequenos podem ter menos meios disponíveis para fazer valer a máxima publicidade possível.

No mais, é sempre bom mencionar a máxima segundo a qual violar um princípio é muito mais grave do que violar uma mera regra administrativa, pois, dada a posição em que se encontra o princípio (alicerce do ordenamento jurídico), essa conclusão é inexorável.

Pode-se dizer, ainda, que os princípios gerais do Direito Administrativo decorrem de dois outros basilares, quais sejam, o da supremacia do interesse público sobre o privado e o da indisponibilidade do interesse público.

2.2. PRINCÍPIOS BASILARES DO DIREITO ADMINISTRATIVO (SUPRAPRINCÍPIOS OU SUPERPRINCÍPIOS)

O princípio da **supremacia do interesse público sobre o interesse privado**[1] parte da ideia de que o fim do Estado é o bem comum, e não o individual. Assim, deve prevalecer o interesse público, o interesse comum, e não o interesse particular que cada um tem.

Essa supremacia pode ser verificada nas seguintes *prerrogativas* da Administração: a) presunção de legitimidade dos atos administrativos; b) prazos maiores no processo civil; c) prazo prescricional menor contra o Estado; d) imperatividade, exigibilidade, coercibilidade e autoexecutoriedade de boa parte dos atos administrativos, atributos esses que permitem a autotutela da Administração, que não precisa buscar o Poder Judiciário para a imposição de grande parte de seus atos.

A doutrina diferencia a chamada *supremacia estatal geral*, que incide sobre todas as pessoas, da *supremacia estatal especial*, que incide sobre as pessoas com quem o Estado tem relação jurídica específica. A submissão de todos nós às leis de trânsito é um exemplo da supremacia estatal geral. Já a submissão das concessionárias de serviço público às imposições do Poder Concedente é exemplo da supremacia estatal especial.

O princípio da **indisponibilidade do interesse público**, por sua vez, decorre da ideia de República (coisa de todos). Ele indica que os interesses públicos não podem ser objeto de disposição, devendo o Poder Público velar por sua proteção e promoção. A ordem jurídica trará o perfil do que é interesse público, cabendo à Administração Pública buscar seu atendimento. Decorrem desse princípio os seguintes: a) princípio da legalidade; b) princípio da isonomia; c) princípio da motivação; d) princípio da publicidade, dentre outros.

Há quem diga que os princípios basilares mencionados são mitigados, hoje, em face dos interesses individuais. Porém, essa posição é falaciosa. Por exemplo, entre o interesse público em desapropriar uma área e o interesse privado do dono da área em continuar como proprietário do local, logicamente prevalece o interesse público, mesmo havendo um interesse privado nesse contexto, que é o de recebimento de uma indenização prévia, justa e em dinheiro no caso. Repare que há um único interesse privado em jogo (recebimento da tal indenização) e outros dois interesses públicos em jogo, nessa hipótese, em adquirir a área e em respeitar o interesse privado à indenização. Assim, quando se fala em interesse público é necessário lembrar que é de interesse público também o respeito aos interesses in-

---

1. Celso Antônio Bandeira de Mello define interesse público como o "interesse resultante do conjunto dos interesses que os indivíduos pessoalmente têm quando considerados em sua qualidade de membros da Sociedade e pelo simples fato de o serem" (*Curso de Direito Administrativo*, p. 59). Aliás, o interesse público pode ser primário (verdadeiro interesse público) ou secundário, interesse que diz respeito apenas à pessoa jurídica estatal (que não é verdadeiro interesse público), como o interesse de arrecadar mais tributos.

    Hely Lopes Meirelles, por sua vez, entende por interesse público as "aspirações ou vantagens licitamente almejadas por toda a comunidade administrada, ou por uma parte expressa de seus membros" (*Direito Administrativo Brasileiro*, p. 81).

dividuais, de modo que nunca se poderá dizer que um interesse individual pode mitigar um interesse público, pois, quando se defender um interesse particular, está-se, antes de tudo, defendendo-se o interesse público a que os interesses individuais sejam respeitados. Mesmo nos casos em que a jurisprudência chega a dizer que um dado direito individual se sobrepõe ao um interesse coletivo, está-se, na verdade de uma declaração falaciosa. Primeiro porque, como se viu, é de interesse público que os direitos individuais sejam respeitados. Segundo porque, muitas vezes, o benefício de uma medida de interesse público é tão pequeno perto do estrago que uma certa mitigação de interesse privado pode gerar, que será de interesse público preservar dado interesse privado. Um exemplo se dá quanto à remoção de ofício de um servidor, no interesse da Administração. O STF, com fundamento no princípio constitucional da proteção à família, entende que esse princípio pode, em certas circunstâncias fáticas específicas, prevalecer em relação a dado objetivo legal de interesse público, quando houver grande desproporção entre a intensidade da desproteção da família e o ganho ao interesse público com determinada medida tomada nesse sentido. Por exemplo, entendeu-se que o princípio da proteção à família prevalece quando, determinada a remoção de ofício, verifica-se que o servidor não terá mais como frequentar na nova lotação curso superior que fazia e também não terá sua esposa ao seu lado por conta da impossibilidade do cônjuge de acompanha-lo (Ag. Reg. no ARE 681.780-DF).

Passemos, agora, ao estudo dos demais princípios do Direito Administrativo, que, repita-se, são expressões dos dois acima referidos.

2.3. PRINCÍPIOS DO DIREITO ADMINISTRATIVO EM ESPÉCIE

2.3.1. Princípio da legalidade

Esse princípio pode ser **conceituado** como *aquele pelo qual a Administração Pública só pode fazer o que a lei determinar ou permitir*.

O princípio da legalidade está **previsto** expressamente no art. 37, *caput*, da CF.

Trata-se de princípio próprio do Estado de Direito. Aliás, o Direito Administrativo nasce justamente com o aparecimento desse tipo de Estado.

O princípio em questão afirma que a atividade administrativa é sublegal, devendo expedir comandos complementares à lei. É muito famosa a frase de Seabra Fagundes a respeito da legalidade: "administrar é aplicar a lei de ofício".

Na **prática**, isso significa que a Administração Pública não pode fazer coisa alguma sem que haja uma lei prévia dizendo que ela está autorizada ou tem a obrigação de fazê-la.

Recentemente, tomei conhecimento de um **exemplo** interessante: o Prefeito de uma determinada cidade resolveu baixar um ato administrativo determinando que todo o comércio local fechasse aos domingos, sem que houvesse lei alguma na cidade trazendo essa determinação. Tal conduta fere o princípio da legalidade, pois o Prefeito só poderia ter agido se houvesse uma lei municipal nesse sentido.

O Chefe do Poder Executivo tem o poder de regulamentar a lei, e não de fazer a própria lei. Nesse sentido, o art. 84, IV, da CF dispõe que o Presidente da República – e os demais Chefes do Executivo (Prefeito e Governador) – tem competência para expedir decretos e regulamentos para a fiel execução da *lei*. Esses decretos têm por objetivo explicar a lei e dizer como ela deverá ser cumprida.

Ou seja, no Brasil temos *regulamentos de execução de lei*, e não *regulamentos autônomos de lei*.

No exemplo dado, o Prefeito daquela cidade poderia baixar um regulamento para o fim de executar a lei que proíbe o comércio aos domingos, caso a lei existisse (regulamento de execução de lei). Mas não poderia criar a própria proibição do comércio por meio de um decreto (regulamento autônomo de lei).

O princípio da legalidade é tão forte que no Direito brasileiro há pouquíssimas **exceções**.

A primeira exceção diz respeito aos *regulamentos autônomos de lei*. O art. 84, VI, da CF criou duas exceções, em que o Chefe do Executivo poderá, por decreto, fazer algo que somente a lei poderia fazer: a) dispor sobre a organização e funcionamento da administração federal, quando não implicar aumento de despesa nem criação ou extinção de órgãos públicos; b) dispor sobre a extinção de funções ou cargos públicos, quando vagos.

Um exemplo da situação "a" é um Prefeito, por decreto, transformar uma secretaria municipal em outra secretaria municipal (ex.: transformar a secretaria de administração em secretaria de gestão pública). O que não é possível é extinguir ou criar um órgão público, mas transformar um órgão é plenamente possível.

Um exemplo da situação "b" é um Prefeito, por decreto, extinguir 30 cargos de telefonista da prefeitura, por estarem vagos esses cargos e não haver mais interesse em provê-los, em virtude da tecnologia dos sistemas de telefonia não mais requerer tantos cargos de telefonista numa repartição pública.

A segunda exceção ao princípio da legalidade é a *medida provisória* (art. 62, CF). Com efeito, a medida provisória, apesar de não ser *lei em sentido estrito*, tem *força de lei*.

Assim, é possível que uma medida provisória, mesmo que não haja lei sobre um dado assunto, inove na ordem jurídica e determine algo para a Administração Pública.

Um exemplo foi a medida provisória que regulamentou as obrigações que cada um de nós passamos a ter com o "Apagão Elétrico" que assolou o Brasil há alguns anos. A medida provisória em questão foi possível porque estávamos numa situação de relevância e urgência, que justificava a edição da medida em detrimento do processo normal de elaboração de diplomas legislativos.

Porém, de acordo com a Constituição, a medida provisória não pode ser expedida para qualquer matéria. A EC 32/2001 estabeleceu, no art. 62, § 1º, da CF, vedação à edição de medidas provisórias sobre as seguintes matérias: *nacionalidade, cidadania, direitos políticos, partidos políticos e direito eleitoral; direito penal, processual penal e processual civil; organização do Poder Judiciário e do Ministério Público, a carreira e a garantia de seus membros; planos plurianuais, diretrizes orçamentárias, orçamento e créditos adicionais e suplementares; matéria reservada à lei complementar; disposição que vise a detenção ou sequestro de bens, de poupança popular ou qualquer outro ativo financeiro*.

Parte da doutrina faz uma diferenciação entre a *legalidade* e a *reserva legal*. Há matérias que podem ser reguladas por lei e por medida provisória, hipótese em que se fala em obediência à legalidade. Há matérias que só podem ser reguladas por lei em sentido formal, hipótese em que se fala em obediência à reserva legal. As matérias mencionadas no parágrafo anterior obedecem ao princípio da reserva legal. Como exemplo, temos o direito penal, matéria que só pode ser regulada por lei, nunca por decreto ou medida provisória (art. 5º, XXXIX, CF).

Vale, também, diferenciar o princípio da legalidade para a Administração, com o **princípio da legalidade para o particular**. O primeiro está previsto no art. 37, *caput*, da CF, ao passo que o segundo, no art. 5º, II, da CF ("ninguém será obrigado a fazer ou deixar de fazer alguma coisa senão em virtude de lei"). O primeiro dispõe que a Administração só pode fazer o que a lei determinar ou permitir, enquanto que o segundo dispõe que o particular pode fazer o que bem entender, a não ser o que a lei proibir. Portanto, a Administração está amarrada, presa. Ela só pode fazer algo se a lei desamarrar e permitir que esse algo seja feito. Já o particular está livre, podendo fazer o que quiser. Ele só ficará impedido de fazer algo quando vier uma lei proibindo que ele o faça.

Por fim, importante darmos uma palavra sobre o **princípio da juridicidade**. Esse princípio pode ser visto como estágio evolutivo atual do princípio da legalidade, pois exige do administrador público atuação em conformidade não só com a lei, em sentido formal, mas com todo o direito; muito mais do que respeitar a *legalidade estrita*, o que se espera hoje é que o administrador atenda ao *Direito* como um todo, ou seja, busque uma decisão de acordo com a *juridicidade* ou *legitimidade*, daí a ideia de que, mais do que o respeito ao princípio da legalidade, o administrador tem que respeitar o princípio da juridicidade.

2.3.2. Princípio da impessoalidade

Esse princípio pode ser **conceituado** como *aquele que impõe tratamento igualitário às pessoas, respeito à finalidade e também a ideia de que os atos dos agentes públicos devem ser imputados diretamente à Administração Pública e nunca à pessoa do agente.*

O princípio da impessoalidade está **previsto** expressamente no art. 37, *caput*, da CF.

Repare que o princípio tem três comandos: a) *impõe igualdade de tratamento*; b) *impõe respeito ao princípio da finalidade*; c) impõe *neutralidade do agente*, que não pode fazer autopromoção.

Um exemplo de violação ao primeiro comando ("a") é o agente público, responsável para julgar a concessão de alvarás para construção, dar prioridade aos pedidos de alvará formulados por amigos seus em detrimento das demais pessoas que tiverem pedido o alvará em data anterior.

Um exemplo de violação ao segundo comando ("b") é o agente público usar um ato que tem uma finalidade legal "X" com o objetivo de atender a uma finalidade "Y", como ocorre quando se utiliza o ato "remoção" – cuja finalidade é organizar melhor as funções de agentes públicos ou transferir um agente público para outro local, a pedido deste – com a finalidade de punição.

Um exemplo de violação ao terceiro comando ("c") é um Prefeito determinar a utilização de um símbolo usado na sua campanha eleitoral em todas as obras da prefeitura. Tal situação é expressamente vedada pelo art. 37, § 1º, da CF, que dispõe que a publicidade oficial deverá ter caráter educativo, informativo ou de orientação social, dela não podendo constar nomes, *símbolos* ou imagens que caracterizem *promoção pessoal*.

O terceiro comando do princípio da impessoalidade também tem outros tipos de reflexo. Um deles é a possibilidade de reconhecer a validade de atos praticados por funcionário público irregularmente investido no cargo ou função sob o fundamento de que tais atos configuram atuação do órgão e não do agente público. Isso ocorre, pois, se todos os atos praticados pela Administração são *imputados* diretamente a esta (o agente público é neutro, ou seja, é um mero órgão da Administração), mesmo os atos praticados por alguém irregularmente investido em função pública poderão ser considerados válidos já que, em última análise, são atos da Administração e podem ser preservados se estiverem de acordo com as demais normas jurídicas.

2.3.3. Princípio da moralidade administrativa

Esse princípio pode ser **conceituado** como *aquele que impõe obediência à ética da Administração, consistente no conjunto de preceitos da moral administrativa, como o dever de honestidade, lealdade, boa-fé e probidade.*

O princípio está **previsto** expressamente no art. 37, *caput*, da CF.

O art. 11 da Lei 8.429/1992 (Lei de Improbidade Administrativa) juridiciza (torna jurídico) preceitos morais a serem seguidos, como a *honestidade* e a *lealdade* às instituições.

Todavia, a Constituição não determina que a moralidade exigida por seu art. 37, *caput*, esteja juridicizada. Aliás, se assim o fosse, bastaria a exigência de respeito ao princípio da legalidade. A Constituição também não está se referindo à moralidade comum, pois o art. 5º, LXXIII, da CF, ao tratar das hipóteses de cabimento de ação popular, é mais específico no tema e usa a expressão completa, qual seja, "moralidade administrativa", que é a moralidade no interior da administração e não no bojo da sociedade como um todo.

Assim, quando a Constituição exige, também, respeito à moralidade está impondo o dever de atendimento a moralidade administrativa (e não à moralidade comum), mas não está se referindo a uma moralidade juridicizada[2], mas a uma moralidade extraída da prática diária da boa administração. Ou seja, está-se exigindo um comportamento com respeito aos padrões éticos de boa-fé, decoro, lealdade, honestidade e probidade. Aliás, nesse sentido é o disposto no art. 2º, parágrafo único, IV da Lei 9.784/1999, no Código de Ética Profissional do Servidor Público Federal (Decreto 1.171/1994) e na Lei 8.112/1990.

São exemplos de atos que ferem o princípio da moralidade administrativa os seguintes: a) Prefeito e Câmara aumentam a remuneração dos agentes públicos em demasia a fim de se fortalecerem e de inviabilizarem economicamente a gestão posterior; b) Prefeito e Câmara geram grande diminuição de impostos para a gestão seguinte, com a mesma finalidade espúria mencionada; c) desapropriação realizada com o fim de prejudicar um inimigo político; d) uso de cartões corporativos do governo para gastos de ordem pessoal.

Não é necessária lesão ao erário para o desrespeito a esse princípio. Um prefeito que desapropria um imóvel com a finalidade de prejudicar um inimigo político, estará sujeito à invalidação dessa desapropriação pela violação ao princípio da moralidade, mesmo que o imóvel fosse necessário mesmo e que não houvesse, então, prejuízo econômico com o ato.

Dentro do tema do princípio da moralidade, vale fazer referência a outros institutos jurídicos relacionados.

---

2. Vale dizer, todavia, que a doutrina *não é pacífica* sobre esse entendimento, ou seja, de que a noção de moralidade administrativa não depende da moralidade juridicizada. Celso Antônio Bandeira de Mello, por exemplo, entende, com base em estudo de Márcio Cammarosano, que "não é qualquer ofensa à moral social que se considerará idônea para dizer-se ofensiva ao princípio jurídico da moralidade administrativa" (*Curso de Direito Administrativo*. 26. Ed., p. 120). Em outro extremo, Maria Sylvia Zanella Di Pietro entende, fundamentada na lição de Manoel de Oliveira Franco Sobrinho, que "mesmo os comportamentos ofensivos da moral comum implicam ofensa ao princípio da moralidade administrativa" (*Direito Administrativo*. 25. ed., p. 79), ou seja, mesmo a imoralidade comum viola o princípio em questão.

O primeiro deles é a **improbidade administrativa**, que consiste na *imoralidade administrativa qualificada pelo prejuízo ao patrimônio público, pelo enriquecimento ilícito do agente ou pela ofensa aos princípios da Administração Pública*. A prática de tal ato importará, nos termos da Constituição, a suspensão dos direitos políticos, a perda da função pública, a indisponibilidade de bens e o ressarcimento ao erário, sem prejuízo da ação penal cabível (art. 37, § 4º, CF). A Lei 8.429/1992 repete tais sanções e acrescenta outras (art. 12 da Lei 8.429/1992), que serão estudadas em capítulo próprio.

Outro importante instituto é o da **ação popular**. Essa ação, que visava apenas à anulação de ato lesivo ao patrimônio público, passou a ser cabível, com a CF/1988, também para anular ato lesivo ao meio ambiente, ao patrimônio histórico e cultural e à *moralidade administrativa*.

Também se relaciona com o princípio da moralidade uma das hipóteses que caracterizam crime de responsabilidade do Presidente da República, consistente no ato que atenta contra a *probidade* na administração (art. 85, V, da CF).

Ainda no tema "direitos políticos", a Constituição dispõe que lei complementar deve trazer hipóteses de **inelegibilidade**, a fim de proteger a *probidade administrativa*, a *moralidade* para o exercício do mandato e a normalidade e legitimidade das eleições contra a influência do poder econômico ou o abuso do exercício de função, cargo ou emprego na administração direta e indireta (art. 14, § 9º, CF).

Por fim, também pode ser instaurada CPI para investigar fato determinado relacionado à violação do princípio da moralidade administrativa (art. 58, § 3º, da CF), sem prejuízo da atuação do Tribunal de Contas no caso (por ausência de legitimidade do ato, que inclui a moralidade deste - art. 70, *caput*, da CF), do ajuizamento de ações civis públicas e da impugnação individual do ato em ações comuns ou especiais (como o mandado de segurança), quando se desejar anular ato que viola o princípio.

Enfim, essa relação de situações em que a moralidade é exigida revela o quão esse princípio é importante para o nosso Direito, mormente se pensarmos no número de escândalos que nosso País revela a cada dia, o que faz com que a aplicação do princípio aos casos concretos tenha função primordial para termos um País probo e que atenda cada vez mais aos justos anseios da população.

2.3.4. Princípio da publicidade

Esse princípio pode ser **conceituado** como *aquele que impõe ampla divulgação dos atos oficiais, para conhecimento público e início dos efeitos externos*.

O princípio da publicidade está **previsto** expressamente no art. 37, *caput*, da CF.

O conceito apresentado revela que o princípio tem dois grandes **sentidos**: a) garantir que todos tenham conhecimento das coisas que acontecem na Administração Pública; b) garantir que os atos oficiais só tenham efeitos externos após sua publicação.

Com isso, os cidadãos em geral poderão exercer sua cidadania, questionando atos governamentais, solicitando o controle destes e até ingressando com ações contra atos que estejam em desacordo com a ordem jurídica. Da mesma forma, o Ministério Público e as demais pessoas legitimadas também terão elementos para fazer esse tipo de controle.

As pessoas individualmente prejudicadas também recebem a proteção do princípio da publicidade. Um exemplo é aquele que recebe uma multa de trânsito. Tal pessoa só terá de pagar a multa se receber uma notificação oficial no prazo previsto em lei. A notificação é, portanto, requisito de eficácia da multa aplicada. O art. 281, parágrafo único, II, da Lei 9.503/1993, dispõe que o auto de infração será arquivado e seu registro julgado insubsistente se não houver, no prazo máximo de 30 dias, notificação da autuação.

Nesse sentido, é importante reforçar a ideia de que a *publicidade* dos atos oficiais é requisito de *eficácia* dos atos administrativos, e não requisito de *existência* ou de *validade* destes.

Por outro lado, o princípio da publicidade tem **exceções**. Ou seja, há casos em que o interesse público justificará que determinados atos oficiais sejam deixados em sigilo, ainda que temporariamente.

Confira os casos em que se admite o sigilo dos atos oficiais: a) para a defesa da segurança da sociedade e do Estado; b) em investigações policiais; c) para o resguardo da inviolabilidade da intimidade, da vida privada, da honra e da imagem das pessoas.

A Lei 12.527/2011 regula o acesso à informação previsto no inciso XXXIII do art. 5º, da CF ("todos têm direito a receber dos órgãos públicos informações de seu interesse particular, ou de interesse coletivo ou geral, que serão prestadas no prazo da lei, sob pena de responsabilidade, ressalvadas aquelas cujo sigilo seja imprescindível à segurança da sociedade e do Estado").

Essa lei se aplica a todos os entes federativos. Por conta dela, houve um movimento muito amplo no sentido de os entes da Administração Pública passarem a divulgar pela internet a remuneração e o subsídio dos agentes públicos, por se tratar de obrigação que decorre dos termos da lei.

Essa lei trata também dos requisitos do pedido de acesso a informações aos órgãos e entidades estatais (arts. 10 a 14) e também das restrições de acesso à informação (arts. 21 a 31).

Uma regra fundamental da lei dispõe que "não poderá ser negado acesso à informação necessária à tutela judicial ou administrativa de direitos fundamentais" (art. 21).

A lei detalha melhor os casos em que cabe sigilo por motivo de segurança da sociedade e do Estado (art. 23), sigilo esse que varia entre 5, 15 e 25 anos (informações reservada, secreta e ultrassecreta, respectivamente), bem como os casos em que cabe sigilo por motivo de respeito à intimidade, vida privada, honra e imagem das pessoas, que poderão ter seu acesso restrito pelo prazo máximo de 100 anos (art. 31).

Há decisão do STJ que entendeu que fere a Lei de Transparência o não fornecimento pela União de extrato completo dos gastos de cartão corporativo utilizado por chefe de Escritório da Presidência (MS 20.895-DF, J. 12.11.2014). Também fere o princípio da publicidade a não a sonegação pelo Ministério das Relações Exteriores do nome das pessoas que receberam passaporte diplomático (STJ, MS 16.179-DF, J. 09.04.14). O STF também entendeu que viola a transparência negativa do Senado Federal de apresentar comprovantes de despesas de verbas indenizatórias dos Senadores (MS 28.178, J. 04.03.2015).

Vale dizer que se sujeitam a essa lei todos os órgãos da Administração Direta, todas as suas entidades e também as aquelas controladas direta ou indiretamente pelos entes políticos (art. 1º), sendo que a Lei 9.784/1999 se aplica subsidiariamente (art. 20). Quanto ao respeito ao princípio da publicidade no âmbito dos **processos administrativos em geral**, a Lei 9.784/1999 estabelece, em seu art. 2º, parágrafo único, V, a obrigatoriedade da divulgação dos atos administrativos, devendo-se publicar no Diário Oficial as principais fases do processo. Os demais atos podem ser afixados na porta do ente ou conforme o disposto na lei local. O art. 28 da Lei 9.784/1999 obriga, ainda, à intimação do interessado, por correspondência, por exemplo, para tomar ciência dos atos do processo administrativo.

Por fim, vale lembrar que a propaganda oficial não pode caracterizar promoção pessoal (*vide* novamente o art. 37, § 1º, CF), devendo ser objetiva e com caráter informativo, educativo ou de orientação social.

2.3.5. Princípio da eficiência

Esse princípio pode ser **conceituado** como *aquele que impõe o dever de a Administração Pública atender satisfatoriamente às necessidades dos administrados, bem como de o administrador público fazer o melhor, como profissional, diante dos meios de que dispõe.*

Para José Afonso da Silva, eficiência significa fazer acontecer com racionalidade, o que implica medir os custos que a satisfação das necessidades públicas importam em relação ao grau de utilidade alcançado (*Curso de Direito Constitucional Positivo*, Ed. Malheiros). O ilustre autor completa a afirmação dizendo que o princípio da eficiência "orienta a atividade administrativa no sentido de conseguir os melhores resultados com os meios escassos de que se dispõe e a menor custo".

O princípio da eficiência está **previsto** no art. 37, *caput*, da CF, por força da EC 19/1998, que o introduziu expressamente na Constituição.

Porém, mesmo antes da EC 19/1998, já se falava na Constituição em controle interno dos Poderes para atender a eficiência (art. 74, II, CF), de modo que o princípio estava no mínimo implícito na redação original da Constituição.

Ademais, o Decreto-Lei 200/1967, que regula a Administração Pública federal, também tem regras voltadas para a eficiência, como as seguintes: a) fortalecimento do sistema de mérito (art. 25, VII); b) dirigentes capacitados (art. 25, V); c) supervisão ministerial das entidades da administração indireta (art. 26, III); d) demissão de servidor ineficiente ou desidioso (art. 100).

Ocorre que, com a **Reforma do Estado**, ocorrida em 1998, percebeu-se a necessidade de trazer um princípio geral de eficiência. Tal reforma estava preocupada em diminuir o controle de meios (administração burocrática) e focar no controle de fins (administração gerencial), controle este que se volta para os resultados, ou seja, para a eficácia.

Na verdade, *a administração pública gerencial* não abandona as conquistas da *administração pública burocrática*, em especial o combate aos vícios da *administração pública patrimonialista* (corrupção, personalismo, confusão entre o patrimônio do soberano e o público, nepotismo etc.).

Porém, não se pode buscar a eficiência a qualquer custo. Esse princípio deve ser obedecido sem desconsiderar os demais, como o da legalidade, da moralidade, da publicidade e da impessoalidade.

Vale anotar que a eficiência não significa racionalização econômica, com busca incessante de redução de custos e otimização de recursos. Essa busca está ligada ao princípio da economicidade, que também tem guarida nos princípios administrativos (art. 70 da CF). Ao contrário, por vezes, o princípio da eficiência mitiga um pouco o princípio da economicidade no ponto em que exige que haja um mínimo de qualidade e de efetividade na atuação estatal, o que, muitas vezes, impõe um maior investimento público.

Para concretizar o princípio da eficiência, a EC 19/1998 também trouxe para o servidor público mais um requisito para adquirir a estabilidade, qual seja, o de que passe por uma *avaliação especial de desempenho*, sendo que, mesmo depois de adquiri-la, deverá se submeter a *avaliações periódicas de desempenho*, podendo ser exonerado, caso não seja aprovado em qualquer delas (art. 41, § 1º, III, da CF). Para a Administração, a EC em questão trouxe a possibilidade de realização de *contrato de gestão*, aumentando a autonomia dos órgãos e entidades públicos em troca da fixação de metas de desempenho a cumprir (art. 37, § 8º, CF).

2.3.6. Princípio da segurança jurídica

2.3.6.1. Considerações gerais

Esse princípio pode ser **conceituado** como *aquele que impõe a exigência de maior estabilidade nas relações jurídicas de forma a se atender ao interesse público*.

O princípio da segurança jurídica não está **previsto** expressamente na CF. Porém, está implícito no art. 5º, XXXVI, pelo qual a lei não pode prejudicar o direito adquirido, o ato jurídico perfeito e a coisa julgada.

No plano infraconstitucional, o princípio está previsto expressamente no art. 2º, *caput*, da Lei 9.784/1999.

O princípio da segurança jurídica tem as seguintes **consequências**:

a) decorre dele o dever de respeitar o direito adquirido, o ato jurídico perfeito e a coisa julgada (art. 5º, XXXVI, CF); exemplo de aplicação dessa regra foi a decisão do STF que impediu que nova norma do Ministério da Educação aumentasse os requisitos para a concessão de financiamento estudante pelo FIES em relação a estudantes que já vinham se beneficiando do financiamento (ADPF 341, J. 27.05.2015);

b) permite a convalidação de atos anuláveis, ou seja, de atos que podem ser repetidos sem o vício que os inquinava;

c) permite a conversão de atos nulos em atos de outra categoria, na qual serão válidos;

d) permite a manutenção de atos nulos expedidos há muito tempo, desde que haja excepcionalíssimo interesse público (ex.: loteamento popular antigo feito sem autorização administrativa);

e) proíbe a aplicação retroativa de nova interpretação por parte da Administração (inciso XIII do parágrafo único do art. 2º da lei acima referida); tal proibição visa a preservar a boa-fé, a confiança do administrado na Administração;

f) protege expectativas legítimas de promessas firmes. Ex.: permissão de uso de bem público dada pelo Estado com prazo determinado, que acaba sendo revogada antes do final do prazo; com base no princípio da proteção da confiança, é possível que o permissionário requeira em juízo que continue com a permissão ou que receba indenização pela quebra da confiança;

g) não gera direito adquirido a regime funcional ou contratual;

h) "a garantia da irretroatividade da lei, prevista no art. 5º, XXXVI, da Constituição da República, não é invocável pela entidade estatal que a tenha editado" (Súmula 654 do STF);

i) "os valores recebidos de boa-fé pelo servidor público, quando pagos indevidamente pela Administração Pública em função de interpretação equivocada de lei, não devem ser devolvidos" (STJ, AgRg no Ag 1.423.790, DJ 30.11.2012).

2.3.6.2. Coisa julgada, direito adquirido e ato jurídico perfeito

No tema aplicação da lei no tempo é, ainda, importante anotar que a lei nova, apesar de ter efeito imediato e geral, deve respeitar o ato jurídico perfeito, o direito adquirido e a coisa julgada (art. 6º da LINDB). A Constituição, em seu art. 5º, XXXVI, reforça o princípio ao dispor que "a lei não prejudicará o direito adquirido, o ato jurídico perfeito e a coisa julgada".

Trata-se do **princípio da irretroatividade da lei**.

A **coisa julgada** pode ser conceituada como a *qualidade da sentença de mérito de o seu comando ser imutável. Isso se dá com o trânsito em julgado da decisão.*

O **direito adquirido** é *aquele que já se incorporou ao patrimônio de seu titular, uma vez que preenchidos, sob a vigência da lei anterior, os requisitos para a aquisição do direito.* Para a LINDB, "consideram-se adquiridos assim os direitos que seu titular, ou alguém por ele, possa exercer, como aqueles cujo começo do exercício tenha termo prefixo, ou condição preestabelecida inalterável, a arbítrio de outrem" (art. 6º, § 2º).

O **ato jurídico perfeito** é *aquele já consumado segundo a lei vigente ao tempo em que se efetuou* (art. 6º § 1º, da LINDB).

A lei não pode *prejudicar* tais valores, mas pode *beneficiar*. É por isso que a lei penal que beneficia o acusado retroage (art. 5º, XL, da CF) e que a lei tributária também retroage em alguns casos (art. 106 do CTN).

Não se deve confundir *retroatividade* com *aplicabilidade imediata*. A lei não pode atingir, para prejudicar, fatos passados, mas pode ser aplicada de modo imediato para fatos que ocorrerem depois de sua vigência, ainda que relacionados com fatos anteriores.

Nesse sentido, é importante trazer à tona a diferenciação feita pelo art. 2.035 do Código Civil, que, no tocante aos negócios e demais atos jurídicos constituídos antes da vigência do CC de 2002, traz as seguintes regras:

a) a *validade* desses atos subordinam-se à legislação da época em que foram feitos;

b) os *efeitos* desses atos, produzidos após a vigência do Código, a esse se subordinam, salvo se as partes tiverem previsto determinada forma de execução.

Em suma, quanto aos fatos antigos (validade do negócio) aplica-se a lei antiga. Quanto aos fatos novos (efeitos ocorridos após a vigência da lei nova), aplica-se a lei posterior.

O problema é que o art. 2.035 foi além e criou uma norma bastante polêmica, que permite que o Código de 2002 retroaja na seguinte situação:

c) convenção alguma prevalecerá, salvo se contrariar preceitos de ordem pública, tais como os estabelecidos pelo CC para assegurar a função social da propriedade e dos contratos.

Trata-se da chamada retroatividade média, em que se atingem os efeitos ainda pendentes de um ato jurídico anterior, verificados antes da lei nova.[3] Todavia, há diversas decisões do STF proibindo esse tipo de retroatividade, mesmo nos casos em que a lei nova é de ordem pública (ADI 493/DF; RE 188.366, RE 205.193, RE 205.999, RE 159.979 e RE 263.161), como de resto é a regra em matéria de Direito Administrativo.

---

3. A retroatividade máxima ocorre na hipótese em que a lei nova ataca a coisa julgada ou fatos já consumados. Essa, não há dúvida, só pode se dar por atuação do Poder Constituinte Originário.

Com efeito, é comum distinguir a retroatividade em três espécies.[4]

A *retroatividade máxima*, também chamada de *restitutória*, consiste em alcançar situações jurídicas consolidadas (ato jurídico perfeito, direito adquirido e coisa julgada) cujos efeitos já se efetivaram no mundo jurídico e fenomênico. Ou seja, consiste em a nova lei *alcançar negócios e atos jurídicos findos*. Um exemplo de retroatividade máxima é a situação em que uma lei que diminuísse a taxa de juros para uma determinada obrigação estipulasse que os credores dessas obrigações, já satisfeitos por ocasião da nova lei, devolvessem as quantias recebidas a mais.

A *retroatividade média* consiste em alcançar situações jurídicas consolidadas e exigíveis (ato jurídico perfeito, direito adquirido e coisa julgada), mas que ainda não foram realizadas. Ou seja, consiste em a nova lei alcançar obrigações certas e já vencidas, mas ainda não pagas. Um exemplo de retroatividade média é a situação em que uma lei que diminuísse a taxa de juros para uma determinada obrigação estipulasse que os credores dessas obrigações, ainda não satisfeitos por ocasião da nova lei, tivessem que aceitar o pagamento dos juros passados e futuros com base na nova lei.

A *retroatividade mínima* consiste em alcançar efeitos *futuros* de situações jurídicas consolidadas e exigíveis (ato jurídico perfeito, direito adquirido e coisa julgada), mas ainda não realizadas. Ou seja, consiste em a nova lei alcançar efeitos *futuros* de obrigações já vencidas e ainda não pagas. Um exemplo de retroatividade mínima é a situação em que uma lei que diminuísse a taxa de juros para uma determinada obrigação estipulasse que os credores dessas obrigações, ainda não satisfeitos por ocasião da nova lei, tivessem que aceitar o pagamento dos juros futuros (juros após a edição da nova lei) com base no novo diploma legal.

Há, ainda, outro instituto jurídico relacionado ao tema, a chamada *aplicação imediata da lei*. Esta abrange a retroatividade mínima e também outra situação, qual seja, a situação de lei nova se aplicar a situações jurídicas ainda não consolidadas. Um exemplo desse segundo caso é a aplicação imediata da lei processual nova, em relação a processos judiciais em curso, desde que não se fira a coisa julgada e que se respeite os atos regularmente praticados com base na antiga lei.

É sempre bom lembrar que a proibição à retroatividade maléfica da lei está prevista na própria Constituição e não em uma lei infraconstitucional (art. 5º, XXXVI, da CF). Isso faz com que uma norma desta natureza não possa excepcionar uma norma constitucional, pouco importando se a lei infraconstitucional é ou não de ordem pública.

Nesse sentido, confira o posicionamento pacífico do Supremo Tribunal Federal; "Contrato de prestação de serviços. Lei 8.030/1990. <u>Retroatividade mínima. Impossibilidade. É firme, no Supremo Tribunal Federal, a orientação de que não cabe a aplicação da Lei 8.030/1990 a contrato já existente, ainda que para atingir efeitos futuros, pois redundaria em ofensa ao ato jurídico perfeito</u>. Agravo regimental a que se nega provimento." (RE 388607, Rel. Min. Joaquim Barbosa, 2ª T., DJ 28.04.2006) (g.n.)

Mesmo a retroatividade mínima, segundo o Supremo Tribunal Federal, só é permitida se provier de uma norma constitucional. Confira: "Pensões especiais vinculadas a salário mínimo. Aplicação imediata a elas da vedação da parte final do inciso IV do artigo 7º da Constituição de 1988. Já se firmou a jurisprudência desta Corte no sentido de que os dis-

---

4. *Vide*, a respeito, José Carlos de Matos Peixoto (*Curso de Direito Romano*, Editorial Peixoto, 1943, tomo I, p. 212-213) e também a ADI 493/DF, do STF, cuja relatoria foi do Min. Moreira Alves (DJ 04.09.1992).

positivos constitucionais têm vigência imediata, alcançando os efeitos futuros de fatos passados (retroatividade mínima). Salvo disposição expressa em contrário – e a Constituição pode fazê-lo –, eles não alcançam os fatos consumados no passado nem as prestações anteriormente vencidas e não pagas (retroatividades máxima e média). Recurso extraordinário conhecido e provido". (RE 140499, Rel. Min. Moreira Alves, 1ª T., DJ 09.09.1994) (g.n.)

Dessa forma, tirando as situações de aplicação imediata da lei, não se pode retroagir lei nova para prejudicar direito adquirido, coisa julgada e ato jurídico perfeito.

De qualquer forma, em se tratando de Direito Administrativo, é sempre possível que, respeitadas as hipóteses legais, haja desapropriação de um direito protegido por esses institutos, pagando-se, sempre, indenização prévia, justa em dinheiro.

2.3.6.3. Princípio da proteção à confiança legítima

O princípio da segurança jurídica pode ser considerado em dois aspectos: a) no aspecto objetivo, está ligado à irretroatividade das leis e das novas interpretações, e a finalidade é proteger o próprio sistema (endossegurança); b) no aspecto subjetivo, está ligado ao princípio da proteção à confiança legítima.

O princípio da proteção à confiança legítima foi criado pela jurisprudência alemã após a 2ª Guerra Mundial, período em que se buscou uma reação a atos que afetaram repentina e bruscamente os administrados.

De acordo com esse princípio, quando (1) o Estado expede um ato conclusivo capaz de gerar confiança no administrado, (2) levando este a praticar determinada conduta no sentido da expectativa criada pelo Estado, (3) este fica adstrito a manter a sua palavra mesmo se o ato for ilegal, (4) salvo má-fé do administrado.

Um exemplo interessante é a situação em que a administração outorga ao particular uma permissão de serviço público pelo prazo de 4 anos, tratando-se de prazo ideal para a amortização de investimentos pelo permissionário e recebimento de retorno compatível pelo seu trabalho, sendo que, dois anos depois, a permissão vem a ser revogada. Nesse caso, mesmo havendo previsão legal de que a permissão de serviço público é precária, podendo, assim, ser revogada a qualquer tempo independentemente de licitação, o fato é que o particular recebeu um ato conclusivo (permissão) que gerou a confiança legítima de que seria mantido até o final do período de 4 anos (por conta do prazo específico no documento, da necessidade de 4 anos para amortizações e lucros e da inexistência de má-fé pelo particular), devendo o estado manter sua promessa, sua palavra, não revogando a permissão antes do tempo. A aplicação do princípio da confiança fará com que o Estado tenha de voltar atrás na revogação do ato ou tenha essa revogação do ato anulada. Em o Estado demonstrando interesse público na anulação do ato, a aplicação do princípio determinará a condenação do Estado a pagar indenização pela perda antecipada da permissão pelo particular.

Uma vez violado princípio da proteção à confiança legítima, a correção dessa medida, pode, assim, dar-se por variados instrumentos. Pode ser o caso de anulação do ato que viola o princípio. Pode ser o caso de condenação do Estado no pagamento de indenização. Pode ser o caso de uma medida específica, como é o caso da determinação de nomeação de uma pessoa aprovada num concurso dentro das vagas previstas no edital, pois o STF, nesse tipo de caso, vem dizendo que o princípio da confiança é violado quando o edital prevê certo número de vagas num concurso público, mas os servidores aprovados dentro desse limite não vêm a ser nomeados.

2.3.7. Princípio da razoabilidade

Esse princípio pode ser **conceituado** como *aquele que impõe o dever de agir dentro de um padrão normal, evitando-se negligência e excesso e atuando de forma compatível entre os meios e fins previstos na lei.*

O princípio da razoabilidade não está expresso na Constituição Federal.

Porém, o art. 5º, LXXVIII, da CF, introduzido pela EC 45/2004, introduziu o direito à *razoável* duração do processo judicial e administrativo. A expressão "razoável", apesar de ligada à questão do processo célere, acaba trazendo à tona o valor da razoabilidade.

Assim, o princípio da razoabilidade continua implícito de modo geral na CF, mas pelo menos está expresso para fins de duração do processo no nosso Texto Maior.

Apesar disso, ele pode ser encontrado exposto em alguns textos infralegais, como o da Constituição do Estado de São Paulo (art. 111) e no art. 2º, *caput*, da Lei de Processo Administrativo Federal (Lei 9.784/1999).

Além do mais, o art. 2º, parágrafo único, VI, da Lei 9.784/1999 também acaba por tratar do princípio da razoabilidade ao trazer a seguinte obrigação à Administração em seus atos: "adequação entre meios e fins, vedada a imposição de obrigações, restrições e sanções em medida superior àquelas estritamente necessárias ao atendimento do interesse público".

São **exemplos** de violação ao princípio da razoabilidade os seguintes: a) demissão de um agente público, quando era suficiente uma suspensão; b) cumulação indistinta de todas as sanções por ato de improbidade administrativa, mesmo em casos mais leves, como de violação a princípios da administração; c) requisição administrativa de bens ou serviços em quantidade maior do que a necessária; d) dissolução de passeata pacífica por meio de arma de fogo.

O princípio somente tem **incidência** em relação a atos *discricionários*, não incidindo em relação a atos *vinculados*. Isso porque, quando um ato é vinculado, a Administração só tem uma opção de ato a ser praticado, não havendo que se falar em mais de uma possibilidade e, portanto, que o ato fere a razoabilidade. Porém, quando se tem um ato discricionário, existe mais de uma opção para o administrador, ocasião em que se poderá discutir se a atitude tomada está ou não de acordo com a razoabilidade.

Uma dúvida muito frequente é se o princípio da razoabilidade é sinônimo do **princípio da proporcionalidade**. Essa dúvida ganha ainda mais relevância pelo fato de o art. 2º, *caput*, da Lei 9.784/1999 dispor que a Administração deve respeitar a *razoabilidade* e também a *proporcionalidade*.

Há quem defenda que os dois princípios são sinônimos. Outros defendem que um está contido no outro. No caso, a proporcionalidade é medida da razoabilidade.

Na prática, costuma-se usar a expressão "proporcionalidade" para situações que envolvem quantidade. São situações em que se tem um "meio" (por exemplo, a possibilidade de aplicação de mais de um valor de multa) e "fim" (punir e prevenir que alguém cometa a infração). Por exemplo, se uma multa poderia variar de R$ 100 a R$ 1.000,00 e acaba sendo fixada em R$ 1.000,00, pode-se dizer, a depender da gravidade desta, que houve violação ao princípio da proporcionalidade.

A expressão "razoabilidade" acaba sendo utilizada para outras situações que não envolvem questão matemática, mas sim a busca de uma conduta igualitária da Administração.

Por exemplo, se um Prefeito, mesmo diante do caos na área da saúde, resolver fazer uma obra para reformar a praça em frente ao hospital, em detrimento de maiores investimentos no próprio serviço de saúde, diz-se que houve violação ao princípio da razoabilidade. Nesse caso, o investimento na praça (que beneficia pessoas que nela brincam e passeiam) é discriminatório e desigual em relação à falta de investimento na saúde (considerando o caos em que se está e que a questão da saúde envolve o valor mais importante de todos, que é a vida)? Na análise dessa relação de congruência o princípio da razoabilidade orientará para a busca da medida mais igualitária e menos discriminatória.

Outras diferenças apontadas são as seguintes: a) quanto à origem, a razoabilidade se desenvolveu no direito anglo-saxônico (na Inglaterra, sob o prisma do devido processo legal em geral, trazido na Magna Carta; nos EUA, sob o prisma do devido processo legal substantivo), ao passo que a proporcionalidade, no direito germânico; b) quanto ao âmbito de incidência, o princípio da proporcionalidade é aplicado quando se está diante de uma relação em que há "meio" e "fim", ao passo que o da razoabilidade, quando se está diante de uma relação de "critério distintivo" e "medida tomada", em que se deve buscar a igualdade, ou seja, uma relação de congruência entre o "critério distintivo" e a "medida tomada"; b) quanto ao conteúdo valorativo, a razoabilidade de fundamento nas noções de racionalidade e equilíbrio (mais subjetivas) e a proporcionalidade, nas noções de adequação, necessidade e ponderação (mais objetivas).

Quanto ao princípio da proporcionalidade, o STF, no julgamento do RE 466.343-1, especificou que esse princípio, quando aplicado na restrição a direitos fundamentais, deve levar em conta os seguintes critérios:

a) adequação: eficácia do meio escolhido;

b) necessidade: uso do meio menos restritivo ou gravoso para atingir a finalidade, face ao indivíduo paciente;

c) proporcionalidade em sentido estrito: ponderação entre os benefícios alcançados com o ato e os danos por ele causados.

Quanto à ordem correta de aplicação do princípio, é a seguinte: primeiro analisa-se, de fato, se há colisão de direitos fundamentais; depois descreve-se o conflito identificando os pontos relevantes do caso e, por fim, faz-se o exame, sucessivo, da adequação, da necessidade e da proporcionalidade em sentido estrito.

Outro ponto importante, agora quanto ao princípio da razoabilidade, é que este costuma ser **usado contra** a Administração, mas, muitas vezes, o contrário também acontece.

Isso porque, de um lado, o princípio pode ser visto como um *dever-poder*, ou seja, antes de tudo os poderes públicos só se justificam como instrumento dos deveres públicos, daí porque não se deve agir nunca com excesso (sem razoabilidade) para atingir os deveres existentes. De outro lado, o princípio pode ser visto como um *poder-dever*, de modo que se deve respeitar a decisão discricionária de um agente público desde que ela seja aceitável (razoável), ainda que algumas pessoas não concordem com seu conteúdo.

De qualquer forma, e agora tratando dos dois princípios em tela, o fato é que são instrumentos essenciais na limitação dos excessos e abusos do Estado e devem ser invocados, sob qualquer dos nomes citados, para evitar que isso aconteça ou para fazer cessar ou reparar condutas estatais que desrespeitem esses valores.

2.3.8. Princípio da motivação

Esse princípio pode ser **conceituado** como *aquele que impõe ao administrador público o dever de indicar, prévia ou contemporaneamente, os pressupostos de fato e de direito que determinam a decisão ou o ato, de forma explícita, clara e congruente.*

O princípio da motivação **não está previsto** expressamente no art. 37, *caput*, da CF.

Porém, o princípio pode ser encontrado para as decisões do Poder Judiciário e do Ministério Público (art. 93, IX, da CF c/c art. 129, § 4º, da CF), que devem ser devidamente fundamentadas, sob pena de nulidade.

Apesar de não haver previsão genérica do princípio da motivação na Constituição Federal, há na legislação infraconstitucional. O art. 2º, *caput*, da Lei 9.784/1999 faz referência expressa à motivação como princípio a ser obedecido por toda a Administração Direta e Indireta, de todos os poderes.

O princípio da motivação **decorre** do aparecimento do Estado de Direito, em que a única vontade que impera é a da lei e não a pessoal, de modo que a Administração tem de justificar seus atos. Ele é reforçado pelo princípio da moralidade e pela ampliação do acesso ao Judiciário, que também exigirão a motivação como forma de preservar a probidade administrativa e permitir que as pessoas possam impugnar atos da Administração em juízo.

Uma dúvida muito comum é se a obrigatoriedade de motivação é **regra** ou **exceção**. A pergunta tem pertinência, pois o art. 50 da Lei 9.784/1999 traz um rol de casos em que a motivação é necessária. Com isso, para alguns, ela só seria obrigatória quando a lei determinar.

Porém, não se deve esquecer que a motivação é um princípio e, como tal, é uma norma que tem hierarquia material em relação a algumas regras, como a prevista no art. 50 da Lei 9.784/1999. Não bastasse isso, o rol de casos em que a motivação é obrigatória é tão amplo que se pode afirmar: a regra é que os atos administrativos que afetem direitos devem ser motivados.

Assim, só não haverá o dever de motivar quando a lei expressamente o dispensar, como é o caso da nomeação e da exoneração para cargo em comissão, que são livres, ou seja, não dependem de motivação por aquele que comete tais atos.

Nos demais casos, a motivação é requisito de validade do ato administrativo atinente à *forma*.

Vale ressaltar, todavia, que, caso se esteja diante de *ato vinculado* e em situação cuja motivação seja óbvia, e ainda haja respeito aos demais requisitos de validade, este poderá ser mantido se demonstrada a ausência de prejuízo. Nessa hipótese, a motivação não deixa de ser obrigatória, podendo o servidor vir a ser responsabilizado por sua ausência, mas o ato pode ser mantido no mundo jurídico, desde que possa ser demonstrado que antecede à lei quanto aos demais aspectos.

Nos *atos discricionários*, por sua vez, a falta de motivação gera sua invalidação, sob pena de se permitir a invenção de motivos em momento posterior. Todavia, há entendimentos doutrinários e jurisprudenciais no sentido de que, excepcionalmente, é possível que um ato discricionário sem motivação pode ser convalidado, desde que a administração promova motivação posterior que demonstre de modo inquestionável o seguinte: a) que o motivo extemporaneamente alegado preexistia; b) que esse motivo era idôneo para justificar o ato;

c) que o motivo foi a razão determinante da prática do ato (STJ, AgRg no RMS 40.427-DF).

A **motivação** *aliunde*, consistente na declaração de concordância com os fundamentos apresentados em outra manifestação anteriormente expedida, é admitida e largamente utilizada na Administração Pública. Ter-se-á por motivação do ato aquela à qual faz referência. Ex.: a autoridade expede um ato adotando como fundamento parecer que o precede.

Vale lembrar que, quando se tratar de decisões de órgãos colegiados ou de decisões orais, a motivação deve constar da respectiva ata ou termo escrito.

2.3.9. Princípio da autotutela

Esse princípio pode ser **conceituado** como *aquele que impõe o dever de a Administração Pública anular seus próprios atos, quando eivados de vício de ilegalidade, e o poder de revogá-los por motivo de conveniência e oportunidade, respeitados os direitos adquiridos*.

O princípio da autotutela não está **previsto** expressamente no art. 37, *caput*, da CF.

Porém o princípio é muito conhecido e está previsto na Súmula 473 do STF e no art. 53 da Lei 9.784/1999.

Perceba-se que, diante de *ilegalidade*, fala-se em dever (ato vinculado) de anular. E que diante de motivo de *conveniência e oportunidade*, fala-se em poder (ato discricionário) de revogar. O nome do princípio remete à ideia de que a Administração agirá sozinha, ou seja, sem ter de levar a questão ao Poder Judiciário.

Um exemplo de aplicação da autotutela consiste em a Administração, tomando ciência da ilegalidade na concessão de uma licença para construir, promover sua anulação de ofício.

Outro exemplo consiste em a Administração, após ter concedido uma autorização para uso de um bem público para que uma comunidade feche uma rua por um dia para realizar uma festa local, revogar a autorização dada por conta da ciência de um fato novo que torna inconveniente a manutenção da autorização outorgada ao particular.

Tanto a anulação como a revogação poderão se dar independentemente de apreciação judicial.

2.3.10. Princípio do controle judicial dos atos administrativos

Esse princípio pode ser **conceituado** como *aquele que impõe que todo ato administrativo seja passível de controle por parte do Poder Judiciário, ainda que se trate de ato discricionário, desde que esse controle se atenha aos aspectos de legalidade, razoabilidade e moralidade*.

Tal controle se justifica tanto pelo fato de estarmos num Estado de Direito como porque existe o **princípio da universalidade da jurisdição**, pelo qual *a lei não excluirá da apreciação do Poder Judiciário lesão ou ameaça de lesão a direito* (art. 5º, XXXV, CF).

2.3.11. Outros princípios

A doutrina também aponta como princípios do Direito Administrativo os seguintes: **finalidade** (impõe à Administração que só pratique atos voltados ao interesse público), **especialidade** (ligado à descentralização administrativa, impõe que as pessoas jurídicas criadas pelo Estado – autarquias, por exemplo – atuem de acordo com a finalidade definida em lei), **controle ou tutela** (ligado ao anterior, impõe que a Administração Direta fiscalize os entes que tiver criado, com o objetivo de garantir a observância de suas finalidades legais), **continuidade** (impõe que os serviços públicos não sejam interrompidos), **responsabilidade do Estado** (impõe responsabilidade objetiva a este) tratando também dos princípios da **hierarquia**, do **interesse público**, da **ampla defesa** e do **contraditório**, entre outros.

2.4. QUADRO SINÓTICO

1. Princípios basilares do Direito Administrativo

1.1. Supremacia

a) **conceito:** *estabelece a supremacia do interesse público sobre o interesse privado*

b) **exemplos:** atributos do ato administrativo, cláusulas exorbitantes, desapropriação, autotutela

c) **interesse público primário:** *interesse da coletividade como um todo* ("dimensão coletiva dos interesses privados")

d) **interesse público secundário:** *interesse da pessoa jurídica estatal* - ex: arrecadar

1.2. Indisponibilidade

a) **conceito:** *estabelece a indisponibilidade do interesse público*

b) **exemplos:** dever de licitar, inalienabilidade dos bens públicos

c) **corolários:** legalidade, continuidade, publicidade, controle jurisdicional

2. Princípios em espécie expressos na Constituição (art. 37, *caput*)

- Devem obedecê-los a administração pública de: a) toda Administração Direta e Indireta; b) todos os Poderes
- Trata-se do famoso LIMPE:

Legalidade

Impessoalidade

Moralidade

Publicidade

Eficiência

2.1. Legalidade

a) **conceito:** *a Administração só pode fazer o que a lei permitir ou determinar*

b) **exemplo:** um decreto não pode criar deveres ou direitos novos

c) **legalidade para o particular:** este pode fazer tudo o que a lei não proíbe (art. 5º, II, da CF)

d) **exceções:** medida provisória (art. 62 da CF); decreto autônomo (art. 84, VI, da CF)

2.2. Impessoalidade: *impõe as seguintes condutas: a) **igualdade** de tratamento às pessoas; b) **neutralidade** do agente público*; atos são imputados diretamente à Administração; Teoria do Órgão; é vedada a autopromoção (art. 37, § 1º, da CF); *c) respeito à **finalidade** dos atos administrativos*

2.3. Moralidade

a) **conceito:** *impõe obediência à ética, à honestidade e à probidade*

b) **exemplo:** viola o princípio a contratação de parentes para cargo em comissão (Súmula Vinculante 13 do STF)

c) **improbidade:** é a imoralidade administrativa qualificada

d) **meios de proteção:** ação popular, ação civil pública, ação por improbidade e outras ações judiciais

2.4. Publicidade

a) **conceito:** *impõe divulgação dos atos oficiais para conhecimento público e início de efeitos externos*

b) **exemplo:** notificação de uma multa, intimação em processo administrativo, publicação do resumo de um contrato administrativo

c) **é requisito de:** eficácia do ato administrativo

d) **exceções:** sigilo para preservar a segurança da sociedade e do Estado, bem como a intimidade, vida privada e imagem de pessoas; *Vide* a Lei 12.527/2011

2.5. Eficiência

a) conceito: *impõe à Administração atender satisfatoriamente aos administrados e ao Administrador fazer o melhor como profissional*

b) origem: EC 19/98 – autoaplicável

c) exemplo: indenização pelo apagão

d) instrumentos constitucionais: contrato de gestão (art. 37, § 8°, da CF); avaliação de desempenho (art. 41, § 1°, III, e § 4°, da CF)

2.6. Razoabilidade

a) conceito: *impõe adequação entre os meios e fins previstos em lei*

b) previsão: art. 2°, *caput* e parágrafo único, VI, Lei 9.784/1999

c) exemplos: violam o princípio a demissão por 'falta leve' e a cumulação de todas as sanções de improbidade sem necessidade

d) proporcionalidade: é a medida da razoabilidade

e) incidência do princípio: sobre atos *discricionários,* diminuindo a margem de liberdade

2.7. Motivação

a) conceito: *impõe a indicação dos pressupostos de fato e de direito que determinam o ato*

b) previsão: arts. 2°, *caput* e parágrafo único, VII, e 50 da Lei 9.784/1999; art. 93, X, da CF

c) exceções: previstas na lei

d) motivação *aliunde*: é admitida (art. 50, § 1°)

2.8. Segurança Jurídica

a) conceito: *impõe maior estabilidade nas relações jurídicas* (art. 2°, *caput*, da Lei 9.784/1999)

b) exemplos:

- impõe respeito ao direito adquirido, à coisa julgada e ao ato jurídico perfeito (art. 5°, XXXVI, da CF)
- permite convalidação de ato anulável, a conversão de ato nulo, e impede a anulação após 5 anos
- impede retroação de nova interpretação
- princípio da proteção à confiança legítima: protege expectativas legítimas de promessas firmes (ex: permissão qualificada); aspecto subjetivo da segurança jurídica
- não gera direito adquirido a regime funcional ou contratual

2.9. Autotutela (art. 53 da Lei 9.784/1999 e Súmula 473 do STF): **estabelece que a administração tem o**

- dever – de anular – atos ilegais
- poder – de revogar – atos inconvenientes
- respeitados os direitos adquiridos
- independentemente de apreciação judicial

2.10. Outros princípios

- Controle jurisdicional dos atos administrativos
- Responsabilidade objetiva do Estado
- Finalidade
- Especialidade
- Controle ou tutela
- Continuidade

2.5. QUESTÕES COMENTADAS

2.5.1. Princípios basilares do direito administrativo (supremacia e indisponibilidade)

(Procurador do Estado/RS – 2010 – FUNDATEC) Relativamente ao princípio do interesse público, pode-se afirmar que

(A) é dotado de consistência autônoma já que ocorre um antagonismo entre o interesse público das partes e o interesse do todo.
(B) há uma relação íntima e indissociável entre o interesse público e os interesses individuais, de modo que o primeiro resulta do conjunto dos interesses que os indivíduos pessoalmente têm quando considerados na qualidade de membros da sociedade.
(C) os interesses públicos são insuscetíveis de serem defendidos pelos particulares individualmente mesmo quando lhes acarretem ônus ou gravames suportados isoladamente.
(D) todos os interesses do Estado podem ser qualificados como públicos.
(E) as prerrogativas inerentes à supremacia do interesse público sobre o interesse privado podem ser empregadas legitimamente para satisfazer os interesses secundários do Estado.

Celso Antônio Bandeira de Mello define interesse público como o "interesse resultante do conjunto dos interesses que os indivíduos pessoalmente têm quando considerados em sua qualidade de membros da Sociedade e pelo simples fato de o serem" *Curso de Direito Administrativo*, São Paulo: Malheiros, p. 59). A efetiva existência de relação entre o interesse privado e o interesse público faz com que a alternativa "b" seja verdadeira, ficando afastadas as alternativas "a", "c" e "d". Quanto à alternativa "e", há de se lembrar que o interesse público pode ser primário (verdadeiro interesse público) ou secundário, interesse que diz respeito apenas à pessoa jurídica estatal (que não é verdadeiro interesse público), como o interesse de arrecadar mais tributos. O interesse público secundário só pode ser empregado legitimamente quando coincidir com o interesse público primário, de modo que a alternativa "e" é falsa.
Gabarito "B"

2.5.2. Princípios administrativos expressos na Constituição

(Ministério Público/BA – 2015 – CEFET) Com referência aos princípios administrativos, é CORRETO afirmar:

(A) O princípio da proporcionalidade, expressamente previsto na Constituição Federal de 1988, significa que as competências administrativas só podem ser validamente exercidas na extensão e intensidade correspondentes ao que seja realmente demandado para o cumprimento da finalidade de interesse público a que estão atreladas.
(B) Como decorrência do princípio da motivação, todos os atos administrativos devem ser escritos.
(C) O princípio da reserva legal prescreve que a Administração Pública pode fazer tudo aquilo que não é legalmente proibido.
(D) A publicidade dos atos da Administração Pública é excepcionada apenas pela necessidade de proteção da intimidade dos cidadãos.
(E) A Emenda Constitucional 19/1998, conhecida por implementar a "Reforma Administrativa", acrescentou o princípio da eficiência ao texto constitucional.

A: incorreta, pois o princípio da proporcionalidade não se encontra expressamente previsto na CF/1988; ademais, a definição dada na alternativa corresponde ao princípio da finalidade; **B:** incorreta, pois há casos em que atos administrativos são necessariamente verbais ou gestuais, como quando um agente de trânsito, diante de um problema no semáforo, determina que carros parem para dar chance a que outros carros passem; **C:** incorreta, pois esse é o princípio da legalidade para o particular; para a Administração a regra é outra, qual seja, esta pode fazer tudo aquilo que a lei lhe autoriza; **D:** incorreta, pois também se admite o sigilo para o resguardo da segurança da sociedade e do Estado; E: correta (art. 37, *caput*, da CF).
Gabarito "E"

(Promotor de Justiça/MG – 2014) Segundo dispõe o artigo 37, da Constituição Federal, a administração pública direta e indireta de qualquer dos Poderes da União, dos Estados, do Distrito Federal e dos Municípios obedecerá aos princípios de legalidade, impessoalidade, moralidade, publicidade e eficiência.

Assinale a alternativa INCORRETA no que diz respeito às restrições excepcionais ao princípio constitucional da legalidade:

(A) A edição de medidas provisórias.
(B) A expedição de portarias.
(C) A decretação do estado de defesa.
(D) A decretação do estado de sítio.

A: assertiva correta, pois a Constituição admite a edição de medidas provisórias, com força de lei (art. 62); **B:** assertiva incorreta, devendo ser assinalada; a portaria não tem o condão de inovar na ordem jurídica, estabelecendo direitos ou deveres não previstos na lei; **C:** assertiva correta, pois a Constituição admite a decretação de estado de defesa, no qual são admitidas certas medidas restritivas de direito além das previstas nas leis correntes (art. 136); **D:** assertiva correta, pois a Constituição admite a decretação de estado de defesa, no qual são admitidas certas medidas restritivas de direito além das previstas nas leis correntes (art. 138).
Gabarito "B"

(OAB/Exame Unificado – 2015.2) O Estado X publicou edital de concurso público de provas e títulos para o cargo de analista administrativo. O edital prevê a realização de uma primeira fase, com questões objetivas, e de uma segunda fase com questões discursivas, e que os 100 (cem) candidatos mais bem classificados na primeira fase avançariam para a realização da segunda fase. No entanto, após a divulgação dos resultados da primeira fase, é publicado um edital complementar estabelecendo que os 200 (duzentos) candidatos mais bem classificados avançariam à segunda fase e prevendo uma nova forma de composição da pontuação global. Nesse caso,

(A) a alteração não é válida, por ofensa ao princípio da impessoalidade, advindo da adoção de novos critérios de pontuação e da ampliação do número de candidatos na segunda fase.
(B) a alteração é válida, pois a aprovação de mais candidatos na primeira fase não gera prejuízo aos candidatos e ainda permite que mais interessados realizem a prova de segunda fase.
(C) a alteração não é válida, porque edital de um concurso público não pode conter cláusulas ambíguas.
(D) a alteração é válida, pois foi observada a exigência de provimento dos cargos mediante concurso público de provas e títulos.

A: correta; de fato, viola-se o princípio da impessoalidade no caso, devendo ser anulado o edital complementar; assim, evita-se que a medida tenha sido

tomada, por exemplo, para beneficiar amigos de autoridade, que tenham ficado entre a posição número 100 e a posição número 200, garantindo-se a impessoalidade necessária na Administração e também o princípio da moralidade (art. 37, *caput*, da CF); **B** e **D**: incorretas, pois há violação aos princípios da impessoalidade e da moralidade, como seu viu; aliás, o caso é tão absurdo que viola também o princípio da igualdade, já que algumas pessoas podem ter desistido de participar do certame por saberem que somente os cem primeiros seriam chamados para a segunda fase, ao passo que se soubessem que seria chamado o dobro de pessoas quem sabe teriam participado do concurso público; **C**: incorreta, pois a invalidade decorre da violação aos princípios da impessoalidade, da moralidade e da igualdade, e não da suposto ambiguidade, vez que nenhuma das cláusulas é ambíguas (duvidosas ou que geram margem a mais de uma interpretação), já que são cláusulas claras e cristalinas (100 ou 200 pessoas).
Gabarito "A"

(Magistratura/PE – 2013 – FCC) A Constituição Federal vigente prevê, no *caput* de seu art. 37, a observância, pela Administração Pública, do princípio da legalidade. Interpretando-se essa norma em harmonia com os demais dispositivos constitucionais, tem-se que
(A) a extinção de cargos públicos, em qualquer hipótese, depende de lei.
(B) a Administração é livre para agir na ausência de previsão legislativa.
(C) é cabível a delegação do Congresso Nacional para que o Presidente da República disponha sobre diretrizes orçamentárias.
(D) os Municípios, por uma questão de hierarquia, devem antes atender ao disposto em leis estaduais ou federais, do que ao disposto em leis municipais.
(E) o Chefe do Poder Executivo participa do processo legislativo, tendo iniciativa privativa para propor certos projetos de lei, como aqueles sobre criação de cargos públicos na Administração direta federal.

A: incorreta, pois os cargos públicos, quando vagos, podem ser extintos por decreto (art. 84, VI, "b", da CF); **B**: incorreta, pois o princípio da legalidade determina que a Administração só pode agir como a lei autorizar; **C**: incorreta, pois não pode ser objeto de delegação a legislação sobre planos plurianuais, *diretrizes orçamentárias* e orçamentos (art. 68, § 1º, III, da CF); **D**: incorreta, pois cada lei mencionada tem seu âmbito de incidência, e, naquele âmbito, não há preferência para uma lei ou outra, devendo todas serem cumpridas; **E**: correta (art. 61, § 1º, II, "a", da CF).
Gabarito "E"

(Analista – TRT/22ª – 2010 – FCC) Sobre os princípios básicos da Administração Pública, é INCORRETO afirmar:
(A) O princípio da eficiência alcança apenas os serviços públicos prestados diretamente à coletividade e impõe que a execução de tais serviços seja realizada com presteza, perfeição e rendimento funcional.
(B) Em observância ao princípio da impessoalidade, a Administração não pode atuar com vistas a prejudicar ou beneficiar pessoas determinadas, vez que é sempre o interesse público que tem que nortear o seu comportamento.
(C) Embora não se identifique com a legalidade, pois a lei pode ser imoral e a moral pode ultrapassar o âmbito da lei, a imoralidade administrativa produz efeitos jurídicos porque acarreta a invalidade do ato que pode ser decretada pela própria Administração ou pelo Judiciário.
(D) O princípio da segurança jurídica veda a aplicação retroativa de nova interpretação de lei no âmbito da Administração Pública, preservando, assim, situações já reconhecidas e consolidadas na vigência de orientação anterior.
(E) Em decorrência do princípio da legalidade, a Administração Pública não pode, por simples ato administrativo, conceder direitos de qualquer espécie, criar obrigações ou impor vedações aos administrados; para tanto, ela depende de lei.

A: assertiva incorreta, devendo ser assinalada, pois o princípio da eficiência se aplica a todo e qualquer serviço público; **B**: assertiva correta, pois a Administração, para ser impessoal, tem que agir com respeito à igualdade e à neutralidade, buscando sempre atingir o interesse público, e não beneficiar ou prejudicar pessoas determinadas; **C**: assertiva correta, pois, de fato, o princípio da moralidade é independente do princípio da legalidade, sendo certo que, uma vez violado o princípio, o ato consequente será inválido, podendo a nulidade ser reconhecida tanto pela Administração, que age de ofício, quanto pelo Judiciário, que age mediante provocação; **D**: assertiva correta, nos termos do art. 2º, parágrafo único, XIII, da Lei 9.784/1999; **E**: assertiva correta, pois, de acordo com o princípio da legalidade, a Administração só pode criar direitos ou obrigações mediante lei.
Gabarito "A"

(Analista – TRE/AP – 2011 – FCC) O Jurista Celso Antônio Bandeira de Mello apresenta o seguinte conceito: *Este princípio enuncia a ideia de que as competências administrativas só podem ser validamente exercidas na extensão e intensidade correspondentes ao que seja realmente demandado para cumprimento da finalidade de interesse público a que estão atreladas*. Trata-se do princípio da
(A) moralidade.
(B) eficiência.
(C) proporcionalidade.
(D) impessoalidade.
(E) legalidade.

O princípio da proporcionalidade reclama "adequação entre meios e fins", vedando a "imposição de obrigações, restrições e sanções em medida superior àquelas estritamente necessárias ao atendimento do interesse público" (art. 2º, parágrafo único, VI, da Lei 9.784/1999). Isso significa que as competências só podem ser exercidas na "extensão e intensidades" correspondentes ao que seja realmente necessário ao atendimento do interesse público.
Gabarito "C"

2.5.3. Princípios administrativos expressos em outras leis ou implícitos e princípios combinados

(Promotor de Justiça/MG – 2014) Sobre o princípio da boa-fé, no âmbito da administração pública, é INCORRETO afirmar:
(A) O postulado da boa-fé detém presunção *jures tantum*.
(B) É apropriado dizer que os princípios da boa-fé e da segurança jurídica são excludentes.
(C) Com base nos princípios da confiança, lealdade e verdade, que constituem elementos materiais da boa-fé, é possível temperar o princípio da estrita legalidade.
(D) É admissível afirmar que os postulados da boa-fé e da segurança jurídica visam obstar a desconstituição injustificada de atos ou situações jurídicas.

A: assertiva correta, pois a presunção de boa-fé (presunção que o Direito estabelece em relação à conduta das pessoas) é relativa, admitindo prova em contrário, ou seja, admitindo prova que determinada pessoa age de má-

fé; **B:** assertiva incorreta, devendo ser assinalada; isso porque o princípio da segurança jurídica tem dois aspectos, o objetivo (ligado à irretroatividade das leis e das novas interpretações) e o subjetivo (ligado ao princípio da proteção à confiança legítima), sendo que o aspecto subjetivo corresponde ao princípio da boa-fé, que não pode, assim, ser considerado excludente do princípio da segurança jurídica. **C** e **D:** assertivas corretas; isso porque, de acordo com esses princípios, quando o Estado expede um ato conclusivo capaz de gerar confiança no administrado, levando este a praticar determinada conduta no sentido da expectativa criada pelo Estado, este fica adstrito a manter a sua palavra mesmo se o ato for ilegal, salvo má-fé do administrado, mantendo-se o ato tal como foi expedido, daí porque se tem um temperamento ao princípio da legalidade; um exemplo é a situação em que a Administração outorga ao particular permissão de serviço público por 4 anos, sendo que, 2 anos depois, a permissão vem a ser revogada; nesse caso, mesmo havendo previsão legal de que a permissão de serviço público é precária, podendo, assim, ser revogada a qualquer tempo independentemente de indenização, o fato é que o particular recebeu um ato conclusivo (permissão) que gerou a confiança legítima de que seria mantido até o final do período de 4 anos (por conta do prazo específico no documento, da necessidade de 4 anos para amortizações e lucros e da inexistência de má-fé pelo particular), devendo o Estado manter sua promessa, sua palavra, não revogando a permissão antes do tempo.
Gabarito "B".

(Advogado do INEA/RJ – 2014 – FGV) Acerca do princípio de confiança legítima (Proteção da Confiança) no Direito Administrativo, analise as afirmativas a seguir.
I. É o princípio que exige do administrador um agir conforme a lei, mesmo que isso implique em prejuízo da Administração.
II. É o princípio que deriva da ideia de segurança jurídica e boa-fé objetiva do administrado.
III. É o princípio segundo o qual a Administração Pública não pode mudar de conduta se isso prejudica o administrado, uma vez que é vedado um comportamento contraditório.
Assinale:
(A) se somente as afirmativas II e III estiverem corretas.
(B) se somente as afirmativas I e II estiverem corretas.
(C) se somente a afirmativa III estiver correta.
(D) se somente a afirmativa II estiver correta.
(E) se somente a afirmativa I estiver correta.

I: incorreta, pois o princípio que determinar o agir conforme a lei é o princípio da legalidade; **II:** correta, pois o princípio em questão é o aspecto subjetivo do princípio da segurança jurídica e é protegido também por incidência do princípio da boa-fé objetiva; **III:** incorreta, pois a violação do princípio em questão pode, em alguns casos, ensejar indenização ao prejudicado, quando o ato administrativo que o prejudica não puder ser mantido na ordem jurídica.
Gabarito "D".

(Delegado/SP – 2014 – VUNESP) Desde antigas eras do Direito, já vingava o brocardo segundo o qual "nem tudo o que é legal é honesto" (*non omne quod licet honestum est*). Aludido pensamento vem a tomar relevo no âmbito do Direito Administrativo principalmente quando se começa a discutir o problema do exame jurisdicional do desvio de poder. Essa temática serve, portanto, de lastro para o desenvolvimento do princípio constitucional administrativo
(A) explícito da moralidade administrativa.
(B) explícito da legalidade.
(C) implícito da supremacia do interesse público sobre o privado.
(D) implícito da finalidade administrativa.
(E) implícito da motivação administrativa.

De fato, "nem tudo que é legal é honesto" ou "nem tudo que é legal é moral". Dessa forma, o princípio da legalidade não é suficiente para prevenir condutas que possam violar o interesse público. Por isso, a CF/1988 estabelece como princípio da Administração Pública o da moralidade administrativa. Um exemplo de aplicação desse princípio foi a edição da Súmula Vinculante STF 13, que, mesmo que não haja lei proibindo a contratação de parente para cargos em comissão, proíbe o nepotismo na Administração Pública, com fundamento no princípio da moralidade administrativa.
Gabarito "A".

(Magistratura/SP – 2013 – VUNESP) O princípio da autotutela administrativa, consagrado no Enunciado n. 473 das Súmulas do STF ("473 – A Administração pode anular seus próprios atos quando eivados de vícios que os tornem ilegais, porque deles não se originam direitos; ou revogá-los, por motivo de conveniência ou oportunidade, respeitados os direitos adquiridos, e ressalvada, em todos os casos, a apreciação judicial."), fundamento invocado pela Administração para desfazer ato administrativo que afete interesse do administrado, desfavorecendo sua posição jurídica,
(A) confunde-se com a chamada tutela administrativa.
(B) prescinde da instauração de prévio procedimento administrativo, pois tem como objetivo a restauração da ordem jurídica, em respeito ao princípio da legalidade que rege a Administração Pública.
(C) exige prévia instauração de processo administrativo, para assegurar o devido processo legal.
(D) pode ser invocado apenas em relação aos atos administrativos ilegais.

A: incorreta, pois a *tutela administrativa* (ou *controle administrativo*) é a possibilidade de a pessoa jurídica criadora de outra pessoa jurídica rever os atos desta que extrapolem os objetivos finalísticos da entidade criada; trata-se de um poder fiscalizatório bem mais restrito que a *hierarquia* (esta se dá de órgão superior para órgão subordinado), que permite ao órgão superior rever os atos do ato subordinado não só quando há desvio finalístico, como também quando há ilegalidade ou inconveniência; assim, a hierarquia tem relação com o princípio da autotutela, ao passo que tutela administrativa não; **B:** incorreta, pois, havendo possibilidade de afetar liberdade e a propriedade de terceiros, há de se respeitar o devido processo legal, o contraditório e a ampla defesa (art. 5º, LIV e LV, da CF), o que se dá, normalmente, no âmbito de um processo administrativo; **C:** correta, nos termos do comentário à alternativa "b"; **D:** incorreta, pois a autotutela se dá tanto quanto a atos *ilegais* (caso em que se dará a anulação) como em relação aos atos *inconvenientes* (caso em que se dará a revogação), nos termos do próprio texto da Súmula citada, bem como do art. 53 da Lei 9.784/1999.
Gabarito "C".

(Ministério Público/SP – 2011) O princípio da motivação que, entre outros, informa a Administração Pública
(A) é de observância obrigatória apenas para os atos administrativos vinculados.
(B) está previsto expressamente na Constituição Federal.
(C) incide obrigatoriamente somente na edição de atos administrativos discricionários.
(D) está previsto de maneira explícita na Constituição do Estado de São Paulo.
(E) é facultativo, na elaboração de atos administrativos complexos.

A: incorreta, pois, nos atos discricionários, por maior razão que nos atos vinculados, a motivação se faz necessária; **B:** incorreta, pois não há previsão genérica (para a Administração Pública de todos os poderes) do princípio da

motivação; há previsão apenas da motivação para a Administração Pública do Judiciário (art. 93, X, da CF): **C:** incorreta, pois os atos vinculados também devem ser motivados, até porque a motivação é um princípio (art. 2º, *caput*, da Lei 9.784/1999), e, como tal, orienta os atos administrativos em geral; **D:** correta, pois há essa previsão no art. 111 da Constituição do Estado de São Paulo; **E:** incorreta, pois o fato de um ato ser complexo, ou seja, praticado por mais de um órgão, não exonera seus autores do dever de motivação.
Gabarito "D".

(Defensor Público/PR – 2012 – FCC) Sobre os princípios orientadores da administração pública é INCORRETO afirmar:

(A) A administração pública não pode criar obrigações ou reconhecer direitos que não estejam determinados ou autorizados em lei.

(B) A conduta administrativa com motivação estranha ao interesse público caracteriza desvio de finalidade ou desvio de poder.

(C) A oportunidade e a conveniência são delimitadas por razoabilidade e proporcionalidade tanto na discricionariedade quanto na atividade vinculada da administração pública.

(D) Além de requisito de eficácia dos atos administrativos, a publicidade propicia o controle da administração pública pelos administrados.

(E) O princípio da eficiência tem sede constitucional e se reporta ao desempenho da administração pública.

A: assertiva correta, em função do princípio da legalidade; **B:** assertiva correta, pois todo ato administrativo deve atender à finalidade última da Administração, que é o alcance do interesse público, o que faz com que um ato que tenha motivação estranha ao interesse público se ressinta de desvio de finalidade, também chamado de desvio de poder; **C:** assertiva incorreta, devendo a alternativa ser assinalada; a oportunidade e a conveniência, assim como a razoabilidade e a proporcionalidade dizem respeito apenas aos atos discricionários, já que os atos vinculados são aqueles em que a lei confere ao Administrador apenas uma opção de agir, não havendo como se falar em oportunidade, conveniência, razoabilidade e proporcionalidade, mas apenas podendo falar que o ato está ou não de acordo com o que a lei determina de forma clara e objetiva; **D:** assertiva correta; de fato, a publicidade é requisito de eficácia do ato administrativo (e não de existência ou de validade); ademais, também é correto dizer que a publicidade propicia o controle da administração pública pelos administrados, já que estes não conseguirão saber se os administradores vêm ou não cumprindo o que determina a lei se os atos administrativos não forem devidamente divulgados; **E:** assertiva correta, pois esse princípio está inserto no art. 37, *caput*, da CF; ademais, ele diz respeito, sim, ao desempenho da Administração (e dos administradores, por óbvio), impondo que esta atenda satisfatoriamente aos interesses dos administrados, expressos na lei.
Gabarito "C".

(Procurador/DF – 2013 – CESPE) Julgue o seguinte item.

(1) Constitui exteriorização do princípio da autotutela a súmula do STF que enuncia que "A administração pode anular seus próprios atos, quando eivados dos vícios que os tornam ilegais, porque deles não se originam direitos; ou revogá-los, por motivo de conveniência e oportunidade, respeitados os direitos adquiridos, e ressalvada, em todos os casos, a apreciação judicial".

1: certa, valendo salientar que o princípio da autotutela também está previsto no art. 53 da Lei 9.784/1999.
Gabarito 1C.

(Magistratura do Trabalho – 21ª Região – 2012) Sobre os princípios que regem a administração pública, é incorreto afirmar:

(A) o princípio da moralidade exige que o administrador se paute por conceitos éticos;

(B) corolário do princípio da igualdade é a vedação de se estabelecer diferenças em razão da sede ou domicílio dos licitantes;

(C) o princípio da supremacia do interesse público decorre da posição privilegiada dos órgãos e entes públicos encarregados da preservação do interesse público;

(D) em decorrência do princípio da hierarquia, que é restrito às funções administrativas e não aplicáveis às funções tipicamente legislativas e judiciais, a Administração Pública possui a prerrogativa de avocar atribuições, e também de rever os atos dos subordinados;

(E) A Constituição Federal prevê, expressamente, os princípios da legalidade, publicidade, impessoalidade, moralidade, eficiência e razoabilidade.

A: assertiva correta, pois o dever de agir conforme a ética, a boa-fé, a lealdade etc., decorre justamente do princípio da moralidade; **B:** assertiva correta, pois a igualdade não se coaduna com discriminar licitantes em função de sua sede ou domicílio, não podendo um edital de licitação de um município dizer que só pode participar de licitação para fornecer, por exemplo, material de escritório para este, empresas sediadas nele; **C:** assertiva correta, pois, para que o interesse público seja assegurado, há situações em que é necessário se conceder privilégios aos órgãos públicos, como o privilégio deste de poder usar a força para executar seus atos em determinados casos; **D:** assertiva correta, pois a hierarquia, de fato, só existe em relações administrativas (não existindo em relações puramente jurisdicionais e legislativas, não sendo correto dizer que um desembargador de uma câmara é superior hierárquico de um juiz) e decorre dela a possibilidade de revisão dos atos dos subordinados e também de avocação de atribuições; **E:** assertiva incorreta, devendo ser assinalada; o princípio da razoabilidade não está expresso no art. 37, *caput*, da CF, diferentemente dos outros mencionados, que estão.
Gabarito "E".

(Procurador do Trabalho – 2013 – MPT) Sobre o princípio da transparência na administração pública, analise as seguintes proposições:

I. A Constituição da República assegura de forma expressa o acesso dos usuários a registros administrativos e a informações sobre atos de governo, observado o direito à intimidade, à vida privada, à honra e à imagem das pessoas.

II. Subordina-se aos ditames da Lei n. 12.527/2011 (Lei de Transparência) a administração pública direta e indireta da União, dos Estados e Municípios.

III. O Ministério Público não se sujeita aos ditames da Lei n. 12.527/2011, uma vez que não integra o Poder Executivo, estando sujeito à normatização própria pelo Conselho Nacional do Ministério Público.

IV. Aplicam-se as disposições da Lei n. 12.527/2011, no que couber, às entidades privadas sem fins lucrativos que recebam, para realização de ações de interesse público, recursos públicos diretamente do orçamento ou mediante subvenções sociais, contrato de gestão, termo de parceria, convênios, acordo, ajustes ou outros instrumentos congêneres.

Assinale a alternativa CORRETA:

(A) apenas as assertivas I e III estão corretas;
(B) apenas as assertivas II e IV estão corretas;
(C) apenas as assertivas III e IV estão corretas;
(D) apenas a assertiva IV está correta;
(E) não respondida.

I: incorreta, pois a CF não garante de forma expressa o acesso a registros administrativos e a informações sobre atos de governo, havendo apenas normas que permitem o acesso a atos de interesse coletivo em geral (art. 5º, XXXIII, da CF), sem o nível de detalhe que agora está garantido pela Lei 12.527/2011; II: correta (art. 1º, *caput*, da Lei 12.527/2011); III: incorreta, pois o Ministério Público integra o Poder Executivo, além de haver menção expressa acerca da subordinação do *Parquet* ao regime da Lei 11.527/2011 (art. 1º, parágrafo único, I); IV: correta (art. 2º, *caput*, da Lei 12.527/2011).
Gabarito "B".

(Analista – TRT/20ª – 2011 – FCC) No que concerne à Administração Pública, o princípio da especialidade tem por característica
(A) a descentralização administrativa através da criação de entidades que integram a Administração Indireta.
(B) a fiscalização das atividades dos entes da Administração Indireta.
(C) o controle de seus próprios atos, com possibilidade de utilizar-se dos institutos da anulação e revogação dos atos administrativos.
(D) a relação de coordenação e subordinação entre uns órgãos da Administração Pública e outros, cada qual com atribuições definidas em lei.
(E) a identificação com o princípio da supremacia do interesse privado, inerente à atuação estatal.

A: correta, pois o princípio defende a ideia de que a Administração deve buscar a descentralização, criando entidades especializadas na atuação em determinada área; exemplo do princípio é a criação de um autarquia especialmente destinada à defesa do meio ambiente, como é o IBAMA; **B:** incorreta, pois a fiscalização das atividades desses entes decorre do princípio do controle ou tutela; **C:** incorreta, pois essa definição é do princípio da autotutela; **D:** incorreta, pois tal relação consiste no princípio da hierarquia; **E:** incorreta, pois, quanto à Administração Pública, vige o princípio da supremacia do interesse *público*, e não da supremacia do interesse *privado*.
Gabarito "A".

(Analista – TRF/1ª – 2011 – FCC) Carlos, auditor fiscal do tesouro nacional, ao preencher incorretamente documento de arrecadação do tesouro, causou prejuízo ao fisco na ordem de trinta reais. Tal fato acarretou sua demissão do serviço público. Em razão disso, postulou no Judiciário a anulação da pena, o que foi acolhido pelos seguintes fundamentos: o servidor procurou regularizar o erro, buscando recolher aos cofres públicos a quantia inferior recolhida; sua ficha funcional é boa e não desabona sua atuação; a quantia inferior recolhida é irrisória; a pena de demissão é ato extremo que deve ser efetivado apenas em casos gravíssimos. O exemplo citado refere-se ao restabelecimento dos princípios, que devem sempre nortear a atuação da Administração Pública:
(A) moralidade e impessoalidade.
(B) eficiência e motivação.
(C) motivação e moralidade.
(D) razoabilidade e proporcionalidade.
(E) probidade e eficiência.

O exemplo citado refere-se à aplicação do princípio da razoabilidade e da proporcionalidade. Isso porque esse princípio reclama "adequação entre meios e fins", vedando a "imposição de obrigações, restrições e sanções em medida superior àquelas estritamente necessárias ao atendimento do interesse público" (art. 2º, parágrafo único, VI, da Lei 9.784/1999). No caso, a demissão do servidor importou na imposição de uma sanção em medida superior àquela estritamente necessária ao atendimento do interesse público. Isso porque o caso relatado demonstra que o servidor, apesar de merecer algum tipo de punição, não merecia ser demitido. A Administração Pública não obedeceu, assim, aos princípios citados, que foram restabelecidos por decisão judicial.
Gabarito "D".

(Auditor Fiscal/SC – 2010 – FEPESE) Quanto aos princípios constitucionais da Administração Pública, é **correto** afirmar:
(A) O princípio da prevalência do interesse público sobre o particular é exemplo de norma constitucional explícita.
(B) A atividade administrativa estatal não se subordina a quaisquer parâmetros legalistas *stricto sensu* e sim principiológicos.
(C) O princípio constitucional da eficiência equipara a atuação Administração Pública aos parâmetros de atuação da iniciativa privada.
(D) A conflituosidade é ínsita à natureza dos princípios, o que levou o constituinte a positivar valores que se chocam entre si.
(E) O princípio constitucional da impessoalidade é insuscetível de mitigação, mesmo em casos de comprometimento da segurança nacional.

A: incorreta, pois esse princípio não está expresso na Constituição Federal; **B:** incorreta, pois a atividade administrativa está subordinada ao princípio da legalidade, que determina não só obediência aos princípios, como também às leis e normas jurídicas em geral; **C:** incorreta, pois a Administração Pública faz a gestão de interesses públicos, e não de interesses privados, o que faz com que seu regime jurídico seja diferenciado do regime jurídico de direito privado; um exemplo disso é o dever de motivar; na iniciativa privada, como regra, esse dever não existe, diferente do que acontece na Administração Pública; **D:** correta, pois os princípios têm uma certa conflituosidade entre si; por exemplo, quanto mais houver amarras legais (princípio da legalidade), menos se consegue atingir a eficiência (princípio da eficiência); porém, se deixasse o agente público agir sem que tivesse que obedecer à lei, certamente haveria muita insegurança, de modo que o princípio da legalidade é importante para garantir valores relevantes para a sociedade; na prática, o princípio da proporcionalidade atuará, no caso concreto, para se verificar qual princípio prevalece em caso de grande contraposição entre dois ou mais princípios; **E:** incorreta, pois nenhum princípio é insuscetível de mitigação, já que nenhum princípio é absoluto; como se viu, há conflituosidade entre os princípios, sendo necessário, no caso concreto, ponderar valores e verificar qual princípio prevalece em situações específicas.
Gabarito "D".

Poderes da Administração Pública   3

3.1. CONSIDERAÇÕES GERAIS

Os poderes têm *caráter instrumental*, uma vez que são os meios pelos quais a Administração busca atingir seu fim, qual seja, a proteção e promoção do interesse público.

Por conta disso, a doutrina costuma associar a ideia de poder à de dever, daí porque muitos autores dizem que a Administração tem, na verdade, um *poder-dever* ou um *dever-poder*, como prefere Celso Antônio Bandeira de Mello.

Enfim, os poderes conferidos à Administração só existem com o objetivo de atender seus **deveres** – dever de agir, dever de eficiência, dever de probidade e dever de prestar contas.

Considerando a importância dos poderes para atender os objetivos da Administração, esses são irrenunciáveis. Ademais, não se pode manejá-los sem que o agente tenha *competência* (ou teremos excesso de poder) ou, ainda que competente, quando se desvia da finalidade para a qual existe aquele ato (caso de desvio de poder).

Parte da doutrina faz a distinção *poderes administrativos* e *poderes políticos*. Os primeiros são os poderes que a administração detêm para realizar atividades administrativas, ou seja, atividades de execução de lei, ao passo que os poderes políticos são os que guardam fundamento de validade na própria Constituição Federal, além de terem alto grau de discricionariedade. Como exemplo de poder político temos o poder de iniciativa de projeto de lei, de veto a projeto de lei, dentre outros. Como exemplo de poder administrativo temos a aplicação de uma multa de trânsito, que encerra o poder administrativo denominado "poder de polícia".

Normalmente, estudam-se os poderes tratando, em primeiro lugar, de sua classificação quanto à margem de liberdade do administrador público (poderes vinculado e discricionário) e depois tratando dos poderes em espécie (hierárquico, disciplinar, regulamentar e de polícia).

3.2. DEFINIÇÕES DE HELY LOPES MEIRELLES

Hely Lopes Meirelles traz as seguintes definições dos poderes administrativos (*Direito Administrativo Brasileiro*. 26. ed. São Paulo: Malheiros. p. 109 a 123):

   a) **poder vinculado** – "é aquele que o Direito Positivo – a lei – confere à Administração Pública para a prática de ato de sua competência, determinando os elementos e requisitos necessários à sua formalização";

   b) **poder discricionário** – "é o que o Direito concede à Administração, de modo explícito, para a prática de atos administrativos com liberdade na escolha de sua conveniência, oportunidade e conteúdo";

c) **poder hierárquico** – "é o de que dispõe o Executivo para distribuir e escalonar as funções de seus órgãos, ordenar e rever a atuação de seus agentes, estabelecendo a relação de subordinação entre os servidores do seu quadro de pessoal";

d) **poder disciplinar** – "é a faculdade de punir internamente as infrações funcionais dos servidores e demais pessoas sujeitas à disciplina dos órgãos e serviços da Administração";

e) **poder regulamentar** – "é a faculdade de que dispõem os Chefes de Executivo (Presidente da República, Governadores e Prefeitos) de explicar a lei para sua correta execução, ou de expedir decretos autônomos sobre matéria de sua competência ainda não disciplinada por lei";

f) **poder de polícia** – "é a faculdade de que dispõe a Administração Pública para condicionar e restringir o uso e gozo de bens, atividades e direitos individuais, em benefício da coletividade ou do próprio Estado".

3.3. PODERES VINCULADO E DISCRICIONÁRIO

Repare que a diferença entre o **poder vinculado** e o **poder discricionário** é que, no primeiro, a lei deixa bem *determinados* os elementos e requisitos necessários à prática de um ato, ao passo que, no segundo, a lei confere *margem de escolha* para a Administração quanto à conveniência, a oportunidade e o conteúdo do ato.

No exercício de um ato ou poder vinculado, não será possível ao administrador público fazer apreciações pessoais, subjetivas, uma vez que está muito claro na lei *quando* deve agir e a *forma* desse agir. São atos vinculados os seguintes: concessão de aposentadoria voluntária e multa de trânsito por excesso de velocidade.

No exercício de um ato ou poder discricionário, é dado ao administrador público utilizar critério de conveniência e oportunidade para discernir *quando* deve agir ou a *forma* desse agir. Observe que não existe arbitrariedade ou liberdade total para Administração, mas sim *margem de liberdade* para que essa, no caso concreto, verifique a melhor providência a ser tomada.

Nesse sentido, todo ato discricionário tem uma parte vinculada, em que o agente estará adstrito ao que dispuser a lei. A *competência*, por exemplo, sempre é vinculada, já que a lei sempre determina quem é competente.

No entanto, Hely Lopes Meirelles entende que três requisitos dos atos administrativos são sempre vinculados: *competência*, *forma* e *finalidade* (interesse público). Ou seja, a competência discricionária é sempre *parcialmente vinculada*, não conferindo, assim, *total liberdade* para o agente público, mas apenas *margem de liberdade* para este.

Dessa forma, o *mérito* de um ato discricionário, ou seja, a margem de liberdade que remanesce ao agente público se situará nos requisitos *motivo* e/ou *objeto*.

O Judiciário não pode se imiscuir no *mérito* administrativo, sob pena de violação ao princípio da independência dos Poderes. Todavia, o Judiciário pode apreciar os seguintes aspectos de um ato discricionário: de *legalidade*, de *razoabilidade* e de *moralidade*.

São exemplos de atos discricionários os seguintes: a autorização de uso de bem público para que o particular realize um evento e a autorização para compra de uma arma (Lei 10.826/2003).

3.4. PODERES HIERÁRQUICO E DISCIPLINAR

Repare que a diferença entre o poder hierárquico e o poder disciplinar é que o primeiro diz respeito ao dia a dia das relações de subordinação (escalonamento de funções, ordens, revisão de atos), ao passo que o segundo só atua quando houver um ilícito disciplinar, possibilitando à Administração a aplicação de sanções disciplinares.

O **poder hierárquico** é *aquele conferido* ao *agente público para organizar a estrutura da Administração e fiscalizar a atuação de seus subordinados, expressando-se na distribuição e orientação das funções, na expedição de ordens e na revisão dos atos dos demais agentes, numa relação de ampla subordinação.*

Esse poder se dá de *órgão* para *órgão* ou de *cargo* para *cargo*. Dessa forma, a hierarquia não se confunde com o *controle* (*supervisão ministerial* ou *tutela*), pois este se dá de *pessoa jurídica* para *pessoa jurídica*. A hierarquia confere amplos poderes ao órgão superior, ao passo que o controle somente permite que a entidade controladora fiscalize a controlada no que a lei dispuser e quanto a possíveis desvios de finalidade da entidade.

A delegação e a avocação são institutos muito ligados ao poder hierárquico e serão vistos no item 4.4.2.2.1.

O **poder disciplinar** é *aquele conferido ao agente público para aplicação de sanções ou penalidades aos demais agentes, dada a prática de uma infração disciplinar.*

Perceba que, em relação ao poder hierárquico, o poder disciplinar é mais específico, direcionando-se tão somente à atividade de punir ou não um agente por infração funcional, enquanto aquele é mais amplo, dizendo respeito à organização, orientação e revisão de atos.

Por outro lado, é bom salientar que o poder disciplinar não se dirige apenas sobre os servidores públicos. O conceito doutrinário desse poder engloba não só a atividade disciplinar dos agentes públicos, como também a que se dirige a outras pessoas que mantêm relação jurídica com a Administração, já que esse poder é a faculdade de punir internamente as infrações funcionais dos servidores e demais pessoas sujeitas à disciplina dos órgãos e serviços da Administração.

O poder disciplinar pode ser tanto vinculado como discricionário e depende do que dispuser a lei a respeito.

O ato decorrente do poder disciplinar deve ser devidamente motivado. Aliás, dois aspectos são muito importantes nesse poder: a) a necessidade de apuração da falta com contraditório e ampla defesa; b) o dever de motivar.

Mais à frente veremos outros elementos referentes ao processo administrativo disciplinar.

3.5. PODER REGULAMENTAR

Conforme já visto, o poder regulamentar pode ser **conceituado** como a *faculdade de que dispõem os Chefes de Executivo de explicar a lei para sua correta execução ou de expedir decretos autônomos sobre matéria de sua competência ainda não disciplinada por lei.*

Na **prática**, o poder regulamentar se dá pela edição de decretos regulamentares, ou seja, de decretos que explicam a lei, propiciando sua fiel execução.

Vamos a um **exemplo**. Imagine uma lei municipal que estabelece a proibição de emissão de ruído acima de determinado limite após as 22 horas. Esse tipo de lei costuma trazer a proibição em si, o limite de decibéis para os diferentes locais de um município (zonas residenciais, zonas comerciais, em frente a hospitais etc.) e a sanção aplicável em caso de descumprimento. Porém, tais leis não entram em detalhes sobre como serão aplicadas no plano concreto. É nessa hora que entra o regulamento. O Prefeito, por meio de um decreto, detalhará como a fiscalização deverá ser feita, que tipo de aparelho poderá aferir o limite de decibéis, além de outras regras necessárias à fiel execução da lei.

O poder regulamentar consiste justamente em o Chefe do Executivo emitir regulamentos com vistas à operacionalização do cumprimento da lei.

É por isso que o exercício desse poder não pode inovar na ordem jurídica, ou seja, criar direitos ou obrigações novos. Esse poder tem por objetivo apenas regulamentar o que a lei estabeleceu, não podendo passar por cima dela.

Conforme já visto quando estudamos o princípio da legalidade, só excepcionalmente são cabíveis *decretos autônomos de lei*, valendo citar os dois casos previstos no art. 84, VI, da Constituição, em que um decreto poderá inovar na ordem jurídica, atentando, claro, aos limites estabelecidos no dispositivo.

No mais, a regra é que os decretos sejam *voltados à execução de lei*.

Passemos agora às **características** do poder regulamentar:

a) é exercido pelo *Chefe do Poder Executivo*;

b) é *indelegável*;

c) o meio utilizado para trazer ao mundo jurídico o regulamento é o *decreto* (ato-forma);

d) objetiva tão somente *propiciar a fiel execução da lei*, não podendo, como regra, ir além do que ela dispõe, ou seja, *não podendo inovar* na ordem jurídica;

e) o Congresso Nacional tem competência para sustar atos normativos do Executivo que exorbitem o poder regulamentar (art. 49, V, CF);

f) há leis que são de eficácia contida, por dizerem ser necessário regulamento para produzirem efeitos (condição suspensiva, portanto).

Não se deve confundir o **poder normativo** com o **poder regulamentar**. Aquele tem conceito mais amplo, que abrange tanto o poder regulamentar, como poder de editar outros atos normativos infralegais. O poder normativo pode ser exercido por outros agentes além do Chefe do Executivo (único que pode praticar o poder regulamentar). Por exemplo, exercem poder normativo um Ministro de Estado (art. 84, parágrafo único, da CF) e uma agência reguladora, tudo nos termos da lei e dos regulamentos.

3.6. PODER DE POLÍCIA

3.6.1. Conceito de poder de polícia em sentido amplo

Conforme já vimos, o poder de polícia pode ser **conceituado** como *a faculdade de que dispõe a Administração Pública para condicionar e restringir o uso e gozo de bens, atividades e direitos individuais, em benefício da coletividade ou do próprio Estado*.

O conceito em tela **abrange** duas situações: a) as leis, que trazem as limitações administrativas aos direitos, à liberdade e à propriedade das pessoas; b) a polícia administrativa, consistente na atividade de fiscalizar a conformidade do comportamento das pessoas aos limites estabelecidos pela lei.

Portanto, o poder de polícia em sentido amplo abrange tanto a lei como a fiscalização com vistas a verificar se a aquela está sendo cumprida.

Vejamos um exemplo. Em matéria de trânsito, o Código de Trânsito Brasileiro é o instrumento que traz a *limitação administrativa*, ao passo que os agentes de trânsito exercem a fiscalização, a *polícia administrativa*.

3.6.2. Conceito de poder de polícia em sentido estrito (polícia administrativa)

A **polícia administrativa** pode ser **conceituada** como *a atividade da Administração Pública, expressa em atos normativos ou concretos, de condicionar a liberdade e a propriedade dos indivíduos aos ditames da lei, mediante ação fiscalizadora, ora preventiva, ora repressiva.*

A polícia administrativa é sempre sublegal, ou seja, atua no sentido de fazer com que a lei seja cumprida.

Para tanto, a polícia administrativa vale-se não só de atos concretos (ex.: multas) como também de atos normativos (ex.: regulamentos).

A tarefa primordial da polícia administrativa é impor um *não fazer* ("non facere"). Para tanto, os agentes administrativos atuarão *preventivamente* (ex.: fazendo vistorias) e *repressivamente* (ex.: aplicando sanções, apreendendo produtos, removendo veículos etc.).

Dessa forma, a polícia administrativa é essencialmente **negativa**, já que impõe um não fazer. Há casos, porém, em que será positiva, como quando o poder de polícia se dá para que o proprietário atue concretamente para atender à função social da propriedade.

3.6.3. Características da polícia administrativa

O poder de polícia em sentido estrito ou polícia administrativa tem as seguintes **características**:

a) **provém privativamente de autoridade pública**, ou seja, não é permitida sua delegação ao particular. A este somente é possível ser credenciado para **contribuir materialmente** com o poder de polícia, como no caso de empresa que controla radares fotográficos de trânsito, mas a declaração de vontade será, ao final, da autoridade pública, que, com base nesses elementos materiais, poderá aplicar ou não uma multa de trânsito; ou seja, o poder de polícia não pode ser delegado para entidade privada (STF, ADI 1.717/DF, DJ 29.03.2003), mas é possível que o particular receba (por contrato de prestação de serviço ou por credenciamento) a incumbência de colaborar, com atividades materiais, com a administração pública;

b) **é imposto coercitivamente pela administração,** independente da concordância do particular, sem necessidade de buscar o Poder Judiciário; Hely Lopes Meirelles denomina esse atributo de autoexecutoriedade;

c) **abrange de forma genérica as atividades e a propriedade,** diferentemente da servidão e da requisição administrativas, que abrangem atividades e pessoas *específicas*.

Por conta da generalidade do poder de polícia, seu exercício *não gera direito de indenização* em favor do particular. Ao contrário, seu exercício é fato que enseja a cobrança de uma *taxa* a ser paga pelo particular.

Parte da doutrina aponta que o poder de polícia é **discricionário**. Porém, isso nem sempre ocorre. Vai depender do texto da lei que cria a limitação administrativa. Se a lei é bem clara e objetiva sobre o que está proibido e sobre qual conduta o agente público deve tomar, como ocorre com boa parte das normas do Código de Trânsito, está-se diante de competência vinculada e não competência discricionária. Já se a lei traz conceito vago sobre a hipótese que enseja uma atuação, bem como possibilita que seja aplicada mais de uma sanção para o agente infrator, aí sim teremos uma competência discricionária.

Em outras palavras, a lei que estabelece o condicionamento à liberdade e à propriedade das pessoas (poder de polícia em sentido amplo) pode tanto trazer conceitos claros e objetivos, ensejando uma competência vinculada (ex.: "o recuo de frente dos imóveis residenciais deve ser de 4 metros"), como trazer conceitos fluidos e vagos e/ou mais de uma opção ao agente público, ensejando competência discricionária (ex.: "em caso de violação da presente lei, será aplicada multa de R$ 1.000,00 a R$ 5.000,00, de acordo com a gravidade da infração").

Por fim, resta saber se o poder de polícia possibilita que a Administração sempre **use a força** para fazer valer seus atos. Hely Lopes Meirelles chama esse atributo de "coercibilidade", ao passo que Celso Antônio Bandeira de Mello chama esse atributo de "autoexecutoriedade". Para Hely, a expressão "autoexecutoriedade" designa a simples possibilidade de a Administração fazer imposições ao particular, sem recorrer ao Judiciário, sendo a coercibilidade um *plus*, que permite o uso da força.

A possibilidade de a Administração impor comandos de não fazer sem buscar o Poder Judiciário é pacífica, decorrendo da imperatividade (na linguagem de Celso Antônio Bandeira de Mello) e da autoexecutoriedade (na linguagem de Hely Lopes Meirelles).

Já a possibilidade de a Administração, após ter imposto um comando, fazer o uso da força para fazer valer o comando (*autoexecutoriedade* para Celso Antônio e *coercibilidade* para Hely), não é a regra, mas a exceção em matéria de poder de polícia.

Com efeito, a Administração só pode usar a força para que faça valer suas determinações de polícia em caso de urgência ou quando a lei expressamente determinar. Do contrário, terá de buscar a prestação jurisdicional.

Assim, caso uma lei proíba ruídos acima de um dado limite e uma lanchonete, já autuada, continue gerando ruídos excessivos, a interdição do estabelecimento só será possível se a lei local expressamente prever tal possibilidade. Do contrário, o Município deverá ingressar com ação de interdição de estabelecimento.

Vale dizer que o STJ vem estabelecendo limites ao poder de polícia quando a Administração pretende utilizá-lo para cumprir finalidade arrecadatória. Confira-se a respeito as seguintes súmulas desse Tribunal:

- SÚMULA STJ 510: A liberação de veículo retido apenas por transporte irregular de passageiros não está condicionada ao pagamento de multas e despesas.

- Súmula STJ 127: É ilegal condicionar a renovação da licença de veículo ao pagamento de multa, da qual o infrator não foi notificado.

3.6.4. Polícia administrativa x polícia judiciária

Não se pode confundir a *polícia administrativa* (exs.: fiscalizações de vigilância sanitária, de trânsito e de construções), com a *polícia judiciária* (ex.: investigação feita pela polícia civil).

Tais polícias têm as seguintes **diferenças**:

a) a primeira age sobre *ilícitos administrativos*, ao passo que a segunda age sobre *ilícitos penais*;

b) a primeira age sobre *bens* e *pessoas*, ao passo que a segunda age sobre *pessoas*;

c) a primeira atua por *variados órgãos*, ao passo que a segunda atua pela *polícia civil* e pela *polícia federal*;

d) a primeira tem atuação *preventiva, repressiva e punitiva*, ao passo que a segunda costuma atuar *repressivamente*, voltada a investigar ilícitos penais;

e) a primeira é custeada por taxas, ao passo que a segunda, por impostos.

A polícia militar, por sua vez, faz o chamado *policiamento ostensivo*. Esse policiamento pode ser considerado uma espécie à parte de polícia. Porém, vários autores consideram a polícia militar como *polícia administrativa de segurança pública*.

A guarda municipal, de sua parte, tem por função a proteção municipal preventiva. É competência geral das guardas municipais a proteção dos bens, serviços e logradouros públicos municipais e instalações do Município (art. 4º, *caput*, da Lei 13.022/2014). São competências específicas das guardas municipais, dentre outras, respeitadas as competências dos órgãos federais e estaduais, prevenir e inibir, pela presença e vigilância, bem como coibir, infrações penais ou administrativas e atos infracionais que atentem contra os bens, serviços e instalações municipais; colaborar, de forma integrada com os órgãos de segurança pública, em ações conjuntas que contribuam com a paz social; exercer competências de trânsito que lhes forem conferidas; encaminhar ao delegado de polícia, diante de flagrante delito, o autor da infração, preservando o local do crime, quando possível e sempre que necessário (art. 5º da Lei 13.022/2014). Assim, verifica-se que as guardas municipais também exercem polícia administrativa, em geral relacionada à segurança pública.

3.6.5. Princípio da intranscendência das sanções administrativas e das medidas restritivas de direito

O art. 5º, XLV, da CF dispõe que "nenhuma pena passará da pessoa do condenado, podendo a obrigação de reparar o dano e a decretação do perdimento de bens ser, nos termos da lei, estendidas aos sucessores e contra eles executadas, até o limite do valor do patrimônio transferido".

Essa disposição constitucional alcança não só sanções penais, como também sanções administrativas.

Em matéria de poder de polícia, a lembrança desse princípio é importante, pois em nenhuma hipótese sanções e restrições decorrentes desse poder tem autorização para superar a dimensão pessoal do infrator.

Um dúvida recorrente nesse tema é se há violação ao princípio em questão quando se desconsidera a personalidade jurídica de uma pessoa jurídica infratora, para o fim de atingir a figura de seus sócios, que tiverem cometido abuso da personalidade. Um exemplo pode aclarar: imagine uma empresa useira e vezeira na arte de cometer ilícitos administrativos (por exemplo, em matéria de licitações e contratos, em matéria de descumprimento de posturas municipais ou em matéria de trânsito), que abre uma nova empresa para servir de escudo à primeira, protegendo essas de sanções como multas, interdições, proibições de contratar com o Poder Público, dentro outras situações. Imagine agora que o Poder Público perceba essa fraude (abuso da personalidade) e queira sancionar a empresa original, sócio da nova empresa que lhe serve de fechada. Nesse caso, a Administração só pode apenar a primeira empresa se desconsiderar a personalidade jurídica da segunda.

Para alguns, haveria violação ao princípio da intranscendência, mas, para nós, isso não acontece. Primeiro porque o objetivo desse postulado é de impedir punições a pessoas inocentes e, no caso, quem promoveu o abuso de personalidade não é inocente, ao contrário, é uma pessoa que, além de culpada, é perigosa e merece ser punida com os rigores da lei, pois usa de fraude para encobrir seus atos ilícitos. Segundo porque a desconsideração da personalidade é instituto acolhido no Direito e visa justamente evitar esse tipo de postura. Não bastasse estar presente do art. 50 do Código Civil, que traz uma cláusula geral de sua aplicabilidade em todo o âmbito não penal, a desconsideração agora também está prevista de forma genérica no Direito Administrativo, para punir atos praticados por pessoas jurídicas que lesem a administração pública, nacional e estrangeira, quanto ao seu patrimônio, aos seus princípios e a compromissos assumidos pelo Brasil (art. 5º da Lei 12.846/2013), procedendo-se à desconsideração da pessoa jurídica "sempre que utilizada com abuso do direito para facilitar, encobrir ou dissimular a prática dos atos ilícitos previstos nesta Lei ou para provocar confusão patrimonial, sendo estendidos todos os efeitos das sanções aplicadas à pessoa jurídica aos seus administradores e sócios com poderes de administração, observados o contraditório e a ampla defesa" (art. 14).

Remanesce, todavia, dúvida sobre se, uma vez preenchidos os requisitos para a desconsideração, esta pode se dar por decisão da própria Administração ou se é necessário que o caso passe pelo crivo do Judiciário. Para nós, não há dúvida de que a Administração pode promover a desconsideração da personalidade por si só, pelos seguintes motivos: a) a previsão de desconsideração está justamente no capítulo da Lei 12.846/2013 que trata do "processo administrativo de responsabilização", não fazendo sentido que estivesse nesse capítulo se não fosse possível que a própria administração tomasse a medida; b) a Lei 12.846/2013 elenca sanções e procedimentos que só podem ser aplicada por meio de ação judicial (art. 19), rol esse que não inclui a desconsideração da personalidade, mas, sim, a sanção bem mais grave, que é "dissolução compulsória da pessoa jurídica"; c) não existe qualquer norma constitucional estabelecendo que a desconsideração jurídica da personalidade tenha reserva de jurisdição; d) a desconsideração da personalidade determinada pela Administração não tem efeitos tão drásticos que não possam ser desfeitos com o ingresso imediato com ação judicial com pedido de liminar para a sua suspensão; ao contrário, se for necessário esperar um pronunciamento judicial definitivo sobre a possibilidade de desconsideração num determinado caso administrativo, a lei, que busca um avanço na impunidade generalizada pela prática de ilícitos administrativos, terá eficácia baixíssima.

Em matéria de punição a Administrações Públicas, o STF também consagra o princípio da intranscendência subjetiva das sanções, inibindo a aplicação de severas sanções às administrações por ato de gestão anterior à assunção dos deveres públicos (AC-2641).

3.6.6. Prazo para a ação punitiva (Lei 9.873/1999)

Praticado um ilícito administrativo, a Administração Pública passa a ter um prazo para exercer a **ação punitiva**.

De acordo com o art. 1º da Lei 9.873/1999, a ação punitiva da Administração Pública Federal, direta e indireta, prescreve em **5 (cinco) anos**. No entanto, quando o fato objeto da ação punitiva da Administração também constituir crime, a prescrição reger-se-á pelo prazo previsto na lei penal.

Esse prazo será contado dos seguintes **momentos**:

a) como regra: da prática do ato;

b) nas infrações permanentes ou continuadas: do dia em que tiver cessado.

É possível também que ocorra a **prescrição intercorrente**. Esta se dá quando o procedimento administrativo ficar parado por mais de 3 anos, pendente de julgamento ou despacho. Configurada a prescrição intercorrente, os autos serão arquivados de ofício ou mediante requerimento da parte interessada, sem prejuízo da apuração da responsabilidade funcional decorrente da paralisação, se for o caso.

Interrompe-se a prescrição da **ação punitiva**:

a) pela notificação ou citação do indiciado ou acusado, inclusive por meio de edital;

b) por qualquer ato inequívoco que importe apuração do fato;

c) pela decisão condenatória recorrível;

d) por qualquer ato inequívoco que importe em manifestação expressa de tentativa de solução conciliatória no âmbito interno da administração pública federal.

Suspende-se a prescrição durante a vigência de compromissos de cessação ou de desempenho.

Em matéria de trânsito há regra específica. Por conta de tal regra, o STJ é pacífico no sentido da indispensabilidade de uma primeira notificação quando da autuação da infração de trânsito, oportunizando-se, assim, o exercício do direito ao contraditório e à ampla defesa. A autoridade de trânsito terá o prazo de 30 dias para notificar o infrator para que se defenda. Não o fazendo no prazo legal, deverá o auto de infração ser arquivado e seu registro julgado insubsistente, a teor do art. 281, parágrafo único, inciso II, do CTB (STJ, REsp 951.915/RS).

Uma vez constituída uma sanção pecuniária decorrente da ação punitiva, começa a correr o prazo para a **ação de execução** da administração pública federal.

Esse prazo também é de 5 (cinco) anos, contados da constituição definitiva do crédito não tributário (art. 1º-A da Lei 9.873/1999).

Interrompe-se o prazo prescricional da **ação executória**:

a) pelo despacho do juiz que ordenar a citação em execução fiscal;

b) pelo protesto judicial;

c) por qualquer ato judicial que constitua em mora o devedor;

d) por qualquer ato inequívoco, ainda que extrajudicial, que importe em reconhecimento do débito pelo devedor;

e) por qualquer ato inequívoco que importe em manifestação expressa de tentativa de solução conciliatória no âmbito interno da administração pública federal.

3.6.7. Setores da polícia administrativa e competência

São **setores** comuns da polícia administrativa os seguintes: segurança pública; ordem pública; tranquilidade pública; higiene e saúde pública; defesa do consumidor; defesa do patrimônio estético, artístico, histórico e paisagístico; moralidade pública; economia popular; trânsito; meio ambiente etc.

Quanto à **competência** para o poder de polícia, Hely Lopes Meirelles traz a resposta: *"é competente para dada medida de polícia administrativa quem for competente para legislar sobre a matéria"*, ressalvada a competência dos Municípios para suplementar a legislação federal e a competência concorrente dos Estados.

3.7. QUADRO SINÓTICO

1. Poder vinculado: *aquele em que a lei estabelece objetiva e claramente a competência, os elementos e os requisitos para a formalização do ato administrativo*; ex: multa de trânsito por excesso de velocidade

2. Poder discricionário: *aquele em que a lei confere margem de liberdade à Administração na escolha da conveniência, oportunidade e conteúdo do ato administrativo*; ex: escolha de imóvel a ser desapropriado

3. Poder hierárquico: *aquele pelo qual a Administração pode distribuir e escalonar funções dos órgãos, ordenar e rever a atuação dos agentes, estabelecendo relação de subordinação entre os servidores*
- diferente de *controle* ou *tutela*
- ex: avocação

4. Poder disciplinar: *aquele pelo qual a Administração pode punir internamente as infrações funcionais dos servidores e demais pessoas sujeitas à disciplina de seus órgãos e serviços*

5. Poder regulamentar
a) **conceito:** *é a faculdade de que dispõe os Chefes do Executivo de explicar a lei para a sua correta execução, ou de expedir decretos autônomos sobre matéria de sua competência, quando cabível*
b) **regra:** decreto de execução; por exceções cabe decreto autônomo (art. 84, VI, da CF):
- decreto sobre organização e funcionamento da administração, desde que não crie ou extinga órgãos
- decreto para extinguir funções ou cargos, se vagos
c) **características:** é indelegável; não inova; Congresso pode sustar os que exorbitem o poder regulamentar (art. 49, V, CF); controle de um regulamento só por ação de constitucionalidade

6. Poder de polícia
a) **conceito:** *poder de condicionar e restringir a propriedade, as atividades e a liberdade das pessoas, ajustando-as ao interesse da coletividade*
b) **abrange:** leis (= limitações administrativas) e atos administrativos (= polícia administrativa)
c) **polícia administrativa:** *atividade da administração tendente a fiscalizar o cumprimento das limitações administrativas*; impõe um "não fazer"
d) **polícia administrativa x polícia judiciária**
- age sobre ilícito administrativo x age sobre ilícito penal
- age sobre bens e atividades x age sobre pessoas
- atua por variados órgãos x atua por PC e PF
obs.: PM faz policiamento ostensivo
e) **características**
- Pode ser discricionário ou vinculado, conforme a lei
- Pode ter uso da força ou não, conforme a lei
- Abrange genericamente pessoas e atividades
- É exercido privativamente por autoridade pública (particular só pode contribuir materialmente)
f) **ação punitiva (Lei 9.873/1999)**
- **prazo:** prescreve em 5 anos, da prática do ato ou, se infração permanente, do dia em que tiver cessado
- **ato criminoso:** prazo prescricional é o da lei penal
- **prescrição intercorrente:** ocorre se procedimento ficar parado por mais de 3 anos; de ofício ou a pedido
- **interrupção do prazo:** citação, ato inequívoco de apuração e decisão condenatória irrecorrível
- **suspensão do prazo:** na vigência de TAC
- **execução da punição:** uma vez constituído o ato, executa-se em 5 anos
g) **taxa:** poder de polícia é hipótese de incidência

3.8. QUESTÕES COMENTADAS
3.8.1. Poder vinculado e discricionário

(Delegado/AM) O poder discricionário conferido à Administração Pública, para ser válido, têm que conjugar os seguintes elementos:
(A) capacidade e competência
(B) oportunidade e capacidade
(C) conveniência e oportunidade
(D) competência e conveniência

Poder discricionário é o que o Direito concede à Administração para a prática de atos administrativos com liberdade na escolha de sua conveniência, oportunidade e conteúdo.
Gabarito "C".

(Auditor Fiscal da Receita Federal – 2010 – ESAF) São elementos nucleares do poder discricionário da administração pública, passíveis de valoração pelo agente público:
(A) a conveniência e a oportunidade.
(B) a forma e a competência.
(C) o sujeito e a finalidade.
(D) a competência e o mérito.
(E) a finalidade e a forma.

A: correto, pois a conveniência e a oportunidade são justamente os aspectos de mérito do ato discricionário, aspectos esses que são valorados pelo agente público, não podendo ser controlados pelo Judiciário; **B:** incorreto, pois a *competência* e *forma* são, para Hely Lopes Meirelles, elementos sempre vinculados; **C:** incorreto, pois o *sujeito* (que deve ser competente) e a *finalidade* são, para Hely Lopes Meirelles, elementos sempre vinculados; **D:** incorreta, pois, apesar do *mérito* ser expressão do poder discricionário, a *competência* é um elemento sempre vinculado; **E:** incorreto, pois a *finalidade* e a *forma* são, para Hely Lopes Meirelles, elementos sempre vinculados.
Gabarito "A".

3.8.2. Poder hierárquico

(Defensor Público/BA – 2010 – CESPE) Acerca dos poderes administrativos, julgue o seguinte item.
(1) Em decorrência do poder hierárquico, é permitida a avocação temporária de competência atribuída a órgão hierarquicamente inferior, devendo-se, entretanto, adotar essa prática em caráter excepcional e por motivos relevantes devidamente justificados.

1: correta (art. 15 da Lei 9.784/1999).
Gabarito 1C

(Procurador do Estado/PR – UEL-COPS – 2011) Leia atentamente os três enunciados que seguem, para depois responder à pergunta:
I. a delegação de competência é o ato por meio do qual um órgão administrativo e/ou o seu titular podem, desde que não haja impedimento legal expresso, transferir a integralidade de sua competência a outro órgão (ou outra pessoa), inferior ou equivalente na escala hierárquica.
II. a avocação de competência pode ser compreendida como a possibilidade de o superior hierárquico trazer para si, por tempo indeterminado, a competência originalmente atribuída a órgão (ou agente) a si subordinado.
III. não podem ser objeto de delegação, dentre outras hipóteses definidas em lei, a decisão em recursos administrativos e as matérias de competência exclusiva (ou privativa) do órgão ou autoridade.

Pergunta: assinale a alternativa correta:
(A) os três enunciados (I, II e III) são corretos;
(B) nenhum dos três enunciados (I, II e III) é correto;
(C) apenas o enunciado II é correto;
(D) apenas o enunciado III é correto;
(E) todas as quatro alternativas acima são incorretas.

I: incorreta, pois não é possível delegar a integralidade da competência, mas apenas parte dela (art. 12, *caput*, da Lei 9.784/1999); de rigor mencionar também que a regulamentação da delegação de competência não faz qualquer condicionamento à posição hierárquica do órgão ou titular dela delegatário (art. 12, *caput*, da Lei 9.784/1999); **II:** incorreta, pois a avocação é sempre temporária e nunca por prazo indeterminado (art. 15 da Lei 9.784/1999); **III:** correta (art. 13, II e III, da Lei 9.784/1999).
Gabarito "D".

(Analista – TRT/20ª – 2011 – FCC) NÃO constitui característica do poder hierárquico:
(A) delegar atribuições que não lhe sejam privativas.
(B) dar ordens aos subordinados, que implica o dever de obediência, para estes últimos, salvo para as ordens manifestamente ilegais.
(C) controlar a atividade dos órgãos inferiores, tendo o poder de anular e de revogar atos administrativos.
(D) avocar atribuições, desde que estas não sejam da competência exclusiva do órgão subordinado.
(E) editar atos normativos que poderão ser de efeitos internos e externos.

A única alternativa que não traz característica do *poder hierárquico* é a "e", que traz característica do *poder normativo*.
Gabarito "E".

3.8.3. Poder disciplinar

(Advogado da Fundação Pro Sangue/SP – 2014 – FGV) Dentre as prerrogativas da Administração Pública encontram-se os poderes administrativos. Assinale a alternativa que indica um exemplo de exercício do poder disciplinar.
(A) Aplicação de multa a uma empresa concessionária de serviço público decorrente do contrato.
(B) Aplicação de multa a um motorista que avança o sinal.
(C) Aplicação de multa, em inspeção da ANVISA, a uma farmácia.
(D) Proibição de funcionamento de estabelecimento de *shows* devido a não satisfação de condições de segurança.
(E) Aplicação de multa por violação da legislação ambiental por particular sem vínculo com a administração.

A: correta; trata-se de poder disciplinar, pois diz respeito a uma sanção aplicada junto a uma pessoa que detém um específico vínculo jurídico com a Administração, no caso, um contrato de concessão de serviço público; **B** a **E:** incorretas, pois aqui se tem poder de polícia, pois diz respeito a uma sanção aplicada a pessoas em geral, que não têm vínculos específicos com a Administração.
Gabarito "A".

3.8.4. Poder regulamentar

(Magistratura/GO – 2015 – FCC) O regime jurídico administrativo compreende um conjunto de prerrogativas e sujeições aplicáveis à Administração e expressa-se sob a forma de princípios informativos do Direito Público, bem como pelos poderes outorgados à Administração, entre os quais se insere o poder normativo, que

(A) não se restringe ao poder regulamentar, abarcando também atos originários relativos a matéria de organização administrativa.
(B) permite a edição de atos discricionários, com base em critérios de conveniência e oportunidade e afasta a vinculação a requisitos formais.
(C) autoriza a Administração a impor limites às atividades privadas em prol do interesse público.
(D) é o instrumento pelo qual a Administração disciplina a execução da lei, editando normas que podem inovar em relação ao texto legal para a criação de obrigações aos administrados.
(E) compreende a aplicação de sanções àqueles ligados à Administração por vínculo funcional ou contratual.

A: correta, pois a expressão "poder normativo" é o gênero, que tem como espécies o poder regulamentar, que é o de expedir decretos para a fiel execução da lei, bem como o poder de expedir outros atos normativos, o que pode se dar por meio de instruções normativas, resoluções, portarias etc.; **B:** incorreta, pois todo ato administrativo, mesmo que discricionário, deve obedecer aos requisitos formais estabelecidos em lei; **C e D:** incorretas, pois a atividade administrativa não pode obrigar alguém a fazer ou deixar de fazer alguma coisa; quem tem esse poder é apenas a atividade legislativa, sendo que a atividade administrativa virá num momento seguinte, para verificar se as pessoas estão ou não observando a lei, mas nunca podendo criar as obrigações, inovando na ordem jurídica; **E:** incorreta, pois essa definição é a de *poder disciplinar*, e não de *poder normativo*.
Gabarito "A"

(Procurador/DF – 2013 – CESPE) Acerca do direito administrativo, julgue os itens a seguir.

(1) Segundo jurisprudência do STJ, no direito brasileiro admite-se o regulamento autônomo, de modo que podem os chefes de Poder Executivo expedir decretos autônomos sobre matérias de sua competência ainda não disciplinadas por lei.

1: errada, pois, no Brasil, os Decretos são de execução de lei, e não autônomos de lei; assim, um decreto não pode inovar na ordem jurídica, mas apenas explicar a lei; as únicas hipóteses de decreto autônomo no Brasil são as previstas no art. 84, VI, da CF.
Gabarito 1E

(Procurador do Estado/RS – 2010 – FUNDATEC) Sobre o poder regulamentar do Chefe do Poder Executivo, é correto dizer que o seu exercício

(A) faz-se necessário quando a dicção legal, por sua generalidade e abstração, comporta a disciplina da discrição administrativa dos órgãos e dos agentes encarregados da execução das atividades, com vistas a obter uma uniformidade de procedimento, oferecer segurança jurídica e aplicação isonômica da regra.
(B) abrange o poder normativo e regulador da atividade econômica exercido pelo Estado.
(C) não permite a extinção de cargo público vago.
(D) permite que seja alocado um departamento de uma Secretaria de Estado para outra, com aumento da despesa pública.
(E) é o adequado para o desempenho do poder hierárquico que permite a revisão das decisões dos órgãos inferiores.

A: correta, pois é justamente no caso mencionado que se faz necessário regulamentar uma lei; **B:** incorreta, pois é o contrário, ou seja, o poder normativo abrange o poder regulamentar, sendo certo que este é mais restrito, dizendo respeito apenas à expedição de normas pelo Chefe do Executivo, para fiel execução da lei, ao passo que o poder normativo engloba o poder de expedir outros tipos de normas sublegais, como as instruções normativas e as resoluções; **C:** incorreta, pois existe um regulamento excepcional, o regulamento autônomo de lei, que tem o poder mencionado (art. 84, VI, "b", da CF); **D:** incorreta, pois o regulamento autônomo de lei previsto no art. 84, VI, "a", da CF até pode dispor sobre a organização e o funcionamento da Administração, mas desde que não haja aumento de despesa; **E:** incorreta, pois o poder regulamentar tem objetivo claro e determinado (regulamentar as leis), o que não se confunde com o poder hierárquico, que consiste no poder de distribuir e escalonar as funções de seus órgãos, bem como ordenar e rever a atuação de seus agentes.
Gabarito "A"

(Advogado da União/AGU – CESPE – 2012) A respeito dos limites do poder regulamentar, julgue o próximo item.

(1) O AGU, utilizando-se do poder regulamentar previsto na CF, pode conceder indulto e comutar penas, desde que por delegação expressa do presidente da República.

1: Correta, pois o art. 84, parágrafo único, da CF faculta ao Presidente da República a delegação da competência para conceder indulto e comutar penas (art. 84, XII, da CF) aos Ministros de Estado, ao Procurador-Geral da República ou ao Advogado-Geral da União, que observarão os limites traçados nas respectivas delegações.
Gabarito 1C

(Magistratura Federal/3ª Região – 2010) Relativamente ao poder regulamentar da administração, assinale a alternativa incorreta:

(A) O regulamento consiste na autodisciplina da administração pública, para obter o procedimento regular, harmônico e coerente dos seus órgãos e agentes na execução dos encargos que lhe são cometidos por lei, sendo desta dependente;
(B) É cabível o regulamento apenas em matéria que será objeto de ação administrativa ou desta dependente;
(C) Entre as finalidades do regulamento insere-se a disciplina da descrição administrativa, ou seja, de regular a liberdade relativa de agir da administração;
(D) O regulamento vincula a administração, mas não exonera o administrado de responsabilidade perante o Poder Público por comportamentos realizados em conformidade com ele.

A, B, C: Todas as afirmativas estão corretas, salvo a de letra "D", pois se o administrado agiu "em conformidade" com o regulamento, não haverá responsabilização deste.
Gabarito "D"

(Analista – TRE/PR – 2012 – FCC) De acordo com Maria Sylvia Zanella di Pietro, o poder regulamentar é uma das formas de expressão da competência normativa da Administração Pública. Referido poder regulamentar, de acordo com a Constituição Federal,

(A) é competência exclusiva do Chefe do Poder Executivo, que também pode editar decretos autônomos, nos casos previstos.
(B) admite apenas a edição de decretos executivos, complementares à lei.
(C) compreende a edição de decretos regulamentares autônomos sempre que houver lacuna na lei.

(D) admite a delegação da competência originária em caráter geral e definitivo.
(E) compreende a edição de decretos autônomos e regulamentares, quando houver lacuna na lei.

A: correta, pois, de acordo com o art. 84, IV, da CF, compete privativamente ao Presidente da República expedir decretos para fiel execução da lei; ademais, o próprio art. 84, em seu inciso VI, traz competência para o Chefe do Executivo expedir os chamados "decretos autônomos", ou seja, decretos que descendem diretamente da Constituição; B: incorreta, pois a regra é que o Chefe do Executivo só pode editar *decretos executivos de lei*; porém, o art. 84, VI, da CF estabelece duas hipóteses em que o Chefe do Executivo pode editar *decretos autônomos de lei*; C e E: incorretas, pois os decretos autônomos de lei só podem ser editados nos casos previstos em lei (art. 84, VI, da CF), que não incluem a hipótese em que há lacuna legislativa; D: incorreta, pois a competência para regulamentar a lei é indelegável, não estando prevista nas exceções trazidas no art. 84, parágrafo único, da CF.
Gabarito "A".

3.8.5. Poder de polícia

(Ministério Público/SP – 2015 – MPE/SP) Assinale a alternativa correta sobre o poder de polícia:
(A) Ele é passível de delegação a particulares.
(B) Tem, como atributos exclusivos, a discricionariedade e a coercibilidade.
(C) Inexiste vedação constitucional para que pessoas administrativas de direito privado possam exercê-lo na sua modalidade fiscalizatória.
(D) Qualifica-se como atividade positiva da Administração.
(E) Os atos a ele inerentes não se sujeitam ao princípio da anterioridade.

A: incorreta, pois o poder de polícia em si não pode ser delegado ao particular, que pode apenas contribuir materialmente para o seu exercício, mas nunca assumir o próprio exercício desse poder; B: incorreta, pois outros poderes administrativos podem ter os atributos mencionados; por exemplo, o poder disciplinar envolver certa discricionariedade quando se verifica se dada falta é grave ou não; C: correta; de fato não existe vedação constitucional nesse sentido; todavia, conforme mencionado, o exercício de poder de polícia deve se dar por meio do Poder Público, aí incluídas as pessoas jurídicas da Administração Pública Indireta, o que deve recair, em termos mais rigorosos, sobre pessoas jurídicas estatais de direito público, apesar de existir casos de pessoas jurídicas estatais de direito privado exercerem o poder de polícia; D: incorreta, pois é numa atividade considerada "negativa", no sentido de ser uma atividade que impõe um "não fazer" para as pessoas; E: incorreta; pois não é possível obrigações de não fazer para situações já ocorridas antes da edição da lei que determina essas obrigações, respeitando-se, assim, o princípio da anterioridade.
Gabarito "C".

(OAB/Exame Unificado – 2015.1) Determinado município resolve aumentar a eficiência na aplicação das multas de trânsito. Após procedimento licitatório, contrata a sociedade empresária Cobra Tudo para instalar câmeras do tipo *"radar"*, que fotografam infrações de trânsito, bem como disponibilizar agentes de trânsito para orientar os cidadãos e aplicar multas. A mesma sociedade empresária ainda ficará encarregada de criar um Conselho de Apreciação das multas, com o objetivo de analisar todas as infrações e julgar os recursos administrativos. Sobre o caso apresentado, assinale a afirmativa correta.
(A) É possível a contratação de equipamentos eletrônicos de fiscalização, mas o poder decisório não pode ser transferido à empresa.

(B) Não é cabível a terceirização de qualquer dessas atividades, por se tratar de atividade-fim da Administração.
(C) A contratação é, a princípio, legal, mas somente permanecerá válida se o município comprovar que a terceirização aumentou a eficiência da atividade.
(D) Não é possível delegar a instalação e gestão de câmeras do tipo *"radar"* à empresa contratada, mas é possível delegar a criação e gestão do Conselho de Apreciação de multas.

A: correta; no caso em tela tem-se a expressão do chamado "poder de polícia" ou "polícia administrativa"; esse poder só pode ser exercido por autoridade pública (autoridade estatal) e não por particulares; estes só podem contribuir com atividades materiais (instalação e operação de radares, por exemplo), mas não com atividades volitivas (aplicação de multas), já que estas só podem ser subscritas por autoridade pública; B: incorreta, pois cabe a terceirização das atividades meramente materiais, como são as atividades de instalação e operação dos radares; somente a parte do Conselho de Multas e da aplicação da multa em si é que não pode ser passada ao particular no caso narrado pela questão; C: incorreta, pois não é possível passar as atividade de conselho de multas e aplicação de multas aos particulares, por ser atividade própria de autoridade pública; D: incorreta, pois é justamente o contrário, ou seja, atividades de instalação e gestão podem ser passadas para o particular (são atividades meramente materiais) e as demais não, por serem privativas de autoridade pública.
Gabarito "A".

(Juiz de Direito/RJ – 2014 – VUNESP) No direito administrativo brasileiro, o poder de polícia
(A) é veiculado por meio de atos concretos e específicos, jurídicos ou materiais, sendo vedado o seu exercício por meio de atos normativos de alcance geral.
(B) pode ensejar ao particular, em virtude de seu descumprimento, sanções de ordem penal, podendo responder pelos crimes de resistência, desobediência ou desacato.
(C) não autoriza a aplicação de sanções, tais como demolição de construção, fechamento de estabelecimento ou destruição de objetos, sem a intervenção do Judiciário.
(D) manifesta-se primordialmente de forma repressiva, ficando o exercício da forma preventiva a cargo da polícia judiciária.

A: incorreta, pois o poder de polícia também pode ser exercido por meio de atos normativos, lembrando que a expressão poder de polícia abrange não só as leis e os atos normativos que estabelecem as limitações administrativas, como também a polícia administrativa, voltada precipuamente à fiscalização acerca do seu cumprimento; B: correta, pois os crimes mencionados são todos crimes contra a Administração Pública e que podem ocorrer em situações concretas específicas relacionadas ao exercício do poder de polícia; C: incorreta, pois esse tipo de coação direta ou material é cabível toda vez que a lei expressamente autorizar ou quando não houver tempo de buscar o Judiciário para acautelar o interesse público que estiver sendo violado; D: incorreta, pois o poder de polícia atua tanto preventiva, como repressivamente, lembrando que a polícia judiciária atua em outra frente, qual seja, a investigação de infrações penais.
Gabarito "B".

(Advogado do INEA/RJ – 2014 – FGV) Pedro, fiscal sanitário, verificando que as condições sanitárias exigidas pela legislação não vinham sendo cumpridas, autuou a Empresa X, aplicando-lhe uma multa. Não tendo sido apresentada defesa, nem paga a multa nos prazos legalmente estabelecidos, Pedro retornou ao estabelecimento e, sem realizar nova vistoria, até que a penalidade fosse adimplida, lacrou-o. Considerando a situação acima, analise as afirmativas a seguir.

I. O poder de polícia é, em regra, autoexecutório, porém a aplicação da multa não o é, somente podendo ser cobrada por meio judicial próprio.

II. A empresa X nada mais pode fazer administrativamente, só podendo pagar a multa para poder reabrir o seu estabelecimento, vez que não exerceu o direito de defesa oportunamente.

III. A multa somente poderia ser mantida, caso Pedro realizasse nova vistoria.

Assinale:

(A) se somente a afirmativa I estiver correta.
(B) se somente a afirmativa II estiver correta.
(C) se somente as afirmativas I e II estiverem corretas.
(D) se somente as afirmativas I e III estiverem corretas.
(E) se todas as afirmativas estiverem corretas.

I: correta, devendo a multa ser cobrada em juízo por meio de execução fiscal; **II:** incorreta, pois a empresa pode, ainda, buscar defender seus direitos em juízo, pois nenhuma lesão ou ameaça de lesão a direito pode ser subtraída da apreciação do Judiciário (art. 5º, XXXV, da CF); **III:** incorreta, pois há presunção de legitimidade nos atos praticados pelo agente público Pedro, não sendo necessário nova vistoria, ressalvados os casos previstos em lei.
Gabarito "A"

(Delegado/SP – 2014 – VUNESP) Ao exercício do poder de polícia são inerentes certas atividades que podem ser sumariamente divididas em quatro grupos: I – legislação; II – consentimento; III – fiscalização; e IV – sanção. Nessa ordem de ideias, é correto afirmar que o particular

(A) pode exercer apenas as atividades de consentimento e de sanção, por não serem típicas de Estado.
(B) somente pode exercer, por delegação, a atividade de fiscalização, por não ser típica de Estado.
(C) pode exercer, por delegação, as atividades de consentimento e fiscalização, por não serem típicas de Estado.
(D) pode exercer, por delegação, quaisquer das atividades inerentes ao poder de polícia, pois não se traduzem em funções típicas de Estado.
(E) pode exercer, por delegação, o direito de impor, por exemplo, uma multa por infração de trânsito e cobrá-la, inclusive, judicialmente.

A: incorreta, pois a atividade de sanção é típica de Estado; **B:** incorreta, pois o particular também pode exercer a atividade de consentimento, que consiste em verificar se o particular que desempenha determinada atividade ou direito satisfaz os requisitos em lei para tanto; por exemplo, tem-se o caso das autoescolas, que são particulares credenciados para exames que verificam alguns dos requisitos para receber habilitação para dirigir; **C:** correta, pois as atividades de consentimento e de fiscalização (sem sanção) podem ser realizadas pelo particular; **D:** incorreta, pois a edição de leis e a aplicação de sanções são atividades típicas de Estado; **E:** incorreta, pois a aplicação de sanções é atividade típica de Estado.
Gabarito "C"

(Defensor Público/BA – 2010 – CESPE) Acerca dos poderes administrativos, julgue o seguinte item.

(1) As medidas de polícia administrativa são frequentemente autoexecutórias, podendo a administração pôr suas decisões em execução por si mesma, sem precisar recorrer previamente ao Poder Judiciário.

1: correta, pois, na maior parte das vezes, as medidas de polícia têm essa característica; todavia, é bom lembrar que a autoexecutoriedade dos atos administrativos depende, para ser exercida, de dispositivo em lei permitindo tal atividade.
Gabarito 1C

(Procurador do Município/Cubatão-SP – 2012 – VUNESP) O poder de polícia

(A) não tem o condão de restringir atividades e direitos individuais.
(B) tem como um de seus atributos específicos a discricionariedade.
(C) administrativa incide sobre as pessoas, enquanto que a polícia judiciária incide sobre bens, direitos e atividades do particular.
(D) pode, com base no requisito da arbitrariedade, impor coativamente medidas diretas de proibição ou de punição contra os administrados que estejam infringindo normas legais urbanísticas.
(E) tem a desapropriação de bens como um de seus meios típicos de atuação contra os administrados, em prol do interesse público.

A: incorreta, pois o poder de polícia consiste justamente no poder de restringir pessoas, bens e atividades, condicionando-os aos interesses coletivos; **B:** correta, pois a doutrina aponta que o poder de polícia tem como atributos a discricionariedade, a autoexecutoriedade e a coercibilidade; **C:** incorreta, pois é o contrário, ou seja, a polícia administrativa age sobre bens e pessoas, ao passo que a polícia judiciária age sobre pessoas; **D:** incorreta, pois em Direito Administrativo há, no máximo, *discricionariedade* (margem de liberdade) e nunca *arbitrariedade* (liberdade total); **E:** incorreta, pois poder de polícia e desapropriação não se confundem; o primeiro recai genericamente sobre as pessoas, atingindo pessoas indeterminadas, ao passo que o segundo atinge pessoas determinadas; o primeiro decorre diretamente da lei, ao passo que o segundo depende de processo de desapropriação; o primeiro permite que o Poder Público cobre taxa do fiscalizado, ao passo que o segundo impõe o contrário, ou seja, o pagamento de uma indenização em favor do particular.
Gabarito "B"

(Advogado da União/AGU – CESPE – 2012) Julgue o item seguinte.

(1) Por serem atos de polícia administrativa, a licença e a autorização, classificadas, respectivamente, como ato vinculado e ato discricionário, são suscetíveis de cassação pela polícia judiciária.

1: Incorreta, pois a polícia judiciária tem como finalidade a investigação de ilícitos criminais e não o exercício do poder de polícia.
Gabarito 1E

(Procurador Federal – 2010 – CESPE) No que se refere aos poderes da administração pública, julgue os itens a seguir.

(1) O prazo prescricional para que a administração pública federal, direta e indireta, no exercício do poder de polícia, inicie ação punitiva, cujo objetivo seja apurar infração à legislação em vigor, é de cinco anos, contados da data em que o ato se tornou conhecido pela administração, salvo se se tratar de infração dita permanente ou continuada, pois, nesse caso, o termo inicial ocorre no dia em que cessa a infração.

1: Incorreta, pois a afirmativa contém inverdade no ponto em que diz que o prazo é de 5 anos contados da data em que o ato se tornou conhecido pela

administração, já que o prazo é de 5 anos contados da *data da prática do ato* (art. 1º, *caput*, da Lei 9.873/1999).
Gabarito 1E

(Analista – TRT/14ª – 2011 – FCC) O poder de polícia

(A) possui, como meio de atuação, apenas medidas de caráter repressivo.

(B) delegado é limitado aos termos da delegação e se caracteriza por atos de execução.

(C) é sempre discricionário.

(D) não é inerente a toda Administração, não estando presente, por exemplo, na esfera administrativa dos Municípios.

(E) não tem como um de seus limites a necessidade de observância aos princípios da proporcionalidade e razoabilidade.

A: incorreta, pois o poder de polícia atua tanto preventiva, como repressivamente; **B:** correta, pois aquele que tem a competência legal para exercer o poder de polícia até pode delegá-lo, mas o delegatário deve respeitar os limites do ato de delegação e, normalmente, atua apenas em atos de execução; um exemplo é a delegação da competência para fiscalização do trânsito, de um Município (delegante) para a polícia militar (delegatária); **C:** incorreta, pois o poder de polícia pode ser vinculado (quando a lei é bem clara e objetiva quanto à atuação da Administração) ou discricionário (quando a lei confere margem de liberdade para a Administração agir no caso concreto); **D:** incorreta, pois o poder de polícia está presente sim nos municípios, que atuam na polícia das construções, na polícia do sossego público, na polícia sanitária, na polícia de trânsito, na polícia ambiental, dentre outras; **E:** incorreta, pois o poder de polícia está sujeito sim a esses princípios, nos casos em que há competência discricionária da Administração Pública.
Gabarito "B"

(Analista – MPU – 2010 – CESPE) Acerca do poder de polícia julgue o próximo item.

(1) O poder de polícia, vinculado à prática de ato ilícito de um particular, tem natureza sancionatória, devendo ser exercido apenas de maneira repressiva.

1: incorreta, pois o poder de polícia pode ser repressivo ou preventivo.
Gabarito 1E

(Auditor Fiscal do Trabalho – 2010 – ESAF) Ao exercer o poder de polícia, o agente público percorre determinado ciclo até a aplicação da sanção, também chamado ciclo de polícia. Identifique, entre as opções abaixo, a fase que pode ou não estar presente na atuação da polícia administrativa.

(A) Ordem de polícia.

(B) Consentimento de polícia.

(C) Sanção de polícia.

(D) Fiscalização de polícia.

(E) Aplicação da pena criminal.

A: incorreta, pois a ordem de polícia está *sempre* presente na polícia administrativa, mesmo quando há consentimento, pois o consentimento está sempre ligado a ordens de como dada atividade deve ser exercida; por exemplo, o consentimento para alguém construir uma casa (licença para construir) traz uma série de ordens de como deverá se desenvolver a construção; B: correta, pois o consentimento de polícia *nem sempre* vai acontecer; por exemplo, a polícia administrativa de trânsito não pode consentir que alguém, sem carteira de habilitação, continue dirigindo veículo automotor; **C:** incorreta, pois a sanção de polícia está *sempre* presente, ainda que em sentido potencial, pois, descumprido um dever de não fazer (próprio do poder de polícia), uma sanção respectiva deverá ser aplicada; D: incorreta, pois a polícia administrativa trabalha *sempre* com a fiscalização; E: incorreta, pois a polícia administrativa *nunca* pode aplicar a pena criminal.
Gabarito "B"

3.8.6. Poderes administrativos combinados

(Delegado/RO – 2014 – FUNCAB) O Supremo Tribunal Federal considerou competente como ente federativo o Município, para impor a bancos a obrigação de instalar portas eletrônicas com detector de metais e travamento e de vidros à prova de balas, por vislumbrar, no tema, questão de interesse local e a segurança do usuário. Quanto a esse poder conferido ao Município, pode-se afirmar que se trata do poder:

(A) hierárquico.

(B) discricionário.

(C) regulamentar.

(D) disciplinar.

(E) de polícia

Trata-se de poder de polícia, pois a norma se traduz num condicionamento dos interesses individuais aos interesses da coletividade.
Gabarito "E"

(OAB/Exame Unificado – 2014.2) A Secretaria de Defesa do Meio Ambiente do Estado X lavrou auto de infração, cominando multa no valor de R$ 15.000,00 (quinze mil reais) à empresa Explora, em razão da instalação de uma saída de esgoto clandestina em uma lagoa naquele Estado. A empresa não impugnou o auto de infração lavrado e não pagou a multa aplicada. Considerando o exposto, assinale a afirmativa correta.

(A) A aplicação de penalidade representa exercício do poder disciplinar e autoriza a apreensão de bens para a quitação da dívida, em razão da executoriedade do ato.

(B) A aplicação de penalidade representa exercício do poder de polícia e autoriza a apreensão de bens para a quitação da dívida, em razão da executoriedade do ato.

(C) A aplicação de penalidade representa exercício do poder disciplinar, mas não autoriza a apreensão de bens para a quitação da dívida.

(D) A aplicação de penalidade representa exercício do poder de polícia, mas não autoriza a apreensão de bens para a quitação da dívida.

A e C: incorretas, pois a aplicação de penalidades representa o exercício do *poder de polícia*, e não do *poder disciplinar*, valendo lembrar que o poder de polícia se dirige à coletividade em geral, condicionando as pessoas ao cumprimento da lei, ao passo que o poder disciplinar se dirige às pessoas que têm específico vínculo com o estado (e não à coletividade em geral), como são os agentes públicos, sujeitos a processos disciplinares nos quais o poder disciplinar atuará; **B:** incorreta, pois a Súmula STF n. 323 dispõe que "é inadmissível a apreensão de mercadorias como meio coercitivo para pagamento de tributos", interpretação que se estende à coerção para pagamento de multas; **D:** correta, pois, como se viu no comentário as alternativas anteriores, trata-se de poder de polícia e é vedada a apreensão de bens como meio coercitivo para cobrança de multas.
Gabarito "D"

Atos Administrativos   4

4.1. CONCEITO DE ATO ADMINISTRATIVO

O **ato administrativo** pode ser **conceituado** como *a declaração do Estado, ou de quem lhe faça as vezes, no exercício de prerrogativas públicas, destinada a cumprir direta e concretamente a lei*.

Repare que um ato jurídico só será ato administrativo se contiver os seguintes elementos:

a) presença do *Estado* ou de alguém lhe faça as vezes, como é o tabelião e o registrador;

b) ato praticado com *prerrogativas públicas*, ou seja, com supremacia estatal em relação à outra parte ou ao destinatário do ato;

c) ato destinado a executar a lei no caso concreto, fazendo-o de ofício.

Assim, nem todo ato da Administração é ato administrativo. Caso não haja prerrogativas ou não se busque a execução da lei no caso concreto, não se terá um ato administrativo.

Confira alguns atos que são "atos da Administração", mas não "atos administrativos":

a) *atos regidos pelo Direito Privado*. Exs.: locação de prédio para uso do Poder Público; escritura de compra e venda; emissão de cheque; tais atos não têm os atributos (as qualidades e forças) do ato administrativo; vale ressaltar que os atos antecedentes dos citados devem obedecer ao Direito Público;

b) *atos materiais*: fatos administrativos. Exs.: cirurgia, ministração de aula, serviço de café, pavimentação; não há declaração, prescrição do Estado;

c) *atos políticos:* são os atos de governo, praticados com grande margem de discrição e diretamente em obediência à Constituição, no exercício de função pública. Exs.: indulto, iniciativa de lei, veto, sanção; são amplamente discricionários.

Por outro lado, há atos administrativos que não são praticados pelo Poder Executivo, como os da vida funcional do Poder Judiciário e do Poder Legislativo (contratação de servidores, licitação para obras e aquisições).

Os dirigentes de entidades da Administração Indireta e os executores de serviços delegados podem praticar atos que se equiparam a atos administrativos típicos, tornando-os passíveis de controle por meio de mandado de segurança e ação popular.

4.2. PERFEIÇÃO, VALIDADE E EFICÁCIA

Os atos administrativos, que são espécies de atos jurídicos, também podem ser verificados segundo os planos da existência, da validade e da eficácia.

Para tanto, vale conhecer os seguintes conceitos:

a) **perfeição:** *situação do ato cujo processo formativo está concluído*; ato perfeito é o que completou o ciclo necessário à sua formação (plano da existência). Ex.: decisão administrativa que acaba de ser redigida e assinada pela autoridade;

b) **validade:** *adequação do ato às exigências normativas* (plano da validade). Ex.: a decisão administrativa mencionada (já existente, portanto), que esteja, também, de acordo com a lei;

c) **eficácia:** *situação em que o ato está disponível para produção de efeitos típicos* (plano da eficácia). Ex.: ato existente e válido, cuja condição suspensiva ou o termo que o acometia já se implementou, habilitando-o à produção de efeitos, situação que ocorre quando se autoriza o uso de bem público ao particular apenas 10 dias após a expedição do ato de autorização.

4.3. SILÊNCIO ADMINISTRATIVO

De acordo com o princípio da legalidade nem mesmo uma declaração expressa da Administração pode se dar sem que a lei permita ou determine tal declaração. Consequentemente, com o silêncio da Administração não poderia ser diferente.

Assim, apenas quando a lei expressamente atribuir algum efeito jurídico ao silêncio administrativo é que este produzirá algum efeito.

Nesse sentido, caso um particular faça um pedido para a Administração e a lei dispuser expressamente que a inexistência de resposta num certo prazo (silêncio) importa em aprovação do pedido, aí sim o silêncio terá efeito jurídico, no caso o de se considerar aprovada a solicitação feita.

Já se um particular faz um pedido e a lei nada dispuser a respeito do que acontece em caso de silêncio administrativo, o particular não poderá considerar atendido o pedido, por conta do aludido princípio da legalidade.

Nesse caso o particular tem o direito de buscar o Judiciário, para que este se pronuncie a respeito. Se havia prazo para manifestação da Administração sem que esta o tenha cumprido, configura-se hipótese de abuso de poder e o particular pode buscar o Judiciário sem maiores justificativas. Já se o não havia prazo para a Administração se manifestar, o particular deve buscar o Judiciário alegando inobservância do princípio da razoável duração do processo (art. 5º, LXXVIII, da CF).

Em qualquer dos casos relatados no parágrafo acima, o particular pode, em se tratando de ato vinculado o que ele busca da Administração, pedir para que o juiz substitua a voz da Administração e ele mesmo já acate o pedido do administrativo, tratando-se provimento constitutivo (de uma decisão administrativa) e que pode vir acompanhado de um provimento condenatório ou mandamental para cumprimento de obrigações de fazer por parte da Administração. Por outro lado, em se tratando de ato discricionário o que o particular busca junto à Administração, não poderá o juiz substituir a vontade da Administração, adentrando no mérito administrativo, devendo o juiz impor apenas que a Administração decida, o que se pode fazer mediante um provimento que estipule multa diária ou um provimento mandamental direcionado ao administrador público, que, caso descumpra a decisão, estará sujeito a responder por crime de desobediência a ordem legal de funcionário público (art. 330 do Código Penal)

4.4. REQUISITOS DO ATO ADMINISTRATIVO

Hely Lopes Meirelles ensina que o ato administrativo tem os seguintes **requisitos**: *competência, forma, motivo, finalidade e objeto.*

Já Celso Antônio Bandeira de Mello prefere separar os **elementos de existência** (conteúdo, forma e pertinência à função administrativa) dos **pressupostos de validade** do ato administrativo (sujeito competente capaz e não impedido; motivo; requisitos procedimentais; finalidade; causa; formalização).

Nesse sentido, vale a pena trazer os dois entendimentos doutrinários.

4.4.1. Requisitos do ato administrativo segundo Hely Lopes Meirelles

Os cinco requisitos do ato administrativo para Hely Lopes Meirelles coincidem com os requisitos mencionados no art. 2º, parágrafo único, da Lei 4.717/1965 (Lei de Ação Popular).

O primeiro deles é a **competência**, que consiste na *medida da atribuição legal de cargos, órgãos ou entidades*.

São vícios de competência os seguintes: a) usurpação de função: alguém se faz passar por agente público sem o ser, ocasião em que o ato será inexistente; a) excesso de poder: alguém que é agente público acaba por exceder os limites de sua competência (ex.: fiscal do sossego que multa um bar que visita por falta de higiene); o excesso de poder torna nulo ato, salvo em caso de incompetência relativa, em que será considerado anulável; a) função de fato: exercida por agente que está irregularmente investido em cargo público, apesar de a situação ter aparência de legalidade; nesse caso, os atos praticados serão considerados válidos se houver boa-fé.

O segundo requisito é o **objeto**, que *é o conteúdo do ato, aquilo que o ato dispõe, decide, enuncia, opina ou modifica na ordem jurídica*.

O objeto deve ser lícito, possível e determinável, sob pena de nulidade. Ex.: o objeto de um alvará para construir é a licença.

O terceiro requisito é a **forma**, que consiste no conjunto de *formalidades necessárias para a seriedade do ato*. A seriedade do ato impõe: a) respeito à forma propriamente dita; b) motivação.

O quarto requisito é o **motivo**, que consiste no *fundamento de fato e de direito que autoriza a expedição do ato*. Ex.: o motivo da interdição de estabelecimento consiste no fato de este não ter licença (motivo de fato) e de a lei proibir o funcionamento sem licença (motivo de direito).

De acordo com a Teoria dos Motivos Determinantes, o motivo invocado para a prática do ato condiciona sua validade. Dessa forma, provando-se que o motivo é inexistente, falso ou mal qualificado, o ato será considerado nulo.

E o quinto requisito é a **finalidade**, que *é o bem jurídico objetivado pelo ato*. Ex.: proteger a paz pública, a salubridade, a ordem pública.

Cada ato administrativo tem uma finalidade.

O **desvio de poder (ou de finalidade)** *ocorre quando um agente exerce uma competência que possuía, mas para alcançar finalidade diversa daquela para a qual foi criada*.

Não se deve confundir o *excesso de poder* (vício de sujeito) com o *desvio de poder* (vício de finalidade), espécies do gênero abuso de autoridade.

4.4.2. Elementos e pressupostos do ato administrativo segundo Celso Antônio Bandeira de Mello

4.4.2.1. Elementos de existência do ato administrativo

4.4.2.1.1. Conteúdo

Consiste no que o ato estabelece, dispõe, decide, enuncia, opina ou modifica na ordem jurídica. Trata-se do *objeto* a que se refere Hely Lopes Meirelles.[1] Ex.: quando alguém recebe um

---

1. O objeto é trazido por Hely como requisito de validade do ato administrativo, devendo ser lícito, possível e determinado.

alvará para construir uma casa, o conteúdo desse ato é uma *licença*. Para que estejamos diante de um ato administrativo, o conteúdo deve ter *pertinência em relação à função administrativa*. Do contrário, teremos apenas um *ato jurídico* que não é o do tipo *ato administrativo*.

4.4.2.1.2. Forma

Trata-se do revestimento exterior do ato, do modo pelo qual esse revela sua existência. Basta ter um objeto e uma forma qualquer para que o ato exista. Se o ato vai ser válido ou não quanto a esse último aspecto, isso será visto no pressuposto *formalização*. São exemplos de forma as seguintes: escrita, verbal e gestual.

4.4.2.2. Pressupostos de validade do ato administrativo

4.4.2.2.1. Sujeito

É quem produz o ato. O sujeito deve ser **capaz**, **não impedido** e **competente** para que o ato seja válido.

Quanto à **capacidade**, o ato expedido por agente público que se torna *incapaz*, desde que preencha os demais requisitos legais e seja do tipo vinculado, será considerado válido, já que no Direito Administrativo o que importa é o atendimento do fim previsto em lei. No entanto, se um incapaz pratica um ato discricionário, esse ato será necessariamente inválido, pois não há como dar margem de liberdade a quem não tem capacidade civil.

Quanto aos casos de **impedimento** para atuar em processo administrativo, estes estão previstos no art. 18 da Lei 9.784/1999, valendo citar como exemplo o impedimento de um servidor que tenha interesse direto ou indireto em dada matéria que a ele seria submetida.

Com relação à **competência**, esta *é a medida do poder atribuído a cargo público, órgão público ou entidade da Administração*.

A competência só pode ser instituída pela *lei*, daí a frase de Caio Tácito de que "não é competente quem quer, mas quem pode, segundo a norma de Direito".

A competência é *intransferível* e *improrrogável* pela simples vontade do agente.

Porém, o exercício da competência pode ser delegado e avocado nos limites das normas que regulam a Administração Pública.

Confira os requisitos para a **delegação de competência** (arts. 12 a 14, Lei 9.784/1999):

 a) órgão ou titular de cargo podem delegar;

 b) desde que não haja impedimento legal;

 c) desde que seja apenas parte da competência;

 d) deve ser a outro órgão ou titular de cargo, mesmo que não subordinado hierarquicamente;

 e) deve ser conveniente em razão de índole técnica, social, econômica, jurídica ou territorial;

 f) pode ser de órgão colegiado ao respectivo presidente;

 g) não podem ser delegados:

 g1) edição de ato normativo;

 g2) decisão de recurso administrativo;

 g3) matérias de competência exclusiva de órgão ou autoridade;

 h) depende de publicação do ato de delegação no D.O.;

i) ato deve especificar matérias e poderes transferidos, a duração e objetivos da delegação e o recurso cabível;

j) é revogável a qualquer tempo;

k) decisões adotadas por delegação devem mencionar expressamente essa qualidade.

Quanto à **avocação** de competência, confira as regras previstas no art. 15 da Lei 9.784/1999:

a) é a passagem da competência de órgão hierarquicamente inferior para superior;

b) é temporária;

c) é excepcional, dependendo de motivos relevantes devidamente justificados.

Os atos expedidos por agente incompetente serão quase sempre nulos. São **vícios de competência** os seguintes:

a) **usurpação de função:** *consiste na situação em que alguém se faz passar por agente público sem o ser*; o ato será no mínimo nulo, mas, para a maioria dos doutrinadores, trata-se de ato inexistente;

b) **excesso de poder:** *ocorre na hipótese em que alguém que é agente público acaba por exceder os limites de sua competência.* Ex.: fiscal do sossego público que multa um bar que visita por falta de higiene; o ato será nulo, pois a incompetência é material, já que o fiscal deveria atuar na matéria "sossego público" e não na matéria "vigilância sanitária"; entende-se que, em se tratando de vício de *incompetência relativa* (territorial, por exemplo), o ato será anulável e não nulo;

c) **função de fato:** *é aquela exercida por agente que está irregularmente investido no cargo público, apesar da situação ter aparência legal.* O ato não será anulado se estiver conforme a lei quanto aos demais pressupostos, prevalecendo o princípio da segurança jurídica, dada a boa-fé e a aparência de legalidade. O agente, todavia, terá anulada sua nomeação, desligando-se da função que exerce[2].

4.4.2.2.2. Motivo

É o fato que autoriza ou exige a prática do ato. Se o motivo está previsto em lei, o ato é vinculado. Se não estiver previsto, o ato é discricionário. Voltando àqueles requisitos trazidos por Hely Lopes Meirelles, o *motivo*, para ele, consiste não só no fundamento de *fato*, mas também no de *direito*, que autorizam a expedição do ato. Na classificação que ora estudamos, *motivo* é tão somente o *fato* autorizador, enquanto que o fundamento de direito é o pressuposto de validade que veremos a seguir, que está dentro da *formalização*.

A chamada **teoria dos motivos determinantes** dispõe que *o motivo invocado para a prática do ato condiciona sua validade*. Se se provar que o motivo é inexistente, falso ou mal qualificado, o ato será nulo. Exs.: caso uma licitação seja revogada sob o único fundamento de que não há disponibilidade orçamentária, a prova da inexistência de tal situação torna o ato de revogação nulo; caso a exoneração de ocupante de um cargo em comissão tenha sido motivada em fato inexistente, ainda que a motivação não seja obrigatória no caso, o ato é considerado nulo.

---

2. Outro exemplo é o previsto no art. 1.554 do Código Civil: "subsiste o casamento celebrado por aquele que, sem possuir a competência exigida em lei, exercer publicamente as funções de juiz de casamentos e, nessa qualidade, tiver registrado o ato no Registro Civil".

Aliás, segundo o STJ, configura-se vício de legalidade a falta de coerência entre as razões expostas no ato e o resultado nele contido (MS 13.948, *DJe* 07.11.2012).

Não se deve confundir o motivo do ato (algo concreto, do mundo dos fatos – o motivo da apreensão de uma lotação, por exemplo, é a inexistência de autorização para circulação) com o motivo legal (fundamento legal, algo abstrato). Em suma, tal teoria dispõe que os atos administrativos, quando forem motivados, ficam vinculados aos motivos expostos, para todos os fins de direito. Os motivos devem, portanto, coincidir com a realidade, sob pena de o ato ser nulo, mesmo se a motivação não era necessária.

Distinção importante é a que se faz entre **motivo** e **móvel**. Motivo é o fato que autoriza o ato, enquanto móvel é a intenção, a vontade do agente. Se o ato é vinculado, não interessa o móvel do agente. Já se o ato é discricionário, o móvel viciado (ex.: por buscar uma perseguição política, como a desapropriação de imóvel de um inimigo político), ainda que atenda ao "fim legal", torna o ato nulo.

Também se faz relevante diferenciarmos **motivo** e **motivação**. O primeiro é o fato, enquanto o segundo integra a *formalização*[3] (pressuposto de validade do ato que se verá em seguida), consistindo a *motivação* na exposição do motivo de fato e da sua relação de pertinência com a fundamentação jurídica e com o ato praticado. Como regra, a motivação é obrigatória, só deixando de existir tal dever se a lei expressamente autorizar.

4.4.2.2.3. Requisitos procedimentais

São os outros atos jurídicos indispensáveis à prática do atual. Ex.: é necessário o concurso para que haja a nomeação; para que se conceda a licença, deve haver solicitação.

4.4.2.2.4. Finalidade

É o bem jurídico objetivado pelo ato. Ex.: proteger a paz pública, a salubridade, a ordem pública. Cada espécie de ato administrativo tem uma finalidade. Para cada fim a ser alcançado há um ato que será o instrumento para sua realização. Se alguém utiliza um ato administrativo para alcançar finalidade diversa daquela para o qual fora criado, este alguém estará cometendo um desvio de poder ou de finalidade.

Assim, o **desvio de poder ou desvio de finalidade** consiste em *o agente se servir de um ato administrativo para satisfazer finalidade alheia à sua natureza*. Esse tipo de conduta gera a nulidade do ato, conforme a Lei de Ação Popular.

Esse desvio pode se manifestar das seguintes formas:

a) quando o agente busca finalidade alheia ao interesse público, ex.: prejudicar inimigo, favorecer amigo;

b) quando o agente busca finalidade pública, mas alheia à categoria do ato que utiliza, ex.: *remove-se* alguém com a finalidade de punição, quando o correto seria aplicar uma *pena disciplinar*, como demissão, suspensão, advertência etc.

Vale destacar que não se deve confundir o *excesso de poder* (vício de sujeito, de competência) com o *desvio de finalidade ou desvio de poder* (vício de finalidade), os quais são espécies do *gênero abuso de autoridade*, que, aliás, é fundamento para que se ingresse com mandado de segurança (art. 5º, LXIX, CF).

---

3. A falta de motivação, portanto, é problema na *forma*. Já a situação em que se tem motivação, mas se invoca um motivo falso ou inexistente, é problema no *motivo* (*vide* teoria dos motivos determinantes).

4.4.2.2.5. Causa

É o vínculo de pertinência entre o motivo e o conteúdo do ato. Para que um ato administrativo atenda o pressuposto de validade *causa*, é necessário que haja correlação lógica entre o motivo e o conteúdo do ato em função de sua finalidade.

No âmbito da causa se examinam a *razoabilidade* e a *proporcionalidade*, que são vistas olhando o conteúdo do ato, o seu motivo e a intensidade necessária para atingir a finalidade.

Um exemplo de situação que não atende ao pressuposto de validade *causa* é a utilização de arma de fogo para dissolver uma passeata pacífica.

Não se deve confundir o *motivo* com a *causa*. O *motivo* é fundamento de fato e de direito que autoriza a prática do ato, não se confundindo com a *causa*, que é relação de adequação, de proporcionalidade entre o motivo invocado e o ato praticado. Ambos (motivo e causa) são requisitos ou pressupostos de validade do ato administrativo. Há problema no motivo quando o fato ou o direito invocados são falsos ou inadequados, respectivamente. Há problema na causa quando o ato praticado é desproporcional aos motivos invocados, em função da finalidade do ato.

4.4.2.2.6. Formalização

É a específica maneira pela qual o ato deve ser externado, incluindo o dever de motivação.

Assim, além de todo ato administrativo dever ser exteriorizado (o que requer uma forma qualquer), cumpre que seja de dado modo (específica forma). Ex.: o contrato oriundo de uma concorrência pública deve ser *escrito*. Mas não é só, para que o ato atenda ao pressuposto de validade *formalização*, é necessário que ele seja *motivado*, ou seja, que contenha a exposição do motivo de fato, do motivo de direito e do vínculo entre eles e o ato praticado.

Excepcionalmente, alguns aspectos de formalização podem ser irrelevantes à validade do ato. Nesses casos, tornam o ato apenas irregular. Por exemplo, quando há omissão de elemento relativo à simples padronização, como é o caso de uma certidão de objeto e pé expedida em papel não timbrado.

No entanto, como regra, a falta de motivação gera a nulidade do ato.

Por fim, vale lembrar que, enquanto no Direito Privado vige o princípio da liberdade das formas, no Direito Público a solenidade é a regra, de modo que a forma é substancial.

4.4.3. Requisitos ou pressupostos de eficácia do ato administrativo

Para que um ato administrativo **tenha eficácia** (produza efeitos) é necessário o seguinte:

a) que ele exista, pois não havendo existência jurídica, não há que se falar em ato administrativo, muito menos em eficácia deste;

b) que inexista termo suspensivo pendente; termo suspensivo *é o evento futuro e certo que condiciona o início dos efeitos do contrato*. Por exemplo, um contrato administrativo que traz uma cláusula estabelecendo que só produzirá efeitos a partir de certa data.

c) que inexista condição suspensiva pendente; condição suspensiva *é o evento futuro e incerto que condiciona o início dos efeitos do contrato*. Por exemplo, um contrato de doação que prevê que o donatário só será proprietário da coisa se vier a fazer certos investimentos no imóvel que está sendo doado.

Quantos aos **tipos de efeitos** do ato administrativo, tem-se os seguinte:

a) efeitos típicos: são os efeitos próprios daquela categoria de atos; por exemplo, o efeito típico da desapropriação é atribuir a propriedade do bem ao Poder Público;

b) efeitos atípicos padrômicos: são os efeitos preliminares ou iniciais daquela categoria de atos, mas que não se confundem com os efeitos próprios e principais do ato; por exemplo, é efeito do decreto expropriatório (expedido no início de um processo de desapropriação) a autorização para o Poder Público ingressar no bem para fazer medições e observações sobre o imóvel, com vistas a projetar o que fará neste quando a desapropriação se consumar;

c) efeitos atípicos reflexos: são os efeitos que atingem terceiros estranhos à relação jurídica típica criada por aquela categoria de atos; por exemplo, desapropriado um imóvel de uma pessoa que aluga tal bem para um terceiro que tem ponto comercial no local, este terceiro sofrerá consequências graves, pela perda do ponto comercial; tratando-se de terceiro estranho à desapropriação, mas prejudicado, poderá pedir indenização por conta da responsabilidade objetiva do Estado deflagrada por uma desapropriação que causou efeito atípico reflexo.

4.5. ATRIBUTOS DO ATO ADMINISTRATIVO

4.5.1. Noções gerais

Em primeiro lugar nunca se deve confundir os *requisitos, pressupostos* ou *elementos* do ato com os *atributos* (qualidades, prerrogativas) deste, tema de que cuidaremos agora.

Os atributos dos *atos administrativos* não existem, como regra, nos *atos jurídicos em geral* (do Direito Privado). A ordem jurídica dispensa tratamento diferenciado aos atos administrativos, já que eles, sendo instrumentos de atuação da Administração Pública para realizar a proteção e a promoção do interesse público, devem ter prevalência sobre os outros, como condição de garantia desse interesse público almejado.

Assim, tais poderes não existem em benefício da Administração, mas se justificam como forma de prover o bem comum. Exprimem a supremacia do interesse público.

Vejamos tais *atributos* ou *notas peculiares* dos atos administrativos.

4.5.2. Atributos em espécie

4.5.2.1. Presunção de legitimidade

É a qualidade que reveste tais atos de se presumirem verdadeiros e conforme ao direito, até prova em contrário.

Perceba que o princípio traz duas presunções: a) de veracidade dos fatos; b) de legalidade do ato praticado.

Trata-se de presunção *juris tantum* (presunção relativa) de legitimidade e não de presunção *juris et de jure* (presunção absoluta). Um exemplo desse atributo é o ato que constata a omissão do particular de promover a limpeza de um terreno de sua propriedade e que determina sua feitura. Tal ato presume-se verdadeiro quanto à constatação da falta de limpeza e legal quanto à determinação dada. O particular fica com o ônus de provar o contrário.

A presunção de legitimidade decorre do princípio da legalidade, pois, como esse princípio informa toda a atuação administrativa, presume-se que a Administração tenha cumprido a lei, valendo lembrar que tal presunção admite prova em contrário.

A existência de tal presunção é interessante administrativamente falando, pois torna mais célere e eficiente a atividade administrativa. Isso porque a presunção de legitimidade dos atos administrativos autoriza a sua imediata execução, mesmo que tenham sido impugnados, salvo se se conseguir sua suspensão ou anulação administrativa ou judicial.

4.5.2.2. Imperatividade

É a qualidade pela qual os atos administrativos se impõem a terceiros, independentemente de sua concordância.

Esse atributo é também chamado de *poder extroverso*.

Essa qualidade do ato administrativo permite que a Administração mande no particular, independentemente de sua concordância.

Partindo do exemplo dado no item anterior, imperatividade significa que a Administração pode *determinar* que o particular faça a limpeza de seu terreno, sem que tenha de ter a concordância deste ou que tenha de buscar autorização do Poder Judiciário.

É importante deixar claro que nem todos os atos administrativos são dotados de imperatividade. Os atos enunciativos e negociais não têm esse atributo, já que esta qualidade é desnecessária à sua operatividade.

A lei é que vai dispor quais atos são dotados de imperatividade.

4.5.2.3. Exigibilidade

É a qualidade em virtude da qual a Administração pode compelir terceiros a cumprir o determinado, mediante coação indireta.

Aqui já se presume a constituição da obrigação (a imperatividade), com o *plus* de se poder impelir o terceiro à observância do dever, sem necessidade de se recorrer ao Poder Judiciário, por meio da aplicação de certas sanções, como multas e advertências. No Direito Francês é denominada *privilège du préalable*.

Continuando o exemplo dado nos itens anteriores, o atributo significa que, após o particular ter sido notificado para limpar seu terreno (imperatividade), pode a Administração, na inércia deste, aplicar uma *multa* (exigibilidade = coação indireta), a fim de compelir indiretamente o particular a cumprir o que fora determinado.

Repare que aqui há punição, mas não há desconstituição do ato ilegal.

4.5.2.4. Autoexecutoriedade

É a qualidade pela qual o Poder Público pode compelir materialmente o administrado, sem busca da via judicial, ao cumprimento da obrigação que impôs e exigiu.

Veja-se que a autoexecutoriedade é ainda mais forte que a exigibilidade, uma vez que a primeira admite que a Administração use da coação direta (coação material), que significa fazer uso da força.

No Direito Francês é denominada *privilège d`action d`office*.

Partindo do exemplo que vínhamos dando, a autoexecutoriedade significa que, depois de notificar o particular para limpar o terreno (imperatividade) e aplicar a multa (exigibilidade), a Administração pode, por si própria, invadir o terreno do particular, fazer a limpeza e mandar a conta dos custos de seu ato (autoexecutoriedade).

Outros exemplos desse atributo são a requisição de bens e serviços particulares, no caso de iminente perigo público, e dissolução de passeata com o uso da força, a fim de possibilitar a passagem de uma ambulância por uma via pública, a interdição de uma obra, a apreensão de mercadorias falsificadas, a apreensão do veículo por violação de certas normas de trânsito, entre outros.

Repare que aqui há sanção e também desconstituição do ato ilegal.

É bom deixar claro que a autoexecutoriedade não é atributo de todo ato administrativo. Trata-se de atributo excepcional, que existe nos seguintes casos:

a) quando a lei expressamente autorizar;

b) quando a medida for condição indispensável à eficaz garantia do interesse público;

c) quando a medida for urgente e não houver via judiciária de igual eficácia à disposição da Administração, ocasião em que se entende que a medida é permitida implicitamente pela lei.

Vale observar que Hely Lopes Meirelles chama de autoexecutoriedade a possibilidade de a Administração impor seus atos independentemente de pronunciamento do Poder Judiciário, chamando de **coercibilidade** a possibilidade de a Administração usar a força.

Parte da doutrina também denomina de executoriedade o que chamamos neste item de autoexecutoriedade.

Ademais, Hely Lopes Meirelles entende que a coercibilidade é a regra em matéria de atos da administração (e não exceção, como pensa a maior parte da doutrina), só não sendo possível ser utilizada quando a lei expressamente o proibir, como é o caso da cobrança de tributos e multas já impostos e não pagos, em que será necessário promover-se uma execução fiscal junto ao Poder Judiciário.

4.5.2.5. Tipicidade

Alguns doutrinadores, com destaque para Maria Sylvia Zanella Di Pietro, entendem que há, ainda, um quinto atributo do ato administrativo.

Trata-se do atributo da **tipicidade**, pela qual *o ato administrativo deve corresponder a figuras definidas previamente pela lei como aptas a produzir determinados resultados.*

Isso significa que os atos administrativos devem respeitar os tipos definidos na lei.

Para nós, todavia, o que se define por tipicidade nada mais é do que *pressuposto de validade* do ato administrativo e não *atributo* deste.

Com efeito, *atributos* são *prerrogativas* dos atos administrativos, e a tipicidade não nos parece uma prerrogativa do ato administrativo, mas o requisito de validade deste.

No entanto, em exames e concursos públicos, a tipicidade é tratada como atributo dos atos administrativos, de modo que fica a notícia de que, aparecendo o instituto, deve-se lembrar que a doutrina o trata como atributo do ato administrativo.

4.6. FORMAS DE EXTINÇÃO DOS ATOS ADMINISTRATIVOS

4.6.1. Cumprimentos de seus efeitos

Os atos administrativos *nascem, produzem seus efeitos* e se *extinguem* num determinado momento.

O ideal é que os atos administrativos se extingam pelas vias naturais. E a via natural de extinção do ato administrativo é o cumprimento de seus efeitos.

Uma vez que um ato administrativo cumpriu seu papel, produzindo os efeitos para os quais foi expedido, entende-se que o ato foi extinto.

Como exemplo, temos uma autorização da Prefeitura para que seja feita uma festa na praça da cidade, autorização esta que ficará extinta no momento em que a festa terminar, uma vez que seus efeitos foram cumpridos.

4.6.2. Desaparecimento do sujeito ou do objeto sobre o qual recai o ato

Todo ato administrativo recai ou sobre um *sujeito* ou sobre um *objeto*. Por exemplo, a nomeação de um servidor público recai sobre um sujeito, no caso sobre a pessoa nomeada. Já o tombamento de um imóvel recai sobre um objeto, no caso o bem tombado.

Perceba que a razão de existir do ato administrativo nos dois exemplos citados é justamente a presença de uma pessoa, no primeiro caso, e de um objeto, no segundo caso.

Caso a pessoa ou o objeto venha a desaparecer, o ato administrativo correspondente perderá sua razão de ser e, consequentemente, será extinto.

Assim, no primeiro exemplo, morrendo o servidor nomeado, o ato administrativo de nomeação restará extinto, ocorrendo automaticamente a vacância do cargo. Da mesma forma, vindo a desaparecer o bem tombado (por um incêndio de grandes proporções, por exemplo), o ato administrativo de tombamento também ficará extinto.

4.6.3. Contraposição

A contraposição pode ser **conceituada** como a *extinção de um ato administrativo pela prática de outro antagônico ao primeiro*.

Um exemplo é o ato de *exoneração* de um servidor público. Tal ato, uma vez praticado, faz com que a *nomeação* do mesmo servidor, feita no passado, fique automaticamente extinta, já que a primeira (exoneração) é totalmente antagônica à segunda (nomeação).

4.6.4. Cassação

A cassação pode ser **conceituada** como a *extinção de um ato que beneficia um particular por este não ter cumprido os deveres para dele continuar gozando*.

Portanto, o **motivo** da cassação de um ato administrativo é o fato de seu beneficiário ter descumprido obrigações que foram estipuladas como contrapartida para que o interessado conseguisse se beneficiar desse ato.

Por exemplo, a pessoa que tem a permissão de uso de um bem público e que não vem pagando o preço público correspondente poderá vir a ter cassado o ato de permissão.

Outro exemplo diz respeito à autorização de porte de arma de fogo. Um dos deveres de quem tem o porte é não ser pego em estado de embriaguez ou sob efeito de entorpecentes. Assim sendo, caso o detentor de porte de arma seja pego numa dessas duas situações, terá a autorização correspondente cassada, nos termos do art. 10, § 2º, do Estatuto do Desarmamento – Lei 10.826/2003.

A cassação não se confunde com a revogação. Enquanto a primeira tem por motivo o descumprimento de obrigações pelo beneficiário do ato, a segunda tem por motivo a ocorrência de um fato novo não relacionado ao beneficiário que torna inconveniente ao interesse público a manutenção do ato.

A cassação também não se confunde com a anulação, pois nessa a extinção do ato se dá pela ocorrência de uma ilegalidade por ocasião de sua formação, ao passo que a cassação consiste numa ilegalidade praticada pelo beneficiário ocorrida depois da prática do ato administrativo. Enfim, na cassação, o ato, embora legítimo na sua origem e formação, torna-se ilegal na sua execução.

4.6.5. Caducidade

A caducidade pode ser **conceituada** como a *extinção de um ato porque a lei não mais o permite*. Trata-se de extinção por invalidade superveniente.

Um exemplo é a permissão de serviço público dada a alguém para exercer o transporte coletivo urbano por meio de *vans* ou peruas. Imaginemos que, depois de conferida a permissão, advenha uma lei municipal criando nova modelagem no serviço de transporte coletivo para o fim de abolir o transporte por meio de *vans*, admitindo apenas o transporte por meio de ônibus e micro-ônibus. Nesse caso, todas as permissões conferidas aos chamados perueiros ficarão extintas, pela ocorrência do instituto da caducidade.

Outro exemplo interessante aconteceu no Município de São Paulo. A cidade sempre foi marcada por grave poluição visual, principalmente pelo excessivo número de *outdoors* e placas indicativas de estabelecimentos comerciais. Esses elementos visuais eram permitidos pela legislação, bastando o interessado requerer licenças na Prefeitura. Todavia, foi editada uma lei na cidade de São Paulo, a chamada Lei Cidade Limpa, que simplesmente proibiu a existência de *outdoors* na cidade e limitou bastante o tamanho das placas indicativas dos estabelecimentos comerciais. Com a entrada em vigor dessa lei, todas as licenças que os interessados possuíam restaram extintas, pela ocorrência do instituto da caducidade.

Outro exemplo interessante aconteceu com a edição do Estatuto do Desarmamento, que passou a praticamente proibir o porte de arma no Brasil por particulares. Com a entrada em vigor do Estatuto, todas as autorizações de porte de arma concedidas conforme a lei antiga caducaram no prazo de 90 dias (art. 29).

Enfim, a caducidade nada mais é do que a extinção de um ato administrativo pela ilegalidade superveniente, ou seja, pelo fato de uma lei editada posteriormente à prática do ato não mais permitir que esse tipo de ato exista.

4.6.6. Revogação

A revogação pode ser **conceituada** como a *extinção de um ato administrativo legal ou de seus efeitos por outro ato administrativo pela ocorrência de fato novo que torna o ato inconveniente ou inoportuno, respeitando-se os efeitos precedentes (ex nunc)*.

Em suma, a revogação é extinção do ato administrativo por motivo de conveniência ou oportunidade.

Um exemplo disso é a revogação de um certame licitatório para a construção de uma praça temática pela ocorrência de fato novo consistente na abrupta diminuição da arrecadação de um município, fazendo com que não seja mais conveniente ao interesse público fazer gastos com a construção de praças, considerando as dificuldades econômicas que o município passou a ter.

Outro exemplo é a revogação da permissão de uso de bem público concedida a uma pessoa jurídica, pelo fato de um Município passar a ter interesse em utilizar o imóvel, para fins de atender, por exemplo, à demanda crescente por creches na cidade.

Repare, nos dois casos, que as situações narradas não contemplam ilegalidade alguma a propiciar a anulação, nem descumprimento de deveres pelo beneficiário do ato, a propiciar cassação, nem lei posterior incompatível com o ato, a propiciar a caducidade.

As situações narradas revelam que, após a expedição de um ato administrativo totalmente de acordo com a lei, aconteceram fatos novos que fizeram com que o interesse público se direcionasse para o fim de extinguir o ato, dando-se a esta extinção o nome de revogação.

O **sujeito ativo da revogação** é a *Administração Pública*, por meio de autoridade administrativa competente para o ato, podendo ser seu superior hierárquico. O Poder Judiciário nunca poderá revogar um ato administrativo, já que se limita a apreciar aspectos de legalidade deste e nunca aspectos de conveniência ou oportunidade. O Judiciário só poderá anular atos administrativos por ele mesmo praticados, como na hipótese em que um provimento do próprio Tribunal é revogado por este.

Quanto ao **objeto da revogação**, tem-se que essa recai sobre *o ato administrativo ou relação jurídica dele decorrente*, salientando-se que o ato administrativo deve ser *válido*, pois, caso seja inválido, estaremos diante de hipótese que enseja anulação. É importante ressaltar que não é possível *revogar* um ato administrativo já extinto, dada a falta de utilidade em tal proceder, diferente do que se dá com a *anulação* de um ato extinto, que, por envolver a retroação de seus efeitos (a invalidação tem efeitos *ex tunc*), é útil e, portanto, possível.

O **fundamento da revogação** é a *mesma regra de competência que habilitou o administrador à prática do ato que está sendo revogado*, devendo-se lembrar que só cabe falar-se em revogação nas hipóteses de ato discricionário.

Já o **motivo da revogação** é a *inconveniência ou inoportunidade* da manutenção do ato ou da relação jurídica gerada por ele. Isto é, o administrador público faz apreciação ulterior e conclui pela necessidade da revogação do ato para atender ao interesse público.

Quanto aos **efeitos da revogação**, essa suprime o ato ou seus efeitos, mas respeita aqueles que já transcorreram. Ou seja, opera-se da data da revogação em diante, não negando os efeitos operados ao tempo de sua vigência. Trata-se de eficácia *ex nunc*, portanto.

Quanto aos **limites ao poder de revogar**, a doutrina aponta que são atos irrevogáveis os seguintes: a) os que a lei assim declarar; b) os atos já exauridos, ou seja, que cumpriram seus efeitos; c) os atos vinculados, já que não se fala em conveniência ou oportunidade, dado que o agente só tem uma opção; d) os meros ou puros atos administrativos (exs.: certidão, voto dentro de uma comissão de servidores); e) os atos de controle; f) os atos complexos (praticados por mais de um órgão em conjunto); g) os atos que geram direitos adquiridos[4].

A doutrina administrativa observa que a jurisprudência reconhece como irrevogáveis os atos que geram *direitos subjetivos* para o destinatário, noção que, a nosso ver, deve estar compreendida na ideia de *direito adquirido*.

Quanto aos *atos gerais* ou *regulamentares*, estes são, por sua natureza, revogáveis em qualquer tempo e em quaisquer circunstâncias, respeitando-se os efeitos produzidos.

---

4. A Lei de Introdução às Normas do Direito Brasileiro, em seu art. 6º, § 2º, dispõe: "consideram-se adquiridos assim os direitos que o seu titular, ou alguém por ele, possa exercer, como aqueles cujo começo do exercício tenha termo prefixo, ou condição preestabelecida inalterável, a arbítrio de outrem".

Tema relevante é o atinente à relação entre **revogação** e **indenização**. Por respeitar os efeitos precedentes (a revogação não retroage – *ex nunc*) e por não poder atingir direitos adquiridos, a *revogação legítima* não gera direito à indenização, salvo se envolver uma relação contratual.

Nada obstante, caso o Poder Público tenha a intenção de atingir efeitos passados (*ex tunc*), só lhe resta desapropriar o direito, indenizando por completo o particular, como no caso em que, após expedida uma licença para construir, decida a Administração alterar o traçado de via pública, o que impede a obra na forma aprovada.

No que concerne à **revogação da revogação** (ou revogação de um ato revocatório), no Direito Administrativo, diferente do que ocorre com as leis, entendemos, assim como Celso Antônio Bandeira de Mello, que é admitido o efeito repristinatório. Ou seja, revogado o ATO X pelo ATO Y e, em seguida, o ATO Y pelo ATO Z, fica restaurado o ATO X. Assim, a revogação de um ato revocatório de outro tem natureza constitutiva do primeiro. Porém, essa tese não admitida por inúmeros doutrinadores, como José dos Santos Carvalho Filho e o saudoso Diógenes Gasparini, de acordo com os quais, também no Direito Administrativo, só é possível a repristinação por expressa disposição normativa.

4.6.7. Anulação (invalidação)

A anulação pode ser **conceituada** como a *extinção do ato administrativo ou de seus efeitos por outro ato administrativo ou por decisão judicial, por motivo de ilegalidade, com efeito retroativo (ex tunc).*

Em suma, a anulação é extinção do ato administrativo por motivo de ilegalidade.

Um exemplo é a anulação de uma permissão de uso de bem público para a instalação de uma banca de jornais por ter sido conferida sem licitação.

O **sujeito ativo da invalidação** pode ser tanto o *administrador público* como o *juiz*. A Administração Pública poderá invalidar de ofício ou a requerimento. Já o Poder Judiciário só poderá invalidar um ato por provocação ou no bojo da uma lide.

A possibilidade de o Poder Judiciário anular atos administrativos decorre do fato de estarmos num Estado de Direito (art. 1º, CF), em que a lei deve ser obedecida por todos. Decorre também do princípio da inafastabilidade da jurisdição ("a lei não poderá excluir da apreciação do Poder Judiciário lesão ou ameaça a direito" – art. 5º, XXXV, da CF) e da previsão constitucional do mandado de segurança, do *habeas data* e da ação popular, que só fazem sentido se se permitir que o Judiciário possa anular atos administrativos.

O **objeto da invalidação** é o ato administrativo inválido ou os efeitos de tal ato (relação jurídica). Por exemplo, quando se anula uma licitação, há de se anular a licitação em si e a relação jurídica dela decorrente, no caso o contrato administrativo.

O **fundamento** da anulação é o dever de obediência ao princípio da legalidade. Não se pode conviver com a ilegalidade. Portanto, o ato nulo deve ser invalidado.

O **motivo da invalidação** é a *ilegalidade* do ato e da eventual relação jurídica por ele gerada. Hely Lopes Meirelles diz que o motivo da anulação é a *ilegalidade* ou a *ilegitimidade* do ato, diferente da revogação, que tem por motivo a *inconveniência ou inoportunidade*. Fala-se em *ilegalidade* ou *ilegitimidade* do ato para ressaltar que a anulação deve ser feita não só quando haja violação frontal ao que dispõe o texto legal (ilegalidade), mas também quando haja abuso, por excesso ou desvio de poder, ou mesmo quando se viole princípios do Direito (ilegitimidade).

Quanto ao **prazo para que se efetive a invalidação**, Hely Lopes Meirelles diz que, em que pese a inclinação da doutrina para a ideia de que não há prazo para anulação do ato administrativo, a jurisprudência vem atenuando tal afirmativa para dizer que se deve manter atos ilegítimos praticados e operantes há longo tempo e que já produziram efeitos perante terceiros de boa-fé, de modo a fazer valer o princípio da segurança jurídica.

Na esfera federal, a Lei 9.784/1999 dispõe em seu art. 54: "o direito da Administração de anular os atos administrativos de que decorram efeitos favoráveis para os destinatários decai em cinco anos, contados da data em que foram praticados, salvo comprovada má-fé".

Nesse sentido, temos duas situações:

a) prazo para anular ato que beneficia alguém de boa-fé: 5 anos;

b) prazo para anular ato que beneficia alguém de má-fé: não há prazo, porém, em virtude do princípio da segurança jurídica há que entenda que se deva aplicar ao caso o maior prazo previsto no Código Civil, que é de 15 anos (art. 1.238 – usucapião extraordinária). Vale lembrar, ainda, que a boa-fé é presumida, de modo que compete à Administração Pública que pretender anular o ato ou outro autor de ação para o mesmo fim (por exemplo, o autor popular e o Ministério Público) o ônus da prova.

Quanto ao termo *a quo* do prazo de 5 anos previsto para o primeiro caso, temos as seguintes situações:

a) regra: o prazo de 5 anos começa a correr da data em que o ato foi praticado;

b) no caso de atos com efeitos patrimoniais contínuos: o prazo de 5 anos começa a correr da percepção do primeiro pagamento.

O art. 54, § 2º, da Lei 9.784/1999 traz regra interessante, que tem o seguinte teor: "considera-se exercício do direito de anular qualquer medida de autoridade administrativa que importe impugnação à validade do ato".

Essa regra faz com que a decadência não se opere se, no curso dos cinco anos de prazo, a autoridade administrativa tome medida que importe impugnação à validade do ato.

É importante ressaltar que o prazo em questão é um prazo *decadencial* e não *prescricional*. Dessa forma, não incidem as regras de suspensão e interrupção da prescrição previstas no Código Civil.

Outro ponto importante é que a regra ora estudada está prevista na Lei de Processo Administrativo Federal, o que não impede que Municípios e Estados-membros estabeleçam regras sobre o prazo decadencial para anular atos administrativos, como é o caso do Estado de São Paulo, que, em sua Lei de Processo Administrativo, estabelece que o prazo decadencial para anular atos ilegais é de 10 (dez) anos, contados de sua produção (art. 10, I, da Lei Estadual 10.177/1998). Dessa forma, deve-se verificar, no âmbito de cada ente federativo, se existe lei estabelecendo prazo diferenciado para a anulação de atos administrativos ilegais. Caso não haja ato normativo local nesse sentido, aplicar-se-ão, por analogia, as regras previstas na Lei 9.784/1999.

Considerando o posicionamento do STF no MS 31.736/DF (j. em 10.09.2013), há de se tomar cuidado quanto ao início do prazo decadencial no caso de aposentadoria. Considerando que esta é considerada um ato complexo, que só se torna perfeito e acabado quando, após a aposentadoria ser deferida pela Administração, é confirmada pelo Tribunal de Contas respectivo, o prazo decadencial para anular uma ilegalidade numa aposentadoria concedida não se inicia do deferimento desta pela Administração, mas sim da data em que o Tribunal de Contas tiver aprovado ou não o ato. No caso julgado pelo STF a aposentadoria foi deferida pela Administração em 1992 e, apenas em 2012 o Tribunal de Contas analisou e decidiu por ilegalidades em seu cálculo. Porém, a aposentada, que já estava nessa qualidade desde 1992, não conseguiu anular a decisão do Tribunal de Contas, sob o argumento do transcurso do prazo de 5 anos para a anulação de atos que beneficiam terceiros de boa-fé. Isso porque, segundo o STF, esse prazo não chegou correr, já que o ato de aposentadoria só se aperfeiçoou em 2012 (e não em 1992), sendo que os 5 anos para anular alguma ilegalidade no ato como um todo só tem início em 2012. Por outro lado, o plenário do STF também assentou que, nesse tipo de caso, havendo boa-fé do servidor público que recebe valores indevidos a título de aposentadoria, só a partir da data em que for ela julgada ilegítima pelo órgão competente (no exemplo dado acima, em 2012) deverá ser devolvida a quantia recebida a maior após essa data (MS 26085, DJ 09.06.2011). Não se deve, todavia, confundir o reconhecimento de nulidades pelos Tribunais de Contas quanto a aposentadorias (que é um ato completo, ou seja, que só se forma quando o Tribunal de Contas a aprova), como o mesmo reconhecimento quando se tratar de outros tipos de atos não complexos, como uma promoção. Nesse último caso, após deferida a promoção, o Tribunal de Contas têm 5 anos para exercer o controle de legalidade dos atos administrativos (no caso, declarar a sua ilegalidade e determinar a sua anulação a tempo), contados da data em que a Administração deferiu a promoção (*vide*, a respeito: STF, MS 26404/DF, j. em 29.10.2009).

De rigor lembrar que a anulação de atos que geram uma relação jurídica constituída a pessoas não pode se dar simplesmente porque se verificou uma ilegalidade e se está dentro do prazo de 5 anos para que se dê. É necessário que se verifique se não é o caso de convalidação, bem como que se instaure o adequado procedimento e que se respeite às garantias constitucionais do **devido processo legal, da ampla defesa e do contraditório** (STF, AI 587487 AgR/RJ).

Por fim, ainda em relação decadência quinquenal para anular atos prevista na Lei 9.784/1999, o STJ entende que os atos administrativos praticados anteriormente ao advento da Lei 9.784/1999 estão sujeitos ao prazo decadencial de 5 anos, porém, contado da entrada em vigor da lei que estabeleceu esse prazo (9.784/99), qual seja, 1º/2/1999, e não da prática do ato (REsp 1.270.474-RN, j. em 18.10.2012).

No que concerne aos **efeitos da invalidação,** como o ato nulo já nasce com a sanção de nulidade, a declaração se dá retroativamente, ou seja, com efeito *ex tunc*. Invalidam-se as consequências passadas, presentes e futuras do ato, já que, do ato ilegal, não nascem direitos. A anulação importa no desfazimento do vínculo e no retorno das partes ao estado anterior. Tal regra é atenuada em face dos terceiros de boa-fé. Assim, a anulação da nomeação de um agente público, por exemplo, surte efeitos em relação a este (que é parte da relação jurídica anulada), mas não em relação aos terceiros destinatários dos atos por este praticado, desde que tal ato respeite a lei quanto aos demais aspectos.

Tema relevante é o atinente aos **tipos de invalidade** ou **tipos de vícios dos atos administrativos** e os respectivos **meios de correção.**

A doutrina majoritária (corrente quaternária) entende que podem ocorrer os seguintes **vícios** nos atos administrativos:

    a) atos administrativos **inexistentes**, que, de tão absurdos que são, sequer precisam ter declarada sua inexistência;

    b) atos administrativos **nulos**, que devem ser anulados no prazo decadencial;

c) atos administrativos **anuláveis**, que podem ser convalidados, permanecendo na ordem jurídica;

d) atos administrativos **irregulares**, que são aqueles que contêm vício formal de pouca relevância, devendo permanecer na ordem jurídica.

Hely Lopes Meirelles defendia a ideia de que não havia, no Direito Administrativo, atos anuláveis, pois a anulabilidade é instituto do direito privado, em que se pode dispor de certos interesses. Para esse respeitado doutrinador, o ato administrativo ou era nulo ou era válido e só.

Confira, agora com mais detalhes, a definição dos tipos de vícios dos atos administrativos:

a) **atos inexistentes**: *são os que assistem ao campo do absurdo jurídico, do totalmente intolerável*; tais atos não produzem efeito algum. Exs.: instrução de um agente policial a outro para torturar um bandido; prática de usurpação de função, ou seja, conduta de alguém que se faz passar por agente público, praticando ato da alçada deste;

b) **atos irregulares**: *são aqueles que padecem de vícios formais irrelevantes, reconhecíveis de plano, em que há descumprimento de norma que tem por único objetivo impor padronização interna dos atos*; tais atos não devem ser invalidados. Ex.: certidão feita pela autoridade competente, mas em papel não timbrado;

c) **atos nulos (nulidade absoluta)**: *são os que a lei assim declare ou aqueles sobre os quais a convalidação seja racionalmente impossível, pois, se o conteúdo fosse repetido, seria repetida a ilegalidade*[5]; a nulidade absoluta é grave, devendo o ato ser anulado, salvo se já tiver operado o prazo decadencial para tanto. Exs.: nomeação para cargo efetivo feita sem concurso público; contrato feito sem licitação, quando não incidia nenhuma hipótese de dispensa ou inexigibilidade desta;

d) **atos anuláveis (nulidade relativa)**: *são os que podem ser repetidos sem o vício originário*; a nulidade relativa é vício de menor gravidade, sendo possível a convalidação do ato. Ex.: ato expedido por autoridade com incompetência territorial; ato praticado com particular relativamente incapaz; ato praticado mediante erro ou dolo.

Vistos os vícios concernentes à questão da validade, passemos ao estudo dos **meios integradores da invalidade** ou **sanatória**.

A **convalidação (ou saneamento)** *é a supressão da invalidade de um ato pela expedição de outro, com efeitos retroativos*. Incide sobre os atos *anuláveis*, tornando-os válidos com efeito retroativo.

A convalidação só poderá ser feita se o ato puder ser repetido sem o vício que o inquinava ou se, apesar de se estar diante de ato com vício insanável, haja excepcional e patente interesse público na sua preservação. No primeiro caso, geralmente incide sobre vícios de sujeito (competência) e de forma (descumprimento de forma que não seja substancial), os quais, sanados, importam em convalidação do ato anterior, cuja maior vantagem é ter efeito

---

5. Hely Lopes Meirelles diz que a nulidade pode ser *explícita* ou *virtual*. "É explícita quando a lei a comina expressamente, indicando os vícios que lhe dão origem; é virtual quando a invalidade decorre da infringência de princípios específicos do Direito Público, reconhecidos por interpretação das normas concernentes ao ato. Em qualquer destes casos, porém, o ato é ilegítimo ou ilegal e não produz qualquer efeito válido entre as partes, pela evidente razão de que não se pode adquirir direitos contra a lei." O art. 166, VII, do Código Civil traz as duas espécies de ato nulo referentes a essa classificação.

retroativo, efeito que não existiria com a simples expedição de um novo ato, sem aproveitamento do anterior viciado.

Vejamos, agora, os **requisitos** que a doutrina aponta como essenciais para que seja possível a convalidação: a) possibilidade de o ato ser expedido novamente, sem o vício originário; b) prejuízo maior se não se mantiver o ato viciado; c) inexistência de prejuízo ao erário e a terceiro; d) boa-fé; e) inexistência de impugnação prévia do ato.

O art. 55 da Lei 9.784/1999 admite expressamente a convalidação, devendo a Administração, sempre que possível, optar por ela. Todavia, há uma hipótese em que a Administração poderá optar entre convalidar e não convalidar um ato anulável. Trata-se do caso em que se têm *atos discricionários praticados por autoridade incompetente*. Nesse caso, a autoridade que for a competente não fica obrigada a convalidar o ato viciado, dada a margem de liberdade que detém para praticá-lo.

A convalidação será chamada de *ratificação* nas hipóteses em que há vício de incompetência, não podendo incidir nos casos em que essa for outorgada com exclusividade ou em razão de matéria.[6]

Quanto ao vício de *forma*, a convalidação só será possível se essa não for essencial à validade do ato. Há de se lembrar que a forma abrange a forma propriamente dita (escritura pública, escritura particular, ato verbal etc.) e a motivação. Quanto à motivação, a sua ausência, caso se esteja diante de *ato vinculado* e em situação cuja motivação seja óbvia e passível de demonstração futura, verificando-se que houve respeito aos demais requisitos de validade do ato, este poderá ser mantido se demonstrada a ausência de prejuízo. Já quanto aos *atos discricionários*, a falta de motivação gera sua invalidação, sob pena de se permitir a invenção de motivos em momento posterior. Todavia, há entendimentos doutrinários e jurisprudenciais no sentido de que, excepcionalmente, é possível que um ato discricionário sem motivação pode ser convalidado, desde que a administração promova motivação posterior que demonstre de modo inquestionável o seguinte: a) que o motivo extemporaneamente alegado preexistia; b) que esse motivo era idôneo para justificar o ato; c) que o motivo foi a razão determinante da prática do ato (STJ, AgRg no RMS 40.427-DF).

Quanto ao *motivo* e à *finalidade*, fica difícil falar-se em convalidação. O mesmo se pode dizer quanto ao *objeto*. Neste caso, poderá caber a *conversão*, que é instituto jurídico que não se confunde com a *convalidação*.

Vejamos, agora, um *exemplo* de convalidação. Imagine a nomeação de um servidor feita por um Ministro de Estado, quando a competência era da alçada do Presidente da República, seguindo-se a delegação por parte deste para a referida nomeação. O ato originário contém vício (falta de competência), que pode ser sanado, pela convalidação, mediante *ratificação* do Presidente da República ou, após a delegação da competência, *confirmação* pelo Ministro de Estado.

A **conversão (ou sanatória)** *consiste no aproveitamento de um ato inválido, tornando-o ato de outra categoria, com efeito retroativo à data do ato original.*

A conversão incide sobre atos nulos, aproveitando-os em outra categoria de atos. A palavra-chave aqui é "aproveitar".

---

6. Outra expressão pertinente, mas que não se confunde com a convalidação e a *ratificação*, é a *confirmação*, que consiste na renúncia ao poder de anular o ato ilegal, o que é diferente de sanar o vício do ato, corrigindo-o (convalidação).

Diferentemente da convalidação, que mantém o ato na categoria de atos em que ele é praticado, na conversão aproveita-se o ato nulo para uma outra situação, para uma outra categoria de atos.

Um exemplo é a *permissão* de uso de bem público concedida sem licitação (permissão nula!), que acaba sendo convertida numa *autorização* de uso de bem público (outra categoria de ato!), que não requer licitação.

Outro exemplo é a nomeação de um agente público para um cargo de provimento *efetivo*, sem realização de concurso público, que acaba sendo convertida em nomeação para cargo em *comissão*, que não requer prévia aprovação em concurso público.

O instituto da conversão está previsto no Código Civil. Confira: "art. 170. Se, porém, o negócio nulo contiver os requisitos de outro, subsistirá este quando o fim a que visavam as partes permitir supor que o teriam querido, se houvesse previsto a nulidade".

Por fim, vale ressaltar que a conversão, assim como a convalidação, tem efeito retroativo, ou seja, ficam mantidos todos os atos praticados no período antecedente ao saneamento, salvo, naturalmente, se houver má-fé.

Não sendo possível a conversão ou a convalidação do ato, mas remanescendo clara a necessidade de mitigar consequências graves para o interesse público decorrentes da anulação do ato, a doutrina também discute a possibilidade de efetivar a **modulação dos efeitos anulatórios**, providência que, em matéria de controle de constitucionalidade, é baste comum quando se declara a inconstitucionalidade de um ato normativo. Um exemplo é o caso de se anular o alvará de construção de um conjunto de quatro prédios construídos como habitação popular, quando as duas primeiras torres já tiverem sido erguidas. Pode ser que a melhor medida seja manter a integridade das duas primeiras torres já construídas, fazendo-se uma compensação em relação às demais torres a serem construídas, desde que o vício que gerou à anulação tenha relação com a medida mitigadora das novas torres, não sendo possível que tal modulação se dê, por exemplo, caso todas as torres (as já construídas e as por construir) estejam situada em área de manancial, hipótese em que somente a demolição de tudo deve ser admitida.

Encerrando a questão, vale citar que parte da doutrina classifica as hipóteses de sanatória do ato administrativo de forma diversa. A título de exemplo, Diogo de Figueiredo Moreira Neto, ao tratar da sanatória, como forma de resolver problemas de legalidade, divide-a em duas espécies: a) os atos sanatórios (ratificação, reforma e conversão); b) e os fatos sanatórios (prescrição); a prescrição introversa ocorre quando a Administração não pode mais rever seus atos (prescrição administrativa), ao passo que a extroversa ocorre quando o Judiciário não pode mais atacar o ato ilegal (*Curso de Direito Administrativo*. 14. ed. São Paulo: Forense. p. 215/219).

4.7. CLASSIFICAÇÃO DOS ATOS ADMINISTRATIVOS

4.7.1. Quanto à liberdade de atuação do agente

Ato vinculado *é aquele em que a lei tipifica objetiva e claramente a* situação *em que o agente deve agir e o único* comportamento *que poderá tomar*. Tanto a situação em que o agente deve agir como o comportamento que vai tomar são únicos e estão clara e objetivamente definidos na lei, de forma a inexistir qualquer margem de liberdade ou apreciação subjetiva por parte do agente público. Ex.: licença para construir, concessão de aposentadoria.

Ato discricionário é aquele em que a lei confere margem de liberdade para avaliação da situação em que o agente deve agir ou para escolha do melhor comportamento a ser tomado.

Seja na situação em que o agente deve agir, seja no comportamento que vai tomar, o agente público terá uma margem de liberdade na escolha do que mais atende ao interesse público. Neste ponto fala-se em *mérito administrativo*, ou seja, na valoração dos motivos e escolha do comportamento a ser tomado pelo agente.

Vale dizer, o agente público fará apreciação subjetiva, agindo segundo o que entender ser mais conveniente e oportuno ao interesse público.

Reconhece-se a discricionariedade nos seguintes casos, dentre outros:

a) quando a regra que traz a competência do agente traz *conceitos fluidos*, como *bem comum*, *moralidade*, *ordem pública* etc.;

b) quando a lei *não traz um motivo* que enseja a prática do ato, como, por exemplo, a que permite nomeação para cargo em comissão, de livre provimento e exoneração;

c) quando *há mais de uma opção* para o agente quanto ao momento de atuar, à forma do ato (ex.: verbal, gestual ou escrita), à sua finalidade ou ao conteúdo (ex.: possibilita-se que o agente público, diante de uma infração administrativa, escolha se deve fazer uma advertência, aplicar uma multa ou fazer uma apreensão).

A discricionariedade sofre alguns *temperamentos*, de modo a fazer com que a margem de liberdade seja a mais estreita possível e a preservar o princípio da legalidade. Confira:

a) todo ato discricionário é *parcialmente regrado ou vinculado*; a competência, por exemplo, é sempre vinculada; aliás, Hely Lopes Meirelles entende que a competência, a forma e a finalidade são sempre vinculadas, conforme vimos;

b) só há discricionariedade *nas situações marginais*, nas zonas cinzentas; assim, situações que envolvem certa subjetividade, mas encontram na sociedade quase que um consenso, não ensejam margem de liberdade para o agente público; por exemplo, caso o agente público encontre duas pessoas fazendo sexo no meio da rua, ainda que um ou outro possa achar que isso não é imoral, o fato é que é indubitável no pensamento médio que a conduta é imoral, fazendo com que o agente, em que pese estar diante de um conceito fluído ("moralidade pública"), deva agir reconhecendo a existência de uma situação de imoralidade; em suma, o temperamento em tela lembra a todos que a situação concreta (o colorido do caso concreto) diminui a margem de liberdade conferida ao agente público.

c) não há discricionariedade volitiva para a Administração na chamada "discricionariedade técnica"; esta se dá quando a solução de alguma controvérsia administrativa exija o conhecimento técnico especializado, como de um engenheiro ou de um médico; por exemplo, havendo dúvida sobre se algum imóvel está ou não em perigo de desabamento, na hipótese de um engenheiro chamado pela Administração para fazer a análise em questão concluir pelo risco de desabamento, não caberá à Administração invocar a discricionariedade para dizer que pensa diferente e que não vai determinar a interdição ou a demolição do bem, pois no caso tem se discricionariedade técnica, em que a Administração fica vinculada à manifestação conclusiva do profissional que exarou seu entendimento técnico sobre a questão.

Questão muito importante quanto aos atos discricionários é saber se o Judiciário poderá apreciá-los.

A resposta a essa pergunta é positiva, ou seja, o Judiciário pode sim apreciar atos discricionários. Porém, só poderá fazê-lo quanto aos seguintes aspectos:

a) legalidade: todo ato discricionário é parcialmente *regrado* ou *vinculado* e, especificamente quanto a esse ponto, o Poder Judiciário poderá apreciar o ato discricionário; imagine uma competência que diga que "o Governador, em caso de falta grave, poderá suspender ou demitir o servidor público, mediante contraditório e ampla defesa"; trata-se de um ato discricionário, pois a expressão "falta grave" é bastante fluida, sem contar o fato de que o governador tem duas opções, "demitir" ou "suspender" o agente; porém, mesmo se tratando de um ato discricionário, há elementos vinculados nesse ato; um deles é a competência, pois só o Governador pode praticar o ato; outro é fato de que o governador só tem duas opções, de modo que, se tomar uma terceira medida (por exemplo, "demissão a bem do serviço público"), estará saindo dos limites do ato discricionário; além disso, o Governador é obrigado a garantir o contraditório e a ampla defesa; pois bem, se qualquer desses pontos vinculados do ato discricionário for desrespeitado, poderá o Judiciário, fazendo o controle de legalidade, anular o referido ato;

b) moralidade: todo ato discricionário está sujeito a cumprir o princípio da moralidade, que está previsto no art. 37, *caput*, da CF; assim, caso um ato discricionário fira a moralidade (por exemplo, a desapropriação do imóvel de um inimigo político de um Prefeito), poderá ser anulado pelo Poder Judiciário;

c) razoabilidade: todo ato discricionário está sujeito a cumprir o princípio da razoabilidade, que está previsto no art. 2º, *caput*, da Lei 9.784/1999; assim, caso um ato discricionário fira a razoabilidade ou a proporcionalidade (por exemplo, desapropria-se área bem maior do que a necessária para a implantação de um projeto da Administração), poderá ser anulado pelo Poder Judiciário. Em matéria de controle de políticas públicas frequentemente o Judiciário analisa a razoabilidade na eleição de prioridades feita pela Administração, determinando, muitas vezes, a implementação de políticas públicas determinadas pela Constituição e que eventualmente tiverem sido relegadas a segundo plano sem justificativa razoável. Nesses casos, costuma-se exarar sentença determinando que a Administração Pública adote providências administrativas e respectiva previsão orçamentária para implantação ou ampliação da política pública faltosa.

Em suma, o Judiciário pode sim apreciar um ato discricionário, mas apenas quanto aos aspectos de legalidade, razoabilidade e moralidade, não sendo possível a revisão dos critérios adotados pelo administrador (o *mérito administrativo*), se tirados de dentro da margem de liberdade a ele conferida pelo sistema normativo.

4.7.2. Quanto às prerrogativas da administração

Atos de império são os *praticados no gozo de prerrogativas de autoridade*. Ex.: interdição de um estabelecimento.

Atos de gestão são os *praticados sem uso de prerrogativas públicas, em igualdade com o particular, na administração de bens e serviços*. Ex.: contrato de compra e venda ou de locação de um bem imóvel.

Atos de expediente *são os destinados a dar andamento aos processos e papéis que tramitam pelas repartições, preparando-os para decisão de mérito a ser proferida pela autoridade*. Ex.: remessa dos autos a uma autoridade, para que esta tome uma decisão, conduta que tem o nome de "levar os autos à conclusão".

A distinção entre ato de gestão e de império está em desuso, pois era feita para excluir a responsabilidade do Estado pela prática de atos de império, de soberania. Melhor é distingui-los em atos regidos pelo *direito público* e pelo *direito privado*.

4.7.3. Quanto aos destinatários

Atos individuais *são os dirigidos a destinatários certos, criando-lhes situação jurídica particular.* Ex.: decreto de desapropriação, nomeação de agente público, exoneração de agente público, licença para construir, autorização de uso de bem público, tombamento, dentre outros.

Atos gerais *são os dirigidos a todas as pessoas que se encontram na mesma situação, tendo finalidade normativa.*

São diferenças entre um e outro as seguintes:

a) os atos individuais podem ser impugnados individualmente, ao passo que os normativos só por ADI ou após uma providência concreta;

b) os atos normativos prevalecem sobre os atos individuais;

c) a revogação de atos individuais deve respeitar eventual direito adquirido de seu beneficiário, ao passo que os atos normativos podem ser livremente revogados.

4.7.4. Quanto à formação da vontade

Atos simples *decorrem de um órgão, seja ele singular ou colegiado.* Ex.: nomeação feita pelo Prefeito; deliberação de um conselho ou de uma comissão.

Atos complexos *decorrem de dois ou mais órgãos, em que as vontades se fundem para formar um único ato.* Ex.: decreto do Presidente, com referendo de Ministros; para o STF, a aposentadoria de um servidor, como depende de deferimento da Administração e do Tribunal de Contas, também é ato complexo.

Atos compostos *decorrem de dois ou mais órgãos, em que a vontade de um é instrumental em relação à vontade de outro, que edita o ato principal.* Aqui existem dois atos pelo menos: um principal e um acessório. Um exemplo é a nomeação do Procurador-Geral da República, que depende de prévia aprovação pelo Senado. Outro exemplo são os atos que dependem de aprovação ou homologação. Não se deve confundir atos compostos com atos de um procedimento, vez que, enquanto os segundos são o encadeamento de atos tendentes ao ato principal, os primeiros resultam de dois ou mais órgãos e não têm por elemento marcante a sucessão de atos preparatórios de um ato final, diferentemente do procedimento.

4.7.5. Quanto aos efeitos

Ato constitutivo *é aquele em que a Administração cria, modifica ou extingue direito ou situação jurídica do administrado.* Exs.: permissões de serviço público e de uso de bem público, penalidades, revogação de atos, autorizações, dentre outros.

Ato declaratório *é aquele em que a Administração reconhece um direito que já existia.* Exs.: admissão, licença, homologação, isenção, anulação.

Ato enunciativo *é aquele em que a Administração apenas atesta dada situação de fato ou de direito.* Não produz efeitos jurídicos diretos. São juízos de conhecimento ou de opinião. Exs.: certidões, atestados, informações e pareceres.

4.7.6. Quanto à situação de terceiros

Atos internos são a*queles que produzem efeitos apenas no interior da Administração.* Exs.: pareceres, informações.

Atos externos *são aqueles que produzem efeitos sobre terceiros.* Nesse caso, dependerão de publicidade para terem eficácia. Exs.: admissão, licença.

4.7.7. Quanto à estrutura

Atos concretos *são aqueles que dispõem sobre uma única situação, sobre um caso concreto.* Ex.: exoneração de um agente público.

Atos abstratos *são aqueles que dispõem sobre reiteradas e infinitas situações.* Ex.: regulamento.

4.7.8. Outra classificação

Atos normativos *são aqueles que contêm comando geral da Administração Pública, com o objetivo de executar a lei.* Exs.: regulamentos (da alçada do Chefe do Executivo), instruções normativas (da alçada dos Ministros de Estado), regimentos, resoluções etc.

Atos ordinatórios *são aqueles que disciplinam o funcionamento da Administração e a conduta funcional de seus agentes.* Exs.: instruções (são escritas e gerais, destinadas a determinado *serviço público*), circulares (escritas e de caráter uniforme, direcionadas a determinados *servidores*), avisos, portarias (expedidas por chefes de órgãos – trazem determinações gerais ou especiais aos subordinados, designam alguns servidores, instauram sindicâncias e processos administrativos etc.), ordens de serviço (determinações especiais ao *responsável* pelo ato), ofícios (destinados às *comunicações* escritas entre autoridades) e despacho (contém *decisões* administrativas).

Atos negociais *são declarações de vontade coincidentes com pretensão do particular.* Exs.: licença, autorização e protocolo administrativo.

Atos enunciativos *são aqueles que apenas atestam, enunciam situações existentes.* Não há prescrição de conduta (determinações) por parte da Administração. Exs.: certidões, atestados, apostilas e pareceres.

Atos punitivos *são as sanções aplicadas pela Administração aos servidores públicos e aos particulares.* Exs.: advertência, suspensão e demissão; multa de trânsito.

4.8. ATOS ADMINISTRATIVOS EM ESPÉCIE

4.8.1. Quanto ao conteúdo

Autorização *é o ato administrativo unilateral, discricionário e precário pelo qual a Administração faculta ao particular, em proveito deste, o uso privativo de bem público ou o desempenho de uma atividade, os quais, sem esse consentimento, seriam legalmente proibidos.* Exs.: autorização de uso de praça para realização de festa beneficente ou evento cultural; autorização para compra e registro ou para porte de arma. A autorização se baseia no poder de polícia, fazendo-se juízo de conveniência e oportunidade acerca da sua concessão ou não. Trata-se de ato *constitutivo*.

Licença *é o ato administrativo unilateral e vinculado pelo qual a Administração faculta àquele que preencha requisitos legais o exercício de uma atividade.* Exs.: licença para construir; licença para dirigir veículos automotores. A licença também se baseia no poder de polícia, havendo juízo de legalidade somente. Trata-se de ato *declaratório*, daí porque, enquanto na autorização se fala em interesses, na licença se fala em direitos subjetivos, pois cumpridos os requisitos para a licença o interessado tem direito de exigi-la, diferentemente do que acontece quanto à autorização.

Admissão é o *ato unilateral e vinculado pelo qual a Administração reconhece ao particular que preencha requisitos legais o direito à prestação de um serviço público*. Exs.: admissão de aluno em escola ou universidade pública; admissão de paciente em hospital; admissão de pessoa carente em programa de assistência social.

Permissão é o *ato administrativo unilateral, discricionário e precário, pelo qual a Administração faculta ao particular a execução de serviço público ou a utilização privativa de bem público, mediante licitação*. Exs.: permissão para taxista ou perueiro efetuar transporte remunerado de passageiros; permissão para que uma banca de jornal se instale numa calçada ou praça públicas. Vale lembrar que, por ser precária, pode ser revogada a qualquer momento sem que o particular tenha direito à indenização. Ademais, diferentemente da autorização, a permissão depende de licitação.

Concessão é o *ato bilateral (contrato) e não precário pelo qual a Administração faculta a uma pessoa jurídica a execução de serviço público ou a utilização privativa de bem público, mediante licitação na modalidade concorrência*. Exs.: concessão dada a uma empresa de ônibus para que efetue transporte remunerado de passageiros; concessão dada a um restaurante para que utilize espaço público num aeroporto. Por não ser precária, o particular tem direito de ver mantida a concessão. Todavia, caso haja interesse público na sua revogação, este prevalece sobre o do particular, o qual terá direito à indenização pela revogação da concessão, diferentemente do que ocorre na autorização e na permissão, que são atos precários, ou seja, passíveis de revogação sem direito à indenização em favor do interessado. Confira algumas diferenças entre a concessão e a permissão: a) a primeira só pode ser concedida a pessoa jurídica, ao passo que a segunda, a pessoa física ou jurídica; b) a primeira é contratual, ao passo que a segunda é precária, podendo ser revogada sem direito à indenização em favor do permissionário; c) a primeira deve ser concedida após licitação na modalidade concorrência, ao passo que a segunda pode ser concedida por meio de outras modalidades licitatórias; d) a primeira é formalizada mediante *contrato de concessão*, ao passo que a segunda, mediante *contrato de adesão*.

Credenciamento é o *ato ou contrato formal pelo qual a administração pública confere a um particular (pessoa física ou jurídica), normalmente sem prévia licitação, a prerrogativa de exercer certas atividades materiais ou técnicas, em caráter instrumental ou de colaboração com o Poder Público, a título oneroso, remuneradas, na maioria das vezes, diretamente pelos interessados*. Um exemplo de credenciamento é o ato que ocorre com as empresas de autoescola, que recebem credenciamento do Poder Público para a prática de certas atividades em colaboração com este (aulas, exames etc.), sem licitação e com cobrança dos interessados. Inexistindo viabilidade técnica de competição, está-se diante de hipótese de inexigibilidade (art. 25, *caput*, da Lei 8.666/1993). Assim, é inexigível a licitação nas hipóteses em que o credenciamento é aberto para outorga a todos os interessados habilitados, já que inexistente a possibilidade teórica de competição.

Aprovação é o *ato unilateral e discricionário pelo qual se exerce o controle prévio ou posterior do ato administrativo*. A aprovação é um tipo de *controle* que analisa a *conveniência e a oportunidade* do ato controlado. Ex.: aprovação dada pelo Senado à indicação do Presidente para nomeação de Ministro para o Supremo Tribunal Federal. Em tese, o Senado pode rejeitar a indicação, não a aprovando, por considerá-la não conveniente, em vista de não ter o indicado reputação ilibada, por exemplo.

Homologação *é o ato unilateral e vinculado pelo qual se reconhece a legalidade de um ato administrativo*. A homologação é um tipo de *controle* que analisa apenas o *cumprimento das formalidades legais*, não entrando no mérito dos atos praticados. Ex.: homologação de uma licitação ou de um concurso público pela autoridade superior à comissão de licitação, autoridade essa que controlará exclusivamente a legalidade dos procedimentos, sem entrar no mérito dos julgamentos feitos.

Parecer *é o ato pelo qual órgãos consultivos da Administração emitem opinião técnica sobre assunto de sua competência*. Podem ser de três tipos: *facultativo* (o parecer é pedido se a autoridade quiser); *obrigatório* (a autoridade é obrigada a solicitar o parecer, em que pese não ser obrigada a acatá-lo) e *vinculante* (a autoridade é obrigada a solicitar o parecer e a acatar o seu conteúdo - ex.: parecer médico). O STF vem decidindo que o parecer jurídico que deve ser dado sobre minuta de editais, de contratos e de convênios é um parecer vinculante (MS 24.584), pois o art. 38, parágrafo único, da Lei 8.666/93 dispõe que o setor jurídico deve *aprovar* tais minutas, o que revela que o parecer é verdadeira *decisão administrativa* e não mera opinião técnica. Dessa forma, havendo alguma ilegalidade, o parecerista responde como se fosse autor da minuta por ele aprovada, ficando sujeito, por exemplo, a multas pelo Tribunal de Contas e a ações populares, ações civis públicas e ações por improbidade administrativa, valendo lembrar, todavia, que a responsabilidade do agente público não é objetiva: depende de culpa ou dolo, nos casos de ressarcimento do erário, e de dolo em algumas modalidades de improbidade administrativa.

Visto *é o ato administrativo unilateral pelo qual a autoridade atesta a regularidade formal de outro ato administrativo*. Ex.: pedido de férias de um agente, que recebe o visto de seu chefe (o qual observa sua regularidade formal) antes deste encaminhar para o chefe subsequente apreciá-lo.

Protocolo administrativo *é o ato negocial pelo qual o Poder Público acerta com o particular a realização de determinado empreendimento ou atividade ou a abstenção de certa conduta*.

4.8.2. Quanto à forma

Decreto *é a forma de que se revestem os atos individuais ou gerais, emanados do Chefe do Poder Executivo*. Exs.: nomeação e exoneração de agentes públicos (atos individuais); regulamentos (atos gerais que têm por objeto proporcionar a fiel execução da lei - artigo 84, IV, CF). Não existe, como regra, *regulamento autônomo* em nosso direito, uma vez que ele sempre deve estar adstrito ao que dispõe uma lei, nunca podendo existir por si só; ou seja, no Brasil a regra é termos *regulamentos de execução* de lei. Como vimos, a EC 32/2001 modificou o artigo 84, VI, da CF, permitindo que o Presidente, por meio de decreto, disponha de matérias que somente a lei poderia dispor. Trata-se de situação que excepciona a regra no sentido de que não há regulamentos autônomos em nosso direito.

Resolução e portaria *são as formas de que se revestem os atos, gerais ou individuais, emanados de autoridades que não sejam o Chefe do Executivo*. Ex.: no Estado de São Paulo, a resolução é própria dos Secretários de Estado, enquanto as portarias são a forma de que se revestem os atos das autoridades até o Diretor de Serviço. Assim, em cada ente político se instituirá a forma que deve revestir os atos de cada autoridade. Importa lembrar, ainda, que as resoluções e portarias trarão, além de atos *individuais* próprios de tais autoridades, atos *gerais* consistentes em instruções para cumprimento das leis e regulamentos.

Circular é o instrumento de que se valem as autoridades para transmitir ordens internas a seus subordinados.

Despacho é o ato administrativo que contém decisões das autoridades sobre assunto de interesse individual ou coletivo submetido à sua apreciação. **Despacho normativo** é aquele que aprova uma decisão sobre assunto de interesse geral, ficando esta obrigatória para toda a administração, além de valer para todos que estiverem na mesma situação.

Alvará é *a forma pela qual a Administração confere licença ou autorização para a prática de ato ou exercício de atividade sujeita ao poder de polícia do Estado*. Exs.: alvará de construção (instrumento que confere e prova a licença); alvará para porte de arma (instrumento da autorização conferida).

4.9. PROCEDIMENTO ADMINISTRATIVO

Não se deve confundir o ato administrativo com o procedimento administrativo. O segundo *consiste na sucessão encadeada de atos que propiciam a formação do ato final objetivado pela Administração*.

Assim, um procedimento é uma sucessão de atos, não se confundindo com cada ato em si.

Na verdade, ficaria melhor falar-se em *processo administrativo* para designar a definição dada, reservando-se a expressão procedimento administrativo para designar o *rito* a ser seguido.

Porém, em Direito Administrativo a expressão *procedimento administrativo* acaba sendo usada para designar *processo administrativo*.

De qualquer forma, é bom lembrar que há processos administrativos típicos, como o processo disciplinar e o processo de licitação, cuja característica marcante é ter uma regulamentação específica em lei própria. Os processos administrativos que não tiverem regulamentação própria devem seguir o disposto na Lei de Geral de Processo Administrativo (Lei 9.784/1999).

4.10. QUADRO SINÓTICO

ATOS ADMINISTRATIVOS
1. Conceito de atos administrativos - Declarações do Estado ou de quem lhe faça as vezes - no exercício de prerrogativas públicas - destinadas a cumprir concreta, direta e imediatamente a lei Exs: multa de trânsito, sanção disciplinar
2. Não são atos administrativos a) atos regidos pelo Direito Privado b) atos materiais ou fatos administrativos c) atos políticos
3. Planos do ato administrativo - **Existência:** ciclo de formação cumprido - **Validade:** compatibilidade com a ordem jurídica - **Eficácia:** aptidão para produzir efeitos

4. Atributos do ato administrativos

4.1. Presunção de legitimidade: *qualidade do ato pela qual este se presume verdadeiro e conforme ao Direito até prova em contrário*

4.2. Imperatividade: *qualidade do ato pela qual este se impõe a terceiros independentemente de sua concordância*; também chamado de "poder extroverso"

4.3. Exigibilidade: *qualidade do ato pela qual, imposta a obrigação, esta pode ser exigida mediante coação indireta*; ex: aplicação de uma multa

4.4. Executoriedade (coercibilidade ou autoexecutoriedade): *qualidade do ato pela qual, imposta e exigida a obrigação, esta pode ser implementada mediante coação direta (= uso da força)*; cabe em 2 casos: a) quando a lei expressamente autorizar; b) quando houver urgência e não há tempo de buscar o Judiciário

4.5. Tipicidade: *qualidade pela qual os atos administrativos devem corresponder aos tipos previstos em lei*

5. Requisitos do Ato Administrativo

(C O M F F)

Competência

Objeto

Motivo

Forma

Finalidade

5. Requisitos do Ato Administrativo

5.1. Competência: atribuição legal de cargo/órgão/pessoa

5.1.1. Delegação de competência (arts. 12 a 14 da Lei 9.784/1999)

a) órgão ou titular de cargo podem delegar

b) desde que não haja impedimento legal

c) desde seja apenas parte da competência

d) deve ser a outro órgão ou titular de cargo, mesmo que não subordinado hierarquicamente

e) deve ser conveniente em razão de índole técnica, social, econômica, jurídica ou territorial

f) pode ser de órgão colegiado ao respectivo presidente

g) não podem ser delegados:

- Edição de ato normativo

- Decisão de recurso administrativo

- Matérias de competência exclusiva de órgão ou autoridade

h) depende de publicação do ato de delegação no D.O.

i) ato deve especificar matérias e poderes transferido, a duração e objetivos da delegação e o recurso cabível

j) é revogável a qualquer tempo

k) decisões adotadas por delegação devem mencionar expressamente essa qualidade

5.1.2. Avocação de competência (art. 15 da Lei 9.784/1999)

a) passagem da competência de órgão hierarquicamente inferior para superior

b) é temporária

c) é excepcional, dependendo de motivos relevantes devidamente justificados

5.1.3. Vícios de competência

a) usurpação de função: *alguém finge ser agente público*; atos inexistentes

b) excesso de poder: *agente público excede da competência que tem*; atos inválidos

c) função de fato: *alguém irregularmente investido em função pública, com aparência de legalidade e boa-fé*; atos válidos

5.2. Objeto: *é o que o ato dispõe, enuncia*; deve ser lícito, possível, determinável e moral; se não for, ato é nulo

5.3. Forma: *conjunto de formalidades para a seriedade do ato*; problema na forma gera nulidade; aqui é verificado se o ato:

a) respeita a forma propriamente dita: por exemplo, a forma escrita; mais b) vem acompanhado de motivação: indicação do fato e do direito aplicável

5.4. Motivo: *matéria de fato e de direito em que se funda o ato;* aqui é verificado se o fato invocado é verdadeiro e se o direito aplicado é adequado

- **Teoria dos motivos determinantes:** "a existência e a adequação do motivo invocado condicionam a validade do ato"
- Problema no motivo gera nulidade do ato

5.5. Finalidade: *bem jurídico objetivado pelo ato*

a) **frase-chave:** "cada ato tem uma finalidade"

b) **exemplo:** finalidade da demissão é punir; já finalidade da remoção é organizar o serviço; assim, se houver remoção com finalidade de punir, tem-se **desvio de finalidade**

- Problema na finalidade gera nulidade do ato

6. Classificação dos atos administrativos

6.1. Quanto à margem de liberdade

a) **ato vinculado:** *aquele em que a lei estabelece objetiva e claramente a competência, os elementos e os requisitos para a formalização do ato administrativo*

b) **ato discricionário:** *aquele em que a lei confere margem de liberdade à Administração na escolha da conveniência, oportunidade e conteúdo do ato administrativo*

- o ato vinculado não pode ser revogado
- a competência, forma e finalidade são vinculados
- o controle jurisdicional do ato discricionário limita-se à legalidade/razoabilidade/moralidade

6.2. Quanto à composição ou intervenção da vontade

a) **ato simples:**

1 órgão (simples ou colegiado) / 1 ato; ex: nomeação

b) **ato complexo:** 2 ou + órgãos / 1 ato; ex: portaria intersecretarial

c) **ato composto:** 2 ou + órgãos / 2 ou + atos; ex: patente de medicamento = INPI + ANVISA

6.3. Quanto às prerrogativas da administração

a) **ato de império:** *é o praticado no gozo de prerrogativas de autoridade*; ex: multa de trânsito; embargo de obra, apreensão de bens

b) **ato de gestão:** *é o praticado sem o gozo de prerrogativas, na administração de bens e serviços*; ex: locação de imóvel; negócio contratual

c) **ato de expediente:** *é o destinado a dar andamento aos processos e papéis que tramitam pelas repartições, preparando-os para decisão administrativa;* ex: remessa de autos para a conclusão de uma autoridade

6.4. Classificação de Hely Lopes Meirelles

a) **ato normativo:** *é o que contém comando geral com o objetivo de executar leis, regulamentos e outros atos*; ex: regulamento, instruções normativas, resoluções

b) **ato ordinatório:** *é aquele que disciplina o funcionamento da Administração e a conduta funcional de seus agentes;* ex: instruções, circulares, avisos, portarias, ordens de serviço, ofícios

c) **ato negocial:** *é a declaração de vontade coincidente com a pretensão do particular;* ex: licença, autorização, permissão e protocolo administrativo

d) **ato enunciativo:** *é aquele que apenas atesta, enuncia situação existente;* ex: certidões, atestados, apostilas e pareceres

e) **ato punitivo:** *é a sanção aplicada pela Administração aos servidores públicos e aos particulares;* ex.: advertência, suspensão, demissão, multa, interdição

7. Atos administrativos em espécie

a) **admissão:** *ato unilateral e vinculado pelo qual se reconhece o direito de receber serviço público*; ex.: matrícula em escola

b) **licença:** *ato unilateral e vinculado pelo qual se faculta o exercício de uma atividade;* ex: licença para construir

c) **autorização:** *ato unilateral, discricionário e precário, que faculta ao particular, em proveito deste, o uso de um bem público ou o exercício de uma atividade;* exs: porte de arma e fechamento de rua para festa

d) **permissão:** *ato unilateral, discricionário e precário, que faculta ao particular o uso de bem público ou a prestação de serviço público, mediante licitação;* exs: banca de jornal e transporte por van

e) **concessão:** *ato bilateral (contratual) que faculta ao particular o uso de um bem público ou a prestação de serviço público, mediante licitação;* exs: estacionamento em aeroporto e transporte por ônibus

f) **aprovação:** *controle discricionário de atos administrativos;* ex: aprovação, pelo Senado, de indicação de Ministro do STF

g) **homologação:** *controle vinculado de atos administrativos;* ex: homologação de um concurso público

h) **parecer:** *opinião técnica sobre um dado assunto*

- vinculante: obrigado a pedir e obrigado a acatar
- obrigatório: obrigado a pedir e não obrigado a acatar
- facultativo: não obrigado a pedir e não obrigado a acatar

Obs.: o parecer vinculante é, na verdade, uma decisão; assim, o parecerista responde por culpa ou dolo. Ex: parecer prévio em licitação (art. 38 da Lei 8.666/1993)

8. Extinção do ato administrativo

8.1. Renúncia: do beneficiário do ato; ex: permissionário renuncia à permissão

8.2. Cumprimento dos efeitos: p. ex., término do prazo de permissão

8.3. Desaparecimento do sujeito ou do objeto: p. ex., morte de servidor e incêndio em bem tombado

8.4. Contraposição: *extinção do ato pela edição de outro incompatível com o primeiro;* ex: a exoneração se contrapõe à nomeação

8.5. Cassação: *extinção do ato pelo descumprimento, pelo particular, dos requisitos para continuar se beneficiando deste;* ex: permissionário deixa de pagar preço público

8.6. Caducidade: *extinção do ato pelo fato de lei superveniente não mais admiti-lo;* ex: nova lei proibindo dado tipo de permissão na cidade

8.7. Revogação: *extinção do ato por motivo de inconveniência ou inoportunidade*

a) **motivo:** inconveniência ou inoportunidade;

b) **exemplo:** revogação de licitação por falta de recursos

c) **sujeito ativo:** só Administração

d) **efeitos:** *ex nunc* (não retroage)

e) **limites:** não se revogam atos

- que geram direito adquiridos
- vinculados
- exauridos e nulos
- enunciativos

8.8. Anulação: *extinção do ato por motivo de ilegalidade*

a) **motivo:** ilegalidade

b) **exemplo:** anulação de licitação p/ doc. falso

c) **sujeito ativo:** Administração ou Judiciário

d) **efeitos:** *ex tunc* (retroage)

e) **limites:** direito de anular atos que beneficiam 3º decai em 5 anos da prática do ato (art. 54 da Lei 9.784/1999), salvo comprovada má-fé, pois, neste caso, não há prazo para anular; quanto a atos com efeitos patrimoniais contínuos, o prazo para anular é contado do 1º pagamento

f) **convalidação** (art. 55 da Lei 9.784/1999); requisitos:

- em caso de vícios sanáveis (atos anuláveis)
- desde que não prejudique 3º ou interesse público
- desde que ato não tenha sido impugnado ainda
- ex: convalidação de ato expedido com vício de incompetência relativa

g) **conversão:** em caso de vícios insanáveis (atos nulos); aproveita o ato em outra categoria de atos, desde que não prejudique 3º ou interesse público; ex: conversão de permissão em autorização

4.11. QUESTÕES COMENTADAS

4.11.1. Conceito, perfeição, validade e eficácia

(Defensor Público/SP – 2012 – FCC) O ato administrativo que se encontra sujeito a termo inicial e parcialmente ajustado à ordem jurídica, após ter esgotado o seu ciclo de formação, é considerado
(A) perfeito, válido e eficaz.
(B) perfeito, inválido e ineficaz.
(C) imperfeito, inválido e eficaz.
(D) perfeito, válido e ineficaz.
(E) imperfeito, inválido e ineficaz.

A: incorreta, pois, estando sujeito a termo inicial, não é eficaz enquanto não implementado o termo; ademais, o ato não é válido, pois não cumpre integralmente a ordem jurídica; **B:** correta, pois o ato é perfeito (esgotou seu ciclo de formação), inválido (parcialmente ajustado à ordem jurídica, portanto com desrespeito, ainda que parcial, à lei) e ineficaz (encontra-se sujeito a termo inicial); **C:** incorreta, pois o ato em tela é perfeito e ineficaz, como se viu; **D:** incorreta, pois o ato em tela é inválido; **E:** incorreta, pois o ato em tela é perfeito.
Gabarito "B"

(Procurador/DF – 2013 – CESPE) Julgue o seguinte item.
(1) O ato administrativo pode ser perfeito, inválido e eficaz.

1: certa, pois ato perfeito é o ato que existe; ato inválido é o que está em desacordo com a lei e ato eficaz é o que produz efeitos; um ato que existe (ato perfeito), mesmo sendo inválido (ato inválido), pode estar a produzir efeitos (ato eficaz), efeitos esses que podem ser extirpados da ordem jurídica no momento em que a invalidade é pronunciada pela Administração ou pelo Judiciário.
Gabarito 1C

(Auditor Fiscal/SC – 2010 – FEPESE) Quanto aos atos administrativos, é **correto** afirmar:
(A) Os atos administrativos são declarações do Estado ou de quem lhe faça as vezes.
(B) Os atos administrativos prescindem de norma jurídica para assegurar ou criar direito novo.
(C) Atos administrativos normativos são típicos exemplos de atos de efeito concreto.
(D) Os atos administrativos se equiparam hierarquicamente à lei *stricto sensu*.
(E) Somente os atos administrativos normativos se equiparam hierarquicamente à lei *stricto sensu*.

A: correta, pois está de acordo com a definição de ato administrativo ("é a declaração do Estado ou de quem lhe faça as vezes, no exercício de prerrogativas públicas, com a finalidade de executar direta e concretamente a lei"); **B:** incorreta, pois é imprescindível que haja lei para que os atos administrativo assegurem direito novo, vez que, pelo princípio da legalidade, somente a lei pode criar direito novo; **C:** incorreta, pois os atos normativos, pelo seu caráter geral e abstrato, não são considerados atos de efeito concreto; **D:** incorreta, pois os atos administrativos são hierarquicamente inferiores às leis em sentido estrito; **E:** incorreta, pois atos administrativos, sejam eles comuns ou normativos, não se equiparam hierarquicamente à lei em sentido estrito.
Gabarito "A"

4.11.2. Requisitos do ato administrativo (Elementos, Pressupostos)

(Ministério Público/SP – 2015 – MPE/SP) Entre as alternativas abaixo apresentadas, aponte aquela que não representa um vício de desvio de poder na atividade administrativa:
(A) A exoneração, de ofício, de ocupante de cargo comissionado ao qual se atribui a prática de falta grave.
(B) A remoção de servidor fundada em justificativa genérica e subjetiva da presença de interesse público.
(C) A remoção desmotivada de servidor concursado, pelo administrador público.
(D) A concessão de alvará à casa de prostituição para funcionamento como discoteca ou danceteria.
(E) A concessão de uso especial para fins de moradia a possuidor que é proprietário de outro imóvel urbano ou rural.

A: correta, pois a exoneração é ato que tem por finalidade tirar alguém de cargo público por variadas razões (já que é livre a exoneração de alguém de cargo em comissão), inclusive se já não há mais confiança no agente público pela prática de uma falta; assim, não há desvio de poder no caso; **B** e **C:** incorretas, pois a remoção de um servidor só pode ser a pedido deste ou quando houver interesse público devidamente motivado, nos casos em que a Administração pode fazê-la de ofício; **D:** incorreta, pois nesse caso está-se ferindo a finalidade da lei que trata de alvarás, já que esta visa, dentre outras práticas, evitar que atividades ilegais sejam autorizadas a funcionar; **E:** incorreta, pois a finalidade dessa concessão é atender àqueles que são necessitados de moradia, o que não acontece com quem já é proprietário de outro imóvel urbano ou rural.
Gabarito "A"

(Procurador do Estado/PR – 2015 – PUC-PR) O STJ proferiu decisão com o seguinte teor: "(...) o administrador vincula-se aos motivos elencados para a prática do ato administrativo. Nesse contexto, há vício de legalidade não apenas quando inexistentes ou inverídicos os motivos suscitados pela administração, mas também quando verificada a falta de congruência entre as razões explicitadas no ato e o resultado nele contido.". (MS 15.290/DF – Rel. Min. Castro Meira. *DJe* 14.11.2011). É **CORRETO** afirmar que o acórdão tem como fundamento e é consoante à:
(A) Teoria do controle negativo da discricionariedade dos atos administrativos.
(B) Teoria da convalidação e confirmação dos atos administrativos.
(C) Teoria dos motivos determinantes.
(D) Teoria da publicidade dos atos administrativos.
(E) Teoria do controle dos pressupostos de existência dos atos administrativos.

Trata-se da chamada Teoria dos Motivos Determinantes, pela qual o motivo invocado para a prática do ato condiciona sua validade. Dessa forma, provando-se que o motivo é inexistente, falso, mal qualificado ou incongruente, o ato será considerado nulo.
Gabarito "C"

(Juiz de Direito/RJ – 2014 – VUNESP) Assinale a alternativa que apresenta duas características da competência do ato administrativo.
(A) Hierarquia e finalidade.
(B) Inderrogabilidade e improrrogabilidade.
(C) Limitabilidade e hierarquia.
(D) Imperatividade e finalidade.

A competência administrativa tem quatro características: é irrenunciável (o agente público não pode abrir mão de sua totalidade), inderrogável (o agente público não pode abrir mão de parte dela, apesar de poder delegá-la, temporariamente, nos termos da lei), imprescritível (o agente público, mesmo que não aja quando deveria agir, não deixa de ter a competência) e improrrogável (somente por lei é que se pode atribuir competência a alguém, não sendo possível que um agente público se torne competente pelo simples fato de atuar numa dada competência que não tenha). Dessa forma, somente a alternativa "B" é correta.
Gabarito "B"

(Defensor Público/AC – 2012 – CESPE) O agente público que, ao editar um ato administrativo, extrapole os limites de sua competência estará incorrendo em

(A) desvio da motivação do ato.
(B) avocação.
(C) excesso de poder.
(D) usurpação de função pública.
(E) desvio da finalidade do ato.

A: incorreta, pois a motivação está ligada ao requisito "forma" e não ao requisito "competência"; **B:** incorreta, pois a avocação é procedimento previsto em lei, não ofendendo às regras de competência (art. 15 da Lei 9.784/1999); **C:** correta, pois o excesso de poder (assim como a usurpação de função e a função de fato) é um vício no requisito competência. No caso do excesso de poder, este consiste em um agente público extrapolar os limites de sua competência, coincidindo, assim, com o conceito trazido no enunciado; **D:** incorreta, pois a usurpação de função, apesar de ser um vício na competência, consiste em alguém que **não** é agente público agir como se fosse um; no caso do excesso de poder, está-se diante de alguém que **é** agente público, mas que excede os limites de sua competência; **E:** incorreta, pois o desvio de finalidade (ou desvio de poder) é um vício no requisito "finalidade" e não no requisito "competência".
Gabarito "C"

(Procurador do Município/Teresina-PI – 2010 – FCC) Dentre as alternativas apresentadas, assinale a que corretamente aborda dois requisitos dos atos administrativos, que são sempre vinculados:

(A) forma e objeto.
(B) competência e finalidade.
(C) motivo e forma.
(D) objeto e competência.
(E) motivo e finalidade.

São sempre vinculados os requisitos da competência, da forma e da finalidade, o mesmo não acontecendo com os requisitos do objeto e do motivo. Assim, somente a alternativa "B" está correta.
Gabarito "B"

(Magistratura Federal-4ª Região – 2010) Dadas as assertivas abaixo sobre ato administrativo, assinale a alternativa correta.

I. Quanto aos elementos ou requisitos do ato administrativo, pode-se dizer que o motivo, estando relacionado aos pressupostos de fato e de direito que o justificam, precede sua prática.
II. Havendo explicitação de pressupostos fáticos para a prática de ato administrativo, os motivos expostos como suporte à decisão tomada pelo agente público condicionam sua validade, de modo que a invocação de fatos inexistentes ou inconsistentes vicia o ato.
III. É vedado ao Judiciário anular atos administrativos discricionários praticados por órgão do Executivo, pois, sendo harmônicos e independentes os Poderes, não há possibilidade de controle judicial do mérito da ação administrativa de outro Poder.
IV. A Administração deve anular seus próprios atos quando eivados de vício de legalidade e pode revogá-los por motivo de conveniência ou oportunidade, respeitados os direitos adquiridos, mas, no que toca ao controle de legalidade, em se tratando de atos administrativos de que decorram efeitos favoráveis para os destinatários, a autotutela está sujeita a limite temporal, ressalvados os casos de comprovada má-fé.
V. Trata-se a licença de espécie de ato administrativo negocial, mediante o qual o agente público competente, após verificar se o interessado atende às exigências estabelecidas na legislação de regência, faculta-lhe, observados critérios de conveniência e oportunidade, o desempenho de atividades ou a realização de fatos materiais.

(A) Está correta apenas a assertiva I.
(B) Estão corretas apenas as assertivas II e V.
(C) Estão corretas apenas as assertivas III e IV.
(D) Estão corretas apenas as assertivas I, II e IV.
(E) Estão corretas apenas as assertivas I, II, IV e V.

I: correta, pois um ato só se justifica pela existência de motivos fáticos e jurídicos aptos à sua prática; **II:** correta, sendo que a afirmativa nada mais fez do que enunciar a Teoria dos Motivos Determinantes; **III:** incorreta, pois o Judiciário pode sim anular atos discricionários, desde que haja violações à lei ou a princípios como os da moralidade e da razoabilidade; **IV:** correta, nos termos do art. 53 c/c art. 54, ambos da Lei 9.784/1999; **V:** incorreta, pois a licença é ato vinculado, e não ato discricionário, de modo que não se analisa critérios de conveniência e oportunidade.
Gabarito "D"

(Magistratura do Trabalho – 3ª Região – 2013) Relativamente ao motivo do ato administrativo, é incorreto afirmar:

(A) É irrelevante para a eficácia do ato administrativo vinculado.
(B) É elemento, e não atributo, do ato administrativo.
(C) É também denominado motivação.
(D) Corresponde às razões de fato e de direito que servem de fundamento ao ato administrativo.
(E) Não se confunde com o mérito do ato administrativo.

A: assertiva correta, pois, no ato vinculado, o fundamento de fato e de direito para a prática do ato, bem como o teor do próprio ato é trazido de forma clara e objetiva pela lei; assim, tendo sido praticado no caso concreto o ato adequado nos termos do determinado objetivamente pela lei, não haverá grande relevância em se ficar investigando algum problema no motivo; **B:** assertiva correta, pois o motivo, assim como a competência, o objeto, a forma e a finalidade são elementos do ato administrativo; **C:** assertiva incorreta, devendo ser assinalada; o motivo é o próprio fundamento para a prática do ato e é um elemento do ato; já a motivação é a demonstração da pertinência do ato e integra o elemento do ato denominado forma; **D:** assertiva correta, pois traz exata definição de motivo; **E:** assertiva correta, pois o mérito consiste na margem de liberdade que o agente público tem para a prática do ato, ao passo que o motivo é fundamento para a prática do ato.
Gabarito "C"

(Analista – TRT/14ª – 2011 – FCC) Considere a seguinte hipótese: a Administração Pública aplicou pena de suspensão a determinado servidor, quando, pela lei, era aplicável a sanção de repreensão. O fato narrado caracteriza

(A) vício no motivo do ato administrativo, porém não necessariamente constitui fundamento para sua invalidação.
(B) mera irregularidade formal, não constituindo motivo para sua anulação.
(C) vício na finalidade do ato administrativo e acarretará sua revogação.
(D) ato lícito, tendo em vista o poder discricionário da Administração Pública.
(E) vício no objeto do ato administrativo e acarretará sua anulação.

O caso revela vício no objeto, pois o objeto do ato (ou seja, o que o ato dispõe, enuncia, prescreve) deveria ser a repreensão, e não a suspensão. Portanto, apenas a alternativa "e" está correta.
Gabarito "E"

(Analista – TRE/AP – 2011 – FCC) Analise as seguintes assertivas sobre os requisitos dos atos administrativos:

I. O objeto do ato administrativo é o efeito jurídico imediato que o ato produz.
II. Quando a Administração motiva o ato, mesmo que a lei não exija a motivação, ele só será válido, se os motivos forem verdadeiros.
III. O requisito finalidade antecede à prática do ato.

Está correto o que se afirma em

(A) III, somente.
(B) I e II, somente.
(C) I e III, somente.
(D) II e III, somente.
(E) I, II e III.

I: correta, pois o objeto é justamente o que o ato enuncia, prescreve, ou seja, o efeito jurídico imediato que o ato produz; **II:** correta, em virtude da Teoria dos Motivos Determinantes, pela qual o ato administrativo só será válido se os motivos invocados para a sua prática forem verdadeiros e adequados; **III:** incorreta, pois a finalidade é o bem jurídico objetivado pelo ato, ou seja, é o bem jurídico que se deseja alcançar, e não algo que já existe e o antecede.
Gabarito "B".

4.11.3. Atributos do ato administrativo

(Delegado/PR – 2013 – UEL-COPS) A presunção de legitimidade e veracidade dos atos administrativos é tida como um de seus

(A) atributos.
(B) efeitos.
(C) elementos.
(D) requisitos de eficácia.
(E) requisitos de validade.

São *atributos* (ou *qualidades* ou *prerrogativas*) do ato administrativo a *presunção de legitimidade*, a imperatividade, a exigibilidade, a executoriedade e a tipicidade. Portanto, está correta a alternativa que assegura ser a presunção de legitimidade um atributo do ato administrativo.
Gabarito "A".

(Defensor Público/BA – 2010 – CESPE) No que concerne aos atributos do ato administrativo, julgue o próximo item.
(1) A presunção de legitimidade de que gozam os atos administrativos constitui presunção *iuris tantum*, que pode ceder à prova em contrário.

1: correta, pois, de fato, a presunção de legitimidade dos atos administrativos é uma presunção relativa (*iuris tantum*), e não absoluta (*iuris et de iure*).
Gabarito 1C

(Procurador do Estado/MT – FCC – 2011) Constitui atributo do ato administrativo:

(A) executoriedade, caracterizada pela possibilidade de a Administração colocá-lo em execução sem necessidade de intervenção judicial, independentemente de previsão legal.
(B) vinculação ao princípio da legalidade, impedindo a prática de atos discricionários.
(C) presunção de veracidade, não admitindo prova em contrário no que diz respeito aos seus fundamentos de fato.
(D) presunção de legitimidade, só podendo ser invalidado por decisão judicial.
(E) imperatividade, caracterizada pela sua imposição a terceiros, independentemente de concordância, constituindo, unilateralmente, obrigações a estes imputáveis.

A: incorreta, pois a possibilidade de a Administração fazer essa imposição depende de previsão legal, em virtude do princípio da legalidade; **B:** incorreta, pois os atributos do ato administrativo são os seguintes: presunção de legitimidade, imperatividade, exigibilidade, executoriedade e tipicidade. A "vinculação ao princípio da legalidade" não é um atributo do ato administrativo; **C:** incorreta, pois o atributo da presunção de veracidade e de legalidade (ou simplesmente presunção de legitimidade) admite sim prova em contrário, tratando-se de presunção relativa; **D:** incorreta, pois a própria Administração, pelo princípio da autotutela, pode anular seus atos, não sendo providência exclusiva do Judiciário; **E:** correta, pois a imperatividade, também chamada de poder extroverso, é um dos atributos do ato administrativo.
Gabarito "E".

(Cartório/MG – 2012 – FUMARC) No que concerne aos traços peculiares de sua atuação, é **correto** afirmar que os atributos dos atos administrativos são:

(A) imperatividade, anualidade, presunção de legalidade, eficácia e publicidade.
(B) imperatividade, presunção de legalidade, eficácia, exequibilidade e executoriedade.
(C) publicidade relativa, imperatividade, eficácia, presunção de legalidade e executividade.
(D) publicidade, imperatividade, legalidade formal, eficácia, executividade e executoriedade.

A: incorreta, a anualidade e a publicidade não são atributos do ato administrativo; **B:** correta, a doutrina também usa outras expressões para tratar desses atributos, quais sejam, imperatividade, presunção de legitimidade, exigibilidade, autoexecutoriedade (= executoriedade ou coercibilidade) e tipicidade; C e D: incorretas, pois a publicidade não guarda relação alguma com os atributos do ato administrativo; vale ressaltar que essa questão usou palavras não usuais para se referir aos atributos do ato administrativo, como executividade, mas é possível resolvê-la por exclusão.
Gabarito "B".

(Analista – TRT/8ª – 2010 – FCC) A qualidade do ato administrativo que permite à Administração executá-lo direta e imediatamente, sem necessidade de intervenção do Poder Judiciário, é o atributo denominado

(A) imperatividade.
(B) presunção de legitimidade.
(C) tipicidade.
(D) autoexecutoriedade.
(E) veracidade.

A autoexecutoriedade é o atributo que permite à Administração executar direta e imediatamente um ato sem que haja necessidade de intervenção do Poder Judiciário.
Gabarito "D".

4.11.4. Vinculação e discricionariedade

(Magistratura/BA – 2012 – CESPE) O prefeito de um pequeno município brasileiro decidiu construir, em praça pública, um monumento para homenagear a própria família, fundadora da cidade. A obra seria construída em bronze e produzida por renomado artista plástico. O promotor de justiça da cidade, contudo, ajuizou ação civil pública para impedir que recursos públicos fossem destinados a tal finalidade, alegando que o dinheiro previsto para a obra seria suficiente para a construção de uma escola de ensino fundamental no município e que o ato administrativo estava em desacordo com os princípios da moralidade, impessoalidade e economicidade. Os advogados do município argumentaram que, embora não houvesse escola de ensino fundamental na cidade, a prefeitura disponibilizava transporte para as crianças frequentarem a escola na cidade vizinha, destacando, também, que a obra teria a finalidade de preservar a me-

mória da cidade e que a alocação de recursos públicos era ato discricionário do Poder Executivo.
Em face dessa situação hipotética e com base na moderna doutrina sobre o controle jurisdicional da administração pública, assinale a opção correta.

(A) O ato do prefeito, embora discricionário, é passível de sindicância pelo Poder Judiciário, a fim de que este avalie a conformidade desse ato com os princípios que regem a administração pública.
(B) O Poder Judiciário, caso vislumbre violação de princípio constitucional, poderá revogar o ato administrativo do prefeito.
(C) O ato administrativo discricionário não é passível de controle pelo Poder Judiciário.
(D) Ao juiz é atribuída a competência para, por meio de decisão, alterar o projeto e o material a ser utilizado no monumento, de forma que os custos da obra adquiram valor razoável e compatível com o orçamento municipal.
(E) O MP não tem legitimidade ativa para ajuizar ação visando discutir as opções do prefeito.

A: correta, pois, a moderna doutrina sobre o controle jurisdicional da Administração Pública prega que o Judiciário pode sim controlar atos discricionários da administração, o que se fará sobre os aspectos de legalidade, bem como sobre outros princípios administrativos, como os da razoabilidade, moralidade e impessoalidade; no caso em tela, inclusive, o Prefeito certamente violou os princípios da moralidade e da impessoalidade; todavia, como se trata de um concurso para juiz, e ficaria chato que se impusesse ao candidato um julgamento do caso numa questão objetiva, a banca examinadora acabou criando uma alternativa mais elegante e que traz uma informação verdadeira; B: incorreta, pois quando um ato administrativo viola um princípio constitucional, o caso é de *anulação* deste ato e não de *revogação*; C: incorreta, pois o Judiciário pode controlar atos discricionários, conforme já explicado; D: incorreta, pois esse tipo de providência vai além do que o Judiciário pode fazer; este não pode se imiscuir em questões puramente técnicas, do ponto de vista administrativo; tem-se aí o chamado mérito administrativo, que não pode ser substituído pela vontade judicial, sob pena de violação ao princípio da separação dos poderes; E: incorreta, pois o Ministério Público tem legitimidade prevista na própria Constituição Federal para a proteção do patrimônio público e social (art. 129, III, da CF).
Gabarito "A".

(Magistratura/PB – 2011 – CESPE) Acerca do controle jurisdicional de legalidade dos atos administrativos, assinale a opção correta.

(A) A evolução no controle judicial dos atos administrativos permite, atualmente, que o magistrado substitua o administrador e reavalie o mérito do ato administrativo, com a finalidade de alterar a conveniência e oportunidade manifestadas pela administração na realização do referido ato.
(B) A doutrina majoritária entende não ser possível o controle judicial das omissões administrativas ilícitas, em razão da discricionariedade conferida ao administrador para decidir o momento de agir.
(C) O STF decidiu pela legitimidade do controle judicial de ato parlamentar (político), na hipótese de ofensa a direito público subjetivo previsto na CF, razão pela qual tal controle não se caracterizaria como interferência na esfera de outro poder.
(D) É ilegítima a verificação, pelo Poder Judiciário, da regularidade do ato discricionário no que se refere às suas causas, motivos e finalidades.
(E) O STJ firmou jurisprudência no sentido de que o exame dos atos da banca examinadora e das normas do edital de concurso público pelo Poder Judiciário não se restringe aos princípios da legalidade e da vinculação ao edital.

A: incorreta, pois o Judiciário não pode invadir o mérito administrativo (a margem de liberdade que sobrar ao administrador público), podendo apenas apreciar, quanto aos atos discricionários, aspectos de legalidade, moralidade e razoabilidade do ato; B: incorreta, pois uma omissão administrativa, em violando algum direito, dá ensejo à procura pelo Judiciário, pois nenhuma lesão ou ameaça de lesão a direito pode ser subtraída da apreciação deste (art. 5º, XXXV, da CF); C: correta, valendo salientar que esse tipo de controle ocorre, por exemplo, em relação a atos praticados nas Comissões Parlamentares de Inquérito (ex: quebra inconstitucional de sigilo bancário por CPI); outro exemplo é um próprio parlamentar ingressar com mandado de segurança com a finalidade de coibir atos parlamentares praticados no processo de aprovação de lei ou emenda constitucional incompatíveis com disposições que disciplinam o processo legislativo (STF, MS 24.667, DJ 04.12.2003); D: incorreta, pois o Judiciário pode verificar os aspectos de legalidade, moralidade e razoabilidade do ato administrativo, aspectos que poderão ter relação com as causas, motivos e finalidades do ato administrativo; E: incorreta, pois o Judiciário não pode substituir-se à Administração entrando no mérito das questões dos exames, devendo se limitar a analisar se os requisitos previstos no edital são pertinentes e estão previstos na lei, bem como se há respeito, por parte da Administração, às normas do edital.
Gabarito "C".

(Analista – TRT/8ª – 2010 – FCC) A liberdade de escolha quanto à oportunidade e conveniência do ato administrativo praticado nos limites da lei insere-se no âmbito da
(A) arbitrariedade.
(B) discricionariedade.
(C) vinculação.
(D) imperatividade.
(E) regulamentação.

O enunciado traz a definição de discricionariedade.
Gabarito "B".

4.11.5. Extinção dos atos administrativos

(DPE/PE – 2015 – CESPE) Julgue os item que se segue, a respeito de atos administrativos.
(1) Os atos da administração que apresentarem vício de legalidade deverão ser anulados pela própria administração. No entanto, se de tais atos decorrerem efeitos favoráveis a seus destinatários, o direito da administração de anular esses atos administrativos decairá em cinco anos, contados da data em que forem praticados, salvo se houver comprovada má-fé.

1: correta (arts. 53 e 54, *caput*, da Lei 9.784/1999).
Gabarito 1C.

(Delegado/SP – 2014 – VUNESP) O ato administrativo
(A) pode ser revogado com fundamento em razões de conveniência e oportunidade, desde que observados os efeitos *ex tunc* dessa extinção do ato.
(B) tem na presunção de legitimidade a autorização para imediata execução e permanece em vigor até prova em contrário.
(C) é revogável pelo Poder Judiciário que é apto a fazer o controle de legalidade, sem ingressar em seu mérito administrativo.
(D) de Secretário de Segurança Pública que determina remoção *ex officio* do Delegado de Polícia, sem motivação, não se sujeita ao controle de juridicidade por conter alta carga de discricionariedade em seu teor.
(E) tem como requisitos a presunção de legitimidade, a autoexecutoriedade, a imperatividade e a exigibilidade.

A: incorreta, pois a revogação tem efeito "ex nunc", ou seja, não retroage; B: correta, pois a presunção de legitimidade de fato autoriza

a imediata execução do ato e se trata de uma presunção relativa, ou seja, que admite prova em contrário; **C:** incorreta, pois o ato administrativo de uma administração não pode ser revogado pelo Judiciário, que pode apenas anular atos dessa outra administração; **D:** incorreta, pois a motivação é obrigatória no caso e sua não realização enseja a anulação do ato; **E:** incorreta, pois esses são os *atributos* do ato administrativo; os *requisitos* deste são a competência, o objeto, a forma, o motivo e a finalidade.
Gabarito "B".

(Ministério Público/BA – 2015 – CEFET) No que se refere aos atos e poderes administrativos, é **INCORRETO** afirmar:
(A) Os atos vinculados não são passíveis de revogação.
(B) A cassação do ato administrativo pressupõe a prévia declaração da sua nulidade pela Administração Pública.
(C) Os atos administrativos ilegais dos quais decorram efeitos favoráveis ao administrado deverão ser invalidados no prazo de 5 (cinco) anos, contados da data em que forem praticados, salvo comprovada má-fé.
(D) Denomina-se "extroverso" o poder que tem o Estado de constituir, unilateralmente, obrigações para os administrados.
(E) Na discricionariedade técnica, a Administração Pública tem o poder de fixar juízos de ordem técnica, mediante o emprego de noções e métodos específicos das diversas ciências ou artes.

A: assertiva correta, pois tais atos são aqueles que a lei traz critérios absolutamente objetivos para a sua prática, de modo que não há que se falar em algum fato novo que gere a sua inconveniência futura e consequente revogação; **B:** assertiva incorreta, devendo ser assinalada; a cassação é a extinção de um ato administrativo pelo fato de seu beneficiário não estar cumprindo os requisitos para continuar se beneficiando desse ato; ou seja, o ato administrativo em si é legal (não cabe anulação), mas é extinto por culpa do beneficiário do ato, que deixa de cumprir com a sua parte para a manutenção do ato; **C:** assertiva correta (art. 54, *caput*, da Lei 9.784/1999); **D:** assertiva correta, pois o poder do Estado de constituir unilateralmente obrigações aos administrados denomina-se imperatividade, que também é chamada de poder extroverso; **E:** assertiva correta; a "discricionariedade técnica" se dá quando a solução de alguma controvérsia administrativa exija o conhecimento técnico especializado, como de um engenheiro ou de um médico; por exemplo, havendo dúvida sobre se algum imóvel está ou não em perigo de desabamento, na hipótese de um engenheiro chamado pela Administração para fazer a análise em questão concluir pelo risco de desabamento, em tese esse critério deve ser respeitado, pois no caso a própria Administração fica vinculada à manifestação conclusiva do profissional que tiver exarado seu entendimento técnico sobre a questão; vale conferir o acórdão proferido pelo STJ no REsp 1.171.688-DF, em que se reconheceu que critérios técnicos estabelecidos pela Anatel deveriam ser respeitados "frente ao alto grau de discricionariedade técnica imanente ao tema e em consideração aos princípios da deferência técnico-administrativa, da isonomia e da eficiência".
Gabarito "B".

(OAB/Exame Unificado – 2015.2) Manoel da Silva é comerciante, proprietário de uma padaria e confeitaria de grande movimento na cidade ABCD. A fim de oferecer ao público um serviço diferenciado, Manoel formulou pedido administrativo de autorização de uso de bem público (calçada), para a colocação de mesas e cadeiras. Com a autorização concedida pelo Município, Manoel comprou mobiliário de alto padrão para colocá-lo na calçada, em frente ao seu estabelecimento. Uma semana depois, entretanto, a Prefeitura revogou a autorização, sem apresentar fundamentação. A respeito do ato da prefeitura, que revogou a autorização, assinale a afirmativa correta.
(A) Por se tratar de ato administrativo discricionário, a autorização e sua revogação não podem ser investigadas na via judicial.
(B) A despeito de se tratar de ato administrativo discricionário, é admissível o controle judicial do ato.
(C) A autorização de uso de bem público é ato vinculado, de modo que, uma vez preenchidos os pressupostos, não poderia ser negado ao particular o direito ao seu uso, por meio da revogação do ato.
(D) A autorização de uso de bem público é ato discricionário, mas, uma vez deferido o uso ao particular, passa-se a estar diante de ato vinculado, que não admite revogação.

A: incorreta, pois os atos discricionários podem sim ser objeto de controle jurisdicional, que se dá quanto aos aspectos de legalidade, razoabilidade e moralidade do ato administrativo; **B:** correta, pois, como mencionado, os atos discricionários podem ser objeto de controle do Judiciário quanto aos seus aspectos de legalidade, razoabilidade e moralidade; **C** e **D:** incorretas, pois a autorização de uso de bem público é ato *discricionário* (portanto, não vinculado) e *precário* (portanto, passível de revogação a qualquer tempo).
Gabarito "B".

(Procurador do Estado/MT – FCC – 2011) A Administração constatou irregularidades em atos de concessão de benefícios salariais a determinados servidores. Nessa situação, de acordo com a Lei n. 9.784, de 29 de janeiro de 1999, que regula o processo administrativo, a Administração
(A) poderá anular o ato, apenas se constatar que o servidor concorreu para a prática da ilegalidade, assegurado o contraditório e a ampla defesa.
(B) não poderá anular o ato, se de tal anulação decorrer a redução dos vencimentos dos servidores.
(C) deverá anular o ato, exceto se transcorrido o prazo decadencial de 5 anos.
(D) poderá convalidar o ato, apenas em relação aos seus aspectos pecuniários, apurando-se a responsabilidade administrativa pelas concessões irregulares.
(E) poderá revogar o ato, caso constatada a ilegalidade da concessão, a critério da autoridade competente.

A: incorreta, pois a Administração pode anular o ato mesmo que se constate que o servidor não concorreu para a prática da ilegalidade; a única coisa é que ela terá, nesse caso, o prazo decadencial de 5 anos para invalidar o ato (art. 54 da Lei 9.784/1999); **B:** incorreta, pois, da ilegalidade, não nascem direitos adquiridos; **C:** correta (art. 54 da Lei 9.784/1999); **D:** incorreta, pois o caso é de anulação do ato, conforme já mencionado; **E:** incorreta, pois, em sendo o ato ilegal, o caso é de anulação e não de revogação.
Gabarito "C".

(Advogado da União/AGU – CESPE – 2012) Julgue o item seguinte.
(1) Embora a revogação seja ato administrativo discricionário da administração, são insuscetíveis de revogação, entre outros, os atos vinculados, os que exaurirem os seus efeitos, os que gerarem direitos adquiridos e os chamados meros atos administrativos, como certidões e atestados.

1: Incorreta, pois a doutrina aponta que são irrevogáveis os seguintes atos, mencionados na afirmativa: a) atos vinculados, pois não há margem para análise de conveniência e oportunidade; b) atos exauridos e seus efeitos, pois, se já extinto o ato, não há o que se revogar; c) atos que geraram direito adquirido, pois nem a lei pode prejudicar um direito adquirido, quanto mais um outro ato administrativo; d) meros ou puros atos administrativos (ex: certidões), pois esses atos não ficam inconvenientes ou inoportunos com o tempo, mas apenas desatualizados.
Gabarito 1E.

(Analista – TRT/23ª – 2011 – FCC) No que se refere à anulação, revogação e convalidação do ato administrativo pela Administração Pública, é correto afirmar que

(A) o ato administrativo produzido com vício relativo à finalidade é passível de convalidação pela Administração.
(B) a revogação do ato administrativo é o ato discricionário pelo qual a Administração extingue um ato inválido, por razões de conveniência e oportunidade.
(C) a anulação do ato administrativo é o desfazimento do ato administrativo por razões de ilegalidade.
(D) a convalidação é o ato administrativo pelo qual é suprido vício existente em um ato ilegal, produzindo efeitos *ex nunc*.
(E) a revogação do ato administrativo poderá atingir os atos discricionários, bem como aqueles que já exauriram seus efeitos.

A: incorreta, pois o desvio de finalidade gera a nulidade absoluta do ato administrativo, e esse tipo de nulidade não pode ser sanada pela convalidação, que recai sobre ato anulável; **B:** incorreta, pois atos inválidos são objeto de *anulação*, e não de *revogação*; **C:** correta, pois, de fato, o motivo da anulação é justamente a ilegalidade do ato; **D:** incorreta, pois a convalidação produz efeitos *ex tunc*; **E:** incorreta, pois são irrevogáveis os seguintes atos: i) os que a lei assim declarar; ii) **os atos já exauridos**, ou seja, que cumpriram seus efeitos; iii) os atos vinculados, já que não se fala em conveniência ou oportunidade neste tipo de ato, em que o agente só tem uma opção; iv) os meros ou puros atos administrativos (exs.: certidão, voto dentro de uma comissão de servidores); v) os atos de controle; vi) os atos complexos (praticados por mais de um órgão em conjunto); vii) e os atos que geram direitos adquiridos.
Gabarito "C"

(Analista – TJ/ES – 2011 – CESPE) Julgue o seguinte item.
(1) O ato administrativo pode extinguir-se pela cassação, situação em que a retirada do ato se dá porque sobrevém norma jurídica que torna inadmissível a situação antes permitida pelo direito e outorgada pelo ato precedente.

1: incorreta, pois a definição dada na afirmativa não é de *cassação*, mas de *caducidade*; a cassação é a extinção do ato pelo fato de seu beneficiário não estar cumprindo com as obrigações para continuar gozando deste.
Gabarito 1E

(Fiscal de Rendas/RJ – 2010 – FGV) A respeito da *validade* dos atos administrativos, assinale a alternativa correta.
(A) A Administração Pública do Estado do Rio de Janeiro pode convalidar atos inválidos, desde que sanáveis e que não acarretem lesão ao interesse público e nem prejuízo a terceiros.
(B) O Supremo Tribunal Federal sumulou o entendimento de que atos eivados de vício devem ser obrigatoriamente anulados pela Administração Pública, desde que deles não se originem direitos.
(C) A cassação é forma de extinção por meio da edição de ato administrativo com base em critérios de oportunidade e conveniência da Administração Pública.
(D) O processo administrativo é pressuposto necessário à invalidação dos atos administrativos.
(E) Os atos administrativos gozam de presunção de legitimidade, que determina a inversão do ônus da prova em juízo.

A: correta (art. 55 da Lei 9.784/1999); **B:** incorreta, pois a Súmula 473 do STF tem outro teor; de acordo com essa súmula, atos ilegais não geram direito, devendo ser anulados; **C:** incorreta, pois a extinção dos atos por critérios de oportunidade e conveniência tem o nome de *revogação*, e não de *cassação*; esta é a extinção do ato pelo fato de o particular não estar cumprindo com os requisitos para continuar se beneficiando deste; **D:** incorreta, pois não há essa exigência na Lei de Processo Administrativo Federal (art. 53 da Lei 9.784/1999); **E:** incorreta, pois, apesar de os atos administrativos terem presunção de legitimidade, em juízo, o ônus da prova é do autor da demanda, de maneira que, se o Poder Público for autor da ação, mesmo assim terá ônus da prova, a não ser que se trate de execução fiscal.
Gabarito "A"

4.11.6. Convalidação e conversão

(Ministério Público/GO – 2010) Julgue as seguintes proposições:

I. Em sede administrativa, não se há de falar em coisa julgada, razão pela qual a autoridade unipessoal disposta em nível superior pode rever ou determinar a revisão do decidido pelo órgão colegiado, pois o organograma administrativo, deferindo aos agentes diferentes patamares hierárquicos faz pressupor que aos superiores é outorgada habilitação ideal para enfrentamento de questões já solvidas.
II. A convalidação é suprimento da invalidade de um ato administrativo, sem que se lhe atribua efeito retroativo.
III. Pode o agente administrativo convalidar um ato administrativo viciado, mesmo que este já tenha sido impugnado, tratando-se tal função de consequência do poder de autotutela deferido à Administração Pública.
IV. Sempre que a Administração estiver diante de ato viciado suscetível de convalidação, e que não tenha sido objeto de impugnação, compete a ela convalidá-lo, ressalvando-se a hipótese de vício de competência em ato de conteúdo discricionário.

(A) Apenas uma alternativa é correta.
(B) Apenas duas alternativas são corretas.
(C) Apenas três alternativas são corretas.
(D) Todas as alternativas são corretas.

I: incorreta, pois existe a chamada coisa julgada administrativa, que consiste na impossibilidade de a decisão administrativa sofrer modificação na esfera administrativa; **II:** incorreta, pois a convalidação tem efeito retroativo; **III:** incorreta, pois a doutrina é assente no sentido de que, uma vez impugnado o ato inquinado de vício de legalidade, não mais será possível sua convalidação, ainda que tal ato tenha defeito sanável; **IV:** correta, pois, cabendo a convalidação no caso concreto, esta é um imperativo; porém, caso se esteja diante de vício de competência em ato discricionário, a convalidação não é obrigatória, já que a discricionariedade da competência justifica que o agente efetivamente competente possa analisar, no caso concreto, da conveniência ou não da manutenção do ato.
Gabarito "A"

(Defensor Público/ES – 2012 – CESPE) No que se refere aos atos administrativos, julgue os itens subsequentes.
(1) Por meio da revogação, a administração extingue, com efeitos *ex tunc*, um ato valido, por motivos de conveniência e oportunidade, ainda que esse ato seja vinculado.
(2) A convalidação, ato administrativo por meio do qual se supre o vício existente em um ato eivado de ilegalidade, tem efeitos retroativos, mas o ato originário não pode ter causado lesão a terceiros.

1: incorreta, pois a revogação tem efeitos ex nunc (não retroage); ademais, revogação só incide sobre atos discricionários e nunca sobre atos vinculados; **2:** correta, pois a convalidação de fato tem efeitos retroativos; ademais, tem como requisito o não prejuízo ao interesse público e a terceiros (art. 55 da Lei 9.784/1999).
Gabarito 1E, 2C

4.11.7. Classificação dos atos administrativos e atos em espécie

(Juiz de Direito/CE – 2014 – FCC) No tocante às várias espécies de ato administrativo, é correto afirmar:

(A) Certidões são atos constitutivos de situações jurídicas formadas a partir da aplicação de preceitos legais vinculantes.
(B) Homologação é ato unilateral e discricionário, pelo qual o superior confirma a validade de ato praticado por subordinado.
(C) Decretos são atos de caráter geral, emanados pelo Chefe do Poder Executivo.
(D) Alvará é o ato administrativo unilateral e vinculado, pelo qual a Administração faculta àquele que preenche os requisitos legais o exercício de uma atividade.
(E) A permissão de uso qualificada é ato unilateral e discricionário que faculta a utilização privativa de bem público, no qual a Administração autolimita o seu poder de revogar unilateralmente o ato.

A: incorreta, pois certidões são atos enunciativos ou declaratórios; B: incorreta, pois a *homologação* é ato de controle, mas do tipo vinculado; sendo que a *aprovação* é que é um ato de controle discricionário; C: incorreta, pois o decreto é a forma (não o conteúdo), pelo qual são veiculados tanto atos gerais (como o regulamento) como atos concretos (como o decreto expropriatório de um dado imóvel); D: incorreta, pois o alvará é a forma pela qual são veiculados atos que facultam o exercício de direitos, servindo tanto para veicular atos discricionários (como a *autorização*), como para veicular atos vinculados (como a *licença*); E: correta, pois, de fato, a permissão de uso, apesar de ser um ato precário (revogável a qualquer tempo sem qualquer direito em favor do permissionário), quando vem acompanhada de uma autolimitação da Administração do seu poder de revogação unilateral do ato (por exemplo, quando a Administração confere prazo certo para o fim da permissão), tem-se a chamada permissão de uso qualificada, que confere ao permissionário direito de ser indenizado se a Administração decidir pela revogação do ato antes do término do prazo estabelecido na permissão.
Gabarito "E"

(Juiz de Direito/MG – 2014) Quanto à formação de vontade, os atos administrativos podem ser simples, complexos e compostos. Assinale a alternativa que revela **CORRETAMENTE** o ato administrativo composto.
(A) É o que resulta da manifestação de dois ou mais órgãos, sejam eles singulares ou colegiados, cuja vontade se funde para formar um ato único.
(B) É o que resulta da manifestação de um órgão colegiado.
(C) É o que resulta da manifestação de dois ou mais órgãos, em que a vontade de um é instrumental em relação ao outro que edita o ato principal.
(D) É o que resulta de manifestação de vontades homogêneas, ainda que de entidades públicas distintas.

A: incorreta, pois esse conceito é de *ato complexo*, sendo que no *ato composto* há, no final, dois ou mais atos também; B: incorreta, pois aqui temos a presença de um *ato simples*; C: correta, pois traz o exato conceito de *ato composto*, em que se tem dois atos, um principal e outro, acessório; D: incorreta, pois no *ato composto* há, no final, dois ou mais *atos*, e não apenas um ato, como dá a entender a alternativa.
Gabarito "C"

(Procurador do Município – São Paulo/SP – 2014 – VUNESP) A licença
(A) pode ser considerada um ato discricionário.
(B) pode ser negada por motivo de inconveniência ou oportunidade.
(C) destina-se à utilização privativa de bem público.
(D) é um ato bilateral e constitutivo.
(E) difere da autorização por ser um ato declaratório.

A: incorreta, pois a licença é ato unilateral e *vinculado* (e não *discricionário*), pelo qual se faculta a alguém o exercício de uma atividade; B: incorreta, pois, em sendo ato vinculado, não há que se falar em conveniência ou oportunidade, próprias dos atos discricionários; C: incorreta, pois os atos pelos quais se faculta a alguém a utilização privativa de um bem público são a *autorização*, a *permissão* e a con-

cessão de uso de bem público (e não a *licença*); D: incorreta, pois a licença é ato *unilateral* (e não *bilateral*) e *vinculado*, pelo qual se faculta a alguém o exercício de uma atividade; E: correta, pois, em se tratando de ato vinculado (em que não há discricionariedade para a Administração para deferir ou não o ato, bastando que se cumpram os objetivos requisitos legais para a sua concessão), parte da doutrina entende que se trata de ato declaratório (e não constitutivo, como seria o ato de autorização, em que não se sabe se a Administração vai deferi-lo, constituindo o direito respectivo, por envolver critérios de conveniência e oportunidade.
Gabarito "E"

(Ministério Público/MS – 2013 – FADEMS) Os atos administrativos de licença, permissão, autorização, admissão, visto, aprovação, homologação, dispensa e renúncia, constituem espécies de:
(A) Atos negociais.
(B) Atos normativos.
(C) Atos ordinatórios.
(D) Atos enunciativos.
(E) Atos punitivos.

Tais atos são negociais, pois reclamam um pedido do particular e uma aceitação pela Administração, caracterizando um tipo de negócio.
Gabarito "A"

(Delegado/AP – 2010) Os atos administrativos, quanto à intervenção da vontade administrativa, podem ser classificados como atos:
(A) simples.
(B) perfeitos.
(C) consumados.
(D) constitutivos.
(E) gerais.

Quanto à intervenção ou formação da vontade, os atos podem ser simples, complexos e compostos.
Gabarito "A"

(Analista – TRF/1ª – 2011 – FCC) Dentre outros, são exemplos de ato administrativo negocial:
(A) a deliberação e o apostilamento.
(B) a aprovação e o protocolo administrativo.
(C) o provimento e o atestado.
(D) o parecer e o provimento.
(E) a portaria e a resolução.

A: incorreta, pois o apostilamento é *ato enunciativo*, e a deliberação, a depender seu conteúdo, pode ser *ato normativo* ou de outra natureza; B: correta, pois *atos negociais* são declarações de vontade coincidentes com a pretensão do particular, e, nos dois casos citados na alternativa, temos essa circunstância; C: incorreta, pois o provimento pode ter conteúdo variado, inclusive *normativo*, e o atestado é um *ato enunciativo*; D: incorreta, pois o parecer é ato *enunciativo*; E: incorreta, pois a portaria é *ato ordinatório* e as resoluções são *atos normativos*.
Gabarito "B"

(Analista – TJ/ES – 2011 – CESPE) Julgue o seguinte item.
(1) A autorização é ato administrativo vinculado pelo qual a administração consente que o particular exerça atividade ou utilize bem público no seu próprio interesse.

1: incorreta, pois a definição de autorização falha no ponto em que diz que esta é ato *vinculado*, pois a autorização é ato administrativo *discricionário*.
Gabarito 1E

(Analista –TRE/CE – 2012 – FCC) Provimentos são *atos administrativos internos, contendo determinações e instruções que a Corregedoria ou os tribunais expedem para a re-*

gularização e uniformização dos serviços, com o objetivo de evitar erros e omissões na observância da lei.

Segundo o conceito acima, de Hely Lopes Meirelles, trata-se de atos administrativos

(A) punitivos.
(B) declaratórios.
(C) enunciativos.
(D) negociais.
(E) ordinatórios.

A: incorreta, pois atos punitivos são *sanções aplicadas pela Administração aos servidores públicos e aos particulares*, sendo que os provimentos mencionados não importam em sanções; **B:** incorreta, pois atos declaratórios são *aqueles que apenas atestam uma situação preexistente*, o que não se dá em relação aos provimentos, já que estes contêm ordens e não declarações; **C:** incorreta, pois atos enunciativos são *aqueles que apenas atestam, enunciam situações existentes*, o que não se dá em relação aos provimentos, que importam em ordens, determinações, prescrições de conduta e não em mera enunciação de situação existente; **D:** incorreta, pois os atos negociais são *declarações de vontade coincidentes com pretensão do particular* e os provimentos não são expedidos para atender à vontade do particular; **E:** correta, pois atos ordinatórios são *aqueles que disciplinam o funcionamento da Administração e a conduta funcional de seus agentes*, conceito que abrange os provimentos.
Gabarito "E".

(Auditor Fiscal do Trabalho – 2010 – ESAF) Assinale a opção que contemple ato administrativo passível de revogação.

(A) Atestado de óbito.
(B) Homologação de procedimento licitatório.
(C) Licença para edificar.
(D) Certidão de nascimento.
(E) Autorização de uso de bem público.

Antes de comentar as alternativas, vale lembrar que não são irrevogáveis os seguintes atos: enunciativos, vinculados e já exauridos. A: incorreta, pois o atestado de óbito é um ato meramente enunciativo, não podendo ser revogado; B: incorreta, pois a homologação é um ato de controle vinculado (ao contrário da aprovação, que é um ato de controle discricionário), não podendo ser revogado; C: incorreta, pois a licença para edificar é um ato vinculado, não podendo ser revogado; D: incorreta, pois a certidão de nascimento é um ato meramente enunciativo, não podendo ser revogado; E: correta, pois a autorização de uso de bem público é um ato discricionário, que pode ser revogado.
Gabarito "E".

(OAB/Exame Unificado – 2011.3.B) A decisão tomada por uma das Câmaras do Conselho de Contribuintes de determinada Administração Estadual é considerada ato

(A) composto, pois resulta da manifestação de mais de um agente público.
(B) complexo, pois depende da manifestação de aprovação, com o relator, de outros agentes.
(C) qualificado, pois importa na constituição da vontade da Administração quanto a matéria específica.
(D) simples, pois resulta da manifestação de vontade de um órgão dotado de personalidade administrativa.

O Conselho de Contribuintes, apesar de ser um órgão colegiado (composto por mais de um agente público), é um órgão só. Portanto, por envolver um órgão só, não é ato *composto*, nem ato *complexo*. Trata-se de um ato *simples*.
Gabarito "D".

Organização da Administração Pública

5.1. CONSIDERAÇÕES GERAIS

O Estado tem três Poderes independentes e harmônicos entre si (Legislativo, Executivo e Judiciário). Porém, é por meio da Administração Pública que o Estado atua, tratando-se esta do aparelhamento necessário à realização de sua finalidade.

Em sentido *formal*, Administração Pública é o conjunto de órgãos instituídos para consecução dos fins do Governo (que é o comando, a iniciativa).

Em sentido *material*, é o conjunto das funções necessárias aos serviços públicos em geral.

E em sentido *operacional*, é o desempenho sistemático dos serviços estatais.

Vale trazer também classificação formulada por Diogo de Figueiredo Moreira Neto, que classifica a Administração Pública, sob o critério da *natureza dos interesses*, em administração extroversa e introversa, e, sob o critério *subjetivo*, em direta e indireta (*Curso de Direito Administrativo*. 14. ed. Rio de Janeiro: Forense. p. 115 e ss). Quanto à primeira classificação, enquanto a administração pública extroversa é finalística, pois ela é atribuída especificamente a cada ente político, cumprindo a divisão constitucional de competências, a administração pública introversa é instrumental, visto que é atribuída genericamente a todos os entes, para que possam atingir aqueles objetivos.

O fato é que, de qualquer forma a Administração, em qualquer caso, é o meio de que se vale o Estado para pôr em prática as opções políticas do Governo.

Tal atuação se dará por intermédio de *entidades* (pessoas jurídicas), *órgãos* (centros de decisão) e de *agentes* (pessoas investidas em cargos, empregos e funções).

5.2. CONCEITOS BÁSICOS SOBRE A ORGANIZAÇÃO DA ADMINISTRAÇÃO PÚBLICA

O objetivo deste tópico é efetuar uma série de distinções e conceitos de grande valia para o estudo sistematizado do tema proposto.

A primeira distinção trata da relação entre a pessoa jurídica e os órgãos estatais.

As **pessoas jurídicas estatais** são entidades integrantes da estrutura do Estado e dotadas de personalidade jurídica, ou seja, de aptidão genérica para contrair direitos e obrigações.

Já os **órgãos públicos** são centros de competência integrantes das pessoas estatais instituídos para o desempenho das funções públicas por meio de agentes públicos. São, portanto, parte do corpo (pessoa jurídica).

Cada órgão é investido de determinada competência, dividida entre seus cargos.

Apesar de não terem personalidade jurídica, têm prerrogativas funcionais, o que admite até que interponham mandado de segurança, quando violadas (tal capacidade processual, todavia, só têm os órgãos independentes e os autônomos).

Todo ato de um órgão é imputado diretamente à pessoa jurídica da qual é integrante, assim como todo ato de agente público é imputado diretamente ao órgão ao qual pertence (trata-se da chamada "teoria do órgão", que se contrapõe à teoria da representação ou do mandato, conforme se verá no capítulo seguinte). Deve-se ressaltar, todavia, que a representação legal da entidade é atribuição de determinados agentes, como o Chefe do Poder Executivo e os Procuradores.

Tema importante acerca dos órgãos públicos é a sua **classificação**. Passemos, então, ao estudo da classificação dos órgãos, levando em conta os ensinamentos de Hely Lopes Meirelles.

Quanto à **posição**, os órgãos públicos podem ser:

a) órgãos *independentes*: são os originários da Constituição e representativos dos Poderes do Estado (Legislativo, Executivo e Judiciário); aqui estão todas as corporações legislativas, chefias de executivo e tribunais e juízo singulares;

b) órgãos *autônomos*: são os que estão na cúpula da Administração, logo abaixo dos órgãos independentes, tendo autonomia administrativa, financeira e técnica, segundo as diretrizes dos órgãos a eles superiores; aqui estão os Ministérios, as Secretarias Estaduais e Municipais, a AGU, dentre outros;

c) órgãos *superiores*: são os que detêm poder de direção quanto aos assuntos de sua competência, mas sem autonomia administrativa e financeira, tais como os gabinetes, as procuradorias judiciais, os departamentos, as divisões, dentre outros;

d) órgãos *subalternos*: são os que se acham na base da hierarquia entre órgãos, tendo reduzido poder decisório, com atribuições de mera execução, tais como as portarias e as seções de expediente.

Quanto à **estrutura**, os órgãos podem ser:

a) *simples* ou *unitários*: constituídos por um só centro de competência;

b) *compostos*: constituídos pelo conjunto de outros órgãos menores, com atividades-fim idênticas ou auxiliares. Ex.: Ministério da Saúde.

Quanto à **atuação funcional**, os órgãos podem ser:

a) *singulares* ou *unipessoais*: são os que atuam por um único agente. Ex.: Presidência da República;

b) *colegiados* ou *pluripessoais*: são os que atuam por manifestação conjunta da vontade de seus membros. Exs.: corporações legislativas, tribunais e comissões.

Outra distinção relevante para o estudo da estrutura da Administração Pública é a que se faz entre **desconcentração e descentralização**.

A **desconcentração** *é a distribuição interna de atividades administrativas, de competências*. Ocorre de *órgão* para *órgão* da entidade Ex.: competência no âmbito da Prefeitura, que poderia estar totalmente concentrada no órgão Prefeito Municipal, mas que é distribuída internamente aos Secretários de Saúde, Educação etc.

Já a **descentralização** *é a distribuição externa de atividades administrativas, que passam a ser exercidas por pessoa ou pessoas distintas do Estado*. Dá-se de *pessoa jurídica* para *pessoa jurídica* como técnica de especialização. Ex.: criação de autarquia para titularizar e executar um dado serviço público, antes de titularidade do ente político que a criou. A descentralização pode ser de duas espécies:

a) na descentralização **por serviço**, a lei atribui ou autoriza que outra pessoa detenha a *titularidade* e a execução do serviço; repare que é necessária lei; aqui, fala-se em *outorga* do serviço;

b) na descentralização **por colaboração**, o contrato ou ato unilateral atribui à outra pessoa a *execução* do serviço; repare que a delegação aqui se dá por contrato, não sendo necessária lei; o particular colabora, recebendo a execução do serviço e não a titularidade deste; aqui, fala-se também em *delegação* do serviço e o caráter é transitório.

Há também outra distinção importante, relacionada à Administração Direta e Indireta.

A **Administração Direta** *compreende os órgãos integrados no âmbito direto das pessoas políticas (União, Estados, Distrito Federal e Municípios).* Repare que todos os órgãos dos entes políticos fazem parte da Administração Direta, de modo que a prefeitura, a câmara de vereadores, os tribunais judiciais, os tribunais de contas, o ministério público, dentre outros, são parte integrante da administração, já que são órgãos, e não pessoas jurídicas criadas pelos entes políticos.

Já a **Administração Indireta** *compreende as pessoas jurídicas criadas pelo Estado para titularizar e exercer atividades públicas (autarquias, fundações públicas, agências reguladoras e associações públicas) e para agir na atividade econômica ou em atividades não típicas de Estado (empresas públicas, sociedades de economia mista, fundação privadas criadas pelo Estado e consórcios públicos de direito privado).* Repare que a Administração Indireta é composta de pessoas jurídicas (e não de órgãos!) criados pelos entes políticos.

Outra classificação relevante para o estudo do tema em questão é a que segue.

As **pessoas jurídicas de direito público** *são os entes políticos e mais as autarquias e fundações públicas, uma vez que todas essas pessoas são criadas para exercer típica atividade administrativa, o que impõe que tenham, de um lado, prerrogativas de direito público, e, de outro, restrições de direito público, próprias de quem gere coisa pública*[1]. São espécies de pessoas jurídicas de direito público as seguintes: autarquias, fundações públicas, agências reguladoras e associações públicas (consórcios públicos de direito público).

As **pessoas jurídicas de direito privado estatais** *são as empresas púbicas e as sociedades de economia mista, visto que são criadas para exercer atividade econômica, devendo ter os mesmos direitos e restrições das demais pessoas jurídicas privadas, em que pese tenham algumas restrições adicionais, pelo fato de terem sido criadas pelo Estado.* São espécies de pessoas jurídicas de direito privado estatais as seguintes: empresas públicas, sociedades de economia mista, fundações privadas criadas pelo Estado e consórcios públicos de direito privado.

Para fecharmos essa introdução, é necessário conhecermos também a distinção seguinte.

A **hierarquia** *consiste no poder que um órgão superior tem sobre outro inferior, que lhe confere, dentre outras prerrogativas, uma ampla possibilidade de fiscalização dos atos do órgão subordinado.*

O **controle** (**tutela** ou **supervisão ministerial**) *consiste no poder de fiscalização que a pessoa jurídica política tem sobre a pessoa jurídica que criou, que lhe confere tão somente*

---

1. *Vide* art. 41 do Código Civil. O parágrafo único deste artigo faz referência às *pessoas de direito público com estrutura de direito privado*, que serão regidas, no que couber, pelas normas do CC. A referência é quanto às fundações públicas, às quais aplicam-se as normas do CC apenas quando não contrariarem os preceitos de direito público.

a possibilidade de submeter a segunda ao cumprimento de seus objetivos globais, nos termos do que dispuser a lei. Ex.: a União não pode anular um ato administrativo de concessão de aposentadoria por parte do INSS (autarquia por ela criada), por não haver hierarquia, mas pode impedir que o INSS passe a comercializar títulos de capitalização, por exemplo, por haver nítido desvio dos objetivos globais para os quais fora criada a autarquia. Aqui não se fala em *subordinação*, mas em *vinculação administrativa*.

O Dec.-lei 200/1967 estabelece que, no que se refere à Administração Indireta, a supervisão ministerial visará assegurar, essencialmente (art. 26): "I - A realização dos objetivos fixados nos atos de constituição da entidade; II - A harmonia com a política e a programação do Governo no setor de atuação da entidade; III - A eficiência administrativa; IV - A autonomia administrativa, operacional e financeira da entidade". Estabelece ainda que a supervisão exercer-se-á mediante a adoção das seguintes medidas, além de outras estabelecidas em regulamento (art. 26, parágrafo único): "a) indicação ou nomeação pelo Ministro ou, se for o caso, eleição dos dirigentes da entidade, conforme sua natureza jurídica; b) designação, pelo Ministro dos representantes do Governo Federal nas Assembleias Gerais e órgãos de administração ou controle da entidade; c) recebimento sistemático de relatórios, boletins, balancetes, balanços e informações que permitam ao Ministro acompanhar as atividades da entidade e a execução do orçamento-programa e da programação financeira aprovados pelo Governo; d) aprovação anual da proposta de orçamento-programa e da programação financeira da entidade, no caso de autarquia; e) aprovação de contas, relatórios e balanços, diretamente ou através dos representantes ministeriais nas Assembleias e órgãos de administração ou controle; f) fixação, em níveis compatíveis com os critérios de operação econômica, das despesas de pessoal e de administração; g) fixação de critérios para gastos de publicidade, divulgação e relações públicas; h) realização de auditoria e avaliação periódica de rendimento e produtividade; i) intervenção, por motivo de interesse público".

Esses poderes todos se dão sobre as entidades da Administração Indireta em geral, ressalvada a condição das agências reguladoras, que tem maior autonomia, como se verá no item respectivo adiante.

Por fim, vale citar o disposto no art. 28 do Dec.-lei 200/1967, pelo qual a entidade da Administração Indireta deverá estar habilitada a: "I - Prestar contas da sua gestão, pela forma e nos prazos estipulados em cada caso; II - Prestar a qualquer momento, por intermédio do Ministro de Estado, as informações solicitadas pelo Congresso Nacional; III - Evidenciar os resultados positivos ou negativos de seus trabalhos, indicando suas causas e justificando as medidas postas em prática ou cuja adoção se impuser, no interesse do Serviço Público".

5.3. ADMINISTRAÇÃO INDIRETA

5.3.1. Autarquias

As autarquias podem ser **conceituadas** como as *pessoas jurídicas de direito público, criadas por lei específica, para titularizar atividade administrativa*. Realizam atividades próprias (típicas) da Administração Direta, as quais são passadas para as autarquias para agilizar, facilitar e principalmente especializar a prestação dos serviços públicos. O Dec.-lei 200/1967 define autarquia como "o serviço autônomo, criado por lei, com personalidade jurídica, patrimônio e receita próprios, para executar atividades típicas da Administração Pública, que requeiram, para seu melhor funcionamento, gestão administrativa e financeira descentralizada" (art. 5º, I).

São um prolongamento, um *longa manus* do Estado. Qualquer ente político (União, Estados-membros, Distrito Federal e Municípios) pode criar uma autarquia, desde que por lei específica e para realizar atividades típicas da Administração.

A autarquia deve ser criada por lei específica, lei essa que tem o poder de conferir personalidade jurídica a ela, não sendo necessário levar atos constitutivos ao Registro Público. Porém, a organização da autarquia se estabelece por decreto, que aprovará o regulamento ou o estatuto da entidade. A lei criadora da entidade tratará também do patrimônio inicial, já transferindo ou autorizando sua transferência, da entidade criadora para a entidade criada.

A expressão autarquia vem dos termos *autós* (= próprio) e *arquia* (=governo), o que nos ajuda a lembrar que a autarquia tem autonomia administrativa e financeira.

São exemplos de autarquia os seguintes entes: INSS, CADE, Banco Central, INCRA e USP.

Quando a autarquia tiver algumas diferenças em relação às autarquias tradicionais, diz-se que se está diante de autarquia de regime especial.

Vejamos as **características** das autarquias.

São dotadas de **capacidade administrativa**, ou seja, podem ser *titulares* de serviço público, mas o mesmo não acontece com as sociedades de economia mista e empresas públicas, por exemplo, que, no máximo, podem *executar* um serviço público. Ou seja, as autarquias podem receber *outorga do serviço* mais do que a mera delegação deste.

Isso significa que as autarquias poderão *regulamentar, fiscalizar* e *executar* o serviço público de que são titulares, podendo repassar o último (execução do serviço) ao particular, mediante concessão de serviço público.

Em outras palavras, as autarquias desempenham **atribuições típicas de Estado**. O Decreto-Lei 200/1967, em seu art. 5º, I, deixa claro que a autarquia só pode ser criada para exercer atividade típica da Administração, o que exclui sua criação para exercer atividade meramente econômica, por exemplo.

As autarquias possuem **autonomia (capacidade de autoadministração)**. Por serem *pessoas jurídicas* (e não *órgãos* da Administração Direta), são sujeitos de direitos e obrigações, e têm gestão administrativa e financeira própria. Não se trata, portanto, de autonomia em sentido político, já que estão sujeitas a controle das entidades maiores a que se vinculam, mas autonomia administrativa.

Por serem pessoas de direito público, as autarquias têm **responsabilidade objetiva** (art. 37, § 6º, da CF). Justifica-se esse tipo de responsabilização pelo fato de agirem em atividades típicas da Administração Direta. Aliás, as autarquias respondem diretamente por seus atos, não podendo a entidade criadora ser chamada a responder solidariamente. A entidade matriz só responderá *subsidiariamente*, ou seja, na falta de patrimônio suficiente da autarquia.

As autarquias têm um regime jurídico muito próximo ao dos entes políticos, dada a natureza de suas atividades. Trata-se do chamado **regime jurídico de direito público**, cujas regras são apresentadas a seguir.

Na relação com a Administração Direta, as autarquias estão sujeitas ao **controle** (*supervisão ministerial* ou *tutela*). A entidade criadora da autarquia tem o poder de influir sobre esta apenas para exigir o cumprimento dos objetivos públicos para os quais foi criada, e para que harmonize sua conduta à atuação administrativa global do Estado.

Perceba-se, portanto, que o controle não permite que a Administração Direta demita um servidor público de uma autarquia, por exemplo, ou invalide um contrato administrativo que esta tenha celebrado. O controle só poderá ser feito de forma global sobre os rumos que a autarquia tem tomado. A lei que cria a autarquia é que dará os contornos e a forma de exercício do controle.

Entre a entidade criadora e a autarquia há mera vinculação, ou seja, mero poder de correção finalística do serviço autárquico.

Esse controle pode se dar nas seguintes frentes: a) controle político (ex.: nomeação de seus dirigentes pelo Executivo); b) controle administrativo (ex.: supervisão ministerial quanto à correção finalística da autarquia); c) controle financeiro (pelo Tribunal de Contas e outros meios trazidos na lei).

No que concerne à relação com terceiros, as **prerrogativas administrativas** (não as políticas) do Estado são transmitidas às autarquias. Assim, as autarquias têm as seguintes prerrogativas ou sujeições:

a) expedem verdadeiros **atos administrativos**, com todos os *atributos* do ato administrativo, quais sejam, presunção de legitimidade, imperatividade, exigibilidade e autoexecutoriedade;

b) celebram contratos administrativos, regidos pela Lei 8.666/1993;

c) devem **licitar** para celebrar contratos, concessões e permissões;

d) devem promover **concurso público** para admissão de pessoal;

e) devem contratar pessoal pelo **regime estatuário**, como regra; dada a natureza das atividades de uma autarquia (atividade administrativa, e não meramente econômica), o vínculo com seus agentes deve ser o de *cargo público*, criado por *lei* e regido pelo *estatuto* dos funcionários públicos, e não pela CLT, salvo para atribuições subalternas;

f) possuem **bens públicos**, portanto, bens inalienáveis, imprescritíveis e impenhoráveis; dessa forma, a execução de valores em face de uma autarquia deverá ultimar-se mediante a expedição de precatório;

g) possuem **imunidade de impostos sobre o patrimônio, renda e serviços** (art. 150, VI, "a", CF), quanto a atividades vinculadas às finalidades essenciais da pessoa e desde que não haja contraprestação ou pagamento de preços ou tarifas para o exercício;

h) possuem **prerrogativas processuais próprias** da Fazenda Pública, como recurso de ofício quando cabível (art. 10 da Lei 9.469/1997), prazo em dobro para manifestações processuais (art. 183, *caput*, do NCPC), juízo privativo da entidade estatal a que pertencem, ampliação do prazo para desocupação em caso de despejo; prescrição quinquenal de suas dívidas passivas, execução fiscal de seus créditos inscritos, dentre outras.

Nas relações internas, por serem pessoas jurídicas de direito público (sujeitas ao regime jurídico de direito público), devem respeitar as normas de direito financeiro (normas orçamentárias) e o regime de pessoal é o mesmo da Administração Direta, em que a regra é o regime estatutário.

5.3.2. Fundações públicas de direito público

As fundações públicas de direito público podem ser conceituadas como *autarquias que tomam como substrato um patrimônio personalizado*.

Enfim, tais fundações são autarquias, cujo elemento patrimonial é o mais relevante. Trata-se da personalização de um patrimônio, cujo objetivo é a titularização de uma atividade administrativa.

São exemplos dessas fundações a FUNAI, o IPEA, a FUNDAP e a FAPESP.

Tais autarquias tomam o nome de fundação, pois, aqui, o elemento patrimônio prepondera em detrimento do elemento humano, ocorrendo o inverso com a autarquia típica.

Quanto ao **regime jurídico**, é idêntico ao das autarquias, para o qual se remete o leitor.

Existem, todavia, algumas diferenças entre as autarquias e as fundações públicas.

A primeira delas já foi apontada: as fundações têm como elemento preponderante o patrimonial.

A segunda diz respeito à criação de tais entes. Parte da doutrina entende que tais entidades são _criadas_ por lei específica, por se tratarem de verdadeiras autarquias (ex.: Maria Sylvia Zanella Di Pietro). Por outro lado, outra parte da doutrina entende que a fundação deve ter sua criação _autorizada_ por lei específica. Isso significa que, autorizada por lei a criação de uma fundação, deve esta ser efetivamente criada com o registro de seus atos constitutivos no Cartório do Registro Civil das Pessoas Jurídicas. A razão dessa discórdia diz respeito ao texto do art. 37, XIX, da CF, que não esclarece se está fazendo referência às fundações públicas, às fundações privadas ou a ambas.

A última diferença reside no fato de que, no que concerne às fundações, a Constituição dispõe que lei complementar definirá as áreas de sua atuação (art. 37, XIX, CF), também havendo dissenso doutrinário sobre se o dispositivo está fazendo referência às fundações públicas de direito público, às fundações privadas criadas ou a ambas.

Não se pode confundir as fundações públicas com as fundações privadas criadas pelo Estado. Isso porque nada impede que o Estado crie fundações com personalidade de direito privado, sendo apenas necessário que haja autorização legal. Muitas vezes deseja-se criar uma pessoa jurídica, cujo elemento patrimonial terá caráter preponderante, para um fim de interesse público, mas que não trate de típica atividade administrativa.

Em tal hipótese, cria-se uma fundação privada, com regime jurídico de direito privado. Nesse caso haverá fiscalização por parte do Ministério Público, na forma da lei civil.

Portanto, o critério que diferencia uma _fundação pública de direito público_ de uma _fundação privada criada pelo Estado_ é a natureza da atividade da pessoa jurídica criada. Se se tratar de típica atividade administrativa, será uma fundação pública. Se não, uma fundação privada.

Uma fundação estatal criada para fiscalizar o meio ambiente certamente será uma fundação pública de direito público, recebendo o regime jurídico de uma autarquia, com as diferenças acima apontadas. Já uma fundação estatal criada para ser uma mera biblioteca pública, por não atuar em atividade típica de Estado, é uma fundação privada criada pelo Estado, recebendo o regime de direito privado, que será visto mais à frente.

5.3.3. Agências reguladoras

As agências reguladoras podem ser **conceituadas** como _autarquias sob regime especial, encarregadas do exercício do poder normativo e fiscalizador das concessões e permissões de serviço público, bem como do poder de polícia sobre certas atividades._

A atual política de passar ao setor privado a execução dos serviços públicos, reservando ao Estado a regulamentação e fiscalização dos vários setores relativos a tais serviços, trouxe a necessidade de criar entes, com natureza de pessoa jurídica de direito público, para desempenhar tal papel de regulação e fiscalização, a fim de preservar o interesse dos usuários e da coletividade em geral.

Assim, foram criadas autarquias especiais, com o nome de agências reguladoras, servindo de exemplo as seguintes: ANEEL (regula e fiscaliza o setor de geração, transmissão e distribuição de energia elétrica), ANATEL (regula e fiscaliza o setor de telecomunicações), ANP (regula e fiscaliza as atividades econômicas exercidas pela Petrobras e outros concessionários do setor), ANVISA (regula e fiscaliza a produção e a comercialização, sob o aspecto da vigilância sanitária, de medicamentos, alimentos, cosméticos etc.), ANS (regula e fiscaliza o setor de saúde complementar), ANA (regula e fiscaliza as atividades decorrentes do aproveitamento dos recursos hídricos, bem como o direito de uso de água em rios da União - águas), ADENE (desenvolvimento do Nordeste), ANTT (transportes), ANCINE (cinema), dentre outras.

O **regime jurídico** das agências reguladoras é igual ao das autarquias, com algumas peculiaridades, daí porque se diz que tais agências são *autarquias sob regime especial*, uma vez que, diferente das autarquias tradicionais, as leis que criaram as agências reguladoras trouxeram algumas diferenças em seu regime jurídico. Vejamos:

a) os dirigentes das agências reguladoras são nomeados pelo Presidente da República, com prévia *aprovação pelo Senado*;

b) os dirigentes das agências reguladoras têm *mandato fixo*, só podendo ser destituídos pelo cometimento de crime, improbidade administrativa ou descumprimento injustificado das políticas estabelecidas para o setor ou pelo contrato de gestão, situação que, em tese, confere maior isenção a tais agentes;

c) os ex-dirigentes das agências estão sujeitos à chamada "quarentena", ou seja, no período de tempo em que continuam vinculados à autarquia após o exercício do cargo, ficam impedidos de prestar serviços às empresas que estavam sob sua regulamentação ou fiscalização;

d) têm *poder normativo* reconhecido pela Constituição Federal (art. 21, XI), já que são *órgãos reguladores*; tal poder deve, todavia, ficar adstrito ao que dispuser as leis de criação dessas agências.

Vale lembrar que a autonomia financeira de tais agências se dá não só com o aporte de verbas orçamentárias, como também em relação à cobrança de taxas pelo exercício do poder de polícia, além de multa por descumprimento de preceitos legais ou contratuais.

5.3.4. Agências executivas

A expressão "agências executivas" designa um *qualificativo atribuível a autarquias e fundações integrantes da Administração Federal, por iniciativa do Ministério Supervisor e com anuência do Ministério da Administração, à entidade que haja celebrado contrato de gestão com aquele e possua um plano estratégico de reestruturação e desenvolvimento institucional.*

Tal possibilidade de qualificação veio a partir da introdução do princípio da eficiência pela EC 19/1998.

De um lado, são dadas maiores autonomia e prerrogativas às autarquias e fundações que tiverem interesse em receber tal qualificativo e, de outro, são atribuídas metas de desempenho e eficiência a serem atingidas.

A existência do contrato de gestão e o cumprimento dos demais requisitos permitirão a qualificação em questão, habilitando a entidade a receber as vantagens previstas na lei.

Tal figura jurídica é trazida na Lei 9.649/1998 (vide o art. 51 e também o Decreto 2.487/1998).

A lei dispõe que a qualificação de agência executiva é feita pelo Presidente da República, após a iniciativa e a anuência previstas acima. Para que seja implementada é necessário ainda a celebração do chamado contrato de gestão, que fixará o plano estratégico de reestruturação e melhoria do desempenho da pessoa, contrato esse que tem prazo mínimo de um ano.

Uma das maiores vantagens conferidas às autarquias e fundações que receberem essa qualificação consiste na ampliação dos limites de isenção ao dever de licitar para as agências executivas (art. 24, XXIV, da Lei de Licitações): aumenta-se o valor para dispensa de licitação em seu âmbito para o montante de 20% do limite previsto para a utilização da modalidade convite.

5.3.5. Consórcios públicos

Com a edição da Lei 11.107/2005, duas novas pessoas jurídicas estatais foram criadas. Ambas têm o nome de *consórcio público*, mas uma é de direito público (associação pública) e outra é de direito privado (consórcio público de direito privado).

Tais consórcios consistem na *reunião de entes políticos* (União, Estados, DF e Municípios) para formação de *pessoas jurídicas* com vistas à *gestão associada de serviços públicos*.

Como antecedentes do assunto, podemos citar a Lei 8.080/1990, que assim dispunha: "art. 10. Os municípios poderão constituir consórcios para desenvolver em conjunto as ações e os serviços de saúde que lhes correspondam. § 1º Aplica-se aos consórcios administrativos intermunicipais o princípio da direção única, e os respectivos atos constitutivos disporão sobre sua observância" (...).

Na prática, os municípios acabavam montando associações civis, regidas pelo Código Civil.

Até que veio o disposto na nova redação do art. 241 da Constituição e, depois, a Lei 11.107/2005, possibilitando o aparecimento de consórcios públicos com regimes mais claros e definidos.

Os consórcios públicos têm por **finalidade mediata** a realização de objetivos de *interesse comum* dos entes políticos. Nesse sentido, os consórcios públicos diferem dos contratos, já que estes têm em mira a satisfação de interesses contrapostos das partes e não de *interesses comuns*. Ademais, os consórcios públicos são pessoas jurídicas, ao passo que os contratos não são pessoas jurídicas.

As **finalidades imediatas** dos consórcios podem ser das seguintes naturezas:

a) regulação e fiscalização de serviços públicos (art. 2º, § 3º, da Lei 11.107/2005), como a criação de uma agência reguladora de saneamento básico por parte de Estado e alguns Municípios;

b) mera prestação de serviço público (art. 1º, § 3º, da lei citada), como a criação de um hospital público por parte de vários Municípios (consórcio intermunicipal de saúde).

É importante ressaltar que o consórcio público não pode ter fins econômicos (art. 4º, IV), ou seja, não pode visar ao lucro. Dessa forma, os consórcios públicos de direito privado não poderão ser criados se for necessário investimento privado.

Vejamos com mais detalhe, agora, as duas **espécies** de consórcios públicos.

As **associações públicas** são criadas para exercer atividade típica de Estado. Assim, são pessoas de direito público, de natureza autárquica (art. 41, IV, do CC). Tais entidades integram a Administração Indireta de todos os entes consorciados (art. 6º, § 1º, da Lei 11.107/2005). Um exemplo de consórcio público dessa natureza (consórcio público de direito público) é a criação de uma pessoa jurídica por entes políticos em associação para a *fiscalização* do meio ambiente numa dada região.

Já os **consórcios públicos de direito privado** são criados para o exercício de atividades que não são exclusivas do Estado. Nesse sentido, são pessoas de direito privado estatais. Um exemplo de consórcio público dessa natureza é um hospital público criado por entes políticos em associação.

O **regime jurídico** das associações públicas segue o regime geral das pessoas de direito público, aplicando-se o regime especial da lei 11.107/2005 e, subsidiariamente, a legislação das associações civis (art. 15). A aplicação do regime geral das pessoas de direito público fará com que tais consórcios pratiquem atos administrativos, tenham bens públicos, contratem agentes públicos, como regra, pelo regime estatutário, dentre outras características do regime autárquico, já vistas no presente texto.

Já o regime dos consórcios públicos de direito privado segue o regime geral das pessoas privadas estatais, aplicando o regime especial da Lei 11.107/2005 e, subsidiariamente, a legislação das associações civis (art. 15). A aplicação do regime geral das pessoas de direito privado estatais fará com que tais consórcios pratiquem atos regidos pelo direito privado, tenham bens privados (portanto penhoráveis), contratem agentes públicos, como regra, pelo regime celetista, dentre outras características do regime de direito privado, a serem vistas no próximo item.

A **criação** dos consórcios públicos segue o seguinte trâmite:

1) Subscrição de Protocolo de Intenções entre os entes políticos, com os seguintes pontos:

    a) denominação, finalidade, espécie, prazo e sede;

    b) identificação dos consorciados e da área;

    c) critérios de representação do consórcio;

    d) regulamentação da assembleia geral; número de votos de cada consorciado (ao menos 1);

    e) eleição e mandato do representante (Chefe do Executivo);

    f) autorização e limites para a gestão associada de serviços públicos;

2) Publicação do Protocolo na imprensa oficial;

3) Ratificação do Protocolo por lei de cada ente;

4) Celebração do **Contrato de Consórcio Público** (art. 5º), que pode se dar por apenas parcela dos celebrantes do protocolo.

O início da personalidade dos consórcios públicos se dá da seguinte forma:

    a) nas associações públicas, com a vigência das leis de ratificação do protocolo de intenções;

    b) nos consórcios de direito privado, segundo a lei civil, ou seja, após o arquivamento do estatuto social no registro público competente.

Os entes consorciados devem fazer, ano a ano, um **Contrato de Rateio**, que terá por objetivo tratar dos recursos econômicos necessários para a manutenção do consórcio.

Por fim, vale ressaltar que a Lei 11.107/2005 introduziu a possibilidade de qualquer dos entes consorciados contratar entidade ou órgão pertencente a outro ente consorciado para a prestação de serviços públicos, tudo isso sem licitação, configurando uma nova espécie de dispensa (art. 24 da Lei 8.666/1993). Esse contrato, que se assemelha a um Contrato de Concessão de Serviço Público, tem o nome de **Contrato de Programa**.

5.3.6. Empresas estatais ou governamentais

As empresas estatais podem ser **conceituadas** como *pessoas jurídicas de direito privado especial, cuja criação se dá pelo Estado, autorizado por lei específica, com a finalidade de executar serviço público ou explorar atividade econômica não ligada a esse tipo de serviço, em caráter suplementar, desde que necessário aos imperativos da segurança nacional ou a relevante interesse coletivo.*

O § 1º do art. 173 da Constituição dispõe que "a lei estabelecerá o estatuto jurídico da empresa pública, da sociedade de economia mista e de suas subsidiárias que explorem atividade econômica de produção ou comercialização de bens ou de prestação de serviços"[2].

Repare que tais entidades são criadas, então, para agir na atividade econômica, seja na área de produção ou comercialização de produtos (ex.: Petrobras), seja na prestação de serviços (ex.: Correios).

Deve ficar registrado, dessa forma, que tais empresas realizam típica atividade econômica e por isso têm regime jurídico de direito privado, de modo que não podem ser chamadas a titularizar serviço público, mas apenas para serem suas delegatárias, ou seja, apenas para a mera execução desse tipo de serviço.

Passemos à análise das características das empresas estatais:

a) possuem um **regime jurídico de direito privado**, ou seja, aquele próprio das empresas privadas, como determina a CF, inclusive no que tange aos direitos e obrigações do direito civil e comercial (**igualdade em contratos**, por exemplo), do direito do trabalho (regime de contratação será o da **CLT** e as controvérsias julgadas pela Justiça do Trabalho), do direito tributário (**não há imunidade tributária**) e do direito processual civil (**não têm prerrogativas** quanto aos prazos, custas e reexame necessário);

b) estão sujeitas à **responsabilidade civil subjetiva**, salvo quando prestarem serviço público, hipótese em que a responsabilidade será objetiva (art. 37, § 6º, da CF), ou quando incidir outro tipo de responsabilidade objetiva prevista em lei (ex.: matéria ambiental, relação de consumo, danos causados pela circulação de produtos e danos decorrentes do desenvolvimento de atividade de risco, conforme arts. 927, parágrafo único, e 931, ambos do Código Civil);

c) possuem **bens privados**, (art. 98, CC) bens esses que poderão ser utilizados, onerados, penhorados ou alienados na forma estatutária e independentemente de autorização

---

2. Tal estatuto trazido na lei deve dispor sobre: "I – sua função social e formas de fiscalização pelo Estado e pela sociedade; II – a sujeição ao regime jurídico próprio das empresas privadas, inclusive quanto aos direitos e obrigações civis, comerciais, trabalhistas e tributários; III – licitação e contratação de obras, serviços, compras e alienações, observados os princípios da administração pública; IV – a constituição e o funcionamento dos conselhos de administração e fiscal, com a participação de acionistas minoritários; V – os mandatos, a avaliação de desempenho e a responsabilidade dos administradores".

legislativa especial, porque tal autorização está implícita na lei que autorizou a criação da empresa e lhe outorgou os poderes necessários para realizar suas atividades, como nos ensina Hely Lopes Meirelles; vale ressaltar que, no caso de a empresa estatal executar serviço público, os bens que estiverem afetados ao serviço não poderão ser penhorados, como decorrência do princípio da continuidade do serviço público.

Apesar das características apontadas acima, não se deve esquecer que as pessoas de direito privado estatais foram criadas pelo Estado, fazendo parte da Administração Indireta estatal. Dessa forma, o **regime jurídico de direito privado** delas é *especial*, sofrendo tais entidades sujeições que as empresas puramente privadas não têm:

a) devem promover concurso público para admissão de pessoal;

b) devem promover licitação para a celebração de contratos;

c) são fiscalizadas pelo Tribunal de Contas;

d) obedecem aos princípios da Administração Pública e seus agentes são equiparados a funcionários públicos para efeitos penais e de improbidade administrativa;

e) os dirigentes de empresas estatais estão sujeitos ao mandado de segurança quando exerçam funções delegadas do Poder Público;

f) apesar de terem autonomia administrativa e financeira, sofrem o controle ou supervisão da entidade criadora, bem como condicionantes legais e constitucionais (*vide* artigo 169, § 1º, da CF);

g) seus agentes estão sujeitos ao teto salarial previsto no art. 37, XI, da CF, nos casos estabelecidos no § 9º do art. 37, não havendo tal submissão quando a empresa estatal não for dependente economicamente da entidade que a tiver criado;

h) seus agentes estão sujeitos à proibição de acumulação remunerada de cargos, empregos ou funções na Administração (art. 37, XVII, CF);

i) não estão sujeitas à falência (art. 2º, I, da Lei 11.101/2005).

Quanto à questão da imunidade tributária, a imunidade recíproca, que alcança as entidades autárquicas, não alcança, como se viu, as empresas estatais. Porém, há duas exceções, que uma empresa estatal tem o direito à imunidade recíproca. São elas:

a) quando a empresa estatal tem monopólio sobre certa serviço público, como os Correios e a Infraero; *vide* STF, RE 601.392;

b) quando a empresa estatal tem capital totalmente público ou praticamente todo público, tem função absolutamente pública e não concorre no mercado, por exemplo, porque não cobra por seus serviços; um exemplo foi um caso julgado pelo STF em que se reconheceu essa imunidade a um hospital federal, revestido da forma sociedade de economia mista, em que o capital era 99,9% federal e que atendia exclusivamente pelo Sistema Único de Saúde, ou seja, sem atuar no mercado (RE 580264, j. 16.12.2010); outro exemplo foi o reconhecimento dessa imunidade, também pelo STF, a uma sociedade de economia mista (Codesp) que presta o serviço de Administração Portuária, com controle acionário quase total da União (99,97%), sendo que a entidade, apesar de cobrar por seus serviços, não o faz com o intuito de lucro e não concorre com outras empresas privadas (RE 253.472/SP).

Quanto à criação, as empresas estatais dependem de **autorização de lei específica.**

Observe-se que, diferente da autarquia, que é *criada* por lei específica, as empresas estatais têm sua criação *autorizada* por lei específica, de maneira que tal criação só se efetiva com o arquivamento dos atos constitutivos da sociedade na Junta Comercial.

Qualquer um dos entes políticos pode criar uma empresa estatal. Vale salientar que também depende de autorização legislativa, em cada caso, a criação de subsidiárias de empresas estatais, assim como a participação de qualquer delas em empresa privada (art. 37, XX, CF). Assim, a Constituição exige que a autorização legislativa seja específica e se dê a cada vez que uma nova subsidiária é criada, usando no inciso a expressão "em cada caso".

No que concerne ao **objeto** das empresas estatais, a Constituição atual deixa claro que a sua criação só se justifica quando, excepcionalmente, o Estado tenha de agir na *atividade econômica*. Tais empresas poderão, por exemplo, ser concessionárias de serviço público (executam o serviço público, mas não são titulares deste, sob pena de terem de obedecer ao regime jurídico próprio das autarquias e fundações públicas). E também podem simplesmente agir em atividades econômicas que não importem em prestação de serviço público.

Sua atuação se dá em **atividade econômica suplementar**, não sendo possível que o Estado crie à vontade empresas estatais. Isso ocorre porque, como se sabe, a ordem econômica é fundada na livre iniciativa, na propriedade privada e na livre concorrência, daí porque apenas excepcionalmente pode o Estado nela agir.

Nesse sentido, o art. 173 da CF determina que o Estado só poderá agir na atividade econômica em duas hipóteses:

a) quando houver *relevante interesse público*, como na fabricação de remédio caro para combater a AIDS;

b) quando houver *imperativo de segurança nacional*, como na fabricação de material bélico em caso de guerra.

Essas são as características das empresas estatais, valendo, portanto, tanto para as empresas públicas como para as sociedades de economia mista. Vejamos agora as diferenças entre esses dois tipos de ente.

As **empresas públicas** são empresas estatais com as seguintes peculiaridades:

a) constituídas por qualquer modalidade societária admitida (S/A, Ltda. etc.);

b) com capital social formado integralmente por recursos de pessoas jurídicas da administração pública; caso a União faça parte de uma empresa pública, a maioria do capital votante deve ser de sua propriedade da União, admitindo-se, no capital da empresa a participação de outras pessoas jurídicas de direito público interno bem como de entidades da Administração Indireta da União, dos Estados, Distrito Federal e Municípios (art. 5º do Dec.-lei 900/1969);

c) caso sejam da União, têm foro na Justiça Federal (art. 109, I e IV, da CF) na área cível e criminal, salvo quanto às contravenções penais, cujo julgamento é da competência da Justiça Comum;

d) são exemplos desse tipo de empresa a Caixa Econômica Federal, os Correios e o SERPRO.

O Dec.-lei 200/1967 define empresa pública como "a entidade dotada de personalidade jurídica de direito privado, com patrimônio próprio e capital exclusivo da União, criado por lei para a exploração de atividade econômica que o Governo seja levado a exercer por força de contingência ou de conveniência administrativa podendo revestir-se de qualquer das formas admitidas em direito" (art. 5º, II).

As **sociedades de economia mista** são empresas estatais com as seguintes peculiaridades:

a) constituídas somente pela forma de sociedade anônima (S/A);

b) possuem necessariamente capital privado e público, sendo que a maioria das ações com direito a voto é do Poder Público;

c) a Justiça Comum é o foro próprio de tais sociedades mesmo sendo federais;

d) são exemplos desse tipo de empresa o Banco do Brasil, a Petrobras e a Sabesp.

O Dec.-lei 200/1967 define sociedade de economia mista como "a entidade dotada de personalidade jurídica de direito privado, criada por lei para a exploração de atividade econômica, sob a forma de sociedade anônima, cujas ações com direito a voto pertençam em sua maioria à União ou a entidade da Administração Indireta" (art. 5º, III).

5.4. ENTES DE COOPERAÇÃO (PARAESTATAIS)

5.4.1. Noções gerais

Tradicionalmente, a expressão "entidade paraestatal" era utilizada para designar não só aquelas entidades criadas pelo particular para fins de interesse público, como também as empresas estatais (sociedades de economia e empresa pública).

Porém, como as empresas estatais fazem parte da Administração Indireta, ou seja, não seguem paralelas ao Estado, mas são parte integrante deste, hoje a expressão "paraestatal", no âmbito doutrinário, designa tão somente aquelas entidades do terceiro setor, ou seja, os entes de cooperação do Estado.

De qualquer forma, é necessário tomar certos cuidados, pois ainda há muitas leis, que, por serem antigas, utilizam a expressão entidade paraestatal para se referirem também às empresas estatais.

A partir de tal observação, podemos **conceituar** as entidades paraestatais como *aquelas pessoas jurídicas de direito privado dispostas paralelamente ao Estado, executando atividade de interesse público*.

Vejamos, agora, quatro tipos de ente de cooperação (serviços sociais autônomos, organizações sociais, OSCIPs e simples organizações da sociedade civil).

5.4.2. Serviços Sociais Autônomos

Os **serviços sociais autônomos** *são pessoas jurídicas de direito privado, sem fins lucrativos, vinculadas a categorias profissionais e destinadas ao fomento de assistência social, educacional ou de saúde, podendo receber recursos públicos e contribuições parafiscais*. São entidades desse tipo o SESC, o SENAI, o SENAC e o SESI.

São **características** dessas entidades, que prestam serviços de interesse público, as que seguem:

a) são pessoas jurídicas de direito privado não criadas pelo Estado (são tão somente oficializadas, qualificadas como tal pelo Estado);

b) o regime de seus empregados é celetista;

c) não têm prerrogativas públicas, ou seja, não gozam de privilégios administrativos, fiscais e processuais;

d) nem estão diretamente submetidas à obrigatoriedade de realização de concurso público e licitação (STF, RE 789.874/DF, j. 17.09.2014), o que não exclui o dever de agirem de forma proba, devendo criar processos seletivos e de contratações que estejam em acordo com os princípios da impessoalidade, da moralidade e da eficiência, já que tais entidades manejam recursos públicos;

e) seus funcionários são equiparados a agentes públicos, sujeitos à prática de crimes funcionais e de ato de improbidade administrativa, já que gerem recursos públicos;

f) as ações movidas contra essas entidades devem ser julgadas, salvo interesse direto da União, na Justiça Comum e não na Justiça Federal (STF, RE 414375/SC);

g) seus dirigentes estão sujeitos a mandado de segurança, bem como cabe ação popular em caso de lesão ao patrimônio da entidade;

h) são obrigados a prestar contas junto ao Tribunal de Contas (art. 5.º, V, da Lei 8.443/1992);

i) os dirigentes dessas entidades são obrigados a juntar, à documentação correspondente à prestação de contas junto ao Tribunal de Contas, cópia da declaração de rendimentos e de bens, relativa ao período-base da gestão, de conformidade com a legislação do Imposto sobre a Renda (art. 4º da Lei 8.730/1993 e STJ, REsp 1.356.484-DF, j. 05.02.2013);

j) possuem estrutura de sociedades civis, associações e fundações privadas;

k) atribuída a qualificação de serviço social autônomo, a entidade passa a recolher contribuições parafiscais de associados e a ser destinatária de dotações orçamentárias;

l) por receberem auxílio público ficam sujeitas a controle finalístico e à prestação de contas para o Poder Público.

5.4.3. Organizações Sociais – OS (Lei 9.637/1998)

Já as **organizações sociais** são *entidades privadas, sem fins lucrativos, cujas atividades se dirigem ao ensino, pesquisa científica, desenvolvimento tecnológico, proteção e conservação do meio ambiente, cultura, saúde, qualificadas como tal por decisão do Ministro respectivo da atividade e do Ministro da Administração Federal e Reforma do Estado.*

A qualificação de uma entidade como organização social é um instrumento que permite a transferência de certas atividades de interesse público ao setor privado, sem necessidade de concessão ou permissão, tratando-se de nova forma de parceria com valorização do terceiro setor, possibilitando, de outra parte, maior controle sobre as entidades que recebem recursos públicos para fins coletivos.

O instituto das organizações sociais está regulamentado, no âmbito federal, na Lei 9.637/1998.

São exemplos de organizações sociais algumas Santas Casas de Misericórdia (hospitais privados filantrópicos), que receberam tal qualificação, celebraram contrato de gestão com a Administração Pública e vêm recebendo equipamentos, pessoal e dinheiro estatais para a prestação do serviço público de saúde para a população.

São **requisitos** para que seja atribuída a qualificação de organização social a uma entidade os seguintes:

a) não ter fins lucrativos, devendo os excedentes ser aplicados em suas atividades;

b) ter fim social de interesse coletivo;

c) ter conselho de administração como órgão superior, com presença de mais de 50% de representantes do governo e de entidades civis;

d) decisão dos Ministros indicados no conceito, qualificando a entidade.

Uma vez recebida a qualificação de organização social, a entidade poderá firmar contrato de gestão com o Poder Público, contrato este que fixará os termos da parceria, como as atividades a serem desempenhadas pela entidade e a colaboração a ser oferecida pelo Estado, que poderá consistir em aporte de bens públicos em permissão de uso, recursos do orçamento e até servidores públicos.

Os serviços contratados pelo Poder Público junto à organização social, a partir do contrato de gestão, não dependem de licitação, tratando-se de caso de dispensa de licitação previsto no art. 24 da Lei 8.666/1993.

A partir desse momento, a organização social deverá promover a publicidade de seus atos, estará sujeita ao controle do Tribunal de Contas e à verificação periódica do atendimento das metas a que tiver se submetido.

Assim como os serviços sociais autônomos, as organizações sociais não são obrigadas a promover concurso público para a admissão de seu pessoal, nem a promover licitação para a realização de contratos com terceiros, devendo, todavia, efetuar tais despesas mediante obediência aos princípios da impessoalidade, da moralidade e da eficiência.

Caso ocorra descumprimento, pela entidade, do contrato de gestão, apurado em processo administrativo com ampla defesa, será feita sua desqualificação, que importará em reversão (devolução) dos bens públicos que estavam sendo utilizados pela entidade privada.

O STF, em Ação Direta de Inconstitucionalidade, decidiu algumas questões em relação às organizações sociais, acolhendo em parte o pedido, para conferir interpretação conforme a Constituição à Lei 9.637/1998 e ao inciso XXIV do art. 24 da Lei 8.666/1993, para explicitar que: " a) o procedimento de qualificação das organizações sociais deveria ser conduzido de forma pública, objetiva e impessoal, com observância dos princípios do "caput" do art. 37 da CF, e de acordo com parâmetros fixados em abstrato segundo o disposto no art. 20 da Lei 9.637/1998; b) a celebração do contrato de gestão fosse conduzida de forma pública, objetiva e impessoal, com observância dos princípios do "caput" do art. 37 da CF; c) as hipóteses de dispensa de licitação para contratações (Lei 8.666/1993, art. 24, XXIV) e outorga de permissão de uso de bem público (Lei 9.637/1998, art. 12, § 3º) deveriam ser conduzidas de forma pública, objetiva e impessoal, com observância dos princípios do "caput" do art. 37 da CF; d) a seleção de pessoal pelas organizações sociais seria conduzida de forma pública, objetiva e impessoal, com observância dos princípios do "caput" do art. 37 da CF, e nos termos do regulamento próprio a ser editado por cada entidade; e e) qualquer interpretação que restringisse o controle, pelo Ministério Público e pelo Tribunal de Contas da União, da aplicação de verbas públicas deveria ser afastada" (ADI 1923, J. 16.04.2015).

As Organizações Sociais (OSs) não se confundem com as **Organizações da Sociedade Civil de Interesse Público (OSCIPs)**, regulamentadas pela Lei 9.790/1999.

a) As primeiras atuam em atividades em que o Estado deveria atuar (ex.: saúde, educação etc.), apesar de não se tratarem de atividades exclusivas do Estado, ao passo que as segundas atuam em atividades de utilidade pública, em relação às quais o Estado tem interesse de fomento, tais como promoção da segurança alimentar, da ética e da paz;

b) As OSCIPs, na verdade, são entidades que recebem o **fomento** do Estado, por exemplo, para defender os consumidores, os idosos, os homossexuais etc.;

c) As OSs são qualificadas mediante aprovação do Ministro supervisor e do Ministro da Administração Federal e Reforma do Estado, ao passo que as OSCIPs são qualificadas pelo Ministro da Justiça;

d) As OSs celebram com a Administração *contrato de gestão*, ao passo que as OSCIPs celebram *termo de parceria*.

5.4.4. Organizações da Sociedade Civil de Interesse Público – OSCIPs (Lei 9.790/1999)

Podem receber a qualificação de OSCIP pessoas jurídicas de direito privado, sem fins lucrativos, que atuem observando o princípio da universalização dos serviços, e cujos objetivos sociais tenham ao menos uma das seguintes finalidades (art. 3º da lei): "I – promoção da assistência social; II – promoção da cultura, defesa e conservação do patrimônio histórico e artístico; III – promoção gratuita da educação, observando-se a forma complementar de participação das organizações de que trata esta Lei; IV – promoção gratuita da saúde, observando-se a forma complementar de participação das organizações de que trata esta Lei; V – promoção da segurança alimentar e nutricional; VI – defesa, preservação e conservação do meio ambiente e promoção do desenvolvimento sustentável; VII – promoção do voluntariado; VIII – promoção do desenvolvimento econômico e social e combate à pobreza; IX – experimentação, não lucrativa, de novos modelos socioprodutivos e de sistemas alternativos de produção, comércio, emprego e crédito; X – promoção de direitos estabelecidos, construção de novos direitos e assessoria jurídica gratuita de interesse suplementar; XI – promoção da ética, da paz, da cidadania, dos direitos humanos, da democracia e de outros valores universais; XII – estudos e pesquisas, desenvolvimento de tecnologias alternativas, produção e divulgação de informações e conhecimentos técnicos e científicos que digam respeito às atividades mencionadas neste artigo".

A Lei 9.790/1999 estabelece, ainda, que a dedicação dessas entidades nessas finalidades pode ser tanto na execução direta de programas, como na prestação de serviços intermediários de apoio a outras organizações sem fins lucrativos e a órgãos que atue em áreas afins (art. 3º, parágrafo único).

As pessoas jurídicas interessadas na qualificação como OSCIP, além de não ter fins lucrativos e de atuar nas finalidades estabelecidas no art. 3º da referida lei, devem ainda atender aos requisitos estabelecidos no art. 4º da lei, relacionados aos componentes de resguardo da legalidade, da impessoalidade, da moralidade, da publicidade, da economicidade e da eficiência na atuação da entidade, bem como não se tratar de entidade não passível de qualificação, que são as seguintes (art. 2º da lei): "I – as sociedades comerciais; II – os sindicatos, as associações de classe ou de representação de categoria profissional; III – as instituições religiosas ou voltadas para a disseminação de credos, cultos, práticas e visões devocionais e confessionais; IV – as organizações partidárias e assemelhadas, inclusive suas fundações; V – as entidades de benefício mútuo destinadas a proporcionar bens ou serviços a um círculo restrito de associados ou sócios; VI – as entidades e empresas que comercializam planos de saúde e assemelhados; VII – as instituições hospitalares privadas não gratuitas e suas mantenedoras; VIII – as escolas privadas dedicadas ao ensino formal não gratuito e suas mantenedoras; IX – as organizações sociais; X – as cooperativas; XI – as fundações públicas; XII – as fundações, sociedades civis ou associações de direito privado criadas por órgão público ou por fundações públicas; XIII – as organizações creditícias que tenham quaisquer tipo de vinculação com o sistema financeiro nacional a que se refere o art. 192 da Constituição Federal".

Preenchidos os requisitos e apresentados os documentos de que trata o art. 5º da lei federal, compete ao Ministro da Justiça decidir sobre a possibilidade ou não da qualificação.

Uma vez qualificada como OSCIP, a entidade fica habilitada para a celebração, com o Poder Público, de Termo de Parceria (art. 9º), destinado à formação do vínculo de cooperação entre as partes, para o fomento e a execução das atividades de interesse público previstas no já referido art. 3º da lei.

O Poder Público não é obrigado a fazer parceria com a entidade que for qualificada como OSCIP.

A celebração de Termo de Parceria será precedida de consulta aos Conselhos de Políticas Públicas das áreas correspondentes de atuação existentes, nos respectivos níveis de governo. Assim, no âmbito da Secretaria de Educação ou da Secretaria de Assistência Social de dado Estado ou Município, por exemplo, deverá ser constituído o conselho respectivo, para o fim acima indicado.

O Termo de Parceria tratará, entre outras questões essenciais, do objeto, das metas e resultados, e da avaliação de desempenho das entidades respectivas (art. 10, § 2º).

É importante lembrar que as OSCIPs têm o dever legal de atender ao princípio da universalização dos serviços (art. 3º), atendendo, assim, a todos que procurarem a entidade, ressalvados os casos em que houver limitação máxima de pessoas pelo tipo de atendimento, ocasião em que se deve atender a todos dentro do limite de vagas existentes e segundo as metas acertadas com o Poder Público e com critérios de admissão que respeitem a impessoalidade e a moralidade.

Em função do princípio da legalidade, é necessário que os Estados, Distrito Federal e Municípios tenham lei local operacionalizando a realização de termo de parceria com as OSCIPs. Além de autorização que o Poder Público local qualifique e celebre termo de parceria com OSCIPs, a lei local pode estabelecer requisitos como tempo de existência da OSCIP, experiência na área de atuação, qualificações especiais para celebrar termo de parceria em determinadas atividades, entre outros requisitos.

Apesar de a lei federal não exigir licitação para a celebração de Termo de Parceria com OSCIPs, em respeito aos princípios da isonomia e da indisponibilidade do interesse público, faz necessário que cada ente regulamente procedimento com vistas a assegurar tais valores. Isso implica na previsão de chamamentos públicos, que tragam critérios os mais objetivos possíveis, para a escolha, dentre as entidades interessadas, da que melhor atende ao interesse público.

Vale lembrar que a Constituição Federal, regra matriz sobre o dever de licitar, não impõe licitação pública para "o fomento e a execução das atividades de interesse público" previstas na Lei 9.790/1999, mas apenas para a contratação de obras, prestação de serviços, alienações e compras da Administração Pública (art. 37, XXI).

Dessa forma, para atender à isonomia e à indisponibilidade do interesse cabe fazer seleção nos termos do regulamento local, que poderá instituir, por exemplo, procedimento de Chamamento Público ou de Concurso de Projetos para a hipótese, procedimento que agora está regulamento em lei geral sobre parcerias.

Um exemplo de OSCIP já implementada no setor é a Escola de Pais do Brasil – Seccional de Florianópolis, entidade sem fins econômicos, declarada de utilidade pública e credenciada pelo Ministério da Justiça como Organização da Sociedade Civil de Interesse

Público – OSCIP, que organiza seminários, ministra cursos e ciclos de debates nas redes particular e pública de ensino, em empresas e centros comunitários e onde quer que se solicite sua atividade. Atua na prevenção e na busca por soluções de problemas ligados à família e à cidadania.

5.4.5. Organizações da Sociedade Civil – OSC (Lei 13.019/2014)

A Lei 13.019/2014, o chamado Marco Regulatório das Organizações da Sociedade Civil (MROSC), institui normas gerais para as parcerias entre a administração pública e organizações da sociedade civil, em regime de mútua cooperação, para a consecução de finalidades de interesse público e recíproco, mediante a execução de atividades ou de projetos previamente estabelecidos em planos de trabalho inseridos em termos de colaboração, em termos de fomento ou em acordos de cooperação. (art. 1º).

Essa lei veio em resposta à "CPI das ONGs", que constatou que havia um grande número de ONGs no país que trabalhavam de forma irregular, servindo, muitas vezes, de laranjas para o desvio de recursos públicos. A CPI constatou também que, mesmo em entidades que não eram de fachada, havia vários vícios na celebração e execução dos convênios (esse era o nome do instrumento utilizado para o acerto dessas parcerias com a Administração Pública, nome esse que agora não mais poderá ser utilizado para designar esse tipo de parceria), como a ausência de processo seletivo para a celebração do convênio, a ferir, muitas vezes, o princípio da impessoalidade, a ausência de instrumento adequado de prestação de contas e também a ausência de metas e de controle de resultados. Naturalmente que há muitas entidades seríssimas nesse setor, que, vale lembrar, é essencial para a consecução de atividades de interesse público em nosso Pais, mas já estava mais do que na hora de vir uma lei que pudesse sanear os vícios mencionados, além de tratar de outras questões de suma importância para esse tipo de parceria.

Antes de tratarmos com mais detalhe desse tipo de parceria, de rigor pontuar que essa lei se aplica às parcerias que envolvam ou não transferências de recursos financeiros, mas não se aplica às hipóteses previstas no art. 3º da lei, como, por exemplo, às transferências de recursos homologadas pelo Congresso Nacional ou autorizadas pelo Senado Federal naquilo em que as disposições dos tratados, acordos e convenções internacionais específicas conflitarem com a Lei.

Na prática, esse tipo de parceria acontece muito nas seguintes áreas: a) assistência social; b) educação; c) saúde; d) esporte; e) cultura; f) direitos humanos.

São exemplos as parcerias celebradas com entidades sem fins lucrativos (organizações da sociedade civil) para acolhimento de crianças sem família, para acolhimento de pessoas sem habitação, para realização de atividades com crianças e adolescentes em situação de risco no contraturno das aulas, atendimento a moradores de rua, acolhimento de idosos, apoio a famílias e indivíduos que vivenciam violação de direitos, dentre eles a violência física, psicológica, sexual, cumprimento de medidas socioeducativas em meio aberto, dentre outros.

Para que uma entidade possa realizar esse tipo de parceria há de atender aos seguintes requisitos:

a) enquadrar-se no conceito de organização da sociedade civil, que é a *entidade privada sem fins lucrativos que não distribua entre os seus sócios ou associados, conselheiros, diretores, empregados, doadores ou terceiros eventuais resultados, sobras, excedentes operacionais, brutos ou líquidos, dividendos, isenções de qualquer natureza, participações ou parcelas do seu patrimônio, auferidos mediante o exercício de suas atividades, e que os aplique integralmente na consecução do respectivo objeto social, de forma imediata ou por meio da constituição de fundo patrimonial ou fundo de reserva, bem como as demais entidades mencionadas nas alíneas "b" e "c" do inciso I do art. 2º da Lei 13.019/2014;*

b) ser regida por normas de organização interna que estabeleça o seguinte: i) objetivos voltados à promoção de atividades e finalidades de relevância pública e social; ii) que, em caso de dissolução da entidade, o respectivo patrimônio líquido seja transferido a outra pessoa jurídica de igual natureza que preencha os requisitos desta Lei e cujo objeto social seja, preferencialmente, o mesmo da entidade extinta; iii) escrituração de acordo com os princípios fundamentais de contabilidade e das Normas Brasileiras de Contabilidade; importante salientar que celebração de meros acordos de cooperação (aqueles acordos que não envolvam transferência de recursos), só será exigido o requisito "i" e que, quanto às entidades religiosas, estão dispensados os requisitos "i" e "ii".

c) possuir: no mínimo, um, dois ou três anos de existência, com cadastro ativo, comprovados por meio de documentação emitida pela Secretaria da Receita Federal do Brasil, com base no Cadastro Nacional da Pessoa Jurídica – CNPJ, conforme, respectivamente, a parceria seja celebrada no âmbito dos Municípios, do Distrito Federal ou dos Estados e da União, admitida a redução desses prazos por ato específico de cada ente na hipótese de nenhuma organização atingi-los; experiência prévia na realização, com efetividade, do objeto da parceria ou de natureza semelhante; instalações, condições materiais e capacidade técnica e operacional para o desenvolvimento das atividades ou projetos previstos na parceria e o cumprimento das metas estabelecidas.

A Administração Pública, por sua vez, deverá criar, caso não já tenha, Conselho de Política Pública ("para atuar como instância consultiva, na respectiva área de atuação, na formulação, implementação, acompanhamento, monitoramento e avaliação de políticas públicas"), Comissão de Seleção (órgão colegiado responsável pelo Chamamento Público, espécie de certame licitatório para a escolha da entidade) e a Comissão de Monitoramento e Avaliação (órgão colegiado que destinado a avaliar as parcerias), conforme incisos IX, X e XI do art. 2º da Lei 13.019/2014.

Dentre os princípios e diretrizes a serem respeitados nesse tipo de parceria, destacam-se os da transparência, do controle social das ações públicas e da priorização do controle de resultados, tendências cada vez mais fortes no direito administrativo.

Conforme já comentado, os instrumentos a serem firmados com as organizações da sociedade civil não mais poderão ser chamados de convênio, que passam a ser apenas os acordos de mútua cooperação entre entes políticos. Agora os instrumentos firmados por essas entidades com o Poder Público passam a se chamar termo de colaboração e termo de fomento, usando-se sempre o nome "termo de colaboração", ficando reservado a nomenclatura "termo de fomento" para as parcerias decorrentes de planos de trabalho que foram propostos pelas organizações da sociedade civil (arts. 16 e 17 da Lei 13.019/2014). Importante consignar que a lei prevê também um instrumento com o nome de "acordo de colaboração", que é aquele que não envolve transferência de recursos financeiros.

Mas a celebração desses termos de colaboração e de fomento dependem de um processo seletivo, que tem o nome de chamamento público. Mas antes desse procedimento, é necessário que a Administração crie um Plano de Trabalho (art. 22 da Lei 13.019/2014), que será executado pela entidade vencedora do certame. A partir desse plano, faz-se um edital de chamamento, que, sempre que possível, deve estabelecer critérios e indicadores a serem seguidos (especialmente objetos, metas, custos e indicadores, quantitativos ou qualitativos, de avaliação de resultados (art. 23, parágrafo único, da Lei 13.019/2014), sendo que o grau de adequação da proposta aos objetivos específicos do programa ou ação em que se insere o objeto da parceria e, quando for o caso, ao valor da referência constante do chamamento público é critério obrigatório de julgamento (art. 27, *caput*, da Lei 13.019/2014). A lei prevê, ainda, a inversão de fases nesse procedimento, de modo que primeiro se faz a etapa competitiva e se ordena as propostas.

Uma vez finalizado o chamamento público e celebrado o termo de colaboração ou o termo de fomento, passa-se à execução desses termos, cujo grande destaque é a prestação de contas a ser feita pelo parceiro junto ao Poder Público. Nesse ponto, vale lembrar que, num termo de colaboração ou de fomento, não há relação de crédito e débito (não há obrigações recíprocas, mas sim repasse de recursos pelo Poder Público, para que sejam alocadas pelas entidades nos objetivos comuns acertados. Por isso é que a entidade parceria tem o dever de prestar contas, que se dará mediante a apresentação de dois relatórios (art. 66 da Lei 13.019/2014): a) Relatório de Execução do Objeto, voltado para as atividades desenvolvidas com vistas à execução do objetivo (ex: como se deu o atendimento às crianças, idosos etc.); b) Relatório de Execução Financeira, voltado à descrição das despesas e receitas efetivamente realizadas.

Com relação à prestação de contas financeira, importante ressaltar que a entidade não obrigada a fazer licitação para a aquisição de produtos e serviços no mercado com o dinheiro recebido pelo Poder Público. Porém, é obrigado a gastar esses recursos com respeito aos princípios da legalidade, da moralidade, da boa-fé, da probidade, da impessoalidade, da economicidade, da eficiência, da isonomia, da publicidade, da razoabilidade e do julgamento objetivo e a busca permanente de qualidade e durabilidade.

Quanto ao prazo da parceria, a lei não traz limite, mas dispõe que deverá constar do termo de colaboração ou de fomento a vigência e as hipóteses de prorrogação (art. 42, VI). De qualquer forma, por analogia, entendemos que, em se tratando de serviços públicos contínuos, há de se admitir o limite máximo previsto na Lei 8.666/1993, que é total de 60 meses, já contidas as prorrogações ordinárias, sem prejuízo da prorrogação extraordinária prevista no art. 57, § 4º, da Lei 8.666/1993.

A lei prevê, ainda, sanções graves às seguintes pessoas: a) às entidades que executarem a parceria em desacordo com o plano de trabalho e com as normas da lei e legislação específica (art. 73); b) e aos agentes públicos e particulares beneficiários ou que concorrem pelo ato, pela prática de atos de improbidade administrativa, sendo que a lei cria diversos tipos novos de improbidade (art. 77).

Em termos de disposições transitórias, a lei só entrará em vigor para os Municípios em 1º de janeiro de 2017, salvo se ato administrativo local determinar a sua aplicação imediata.

Vale salientar que a Lei 13.019/2014 sofreu drásticas mudanças com a edição da Lei 13.204/2015 que alterou em diversos pontos, retirando, de um lado, boa parte das regras moralizadoras e importantes previstas na redação originária da lei, o que é lastimável, mas também tornando viável, de outro lado, a aplicação da lei em pontos que estavam confusos ou exagerados na redação originária, o que é salutar.

5.5. ORDEM DOS ADVOGADOS DO BRASIL – OAB

A natureza jurídica da OAB foi exaustivamente debatida pelo Supremo Tribunal Federal na ADI 3.026-4/DF.

A decisão proferida pelo STF na ADI mencionada anota que a OAB não é uma autarquia especial e não integra a Administração Indireta como outro tipo de pessoa jurídica, de modo que não se sujeita ao controle estatal.

Por outro lado, o STF reconhece que a OAB presta, sim, um *serviço público*.

Na prática isso significa que a OAB, de um lado, não é obrigada a fazer concursos públicos, licitações e a se submeter à fiscalização do TCU e ao regime estatutário dos agentes públicos, podendo contratar pelo regime celetista.

De outro lado, por ser um *serviço público*, a OAB pode fiscalizar os advogados e também tem direito a vantagens tributárias.

Na ementa do acórdão, o STF deixa claro que a OAB não é integrante da Administração Indireta, tratando-se de uma figura ímpar no País, no caso, um *Serviço Público Independente*.

O acórdão também conclui que a OAB não pode ser comparada às demais entidades de fiscalização profissional, pois não está voltada exclusivamente a finalidades corporativas, possuindo finalidade institucional.

5.6. QUADRO SINÓTICO

ORGANIZAÇÃO DA ADMINISTRAÇÃO PÚBLICA

1. Conceitos básicos

a) **pessoas jurídicas estatais:** *entidades integrantes da estrutura do Estado dotadas de personalidade;* ex.: União

b) **órgãos:** *centros de competência integrantes de pessoas estatais;* ex: Ministério da Justiça

- Quanto à posição, os **órgãos** podem ser

- *independentes:* Poderes Legislativo, Executivo e Judiciário

- *autônomos:* Ministérios, Secretarias, MP

- *superiores:* departamentos, procuradorias

- *subalternos:* portarias, seções

c) **desconcentração:** *distribuição interna de competências ou atribuições* (dá-se de órgão para órgão); ex.: criação de nova Secretaria

d) **descentralização:** *distribuição externa de competências ou atribuições* (dá-se de PJ para PJ); ex: criação de nova autarquia; descentralização pode ser

- *por serviço:* lei atribui *titularidade* do serviço

- *por colaboração:* contrato atribui *execução* do serviço

e) **Administração Direta:** *compreende os órgãos das pessoas políticas;* ex.: órgãos dos Poderes, MP, Tribunal de Contas

f) **Administração Indireta:** *compreende as pessoas jurídicas criadas pelos entes políticos;* ex.: autarquias, empresas estatais

g) **Hierarquia:** *poder de fiscalização de órgão para órgão; aqui poder revisar atos do subordinado é amplo*

h) **Controle:** *poder de fiscalização finalística de pessoa jurídica para pessoa jurídica; aqui poder de revisar ato do fiscalizado é limitado ao que a lei autorizar*

2. Pessoas Jurídicas de Direito Público

2.1. Conceito: *são os entes políticos e as pessoas criadas para o exercício de atividades típicas do Estado*

2.2. Pessoas de direito público da Administração Indireta

a) autarquias – exs.: Banco Central, INSS, IBAMA

b) fundações públicas – ex.: Funai

c) agências reguladoras – exs.: Anatel, Aneel, ANP, ANS etc.

d) consórcios públicos de direito público (associações públicas)

2.3. Regime jurídico geral das PJDP da Administração Indireta

a) são criadas por lei específica

b) possuem capacidade administrativa: podem regulamentar, fiscalizar e fazer concessões

c) expedem ato administrativo e tem regime jurídico administrativo

d) possuem imunidade de impostos quanto ao patrimônio, renda e serviços vinculados às suas finalidades essenciais (art. 150, § 2º, da CF)

e) possuem bens públicos

f) submetem agentes a regime estatutário, como regra

g) respondem objetivamente (art. 37, § 6º, da CF)

h) possuem vantagens processuais

2.4. Especificidades das fundações públicas:

a) são patrimônio personalizado

b) para alguns, não são criadas por lei específica; esta apenas autoriza sua criação; ademais, lei complementar definirá suas áreas de atuação (art. 37, XIX, CF)

2.5. Especificidades das agências reguladoras

a) criadas para controle de serviços públicos, poder de polícia, controle do petróleo, fomento e uso de bem público

b) possuem poder normativo

c) dirigentes são nomeados após aprovação do Senado

d) dirigentes têm mandato fixo

e) dirigentes se sujeitam a "quarentena", findo o mandato

Obs.: não confundir com agências executivas, qualificativo de autarquias e fundações públicas que celebram contrato de gestão, com metas, de um lado, e benefícios, de outro

2.6. Especificidades dos consórcios (Lei 11.107/2005)

a) conceito: *reunião de entes políticos para a gestão associada de serviços públicos*

b) espécies:

- direito público: atividade típica de Estado; ex: fiscalização
- direito privado: atividade não típica de Estado; ex: hospital

c) criação: protocolo de intenções, publicação nos D.O.'s, ratificação por leis locais, contrato de consórcio público

d) contrato de rateio: anual, serve para tratar dos recursos que entes políticos destinarão para o consórcio

e) contrato de programa: *prestação de serviço para um ente consorciado, pelo consórcio ou por um órgão ou ente de um consorciado*

3. Pessoas Jurídicas de Direito Privado Estatal

3.1. Conceito: *são as pessoas criadas para o exercício de atividades não típicas de Estado, tais como a mera execução de serviço público e a exploração de atividade econômica*

- atividade econômica: o Estado só pode agir nela em caso de *relevante interesse público* ou de *imperativo de segurança nacional*

3.2. Pessoas de direito privado estatais

a) Empresa pública – exs.: CEF, Correios

b) Sociedade de economia mista – exs.: BB, Petrobrás

c) Fundações privadas – ex.: um museu estatal

d) Consórcios públicos de direito privado

3.3. Regime jurídico das pessoas privadas estatais

a) são criadas mediante autorização de lei específica

b) são reguladas pelo direito civil, empresarial, trabalhista; porém obedecem aos princípios da Administração, e devem fazer licitação e concursos públicos

c) não possuem imunidade de impostos, salvo Correios

e) não possuem bens públicos, salvo Correios
f) submetem agentes a regime celetista
g) respondem subjetivamente, salvo se prestadora de serviço público (art. 37, § 6º, da CF)
h) não possuem vantagens processuais
i) agentes cometem improbidade administrativa
j) são fiscalizadas pelos Tribunais de Contas

3.4. Empresas pública x Sociedade de economia mista
- Capital público x Capital público e privado (controle societário público)
- Qualquer modalidade societária x Somente S/A
- empresa federal: foro na J. Federal x empresa federal: foro na J. Estadual

4. Entidades de Cooperação (Paraestatais/3º Setor)

4.1. Conceito: *pessoas de direito privado não estatais, sem fins lucrativos, e que exercem atividades de interesse público não exclusivas do Estado.*

4.2. Espécies:

a) Serviços Sociais Autônomos:
- Sistema "S" (SESI, SENAC, SENAI etc.)
- Ligadas a categorias profissionais
- Prestam atividades privadas de interesse público
- Arrecadam contribuições parafiscais
- Não são obrigadas a fazer licitação e concursos, mas devem gastar recursos observando a impessoalidade e a moralidade
- Sujeitam-se à fiscalização do TCU

b) Organizações Sociais – OS (Lei 9.637/1998):
- Ensino, saúde, cultura, pesquisa, meio ambiente
- Atuam em atividades que o Estado deve prestar
- Devem ter representantes do Poder Público e da comunidade em seu órgão superior
- São qualificadas mediante aprovação do Ministério Supervisor e do Ministério da Reforma do Estado
- Celebram Contrato de Gestão

c) Organizações da Sociedade Civil de Interesse Público – OSCIPs (Lei 9.790/1999)
- Promoção da segurança alimentar, ética, paz, saúde
- Atuam em atividades de interesse público – recebem fomento
- Qualificadas pelo Ministro da Justiça
- Celebram Termo de Parceria

5.7. QUESTÕES COMENTADAS

5.7.1. Temas gerais (Administração Pública, órgãos e entidades, descentralização e desconcentração, controle e hierarquia, teoria do órgão)

(Magistratura/GO – 2015 – FCC) A denominada Administração pública indireta compreende, entre outras entidades,

(A) concessionárias de serviços públicos, que exercem a descentralização de serviços por colaboração.
(B) empresas públicas, sendo a elas equiparadas as fundações instituídas ou mantidas pelo poder público.
(C) sociedades de economia mista, que podem ser prestadoras de serviço público ou exploradoras de atividade econômica.
(D) organizações sociais que celebrem contratos de gestão com a Administração direta.
(E) autarquias, sujeitas ao regime jurídico de direito privado, salvo em matéria de pessoal.

A: incorreta, pois somente faz parte da Administração Pública Indireta as pessoas jurídicas criadas pelo Poder Público, sendo certo que nem toda concessionária de serviço público é uma pessoa jurídica criada pelo Poder Público, valendo citar, por exemplo, uma empresa concessionária de transporte coletivo de uma cidade, que costuma ser uma pessoa jurídica criada por particulares; **B:** incorreta, pois as empresas públicas são da Administração Pública Indireta, mas não são equiparadas às fundações instituídas ou mantidas pelo Poder Púbico, já que as primeiras têm por objeto explorar atividade econômica ou prestar serviço público, e as fundações tem funções de outras naturezas, como exercer atividade típica de Estado (fundação pública de direito público) ou exercer atividade não econômica e não típica de Estado, mas de interesse público (fundação pública de direito público); **C:** correta, pois as sociedades de economia mista são da Administração Pública Indireta e, de fato, são criadas para uma das duas funções mencionadas; **D:** incorreta, pois somente faz parte da Administração Pública Indireta as pessoas jurídicas criadas pelo Poder Público, sendo certo que as organizações sociais não são pessoas jurídicas criadas pelo Estado; **E:** incorreta, pois as autarquias são da Administração Pública Indireta, mas não são pessoas jurídicas de direito privado, mas sim pessoas jurídicas de direito público, já que são criadas para exercer atividade típica do Estado.
Gabarito "C"

(Magistratura/RR – 2015 – FCC) Observe as seguintes características:

I. tem como forma obrigatória a de sociedade anônima.
II. são qualificadas como tal por ato do Presidente da República.
III. trata-se de entidade criada diretamente por lei, desnecessário o registro de seus atos constitutivos.

Tais atributos são aplicáveis, respectivamente:
(A) empresas públicas; organizações sociais; autarquias.
(B) sociedades de economia mista; fundações governamentais de direito público; agências executivas.
(C) consórcios públicos; agências reguladoras; serviços sociais autônomos.
(D) sociedades de economia mista; agências executivas; agências reguladoras.
(E) subsidiárias estatais; organizações da sociedade civil de interesse público; empresa pública.

A: incorreta, pois as empresas públicas admitem qualquer forma societária; **B:** incorreta, pois as fundações governamentais de direito público não são qualificadas por ato do Presidente da República, sendo esta qualificação típica das agências executivas, por exemplo; **C:** incorreta, pois os consórcios públicos não são empresas e, portanto, não admitem essa forma societária; ademais, as agências reguladoras não são qualificadas como tal por ato do Presidente da República, mas sim por meio de lei; e os serviços sociais autônomos, como pessoas privadas não estatais, precisam em regra que seus atos constitutivos sejam registrados no registro público competente; **D:** correta, pois de fato as sociedades de economia mista só podem ter por forma societária a S/A; as agências executivas são assim qualificadas por ato do Presidente da República; e as agências reguladoras, por serem uma espécie de autarquia (autarquia especial), são criadas diretamente pela lei; **E:** incorreta; a empresa pública não é criada diretamente pela lei, mas tem a sua autorização criação dada pela lei, de modo que requer ato constitutivo registrado no registro público competente, para a sua criação (art. 37, XIX, da CF).
Gabarito "D"

(Ministério Público/SP – 2015 – MPE/SP) Sobre as fundações instituídas e mantidas pelo Poder Público, é correto afirmar que:

(A) estão sujeitas ao controle administrativo e financeiro pelos órgãos da Administração Direta, pelo que são alcançadas pelo instituto da tutela.
(B) podem ser extintas ou transformadas por meio de decreto.
(C) possuem o respaldo da responsabilidade solidária do Estado em razão dos atos que pratica.
(D) não se sujeitam ao controle do Tribunal de Contas e do Ministério Público.
(E) por serem pessoas jurídicas de direito privado, não podem figurar como sujeito passivo de atos de improbidade administrativa.

A: correta, pois a Administração Direta exerce o controle (ou tutela) sobre os entes que criar, inclusive as fundações; **B:** incorreta, pois o que é criado ou autorizado por lei não pode ser extinto por decreto; aliás, nem mesmo um mero órgão estatal pode ser extinto por decreto (art. 84, VI, "a", da CF), quanto mais uma pessoa jurídica estatal; **C:** incorreta, pois a responsabilidade das entidades da Administração Indireta é direta, devendo os prejudicados ingressarem com ação em face da própria fundação; **D:** incorreta, pois estão sujeitas ao controle do Tribunal de Contas (arts. 70, *caput*, e 71, II, da CF) e do Ministério Público, ao qual compete atuar na defesa da ordem jurídica; **E:** incorreta, pois nem todas as fundações instituídas e mantidas pelo estado são de direito privado, o que vai depender de terem sido criadas para uma atividade típica do estado ou não; ademais, sendo de direito privado ou não, as fundações criadas pelo estado podem ser sujeito passivo de atos de improbidade (art. 1º, *caput*, da Lei 8.429/1992).
Gabarito "A"

(Delegado/SP – 2014 – VUNESP) Quando o Poder Público, conservando para si a titularidade do serviço público, transfere sua execução à pessoa jurídica de direito privado, previamente existente, ocorre o que se denomina descentralização

(A) autárquica.
(B) por colaboração.
(C) hierárquica.
(D) por subordinação.
(E) heterotópica.

A descentralização é a distribuição externa de atividades administrativas, que passam a ser exercidas por pessoa ou pessoas distintas do Estado. Dá-se de pessoa jurídica para pessoa jurídica como técnica de especialização. Ex.: criação de autarquia para titularizar e executar um dado serviço público, antes de titularidade do ente político que a criou. A descentralização pode ser de duas espécies: a) na descentralização por serviço, a lei atribui ou autoriza que outra pessoa detenha a titularidade e a execução do serviço; repare que é necessária lei;

aqui, fala-se em outorga do serviço; b) na descentralização por colaboração, o contrato ou ato unilateral atribui à outra pessoa a execução do serviço; repare que a delegação aqui se dá por contrato, não sendo necessária lei; o particular colabora, recebendo a execução do serviço e não a titularidade deste, que permanece com o Poder Público; aqui, fala-se também em delegação do serviço e o caráter é transitório. O enunciado narra um caso em que a transferência da execução do serviço mantém a titularidade do serviço com o Poder Público, o que caracteriza a descentralização por colaboração.
Gabarito "B".

(Procurador do Estado/AC – FMP – 2012) Analisando a Administração Pública, é INCORRETO afirmar que:
(A) a constituição de uma autarquia é exemplo de desconcentração administrativa.
(B) na descentralização é viável a desconcentração administrativa.
(C) uma empresa pública é hipótese de descentralização administrativa.
(D) a desconcentração pode ser geográfica ou territorial.

A: assertiva incorreta, devendo ser assinalada, pois a constituição de uma autarquia é exemplo de *descentralização* (e não de *desconcentração*), pois se trata da distribuição de competência de uma pessoa jurídica para outra pessoa jurídica, ao passo que a desconcentração é a distribuição de competência de um órgão para outro órgão; B: assertiva correta, pois dentro de uma pessoa jurídica criada por uma outra (descentralização) é possível que haja a distribuição interna de competências (desconcentração); C: assertiva correta, pois uma empresa pública é uma pessoa jurídica e a criação de uma pessoa jurídica implica na descentralização; D: assertiva correta, servindo de exemplo a criação de nova unidade da Receita Federal em município que ainda não a tenha; nesse caso, um órgão regional da Receita Federal está repartindo sua competência com outro órgão que está sendo criado.
Gabarito "A".

(Analista – TRT/6ª – 2012 – FCC) A respeito do regime jurídico das entidades integrantes da Administração Pública indireta é correto afirmar que é
(A) de direito privado para as empresas públicas e sociedades de economia mista que explorem atividade econômica, sem prejuízo da aplicação dos princípios constitucionais da Administração Pública.
(B) de direito público para as fundações, autarquias e empresas públicas e de direito privado para as sociedades de economia mista.
(C) sempre de direito privado, parcialmente derrogado pelas prerrogativas e sujeições decorrentes dos princípios aplicáveis à Administração pública.
(D) sempre de direito público, exceto para as entidades caracterizadas como agências executivas ou autarquias de regime especial.
(E) sempre de direito privado, em relação à legislação trabalhista e tributária, e de direito público em relação aos bens afetados ao serviço público.

A: correta, pois as empresas estatais têm regime jurídico de direito privado especial, aplicando-se, como regra, o regime de direito privado, mas, em alguns aspectos, o regime de direito público; este se aplica, por exemplo, no dever de respeitar os princípios da Administração Pública (art. 37, *caput*, da CF), no dever de promover licitação e concursos públicos, na submissão à fiscalização dos Tribunais de Contas, dentre outros aspectos; B: incorreta, pois as empresas públicas têm regime de direito privado (art. 5º, II, do Dec.-lei 200/1967); C: incorreta, pois as autarquias tradicionais, as fundações públicas de direito público (entidades autárquicas), as agências reguladoras e as associações públicas (consórcios públicos de direito público) também têm regime jurídico de direito público (art. 41, IV e V, do CC); D: incorreta, pois as exceções (em que o regime é de direito privado) são concernentes às empresas públicas, sociedades de economia mista, fundações estatais de direito

privado e consórcios públicos de direito privado; E: incorreta, pois na Administração Indireta há instituições com regime de direito público (autarquias, fundações públicas de direito público, agências reguladoras e associações públicas) e instituições com regime de direito privado (empresas públicas, sociedades de economia mista, fundações estatais de direito privado e consórcios públicos de direito privado).
Gabarito "A".

(Analista – TRE/TO – 2011 – FCC) Os órgãos públicos
(A) são compostos quando constituídos por vários agentes, sendo exemplo, o Tribunal de Impostos e Taxas.
(B) confundem-se com as pessoas físicas, porque congregam funções que estas vão exercer.
(C) são singulares quando constituídos por um único centro de atribuições, sem subdivisões internas, como ocorre com as seções integradas em órgãos maiores.
(D) não são parte integrante da estrutura da Administração Pública.
(E) não têm personalidade jurídica própria.

A: incorreta, pois a definição dada é de *órgãos singulares*; *órgãos compostos* são aqueles que reúnem outros órgãos menores com atividades-fim idênticas ou atividades auxiliares; B: incorreta, pois não se deve confundir os agentes públicos (pessoas físicas), com os órgãos (centros de competência), com as pessoas jurídicas; C: incorreta, pois os órgãos são singulares quando constituídos de um único agente; D: incorreta, pois os órgãos públicos são partes integrantes dos entes políticos e também das pessoas jurídicas de direito público da Administração Indireta; E: correta, pois os órgãos públicos não são pessoas jurídicas, mas partes integrantes das pessoas jurídicas.
Gabarito "E".

5.7.2. Autarquias

(Procurador do Município – São Paulo/SP – 2014 – VUNESP) A respeito das autarquias especiais, assinale a alternativa correta.
(A) Suas decisões não são passíveis de apreciação por outros órgãos ou entidades da administração pública.
(B) As autarquias especiais corporativas, como os conselhos de fiscalização profissional, não necessitam contratar mediante concurso público.
(C) Integram a Administração indireta e se submetem a um regime jurídico único e uniforme.
(D) São classificadas de acordo com a natureza de suas competências, podendo desempenhar atribuições além das conferidas por lei.

A: correta, pois tais autarquias especiais têm a chamada autonomia funcional; B: incorreta, pois todo e qualquer ente da Administração Pública, seja ela Direta ou Indireta, deve promover concurso público para admitir pessoal (art. 37, II, da CF); C: incorreta, pois se submetem a um regime jurídico de direito público; D: incorreta, pois o princípio da legalidade, aplicável à Administração Direta e Indireta, não admite que ente público algum atue fora do previsto na lei.
Gabarito "A".

(Ministério Público/MT – 2012 – UFMT) A condição de "agência executiva", na administração pública federal, é situação que pode ser concedida pela Presidência da República a que tipo de entes?
(A) Autarquias e órgãos da administração direta.
(B) Apenas autarquias.
(C) Fundações e órgãos da administração direta.
(D) Apenas órgãos da administração direta.
(E) Autarquias e fundações.

De acordo com o art. 51, *caput*, da Lei 9.649/1998 apenas autarquias e fundações podem ser qualificadas como agência executiva.
Gabarito "E".

(Defensor Público/SP – 2012 – FCC) As fundações de direito público, também denominadas autarquias fundacionais, são instituídas por meio de lei específica e

(A) seus agentes não ocupam cargo público e não há responsabilidade objetiva por danos causados a terceiros.
(B) seus contratos administrativos devem ser precedidos de procedimento licitatório, na forma da lei.
(C) seus atos constitutivos devem ser inscritos junto ao Registro Civil das Pessoas Jurídicas, definindo as áreas de sua atuação.
(D) seus atos administrativos não gozam de presunção de legitimidade e não possuem executoriedade.
(E) seu regime tributário é comum sobre o patrimônio, a renda e os serviços relacionados às suas finalidades essenciais.

A: incorreta, pois, por serem pessoas jurídicas de direito público, seus agentes devem ocupar, como regra, cargo público, e sua responsabilidade é objetiva (art. 37, § 6º, da CF); **B:** correta, pois a licitação é um dever para todos os entes da Administração Direta e Indireta, com maior motivo ainda quanto às pessoas jurídicas de direito público (arts. 37, XXI, da CF e 1º da Lei 8.666/1993); **C:** incorreta, pois as pessoas jurídicas de direito público são criadas diretamente pela lei, não sendo necessário atos constitutivos no Registro Público; **D:** incorreta, pois, por serem pessoas jurídicas de direito público, expedem verdadeiros atos administrativos, que, como se sabe, têm uma série de atributos (prerrogativas), dentre eles a presunção de legitimidade e, na forma da lei, a executoriedade; **E:** incorreta, pois, por serem pessoas jurídicas de direito público, gozam de imunidade quanto a impostos relativos ao patrimônio, renda e serviços (imunidade recíproca), na forma do art. 150, VI, "a", da CF.
Gabarito "B"

(Delegado/SP – 2011) Sobre as autarquias, é incorreto afirmar:

(A) Possuem personalidade jurídica pública
(B) São criadas por lei.
(C) Têm como privilégio o processo especial de execução
(D) Possuem capacidade política.
(E) Sujeitam-se a controle administrativo.

A: correto, pois as autarquias são criadas para exercer atividade típica de Estado, daí porque são pessoas jurídicas de direito público; **B:** correto, devendo ser criadas mediante lei específica (art. 37, XIX, da CF); **C:** correto, pois, por serem pessoas jurídicas de direito público têm as vantagens processuais próprias da Fazenda Pública; **D:** incorreto (devendo ser assinalada), pois as autarquias são pessoas de direito público da Administração Indireta, não se confundindo com as pessoas políticas que as criam (União, Estados, Distrito Federal e Municípios); estas, sim, possuem capacidade política, cujos limites estão fixados na Constituição Federal; **E:** correto, pois as autarquias estão sujeitas ao *controle* (*tutela* ou *supervisão ministerial*) por parte das pessoas jurídicas que as tiverem criado.
Gabarito "D"

5.7.3. Agências reguladoras

(Magistratura/SC – 2015 – FCC) Nos termos da Súmula Vinculante 27, do Supremo Tribunal Federal, "Compete à Justiça estadual julgar causas entre consumidor e concessionária de serviço público de telefonia, quando a ANATEL não seja litisconsorte passiva necessária, assistente, nem opoente".
Está contida no posicionamento do Tribunal a compreensão de que

(A) a agência reguladora posiciona-se juridicamente em relação ao usuário do serviço público como fornecedora do serviço.
(B) a concessionária de serviço público mantém com a agência reguladora uma relação jurídica caracterizada como de consumo.
(C) é facultativa, a critério da agência reguladora, a sua inserção como parte na relação jurídica caracterizada como de consumo, tendo por objeto o serviço público regulado.
(D) serviço público não pode ser considerado objeto de relação de consumo, estando sujeito ao regime exorbitante característico das relações jurídicas de direito administrativo.
(E) há relação jurídica caracterizada como de consumo entre o usuário e a concessionária de serviço público.

A: incorreta, pois a fornecedora é apenas a concessionária de serviço público, tratando-se a agência reguladora, no caso, mera interveniente, por ser a entidade pública responsável pela regulação e fiscalização da concessão respectiva; **B:** incorreta, pois a relação entre uma e outra é de entidade reguladora e fiscalizadora e entidade regulada e fiscalizada; **C:** incorreta, pois o enunciado da súmula traz inclusive a hipótese de a Anatel ser obrigatoriamente chamada em algum tipo de ação, hipótese em que se teria o litisconsórcio necessário; ou seja, o enunciado não obriga que a Anatel seja sempre chamada a integrar a lide, mas também não descarta hipótese em que a Anatel será litisconsorte necessário; **D:** incorreta, pois os serviços concedidos são regulados pelo CDC (art. 22 da Lei 8.078/1990); **E:** correta, nos termos do art. 22 do CDC.
Gabarito "E"

(Ministério Público/BA – 2015 – CEFET) Leia atentamente as assertivas abaixo sobre as agências reguladoras e executivas, e assinale apenas a alternativa **CORRETA**:

(A) Os dirigentes das agências reguladoras são demissíveis *ad nutum* pela autoridade máxima do ente da Administração Pública Direta que as instituiu.
(B) As agências reguladoras têm personalidade jurídica própria em decorrência do fenômeno da "desconcentração" dos órgãos da estrutura da União, dos Estados, do Distrito Federal e dos Municípios.
(C) No Brasil, as agências reguladoras surgiram no contexto do Plano Nacional de Desestatização.
(D) Podem ser qualificadas como agências executivas as associações civis que celebrem contrato de gestão com o Ministério supervisor.
(E) No exercício da atividade regulatória, todas as agências reguladoras limitam-se a exigir dos agentes econômicos a estrita observância das leis aprovadas pelo Poder Legislativo.

A: incorreta, pois tais dirigentes das agências reguladoras têm mandato fixo e, portanto, não são demissíveis "ad nutum" pela autoridade máxima do ente da Administração Pública Direta que as instituir; **B:** incorreta, pois o fenômeno que dá personalidade jurídica própria às agências reguladoras é o da descentralização, já que nesse fenômeno se tem a outorga de competências ou atribuições de uma pessoa jurídica para outra, que é justamente o que ocorre quando se cria uma agência reguladora; **C:** correta, tratando-se de plano que é regulado pela Lei 9.491/1997; **D:** incorreta, pois somente as autarquias e as fundações públicas é que podem ser qualificadas como agências executivas (art. 51 da Lei 9.649/1998); **E:** incorreta, pois as agências reguladoras também estabelecem, como o próprio nome diz, "regulações", obedecidos, sempre, os limites legais.
Gabarito "C"

(Delegado/RO – 2014 – FUNCAB) Quanto às Agências Reguladoras, pode-se afirmar que:

(A) seus dirigentes têm forma de escolha diferenciada, mitigando o controle político realizado pelo ente federativo que as criou.
(B) são formas de descentralização contratual.

(C) essas entidades possuem dependência técnica para o desempenho de suas atividades.
(D) o recurso interposto por seus administrados é o hierárquico impróprio.
(E) seus atos administrativos normativos são insindicáveis por ter seu fundamento de validade na lei que as criou.

A: correta, pois os dirigentes são indicados pelo Chefe do Executivo, mas devem ser aprovados pelo Senado, se a agência for federal, ou pelo Legislativo local, se a agência for estadual ou municipal; **B:** incorreta, pois são formas de descentralização legal, pois a própria lei cria a agência reguladora e passa a competência para esta; **C:** incorreta, pois essas entidades têm autonomia técnica, que deve ser respeitada pelo ente que as tiver criado; **D:** incorreta, pois o recurso hierárquico impróprio é julgado por ente externo, que não é o que acontece com as agências, que têm autonomia e, portanto, não estão sujeitas recurso contra seus atos a ser apreciado pelo ente político que as tiver criado; **E:** incorreta, pois os atos administrativos normativos das agências, caso estejam em desacordo com a lei que os fundamenta, podem ser objeto ação judicial com vistas à sua invalidação.
Gabarito "A"

(OAB/Exame Unificado – 2015.2) O Governador do Estado Y criticou, por meio da imprensa, o Diretor-Presidente da Agência Reguladora de Serviços Delegados de Transportes do Estado, autarquia estadual criada pela Lei 1.234, alegando que aquela entidade, ao aplicar multas às empresas concessionárias por supostas falhas na prestação do serviço, *"não estimula o empresário* a *investir no Estado"*. Ainda, por essa razão, o Governador ameaçou, também pela imprensa, substituir o Diretor-Presidente da agência antes de expirado o prazo do mandato daquele dirigente. Considerando o exposto, assinale a afirmativa correta.

(A) A adoção do mandato fixo para os dirigentes de agências reguladoras contribui para a necessária autonomia da entidade, impedindo a livre exoneração pelo chefe do Poder Executivo.
(B) A agência reguladora, como órgão da Administração Direta, submete-se ao poder disciplinar do chefe do Poder Executivo estadual.
(C) A agência reguladora possui personalidade jurídica própria, mas está sujeita, obrigatoriamente, ao poder hierárquico do chefe do Poder Executivo.
(D) Ainda que os dirigentes da agência reguladora exerçam mandato fixo, pode o chefe do Poder Executivo exonera-los, por razões políticas não ligadas ao interesse público, caso discorde das decisões tomadas pela entidade.

A: correta; de fato, uma das diferenças entre uma agência reguladora (autarquia especial) e uma autarquia tradicional é justamente o fato de que o dirigentes da primeira têm mandato fixo e não podem, assim, ser desligados por mera vontade do Chefe Executivo, o que certamente confere maior autonomia à entidade para tomar as decisões sem influência política; **B** e **C:** incorretas, pois uma agência reguladora não é um "órgão", mas sim uma "pessoa jurídica"; ademais, e assim sendo, não está sujeita a poder "hierárquico", mas sim ao "controle" ou "tutela", que um tipo de poder mais restrito em relação ao poder que tem um superior hierárquico; **D:** incorreta, pois, conforme mencionado, numa agência reguladora os dirigentes têm mandato fixo e não podem ser desligados por mera vontade do Chefe Executivo, o que evita assim que decisões sejam tomadas por critérios estritamente políticos.
Gabarito "A"

(Procurador/DF – 2013 – CESPE) Julgue o seguinte item.

(1) As agências reguladoras consistem em mecanismos que ajustam o funcionamento da atividade econômica do país como um todo. Foram criadas, assim, com a finalidade de ajustar, disciplinar e promover o funcionamento dos serviços públicos, objeto de concessão, permissão e autorização, assegurando o funcionamento em condições de excelência tanto para o fornecedor/produtor como principalmente para o consumidor/usuário.

1: certa, pois traz um exato panorama sobre os objetivos das agências reguladoras, conforme posicionamento adotado pelo STJ (REsp 757.971/RS, DJ 19.12.2008).
Gabarito 1C

(Fiscal de Rendas/RJ – 2010 – FGV) Com relação às *agências reguladoras*, analise as afirmativas a seguir.

I. As agências reguladoras integram o aparelho burocrático do Estado como autarquias sob regime especial.
II. É juridicamente viável a cobrança de taxa – a taxa de fiscalização – pelas agências reguladoras para destinação específica.
III. O Banco Central não pode ser considerado agência reguladora por carecer de independência decisória, já que suas decisões condicionam-se aos atos normativos emanados pelo Conselho Monetário Nacional.

Assinale:
(A) se somente a afirmativa I estiver correta.
(B) se somente a afirmativa II estiver correta.
(C) se somente as afirmativas I e II estiverem corretas.
(D) se somente as afirmativas I e III estiverem corretas.
(E) se todas as afirmativas estiverem corretas.

I: correta, pois as agências reguladoras são autarquias especiais, o que significa que têm o mesmo regime jurídico das autarquias tradicionais, com algumas especificidades, como a nomeação de seus dirigentes mediante aprovação do Senado, a existência de mandato fixo para os dirigentes e a submissão dos dirigentes a uma "quarentena", findo seu mandato; II: correta, pois o exercício do poder de polícia (da fiscalização) dá ensejo à cobrança de taxa; III: correta, pois os dirigentes do Banco Central não têm mandato fixo.
Gabarito "E"

5.7.4. Consórcios públicos

(Magistratura/SC – 2015 – FCC) Um consórcio público de direito público poderá expedir declaração de utilidade ou necessidade pública para fim de desapropriação
PORQUE
a pessoa jurídica em que consiste o consórcio público de direito público integra a administração indireta dos entes federativos consorciados.

Analisando as duas asserções acima, é correto afirmar que
(A) a primeira asserção é uma proposição verdadeira e a segunda asserção é uma proposição falsa.
(B) a primeira asserção é uma proposição falsa e a segunda é uma proposição verdadeira.
(C) as duas asserções são proposições verdadeiras e a segunda é uma justificativa correta da primeira.
(D) as duas asserções são proposições verdadeiras e a segunda não é uma justificativa correta da primeira.
(E) as duas asserções são proposições falsas.

A primeira asserção é falsa porque, em regra, somente os entes políticos podem fazer um decreto expropriatório, sendo que esse tipo de entidade têm autorização legal apenas para a segunda fase da desapropriação, que é a fase executória (art. 3º do Decreto-lei 3.365/1941). A segunda asserção é verdadeira, pois os consórcios públicos integram a administração indireta dos entes consorciados (art. 6º, § 1º, da Lei 11.107/2005).
Gabarito "B"

(Ministério Público/BA – 2015 – CEFET) Os municípios "A", "B" e "C" firmaram um termo de ajustamento de conduta com o Ministério Público se obrigando a implantar e operar um único aterro sanitário para regularizar a destinação dos resíduos sólidos produzidos pelos seus munícipes. Levando-se em conta a atual legislação brasileira sobre a cooperação entre entes federativos, assinale a alternativa que indica o tipo de ajuste que os municípios citados podem firmar entre si:

(A) Termo de parceria.
(B) Contrato de concessão de serviços públicos.
(C) Concessão administrativa.
(D) Contrato de gestão.
(E) Nenhuma das alternativas anteriores.

Tem-se, no caso, uma cooperação para a gestão associada de um serviço público, o que se deve fazer mediante a instituição de um "consórcio público" na forma do art. 241 da CF, regulamentada pela Lei 11.107/2005, excluindo-se, assim, os institutos mencionados nas demais alternativas.
Gabarito "E"

(Procurador do Município – São Paulo/SP – 2014 – VUNESP) A respeito de consórcio público, assinale a alternativa correta.

(A) Integrará a administração pública indireta de todos os entes consorciados.
(B) Não está sujeito ao controle do Tribunal de Contas.
(C) Depende de decreto executivo autorizador para sua criação.
(D) Tem por objeto o desenvolvimento de atividade temporária.
(E) Terá suas despesas mantidas por um dos entes associados.

A: correta (art. 6º, § 1º, da Lei 11.107/2005); B: incorreta, pois todo ente da Administração Pública está sujeito ao controle do Tribunal de Contas (art. 9º, parágrafo único, da Lei 11.107/2005); C: incorreta, pois a criação se dá mediante subscrição de protocolo de intenções entre os entes políticos, com posterior publicação desse protocolo e ratificação do protocolo mediante lei de cada ente (arts. 3º a 6º da Lei 11.107/2005), não havendo necessidade de decreto executivo; D: incorreta, pois tem por objeto a gestão associada de serviços públicos, gestão essa que, paralela à necessidade de criação de uma pessoa jurídica para que se tenha um consórcio público, revela que não se trata de união de esforços para atividades temporárias; E: incorreta, pois as despesas serão rateadas entre todas as entidades consorciadas, por meio de Contrato de Rateio (art. 8º, caput, da Lei 11.107/2005).
Gabarito "A"

(Procurador do Estado/MT – FCC – 2011) De acordo com a Lei n. 11.107/2007, o consórcio público

(A) é constituído por contrato de programa, que deverá ser precedido da subscrição de contrato de rateio.
(B) depende, para sua eficácia, de ratificação pela União, quando envolver entes de outras unidades federativas.
(C) envolve sempre entes de mais de uma esfera da Federação, para a gestão associada de serviços públicos de competência da União.
(D) poderá aplicar os recursos provenientes do contrato de rateio nas atividades de gestão associada a ele cometidos, inclusive transferências e operações de crédito.
(E) constituirá associação pública, integrando a Administração indireta dos entes da federação consorciados, ou pessoa jurídica de direito privado.

A: incorreta, pois o consórcio público é constituído por contrato (contrato de consórcio público), cuja celebração dependerá de prévia subscrição de protocolo de intenções (art. 3º da Lei 11.107/2005); o contrato de programa nem sempre será celebrado pelo consórcio público e está regulamentado no art. 13 da Lei 11.107/2005; e o contrato de rateio diz respeito aos recursos que os entes consorciados entregarão ao consórcio público, sendo formalizado em cada exercício financeiro (art. 8º, caput e § 1º, da Lei 11.107/2005); B: incorreta, pois a ratificação do protocolo de intenções para a criação de um consórcio público depende de lei apenas dos entes consorciados (art. 5º da Lei 11.107/2005); C: incorreta, pois se os serviços públicos são de competência da União, esta é quem deve fazer a gestão do respectivo serviço; D: incorreta, pois é vedada a aplicação dos recursos entregues por meio de contrato de rateio para o atendimento de despesas genéricas, inclusive transferências ou operações de crédito (art. 8º, § 2º, da Lei 11.107/2005); E: correta (arts. 1º, § 1º, e 6º, § 1º, da Lei 11.107/2005).
Gabarito "E"

5.7.5. Empresas estatais

(Magistratura/BA – 2012 – CESPE) Assinale a opção correta acerca dos entes da administração indireta.

(A) Exige-se autorização legislativa para a criação de subsidiárias das empresas públicas e sociedades de economia mista, sendo suficiente, para tanto, a previsão genérica na lei que as instituir, ou seja, não há necessidade de autorização legislativa específica a cada vez que uma nova subsidiária é criada.
(B) Nas sociedades de economia mista, o controle acionário e a gestão administrativa podem ser transferidos pelo poder público aos sócios particulares, desde que haja acordo de acionistas nos termos do estatuto da sociedade.
(C) É vedada a transformação de uma autarquia em empresa pública por meio de decreto.
(D) As causas em que figure como parte sociedade de economia mista cuja sócia majoritária seja a União deverão ser julgadas perante a justiça federal.
(E) As empresas públicas adquirem personalidade jurídica a partir da vigência da lei que as cria.

A: correta, sendo certo que o art. 37, XX, da CF exige que a autorização legislativa seja específica e se dê a cada vez que uma nova subsidiária é criada, usando o inciso a expressão "em cada caso"; B: incorreta, pois o controle é sempre do ente político criador (art. 5º, III, do Dec.-lei 200/1967); C: incorreta, pois, havendo autorização legal para tanto, isso é possível; um exemplo foi autorização para transformar a autarquia Casa da Moeda em empresa pública (Lei 5.895/1973); D: incorreta, pois o art. 109, I, da CF estabelece ser competência da Justiça Federal apenas as causas de interesse da União e de suas autarquias e empresas públicas, não havendo previsão para as causas de interesse das sociedades de economia também corram perante essa Justiça; assim, tais causas (por exemplo, as que envolvam o Banco do Brasil) devem ser julgadas pela Justiça Estadual; E: incorreta, pois a lei só autoriza a sua criação (art. 37, XIX, da CF), devendo, em seguida, os atos constitutivos serem registrados no Registro Público competente, para que a entidade passe a existir.
Gabarito "A"

(OAB/Exame Unificado – 2015.2) Após autorização em lei, o Estado X constituiu empresa pública para atuação no setor bancário e creditício. Por não possuir, ainda, quadro de pessoal, foi iniciado concurso público com vistas à seleção de 150 empregados, entre economistas, administradores e advogados. A respeito da situação descrita, assinale a afirmativa correta.

(A) Não é possível a constituição de empresa pública para exploração direta de atividade econômica pelo Estado.
(B) A lei que autorizou a instituição da empresa pública é, obrigatoriamente, uma lei complementar, por exigência do texto constitucional.
(C) Após a Constituição de 1988, cabe às empresas públicas a prestação de serviços públicos e às so-

ciedades de economia mista cabe a exploração de atividade econômica.
(D) A empresa pública que explora atividade econômica sujeita-se ao regime trabalhista próprio das empresas privadas, o que não afasta a exigência de concurso público.

A: incorreta, pois é possível sim a constituição de empresa pública para exploração direta de atividade econômica pelo Estado, lembrando, todavia, que essa constituição requer que haja motivo de relevante interesse coletivo ou de segurança nacional (art. 173, *caput*, da CF); **B:** incorreta, pois o art. 37, XIX, da CF não exige lei complementar para a instituição dessas empresas, bastando que se trate de uma lei (ordinária) específica; **C:** incorreta, pois tanto uma (empresa pública) como outra (sociedade de economia mista) podem tanto explorar atividade econômica como prestar serviços públicos; **D:** correta; de fato, as empresas públicas tem um regime de direito privado, ou seja, seguem as normas típicas do direito privado, como em matéria tributária, por exemplo; todavia, por serem entidades criadas pelo estado, obedecem a certos condicionamentos públicos, o que lhes obriga a promoverem licitação e concursos públicos no seu dia a dia.
Gabarito "D".

(Ministério Público/RJ – 2011) Empresas públicas e sociedades de economia mista:
(A) atuam como agências reguladoras, quando visam ao controle e fiscalização de serviços públicos;
(B) são criadas por lei cuja regulamentação se exterioriza por meio de decreto do Chefe do Executivo;
(C) podem ter natureza de fundação governamental de direito público, no desempenho de atividade social;
(D) sujeitam-se a mandado de segurança, no caso de impugnação de atos em processo de licitação;
(E) litigam na justiça fazendária, ainda que instituídas para o desempenho de atividades econômicas.

A: incorreta, pois as empresas estatais, por terem personalidade de direito privado, não podem praticar atividades típicas de Estado, como o controle e fiscalização de serviços públicos; quanto a estes, tais entidades podem, no máximo, prestar (executar) os serviços; **B:** incorreta, pois a lei específica apenas autoriza a criação de tais entidades (art. 37, XIX, da CF); em seguida, os atos constitutivos delas devem ser registrados no Registro Público competente; **C:** incorreta, pois não se deve confundir o regime das "sociedades", com o regime das "fundações", já que a primeira atua em atividade econômica, e a segunda, não; **D:** correta, nos termos da Súmula STJ 333 ("Cabe mandado de segurança contra ato praticado em licitação promovida por sociedade de economia mista ou empresa pública"); **E:** incorreta, pois, no desempenho de atividades econômicas, a justiça não fazendária é que conhece das causas dessas entidades; assim, a título de exemplo, uma ação contra uma empresa estatal de um Município deve ser promovida no Juízo Civil e não no Juizado da Fazenda Pública.
Gabarito "D".

(Defensor Público/AC – 2012 – CESPE) Com relação a empresas públicas e sociedades de economia mista, assinale a opção correta.
(A) Empresas públicas possuem personalidade jurídica de direito público.
(B) A existência legal de uma empresa pública inicia-se com a edição da lei que autoriza sua criação.
(C) Uma ação de reparação de danos materiais contra o Serviço Federal de Processamento de Dados (SERPRO) deve tramitar em uma das varas cíveis da justiça comum estadual.
(D) Admite-se participação de capital privado na constituição de empresa pública.
(E) A única forma jurídica admitida para a composição de sociedade de economia mista é a sociedade anônima.

A: incorreta, pois possuem personalidade jurídica de direito privado (art. 5º, II, do Dec.-lei 200/1967); **B:** incorreta, pois se inicia com o arquivamento de seus atos constitutivos no registro público competente; **C:** incorreta, pois o SERPRO é uma empresa pública federal e, como tal, tem foro na Justiça Federal (art. 109, I, da CF); **D:** incorreta, pois a empresa pública tem capital exclusivamente público; **E:** correta, pois, de fato, a sociedade de economia mista só pode ter a forma jurídica de sociedade anônima (art. 5º, III, do Dec.-lei 200/1967).
Gabarito "E".

(Magistratura Federal/3ª Região – 2010) Assinale a alternativa correta:
(A) Nas sociedades de economia mista não é assegurada a participação dos acionistas minoritários na constituição e funcionamento dos conselheiros de administração e fiscal;
(B) Para a cessão ou transferência total ou parcial de autorização ou concessão de exploração de recursos minerais exige-se a prévia anuência do poder concedente;
(C) As empresas públicas exploradoras de atividade econômica de produção ou comercialização de bens podem ter regime jurídico tributário distinto das empresas privadas;
(D) As sociedades de economia mista não se sujeitam à responsabilidade pela prática de atos contra a economia popular.

A: incorreta, pois tal previsão decorre dos arts. 239 e 240 da Lei 6.404/1976 (Lei das S/A); **B:** correta (art. 27 da Lei 8.987/1995); **C:** incorreta, pois tais empresas têm regime jurídico de direito privado; **D:** incorreta, pois tais entidades estão sujeitas sim à responsabilidade pela prática de atos contra a economia popular.
Gabarito "B".

(Analista – TRE/TO – 2011 – FCC) Constitui traço distintivo entre sociedade de economia mista e empresa pública:
(A) forma de organização, isto é, forma jurídica.
(B) desempenho de atividade de natureza econômica.
(C) criação autorizada por lei
(D) sujeição a controle estatal.
(E) personalidade jurídica de direito privado.

Somente a alternativa "a" traz uma diferença entre a sociedade de economia mista e a empresa pública. No caso, a primeira só pode ter a forma jurídica de sociedade anônima, ao passo que a segunda pode ter qualquer forma jurídica, como, por exemplo, a de sociedade limitada.
Gabarito "A".

(Fiscal de Rendas/RJ – 2010 – FGV) Com relação à *organização administrativa*, analise as afirmativas a seguir.
I. A criação de subsidiárias das empresas estatais depende de lei específica, sendo, porém, dispensável para a participação delas em empresas privadas.
II. O contrato de gestão pode ser utilizado por empresas estatais dependentes de recursos públicos para ampliação de sua autonomia gerencial, orçamentária e financeira.
III. Os bens das empresas estatais afetados à prestação de serviço essencial, imprescindíveis à continuidade da prestação do serviço público, não são penhoráveis.

Assinale:
(A) se somente a afirmativa I estiver correta.
(B) se somente a afirmativa II estiver correta.
(C) se somente as afirmativas II e III estiverem corretas.
(D) se somente as afirmativas I e III estiverem corretas.
(E) se todas as afirmativas estiverem corretas.

I: incorreta (art. 37, XX, da CF); II: correta (art. 37, § 8º, da CF); III: correta, pois o princípio da continuidade do serviço público impede que os bens afetados aos serviços públicos sejam penhorados.

Gabarito "C"

5.7.6. Entes de cooperação

(Magistratura/ES – 2011 – CESPE) Assinale a opção correta acerca das OSs e da OSCIPs no âmbito da administração pública federal.

(A) As cooperativas que se dedicam à promoção da assistência social são passíveis de qualificação como OSCIP.
(B) Entre as cláusulas essenciais do termo de parceria firmado com a OSCIP previstas na legislação de regência, figura a prestação de garantia.
(C) Por ter a verba repassada pelo poder público à OSCIP natureza de preço ou remuneração, que passa a integrar seu patrimônio, bem imóvel por ela adquirido com recursos provenientes da celebração do termo de parceria não será gravado com cláusula de inalienabilidade.
(D) Os bens móveis públicos destinados às OS podem ser objeto de permuta por outros de igual ou maior valor, desde que os novos bens integrem o patrimônio da União.
(E) Sendo OS a qualificação jurídica conferida à pessoa jurídica de direito privado sem fins lucrativos e instituída por iniciativa de particulares, é vedada a participação de representantes do poder público em seu órgão de deliberação superior.

A: incorreta, pois há impedimento legal à possibilidade de cooperativas serem qualificadas de OSCIPs (art. 2º, X, da Lei 9.790/1999 - Lei das OSCIPs); **B:** incorreta, pois não há tal previsão no art. 10, § 2º, da Lei 9.790/1999; **C:** incorreta, pois não há que se falar em remuneração quanto a essas entidades, mas em dinheiro público a ser alocado por elas; assim, tais valores ou bens continuam tendo natureza pública, inclusive com cláusula de inalienabilidade (art. 15 da Lei 9.790/1999); **D:** correta (art. 13 da Lei 9.637/1998 – Lei das OSs); **E:** incorreta, pois é justamente o contrário; é requisito para a qualificação da entidade a participação de representantes do poder público em seu órgão de deliberação superior (art. 2º, I, "d", da Lei 9.637/1998).

Gabarito "D"

(OAB/Exame Unificado – 2014.2) Numerosos professores, em recente reunião da categoria, queixaram-se da falta de interesse dos alunos pela cultura nacional. O Sindicato dos Professores de Colégios Particulares do Município X apresentou, então, um plano para ampliar o acesso à cultura dos alunos com idade entre 10 e 18 anos, obter a qualificação de "Organização da Sociedade Civil de Interesse Público" (OSCIP) e celebrar um termo de parceria com a União, a fim de unir esforços no sentido de promover a cultura nacional. Considerando a proposta apresentada e a disciplina existente sobre o tema, assinale a afirmativa correta.

(A) O sindicato não pode se qualificar como Organização da Sociedade Civil de Interesse Público, uma vez que tal qualificação, de origem doutrinária, não tem amparo legal.
(B) O sindicato não pode se qualificar como OSCIP, em virtude de vedação expressa da lei federal sobre o tema.
(C) O sindicato pode se qualificar como OSCIP, uma vez que é uma entidade sem fins lucrativos e o objetivo pretendido é a promoção da cultura nacional.
(D) O sindicato pode se qualificar como OSCIP, mas deve celebrar um contrato de gestão e não um termo de parceria com o poder público.

A: incorreta, pois as OSCIPs são regulamentadas pela Lei 9.790/1999; **B:** correta (art. 2º, II, da Lei 9.790/1999); **C e D:** incorretas, pois há previsão expressa na lei proibindo que um sindicato se qualifique como OSCIP (art. 2º, II, da Lei 9.790/1999).

Gabarito "B"

(Defensor Público/AM – 2013 – FCC) As Organizações Sociais são pessoas jurídicas de direito privado, qualificadas pelo Poder Executivo, nos termos da Lei Federal 9.637/1998, com vistas à formação de parceria para execução de atividades de interesse público. NÃO está entre as características das Organizações Sociais, nos termos da referida lei,

(A) a necessidade de aprovação de sua qualificação, por meio de ato vinculado do Ministro ou titular de órgão supervisor ou regulador da área de atividade correspondente ao seu objeto social e do Ministro do Planejamento, Orçamento e Gestão.
(B) a previsão de participação, no órgão colegiado de deliberação superior, de representantes do Poder Público e de membros da comunidade, de notória capacidade profissional e idoneidade moral.
(C) a proibição de distribuição de bens ou de parcela do patrimônio líquido em qualquer hipótese, inclusive em razão de desligamento, retirada ou falecimento de associado ou membro da entidade.
(D) o desempenho de atividades relacionadas a pelo menos um dos seguintes campos: ensino, pesquisa científica, desenvolvimento tecnológico, proteção e preservação do meio ambiente, cultura e saúde.
(E) a atuação com finalidade não lucrativa, com a obrigatoriedade de investimento de seus excedentes financeiros no desenvolvimento das próprias atividades.

A: assertiva correta, pois essa não é característica de uma OS, já que o segundo ministério envolvido na aprovação da qualificação não é o do Planejamento, mas da Administração Federal e Reforma do Estado (art. 2º, II, da Lei 9.637/1998); **B:** assertiva incorreta, pois essa é uma característica de uma OS (art. 2º, I, "d", da Lei 9.637/1998); **C:** assertiva incorreta, pois essa é característica de uma OS (art. 2º, I, "h", da Lei 9.637/1998); **D:** assertiva incorreta, pois essa é uma característica de uma OS (art. 1º da Lei 9.637/1998; **E:** assertiva incorreta, pois essa é uma característica de uma OS (art. 2º, I, "b" da Lei 9.637/1998.

Gabarito "A"

(Procurador do Estado/RO – 2011 – FCC) Organizações Sociais, Organizações da Sociedade Civil de Interesse Público e Serviços Sociais Autônomos são espécies do gênero denominado *entidades de colaboração com a Administração Pública*. É característica comum dessas três espécies, conforme legislação federal,

(A) estarem sujeitas ao controle dos Tribunais de Contas, embora tenham personalidade jurídica de direito privado.
(B) serem beneficiárias de prerrogativas processuais semelhantes às das entidades de direito público, quando houver questionamento dos atos praticados no exercício de atividades consideradas de interesse público.
(C) contarem obrigatoriamente com a participação de representantes do Poder Público em seus órgãos internos de deliberação superior.
(D) serem beneficiárias de contribuições parafiscais, estabelecidas para custeio de suas atividades de interesse público.
(E) celebrarem obrigatoriamente contrato de gestão, com a Administração Pública, para desempenho de suas atividades.

A: correta, pois, de acordo com o art. 70, parágrafo único, da Constituição, todas as pessoas que utilizam dinheiro, bens ou valores públicos devem prestar contas; **B:** incorreta, pois tais entidades NÃO fazem parte da Administração Pública; ademais, mesmo entre os entes da Administração Pública, apenas as pessoas jurídicas de direito público têm tais prerrogativas processuais; **C:** incorreta, pois essa obrigação não existe em relação a todas essas entidades; a Lei 9.790/1999 (Lei da OSCIP) não traz essa obrigação; já a Lei 9.637/1998 (Lei das Organizações Sociais), estabelece essa obrigatoriedade (art. 2°, I, "d"); **D:** incorreta, pois somente os serviços sociais autônomos gozam dessa prerrogativa; **E:** incorreta, pois esse contrato (*contrato de gestão*) é assinado pelas Organizações Sociais; quando se tratar de uma OSCIP, assina-se o chamado *termo de parceria*.

Gabarito "A"

(Procurador da República – 26°) No tocante às organizações do chamado "terceiro setor", é correto afirmar que:

(A) As organizações da sociedade civil de interesse público são constituídas por lei de iniciativa do Executivo Federal, vinculando-se ao Ministério com o qual mantêm identidade de atribuições, mas preservando autonomia quanto à gestão administrativa e financeira.

(B) Tendo recebido a qualificação de interesse público, as organizações da sociedade civil, passam a submeter-se a regramentos de direito público, submetendo-se a prestação de contas de recursos repassados pelo Poder Público e formando seu quadro de pessoal apenas mediante concurso de provas ou de provas e títulos.

(C) As organizações sociais possuem personalidade jurídica de direito privado, habilitando-se ao recebimento de recursos públicos a partir da homologação de seus atos constitutivos pelo Ministério Público e da celebração de termo de parceria com órgãos da Administração Pública.

(D) Instituições religiosas ou voltadas para a disseminação de credos, cultos, práticas e visões devocionais e confessionais não podem qualificar-se como organização da sociedade civil de interesse público, ainda que desempenhem atividades de assistência social.

A: incorreta, pois tais entidades não são criadas pelo Poder Público; **B:** incorreta, pois tais entidades continuam pessoas de direito privado após a qualificação, obedecendo, assim, às normas de direito privado e não às normas de direito público, de modo que poderá contratar pessoal sem necessidade de promover concurso público; de qualquer modo, como tais entidades recebem dinheiro público, será necessário cumprir certas normas de ética administrativa, a fim de que se respeite o interesse público, de maneira que a prestação de contas, essa sim, será necessária (art. 4°, VII, "d", da Lei 9.790/1999); **C:** incorreta, pois estarão aptas a receber recursos públicos após a sua qualificação, feita por decisão do Ministério Supervisor (Ministério do Governo Federal, e não Ministério Público) e do Ministério da Administração Federal e Reforma do Estado (art. 2°, II, da Lei 9.637/1998); **D:** correta, nos exatos termos do art. 2°, III, da Lei 9.790/1999.

Gabarito "D"

Agentes Públicos

6.1. CONCEITO DE AGENTES PÚBLICOS

Os agentes públicos podem ser **conceituados** como *os sujeitos que servem ao Poder Público como instrumentos de sua vontade, mesmo que o façam apenas ocasionalmente.*

Saber quem é agente público é importante para diversos fins, tais como verificação de cabimento de mandado de segurança em face de ato de dada autoridade, submissão a certas restrições de direito público, sujeição à aplicação especial da lei penal, sujeição à Lei de Improbidade Administrativa, sujeição à Lei de Abuso de Autoridade, dentre outras situações.

No entanto, as leis trazem diferentes conceitos de agente público para efeito de determinar quem está e quem não está a ela sujeito. Por exemplo, o conceito de agente público na Lei de Improbidade Administrativa é muito mais amplo que o conceito previsto no Código Penal.

Tal situação é plenamente possível, pois cada lei deverá definir quem está a ela sujeito.

De qualquer forma, o conceito trazido por nós é um conceito geral que pode ser aplicado independentemente das especificidades de cada lei.

6.2. NATUREZA DA ATUAÇÃO DOS AGENTES PÚBLICOS

Neste item comumente são estudadas as teorias do *mandato*, da *representação* e da *presentação*.

A terceira teoria, qual seja, a de que a natureza da atuação do agente público perante o Poder Público é de *presentação*, é a mais adotada, dispensando a análise aprofundada das demais, pelos seguintes motivos:

a) a natureza transitória e revogável do mandato (teoria do mandato) não se coaduna com a estabilidade dos agentes públicos;

b) a representação (teoria da representação) é forma de integração da vontade dos incapazes, e o Estado não é incapaz;

c) na presentação, o Estado se faz presente por um de seus órgãos, um agente público, de modo que todos os atos são imputados diretamente a ele (Estado), teoria que se coaduna com a realidade.

A **teoria da presentação** fez com que se desenvolvesse a *teoria do órgão*, de acordo com a qual todo ato expedido por um agente público é imputado diretamente à Administração Pública.

De fato, quando um agente público pratica um ato, esse agente nada mais está fazendo do que se fazendo presente (presentando) como Estado. No fundo, quem pratica o ato é o próprio Estado, e não o agente público, que é um mero presentante deste.

Essa conclusão tem várias consequências, dentre as quais a de que, causado um dano a terceiro por conduta de agente estatal, o Estado responderá objetivamente, não sendo sequer possível que a vítima ingresse com ação diretamente em face do agente público, devendo acionar o Estado, que, regressivamente, poderá se voltar em face do agente público que tiver agido com culpa ou dolo (art. 37, § 6º, da CF).

6.3. CLASSIFICAÇÃO DOS AGENTES PÚBLICOS

Segundo Celso Antônio Bandeira de Mello, os agentes públicos podem ser classificados da forma como vemos nos enunciados adiante.

Agentes políticos *são os titulares de cargos estruturais à organização política do país. Seu vínculo com o Estado não é de natureza profissional, mas política. A relação jurídica com o Estado é estatutária (não contratual), descendendo da própria Constituição.*

São exemplos de agentes políticos o Presidente da República, Governadores, Prefeitos, Senadores, Deputados, Vereadores, Secretários de Governo, Ministros de Estado.

Há controvérsia sobre a inclusão dos juízes e promotores na aludida espécie. Se se encarar como discrímen da classificação o fato de serem titulares de cargos estruturais no âmbito da organização política do País (e não no sentido de fazerem política, no sentido pejorativo da palavra), há de se chegar à conclusão de que tais agentes são, efetivamente, agentes políticos.

Servidores estatais *são todos aqueles que mantêm com as entidades da Administração Direta e Indireta, públicas ou privadas, relação de trabalho de natureza profissional em caráter não eventual, sob vínculo de dependência.* Subdividem-se em dois grupos:

a) servidores públicos: são aqueles servidores estatais que atuam junto ao ente político e respectivas pessoas de direito público (autarquias e fundações públicas); podem ser titulares de *cargo público* (regime estatutário), sendo esta a regra (exs.: escreventes, delegados e fiscais), ou de *emprego público* (regime celetista); no primeiro caso, terão o nome de *servidores titulares de cargo público*; no segundo, de *servidores empregados*, que são os admitidos para funções materiais subalternas, contratados por necessidades temporárias de excepcional interesse público ou remanescentes do regime anterior à CF/88;

b) servidores de pessoas governamentais de direito privado: são os que atuam como empregados, sob regime trabalhista, nas empresas públicas e sociedades de economia mista.

Já os **particulares em colaboração com a Administração**, por sua vez, *são os que, sem perder a qualidade de particulares, exercem função pública, ainda que em caráter episódico.* Subdividem-se nos seguintes grupos:

a) requisitados para prestação de atividade pública. Exs.: jurados e mesários;

b) gestores de negócios públicos que atuam em situações de necessidade pública premente;

c) contratados por locação civil de serviços. Ex.: advogado contratado para sustentação oral;

d) concessionários e permissionários de serviços públicos, bem como delegados de função ou ofício público. Ex.: notários e tabeliães.

Outra classificação importante dos agentes públicos é a que os divide nas seguintes espécies:

Agentes políticos: *vide* correspondente acima.

Agentes administrativos: *vide* servidores estatais.

Agentes honoríficos: *cidadãos convocados para prestar, transitoriamente, serviço ao Estado, em razão de sua honorabilidade.* Não há remuneração. Ex.: mesários eleitorais, jurados do Tribunal do Júri.

Agentes delegados: *particulares que recebem delegação para executar atividade, obra ou serviço público, agindo em nome próprio e por sua conta e risco, mediante remuneração advinda do Estado ou dos usuários dos serviços.* Ex.: tabeliães, oficiais de registro, concessionários de serviço público.

Agentes credenciados: *particulares que recebem uma incumbência específica para representar a Administração.* São remunerados. Aqui a transitoriedade é maior que na espécie anterior. Ex.: advogado renomado contratado por Prefeitura para fazer sustentação oral num julgamento perante o Tribunal; advogado que tem convênio com o Estado para representar necessitados em juízo em nome destes.

Outra classificação possível, feita diante do texto constitucional, é a que divide os servidores públicos em: a) agentes políticos, b) servidores públicos em sentido estrito ou estatutários; c) empregados públicos; d) contratados por tempo determinado.

Por fim, vale dar uma palavra sobre os militares. Esses têm estatuto próprio, podendo ser considerados servidores estatutários também.

Porém, para alguns autores, como Maria Sylvia Zanella Di Pietro, os *militares* devem ser considerados uma espécie à parte de agentes públicos, dadas as peculiaridades de seu regime jurídico.

Assim, para quem tem esse entendimento, haveria quatro grandes grupos de agentes públicos: a) agentes políticos; b) servidores públicos; c) militares; d) particulares em colaboração com a Administração.

6.4. ESPÉCIES DE VÍNCULOS: CARGOS, EMPREGOS E FUNÇÕES

6.4.1. Cargos públicos

Os cargos públicos podem ser **conceituados** como as *mais simples unidades de competência a serem exercidas por agente público, devendo ser criados por lei.*

Os cargos públicos são próprios das pessoas jurídicas de direito público. Além de serem criados por lei, qualquer alteração nas atribuições do cargo somente pode ocorrer por meio de lei formal (STF, MS 26.740-DF).

Os cargos públicos podem ser efetivos ou em comissão (esse será visto no próximo item). Os titulares de **cargos efetivos** (também chamados de servidores públicos) devem passar por concurso público, podem adquirir estabilidade e se submetem ao regime estatutário, daí porque tais cargos são reservados a agentes públicos em que o dever de isenção e a responsabilidade são grandes, o que não ocorre, por exemplo, na contratação de servidores temporários, que serão chamados para empregos públicos, como se verá.

É importante consignar, desde já, que a EC 19/98 suprimiu a obrigatoriedade do regime jurídico único, supressão essa que está suspensa no momento por decisão do STF em ADI que questiona a ausência de votação no Congresso quanto a essa modificação.

De qualquer forma, a exigência de regime jurídico único, que consta da redação original do art. 39, *caput*, da CF, quer dizer apenas que não é possível haver mais de um estatuto de funcionário público para reger os servidores com **cargo público** na Administração Direta e Indireta. Há de existir um "único" estatuto de funcionário público no âmbito das pessoas jurídicas de direito público da administração direta e indireta de um dado ente federativo. Por exemplo, na esfera federal, não é possível que haja dois estatutos de servidores públicos (a Lei 8.112/1990 e uma outra lei), de modo a um estatuto servir para uma parte dos servidores e outro, para outra parte. A única exceção se dá quanto aos militares, que tem estatuto própria. Outra possibilidade, diz respeito à concorrência de um regime jurídica geral (no caso federal, a Lei 8.112/1990), com leis específicas tratando de alguma particularidade de uma carreira. Ademais, nada impede que as pessoas contratadas para um mero núcleo de encargo de trabalho (emprego) sejam regidas pela CLT.

Outro ponto importante acerca do regime jurídico dos servidores estatutários é que não é possível que estes celebrem acordos ou convenções coletivas e trabalho, pois a Administração Pública está sujeita ao princípio da legalidade, não se autorizando que se conceda por convenção ou acordo coletivo vantagens a servidores públicos, já que essas concessões dependem de lei de iniciativa do Executivo (art. 61, § 1º, II, "a" e "c", da CF) e de prévia dotação orçamentária (art. 169, § 1º, I e II, da CF). Vide a respeito a decisão proferida pelo STF na ADI 554/MT. A celebração de convenções e acordos coletivos de trabalho é direito exclusivo dos trabalhadores da iniciativa privada, sujeitos ao regime celetista (art. 7º, XXVI, da CF).

6.4.2. Funções públicas

Em sentido amplo, as funções públicas abrangem as funções em confiança, os estágios, as contratações temporárias (art. 37, IX, da CF) e a contratação de agentes de saúde e de combate a endemias (art. 198, § 4º, da CF).

De um lado, temos essas funções públicas em sentido amplo e, de outro, temos os *cargos públicos* e os *empregos públicos*.

Em sentido estrito, as funções públicas dizem respeito às *funções em confiança*, que podem ser conceituadas como *o conjunto de atribuições, criadas por lei, correspondente a encargos de direção, chefia e assessoramento, a serem exercidas exclusivamente por titular de cargo efetivo, da confiança da autoridade que as preenche.*

A função em confiança está prevista no art. 37, V, CF (não confundir com cargo em comissão, também previsto neste inciso, que pode ser preenchido por pessoas que não fizeram concurso público, que não são da carreira).

Assim, só quem já tem um cargo efetivo na Administração pode ser chamado para uma função de confiança (para ser chefe de uma seção, por exemplo).

A qualquer momento o servidor pode perder uma função em confiança, ocasião em que voltará a ocupar o cargo efetivo que antes detinha.

Enfim, quando uma determinada lei criar uma função de direção, chefia ou assessoramento e dispuser que só quem tem cargo efetivo poderá assumir essa função, estaremos diante de uma *função em confiança* e não diante de um *cargo em comissão*.

6.4.3. Empregos públicos

Os empregos públicos podem ser **conceituados** como *núcleos de encargos de trabalho, a serem preenchidos por contratados pelo regime jurídico celetista, contratual.*

O regime celetista tem por característica **maior rigidez** do que o regime estatutário. Isso porque um contrato faz lei entre as partes (*pacta sunt servanda*), ao passo que o Estatuto de Funcionário Público, que rege os detentores de cargo, é uma lei que pode ser modificada a qualquer momento sem que o agente público tenha direito adquirido ao regime funcional que tinha antes.

Outra diferença entre o regime celetista e o regime estatutário é a de que o primeiro **não admite a aquisição de estabilidade** como regra, ao passo que esse instituto é próprio aos regidos pelo regime estatutário que detenham cargo efetivo, o mesmo não acontecendo em relação aos estatutários que detêm cargo em comissão.

Apesar de o empregado público ter regime funcional celetista e submeter-se obrigatoriamente ao Regime Geral da Previdência Social, a admissão de pessoas para um emprego público depende de **concurso público**.

Outro ponto importante diz respeito aos **casos em que é possível utilizar o regime celetista**, ou seja, em que se permite a contratação de agentes públicos para um emprego público. Os casos são os seguintes:

a) pessoas jurídicas de direito privado estatais: todos os agentes serão contratados para emprego público, ou seja, pelo regime celetista;

b) pessoas jurídicas de direito público: serão contratados para emprego público, pelo regime celetista, aqueles que tiverem atribuições subalternas (ex.: telefonista, jardineiro etc.).

No último caso, os empregados públicos, apesar de serem celetistas, têm direito à estabilidade própria dos que têm cargos públicos, conforme vem decidindo a jurisprudência (Súmula 390 do TST).

Assim, um empregado público da União tem direito à estabilidade, ao passo que um empregado público do Banco do Brasil não tem esse direito.

Ainda nesse tema, existe grande discussão se a dispensa de empregado público em pessoa jurídica de direito privado estatal (por exemplo, no Banco do Brasil) precisa ser motivada.

Respondendo a essa pergunta o Tribunal Superior do Trabalho entende que a motivação é dispensável (TST, OJ-I 247). Todavia, a motivação faz-se necessária nos Correios, que, apesar de ser uma pessoa jurídica de direito privado estatal, por ter o monopólio de sua atividade, está submetido a várias sujeições das pessoas jurídicas de direito público, dentre elas àquela de motivar seus atos.

Não bastasse, o STF, além do que já se decidia em relação aos Correios, passou a decidir que, em se tratando de empresa pública ou sociedade de economia mista *prestadoras de serviço público*, a dispensa depende de motivação em qualquer caso, pois tais empresas estatais não são como as estatais meramente exploradoras de atividade econômica, tendo, assim, um regime jurídico privado, mas com mais condicionantes públicos, como é o caso do dever de motivação em caso de dispensa de agentes públicos; confira: "em atenção, no entanto, aos princípios da impessoalidade e isonomia, que regem a admissão por concurso público, a dispensa do empregado de empresas públicas e sociedades de economia mista que prestam serviços públicos deve ser motivada, assegurando-se, assim, que tais princípios, observados no momento daquela admissão, sejam também respeitados por ocasião da dispensa; a motivação do ato de dispensa, assim, visa a resguardar o empregado de uma possível quebra do postulado da impessoalidade por parte do agente estatal investido do poder de demitir" (STF, RE 589.998, *DJ* 12.09.2013). Repare que essa regra não se aplica às empresas estatais meramente *exploradoras de atividade econômica*.

6.5. CARGO PÚBLICO

6.5.1. Classificação quanto à posição

Isolados são os cargos que não estão subdivididos em classes. Então, não há promoção.

De carreira são os cargos subdivididos em classes. Cada classe indica uma promoção.

Quadro é o conjunto de todos os cargos, isolados e de carreira. A **carreira** é composta de **classes** (crescentes), que é o conjunto de cargos da mesma natureza de trabalho. Por fim temos os **cargos,** que são as menores unidades de competência. **Lotação** é o número de servidores que devem ter exercício em cada repartição.

No âmbito federal, por exemplo, há um quadro para cada unidade básica de organização, ou seja, tem-se um quadro para cada Ministério.

6.5.2. Classificação quanto à vocação de retenção dos ocupantes

Podem ser de **provimento em comissão** (de ocupantes provisórios – demissíveis *ad nutum*), de **provimento efetivo** (de ocupantes permanentes) e de **provimento vitalício** (permanentes com maiores garantias).

Cargos em comissão *são unidades de competência a serem preenchidas por servidores de carreira nos casos, condições e percentuais mínimos previstos em lei.*

Repare que é possível que tais cargos sejam preenchidos sem que o ocupante faça concurso público.

Outras características do cargo em comissão são as seguintes:

a) seu caráter é provisório, sendo ocupado por pessoas de confiança, que podem ser nomeadas e exoneradas livremente (*ad nutum*);

b) o regime funcional dos cargos em comissão é estatutário e não celetista; dessa forma, é o Estatuto de Funcionários Públicos que rege os servidores com cargo em comissão, estatuto esse que não se aplicará na parte que trata do direito à estabilidade, pois esse direito não existe em favor daqueles que detêm cargo em comissão;

c) o regime previdenciário dos ocupantes de cargo em comissão é o Regime Geral da Previdência Social e não o Regime Próprio de Previdência dos funcionários públicos, regime aplicável apenas aos servidores que detêm cargo efetivo;

d) só podem ser criados cargos em comissão para atribuições em que o elemento confiança é indispensável (para chefia, direção e assessoramento); o STF declara com frequência a inconstitucionalidade de leis que criam cargos em comissão para atribuições eminentemente técnicas, como as de cargos para médico, auditor, jornalista, psicólogo, enfermeiro, motorista etc. (v., p. ex., ADI 3602), deixando claro que esses cargos devem ser efetivos, providos, assim, por concurso público.

Vale ressaltar que, em que pese o art. 37, V, CF dispor que a nomeação para cargo em comissão é livre, podendo ser chamado quem nunca fez concurso público algum, a lei que criar cargos em comissão deverá trazer percentuais mínimos deles que devem ser providos por servidores de carreira.

Cargos de provimento efetivo são a regra em matéria de cargos públicos, dependendo de concurso público de provas ou de provas e títulos seu provimento.

Enquanto os cargos em comissão têm como marca a transitoriedade, os cargos efetivos têm por nota a permanência, daí a possibilidade de o servidor, preenchidos certos requisitos, auferir a estabilidade, que é o direito de não ser demitido, salvo se incidir em falta grave, apurada em processo administrativo, ou em consequência da avaliação periódica, assegurada a ampla defesa, dentre outras situações que veremos a seguir.

Cargos de provimento vitalício são aqueles cujo elemento permanência é ainda mais intenso, uma vez que seus ocupantes só podem perdê-lo por meio de sentença transitada em julgado. É atributo dos magistrados (art. 95, I, CF), membros do Ministério Público (art. 128, § 5º, I, "a", CF) e membros dos Tribunais de Contas (art. 73, § 3º, CF). Seu provimento pode ou não depender de concurso público. E a vitaliciedade ocorre após dois anos de exercício, se o ingresso foi por concurso (juízes e promotores), ou logo após a posse, se por indicação (Ministros dos Tribunais Superiores, por exemplo).

6.5.3. Provimento em cargo público

Consiste no ato de designação de alguém para titularizar cargo público. É da alçada do chefe do Poder, ou do Presidente ou Procurador-Geral, quanto ao Tribunal de Contas e ao Ministério Público, respectivamente. Pode haver delegação dessa competência.

Os provimentos podem ser de vários tipos, de acordo com a natureza da designação.

Nomeação *é o provimento autônomo de servidor em cargo público.* Por ela, determinada pessoa é designada para titularizar cargo público independentemente de ter tido algum vínculo com o cargo. Caso não compareça, a nomeação será declarada sem efeito.

Não se deve confundir a **nomeação** (designação) com a **posse**, que é ato seguinte, consistente na aceitação do cargo, em que ocorre o fenômeno da **investidura**. Com esta (a investidura) forma-se a relação jurídica funcional, marcando o início dos direitos e deveres funcionais, bem como as restrições, impedimentos e incompatibilidades. Na Lei 8.112/1990, o prazo para tomar posse é de 30 dias. Por fim, ocorrerá outra situação que é a **entrada em exercício**, que no âmbito federal deve-se dar até 15 dias após a posse. Como a posse já estabelece a relação jurídica, caso o agente não entre em exercício, não se pode tão somente nomear outra pessoa, devendo, antes, exonerar-se o agente faltoso. Mas se houver nomeação sem que o nomeado tome posse, basta que seja chamada a pessoa seguinte na classificação, pois a primeira nomeação será declarada sem efeito.

A Lei 8.112/1990 admite posse por **procuração específica** (art. 13, § 3º, da Lei 8.112/1990).

O art. 13 da Lei de Improbidade Administrativa (Lei 8.429/1992) dispõe que "a posse e o exercício de agente público ficam condicionados à apresentação de declaração dos bens e valores que compõem o seu patrimônio privado, a fim de ser arquivada no serviço de pessoal competente". Tal declaração deve abranger qualquer espécie de bem e valor patrimonial e, quando for o caso, abrangerá também os do cônjuge ou companheiro, dos filhos e de outros que sejam dependentes. Deve ser anualmente atualizada e também na data em que o agente deixar o serviço público. Prescreve a lei, ainda, que será punido com demissão a bem do serviço público, sem prejuízo de outras sanções cabíveis, o agente que se recusar a prestar declarações de bens, dentro do prazo determinado, ou que as prestar falsamente.

Promoção (ou acesso) *é o ato de designação para titularizar cargo superior da própria carreira.* Consiste em ato de provimento derivado vertical. É feita pelo Chefe do Poder. No caso do Poder Executivo, seu Chefe (que age por decreto) pode delegá-la para o Ministro ou Secretário, que agirão por resolução ou portaria. É importante consignar a respeito da promoção que: "a União, os Estados e o Distrito Federal manterão escolas de governo para a formação e o aperfeiçoamento dos servidores públicos, constituindo-se a participação nos cursos um dos requisitos para a promoção na carreira, facultada, para isso, a celebração de convênios ou contratos entre os entes federados" (art. 39, § 2º, CF).

Readaptação *é o ato de designação para titularizar cargo compatível com a limitação física ou mental que advier ao agente público.* É uma espécie de transferência para um cargo compatível e com funções, escolaridade e vencimentos equivalentes. Caso o agente revele incapacidade permanente para o trabalho, é caso de conceder-lhe aposentadoria por invalidez, não se falando em readaptação.

Reversão *é o ato de designação para que o aposentado volte a titularizar cargo, por não mais persistir o motivo da aposentadoria.* Poder ser de ofício ou a pedido. Não se deve confundir com a reversão ocorrida no campo das concessões de serviço público, pela qual os bens que o concessionário utilizava na prestação do serviço público passam ao Poder Público com a extinção da avença. A reversão a pedido depende de previsão legal.

No âmbito da Lei 8.112/1990 a reversão cabe em dois casos (art. 25): a) por invalidez, cessados os motivos da aposentadoria; b) no interesse da Administração, a pedido e em até 5 anos.

Aproveitamento *é o ato de designação do servidor que estava em disponibilidade para que volte a titularizar cargo público.* Trata-se do reingresso de servidor estável que se encontra em disponibilidade. Esta (a disponibilidade) é o ato pelo qual o Poder Público transfere para a inatividade remunerada servidor estável cujo cargo venha a ser extinto ou ocupado por outrem em decorrência de reintegração, com proventos proporcionais.

Reintegração *é ato de reinvestidura do servidor estável, quando invalidada sua demissão por decisão administrativa ou judicial.* Geralmente, a reintegração decorre de decisão judicial que declara nula a demissão do agente público. Reintegrado o servidor, terá direito ao ressarcimento de todas as vantagens perdidas no período em que esteve demitido.

Tema correlato com a reintegração é o que diz respeito à comunicabilidade da instância criminal e da esfera administrativa.

Como regra, as instâncias civil, administrativa e criminal são independentes. Porém a instância criminal produzirá efeitos nas demais quando importar em absolvição por inexistência do fato ou por negativa de autoria (art. 126 da Lei 8.112/1990). A mera absolvição criminal por falta de provas não é suficiente para que o agente público demitido na esfera administrativa leve essa sentença à Administração para pedir sua reintegração. Essa só vai acontecer se a absolvição do agente demitido for por inexistência material do fato ou negativa de autoria.

Recondução *é o retorno do servidor estável ao cargo que dantes titularizava, por ter sido inabilitado no estágio probatório de outro cargo ou por ter sido desalojado pela reintegração daquele cuja vaga ocupou.* A recondução, na primeira hipótese, depende de previsão expressa no estatuto local.

6.5.4. Investidura

A investidura *consiste na posse do cargo*.

Com a investidura, a relação jurídica fica efetivamente formada.

A partir de tal evento já há titularidade de cargo, ficando o agente sujeito a ser exonerado. Além disso, inicia-se uma série de deveres, tais como de: honestidade, imparcialidade, legalidade, lealdade, obediência (não estando o servidor obrigado a cumprir as ordens manifestamente ilegais), conduta ética, dentre outros.

Impedimentos e incompatibilidades também passam a existir, como o impedimento de contratar com a Administração ou a incompatibilidade com o exercício de certas atividades particulares, dentre outros.

Direitos também se iniciam, como o de exercício do cargo, dentre outros que serão vistos quando se tratar do sistema remuneratório.

6.5.5. Entrada em exercício

Consiste no efetivo exercício da atividade ligada ao cargo. Trata-se do início do desempenho das atribuições, com os consequentes efeitos remuneratórios e previdenciários.

6.5.6. Desinvestidura (vacância)

Consiste no desligamento do agente público correspondente à sua destituição do cargo, do emprego ou da função. Passemos à análise das hipóteses que geram a vacância.

Falecimento: a morte do agente torna vago o cargo, o emprego ou a função.

Aposentadoria: *a transferência para a inatividade remunerada*, seja ela voluntária, compulsória ou por invalidez, gera o desligamento do agente, a vacância, não podendo o servidor permanecer trabalhando no cargo que detinha. O agente público somente poderá cumular a aposentadoria com outra remuneração se for nomeado para um cargo em comissão ou se detiver mandato eletivo, respeitando, na somatória do que receber, o teto remuneratório respectivo.

Perda do cargo, emprego ou função: *é o desligamento em virtude de sentença judicial em ação penal ou de improbidade administrativa.* O art. 92, I, do Código Penal diz ser efeito da condenação a perda do cargo, emprego ou função se aquela consistir em prisão de 1 (um) ano ou mais em crime contra administração, ou se consistir em prisão por tempo superior a 4 (quatro) anos nos demais crimes. Tal efeito da condenação penal deve estar motivadamente declarado na sentença para incidir. Quanto à ação civil por ato de improbidade administrativa, a perda do cargo é sanção típica do reconhecimento da prática de ato ímprobo. Quantos aos militares oficiais, há as seguintes particularidades previstas no art. 142, § 3º, da CF: "VI – o oficial só perderá o posto e a patente se for julgado indigno do oficialato ou com ele incompatível, por decisão de tribunal militar de caráter permanente, em tempo de paz, ou de tribunal especial, em tempo de guerra".

Dispensa: *é o desligamento daquele admitido pelo regime da CLT sem que haja justa causa.* Conforme já mencionado, tal ato só deve ser motivado se se tratar de empregado público de pessoa jurídica de direito público e de empregados de empresa pública e sociedade de economia mista *prestadoras de serviço público*. Todavia, tais dispensas devem respeitar critérios gerais e igualitários, a fim de que se respeite a legalidade, a moralidade, a razoabilidade e a eficiência.

Demissão: *é o desligamento por justa causa quando há infração disciplinar.* Tem natureza punitiva, sancionatória, o que a difere da exoneração, própria para os desligamentos que não têm tal natureza. A demissão por infração disciplinar depende de processo administrativo em que se assegure ampla defesa, seja para servidores estáveis, seja para servidores que ainda estão em estágio probatório.

Exoneração: *é o desligamento a pedido ou de ofício, sempre com caráter não punitivo.* De ofício, pode ser *imotivada* (no caso dos titulares de cargo em comissão) ou *motivada*, nas hipóteses de não satisfação do estágio probatório (Súmula 21 do STF: "funcionário em estágio probatório não pode ser exonerado nem demitido sem inquérito ou sem as formalidades legais de apuração de sua capacidade"[1]) ou quando o agente não entrar em exercício.

A EC 19/1998 prevê mais duas hipóteses de exoneração motivada.

A primeira se dá em caso de **avaliação insatisfatória de desempenho**. Isso porque, a partir de tal emenda, é requisito para adquirir a estabilidade a aprovação em **avaliação *especial* de desempenho** (feita por comissão instituída para essa finalidade após os 3 anos de estágio probatório – art. 41, § 4º, CF) e, mesmo após adquirir-se a estabilidade, o servidor estará sujeito a **avaliações *periódicas* de desempenho** (procedimento que será regulamentado na forma de lei complementar, assegurada ampla defesa – art. 41, § 1º, III, CF), sendo que, não aprovado em qualquer dos dois tipos de avaliação, será exonerado.

Trata-se de exoneração e não de demissão porque não se trata de punição por infração, mas de desligamento por simples falta de aptidão. Quanto à avaliação periódica de desempenho, há outro dispositivo constitucional incidente que dispõe que a lei complementar estabelecerá *critérios e garantias especiais para a perda do cargo pelo servidor público estável que, em decorrência das atribuições de seu cargo efetivo, desenvolva atividades exclusivas de Estado. Na hipótese de insuficiência de desempenho, a perda do cargo somente ocorrerá mediante processo administrativo em que lhe sejam assegurados o contraditório e a ampla defesa* (art. 247, CF). Perceba-se que, para tal situação, a previsão é de processo administrativo e não apenas ampla defesa.

A segunda nova espécie de exoneração se dá **para atender limite de despesas com pessoal ativo e inativo** (art. 169, § 4º). A Lei de Responsabilidade Fiscal traz limites máximos de despesas com pessoal ativo e inativo, consistentes nos seguintes percentuais da receita corrente líquida: 50% (União) e 60% (Estados e Municípios). Em caso de superação desse limite, deve-se exonerar pessoal, consoante os critérios trazidos na Lei 9.801/1999, que estabelece a necessidade de se começar a tentativa de readequação dos gastos reduzindo em pelo menos 20% os cargos em comissão e as funções de confiança, passando à exoneração dos não estáveis, para só após exonerar servidores estáveis e, mesmo assim, desde que

---

1. A respeito do direito de defesa do servido em estágio probatório, confira as seguintes decisões: "O servidor público ocupante de cargo efetivo, ainda que em estágio probatório, não pode ser exonerado ad nutum, com base em decreto que declara a desnecessidade do cargo, sob pena de ofensa à garantia do devido processo legal, do contraditório e da ampla defesa. Incidência da Súmula 21 do STF." (STF, RE 378041/MG); "Firmou-se neste Superior Tribunal de Justiça a tese segundo a qual é desnecessária a instauração de processo administrativo disciplinar para exoneração de servidor em estágio probatório, sendo suficiente a abertura de sindicância em que observados o contraditório e a ampla defesa. Precedentes. 2. Afasta-se a alegação de cerceamento de defesa se assegurado, no processo administrativo que resultou na exoneração do servidor, o direito à ampla defesa e ao contraditório." (STJ, RMS 21.012/MT, DJe 23.11.2009)

ato normativo motivado de cada um dos Poderes especifique a atividade funcional, o órgão ou unidade objeto da redução e traga os seguintes critérios combinados: menor tempo de serviço, maior remuneração e menor idade.

O servidor que perde cargo por esse motivo fará jus a indenização correspondente a um mês de remuneração por um ano de serviço. O cargo será extinto, vedada a criação de outro semelhante por pelo menos 4 anos.

Sobre o tema vacância de cargo, havia grande discussão quanto à existência de direito ao FGTS quando esta se desse por contratação de servidor público sem concurso público. O STF acabou por dirimir a questão, sob o fundamento de que se trata, na espécie, de efeitos residuais de fato jurídico que existira, não obstante reconhecida sua nulidade, considerando-se, assim, constitucional a disposição nesse sentido contida no art. 19-A da Lei 8.036/1990. Porém, o STF entende que, afora o direito aos salários e ao FGTS depositado, a inconstitucionalidade do ato não permite o pagamento, no caso, das verbas rescisórias relativas ao aviso-prévio, à gratificação natalina, às férias e respectivo terço, à indenização referente ao seguro-desemprego e à multa prevista na CLT (RE 705.140/RS, j. 28.08.2014).

6.6. VEDAÇÃO AO NEPOTISMO (SÚM. VINCULANTE 13)

A Súmula Vinculante 13 do STF proíbe a contratação de parentes no âmbito dos três Poderes. Confira o teor da súmula, dividida em diversos pedaços, para que possa ser melhor compreendida:

a) "A nomeação de cônjuge, companheiro ou parente em linha reta, colateral ou por afinidade, até o 3º grau, inclusive, (...)

b) (...) da autoridade nomeante ou de servidor da mesma pessoa jurídica investido em cargo de direção, chefia ou assessoramento (...)

c) (...) para o exercício de cargo em comissão ou de confiança ou, ainda, de função gratificada (...)

d) (...) na administração pública direta e indireta em qualquer dos Poderes da União, dos Estados, do DF e dos Municípios, (...)

e) (...) compreendido o ajuste mediante designações recíprocas, (...)

f) (...) viola a Constituição Federal."

Repare que a proibição abrange tanto parentes consanguíneos como parentes por afinidade ("a"), até 3º grau, incluindo, ainda, o cônjuge e o companheiro.

Repare também que o parente que não pode ser nomeado ("b") é o parente de duas pessoas: da autoridade que faz a nomeação e de alguém que esteja investido em cargo em comissão naquele ente. Assim, parentes de quem assina as nomeações e parentes de alguém que já tenha um cargo em comissão num ente estatal estão impossibilitados de serem nomeados.

Outro ponto que merece ser ressaltado é que o impedimento de nomeação de terceiro é para o exercício de cargo em comissão ou de função de confiança no ente ("c"), nada impedindo que alguém preste um concurso público para cargo efetivo numa entidade em que um parente seu seja autoridade nomeante ou já tenha um cargo em comissão, sendo que, aprovado no concurso, o terceiro terá direito à nomeação para o cargo respectivo.

A proibição em tela não se dirige só à Administração Direta, atinge também toda a Administração Pública Indireta ("d").

A súmula também veda o nepotismo cruzado ("e"). Tal prática consiste em autoridades de entes diversos combinarem de um nomear o parente do outro. Esse tipo de ajuste recíproco tem claro objetivo de fraudar a proibição do nepotismo e é considerado prática vedada pela súmula vinculante.

Ao final, a súmula conclui dizendo que esse tipo de prática viola a Constituição, sendo certo que o STF fundou sua decisão no princípio da moralidade, previsto no art. 37, *caput*, da CF.

Apesar de o texto da súmula não indicar, o STF entende que a vedação ao nepotismo tem uma exceção, qual seja, a súmula não incide sobre a nomeação de servidores para cargo de natureza política. Confira decisão a respeito:

"Impossibilidade de submissão do reclamante, Secretário Estadual de Transporte, agente político, às hipóteses expressamente elencadas na Súmula Vinculante 13, por se tratar de cargo de natureza política. 2. Existência de precedente do Plenário do Tribunal: RE 579.951/RN, rel. Min. Ricardo Lewandowski, DJE 12.09.2008." (STF, Rcl 6.650 MC-AgR, DJ 21.11.2008)

Por fim, a regra que veda o nepotismo não impede que parentes sirvam sob a direção imediata de outro parente quando se está diante de servidores admitidos mediante prévia aprovação em concurso público para cargo efetivo (STF, ADI 524/ES, J. 20.05.2015).

6.7. ACESSIBILIDADE A CARGOS E EMPREGOS NA CONSTITUIÇÃO

6.7.1. Oportunidade a brasileiros e estrangeiros

Segundo o art. 37, I, da CF, *"os cargos, empregos e funções públicas são acessíveis aos brasileiros que preencham os requisitos estabelecidos em lei, assim como aos estrangeiros, na forma da lei"*.

Essa regra garante a possibilidade de que todos possam vir a ser agentes públicos (preenchidos certos requisitos, claro).

Repare que, enquanto a norma relativa aos brasileiros é de eficácia contida ou restringível (o que a faz produzir imediatamente efeitos, em que pese a lei poder restringi-los), a norma relativa aos estrangeiros é diferente, dando a ideia de ter eficácia limitada (o que a faz depender de uma lei para produzir efeitos).

Quanto aos brasileiros, a regra não faz distinção entre os natos e os naturalizados. Nada obstante, o § 3º do art. 12 da CF dispõe: "são privativos de brasileiro nato os cargos: I – de Presidente e Vice-Presidente da República; II – de Presidente da Câmara dos Deputados; III – de Presidente do Senado Federal; IV – de Ministro do Supremo Tribunal Federal; V – da carreira diplomática; VI – de oficial das Forças Armadas; VII – de Ministro de Estado da Defesa".

6.7.2. Requisitos de ingresso no serviço público

O texto constitucional, tal como configurado hoje, permite que sejam estabelecidos requisitos para o ingresso no serviço público.

Porém, para que tais requisitos estejam em acordo com a Lei Maior, é necessário que atendam ao seguinte:

a) estejam **previstos em lei** (art. 37, I, da CF); decretos, resoluções e outros instrumentos não são suficientes para inserir no edital a previsão de exame psicotécnico; deve ser lei em sentido formal (STF, AI 529.219 Agr, DJ 26.03.2010);

b) sejam **objetivos**, **científicos** e **pertinentes**, sob pena de violação ao princípio da isonomia (art. 5º, *caput*, da CF);

c) sejam passíveis de **recurso** e **impugnação**, sob pena de violação aos princípios do contraditório e da ampla defesa; *vide*, por exemplo, o REsp 1.046.586 (STJ).

Assim, requisitos ligados ao sexo, à idade, ao exame psicotécnico, dentre outros, são compatíveis com a Constituição, desde que atendam aos itens mencionados.

Nesse sentido, confira três súmulas do STF:

a) Súmula 683: "o limite de idade para a inscrição em concurso público só se legitima em face do art. 7º, XXX, da Constituição, quando possa ser justificado pela natureza das atribuições do cargo a ser preenchido"; segundo o STF, O limite de idade, quando regularmente fixado em lei e no edital de determinado concurso público, há de ser comprovado no momento da inscrição no certame, e não no momento da posse (ARE 840.592/CF, J. 23.06.2015);

b) Súmula 684: é inconstitucional o veto não motivado à participação de candidato a concurso público";

c) Súmula 686: só por lei se pode sujeitar a exame psicotécnico a habilitação de candidato a cargo público". Nesse sentido é também a Súmula Vinculante STF n. 44: "Só por lei se pode sujeitar a exame psicotécnico a habilitação de candidato a cargo público".

O STF e o STJ consideram não pertinentes, entre outros, os seguintes requisitos para o ingresso no serviço público:

a) exigência de prova física desproporcional à cabível habilitação aos cargos de escrivão, papiloscopista, perito criminal e perito médico-legista de Polícia Civil (STF, Ag. Reg. no RE 505.654-DF);

b) exigência de sexo masculino para concurso de ingresso em curso de formação de oficiais de polícia militar estadual, requisito que fere a isonomia, traduzindo-se em indevido discrímen de gênero (STF, RE 528.684/MS, j. 03.09.2013);

c) exigência que não haja inquérito penal ou ação penal não transitada em julgada contra o candidato, requisito que fere o princípio da presunção de inocência (STF, Ag. Reg. no ARE 713.138-CE); ou seja, "na fase de investigação social em concurso público, o fato de haver instauração de inquérito policial ou propositura de ação penal contra candidato, por si só, não pode implicar a sua eliminação" (STJ, AgRg no RMS 39.580-PE, j. 11.02.2014).

O STF também entendeu não recepcionado pela Constituição de 1988 o disposto no art. 10 da Lei 6.880/1980 que permitia que regulamentos da Marinha, do Exército e da Aeronáutica estipulassem requisitos de ingresso nas forças armadas. Com isso, o STF, ciente de que inúmeros concursos até o reconhecimento da não recepção estipularam limites de idade para o ingresso nas carreiras das Forças Armadas, acabou por modular os efeitos da decisão proferida no recurso extraordinário com reconhecimento de repercussão geral, para o fim de manter a validade dos editais e regulamentos dos concursos publicados até 31.12.12 (RE 600.885-RS).

Há decisões do STJ no sentido de que "o candidato a cargo público federal pode ser eliminado em exame médico admissional, ainda que a lei que discipline a carreira não confira caráter eliminatório ao referido exame. Isso porque a inspeção de saúde é exigência geral direcionada a todos os cargos públicos federais (arts. 5º, VI, e 14 da Lei 8.112/1990), daí a desnecessidade de constar expressamente na lei que disciplina a carreira da qual se pretende o ingresso. Ademais, a referida inspeção clínica não se confunde com o teste físico ou psicológico, os quais são exigências específicas para o desempenho de determinados cargos e, portanto, devem possuir previsão legal em lei específica. Precedente citado: REsp 944.160-DF, Quinta Turma, DJe 06.12.2010." (STJ, AgRg no REsp 1.414.990-DF, j. 03.04.2014)

No mais, há interessante súmula do STJ, que trata do **momento** em que se pode exigir comprovação de requisito relacionado ao exercício do cargo: *"o diploma ou habilitação legal para o exercício do cargo deve ser exigido na posse e não na inscrição para o concurso público"* (Súmula 266).

6.7.3. A jurisprudência e o exame psicotécnico

O STF e o STJ firmaram jurisprudência no sentido de que é possível exigir exame psicotécnico nos concursos públicos, com caráter eliminatório, desde que se atenda a três requisitos: a) previsão expressa do exame em lei formal; b) existência de critérios objetivos, científicos e pertinentes; c) recorribilidade. *Vide*, por exemplo, decisão do STJ no RMS 43.416-AC, j. 18.02.2014.

A **previsão expressa em lei formal** traz vários desdobramentos.

Em primeiro lugar, decretos, resoluções e outros instrumentos normativos não são suficientes para que se insira no edital a previsão de exame psicotécnico, devendo-se tratar de lei em sentido formal (STF, AI 529.219 Agr, DJ 26.03.2010). Isso porque o art. 37, I, da CF dispõe que somente a lei pode estabelecer requisitos para a acessibilidade a cargos, empregos e funções. Essa disposição deu ensejo à edição da Súmula 686 do STF ("só por lei se pode sujeitar a exame psicotécnico a habilitação de candidato a concurso público").

Em segundo lugar, a lei deve ser objetiva e específica quanto à exigência do citado exame, não sendo suficiente que faça referência a expressões como "submissão a exame de aptidão física e mental". Nesse sentido, o STF entende que a previsão contida na CLT (art. 168) não é suficiente para se exigir exame psicotécnico quanto a empregos públicos na Administração Pública (RE 559.069, DJ 12.06.2009). Da mesma forma, exames psicotécnicos em concursos da Magistratura vêm sendo corretamente impugnados, pelo fato de o art. 78 da Lei Orgânica da Magistratura não ser objetivo quanto à previsão de exame psicotécnico.

Os **critérios objetivos, científicos e pertinentes** também trazem vários desdobramentos.

Os tribunais superiores não entendem pertinente o chamado teste "profissiográfico", pelo qual se tenta verificar se o candidato tem perfil psicológico compatível com a profissão. De fato, esse tipo de teste tem caráter bastante subjetivo e ofende os princípios da igualdade e da impessoalidade. Uma coisa é verificar se alguém tem alguma patologia incompatível com a profissão desejada. Outra é verificar se alguém atende ao modelo ou perfil psicológico esperado para a profissão. Essa última tentativa é inconstitucional.

Outro desdobramento diz respeito à necessidade do edital trazer os critérios do exame de modo claro e objetivo. Nesse sentido, as seguintes condutas são vedadas: a) simples previsão genérica de exame psicotécnico; b) previsão de exame psicotécnico, mas com mera informação de que este será feito segundo critérios científicos; c) previsão de exame psicotécnico, mas com critérios vagos e subjetivos, ainda que com descrições longas.

E quanto à **recorribilidade**, o edital deve prever, e a Administração deve respeitar, o seguinte: a) a necessidade do laudo trazer motivação adequada, especificando de modo claro, congruente, transparente e objetivo os fundamentos de sua conclusão; b) a necessidade do laudo ser entregue ao candidato logo em seguida à sua elaboração; c) a necessidade de prazo para a interposição de recurso, com oportunidade de apresentação de laudo divergente por outro profissional, contratado pelo candidato; d) a necessidade de julgamento do recurso, com apreciação específica e motivada sobre os pontos levantados pelo candidato. Sobre a recorribilidade, vale ler o AI 539.408 AgR, relatado pelo Min. Celso de Melo, do STF.

Vale ressaltar que os tribunais superiores vêm também entendendo que, quando houver violação ao primeiro requisito (previsão expressa em lei formal), o candidato estará dispensado de fazer o exame. Já quando houver violação ao requisito que determina a observância de critérios objetivos e de motivação, é necessário fazer novo exame (STJ, AgRg no Ag 1.291.819, DJ 21.06.2010), não ficando o candidato dispensado de fazê-lo, nem podendo este substituir o exame feito por outro exame realizado em concurso público diverso. Quanto aos demais requisitos, relacionados à previsão editalícia clara, científica e pertinente, entendemos que sua ausência macula a regra do edital correspondente, ficando o candidato dispensado do exame psicotécnico em atenção aos princípios da proteção da confiança e da segurança jurídica.

Por fim, caso o candidato prejudicado queira ingressar com o mandado de segurança, deverá promovê-lo no prazo de 120 dias contados da publicação do edital, se desejar impugnar as formalidades nele previstas (STJ, RMS 29.776, DJ 19.10.2009), ou no prazo de 120 dias do resultado do exame psicotécnico, se desejar impugnar aspectos relativos ao exame em si (STJ, AgRg no REsp 1.052.083, DJ 01.06.2009). De qualquer maneira, desejando ingressar com ação pelas vias comuns, o prazo para tanto é de 5 anos, contados do ato impugnado (STJ, REsp 984.946, DJ 29.11.2007).

6.7.4. Obrigatoriedade do concurso

O artigo 37, II, da CF tem o seguinte teor: *"a investidura em cargo ou emprego público depende de aprovação prévia em concurso público de provas ou de provas e títulos, de acordo com a natureza e a complexidade do cargo ou emprego, na forma prevista em lei, ressalvadas as nomeações para cargo em comissão declarado em lei de livre nomeação e exoneração".*

Esse dispositivo cria uma regra que determina a realização de concurso para a admissão de pessoal na Administração.

Todavia, como toda regra, essa também tem exceção. Não será necessário concurso público nas nomeações para cargo em comissão.

Da mesma forma, não há necessidade de promover concurso público nas contratações temporárias de excepcional interesse público, sendo suficiente que se faça mero processo seletivo.

6.7.5. Validade do concurso público

Segundo o art. 37, III, da CF, *"o prazo de validade do concurso público será de até dois anos, prorrogável uma vez, por igual período".*

Detalhe: a lei dispõe que a validade é de *até* 2 anos e não *de* dois anos. Ex.: se for fixado no edital como de um ano o prazo de validade do concurso, tal prazo poderá ser prorrogado, mas terá que ser *somente uma vez* e pelo *mesmo* período de um ano, de modo que, caso prorrogado, o prazo total do exemplo será de 2 anos de validade do concurso.

Os candidatos de um concurso não tem direito subjetivo à determinação de prorrogação do prazo de validade de um concurso. Trata-se de decisão discricionária da Administração. Porém, já se decidiu que, apesar de a Administração não estar obrigada a prorrogar o prazo de validade dos concursos, se novos cargos vierem a ser criados, durante esse prazo de validade, mostra-se de todo recomendável que se proceda a essa prorrogação (STF, RE 581.113-C).

6.7.6. Direitos do aprovado em concurso público

No passado, o aprovado em concurso público tinha apenas o direito de não ser *preterido* na ordem de classificação (art. 37, IV, da CF), lembrando que não há preterição na ordem de classificação quando a Administração nomeia candidatos menos bem colocados por força de ordem judicial (STF, Ag. Reg. no AI 698.618-SP). Dessa forma, a aprovação no concurso gerava ao candidato mera *expectativa de direito*, cabendo à administração a análise *discricionária* da conveniência ou não em nomear os candidatos aprovados.

Diante de alguns abusos, os tribunais começaram a reconhecer o direito à nomeação em situações em que a Administração Pública, no prazo de validade do concurso, *externava* de alguma maneira que tinha interesse em nomear novos servidores. Um exemplo eram as situações em que se abria *novo concurso* no prazo de validade do anterior ou em que se nomeava outro servidor (inclusive agentes terceirizados temporários: STF, Ag. Reg. no RE 739.426-MA; STJ, AgRg no RMS 33.893, DJ 30.11.2012) para exercer as *mesmas funções* do cargo para o qual o candidato fora aprovado.

Em seguida, o STF e o STJ passaram a entender também que o candidato aprovado em concurso tem *direito* de ser nomeado *no limite das vagas previstas no respectivo edital*, uma vez que a Administração, ao estabelecer o número de vagas, *vincula-se* a essa escolha e cria expectativa nos candidatos, impondo-se as nomeações respectivas, em respeito aos princípios da *boa-fé, razoabilidade, isonomia* e *segurança jurídica*. Vide, por exemplo, a didática decisão proferida pelo STF no RE 598.099.

É bom consignar que o STF até admite que a Administração deixe de nomear os aprovados no limite das vagas do edital se houver ato *motivado* demonstrando a existência de fato novo que torne inviável a nomeação. Tal ato, todavia, poderá ser controlado pelo Judiciário (RE 227.480, DJ 21.08.2009). De qualquer forma, na prática, será muito difícil que a Administração consiga justificar a existência de motivo que inviabiliza as nomeações, pois somente razões *pertinentes, novas, imprevisíveis* e *justificadas antes da impugnação de candidatos* à ausência de sua nomeação atendem ao princípio da *adequada motivação*. O STF, em outra decisão, resumiu assim os requisitos que devem estar previstos em conjunto para caracterizar essa situação excepcional: "a) superveniência, ou seja, vinculadas a fatos posteriores à publicação do edital; b) imprevisibilidade, isto é, determinadas por circunstâncias extraordinárias; c) gravidade, de modo a implicar onerosidade excessiva, dificuldade ou mesmo impossibilidade de cumprimento efetivo das regras editalícias; d) necessidade, traduzida na ausência de outros meios, menos gravosos, de se lidar com as circunstâncias" (RE 598.099, j. 10.08.2011).

A Administração também não será obrigada a nomear o servidor nessas condições caso o concurso tenha sido feito por conta da instalação de um novo órgão e esse órgão não vem a ser criado no período de validade do concurso (STF, RE 748.105 AgR/DF, j. 17.09.2013).

Feitas essas ressalvas, vale anotar outras características desse direito.

A primeira delas diz respeito ao efeito das *desistências* de outros candidatos nomeados no concurso. Por exemplo, alguém aprovado na 919ª posição, num concurso com 770 vagas previstas no edital, 633 nomeados e 150 desistências têm direito de ser nomeado? Segundo o STJ, a resposta é positiva. Isso porque as desistências devem ser *somadas* ao total de vagas previsto no edital. No caso (aliás, esse é um caso real – STJ, RMS 21.323, DJ 21.06.2010), somando-se as 770 vagas do edital com as 150 desistências dos nomeados, a administração pública fica obrigada a nomear até o classificado na 920ª posição.

A segunda característica diz respeito ao efeito da *criação de novas vagas* durante o prazo de validade do concurso. Nesse ponto, o STJ *não* vem reconhecendo o direito à nomeação daqueles que, com as novas vagas, estariam classificados no limite da somatória destas com as vagas do edital (AgRg no RMS 26.947, DJ 02.02.2009).

A terceira observação diz respeito a *efeito econômico* da não nomeação de um aprovado no limite das vagas do edital. Nessa seara, o STJ também não vem reconhecendo o direito à indenização pelo período pretérito à efetiva nomeação, pois entende não ser correto receber-se retribuição sem o efetivo exercício do cargo (AgRg no REsp 615.459/SC, DJe 07.12.2009). Todavia, quando há preterição na ordem de classificação, ou seja, quando alguém deixa de ser nomeado em favor de outro que está em pior classificação, o STJ entende devida a indenização, com pagamento de vencimentos retroativos à data da impetração judicial (MS 10.764/DF, DJ 01.10.2009).

A quarta observação diz respeito ao *momento adequado* para o ingresso com ação judicial visando à nomeação no limite das vagas do edital. Nesse ponto, ainda não há posição específica de nossos tribunais superiores. Mas há algumas pistas. O STJ entende que há interesse processual em se promover a ação ainda durante o prazo de validade do concurso (RMS 21.323, DJ 21.06.2010), o que permitiria, em nossa opinião, o ingresso da ação logo após a homologação do certame. E o mesmo STJ entende que também há interesse processual em promover a ação após o prazo de validade do concurso. Tratando-se de mandado de segurança, o STJ entende que o prazo decadencial de 120 se inicia da data que expirar a validade do concurso (AgRg no RMS 21.165/MG, DJ 08.09.2008).

De qualquer forma, o STF já decidiu que a posse dada a parte dos aprovados gera direito imediato de posse aos demais aprovados no limite das vagas do edital, seja nas vagas existentes, seja nas que vierem a vagar no prazo de validade do concurso (Ag. Reg. no AI 728.699-RS). Por exemplo, caso o edital preveja 40 vagas e, logo após a homologação do concurso, 25 aprovados sejam nomeados, os aprovados entre a 26a e a 40a colocações tem direito também de serem nomeados imediatamente.

Em suma, o fato é que o candidato a concursos públicos vem cada vez mais recebendo o apoio da jurisprudência dos tribunais superiores. E essa informação é útil não só para resolver questões que pedem o conhecimento dessas novidades, como também para que o candidato corra atrás dos seus direitos caso esses sejam violados.

6.7.7. Acesso a novas carreiras sem concurso público

Infelizmente, é muito comum a tentativa de burlar o instituto do concurso público, "promovendo" um servidor de uma carreira, para outra carreira, sem concurso público. Colocamos "promovendo" entre parêntesis, pois uma promoção só pode se dar dentro de uma carreira. Quando um servidor vai de uma carreira para outra carreira sem concurso, tem-se o que muitos chamam de acesso. O servidor passou num concurso para uma carreira "X" (carreira essa onde se esperar que terá promoções, mas dentro da própria carreira) e acaba sendo designado para um carreira "Y", carreira totalmente diferente da primeira, sem concurso público. Por exemplo, o servidor entra numa carreira de "Técnico" e, sem concurso, consegue mudar para uma carreira de "Analista". Esse tipo de acesso a uma nova carreira é uma fraude, uma burla ao princípio do concurso público, pois o servidor prestou concurso para uma carreira (com grau de dificuldade e conteúdos diversos) e passa a outra carreira sem concursos e preterindo muitas pessoas que gostariam de prestar o concurso para essa segunda carreira, mas não têm essa oportunidade, por conta de servidores de outra carreira passarem para essa carreira diversa e que certamente teria muitos interessados se um concurso pra ela fosse aberto.

A Constituição de 1988 é clara: a investidura em cargo público efetivo depende de concurso (art. 37, II). Portanto, quando a Administração, mesmo diante de uma lei autorizativa, nomeia um servidor que estava num cargo "X" para um cargo "Y" sem concurso, está cometendo uma grande inconstitucionalidade, ferindo o princípio da acessibilidade aos cargos públicos, conforme julgou o STF, por exemplo, na ADI 917/MG (j. 06.11.2013), na qual se "julgou procedente pedido formulado em ação direta para declarar a inconstitucionalidade do §§ 1º ao 5º do artigo 27 da Lei 10.961/1992, do Estado de Minas Gerais, que dispõem sobre o acesso como forma de provimento dos cargos públicos naquela unidade federativa. Apontou-se que a norma impugnada permitiria que o procedimento de acesso viabilizasse a investidura em cargo de carreira diversa por meio de provimento derivado. Asseverou-se não haver base constitucional para manter na norma estadual o instituto do acesso a novas carreiras por seleções internas. Ponderou-se que essa forma de provimento privilegiaria indevidamente uma categoria de pretendentes que já possuía vínculo com a Administração estadual, em detrimento do público externo. Destacou-se que a norma estaria em antagonismo com o postulado da universalidade que, por imposição constitucional, deveria reger os procedimentos seletivos destinados à investidura em cargos, funções ou empregos públicos".

Vale observar que o STF, em outro caso no qual reconheceu a inconstitucionalidade da ascensão funcional, decidiu que não é possível que um servidor que tenha se beneficiado com essa ascensão, mas ainda não tenha uma situação sedimentada no novo cargo, invoque os princípios da segurança jurídica e da boa-fé para ficar no cargo novo, pois entendeu que é inviável invocar esses princípios no caso em que se pretende *o reconhecimento de uma nova posição jurídica incompatível com a Constituição e não a preservação de uma situação concreta sedimentada* (Ag. Reg. no RE 602.264-DF).

Ainda nesse sentido, o STF editou a Súmula Vinculante n. 43, que assim dispõe: "É inconstitucional toda modalidade de provimento que propicie ao servidor investir-se, sem prévia aprovação em concurso público destinado ao seu provimento, em cargo que não integra a carreira na qual anteriormente investido".

6.7.8. Direito à segunda chamada em teste de aptidão física

Esse tema que sofreu modificação na jurisprudência do STF, que agora entende que "os candidatos em concurso público não têm direito à prova de segunda chamada nos testes de aptidão física em razão de circunstâncias pessoais, ainda que de caráter fisiológico ou de força maior, salvo contrária disposição editalícia". Entendeu-se que não há ofensa do princípio da isonomia e que o direito à segunda chamada poderia tornar o concurso infindável, além de gerar alto custo para a Administração. Por conta da mudança de posicionamento, e para que ficasse respeitado o princípio da segurança jurídica, atribuiu-se à decisão os efeitos da repercussão geral para o fim de assegurar a validade das provas de segunda chamada ocorridas até a data da conclusão do julgamento em questão (RE 630.733, j. 15.05.2013).

6.7.9. Direito à anulação de questões de concursos

Tema recorrente na jurisprudência é o direito do candidato de requerer a anulação de certas questões de concursos públicos. Geralmente, esse pedido é feito nas seguintes situações: a) quando a questão é formulada fora do conteúdo programático previsto no edital; b) quando a questão foi mal elaborada e apresenta problema no seu mérito.

A princípio, a jurisprudência do STF é no sentido de que o Judiciário é incompetente para substituir-se à banca examinadora de concurso público no reexame de critérios de correção das provas e de conteúdo das questões formuladas. Assim, quanto às alegações de que a questão está fora do conteúdo programático, por exemplo, basta que um tema esteja previsto de forma genérica no edital, para que, desde que haja um mínimo de conexão desse tema com o perguntado na questão que se deseja anular, para que Judiciário afaste a possibilidade de proceder à anulação da questão, mormente em mandado de segurança, que não permite dilação probatória (STF, MS 30.860/DF, j. 28.08.2012). E havendo dúvida sobre se uma questão foi corretamente elaborada ou não, o Judiciário deve evitar se substituir à banca examinadora.

Porém, o mesmo STF entende que, havendo erro grosseiro, o Judiciário pode ser reconhecer a ilegalidade. Um exemplo foi o caso em que questões de Direito Civil do concurso para Procurador da República foram anuladas pelo STF por restar patente sua ofensa ao que dispõe o Código Civil (MS 30.859/DF, 28.08.2012). Por outro lado, o STF também já decidiu que os critérios adotados por banca examinadora de concurso público não podem ser revistos pelo Judiciário (RE 632.853, J. 23.04.2015).

6.7.10. Cláusula de barreira

Outro tema recorrente é o da constitucionalidade ou não da chamada cláusula de barreira (ou afunilamento). Essa cláusula é aquela utilizada quando um concurso tem mais de uma fase e se estipula no edital que só serão corrigidas as provas da outra fase referente a um número determinado de candidatos aprovados. Por exemplo, o edital do concurso pode prever uma nota de corte e dizer que, dentre os que atingiram a nota de corte, apenas 200 candidatos passarão para a próxima fase do concurso.

O STF entende que esse tipo de condição de passagem para outra fase é norma de avaliação e de classificação a critério do organizador do exame, tratando-se, ainda, de cláusula que atinge a todos indistintamente, daí porque não se pode considerá-la discriminatória (MS 30195 AgR-DF, j. 26.06.2012). Vide, também, o RE 635.739/AL, j. 19.02.2014, pelo STF. Vide, também, o RE 635.739/AL, j. 19.02.2014, pelo STF.

6.7.11. Legitimação do Ministério Público para questionar itens de editais de concursos

Sobre esse tema, o STF entende que o Ministério Público tem legitimidade, pois lhe é conferido atuar, mesmo quando se está diante de interesse individual homogêneo, quando presente o interesse social (RE 216.443/MG, j. 28.08.2012). No caso mencionado, o Ministério Público estadual ajuizara ação civil pública em torno de concurso para diversas categorias profissionais de uma prefeitura, tendo questionado que a pontuação adotada privilegiaria candidatos os quais já integrariam o quadro da Administração Pública Municipal, circunstância que revela que a matéria cuidada na ação tinha a relevância exigida a justificar a legitimidade do Ministério Público estadual.

6.7.12. Direitos da pessoa com deficiência

Segundo o art. 37, VIII, da CF, *"a lei reservará percentual dos cargos e empregos públicos para as pessoas portadoras de deficiência e definirá os critérios para a sua admissão"*.

A respeito dessa regra, confira as seguintes decisões do STF:

"Recurso ordinário em mandado de segurança interposto de acórdão do Superior Tribunal de Justiça que entendeu ser plausível o cálculo da quantidade de vagas destinadas à específica concorrência de acordo com o número de turmas do curso de formação. Os limites máximo e mínimo de reserva de vagas para específica concorrência tomam por base de cálculo a quantidade total de vagas oferecidas aos candidatos, para cada cargo público, definido em função da especialidade. Especificidades da estrutura do concurso, que não versem sobre o total de vagas oferecidas para cada área de atuação, especialidade ou cargo público, não influem no cálculo da reserva. Concurso público. Provimento de 54 vagas para o cargo de Fiscal Federal Agropecuário. Etapa do concurso dividida em duas turmas para frequência ao curso de formação. Convocação, respectivamente, de 11 e 43 candidatos em épocas distintas. Reserva de quatro vagas para candidatos portadores de deficiência. Erro de critério. Disponíveis 54 vagas e, destas, reservadas 5% para específica concorrência, três eram as vagas que deveriam ter sido destinadas à específica concorrência. A convocação de quarto candidato, ao invés do impetrante, violou direito líquido e certo à concorrência no certame" (RMS 25.666, Rel. Min. Joaquim Barbosa, julgamento em 29.09.2009, Segunda Turma, DJE de 04.12.2009).

"A exigência constitucional de reserva de vagas para portadores de deficiência em concurso público se impõe ainda que o percentual legalmente previsto seja inferior a um, hipótese em que a fração deve ser arredondada. Entendimento que garante a eficácia do art. 37, VIII, da CF, que, caso contrário, restaria violado" (RE 227.299, Rel. Min. Ilmar Galvão, julgamento em 14.06.2000, Plenário, DJ de 06.10.2000). No mesmo sentido: RE 606.728-AgR, Rel. Min. Cármén Lúcia, julgamento em 02.12.2010, Primeira Turma, DJE de 01.02.2011.

Repare que o STF firmou as seguintes posições:

a) na reserva de vagas para deficientes (concorrência específica), esses só concorrem entre si;

b) para o cálculo do número de vagas reservadas, deve-se fazer o arredondamento "para cima" da fração.

Vale, por fim, trazer a seguinte decisão do STJ sobre a não caracterização de pessoa com deficiência para fins de aplicação das regras de acessibilidade a essa pessoa, quando se tratar de alguém com surdez unilateral: "Candidato em concurso público com surdez unilateral não tem direito a participar do certame na qualidade de deficiente auditivo. Isso porque o Decreto 5.296/2004 alterou a redação do art. 4º, II, do Decreto 3.298/1999 – que dispõe sobre a Política Nacional para Integração de Pessoa Portadora de Deficiência e excluiu da qualificação "deficiência auditiva" os portadores de surdez unilateral. Vale ressaltar que a jurisprudência do STF confirmou a validade da referida alteração normativa. Precedente citado do STF: MS 29.910 AgR, Segunda Turma, DJe 01.08.2011." (MS 18.966-DF, j. 02.10.2013).

6.7.13. Vagas reservadas aos negros ("Cotas")

A Lei 12.990/2014 reservou aos negros 20% das vagas oferecidas nos concursos públicos para provimento de **cargos efetivos** e **empregos públicos** no âmbito da administração pública federal, das autarquias, das fundações públicas, das empresas públicas e das sociedades de economia mista controladas pela União (art. 1º).

Essa **reserva de vagas** obedece às seguintes regras (arts. 2º a 4º):

a) será aplicada sempre que o número de vagas oferecidas no concurso público for igual ou superior a 3 (três), sendo que, na hipótese de quantitativo fracionado para o número de vagas reservadas a candidatos negros, esse será aumentado para o primeiro número inteiro subsequente, em caso de fração igual ou maior que 0,5 (cinco décimos), ou diminuído para número inteiro imediatamente inferior, em caso de fração menor que 0,5 (cinco décimos);

b) constará expressamente dos editais dos concursos públicos, que deverão especificar o total de vagas correspondentes à reserva para cada cargo ou emprego público oferecido;

c) poderão concorrer a essas vagas candidatos negros, considerados como aqueles que se autodeclararem pretos ou pardos no ato da inscrição no concurso público, conforme o quesito cor ou raça utilizado pelo IBGE, sendo que, na hipótese de constatação de declaração falsa, o candidato será eliminado do concurso e, se houver sido nomeado, ficará sujeito à anulação da sua admissão ao serviço ou emprego público, após procedimento administrativo em que lhe sejam assegurados o contraditório e a ampla defesa, sem prejuízo de outras sanções cabíveis;

d) os candidatos negros concorrerão concomitantemente às vagas reservadas e às vagas destinadas à ampla concorrência, de acordo com a sua classificação no concurso, sendo que os candidatos negros aprovados dentro do número de vagas oferecido para ampla concorrência não serão computados para efeito do preenchimento das vagas reservadas; já no caso de desistência de candidato negro aprovado em vaga reservada, a vaga será preenchida pelo candidato negro posteriormente classificado;

e) na hipótese de não haver número de candidatos negros aprovados suficiente para ocupar as vagas reservadas, as vagas remanescentes serão revertidas para a ampla concorrência e serão preenchidas pelos demais candidatos aprovados, observada a ordem de classificação.

f) quanto à nomeação dos candidatos aprovados, esta respeitará os critérios de alternância e proporcionalidade, que consideram a relação entre o número de vagas total e o número de vagas reservadas a candidatos com deficiência e a candidatos negros;

A lei entrou em vigor na data de sua publicação e terá vigência pelo prazo de 10 (dez) anos (lei temporária), não se aplicando aos concursos cujos editais já tivessem sido publicados antes de sua entrada em vigor (art. 6º).

6.7.14. Contratação temporária

O art. 37, IX, da CF, traz a seguinte disposição: *"a lei estabelecerá os casos de contratação por tempo determinado para atender a necessidade temporária de excepcional interesse público".*

Cada ente político poderá legislar para o fim de regulamentar o dispositivo acima transcrito.

A Lei 8.745/1993 traz, para a esfera federal, os casos em que cabe esse tipo de contratação, servindo de exemplo aquela em situação de calamidade pública, combate a surtos endêmicos ou para recenseamento. A lei em questão traz um *regime jurídico administrativo* próprio, que não se confunde com o *regime trabalhista* (celetista), a afastar a competência da Justiça Trabalhista.

Geralmente o prazo máximo de contratação é de 12 meses, findo o qual o contrato se extingue.

Permite-se, em algumas situações, prorrogação do contrato.

É importante relatar que não é possível prever a contratação temporária para a admissão de servidores para funções burocráticas ordinárias e permanentes. Assim, o STF entendeu inconstitucional lei do Estado do Rio Grande do Norte que criou contratação temporária para Defensor Público (ADI 3.700). Confira outra decisão do STF a respeito do tema: "Servidor público: contratação temporária excepcional (CF, art. 37, IX): inconstitucionalidade de sua aplicação para a admissão de servidores para funções burocráticas ordinárias e permanentes." (ADI 2.987)

O STF consolidou entendimento no sentido de que é necessária a conjugação de quatro requisitos para que se possa efetivar uma contratação temporária (ADI 3430/ES): **a)** os casos excepcionais devem estar previstos em lei de modo específico (com o texto legal especificando a contingência fática que, presente, justificaria a contratação) e não de modo genérico (dando ao Chefe do Executivo poderes amplos para definir os casos desse tipo de contratação); **b)** o prazo de contratação seja predeterminado; **c)** a necessidade seja temporária; e **d)** o interesse público seja excepcional.

A contratação temporária não exige concurso público, mas é necessário fazer um processo seletivo simplificado para garantir um mínimo de moralidade, sendo esse ser dispensado em situações justificadas, procedendo-se à análise de *curriculum*. Nesse sentido, confira a seguinte decisão do STF:

"A regra é a admissão de servidor público mediante concurso público: CF, art. 37, II. As duas exceções à regra são para os cargos em comissão referidos no inciso II do art. 37, e a contratação de pessoal por tempo determinado para atender a necessidade temporária de excepcional interesse público. CF, art. 37, IX. Nessa hipótese, deverão ser atendidas as seguintes condições: a) previsão em lei dos cargos; b) tempo determinado; c) necessidade temporária de interesse público; d) interesse público excepcional." (ADI 2.229)

Conforme mencionado, os contratados são regidos pelo regime *sui generis* estabelecido na lei citada, não sendo correto dizer que são contratados pelo regime celetista, já que eles têm um estatuto próprio.

Assim sendo, compete à Justiça Comum e não à Justiça do Trabalho julgar as controvérsias decorrentes dessa relação, conforme vem decidindo pacificamente o STF (ADI 3.395-MC-DF).

6.8. DIREITO DE GREVE E DE SINDICALIZAÇÃO

A Constituição de 1988, em sua redação original, contemplava o direito de greve no serviço público, mas o condicionava à edição de uma *lei complementar*.

Essa lei acabou não sendo editada e o STF, chamado a se pronunciar, decidiu, num mandado de injunção julgado nos anos 90, que o direito de greve do servidor era norma de eficácia limitada, não sendo ser exercido enquanto não fosse regulamentado.

Na ocasião, o STF se limitou a declarar a mora legislativa, adotando a teoria não concretista, pela qual o mandado de injunção não se presta a suprir lacunas legislativas, mas apenas a constatar a mora, quando esta existir.

Sobreveio a EC 19/1998, pela qual o direito de greve do servidor ficava mantido, sendo ser exercido nos termos e limites definidos em *lei específica* (art. 37, VII).

Outra década se passou sem a edição da tal lei específica. Até que, em 2007, o STF, rompendo com sua tradição em mandado de injunção, adotou a teoria concretista geral, julgando procedente novos mandados de injunção sobre o assunto (MIs 670/ES, 708/DF e 712/PA), para declarar *mora legislativa abusiva* e **conceder ao servidor o direito de exercer greve**, observados os preceitos da Lei 7.783/1989, que trata da greve na iniciativa privada.

A decisão resolveu preencher uma lacuna legislativa, com efeitos *erga omnes*, utilizando-se da analogia para determinar a utilização da lei referida até que adviesse a lei específica preconizada na Constituição.

A partir dessa decisão, começaram a surgir várias discussões sobre os contornos do direito de greve.

Sobre os **serviços que não podem ser objeto de greve**, além das proibições constitucionais relativas aos *militares das forças armadas* e aos *policiais militares* (art. 142, § 3º, IV, c/c art. 42, § 1º da CF), há entendimento do Min. Eros Grau no sentido de que *policiais civis* também não podem entrar em greve. Aliás, para esse Ministro, o direito de greve não é absoluto. Há serviços públicos em que a coesão social impõe que sejam prestados plenamente, em sua totalidade.

Nesse sentido, Eros Grau entende ser proibida a greve nos serviços de *segurança pública*, de *administração da Justiça*, de *arrecadação tributária* e de *saúde pública* (Recl 6.568, DJ 25.09.2009), posição que ainda não está pacificada no STF.

No STJ, por sua vez, vem se admitindo a greve nos mais variados setores, salvo os proibidos pela Constituição. No entanto, levando em conta os princípios da supremacia do interesse público e da continuidade do serviço público, esse tribunal vem, caso a caso, estipulando um **percentual mínimo** de pessoal a continuar trabalhando a fim de que não haja paralisação total dos serviços.

A título de exemplo, o STJ, considerando o período eleitoral, definiu em 80% o mínimo de servidores necessários na Justiça Eleitoral (Pet 7.933, DJ 08.06.2010). Para a Justiça Federal, fixou-se em 60% o mínimo de servidores em serviço (Pet 7.961, DJ 18.06.2010). E para os médicos peritos do INSS, determinou-se que 50% mantivessem o trabalho (Pet 7.985, DJ 25.06.2010).

Para fazer valer suas decisões o STJ vem fixando o pagamento de **multa** à entidade representante dos trabalhadores no caso de descumprimento de decisão relativa à greve. Trata-se de multa diária, que vem sendo fixada entre R$ 50 mil e R$ 100 mil para sindicatos de grande porte.

Outro ponto interessante diz respeito à possibilidade de **corte nos vencimentos** dos grevistas. No STJ, ainda há controvérsia a respeito. O posicionamento tradicional admite o corte (STJ, MS 15.272-DF). Mas há decisão no sentido de que, por se tratar de direito Constitucional do servidor e envolver verba alimentar, o corte prévio é proibido, devendo-se buscar a compensação dos dias paralisados sob pena de reposição ao erário dos vencimentos pagos (MC 16.744, DJ 10.05.2010). É bom lembrar que a Lei 8.112/1990 dispõe que só por lei e por mandado judicial é possível o desconto de vencimentos (art. 45). Ademais, ainda não foi instituído um Fundo de Greve, com contribuições para o exercício desse direito Constitucional. Nada impede, todavia, que se determine que o servidor grevista reponha, posteriormente, as horas não trabalhadas.

Por fim, vale lembrar que não é possível **exonerar ou demitir** servidor por ter participado de movimento grevista. Há várias leis no país dispondo que o servidor em estágio probatório que participar de greve deve ser exonerado. Tais leis ferem o direito constitucional de greve e o princípio da isonomia, segundo o STF (ADI 3.235, DJ 12.03.2010).

É importante ressaltar, ainda, que a Constituição veda a greve dos militares das Forças Armadas (art. 142, § 3º, IV, CF) e, por extensão, dos militares dos Estados-membros, do Distrito Federal e dos Territórios (art. 42, § 1º, CF).

Quanto ao direito de sindicalização, o art. 37, VI, da CF estabelece que *"é garantido ao servidor público civil o direito à livre associação sindical"*. Aqui também incide vedação aos militares (art. 142, § 3º, IV, CF).

6.9. PROIBIÇÃO DE ACUMULAÇÃO REMUNERADA

A Constituição traz regra proibindo a acumulação remunerada de cargos públicos (art. 37, XVI).

Nada obstante, desde que haja compatibilidade de horários, admite-se a acumulação remunerada nos seguintes casos: a) de dois cargos de professor; b) um cargo de professor com outro, técnico ou científico; c) a de dois cargos ou empregos privativos de profissionais da saúde com profissões regulamentadas (alteração feita por força da EC 34/01).

Quanto à **extensão da regra**, deve-se ressaltar que a proibição vale também para empregos e funções e abrange autarquias, fundações, empresas públicas, sociedades de economia mista, suas subsidiárias e sociedades controladas, direta ou indiretamente, pelo Poder Público.

Outros casos trazidos na Constituição de permissão de acumulação remunerada são os seguintes: a) magistrados e membros do Ministério Público: permite-se acumulação com um cargo ou função de professor (art. 95, parágrafo único, I, e art. 128, § 5º, II, "d", ambos da CF, respectivamente); b) vereador: pode acumular, mas desde que haja compatibilidade de horários (art. 38, III, CF); caso não haja tal compatibilidade, o eleito deve se afastar do cargo, emprego ou função que tinha, tendo a faculdade de escolher qual remuneração deseja receber como vereador, se a que detinha antes ou a prevista para o cargo eletivo; c) prefeito: não pode acumular, devendo afastar-se do cargo, emprego ou função que detinha, podendo optar pela remuneração (art. 38, II, CF); d) mandato eletivo federal, estadual e distrital: ficará afastado do cargo, emprego ou função anterior (art. 38, I, CF), sem poder optar pela remuneração.

Nos casos de afastamento, o tempo de serviço do mandato será contado para todos os fins do cargo, emprego ou função originais (previdenciários, para concessão de quinquênios etc.), exceto promoção por merecimento.

A **finalidade** de tal regra é evitar que o exercício de várias funções possa comprometer a boa qualidade do serviço, atendendo também a critérios de moralidade (quanto aos cargos em comissão), bem como à necessidade de se permitir que outras pessoas possam ter oportunidade de acesso a cargos, empregos ou funções públicas. As exceções, por sua vez, visam a melhor aproveitar pessoas que tenham capacidade técnica e científica para dadas atribuições.

Vale salientar que, mesmo nos casos em que há permissão de acumulação remunerada de cargos públicos (casos que tem rol taxativo na Constituição), tem-se que cumprir ainda o requisito da **compatibilidade de horários**, dos dois cargos que se pretende acumular. Por conta disso o TCU decidiu no Acórdão 2.133/05 que o limite máximo de horas de trabalho nos dois cargos em que se pretende a acumulação é de 60 horas semanais, decisão fundamentada na presunção de que, mais do que isso, haveria comprometimento da qualidade do serviço. Todavia, o STJ tem decidido que esse limite não tem força normativa, nem há lei estabelecendo carga horária máxima, seja diária, seja semanal. Dessa forma, a compatibilidade de horários deve ser vista caso a caso, não se fazendo fazer presunção de que 60 horas é o máximo permitido por semana (AgRg no AREsp 291.919-RJ, j. em 18.04.2013).

Há de se ressaltar também que em qualquer dos casos de acumulação comentados neste item faz-se mister respeitar o disposto no inciso XI do art. 37 da Constituição quanto aos **tetos remuneratórios**. Assim sendo, a somatória dos valores recebidos em acumulação não pode ultrapassar o teto respectivo, sofrendo o agente um corte na folha de pagamento se tal ocorrer.

Diante das regras sobre proibição de acumulação remunerada de cargo, emprego ou função, confira-se a casuística do STF e do STJ a respeito do tema:

a) é vedada a acumulação dos cargos e remuneração de vereador e secretário municipal, sendo em esta interpretação sistemática dos arts. 36, 54 e 56 da CF, bem como o princípio da separação dos Poderes (STF, RE 497.554/PR);

b) é vedada a acumulação dos cargos de médico com cargo de perito criminal da polícia civil na modalidade médico veterinário (STF, RE, 248.248);

c) é vedada a acumulação dos cargos de inspetor escolar com o de supervisor pedagógico, pois não diz respeito à exceção, que deve ser interpretada estritamente, em que se permite a acumulação de dois cargos de professor ou um técnico com um de professor (STF, RE 382.389);

d) é vedada a acumulação de dois cargos de jornalista (STF, RE 463.028);

e) é permitida a acumulação de cargo de médico militar com o de professor de instituição pública de ensino; primeiro porque o médico militar não desempenha função típica de militar, circunstância, que, se existisse, impediria a acumulação; segundo porque a Constituição admite a acumulação de cargo de *professor* com cargo *técnico ou científico*, sendo que o cargo de médico é considerado técnico ou científico, pois sua ocupação pressupõe formação em área especializado do conhecimento, dotada de método próprio (STJ, RMS 39.157);

Questão bastante interessante é se é possível acumular dois cargos a princípio inacumuláveis, quando **não há** acumulação **remunerada**. A questão é pertinente, pois a Constituição veda a "acumulação remunerada de cargos", de modo que, caso haja acumulação não remunerada, ou seja, atua-se em dois cargos, mas recebe-se só por um, em tese caberia a acumulação. Porém, a questão é mais delicada do que isso é há vasta controvérsia a respeito. Há três correntes sobre o tema:

a) não cabe acumulação de cargos inacumuláveis mesmo quando só há remuneração em um deles; essa posição é a que prevalece no STF e no TCU; este (o TCU) editou a Súmula 246, que inclusive proíbe a acumulação quando, além de não haver dupla remuneração, está-se de licença para tratar de interesses particulares num dos cargos, portanto, estar-se a trabalhar apenas em um dos cargos; confira: "o fato de o servidor licenciar-se sem vencimentos, do cargo público ou emprego que exerça em órgão ou entidade da administração direta ou indireta não o habilita a tomar posse em outro cargo ou emprego público, sem incidir no exercício cumulativo vedado pelo art. 37 da Constituição Federal, pois que o instituto da acumulação de cargos se dirige a cargos, empregos e funções públicas, e não apenas à percepção de vantagens pecuniárias"; o STF também vai no mesmo sentido, conforme se verifica dos REs 180.597/CE e 300220/CE;

b) **cabe acumulação de cargos inacumuláveis desde que só haja remuneração em um deles e que no outro cargo o servidor não esteja trabalhando, mas em licença para tratar de assuntos particulares**; essa interpretação tem em mira duas regras; a primeira, de que a proibição de acumulação é clara é expressa no sentido de que só está proibida a acumulação "remunerada" (art. 37, XVI, da CF); a segunda, de que "é proibida a prestação de serviços gratuitos, salvo os casos previstos em lei" (art. 4º da Lei 8.112/1990); e quando se tem alguém com dois cargos inacumuláveis, mas em que um deles está-se com licença para tratar de assuntos particulares, não há nem acumulação remunerada, nem prestação de serviços sem gratuitos; esse caso é típico de alguém que está num cargo "A" e passa num concurso para um cargo "B", ocasião em que pede uma licença para tratar de assuntos particulares do cargo "A" e, logo que a consegue, toma posse no cargo "B", avaliando, no tempo da licença, se valerá à pena continuar no cargo "B" ou sair dele, voltando a trabalhar no cargo "A", quando cessar a licença;

c) **cabe acumulação de cargos inacumuláveis desde que simplesmente só haja remuneração em um deles**; essa é a posição mais liberal é permite sem restrições (salvo a de compatibilidade de horários), que uma pessoa tenha dois cargos inacumuláveis, desde que escolha a remuneração de um deles e receba só de um deles; o fundamento da posição é que a Constituição só proíbe a acumulação "remunerada" (art. 37, XVI, da CF), não havendo vedação há acumulação de cargos, trabalhando-se nos dois, mas só se recebendo de um; ademais, as exceções devem ser interpretadas restritivamente, de modo que não se pode tirar da norma palavra nela contida de modo a alargar uma exceção nela prevista.

Nossa opinião é que, havendo compatibilidade de horários e inexistência de violação ao princípio da separação de poderes, é cabível a acumulação de cargos inacumuláveis desde que só há remuneração pela prestação de serviços de um deles. Trata-se de interpretação que leva em consta a primazia do texto constitucional, que, claramente, veda apenas a acumulação "remunerada" de cargos, não podendo a lei infraconstitucional passar por cima desse comando, nem mesmo uma interpretação criar restrição onde não haja. Porém, os requisitos da compatibilidade de horários, por ser um imperativo lógico, e do respeito à separação dos poderes (art. 2º da CF), devem ser cumpridos. Um exemplo é alguém querer cumular o cargo de secretário municipal (Poder Executivo) e de vereador (Poder Legislativo). Considerando que a ideia de separação de poderes parte da premissa dos freios e contrapesos e, consequentemente, do imperativo lógico de que, quem freia ou serve de contrapeso não pode frear a si mesmo, e que uma das funções do Poder Legislativo é justamente fiscalizar o Executivo, a acumulação trazida como exemplo é inconstitucional.

Tema correlato é o da **acumulação de remuneração com aposentadoria.** Também, como regra, é proibida. Como exceção pode existir tal acumulação se os cargos da ativa e da inatividade forem cumuláveis entre si. Outra exceção importante é a que permite a acumulação da aposentadoria com a remuneração de um cargo em comissão ou de um mandato eletivo (art. 37, § 10, CF). Perceba que a regra que veda a percepção simultânea de proventos de aposentadoria com remuneração de cargo, emprego ou função diz respeito tão somente às aposentadorias especiais, ou seja, a dos ocupantes de cargos efetivos (art. 40, CF), a dos militares estaduais (art. 42, CF) e a dos militares das Forças Armadas (art. 142, CF). Essa acumulação não é vedada quando se trata de acumulação de proventos de aposentadoria com remuneração proveniente de contratação temporária (STJ, REsp 1.298.503, DJ 13.04.2015).

Porém, não se admite acúmulo tríplice de provimentos e vencimentos de professor, mesmo que decorrentes de aprovações em concursos públicos posteriores à vigência da EC 20/98 (STF: AI 545.424 AgRg, DJ de 25.03.2013; AI 529.499 AgR, DJ 17.11.2010).

6.10. ESTABILIDADE E ESTÁGIO PROBATÓRIO

O instituto da *estabilidade* está previsto no art. 41 da CF. A partir do texto constitucional, a doutrina aponta três requisitos para sua aquisição: a) nomeação para "cargo efetivo", em virtude de concurso público; b) "três anos de efetivo exercício" no cargo; c) aprovação em "avaliação especial de desempenho por comissão instituída para essa finalidade".

O primeiro requisito ("cargo efetivo") foi introduzido pela EC 19/98. A redação anterior exigia apenas que o "servidor" fosse nomeado em virtude de concurso, não havendo referência ao cargo ser efetivo ou não, o que permitia que servidores celetistas em geral pudessem pleitear a estabilidade.

A atual redação, porém, parece ter deixado claro que somente servidores titulares de verdadeiros cargos efetivos teriam direito à estabilidade.

Porém, o TST, chamado a se manifestar sobre o tema, concluiu que os "servidores celetistas" das pessoas jurídicas de direito público (União, Estados, DF, Municípios, autarquias, fundações públicas, agências reguladoras e associações públicas) também têm direito à estabilidade, direito esse que só não existe para os celetistas das pessoas jurídicas de direito privado estatal, como a empresa pública e a sociedade de economia mista (Súmula 390 do TST).

Quanto ao segundo requisito ("três anos de efetivo exercício"), esse também foi alterado pela EC 19/1998. Na redação original exigiam-se dois anos de efetivo exercício. Essa redação fazia com que a Administração Pública estipulasse como estágio probatório o período de dois anos, porque esse estágio sempre foi considerado o tempo de efetivo exercício em que se verificaria se o servidor empossado tinha ou não aptidão para auferir a definitiva titularidade do cargo.

Ocorre que a Constituição foi alterada, aumentando o tempo de exercício para três anos, e os estatutos de funcionário público não acompanharam essa modificação. Exemplo disso é o próprio estatuto federal (Lei 8.112/1990). Isso fez com que os tribunais, num primeiro momento, decidissem que o prazo para estágio probatório é um e o prazo de efetivo exercício para adquirir a estabilidade é outro. Esse posicionamento tinha repercussão prática, pois há direitos que só existem após o fim do estágio probatório (ex.: direito de promoção) e, sendo esse mais curto, pessoas que ainda não tinham estabilidade poderiam gozar desses direitos após os dois anos de estágio.

O STF (STA 269 AgR, DJ 26.02.2010) e o STJ (MS 12.523/DF, DJ 18.08.2009) se posicionaram no sentido de que o período de estágio probatório deve coincidir com o período de efetivo exercício para a aquisição da estabilidade, no caso, ambos os períodos são de 3 anos e correm conjuntamente, pouco importando a redação do estatuto local.

Vale ressaltar que esses tribunais vêm entendendo que os períodos de estágio probatório e efetivo exercício ficam suspensos quando o servidor é afastado ou cedido para outro órgão (STJ, RMS 23.689, DJ 07.06.2010).

Ademais, para o STF (MS 22.744, DJ 26.11.2004) e para o STJ (RMS 23.689, DJ 07.06.2010), não pode o servidor em estágio probatório aposentar-se voluntariamente, uma vez que o estágio probatório constitui etapa final do processo seletivo para a aquisição da titularidade do cargo público.

Passando ao terceiro requisito para a estabilidade ("avaliação especial de desempenho por comissão instituída para essa finalidade"), o primeiro ponto exigido pelo STF (AI 623.854, DJ 23.10.2009) e pelo STJ (RMS 20.934, DJ 01.02.2010) é que seja um procedimento que não é de natureza disciplinar (não sendo necessário cumprir os requisitos do processo disciplinar), mas que assegure o devido processo legal, o que impõe observância do contraditório e da ampla defesa. Assim, exige-se que o servidor possa apresentar defesa, instruir o procedimento com provas e ter contra si exarada decisão devidamente motivada.

Outro direito do servidor é que a avaliação de desempenho ocorra no limite dos três anos de efetivo exercício. Isso significa que, após o transcurso desse prazo, sem a realização da avaliação, o servidor pode ser considerado estável, pois a desídia da Administração não pode ser a ele imputada, presumindo-se que o servidor teve reconhecida sua aptidão.

Após o transcurso dos três anos de efetivo exercício, o servidor pode até ser exonerado por inaptidão para o cargo, mas desde que a avaliação de desempenho tenha se dado durante o período de estágio probatório e a exoneração tenha sido motivada nas suas conclusões (STJ, RMS 23.504, DJ 02.08.2010).

Outro posicionamento diz respeito a quem deve proceder à avaliação de desempenho. Nesse sentido, o STJ entende que não há violação ao art. 41 da CF quando a chefia imediata promove a avaliação de desempenho do servidor, funcionando a Comissão de Avaliação como órgão revisor e como órgão emissor do parecer final do estágio probatório (RMS 23.504, DJ 02.08.2010).

Também já restou pacificado que o servidor que sai de um cargo numa dada administração (por exemplo, de policial militar) e vai para outro cargo na mesma administração (por exemplo, de policial civil) não pode aproveitar o estágio probatório anteriormente cumprido (STJ, RMS 20.934, DJ 01.02.2010).

Vale igualmente lembrar que os servidores em estágio probatório não podem sofrer restrições que não decorram explícita ou implicitamente da lei. Nesse sentido, o STF proíbe a discriminação dos não estáveis, caso lei ou ato normativo estabeleça que estes, se participarem de greve durante o estágio probatório, estão sujeitos à exoneração (ADI 3.235, DJ 12.03.2010). Servidor em estágio probatório tem, portanto, direito de greve.

Ficam, então, noticiadas as principais decisões sobre a estabilidade e o estágio probatório, devendo o candidato ficar atento a outras decisões, uma vez que o tema é corrente na jurisprudência.

6.11. DISPONIBILIDADE

É a colocação do servidor estável em inatividade remunerada, até seu adequado aproveitamento em outro cargo, com proventos proporcionais ao seu tempo de serviço.

Trata-se de direito do servidor, desde que estável, que ocorre nas seguintes situações: a) quando o cargo é extinto; b) quando o cargo é declarado desnecessário; c) quando um servidor é reintegrado e volta para o cargo para onde foi chamado um novo servidor, ficando este desalojado por não ter um cargo de origem, podendo, se já estável, ser colocado em disponibilidade.

É importante ressaltar que só tem esse direito quem já é estável (*vide* § 3º do art. 41 da CF há pouco transcrito). Nesse sentido, dispõe a Súmula 22 do STF que: "o estágio probatório não protege o funcionário contra a extinção do cargo".

Nunca se deve esquecer de que a CF é taxativa no sentido de que na disponibilidade a remuneração será proporcional ao tempo de serviço do agente. Antes da EC 19/1998, o STF entendia que era integral, portanto é bom saber que agora é proporcional.

A disponibilidade a que estão sujeitos os juízes e promotores não implica remuneração proporcional, sob pena de ofensa à vitaliciedade a que têm direito, de maneira que será integral a remuneração para essas situações.

6.12. SISTEMA REMUNERATÓRIO

Para que se possa entender o sistema remuneratório dos servidores públicos, de rigor verificar os seguintes conceito:

a) remuneração (estipêndio/vencimentos): devida à grande massa de servidores, corresponde ao padrão fixado em lei (vencimento), mais vantagens pessoais;

b) salário: devido aos empregados públicos da Administração Direta e Indireta, vale dizer, àqueles regidos pela CLT;

c) subsídio: modalidade de remuneração fixada em parcela única e devida aos agentes políticos (art. 39, § 4º, CF: fala-se em membro de Poder, detentor de mandato eletivo, Ministros de Estado e Secretários Estaduais e Municipais), membros do Ministério Público, aos Policiais (art. 144, § 9º, CF), Procuradores de Estado, Defensores Públicos, Procuradores da Fazenda Nacional e integrantes da Advocacia Geral da União (art. 135), bem como Ministros dos Tribunais de Contas. O § 8º do art. 39 da CF abre possibilidade de a remuneração dos servidores organizados em carreira ser também por subsídio, nos termos de lei. Vale ressaltar que no subsídio não se fala em vantagens pessoais, já que se trata de parcela única, vedado o acréscimo de qualquer gratificação, adicional, abono, prêmio, verba de representação ou outra espécie remuneratória, obedecido ao teto remuneratório constitucional. Entretanto, os direitos gerais dos servidores previstos no § 3º do art. 39 da CF permanecem.

d) adicionais: devidos por tempo de serviço ou função especial, que exige conhecimentos especializados ou um regime próprio de trabalho. O adicional se relaciona com o tempo (adicional de tempo) ou com a função (adicional de função – ex.: por dedicação integral, por nível universitário);

e) gratificações: devidas por condições personalíssimas ou por anormalidades no desempenho da função, com característica de precariedade. As gratificações se relacionam com o servidor (pessoal: por ter filho – salário família etc.) ou com o serviço (segurança, insalubridade ou onerosidade);

f) indenizações: mero ressarcimento de despesas efetuadas pelo agente no desempenho de atividade pública, não se incorporando na remuneração. Ex.: ajuda de custo (mudança), diárias (despesas para viagem a trabalho) e auxílio-transporte (condução para o trabalho).

A par dos conceitos acima, tem-se como fundamental também verificar os seguintes princípios o regras desses sistema:

a) proibição de efeito cascata: vantagens e gratificações não podem incidir umas sobre as outras. Nesse sentido, *vide* o inciso XIV do artigo 37 da CF: *"os acréscimos pecuniários percebidos por servidor público não serão computados nem acumulados para fins de concessão de acréscimos ulteriores".*

b) fixação por lei e revisão geral anual: *a remuneração e o subsídio somente poderão ser fixados ou alterados por lei específica, observada a iniciativa privativa em cada caso. Fica assegurada revisão geral anual, sempre na mesma data e sem distinção de índices.* O STF é pacífico no sentido de que não é possível que iniciativa ou emenda parlamentar disponha sobre o aumento de remuneração dos servidores, de iniciativa privativa do Executivo (arts. 61, § 1º, II, "a", e 63, I, ambos da CF), sendo que a fixação ou alteração de remuneração depende de lei específica (art. 37, X, da CF), ficando vedada a ainda que a lei estabeleça vinculação ou equiparação remuneratórias para efeito de remuneração de pessoal (art. 37, XIII, da CF), conforme se pode conferir na ADI 64/RO. No que diz respeito aos membros da polícia no Distrito Federal, o STF editou a Súmula Vinculante n. 39: "Compete privativamente à União legislar sobre vencimentos dos membros das polícias civil e militar e do corpo de bombeiros militar do Distrito Federal".

c) teto remuneratório: a EC 41/2003 modificou o inciso XI do art. 37 da CF, que antes trazia como teto único o subsídio dos Ministros do STF, estabelecendo um teto nacional existente também no subsídio mensal, em espécie, dos Ministros do STF, bem como subtetos. Na esfera da união vale o teto nacional para todos os Poderes. Nos Estados e DF tem-se como subtetos no âmbito do Executivo o subsídio do Governador, no âmbito do Legislativo o subsídio dos Deputados estaduais/distritais e no âmbito do Judiciário o subsídio dos Desembargadores do TJ, limitado este a 90,25% do subsídio dos Ministros do STF. A EC 47/2005 permite aos Estados e ao DF, por meio de emenda às respectivas constituições e Lei Orgânica, adotar como limite único o subsídio dos Desembargadores do TJ, não se aplicando a regra aos subsídios dos deputados estaduais e distritais e dos vereadores. Nos Municípios, o subteto é o subsídio do Prefeito. Estabeleceu-se, ainda, como subteto para os membros do MP, Procuradores e Defensores Públicos, o subsídio dos Desembargadores do TJ. Vale salientar que o valor do que deve estar sentido no teto abrange a remuneração e o subsídio, os proventos, pensões ou outra espécie remuneratória, percebidos cumulativamente ou não, incluídas as vantagens pessoais ou de qualquer outra natureza. Além disso, a regra do teto atinge os ocupantes de cargos, funções e empregos públicos da administração, direta, autárquica e fundacional, membros dos Poderes da União, dos Estados, do DF e dos Municípios, detentores de mandato eletivo e demais agentes políticos. Aplica-se também às empresas públicas e sociedades de economia mista e suas subsidiárias que receberem recursos da União, dos Estados, do Distrito Federal ou dos Municípios para pagamento de despesas de pessoal ou custeio em geral (art. 37, § 9º, CF).

Vale ressaltar que o STF vinha entendendo que "as vantagens pessoais percebidas antes da entrada em vigor da EC 41/2003 não se computam para fins de cálculo do teto constitucional" (MS 27565, j. 18.10.2011). Nesse caso, reconheceu-se a procurador da república aposentado o direito de, a partir da data da impetração, continuar a receber, sem redução, o montante bruto que percebia anteriormente à EC 41/2003, até a sua total absorção pelas novas formas de composição de seus proventos. Porém, o mesmo STF reconheceu a eficácia imediata do abate-teto sobre salários e proventos de servidores públicos ativos e inativos e a inclusão de vantagens pessoais no teto remuneratório , em decisão que entendeu por bem "fixar a tese de que o teto de remuneração estabelecido pela Emenda Constitucional 41/2003 é de eficácia imediata, submetendo às referências de valor máximo nela fixadas todas as verbas remuneratórias percebidas pelos servidores de União, estados e municípios, ainda que adquiridas sob o regime legal anterior" (RE 609.381, j. 02.10.2014).

d) proibição de vinculação ou equiparação: *é vedada a vinculação ou equiparação de quaisquer espécies remuneratórias para efeito de remuneração dos servidores*; o STF entende violada essa regra quando se vincula o reajuste de vencimentos ao incremento da arrecadação de ICMS (RE 218.874/SC) ou que vincula o reajuste do subsídio do governador ao reajuste concedido aos servidores (ADI 3491); o mesmo tribunal editou a Súmula Vinculante n. 37, tratando, ainda, da proibição de aumento de vencimento dos servidores com fundamento na isonomia ("Não cabe ao Poder Judiciário, que não tem função legislativa, aumentar vencimentos de servidores públicos sob o fundamento de isonomia"); vide, a respeito, a decisão proferida pelo STF no RE 592.317/RJ, j. 28.08.2014;

e) irredutibilidade: *os subsídios e os vencimentos são irredutíveis* (art. 37, XV, CF); o STF entende que fere esse princípio o aumento na carga de trabalho do servidor sem o consequente aumento na remuneração (RE 255792/MG); entende também que o princípio é violado quando se desconta a remuneração de servidor afastado de suas funções por responder por processo penal em face da acusação de cometimento de crime funcional (RE 482.006); entende ainda que a aplicação do teto remuneratório previsto na EC 41/03 não fere direito adquirido nem o princípio da irredutibilidade, eis que que os excessos eventualmente percebidos fora dessas condições, ainda que com o beneplácito de disciplinas normativas anteriores, não estariam amparados pela regra da irredutibilidade, ressaltando, ademais, que o pagamento de remunerações superiores aos tetos de retribuição, além de se contrapor a noções primárias de moralidade, de transparência e de austeridade na administração dos gastos com custeio, representaria gravíssima quebra da coerência hierárquica essencial à organização do serviço público (RE 609.381, j. 02.10.2004);

f) proibição de indexação: o STF editou a Súmula Vinculante n. 42, com o seguinte teor: "É inconstitucional a vinculação do reajuste de vencimentos de servidores estaduais ou municipais a índices federais de correção monetária";

g) publicação obrigatória: "os Poderes Executivo, Legislativo e Judiciário publicarão anualmente os valores do subsídio e da remuneração dos cargos e empregos públicos" (art. 39, § 6º, CF).

h) direitos dos ocupantes de cargos públicos: o § 3º do artigo 39 da Constituição dispõe que se aplica aos servidores ocupantes de cargo público o disposto no art. 7º, IV, VII, VIII, IX, XII, XIII, XV, XVI, XVII, XVIII, XIX, XX, XXII e XXX.

Confira o disposto no incisos citados do art. 7º da CF: IV e VII (salário mínimo), VIII (décimo terceiro salário), IX (remuneração de trabalho noturno superior à do diurno), XII (salário-família ao trabalhador de baixa renda), XIII (jornada diária não superior a 8 horas e semanal não superior a 44 horas, facultadas compensações), XV (repouso semanal remunerado), XVI (hora extra superior em pelo menos 50% da hora normal), XVII (férias anuais, com 1/3 a mais de remuneração), XVIII (licença à gestante de 120 dias), XIX (licença-paternidade), XX (proteção do mercado de trabalho da mulher), XXII (redução dos riscos do trabalho) e XXX (proibição de diferença de salário, função ou admissão por discriminação).

6.13. APOSENTADORIA

Consiste na transferência para a inatividade remunerada, cumpridos certos requisitos. Vejamos os tipos de aposentadoria:

Por invalidez: deve ser invalidez permanente, sendo os proventos proporcionais ao tempo de contribuição, exceto se decorrente de acidente em serviço, moléstia profissional ou doença grave contagiosa ou incurável, na forma da lei.

Compulsória: aos 75 anos de idade, com proventos proporcionais ao tempo de contribuição. Antes a aposentadoria em questão se dava aos 70 anos. Porém, a EC 88/2015 estabeleceu que essa aposentadoria passava a se dar aos 75 anos para ministros do STF, dos Tribunais Superiores e do TCU, podendo o legislativo estender para as demais carreiras públicas essa regra, o que acabou sendo feito pelo Congresso Nacional, de modo que agora a aposentadoria compulsória se dá aos 75 anos para todos os cargos públicos.

Voluntária: a pedido do interessado.

a) **com remuneração proporcional ao tempo de serviço:** aos 65 anos/homem e 60 anos/mulher;

a) **com remuneração integral:** aos 60 anos/homem (mínimo de 35 anos de contribuição) e 55 anos/mulher (mínimo de 30 anos de contribuição).

As aposentadorias mencionadas ficam condicionadas a que o agente tenha tempo mínimo de 10 anos de efetivo exercício no serviço público e 5 anos no cargo efetivo em que se dará a aposentadoria.

No caso de professor que comprove exclusivo e efetivo magistério na educação infantil/ensino fundamental/ensino médio reduz-se em 5 anos a idade e o tempo de contribuição para a concessão de aposentadoria voluntária integral. Nesse tema o STF entende que, "salientando que a atividade docente não se limita à sala de aula, e que a carreira de magistério compreende a ascensão aos cargos de direção da escola, o Tribunal, por maioria, julgou parcialmente procedente o pedido formulado para conferir interpretação conforme, no sentido de assentar que as **atividades mencionadas de exercício de direção de entidade escolar e as de coordenação e assessoramento pedagógico também gozam do benefício, desde que exercidas por professores**" (ADI 3.772/DF – g.n.).

Vale consignar que a Constituição abre espaço para o fim da aposentadoria com limite na remuneração integral. Confira-se a redação trazida pela EC 20/1998 ao § 14 do art. 40: *"a União, os Estados, o Distrito Federal e os Municípios, desde que instituam regime de previdência complementar para os seus respectivos servidores titulares de cargo efetivo, poderão fixar, para o valor das aposentadorias e pensões a serem concedidas pelo regime de que trata este artigo, o limite máximo estabelecido para os benefícios do regime geral de previdência social de que trata o art. 201".* O § 15 do mesmo artigo diz que a lei complementar disporá sobre as normas gerais para instituição do regime de previdência complementar em questão.

A possibilidade citada não saiu do papel, daí porque o constituinte derivado editou a EC 41/2003 limitando o valor dos benefícios previdenciários dos agentes públicos e determinando a instituição de previdência complementar fechada, de natureza pública e na modalidade de contribuição definida.

Assim, dispôs o texto constitucional que os proventos serão calculados considerando as remunerações utilizadas como base para as contribuições do servidor aos regimes de que tratam os arts. 40 e 201 da CF, na forma da lei (art. 40, § 3º), estabelecendo como limite máximo para o valor dos benefícios do regime geral do art. 201 a quantia de R$ 2.400,00, reajustada a partir da publicação da EC/41 pelos índices aplicados aos benefícios do regime geral (art. 5º, EC/41).

Quanto à previdência complementar dos servidores públicos, foi criada na esfera federal pela Lei 12.618/2012, sobre a qual vale fazer os seguintes apontamentos:

a) essa lei entrou totalmente em vigor, quanto ao Poder Executivo, com a edição do Decreto 7.808, publicado em 21 de setembro de 2012 (*vide* art. 33 da Lei 12.618/2012), decreto esse que criou a Fundação de Previdência Complementar do Servidor Público Federal do Poder Executivo (Funpresp-Exe); quanto ao Poder Judiciário, com a edição da Resolução STF 496/2012, publicada em 29.10.2012; e quanto à Câmara dos Deputados, ao Senado Federal e ao Tribunal de Contas da União, estes três órgãos celebraram, em 31.01.2013, Convênio de adesão à Funpresp-Exe, como patrocinadores do plano sob administração desta; com isso agentes públicos federais que ingressaram no serviço público após as datas mencionadas passaram a ter como limite máximo de aposentadoria o previsto para o Regime Geral De Previdência (art. 3º, I, da Lei 12.618/2012), mas com a possibilidade de complementar esse valor com o regime de previdência complementar; porém, servidores que tenham ingressado no serviço público até data anterior ao início da vigência de previdência complementar poderão, mediante prévia e expressa opção, aderir ao regime de previdência complementar (art. 1º, § 1º, da Lei 12.618/2012), mas aplicando-se a ele o limite máximo estabelecido para os benefícios do regime geral de previdência, o que, mesmo havendo um benefício especial em favor desses servidores mais antigos que aderirem (art. 3º, §§ 1º e 2º, da Lei 12.618/2012), fará com que dificilmente um servidor que tenha ingressado no serviço público antes da vigência do regime em questão tenha interesse em aderir a ele;

b) o regime de previdência complementar é aplicável não só aos servidores públicos do Executivo em geral, como também do Judiciário, do Legislativo, Ministério Público da União (MPU) e Tribunal de Contas da União (TCU), como também aos membros do Judiciário, do MPU e do TCU, ou seja, atingindo juízes federais e do trabalho, desembargadores, ministros dos tribunais superiores, procuradores da república e do trabalho e ministros dos tribunais de contas;

c) a lei define como **patrocinadores** a União, suas autarquias e fundações, como **participante**, o servidor titular de cargo e o membro de poder, que aderirem aos planos de benefícios administrados pelas entidades; e como **assistidos**, o participante ou o seu beneficiário em gozo de benefício de prestação continuada (art. 2º da Lei 12.618/2012);

d) os planos de benefício da Lei 12.618/2012 são estruturados na modalidade de **contribuição definida**, sendo que a alíquota que incidirá sobre o valor que superar o benefício do regime geral da previdência (art. 16 e ss.) e será definida pelo servidor anualmente, com o servidor e o patrocinador pagando a mesma alíquota, até o limite de 8.5% no caso da alíquota a ser paga pelo patrocinador; assim, imaginemos que o teto do regime geral de previdência fosse de R$ 2.400,00 (esse é o valor original quando da reforma da previdência, mas é reajustado constantemente desde lá); imagine agora que um servidor federal que adira ao regime de previdência complementar ganhe R$ 8.000,00 por mês; nesse caso, sobre R$ 2.400,00 serão devidas as contribuições correntes da União e do servidor; e sobre a diferença entre o que ganha o servidor e o teto da previdência geral (diferença que, no caso, é de R$ 5.600,00), incidirá alíquota para fazer frente à previdência complementar, sendo que o servidor é quem define, todo ano, quanto quer pagar de alíquota (por exemplo, 7% sobre esses R$ 5.600,00) e a União fica obrigada a contribuir com a mesma alíquota (no caso, 7% também), não devendo a União contribuir com mais de 8,5%; já servidores que não ganham mais do que R$ 2.400,00, também podem contribuir para a previdência complementar, mas não haverá contribuição da União, de modo que o benefício complementar desse tipo de servidor tendo a ser proporcionalmente menor do que o benefício de um servidor que ganha mais de R$ 2.400,00.

Além disso, a reforma constitucional estabeleceu a obrigatoriedade de os Estados, DF e Municípios instituírem contribuição previdenciária de seus servidores, para o custeio, em benefício destes, do regime previdenciário do art. 40, cuja alíquota não será inferior à da União (11%).

Estipulou ainda a contribuição dos inativos e pensionistas, que incidirá em percentual igual ao estabelecido para os servidores ativos, mas incidente apenas sobre os valores que superem o limite máximo para os benefícios do regime geral (art. 40, § 18º, CF).

No que concerne à pensão por morte, estabeleceu-se que a lei disporá sobre o assunto e o benefício será igual, caso aposentado o falecido, aos proventos deste até o limite do art. 201 mais 70% da parcela excedente ao limite, e, caso na ativa o falecido, à remuneração deste até o limite do art. 201 mais 70% da parcela excedente a este limite (art. 40, § 7º, CF). Tal disposição, todavia, não se aplica aos militares das Forças Armadas (art. 10, EC/41) e quanto aos pensionistas dos militares dos Estados, DF e Territórios aplica-se o que for fixado em lei específica do respectivo ente estatal.

Quanto à revisão dos benefícios previdenciários, determinou-se o fim da paridade com a remuneração dos servidores ativos, assegurando-se apenas o reajuste dos benefícios para preservar seu valor real, conforme critérios estabelecidos em lei (art. 40, § 8º, CF). Tal regra também não é aplicável aos militares das Forças Armadas (art. 10, EC/41).

Ademais, é sempre bom lembrar que o STF é pacífico no sentido de que, não havendo redução dos proventos percebidos pelo inativo, não há inconstitucionalidade na lei que estabelece, para a carreira, o sistema de vencimento único, com absorção de outras vantagens remuneratórias (Ag. Reg. no RE 634.732/PR). Ou seja, alteração no regime da carreira na gera direitos aos servidores inativos, desde que não haja irredutibilidade. Por exemplo, "desde que mantida a irredutibilidade, o servidor inativo, embora aposentado no último patamar da carreira anterior, não tem direito adquirido de perceber proventos correspondentes aos da última classe da nova carreira reestruturada por lei superveniente" (RE 606.199, j. 09.10.2013). Porém, "as vantagens remuneratórias de caráter geral conferidas a servidores públicos, por serem genéricas, são extensíveis a inativos e pensionistas" (STF, RE 596.962/MT, j. 21.08.2014).

A lei não pode estabelecer contagem de tempo de contribuição fictício, como, por exemplo, dizer que férias não gozadas pelo servidor equivale a 3 meses de tempo de contribuição para efeito de aposentadoria.

O tempo de contribuição federal, estadual ou municipal será contado para efeito de aposentadoria e o tempo de serviço correspondente para efeito de disponibilidade. Também se contará o tempo de contribuição para o regime geral, a chamada contagem recíproca (art. 201, § 9º, CF).

Aliás, vale ressaltar que, hoje, o requisito não é mais *tempo de serviço*, mas *tempo de contribuição*.

O art. 8º da EC 20/1998 trazia a regra de transição para os servidores que já o eram quando de sua edição. Agora, tal regra foi modificada pelo art. 2º da EC 41/2003, a qual também estabeleceu regra de transição para aqueles que ingressaram no serviço público até a data de sua publicação (art. 6º, EC 41/2003).

Quanto à aposentadoria especial de que trata o art. 40, § 4º, da CF (p. ex., por trabalhar em atividades insalubres), o STF, diante da mora legislativa em regulamentar a questão, reconheceu que "enquanto não editada a lei reguladora do direito assegurado constitucionalmente, o critério a ser levado em conta é o da Lei 8.213/1991, mais precisamente o definido no artigo 57, adotando-se os parâmetros previstos para os trabalhadores em geral (Ag. Reg. no ARE 727.541-MS). Nesse sentido é a Súmula Vinculante STF 33.

Quanto ao ocupante exclusivamente de cargo em comissão (ou seja, aquele não seja servidor já com cargo efetivo), aplica-se as regras previdenciárias do regime geral de previdência (art. 40, § 13, da CF), e não as regras acima sobre o regime próprio de previdência do servidor público. Nesse sentido, não se aplica, por exemplo, a regra da aposentadoria compulsória a quem tenha cargo em comissão, de modo que uma pessoa com 80 ou 90 anos (e há casos disso) pode trabalhar no poder público num cargo em comissão.

6.14. PROCESSO ADMINISTRATIVO DISCIPLINAR

É aquele destinado à apuração de faltas disciplinares, violação de deveres funcionais e imposição de sanções a servidores públicos.

6.14.1. Garantias e princípios

a) **contraditório e ampla defesa:** *"aos litigantes, em processo judicial ou administrativo, e aos acusados em geral são assegurados o contraditório e ampla defesa, com os meios e recursos a ela inerentes"* (art. 5º, LV, CF). *Vide* também a Lei 9.784/1999, aplicável subsidiariamente às leis federal e locais que tratam do processo disciplinar; vale salientar, que, apesar das inúmeras garantias contidas nesse princípio, o STF, na Súmula Vinculante 5, não entende que a falta de defesa técnica por advogado no processo disciplinar, por si só, ofenda o contraditório e a ampla defesa; ou seja, a falta de advogado não gera a presunção de desrespeito a esse princípio, se forem preservados os três elementos dessa garantia, que são os seguintes: "a) *o direito de manifestação* (que obriga o órgão julgador a informar à parte contrária dos atos praticados no processo e sobre os elementos dele constantes); b) *o direito de informação sobre o objeto do processo* (que assegura ao defendente a possibilidade de se manifestar oralmente ou por escrito sobre os elementos fáticos e jurídicos contidos no processo); e c) o direito de ver os seus argumentos contemplados pelo órgão incumbido de julgar (que exige do julgador capacidade de apreensão e isenção de ânimo para contemplar as razões apresentadas)" (STF, RE 434.059/DF);

b) **juiz natural:** *"ninguém será processado nem sentenciado senão pela autoridade competente"* (art. 5º, LIII, CF);

c) **vedação da prova ilícita:** *"são inadmissíveis, no processo, as provas obtidas por meios ilícitos"* (art. 5º, LVI, CF). Ex.: não é possível requerer a interceptação telefônica em processo administrativo disciplinar (Lei 9.296/1996); porém, o STJ admite a utilização dessa prova, em processo disciplinar, na qualidade de "prova emprestada", caso tenha sido produzida em ação penal, e desde que devidamente autorizada pelo juízo criminal e com a observância das diretrizes da Lei 9.296/1996 (MS 16.146, j. 22.05.2013); não se considera ilícita a prova quando feita pela própria vítima (interlocutor) de fiscal que exigia propina, bem como não se considera flagrante preparado (mas flagrante esperado) no caso em que a solicitação de dinheiro pelo fiscal se dera dias antes de sua prisão (quando não mais se dependia do flagrante para a configuração do delito) e a equipe policial apenas permaneceu alerta, sem instigar a atuação do fiscal (STJ, RMS 19.785);

d) **direito ao silêncio,** *in dubio pro reo*, **presunção de inocência e ônus da prova da Administração;** por conta do princípio da presunção de inocência, não é possível cortar remuneração preventivamente, mas é cabível o afastamento cautelar do agente; por conta do ônus da prova da Administração não é possível que esta simplesmente coloque o ônus da prova sobre o servidor e atue de modo tendencioso e direcionado a culpabilizá-lo (STJ, MS 10.906);

e) **gratuidade**: não se pode cobrar custas do agente público;

f) **oficialidade**: instaurado e desenvolvido de ofício pela Administração;

g) **formalismo moderado**: deve-se ter em mente a instrumentalidade das formas, respeitando sempre a ampla defesa e o contraditório; por conta disso, o STJ entende, por exemplo, que a prorrogação *motivada* do prazo para a conclusão dos trabalhos da comissão em processo administrativo disciplinar não acarreta, por si só, a nulidade do procedimento (MS 16.031, j. 26.06.2013); por conta disso, "o excesso de prazo para a conclusão do processo administrativo disciplinar não gera, por si só, qualquer nulidade no feito, desde que não seja prejuízo para o acusado. Isso porque não se configura nulidade sem prejuízo (*pas de nulité sans grief*)" (RMS 33.628-PE, j. 02.04.2013).

h) **motivação**: a motivação já um imperativo decorrente do regime republicano, do princípio da inafastabilidade da jurisdição (sem a motivação, como se vai exercer esse direito, demonstrando ao Judiciário uma ilegalidade ou abuso de poder) e do princípio da moralidade administrativa, mas esse princípio (da motivação) é ainda mais importante quando se pratica atos que restringem ou interferem nos direitos de terceiro; em matéria disciplinar, então, é ainda mais importante que a Administração motive adequadamente seus atos, explicitando e explicando as razões de seu convencimento; porém, isso não quer dizer que a Administração tem o dever de fazer o exame detalhado de cada argumento trazido pelas parte (STF, Ag. Reg. no ARE 637.958-MG);

i) **respeito aos demais princípios administrativos:** o STJ determinou a anulação de demissão certa ocasião, por ofensa aos princípios da impessoalidade (art. 37, *caput*, da CF) e da imparcialidade (art. 18 da Lei 9.784/1999), pelo fato de o processo administrativo ter sido instaurado por um dos investigados e também pelo fato de uma das testemunhas também se tratar de investigado, tendo prestado depoimento sem o compromisso de dizer a verdade (MS 14.233, DF).

Já no **plano substancial**, além do respeito aos princípios e regras administrativos em geral, destaque-se a relevância de decidir consoante os princípios da **legalidade**, da **moralidade** e, mais do que nunca, da **razoabilidade** e da **proporcionalidade**. Quanto aos dois últimos princípios, o Judiciário tem, inclusive, anulado a aplicação de penas de demissão (determinando que a Administração aplique nova pena, mas agora proporcional), quando há violação à razoabilidade ou proporcionalidade (STJ, RMS 29.290-MG). O Judiciário também tem anulado penas disciplinares quando se demonstra que a autoridade apenadora comete desvio de finalidade, apenando o servidor por perseguição ou interesse de natureza diversa, mas não prevista em lei, por violação aos princípios da impessoalidade (e imparcialidade), moralidade e razoabilidade (STJ, MS 14.959-DF).

6.14.2. Incidência

O processo administrativo é obrigatório para as hipóteses em que são cabíveis sanções mais graves, tais como:

a) demissão;

b) perda do cargo;

c) suspensão por mais de 30 dias;

d) cassação da aposentadoria;

e) destituição de cargo em comissão como punição (diferente da livre exoneração).

6.14.3. Fases do processo administrativo

a) **Instauração**: por portaria, auto de infração, representação ou despacho da autoridade;

b) **Instrução**: produção de provas com participação do acusado;

c) **Defesa**: deve ser ampla e efetiva;

d) **Relatório**: elaborado pelo presidente da comissão (que deve ser formada por pessoas estáveis de cargo idêntico ou superior ao processado); trata-se de mera peça opinativa, não vinculando autoridade julgadora;

(As quatro fases anteriores também são chamadas de **inquérito**)

e) **Julgamento**: decisão final, que deve ser motivada e fundamentada pela autoridade competente, por exemplo, pelo Prefeito, Secretário dos Negócios Jurídicos. Vale salientar que o STJ entende que não é obrigatória a intimação do interessado para apresentar alegações finais após o relatório final do processo administrativo disciplinar, não havendo previsão legal nesse sentido (MS 18.090-DF, j. 08.05.2013).

Cabe recurso administrativo e ao Judiciário, que não adentra ao mérito do julgamento, mas ao respeito às formalidades, aos aspectos de legalidade. Em caso de anulação judicial da demissão, haverá reintegração do agente, com direito a indenização.

6.14.4. Meios sumários

Sindicância: meio sumário de investigação, destinado à apuração preliminar de fatos com dois objetivos, que devem ser vistos no prazo de 30 dias:

a) **Aplicação de sanções menos severas**: multa, repreensão e suspensão de até 30 dias;

b) **Processo preparatório**: meio de convencimento para instauração de processo administrativo ou arquivamento da peça de instauração.

Verdade sabida: aquela testemunhada ou conhecida inequivocamente pelo superior hierárquico e que enseja sanção leve. Alguns estatutos admitem que a partir dela se imponha sanção, desde que se garanta ampla defesa ou contraditório. Porém, trata-se de instituto inconstitucional, pois há de sempre se garantir contraditório e ampla defesa.

Termo de Declarações: servidor, confessando a falta, aceita a sanção aplicável, desde que não se exija processo disciplinar. Também é inconstitucional, pois sempre há de se garantir contraditório e ampla defesa.

O STF entende inconstitucional esses dois meios, sob o argumento de que não é "admissível que o Estado, em tema de restrição à esfera jurídica de qualquer cidadão e de seus servidores, exerça a sua autoridade de maneira abusiva ou arbitrária, de modo a desprezar, no exercício de sua atividade, o postulado da plenitude de defesa, visto que o reconhecimento da legitimidade ético-jurídica de qualquer medida imposta pelo Poder Público de que resultem, como no caso, consequências gravosas no plano dos direitos e garantias individuais exige a observância da garantia do devido processo" (ADI 2120/AM).

6.14.5. Sanções disciplinares

Normalmente, os estatutos dos funcionários públicos estabelecem as seguintes sanções disciplinares:

a) demissão;
b) demissão a bem do serviço público;
c) suspensão;
d) advertência, repreensão;
e) multa.

Porém, o estatuto local tem liberdade para estabelecer outros tipos de sanções disciplinares.

6.14.6. Comunicabilidade de instâncias

A regra é a da independência das instâncias cível, administrativa e criminal. A absolvição ocorrida no juízo criminal somente se comunicará à instância administrativa se se tratar de "absolvição por negativa de autoria" ou de "absolvição por inexistência do fato", e nunca se for "absolvição por falta de provas".

De qualquer forma, o exercício do poder disciplinar pelo Estado não está sujeito ao encerramento da perseguição criminal, nem se deixar influenciar, como se viu, por eventual sentença absolutória nessa instância, salvo no casos mencionados (STF, MS 23.190/RJ, j. 01.08.2013; STJ, MS 18.090-DF, j. 08.05.2013).

Deve-se acrescentar que, de acordo com a Súmula 18 do STF, *"pela falta residual, não compreendida na absolvição pelo juízo criminal, é admissível a punição administrativa do servidor público"*.

6.15. QUADRO SINÓTICO

AGENTES PÚBLICOS
1. Classificação dos agentes públicos
1.1. Agentes políticos: são os titulares de cargos estruturais à organização política do País
1.2. Agentes administrativos: são os que mantêm relação de trabalho profissional, não eventual e com subordinação com a Administração Pública
1.3. Agentes honoríficos: são os convocados para prestar serviço transitório ao Estado, em razão de sua honorabilidade
1.4. Agentes delegados: são os que recebem delegação para agir em nome próprio e por conta e risco
1.5. Agentes credenciados: são os particulares que recebem incumbência específica para representar a administração
2. Vínculos
2.1. Cargo Público: *mais simples unidade de competência criada por lei*
a) cargo efetivo
- requer Concurso público
- Estabilidade: 3 anos + avaliação de desempenho
- Desligamento do estável: só por processo administrativo com ampla defesa ou sentença transitada em julgado ou excesso de despesa com pessoal
b) cargo vitalício: por concurso (ex.: juiz) ou indicação (ex.: Ministro do STF); desligamento do vitalício: só por sentença transitada em julgado
c) cargo em comissão (art. 37, V, CF)
- só para Atribuições de confiança: direção, chefia e assessoria
- é provido sem concurso público: mas % mínimo de nomeados devem ser servidores de carreira
- Não tem estabilidade: exoneração é "ad nutum"
- Regime funcional é estatutário
- Regime previdenciário é o Regime Geral do INSS

2.2. Função Pública

a) função de confiança: é aquela de direção, chefia e assessoramento, preenchida exclusivamente por servidor ocupante de cargo efetivo (art. 37, V, CF)

b) outros: estágio, contratação temporária (37, IX, CF) e agentes de saúde e de combate a endemias (art. 198, § 4º, CF)

2.3. Emprego Público

a) conceito: *núcleo de encargo de trabalho contratado pela CLT*

b) hipóteses: pessoas de direito público (só para atribuições subalternas) e pessoas de direito privado estatais (é a regra nessas entidades)

c) características:

- Justiça do Trabalho é a competente para causas
- Sem estabilidade, salvo empregado público em pessoa de direito público (Súmula 390 do TST)

3. Vedação ao nepotismo (Súm. Vinculante 13)

- "A nomeação de cônjuge, companheiro ou parente em linha reta, colateral ou por afinidade, até o 3º grau, inclusive, (NOMEAÇÃO DE QUEM)

- da autoridade nomeante ou de servidor da mesma pessoa jurídica investido em cargo de direção, chefia ou assessoramento (PARENTE DE QUEM)

- para o exercício de cargo em comissão ou de confiança ou, ainda, de função gratificada (PARA O QUÊ)

- na administração pública direta e indireta em qualquer dos Poderes da União, Estados, DF e Municípios, (ONDE)

- compreendido o ajuste mediante designações recíprocas, (NEPOTISMO CRUZADO)

- viola a Constituição Federal."

- exceção: STF admite nomeação de parentes pra cargos políticos (ex: para secretário municipal)

4. Formas de provimento (Lei 8.112/1990)

4.1. Nomeação: *é a designação inicial para cargo público*

- Depois vem a **posse** (investidura): em até 30 dias, podendo ser por procuração específica (art. 13)
- Depois vem a **entrada em exercício**: em até 15 dias da posse (art. 15)

4.2. Promoção: *é a designação para cargo superior na carreira* (art. 17)

4.3. Readaptação: *é a designação para cargo compatível com limitação superveniente de servidor* (art. 24), com funções, escolaridade e vencimentos equivalentes

4.4. Reversão: *é a designação do aposentado para retornar ao serviço;* cabe em 2 casos (art. 25)

- Na aposentadoria por invalidez, cessados os motivos desta
- Na aposentadoria voluntária, havendo interesse da Administração, pedido do aposentado, e desde que se dê em até 5 anos da aposentadoria

4.5. Aproveitamento: *é a designação do servidor em disponibilidade para retornar a cargo equivalente* (art. 30)

- **Disponibilidade:** *é a inatividade remunerada do servidor estável, que tenha sido desalojado de seu cargo ou cujo cargo tenha sido extinto; os proventos são proporcionais*

4.6. Reintegração: *é a reinvestidura do servidor estável quando invalidada a sua demissão por decisão administrativa ou judicial* (art. 28); terá direito ao ressarcimento de todas as vantagens; quando a sentença criminal se comunica para a esfera administrativa (art. 126 da Lei 8.112/1990)? Apenas nas absolvição por *inexistência do fato* e por *negativa de autoria*

5. Vacância:

a) falecimento, promoção, posse em cargo não cumulável

b) aposentadoria

c) perda do cargo, emprego ou função: por sentença em ação penal ou de improbidade

d) demissão

e) exoneração: a pedido ou de ofício, por:

- avaliação insatisfatória de desempenho (art. 41, CF): especial (para adquirir a estabilidade, com comissão específica); periódica (após a estabilidade, mas dependente de lei complementar e ampla defesa)
- limites de despesa com pessoal (art. 169, § 4º, CF)

6. Acessibilidade: os cargos, empregos e funções públicas são acessíveis a) aos brasileiros que preencham os requisitos legais; b) aos estrangeiros, na forma da lei

7. Concurso

7.1. Regra: os cargos, empregos e funções públicas dependem de aprovação prévia em concurso público

7.2. Exceções: cargo em comissão (livre nomeação), e contratações temporárias e de agentes de saúde e de combate a endemias (mero processo seletivo)

7.3. Avaliação: de acordo com a natureza e a complexidade do cargo ou emprego, na forma prevista em lei, podendo ser a) de provas; b) de provas e títulos

7.4. Requisitos de acessibilidade: a) devem estar previstos em **lei**; b) devem respeitar **isonomia** e ter **pertinência**

7.5. Validade: a) até 2 anos; b) prorrogável uma vez, por igual período

7.6. Direitos do aprovado

a) de não ser preterido na ordem de classificação; se for, tem direito de ser nomeado

b) de não ser preterido em relação a novos concursados; se for, tem direito de ser nomeado

c) de ser nomeado no limite das vagas do edital; se não for, pode ingressar com ação judicial para exigir nomeação; devem ser descontadas as vagas dos nomeados desistentes; a Administração só não terá de nomear se provar, mediante ato fundamentado, fato novo que inviabilize a nomeação

8. Acumulação de cargos, empregos e funções

8.1. Regra: *é proibida a acumulação remunerada de cargos, empregos e funções, em toda a Administração Direta e Indireta*

8.2. Exceções: (se houver compatibilidade de horário)

a) 2 cargos de professor

b) 1 cargo de professor + 1 cargo técnico ou científico

c) 2 cargos de profissional da saúde com profissão regulamentada

d) 1 cargo de professor + 1 cargo de juiz/membro MP

e) 1 cargo + 1 mandato de vereador

Obs.: vereador escolhe remuneração, se não cumular

9. Acumulação de *remuneração* com *proventos*

9.1. Regra: *é proibida a acumulação de remuneração com proventos, em toda a Administração Direta e Indireta*

9.2. Exceções:

a) se oriundas de dois cargos acumuláveis na atividade

b) 1 provento + 1 remuneração de cargo em comissão

c) 1 provento + 1 subsídio de mandato eletivo

10. Estabilidade

10.1. Conceito: *garantia de permanência, salvo*

- *processo disciplinar com ampla defesa*
- *sentença transitada em julgado*
- *não aprovação em avaliação periódica de desempenho (lei complementar + processo administrativo com ampla defesa)*
- *atendimento a limites de despesa com pessoal*

10.2. Requisitos

a) nomeação para **cargo efetivo** mediante concurso (Súmula/TST 390: celetista de P. D. Público têm direito)

b) **3 anos de efetivo exercício** (STJ: estágio probatório dura 3 anos)

c) **aprovação** em avaliação especial de desempenho (Se não houver avaliação até 3 anos, fica estável direto)

11. Direito de Greve

11.1. Regra: pode ser exercido, nos termos de lei específica

- STF declarou **mora legislativa abusiva** e concedeu ao servidor o direito de exercer greve imediatamente (MIs 670, 708 e 712)
- Determinou aplicação da Lei 7.783/1989
- Adotou-se a teoria concretista geral, utilizando-se a analogia, preenchendo lacuna legislativa, com efeito *erga omnes*
- Não é possível exonerar/demitir por se fazer greve

11.2. Exceção: não podem fazer greve a) Militar das Forças Armadas (CF); b) Policial Militar (CF); c) Policial Civil, Juízes e outros (parte da doutrina e algumas decisões judiciais)

12. Sistema remuneratório:

12.1. Regra: servidor recebe **remuneração**, que é = vencimento + vantagens (indenizações, gratificações e adicionais)

12.2. Exceção: alguns agentes recebem **subsídio**, que é em parcela única; o subsídio é devido aos agentes políticos, policiais, procuradores do estado, defensores públicos, integrantes da AGU e ministros dos tribunais de contas

12.3. Teto remuneratório:

12.3.1. Teto geral: subsídio dos Ministros do STF

12.3.2. Subtetos:

a) Municípios: subsídio do prefeito

b) Estados/DF: subsídio do governador (Executivo), deputados (Legislativo) e desembargadores (Judiciário)

- Subsídio do Desembargador: limitado a 90,25% do subsídio dos Ministros do STF
- STF entende inconstitucional limite do Desembargador, mas só para beneficiar os juízes

c) Ministério Público, Procuradores, Defensores: limite do desembargador

13. Aposentadoria:

13.1. Por invalidez: com proventos proporcionais, exceto acidente em serviço, moléstia profissional ou doença grave contagiosa ou incurável (quem ingressar após 30.03.2012 – EC 70/2012)

13.2. Compulsória: 70 anos, com proventos proporcionais

13.3. Voluntária: 10 anos de efetivo exercício público + 5 anos no cargo da aposentadoria +

a) proporcional: homem 65 anos / mulher 60 anos

b) integral: homem 60 anos e 35 anos de contribuição / mulher 55 anos e 30 anos contribuição

Obs.: professor exclusivo do ensino básico: 5 anos a menos

14. Cálculo dos proventos:

14.1. Fim da aposentadoria integral: a União, os Estados, o Distrito Federal e os Municípios, desde que instituam regime de previdência complementar para os seus respectivos servidores titulares de cargo efetivo, poderão fixar, para o valor das aposentadorias e pensões a serem concedidas pelo regime próprio, o limite máximo estabelecido para os benefícios do regime geral de previdência social de que trata o art. 201" (art. 40, § 4º, da CF)

14.2. Instituição do regime de previdência complementar (Lei 12.618/2012):

- autoriza a criação de três fundações de previdência complementar, com personalidade de direito privado
- Contribuição definida. Quanto aos agentes com remuneração superior ao teto do regime geral, para cada real contribuído, Estado (patrocinador) contribuirá outro real, até 8,5%.

6.16. QUESTÕES COMENTADAS

6.16.1. Conceito e classificação

(Juiz de Direito/MG – 2014) Os agentes públicos exercem uma função pública como preposto do Estado. Sobre o conceito de agente público, assinale a alternativa **CORRETA**.

(A) Agentes públicos são aqueles que, em decorrência de um vínculo funcional, exercem o poder do Estado.
(B) Agentes públicos são aqueles que, por meio de um mandato eletivo, representam o Estado no exercício da administração pública.
(C) Agentes públicos são todos os que, ainda que transitoriamente, com ou sem remuneração, por eleição, nomeação, designação, contratação ou qualquer forma de investidura ou vínculo, exerçam mandato, cargo, emprego ou função nas entidades de direito público.
(D) Agentes públicos são aqueles que, em decorrência de ingresso no serviço público por meio de concurso, detêm função pública que os legitimam na representação do Estado para a prática dos atos da administração.

A: incorreta, pois também são agentes públicos aqueles que têm vínculo político com o Estado, como membros do legislativo e chefes do executivo; **B:** incorreta, pois o conceito ficou muito restrito, já que também são agentes públicos aqueles que têm vínculo funcional com o Estado e também aqueles particulares em colaboração com o Estado; **C:** correta, pois trouxe a definição completa de agentes públicos para efeito de Direito Administrativo em geral; **D:** incorreta, pois também são agentes públicos outros agentes com vínculo funcional que não ingressam mediante concurso público (como aquele investido em cargo em comissão) e também aqueles que têm vínculo político (como deputados e senadores) e que são meros particulares em colaboração com a Administração.
Gabarito "C"

(Delegado/MG – 2012) No tocante aos agentes públicos, é **incorreto** afirmar que

(A) para ser agente público, é mister o vínculo com o Estado, mesmo que não efetivo, mas perene, mediante contrato bilateral e remuneração.
(B) os agentes de fato podem ser necessários ou putativos.
(C) os agentes putativos desempenham atividade administrativa, mas não têm investidura no cargo.
(D) os agentes necessários apenas se assemelham, mas não são agentes de direito.

A: incorreto (devendo ser assinalada), pois o conceito de agente público é muito amplo e alcança pessoas que não estão contidas na assertiva, tais como os *servidores estatutários* (que não têm contrato bilateral, por serem regidos por uma lei, por um estatuto), os *detentores de mandato eletivo* (que têm vínculo temporário e não perene) e os agentes honoríficos (que não recebem remuneração, como os jurados do Tribunal do Júri e mesários eleitorais); **B:** correto; há dois tipos de *agentes de fato*, os *necessários* (aqueles que exercem função pública em situações emergenciais, como é o caso de alguém que realize uma prisão em flagrante – art. 301 do CPP) e os *putativos* (aqueles que se passam por agente público sem ter sido investidos para tanto); **C:** correto, pois tais pessoas, como se viu, não foram investidos em cargo público; **D:** correto, pois os agentes necessários se assemelham aos agentes de direito,

pois atuam de forma lícita, ou seja, de conformidade com o Direito; porém, não são agentes de direito, pois a sua atuação é excepcional, decorrente de uma situação de urgência.
Gabarito "A"

(Magistratura do Trabalho – 3ª Região – 2013) O jurado, no Tribunal do Júri, e o advogado contratado pelo ente público, para sua defesa em juízo, são respectivamente:

(A) Agente honorífico e agente credenciado
(B) Agente credenciado e agente delegado
(C) Agente delegado e agente credenciado
(D) Agente político e agente delegado
(E) Agente administrativo e agente credenciado

Os jurados são agentes honoríficos e o advogado contratado para prestar serviços civis para o ente público é agente credenciado, sendo os dois casos de particulares em colaboração com o Estado. Assim, a alternativa "a" é a correta.
Gabarito "A"

(Analista – TRE/AL – 2010 – FCC) Considerando as espécies de Agentes Públicos previstos na doutrina, com base nas funções a estes atribuídas, Ministros e Secretários de Estados são classificados como Agentes

(A) Delegados.
(B) Honoríficos.
(C) Políticos.
(D) Administrativos.
(E) Comissionados.

Para resolver a presente questão, é necessário lembrar que há três grandes grupos de agentes públicos, que são os seguintes: a) agentes políticos, que são os que têm cargo estrutural no âmbito da organização política do País (exs.: chefes do Executivo, secretários estaduais e municipais, vereadores, deputados, senadores, juízes, entre outros); b) agentes administrativos ou servidores públicos, que são os que possuem cargo, emprego ou função na Administração Direta e Indireta, compreendendo os empregados públicos e servidores estatutários e temporários (exs.: professor, médico, fiscal, técnico, analista, delegado, procurador etc.); c) particulares em colaboração com o Poder Público, que são aqueles que, sem perder a condição de particulares, são chamados a contribuir com o Estado (exs.: *agentes honoríficos*, como os mesários das eleições e os jurados do Tribunal do Júri; *agentes credenciados*, como um advogado contrato para defender um Município numa ação judicial específica; *agentes delegados*, como o registrador e o tabelião, nos Cartórios). Assim, somente a alternativa "c" está correta.
Gabarito "C"

6.16.2. Vínculos (cargo, emprego e função)

(Ministério Público/BA – 2015 – CEFET) Em relação aos agentes públicos, é **CORRETO** afirmar:

(A) O empregado público sujeito ao regime celetista ocupa cargos do quadro da Administração e contratá-lo depende de prévia aprovação em concurso público.
(B) Ao servidor ocupante, exclusivamente, de cargo em comissão, aplica-se o mesmo regime previdenciário dos servidores públicos estatutários.
(C) Segundo o Supremo Tribunal Federal, o servidor público estatutário tem direito adquirido ao regime jurídico estabelecido na legislação vigente à época da sua nomeação.

(D) De acordo com o Estatuto dos Servidores Públicos do Estado da Bahia (Lei 6.677/1994), a reversão é o retorno do servidor aposentado por invalidez, quando os motivos determinantes da aposentadoria forem declarados insubsistentes por junta médica oficial.
(E) As funções de confiança podem ser exercidas por pessoas estranhas aos quadros da Administração Pública, desde que se destinem apenas às atribuições de direção, chefia e assessoramento e que sejam reservados percentuais mínimos para servidores ocupantes de cargos efetivos.

A: incorreta, pois um empregado público ocupa um "emprego público" e não um "cargo público"; B: incorreta, pois a esse servidor aplica-se o regime geral da previdência (art. 40, § 13, da CF); C: incorreta, pois, segundo a jurisprudência consolidada do STF, não há direito adquirido a regime jurídico, desde que observada a proteção constitucional à irredutibilidade de vencimentos (vide, por exemplo, o RE n. 597.838-AgR); D: correta, da mesma forma que o Estatuto dos Servidores Civis da União também tem essa previsão (art. 25, I, da Lei 8.112/1990); E: incorreta, pois essa possibilidade se dá apenas quanto aos "cargos em comissão"; as "funções de confiança" também se destinam às atribuições de direção, chefia e assessoramento, mas devem ser preenchidas exclusivamente por servidores ocupantes de cargo efetivo (art. 37, V, da CF).
Gabarito "D"

(Ministério Público/SP – 2015 – MPE/SP) Sobre a proibição da prática de nepotismo, é correto afirmar que:
(A) a competência para a iniciativa de lei sobre o nepotismo é privativa do Chefe do Poder Executivo.
(B) a vedação do nepotismo exige a edição de lei formal que coíba a sua prática.
(C) é necessária a prova de vínculo de amizade ou troca de favores entre o nomeante e o nomeado para a caracterização do nepotismo.
(D) a Súmula Vinculante n. 13, do Supremo Tribunal Federal, esgotou todas as possibilidades de configuração de nepotismo na Administração Pública.
(E) ressalvada situação de fraude à lei, a nomeação de parentes para cargos públicos de natureza política não configura nepotismo na Administração Pública.

A: incorreta, pois não há previsão nesse sentido na CF; B: incorreta, pois o STF, ao editar a Súmula Vinculante 13, deixou claro que não era necessário lei formal, já que o princípio da moralidade já impunha a vedação dessa prática; C: incorreta, pois a regra prevista na Súmula Vinculante STF n. 13 é objetiva e estabelece todos os critérios e graus de parentesco que ensejam a vedação da prática, havendo ou não prova de vínculo de amizade ou troca de favores entre os envolvidos; D: incorreta, pois ainda há possibilidade de configuração de nepotismo na nomeação de parente para cargos políticos (como os Secretários Estaduais e Municipais, e Ministros), já que o STF deixou claro que essa nomeação continua possível, e também há de se lembrar dos casos de nepotismo envolvendo contratos administrativos, vez que não há regra clara vedando essa prática; E: correta, conforme decisão do STF na Rcl 6650 MC-AgR.
Gabarito "E"

(Magistratura/SP – 2013 – VUNESP) A Súmula Vinculante n. 13 do STF, que proíbe o nepotismo na esfera dos três poderes da República,
(A) não alcança os serviços extrajudiciais de notas e de registro, pois estes têm caráter privado e seus titulares não exercem cargo público efetivo nem ocupam cargo público (ADI 2.602-0 do STF) e nada os impede de contratar parentes pelo regime da CLT.
(B) impede a contratação de cônjuge e parentes de primeiro grau de magistrados nos serviços extrajudiciais de notas e registros situados na mesma Comarca onde o magistrado exerce a jurisdição.
(C) alcança as serventias extrajudiciais porque, como estão submetidas à fiscalização pelo Poder Judiciário, devem ser havidas como órgãos públicos, submetendo-se, portanto, à Súmula n. 13.
(D) alcança o cônjuge e parentes até o terceiro grau dos titulares dos serviços extrajudiciais de notas e de registros.

A: correta, nos termos do próprio fundamento apresentado, ou seja, pelo fato de que tais delegações, uma vez concedidas, são administradas em caráter privado, inclusive mediante contratação de funcionários pelo regime regular da CLT; os únicos elementos de direito público em tais delegações são os atos praticados pelos notários e registradores (que são considerados atos administrativos) e a fiscalização exercida sobre estes pela corregedoria respectiva; no mais, os funcionários do cartório praticam apenas atos materiais de colaboração com os atos praticados pelos delegatários de tais serviços de notas e de registro; B a D: incorretas, por conta do regime privado existente na relação entre os agentes delegatários desses serviços e seus funcionários.
Gabarito "A"

(Procurador do Estado/GO – 2010) A propósito dos cargos públicos, está CORRETA a seguinte afirmação:
(A) Nosso sistema constitucional só admite a criação, a transformação e a extinção de cargos públicos na administração direta e autárquica mediante a edição de lei, a qual pode ser, também, de iniciativa parlamentar.
(B) O chefe do Poder Executivo não pode dispor, por meio de decreto, sobre a organização e o funcionamento da administração pública.
(C) A criação, a transformação e a extinção de cargos públicos na administração direta e autárquica só podem ocorrer mediante a edição de lei de iniciativa privativa do Chefe do Poder Executivo.
(D) O instrumento legislativo por meio do qual se criam, transformam e extinguem cargos públicos não é tratado na Constituição Federal, porque se trata de matéria afeta à autonomia de cada ente federativo.
(E) A Constituição Federal admite a extinção de funções ou cargos públicos por meio de decreto, desde que estejam vagos.

A: incorreta, pois a extinção de cargos, quando vagos, pode ser por decreto (art. 84, VI, "b", da CF); B: incorreta (art. 84, VI, "a", da CF); C: incorreta, pois o próprio Legislativo pode dispor sobre a criação de cargos no seu âmbito (arts. 51, IV, e 52, XIII, da CF); ademais, quanto ao Judiciário, ele é quem tem a iniciativa da proposta para aumentar, criar e extinguir cargos da sua esfera (art. 96, II, "b", da CF); D: incorreta, pois os cargos são criados por lei, segundo a Constituição (art. 48, X, da CF); E: correta (art. 84, VI, "b", da CF).
Gabarito "E"

(Magistratura do Trabalho – 1ª Região – 2010 – CESPE) Com relação aos servidores públicos, assinale a opção correta.
(A) A norma constitucional que reconhece aos servidores públicos o direito de greve, ainda que considerada de eficácia limitada, consagra direito de índole coletiva em relação ao qual a legislação infraconstitucional não pode, sob pretexto algum, estabelecer limites ou condições.

(B) Em 2007, o STF deferiu medida cautelar, com efeitos retroativos, restabelecendo a eficácia da redação original do art. 39, *caput*, da CF, que previa o regime jurídico único. Com essa decisão, não mais se admite a criação de empregos públicos no âmbito da administração direta, autárquica e fundacional, devendo ser invalidadas as situações constituídas anteriormente a 2007 que ignorem a existência do regime único.

(C) Os trabalhadores públicos celetistas das empresas públicas sujeitam-se às regras disciplinadoras da CLT; seu regime básico é o mesmo que se aplica às relações de emprego no setor privado.

(D) A Lei Federal n. 9.962/2000 disciplina o regime de emprego público, o qual incide no âmbito da administração federal direta, das autarquias e das sociedades de economia mista.

(E) Em virtude da alteração introduzida pela Emenda Constitucional n. 45/2004 – Reforma do Poder Judiciário – na CF, os litígios entre a União e servidores estatutários são dirimidos perante a justiça do trabalho, do mesmo modo que os litígios envolvendo servidores trabalhistas e os diversos entes federativos, na condição de empregadores.

A: incorreta, pois tal norma, ao ser regulamentada, estabelecerá limites e condições para o exercício do direito de greve; **B:** incorreta, pois a exigência de regime jurídico único, que consta da redação original do art. 39, *caput*, da CF quer dizer que não é possível haver mais de um estatuto de funcionário público para reger os servidores com *cargo público* na Administração Direta e Indireta; há de existir um estatuto de funcionário público único; no entanto, para reger os servidores com *emprego público* a CLT continuará sendo utilizada; **C:** correta, pois quem tem emprego público é regido pela CLT, mesma lei aplicável ao setor privado; **D:** incorreta, pois a Lei 9.962/2000 disciplina o regime de emprego público apenas para a administração federal direta, e para as autarquias e fundações (art. 1º), não se aplicando às sociedades de economia mista federal; vale salientar que esta lei traz algumas disposições sobre tal regime e, no que não contrariar a lei em questão, aplica-se a CLT; **E:** incorreta, pois os litígios envolvendo servidores estatutários são julgados pela Justiça Comum, e não pela Justiça do Trabalho.

Gabarito "C"

(Analista – TRT/9ª – 2010 – FCC) Analise as seguintes assertivas acerca do tema *cargos, empregos e funções públicas*:

I. As funções de confiança podem ser exercidas por servidores ocupantes de cargo efetivo ou não e destinam-se apenas às atribuições de direção, chefia e assessoramento.

II. Nas funções exercidas por servidores contratados temporariamente, como ocorre nos casos de contratação por prazo determinado, não se exige, necessariamente, concurso público.

III. A extinção de funções ou cargos públicos, quando vagos, exige lei de iniciativa privativa do Chefe do Poder Executivo.

IV. Empregos públicos são núcleos de encargos de trabalho permanentes a serem preenchidos por agentes contratados para desempenhá-los, sob relação trabalhista.

Está correto o que consta APENAS em

(A) II e III.
(B) I, III e IV.
(C) II e IV.
(D) I e IV.
(E) II e III.

I: incorreta, pois as funções em confiança são exercidas exclusivamente por servidores ocupantes de cargo efetivo (art. 37, V, 1ª parte, da CF), ao contrário dos cargos em comissão, que podem ser exercidos por pessoas que não detêm cargo efetivo (art. 37, V, 2ª parte, da CF); **II:** correta, podendo-se fazer, nesse tipo de situação, mero processo seletivo simplificado; **III:** incorreta, pois tal extinção pode ser feita por meio de decreto do Chefe do Executivo (art. 84, VI, *b*, da CF); **IV:** correta, traz a exata definição de emprego público.

Gabarito "C"

6.16.3. Provimento

(Magistratura/MG – 2012 – VUNESP) Analise as afirmações a seguir.

I. Maria, servidora estável, reingressou no serviço público após ter sido colocada em disponibilidade em decorrência da extinção do cargo que ocupava.

II. João, servidor aposentado por invalidez, retornou à ativa após ser constatada pela perícia médica a insubsistência dos motivos que levaram à sua aposentadoria.

III. Manuel, policial militar, retornou à corporação após a Administração ter constatado a ilegalidade do ato que o demitiu.

IV. Alice, reprovada no estágio probatório do cargo para o qual foi nomeada, voltou a ocupar cargo que antes titularizava.

Os nomes dessas hipóteses de provimento derivado apresentadas são, correta e respectivamente,

(A) (I) transposição; (II) readmissão; (III) reintegração; (IV) recondução.
(B) (I) reversão; (II) aproveitamento; (III) recondução; (IV) reintegração.
(C) (I) aproveitamento; (II) reversão; (III) reintegração; (IV) recondução.
(D) (I) readmissão; (II) reversão; (III) reintegração; (IV) aproveitamento.

Utilizando como parâmetro o Estatuto dos Servidores Públicos Federais, temos as seguintes situações: **I:** aproveitamento (art. 41, § 3º, da CF e art. 30 da Lei 8.112/1990); **II:** reversão (art. 25, I, da Lei 8.112/1990); **III:** reintegração (art. 28 da Lei 8.112/1990); **IV:** recondução (art. 29, I, da Lei 8.112/1990).

Gabarito "C"

(Ministério Público/CE – 2011 – FCC) Dentre as formas de provimento derivado de cargos públicos, tradicionalmente praticadas na Administração brasileira, NÃO foi recepcionada pela Constituição Brasileira de 1988 a

(A) ascensão.
(B) promoção.
(C) readaptação.
(D) recondução.
(E) reintegração.

A ascensão funcional é a progressão funcional entre cargos de carreiras distintas. Como a Constituição Federal exige concurso público para prover qualquer cargo efetivo (art. 37, II, da CF), não é possível que alguém que tenha cargo numa carreira passe para cargo de outra carreira sem concurso público. O STF vem reconhecendo reiteradamente a inconstitucionalidade desse tipo de medida (ex: ADI 368/ES, *DJ* 02.05.2003).

Gabarito "A"

(Delegado/SP - 2011) Constituem formas de provimento derivado de cargo público, à luz da Constituição Federal,
(A) a readmissão e a promoção.
(B) a readmissão e a reversão *ex officio*.
(C) a reintegração e a transposição.
(D) o aproveitamento e a transposição.
(E) a reintegração e o aproveitamento.

Provimento derivado é aquele que se dá após a nomeação, que é o provimento originário. Há diversas espécies de provimento derivado, mas as previstas na Constituição são a *reintegração* (art. 41, § 2º, da CF) e o *aproveitamento* (art. 41, § 3º, da CF).
Gabarito "E".

(Procurador/DF - 2013 - CESPE) Acerca do direito administrativo, julgue o item a seguir.
(1) A promoção constitui investidura derivada, enquanto a nomeação traduz investidura originária do servidor público.

1: certa, pois a promoção de um servidor só pode ocorrer quando este já tenha tido uma designação anterior para algum cargo, ou seja, a promoção nunca é o primeiro provimento (o provimento originário), mas sim um provimento derivado; já a nomeação é o primeiro provimento, ou seja, o provimento originário.
Gabarito 1C.

6.16.4. Vacância

(Magistratura/SP - 2013 - VUNESP) Configura ilegalidade a demissão, pelo superior, de funcionário que exerce cargo de confiança, demissível *ad nutum*, quando a demissão
(A) fundamentar-se na prática de ato de improbidade administrativa tipificado, devidamente comprovado em processo administrativo regular.
(B) estiver fundamentada na prática de ato de improbidade administrativa não tipificado.
(C) for desprovida de motivação.
(D) apoiar-se em ilícito administrativo, comprovado em processo administrativo regular.

A: incorreta, pois a demissão, no caso, certamente será sanção disciplinar prevista no estatuto local de funcionário público; B: correta, pois se o ato não é tipificado enquanto ato de improbidade administrativa, não haverá porque se aplicar a sanção disciplinar de demissão, de modo que, de fato, haverá ilegalidade numa demissão com essas características; C: incorreta, pois, em se tratando de cargo em comissão, o desligamento do agente público independe de motivação, de modo que não é ilegal o desligamento desprovido de motivação; vale destacar que a questão não usou as melhores expressões jurídicas na sua elaboração; isso porque a expressão "demissão" em sentido estrito, significa desligamento motivado por infração disciplinar grave de servidor, ao passo que o desligamento de agente ocupante de cargo em comissão leva o nome de exoneração; de qualquer forma, como o próprio enunciado usou a expressão demissão em sentido amplo (abrangendo desligamentos em geral), ao usar o termo "demissível *ad nutum*", temos que considerar não ilegal o tipo de desligamento mencionado na alternativa; D: incorreta, pois, comprovado o ilícito administrativo, é possível sim aplicar a sanção disciplinar de "demissão", nos termos do que dispuser o estatuto local de funcionário público.
Gabarito "B".

(Magistratura/SP - 2011 - VUNESP) Rivaldo Batera prestou concurso público e foi classificado em 1º lugar. Foi nomeado, passou por inspeção médica, tomou posse e deixou decorrer *in albis* o prazo para entrar em exercício. Indique a alternativa correta.
(A) Rivaldo será demitido, sem sindicância.
(B) Rivaldo será exonerado, após o processo administrativo respectivo.
(C) Rivaldo será removido.
(D) Rivaldo será exonerado.
(E) Rivaldo será exonerado, mas receberá a partir da data da nomeação.

Três momentos devem ser destacados. O primeiro é a *nomeação*. A simples nomeação não torna alguém servidor público. O segundo momento é a *posse*. Esta é a aceitação do cargo. Com a posse ocorre a investidura no cargo, de maneira que, a partir desse momento, o nomeado passa a ser servidor público. E o terceiro momento é a *entrada em exercício*, que consiste em o servidor começar a trabalhar. A partir desse momento, o servidor passa a ter direito à remuneração. Quando alguém é nomeado e não toma posse, não é necessário exonerar tal pessoa, pois esta sequer chegou a ser servidor público. Nesse caso, a Administração ficará livre para nomear outra pessoa que tiver sido aprovada no concurso. Já no caso em que alguém é nomeado e toma posse, mas não entra em exercício no prazo fixado na lei, aí sim temos alguém que já é servidor público (pois tomou posse!), o que impõe que a Administração promova a sua exoneração do cargo. Nesse caso, como o servidor não chegou a trabalhar, será exonerado sem que tenha direito de receber uma remuneração.
Gabarito "D".

(Ministério Público/RJ - 2011) A perda do cargo de servidores públicos:
(A) não pode resultar de avaliação periódica de desempenho, relativa às funções do cargo;
(B) impõe que a Administração instaure processo administrativo, não sendo, contudo, exigida defesa técnica por advogado;
(C) resulta de sentença judicial transitada em julgado, desde que tenha havido prévio processo administrativo;
(D) aplica-se também a empregados de sociedades de economia mista e empresas públicas;
(E) deve decorrer de processo administrativo, com apuração preliminar por meio de sindicância.

A: incorreta (art. 41, § 1º, III, da CF); B: correta, pois o processo administrativo é regra nesse sentido (salvo perda de cargo por decisão judicial), sendo certo que o STF não entende indispensável a presença de advogado para que se tenha um processo disciplinar regular (Súmula Vinculante STF n. 5); C: incorreta, pois, em havendo decisão judicial transitada em julgado (em processo penal ou por improbidade, por exemplo), não é necessário processo administrativo (art. 41, § 1º, I, da CF); D: incorreta, pois nessas entidades não há "cargo", mas "emprego"; E: incorreta, pois a perda do cargo pode se dar por processo judicial também (art. 41, § 1º, I, da CF); ademais, o processo disciplinar não requer, necessariamente, apuração preliminar por meio de sindicância, para que seja válido.
Gabarito "B".

(Procurador do Estado/SC - 2010 - FEPESE) Verificado o excesso de despesas com pessoal ativo e inativo da União, dos Estados, do Distrito Federal e dos Municípios, o servidor estável poderá perder o seu cargo. Em relação ao enunciado, assinale a alternativa **correta**.
(A) É vedada a criação de cargo, emprego ou função com atribuições iguais ou assemelhadas ao cargo considerado extinto, pelo prazo mínimo de dois anos.
(B) O servidor estável que perder o cargo em razão do excesso de despesa com pessoal, fará jus a indenização correspondente a um mês de remuneração por ano de serviço.
(C) A Administração Pública deve reduzir pelo menos cinquenta por cento das despesas com cargos em

comissão e funções de confiança, antes de exonerar servidores estáveis.
(D) Antes de exonerar servidores estáveis, a Administração Pública deve reduzir os vencimentos de servidores não estáveis.
(E) O enunciado é falso porque após estágio probatório, o servidor efetivo somente poderá perder o seu cargo por meio de sentença judicial com trânsito em julgado.

A: incorreta, pois essa vedação terá duração de 4 anos (art. 169, § 6º, da CF); B: correta (art. 169, § 5º, da CF); C e D: incorretas, pois deve-se reduzir pelo menos 20% dessas despesas (e não 50%); além disso, a Administração deve, antes de exonerar servidores estáveis, *exonerar* servidores não estáveis (art. 169, § 3º, I e II, da CF); E: incorreta, pois o servidor estável poderá perder seu cargo por outros motivos também, como por infração disciplinar apurada em processo administrativo com ampla defesa, não aprovação em avaliação especial de desempenho e em virtude de excesso de despesas com pessoal, nos moldes do art. 169 da CF.
Gabarito "B".

6.16.5. Acessibilidade e concurso público

(Magistratura/GO – 2015 – FCC) As normas constitucionais que delineiam os contornos do regime jurídico dos servidores públicos preconizam a possibilidade de contratação sem prévio concurso público de provas e títulos para
I. empregos públicos, em sociedades de economia mista e empresas públicas que atuem em regime de competição no mercado.
II. cargos em comissão, destinados exclusivamente a funções de chefia, direção e assessoramento.
III. contratações temporárias, limitadas a 20% do quadro permanente efetivo.
Está correto as situações descritas APENAS em
(A) III.
(B) I.
(C) I e II.
(D) II e III.
(E) II.

I: incorreta, pois esses empregos também só podem ser preenchidos mediante concurso público (art. 37, II, da CF); II: correta (art. 37, II, da CF); III: incorreta, pois apesar de ser correto dizer que não há necessidade de concurso público para as contratações temporárias (art. 37, IX, da CF), a Constituição não traz norma a respeito da limitação dessas contratações a 20% do quadro permanente efetivo.
Gabarito "E".

(Magistratura/SC – 2015 – FCC) Considere as seguintes afirmações:
I. Só por lei se pode sujeitar a exame psicotécnico a habilitação de candidato a cargo público.
II. É inconstitucional a vinculação do reajuste de vencimentos de servidores estaduais ou municipais a índices federais de correção monetária.
III. É inconstitucional toda modalidade de provimento que propicie ao servidor investir-se, sem prévia aprovação em concurso público destinado ao seu provimento, em cargo que não integra a carreira na qual anteriormente investido.
Conforme jurisprudência do Supremo Tribunal Federal, está correto o que se afirma em
(A) I e III, apenas.
(B) III, apenas.
(C) I, II e III.
(D) I e II, apenas.
(E) II e III, apenas.

I: correto (Súmula STF 686); II: correto (Súmula STF 681); III: correto (Súmula STF 685).
Gabarito "C".

(OAB/Exame Unificado – 2014.3) Em determinado estado da Federação, o Estatuto dos Servidores Públicos, lei ordinária estadual, prevê a realização de concurso interno para a promoção de servidores de nível médio aos cargos de nível superior, desde que preencham todos os requisitos para investidura no cargo, inclusive a obtenção do bacharelado.
A partir da situação descrita e tomando como base os requisitos constitucionais para acesso aos cargos públicos, assinale a afirmativa correta.
(A) A previsão é inválida, pois só poderia ter sido veiculada por lei complementar.
(B) A previsão é válida, pois a disciplina dos servidores públicos compete à legislação de cada ente da Federação.
(C) A previsão é inválida, por ofensa à Constituição da República.
(D) A previsão é válida, desde que encontre previsão na Constituição do estado.

A Constituição Federal exige, para o provimento em de qualquer cargo público efetivo, concurso público acessível a todos os brasileiros que preencherem os requisitos legais e aos estrangeiros, na forma da lei; assim, qualquer um que preencha os requisitos legais (detalhe: os requisitos precisam sempre estar em lei) pode participar do concurso público, não sendo possível restringir a participação a apenas servidores internos que tenham interesse no novo cargo; nesse sentido há inclusive a Súmula Vinculante STF n. 43, que assim dispõe: "É inconstitucional toda modalidade de provimento que propicie ao servidor investir-se, sem prévia aprovação em concurso público destinado ao seu provimento, em cargo que não integra a carreira na qual anteriormente investido"; lei complementar ou legislação local admitindo essa possibilidade não podem ferir a Constituição Federal e a Súmula mencionada. A alternativa correta é a "C".
Gabarito "C".

(Ministério Público/PI – 2012 – CESPE) Paulo, aprovado em concurso público para provimento de cargo em determinado órgão da administração pública direta, não foi nomeado, apesar da existência de cargo vago e da necessidade administrativa de prové-lo, dada a publicação, pelo citado órgão, de edital de novo certame. Considerando a situação hipotética acima apresentada, assinale a opção correta com base na jurisprudência do STF acerca da matéria.
(A) Se a administração tiver recusado a nomeação do candidato sob o argumento da inexistência de vaga, revelando-se essa motivação factualmente equivocada, em face da constatação da existência de cargo vago, o candidato aprovado terá direito à nomeação, com fundamento na teoria da vinculação do administrador ao motivo determinante do seu ato.
(B) Não havendo vacância do cargo para cujo provimento Paulo foi aprovado no citado concurso público, poderá a administração nomeá-lo para outro cargo, presente a necessidade administrativa após a realiza-

ção do certame, ainda que sem previsão no edital, desde que haja semelhança entre os cargos e estes sejam oferecidos no mesmo órgão administrativo.

(C) Causaria grave lesão à ordem pública decisão judicial que determinasse a observância da ordem classificatória no concurso público em questão, a fim de evitar a preterição de Paulo pela contratação de temporários em razão da necessidade do serviço.

(D) O não provimento, pela administração pública, do cargo vago em detrimento da aprovação de Paulo no concurso público deve ser motivado; entretanto, tal motivação, por veicular razões de oportunidade e conveniência, não é suscetível de apreciação jurisdicional, sob pena de vulneração do princípio da separação dos poderes.

(E) É incabível, no caso relatado, a impetração de mandado de segurança, visto que a participação e a aprovação em concurso público não geram, em relação à nomeação, direito líquido e certo, mas mera expectativa de direito.

A: correta; diante de alguns abusos da Administração Pública, os tribunais começaram a reconhecer o direito à nomeação em situações em que a Administração Pública, no prazo de validade do concurso, externa de alguma maneira que tem interesse em nomear novos servidores; um exemplo é justamente o citado na alternativa, ou seja, quando se abre novo concurso no prazo de validade de concurso anterior; **B:** incorreta, pois tal conduta viola os princípios da obrigatoriedade de concurso público e da vinculação ao edital; **C:** incorreta, pois é vedada a nomeação de outro servidor para o cargo (inclusive agentes terceirizados temporários - STJ, AgRg no RMS 33.893, DJ 30.11.2012) para exercer as mesmas funções do cargo para o qual um candidato fora aprovado, estando em validade o concurso realizado por este; **D:** incorreta, pois no caso se aplica a teoria dos motivos determinantes; como a Administração já externou a necessidade de nomeação de servidor, não há como inventar uma desculpa retroativa para não mais nomeá-lo; cuidado para confundir essa situação com aquela em que há aprovados nos limites das vagas previstas no edital, mas logo em seguida a Administração, motivada em fato novo idôneo (o que não se coaduna com a publicação de novo edital de concurso), decide que não poderá nomear os aprovados, circunstância excepcionalíssima, que depende de demonstração cabal da possibilidade, com ônus da prova a cargo da Administração; vide, a respeito, decisão do STF proferida no RE 227.480, DJ 21.08.2009 em que se traz essa exceção em favor da Administração, mas com a lembrança de que o Judiciário poderá controlar esse ato, verificando detalhadamente se o motivo invocado é verdadeiro e pertinente; **E:** incorreta, nos termos do comentário à alternativa "a"; vale salientar, outrossim, que o mandado de segurança é cabível no caso, pois é possível levar em juízo provas documentais, não sendo necessário dilação probatória.
Gabarito "A".

6.16.6. Efetividade, estabilidade e vitaliciedade

(Promotor de Justiça/MG – 2014) No que diz respeito à aquisição de estabilidade e a perda do cargo pelo servidor público, avalie o seguinte:

I. O procedimento de avaliação periódica de desempenho é indispensável, na forma de lei complementar, sendo desnecessária, por isso mesmo, a ampla defesa.

II. A perda do cargo dar-se-á em virtude de sentença judicial, ainda que facultado o aviamento de recursos especial e/ou extraordinário.

III. Invalidada por sentença judicial a demissão do servidor estável, será ele reintegrado, e o eventual ocupante da vaga, se estável, reconduzido ao cargo de origem, sem direito a indenização, aproveitado em outro cargo ou posto em disponibilidade com remuneração proporcional ao tempo de serviço.

IV. Como condição para a obtenção da estabilidade pelo servidor, é obrigatória a avaliação especial de desempenho por comissão instituída para essa finalidade.

É **CORRETO** o que se afirma em:
(A) I e II
(B) II e III
(C) II
(D) III e IV

I: incorreta, pois esse procedimento requer respeito à ampla defesa (art. 41, § 1º, III, da CF); **II:** incorreta, pois a perda do cargo de servidor estável depende ou de processo administrativo disciplinar com ampla defesa ou de sentença judicial transitada em julgada, não sendo suficiente sentença judicial ainda pendente de confirmação pela pendência de recurso especial ou extraordinário (art. 41, § 1º, I e II, da CF); **III:** correta (art. 41, § 2º, da CF); **IV:** correta (art. 41, § 4º, da CF).
Gabarito "D".

(Magistratura/RJ – 2011 – VUNESP) Estabilidade é a garantia constitucional de permanência no serviço público, outorgada ao servidor que, nomeado para cargo de provimento e efetivo, em virtude de concurso público, tenha transposto o estágio probatório de três anos, após ser submetido à avaliação especial de desempenho por comissão instituída para essa finalidade. Nesse contexto, é correto asseverar que

(A) não há que se confundir efetividade com estabilidade, porque aquela é uma característica da nomeação, e esta é um atributo pessoal do ocupante do cargo, adquirido após a satisfação de certas condições de seu exercício.

(B) comprovado durante o estágio probatório que o servidor público não satisfaz as exigências da Administração, pode ser demitido, após processo administrativo disciplinar.

(C) o servidor estável não pode ser removido ou transferido.

(D) a título de indenização, o servidor estável exonerado em razão da redução de despesa fará jus à indenização correspondente a um mês de remuneração por ano de serviço, excluindo-se o décimo-terceiro salário, férias proporcionais e aquelas não gozadas.

A: correta, pois traz a exata diferenciação entre os dois institutos; **B:** incorreta, pois, nesse caso, deve-se promover a exoneração e não a demissão; demite-se alguém que tenha cometido infração disciplinar, que não é o caso; **C:** incorreta, pois não há impedimento legal nesse sentido; a estabilidade garante apenas o direito de não ser desligado sem vontade do estável, ressalvadas as exceções legais (exoneração por avaliação de desempenho insatisfatória, demissão após processo disciplinar com ampla defesa e exoneração para atendimento de limites de despesa com pessoal); **D:** incorreta, pois serão devidos sim décimo-terceiro salário e férias proporcionais.
Gabarito "A".

(Defensor Público/GO – 2010 – I. Cidades) Sobre o prazo do estágio probatório a ser cumprido pelos servidores nomeados após aprovação em concurso público, de acordo com a jurisprudência do Supremo Tribunal Federal, e doutrina majoritária, após a edição da EC 19/1998, este teria passado a ser

(A) de um ano.
(B) de dois anos.
(C) de três anos.
(D) de quatro anos.
(E) de cinco anos.

O STF e o STJ entendem, atualmente, que, com a EC 19/1998, que aumentou para 3 anos o tempo de exercício para a aquisição da estabilidade, o estágio probatório também passou a ser de 3 anos, ainda que o estatuto local tenha redação dispondo que o prazo é de 2 anos ou 24 meses. Nesse sentido, confira os precedentes do STF (STA 269 AgR, DJ 26.02.2010) e do STJ (MS 12.523/DF, 18.08.2009).
Gabarito "C".

6.16.7. Acumulação remunerada e afastamento

(DPE/PE – 2015 – CESPE) A respeito dos servidores públicos, julgue os itens subsequentes.

(1) Não é possível a acumulação de um cargo de professor com outro de caráter técnico ou científico se a soma da carga horária ultrapassar o limite de sessenta horas semanais, pois não há, nessa situação, o requisito constitucional da compatibilidade de horários.

(2) Conforme entendimento atual do STF, é dever da administração pública nomear candidato aprovado em concurso público dentro das vagas previstas no edital, em razão do princípio da boa-fé e da proteção da confiança, salvo em situações excepcionais caracterizadas pela necessidade, superveniência e imprevisibilidade.

1: incorreta, pois, de acordo com o STJ, "Havendo compatibilidade de horários, é possível a acumulação de dois cargos públicos privativos de profissionais de saúde, ainda que a soma da carga horária referente àqueles cargos ultrapasse o limite máximo de sessenta horas semanais considerado pelo TCU na apreciação de caso análogo" (AgRg no AREsp 291.919-RJ); **2:** correta; o STF e o STJ passaram a entender também que o candidato aprovado em concurso tem direito de ser nomeado no limite das vagas previstas no respectivo edital, uma vez que a Administração, ao estabelecer o número de vagas, vincula-se a essa escolha e cria expectativa nos candidatos, impondo-se as nomeações respectivas, em respeito aos princípios da boa-fé, razoabilidade, isonomia e segurança jurídica; é bom consignar que o STF até admite que a Administração deixe de nomear os aprovados no limite das vagas do edital se houver ato motivado demonstrando a existência de fato novo que torne inviável a nomeação. Tal ato, todavia, poderá ser controlado pelo Judiciário (STF, RE 227.480).
Gabarito 1E, 2C

(Promotor de Justiça/MG – 2014) Assinale a alternativa CORRETA: Ao servidor público da administração direta, autárquica e fundacional, no exercício de mandato eletivo, aplicam-se as seguintes disposições, a saber:

(A) Em qualquer caso que exija o afastamento para o exercício de mandato eletivo, seu tempo de serviço será contado para todos os efeitos legais, exceto para promoção por merecimento.
(B) Investido no mandato de Vereador, não havendo compatibilidade, perceberá as vantagens de seu cargo, emprego ou função, sem prejuízo da remuneração do cargo eletivo.
(C) Investido no mandato de Prefeito, será afastado do cargo, emprego ou função, sendo-lhe obrigado optar pela sua remuneração.
(D) Tratando-se de mandato eletivo federal, estadual ou distrital, facultar-se-á ao servidor o afastamento de seu cargo, emprego ou função.

A: correta (art. 38, IV, da CF); **B:** incorreta, pois, não havendo compatibilidade de horários, o eleito será afastado do cargo e poderá apenas escolher qual remuneração receberá, se a do cargo de onde se afastou ou a de vereador (art. 38, III, da CF); **C:** incorreta, pois o eleito não é obrigado, mas sim terá faculdade de optar pela remuneração (art. 38, II, da CF); **D:** incorreta, pois o eleito ficará necessariamente afastado de seu cargo, emprego ou função (art. 38, I, da CF).
Gabarito "A".

(Magistratura do Trabalho – 15ª Região – 2011) Saulo Dores da Costa, técnico de enfermagem, após aprovação em concurso público na sua área profissional, passou a integrar o quadro de servidores do Hospital da Saúde, sociedade de economia mista. Insatisfeito com a remuneração, prestou novo certame, foi aprovado e admitido, sem desvinculação do emprego anterior, no instituto de Radiologia Bom dos Ossos, empresa pública, para exercer o emprego de técnico em radiologia. Assinale a alternativa correta:

(A) a segunda contratação é ilegal, em face da vedação constitucional à acumulação de cargos, empregos e funções públicas;
(B) a segunda contratação é legal, porque a proibição constitucional de acumulação de cargos empregos e funções públicas não abrange as sociedades de economia mista;
(C) a segunda contratação é legal, porque a proibição constitucional de acumulação de cargos empregos e funções públicas não abrange empresas públicas;
(D) observada a compatibilidade de horários e não excedido o teto salarial, a segunda contratação é legal, porque adequada à possibilidade constitucional de acumulação de cargos empregos e funções públicas;
(E) a despeito da compatibilidade de horários e da observância do teto salarial, a segunda contratação é ilegal, porque as profissões são incompatíveis com a possibilidade constitucional de acumulação de cargos, empregos e funções públicas.

A segunda acumulação é legal, pois os dois cargos são de profissionais da saúde com profissão regulamentada (art. 37, XVI, "c", da CF). Porém, o próprio inciso XVI mencionado deixa claro que a acumulação remunerada, quando cabível, deve respeitar a compatibilidade de horários e o teto remuneratório.
Gabarito "D".

(Analista – TRT/6ª – 2012 – FCC) João, servidor público da administração direta federal, foi eleito para o cargo de Prefeito em seu Município. De acordo com as disposições constitucionais e legais aplicáveis à espécie, ele

(A) poderá solicitar afastamento do cargo ou licença parcial com redução proporcional da remuneração.
(B) deverá ser exonerado do cargo, pois se trata de cumulação vedada com impossibilidade de afastamento.
(C) poderá solicitar exoneração a pedido e reversão ao cargo de origem ao final do mandato.
(D) ficará afastado do cargo durante o período de mandato, podendo optar entre a remuneração do cargo público ou do eletivo.
(E) poderá permanecer em exercício no cargo de origem, desde que comprove a compatibilidade de horários e atribuições.

Segundo o art. 38, II, da CF, o servidor, "investido no mandato de Prefeito, será afastado do cargo, emprego ou função, sendo-lhe facultado optar pela sua remuneração". Assim, a alternativa "D" é a correta.

Gabarito "D".

6.16.8. Remuneração e subsídio

(Procurador do Estado/PR – 2015 – PUC-PR) No que diz respeito ao regime brasileiro de servidores públicos, assinale a alternativa **CORRETA**.

(A) O Processo Administrativo Disciplinar – PAD tem o prazo de 140 dias para conclusão e julgamento, que pode ser prorrogado e suspender o prazo prescricional para a aplicação da respectiva sanção administrativa.
(B) O *caput* do art. 39 da Constituição Federal, com a redação da EC 19/1998 (contratação de servidores por regime diverso do estatutário), teve sua aplicabilidade suspensa pelo STF, ressalvando-se a validade dos atos e contratações anteriormente realizados.
(C) A eventual investidura de servidor público sem prévio concurso pode ser convalidada pelo prazo decadencial do art. 54 da Lei 9.784/1999, desde que comprovada a boa-fé do servidor.
(D) Desde que previsto em lei, o salário mínimo deve ser usado como indexador de base de cálculo das vantagens de servidor público ou de empregado público.
(E) A fixação de vencimentos dos servidores públicos pode ser objeto de convenção coletiva.

A: incorreta; na esfera federal o prazo para concluir um PAD é de 60 dias, contados da data de publicação do ato que constituir a comissão, admitida a sua prorrogação por igual prazo, quando as circunstâncias o exigirem (art. 152 da Lei 8.112/1990); **B:** correta (STF, ADI 2.135-DF); **C:** incorreta, pois só se pode convalidar ato que puder ser repetido sem que o vício permaneça; no caso, renovado o ato, o vício (ausência de concurso público, violando a CF), persiste; **D:** incorreta, pois a Súmula Vinculante STF 4 não admite que lei traga tal previsão; somente a CF pode fazer essa indexação; **E:** incorreta, pois há proibição expressa nesse sentido na Súmula STF 679.

Gabarito "B".

(Ministério Público/MS – 2011 – FADEMS) No tocante às disposições constitucionais e legais pertinentes à Administração Pública, assinale a alternativa **correta**:

(A) os vencimentos dos cargos do Poder Executivo e do Poder Judiciário não poderão ser superiores aos pagos pelo Poder Legislativo;
(B) é admitida a vinculação ou equiparação de quaisquer espécies remuneratórias para o efeito de remuneração de pessoal do serviço público;
(C) lei complementar reservará percentual dos cargos e empregos públicos para as pessoas portadoras de deficiência e definirá os critérios de sua admissão;
(D) consoante previsão inserida na Súmula Vinculante n. 13, não viola a Constituição Federal a nomeação do tio paterno do Presidente da República para o exercício de cargo em comissão no Poder Executivo Federal;
(E) a administração fazendária e seus servidores fiscais terão, dentro de suas áreas de competência e jurisdição, precedência sobre os demais setores administrativos, na forma da lei.

A: incorreta, pois os vencimentos dos cargos do Legislativo e do Judiciário não poderão ser superiores aos pagos pelo Executivo (art. 37, XII, da CF); **B:** incorreta, pois a vinculação ou equiparação remuneratória é *vedada* (art. 37, XIII, da CF); **C:** incorreta, pois basta uma lei *ordinária*, para que essa regulamentação se dê, vez que o art. 37, VIII, da CF não exige lei complementar; **D:** incorreta, pois tio paterno é parente de 3º grau, de modo que a nomeação é vedada pela súmula mencionada; o tio do Presidente só poderia ser nomeado caso fosse para cargo político, como é o cargo de Ministro de Estado, já que o acórdão que deu ensejo a essa súmula abre essa exceção; **E:** correta (art. 37, XVIII, da CF).

Gabarito "E".

(Auditor Fiscal do Trabalho – 2010 – ESAF) São direitos e garantias dos trabalhadores em geral também aplicáveis aos servidores públicos, exceto:

(A) piso salarial proporcional à extensão e à complexidade do trabalho.
(B) salário-família.
(C) remuneração do trabalho noturno superior à do diurno.
(D) repouso semanal remunerado.
(E) salário mínimo.

A: não se trata de direito previsto em favor dos servidores públicos (vide art. 39, § 3º, da CF e art. 7º, V, da CF); B: art. 39, § 3º, c/c art. 7º, XII, ambos da CF; C: art. 39, § 3º, c/c art. 7º, IX, ambos da CF; D: art. 39, § 3º, c/c art. 7º, XV, ambos da CF; E: art. 39, § 3º, c/c art. 7º, VII, ambos da CF.

Gabarito "A".

6.16.9. Previdência do servidor: aposentadoria, pensão e outros benefícios

(Magistratura/RR – 2015 – FCC) O Governador do Estado de Roraima pretende encaminhar à Assembleia Legislativa Estadual, um projeto de lei para instituir o regime de previdência complementar para os servidores estaduais, nos termos do que dispõe a Constituição Federal, em seu art. 40, § 14. Com base no que dispõem as normas constitucionais sobre esse assunto, deve-se concluir que

(A) somente os servidores celetistas e comissionados poderão ser compelidos a aderir a esse regime, visto que para os servidores titulares de cargo efetivo, a Constituição prevê sua vinculação exclusiva ao regime próprio de previdência do ente político ao qual pertencem.
(B) tal regime se aplica apenas aos servidores vinculados às empresas públicas e sociedades de economia mista, visto que somente essas entidades podem criar os chamados "fundos de pensão" necessários ao custeio desse regime.
(C) apenas os servidores que já estiverem aposentados por ocasião da entrada em vigor da lei que instituir tal regime ficarão a ele vinculados, sendo que os servidores em exercício permanecerão vinculados ao regime próprio de previdência do Estado.
(D) os servidores titulares de cargo comissionado podem se vincular ao regime de previdência complementar, desde que manifestem de forma expressa a opção de se desvincularem do regime geral de previdência social.
(E) o teto de percepção de proventos equivalente ao limite máximo de benefícios do regime geral de previdência não poderá ser imposto aos servidores que ingressaram na Administração Estadual antes da data

de publicação da lei que instituiu o regime de previdência complementar.

A, B e D: incorretas, pois o art. 40, § 14, da CF é claro ao dispor que esse instituto se destina exclusivamente aos "servidores titulares de cargo efetivo", não se aplicando essa específica disposição para servidores celetistas e comissionados, bem como aso servidores das empresas estatais; **C:** incorreta; primeiro porque os servidores já aposentados têm direito adquirido e não podem ser afetados; segundo porque, por expressa e voluntária adesão, o servidor que tiver ingressado no serviço público até a data da publicação do ato de instituição da previdência complementar ficará sujeito a ela (art. 40, § 16, da CF); **E:** correta, nos termos do art. 40, § 16, da CF.
Gabarito "E".

(Procurador do Estado/PR – 2015 – PUC-PR) Caio é servidor público titular de cargo efetivo do Estado do Paraná nomeado por concurso público em 30.04.1999, mesma data em que iniciou o exercício do cargo. Nunca trabalhou antes desta data. Em 10.05.2013 se invalidou e foi aposentado por invalidez permanente, com fundamento no inciso I do § 1º do art. 40 da Constituição Federal. Considerando o enunciado, é CORRETO afirmar que:

(A) Seu provento de aposentadoria somente será reajustado para preservar seu valor real, não podendo ser revisto na mesma proporção e na mesma data sempre que se modificar a remuneração dos servidores em atividade da carreira a que pertencia.

(B) Seu provento de aposentadoria será calculado considerando as remunerações utilizadas como base para as contribuições aos regimes de previdência desde 30.04.1999, inclusive sua última remuneração recebida em atividade.

(C) Seu provento de aposentadoria será revisto na mesma proporção e na mesma data sempre que se modificar a remuneração dos servidores em atividade da carreira a que pertencia.

(D) Seu provento de aposentadoria será calculado com base na remuneração do seu cargo, até o limite máximo estabelecido para os benefícios do regime geral de previdência social, acrescido de 70% (setenta por cento) da parcela excedente a este limite.

(E) A aposentadoria por invalidez permanente não pode ser-lhe concedida, porque não é modalidade de benefício previdenciário prevista para os servidores públicos titulares de cargo efetivo.

Os proventos de aposentadoria desse servidor serão revistos na mesma proporção e na mesma data sempre que se modificar a remuneração dos servidores em atividade da carreira a que pertencia, vez que essa regra, a da paridade, era a prevista quando Caio ingressou no serviço público (em 1999), sendo que somente em 2003, pela EC 41/2003, é que a paridade caiu, garantindo-se ao aposentado apenas o direito de reajustamento do benefício na forma da lei (art. 40, § 8º, da CF).
Gabarito "C".

(Procurador do Estado/PR – 2015 – PUC-PR) Assinale a alternativa CORRETA.

(A) O servidor público não pode fazer a contagem recíproca do tempo de contribuição na administração pública e na atividade privada, rural e urbana para efeito de aposentadoria.

(B) O servidor público titular de cargo efetivo cujo ente empregador tenha instituído regime próprio de previdência social pode se filiar ao Regime Geral de Previdência Social e não ao seu Regime Próprio de Previdência Social.

(C) Os requisitos de idade e tempo de contribuição serão reduzidos em cinco anos para o professor universitário que comprovar exclusivamente tempo de efetivo exercício de magistério.

(D) Cargos públicos acumuláveis na atividade não podem ensejar a cumulação de proventos à custa do mesmo regime de previdência.

(E) Nenhum provento de aposentadoria terá valor mensal inferior ao salário mínimo.

A: incorreta, pois é assegurada a contagem de tempo recíproca (art. 201, § 9º, da CF); **B:** incorreta, pois, havendo regime próprio no ente, o servidor ocupante de cargo efeito é obrigado a participar deste; **C:** incorreta, pois esse benefício é para professores que comprovarem exclusivamente tempo de efetivo exercício no magistério na educação infantil e no ensino fundamental e médio, não valendo para o ensino superior (art. 40, § 5º, da CF); **D:** incorreta, pois se os cargos forem acumuláveis na atividade não há vedação nesse sentido (art. 40, § 6º, da CF); **E:** correta (art. 201, § 2º, da CF).
Gabarito "E".

(Procurador do Estado/PR – 2015 – PUC-PR) Com relação ao regime próprio de previdência social dos titulares de cargos efetivos, é **CORRETO** afirmar:

(A) Os servidores ocupantes exclusivamente de cargo em comissão declarado em lei de livre nomeação e exoneração se vinculam obrigatoriamente ao regime próprio de previdência social.

(B) Os estados, municípios, Distrito Federal e União não podem ter mais de uma unidade gestora do regime.

(C) Todos os regimes próprios de previdência social são administrados pelo Governo Federal e não se admite a instituição de previdência complementar.

(D) A unidade gestora do regime pode aplicar os recursos previdenciários em títulos públicos estaduais.

(E) A União, os estados e os municípios são obrigados a instituir regime próprio de previdência social para seus servidores.

A: incorreta, pois esses servidores estão vinculados ao regime *geral* da previdência (art. 40, § 13, da CF); **B:** correta (art. 40, § 20, da CF); **C:** incorreta, pois cada ente político terá seu regime próprio (art. 40, § 20, da CF) e devem instituir previdência complementar, caso estabeleçam o teto do regime geral de previdência como limite máximo de seus proventos de aposentadoria e pensões (art. 40, § 14, da CF); **D:** incorreta, pois haveria desvio de finalidade nessa prática; **E:** incorreta, pois não há essa obrigatoriedade na CF, podendo-se adotar o regime geral de previdência para os servidores.
Gabarito "E".

(Procurador do Município – Cuiabá/MT – 2014 – FCC) O corpo permanente da Constituição Federal, no tocante aos proventos do servidor aposentado pelo regime próprio de previdência,

(A) estabelece que os requisitos de idade e de tempo de contribuição serão reduzidos em cinco anos, para o professor que comprove exclusivamente tempo de efetivo exercício das funções de magistério na educação infantil e no ensino fundamental e médio, com a consequente redução proporcional dos proventos, caso opte por essa aposentadoria especial.

(B) garante aos servidores inativos a extensão de todos e quaisquer benefícios e vantagens concedidos aos servidores em atividade.

(C) determina que, nas hipóteses de aposentadoria com proventos proporcionais, deve-se utilizar como base de cálculo o valor da última remuneração percebida pelo servidor, quando em atividade.

(D) estabelece que os servidores ocupantes, exclusivamente, de cargo em comissão farão jus à aposentadoria complementar, mediante sua expressa adesão a tal regime, sem prejuízo da vinculação ao regime geral de previdência social.

(E) prevê a incidência de contribuição previdenciária nos proventos do inativo portador de doença incapacitante, a qual incidirá apenas sobre as parcelas que superem o dobro do limite máximo estabelecido para os benefícios do regime geral de previdência social.

A: incorreta, pois essa aposentadoria especial não importa em redução proporcional dos proventos (art. 40, § 5°, da CF); B: incorreta, pois a lei garante apenas o reajustamento dos benefícios para preservar o seu valor, mas não a extensão aos inativos dos benefícios e vantagens concedidos aos servidores em atividade (art. 40, § 8°, da CF); C: incorreta, pois serão consideradas as remunerações utilizadas como base para as contribuições do servidor ao regime de previdência respectivo (art. 40, § 3°, da CF); D: incorreta, pois essa aposentadoria complementar é direito dos servidores ocupantes de cargos efetivos (art. 40, § 14, da CF); E: correta (art. 40, § 21, da CF).
Gabarito "E".

(Procurador Legislativo – Câmara de Vereadores de São Paulo/SP – 2014 – FCC) Jeferson, servidor administrativo da Câmara Municipal, titular de cargo efetivo, estava de férias na praia, quando sofreu grave acidente ao ser atropelado por uma lancha a motor. Do acidente resultou grave lesão de natureza irreversível e incapacitante, gerando sua aposentadoria por invalidez permanente, a contar do laudo médico oficial, emitido em 23 de setembro de 2013. Sabe-se que, nessa data, Jeferson tinha 45 (quarenta e cinco) anos e que ingressou no serviço público municipal em 15 de dezembro de 1997. Diante da situação acima narrada, deve-se concluir, no tocante aos proventos de Jeferson, que serão

(A) proporcionais; calculados com base na remuneração do cargo efetivo em que se deu a aposentadoria; e assegurada a revisão dos proventos na mesma proporção e na mesma data, sempre que se modificar a remuneração dos servidores em atividade.

(B) integrais; calculados com base nas remunerações utilizadas como base para as contribuições do servidor aos regimes de previdência oficial, calculada a média na forma da lei; e assegurado o reajustamento dos proventos para preservar-lhes, em caráter permanente, o valor real, conforme critérios estabelecidos em lei.

(C) proporcionais; calculados com base nas remunerações utilizadas como base para as contribuições do servidor aos regimes de previdência oficial, calculada a média na forma da lei; e assegurada a revisão dos proventos na mesma proporção e na mesma data, sempre que se modificar a remuneração dos servidores em atividade.

(D) integrais; calculados com base na remuneração do cargo efetivo em que se deu a aposentadoria; e assegurado o reajustamento dos proventos para preservar-lhes, em caráter permanente, o valor real, conforme critérios estabelecidos em lei.

(E) integrais; calculados com base na remuneração do cargo efetivo em que se deu a aposentadoria; e assegurada a revisão dos proventos na mesma proporção e na mesma data, sempre que se modificar a remuneração dos servidores em atividade.

A aposentadoria, no caso, dar-se-á com proventos proporcionais, na forma do art. 40, § 1°, I, da CF. Quanto à questão da revisão dos proventos na mesma proporção e na mesma data dos servidores ativos (que não existe mais para os novos servidores – art. 40, § 8°, da CF), é direito de Jeferson, por ter ingressado no serviço público antes da EC 41/2003, na forma do disposto no art. 7° dessa mesma Emenda Constitucional. Assim, a alternativa "a" é a correta.
Gabarito "E".

6.16.10. Responsabilidade civil do servidor público

(Delegado/SP – 2011) A responsabilidade civil do policial decorre

(A) da prática de dano por erro determinado por terceiro.
(B) da prática de ofensas verbais ou físicas contra servidores ou particulares.
(C) apenas da prática de crime funcional de que resulte prejuízo para a Fazenda Pública.
(D) de omissão antijurídica cometida em obediência a ordem superior.
(E) de procedimento doloso ou culposo que importe prejuízo à Fazenda Pública ou a terceiros.

De acordo com o art. 66 da Lei Complementar do Estado de São Paulo 207/1979 (a Lei Orgânica da Polícia do Estado de São Paulo), "a responsabilidade civil decorre de procedimento doloso ou culposo, que importe prejuízo à Fazenda Pública ou a terceiros".
Gabarito "E".

6.16.11. Infrações e processos disciplinares. Comunicabilidade de instâncias

(Juiz de Direito/PA – 2014 – VUNESP) A falta de defesa técnica por advogado no processo administrativo disciplinar

(A) não ofende a Constituição.
(B) gera nulidade sanável pela devolução dos prazos.
(C) é causa de nulidade que depende de prova do prejuízo para reconhecimento.
(D) é causa de nulidade absoluta.
(E) pode ensejar a anulação na via judicial.

A: correta, conforme dispõe a Súmula Vinculante STF n. 5; B a E: incorretas, pois, conforme se viu, a Súmula Vinculante STF n. 5 prescreve que a falta de defesa técnica por advogado no processo disciplinar não ofende a Constituição, não havendo que se falar em nulidade ou anulação dos atos do processo disciplinar respectivo.
Gabarito "A".

(Promotor de Justiça/PI – 2014 – CESPE) Acerca do entendimento do STJ sobre o processo administrativo disciplinar, assinale a opção correta.

(A) Não é obrigatória a intimação do interessado para apresentar alegações finais após o relatório final de processo administrativo disciplinar.
(B) Não é possível a utilização, em processo administrativo disciplinar, de prova emprestada produzida

validamente em processo criminal, enquanto não houver o trânsito em julgado da sentença penal condenatória.

(C) No processo administrativo disciplinar, quando o relatório da comissão processante for contrário às provas dos autos, não se admite que a autoridade julgadora decida em sentido diverso do indicado nas conclusões da referida comissão, mesmo que o faça motivadamente.

(D) Considere que se constate que servidor não ocupante de cargo efetivo tenha-se valido do cargo comissionado para indicar o irmão para contratação por empresa recebedora de verbas públicas. Nessa situação, a penalidade de destituição do servidor do cargo em comissão só será cabível caso se comprove dano ao erário ou proveito pecuniário.

(E) Caso seja ajuizada ação penal destinada a apurar criminalmente os mesmos fatos investigados administrativamente, deve haver a imediata paralisação do curso do processo administrativo disciplinar.

A: correta, pois não há previsão legal nesse sentido (MS 18.090-DF, DJ 08.05.2013); B: incorreta, pois o STJ admite a utilização dessa prova, em processo disciplinar, na qualidade de "prova emprestada", caso tenha sido produzida em ação penal, e desde que devidamente autorizada pelo juízo criminal e com a observância das diretrizes da Lei 9.296/1996 (MS 16.146, j. 22.05.2013); C: incorreta, pois, desde que o faça motivadamente, a autoridade não fica vinculada ao relatório da comissão processante; D: incorreta, pois aqui se tem violação aos arts. 117, IX, e 132, XIII, da Lei 8.112/1990, sujeito a demissão no caso de servidor ocupante de cargo público (art. 132, IV, da Lei 8.112/1990) e a destituição do cargo em comissão no caso de servidor ocupante deste (art. 135, caput, da Lei 8.112/1990); E: incorreta, pois as instâncias em questão são independentes entre si (art. 125 da Lei 8.112/1990).
Gabarito "A".

(Procurador do Estado/AC – 2014 – FMP) Com relação ao processo administrativo disciplinar, assinale a afirmativa CORRETA.

(A) Não há impedimento à aplicação de sanção disciplinar administrativa antes do trânsito em julgado da ação penal.

(B) A falta de defesa técnica, por advogado, no processo administrativo disciplinar ofende a Constituição.

(C) Por ser procedimento de averiguação administrativa, não está sujeito ao contraditório, mas segue o formalismo moderado.

(D) Sendo aplicável o formalismo moderado, a notificação de instauração não precisa conter todos os tipos de infração em tese cometidas.

A: correta, pois as instâncias administrativa e penal são independentes; B: incorreta, pois a Súmula Vinculante STF n. 5 prescreve que a falta de defesa técnica por advogado no processo disciplinar não ofende a Constituição; C: incorreta, pois o contraditório e a ampla defesa são direitos do servidor em qualquer tipo de processo administrativo em que houver algum tipo de imputação de conduta em seu desfavor, com exceção do que se dá no inquérito civil (de atribuição do Ministério Público), que é um mero procedimento de apuração dos fatos para possível ajuizamento de ação civil pública ou ação por improbidade administrativa; D: incorreta, pois é necessário a notificação do servidor com a especificação dos fatos a ele imputados (art. 161, caput, da Lei 8.112/1990).
Gabarito "A".

(Procurador do Município – Cuiabá/MT – 2014 – FCC) Mauro e André, ambos servidores públicos, foram citados em processo administrativo disciplinar e, concomitantemente, denunciados em ação penal, sob suspeita de terem se apropriado de computador da repartição em que trabalhavam. Conforme consta na Portaria do processo disciplinar e na denúncia, ambos teriam atuado em conluio, ingressando na repartição pública durante determinado final de semana, ocasião em que subtraíram o referido computador, o qual foi encontrado, horas depois da subtração, na residência de André. No processo penal, ambos foram absolvidos: Mauro, pois ficou comprovado que no final de semana em questão estava em férias, em localidade distante de seu local de trabalho e não poderia ter participado por qualquer forma da conduta delituosa; André, porque ficou comprovada a intenção de utilizar-se do equipamento apenas no final de semana, para elaborar trabalho escolar, pretendendo devolvê-lo em seguida, configurando assim o chamado "peculato de uso", figura atípica para a responsabilização criminal. Diante de tal situação, conclui-se que a decisão proferida no processo penal

(A) levará à extinção imediata do processo administrativo, sem necessidade de emissão de decisão administrativa acerca da conduta dos servidores.

(B) conduzirá à absolvição de Mauro no processo administrativo; não sendo possível dizer o mesmo em relação a André.

(C) conduzirá à absolvição de André no processo administrativo; não sendo possível dizer o mesmo em relação a Mauro.

(D) é absolutamente irrelevante para a decisão do processo administrativo, haja vista a chamada incomunicabilidade das instâncias.

(E) vincula a autoridade administrativa, que deve absolver ambos os servidores.

Quanto a Mauro, como foi absolvido na esfera penal por negativa de autoria (e não por mera falta de provas), essa decisão se comunicará à esfera administrativa, de modo que será absolvido nesta esfera também (art. 126 da Lei 8.112/1990). Já quanto a André, responderá normalmente na esfera administrativa recebendo a punição adequada ao fato praticado, que, sendo ou não crime, traduz-se em violação de seus deveres funcionais, ensejando punição disciplinar.
Gabarito "B".

(Procurador Legislativo – Câmara de Vereadores de São Paulo/SP – 2014 – FCC) Analise as seguintes afirmações, acerca do exercício do poder disciplinar pela Administração:

I. O afastamento preventivo do servidor público e a chamada "verdade sabida" não são admitidos após a Constituição Federal de 1988, pois tais institutos violam os princípios da presunção de inocência, da ampla defesa e do contraditório, nela consagrados.

II. A anulação de ato punitivo anterior, produzido com vício de legalidade, e a aplicação de outra punição, mais gravosa, não constitui bis in idem.

III. A renúncia formal ao direito de defesa, pelo acusado, dispensa a constituição de defensor dativo no processo administrativo disciplinar.

Está correto o que se afirma APENAS em

(A) I e II.

(B) II.

(C) III.
(D) I e III.
(E) II e III.

I: incorreta; a verdade sabida de fato (em que se punia o servidor sem respeito ao contraditório, quando a própria autoridade disciplinar presenciava a infração disciplinar) não é admitida pela atual Constituição, mas o afastamento preventivo do servidor, como providência cautelar, é admitido sim; **II:** correta, pois, por uma questão de lógica, não há "bis in idem" se a punição anterior é anulada (ou seja, cancelada); **III:** incorreta; há vários estatutos de servidor, como o do Município de São Paulo, que impõem que se o servidor não constituir advogado ser-lhe-á dado um defensor dativo, que, no Município de São Paulo, é um procurador municipal (art. 212, parágrafo único, da Lei Municipal 8.989/1979); vale ressaltar, todavia, que essa regra não existe em todos os estatutos de servidor e, nesses casos, a ausência de defensor não ofenderá a Constituição, nos termos da Súmula Vinculante STF 5.
Gabarito "B".

(OAB/Exame Unificado – 2015.2) Fernando, servidor público de uma autarquia federal há nove anos, foi acusado de participar de um esquema para favorecer determinada empresa em uma dispensa de licitação, razão pela qual foi instaurado processo administrativo disciplinar, que resultou na aplicação da penalidade de demissão. Sobre a situação apresentada, considerando que Fernando é ocupante de cargo efetivo, por investidura após prévia aprovação em concurso, assinale a afirmativa correta.
(A) Fernando não pode ser demitido do serviço público federal, uma vez que é servidor público estável.
(B) Fernando somente pode ser demitido mediante sentença judicial transitada em julgado, uma vez que a vitaliciedade é garantida aos servidores públicos.
(C) É possível a aplicação de penalidade de demissão a Fernando, servidor estável, mediante processo administrativo em que lhe seja assegurada ampla defesa.
(D) A aplicação de penalidade de demissão ao servidor público que pratica ato de improbidade independe de processo administrativo ou de sentença judicial.

A: incorreta, pois é garantia de permanência no cargo que tem exceções, permitindo o desligamento do servidor por decisão judicial transitada em julgado, por processo administrativo com ampla defesa (que é o processo necessário para demitir alguém por infração disciplinar) ou em caso de avaliação insuficiente de desempenho (art. 41, § 1º, da CF); **B:** incorreta, pois a vitaliciedade, que dá a garantia de perda do cargo apenas por meio de sentença transitada em julgado só existe em relação a magistrados e membros do Ministério Público e Tribunal de Contas; quanto ao servidor ocupante de cargo efetivo, a garantia é só de estabilidade, que admite desligamento do cargo também em função de processo administrativo com ampla defesa e avaliação insatisfatória de desempenho; **C:** correta (art. 41, § 1º, II, da CF); **D:** incorreta, pois a aplicação da penalidade de demissão (por infração disciplinar) requer processo administrativo com ampla defesa e da penalidade de perda do cargo (por condenação criminal ou por condenação por improbidade administrativa) impõe sentença judicial transitada em julgado.
Gabarito "C".

(OAB/Exame Unificado – 2015.1) Carlos, servidor público federal, utilizou dois servidores do departamento que chefia para o pagamento de contas em agência bancária e para outras atividades particulares. Por essa razão, foi aberto processo administrativo disciplinar, que culminou na aplicação de penalidade de suspensão de 5 (cinco) dias.
Sobre o caso apresentado, assinale a afirmativa correta.
(A) Carlos procedeu de forma desidiosa e, por essa razão, a penalidade aplicável seria a de advertência, não a de suspensão.
(B) A infração praticada por Carlos dá ensejo à penalidade de demissão, razão pela qual se torna insubsistente a penalidade aplicada.
(C) Caso haja conveniência para o serviço, a penalidade de suspensão poderá ser convertida em multa, ficando o servidor obrigado a permanecer em serviço.
(D) A penalidade aplicada a Carlos terá seu registro cancelado após 3 (três) anos de efetivo exercício, caso ele não cometa, nesse período, nova infração disciplinar.

A: incorreta, pois cabe demissão nos termos do art. 117, XVI, c/c 132, XIII, ambos da Lei 8.112/1990; **B:** correta; o art. 117, XVI, da Lei 8.112/1990 estabelece que ao servidor é proibido "utilizar **pessoal** ou recursos materiais da repartição em serviços ou atividades particulares" (g.n.); em seguida, o art. 132, XIII, da mesma lei dispõe que a penalidade de *demissão* será aplicada quando houver transgressão aos incisos IX a XVI do art. 117; assim, o caso em tela enseja a aplicação da penalidade de *demissão* e não de *suspensão*, lembrando que a penalidade de suspensão é aplicável nos casos de reincidência de faltas punidas com advertência, nos casos de violação de outras proibições que não tipifiquem infração sujeita a penalidade de demissão e nos casos em que o servidor injustificadamente recusar-se a ser submetido a inspeção médica (art. 130 da Lei 8.112/1990). **C:** incorreta; primeiro por que o caso é de demissão, e não de suspensão (art. 117, XVI c/c 132, XIII, ambos da Lei 8.112/1990); **D:** incorreta, pois o instituto do cancelamento está previsto para as penalidades de advertência e de suspensão (art. 131 da Lei 8.112/1990), e não para o caso de demissão, que é a penalidade aplicável no caso concreto.
Gabarito "B".

Regime Jurídico dos Servidores Públicos Civis Federais (Lei 8.112/1990)

7

7.1. DISPOSIÇÕES PRELIMINARES

A Lei 8.112/1990 regulamenta o regime jurídico dos **servidores** públicos **civis** da União, das autarquias, inclusive as em regime especial, e das fundações públicas federais (art. 1º).

Nesse sentido, essa lei somente regula aqueles que são servidores, definidos pela Lei 8.112/1990 como aqueles aquelas pessoas legalmente investidas em **cargo público** (art. 2º), que é o conjunto de atribuições e responsabilidades previstas na estrutura organizacional que devem ser cometidas a um servidor (art. 3º), podendo se tratar tanto de cargo efetivo, como de cargo em comissão.

Assim, temos que para que alguém seja regido pela Lei 8.112/1990, há três requisitos:

a) deve se tratar de **servidor público**, ou seja, de alguém que está investido em *cargo público* (efetivo ou em comissão), o que não é o caso daqueles que tem mero *emprego público*, por exemplo;

b) deve se tratar de servidor público **civil**, ou seja, a Lei 8.112/1990 não regulamento o regime jurídico dos militares, regime esse que está previsto na Lei 6.880/1980;

c) deve ser tratar de servidor público civil das **pessoas jurídicas de direito público federais**, ou seja, da União, das autarquias, inclusive as em regime especial, e das fundações públicas federais, o que não é o caso, por exemplo, de alguém que trabalhe numa empresa estatal (ex: Petrobrás), pois, as empresas estatais são pessoas jurídicas de direito privado; ademais, servidores de outras esferas (municipal, distrital e estadual) também não são regidos pela Lei 8.112/1990, mas sim pela lei local que estabelecer o seu regime jurídico, aplicando-se a Lei 8.112/1990 apenas supletivamente, ou seja, quando efetivamente houver uma lacuna na lei local.

Segundo o parágrafo único do art. 3º da Lei 8.112/1990, "os cargos públicos, acessíveis a todos os brasileiros, são criados por lei, com denominação própria e vencimento pago pelos cofres públicos, para provimento em caráter efetivo ou em comissão", sendo vedada "a prestação de serviços gratuitos, salvo os casos previstos em lei" (art. 4º).

Assim, importa ressaltar três características dos cargos públicos:

a) são **criados por lei**, ou seja, não podem ser criados por decretos, portarias ou outros atos de hierarquia inferior à lei;

b) são **acessíveis a todos os brasileiros**, regra que repete do texto constitucional, que acrescenta que os brasileiros tem essa acessibilidade, mas desde que preencham os requisitos estabelecidos em lei e, quanto aos estrangeiros, também podem ingressar no serviço, mas apenas na forma da lei; ou seja, brasileiros tem acessibilidade imediata, não sendo necessário lei para que estejam autorizados a trabalhar no serviço público, mas leis podem trazer requisitos sobre essa acessibilidade (norma de eficácia contida ou restringível), como aliás faz a Lei 8.112/1990, que exige, por exemplo, idade mínima de 18 anos para investidura em cargo público (art. 5º, V); já os estrangeiros, não tem acessibilidade imediata ao serviço público, sendo necessário que haja uma lei autorizando (norma de eficácia limitada), lei essa que ainda não existe em se tratando de contratação para **cargos públicos**, prevalecendo ainda o art. 243,§ 6º, da Lei 8.112/1990, para o qual "os empregos dos servidores estrangeiros com estabilidade no serviço público, enquanto não adquirirem a nacionalidade brasileira, passarão a integrar tabela em extinção";

c) são **necessariamente remunerados**, não havendo que se falar em cargo público exercido sem remuneração, sendo vedada a prestação de serviços gratuitos, salvo nos casos previstos em lei;

d) podem ser **efetivos ou em comissão**, lembrando que os cargos efetivos dependem de concurso público e admitem o instituto da estabilidade, ao passo que os cargos em comissão são providos sem concurso público e sem motivação, uma parte por pessoas que necessariamente são já servidores públicos efetivos (a lei fixará esse percentual quando criar todo e qualquer cargo público) e outra parte por pessoas advindas de fora da Administração, sendo que os servidores com cargo em comissão não podem adquirir a estabilidade, podendo ser exonerados a qualquer momento, independentemente de motivação; ressalte-se, todavia, que, apesar das diferenças, tanto os servidores com cargo efetivo, como os servidores com cargo em comissão são regidos pela Lei 8.112/1990, não se aplicando a estes apenas as disposições incompatíveis com a sua característica de transitoriedade, como é o caso do instituto da estabilidade, previsto nos arts. 21 e 22 da Lei 8.112/1990.

7.2. PROVIMENTO, VACÂNCIA, REMOÇÃO, REDISTRIBUIÇÃO E SUBSTITUIÇÃO

7.2.1. Provimento

7.2.1.1. Aspectos gerais

Provimento quer dizer **designação** de alguém para titularizar cargo público. Há várias espécies de provimento, mas tudo começa com a nomeação, provimento originário.

Não se deve confundir o provimento (que é a designação), com a posse (aceitação do cargo, que vem após o provimento de nomeação – art. 7º), com a entrada em exercício, que é o início dos trabalhos. Se alguém for provido (designado), não quer dizer que já detém o cargo, pois é necessário ainda que aceite esse cargo (aceitação essa que tem o nome de posse, no caso do provimento originário denominado nomeação). Já se alguém for provido e aceitar o provimento, não quer dizer que já receberá os vencimentos em virtude do cargo respectivo, pois é necessário ainda que entre em exercício, ou seja, que comece a trabalhar, para que possa receber.

Quanto aos **requisitos básicos** para investidura em um cargo público temos os seguintes (art. 5º):

I – a nacionalidade brasileira;

II – o gozo dos direitos políticos;

III – a quitação com as obrigações militares e eleitorais;

IV – o nível de escolaridade exigido para o exercício do cargo;

V – a idade mínima de dezoito anos;

VI – aptidão física e mental.

Esses são apenas os requisitos básicos, podendo a lei, de acordo com as atribuições do cargo, e desde que haja justificativa plausível e pertinente, exigir outros **requisitos específicos**.

Repare que somente a lei pode estabelecer exigir esses requisitos adicionais. Assim, não é possível que um edital preveja um requisito para a investidura num cargo público que não esteja previsto como requisito básico na Lei 8.112/1990 ou como requisito específico numa outra lei.

Até mesmo a exigência de exame psicotécnico em concurso público depende de lei expressamente o prevendo, não estando esse exame previsto como requisito básico de investidura em cargo público na Lei 8.112/1990, apesar de haver leis exigindo esse exame em determinados concursos federais.

Sobre os requisitos para investidura em cargo público a jurisprudência atual vem exigindo o seguinte:

a) que estejam **previstos em lei** (art. 37, I, da CF); decretos, resoluções e outros instrumentos não são suficientes para inserir no edital a previsão de exame psicotécnico; deve ser lei em sentido formal (STF, AI 529.219 Agr, DJ 26.03.2010);

b) que sejam **objetivos**, **científicos** e **pertinentes**, sob pena de violação ao princípio da isonomia (art. 5º, *caput*, da CF);

c) que sejam passíveis de **recurso** e **impugnação**, sob pena de violação aos princípios do contraditório e da ampla defesa; *vide*, por exemplo, o REsp 1.046.586 (STJ).

No mais, há interessante súmula do STJ, que trata do momento em que se pode exigir comprovação de requisito relacionado ao exercício do cargo: "o diploma ou habilitação legal para o exercício do cargo deve ser exigido na posse e não na inscrição para o concurso público" (Súmula 266).

Ainda em relação a acessibilidade a cargos em empregos públicos, há também a questão das pessoas com deficiência. De acordo com o art. 5º, § 2º, da Lei 8.112/1990, assegura-se às pessoas com essa características o direito de se inscrever em concurso público para provimento de cargo cujas atribuições sejam compatíveis com a deficiência, reservando-se **até** 20% das vagas oferecidas no concurso. O dispositivo cumpre o disposto no art. 37, VIII, da CF, pelo qual *"a lei reservará percentual dos cargos e empregos públicos para as pessoas portadoras de deficiência e definirá os critérios para a sua admissão"*.

Repare que, segundo a Lei 8.112/1990, não é necessário reservar exatamente 20% das vagas, mas sim até 20%.

Alguns anos depois da entrada em vigor da Lei 8.112/1990 foi editado o Decreto 3.298/1999, que dispõe sobre a Política Nacional para Integração da Pessoa Portadora de Deficiência (hoje a expressão correta é Pessoa com Deficiência). Esse Decreto estabelece que o candidato com deficiência concorrerá a todas as vagas, sendo reservado o percentual mínimo de 5% em face da classificação obtida. Caso a aplicação do percentual mencionado resulte em número fracionado, este será elevado até o primeiro número inteiro subsequente. Por exemplo, em caso de haver 103 vagas no edital de um concurso, 5% disso resultaria em 5,15 vagas reservadas para pessoas com deficiência. Todavia, considerando o número inteiro subsequente, ter-se-ia, nesse concurso reserva de 6 vagas para essas pessoas.

Caso, na reserva de vagas, chegue-se a um número de vagas inferior a 1 (ex: havendo 10 vagas no edital, estaria reservada a fração de 0,6 vaga para as pessoas com deficiência), de rigor reconhecer que o número de vagas reservadas é de 1 (uma), para que a norma tenha sua máxima efetividade, na esteira, inclusive, do que definiu o STF nos REs 227.299 e 606.728-AgR.

Outro debate importante diz respeito ao significado da expressão "reserva de vagas". Sobre o STF já pacificou seu entendimento no sentido de que nessa reserva de vagas para pessoas com deficiências, estes só concorrem entre si pelas vagas reservadas, no que se convencionou chamara de concorrência específica entre as pessoas com deficiência (RMS 25.666, DJ 04.12.2009). No entanto, tais pessoas estão sujeitas ao atendimento dos requisitos mínimos para a aprovação, como nota mínima (mas previamente estabelecida e não decorrente de conta feita com as notas tiradas pelas pessoas que não são deficientes), mesma prova dos demais candidatos e cumprimento dos demais requisitos editalícios.

Quanto ao responsável pelo provimento dos cargos públicos far-se-á mediante ato da autoridade competente de cada Poder (art. 6º), ou do Presidente ou Procurador-Geral, quando se tratar do Tribunal de Contas e do Ministério Público, respectivamente. Pode, em qualquer caso, haver delegação dessa competência.

Segundo o art. 8º, são **formas de provimento** de cargo público as seguintes:

I – nomeação;

II – promoção;

III – readaptação;

IV – reversão;

V – aproveitamento;

VI – reintegração;

VII – recondução.

A ascensão e a transferência estavam nesse rol de formas de provimento, mas a Lei 9.527/1997 revogou a Lei 8.112/1990 nesse ponto e tais instituto agora não mais estão previsto na lei. Havia muita polêmica em torno da constitucionalidade deles. No caso da transferência por exemplo, ela permitia que um servidor estável passasse de um cargo efetivo num determinado quadro da Administração, para outro cargo efetivo de igual denominação em outro quadro da Administração. Por exemplo, um servidor do Ministério da Educação poderia lograr transferir o seu cargo para o INSS. Porém, há um concurso público para cada uma dos dois cargos e, em conseguindo essa transferência, haveria uma violação ao princípio do concursos, pois muitas vez, por meio de um concurso mais fácil e com outras disciplinas, um servidor poderia conseguir uma vaga num concurso mais difícil e com cobrança de outras matérias.

Vejamos agora as sete formas de provimento prevista na Lei 8.112/1990.

7.2.1.2. Nomeação

A nomeação, provimento originário, far-se-á, segundo o art. 9º da Lei 8.112, em **duas categorias** de cargos:

I – em caráter efetivo, quando se tratar de cargo isolado de provimento efetivo ou de carreira; ou

II – em comissão, inclusive na condição de interino, para cargos de confiança vagos.

Quanto ao **cargo em comissão**, conforme já mencionado, é provido por servidores de carreira nos percentuais mínimos previstos em lei, mas também pode ser provido por pessoas que sequer já trabalharam alguma vez na Administração. Uma questão importante é possível que um cargo em comissão venha a ser exercido de forma interina por servidor já ocupante de cargo em comissão ou de natureza especial na Administração. A Lei 8.112/1990 admite essa possibilidade (art. 9º, parágrafo único), sem prejuízo das atribuições do que atualmente ocupa, hipótese em que deverá optar pela remuneração de um deles durante o período da interinidade.

Quanto ao **cargo efetivo**, seja ele isolado (aquele em que o servidor entra num cargo e até o final de sua vida funcional permanece nele, não havendo promoção, pois o cargo é único e não há uma carreira), seja ele em carreira (aquele em que o servidor entra num cargo, mas aquela carreira tem mais de um grau de cargo, admitindo promoções para cargos superiores na mesma carreira), a nomeação respectivas depende de prévia habilitação em concurso público (art. 10).

O **concurso público** será de provas ou de provas e títulos, e pode ser realizado em duas etapas, nos termos da lei e do regulamento plano de carreira respectivo. A inscrição do candidato é condicionada ao pagamento do valor fixado no edital, quando indispensável ao seu custeio, e ressalvadas as hipóteses de isenção nele expressamente previstas (art. 11).

Segundo o Decreto 6.593/2008, o editais dos concursos federais deverão prever a possibilidade de isenção de taxa de inscrição para os candidatos que: a) estiver inscrito no Cadastro Único para Programas Sociais do Governo Federal – CadÚnico, de que trata o Decreto 6.135/2007; b) for membro de família de baixa renda, nos termos do mesmo Decreto 6.315/2007. A isenção se efetivará mediante requerimento do candidato, no prazo previsto no edital, contendo ou o número do CadÚnico ou a declaração de que atende à condição de membro de família de baixa renda, declaração feita sob as penas da lei. Considera-se família de baixa renda a que tem renda familiar mensal per capita de até meio salário mínimo ou que possua renda familiar mensal de até três salários mínimos (art. 4º, II, do Decreto 6.315/2007).

O concurso público pode ter validade de até 2 (dois) anos, podendo ser prorrogado uma única vez, por igual período (art. 12). Assim, caso o edital preveja que o concurso terá validade de 6 meses (lembrando que o prazo de validade do concurso e suas condições tem estar fixados no edital, que deve ser publicado no Diário Oficial da União e em jornal diário de grande circulação), é possível que, após homologado o concurso e decorridos 6 meses a Administração promova a sua prorrogação por apenas mais 6 meses (igual período), sendo que a Administração não é obrigada a prorrogar o concurso, havendo discricionariedade para fazê-lo ou não.

Não se abrirá novo concurso enquanto houver candidato aprovado em concurso anterior com prazo de validade não expirado. No entanto, caso um novo concurso venha a ser aberto havendo ainda candidatos aprovados em concurso anterior ainda com prazo de validade em curso, os aprovados do primeiro concurso tem preferência na nomeação em relação aos candidatos do novo concurso.

Há alguns anos STF e o STJ passaram a entender também que o candidato aprovado em concurso tem *direito* de ser nomeado *no limite das vagas previstas no respectivo edital* (descontadas as desistências), uma vez que a Administração, ao estabelecer o número de vagas, *vincula-se* a essa escolha e cria expectativa nos candidatos, impondo-se as nomeações respectivas, em respeito aos princípios da *boa-fé, razoabilidade, isonomia e segurança jurídica*.

É bom consignar que o STF até admite que a Administração deixe de nomear os aprovados no limite das vagas do edital se houver ato *motivado* demonstrando a existência de fato novo que torne inviável a nomeação. Tal ato, todavia, poderá ser controlado pelo Judiciário (RE 227.480, DJ 21.08.2009). De qualquer forma, na prática, será muito difícil que a Administração consiga justificar a existência de motivo que inviabiliza as nomeações, pois somente razões *pertinentes, novas, imprevisíveis* e *justificadas antes da impugnação de candidatos* à ausência de sua nomeação atendem ao princípio da *adequada motivação*.

Uma vez exarado o provimento de nomeação, passa-se às etapas seguintes de posse e entrada em exercício. A posse não é necessária para os provimentos que se derem após a nomeação, como a promoção (art. 13, § 4º).

Quanto à **posse**, ela se efetiva assinatura de um termo ("termo de posse"), documento do qual devem constar as atribuições, os deveres, as responsabilidades e os direitos inerentes ao cargo ocupado (art. 13, *caput*). O servidor adere a esse documento, que não pode ser alterado unilateralmente, por qualquer das partes, ressalvados os atos de ofício previstos em lei.

O **prazo** para a posse é de 30 (trinta) dias contados, da publicação do ato de provimento, no caso, da publicação da nomeação no Diário Oficial. Caso o servidor esteja, na data de publicação do ato de provimento, em licença prevista nos incisos I, III e V do art. 81, ou afastado nas hipóteses dos incisos I, IV, VI, VIII, alíneas "a", "b", "d", "e" e "f", IX e X do art. 102, o prazo será contado do término do impedimento.

A Lei 8.112/1990 admite a posse de alguém pela presença de terceiro que o presente, mas desde que tal se dê mediante **procuração específica**. Ou seja, não basta uma procuração geral para a prática de atos, sendo necessário que se trate de uma procuração com poderes específicos para a aceitação de um cargo público determinado.

Para que se controle a evolução patrimonial de quem ingressa no serviço público federal, o servidor nomeado, no ato da posse, apresentará declaração de bens e valores que constituem seu patrimônio.

Para que se evite a acumulação indevida de cargos público, o servidor nomeado, também no ato da posse, apresentará declaração quanto ao exercício ou não de outro cargo, emprego ou função pública.

A posse também pressupõe a prévia inspeção médica oficial (art. 14), que terá por objetivo averiguar se o empossado é apto física e mentalmente para o exercício do cargo. Caso não se constate tais atributos, não haverá posse e o provimento será tornado sem efeito. Importante ressaltar que não se considera inapto para o exercício do cargo uma pessoa com deficiência, só por esse motivo. Se o edital não estabelecia alguma restrição absolutamente pertinente nesse sentido (por exemplo, impedir que uma pessoa sem pernas e braços participe de um concurso para salva-vidas), não será nessa hora que a Administração poderá impedir que uma pessoa com deficiente venha a ingressar no serviço. Nesse sentido, é até curioso, para não dizer uma absurdo jurídico, que, nessa fase algumas inspeções médicas, alegando mesmo pequenos problemas nas vistas de alguém, peritos médicos queiram impedir a posse de pessoas nessa condição. Da mesma forma, alguém aprovado em concurso que toma possa em perfeitas condições e que, depois de já estar investido venha a ter alguma inaptidão para o trabalho, não terá sua nomeação tornada sem efeito, mas sim terá direito a aplicação de institutos como readaptação e até aposentadoria por invalidez.

É importante deixar claro que, caso a posse não se dê no prazo previsto na lei, não é caso de exoneração do nomeado, vez que esse não chegou a se investir no cargo público, mas de simplesmente tornar sem efeito o ato de provimento (art. 13, § 6º), passando para a nomeação do próximo classificado no caso de nomeações para cargos efetivos.

Após a posse, passa à **entrada em exercício**. Segundo o art. 15, o exercício é o efetivo desempenho das atribuições do cargo público ou da função de confiança, sendo que o prazo para tal entrada em exercício é de 15 (quinze) dias, contados da data da posse. Compete à autoridade competente do órgão ou entidade para onde for nomeado ou designado o servidor dar-lhe exercício.

Aqui, caso o servidor empossado não venha a entrar em exercício, o caso não é de tornar sem efeito a nomeação, mas de exonerar o servidor do cargo, já que se está diante de alguém que já ingressou no serviço público (o que se deu no ato da posse, em que ocorre o fenômeno da investidura), sendo necessário proceder à exoneração do servidor.

Caso diferente é o daquele designado para ter exercício em **função de confiança**. Nesse caso, tem-se um servidor que já tem um cargo na Administração e que apenas recebeu a oportunidade de atuar transitoriamente numa função de confiança (função destinada a chefias, direções a assessoramentos, acessíveis somente a servidores ocupantes de cargo efetivo, nos termos do art. 37, V, da CF). Nesse caso o **início do exercício** da função coincidirá com a data de publicação do ato de designação (não é necessário posse, nem prazo para entrada em exercício), salvo quando o servidor estiver em licença ou afastado por qualquer outro motivo legal, hipótese em que recairá no primeiro dia útil após o término do impedimento, que não poderá exceder a trinta dias da publicação. Caso o servidor não venha, na prática a entrar em exercício, assumindo efetivamente a função de confiança, a lei determina que se tornar sem efeito o ato de sua designação para função de confiança, não sendo correto exonerar esse servidor caso não assuma esse plus na carreira dele, mas, conforme dito, simplesmente tornar sem efeito o ato, permanecendo o servidor no cargo efetivo que já detém naquela Administração.

Tratando-se de servidor que deva ter **exercício em outro município**, por motivo de remoção, redistribuição, requisição, cessão ou posto em exercício provisório, terá, no mínimo, 10 (dez) e, no máximo, 30 (trinta) dias de prazo, contados da publicação do ato, para a retomada do efetivo desempenho das atribuições do cargo, incluído nesse prazo o tempo necessário para o deslocamento para a nova sede, sendo que, na hipótese de o servidor encontrar-se em licença ou afastado legalmente, o prazo a que se refere este artigo será contado a partir do término do impedimento (art. 18). Vale ressaltar que o servidor pode declinar desses prazos, retomando imediatamente o efetivo desempenho das suas atribuições.

Segundo o art. 16, "o início, a suspensão, a interrupção e o reinício do exercício serão registrados no assentamento individual do servidor", que, ao entrar em exercício, "apresentará ao órgão competente os elementos necessários ao seu assentamento individual".

No que se refere à **jornada de trabalho** dos servidores, esta será fixada em razão das atribuições pertinentes aos respectivos cargos, mas respeitada a duração máxima do trabalho semanal de 40 (quarenta) horas e observados os limites mínimo e máximo de 6 (seis) horas e 8 (oito) horas diárias, respectivamente, ressalvado o disposto em sentido contrário sobre a duração do trabalho em leis especiais.

Quanto aos servidores que trabalham em regime de escala de 24 horas de trabalho por 72 horas de descanso, e que, assim, estariam descumprindo a regra que limita o trabalho a 8 horas diárias, a jurisprudência entende o seguinte: a) que não há ilegalidade nisso, pois decorre da próprio tipo de regime de trabalho; b) que só haverá direito a horas extras nesse tipo de caso, se o servidor cumprir mais do que 200 horas semanais; isso porque se pegarmos 40 horas semanais e dividirmos por 6 dias úteis por semana, e depois multiplicarmos esse resultado por 30 (total de dias do mês), chegaremos a 200 horas mensais, ao passo que o servidor que trabalhar no regime de escala, em regra trabalha no máximo 168 horas mensais, de modo que só haverá horas extras se trabalhar bem mais do que isso, superando as 200 horas (STJ, REsp 1.019.492/RS).

Vale ressaltar que o ocupante de cargo em comissão ou função de confiança submete-se a regime de integral dedicação ao serviço, podendo ser convocado sempre que houver interesse da Administração. Essa exclusividade encontra exceção no art. 120 da Lei 8.112/1990, pelo qual, "o servidor vinculado ao regime desta Lei, que acumular licitamente dois cargos efetivos, quando investido em cargo de provimento em comissão, ficará afastado de ambos os cargos efetivos, salvo na hipótese em que houver compatibilidade de horário e local com o exercício de um deles, declarada pelas autoridades máximas dos órgãos ou entidades envolvidos"

Outro tema importância para o servidor detento de cargo efetivo é o do **estágio probatório**. Segundo o art. 20, o servidor ficará sujeito a esse estágio para que se avalie no período a sua aptidão e capacidade a fim de verificar se pode ou não adquirir a estabilidade, observados os seguinte fatores:

I – assiduidade;

II – disciplina;

III – capacidade de iniciativa;

IV – produtividade;

V- responsabilidade.

Quanto ao período de estágio probatório, a Lei 8.112/1990 prevê 24 meses. Ocorre que esse período (24 meses) coincidia com o período de efetivo exercício para o servidor adquirir a estabilidade no texto original da Constituição, que falava em 2 anos. Porém, com a EC 19/98, o período de efetivo exercício passou a ser de 3 anos, o que fez com que o STF (STA 269 AgR, DJ 26.02.2010) e STJ (MS 12.523/DF, DJ 18.08.2009) entendessem que onde se lê na Lei 8.112/1990 "24 meses", deve-se ler "3 anos", como período de estágio probatório.

A Lei 8.112/1990 prevê, ainda, que, 4 (quatro) meses antes de findo o período do estágio probatório, será submetida à homologação da autoridade competente a avaliação do desempenho do servidor, realizada por comissão constituída para essa finalidade, de acordo com o que dispuser a lei ou o regulamento da respectiva carreira ou cargo, sem prejuízo da continuidade de apuração dos fatores enumerados acima. Esse dispositivo, cuja redação foi dada pela Lei 11.784/2008, veio para fazer frente ao disposto no art. 41, *caput* e § 4º, da CF, pelo qual, para que o servidor venha a ter estabilidade são exigidos os requisitos de a) ter cargo efetivo, b) cumprir 3 anos de efetivo exercício e c) ser aprovado em avaliação especial de desempenho por comissão instituída para essa finalidade.

É direito do servidor que a avaliação de desempenho ocorra no limite dos três anos de efetivo exercício. Isso significa que, após o transcurso desse prazo, sem a realização da avaliação, o servidor pode ser considerado estável, pois a desídia da Administração não pode ser a ele imputada, presumindo-se que o servidor teve reconhecida sua aptidão.

Após o transcurso dos três anos de efetivo exercício, o servidor pode até ser exonerado por inaptidão para o cargo, mas desde que a avaliação de desempenho tenha se dado durante o período de estágio probatório e a exoneração tenha sido motivada nas suas conclusões (RMS 23.504, DJ 02.08.2010).

O servidor não aprovado no estágio probatório será exonerado ou, se estável, reconduzido ao cargo anteriormente ocupado na esfera federal, na forma do art. 29.

"O servidor em estágio probatório até pode exercer cargos em comissão ou funções de confiança no órgão ou entidade de lotação, mas somente poderá ser cedido a outro órgão ou entidade quando for para ocupar cargos de Natureza Especial, cargos de provimento em comissão do Grupo-Direção e Assessoramento Superiores – DAS, de níveis 6, 5 e 4, ou equivalentes" (§ 3º do art. 20).

Ao mesmo servidor em estágio probatório somente poderão ser concedidas as licenças e os afastamentos previstos nos arts. 81, incisos I a IV, 94, 95 e 96, bem assim afastamento para participar de curso de formação decorrente de aprovação em concurso para outro cargo na Administração Pública Federal.

Por fim, de rigor ressaltar que o estágio probatório ficará suspenso durante as licenças e os afastamentos previstos nos arts. 83, 84, § 1º, 86 e 96, bem assim na hipótese de participação em curso de formação, e será retomado a partir do término do impedimento.

Ademais, para o STF (MS 22.744, DJ 26.11.2004) e para o STJ (RMS 23.689, DJ 07.06.2010), não pode o servidor em estágio probatório aposentar-se voluntariamente, uma vez que o estágio probatório constitui etapa final do processo seletivo para a aquisição da titularidade do cargo público.

7.2.1.3. Promoção

A **promoção (ou acesso)** é o *ato de designação para titularizar cargo superior da própria carreira*. Consiste em ato de provimento derivado vertical.

É feita pelo Chefe do Poder. No caso do Poder Executivo, seu Chefe (que age por decreto) pode delegá-la para o Ministro ou Secretário, que agirão por resolução ou portaria.

É importante consignar a respeito da promoção que: "a União, os Estados e o Distrito Federal manterão escolas de governo para a formação e o aperfeiçoamento dos servidores públicos, constituindo-se a participação nos cursos um dos requisitos para a promoção na carreira, facultada, para isso, a celebração de convênios ou contratos entre os entes federados" (art. 39, § 2º, CF).

Além disso, nos termos do art. 17 da Lei 8.112/1990, "a promoção não interrompe o tempo de exercício, que é contado no novo posicionamento na carreira a partir da data de publicação do ato que promover o servidor".

7.2.1.4. Readaptação

Segundo o art. 24, a readaptação "é a investidura do servidor em cargo de atribuições e responsabilidades compatíveis com a limitação que tenha sofrido em sua capacidade física ou mental verificada em inspeção médica".

Imagine um servidor cujo cargo tem como atribuição a digitação de documentos. Imagine, agora, que esse servidor venha a perder os braços num acidente de trânsito. Nesse caso tem-se uma limitação superveniente em sua capacidade física, que justifica que esse servidor solicite sua designação para outro cargo de atribuições e responsabilidades compatíveis com a limitação que passou a ter, provimento esse que terá o nome de readaptação.

A Lei 8.112/1990 exige, ainda, que readaptação seja efetivada em cargo de atribuições afins, respeitada a habilitação exigida, nível de escolaridade e equivalência de vencimentos e, na hipótese de inexistência de cargo vago, o servidor exercerá suas atribuições como excedente, até a ocorrência de vaga.

No entanto, caso a inspeção médica venha a revelar que o servidor é incapaz, de forma permanente, para o serviço público, o readaptando será aposentado.

7.2.1.5. Reversão

Segundo o art. 25, a reversão é o retorno à atividade de **servidor aposentado** em dois casos:

I – **por invalidez**, quando uma junta médica oficial declarar insubsistentes os motivos da aposentadoria; ou

II – no **interesse da administração**, desde que:

a) tenha solicitado a reversão;

b) a aposentadoria tenha sido voluntária;

c) estável quando na atividade;

d) a aposentadoria tenha ocorrido nos cinco anos anteriores à solicitação;

e) haja cargo vago.

No primeiro caso, tem-se uma hipótese de ato vinculado, já que um servidor aposentado por invalidez que, por ter se recuperado, esteja novamente apto para o trabalho, é obrigado a retornar ao serviço público, não sendo correto que continue sem trabalhar e recebendo proventos de aposentadoria se já não é mais incapaz para o trabalho. Encontrando-se provido o cargo, o servidor exercerá suas atribuições como excedente, até a ocorrência de vaga.

Já no segundo caso, tem-se uma hipótese de ato discricionário em que a Administração, por meio de ato do Ministro de Estado ou de autoridade por ele delegada, publica no Diário Oficial o quantitativo das vagas dos cargos que se destinam à reversão, segundo critérios de conveniência e oportunidade tirados do interesse da Administração (art. 4º, I, do Decreto 3.644/2000). O servidor que retornar à atividade por interesse da administração perceberá, em substituição aos proventos da aposentadoria, a remuneração do cargo que voltar a exercer, inclusive com as vantagens de natureza pessoal que percebia anteriormente à aposentadoria. Em seguida, quando se aposentar novamente só terá os proventos calculados com base nas regras atuais se permanecer pelo menos cinco anos no cargo.

Vale destacar, em qualquer dos dois casos acima, mais três regras:

a) que não cabe reversão quanto ao aposentado que já tiver completado 70 (setenta) anos de idade, pois, nesse caso, incide o instituto da aposentadoria compulsória;

b) que a reversão far-se-á no mesmo cargo ou no cargo resultante de sua transformação; e

c) que o tempo em que o servidor estiver em exercício será considerado para concessão da aposentadoria.

7.2.1.6. Reintegração

Segundo o art. 28, "a reintegração é a reinvestidura do servidor estável no cargo anteriormente ocupado, ou no cargo resultante de sua transformação, quando invalidada a sua demissão por decisão administrativa ou judicial, com ressarcimento de todas as vantagens".

Um exemplo é o caso de um servidor que vem a ser demitido do serviço público sem o devido processo legal. Nesse caso, este servidor poderá ingressar em juízo para o fim de pedir a declaração de nulidade da demissão operada, com a consequente determinação de que retorne ao serviço público, determinação essa que tem o nome de reintegração.

A reintegração também pode ser determinada por ato administrativo. Por exemplo, quando a própria Administração, percebendo que cometeu uma ilegalidade, anula o ato de demissão e determina a reintegração do agente que fora demitido.

A reintegração se dará no cargo que o servidor ocupada. Porém, na hipótese de o cargo ter sido extinto, o servidor ficará em disponibilidade, observado o disposto nos arts. 30 e 31.

Outra possibilidade é de que, no meio tempo entre a demissão do servidor e a sua reintegração, alguém tenha sido nomeado para o seu lugar. Nesse caso, esse alguém, se já era servidor federal ocupante de outro cargo na Administração, será reconduzido ao cargo de origem, sem direito à indenização ou aproveitado em outro cargo, ou, ainda, posto em disponibilidade.

7.2.1.7. Recondução

Segundo o art. 29, a recondução "é o retorno do servidor estável ao cargo anteriormente ocupado e decorrerá de:

I – inabilitação em estágio probatório relativo a outro cargo;

II – reintegração do anterior ocupante."

Essa forma de provimento nem sempre está prevista nos estatutos de servidores públicos nos estados e municípios, mas está presente no estatuto federal.

A primeira hipótese se aplica àquele que já tem um cargo público na esfera federal e que acaba por, depois de adquirir a estabilidade nesse primeiro cargo, ser aprovado em novo concurso e deixar o cargo em que se encontrava. Imagine que alguém então esteja nessa situação, mas no estágio probatório desse novo cargo acaba por ser reprovado. Não houvesse o instituto da recondução essa pessoa ficaria na rua, ou seja, perderia o primeiro e o segundo cargos. Porém, na esfera federal essa pessoa tem direito de voltar para o cargo que detinha. Os tribunais vêm interpretando ampliativamente o disposto no art. 29 da Lei 8.112/1990, com base no princípio da isonomia, para permitir a recondução não só do que não foi aprovado no estágio probatório de novo cargo, como também daquele que foi bem no estágio probatório do novo cargo e deseja ser reconduzido ao cargo de origem (STF, MS 24.271, DJ 20.09.2002, e STJ, REsp 817.061/RJ, DJ 04.08.2008)

A segunda hipótese se aplica na mesma situação (alguém que tinha um cargo na esfera federal e, já estável, preste novo concurso e assume nova cargo em qualquer esfera), mas que acaba por ser desalojado desse segundo cargo pelo fato de ter sido nomeado para assumir o cargo de alguém que fora demitido, mas que acabou por conseguir a sua reintegração. Imagine que alguém então passe para um novo concurso, assuma uma vaga e, de repente, quem ocupava a sua vaga, acaba voltando para o serviço público. Nesse caso, esse que passou no novo concurso e foi nomeado em empossado nesse novo concurso, ficará desalojado, mas terá direito de retornar para o cargo anterior que detinha, pelo instituto da recondução.

Em qualquer dos dois casos, o servidor que é reconduzido para o antigo cargo que tinha pode se depara com o fato de que seu cargo estar cumprido à essa época. Nesse caso, o servidor será aproveitado em outro cargo de atribuições e vencimentos compatíveis com o anteriormente ocupado, nos termos do art. 30.

7.2.1.8. Disponibilidade e do Aproveitamento

A **disponibilidade** *é a colocação do servidor estável em inatividade remunerada, até seu adequado aproveitamento em outro cargo, com proventos proporcionais ao seu tempo de serviço.*

Trata-se de direito do servidor, desde que estável, que ocorre nas seguintes situações: a) quando o cargo é extinto; b) quando o cargo é declarado desnecessário; c) quando um servidor é reintegrado e volta para o cargo para onde foi chamado um novo servidor, ficando este desalojado por não ter um cargo de origem, devendo, então, ser colocado em disponibilidade.

É importante ressaltar que só tem esse direito quem já é estável (*vide* § 3º do art. 41 da CF). Nesse sentido, dispõe a Súmula 22 do STF que: "o estágio probatório não protege o funcionário contra a extinção do cargo".

Nunca se deve esquecer de que a CF é taxativa no sentido de que na disponibilidade a remuneração será proporcional ao tempo de serviço do agente. Antes da EC 19/98, o STF entendia que era integral, portanto é bom saber que agora é proporcional.

Uma vez colocado o servidor em disponibilidade, fica-se aguardando que este venha a ser aproveitado novamente no serviço, caso em que se terá o provimento denominado **aproveitamento**.

Segundo o art. 30, "o retorno à atividade de servidor em disponibilidade far-se-á mediante aproveitamento obrigatório em cargo de atribuições e vencimentos compatíveis com o anteriormente ocupado", sendo que "o órgão Central do Sistema de Pessoal Civil determinará o imediato aproveitamento de servidor em disponibilidade em vaga que vier a ocorrer nos órgãos ou entidades da Administração Pública Federal" (art. 31).

Segundo o art. 37, § 3º, "nos casos de reorganização ou extinção de órgão ou entidade, extinto o cargo ou declarada sua desnecessidade no órgão ou entidade, o servidor estável que não for redistribuído será colocado em disponibilidade, até seu aproveitamento", sendo que o servidor posto em disponibilidade poderá ser mantido sob responsabilidade do órgão central do Sistema de Pessoal Civil da Administração Federal – SIPEC, até o seu adequado aproveitamento em outro órgão ou entidade (art. 31, parágrafo único).

Por fim, o art. 32 dispõe que "será tornado sem efeito o aproveitamento e cassada a disponibilidade se o servidor não entrar em exercício no prazo legal, salvo doença comprovada por junta médica oficial".

7.2.2. Vacância

A desinvestidura ou vacância *consiste no desligamento do agente público correspondente à sua destituição do cargo, do emprego ou da função.*

Segundo o art. 33, a vacância do cargo público decorrerá de:

I – **exoneração:** não tem caráter punitivo;

II – **demissão:** tem caráter punitivo e demanda processo disciplinar;

III – **promoção:** o cargo anterior ao da promoção fica vago;

IV – **readaptação:** o cargo anterior ao da readaptação fica vago;

V – **aposentadoria:** no serviço público quem se aposenta perde o cargo que detinha;

VI – posse em outro cargo inacumulável: quem está num cargo e toma posse em outro que não é passível de cumulação, perde o primeiro cargo;

VII – falecimento: com a morte do servidor que ocupa um cargo, este, naturalmente, fica vago.

A **exoneração**, que não tem caráter punitivo, dar-se-á, quanto ao **cargo efetivo**, a pedido do servidor, ou de ofício. A exoneração de ofício dar-se-á:

I – quando não satisfeitas as condições do estágio probatório;

II – quando, tendo tomado posse, o servidor não entrar em exercício no prazo estabelecido.

A EC 19/98 prevê mais duas hipóteses de exoneração motivada. A primeira se dá em caso de **avaliação insatisfatória de desempenho.** Isso porque, a partir de tal emenda, é requisito para adquirir a estabilidade a aprovação em **avaliação *especial* de desempenho** (feita por comissão instituída para essa finalidade após os 3 anos de estágio probatório – art. 41, § 4º, CF) e, mesmo após adquirir-se a estabilidade, o servidor estará sujeito a **avaliações *periódicas* de desempenho** (procedimento que será regulamentado na forma de lei complementar, assegurada ampla defesa – art. 41, § 1º, III, CF), sendo que, não aprovado em qualquer dos dois tipos de avaliação, será exonerado. A segunda nova espécie de exoneração se dá **para atender limite de despesas com pessoal ativo e inativo** (art. 169, § 4º). A Lei de Responsabilidade Fiscal traz limites máximos de despesas com pessoal ativo e inativo, consistentes nos seguintes percentuais da receita corrente líquida: 50% (União) e 60% (Estados e Municípios). Em caso de superação desse limite, deve-se exonerar pessoal, consoante os critérios trazidos na Lei 9.801/1999, que estabelece a necessidade de se começar a tentativa de readequação dos gastos reduzindo em pelo menos 20% os cargos em comissão e as funções de confiança, passando à exoneração dos não estáveis, para só após exonerar servidores estáveis e, mesmo assim, desde que ato normativo motivado de cada um dos Poderes especifique a atividade funcional, o órgão ou unidade objeto da redução e traga os seguintes critérios combinados: menor tempo de serviço, maior remuneração e menor idade. O servidor que perde cargo por esse motivo fará jus a indenização correspondente a um mês de remuneração por um ano de serviço. O cargo será extinto, vedada a criação de outro semelhante por pelo menos 4 anos.

Já **exoneração** de **cargo em comissão** e a **dispensa** de **função de confiança** dar-se-á:

I – a juízo da autoridade competente;

II – a pedido do próprio servidor.

Quanto à exoneração de cargo em comissão a juízo da autoridade competente, trata-se de ato **discricionário**, já que os cargos em comissão são de livre provimento e **livre** exoneração, e **irrevogável**, vez que a exoneração exaure a relação jurídica entre a Administração Pública e o agente; em caso de interesse no retorno do agente, o caso é de **nova nomeação** para o cargo em comissão e não de **revogação da exoneração**.

7.2.3. Remoção

A remoção não é uma forma de provimento, pois o servidor permanece no mesmo tipo de cargo que detinha, havendo mudança apenas no local de trabalho.

Trata-se, segundo o art. 36, do "deslocamento do servidor, a pedido ou de ofício, no âmbito do mesmo quadro, com ou sem mudança de sede".

Há três **modalidades** de remoção:

I – **de ofício, no interesse da Administração**; aqui o que importa é o interesse da Administração em suprir necessidades em determinados locais mais carentes de servidores do que em outros.

II – **a pedido, a critério da Administração**; aqui, a Administração não estava pensando em remover o servidor de um lugar para outro, mas, diante de um pedido do servidor a Administração analisa o caso e, entendendo que há também interesse público na remoção, vem a deferir o pedido formulado pelo servidor;

III – **a pedido, para outra localidade, independentemente do interesse da Administração**; aqui, a Administração não estava pensando em remover o servidor de um lugar para outro, mas, diante de um pedido do servidor baseado em fundamentos que a lei prevê como suficientes para que o servidor tenha o seu pedido atendido, a primeira é obrigada a deferir o pedido, mesmo que não haja interesse dela na remoção do servidor.

Quanto à terceira modalidade de remoção (a pedido, para outra localidade, independentemente do interesse da Administração), o servidor terá direito subjetivo a que seu pedido seja atendido se preencher um dos seguintes requisitos:

"a) para acompanhar cônjuge ou companheiro, também servidor público civil ou militar, de qualquer dos Poderes da União, dos Estados, do Distrito Federal e dos Municípios, que foi deslocado no interesse da Administração; vale salientar que a jurisprudência do STJ tem aplicado esse dispositivo não só quando o cônjuge que se desloca trabalha nos entes políticos mencionados (União, Estado, DF e Municípios), como também quanto aos agentes públicos que se deslocam e trabalham na administração indireta, inclusive em empresas estatais, tudo em homenagem ao princípio da proteção à família, previsto no art. 226 da CF (MS 14.195-DF); por outro lado, o dispositivo não tem sido aplicado quando o servidor removido não residia na mesma localidade que seu cônjuge pleiteante da remoção para acompanha-lo, antes da remoção do primeiro, pois se entende que o Estado, no caso, não se omite do seu dever de proteger a família, que ocorre quando há afastamento do convívio familiar direto e diário de um de seus integrantes (AgRg no REsp 1.209.391-PB). De nossa parte não concordamos com essa decisão, pois a proteção da família deve ser vista sob o prisma da máxima efetividade das normas constitucionais, de modo a abranger também a promoção da família, e não só a manutenção de *status quo* familiar.

b) por motivo de saúde do servidor, cônjuge, companheiro ou dependente que viva às suas expensas e conste do seu assentamento funcional, condicionada à comprovação por junta médica oficial;

a) em virtude de processo seletivo promovido, na hipótese em que o número de interessados for superior ao número de vagas, de acordo com normas preestabelecidas pelo órgão ou entidade em que aqueles estejam lotados."

Quanto à remoção de ofício, no interesse da Administração, este não é um direito absoluto da Administração. Nesse sentido, o STF, com fundamento no princípio constitucional da proteção à família, entende que esse princípio pode, em certas circunstâncias fáticas específicas, prevalecer em relação a dado objetivo legal de interesse público, quando houver grande desproporção entre a intensidade da desproteção da família e o ganho ao interesse público com determinada medida tomada nesse sentido. Por exemplo, entendeu-se que o princípio da proteção à família prevalece quando, determinada a remoção de ofício, verifica-se que o servidor não terá mais como frequentar na nova lotação curso superior que fazia e também não terá sua esposa ao seu lado por conta da impossibilidade do cônjuge de acompanha-lo (Ag. Reg. n. ARE 681.780-DF).

Por outro lado, quando um servidor pede sua remoção voluntariamente, não pode o seu cônjuge, argumentando que deseja acompanhar o servidor, exigir sua remoção também (STJ, AgRg no REsp 1.290.031, j. 28.08.2013). Isso porque o direito de acompanhar o cônjuge somente existe caso este tenha sido removido no interesse da Administração (art. 36, parágrafo único, III, "a", da Lei 8.112/1990), o que não acontece neste caso. De qualquer forma, a decisão do STJ a favor do direito à remoção para acompanhamento de cônjuge, em situação intermediária na qual este foi removido após processo seletivo criado por conta de abertura de nova unidade de órgão público em outra localidade, sendo que o STJ entendeu que esse processo seletivo foi mero instrumento formal adotado, uma vez que a transferência do servidor estaria condicionada ao juízo de conveniência da Administração (MS 14.753-DF).

7.2.4. Redistribuição

A redistribuição também não é uma forma de provimento, pois, aqui não um servidor saindo de um cargo e sendo designado para outro (provimento), mas, sim, há saída de um cargo de um lugar para outro lugar dentro da próprio órgão ou entidade do mesmo poder. Repare: um cargo é deslocado de um órgão para outro, pouco importando se este cargo está ocupado ou não.

Assim, a redistribuição trata-se, segundo o art. 37, do "deslocamento de cargo de provimento efetivo, ocupado ou vago no âmbito do quadro geral de pessoal, para outro órgão ou entidade do mesmo Poder, com prévia apreciação do órgão central do SIPEC,

São requisitos para a redistribuição os seguintes: "I – interesse da administração; II – equivalência de vencimentos; III – manutenção da essência das atribuições do cargo; IV – vinculação entre os graus de responsabilidade e complexidade das atividades; V – mesmo nível de escolaridade, especialidade ou habilitação profissional; VI – compatibilidade entre as atribuições do cargo e as finalidades institucionais do órgão ou entidade."

Vale ressaltar que a redistribuição ocorrerá *ex officio*, ou seja, de forma obrigatória para Administração, para ajustamento de lotação e da força de trabalho às necessidades dos serviços, inclusive nos casos de reorganização, extinção ou criação de órgão ou entidade.

Por fim, vale trazer à baila mais três regras a respeito do instituto, previstas nos §§ 2º, 3º e 4º do art. 37: a) "a redistribuição de cargos efetivos vagos se dará mediante ato conjunto entre o órgão central do SIPEC e os órgãos e entidades da Administração Pública Federal envolvidos"; b) "nos casos de reorganização ou extinção de órgão ou entidade, extinto o cargo ou declarada sua desnecessidade no órgão ou entidade, o servidor estável que não for redistribuído será colocado em disponibilidade, até seu aproveitamento na forma dos arts. 30 e 31"; c) "o servidor que não for redistribuído ou colocado em disponibilidade poderá ser mantido sob responsabilidade do órgão central do SIPEC, e ter exercício provisório, em outro órgão ou entidade, até seu adequado aproveitamento".

7.2.5. Substituição

A substituição também não é uma forma de provimento, pois o servidor que vem a substituir outra em cargo ou função fica apenas transitoriamente nessa condição, não havendo troca de seu cargo pelo cargo onde fará a substituição temporária.

Segundo o art. 38, "os servidores investidos em cargo ou função de direção ou chefia e os ocupantes de cargo de Natureza Especial têm substitutos indicados no regimento interno ou, no caso de omissão, previamente designados pelo dirigente máximo do órgão ou entidade".

A substituição se dará nos afastamento, impedimentos legais ou regulamentares do titular e também na vacância do cargo. Ocorrendo quaisquer dessas hipóteses, o substituto assumirá automática e cumulativamente o exercício do cargo ou função de direção ou chefia e os de Natureza Especial, sem prejuízo do cargo que ocupa.

O servidor substituto deverá, em qualquer hipótese, optar, durante o período de substituição, entre a remuneração do cargo que ocupa normalmente e a do cargo em que está substituindo.

O substituto fará jus, ainda, à retribuição pelo exercício do cargo ou função de direção ou chefia ou de cargo de Natureza Especial, mas, nesses casos, tal retribuição só será devida nos casos dos afastamentos ou impedimentos legais do titular, superiores a trinta dias consecutivos, paga na proporção dos dias de efetiva substituição, que excederem o referido período.

O instituto da substituição aplica-se aos titulares de unidades administrativas organizadas em nível de assessoria (art. 39).

7.3. DIREITOS E VANTAGENS

7.3.1. Vencimento e da Remuneração

Segundo o art. 40, **vencimento** "é a retribuição pecuniária pelo exercício de cargo público, com valor fixado em lei".

Já segundo o art. 41, **remuneração** "é o vencimento do cargo efetivo, acrescido das vantagens pecuniárias permanentes estabelecidas em lei".

Diante dos dois conceitos acima, percebe-se que o conceito de remuneração é mais amplo, pois engloba não só o vencimento, mas também as vantagens pecuniárias permanentes estabelecidas em lei.

Outro ponto a se observar é que tanto o vencimento como as vantagens pecuniárias precisam estar fixados em lei, sendo que somente as vantagens pecuniárias permanentes é que compõem a remuneração.

A Lei 8.112/1990 e a Constituição Federal enunciam os seguintes **princípios** a respeito do vencimento e da remuneração:

a) irredutibilidade de vencimentos e vantagens permanentes: o art. 41, § 3º, dispõe que o vencimento do cargo efetivo, acrescido das vantagens de caráter permanente, é irredutível; a disposição também está presente no art. 37, XV, da CF;

b) isonomia de vencimentos: o art. 41, § 4º, assegura a isonomia de vencimentos para cargos de atribuições iguais ou assemelhadas do mesmo Poder, ou entre servidores dos três Poderes, ressalvadas as vantagens de caráter individual e as relativas à natureza ou ao local de trabalho;

c) garantia de remuneração mínima: o art. 41, § 5º, dispõe que nenhum servidor receberá remuneração inferior ao salário mínimo.

d) proibição de efeito cascata: vantagens e gratificações não podem incidir umas sobre as outras. Nesse sentido, *vide* o inciso XIV do art. 37 da CF: *"os acréscimos pecuniários* *percebidos por servidor público não serão computados nem acumulados para fins de concessão de acréscimos ulteriores".*

e) respeito ao teto constitucional: o art. 42 da Lei 8.112/1990 estabelece que nenhum servidor poderá perceber, mensalmente, a título de remuneração, importância superior à soma dos valores percebidos como remuneração, em espécie, a qualquer título, no âmbito dos respectivos Poderes, pelos Ministros de Estado, por membros do Congresso Nacional e Ministros do Supremo Tribunal Federal; porém, essa regra foi superada por emendas constitucionais feitas na CF, que trouxeram novas disposições; a EC 41/2003 modificou o inciso XI do art. 37 da CF, que antes trazia como teto único o subsídio dos Ministros do STF, estabelecendo um teto nacional consistente também no subsídio mensal, em espécie, dos Ministros do STF, bem como subtetos para Estados, DF e Municípios. Na esfera da União vale o teto nacional (subsídio dos Ministros do STF) para todos os Poderes. Vale salientar que o valor do que deve estar contido no teto abrange a remuneração e o subsídio, os proventos, pensões ou outra espécie remuneratória, percebidos cumulativamente ou não, incluídas as vantagens pessoais ou de qualquer outra natureza. Além disso, a regra do teto atinge os ocupantes de cargos, funções e empregos públicos da administração, direta, autárquica e fundacional, membros dos Poderes da União, dos Estados, do DF e dos Municípios, detentores de mandato eletivo e demais agentes políticos. Aplica-se também às empresas públicas e sociedades de economia mista e suas subsidiárias que receberem recursos da União, dos Estados, do Distrito Federal ou dos Municípios para pagamento de despesas de pessoal ou custeio em geral (art. 37, § 9º, da CF).

De acordo com o art. 44, o **servidor perderá**:

a) a remuneração do dia em que faltar ao serviço, sem motivo justificado;

b) a parcela de remuneração diária, proporcional aos atrasos, ausências justificadas, ressalvadas as concessões de que trata o art. 97, e saídas antecipadas, salvo na hipótese de compensação de horário, até o mês subsequente ao da ocorrência, a ser estabelecida pela chefia imediata.

Quanto às **faltas justificadas** decorrentes de caso fortuito ou de força maior (ex: uma greve de ônibus na localidade, impedindo que um servidor chegue à repartição), estas poderão ser compensadas a critério da chefia imediata, sendo assim consideradas como efetivo exercício.

Quanto aos descontos em folha sobre a remuneração ou provento, os arts. 45 e 46 trazem as seguintes regras:

a) são proibidos, salvo por imposição legal ou mandado judicial, valendo salientar, no segundo caso, que o vencimento, a remuneração e o provento não serão objeto de arresto, sequestro ou penhora, exceto nos casos de prestação de alimentos resultante de decisão judicial.

b) são admitidos, mediante autorização do servidor, para consignação em folha de pagamento a favor de terceiros, a critério da administração e com reposição de custos, na forma definida em regulamento.

c) são admitidos para reposições e indenizações parceladas ao erário, desde que o valor de cada parcela não seja inferior ao correspondente a 10% (dez por cento) da remuneração, provento ou pensão, sendo que quando o pagamento indevido houver ocorrido no mês anterior ao do processamento da folha, a reposição será feita imediatamente, em uma única parcela e, na hipótese de valores recebidos em decorrência de cumprimento a decisão liminar, a tutela antecipada ou a sentença que venha a ser revogada ou rescindida, serão eles atualizados até a data da reposição (art. 46); o STJ entende que deve ser aplicado esse regime do art. 46 quando um servidor é autorizado a fazer doutorado fora do País condicionado a ficar o mesmo período no serviço público quando de seu retorno, mas que venha a se aposentar logo depois do seu retorno, prevalecendo essa regra em detrimento da regra prevista num contrato celebrado entre o servidor e a Administração, que previa a indenização à vista por parte do servidor, fundamentando-se a decisão no fato de que a regra estatutária (lei) prevalece sobre um mero contrato (REsp 1.103.315-ES, j. 19.08.2010):

Tratando-se de servidor em débito com o erário, mas que for demitido, exonerado ou que tiver sua aposentadoria ou disponibilidade cassada, terá o prazo de 60 (sessenta) dias para quitar o débito (art. 47), como forma de salvaguardar que a Administração, que terá, assim, maiores garantias de que receberá os valores a que tem direito. Vale salientar que a não quitação do débito no prazo de 60 dias implicará sua inscrição em dívida ativa.

7.3.2. Vantagens

7.3.2.1. Aspectos gerais

Conforme se viu, a remuneração engloba o vencimento e também vantagens permanentes.

Resta saber o que são vantagens, quais são suas espécies e, depois, quais vantagens são permanentes e quais não são, ou seja, quais vantagens se incorporam ou não aos vencimentos e proventos.

Segundo o art. 49, temos as seguintes modalidades de **vantagens**:

I – **indenizações**, que **não** se incorporam ao vencimento ou provento para qualquer efeito;

II – **gratificações**, que se incorporam ao vencimento ou provento, nos casos e condições indicados em lei.

III – **adicionais**, que se incorporam ao vencimento ou provento, nos casos e condições indicados em lei.

Repetindo texto constitucional, que tem disposição semelhante no art. 37, XIV, o art. 50 dispõe que "as vantagens pecuniárias não serão computadas, nem acumuladas, para efeito de concessão de quaisquer outros acréscimos pecuniários ulteriores, sob o mesmo título ou idêntico fundamento". A ideia aqui é evitar o chamado efeito cascata, em que uma vantagem incide sobre a outra, em situação análoga ao que acontece quando há computo de juros sobre juros.

Vejamos, agora, cada uma das modalidades de vantagens.

7.3.2.2. Indenizações

Conforme já mencionado as indenizações são uma modalidade de vantagem que **não** se incorporam ao vencimento ou provento para qualquer efeito, sendo que os respectivos valores serão estabelecidos em regulamento.

Segundo os arts. 51 e ss., são **indenizações** ao servidor:

I – **ajuda de custo:** essa indenização compensa despesas de instalação do servidor que, no interesse do serviço, passa a ter exercício em nova sede, com mudança de domicílio em caráter permanente; a administração deve cobrir as despesas de transporte do servidor e de sua família, compreendendo passagem, bagagem e bens pessoais, calculando-se a ajuda de custo sobre a remuneração do servidor, não podendo exceder a importância correspondente a 3 (três) meses, nos termos de regulamento; a ajuda de custo segue, ainda, às seguintes regras: a) não será concedida ajuda de custo nas hipóteses de remoção a pedido do servidor e também a servidor que se afastar do cargo, ou reassumi-lo, em virtude de mandato eletivo; b) será concedida ajuda de custo àquele que, não sendo servidor da União, for nomeado para cargo em comissão, com mudança de domicílio; c) o servidor ficará obrigado a restituir a ajuda de custo quando, injustificadamente, não se apresentar na nova sede no prazo de 30 (trinta) dias; d) à família do servidor que falecer na nova sede são assegurados ajuda de custo e transporte para a localidade de origem, dentro do prazo de 1 (um) ano, contado do óbito; Segundo o STF, "o fato de o servidor voltar à origem espontaneamente não gera o direito à ajuda de custo, mostrando-se irrelevante a circunstância de haver sido afastado de função comissionada" (MS 24.089/DF);

II – diárias: essa indenização é devida ao servidor que, a serviço, afastar-se da sede em caráter transitório para outro ponto do no Brasil ou no exterior, consistindo em passagens e diárias destinadas a cobrir despesas extraordinárias com pousada, alimentação e locomoção urbana, conforme regulamento; as diárias seguem, ainda, às seguintes regras: a) serão concedidas por dia de afastamento, sendo devida apenas metade quando deslocamento não exigir pernoite ou quando a União custear, por meio diverso, as despesas extraordinárias cobertas por diárias; b) o servidor não fará jus a diárias nos casos em que o deslocamento constituir exigência permanente do cargo ou quando se deslocar dentro da mesma região metropolitana, aglomeração urbana ou microrregião, constituídas por municípios limítrofes e regularmente instituídas, ou em áreas de controle integrado mantidas com países limítrofes, cuja jurisdição e competência dos órgãos, entidades e servidores brasileiros considera-se estendida, salvo se houver pernoite fora da sede, hipóteses em que as diárias pagas serão sempre as fixadas para os afastamentos dentro do território nacional; c) o servidor que receber diárias e não se afastar da sede, por qualquer motivo, fica obrigado a restituí-las integralmente, no prazo de 5 (cinco) dias, sendo que, na hipótese de o servidor retornar à sede em prazo menor do que o previsto para o seu afastamento, restituirá as diárias recebidas em excesso, no mesmo prazo.

III – transporte: essa indenização é devida para fazer frente a despesas do servidor com a utilização de meio próprio de locomoção para a execução de serviços externos, por força das atribuições próprias do cargo, conforme o disposto em regulamento.

IV – auxílio-moradia: essa indenização consiste no ressarcimento das despesas comprovadamente realizadas pelo servidor com aluguel de moradia ou com hospedagem em hotel, no prazo de um mês após a comprovação da despesa pelo servidor, desde que a) não exista imóvel funcional disponível para uso pelo servidor, b) o cônjuge ou companheiro do servidor não ocupe imóvel funcional, c) o servidor ou seu cônjuge ou companheiro não seja ou tenha sido proprietário ou tenha direitos sobre imóvel no Município aonde for exercer o cargo, nos 12 meses que antecederem a sua nomeação; d) nenhuma outra pessoa que resida com o servidor receba auxílio-moradia; e) o servidor tenha se mudado do local de residência para ocupar cargo em comissão ou função de confiança do Grupo-Direção e Assessoramento Superiores – DAS, níveis 4, 5 e 6, de Natureza Especial, de Ministro de Estado ou equivalentes; e) o Município no qual assuma não se enquadre nas hipóteses do art. 58, § 3º, em relação ao local de residência ou domicílio do servidor; f) o servidor não tenha sido domiciliado ou tenha residido no Município, nos últimos 12 meses, desconsiderando-se prazo inferior a 60 dias dentro desse período; g) o deslocamento não tenha sido por força de alteração de lotação ou nomeação para cargo efetivo; h) o deslocamento tenha ocorrido após 30 de junho de 2006. Quanto ao valor mensal, auxílio é limitado a 25% do valor do cargo em comissão, função comissionada ou cargo de Ministro de Estado ocupado, não poderá superar 25% da remuneração de Ministro de Estado, sendo que, independentemente do valor da remuneração, fica garantido o ressarcimento até o valor de R$ 1.800,00. Por fim, no caso de falecimento, exoneração, colocação de imóvel funcional à disposição do servidor ou aquisição de imóvel, o auxílio-moradia continuará sendo pago por um mês.

7.3.2.3. Das Gratificações e Adicionais

Segundo o art. 61, além do vencimento e das vantagens previstas na lei, serão deferidos aos servidores as seguintes **retribuições, gratificações e adicionais**:

I – retribuição pelo exercício de função de direção, chefia e assessoramento (art. 62): devida ao servidor ocupante de cargo efetivo investido em função de direção, chefia ou assessoramento, cargo de provimento em comissão ou de Natureza Especial, sendo que lei específica estabelecerá a remuneração dos cargos em comissão; fica transformada em Vantagem Pessoal Nominalmente Identificada – VPNI a incorporação da retribuição pelo exercício de função de direção, chefia ou assessoramento, cargo de provimento em comissão ou de Natureza Especial a que se referiam os arts. 3º e 10 da Lei 8.911, de 11 de julho de 1994, e o art. 3º da Lei 9.624, de 2 de abril de 1998, ficando a VPNI sujeita às revisões gerais de remuneração dos servidores públicos federais; sobre o fim da incorporação na remuneração dessa retribuição pelo exercício de tais funções, confira a seguinte decisão do STJ: "O art. 62, § 2º, da Lei n. 8.112/1990 instituiu a incorporação, a cada ano, de um quinto do valor relativo à gratificação pelo exercício de função de direção, chefia ou assessoramento até o limite de cinco anos. Já os arts. 3º e 10 da Lei n. 8.911/1994, que regulamentou com minúcias os chamados quintos, definiram critérios específicos para a concessão daquela incorporação. Sobreveio, então, a MP 1.595-14/1997, convertida na Lei 9.527/1997, que afastou a incorporação e transformou o que vinha sendo pago a esse título em vantagem pessoal nominalmente identificada (VPNI), isso em 11.11.1997. Após, a Lei 9.624/1998 transformou em décimos as parcelas de quintos incorporados entre 01.11.1995 e 10.11.1997. Note-se que houve um alargamento do prazo limite para a incorporação dos quintos ao comparar-se o estipulado na Lei 9.527/1997 e na Lei 9.624/1998, o que alcançou todos os servidores que já preenchiam os requisitos para a obtenção da incorporação. Outrossim, resguardava aquela lei para aqueles que ainda não haviam integralizado o período necessário a possibilidade da incorporação de décimos pelo cumprimento de determinadas condições, ao considerar a situação individual de cada servidor. Por último, veio a MP 2.225-45/2001, que, ao referir-se aos retrocitados artigos das Lei 9.624/1998 e Lei 8.911/1994, permitiu a incorporação da gratificação relativa ao exercício da função comissionada no período de 08.04.1998 a 05.09.2001, transformando-a em VPNI. Com esse entendimento, também acolhido pelo Tribunal de Contas da União, a Turma, ao prosseguir o julgamento, deferiu a ordem para assegurar às autoras o direito à incorporação referente ao período mencionado, ou seja, de 08.04.1998 (Lei 9.624/1998) a 05.09.2001 (MP n. 2.225-45/2001)" (REsp 781.798-DF);

II – gratificação natalina (arts. 63 a 66): devida ao servidor no importe de 1/12 (um doze avos) da remuneração a que fizer jus no mês de dezembro, por mês de exercício no respectivo ano, sendo que a fração igual ou superior a 15 (quinze) dias será considerada como mês integral e, no caso de o servidor ser exonerado, perceberá sua gratificação natalina, proporcionalmente aos meses de exercício, calculada sobre a remuneração do mês da exoneração; a gratificação deve ser depositada para o servidor até o dia 20 (vinte) do mês de dezembro de cada ano; por fim, de rigor destacar que a gratificação natalina não será considerada para cálculo de qualquer vantagem pecuniária; segundo o STJ, "o adicional pela prestação de serviço extraordinário (hora extra) não integra a base de cálculo da gratificação natalina dos servidores públicos federais, pois não se enquadra no conceito de remuneração do *caput* do art. 41 da Lei 8.112/1990" (REsp 1.195.325-MS), conceito esse que abrange apenas os vencimentos e as vantagens de natureza permanente, que não é o caso da hora extra;

IV – adicional pelo exercício de atividades insalubres, perigosas ou penosas (arts. 68 a 72): os dois primeiros adicionais são devidos aos servidores que trabalhem com habitualidade em locais insalubres ou em contato permanente com substâncias tóxicas, radioativas ou com risco de vida, devendo o servidor que fizer jus a ambos adicionais optar por um deles, cessando o direito ao adicional com a eliminação das condições ou dos riscos que deram causa a sua concessão; quanto ao adicional de atividade penosa, será devido aos servidores em exercício em zonas de fronteira ou em localidades cujas condições de vida o justifiquem, nos termos, condições e limites fixados em regulamento; independente do direito ao adicional, a lei determina permanente controle da atividade de servidores em operações ou locais considerados penosos, insalubres ou perigosos, sendo que a servidora gestante ou lactante será afastada, enquanto durar a gestação e a lactação, das operações e locais previstos neste artigo, exercendo suas atividades em local salubre e em serviço não penoso e não perigoso e, quanto aos locais de trabalho e os servidores que operam com Raios X ou substâncias radioativas, serão mantidos sob controle permanente, de modo que as doses de radiação ionizante não ultrapassem o nível máximo previsto na legislação própria, submetendo-se os servidores respectivos a exames médicos a cada 6 (seis) meses.

V – adicional pela prestação de serviço extraordinário (arts. 73 e 74): devido ao servidor por serviço extraordinário, ou seja, por horas extras, sendo que o seu montante corresponderá à hora normal de trabalho com acréscimo de 50% (cinquenta por cento); porém, a Lei 8.112/1990 determina que somente será admitido o serviço extraordinário para atender a situações excepcionais e temporárias, respeitado o limite máximo de 2 (duas) horas por jornada.

VI – adicional noturno (art. 75): devido ao servidor pela prestação de serviço noturno, em horário compreendido entre 22 (vinte e duas) horas de um dia e 5 (cinco) horas do dia seguinte, sendo que o seu montante corresponderá à hora normal de trabalho acrescido de 25% (vinte e cinco por cento), computando-se cada hora como cinquenta e dois minutos e trinta segundos; em se tratando de prestação de serviço noturno em horário extra (serviço extraordinário), o acréscimo de 25% incidirá sobre o valor da remuneração já com o acréscimo de 50% pela hora extra; segundo o STJ, o adicional noturno será devido mesmo que o servidor federa preste o serviço em regime de plantão, pois "o plantonista se submete aos mesmos desgastes sofridos pelos demais trabalhadores noturnos nos dias em que dobra a jornada; ele é obrigado a trocar o dia pela noite, bem como também se vê privado de vivenciar uma dia a dia normal, já que a vida dos homens urbanos rege-se pelo horário comercial das empresas" (REsp 1.292.335-RO, j. 09.04.2013);

VII – adicional de férias (art. 76): devido ao servidor, independentemente de solicitação, por ocasião das férias, sendo que o seu montante corresponderá a 1/3 (um terço) da remuneração do período das férias. Caso o servidor exerça função de direção, chefia ou assessoramento, ou ocupar cargo em comissão, qualquer uma das vantagens correspondentes será considerada no cálculo do adicional de férias; quando um servidor se aposenta com férias a gozar, inicia-se prazo prescricional para pleitear indenização pelas férias não gozadas no momento da aposentadoria, que é quando não mais poderia usufruir férias (STJ, AgRg no AREsp 225.215-BA, j. 06.12.2012);

VIII – gratificação por encargo de curso ou concurso (art. 76-A): devida ao servidor que, em caráter eventual: a) atuar como instrutor em curso de formação, de desenvolvimento ou de treinamento regularmente instituído no âmbito da administração pública federal; b) participar de banca examinadora ou de comissão para exames orais, para análise curricular, para correção de provas discursivas, para elaboração de questões de provas ou para julgamento de recursos intentados por candidatos; c) participar da logística de preparação e de realização de concurso público envolvendo atividades de planejamento, coordenação, supervisão, execução e avaliação de resultado, quando tais atividades não estiverem incluídas entre as suas atribuições permanentes; d) participar da aplicação, fiscalizar ou avaliar provas de exame vestibular ou de concurso público ou supervisionar essas atividades. Os critérios de concessão e os limites dessa gratificação serão fixados em regulamento, observados os seguintes parâmetros: a) o valor da gratificação será calculado em horas, observadas a natureza e a complexidade da atividade exercida; b) a retribuição não poderá ser superior ao equivalente a 120 horas de trabalho anuais, ressalvada situação de excepcionalidade, devidamente justificada e previamente aprovada pela autoridade máxima do órgão ou entidade, que poderá autorizar o acréscimo de até 120 horas de trabalho anuais; c) o valor máximo da hora trabalhada corresponderá aos seguintes percentuais, incidentes sobre o maior vencimento básico da administração pública federal: i) 2,2%, em se tratando de atividades previstas nos incisos "a" e "b" acima; ii) 1,2%, em se tratando de atividade prevista nos incisos "c" e "d" acima. Por fim vale informar que a gratificação em questão somente será paga se as atividades referidas acima forem exercidas sem prejuízo das atribuições do cargo de que o servidor for titular, devendo ser objeto de compensação de carga horária quando desempenhadas durante a jornada de trabalho (§ 4º do art. 98), bem como que ela não se incorpora ao vencimento ou salário do servidor para qualquer efeito e não poderá ser utilizada como base de cálculo para quaisquer outras vantagens, inclusive para fins de cálculo dos proventos da aposentadoria e das pensões.

Vale lembrar que o "adicional por tempo de serviço" previsto na redação original da Lei 8.112/1990 (art. 67) não mais existe, tendo em vista a revogação do dispositivo. Assim, o adicional devido à razão de 1% por ano de serviço público, que também já foi à razão de 5% a cada 5 anos, não mais existe.

7.3.3. Férias

Temas fundamental em matéria de direitos do servidor é o das férias.

O art. 39, § 3º, da CF dispõe que o servidor tem, dentre outros direitos que o trabalhador comum, o direito o direito de férias anuais (art. 7º, XVII).

Regulamentando a questão o art. 77 da Lei 8.112/1990 dispõe que o servidor fará jus a 30 dias de férias, que podem ser acumuladas, até o máximo de dois períodos, no caso de necessidade do serviço, ressalvadas as hipóteses em que haja legislação específica. Nesse sentido, caso porventura haja excepcional acúmulo de mais de dois períodos de férias não gozadas, o STJ entende que esse fato não resulta em perda do direito de usufruí-la, vez que o objetivo das férias, que é de buscar a preservação da saúde do servidor público, deve continuar sendo buscado (MS 13.391/DF)

Quanto às demais regras sobre as férias temos as seguintes (arts. 77 a 80):

a) o primeiro período aquisitivo de férias depende de 12 meses de exercício;

b) é vedado levar à conta de férias qualquer falta ao serviço;

c) as férias poderão ser parceladas em até três etapas, desde que haja requerimento pelo servidor e interesse da administração pública;

d) o pagamento da remuneração das férias será efetuado até 2 (dois) dias antes do início do respectivo período;

e) o servidor exonerado do cargo efetivo, ou em comissão, perceberá indenização relativa ao período das férias a que tiver direito e ao incompleto, na proporção de um doze avos por mês de efetivo exercício, ou fração superior a quatorze dias, sendo que a indenização será calculada com base na remuneração do mês em que for publicado o ato exoneratório;

f) em caso de parcelamento das férias, o servidor receberá o valor adicional de um terço quando da utilização do primeiro período.

g) o servidor que opera direta e permanentemente com Raios X ou substâncias radioativas gozará 20 dias consecutivos de férias, por semestre de atividade profissional, proibida em qualquer hipótese a acumulação;

h) as férias somente poderão ser interrompidas por motivo de calamidade pública, comoção interna, convocação para júri, serviço militar ou eleitoral, ou por necessidade do serviço declarada pela autoridade máxima do órgão ou entidade, sendo que o restante do período interrompido será gozado de uma só vez, observado o direito ao parcelamento de férias na forma já mencionada.

7.3.4. Licenças

Outra tema fundamental em matéria de direitos do servidor é o da licença. Esta *consiste no direito do servidor não exercer suas atividades laborativas, com ou o sem remuneração, nos taxativos casos previstos em lei, em que se entende justo, atendido o interesse público, que se confira a licença.*

Segundo o art. 82, a licença concedida dentro de 60 dias do término de outra da mesma espécie será considerada como prorrogação.

Os taxativos **casos** em que se pode deferir uma licença aos servidores públicos estão previstos no art. 81 e são os seguintes:

I – por motivo de doença em pessoa da família (art. 83): concedida ao servidor por motivo de doença do cônjuge ou companheiro, dos pais, dos filhos, do padrasto ou madrasta e enteado, ou dependente que viva a suas expensas e conste do seu assentamento funcional, mediante comprovação por perícia médica oficial, sendo deferida apenas se a assistência direta do servidor for indispensável e não puder ser prestada simultaneamente com o exercício do cargo ou mediante compensação de horário na forma do art. 44, II; a licença em questão, incluídas as prorrogações, poderá ser concedida a cada período de doze meses nas seguintes condições: a) por até 60 dias, consecutivos ou não, mantida a remuneração do servidor; e b) por até 90 dias, consecutivos ou não, sem remuneração. O início do interstício de 12 meses será contado a partir da data do deferimento da primeira licença concedida, sendo que a soma das licenças remuneradas e das licenças não remuneradas, incluídas as respectivas prorrogações, concedidas em um mesmo período de 12 meses, não poderá ultrapassar os 60 e 90 dias referidos acima. Vale ressaltar que é vedado o exercício de atividade remunerada durante o período da licença de que trata este item.

II – por motivo de afastamento do cônjuge ou companheiro (art. 84): concedida ao servidor para acompanhar cônjuge ou companheiro que foi deslocado para outro ponto do território nacional, para o exterior ou para o exercício de mandato eletivo dos Poderes Executivo e Legislativo. A **licença** em questão será por prazo indeterminado e sem remuneração. **Excepcionalmente**, no deslocamento de servidor cujo cônjuge ou companheiro também seja servidor público de qualquer dos Poderes de qualquer ente federativo, poderá haver **exercício provisório** em órgão ou entidade da Administração Federal direta, autárquica ou fundacional, desde que para o exercício de atividade compatível com o seu cargo; quanto à hipótese excepcional de *exercício provisório*, é distinta da prevista no art. 36, parágrafo único, III, "a" (direito à remoção por deslocamento de cônjuge por interesse da Administração), não requerendo que o servidor tenha sido deslocado por motivo de interesse da Administração; por conta disso, o STJ reconheceu tal direito a uma servidora da justiça trabalhista de Porto Alegre, cujo marido fora aprovado em concurso para trabalhar numa Prefeitura do Rio de Janeiro, autorizando que esta trabalhasse no TRT da 1ª Região (Rio de Janeiro), já que o cargo dela (analista judiciário) encontra atividade compatível nesse tribunal (REsp 871.762-RS);

III – para o serviço militar (art. 85): concedida ao servidor convocado para o serviço militar, na forma e condições previstas na legislação específica; no entanto, concluído o serviço militar, o servidor terá até 30 dias sem remuneração para reassumir o exercício do cargo;

IV – para atividade política (art. 86): concedida ao servidor, sem remuneração, num primeiro momento, durante o período que mediar entre a sua escolha em convenção partidária, como candidato a cargo eletivo, e a véspera do registro de sua candidatura perante a Justiça Eleitoral, sendo que, posteriormente, a partir do registro da candidatura e até o décimo dia seguinte ao da eleição, o servidor fará jus à licença, assegurados os vencimentos do cargo efetivo, somente pelo período de três meses. Ressalte-se que servidor candidato a cargo eletivo na localidade onde desempenha suas funções e que exerça cargo de direção, chefia, assessoramento, arrecadação ou fiscalização, dele será afastado, a partir do dia imediato ao do registro de sua candidatura perante a Justiça Eleitoral, até o décimo dia seguinte ao do pleito;

V – para capacitação (art. 87): concedida ao servidor, no interesse da Administração, após cada quinquênio de efetivo exercício, permitindo que este se afaste do exercício do cargo efetivo, com a respectiva remuneração, por até três meses, para participar de curso de capacitação profissional. Vale ressaltar que os períodos de licença não são acumuláveis;

VI – para tratar de interesses particulares (art. 91): concedida, a critério da Administração, ao servidor ocupante de cargo efetivo, desde que não esteja em estágio probatório, para o trato de assuntos particulares, pelo prazo de até três anos consecutivos, sem remuneração. A licença poderá ser interrompida, a qualquer tempo, a pedido do servidor ou no interesse do serviço;

VII – para desempenho de mandato classista (art. 92): assegurada ao servidor, para o desempenho de mandato em confederação, federação, associação de classe de âmbito nacional, sindicato representativo da categoria ou entidade fiscalizadora da profissão ou, ainda, para participar de gerência ou administração em sociedade cooperativa constituída por servidores públicos para prestar serviços a seus membros, considerando o afastamento como de efetivo exercício, conforme disposto em regulamento e observados os seguintes limites: a) para entidades com até 5.000 associados, dois servidores; b) para entidades com 5.001 a 30.000 associados, quatro servidores; c) para entidades com mais de 30.000 associados, oito servidores. Somente poderão ser licenciados servidores eleitos para cargos de direção ou representação nas referidas entidades, desde que cadastradas no órgão competente. A licença terá duração igual à do mandato, podendo ser prorrogada, no caso de reeleição.

7.3.5. Afastamentos

A par das licenças, há também como direitos dos servidores os afastamentos, que são das seguintes modalidades:

I – Afastamento para Servir a Outro Órgão ou Entidade (art. 93): o servidor poderá (repare que não é "deverá", pois há discricionariedade para a Administração) ser cedido temporariamente para outro órgão ou entidade dos Poderes da União, Estados, DF e Municípios, nas seguintes hipóteses: a) para **cargo em comissão** ou **função de confiança**; b) em **casos previstos em leis específicas**; a cessão far-se-á mediante Portaria publicada no Diário Oficial da União; no primeiro caso, sendo a cessão para órgãos ou entidades dos Estados, DF ou Municípios, o ônus da remuneração (ou seja, que pagará o servidor) será do órgão ou entidade cessionária (quem recebe o servidor – Estados, DF ou Municípios), mantido o ônus para o cedente (a União ou suas pessoas de direito público) nos demais casos; caso o servidor seja cedido a empresa pública ou sociedade de economia mista e opte pela remuneração do cargo efetivo ou por esta acrescida de percentual da retribuição do cargo em comissão, a entidade cessionária (a empresa estatal) efetuará o reembolso das despesas realizadas pelo órgão ou entidade de origem (a União ou suas pessoas de direito público); a União arcará também com os ônus mencionados nos dois casos acima quando for ela quem requisitar um servidor de outra entidade; independentemente de se tratar de cargo em comissão ou função de confiança, o servidor do Poder Executivo poderá também ser cedido para trabalhar, para fim determinado e a prazo certo, para outro órgão da Administração Federal direta, desde que este não tenha quadro próprio de pessoal e haja autorização expressa do Presidente da República; da mesma forma, o Ministério do Planejamento, Orçamento e Gestão, com a finalidade de promover a composição da força de trabalho dos órgãos e entidades da Administração Pública Federal, poderá determinar a lotação ou o exercício de empregado ou servidor, independentemente de se tratar de cargo em comissão ou função de confiança.

II – Afastamento para Exercício de Mandato Eletivo (art. 94): ao servidor já investido em mandato eletivo aplicam-se as seguintes disposições: a) tratando-se de mandato federal, estadual ou distrital, ficará afastado do cargo; b) investido no mandato de Prefeito, será afastado do cargo, sendo-lhe facultado optar pela sua remuneração; c) investido no mandato de vereador e, havendo compatibilidade de horário, perceberá as vantagens de seu cargo, sem prejuízo da remuneração do cargo eletivo; não havendo, será afastado do cargo, sendo-lhe facultado optar pela sua remuneração; no caso de afastamento do cargo, o servidor contribuirá para a seguridade social como se em exercício estivesse; o servidor investido em mandato eletivo ou classista não poderá ser removido ou redistribuído de ofício para localidade diversa daquela onde exerce o mandato.

III – Afastamento para Estudo ou Missão no Exterior (arts. 95 e 96): o servidor poderá ausentar-se do País para estudo ou missão oficial desde que haja autorização do Presidente da República, Presidente dos Órgãos do Poder Legislativo e Presidente do Supremo Tribunal Federal, sendo que a ausência não excederá a 4 anos, e finda a missão ou estudo, somente decorrido igual período, será permitida nova ausência; todavia, o servidor beneficiado por esse afastamento não poderá ter deferidos exoneração na Administração ou pedido licença para tratar de interesse particular antes de decorrido período igual ao do afastamento, ressalvada a hipótese de ressarcimento da despesa havida com seu afastamento; essa forma de afastamento não se aplica aos servidores da carreira diplomática, dada as peculiaridades dessa carreira; já quanto ao afastamento de servidor para servir em organismo internacional de que o Brasil participe ou com o qual coopere, dar-se-á com perda total da remuneração, sem prejuízo de que no organismo internacional para no qual o servidor vai atuar este recebe remuneração; aplica-se à participação em programa de pós-graduação no Exterior autorizado nos termos do presente afastamento as regras de que trata o afastamento seguinte.

IV – Afastamento para Participação em Programa de Pós-Graduação *Stricto Sensu* no País (art. 96-A): o servidor poderá, desde que haja interesse da Administração e que a frequência realmente não possa ocorrer simultaneamente com o exercício do cargo ou mediante compensação de horário, pedir o afastamento do exercício do cargo efetivo, mantendo a remuneração, para participar em programa de pós-graduação *stricto sensu* (mestrado ou doutorado) em instituição de ensino superior no País; ato do dirigente máximo do órgão ou entidade definirá, em conformidade com a legislação vigente, os programas de capacitação e os critérios para participação em programas de pós-graduação no País, com ou sem afastamento do servidor, que serão avaliados por um comitê constituído para este fim; os afastamentos para realização de programas de mestrado e doutorado somente serão concedidos aos servidores titulares de cargos efetivos no respectivo órgão ou entidade há pelo menos 3 anos para mestrado e 4 anos para doutorado, incluído o período de estágio probatório, que não tenham se afastado por licença para tratar de assuntos particulares para gozo de licença capacitação ou com fundamento neste artigo nos 2 anos anteriores à data da solicitação de afastamento; os afastamentos para realização de programas de pós-doutorado somente serão concedidos aos servidores titulares de cargos efetivo no respectivo órgão ou entidade há pelo menos quatro anos, incluído o período de estágio probatório, e que não tenham se afastado por licença para tratar de assuntos particulares ou com fundamento neste artigo, nos quatro anos anteriores à data da solicitação de afastamento; os servidores beneficiados pelos afastamentos terão que permanecer no exercício de suas funções após o seu retorno por um período igual ao do afastamento concedido; caso o servidor venha a solicitar exoneração do cargo ou aposentadoria, antes de cumprido o período de permanência mencionado, deverá ressarcir o órgão ou entidade, na forma do art. 47 da Lei 8.112, de 11 de dezembro de 1990, dos gastos com seu aperfeiçoamento; também terá de ressarcir o órgão ou entidade o servidor que não obtiver o título ou grau que justificou seu afastamento no período previsto, salvo na hipótese comprovada de força maior ou de caso fortuito, a critério do dirigente máximo do órgão ou entidade.

7.3.6. Concessões

Outro instituto bastante comum no serviço público é o das concessões. Esse instituto tem três: a) concessão que permite ao servidor, em determinadas situações, ausentar-se do serviço por um pequeno período, que varia de acordo com a hipótese, sem qualquer prejuízo; b) concessão que permite ao servidor cumprir um horário especial de trabalho, diferente dos demais servidores; c) concessão que garante ao servidor e seus familiares vaga em instituição de ensino quando mudar de sede no interesse da administração.

Vejamos as hipóteses legais que permitem a **ausência ao serviço** (art. 97):

I – para **doação de sangue**, por 1 (um) dia;

II – pelo período comprovadamente necessário para **alistamento ou recadastramento eleitoral**, limitado, em qualquer caso, a dois dias;

III – **casamento** ou **falecimento** do cônjuge, companheiro, pais, madrasta ou padrasto, filhos, enteados, menor sob guarda ou tutela e irmãos, por 8 (oito) dias consecutivos.

Vejamos as hipóteses legais que permitem o **horário especial de trabalho** (art. 98):

I – quando comprovada a incompatibilidade entre o **horário escolar** e o da repartição, sem prejuízo do exercício do cargo; o servidor poderá ajustar o seu horário de trabalho com o horário escolar, porém será exigida a compensação de horário no órgão ou entidade que tiver exercício, respeitada a duração semanal do trabalho.

II – quanto ao servidor portador de deficiência, quando comprovada a necessidade por junta médica oficial, independentemente de compensação de horário.

III – quanto ao servidor cujo cônjuge, filho ou dependente for portador de deficiência física, exigindo-se, porém, neste caso, compensação de horário.

IV – quanto ao servidor que desempenhe atividade prevista nos incisos I e II do *caput* do art. 76-A (atuação como instrutor em curso de formação, de desenvolvimento ou de treinamento no âmbito da administração federal, ou participação de banca examinadora ou de comissão para análise curricular e correção ou elaboração de provas), vinculado à compensação de horário a ser efetivada no prazo de até 1 (um) ano.

Quanto à hipótese legal que garante ao servidor e seus familiares **vaga em instituição de ensino** (art. 99), esta se dá quando o servidor mudar de sede no interesse da administração, caso em que terá direito à matrícula em instituição de ensino congênere, em qualquer época, independentemente de vaga, sendo que esse direito é garantido ao próprio servidor e também ao cônjuge ou companheiro, aos filhos, ou enteados do servidor que vivam na sua companhia, bem como aos menores sob sua guarda, com autorização judicial.

7.3.7. Tempo de Serviço

O tema "tempo de serviço" já não é mais tão importante hoje. Em relação ao "adicional por tempo de serviço", este já não existe mais, desde que a Lei 8.112/1990 foi revogada nesse ponto. Já em relação à "aposentadoria por tempo de serviço", também não existe mais, desde que a EC 20/1998 passou a exigir "tempo de contribuição" no lugar de "tempo de serviço", para que alguém se aposente no serviço público.

De qualquer forma, a revogada norma acerca do "adicional por tempo de serviço" pode ainda gerar alguma controvérsia pra quem tenha conseguido algum adicional quando ainda era cabível e a questão das aposentadorias tem regras de transição, que admitem que, quem estava no serviço público antes da EC 20/1998, possa considerar o mero "tempo de serviço" anterior à emenda, para compor parte do tempo necessário para conseguir a aposentadoria.

Assim, apesar da pouca utilização do instituto tempo de serviço na esfera federal, justifica-se ainda tecer considerações a respeito, por conta do eventual uso do instituto em alguma situação específica.

Confira-se as regras a respeito:

a) é contado para todos os efeitos o tempo de serviço público federal, inclusive o prestado às Forças Armadas (art. 100).

b) a apuração do tempo de serviço será feita em dias, que serão convertidos em anos, considerado o ano como de trezentos e sessenta e cinco dias (art. 101).

c) além das ausências ao serviço previstas no art. 97 (concessões para doação de sangue, casamento etc.), são considerados como de efetivo exercício os afastamentos em virtude de (art. 102): i) férias (assim, incide sobre as férias o adicional de periculosidade – STJ, Resp 536.104/RS); ii) exercício de cargo em comissão ou equivalente, em órgão ou entidade dos Poderes da União, dos Estados, Municípios e Distrito Federal; iii) exercício de cargo ou função de governo ou administração, em qualquer parte do território nacional, por nomeação do Presidente da República; iv) participação em programa de treinamento regularmente instituído ou em programa de pós-graduação stricto sensu no País, conforme dispuser o regulamento; v) desempenho de mandato eletivo federal, estadual, municipal ou do Distrito Federal, exceto para promoção por merecimento; vi) júri e outros serviços obrigatórios por lei; vii) missão ou estudo no exterior, quando autorizado o afastamento, conforme dispuser o regulamento; viii) licença à gestante, à adotante e à paternidade; para tratamento da própria saúde, até o limite de vinte e quatro meses, cumulativo ao longo do tempo de serviço público prestado à União, em cargo de provimento efetivo; para o desempenho de mandato classista ou participação de gerência ou administração em sociedade cooperativa constituída por servidores para prestar serviços a seus membros, exceto para efeito de promoção por merecimento; por motivo de acidente em serviço ou doença profissional; para capacitação, conforme dispuser o regulamento; por convocação para o serviço militar; ix) deslocamento para a nova sede de que trata o art. 18; x) participação em competição desportiva nacional ou convocação para integrar representação desportiva nacional, no País ou no exterior, conforme disposto em lei específica; xi) afastamento para servir em organismo internacional de que o Brasil participe ou com o qual coopere; por conta de se considerar tais ausências como de efetivo exercício, "é devido o pagamento de auxílio-alimentação e vale-transporte durante os afastamentos de servidor público federal previstos no art. 102 da Lei 8.112/1990, tal como a licença para frequência a curso de aperfeiçoamento" (STJ, REsp 614.433/RJ);

d) contar-se-á apenas para efeito de aposentadoria e disponibilidade (art. 103): i) o tempo de serviço público prestado aos Estados, Municípios e Distrito Federal; ii) a licença para tratamento de saúde de pessoal da família do servidor, com remuneração, que exceder a 30 (trinta) dias em período de 12 (doze) meses; iii) a licença para atividade política, no caso do art. 86, § 2º; iv) o tempo correspondente ao desempenho de mandato eletivo federal, estadual, municipal ou distrital, anterior ao ingresso no serviço público federal; v) o tempo de serviço em atividade privada, vinculada à Previdência Social; vi) o tempo de serviço relativo a tiro de guerra; vii) o tempo de licença para tratamento da própria saúde que exceder o prazo a que se refere a alínea "b" do inciso VIII do art. 102.

e) o tempo em que o servidor esteve aposentado será contado apenas para nova aposentadoria (art. 103, § 1º);

f) será contado em dobro o tempo de serviço prestado às Forças Armadas em operações de guerra (art. 103, § 2º); essa regra não foi recepcionada pela texto constitucional incluído pela EC 20/1998, pelo qual "a lei não poderá estabelecer qualquer forma de contagem de tempo de contribuição fictício" (art. 40, § 10, da CF);

g) é vedada a contagem cumulativa de tempo de serviço prestado concomitantemente em mais de um cargo ou função de órgão ou entidades dos Poderes da União, Estado, Distrito Federal e Município, autarquia, fundação pública, sociedade de economia mista e empresa pública (art. 103, § 3º).

7.3.8. Direito de Petição

Fechando o rol de direitos do servidor, temos o direito de petição.

Esse direito está assegurado a qualquer indivíduo, de forma, genérica no próprio texto constitucional. O art. 5º, XXXIV, da CF assegura a todos, independentemente do pagamento de taxas, "o direito de petição aos Poderes Públicos em defesa de direitos ou contra ilegalidade ou abuso de poder".

Dessa forma, a primeira conclusão é de que, mesmo que não houvesse a repetição desse direito na Lei 8.112/1990, o servidor, invocando o próprio texto constitucional, já poderia exercer o direito de petição. Assim, eventual pedido que o servidor deseja fazer que eventualmente não se encaixe nas hipóteses legais previstas na lei em questão, pode ser feito com fundamento na Constituição, ocasião em que as balizas serão as previstas no texto maior, e não as trazidas na Lei 8.112/1990.

A segunda conclusão é de que, como o texto constitucional não estabelece prazo algum para o exercício desse direito, não poderia uma lei infraconstitucional restringir um direito constitucional considerado fundamental. Assim, o servidor, mesmo que fundamente seu pedido na Lei 8.112/1990, pode exercer esse direito a qualquer tempo, devendo a Administração analisar o pedido formulado. Todavia, é possível que o direito de fundo que dá ensejo ao pedido formulado pelo servidor já tenha decaído (pela decadência ou pela prescrição), caso em que é possível que a Administração, ao apreciar o pedido formulado pelo servidor, venha a não acolhê-lo, pela extinção do direito potestativo ou da pretensão.

Feitas essas observações, vamos ao que dispõe a Lei 8.112/1990 acerca do direito de petição.

Quanto ao **objeto do direito**, o art. 104 assegura ao servidor o direito de requerer aos Poderes Públicos providências em "defesa de direito ou interesse legítimo". Repare que o texto constitucional é mais amplo, permitindo o direito de petição "em defesa de direitos ou contra ilegalidade ou abuso de poder". Assim, há de se ler o texto infraconstitucional à luz do texto constitucional, para o fim de ampliar as hipóteses que ensejam o direito de petição do servidor.

Quanto ao **destinatário do requerimento** (pedido feito no direito de petição), o art. 105 dispõe que o "requerimento será dirigido à autoridade competente para decidi-lo. Todavia, a petição será encaminhada à autoridade competente por intermédio da chefia do requerente".

Quanto à **impugnação à decisão tomada em face do requerimento**, o art. 106 dispõe que "cabe pedido de reconsideração à autoridade que houver expedido o ato ou proferido a primeira decisão, pedido de reconsideração esse que não pode ser renovado".

Tanto o requerimento, como o pedido de reconsideração acima mencionados deverão ser **despachados** no prazo de 5 dias e **decididos** dentro de 30 dias.

Ainda em relação à impugnação de decisões tomadas em face do requerimento, o art. 107 prevê agora a figura do **recurso**, que caberá nas seguintes hipóteses: a) do indeferimento do pedido de reconsideração; b) das decisões sobre os recursos sucessivamente interpostos.

O recurso (o primeiro deles) será dirigido à autoridade imediatamente superior à que tiver expedido o ato ou proferido a decisão, e, sucessivamente (os demais recursos), em escala ascendente, às demais autoridades.

Assim como acontece com o pedido de reconsideração, o recurso será encaminhado por intermédio da autoridade a que estiver imediatamente subordinado o requerente, ou seja, por intermédio da chefia do requerente.

Quanto aos **prazos para a interposição do pedido de reconsideração ou do recurso**, o art. 108 prevê que são de 30 dias, a contar da publicação ou da ciência, pelo interessado, da decisão recorrida.

Quanto **aos efeitos em que são recebidos os recursos**, em regra, o efeito é somente devolutivo, ou seja, o recurso não suspende a tomada de decisões pela Administração com base no que foi decidido. Todavia, a juízo da autoridade competente, o recurso poderá ser recebido com efeito suspensivo (art. 109). Em caso de provimento do pedido de reconsideração ou do recurso, os efeitos da decisão retroagirão à data do ato impugnado. Sobre o efeito meramente devolutivo, como regra, do recurso administrativo, o STJ entende que "a Administração, após regular processo disciplinar e diante da presunção de sinceridade, da imperatividade, da autoexecutoriedade e da boa-fé do ato administrativo, pode aplicar penalidade ao servidor público independentemente do julgamento do recurso administrativo interposto que, em geral, é recebido apenas no efeito devolutivo (art. 109 da Lei 8.112/1990)" (MS 10.759-DF).

Quanto ao **direito de requerer**, o art. 110 prevê que **prescreve** nos prazos seguintes, contados da data da publicação do ato impugnado ou da data da ciência pelo interessado, quando o ato não for publicado:

a) em 5 anos, quanto aos atos de demissão e de cassação de aposentadoria ou disponibilidade, ou que afetem interesse patrimonial e créditos resultantes das relações de trabalho;

b) em 120 dias, nos demais casos, salvo quando outro prazo for fixado em lei.

Há de se esclarecer que o pedido de reconsideração e o recurso, quando cabíveis, **interrompem a prescrição** (art. 111).

Reforçando a questão da prescrição, a Lei 8.112/1990 ainda prevê que "a prescrição é de ordem pública, não podendo ser relevada pela administração", ou seja, aquele que for julgar o requerimento inicial do direito de petição ou algum recurso há de **reconhecer de ofício a prescrição**, quando esta já tiver se efetivado.

Conforme mencionado no início desse item, em sendo o direito de petição um direito de natureza constitucional fundamental, a lei não poderia impedir que alguém o exerça transcorrido certo tempo. Talvez por isso a Lei 8.112/1990 tenha, logo após estabelecer os prazo prescricionais e dispor que são de ordem pública (arts. 110 e 112), se "arrependido", ao assegurar que "a administração deverá rever seus atos, a qualquer tempo, quando **eivados de ilegalidade**" (art. 114, *g.n.*).

Em outras palavras, para conjugar o texto constitucional com o texto da Lei 8.112/1990, quando um servidor público invocar o direito constitucional de petição, para fazer algum requerimento, este deve sempre ser conhecido, mas nem sempre deferido, pois é possível que a pretensão ou o direito potestativo do servidor já tenha prescrito ou decaído. Em qualquer caso, em a Administração reconhecendo ter havido uma ilegalidade, deve, respeitados os prazos decadenciais existentes, tomar as devidas providências para a anulação dos atos.

Para assegurar a máxima efetividade do direito de petição, o art. 113 assegura "vista do processo ou documento, na repartição, ao servidor ou a procurador por ele constituído".

Por fim, o art. 115 dispõe que são fatais e improrrogáveis os prazos estabelecidos acima, salvo motivo de força maior.

7.4. DO REGIME DISCIPLINAR

7.4.1. Aspectos gerais

A temática do "regime disciplinar" tem quatro grandes temas: a) deveres do servidor; b) proibições ao servidor; c) vedação de acumulação remunerada de cargos públicos; d) responsabilidade civil, administrativa e penal do servidor; e) penalidades disciplinares e hipóteses em que devem ser aplicadas.

A partir dos deveres e proibições dos servidores será construído um cenário com as condutas que o servidor podem ou não tomar e, em seguida, serão enumerados os casos em que um servidor pode sofrer uma penalidade disciplinar, bem como quais são as penalidades disciplinares cabíveis para cada caso.

Portanto, ao se estudar os deveres e proibições dos servidores, há de se ficar atento, pois tais deveres e proibições serão retomados quando se definir quais casos ensejam punição disciplinar a respectiva penalidade disciplinar.

7.4.2. Deveres do servidor

Segundo o art. 116, são **deveres do servidor**:

I – exercer com zelo e dedicação as atribuições do cargo;

II – ser leal às instituições a que servir;

III – observar as normas legais e regulamentares;

IV – cumprir as ordens superiores, exceto quando manifestamente ilegais;

V – atender com presteza:

a) ao público em geral, prestando as informações requeridas, ressalvadas as protegidas por sigilo;

b) à expedição de certidões requeridas para defesa de direito ou esclarecimento de situações de interesse pessoal;

c) às requisições para a defesa da Fazenda Pública.

VI – levar as irregularidades de que tiver ciência em razão do cargo ao conhecimento da autoridade superior ou, quando houver suspeita de envolvimento desta, ao conhecimento de outra autoridade competente para apuração; esse dever teve redação alterada pela Lei 12.527/2011 e é extremamente relevante, pois em boa parte dos casos apenas um servidor público sabe das irregularidades cometidas por outro servidor e, se não há um dever como esse para que o servidor público inocente denuncie irregularidades, grande parte dos casos de corrupção e outras ilegalidades nunca será conhecida para punir o servidor que tiver cometido a irregularidade; agora, o servidor inocente quanto à irregularidade poderá se tornar um servidor culpado por uma infração disciplinar (de não denunciar a irregularidade), o que faz como que os servidores tenham efetivamente que denunciar ilegalidades para que não sejam punidos também;

VII – zelar pela economia do material e a conservação do patrimônio público;

VIII – guardar sigilo sobre assunto da repartição;

IX – manter conduta compatível com a moralidade administrativa;

X – ser assíduo e pontual ao serviço;

XI – tratar com urbanidade as pessoas;

XII – **representar contra ilegalidade, omissão ou abuso de poder**; essa representação será encaminhada pela via hierárquica (pela chefia do servidor) e apreciada pela autoridade superior àquela contra a qual é formulada, assegurando-se ao representando ampla defesa.

7.4.3. Proibições ao servidor

Segundo o art. 117, são **proibições ao servidor**:

I – ausentar-se do serviço durante o expediente, sem prévia autorização do chefe imediato;

II – retirar, sem prévia anuência da autoridade competente, qualquer documento ou objeto da repartição;

III – recusar fé a documentos públicos;

IV – opor resistência injustificada ao andamento de documento e processo ou execução de serviço;

V – promover manifestação de apreço ou desapreço no recinto da repartição;

VI – cometer a pessoa estranha à repartição, fora dos casos previstos em lei, o desempenho de atribuição que seja de sua responsabilidade ou de seu subordinado;

VII – coagir ou aliciar subordinados no sentido de filiarem-se a associação profissional ou sindical, ou a partido político;

VIII – manter sob sua chefia imediata, em cargo ou função de confiança, cônjuge, companheiro ou parente até o segundo grau civil;

IX – **valer-se do cargo para lograr proveito pessoal ou de outrem, em detrimento da dignidade da função pública**; o STJ entendeu configurado o dispositivo num caso em que um "servidor não ocupante de cargo efetivo, valendo-se do cargo, tenha indicado irmão, nora, genro e sobrinhos para contratação por empresas recebedoras de verbas públicas, ainda que não haja dano ao erário ou proveito pecuniário e independentemente da análise de antecedentes funcionais", esclarecendo o Tribunal que "é de natureza formal o ilícito administrativo consistente na inobservância da proibição de que o servidor se valha do cargo para lograr proveito pessoal ou de outrem, em detrimento da dignidade da função pública (art. 117, IX, da Lei 8.112/1990), nesse contexto não importa, para configuração do ilícito, qualquer discussão acerca da eventual ocorrência de dano ao erário ou da existência de proveito pecuniário, pois o que se pretende é impedir o desvio de conduta por parte do servidor"; tratando-se a autoridade que cometeu o ilícito de um detentor de cargo em comissão, considerou-se adequada a aplicação no caso da pena de destituição de cargo em comissão (MS 17.811-DF);

X – **participar de gerência ou administração de sociedade privada, personificada ou não personificada, exercer o comércio, exceto na qualidade de acionista, cotista ou comanditário**; repare que a proibição, aqui, não é de ser sócio, acionista ou cotista de uma sociedade empresária ou simples, mas sim de ser gerente ou administrador desta; assim, um servidor federal pode ser sócio de uma empresa, mas não pode constar no contrato social dela como gerente ou administrador, nem agir como tal.

XI – atuar, como procurador ou intermediário, junto a repartições públicas, salvo quando se tratar de benefícios previdenciários ou assistenciais de parentes até o segundo grau, e de cônjuge ou companheiro; não se pode confundir esse tipo administrativo (que traz hipótese de advocacia administrativa) com hipóteses em que um servidor comete alguma irregularidade em seu serviço, mas sim objetivo de atuar como procurador ou intermediário de alguém; nesse sentido o STJ afastou a aplicação de demissão em um caso em que uma servidora (chefe do setor de RH de um órgão federal) acabou por considerar corretas assinaturas de aposentada apostas recadastramento, quando, na verdade, as assinaturas não condizia com as constantes de seu assento funcional; no caso, além de não ter havido advocacia administrativa, ficou demonstrado que a aposentada tinha direito aos benefícios, não havendo, assim, prejuízo algo ao erário (MS 14.993-DF); o STJ também já decidiu que essa proibição só resta violada no plano concreto quando há efetivamente um tráfico de influência, ou seja, quando o servidor se vale do próprio cargo com o intuito de intermediar vantagens para outrem (MS 7.261-DF);

XII – receber propina, comissão, presente ou vantagem de qualquer espécie, em razão de suas atribuições; essa vedação não se aplica nos seguintes casos: a) participação nos conselhos de administração e fiscal de empresas ou entidades em que a União detenha, direta ou indiretamente, participação no capital social ou em sociedade cooperativa constituída para prestar serviços a seus membros; b) gozo de licença para o trato de interesses particulares, na forma do art. 91 da lei, observada a legislação sobre conflito de interesses.

XIII – aceitar comissão, emprego ou pensão de estado estrangeiro;

XIV – praticar usura sob qualquer de suas formas; a lei se refere aqui ao caso do servidor que empresta, habitualmente, dinheiro a pessoas, mediante a cobrança de juros acima de 12% ao ano; uma instituição financeira pode fazer isso, mas uma pessoa qualquer não, principalmente um servidor público, que, além de estar sujeito a outras sanções legais pela prática da usura, está infringindo uma proibição da Lei 8.112/1990 e pode ser punido administrativa também;

XV – proceder de forma desidiosa;

XVI – utilizar pessoal ou recursos materiais da repartição em serviços ou atividades particulares;

XVII – cometer a outro servidor atribuições estranhas ao cargo que ocupa, exceto em situações de emergência e transitórias;

XVIII – exercer quaisquer atividades que sejam incompatíveis com o exercício do cargo ou função e com o horário de trabalho;

XIX – recusar-se a atualizar seus dados cadastrais quando solicitado.

7.4.4. Acumulação remunerada de cargos públicos

Neste item, remete-se ao capítulo que tratou disso no contexto do Direito Administrativo em geral, no qual se trouxe as disposições constitucionais à respeito do tema (art. 37, XVI, XVII e § 10), que coincidem e, ao mesmo tempo, são mais amplas que as disposições do art. 118 da Lei 8.112/1990.

Todavia, há duas disposições na Lei 8.112/1990 que não estão contidas na Constituição, e que devem ser estudadas.

A primeira deles está no art. 119, e estabelece que o servidor não poderá exercer mais de um cargo em comissão (salvo quando se assume outro cargo em comissão interinamente), nem ser remunerado pela participação em órgão de deliberação coletiva. Todavia, essa última proibição não se aplica à remuneração devida pela participação em conselhos de administração e fiscal das empresas públicas e sociedades de economia mista, suas subsidiárias e controladas, bem como quaisquer empresas ou entidades em que a União, direta ou indiretamente, detenha participação no capital social, observado o que, a respeito, dispuser legislação específica. Assim, o ocupante de um cargo em comissão na Administração Federal pode, por exemplo, receber "jetons" pela participação no conselho de administração da Petrobras, caso seja designado para tal conselho.

A segunda disposição, prevista no art. 120, dispõe que o servidor vinculado ao regime da Lei 8.112/1990 que acumular licitamente dois cargos efetivos, quando investido em cargo de provimento em comissão, ficará afastado de ambos os cargos efetivos, salvo na hipótese em que houver compatibilidade de horário e local com o exercício de um deles, declarada pelas autoridades máximas dos órgãos ou entidades envolvidos.

7.4.5. Responsabilidades

O servidor público, ao cometer um ato no contexto de suas funções, pode responder em três grandes esferas, segundo a Lei 8.112/1990. São elas: a) civil; b) penal; c) administrativa. Há também uma quarta esfera, que é a de improbidade administrativa.

Vamos a um exemplo. Imagine que um servidor cometa um crime de concussão, ou seja, exija dinheiro de um comerciante, para que conceda alguma licença administrativa que o comerciante tinha direito. Nesse caso, o servidor responderá civilmente (terá de pagar uma indenização ao comerciante, devolvendo os valores exigidos deste), penalmente (responderá pelo crime de concussão), administrativamente (estará sujeito a sanção disciplinar, no caso, à demissão) e por ato de improbidade (estará sujeito às sanções previstas na Lei 8.429/1992, que, além da perda do cargo e de ressarcimento ao erário, incluem pagamento de multa de civil, proibição de contratar com o Poder Público, entre outras). As sanções civis, penais e de improbidade são aplicadas por meio de processos judiciais. E as sanções administrativa são aplicadas pela própria Administração, independentemente de participação do Poder Judiciário.

Por conta disso é que o art. 121 tem o seguinte teor: "o servidor responde civil, penal e administrativamente pelo exercício irregular de suas atribuições".

Quanto à responsabilidade civil por danos causados ao erário (à Administração) ou a terceiros, o art. 122 dispõe que tal responsabilidade se configura tanto por condutas dolosas, como por condutas culposas do agente, mas, em qualquer caso, é necessário que o agente público tenha atuado com culpa (negligência, imprudência ou imperícia) ou dolo (intenção).

No caso de dano causado ao erário, não havendo acordo entre a Administração e o servidor público causador do dano, o Poder Público deverá ingressar em juízo para satisfação de seu crédito, mas, não havendo bens suficientes para serem liquidados e pago o débito, proceder-se-á na forma do art. 46 da Lei 8.112/1990.

No caso de danos causados a terceiros (por exemplo, um médico de hospital público comete um erro médico junto a um paciente), a vítima (o terceiro) não poderá acionar diretamente o servidor público, devendo acionar apenas a Fazenda Pública e esta, sim, podendo acionar em ação regressiva o servido que tiver agido com culpa ou dolo (art. 122, § 2º).

Em qualquer caso (dano causado diretamente ao erário ou dano causado a terceiro, que leva o Estado a indenizar esse terceiro), a obrigação de reparar o dano estende-se aos sucessores e contra eles será executada, até o limite do valor da herança recebida. Assim, se o servidor deveria indenizar os Estado diretamente ou ressarcir este por pagamentos feitos a terceiros, em valor, por exemplo, de R$ 50 mil, uma vez falecendo o servidor, o Estado, dentro dos limites da herança do servidor, vai ingressar no inventário deste para reaver esse valor.

É importante consignar que as sanções civis, penais e administrativas poderão cumular-se, sendo independentes entre si (art. 125), o que significa que, se o servidor vier a sofrer uma sanção administrativa, por exemplo, não estará exonerado de receber uma sanção civil ou penal pelo mesmo fato, e vice-versa. Há de se lembrar, ainda, que as demais sanções cabíveis pela prática de um ato de improbidade também, pelo mesmo fato, também são independentes (art. 12, *caput*, da Lei 8.429/1992).

Tal regra não prejudica disposição do art. 126, que tem o seguinte teor: "a responsabilidade administrativa do servidor será afastada no caso de absolvição criminal que negue a existência do fato ou sua autoria".

Essa disposição não significa que a responsabilidade administrativa não é independente da penal. Significa que, caso numa ação penal (por exemplo, numa ação em que se acusa um servidor de ter cometido crime de concussão, ou seja, de ter exigido propina de alguém), caso o juiz criminal absolva o servidor por *negativa da existência do fato* (ou seja, sentenciando que os fatos – exigência de propina – não ocorreram de jeito algum) ou por *negativa da autoria* (ou seja, sentenciando que a propina até foi exigida, mas não pelo servidor acusado, que não foi o autor do crime), a comissão disciplinar que estiver julgando o servidor pelos mesmos fatos na esfera administrativa deverá afastar essa responsabilidade. Em outra palavras, se um juiz criminal assegurar que os fatos não ocorreram (negativa da existência do fato) ou assegurar que o servidor não cometeu os fatos (negativa da autoria), não pode a Administração punir esse mesmo servidor na esfera administrativa (por exemplo, demitindo esse servidor), pois a decisão de um juiz na esfera criminal elimina a possibilidade de rediscussão dos mesmos fatos na esfera administrativa.

Porém, é fundamental que fique claro que somente absolvição do juiz criminal por esses dois motivos é que tem esse efeito na esfera administrativa. Caso a absolvição do juiz criminal for fundamentada em "falta de provas" (ou seja, o juiz criminal sentencia dizendo que não sabe se houve ou não crime, por isso simplesmente absolve por falta de prova), nesse caso essa decisão criminal não terá interferência alguma na esfera administrativa, não impedindo, assim, que o servidor absolvido na esfera criminal seja demitido, pelos mesmos fatos, na esfera administrativa.

Assim, a **comunicabilidade de instância** (a interferência da instância criminal na instância administrativa) somente se dá nos dois casos de absolvição criminal mencionados, quais sejam, negativa de existência do fato e negativa de autoria.

Por fim, a Lei 12.527/2011, com o objetivo de incentivar que servidores denunciem colegas que cometem irregularidades (aliás, um dever do servidor, conforme já visto), incluiu o art. 126-A na Lei 8.112/1990, que tem o seguinte teor: "nenhum servidor poderá ser responsabilizado civil, penal ou administrativamente por dar ciência à autoridade superior ou, quando houver suspeita de envolvimento desta, a outra autoridade competente para apuração de informação concernente à prática de crimes ou improbidade de que tenha conhecimento, ainda que em decorrência do exercício de cargo, emprego ou função pública:

7.4.6. Penalidades disciplinares

Neste item estudaremos quatro assuntos: a) quais são as **penalidades disciplinares** que podem ser aplicadas a um servidor federal; b) quais são as **infrações disciplinares** que ensejam a aplicação das penalidades e qual penalidade é aplicável a cada caso; c) **quem pode aplicar** as penalidades disciplinares; d) qual é o **prazo prescricional** para a aplicação das penalidades.

Segundo os arts. 127 e seguintes, as **penalidades disciplinares** são as seguintes:

I – advertência (art. 129); a advertência será aplicada por escrito, nos casos de violação de proibição constante do art. 117, incisos I a VIII e XIX, e de inobservância de dever funcional previsto em lei, regulamentação ou norma interna, que não justifique imposição de penalidade mais grave; quanto aos incisos citados, temos o I ("ausentar-se do serviço durante o expediente, sem prévia autorização do chefe imediato"); II ("retirar, sem prévia anuência da autoridade competente, qualquer documento ou objeto da repartição"), III ("recusar fé a documentos públicos"), IV ("opor resistência injustificada ao andamento de documento e processo ou execução de serviço"), V ("promover manifestação de apreço ou desapreço no recinto da repartição"), VI ("cometer a pessoa estranha à repartição, fora dos casos previstos em lei, o desempenho de atribuição que seja de sua responsabilidade ou de seu subordinado"), VII ("coagir ou aliciar subordinados no sentido de filiarem-se a associação profissional ou sindical, ou a partido político"), VIII ("manter sob sua chefia imediata, em cargo ou função de confiança, cônjuge, companheiro ou parente até o segundo grau civil"), XIX ("recusar-se a atualizar seus dados cadastrais quando solicitado"),

II – suspensão; a suspensão será aplicada em caso de reincidência das faltas punidas com advertência e de violação das demais proibições que não tipifiquem infração sujeita a penalidade de demissão, não podendo exceder de 90 dias; um caso específico, que haverá suspensão de até 15 dias, é o do servidor que, injustificadamente, recusar-se a ser submetido a inspeção médica determinada pela autoridade competente, cessando os efeitos da penalidade uma vez cumprida a determinação; quando houver conveniência para o serviço, a penalidade de suspensão poderá ser convertida em multa, na base de 50% por dia de vencimento ou remuneração, ficando o servidor obrigado a permanecer em serviço.

III – demissão; a demissão será aplicada nos seguintes casos (art. 132): a) crime contra a administração pública; b) abandono de cargo (segundo o art. 138, "configura abandono de cargo a ausência intencional do servidor ao serviço por mais de trinta dias consecutivos"); o STJ entende que é necessário o "animus abandonandi", a intenção de abandonar o cargo, que não acontece quando um servidor é preso preventivamente, sendo que, solto em razão da ilegalidade da prisão, poderá pedir a sua reintegração com todas as vantagens financeiras e de tempo de serviço devidamente ressarcidas (MS 12.424-DF); c) inassiduidade habitual (segundo o art. 139, "entende-se por inassiduidade habitual a falta ao serviço, sem causa justificada, por 60 dias, interpoladamente, durante o período de doze meses")[1]; d) impro-

---

1. "Art. 140. Na apuração de abandono de cargo ou inassiduidade habitual, também será adotado o procedimento sumário a que se refere o art. 133, observando-se especialmente que: I – a indicação da materialidade dar-se-á: a) na hipótese de abandono de cargo, pela indicação precisa do período de ausência intencional do servidor ao serviço superior a trinta dias; b) no caso de inassiduidade habitual, pela indicação dos dias de falta ao serviço sem causa jus-

bidade administrativa; e) incontinência pública e conduta escandalosa, na repartição; f) insubordinação grave em serviço; g) ofensa física, em serviço, a servidor ou a particular, salvo em legítima defesa própria ou de outrem; h) aplicação irregular de dinheiros públicos; i) revelação de segredo do qual se apropriou em razão do cargo; o STJ manteve pena de demissão a servidor que forneceu a terceiro sua senha de acesso ao sistema eletrônico de tribunal, para que este manipulasse o ponto eletrônico com o objetivo de garantir ao funcionário horas extras, as quais seriam compensadas futuramente com folga ao serviço (MS 13.677-DF); j) lesão aos cofres públicos e dilapidação do patrimônio nacional; k) corrupção; l) acumulação ilegal de cargos, empregos ou funções públicas; m) transgressão dos incisos IX a XVI do art. 117 (IX – "valer-se do cargo para lograr proveito pessoal ou de outrem, em detrimento da dignidade da função pública"; X: "participar de gerência ou administração de sociedade privada, personificada ou não personificada, exercer o comércio, exceto na qualidade de acionista, cotista ou comanditário"; XI: "atuar, como procurador ou intermediário, junto a repartições públicas, salvo quando se tratar de benefícios previdenciários ou assistenciais de parentes até o segundo grau, e de cônjuge ou companheiro"; XII: "receber propina, comissão, presente ou vantagem de qualquer espécie, em razão de suas atribuições"; XIII: "aceitar comissão, emprego ou pensão de estado estrangeiro"; XIV: "praticar usura sob qualquer de suas formas"; XV: "proceder de forma desidiosa"; XVI: "utilizar pessoal ou recursos materiais da repartição em serviços ou atividades particulares"); n) caracterizada a acumulação de cargos ilegal e provada a má-fé, aplicar-se-á a pena de demissão em relação aos cargos, empregos ou funções públicas em regime de acumulação ilegal, hipótese em que os órgãos ou entidades de vinculação serão comunicados; o STF entende que configurada uma das hipóteses prevista como hábil à demissão, não há que se falar em alegação de violação ao princípio da proporcionalidade (RMS, 28.638/DF, j. 24.10.2013); em outro precedente importante sobre o art. 132 da Lei 8.112/1990, o STJ decidiu que, diferentemente do que acontece em direito penal em alguns casos, não se pode reconhecer a aplicação do princípio da insignificância quando constatada falta disciplinar prevista no artigo em questão, que considera tais faltas tão graves, que ensejam a demissão do servidor, tratando-se de ato vinculado, em que cabe ao administrador unicamente aplicar a penalidade prevista na lei (MS 18.090-DF); por outro lado, o STJ também tem precedente no sentido de que a pena de demissão deve ter respaldo em prova convincente para não comprometer a razoabilidade e a proporcionalidade da sanção administrativa (MS 12.957-DF); em outras palavras, o STJ está a dizer que se não houver certeza de que o fato imputado ao servidor (e que impõe demissão) realmente aconteceu, não se deve aplicar sanção tão grave como é a demissão;

IV – cassação de aposentadoria ou disponibilidade; será cassada a aposentadoria ou a disponibilidade do inativo que houver praticado, na atividade, falta punível com a demissão (art. 134); o STJ afastou processo administrativo promovido contra servidor aposentado, que lhe imputava uma série de desrespeitos aos arts. 116 e 117 da Lei 8.112/1990, pois ficou demonstrado que todas as imputações se referiam a declarações fortes feitas pelo servidor após a sua aposentadoria, o que impossibilitava o processo e o apenamento disciplinar, que só incide sobre fatos praticados na atividade, na forma do art. 134 ora mencionado (MS 8.228-DF);

---

tificada, por período igual ou superior a sessenta dias interpoladamente, durante o período de doze meses; II – após a apresentação da defesa a comissão elaborará relatório conclusivo quanto à inocência ou à responsabilidade do servidor, em que resumirá as peças principais dos autos, indicará o respectivo dispositivo legal, opinará, na hipótese de abandono de cargo, sobre a intencionalidade da ausência ao serviço superior a trinta dias e remeterá o processo à autoridade instauradora para julgamento."

V – destituição de cargo em comissão; a destituição de cargo em comissão exercido por não ocupante de cargo efetivo será aplicada nos casos de infração sujeita às penalidades de suspensão e de demissão (art. 135); constatada essa hipótese, a exoneração efetuada nos termos do art. 35 (ou seja, a exoneração feita livremente pela autoridade ou feita a pedido do servidor) será convertida em destituição de cargo em comissão.

VI – destituição de função comissionada.

No que diz respeito à **dosimetria da pena**, o art. 128, "na aplicação das penalidades serão consideradas a natureza e a gravidade da infração cometida, os danos que dela provierem para o serviço público, as circunstâncias agravantes ou atenuantes e os antecedentes funcionais", sendo que "o ato de imposição da penalidade mencionará sempre o fundamento legal e a causa da sanção disciplinar", dever decorrente do princípio da motivação.

Quanto ao **direito ao esquecimento** ou à **reabilitação do servidor**, as penalidades de advertência e de suspensão terão seus registros cancelados, após o decurso de 3 e 5 anos de efetivo exercício, respectivamente, se o servidor não houver, nesse período, praticado nova infração disciplinar, sendo que o cancelamento da penalidade não surtirá efeitos retroativos (art. 131).

Já quanto às outras **consequências futuras da demissão e da destituição de cargo** em comissão, temos três casos específicos:

a) **incompatibilização do ex-servidor para nova investidura em cargo público federal, pelo prazo de 5 (cinco) anos (art. 137)**: caso se deem por infringência do art. 117, incisos IX ("valer-se do cargo para lograr proveito pessoal ou de outrem, em detrimento da dignidade da função pública") e XI ("atuar, como procurador ou intermediário, junto a repartições públicas, salvo quando se tratar de benefícios previdenciários ou assistenciais de parentes até o segundo grau, e de cônjuge ou companheiro");

b) **impossibilidade para sempre de retorno do ex-servidor ao serviço público federal (art. 137, parágrafo único)**: caso deem por infringência do art. 132, incisos I ("crime contra a administração pública"), IV ("improbidade administrativa"), VIII ("aplicação irregular de dinheiros públicos"), X ("lesão aos cofres públicos e dilapidação do patrimônio nacional") e XI ("corrupção").

c) **efetivação da indisponibilidade de bens e ressarcimento ao erário:** caso se deem por infringência ao art. 132, incisos IV ("improbidade administrativa"), VIII ("aplicação irregular de dinheiros públicos"), X ("lesão aos cofres públicos e dilapidação do patrimônio nacional") e XI ("corrupção").

Por fim, de rigor tratar das **consequências da acumulação ilegal de cargos empregos ou funções**, que estão contidas nas seguintes regras (art. 133):

a) detectada a qualquer tempo a acumulação indevida, a autoridade a que se refere o art. 143 notificará o servidor, por intermédio de sua chefia imediata, para **apresentar opção** no prazo improrrogável de 10 dias, contados da data da ciência, de qual cargo pretende permanecer e de qual pretende se exonerar; a opção pelo servidor até o último dia de prazo para defesa configurará sua boa-fé, hipótese em que se converterá automaticamente em pedido de exoneração do outro cargo; o STF não reconheceu a boa-fé de servidor que acumulava quatro cargos de médico (dois no INSS e mais dois em duas prefeituras diversas), por ter o servidor feito a opção em prazo superior aos 10 dias enunciados em lei, bem como pelo fato de que a presunção de boa-fé prevista em lei já estava desfeita quando o servidor reconheceu que acumulava cargos ilegalmente e nada fez para resolver a questão, ao contrário, aceitou outro cargo em Prefeitura, valendo salientar, ainda que o STF também afastou a alegação de que contrações temporárias junto ao Poder Público não entram no cômputo das acumulações ilegais (RMS 26.929);

b) na hipótese de omissão do servidor em fazer a opção, a autoridade competente adotará procedimento sumário para a sua apuração e regularização imediata, cujo processo administrativo disciplinar se desenvolverá nas seguintes fases: i) instauração, com a publicação do ato que constituir a comissão, a ser composta por 2 servidores estáveis, e simultaneamente indicar a autoria e a materialidade da transgressão objeto da apuração (a indicação da autoria dar-se-á pelo nome e matrícula do servidor, e a materialidade pela descrição dos cargos, empregos ou funções públicas em situação de acumulação ilegal, dos órgãos ou entidades de vinculação, das datas de ingresso, do horário de trabalho e do correspondente regime jurídico); ii) instrução sumária, que compreende indiciamento, defesa e relatório; sendo que a comissão lavrará, até 3 dias após a publicação do ato que a constituiu, termo de indiciamento em que serão transcritas as informações de que trata o item anterior, bem como promoverá a citação pessoal do servidor indiciado, ou por intermédio de sua chefia imediata, para, no prazo de 5 dias, apresentar defesa escrita, assegurando-se-lhe vista do processo na repartição, observado o disposto nos arts. 163 e 164; Apresentada a defesa, a comissão elaborará relatório conclusivo quanto à inocência ou à responsabilidade do servidor, em que resumirá as peças principais dos autos, opinará sobre a licitude da acumulação em exame, indicará o respectivo dispositivo legal e remeterá o processo à autoridade instauradora, para julgamento; iii) julgamento; no prazo de 5 dias, contados do recebimento do processo, a autoridade julgadora proferirá a sua decisão, aplicando-se, quando for o caso, o disposto no § 3º do art. 167; caracterizada a acumulação ilegal e provada a má-fé, aplicar-se-á a pena de demissão, destituição ou cassação de aposentadoria ou disponibilidade em relação aos cargos, empregos ou funções públicas em regime de acumulação ilegal, hipótese em que os órgãos ou entidades de vinculação serão comunicados; o prazo para a conclusão do processo administrativo disciplinar submetido ao rito sumário não excederá trinta dias, contados da data de publicação do ato que constituir a comissão, admitida a sua prorrogação por até quinze dias, quando as circunstâncias o exigirem; o procedimento sumário rege-se pelas disposições deste artigo, observando-se, no que lhe for aplicável, subsidiariamente, as disposições dos Títulos IV e V da Lei 8.112/1990.

O art. 141 trata das **autoridades competentes para a aplicação das penalidades disciplinares**, que são as seguintes:

I – Presidente da República, Presidentes das Casas do Poder Legislativo e dos Tribunais Federais e Procurador-Geral da República, quando se tratar de demissão e cassação de aposentadoria ou disponibilidade de servidor vinculado ao respectivo Poder, órgão, ou entidade;

II – autoridades administrativas de hierarquia imediatamente inferior àquelas mencionadas no parágrafo anterior, quando se tratar de suspensão superior a 30 dias;

III – chefe da repartição e outras autoridades na forma dos respectivos regimentos ou regulamentos, nos casos de advertência ou de suspensão de até 30 dias;

IV – autoridade que houver feito a nomeação, quando se tratar de destituição de cargo em comissão.

O art. 1º, I, do Decreto 3.035/1999 delega competência aos Ministros de Estado e ao Advogado-Geral da União para, no âmbito dos órgãos da Administração direta, autárquica e fundacional que lhes são subordinados ou vinculados, julgar processos administrativos disciplinares e aplicar penalidades, nas hipóteses de demissão e cassação de aposentadoria ou disponibilidade de servidores. A norma que prevê a delegação impõe observância das disposições legais e regulamentares pertinentes, inclusive a manifestação prévia e indispensável do órgão de assessoramento jurídico. O STF considera legítima essa delegação de competência (RMS 24.619 e RMS 25.736).

O próprio art. 1º, I, do Decreto deixa claro, todavia, que não é possível a subdelegação dessa competência, ou seja, os Ministros não poderão subdelegar essa competência para outras autoridades. Porém, como exceção, o 1º, § 3º, do Decreto admite que o Ministro da Educação (MEC) promova a subdelegação da competência aos dirigentes das instituições federais de ensino vinculadas ao MEC.

O art. 142 dispõe que a **ação disciplinar prescreverá**:

I – em 5 anos, quanto às infrações puníveis com demissão, cassação de aposentadoria ou disponibilidade e destituição de cargo em comissão;

II – em 2 anos, quanto à suspensão;

III – em 180 dias, quanto à advertência.

IV – nos prazos de prescrição previstos na lei penal, quando as infrações disciplinares também forem capituladas como crime; nesse caso, quando já há condenação penal pelo mesmo fato que enseja a infração disciplinar, o prazo de prescrição para aplicar a sanção disciplinar é contado considerando a pena em concreto aplicada pelo juízo criminal (STJ, MS 14.040-DF); não havendo processo criminal apurando o fato objeto de processo disciplinar, aplica-se a regra geral da prescrição de 5 anos prevista do art. 142, I, acima, mesmo que o fato possa em tese ser considerado crime também (STJ, MS 15.462-DF);

O prazo de prescrição **começa a correr** da data em que o fato se tornou conhecido, e não da data em que o ato foi praticado. Porém, a abertura de sindicância ou a instauração de processo disciplinar **interrompe** a prescrição, até a decisão final proferida por autoridade competente, sendo que, **interrompido** o curso da prescrição, o prazo começará a correr a partir do dia em que cessar a interrupção.

Assim, o prazo prescricional começa a ser contado da data em que se tornou conhecido o fato desabonador, mas a instauração do processo disciplinar, mediante a publicação da respectiva portaria, interrompe a prescrição até a decisão final proferida por autoridade competente. Tomada essa decisão, o prazo começará a correr por inteiro novamente, vez que, na *interrupção* da prescrição (diferentemente da *suspensão* desta), é isso que ocorre. Todavia, como alguns processos disciplinares demoram muito tempo e se convencionou que deve, por conta dos prazo previstos na Lei 8.112/1990, durar até 140 dias (prazo máximo para a conclusão do PAD – Processo Administrativo Disciplinar), entende-se que o prazo prescricional interrompido com a abertura do processo disciplinar volta a correr após 140 dias da instauração sem que tenha sido concluído. Vide a respeito a seguinte decisão: STJ, MS 12.735-DF.

7.5. PROCESSO ADMINISTRATIVO DISCIPLINAR

7.5.1. Disposições Gerais

Uma vez que se faça necessário apurar se um servidor cometeu infração disciplinar e aplicar, se for o caso, a penalidade disciplinar respectiva, de rigor instaurar sindicância ou processo disciplinar que siga o devido processo legal previsto em lei e, assim, possibilite apuração adequada e eventual punição que respeite aos princípios da ampla defesa e do contraditório.

Porém, para que isso ocorra, é necessário que haja uma provocação. Nesse sentido, o art. 143 dispõe que a "**autoridade que tiver ciência** de irregularidade no serviço público é obrigada a **promover a sua apuração imediata**, mediante sindicância ou processo administrativo disciplinar, assegurada ao acusado ampla defesa".

Essa **apuração**, por **solicitação da autoridade** que tiver ciência do fato, "**poderá ser promovida** por autoridade de órgão ou entidade diverso daquele em que tenha ocorrido a irregularidade, mediante competência específica para tal finalidade, delegada em caráter permanente ou temporário pelo Presidente da República, pelos presidentes das Casas do Poder Legislativo e dos Tribunais Federais e pelo Procurador-Geral da República, no âmbito do respectivo Poder, órgão ou entidade, **preservadas as competências** para o julgamento que se seguir à apuração".

São **requisitos para que denúncias sobre irregularidades sejam objeto de apuração os seguintes** (art. 144): a) que contenham a identificação e o endereço do denunciante; b) que sejam formuladas por escrito, confirmada a autenticidade; c) que o fato narrado configure evidente infração disciplinar ou ilícito penal, sob pena de a denúncia ser arquivada, por falta de objeto.

Num primeiro momento, instaura-se uma **sindicância** para apuração inicial dos fatos, sendo que o **prazo** para a sua conclusão não excederá 30 dias, podendo ser prorrogado por igual período, a critério da autoridade superior.

Ao final, a **sindicância pode esta resultar** no seguinte (art. 145):

a) arquivamento do processo; por exemplo, por se apurar que o fato, mesmo que comprovado, não constitui qualquer infração disciplinar;

b) aplicação de penalidade de advertência ou suspensão de até 30 dias; repare que se o caso for daqueles em que cabível sanções mais graves, como, por exemplo, suspensão de mais de 30 dias ou demissão, o caso é de instauração de processo disciplinar, pois não cabe aplicação de sanções mais graves no bojo de uma sindicância;

c) instauração de processo disciplinar, que deve acontecer sempre que o ilícito praticado pelo servidor ensejar a imposição de penalidade de suspensão por mais de 30 dias, de demissão, cassação de aposentadoria ou disponibilidade, ou destituição de cargo em comissão, será obrigatória a instauração de processo disciplinar (art. 146).

Vale salientar que a sindicância é mero procedimento preparatório e, assim, não é elemento indispensável para instaurar processo administrativo, assim como o inquérito policial não é para a ação penal, e o inquérito civil, para a ação civil pública. Dessa forma, quando já houver elementos suficientes para a instauração direta de um processo disciplinar, este pode ser instaurado imediatamente, sem necessidade de se instaurar a sindicância (STJ, MS 8.030-DF).

7.5.2. Afastamento Preventivo

Concluindo-se que é o caso de instaurar processo disciplinar, a autoridade instauradora deste poderá, nos casos em que se tiver elementos para supor que o servidor poderá influir na apuração da irregularidade, determinar o afastamento preventivo do servidor (art. 147).

Esse medida importará no afastamento do servidor investigado do exercício de seu cargo, pelo prazo de até 60 dias, sem prejuízo da sua remuneração.

O afastamento poderá ser prorrogado por igual prazo, findo o qual cessarão os seus efeitos, ainda que não concluído o processo.

7.5.3. Processo Disciplinar

7.5.3.1. Aspectos gerais

Definida a instauração do processo disciplinar, a apuração passar a ser de responsabilidade de uma comissão, responsável pela condução do processo.

A comissão deverá ser composta de 3 servidores estáveis designados pela autoridade competente, observado o disposto no § 3º do art. 143 (que trata da delegação de competência para a apuração), que indicará, dentre eles, o seu presidente, que deverá ser ocupante de cargo efetivo superior ou de mesmo nível, ou ter nível de escolaridade igual ou superior ao do indiciado (art. 149, *caput*). O requisito básico para que alguém seja designado para uma comissão processante é a condição de servidor público efetivo e estável da administração. Repare: não basta ser um servidor efetivo, sendo necessário que já tenha estabilidade, tratando-se de uma garantia ao investigado, pois tem por escopo assegurar a independência total desses servidores, sem ingerência da chefia. Nesse sentido, foi anulado processo administrativo em que um dos servidores componentes da comissão, apesar de ter cargo efetivo de fiscal da Receita Federal, não era estável ainda (STJ, AgRg no REsp 1.317.278-PE). Porém, não há necessidade de que o servidor seja da carreira ou mesmo do órgão dos servidores que serão investigados pela comissão. Nesse sentido o STF deixou claro que "na ausência de disposição legal que restrinja o campo de escolha da autoridade competente para a formação da comissão, a aludida Lei 8.112/1990 deixara margem de escolha ao administrador dentro de um universo não definido, mas definível, qual seja, 3 servidores estáveis" (RMS 25.105). Nesse caso os servidores investigados eram do INCRA e um dos integrantes da comissão era um delegado federal.

Sobre a comissão, há, ainda, a seguintes regras: a) terá como secretário servidor designado pelo seu presidente, podendo a indicação recair em um de seus membros; b) não poderá participar de comissão de sindicância ou de inquérito, cônjuge, companheiro ou parente do acusado, consanguíneo ou afim, em linha reta ou colateral, até o terceiro grau; c) exercerá suas atividades com independência e imparcialidade, assegurado o sigilo necessário à elucidação do fato ou exigido pelo interesse da administração, sendo que as reuniões e as audiências das comissões terão caráter reservado (art. 150); d) suas reuniões serão registradas em atas que deverão detalhar as deliberações adotadas.

O STJ entende que, nos processos disciplinares, "a instauração de comissão provisória, nas hipóteses em que a legislação de regência prevê expressamente que as transgressões disciplinares serão apuradas por comissão permanente, inquina de nulidade o respectivo processo administrativo por inobservância dos princípios da legalidade e do juiz natural" (MS 13.148/DF, *DJe* 01.06.2012).

O processo disciplinar tem as seguintes **fases** (art. 151):

I – instauração, com a publicação do ato que constituir a comissão; vale ressaltar que a portaria de instauração de processo administrativo não requer descrição pormenorizada das irregularidades em apuração, sendo que a individualização de condutas só é requisito essencial para a aplicação das sanções (STF, RMS 32.034-DF); da mesma forma, o STF deixou claro em outro precedente que a mera referência na portaria de instauração do processo de "possível cometimento de infrações disciplinares seria suficiente para demarcar o fato supostamente delituoso e garantir a legalidade da mesma" (RMS, 25.105); isso significa que basta a descrição dos fatos a serem apurados, sem necessidade de descrição pormenorizada, sendo de rigor, por outro lado, que no momento do indiciamento, após a fase instrutória do procedimento, haja descrição pormenorizada e individualização de conduta (STJ, MS 12.927-DF); vale salientar que, caso se instaure um processo administrativo para apurar certas irregularidades, e, no curso da investigação chegue-se à conclusão de que houve outras irregularidades, não há ilegalidade, desde que o indiciamento seja bem claro em relação a quais são essas outras ilegalidades e que se dê o devido direito de defesa e contraditório;

II – inquérito administrativo, que compreende instrução, defesa e relatório;

III – julgamento.

O prazo para a sua conclusão não excederá 60 dias, contados da data de publicação do ato que constituir a comissão, admitida a sua prorrogação por igual prazo, quando as circunstâncias o exigirem (art. 152). Para que não haja atrasos, sempre que necessário, a comissão dedicará tempo integral aos seus trabalhos, ficando seus membros dispensados do ponto, até a entrega do relatório final.

7.5.3.2. Inquérito

Uma vez instaurado o processo disciplinar, com a publicação do ato que constituir a comissão, passa-se à **segunda fase do processo disciplinar, que é o inquérito**.

Conforme já mencionado, o inquérito terá três subfases (instrução, defesa e relatório), obedecendo-se às seguintes regras:

a) obedecerá ao princípio do **contraditório**, assegurada ao acusado **ampla defesa**, com a utilização dos meios e recursos admitidos em direito (art. 153);

b) os autos da sindicância integrarão o processo disciplinar, como **peça informativa da instrução**; na hipótese de o relatório da sindicância concluir que a infração está capitulada como ilícito penal, a autoridade competente **encaminhará cópia dos autos ao Ministério Público**, independentemente da imediata instauração do processo disciplinar (art. 154);

c) na fase do inquérito, a comissão, **a título de instrução**, promoverá a tomada de depoimentos, acareações, investigações e diligências cabíveis, objetivando a coleta de prova, recorrendo, quando necessário, a técnicos e peritos, de modo a permitir a completa elucidação dos fatos (art. 155);

d) é **assegurado ao servidor o direito de acompanhar o processo pessoalmente ou por intermédio de procurador**, arrolar e reinquirir testemunhas, **produzir provas e contraprovas** e **formular quesitos**, quando se tratar de prova pericial, sendo que o presidente da comissão poderá denegar pedidos considerados impertinentes, meramente protelatórios, ou de nenhum interesse para o esclarecimento dos fatos, indeferindo-se, ainda, o pedido de prova pericial, quando a comprovação do fato independer de conhecimento especial de perito (art. 156); de acordo com a Súmula Vinculante STF n. 5, a ausência de defesa técnica por advogado no processo disciplinar, não ofende a Constituição; assim, desde que concedida ao servidor investigado a oportunidade de ser efetivado o contraditório e a ampla defesa, não há problema algum que não tenha sido assistido por advogado no processo disciplinar (STJ, MS 12.457-DF);

e) as **testemunhas serão intimadas** a depor mediante mandado expedido pelo presidente da comissão, devendo a segunda via, com o ciente do interessado, ser anexado aos autos; **se a testemunha for servidor público, a expedição do mandado será imediatamente comunicada ao chefe da repartição onde serve**, com a indicação do dia e hora marcados para inquirição (art. 157); aplicando subsidiariamente o art. 41 da Lei 9.784/1999 à Lei 8.112/1990, o STJ entende que a notificação de testemunha para sua oitiva no processo disciplinar deve ser realizada com antecedência mínima de 3 dias (MS 12.895-DF);

f) o **depoimento será prestado oralmente e reduzido a termo**, não sendo lícito à testemunha trazê-lo por escrito; as testemunhas serão inquiridas separadamente; na hipótese de depoimentos contraditórios ou que se infirmem, proceder-se-á à acareação entre os depoentes (art. 158);

g) concluída a inquirição das testemunhas, a comissão promoverá o **interrogatório do acusado**, observados os procedimentos previstos nos dois parágrafos anteriores; no caso de mais de um acusado, cada um deles será ouvido separadamente, e sempre que divergirem em suas declarações sobre fatos ou circunstâncias, será promovida a acareação entre eles; o procurador do acusado poderá assistir ao interrogatório, bem como à inquirição das testemunhas, sendo-lhe vedado interferir nas perguntas e respostas, facultando-se-lhe, porém, reinquiri-las, por intermédio do presidente da comissão (art. 159).

h) **quando houver dúvida sobre a sanidade mental do acusado, a comissão proporá à autoridade competente que ele seja submetido a exame por junta médica oficial**, da qual participe pelo menos um médico psiquiatra; o incidente de sanidade mental será processado em auto apartado e apenso ao processo principal, após a expedição do laudo pericial (art. 160).

i) **tipificada a infração disciplinar, será formulada a indiciação do servidor, com a especificação dos fatos a ele imputados e das respectivas provas**; o indiciado **será citado** por mandado expedido pelo presidente da comissão para apresentar **defesa escrita, no prazo de 10 dias**, assegurando-se-lhe vista do processo na repartição; havendo dois ou mais indiciados, o prazo será comum e de 20 dias; o prazo de defesa poderá ser prorrogado pelo dobro, para diligências reputadas indispensáveis; no caso de recusa do indiciado em apor o ciente na cópia da citação, o prazo para defesa contar-se-á da data declarada, em termo próprio, pelo membro da comissão que fez a citação, com a assinatura de 2 testemunhas (art. 161);

j) o indiciado que **mudar de residência** fica obrigado a comunicar à comissão o lugar onde poderá ser encontrado (art. 162);

k) achando-se o indiciado em **lugar incerto e não sabido, será citado por edital**, publicado no Diário Oficial da União e em jornal de grande circulação na localidade do último domicílio conhecido, para apresentar defesa; nessa hipótese, o prazo para defesa será de 15 dias a partir da última publicação do edital (art. 163).

l) considerar-se-á **revel** o indiciado que, regularmente citado, não apresentar defesa no prazo legal; a revelia será declarada, por termo, nos autos do processo e devolverá o prazo para a defesa; para defender o indiciado revel, **a autoridade instauradora do processo designará um servidor como defensor dativo**, que deverá ser ocupante de cargo efetivo superior ou de mesmo nível, ou ter nível de escolaridade igual ou superior ao do indiciado (art. 164).

m) apreciada a defesa, **a comissão elaborará relatório minucioso**, onde resumirá as peças principais dos autos e mencionará as provas em que se baseou para formar a sua convicção; **o relatório será sempre conclusivo quanto à inocência ou à responsabilidade do servidor**; reconhecida a responsabilidade do servidor, a comissão indicará o dispositivo legal ou regulamentar transgredido, bem como as circunstâncias agravantes ou atenuantes (art. 165);

n) o processo disciplinar, com o relatório da comissão, **será remetido à autoridade que determinou a sua instauração, para julgamento** (art. 166).

7.5.3.3. Julgamento

Concluída a sindicância e remetido o relatório da comissão à autoridade que determinou do respectivo processo disciplinar, a autoridade julgadora proferirá a sua decisão, atendidas as seguintes regras:

a) a autoridade julgadora **proferirá a sua decisão no prazo de 20 dias**, contados do **recebimento do processo** (art. 167);

b) se a penalidade a ser aplicada **exceder a alçada** da autoridade instauradora do processo, este será encaminhado à autoridade competente, que decidirá em igual prazo;

c) havendo mais de um indiciado e diversidade de sanções, o **julgamento caberá à autoridade competente para a imposição da pena mais grave**;

d) se a penalidade prevista for a **demissão ou cassação de aposentadoria ou disponibilidade, o julgamento caberá às autoridades de que trata o inciso I do art. 141** (Presidente da República, Presidentes das Casas do Poder Legislativo e dos Tribunais Federais e Procurador-Geral da República);

e) reconhecida pela comissão a **inocência do servidor**, a autoridade instauradora do processo determinará o seu **arquivamento**, salvo se flagrantemente contrária à prova dos autos.

f) o **julgamento acatará o relatório da comissão, salvo quando contrário às provas dos autos**; quando o relatório da comissão contrariar as provas dos autos, **a autoridade julgadora poderá, motivadamente, agravar a penalidade proposta, abrandá-la ou isentar o servidor de responsabilidade** (art. 168); o STF reconheceu a correção da conduta da autoridade julgadora ao não acatar o relatório da comissão, pelo fato de a autoridade ter fundamentou satisfatoriamente sua tese e ainda o fez com respaldo em parecer emitido em consultoria jurídica do órgão (RMS 24.619);

g) verificada a ocorrência de **vício insanável**, a autoridade que determinou a instauração do processo ou outra de hierarquia superior **declarará a sua nulidade, total ou parcial, e ordenará, no mesmo ato, a constituição de outra comissão para instauração de novo processo** (art. 169); não se deve confundir essa situação, com a prevista no art. 174 da Lei 8.112/1990; o art. 169 da Lei 8.112/1990 trata da situação em que o processo disciplinar é anulado e se inicia novamente, caso em que é possível que o novo processo implique na imposição de sanção mais grave que a sanção aplicada no processo anulado; já o art. 174 trata da situação em que um processo já está devidamente encerrado (com trânsito em julgado administrativo), não havendo qualquer vício que leve à sua anulação, mas em que há fatos novos que podem levar à mudança de resultado da decisão final, caso em que não é possível que na revisão haja reforma da decisão para piorar a situação do servidor apenado; nesse sentido, o STF afastou a alegação de *reformatio in pejus*, feita por um fiscal que sofrera processo administrativo em que resultou a aplicação de advertência e que depois, anulado o processo, acabou por sofrer a sanção demissão após o processo ter sido reiniciado e desenvolvido normalmente (RMS 23.922);

h) o **julgamento fora do prazo legal não implica nulidade do processo**;

i) a autoridade julgadora que **der causa à prescrição** de que trata o art. 142, § 2º (prescrição quando o fato apurado for também crime), será responsabilizada na forma do Capítulo IV do Título IV (*vide* arts. 121 e seguintes).

j) **extinta a punibilidade pela prescrição, a autoridade julgadora determinará o registro do fato nos assentamentos individuais do servidor** (art. 170);

k) quando a infração estiver capitulada **como crime**, o processo disciplinar **será remetido ao Ministério Público** para instauração da ação penal, ficando trasladado na repartição (art. 171);

l) o servidor que responder a processo disciplinar **só poderá ser exonerado a pedido, ou aposentado voluntariamente, após a conclusão do processo e o cumprimento da penalidade, acaso aplicada**; ocorrida a exoneração de que trata o parágrafo único, inciso I do art. 34, o ato será convertido em demissão, se for o caso (art. 172);

m) **serão assegurados transporte e diárias** (art. 173): i) ao servidor convocado para prestar depoimento fora da sede de sua repartição, na condição de testemunha, denunciado ou indiciado; ii) aos membros da comissão e ao secretário, quando obrigados a se deslocarem da sede dos trabalhos para a realização de missão essencial ao esclarecimento dos fatos; a interpretação a *contrario sensu* do art. 173, I, em questão, faz concluir que a competência territorial para a instauração do processo administrativo não é necessariamente do domicílio ou sede da repartição do servidor; o STJ, nesse sentido, entende conforme a lei que o processo administrativo se instaure no local onde os fatos ocorreram (MS 13.111-DF).

O STF admite que a intimação do servidor de sua demissão em virtude de processo disciplinar se dê por publicação da decisão em Diário Oficial, sendo desnecessária a intimação pessoal (RMS 24.619). Já no bojo do processo disciplinar, especificamente na fase de defesa que ocorre no inquérito (o *inquérito* tem três fases: instrução, defesa e relatório; e depois do inquérito vem o *julgamento*), uma vez tipificada a infração disciplinar, será formulada a indiciação do servidor, com a especificação dos fatos a ele imputados e das respectivas provas, sendo que o servidor indiciado será **citado por mandado** expedido pelo presidente da comissão para apresentar defesa escrita, no prazo de 10 dias, ou seja, nesse último caso (citação para defesa) é necessária a intimação pessoal, ao contrário da decisão que ocorre ao final, mesmo que seja de demissão, que não requer intimação pessoal, bastando publicação do Diário Oficial.

7.5.3.4. Revisão do Processo

A decisão tomada pela autoridade julgadora é passível de pedido de reconsideração e de recurso, na forma dos arts. 106 e seguintes. Todavia, num determinado momento não haverá mais recurso cabível, valendo salientar que o art. 57 da Lei de Processo Administrativo Federal (Lei 9.784/1999), lei aplicável supletivamente às disposições da Lei 8.112/1990, dispõe que "o recurso administrativo tramitará no máximo por três instâncias administrativas, salvo disposição legal diversa". No momento em que não couber mais recursos, ter-se-á a **coisa julgada administrativa**, situação em que a decisão, na esfera administrativa, fica imutável, podendo o interessado apenas ingressar em juízo, na tentativa de que o Judiciário reveja a decisão tomada pela Administração.

Todavia, na excepcional hipótese em que, após a coisa julgada administrativa, sobrevir fatos novos capazes de justificar a inocência do punido ou a inadequação da pe-

nalidade aplicável, **caberá o pedido de revisão do processo**, pedido esse que deve ser feito na própria esfera administrativa, e que autoriza que a Administração, caso verifique a pertinência dos fatos novos para um dos fins mencionados, reveja a decisão tomada e já transitada em julgado administrativamente.

Acerca da revisão do processo disciplinar, confira-se as seguintes regras:

a) o processo disciplinar poderá ser revisto, **a qualquer tempo**, **a pedido ou de ofício**, quando se aduzirem **fatos novos ou circunstâncias** suscetíveis de justificar a **inocência** do punido ou a **inadequação** da penalidade aplicada (art. 174);

b) em caso de falecimento, ausência ou desaparecimento do servidor, **qualquer pessoa da família poderá requerer a revisão do processo**;

c) no caso de incapacidade mental do servidor, a revisão será requerida pelo respectivo **curador**;

d) no processo revisional, **o ônus da prova cabe ao requerente** (art. 175);

e) a simples alegação de injustiça da penalidade não constitui fundamento para a revisão, que **requer elementos novos**, ainda não apreciados no processo originário (art. 176);

f) o requerimento de revisão do processo **será dirigido** ao Ministro de Estado ou autoridade equivalente, que, se autorizar a revisão, encaminhará o pedido ao dirigente do órgão ou entidade onde se originou o processo disciplinar; deferida a petição, a autoridade competente providenciará a **constituição de comissão**, na forma do art. 149 (art. 177);

g) a revisão correrá **em apenso** ao processo originário, sendo que, **na petição inicial**, o requerente pedirá dia e hora para a produção de provas e inquirição das testemunhas que arrolar (art. 178);

h) a comissão revisora terá **60 dias para a conclusão dos trabalhos** (art. 179);

i) aplicam-se aos trabalhos da comissão revisora, no que couber, as normas e procedimentos próprios da comissão do processo disciplinar (art. 180);

j) **o julgamento caberá à autoridade que aplicou a penalidad**e, nos termos do art. 141 (art. 181);

k) o prazo para julgamento será de **20 dias**, contados do recebimento do processo, no curso do qual a autoridade julgadora poderá determinar diligências;

l) julgada procedente a revisão, será **declarada sem efeito a penalidade aplicada**, restabelecendo-se todos os direitos do servidor, exceto em relação à destituição do cargo em comissão, que será convertida em exoneração (art. 182);

m) **da revisão do processo não poderá resultar agravamento de penalidade**.

A regra que impede a *reformatio in pejus* na revisão do processo equivale à regra, no mesmo sentido, prevista na lei processual penal. Trata-se de regra tão importante que o STJ vem aplicando essa proibição mesmo quando se trate de uma situação em que a própria Administração, já tendo julgado um servidor num processo administrativo, resolver reabrir o caso e fazer um rejulgamento, apenando dessa vez o servidor. Aqui, além do desrespeito ao instituto da coisa julgada administrativa, tem-se também violação ao princípio que impede a *reformatio in pejus* em "revisões" administrativas. Nesse sentido, o STJ concedeu segurança a um Defensor Público da União, vítima de um rejulgamento, anulando a sua demissão, com fundamento, ainda, nos princípios da boa-fé e da segurança jurídica (MS 16.141-DF).

7.6. SEGURIDADE SOCIAL DO SERVIDOR

7.6.1. Disposições Gerais

Segundo o art. 183, a União manterá Plano de Seguridade Social para o servidor e sua família.

Porém, o **servidor ocupante de cargo em comissão** que não seja também ocupante de cargo ou emprego efetivo na administração pública direta, autárquica e fundacional, **não terá direito** aos benefícios do Plano de Seguridade Social, com exceção da assistência à saúde.

Será assegurada ao servidor licenciado ou afastado sem remuneração a manutenção da vinculação ao regime do Plano de Seguridade Social do Servidor Público, mediante o recolhimento mensal da contribuição própria, no mesmo percentual devido pelos servidores em atividade, acrescida do valor equivalente à contribuição da União, suas autarquias ou fundações, incidente sobre a remuneração total do cargo a que faz jus no exercício de suas atribuições, computando-se, para esse efeito, inclusive, as vantagens pessoais, devendo o recolhimento respectivo ser efetuado até o 2º dia útil após a data do pagamento das remunerações dos servidores públicos, aplicando-se os procedimentos de cobrança e execução dos tributos federais quando não recolhidas na data de vencimento.

Segundo o art. 184, o Plano de Seguridade Social visa a dar cobertura aos riscos a que estão sujeitos o servidor e sua família, e compreende um conjunto de benefícios e ações que atendam às **seguintes finalidades**:

I – garantir meios de subsistência nos eventos de doença, invalidez, velhice, acidente em serviço, inatividade, falecimento e reclusão;

II – proteção à maternidade, à adoção e à paternidade;

III – assistência à saúde.

Os benefícios serão concedidos nos termos e condições definidos em regulamento, observadas as disposições da Lei 8.112/1990.

Segundo o art. 185, **os benefícios** do Plano de Seguridade Social do servidor **compreendem**:

I – quanto ao servidor:

a) aposentadoria;

b) auxílio-natalidade;

c) salário-família;

d) licença para tratamento de saúde;

e) licença à gestante, à adotante e licença-paternidade;

f) licença por acidente em serviço;

g) assistência à saúde;

h) garantia de condições individuais e ambientais de trabalho satisfatórias;

II – quanto ao dependente:

a) pensão;

b) auxílio-funeral;

c) auxílio-reclusão;

d) assistência à saúde.

O recebimento indevido de benefícios havidos por fraude, dolo ou má-fé, implicará devolução ao erário do total auferido, sem prejuízo da ação penal cabível.

7.6.2. Benefícios

7.6.2.1. Aposentadoria

As regras previstas na Lei 8.112/1090 acerca desse benefício estão quase todas prejudicadas, face a entrada em vigor das ECs 20/1998, 41/2003 e 47/2005, que regulamentaram a aposentadoria do servidor público.

7.6.2.2. Auxílio-Natalidade

Segundo o art. 196, o auxílio-natalidade obedecerá às seguintes regras:

a) é devido à servidora **por motivo de nascimento de filho**, em quantia equivalente ao **menor vencimento do serviço público**, inclusive no caso de natimorto.

b) na hipótese de **parto múltiplo, o valor será acrescido de 50%**, por nascituro.

c) o auxílio será pago ao **cônjuge ou companheiro servidor público**, quando a parturiente não for servidora.

7.6.2.3. Salário-Família

Segundo o art. 197, o salário-família obedecerá às seguintes regras:

a) é devido ao **servidor ativo ou ao inativo**, **por dependente econômico**.

b) **consideram-se dependentes econômicos** para efeito de percepção do salário-família: i) o cônjuge ou companheiro e os filhos, inclusive os enteados até 21 anos de idade ou, se estudante, até 24 anos ou, se inválido, de qualquer idade; ii) o menor de 21 anos que, mediante autorização judicial, viver na companhia e às expensas do servidor, ou do inativo; iii) a mãe e o pai sem economia própria.

c) **não se configura a dependência econômica** quando o beneficiário do salário-família perceber rendimento do trabalho ou de qualquer outra fonte, inclusive pensão ou provento da aposentadoria, em valor igual ou superior ao salário mínimo (art. 198);

d) quando o pai e mãe forem servidores públicos e viverem em comum, **o salário-família será pago a apenas um deles**; quando separados, será pago a um e outro, de acordo com a distribuição dos dependentes (art. 199);

e) **ao pai e à mãe equiparam-se o padrasto, a madrasta** e, na falta destes, os **representantes legais** dos incapazes;

f) **o salário-família não está sujeito a qualquer tributo**, nem servirá de base para qualquer contribuição, inclusive para a Previdência Social (art. 200);

g) **o afastamento do cargo efetivo, sem remuneração, não acarreta a suspensão do pagamento do salário-família** (art. 201).

7.6.2.4. Licença para Tratamento de Saúde

Segundo o art. 202 e seguintes, a licença para tratamento de saúde obedecerá às seguintes regras:

a) será concedida ao servidor licença para tratamento de saúde, **a pedido ou de ofício, com base em perícia médica, sem prejuízo da remuneração a que fizer jus** (art. 202);

b) a licença será concedida com base em **perícia oficial** (art. 203);

c) sempre que necessário, a inspeção médica será **realizada na residência do servidor ou no estabelecimento hospitalar** onde se encontrar internado;

d) inexistindo médico no órgão ou entidade no local onde se encontra ou tenha exercício em caráter permanente o servidor, e não se configurando as hipóteses previstas nos parágrafos do art. 230, **será aceito atestado passado por médico particular**; nesse caso, o atestado somente produzirá efeitos depois de recepcionado pela unidade de recursos humanos do órgão ou entidade;

e) a licença que **exceder o prazo de 120 dias no período de 12 meses** a contar do primeiro dia de afastamento será concedida mediante avaliação por **junta médica oficial**;

f) a perícia oficial para concessão da licença de que trata o *caput* deste artigo, bem como nos demais casos de perícia oficial previstos na Lei 8.112/1990, será efetuada por cirurgiões-dentistas, nas hipóteses em que abranger o campo de atuação da odontologia;

g) **a licença para tratamento de saúde inferior a 15 dias, dentro de 1 ano, poderá ser dispensada de perícia oficial**, na forma definida em regulamento (art. 204);

h) **o atestado e o laudo da junta médica não se referirão ao nome ou natureza da doença**, salvo quando se tratar de lesões produzidas por acidente em serviço, doença profissional ou qualquer das doenças especificadas no art. 186, § 1º (art. 205);

i) o servidor que apresentar **indícios de lesões orgânicas ou funcionais** será submetido a inspeção médica (art. 206);

j) o servidor será submetido a **exames médicos periódicos**, nos termos e condições definidos em regulamento (art. 206-A)

k) para os fins do disposto no parágrafo anterior, a União e suas entidades autárquicas e fundacionais poderão: i) prestar os exames médicos periódicos diretamente pelo órgão ou entidade à qual se encontra vinculado o servidor; ii) celebrar convênio ou instrumento de cooperação ou parceria com os órgãos e entidades da administração direta, suas autarquias e fundações; iii) celebrar convênios com operadoras de plano de assistência à saúde, organizadas na modalidade de autogestão, que possuam autorização de funcionamento do órgão regulador, na forma do art. 230; ou iv) prestar os exames médicos periódicos mediante contrato administrativo, observado o disposto na Lei 8.666/1993, e demais normas pertinentes.

Problema muito grave e comum no País hoje (o alcoolismo) tem gerado o direito à licença para tratamento de saúde, vez que a dependência de álcool é uma doença, muito grave e complexa, por sinal. O servidor nessas condições não pode ser demitido (STJ, RMS 18.017-SP).

7.6.2.5. Licença à Gestante, à Adotante e da Licença-Paternidade

Segundo os arts. 207 e seguintes, o auxílio-natalidade obedecerá às seguintes regras:

a) será concedida **licença à servidora gestante por 120 (cento e vinte) dias consecutivos**, sem prejuízo da remuneração.

b) a licença **poderá ter início no primeiro dia do nono mês de gestação, salvo antecipação por prescrição médica.**

c) no caso de nascimento prematuro, a licença terá início a partir do parto.

d) no caso de **natimorto, decorridos 30 dias do evento, a servidora será submetida a exame médico, e se julgada apta, reassumirá o exercício.**

e) no caso de **aborto** atestado por médico oficial, a servidora terá direito a **30 dias de repouso remunerado**.

f) pelo **nascimento ou adoção de filhos, o servidor terá direito à licença-paternidade de 5 (cinco) dias consecutivos**.

g) **para amamentar** o próprio filho, até a idade de **seis meses**, a servidora lactante terá direito, durante a **jornada de trabalho, a uma hora de descanso**, que poderá ser parcelada em dois períodos de meia hora.

h) à servidora **que adotar ou obtiver guarda judicial de criança até 1 ano de idade**, serão concedidos **90 dias de licença remunerada**; no caso de adoção ou guarda judicial de criança com **mais de 1 ano de idade**, o prazo da licença será de **30 dias**.

7.6.2.6. Licença por Acidente em Serviço

Segundo os arts. 211 e seguintes, a licença por acidente em serviço obedecerá às seguintes regras:

a) **será licenciado, com remuneração integral, o servidor acidentado em serviço**;

b) configura **acidente em serviço o dano físico ou mental sofrido pelo servidor, que se relacione, mediata ou imediatamente, com as atribuições do cargo exercido**, equiparando-se ao acidente em serviço o dano: i) decorrente de agressão sofrida e não provocada pelo servidor no exercício do cargo; ii) sofrido no percurso da residência para o trabalho e vice-versa.

c) o servidor acidentado em serviço que necessite de tratamento especializado **poderá ser tratado em instituição privada, à conta de recursos públicos**; o tratamento recomendado por junta médica oficial constitui medida de exceção e somente será admissível quando inexistirem meios e recursos adequados em instituição pública.

d) **a prova do acidente será feita no prazo de 10 dias, prorrogável** quando as circunstâncias o exigirem.

7.6.2.7. Pensão

Segundo os arts. 215 e seguintes, a pensão obedecerá às seguintes regras:

a) por morte do servidor, os dependentes fazem jus a uma pensão a partir da data do óbito, observado o limite estabelecido no inciso XI do *caput* do art. 37 da Constituição Federal e no art. 2º da Lei 10.887, de 18 de junho de 2004 (art. 215);

b) são **beneficiários** das pensões (art. 217):

i) o cônjuge; ii) o cônjuge divorciado ou separado judicialmente ou de fato, com percepção de pensão alimentícia estabelecida judicialmente; iii) o companheiro ou companheira que comprove união estável como entidade familiar; iv) o filho de qualquer condição que atenda a um dos seguintes requisitos: seja menor de 21 (vinte e um) anos, seja inválido; tenha deficiência intelectual ou mental, nos termos do regulamento; v) a mãe e o pai que comprovem dependência econômica do servidor; vi) o irmão de qualquer condição que comprove dependência econômica do servidor e atenda a um dos requisitos previstos no item "iv" acima; deve-se ressaltar que a concessão de pensão aos beneficiários de que tratam os itens "i" e "iv" acima exclui os beneficiários referidos nos itens "v" e "vi" acima, bem como que a concessão de pensão aos beneficiários de que trata o item "v" acima exclui o beneficiário referido no item "vi" acima. Outro ponto a ressaltar é que o enteado e o menor tutelado equiparam-se a filho mediante declaração do servidor e desde que comprovada dependência econômica, na forma estabelecida em regulamento.

De acordo com o art. 218, "Ocorrendo habilitação de vários titulares à pensão, o seu valor será distribuído em partes iguais entre os beneficiários habilitados".

c) quanto ao **prazo para requer a pensão** há duas regras (art. 219): i) quanto ao direito de pedir a pensão em si (direito à pensão), não há prazo, podendo ser requerida a qualquer tempo; ii) quanto ao direito de cobrar parcelas de pensão atrasadas (direito às prestações de uma pensão), a pretensão respectiva prescreve em 5 anos, ou seja, pode-se cobrar tão somente as prestações exigíveis há mais de 5 (cinco) anos.

d) concedida a pensão, qualquer prova posterior ou habilitação tardia que implique exclusão de beneficiário ou redução de pensão **só produzirá efeitos a partir da data em que for oferecida**;

e) **não faz jus à pensão** o beneficiário condenado pela prática de crime doloso de que tenha resultado a morte do servidor, bem como o cônjuge, o companheiro ou a companheira se comprovada, a qualquer tempo, simulação ou fraude no casamento ou na união estável, ou a formalização desses com o fim exclusivo de constituir benefício previdenciário, apuradas em processo judicial no qual será assegurado o direito ao contraditório e à ampla defesa (art. 220);

f) será concedida **pensão provisória por morte presumida** do servidor, nos seguintes casos (art. 221): i) declaração de ausência, pela autoridade judiciária competente; ii) desaparecimento em desabamento, inundação, incêndio ou acidente não caracterizado como em serviço; iii) desaparecimento no desempenho das atribuições do cargo ou em missão de segurança.

Quanto ao termo inicial dos efeitos da pensão por morte em caso de habilitação posterior de dependente, o STJ entende, nas esteira das regras dos arts. 215, 218 e 219 da Lei 8.112/1990, que "no caso de concessão integral da pensão por morte de servidor público, a posterior habilitação, que inclua novo dependente, produz efeitos a partir da data de seu requerimento na via administrativa. Presume-se que nessa data tenha ocorrido a ciência da Administração sobre o fato gerador a ensejar a concessão do benefício" (REsp 1.348.823/RS, j. 07.02.2013).

g) acarreta **perda da qualidade de beneficiário** (art. 222): **i)** o seu falecimento; **ii)** a anulação do casamento, quando a decisão ocorrer após a concessão da pensão ao cônjuge; **iii)** a cessação de invalidez, em se tratando de beneficiário inválido, o afastamento da deficiência, em se tratando de beneficiário com deficiência, ou o levantamento da interdição, em se tratando de beneficiário com deficiência intelectual ou mental que o torne absoluta ou relativamente incapaz, respeitados os períodos mínimos decorrentes da aplicação das alíneas "a" e "b" do item "vii" abaixo; **iv)** o implemento da idade de 21 (vinte e um) anos, pelo filho ou irmão; **v)** a acumulação de pensão na forma do art. 225; **vi)** a renúncia expressa; **vii)** em relação aos beneficiários de que tratam os itens "i" e "iii" acima: a) o decurso de 4 (quatro) meses, se o óbito ocorrer sem que o servidor tenha vertido 18 (dezoito) contribuições mensais ou se o casamento ou a união estável tiverem sido iniciados em menos de 2 (dois) anos antes do óbito do servidor; b) o decurso dos seguintes períodos, estabelecidos de acordo com a idade do pensionista na data de óbito do servidor, depois de vertidas 18 (dezoito) contribuições mensais e pelo menos 2 (dois) anos após o início do casamento ou da união estável: 1) 3 (três) anos, com menos de 21 (vinte e um) anos de idade; 2) 6 (seis) anos, entre 21 (vinte e um) e 26 (vinte e seis) anos de idade; 3) 10 (dez) anos, entre 27 (vinte e sete) e 29 (vinte e nove) anos de idade; 4) 15 (quinze) anos, entre 30 (trinta) e 40 (quarenta) anos de idade; 5) 20 (vinte) anos, entre 41 (quarenta e um) e 43 (quarenta e três) anos de idade; 6) vitalícia, com 44 (quarenta e quatro) ou mais anos de idade.

h) a critério da Administração, o beneficiário de pensão temporária motivada por invalidez, por incapacidade ou por deficiência poderá ser **convocado a qualquer momento para avaliação das condições** que ensejaram a concessão do benefício.

i) por morte ou perda da qualidade de beneficiário, **a respectiva cota reverterá** para os cobeneficiários (art. 223);

j) ressalvado o direito de opção, **é vedada a percepção cumulativa de pensão deixada por mais de um cônjuge ou companheiro ou companheira e de mais de 2 (duas) pensões** (art. 225).

7.6.2.8. Auxílio-Funeral

Segundo o art. 226, o auxílio-funeral obedecerá às seguintes regras:

a) o auxílio-funeral é **devido à família do servidor falecido na atividade ou aposentado**, em **valor equivalente a um mês** da remuneração ou provento.

b) no caso de **acumulação legal de cargos**, o auxílio será pago somente em razão do **cargo de maior remuneração**.

c) **o auxílio será pago no prazo de 48 horas**, por meio de procedimento sumaríssimo, à pessoa da família que houver custeado o funeral.

d) **se o funeral for custeado por terceiro, este será indenizado**, observado o disposto no artigo anterior.

e) **em caso de falecimento de servidor em serviço fora do local de trabalho, inclusive no exterior, as despesas de transporte do corpo correrão à conta de recursos** da União, autarquia ou fundação pública.

7.6.2.9. Auxílio-Reclusão

Segundo o art. 229, o auxílio-reclusão obedecerá às seguintes regras:

a) **à família do servidor ativo é devido o auxílio-reclusão, nos seguintes valores**: i) dois terços da remuneração, quando afastado por motivo de prisão, em flagrante ou preventiva, determinada pela autoridade competente, enquanto perdurar a prisão; ii) metade da remuneração, durante o afastamento, em virtude de condenação, por sentença definitiva, a pena que não determine a perda de cargo;

b) nos casos previstos no primeiro caso mencionado no parágrafo anterior, o servidor terá direito à **integralização da remuneração, desde que absolvido**;

c) o pagamento do auxílio-reclusão **cessará a partir do dia imediato àquele em que o servidor for posto em liberdade, ainda que condicional**.

7.6.3. Assistência à Saúde

Segundo o art. 230, a assistência à saúde obedecerá às seguintes regras:

a) **a assistência à saúde do servidor, ativo ou inativo, e de sua família compreende assistência médica, hospitalar, odontológica, psicológica e farmacêutica**, terá como diretriz básica o implemento de ações preventivas voltadas para a promoção da saúde e será prestada pelo Sistema Único de Saúde – SUS, diretamente pelo órgão ou entidade ao qual estiver vinculado o servidor, ou mediante convênio ou contrato, ou ainda na forma de auxílio, mediante ressarcimento parcial do valor despendido pelo servidor, ativo ou inativo, e seus dependentes ou pensionistas com planos ou seguros privados de assistência à saúde, na forma estabelecida em regulamento.

b) nas hipóteses previstas na Lei 8.112/1990 em que seja exigida perícia, avaliação ou inspeção médica, na ausência de médico ou junta médica oficial, para a sua realização o órgão ou entidade celebrará, preferencialmente, convênio com unidades de atendimento do sistema público de saúde, entidades sem fins lucrativos declaradas de utilidade pública, ou com o Instituto Nacional do Seguro Social – INSS.

c) na impossibilidade, devidamente justificada, da aplicação do disposto no texto do parágrafo imediatamente acima, o órgão ou entidade promoverá a contratação da prestação de serviços por pessoa jurídica, que constituirá junta médica especificamente para esses fins, indicando os nomes e especialidades dos seus integrantes, com a comprovação de suas habilitações e de que não estejam respondendo a processo disciplinar junto à entidade fiscalizadora da profissão.

d) para os fins da assistência à saúde ora tratada, ficam a União e suas entidades autárquicas e fundacionais autorizadas a: i) **celebrar convênios exclusivamente para a prestação de serviços de assistência à saúde** para os seus servidores ou empregados ativos, aposentados, pensionistas, bem como para seus respectivos grupos familiares definidos, com entidades de autogestão por elas patrocinadas por meio de instrumentos jurídicos efetivamente celebrados e publicados até 12 de fevereiro de 2006 e que possuam autorização de funcionamento do órgão regulador, sendo certo que os convênios celebrados depois dessa data somente poderão sê-lo na forma da regulamentação específica sobre patrocínio de autogestões, a ser publicada pelo mesmo órgão regulador, no prazo de 180 dias da vigência da lei, normas essas também aplicáveis aos convênios existentes até 12.02.2006; ii) **contratar, mediante licitação**, na forma da Lei 8.666/1993, **operadoras de planos e seguros privados de assistência à saúde que possuam autorização de funcionamento do órgão regulador**;

e) **o valor do ressarcimento fica limitado ao total despendido pelo servidor ou pensionista civil com plano ou seguro privado de assistência à saúde**.

Acerca do art. 230 da Lei 8.112/1990, o STJ entende que "que, assegurado aos servidores em atividade e aos inativos o direito à assistência a sua saúde e de sua família por prestação do SUS, do órgão ou entidade a que estiver vinculado ou mediante convênio, eventual exclusão, por portaria ministerial, de participação de pensionistas em programa de assistência médica implica violação da Lei dos Servidores Públicos (art. 230 da Lei 8.112/1990), bem como ofensa ao princípio constitucional da isonomia" (MS 7.083-DF). Assim, deve-se assegurar ao servidor ativo e inativo o direito de participar do programa de assistência médica mediante desconto de participação.

7.7. DISPOSIÇÕES GERAIS

A título de disposições gerais, a Lei 8.112/1990 estabelece as seguintes regras:

a) o **Dia do Servidor Público** será comemorado a **28 de outubro** (art. 236).

b) **poderão ser instituídos**, no âmbito dos Poderes Executivo, Legislativo e Judiciário, os **seguintes incentivos funcionais**, além daqueles já previstos nos respectivos planos de carreira (art. 237): i) **prêmios** pela apresentação de ideias, inventos ou trabalhos que favoreçam o aumento de produtividade e a redução dos custos operacionais; ii) **concessão de medalhas, diplomas de honra ao mérito, condecoração e elogio**;

c) **os prazos** previstos na Lei 8.112/1990 **serão contados em dias corridos, excluindo-se o dia do começo e incluindo-se o do vencimento, ficando prorrogado, para o primeiro dia útil seguinte, o prazo vencido em dia em que não haja expediente** (art. 238);

d) **por motivo de crença religiosa ou de convicção filosófica ou política**, o servidor não poderá ser privado de quaisquer dos seus direitos, sofrer discriminação em sua vida funcional, nem eximir-se do cumprimento de seus deveres (art. 239);

e) ao servidor público civil é assegurado, nos termos da Constituição Federal, o **direito à livre associação sindical** e os seguintes direitos, entre outros, dela decorrentes (art. 240): i) de **ser representado pelo sindicato**, inclusive como substituto processual; ii) de **inamovibilidade do dirigente sindical**, até um ano após o final do mandato, exceto se a pedido; iii) de **descontar em folha**, sem ônus para a entidade sindical a que for filiado, o valor das mensalidades e contribuições definidas em assembleia geral da categoria;

f) consideram-se da **família do servidor**, além do cônjuge e filhos, quaisquer pessoas que vivam às suas expensas e constem do seu assentamento individual; equipara-se ao cônjuge a companheira ou companheiro, que comprove união estável como entidade familiar (art. 241);

g) para os fins na Lei 8.112/1990, **considera-se sede o município onde a repartição estiver instalada e onde o servidor tiver exercício, em caráter permanente** (art. 242).

7.8. DISPOSIÇÕES TRANSITÓRIAS E FINAIS

A título de disposições transitórias e finais, a Lei 8.112/1990 estabelece as seguintes regras:

a) **ficam submetidos ao regime jurídico instituído pela Lei 8.112/1990, na qualidade de servidores públicos, os servidores dos Poderes da União, dos ex-Territórios, das autarquias, inclusive as em regime especial, e das fundações públicas, regidos pela Lei 1.711, de 28 de outubro de 1952 – Estatuto dos Funcionários Públicos Civis da União, ou pela Consolidação das Leis do Trabalho, aprovada pelo Decreto-Lei 5.452, de 1º de maio de 1943, exceto os contratados por prazo determinado**, cujos contratos não poderão ser prorrogados após o vencimento do prazo de prorrogação (art. 243); os **empregos** ocupados pelos servidores incluídos no regime instituído pela Lei 8.112/1990 **ficam transformados em cargos**, na data de sua publicação; essa regra beneficiou inclusive celetistas contratados pela União para servir embaixadas ou representações brasileiras no exterior (STJ, MS 11.202-DF e MS 12.279-DF), tudo com fundamento, também, no art. 19 do ADCT; as **funções de confiança** exercidas por pessoas não integrantes de tabela permanente do órgão ou entidade onde têm exercício **ficam transformadas em cargos em comissão**, e mantidas enquanto não for implantado o plano de cargos dos órgãos ou entidades na forma da lei; as Funções de Assessoramento Superior – FAS, exercidas por servidor integrante de quadro ou tabela de pessoal, ficam extintas na data da vigência pela Lei 8.112/1990; o regime jurídico dessa lei é extensivo aos serventuários da Justiça, remunerados com recursos da

União, no que couber; os empregos dos servidores estrangeiros com estabilidade no serviço público, enquanto não adquirirem a nacionalidade brasileira, passarão a integrar tabela em extinção, do respectivo órgão ou entidade, sem prejuízo dos direitos inerentes aos planos de carreira aos quais se encontrem vinculados os empregos (art. 243,§ 6º), sendo que o STF considerou que não fere o princípio da isonomia essa regra, questionada por um estrangeiro professor de uma universidade federal (RE 346180 AgR/RS); os servidores públicos de que trata o *caput* do artigo, não amparados pelo art. 19 do Ato das Disposições Constitucionais Transitórias, poderão, no interesse da Administração e conforme critérios estabelecidos em regulamento, ser exonerados mediante indenização de um mês de remuneração por ano de efetivo exercício no serviço público federal; para fins de incidência do imposto de renda na fonte e na declaração de rendimentos, serão considerados como indenizações isentas os pagamentos efetuados a título de indenização prevista no parágrafo anterior; os cargos vagos em decorrência da aplicação do disposto no § 7º poderão ser extintos pelo Poder Executivo quando considerados desnecessários;

b) os **adicionais por tempo de serviço**, já concedidos aos servidores abrangidos pela Lei 8.112/1990, ficam **transformados em anuênio** (art. 244);

c) a licença especial disciplinada pelo art. 116 da Lei 1.711, de 1952, ou por outro diploma legal, fica transformada em licença-prêmio por assiduidade, na forma prevista nos arts. 87 a 90 (art. 245);

d) para efeito do disposto no Título VI pela Lei 8.112/1990, **haverá ajuste de contas com a Previdência Social**, correspondente ao período de contribuição por parte dos servidores celetistas abrangidos pelo art. 243 (art. 247);

e) as pensões estatutárias, concedidas até a vigência pela Lei 8.112/1990, passam a ser mantidas pelo órgão ou entidade de origem do servidor (art. 248);

f) até a edição da lei prevista no § 1º do art. 231, os servidores abrangidos pela Lei 8.112/1990 contribuirão na forma e nos percentuais atualmente estabelecidos para o servidor civil da União conforme regulamento próprio (art. 249);

g) o servidor que já tiver satisfeito ou vier a satisfazer, dentro de 1 (um) ano, as condições necessárias para a aposentadoria nos termos do inciso II do art. 184 do antigo Estatuto dos Funcionários Públicos Civis da União, Lei 1.711, de 28 de outubro de 1952, aposentar-se-á com a vantagem prevista naquele dispositivo (ar. 250);

h) a Lei 8.112/1990 entra em vigor na data de sua publicação, com efeitos financeiros a partir do primeiro dia do mês subsequente (art. 252);

i) ficam revogadas a Lei 1.711, de 28 de outubro de 1952, e respectiva legislação complementar, bem como as demais disposições em contrário (art. 253).

7.9. QUADRO SINÓTICO

1. **Disposições preliminares:** para que alguém seja regido pela Lei 8.112/1990, há três requisitos:
a) deve se tratar de **servidor público**, ou seja, de alguém que está investido em *cargo público* (efetivo ou em comissão);
b) deve se tratar de servidor público **civil**, ou seja, a Lei 8.112/1990 não regulamenta o regime jurídico dos militares;
c) deve ser tratar de servidor público civil das **pessoas jurídicas de direito público federais**.

2. Formas de provimento (Lei 8.112/1990)

2.1. Nomeação: *é a designação inicial para cargo público*

- Depois vem a **posse** (investidura): em até 30 dias, podendo ser por procuração específica (art. 13)
- Depois vem a **entrada em exercício**: em até 15 dias da posse (art. 15)

2.2. Promoção: *é a designação para cargo superior na carreira* (art. 17)

2.3. Readaptação: *é a designação para cargo compatível com limitação superveniente de servidor* (art. 24), com funções, escolaridade e vencimentos equivalentes

2.4. Reversão: *é a designação do aposentado para retornar ao serviço;* cabe em 2 casos (art. 25)

- Na aposentadoria por invalidez, cessados os motivos desta
- Na aposentadoria voluntária, havendo interesse da Administração, pedido do aposentado, e desde que se dê em até 5 anos da aposentadoria

2.5. Aproveitamento: *é a designação do servidor em disponibilidade para retornar a cargo equivalente* (art. 30)

- **Disponibilidade:** *é a inatividade remunerada do servidor estável, que tenha sido desalojado de seu cargo ou cujo cargo tenha sido extinto; os proventos são proporcionais*

2.6. Reintegração: *é a reinvestidura do servidor estável quando invalidada a sua demissão por decisão administrativa ou judicial* (art. 28); terá direito ao ressarcimento de todas as vantagens; quando a sentença criminal se comunica para a esfera administrativa (art. 126 da Lei 8.112/1990)? Apenas nas absolvição por *inexistência do fato* e por *negativa de autoria*

3. Vacância:

a) **falecimento, promoção, posse em cargo não cumulável**

b) **aposentadoria**

c) **perda do cargo, emprego ou função:** por sentença em ação penal ou de improbidade

d) **demissão**

e) **exoneração:** a pedido ou de ofício, por:

- avaliação insatisfatória de desempenho (art. 41, CF): especial (para adquirir a estabilidade, com comissão específica); periódica (após a estabilidade, mas dependente de lei complementar e ampla defesa)
- limites de despesa com pessoal (art. 169, § 4°, CF)

4. Estabilidade

4.1. Conceito: *garantia de permanência, salvo*

- *processo disciplinar com ampla defesa*
- *sentença transitada em julgado*
- *não aprovação em avaliação periódica de desempenho (lei complementar + processo administrativo com ampla defesa)*
- *atendimento a limites de despesa com pessoal*

4.2. Requisitos

a) nomeação para **cargo efetivo** mediante concurso (Súmula/TST 390: celetista de P. D. Público têm direito)

b) **3 anos de efetivo exercício** (STJ: estágio probatório dura 3 anos)

c) **aprovação** em avaliação especial de desempenho (Se não houver avaliação até 3 anos, fica estável direto)

5. Remoção: deslocamento do servidor, a pedido ou de ofício, no âmbito do mesmo quadro, com ou sem mudança de sede, nos seguintes casos:

I – de ofício, no interesse da Administração;

II – a pedido, a critério da Administração;

III – **a pedido, para outra localidade, independentemente do interesse da Administração**, num dos seguintes casos: a) para acompanhar cônjuge ou companheiro, também servidor público civil ou militar, de qualquer dos Poderes da União, dos Estados, do Distrito Federal e dos Municípios, que foi deslocado no interesse da Administração; b) por motivo de saúde do servidor, cônjuge, companheiro ou dependente que viva às suas expensas e conste do seu assentamento funcional, condicionada à comprovação por junta médica oficial; c) em virtude de processo seletivo promovido, na hipótese em que o número de interessados for superior ao número de vagas, de acordo com normas preestabelecidas pelo órgão ou entidade em que aqueles estejam lotados.

6. Redistribuição: assim como a remoção, também não é uma forma de provimento, pois, aqui não um servidor saindo de um cargo e sendo designado para outro (provimento), mas, sim, há saída de um cargo de um lugar para outro lugar dentro da próprio órgão ou entidade do mesmo poder; trata-se, segundo o art. 37, do "deslocamento de cargo de provimento efetivo, ocupado ou vago no âmbito do quadro geral de pessoal, para outro órgão ou entidade do mesmo Poder, com prévia apreciação do órgão central do SIPEC.

7. Substituição: os servidores investidos em cargo ou função de direção ou chefia e os ocupantes de cargo de Natureza Especial têm substitutos indicados no regimento interno ou, no caso de omissão, previamente designados pelo dirigente máximo do órgão ou entidade.

8. Direitos e Vantagens

8.1. Vencimento e da Remuneração

8.1.1. Conceitos: vencimento "é a retribuição pecuniária pelo exercício de cargo público, com valor fixado em lei"; já **remuneração** "é o vencimento do cargo efetivo, acrescido das vantagens pecuniárias permanentes estabelecidas em lei".

8.1.2. Princípios a respeito do vencimento e da remuneração:

a) irredutibilidade de vencimentos e vantagens permanentes;

b) isonomia de vencimentos

c) garantia de remuneração não inferior ao salário mínimo;

d) proibição de efeito cascata;

e) respeito ao teto constitucional.

8.2. Vantagens

8.2.1. Modalidades de vantagens

I – indenizações, que **não** se incorporam ao vencimento ou provento para qualquer efeito; aqui temos ajuda de custo, diárias, transporte e auxílio-moradia;

II – gratificações, que se incorporam ao vencimento ou provento, nos casos e condições indicados em lei.

III – adicionais, que se incorporam ao vencimento ou provento, nos casos e condições indicados em lei.

Quanto às gratificações e adicionais, temos: a) retribuição pelo exercício de função de direção, chefia e assessoramento (art. 62); b) gratificação natalina (arts. 63 a 66); c) adicional pelo exercício de atividades insalubres, perigosas ou penosas (arts. 68 a 72); d) adicional pela prestação de serviço extraordinário (arts. 73 e 74); e) adicional noturno (art. 75); f) adicional de férias (art. 76); f) gratificação por encargo de curso ou concurso (art. 76-A).

8.3. Licenças: *consiste no direito do servidor não exercer suas atividades laborativas, com ou o sem remuneração, nos taxativos casos previstos em lei, em que se entende justo, atendido o interesse público, que se confira a licença.* Os taxativos **casos** em que se pode deferir uma licença aos servidores públicos estão previstos no art. 81 e são os seguintes: I – por motivo de doença em pessoa da família (art. 83); II – por motivo de afastamento do cônjuge ou companheiro (art. 84); III – para o serviço militar (art. 85); IV – para atividade política (art. 86); V – para capacitação (art. 87); VI – para tratar de interesses particulares (art. 91); VII – para desempenho de mandato classista (art. 92).

8.4. Afastamentos: têm as seguintes modalidades: I – Afastamento para Servir a Outro Órgão ou Entidade (art. 93); II – Afastamento para Exercício de Mandato Eletivo (art. 94); III – Afastamento para Estudo ou Missão no Exterior (arts. 95 e 96); IV – Afastamento para Participação em Programa de Pós-Graduação *Stricto Sensu* no País (art. 96-A).

8.5. Concessões: são três: a) concessão que permite ao servidor, em determinadas situações, ausentar-se do serviço por um pequeno período, que varia de acordo com a hipótese, sem qualquer prejuízo; b) concessão que permite ao servidor cumprir um horário especial de trabalho, diferente dos demais servidores; c) concessão que garante ao servidor e seus familiares vaga em instituição de ensino quando mudar de sede no interesse da administração.

9. Deveres do servidor: I – exercer com zelo e dedicação as atribuições do cargo; II – ser leal às instituições a que servir; III – observar as normas legais e regulamentares; IV – cumprir as ordens superiores, exceto quando manifestamente ilegais; V – atender com presteza; VI – levar as irregularidades de que tiver ciência em razão do cargo ao conhecimento da autoridade superior ou, quando houver suspeita de envolvimento desta, ao conhecimento de outra autoridade competente para apuração; VII – zelar pela economia do material e a conservação do patrimônio público; VIII – guardar sigilo sobre assunto da repartição; IX – manter conduta compatível com a moralidade administrativa; X – ser assíduo e pontual ao serviço; XI – tratar com urbanidade as pessoas; XII – representar contra ilegalidade, omissão ou abuso de poder.

10. Proibições ao servidor: I – ausentar-se do serviço durante o expediente, sem prévia autorização do chefe imediato; II – retirar, sem prévia anuência da autoridade competente, qualquer documento ou objeto da repartição; III – recusar fé a documentos públicos; IV – opor resistência injustificada ao andamento de documento e processo ou execução de serviço; V – promover manifestação de apreço ou desapreço no recinto da repartição; VI – cometer a pessoa estranha à repartição, fora dos casos previstos em lei, o desempenho de atribuição que seja de sua responsabilidade ou de seu subordinado; VII – coagir ou aliciar subordinados no sentido de filiarem-se a associação profissional ou sindical, ou a partido político; VIII – manter sob sua chefia imediata, em cargo ou função de confiança, cônjuge, companheiro ou parente até o segundo grau civil; IX – valer-se do cargo para lograr proveito pessoal ou de outrem, em detrimento da dignidade da função pública; X – participar de gerência ou administração de sociedade privada, personificada ou não personificada, exercer o comércio, exceto na qualidade de acionista, cotista ou comanditário; XI – atuar, como procurador ou intermediário, junto a repartições públicas, salvo quando se tratar de benefícios previdenciários ou assistenciais de parentes até o segundo grau, e de cônjuge ou companheiro; XII – receber propina, comissão, presente ou vantagem de qualquer espécie, em razão de suas atribuições; XIII – aceitar comissão, emprego ou pensão de estado estrangeiro; XIV – praticar usura sob qualquer de suas formas; XV – proceder de forma desidiosa; XVI – utilizar pessoal ou recursos materiais da repartição em serviços ou atividades particulares; XVII – cometer a outro servidor atribuições estranhas ao cargo que ocupa, exceto em situações de emergência e transitórias; XVIII – exercer quaisquer atividades que sejam incompatíveis com o exercício do cargo ou função e com o horário de trabalho; XIX – recusar-se a atualizar seus dados cadastrais quando solicitado.

11. Penalidades disciplinares

11.1. Espécies de penalidades: I – **advertência**, que será aplicada por escrito, nos casos de violação de proibição constante do art. 117, incisos I a VIII e XIX, e de inobservância de dever funcional previsto em lei, regulamentação ou norma interna, que não justifique imposição de penalidade mais grave; **II – suspensão**, que será aplicada em caso de reincidência das faltas punidas com advertência e de violação das demais proibições que não tipifiquem infração sujeita a penalidade de demissão, não podendo exceder de 90 dias; um caso específico, que haverá suspensão de até 15 dias, é o do servidor que, injustificadamente; **III – demissão**, que será aplicada nos seguintes casos (art. 132): a) crime contra a administração pública; b) abandono de cargo (segundo o art. 138, "configura abandono de cargo a ausência intencional do servidor ao serviço por mais de trinta dias consecutivos"); o STJ entende que é necessário o "animus abandonandi", a intenção de abandonar o cargo; c) inassiduidade habitual (segundo o art. 139, "entende-se por inassiduidade habitual a falta ao serviço, sem causa justificada, por 60 dias, interpoladamente, durante o período de doze meses"); d) improbidade administrativa; e) incontinência pública e conduta escandalosa, na repartição; f) insubordinação grave em serviço; g) ofensa física, em serviço, a servidor ou a particular, salvo em legítima defesa própria ou de outrem; h) aplicação irregular de dinheiros públicos; i) revelação de segredo do qual se apropriou em razão do cargo; j) lesão aos cofres públicos e dilapidação do patrimônio nacional; k) corrupção; l) acumulação ilegal de cargos, empregos ou funções públicas; m) transgressão dos incisos IX a XVI do art. 117; **IV – cassação de aposentadoria ou disponibilidade**; será aplicada quando inativo houver praticado, na atividade, falta punível com a demissão (art. 134); **V – destituição de cargo em comissão**; a destituição de cargo em comissão exercido por não ocupante de cargo efetivo será aplicada nos casos de infração sujeita às penalidades de suspensão e de demissão (art. 135); constatada essa hipótese, a exoneração efetuada nos termos do art. 35 (ou seja, a exoneração feita livremente pela autoridade ou feita a pedido do servidor) será convertida em destituição de cargo em comissão; **VI – destituição de função comissionada**.

11.2. Autoridades competentes para a aplicação das penalidades disciplinares, que são as seguintes: I – Presidente da República, Presidentes das Casas do Poder Legislativo e dos Tribunais Federais e Procurador-Geral da República, quando se tratar de demissão e cassação de aposentadoria ou disponibilidade de servidor vinculado ao respectivo Poder, órgão, ou entidade; II – autoridades administrativas de hierarquia imediatamente inferior àquelas mencionadas no parágrafo anterior, quando se tratar de suspensão superior a 30 dias; III – chefe da repartição e outras autoridades na forma dos respectivos regimentos ou regulamentos, nos casos de advertência ou de suspensão de até 30 dias; IV – autoridade que houver feito a nomeação, quando se tratar de destituição de cargo em comissão. O art. 1º, I, do Decreto 3.035/1999 delega competência aos Ministros de Estado e ao Advogado-Geral da União para, no âmbito dos órgãos da Administração direta, autárquica e fundacional que lhes são subordinados ou vinculados, julgar processos administrativos disciplinares e aplicar penalidades, nas hipóteses de demissão e cassação de aposentadoria ou disponibilidade de servidores.

11.3. Ação disciplinar prescreverá: I – em 5 anos, quanto às infrações puníveis com demissão, cassação de aposentadoria ou disponibilidade e destituição de cargo em comissão; II – em 2 anos, quanto à suspensão; III – em 180 dias, quanto à advertência. IV – nos prazos de prescrição previstos na lei penal, quando as infrações disciplinares também forem capituladas como crime. O prazo de prescrição **começa a correr** da data em que o fato se tornou conhecido, e não da data em que o ato foi praticado. Porém, a abertura de sindicância ou a instauração de processo disciplinar **interrompe** a prescrição, até a decisão final proferida por autoridade competente, sendo que, **interrompido** o curso da prescrição, o prazo começará a correr a partir do dia em que cessar a interrupção.

12. Processo Disciplinar

12.1. Fases: I – **instauração**, com a publicação do ato que constituir a comissão; II – **inquérito administrativo**, que compreende instrução, defesa e relatório; III – **julgamento**. O prazo para a sua conclusão não excederá 60 dias, contados da data de publicação do ato que constituir a comissão, admitida a sua prorrogação por igual prazo, quando as circunstâncias o exigirem (art. 152). Para que não haja atrasos, sempre que necessário, a comissão dedicará tempo integral aos seus trabalhos, ficando seus membros dispensados do ponto, até a entrega do relatório final.

12.2. Revisão do Processo: a) o processo disciplinar poderá ser revisto, **a qualquer tempo, a pedido ou de ofício**, quando se aduzirem **fatos novos ou circunstâncias** suscetíveis de justificar a **inocência** do punido ou a **inadequação** da penalidade aplicada (art. 174); b) em caso de falecimento, ausência ou desaparecimento do servidor, **qualquer pessoa da família poderá requerer a revisão do processo**; c) no caso de incapacidade mental do servidor, a revisão será requerida pelo respectivo **curador**; d) no processo revisional, **o ônus da prova cabe ao requerente** (art. 175); e) a simples alegação de injustiça da penalidade não constitui fundamento para a revisão, que **requer elementos novos**, ainda não apreciados no processo originário (art. 176); f) o requerimento de revisão do processo **será dirigido** ao Ministro de Estado ou autoridade equivalente, que, se autorizar a revisão, encaminhará o pedido ao dirigente do órgão ou entidade onde se originou o processo disciplinar; deferida a petição, a autoridade competente providenciará a **constituição de comissão**, na forma do art. 149 (art. 177); h) a comissão revisora terá **60 dias para a conclusão dos trabalhos** (art. 179); I) julgada procedente a revisão, será **declarada sem efeito a penalidade aplicada**, restabelecendo-se todos os direitos do servidor, exceto em relação à destituição do cargo em comissão, que será convertida em exoneração (art. 182); m) **da revisão do processo não poderá resultar agravamento de penalidade**.

A regra que impede a *reformatio in pejus* na revisão do processo equivale à regra, no mesmo sentido, prevista na lei processual penal. Trata-se de regra tão importante que o STJ vem aplicando essa proibição mesmo quando se trate de uma situação em que a própria Administração, já tendo julgado um servidor num processo administrativo, resolver reabrir o caso e fazer um rejulgamento, apenando dessa vez o servidor. Aqui, além do desrespeito ao instituto da coisa julgada administrativa, tem-se também violação ao princípio que impede a *reformatio in pejus* em "revisões" administrativas. Nesse sentido, o STJ concedeu segurança a um Defensor Público da União, vítima de um rejulgamento, anulando a sua demissão, com fundamento, ainda, nos princípios da boa-fé e da segurança jurídica (MS 16.141-DF).

13. Seguridade Social do Servidor: os benefícios do Plano de Seguridade Social do servidor **compreendem**:

I – quanto ao servidor: a) aposentadoria; b) auxílio-natalidade; c) salário-família; d) licença para tratamento de saúde; e) licença à gestante, à adotante e licença-paternidade; f) licença por acidente em serviço; g) assistência à saúde; h) garantia de condições individuais e ambientais de trabalho satisfatórias;

II – quanto ao dependente: a) pensão; b) auxílio-funeral; c) auxílio-reclusão; d) assistência à saúde.

7.10. QUESTÕES COMENTADAS

7.10.1. Disposições preliminares

(Advogado – Correios – 2011 – CESPE) Julgue o item abaixo, acerca da relação jurídica dos servidores e dos empregados públicos.

(1) Os ocupantes de cargo público ou de emprego público têm vínculo estatutário e institucional regido por estatuto funcional próprio, que, no caso da União, é a Lei 8.112/1990.

1: incorreta, pois o estatuto funcional próprio só se aplica aos ocupantes de cargos públicos (art. 1º c/c art. 2º, ambos da Lei 8.112/1990), sendo que, quanto aos ocupantes de emprego público, aplica-se a CLT.
Gabarito 1E

(Procurador do Trabalho – 2013 – MPT) Sobre o regime jurídico único dos servidores previsto na Lei 8.112/1990, é **CORRETO** afirmar que:

(A) É aplicável a toda a administração pública federal, incluindo as empresas públicas e sociedades de economia mista.

(B) Por se tratar de lei federal, prevalece sobre as leis estaduais que regem o regime jurídico dos servidores dos respectivos Estados, em razão do princípio da hierarquia das leis.

(C) Regula a contratação temporária de trabalhadores prevista no art. 37, inciso IX, da Constituição da República.

(D) Ao entrar em vigor, acarretou a extinção do contrato de trabalho dos servidores da União, com vínculo celetista, que se encontravam laborando naquela data.

(E) não respondida.

A: incorreta, pois o regime em questão, que é estatutário, aplica-se tão somente aos servidores da União e autarquias e fundações públicas federais (art. 1º da Lei 8.112/1990); **B:** incorreta, pois, pelo princípio federativo, cada ente local terá seu próprio estatuto de funcionário público, que preponderará em relação ao estatuto federal; **C:** incorreta, pois essa lei regula o regime jurídico dos servidores públicos civis da União, ou seja, daqueles que estão investidos em cargo na esfera federal; **D:** correta, ficando os empregos em questão transformados em cargos (art. 243, § 1º, da Lei 8.112/1990); **E:** incorreta, pois a alternativa "d" responde adequadamente à questão.
Gabarito "D"

7.10.2. Provimento e vacância

(Analista – TRT/16ª – 2014 – FCC) Poliana, após tomar posse em determinado cargo público, não entrou em exercício no prazo estabelecido. Nos termos da Lei 8.112/90, a conduta de Poliana acarretará sua

(A) demissão.
(B) exoneração de ofício.
(C) cassação de disponibilidade.
(D) suspensão por noventa dias, até que regularize a falta cometida.
(E) advertência, compelindo-a a regularizar a falta cometida.

A, C, D e E: incorretas, pois se o servidor não entrar em exercício no prazo legal, será exonerado do cargo (art. 15, § 2º, da Lei 8.112/1990); B: correta (art. 15, § 2º, da Lei 8.112/1990).
Gabarito "B".

(OAB/Exame Unificado – 2014.2) Manolo, servidor público federal, obteve a concessão de aposentadoria por invalidez após ter sido atestado, por junta médica oficial, o surgimento de doença que o impossibilitava de desenvolver atividades laborativas. Passados dois anos, entretanto, Manolo voltou a ter boas condições de saúde, podendo voltar a trabalhar, o que foi comprovado por junta médica oficial. Nesse caso, o retorno do servidor às atividades laborativas na Administração, no mesmo cargo anteriormente ocupado, configura exemplo de

(A) reintegração.
(B) reversão.
(C) aproveitamento.
(D) readaptação.

O retorno do aposentado por invalidez por não mais persistirem os motivos da aposentadoria configura o instituto da reversão (art. 25, I, da Lei 8.112/1990).
Gabarito "B".

(Magistratura/DF – 2011) No regime da Lei 8.112/1990, é correto afirmar:

(A) A investidura em cargo público ocorre com a efetiva entrada em exercício;
(B) Nomeação, readaptação, reversão e recondução são formas de provimento de cargo público;
(C) Além do vencimento, poderão ser pagas ao servidor, como vantagens, indenizações, gratificações e adicionais, sendo certo que a ajuda de custo integra a categoria jurídica dos adicionais;
(D) O servidor investido em mandato eletivo de deputado distrital, havendo compatibilidade de horário, perceberá as vantagens de seu cargo, sem prejuízo da remuneração do cargo eletivo.

A: incorreta, pois a investidura se dá com a posse (art. 7º da Lei 8.112/1990); B: correta (art. 8º, I, V, VI e IX, da Lei 8.112/1990); C: incorreta, pois a ajuda de custo constitui *indenização* ao servidor (art. 51, I, da Lei 8.112/1990); D: incorreta, pois essa regra só vale para o vereador (art. 38, III, da CF).
Gabarito "B".

(Advogado – CEF – 2012 – CESGRANRIO) Qual a forma de provimento de cargo público federal em que o servidor estável retorna ao cargo anteriormente ocupado em decorrência de reintegração do anterior ocupante?

(A) Readaptação
(B) Ascensão
(C) Recondução
(D) Reversão
(E) Aproveitamento

Trata-se da recondução, nos termos do art. 29, II, da Lei 8.112/1990.
Gabarito "C".

(Magistratura do Trabalho – 4ª Região – 2012) Constitui forma de provimento de cargo público, de acordo com a legislação que rege a matéria:

(A) Reversão, consistente no retorno à atividade de servidor aposentado, nas hipóteses previstas em lei, no mesmo cargo ou em cargo resultante de sua transformação.
(B) Recondução, consistente no retorno do servidor ao cargo de origem, quando invalidada sua demissão por decisão administrativa ou judicial.
(C) Readaptação, consistente no retorno à atividade de servidor aposentado por invalidez, quando junta médica oficial declarar insubsistentes os motivos da aposentadoria.
(D) Reversão, consistente no provimento de cargo decorrente de transformação do originalmente ocupado pelo servidor, condicionada à aprovação em processo seletivo específico.
(E) Readaptação, consistente na investidura de servidor em cargo de menor complexidade, quando inabilitado em estágio probatório do cargo efetivo originalmente provido.

A: correta (art. 25 da Lei 8.112/1990); B: incorreta, pois essa definição é de reintegração (art. 28 da Lei 8.112/1990); C: incorreta, pois essa definição é de reversão (art. 25, I, da Lei 8.112/1990); D: incorreta, pois a reversão, prevista no art. 25 da Lei 8.112/1990, consiste no retorno do aposentado, não se confundindo com a definição dada na alternativa; E: incorreta, pois a readaptação consiste na "investidura do servidor em cargo de atribuições e responsabilidades compatíveis com a limitação que tenha sofrido em sua capacidade física ou mental verificada em inspeção médica" (art. 24, *caput*, da Lei 8.112/1990).
Gabarito "A".

(Analista – TRT/8ª – 2010 – FCC) A Lei 8.112/1990 estabelece que a reintegração

(A) quando provido o cargo do servidor estável objeto desta, o seu eventual ocupante será reconduzido ao cargo de origem, sem direito à indenização ou aproveitado em outro cargo, ou ainda, posto em disponibilidade.
(B) é a investidura do servidor em cargo de atribuições e responsabilidades compatíveis com a limitação que tenha sofrido em sua capacidade física ou mental verificada em inspeção médica.
(C) será efetivada em cargo de atribuições afins, respeitada a habilitação exigida, nível de escolaridade e equivalência de vencimentos e, na hipótese de inexistência de cargo vago, o servidor exercerá suas atribuições como excedente, até a ocorrência de vaga.
(D) é o retorno à atividade de servidor aposentado por invalidez, quando junta médica oficial declarar insubsistentes os motivos da aposentadoria.
(E) é o retorno à atividade de servidor, mediante aproveitamento obrigatório em cargo de atribuições e vencimentos compatíveis com o anteriormente ocupado.

Art. 28, §§ 1º e 2º, da Lei 8.112/1990.
Gabarito "A".

(Analista – TRT/9ª – 2010 – FCC) Em razão de doença, Alberto, funcionário público federal efetivo, ficou com a sua capacidade física reduzida para o exercício do cargo de que era titular, o que foi constatado por inspeção médica. Em razão disso, precisou ser investido em novo cargo, compatível com a sua condição física, o que ocorreu, segundo a Lei 8.112/1990, pela forma de provimento denominada

(A) readaptação.
(B) transferência.
(C) reversão.
(D) reintegração.
(E) recondução.

Art. 24, *caput*, da Lei 8.112/1990.
Gabarito "A".

(Analista – TRE/AM – 2010 – FCC) Nos termos da Lei 8.112/1990, quanto à posse e ao exercício em cargo público, é correto que

(A) a promoção interrompe o tempo de exercício, que é contado no novo posicionamento na carreira a partir da data da posse do servidor.
(B) à autoridade competente do órgão ou entidade para onde for nomeado ou designado o servidor compete dar-lhe exercício.
(C) a posse e o exercício poderão dar-se através da nomeação da autoridade do órgão como procurador do servidor, mediante procuração específica.
(D) a posse ocorrerá no prazo de quinze dias contados da data do ato de nomeação.
(E) é de trinta dias o prazo para o servidor empossado em cargo público entrar em exercício, contados da data da publicação do ato de provimento.

A: incorreta (art. 17 da Lei 8.112/1990); **B:** correta (art. 15, § 3º, da Lei 8.112/1990); **C:** incorreta (art. 13, § 3º, da Lei 8.112/1990); **D:** incorreta (a posse ocorrerá no prazo de 30 dias – art. 13, § 1º, da Lei 8.112/1990); **E:** incorreta (o prazo para entrar em exercício é de 15 dias – art. 15, § 1º, da Lei 8.112/1990).
Gabarito "B".

(OAB/Exame Unificado – 2011.3.A) Luiz Fernando, servidor público estável pertencente aos quadros de uma fundação pública federal, inconformado com a pena de demissão que lhe foi aplicada, ajuizou ação judicial visando à invalidação da decisão administrativa que determinou a perda do seu cargo público. A decisão judicial acolheu a pretensão de Luiz Fernando e invalidou a penalidade disciplinar de demissão. Diante da situação hipotética narrada, Luiz Fernando deverá ser

(A) reintegrado ao cargo anteriormente ocupado, ou no resultante de sua transformação, com ressarcimento de todas as vantagens.
(B) aproveitado no cargo anteriormente ocupado ou em outro cargo de vencimentos e responsabilidades compatíveis com o anterior, sem ressarcimento das vantagens pecuniárias.
(C) readaptado em cargo de atribuições e responsabilidades compatíveis, com ressarcimento de todas as vantagens.
(D) reconduzido ao cargo anteriormente ocupado ou em outro de vencimentos e responsabilidades compatíveis com o anterior, com ressarcimento de todas as vantagens pecuniárias.

A: correta, tratando-se do instituto da reintegração, previsto no art. 28 da Lei 8.112/1990; **B:** incorreta, pois o aproveitamento se dá em relação àquele que estava em disponibilidade (art. 30 da Lei 8.112/1990), e não em relação àquele que fora demitido ilegalmente; **C:** incorreta, pois a readaptação se dá em relação àquele que passa a sofrer limitação física ou mental incompatível com o cargo que vem ocupando (art. 24 da Lei 8.112/1990), e não em relação àquele que fora demitido ilegalmente; **D:** incorreta, pois a recondução se dá em relação àquele servidor estável que fora inabilitado em estágio probatório relativo a outro cargo ou que tenha sido desalojado de seu cargo por reintegração do anterior ocupante (art. 29 da Lei 8.112/1990), e não em relação àquele que fora demitido ilegalmente.
Gabarito "A".

7.10.3. Remoção, redistribuição e substituição

(Analista – TRT/14ª – 2011 – FCC) De acordo com a Lei 8.112/1990, que dispõe sobre o regime jurídico dos servidores públicos civis da União, das autarquias e das fundações públicas federais, a remoção de servidor público

(A) pressupõe sempre mudança de sede ou função.
(B) é cabível, a pedido, para outra localidade, em razão de processo seletivo promovido, na hipótese em que o número de interessados for inferior ao número de vagas, de acordo com normas preestabelecidas pelo órgão ou entidade em que aqueles estejam lotados.
(C) não é cabível, a pedido, para outra localidade, a fim de acompanhar companheiro, também servidor público civil da União, que foi deslocado no interesse da Administração Pública.
(D) pode se dar de ofício ou a pedido, sendo, nesta segunda hipótese, sempre dependente do interesse da Administração Pública.
(E) ocorre somente no âmbito do mesmo quadro.

A: incorreta, pois a remoção independe da mudança de sede (art. 36, *caput*, da Lei 8.112/1990); **B:** incorreta, pois o número de interessados terá que ser superior ao número de vagas (art. 36, parágrafo único, III, *c*, da Lei 8.112/1990); **C:** incorreta, pois é possível a remoção na hipótese descrita na alternativa (art. 36, parágrafo único, III, *a*, da Lei 8.112/1990); **D:** incorreta, pois há previsão de remoção a pedido, para outra localidade, independentemente do interesse da Administração (art. 36, parágrafo único, III, da Lei 8.112/1990); **E:** correta (art. 36, *caput*, da Lei 8.112/1990).
Gabarito "E".

(Analista – TRT/14ª – 2011 – FCC) É cabível remoção a pedido, para outra localidade, independentemente do interesse da Administração, em virtude de processo seletivo promovido, na hipótese em que o número de interessados for

(A) inferior ao número de vagas, a critério da autoridade competente, quando necessário ao atendimento de situações emergenciais do órgão ou entidade.
(B) igual ao número de vagas, de acordo com normas estabelecidas pelo órgão público independentemente do local da respectiva designação.
(C) superior ao número de vagas, de acordo com normas preestabelecidas pelo órgão ou entidade em que aqueles estejam lotados.
(D) inferior ao número de vagas, em conformidade com normas estabelecidas pelo Poder Público em que aqueles estejam designados.

(E) superior ao número de vagas, a critério da autoridade competente, desde que presente o interesse público, independentemente da respectiva lotação.

Art. 36, parágrafo único, III, *c*, da Lei 8.112/1990.
Gabarito "C"

7.10.4. Direitos e vantagens

(Magistratura do Trabalho – 8ª Região – 2011) Consoante a Lei 8.112/1990, é INCORRETO afirmar:
(A) A posse ocorrerá no prazo de trinta dias, contados da publicação do ato de provimento, pela assinatura do respectivo termo, no qual deverão constar as atribuições, os deveres, as responsabilidades e os direitos inerentes ao cargo ocupado, que não poderão ser alterados unilateralmente, por qualquer das partes, ressalvados os atos de ofício previstos em lei.
(B) O servidor fará jus a trinta dias de férias, quando não houver faltado ao serviço mais de cinco vezes, que podem ser acumuladas, até o máximo de dois períodos, no caso de necessidade do serviço, ressalvadas as hipóteses em que haja legislação específica.
(C) A partir do registro da candidatura e até o décimo dia seguinte ao da eleição, o servidor fará jus à licença para atividade política, assegurados os vencimentos do cargo efetivo, somente pelo período de três meses.
(D) A obrigação do servidor público de reparar o dano causado ao erário, por dolo ou culpa, estende-se aos seus sucessores e contra eles será executada, até o limite do valor da herança recebida.
(E) As penalidades de advertência e de suspensão terão seus registros cancelados, após o decurso de 3 (três) e 5 (cinco) anos de efetivo exercício, respectivamente, se o servidor não houver, nesse período, praticado nova infração disciplinar, sendo que o cancelamento não surtirá efeitos retroativos.

A: assertiva correta (art. 13, *caput* e § 1º, da Lei 8.112/1990); **B:** assertiva incorreta, devendo ser assinalada; o art. 77, § 2º, da Lei 8.112/1990 proíbe levar em conta faltas dos servidores para efeito de puni-los com diminuição ou exclusão de suas férias; **C:** assertiva correta (art. 86 da Lei 8.112/1990); **D:** assertiva correta (art. 122, § 3º, da Lei 8.112/1990); **E:** assertiva correta (art. 131 da Lei 8.112/1990).
Gabarito "B"

(Magistratura do Trabalho – 14ª Região – 2011) Ainda com base na Lei 8.112/1990, em relação aos servidores públicos federais, assinale a alternativa que não está correta.
(A) É assegurado ao servidor o direito de requerer aos Poderes Públicos, em defesa de direito ou interesse legítimo, que prescreve em 5 (cinco) anos, quanto aos atos de demissão e de cassação de aposentadoria ou disponibilidade, ou que afetem interesse patrimonial e créditos das relações de trabalho.
(B) É vedada a contagem cumulativa de tempo de serviço prestado concomitantemente em mais de um cargo ou função de Órgão ou entidades dos Poderes da União, Estado, Distrito Federal e Município, autarquia, fundação pública, sociedade de economia mista e empresa pública.
(C) São considerados como de efetivo exercício os afastamentos em virtude de participação em competição desportiva nacional ou convocação para integrar representação desportiva nacional, no País ou no exterior, conforme disposto em lei específica.
(D) O adicional de atividade penosa será devido aos servidores em exercício em zonas de fronteira ou em localidades cujas condições de vida o justifiquem, nos termos, condições e limites fixados em regulamento.
(E) É assegurado ao servidor o direito à licença remunerada para o desempenho de mandato em confederação, federação, associação de classe de âmbito nacional, sindicato representativo da categoria ou entidade fiscalizadora da profissão.

A: assertiva correta (arts. 104 e 110, I, da Lei 8.112/1990); **B:** assertiva correta (art. 103, § 3º, da Lei 8.112/1990); **C:** assertiva correta (art. 102, X, da Lei 8.112/1990); **D:** assertiva correta (art. 71 da Lei 8.112/1990); **E:** assertiva incorreta, devendo ser assinalada, pois é assegurada a licença SEM remuneração (art. 92 da Lei 8.112/1990).
Gabarito "E"

(Magistratura do Trabalho – 15ª Região – 2010) A respeito dos servidores e empregados públicos federais, assinale a alternativa correta:
(A) de acordo com a jurisprudência sumulada do TST, todo servidor da administração direta, com mais de três anos de exercício, é beneficiário de estabilidade;
(B) o empregado de uma sociedade de economia mista, contratado mediante concurso público, não pode ser detentor de modalidade alguma de estabilidade;
(C) o empregado de empresa pública federal, que não recebe recursos da União para despesas de pessoal ou custeio, poderá auferir remuneração superior ao teto constitucional representado pelo subsídio mensal do ministro do Supremo Tribunal Federal;
(D) a proibição de acumulação remunerada de empregos públicos não abrange as subsidiárias das sociedades de economia mista;
(E) para preservar a eficiência do serviço público, o servidor não aprovado no estágio probatório será exonerado, não podendo ser reconduzido ao cargo anterior em que detinha estabilidade.

A: incorreta, pois a Súmula 390 do TST não se aplica aos servidores detentores de cargo em comissão; **B:** incorreta, pois os casos de estabilidade previstos na lei trabalhista ficam ressalvados (ex: da gestante); **C:** correta (art. 37, § 9º, da CF); **D:** incorreta, pois abrange as subsidiárias das sociedades de economia mista (art. 37, XVII, da CF); **E:** incorreta, pois cabe a recondução para o cargo anterior em que detinha estabilidade (art. 29 da Lei 8.112/1990).
Gabarito "C"

(Procurador do Trabalho – MPT – 17º Concurso – 2012) A propósito da qualificação profissional do servidor público, encontra-se **INCORRETA** a asserção:
(A) O servidor poderá, no interesse da Administração, e desde que a participação não possa ocorrer simultaneamente com o exercício do cargo ou mediante compensação de horário, afastar-se do exercício do cargo efetivo, com a respectiva remuneração, para participar em programa de pós-graduação *stricto sensu* em instituição de ensino superior no País.
(B) Ato do dirigente máximo do órgão ou entidade definirá, em conformidade com a legislação vigente, os programas de capacitação e os critérios para participação em programas de pós-graduação no País,

com ou sem afastamento do servidor, que serão avaliados por um comitê constituído para este fim.
(C) Os afastamentos para realização de programas de mestrado e doutorado somente serão concedidos aos servidores titulares de cargos efetivos.
(D) O período de afastamento do servidor para cursar pós-graduação *stricto sensu* não é computado no seu tempo de serviço.
(E) Não respondida.

A: assertiva correta (art. 96-A da Lei 8.112/1990); B: assertiva correta (art. 96-A, § 1º, da Lei 8.112/1990); C: assertiva correta (art. 96-A, § 2º, da Lei 8.112/1990); D: assertiva incorreta, devendo ser assinalada; o período de afastamento, no caso, é sim computado no tempo de serviço, inclusive com recebimento normal, pelo servidor, de sua respectiva remuneração; E: assertiva correta, pois a alternativa "d" responde à questão.
Gabarito "D".

(Analista – MPU – 2010 – CESPE) Com relação ao vencimento e à remuneração dos servidores públicos, julgue o próximo item.
(1) Assegura-se a isonomia de vencimentos para cargos de atribuições iguais ou assemelhadas do mesmo Poder, ou entre servidores dos três Poderes, ressalvadas as vantagens de caráter individual e as relativas à natureza ou ao local de trabalho.

1: correta (art. 41, § 4º, da Lei 8.112/1990).
Gabarito 1C

(Analista – TRT/22ª – 2010 – FCC) De acordo com a Lei 8.112/1990, em relação ao vencimento, remuneração e vantagens dos Servidores Públicos Civis da União:
(A) As indenizações se incorporam ao vencimento ou provento para qualquer efeito.
(B) As faltas justificadas decorrentes de caso fortuito não poderão ser compensadas, sendo assim não consideradas como efetivo exercício.
(C) Quando o pagamento indevido houver ocorrido no mês anterior ou posterior ao do processamento da folha, não haverá reposição, salvo se para o erro contribuiu o servidor, ao menos culposamente.
(D) As gratificações e os adicionais incorporam-se ao vencimento ou provento, nos casos e condições indicados em lei.
(E) O vencimento, a remuneração e o provento poderão ser objeto de arresto, sequestro ou penhora, salvo nos casos de prestação de alimentos resultante de decisão judicial.

A: incorreta (art. 49, § 1º, da Lei 8.112/1990); B: incorreta (art. 44, parágrafo único, da Lei 8.112/1990); C: incorreta (art. 46, § 2º, da Lei 8.112/1990); D: correta (art. 49, § 2º, da Lei 8.112/1990); E: incorreta (art. 48 da Lei 8.112/1990).
Gabarito "D".

(Analista – TRE/AC – 2010 – FCC) Quanto aos direitos, vantagens e adicionais do servidor público civil da União, considere:
I. Vencimento é a remuneração do cargo efetivo ou comissionado, descontadas as vantagens pecuniárias permanentes estabelecidas em lei.
II. Mediante expressa solicitação do servidor, será pago por ocasião das férias, um adicional correspondente a um terço da remuneração de férias, sendo que no caso de cargo em comissão, a respectiva vantagem não será considerada no cálculo das férias.
III. As faltas justificadas decorrentes de caso fortuito ou de força maior poderão ser compensadas a critério da chefia imediata, sendo assim consideradas como efetivo exercício.
IV. As indenizações não se incorporam ao vencimento ou provento para qualquer efeito, sendo que as gratificações e os adicionais incorporam-se ao vencimento ou provento, nos casos e condições indicados em lei.
V. O serviço extraordinário será remunerado com acréscimo de cinquenta por cento em relação à hora normal de trabalho e somente será permitido para atender a situações excepcionais e temporárias, respeitado o limite máximo de duas horas por jornada.

Está correto o que se afirma APENAS em
(A) I, II e III.
(B) I e III.
(C) II, IV e V.
(D) III, IV e V.
(E) IV e V.

I: incorreta (art. 40 da Lei 8.112/1990); II: incorreta (art. 76, *caput*, da Lei 8.112/1990); III: correta (art. 44, parágrafo único, da Lei 8.112/1990); IV: correta (art. 49, §§ 1º e 2º, da Lei 8.112/1990); V: correta (arts. 73 e 74 da Lei 8.112/1990).
Gabarito "D".

(Analista – TRE/MT – 2010 – CESPE) No que diz respeito aos direitos e às vantagens do servidor público consoante estabelece a Lei 8.112/1990, assinale a opção correta.
(A) Podem ser pagas ao servidor, além do vencimento, indenizações, como as diárias, que se incorporam ao vencimento conforme estabelecido em lei.
(B) O servidor que, a serviço, afastar-se da sede, em caráter eventual ou transitório, para outro ponto do território nacional fará jus a ajuda de custo destinada a indenizar as parcelas de despesas com pousada, alimentação e locomoção urbana.
(C) As gratificações e os adicionais incorporam-se ao vencimento, nos casos e nas condições indicados em lei.
(D) Nada impede que o servidor exerça atividade remunerada durante o período da licença por motivo de doença em família.
(E) O servidor pode receber simultaneamente o adicional de insalubridade e o adicional de periculosidade, desde que trabalhe com habitualidade em locais insalubres ou em contato permanente com substâncias tóxicas, radioativas ou com risco de morte.

A: incorreta (art. 49, § 1º, da Lei 8.112/1990); B: incorreta, a alternativa trata do conceito de diária – art. 58, *caput*, da Lei 8.112/1990; C: correta (art. 49, § 2º, da Lei 8.112/1990); D: incorreta (art. 81, § 3º, da Lei 8.112/1990); E: incorreta (art. 68, § 1º, da Lei 8.112/1990).
Gabarito "C".

(Analista – TRT/21ª – 2010 – CESPE) No que se refere a servidores públicos e ao regime jurídico dos servidores civis da União, julgue o item subsecutivo.
(1) É assegurado ao servidor o exercício do direito de petição, sendo cabível pedido de reconsideração à

autoridade que houver expedido o ato ou proferido a primeira decisão; não se admite, contudo, a renovação do pedido de reconsideração.

1: Certa (arts. 104 e 106 da Lei 8.112/1990).
Gabarito 1C

7.10.5. Licenças, afastamentos, concessões e tempo de serviço

(Analista – STM – 2011 – CESPE) A respeito dos servidores públicos e do regime estabelecido pela Lei 8.112/1990, julgue os itens a seguir.

(1) Servidor público federal que esteja cumprindo o período de estágio probatório pode obter licença para exercer mandato classista em um sindicato.
(2) A remuneração de servidor público pode ser fixada ou alterada apenas mediante lei específica.

1: errada, pois o servidor público em estágio probatório não pode obter licença para exercer mandato classista (art. 20, § 4º, da Lei 8.112/1990); **2:** certa (art. 37, X, da CF).
Gabarito 1E, 2C

(Analista – TRT/9ª – 2010 – FCC) Sobre as licenças previstas na Lei 8.112/1990, é correto afirmar:

(A) O servidor terá direito à licença, sem remuneração, para atividade política, durante o período que mediar entre a sua escolha em convenção partidária, como candidato a cargo eletivo, e à véspera do registro de sua candidatura perante a Justiça Eleitoral.
(B) Concluído o serviço militar, o servidor terá até sessenta dias sem remuneração para reassumir o exercício do cargo.
(C) A licença por motivo de afastamento do cônjuge pode ser concedida, no máximo, por dois anos consecutivos.
(D) Após cada triênio de efetivo exercício, o servidor poderá, no interesse da Administração, afastar-se do exercício do cargo efetivo, com a respectiva remuneração, por até três meses, para participar de curso de capacitação profissional.
(E) Não faz jus à licença por motivo de doença em pessoa da família se a doença for do padrasto ou madrasta do servidor.

A: correta (art. 86, *caput*, da Lei 8.112/1990); **B:** incorreta (concluído o serviço militar, o servidor terá até trinta dias sem remuneração para reassumir o exercício do cargo – art. 85, parágrafo único, da Lei 8.112/1990); **C:** incorreta (a licença será por prazo indeterminado – art. 84, § 1º, da Lei 8.112/1990); **D:** incorreta (após cada quinquênio de efetivo exercício, o servidor poderá, no interesse da Administração, afastar-se do cargo efetivo, com a respectiva remuneração, por até três meses, para participar de curso de capacitação profissional – art. 87, *caput*, da Lei 8.112/1990); **E:** incorreta (art. 83, *caput*, da Lei 8.112/1990).
Gabarito "A"

(Analista – TRT/23ª – 2011 – FCC) Considere as assertivas abaixo sobre as licenças dos servidores públicos civis federais, nos termos da Lei 8.112/1990.

I. É vedado o exercício de atividade remunerada durante o período da licença por motivo de doença em pessoa da família.
II. A licença para atividade política exige que o servidor candidato a cargo eletivo na localidade onde desempenha suas funções e que exerça cargo de direção, chefia, assessoramento, arrecadação ou fiscalização, dele seja afastado, a partir do quinto dia seguinte ao do registro de sua candidatura perante a Justiça Eleitoral, até o quinto dia seguinte ao do pleito.
III. Para os fins da licença para capacitação, após cada quinquênio de efetivo exercício, o servidor poderá, no interesse da Administração, afastar-se do exercício do cargo efetivo, com a respectiva remuneração, por até três meses, para participar de curso de capacitação profissional.

Está correto o que se afirma APENAS em
(A) II e III.
(B) I.
(C) II.
(D) I e III.
(E) I e II.

I: correta (art. 81, § 3º, da Lei 8.112/1990); **II:** incorreta, pois o servidor candidato a cargo eletivo na localidade onde desempenha suas funções e que exerça cargo de direção, chefia, assessoramento, arrecadação ou fiscalização, dele será afastado, a partir do dia imediato ao do registro de sua candidatura perante a Justiça Eleitoral, até o décimo dia seguinte ao do pleito (art. 86, § 1º, da Lei 8.112/1990); **III:** correta (art. 87, *caput*, da Lei 8.112/1990).
Gabarito "D"

(Analista – TRT/23ª – 2011 – FCC) Considere as seguintes assertivas sobre as licenças dos servidores públicos civis federais, nos termos da Lei 8.112/1990:

I. A partir do registro da candidatura e até o décimo dia seguinte ao da eleição, o servidor fará jus à licença para atividade política, assegurados os vencimentos do cargo efetivo, somente pelo período de dois meses.
II. A licença poderá ser concedida ao servidor por motivo de doença do cônjuge ou companheiro por até trinta dias, consecutivos ou não, mantida a remuneração do servidor, e por até sessenta dias, consecutivos ou não, sem remuneração.
III. A critério da Administração poderão ser concedidas ao servidor ocupante de cargo efetivo, desde que não esteja em estágio probatório, licenças para o trato de assuntos particulares pelo prazo de até três anos consecutivos, sem remuneração.

Está correto o que se afirma APENAS em
(A) I e III.
(B) II e III.
(C) I e II.
(D) II.
(E) III.

I: incorreta, pois a partir do registro da candidatura e até o décimo dia seguinte ao da eleição, o servidor fará jus à licença, assegurados os vencimentos do cargo efetivo, somente pelo período de três meses (art. 86, § 2º, da Lei 8.112/1990); **II:** incorreta, pois a licença tratada na alternativa, incluídas as prorrogações, poderá ser concedida a cada período de doze meses nas seguintes condições: I – por até 60 (sessenta) dias, consecutivos ou não, mantida a remuneração do servidor; e II – por até 90 (noventa) dias, consecutivos ou não, sem remuneração (art. 83, § 2º, da Lei 8.112/1990); **III:** correta (art. 91, *caput*, da Lei 8.112/1990).
Gabarito "E"

7.10.6. Regime disciplinar e processo administrativo disciplinar

(Magistratura/RR – 2015 – FCC) Após responder a processo administrativo disciplinar, o servidor Marcos Santana sofreu pena de suspensão de suas funções por 30 (trinta) dias, com consequente perda vencimental e reflexos nos seus direitos funcionais. Passados mais de dez anos desde a aplicação da penalidade, ocorre o falecimento de Marcos. Na ocasião, um colega de Marcos, em crise de consciência, confessa que a principal prova documental juntada nos autos do processo disciplinar foi por ele forjada, com a finalidade de prejudicar o colega, de quem era desafeto. Em vista do sucedido, é correto concluir que

(A) em vista do falecimento do servidor e do transcurso do tempo, somente será possível a anulação da punição por ação judicial, a ser proposta pelo representante do espólio.
(B) com o falecimento do servidor, tornou-se irreversível a punição, em vista do esgotamento dos efeitos do ato administrativo (teoria do fato consumado).
(C) embora o falecimento não impeça a anulação da punição, o prazo para anulação dos atos da Administração é quinquenal, o que impossibilita a revisão da punição, seja na esfera administrativa, seja no âmbito judicial.
(D) ainda é possível a revisão administrativa da aplicação da sanção, que poderá ser realizada *ex officio* ou mediante requerimento de qualquer pessoa da família do servidor.
(E) em vista do transcurso do prazo para anulação dos atos administrativos, que é decenal, tornou-se irreversível o ato administrativo; todavia, o espólio do servidor poderá ajuizar ação de indenização em relação ao colega que provocou sua punição.

A: incorreta, pois a revisão é um pedido administrativo (arts. 174 e ss. da Lei 8.112/1990, na esfera federal); **B**, **C** e **E:** incorretas, pois a revisão pode ser pedida a qualquer tempo, inclusive em caso de falecimento do servidor (arts. 174, *caput* e § 1º., da Lei 8.112/1990, na esfera federal); **D:** correta (art. 174, *caput* e § 1º, da Lei 8.112/1990, na esfera federal).
Gabarito "D"

(Promotor de Justiça/PI – 2014 – CESPE) Acerca do entendimento do STJ sobre o processo administrativo disciplinar, assinale a opção correta.

(A) Não é obrigatória a intimação do interessado para apresentar alegações finais após o relatório final de processo administrativo disciplinar.
(B) Não é possível a utilização, em processo administrativo disciplinar, de prova emprestada produzida validamente em processo criminal, enquanto não houver o trânsito em julgado da sentença penal condenatória.
(C) No processo administrativo disciplinar, quando o relatório da comissão processante for contrário às provas dos autos, não se admite que a autoridade julgadora decida em sentido diverso do indicado nas conclusões da referida comissão, mesmo que o faça motivadamente.
(D) Considere que se constate que servidor não ocupante de cargo efetivo tenha-se valido do cargo comissionado para indicar o irmão para contratação por empresa recebedora de verbas públicas. Nessa situação, a penalidade de destituição do servidor do cargo em comissão só será cabível caso se comprove dano ao erário ou proveito pecuniário.
(E) Caso seja ajuizada ação penal destinada a apurar criminalmente os mesmos fatos investigados administrativamente, deve haver a imediata paralisação do curso do processo administrativo disciplinar.

A: correta, pois não há previsão legal nesse sentido (MS 18.090-DF, DJ 08.05.2013); **B:** incorreta, pois o STJ admite a utilização dessa prova, em processo disciplinar, na qualidade de "prova emprestada", caso tenha sido produzida em ação penal, e desde que devidamente autorizada pelo juízo criminal e com a observância das diretrizes da Lei 9.296/1996 (MS 16.146, j. 22.05.2013); **C:** incorreta, pois, desde que o faça motivadamente, a autoridade não fica vinculada ao relatório da comissão processante; **D:** incorreta, pois aqui se tem violação aos arts. 117, IX, e 132, XIII, da Lei 8.112/1990, sujeito a demissão no caso de servidor ocupante de cargo público (art. 132, IV, da Lei 8.112/1990) e a destituição do cargo em comissão no caso de servidor ocupante deste (art. 135, *caput*, da Lei 8.112/1990); **E:** incorreta, pois as instâncias em questão são independentes entre si (art. 125 da Lei 8.112/1990).
Gabarito "A"

(Técnico – TRT/19ª – 2015 – FCC) Alice, servidora pública do Tribunal Regional do Trabalho da 19ª Região, encontrava-se em seu local de trabalho, exercendo normalmente suas atribuições, quando foi surpreendida por um particular que lhe dirigiu graves xingamentos, ofensivos à sua moral. Alice, abalada emocionalmente, ofendeu fisicamente o particular. Nos termos da Lei 8.112/1990, Alice

(A) está sujeita à pena de repreensão.
(B) não sofrerá punição, haja vista ter agido em legítima defesa.
(C) cometeu ato de improbidade e pode sofrer a suspensão dos seus direitos políticos por 8 (oito) anos.
(D) está sujeita à pena de demissão.
(E) não sofrerá punição, mas terá o episódio registrado em seu prontuário, para fins de antecedentes funcionais.

A: incorreta, pois essa pena não está prevista na Lei 8.112/1990 (art. 127); **B:** incorreta, pois a legítima defesa não autoriza o uso de violência física no caso, que, se existisse, afastaria a sanção de demissão (art. 132, VII, da Lei 8.112/90); **C:** incorreta, pois há improbidade no caso, pela violação a princípios da administração, violação essa que enseja suspensão de direitos políticos de até 5 anos apenas (art. 12, III, da Lei 8.429/92); **D:** correta, na forma do art. 132, VII, da Lei 8.112/1990; **E:** incorreta, pois o caso enseja expressamente a pena de demissão (art. 132, VII, da Lei 8.112/1990).
Gabarito "D"

(Analista – TRT/8ª – 2010 – FCC) Nos termos da Lei 8.112/1990, a prática de determinado ato considerado irregular por servidor público em face de suas atribuições, implica a

(A) inafastabilidade da responsabilidade administrativa do servidor no caso de absolvição criminal que negue a existência do fato ou sua autoria.
(B) obrigação de reparar o dano estendida aos sucessores e contra eles executada, até o limite do valor da herança recebida.
(C) responsabilização civil-administrativa, somente se resultante de ato comissivo e não omissivo, pratica-

do em razão da qualidade de funcionário público e não em razão da sua função.
(D) inaplicabilidade das sanções civis, penais e administrativas cumulativamente, por serem independentes entre si.
(E) não responsabilização do servidor perante a Fazenda Pública, em ação regressiva, tratando-se de dano causado a terceiros.

A: incorreta (art. 126 da Lei 8.112/1990); B: correta (art. 122, § 3º, da Lei 8.112/1990); C: incorreta (art. 124 da Lei 8.112/1990); D: incorreta (art. 125 da Lei 8.112/1990); E: incorreta (art. 122, § 2º, da Lei 8.112/1990).
Gabarito "B".

(Analista – TRT/12ª – 2010 – FCC) De acordo com a Lei 8.112/1990, é dever do servidor público
(A) guardar sigilo sobre assunto da repartição de que teve ciência em razão do cargo, mesmo que referido assunto envolva irregularidades.
(B) representar contra omissão, sendo que tal representação será apreciada pela autoridade contra a qual é formulada, assegurando-se ao representando ampla defesa.
(C) cumprir as ordens superiores, ainda que manifestamente ilegais.
(D) atender com presteza à expedição de certidões para o atendimento do interesse público, exceto para esclarecimento de situação de interesse pessoal.
(E) atender com presteza ao público em geral, prestando as informações requeridas, ressalvadas as protegidas por sigilo.

A: incorreta (art. 116, VI, da Lei 8.112/1990); B: incorreta (art. 116, XII, parágrafo único, da Lei 8.112/1990); C: incorreta (art. 116, IV, da Lei 8.112/1990); D: incorreta (art. 116, V, b, da Lei 8.112/1990); E: correta (art. 116, V, a, da Lei 8.112/1990).
Gabarito "E".

(Analista – TRT/22ª – 2010 – FCC) Quanto a acumulação de cargos, a Lei 8.112/1990, estabelece que
(A) a proibição de acumular estende-se apenas a cargos e não empregos ou funções em autarquias, fundações públicas, empresas públicas e sociedades de economia mista.
(B) o servidor que acumular licitamente dois ou mais cargos em comissão, quando investido em cargo efetivo, ficará afastado de ambos os cargos, ainda que houver compatibilidade de horário.
(C) em qualquer hipótese é vedada a acumulação remunerada de cargos públicos.
(D) se considera acumulação proibida a percepção de vencimento de cargo com proventos da inatividade, salvo quando os cargos de que decorrem essas remunerações não forem acumuláveis na atividade.
(E) a acumulação de cargos, ainda que lícita, fica condicionada à comprovação da compatibilidade de horários.

A: incorreta (art. 118, § 1º, da Lei 8.112/1990); B: incorreta (art. 120 da Lei 8.112/1990); C: incorreta (art. 118, caput, da Lei 8.112/1990); D: incorreta (art. 118, § 3º, da Lei 8.112/1990); E: correta (art. 118, § 2º, da Lei 8.112/1990).
Gabarito "E".

(Advogado da União/AGU – CESPE – 2012) Com base na jurisprudência dos tribunais superiores e na legislação de regência, julgue os próximos itens, relativos a agentes públicos.
(1) Conforme o disposto na Lei 8.112/1990, a instauração de PAD interrompe a prescrição até a decisão final, a ser proferida pela autoridade competente; conforme entendimento do STF, não sendo o PAD concluído em cento e quarenta dias, o prazo prescricional volta a ser contado em sua integralidade.
(2) Qualquer pessoa pode representar ao corregedor-geral da AGU contra abuso, erro grosseiro, omissão ou qualquer outra irregularidade funcional dos membros da AGU.

1: correta, nos termos do art. 142, § 3º, da Lei 8.112/1990 (interrupção da prescrição); já quanto ao entendimento do STF, de fato foi consagrado, conforme se verifica no MS 23.299; 2: correta (art. 34 da Lei Complementar 73/1993).
Gabarito 1C; 2C.

(Magistratura Federal – 4ª Região – 2010) Dadas as assertivas abaixo, assinale a alternativa correta:
I. O exercício do poder administrativo disciplinar não está subordinado ao trânsito em julgado da sentença penal condenatória exarada contra servidor público, embora a sua eventual absolvição criminal futura possa justificar a revisão da sanção administrativa, se não houver falta residual sancionável.
II. A falta de defesa técnica por advogado no processo administrativo disciplinar não ofende a Constituição Federal, desde que seja concedida a oportunidade de ser efetivado o contraditório e a ampla defesa.
III. O excesso de prazo para a conclusão de processo administrativo disciplinar não é causa de nulidade quando não demonstrado prejuízo à defesa do servidor.
IV. É inadmissível segunda punição de servidor público baseada no mesmo processo em que se fundou a primeira.
(A) Estão corretas apenas as assertivas I e II.
(B) Estão corretas apenas as assertivas I e III.
(C) Estão corretas apenas as assertivas III e IV.
(D) Estão corretas apenas as assertivas II, III e IV.
(E) Estão corretas todas as assertivas.

I: correta, pois as instâncias civil, penal e administrativa são independentes entre si, podendo ser apuradas em paralelo; ademais, é correta a afirmativa de que algumas absolvições penais (por negativa de autoria ou por inexistência material do fato) têm reflexo na esfera administrativa (art. 126 da Lei 8.112/1990); por fim, muitas vezes, mesmo uma absolvição criminal nos casos mencionados, não impedirá a aplicação de sanção disciplinar, caso algum comportamento praticado pelo agente público, e tipificado na esfera disciplinar, não esteja compreendido na absolvição criminal (Súmula 18 do STF: "pela falta residual, não compreendida na absolvição pelo juízo criminal, é admissível a punição administrativa do servidor público"); II: correta, pois está de acordo com a Súmula Vinculante 5 do STF ("A falta de defesa técnica por advogado no processo administrativo disciplinar não ofende a Constituição"); III: correta, pois, segundo o STJ, "o excesso de prazo para a conclusão do processo administrativo disciplinar não é causa de sua nulidade quando não demonstrado prejuízo à defesa do servidor" (MS 12.895-DF, j. 11.11.2009); IV: correta, sob pena de se violar o princípio do non bis in idem.
Gabarito "E".

(Magistratura Federal-5ª Região – 2011) Jorge, servidor público federal, acusou sua colega de trabalho, Lúcia, também servidora pública federal, de ter-lhe atirado, enfurecida, durante o expediente de serviço e dentro do local de trabalho, o telefone celular a ele pertencente, o que lhe teria provocado lesão grave e a destruição do aparelho. Em sua defesa, Lúcia alegou que, no dia da mencionada agressão, não comparecera ao local de trabalho. Com base nessa situação hipotética e na Lei 8.112/1990, que dispõe sobre os deveres e obrigações do servidor público, assinale a opção correta com relação à responsabilização administrativa, civil e criminal da referida servidora.

(A) A responsabilidade civil-administrativa não resulta de ato omissivo praticado por servidor no desempenho do cargo ou função.
(B) A existência de sanção penal contra Lúcia inibe a aplicação de sanção administrativa, e vice-versa.
(C) O prejuízo decorrente da destruição do aparelho de telefone celular de Jorge enseja a responsabilização administrativa de Lúcia.
(D) Caso ocorra a absolvição criminal de Lúcia, em razão de ela comprovar que não compareceu ao trabalho no dia em que Jorge sofreu a agressão, não caberá aplicação de sanção administrativa contra a servidora.
(E) A responsabilidade penal em geral não abrange as contravenções imputadas ao servidor, nessa qualidade.

A: incorreta, pois a omissão também pode importar em ilícito civil ou administrativo (art. 124 da Lei 8.112/1990); **B:** incorreta, pois há independência entre as sanções civis, administrativas e penais (arts. 121 e 125 da Lei 8.112/1990); **C:** incorreta, pois tal prejuízo é resolvido na esfera civil; há de se verificar se, além desse prejuízo (de natureza civil), há incidência de algum tipo de infração disciplinar no caso narrado; **D:** correta, pois, nesse caso, tem-se absolvição penal por negativa de autoria, absolvição que gera efeitos na esfera administrativa (art. 126 da Lei 8.112/1990); **E:** incorreta, pois a responsabilidade penal abrange os crimes e as contravenções imputadas ao servidor, nessa qualidade (art. 123 da Lei 8.112/1990).
Gabarito "D".

(Analista – TRE/AM – 2010 – FCC) Quanto às penalidades aplicáveis aos servidores públicos civis nos termos da Lei n. 8.112/90, considere:

I. Entende-se por inassiduidade habitual a falta ao serviço, sem causa justificada, por sessenta dias, interpoladamente, durante o período de doze meses.
II. A demissão de cargo em comissão daquele que se vale do cargo para lograr proveito pessoal em detrimento da dignidade da função pública incompatibiliza o ex-servidor para nova investidura em cargo público federal, pelo prazo de 5 (cinco) anos.
III. A ação disciplinar prescreverá em 3 (três) anos, quanto à suspensão, e em 180 (cento e oitenta) dias, quanto à advertência.
IV. As penalidades disciplinares serão aplicadas pelo chefe da repartição e outras autoridades na forma dos respectivos regimentos ou regulamentos, nos casos de advertência ou de suspensão de até 30 (trinta) dias.
V. Será cassada a aposentadoria do inativo que houver praticado, na atividade ou inatividade, falta punível com a suspensão superior a 30 (trinta) dias.

Estão corretas APENAS
(A) I, II e IV.
(B) I e IV.
(C) III e V.
(D) II, III e V.
(E) II, IV e V.

I: correta (art. 139 da Lei 8.112/1990); **II:** correta (art. 137, *caput*, da Lei 8.112/1990); **III:** incorreta (a ação disciplinar prescreverá em 2 anos quanto à suspensão – art. 142, II, da Lei 8.112/1990); **IV:** correta (art. 141, III, da Lei 8.112/1990); **V:** incorreta (será cassada a aposentadoria do inativo que houver praticado, na atividade, falta punível com demissão – art. 134 da Lei 8.112/1990).
Gabarito "A".

(Analista – TRE/MT – 2010 – CESPE) Assinale a opção correta em relação ao regime disciplinar aplicável ao servidor público, conforme dispõe a Lei 8.112/1990.

(A) O servidor que estiver no gozo de licença para tratar de interesses particulares pode participar de gerência ou administração de sociedade privada, personificada ou não personificada, e exercer o comércio.
(B) No caso de reincidência em faltas punidas com advertência, pode ser aplicada ao servidor efetivo a suspensão, limitada a sessenta dias.
(C) A ação disciplinar prescreve em cinco anos quanto à suspensão.
(D) A abertura de sindicância contra o servidor não interrompe o curso do prazo prescricional da ação disciplinar.
(E) Instaurado o processo administrativo disciplinar, o servidor acusado pode ser afastado preventivamente por determinação da autoridade instauradora, por até quarenta dias após o término do processo e sem remuneração.

A: correta (art. 117, parágrafo único, II, da Lei 8.112/1990); **B:** incorreta, pois a suspensão fica limitada a noventa dias (art. 130, *caput*, da Lei 8.112/1990); **C:** incorreta, pois a ação disciplinar prescreve em dois anos quanto à suspensão (art. 142, II, da Lei 8.112/1990); **D:** incorreta (art. 142, § 3º, da Lei 8.112/1990); **E:** incorreta, pois o prazo do afastamento é de até sessenta dias, sem prejuízo da remuneração (art. 147 da Lei 8.112/1990).
Gabarito "A".

(Analista – TRF/1ª – 2011 – FCC) Sobre o processo administrativo disciplinar, previsto na Lei 8.112/1990, é correto afirmar que

(A) da sindicância poderá resultar aplicação de penalidade de advertência ou suspensão de até sessenta dias.
(B) o processo disciplinar poderá ser revisto, a qualquer tempo, a pedido ou de ofício, quando, dentre outras hipóteses, se aduzirem circunstâncias suscetíveis de justificar a inadequação da penalidade aplicada.
(C) o prazo para conclusão da sindicância não excederá vinte dias, podendo ser prorrogado por igual período, a critério da autoridade superior.
(D) o afastamento preventivo do servidor, para evitar que influa na apuração da irregularidade, poderá ser prorrogado por igual prazo, findo o qual cessarão os seus efeitos, salvo se não concluído o processo.
(E) quando o relatório da Comissão contrariar as provas dos autos, a autoridade julgadora poderá, motivadamente, abrandar a penalidade proposta ou isentar o

servidor de responsabilidade, não podendo, todavia, agravar a pena.

A: incorreta, pois da sindicância poderá resultar aplicação de penalidade de advertência ou suspensão de até trinta dias (art. 145, II, da Lei 8.112/1990); **B:** correta (art. 174, *caput*, da Lei 8.112/1990); **C:** incorreta, pois o prazo não excederá a trinta dias (art. 145, parágrafo único, da Lei 8.112/1990); **D:** incorreta, pois findo o prazo, cessarão os efeitos do afastamento, ainda que não concluído o processo (art. 147, parágrafo único, da Lei 8.112/1990); **E:** incorreta, pois a autoridade poderá também agravar a pena (art. 168, parágrafo único, da Lei 8.112/1990).

Gabarito "B".

(OAB/Exame Unificado – 2010.1) Com relação ao regime disciplinar dos servidores públicos federais, previsto na Lei 8.112/1990, assinale a opção correta.

(A) Em caso de processo administrativo disciplinar contra servidor público, a lei autoriza, como medida cautelar, que a autoridade instauradora do processo determine o seu afastamento do cargo, pelo prazo de até 60 (sessenta) dias, sem prejuízo da remuneração, para evitar que esse servidor possa influir na apuração do fato a ele imputado.

(B) Servidor aposentado não pode ser punido em razão de infração administrativa praticada na ativa e cuja penalidade prevista seja a de demissão.

(C) A penalidade de demissão não impede, em nenhuma hipótese, que o servidor venha a ocupar outro cargo público.

(D) As penalidades de suspensão aplicadas aos servidores públicos não poderão ter seus registros cancelados.

A: correta. Leia-se o que dispõe a Lei 8.112/1990: "Art. 147. Como medida cautelar e a fim de que o servidor não venha a influir na apuração da irregularidade, a autoridade instauradora do processo disciplinar poderá determinar o seu afastamento do exercício do cargo, pelo prazo de até 60 (sessenta) dias, sem prejuízo da remuneração. Parágrafo único. O afastamento poderá ser prorrogado por igual prazo, findo o qual cessarão os seus efeitos, ainda que não concluído o processo."; **B:** incorreta. Leia-se o que dispõe a Lei 8.112/1990: "Art. 134. Será cassada a aposentadoria ou a disponibilidade do inativo que houver praticado, na atividade, falta punível com a demissão."; **C:** incorreta. Leia-se o que dispõe a Lei 8.112/1990: "Art. 137. A demissão ou a destituição de cargo em comissão, por infringência do art. 117, incisos IX e XI, incompatibiliza o ex-servidor para nova investidura em cargo público federal, pelo prazo de 5 (cinco) anos. Parágrafo único. Não poderá retornar ao serviço público federal o servidor que for demitido ou destituído do cargo em comissão por infringência do art. 132, incisos I, IV, VIII, X e XI. Art. 132. A demissão será aplicada nos seguintes casos: I – crime contra a administração pública; IV – improbidade administrativa; VIII – aplicação irregular de dinheiros públicos; X – lesão aos cofres públicos e dilapidação do patrimônio nacional; XI – corrupção;"; **D:** incorreta. Leia-se o que dispõe a Lei 8.112/1990: "Art. 131. As penalidades de advertência e de suspensão terão seus registros cancelados, após o decurso de 3 (três) e 5 (cinco) anos de efetivo exercício, respectivamente, se o servidor não houver, nesse período, praticado nova infração disciplinar. Parágrafo único. O cancelamento da penalidade não surtirá efeitos retroativos."

Gabarito "A".

Improbidade Administrativa 8

8.1. CONCEITO DE IMPROBIDADE ADMINISTRATIVA

É o ato de imoralidade qualificada pela lei que importa em enriquecimento ilícito do agente, prejuízo ao erário ou violação dos princípios da administração pública e que enseja, em processo judicial promovido pela pessoa jurídica lesada ou pelo Ministério Público, a aplicação das seguintes sanções: suspensão dos direitos políticos, perda da função pública, indisponibilidade dos bens, ressarcimento ao erário, perda de bens e valores acrescidos ilicitamente, multa civil e proibição de contratar com a administração pública ou dela receber benefícios. Tudo sem prejuízo das sanções penais, civis e administrativas.

Atualmente, o regime jurídico da improbidade está previsto na CF (art. 37, § 4º) e na Lei 8.429/1992 (Lei de Improbidade Administrativa).

8.2. MODALIDADES DE IMPROBIDADE ADMINISTRATIVA

A Lei 8.429/1992 estabelece três modalidades de ato de improbidade administrativa.

A primeira modalidade é a de **enriquecimento ilícito (art. 9º)**. Essa modalidade consiste em o agente auferir vantagem patrimonial indevida em razão do exercício da atividade pública. São exemplos de improbidade nessa modalidade os seguintes: receber comissão, propina; utilizar bem ou funcionário públicos em proveito próprio; adquirir bens desproporcionais à renda, dentre outros.

O STJ é pacífico no sentido de que é necessário dolo para a configuração dessa modalidade.

A segunda modalidade é a de atos que causam **prejuízo ao erário (art. 10)**. Essa modalidade consiste em o agente, por ato doloso ou culposo, ensejar perda patrimonial, desvio, malbaratamento ou dilapidação dos bens das entidades. São exemplos de improbidade nessa modalidade os seguintes: permitir ou facilitar que bem público seja desviado para particular, ou que seja alienado por preço inferior ao de mercado; realizar operações financeiras sem observância das normas legais; conceder benefício fiscal sem observância da lei; frustrar licitação; ordenar ou permitir realização de despesas não autorizadas; dentre outros.

O STJ é pacífico no sentido de que essa modalidade pode se configurar tanto mediante conduta dolosa como mediante conduta culposa em sentido estrito (EREsp 875.163/RS, DJ 30.06.2010).

A terceira modalidade é que importa em **violação a princípios da Administração Pública (art. 11)**. Essa modalidade consiste em o agente violar dolosamente deveres de honestidade, imparcialidade, legalidade e lealdade às instituições. São exemplos de improbidade nessa modalidade os seguintes: praticar ato visando a fim proibido em lei ou diverso daquele previsto na regra de competência (desvio de finalidade), retardar ou deixar de praticar ato de ofício, revelar fato que deva permanecer em segredo, negar publicidade aos atos oficiais, deixar de prestar contas.

O STJ é pacífico no sentido de que é necessário dolo para a configuração dessa modalidade.

A jurisprudência do STJ afastou todas as teses de responsabilidade objetiva em qualquer das modalidades citadas.

E, nos casos em que se exige dolo, a jurisprudência desse tribunal esclareceu que se trata do *dolo genérico*, consistente na "vontade de realizar fato descrito na norma incriminadora" (REsp 765.212/AC, j. em 02.03.2010).

Segue relação dos tipos de improbidade previstos na Lei 8.429/1992, com grifos e comentários nossos:

Dos Atos de Improbidade Administrativa que Importam **Enriquecimento Ilícito**

Art. 9º Constitui ato de improbidade administrativa importando enriquecimento ilícito **auferir qualquer tipo de vantagem patrimonial indevida em razão** do exercício de cargo, mandato, função, emprego ou atividade nas entidades mencionadas no art. 1º desta lei, **e notadamente**: *(a expressão "e notadamente revela que o rol abaixo é exemplificativo, de modo que o caput já traz um tipo genérico dessa modalidade; ademais, aqui se exige dolo e não é necessário que haja lesão ao erário)*

I – **receber**, para si ou para outrem, **dinheiro, bem móvel ou imóvel**, ou **qualquer outra vantagem econômica**, direta ou indireta, a título de comissão, percentagem, gratificação ou presente de quem tenha interesse, direto ou indireto, **que possa ser atingido ou amparado por ação ou omissão decorrente das atribuições do agente público**;

II – **perceber vantagem econômica**, direta ou indireta, **para facilitar** a aquisição, permuta ou locação de bem móvel ou imóvel, ou a contratação de serviços pelas entidades referidas no art. 1º por preço superior ao valor de mercado;

III – **perceber vantagem econômica**, direta ou indireta, **para facilitar** a alienação, permuta ou locação de bem público ou o fornecimento de serviço por ente estatal por preço inferior ao valor de mercado;

IV – **utilizar**, em obra ou serviço **particular**, veículos, máquinas, equipamentos ou material de qualquer natureza, de propriedade ou à disposição de qualquer das entidades mencionadas no art. 1º desta lei, bem como o trabalho de servidores públicos, empregados ou terceiros contratados por essas entidades; o STJ reconheceu que incide o dispositivo na utilização, por Prefeita, de procuradores municipais para defendê-la na Justiça Eleitoral em casos envolvendo uso indevido de dinheiro público e abuso de autoridade e do poder econômico quando candidata à reeleição (REsp 908.790-RN, j. em 20.10.2009); também foi reconhecida a aplicação do dispositivo num caso em que um Prefeito usou vinte funcionários públicos em horário de expediente na construção de casa para a sua moradia (STJ, REsp 867.146-SC);

V – **receber vantagem econômica de qualquer natureza**, direta ou indireta, **para tolerar** a exploração ou a prática de jogos de azar, de lenocínio, de narcotráfico, de contrabando, de usura ou de qualquer outra atividade ilícita, ou **aceitar promessa** de tal vantagem;

VI – **receber vantagem econômica de qualquer natureza**, direta ou indireta, **para fazer declaração falsa** sobre medição ou avaliação em obras públicas ou qualquer outro serviço, ou sobre quantidade, peso, medida, qualidade ou característica de mercadorias ou bens fornecidos a qualquer das entidades mencionadas no art. 1º desta lei;

VII – **adquirir**, para **si** ou para **outrem**, no exercício de mandato, cargo, emprego ou função pública, **bens de qualquer natureza cujo valor seja desproporcional à evolução do patrimônio ou à renda do agente público**;

VIII – **aceitar emprego, comissão ou exercer atividade de consultoria ou assessoramento** para pessoa física ou jurídica **que tenha interesse suscetível** de ser atingido ou amparado por ação ou omissão decorrente das atribuições do agente público, durante a atividade;

IX – **perceber vantagem econômica** para **intermediar** a liberação ou aplicação de verba pública de qualquer natureza;

X – **receber vantagem econômica de qualquer natureza**, direta ou indiretamente, **para omitir** ato de ofício, providência ou declaração a que esteja obrigado;

XI – **incorporar**, por qualquer forma, **ao seu patrimônio** bens, rendas, verbas ou valores integrantes do acervo patrimonial das entidades mencionadas no art. 1º desta lei;

XII – **usar, em proveito próprio**, bens, rendas, verbas ou valores integrantes do acervo patrimonial das entidades mencionadas no art. 1º desta lei.

Dos Atos de Improbidade Administrativa que Causam **Prejuízo ao Erário**

Art. 10. Constitui ato de improbidade administrativa que causa lesão ao erário **qualquer ação ou omissão, dolosa ou culposa, que enseje** perda patrimonial, desvio, apropriação, malbaratamento ou dilapidação dos bens ou haveres das entidades referidas no art. 1º desta lei, e notadamente: *(repare que a modalidade se configura mediante conduta culposa ou dolosa)*

I – **facilitar ou concorrer** por qualquer forma **para a incorporação** ao patrimônio particular, de pessoa física ou jurídica, de bens, rendas, verbas ou valores integrantes do acervo patrimonial das entidades mencionadas no art. 1º desta lei;

II – **permitir ou concorrer** para que pessoa física ou jurídica privada **utilize** bens, rendas, verbas ou valores integrantes do acervo patrimonial das entidades mencionadas no art. 1º desta lei, **sem a observância das formalidades legais ou regulamentares aplicáveis à espécie**;

III – **doar** à pessoa física ou jurídica bem como ao ente despersonalizado, ainda que de fins educativos ou assistências, bens, rendas, verbas ou valores **do patrimônio de qualquer das entidades** mencionadas no art. 1º desta lei, **sem observância** das formalidades legais e regulamentares aplicáveis à espécie;

IV – **permitir ou facilitar** a alienação, permuta ou locação de bem integrante do patrimônio de qualquer das entidades referidas no art. 1º desta lei, ou ainda a prestação de serviço por parte delas, **por preço inferior ao de mercado**;

V – **permitir ou facilitar** a aquisição, permuta ou locação de bem ou serviço **por preço superior ao de mercado**;

VI – **realizar operação financeira** sem observância das normas legais e regulamentares ou aceitar garantia insuficiente ou inidônea;

VII – **conceder benefício administrativo ou fiscal** sem a observância das formalidades legais ou regulamentares aplicáveis à espécie;

VIII – **frustrar a licitude de processo licitatório ou de processo seletivo para celebração de parcerias com entidades sem fins lucrativos, ou dispensá-los indevidamente**;;

o STJ afastou decisão que condenara agentes por improbidade neste tipo, ao fundamento de que o elemento subjetivo (culpa ou dolo) não foram comprovados, e dano ao erário, essencial para a configuração da modalidade, não aconteceu, em virtude de do pagamento da quantia de R$ 50 mil pela Administração correspondeu efetivamente a uma prestação de serviço (REsp 1.038.777-SP, j. 03.02.2011);

IX – **ordenar ou permitir** a realização de despesas não autorizadas em lei ou regulamento;

X – **agir negligentemente na arrecadação de tributo ou renda**, bem como no que diz respeito à **conservação do patrimônio público**;

XI – **liberar verba pública** sem a estrita observância das normas pertinentes **ou influir** de qualquer forma para a sua aplicação irregular;

XII – **permitir, facilitar ou concorrer** para que **terceiro se enriqueça ilicitamente**; o STJ entende que a configuração do art. 10, XII, da Lei 8.429/1992 só é pertinente em caso de comprovada demonstração, nos autos, do nexo de causalidade entre o enriquecimento de terceiro e o prejuízo da Administração (REsp 842.428-ES);

XIII - **permitir que se utilize**, em obra ou serviço particular, veículos, máquinas, equipamentos ou material de qualquer natureza, de propriedade ou à disposição de qualquer das entidades mencionadas no art. 1º desta lei, bem como o trabalho de servidor público, empregados ou terceiros contratados por essas entidades.

XIV – **celebrar contrato ou outro instrumento** que tenha por objeto a prestação de serviços públicos por meio da gestão associada sem observar as formalidades previstas na lei;

XV – **celebrar contrato** de rateio de consórcio público sem suficiente e prévia dotação orçamentária, ou sem observar as formalidades previstas na lei.

XVI – **facilitar ou concorrer, por qualquer forma, para a incorporação, ao patrimônio particular de pessoa física ou jurídica, de bens, rendas, verbas ou valores públicos transferidos pela administração pública a entidades privadas** mediante celebração de parcerias, sem a observância das formalidades legais ou regulamentares aplicáveis à espécie;

XVII – **permitir ou concorrer para que pessoa física ou jurídica privada utilize bens, rendas, verbas ou valores públicos transferidos pela administração pública a entidade privada mediante celebração de parcerias**, sem a observância das formalidades legais ou regulamentares aplicáveis à espécie;

XVIII – **celebrar parcerias da administração pública com entidades privadas sem a observância das formalidades legais ou regulamentares aplicáveis à espécie**;

XIX – **liberar recursos de parcerias firmadas pela administração pública com entidades privadas sem a estrita observância das normas pertinentes ou influir de qualquer forma para a sua aplicação irregular**;

XX – **liberar recursos de parcerias firmadas pela administração pública com entidades privadas sem a estrita observância das normas pertinentes ou influir de qualquer forma para a sua aplicação irregular**.

A Lei 13.019/2014, que trata do Marco Regulatório para Celebração de Parcerias com Organizações da Sociedade Civil, criou os incisos XVI a XXI e deu nova redação ao inciso VIII do art. 10 da Lei 8.429/1992, além criar o inciso VIII do art. 11 da mesma lei.

Posteriormente, a Lei 13.204/2015 alterou os incisos XIX e XX do art. 10 da Lei 8.429/1992, nada dispondo sobre o inciso XXI.

Dos Atos de Improbidade Administrativa que Atentam Contra os **Princípios da Administração Pública**

Art. 11. Constitui ato de improbidade administrativa que atenta contra os princípios da administração pública qualquer **ação ou omissão que viole os deveres** de honestidade, imparcialidade, legalidade, e lealdade às instituições, e notadamente: *(aqui se exige dolo e não se exige lesão ao erário)*

I – **praticar ato visando fim proibido em lei ou regulamento** ou diverso daquele previsto, na regra de competência; O STJ entendeu configurado o dispositivo em caso no qual um prefeito repassara a um hospital vultosa verba consignada no orçamento municipal em razão do incêndio sofrido pelo hospital; porém omitiu o caráter público de tal quantia e divulgou na imprensa que tratava-se de sua doação particular, daí porque foi condenado pela prática de improbidade à suspensão de seus direitos políticos por três anos e ao pagamento das custas processuais (REsp 884.083-PR); o STJ entendeu configurado o dispositivo e também o *caput* do art. 11 (neste caso, por violação aos princípios da moralidade, finalidade, legalidade e interesse público), em caso no qual vereadores de um município exigiram de seus assessores comissionados a entrega de percentual dos seus vencimentos para o pagamento de outros servidores não oficiais (assessores informais), bem como para o custeio de campanhas eleitorais e despesas do próprio gabinete (REsp 1.135.767-SP);

II – **retardar ou deixar de praticar, indevidamente, ato de ofício**; o STJ afastou a aplicação desse dispositivo a um caso em que agente público agiu com desídia e negligência, mas sem demonstração de que teria agido com dolo, ainda que eventual (REsp 875.163-RS, j. 19.05.2009);

III – **revelar fato ou circunstância** de que tem ciência em razão das atribuições e que deva permanecer em segredo;

IV - **negar publicidade aos atos ofic**iais;

V - **frustrar a licitude de concurso público**; o STJ entendeu não configurar o ilícito a contratação temporária de servidores e sua prorrogação sem concurso, quando amparadas em legislação local, a afastar o dolo genérico, essencial para a configuração dessa modalidade de improbidade (EDcl no AgRg no AgRg no AREsp 166.766-SE, j. em 23.10.2012); por outro lado, o STJ reconheceu a aplicação do dispositivo em caso no qual a contratação sem concurso se deu e ainda o agente público contratante postergou por 8 anos a eficácia do ato ímprobo (REsp 915.322-MG); da mesma forma, o STJ aplicou o dispositivo a agente que determinou a contratação de servidores para trabalhar em banco estatal, sem concurso, mediante manutenção de vários contratos de fornecimento de mão de obra, via terceirização de serviços; não se aplicou os arts. 9º e 10 da Lei 8.429/1992, por ausência de prova quanto a enriquecimento ilícito e a prejuízo ao erário, respectivamente, mas se aplicou o art. 11, por violação do dispositivo e também dos princípios da moralidade e da impessoalidade (REsp 772.241-MG); o STJ também aplicou o dispositivo e o caput do art. 11 em caso no qual um Prefeito, acompanhado de várias pessoas, foi a um clube local para participar de baile de carnaval de natureza privada; todavia, o porteiro advertiu-lhe que apenas ele e seus familiares poderiam adentrar o recinto; indignado, o Prefeito desferiu a ele e a outros uma série de impropérios e deixou o local, mesmo após a autorização dada pelo diretor social para o ingresso de todos e, não satisfeito, no seguinte dia, entendeu cassar a licença conferida ao clube e impedir suas festividades no último dia do carnaval, até mediante o expediente de cavar valetas nas ruas de acesso ao local; ao final, foi condenado a ressarcir o gasto com a abertura da valeta (sanção essa – de ressarcimento - rara de se aplicar quando se tem a modalidade do art. 11 da Lei 8.429/1992), a pagar multa de 10 vezes a sua remuneração e a ficar proibido de contratar com o Poder Público (REsp 897.499-SP);

VI - **deixar de prestar contas** quando esteja obrigado a fazê-lo;

VII - **revelar ou permitir que chegue ao conhecimento de terceiro**, antes da respectiva divulgação oficial, teor de medida política ou econômica capaz de afetar o preço de mercadoria, bem ou serviço;

VIII – descumprir as normas relativas à celebração, fiscalização e aprovação de contas de parcerias firmadas pela administração pública com entidades privadas;

IX - deixar de cumprir a exigência de requisitos de acessibilidade previstos na legislação.

O STJ reconheceu que configura a modalidade do art. 11 as seguintes condutas:

a) de professor da rede pública de ensino, que, aproveitando-se dessa situação assedia sexualmente seus alunos (REsp 1.255.120-SC, j. 21.05.2003);

b) de médico que emite laudo médico de sua competência em seu próprio benefício (AgRg no AREsp 73.968-SP, j. em 02.10.2012).

O STJ também afasta o reconhecimento de improbidade quando o agente público, mesmo cometendo uma ilegalidade, não tenha atuado, num sentido amplo, com imoralidade, desídia, desvio ético ou desonestidade. Afinal, a expressão improbidade significa desonestidade e, não havendo ofensa a esse bem jurídico, não há falar-se em responsabilidade por ato de improbidade administrativa. Um exemplo foi o de um Prefeito que permitiu o uso de um imóvel público a título precário, sem que houvesse lei autorizando (contrariando assim a lei orgânica local), para abrigar, sob a orientação de servidores em trabalho voluntário, crianças sujeitas a abusos e maus-tratos, durante a noite e finais de semana, pois à época não havia nem conselho tutelar no local (REsp 1.129.277-RS, j. em 04.05.2010). Reconheceu-se que o ato foi praticado com o intuito de assegurar direitos fundamentais a crianças e adolescentes e que a eventual ilegalidade na formalização não é suficiente para caracterizar ato de improbidade, sem prejuízo de que a questão seja corrigida.

Por outro lado, havendo o preenchimento dos requisitos todos para a configuração do ato de improbidade, inclusive o elemento subjetivo, o STJ já rejeitou a aplicação do princípio da insignificância em alguns casos. Um exemplo foi um em que o chefe de gabinete de uma prefeitura aproveitou-se da força de 3 servidores municipais, bem como de veículo pertencente à municipalidade, para transportar móveis de seu uso particular. Ele, ao admitir os fatos que lhe foram imputados, pediu exoneração do cargo e ressarciu aos cofres públicos a importância de quase nove reais referente ao combustível utilizado no deslocamento. Porém, reconhecida a prática de ato de improbidade, foi condenado ao pagamento de multa civil em primeiro grau e depois a ação foi julgada improcedente em segundo grau, pela aplicação do princípio da insignificância. O STJ, por sua vez, com fundamento no princípio da indisponibilidade do interesse público, asseverou que a moralidade administrativa deve ser considerada objetivamente, não comportando relativização a ponto de permitir "só um pouco" de ofensa, de modo que revigorou a condenação por improbidade (a multa civil), mas afastou o pleito inicial do MP de condenação em suspensão dos direitos políticos e proibição de contratar com o Poder Público (REsp 892.818-RS, j. 11.11.2008).

8.3. SANÇÕES OU PENAS PELA PRÁTICA DE IMPROBIDADE ADMINISTRATIVA

A Lei 8.429/1992 estabelece as seguintes sanções para aquele que pratica o ato de improbidade (art. 12):

a) suspensão dos direitos políticos: de 8 a 10, de 5 a 8 e de 3 a 5 anos, para os arts. 9º, 10 e 11, respectivamente;

b) perda da função pública;

c) indisponibilidade dos bens (§ 4º do art. 37 da CF);

d) ressarcimento ao erário;

e) perda de bens e valores acrescidos ilicitamente;

f) multa civil: no valor de até 3 (três) vezes o valor do *acréscimo patrimonial* do agente, no caso do art. 9º; no valor de até 2 (duas) vezes o valor do *dano*, no caso do art. 10; e no valor de até 100 vezes a *remuneração percebida* pelo agente, no caso do art. 11;

g) proibição de contratar com a Administração Pública ou dela receber benefícios ou incentivos fiscais ou creditícios, direta ou indiretamente, ainda que por intermédio de pessoa jurídica da qual seja sócio majoritário, por 10, 5 e 3 anos, para os artigos 9º a 11, respectivamente.

As quatro primeiras sanções foram criadas expressamente pela CF, enquanto as demais foram criadas pela Lei 8.429/1992.

Na fixação das penas previstas nesta Lei o juiz levará em conta a extensão do dano causado, assim como o proveito patrimonial obtido pelo agente.

A aplicação das sanções independe de dano ao erário (art. 21, I) e da aprovação ou rejeição de contas pelo órgão de controle interno ou Tribunal de Contas (art. 21, II).

Porém, **em casos em que não se demonstrar lesão ao erário**, como na contratação de servidores sem concurso ou de empresas sem licitação, mas que acabarem trabalhando ou prestando serviço, não cabe a aplicação da sanção de ressarcimento ao erário, não havendo dano, para que não haja enriquecimento sem causa da Administração, sem prejuízo da aplicação de outras sanções previstas no art. 12 da Lei 8.429/1992 (STJ, REsp 1.238.466-SP).

Quanto **à aprovação de contas pelo Tribunal de Contas**, a jurisprudência do STJ vem aplicando o dispositivo citado (REsp 593.522-SP), asseverando que a sua aprovação não inibe a atuação do Poder Judiciário para exame de sua legalidade e constitucionalidade, pois as cortes de contas municipais não exercem jurisdição e não têm atribuição para anular atos lesivos ao patrimônio público, visto que exercem função auxiliar ao Legislativo (art. 5º, XXXV, c/c o art. 71, X, §§ 1º e 2º da CF/1988).

No tocante à **cumulação das sanções previstas no art. 12 da Lei 8.429/1992**, o STJ entendeu que estas não podem ser cumuladas de modo indistinto, em obediência ao princípio da proporcionalidade (REsp 626.204/RS, DJ 06.09.2007).

Na prática, somente em casos gravíssimos, como de enriquecimento ilícito do agente (art. 9º), justifica-se a cumulação de todas as sanções previstas no art. 12.

Casos que envolvam violação a princípios (art. 11) e prejuízo ao erário (art. 10), desde que não dolosos, dão ensejo, normalmente, apenas a multa civil e ressarcimento do dano (AgRg no AgRg no Ag 1.261.659/TO, DJ 07.06.2010).

Por outro lado, reconheceu-se ser hipótese de aplicar a grave sanção de suspensão dos direitos políticos, mesmo em caso em que não havia enriquecimento ilícito do agente, num caso de contratação, por vereadores, de funcionários fantasmas (STJ, REsp 1.025.300).

Aliás, em matéria de aplicação das sanções, vale trazer à colação outro entendimento do STJ, esse no sentido de que a aplicação da sanção de demissão/perda do cargo, em caso de prática de ato de improbidade, não é de competência exclusiva da autoridade judiciária, podendo ser feita pela autoridade administrativa, dada a independência das instâncias (AgRg no MS 15.054/DF, DJ 18.05.2010).

Ou seja, a aplicação das sanções por improbidade administrativa independe da aplicação de sanções nas esferas administrativa e penal, dada a independência das instâncias, claramente determinada no art. 12, *caput*, da Lei 8.429/1992. Assim, o fato de um agente público estar sofrendo um processo disciplinar que pode levá-lo à demissão não interfere na continuidade da ação de improbidade, que pode também levá-lo à perda do cargo.

8.4. SUJEITOS DO ATO DE IMPROBIDADE ADMINISTRATIVA

São **sujeitos passivos**, ou seja, podem ser vítimas do ato de improbidade as seguintes pessoas (art. 1º, *caput* e parágrafo único, da Lei 8.429/1992):

a) pessoas jurídicas de direito público e de direito privado integrantes da Administração Direta e Indireta;

b) empresa incorporada ao patrimônio público;

c) entidade para cuja criação ou custeio o Estado tenha contribuído ou contribua com mais de 50% do patrimônio ou da receita anual;

d) entidade para cuja criação ou custeio o erário haja concorrido ou concorra com menos de 50% do patrimônio ou da receita anual; nesse caso a *sanção patrimonial* fica limitada à repercussão do ilícito sobre a contribuição dos cofres públicos;

e) entidades que recebam subvenção, benefício ou incentivo, fiscal ou creditício, de órgãos ou empresas públicas (ressarcimento só da contribuição pública); nesse caso a *sanção patrimonial* também fica limitada à repercussão do ilícito sobre a contribuição dos cofres públicos.

São **sujeitos ativos**, ou seja, praticam atos de improbidade as seguintes pessoas (arts. 2º e 3º da Lei 8.429/1992):

a) *agentes públicos*, ou seja, todo aquele que exerce, ainda que transitoriamente ou sem remuneração, por eleição, nomeação, designação, contratação ou qualquer outra forma de investidura ou vínculo, mandato, cargo, emprego ou função nas entidades mencionadas acima como sujeitos passivos; aqui temos os chamados *agentes próprios* de improbidade;

b) aquele que *induziu* ou *concorreu* para a prática do ato (art. 3º);

c) particular *beneficiado*, direta ou indiretamente, pelo ato (art. 3º). Vale informar que o STJ tem entendimento de que "não é possível o ajuizamento de ação de improbidade administrativa exclusivamente em face de particular, sem a concomitante presença de agente público no polo passivo da demanda" (REsp 1.171.017-PA, j. 25.02.2014).

No tocante aos *sujeitos ativos* do ato de improbidade, o STF fixou entendimento de que os **agentes políticos** que respondam por crime de responsabilidade (exs.: Presidente, Ministros de Estado, desembargadores, entre outros) não estão sujeitos à incidência da Lei

8.429/1992 (RE 579.799, DJ 19.12.2008), dada a similitude das sanções nas duas esferas. No entanto, findo o mandato do agente político sujeito à aplicação da Lei de Crime de Responsabilidade (Lei 1.079/1950), é possível que este seja acionado com fundamento na Lei 8.429/1992, seja porque não haverá mais dupla sujeição a regimes que ensejam responsabilidade política, seja para que o agente público não fique impune. Esse foi o entendimento exarado pelo STF na AC 3585 AgR/RS.

Todavia, o STF não incluiu os Prefeitos nesse rol, apesar destes responderem por crime de responsabilidade (Rcl 6034, DJ 29.08.2008), sob o argumento de que apenas as autoridades com foro de prerrogativa de função para o processo e o julgamento por crime de responsabilidade, elencadas na Constituição Federal (arts. 52, I e II; 96, III; 102, I, "c"; 105, I, *a*, e 108, I, *a*, todos da CF/1988), não estão sujeitas a julgamento também na Justiça cível comum pela prática da improbidade administrativa (vide também o REsp 1.034.511-CE, j. 01.09.2009, do STJ), o que não é o caso do Prefeito.

Porém, há que não concorde com isso, por entender que não faz sentido que o Prefeito responda nas duas esferas (por crime de responsabilidade e por improbidade administrativa), com o mesmo tipo de consequência, já que essas duas esferas são bem semelhantes quanto às sanções cabíveis. E o caso foi considerado de repercussão geral, estando o STF para reapreciar em breve a questão.

Quanto aos sujeitos ativos impróprios de improbidade (art. 3º), o STJ já admitiu que uma ação de improbidade fosse mantida após a exclusão de agentes públicos do polo passivo da demanda, mesmo restando como réus, além da sociedade de economia mista na qual se deram os fatos, apenas particulares (REsp 1.138.523, j. 23.02.2010).

Quanto ao sucessor daquele que causar lesão ao patrimônio público ou se enriquecer ilicitamente, o art. 8º da Lei 8.429/1992, respeitando o princípio constitucional da intranscendência das sanções e restrições de direito (art. 5º, XLV, da CF), dispõe que aquele está sujeito às cominações desta lei, mas até o limite do valor da herança. No caso, o sucessor terá de suportar a perda de bens ou valores acrescidos ilicitamente ao patrimônio do falecido, o ressarcimento ao erário pelo ato cometido pelo falecido e a multa civil imposta ao falecido que tenha praticado o ato de improbidade, enfim, todas as sanções econômicas aplicadas a este, serão suportadas pelos sucessores do *de cujus*, nos limites das forças da herança, ou seja, os sucessores arcarão com esses valores até o valor da herança, não tendo obrigação de suportar com seu patrimônio pessoal anterior ao falecimento do sucedido, as dívidas deixadas por este.

8.5. PROCESSO

São **legitimados ativos** o Ministério Público e a pessoa jurídica interessada (art. 17). Qualquer pessoa poderá representar à autoridade administrativa competente (ou ao MP) para instaurar investigação a fim de apurar a prática do ato (art. 14). Comissão processante dará ciência ao MP e ao Tribunal de Contas da existência de procedimento (art. 15). A Fazenda Pública, se for o caso, promoverá ações para complementação do ressarcimento do patrimônio público (art. 17, § 2º).

Caso a ação tenha sido promovida pelo MP, aplica-se o disposto no § 3º do art. 6º da Lei 4.717/1965, chamando-se a pessoa jurídica lesada para contestar, abster-se de contestar o pedido ou atuar ao lado do autor, de acordo com o interesse público (§ 3º do art. 17).

O Ministério Público, se não for parte, será obrigatoriamente fiscal da lei, sob pena de nulidade.

As **cautelares** previstas pela Lei 8.429/1992 são as seguintes:

a) **Sequestro (art. 16)**: havendo fundados indícios de responsabilidade. O pedido pode incluir investigação, exame e bloqueio de bens, contas bancárias e aplicações financeiras no exterior;

b) **Indisponibilidade de bens (art. 7º)**: recairá sobre bens que assegurem ressarcimento (arresto) e sobre o acréscimo patrimonial (pode ser sequestro);

c) **Afastamento do agente público (art. 20, parágrafo único)**: quando a medida for necessária à instrução processual, sem prejuízo da remuneração, podendo ser determinada pela autoridade judicial ou administrativa competente; o STJ é claro no sentido de que o afastamento cautelar do agente de seu cargo é excepcional e configura-se tão somente com a demonstração de um comportamento do agente público que, no exercício de suas funções ou em razão delas, importe efetiva ameaça à instrução processual (REsp 895.415-BA).

Apesar de não prevista na Lei de Improbidade, é cabível também a cautelar de exibição de documentos para fins de quebra do sigilo bancário ou fiscal do agente.

Quanto à medida cautelar de **indisponibilidade de bens**, tutela de urgência que visa garantir eventual condenação pecuniária resultante de improbidade administrativa, o STJ entende que tal medida pode alcançar bens adquiridos anteriormente à prática do ato de improbidade (REsp 839936/PR, DJ 01.08.2007), mesmo que se tratem de bem de família (REsp 806.301/PR, DJ 03.03.2008). Porém, o mesmo STJ já decidiu que "os valores investidos em aplicações financeiras cuja origem remonte a verbas trabalhistas não podem ser objeto de medida de indisponibilidade em sede de ação de improbidade administrativa", ressalva a penhora dos rendimentos dessa aplicação (REsp. 1.164.037-RS, j. 20.02.2014).

O STJ também entende que a decretação da medida prescinde da individualização de bens na petição inicial e requer apenas o *fumus boni juris*, estando o *periculum in mora* implícito na lei (REsp 1.177.290/MT, DJ 01.07.2010), sendo possível, inclusive, que seja determinada antes do recebimento da petição inicial da ação de improbidade (AgRg no REsp 1.317.653-SP, j. em 07.03.2013), em medida cautelar preparatória ou incidental, *inaudita altera pars*, ou seja, sem a oitiva da parte contrária (REsp 1.078.640-ES).

Por fim, o STJ determina que a medida só incide sobre as bases patrimoniais da futura sentença condenatória, incluído o valor de eventual multa civil (AgRg nos EDcl no REsp 637413/RS, DJ 21.08.2009), não podendo atingir todo o patrimônio do acusado de ato ímprobo, se não for necessário (AgRg no REsp 1.191.497-RS, j. 20.11.2012).

O **procedimento** previsto pela lei é o ordinário (art. 17), com notificação do requerido, antes do recebimento da inicial, para oferecer resposta por escrito no prazo de 15 dias (defesa preliminar), podendo o juiz rejeitar a ação se convencido da inexistência do ato, da improcedência da demanda ou da inadequação da via eleita (§ 8º).

O STJ ainda não se pacificou sobre a ausência de oportunidade para os réus apresentarem **defesa preliminar** antes do recebimento da inicial (art. 17, § 7º, da Lei 8.429/1992) constituir cerceamento de defesa que gera nulidade absoluta do processo desde sua origem. Há acórdãos nesse sentido (REsp 883.795/SP, DJ 26.03.2008), mas também há decisões no sentido de que a nulidade só existirá se houver demonstração do efetivo prejuízo (REsp 1.174.721/SP, DJ 29.06.2010).

Por fim, é importante ressaltar que a lei **veda** expressamente qualquer tipo de transação, acordo ou conciliação na ação por improbidade administrativa (art. 17, § 1º, da Lei 8.429/1992). Essa disposição foi objeto da Medida Provisória 703, de 18 de dezembro de

2015, que, no ponto, revoga completamente essa proibição de transação, acordo ou conciliação. Há de se acompanhar a apreciação do Legislativo, para se verificar se a medida, nesse ponto, será convertida em lei.

Quanto à **competência** para o ajuizamento da ação de improbidade, não havendo disposição na lei a esse respeito, é de rigor valer-se do contido nas regras gerais sobre ações civis públicas, devendo prevalecer o disposto no artigo 2º da Lei 7.347/1985, que diz competente, de forma funcional (*rectius*: absoluta), o foro do local onde ocorrer o dano, com a peculiaridade de que nas causas em que a União, entidade autárquica ou empresa pública federal forem autoras, rés, assistentes ou oponentes, a competência será da Justiça Federal, junto ao juízo da seção judiciária que abranger a área em que se configurou o dano, dada a posição exarada pelo Supremo Tribunal Federal a respeito, a qual deu origem ao cancelamento da Súmula 183 do Superior Tribunal de Justiça.

No que pertine à existência de **foro por prerrogativa de função** na ação por improbidade, a questão acabou se esvaziando com a não submissão da maior parte dos agentes políticos à Lei 8.429/1992. No entanto, no caso do Prefeito, como a lei continua se aplicando a este, a questão é relevante. Nesse ponto, o STF declarou inconstitucional a alteração feita no art. 84, § 2º, do Código de Processo Penal, que estendia o foro privilegiado da esfera penal às ações de improbidade, que são consideradas ações cíveis (ADI 2.797, DJ 19.12.2006). Assim, as ações de improbidade contra os Prefeitos devem ser promovidas em primeira instância.

A **sentença** aplicará as sanções e determinará o pagamento ou a reversão dos bens, conforme o caso, em favor da pessoa jurídica (art. 18).

Vale ressaltar que a perda da função pública e a suspensão dos direitos políticos só produzirão efeitos com o trânsito em julgado da sentença condenatória (art. 20, *caput*).

8.6. PRESCRIÇÃO (ART. 23)

No que diz respeito ao **prazo prescricional** para o exercício da pretensão de aplicar as sanções de improbidade administrativa, o STF entende que a pretensão é imprescritível quanto à sanção de ressarcimento do erário. Aliás, o STF foi além ao interpretar o art. 37, § 5º, da CF e consagrou entendimento de que são imprescritíveis as pretensões de ressarcimento ao erário toda vez que este é causado por ato ilícito do ofensor, seja um ato de improbidade ou não, seja um ato praticado por agente público ou não (MS 26.210, DJ 10.10.2008).

Quanto à aplicação das **demais sanções**, têm-se os seguintes prazos (art. 23): a) 5 anos: após o término do exercício do mandato, de cargo em comissão ou de função de confiança; b) no prazo da lei específica quanto à prescrição para faltas punidas com demissão a bem do serviço público, para os casos de cargo efetivo e emprego público (normalmente 5 anos contados da data do fato); c) até 5 anos da data da apresentação à administração pública da prestação de contas final pelas entidades referidas no parágrafo único do art. 1º da Lei 8.429/1992.

Resta saber qual regra deve ser aplicada quanto aos servidores detentores de cargo efetivo, mas que praticaram o ato em momento que estavam em cargos em comissão ou função de confiança. O STJ apreciou a questão e entendeu que se deveria aplicar a regra pertinente ao servidor efetivo (REsp 1.060.529/MG, DJe 18.09.2009), regra essa normalmente mais favorável ao agente público, uma vez que o termo *a quo* do prazo prescricional tem início logo após a prática do ato.

Nos casos de mais de um réu, entendeu-se que o prazo prescricional corre individualmente, de acordo com as condições de cada um (STJ, REsp 1.185.461/PR, DJ 17.06.2010).

E no caso de reeleição de Prefeito, entendeu-se que o prazo começa a fluir do término do segundo mandato (REsp 1.153.079/BA, DJ 29.04.2010).

Segundo o STJ, "Nas ações civis por ato de improbidade administrativa, interrompe-se a prescrição da pretensão condenatória com o mero ajuizamento da ação dentro do prazo de cinco anos contado a partir do término do exercício de mandato, de cargo em comissão ou de função de confiança, ainda que a citação do réu seja efetivada após esse prazo" (REsp 1.391.212-PE, j. 02.09.2014).

8.7. DISPOSIÇÕES PENAIS

A Lei 8.429/1992 tipifica, no âmbito penal, a seguinte conduta:

"Art. 19. Constitui crime a representação por ato de improbidade contra agente público ou terceiro beneficiário, quando o autor da denúncia o sabe inocente.

Pena: detenção de seis a dez meses e multa.

Parágrafo único. Além da sanção penal, o denunciante está sujeito a indenizar o denunciado pelos danos materiais, morais ou à imagem que houver provocado."

Para configurar o tipo, é necessário que alguém represente um terceiro acusando-o de ter cometido ato de improbidade que, na verdade, não fora cometido. É necessário que aquele que faz a representação (o autor da denúncia) saiba que o terceiro é inocente. Sem elemento o crime não se configura. E é até bom que assim o seja, para que as pessoas não tenham medo de representar contra terceiros por ato de improbidade. Somente aquele que está de má-fé (por saber que o terceiro é inocente) é que deve temer fazer uma representação nessas condições.

Interessante disposição é a prevista no parágrafo único do art. 19, que assevera que o autor da denúncia indevida está sujeito, ainda, a indenizar o denunciado pelos danos materiais, morais ou à imagem que houver provocado. Apesar de o dever de indenizar já ser uma consequência legal em desfavor de quem é condenado por cometer um crime que causa danos à esfera civil de alguém (o art. 91, I, do CP estabelece que é efeito da condenação "tornar certa a obrigação de indenizar o dano causado pelo crime"), a menção à indenização por danos morais e à imagem acaba por evidenciar à necessidade de indenizar todos os danos causados à vítima da representação.

Vale lembrar que, para apurar qualquer ilícito previsto nesta lei, inclusive o penal, o Ministério Público, de ofício, a requerimento de autoridade administrativa ou mediante representação formulada de acordo com o disposto no art. 14 da Lei 8.429/1992, poderá requisitar a instauração de inquérito policial, ou, no caso de ilícito não penal, a instauração de procedimento administrativo.

8.8. QUADRO SINÓTICO

1. Conceito: *imoralidade administrativa qualificada por uma das modalidades previstas na Lei 8.429/1992*
2. Modalidades
a) enriquecimento ilícito (art. 9º): requer dolo
b) prejuízo ao erário (art. 10): requer culpa ou dolo
c) violação a princípios (art. 11): requer dolo

3. Sujeito ativo (art. 2º):

– agente da Administração Direta e Indireta (salvo agentes políticos que respondam por crime de responsabilidade, com exceção do Prefeito, que é sujeito à lei)

– agente de entidade que receba subvenção, benefício ou incentivo do Poder Público

– pessoa que induza ou concorra para a prática do ato

– pessoa que se beneficie de forma direta ou indireta

4. Sanções:

– Previstas no art. 12 da Lei 8.429/1992

– O STJ entende que **não é necessário cumular** todas as sanções, o que, de resto já consta do art. 12, *caput*, da Lei 8.429/1992. Essa cumulação só deve ocorrer em casos mais graves

– A aplicação das sanções **independe**:

a) da efetiva ocorrência de dano ao patrimônio público

b) da aprovação/rejeição de contas pelo órgão interno ou pelo Tribunal de Contas

5. Questões processuais

5.1. Legitimado Ativo:

a) Ministério Público

b) Pessoa jurídica interessada (= lesada)

5.2. Foro por prerrogativa de função: não há

5.3. Rito: ordinário, mas com defesa preliminar em 15 dias antes do recebimento da petição inicial

5.4. Cautelares: indisponibilidade de bens / sequestro

5.5. Transação (acordo): não é possível fazer

6. Prescrição

6.1. Ressarcimento do erário: é imprescritível

6.2. Aplicação das demais sanções

a) **mandato/cargo em comissão:** 5 anos contados do término do exercício

b) **cargo efetivo/emprego:** dentro do prazo prescricional previsto em lei específica para faltas puníveis com a pena de demissão a bem do serviço público

c) até 5 anos da data da apresentação à administração pública da prestação de contas final pelas entidades referidas no parágrafo único do art. 1º da Lei 8.429/92.

8.9. QUESTÕES COMENTADAS

8.9.1. Conceito, modalidades, tipificação e sujeitos ativo e passivo

(OAB/Exame Unificado – 2014.2) Caio, chefe de gabinete do prefeito do município X, ocupante exclusivamente de cargo em comissão, conhecendo os planos concretos da prefeitura para levar asfaltamento, saneamento e outras intervenções urbanísticas a um bairro mais distante, revela a alguns construtores tal fato, levando-os a adquirir numerosos terrenos naquela localidade antes que ocorresse sua valorização imobiliária. Caio recusa, expressamente, todos os presentes enviados pelos construtores. Sobre a situação hipotética descrita acima, assinale a opção correta.

(A) O ato de improbidade pode estar configurado com a mera comunicação, antes da divulgação oficial, da medida a ser adotada pela prefeitura, que valorizará determinados imóveis, ainda que não tenha havido qualquer vantagem para Caio.

(B) A configuração da improbidade administrativa depende, sempre, da existência de enriquecimento ilícito por parte de Caio ou de lesão ao erário, requisitos ausentes no caso concreto.

(C) Caio, caso venha a ser condenado criminalmente pela prática das condutas acima descritas, não poderá responder por improbidade administrativa, sob pena de haver *bis in idem*.

(D) Caio não responde por ato de improbidade, por não ser servidor de carreira; responde, todavia, por crime de responsabilidade, na qualidade de agente político, ocupante de cargo em comissão.

A: correta, nos termos do art. 11, III, da Lei 8.429/1992, pelo qual constitui improbidade administrativa que atenta contra princípios da Administração "revelar fato ou circunstância de que tem ciência em razão das atribuições e que deva permanecer em segredo"; **B:** incorreta, pois há uma modalidade de improbidade administrativa que se configura independentemente de enriquecimento ilícito ou prejuízo ao erário, que é a improbidade que atenta contra princípios da Administração (art. 11 da Lei 8.429/1992); **C:** incorreta, pois as sanções pela prática de improbidade são independentes das sanções penais pela prática de crime pelo mesmo fato (art. 12, *caput*, da Lei 8.429/1992); **D:** incorreta, pois o ocupante de cargo de chefe de gabinete não é considerado agente político (como é o detentor de mandato de prefeito ou de vereador, por exemplo); além disso, mesmo que fosse um agente político, somente os agentes políticos que respondem por crime de responsabilidade (excetuado o Prefeito) é que estão livres de sofrerem ação de improbidade administrativa, o que não é o caso do detentor de cargo em comissão de chefe de gabinete; por fim, o conceito de agente público da Lei de Improbidade é amplo e abrange quem ocupa cargo transitoriamente na Administração (art. 2º da Lei 8.429/1992).

Gabarito "A"

(Magistratura/DF – 2011) A Lei 8.429/1992 classifica como ato de improbidade que atenta contra os princípios da Administração Pública:

(A) não revelar e nem permitir que chegue ao conhecimento de terceiro, antes da respectiva divulgação oficial, teor de medida política ou econômica capaz de afetar o preço de mercadoria, bem ou serviço;

(B) não revelar fato ou circunstância de que tem ciência em razão das atribuições e que deva permanecer em segredo;

(C) prestar contas quando não esteja obrigado a fazê-lo;

(D) a prática de ato visando fim proibido em lei ou regulamento ou diverso daquele previsto na regra de competência.

A: incorreta, pois esse ato não é de improbidade; há improbidade, na modalidade mencionada, quando se *revelar* ou *permitir* que tais dados cheguem ao conhecimento de terceiro (art. 11, VII, da Lei 8.429/1992); **B:** incorreta, pois esse ato não é de improbidade; há improbidade, na modalidade mencionada, quando se *revelar* tais fatos (art. 11, III, da Lei 8.429/1992); **C:** incorreta, pois esse ato não é de improbidade; há improbidade, na modalidade mencionada, quando se *deixar* de prestar contas quando se *esteja* obrigado a fazê-lo (art. 11, VI, da Lei 8.429/1992); **D:** correta (art. 11, I, da Lei 8.429/1992).

Gabarito "D"

(Magistratura/PE – 2011 – FCC) Nos termos da Lei vigente no Brasil, um agente público que aceite emprego, comissão ou exerça atividade de consultoria ou assessoramento para pessoa física ou jurídica que tenha interesse suscetível de ser atingido ou amparado por ação ou omissão decorrente das atribuições do agente público, durante a atividade, está praticando um ato caracterizado como

(A) de improbidade administrativa, estando sujeito, por este enquadramento, entre outras, às penas de prisão e multa civil.

(B) apenas infração administrativa, estando sujeito, por este enquadramento, entre outras, às penas de advertência e multa.

(C) de improbidade administrativa, estando sujeito, por este enquadramento, entre outras, às penas de perda dos bens ou valores acrescidos ilicitamente ao patrimônio e suspensão dos direitos políticos de oito a dez anos.

(D) abuso de autoridade, estando sujeito, por este enquadramento, entre outras, às penas de perda do cargo ou emprego público e prisão civil.

(E) apenas infração administrativa, estando sujeito, por este enquadramento, entre outras, às penas de ressarcimento do dano e suspensão dos direitos políticos de cinco a oito anos.

A: incorreta, pois o ato de improbidade, tipificado na Lei 8.429/1992, não enseja pena de prisão (art. 12 da Lei 8.429/1992); **B:** incorreta, pois o ato de improbidade, tipificado na Lei 8.429/1992, não enseja pena de advertência (art. 12 da Lei 8.429/1992); **C:** correta, pois o ato de improbidade, tipificado na Lei 8.429/1992, enseja tais penas (art. 12 da Lei 8.429/1992); **D:** incorreta, pois o fato caracteriza ato de improbidade (art. 9º, VIII, da Lei 8.429/1992); **E:** incorreta, pois o fato caracteriza ato de improbidade (art. 9º, VIII, da Lei 8.429/1992).

Gabarito "C"

(Magistratura/RO – 2011 – PUCPR) Considere as assertivas abaixo:

I. Os atos de improbidade previstos na Lei 8.429/1992, sujeita qualquer agente público às sanções previstas na referida lei, desde que servidor efetivo.

II. As disposições da Lei 8429/1992 são aplicáveis, no que couber, àquele que, mesmo não sendo agente público, induza ou concorra para a prática do ato de improbidade ou dele se beneficie sob qualquer forma direta ou indireta.

III. Reputa-se agente público, para os efeitos da Lei 8.429/1992, todo aquele que exerce, ainda que transitoriamente ou sem remuneração, por eleição, nomeação, designação, contratação ou qualquer outra forma de investidura ou vínculo, mandato, cargo, emprego ou função nas entidades mencionadas no artigo 1º da referida lei.

IV. Quando o ato de improbidade causar lesão ao patrimônio público ou ensejar enriquecimento ilícito, caberá à autoridade administrativa responsável pelo inquérito representar ao Ministério Público, para a indisponibilidade dos bens do indiciado, cuja indisponibilidade recairá sobre bens que assegurem o integral ressarcimento do dano, ou sobre o acréscimo patrimonial resultante do enriquecimento ilícito.

V. Relativamente ao disposto na lei de improbidade administrativa, o sucessor daquele que causar lesão ao patrimônio público ou se enriquecer ilicitamente está sujeito às cominações desta lei até o limite do valor da herança.

Estão CORRETAS:

(A) Apenas as assertivas I e III.

(B) Apenas as assertivas II, III e V.

(C) Apenas as assertivas II, III, IV e V.

(D) Apenas as assertivas I, III e V.

(E) Todas as assertivas.

I: incorreta, pois não é só o servidor efetivo que é agente público para efeito de aplicação da Lei 8.429/1992 (*vide* o art. 2º dessa lei); **II:** correta (art. 3º da Lei 8.429/1992); **III:** correta (art. 2º da Lei 8.429/1992); **IV:** correta (art. 7º da Lei 8.429/1992); **V:** correta (art. 8º da Lei 8.429/1992).

Gabarito "C"

(Magistratura/SP – 2011 – VUNESP) Manezinho Araújo, amigo do Prefeito de Bocaina do Sul, agindo com identidade de propósitos, recebia do alcaide cártulas emitidas pela municipalidade para pagamento de supostos serviços prestados. Ao depois, depositava as quantias respectivas na conta de Expedita Brancaleone, mulher do chefe do executivo local. É correto afirmar que:

(A) somente o prefeito municipal pode ser condenado por improbidade administrativa.

(B) Manezinho Araújo pode ser condenado pela prática de improbidade administrativa.

(C) tanto o alcaide quanto Manezinho somente podem ser responsabilizados na esfera penal.

(D) somente Manezinho pode ser responsabilizado por ato de improbidade.
(E) somente Expedita Brancaleone pode ser condenada pela prática de ato de improbidade administrativa.

A: incorreta, pois aquele que concorre para a prática do ato (Manezinho) ou se beneficia com ele (Expedita) também são sujeitos ativos do ato de improbidade (art. 3º da Lei 8.429/1992); **B:** correta (art. 3º da Lei 8.429/1992); **C:** incorreta, pois também podem ser responsabilizados na esfera da improbidade administrativa (arts. 3º e 9º da Lei 8.429/1992); **D:** incorreta, pois o Prefeito é quem concorre para o ato e se beneficia dele; sua esposa também (art. 3º da Lei 8.429/1992); **E:** incorreta, pois o Prefeito e Manezinho também respondem, como se viu.
Gabarito "B".

(Ministério Público/MG – 2010.1) Sobre a Lei 8.429/1992, que versa sobre improbidade administrativa, é CORRETO afirmar que
(A) o advogado público parecerista está sempre isento de responsabilização por improbidade administrativa, haja vista que não pratica o ato administrativo.
(B) não é possível responsabilizar, por improbidade administrativa, membros das Casas Legislativas com fundamento exclusivo na votação e aprovação de lei flagrantemente inconstitucional, que venha a causar prejuízo ao erário.
(C) o enquadramento por prática de conduta prevista no artigo 10 da Lei 8.429/1992, prescinde da análise da intenção do agente administrativo por ocasião da prática do ato.
(D) o ato ou omissão que acarrete enriquecimento ilícito necessariamente violará os princípios constitucionais da Administração, podendo o juiz, ao impor as sanções, fazer adequada dosimetria, desde que aplique todas as sanções previstas para o tipo mais grave.
(E) não configura improbidade administrativa a conduta do servidor público que, ciente do obrar ilícito, de colega ímprobo, de mesma hierarquia, não comunica o fato a superior hierárquico.

A: incorreto, pois quando o advogado público exara parecer vinculante, emite verdadeira decisão administrativa, respondendo, sim, por ato de improbidade administrativa (ex: art. 38 da Lei 8.666/1993); **B:** correto, pois é necessário comprovar conduta culposa ou dolosa (art. 10, *caput*, da Lei 8.429/1992); **C:** incorreto, pois o elemento subjetivo (culpa ou dolo) é elemento necessário à configuração do ato de improbidade administrativa (art. 10, *caput*, da Lei 8.429/1992); **D:** incorreto, pois o STJ entende que as sanções previstas no art. 12 da Lei 8.429/1992 não podem ser cumuladas de modo indistinto, em obediência ao princípio da proporcionalidade (REsp 626.204/RS, DJ 06.09.2007); assim, o juiz não é obrigado a impor todas as sanções cumulativamente, devendo fazê-lo somente quando absolutamente necessário; **E:** incorreta, pois a situação pode configurar violação a princípios da Administração (art. 11 da Lei 8.429/1992), tendo em vista que não age de forma leal à Administração o servidor que, ciente da situação narrada, não comunica o fato ao superior hierárquico; ademais, é comum que os Estatutos de Funcionário Público estabeleçam o dever legal de fazer essa comunicação, o que, em acontecendo no caso concreto, também fará com que se configure violação ao princípio da legalidade, situação que também faz configurar a violação a princípios da Administração.
Gabarito "B".

(Ministério Público/MG – 2010.2) A condenação por atos de improbidade administrativa que importem enriquecimento ilícito pela percepção de qualquer tipo de vantagem patrimonial indevida em razão do exercício de cargo, mandato, função, emprego ou atividade nas entidades mencionadas no art. 1º da Lei de Improbidade Administrativa (Lei Federal 8.429/1997), inclui as seguintes condutas, EXCETO,
(A) utilizar, em obra ou serviço particular, veículos, máquinas, equipamentos ou material de qualquer natureza, de propriedade ou à disposição de qualquer das entidades mencionadas no art. 1º da Lei 8.429/1992, bem como o trabalho de servidores públicos, empregados ou terceiros contratados por essas entidades.
(B) permitir que se utilizem, em obra ou serviço particular, veículos, máquinas, equipamentos ou material de qualquer natureza, de propriedade ou à disposição de qualquer das entidades.
(C) adquirir, para si ou para outrem, no exercício de mandato, cargo, emprego ou função pública, bens de qualquer natureza cujo valor seja desproporcional à evolução do patrimônio ou à renda do agente público.
(D) aceitar emprego, comissão ou exercer atividade de consultoria ou assessoramento para pessoa física ou jurídica que tenha interesse suscetível de ser atingido ou amparado por ação ou omissão decorrente das atribuições do agente público, durante a atividade.

A: correto (art. 9º, IV, da Lei 8.429/1992); **B:** incorreto, devendo ser assinalado, pois, nesse caso, pratica-se ato de improbidade na modalidade *prejuízo ao erário* (art. 10, II, da Lei 8.429/1992); **C:** correto (art. 9º, VII, da Lei 8.429/1992); **D:** correto (art. 9º, VIII, da Lei 8.429/1992).
Gabarito "B".

(Procurador do Estado/MT – FCC – 2011) A Lei 8.429/1992, que dispõe sobre improbidade administrativa,
(A) sujeita aqueles que praticarem atos de improbidade a sanções civis, administrativas e penais, inclusive com penas restritivas de liberdade, conforme a extensão do dano causado e o proveito patrimonial obtido pelo agente.
(B) aplica-se aos atos de improbidade praticados por agente público, assim considerados apenas aqueles com vínculo permanente, mandato, cargo, emprego ou função nas entidades integrantes da Administração direta ou indireta de todos os Poderes.
(C) aplica-se apenas aos atos dolosos que ensejem lesão ao patrimônio público ou violação aos princípios aplicáveis à Administração Pública, praticados por agentes públicos ou por particulares com vínculo com a Administração.
(D) alcança também os atos de improbidade praticados contra o patrimônio de entidade para cuja criação ou custeio o erário haja concorrido ou concorra com menos de cinquenta por cento do patrimônio ou da receita anual.
(E) sujeita aqueles que praticarem atos de improbidade apenas a sanções administrativas, como perda do cargo, função pública, inelegibilidade e proibição de contratar com a Administração.

A: incorreta, pois essa lei regula a repressão não penal à prática de atos administrativos, sendo que as sanções previstas no art. 12 da Lei 8.429/1992 são demonstração disso; **B:** incorreta, pois o conceito de agente público previsto no art. 2º da Lei 8.429/1992 é muito mais amplo, abrangendo, também, agentes temporários e agentes que laboram em entidades que não fazem parte da Administração direta ou indireta, como entidades que recebam subvenção estatal (art. 1°, parágrafo único, da Lei 8.429/1992); **C:** incorreta, pois também se aplica em relação a atos dolosos que importem em enriquecimento ilícito do agente (art. 9° da Lei 8.429/1992), bem como em relação a meros atos culposos quando se trata de prejuízo ao erário (art. 10 da Lei 8.429/1992); **D:** correta (art. 1°, parágrafo único, da Lei 8.429/1992); **E:** incorreta, pois há também sanções de natureza civil (multa civil) e eleitoral (suspensão dos direitos políticos), nos termos do art. 12, I a III, da Lei 8.429/1992.

Gabarito "D"

(Advogado da União/AGU – CESPE – 2012) Julgue o seguinte item.

(1) É necessária a comprovação de enriquecimento ilícito ou da efetiva ocorrência de dano ao patrimônio público para a tipificação de ato de improbidade administrativa que atente contra os princípios da administração pública.

1: incorreta, pois a modalidade mencionada, prevista no art. 11 da Lei 8.429/1992, é absolutamente independente das modalidades relacionadas ao enriquecimento ilícito (art. 9°) e ao dano ao erário (art. 10).

Gabarito 1E

(Cartório/RJ – 2012) A respeito da moralidade na Administração Pública, analise as assertivas abaixo.

I. Responde nos termos da Lei de Improbidade as pessoas que, mesmo não sendo agentes públicos, induzam ou concorram para a prática do ato de improbidade ou dele se beneficie sob qualquer forma direta ou indireta.

II. Para os fins de aplicação da Lei de Improbidade, reputa-se agente público todo aquele que exerce, por eleição, nomeação, designação, contratação ou qualquer outra forma de investidura ou vínculo, mandato, cargo, emprego ou função nas entidades da administração direta, indireta ou fundacional, salvo se transitoriamente ou sem remuneração.

III. A responsabilidade pela lesão ao patrimônio público não se estende a herdeiros.

É correto o que se afirma em:

(A) I, apenas.
(B) II, apenas.
(C) III, apenas.
(D) I e III, apenas.
(E) I, II e III.

I: correta (art. 3° da Lei 8.429/1992); **II:** incorreta, pois mesmo que aquele que exerce qualquer das funções mencionadas o faça transitoriamente ou sem remuneração, ter-se-á um agente público para fins de aplicação da Lei de Improbidade (art. 2° da Lei 8.429/1992); **III:** incorreta, pois o sucessor daquele que causar lesão ao patrimônio público ou se enriquecer ilicitamente está sujeito às cominações da Lei de Improbidade até o limite do valor da herança (art. 8° da Lei 8.429/1992).

Gabarito "A"

(Magistratura do Trabalho – 4ª Região – 2012) São passíveis de enquadramento nas disposições previstas na Lei de improbidade administrativa

(A) os atos praticados pelos agentes públicos, exclusivamente.
(B) os atos praticados por agentes públicos, incluindo os agentes políticos e excluídos os particulares que atuam em colaboração com a Administração.
(C) os atos praticados por agentes públicos ou terceiro que induza ou concorra para a prática do ato ou dele se beneficie.
(D) os atos praticados contra o patrimônio de entidade pública ou privada que receba recursos públicos, desde que em montante superior a 50% do capital ou patrimônio.
(E) apenas os atos que ensejem prejuízo ao erário, incluindo aqueles praticados em face das entidades integrantes da Administração indireta.

A: incorreta, pois os atos praticados por terceiros beneficiários de atos ímprobos e por pessoas que induzam ou concorram para a prática de ato de improbidade também são passíveis de enquadramento na Lei 8.429/1992 (art. 3° desta); **B:** incorreta, pois os particulares que colaboram com a Administração, como os mesários e jurados, também estão contidos no conceito de agente público do art. 2° da Lei 8.429/1992 e os agentes públicos, ao contrário, quando já respondem por crimes de responsabilidade, não estão sujeitos à aplicação da Lei 8.429/1992, salvo o Prefeito; **C:** correta (art. 3° da Lei 8.429/1992); **D:** incorreta, pois também são passíveis de enquadramento nas disposições da Lei de Improbidade os atos praticados contra o patrimônio das entidades mencionadas, mesmo que esta receba recursos públicos que componham montante inferior a 50% do patrimônio ou receita (art. 1°, parágrafo único, da Lei 8.429/1992); **E:** incorreta, pois essa é apenas uma das modalidades de ato de improbidade (art. 10 da Lei 8.429/1992), sendo que as demais modalidades são enriquecimento ilícito do agente (art. 9°) e violação a princípios administrativos (art. 11 da Lei 8.429/1992).

Gabarito "C"

(Magistratura do Trabalho – 15ª Região – 2010) Em relação à improbidade administrativa, assimile a alternativa correta:

(A) não poderá figurar como sujeito ativo de ato de improbidade o terceiro que apenas concorreu para a prática do ato lesivo ao patrimônio público;
(B) a improbidade administrativa pautada em ato que causa lesão ao erário ocorrerá apenas por conduta dolosa;
(C) o sucessor daquele que causar lesão ao patrimônio público não está sujeito às combinações da Lei de Improbidade, uma vez que a conduta ilegal não se comunica a quem não concorreu para a prática do ato ilícito;
(D) não constitui improbidade administrativa o mero fato de o agente público revelar a terceiros, antes da divulgação oficial, medida econômica que repercutirá no valor das ações de uma sociedade de economia mista;
(E) será punido com a pena de demissão, a bem do serviço público, o agente público que se recusar a prestar declaração dos bens, dentro do prazo fixado.

A: incorreta, pois a lei se aplica àquele que, mesmo não sendo agente público, induza ou concorra para a prática do ato de improbidade (art. 3° da Lei 8.429/1992); **B:** incorreta, pois o próprio art. 10, *caput*, prevê que essa modalidade se configura mediante atos dolosos ou culposos; **C:** incorreta, pois o sucessor está, sim, sujeito às cominações desta lei até o limite do valor da herança (art. 8° da Lei 8.429/1992); **D:** incorreta, pois configura improbidade na modalidade prejuízo ao erário (art. 11, VII, da Lei 8.429/1992); **E:** correta (art. 13, § 3°, da Lei 8.429/1992).

Gabarito "E"

(Analista – TRT/22ª – 2010 – FCC) De acordo com a Lei 8.429/1992, que dispõe sobre improbidade administrativa:

(A) Não constitui ato ímprobo exercer atividade de consultoria para pessoa física ou jurídica que tenha interesse suscetível de ser atingido ou amparado por ação ou omissão decorrente de atribuições do agente público durante a atividade.

(B) Está sujeito às penalidades da Lei de Improbidade o ato praticado contra entidade para cuja criação ou custeio o erário haja concorrido com menos de cinquenta por cento do patrimônio ou receita anual, inexistindo limite à sanção patrimonial.

(C) O sucessor daquele que praticou ato de improbidade atentatório aos princípios da Administração Pública, qual seja, o de negar a publicidade de atos oficiais, estará sujeito às sanções da Lei de Improbidade, porém até o limite do valor da herança.

(D) As disposições da Lei de Improbidade aplicam-se àquele que, mesmo não sendo agente público, beneficie-se do ato ímprobo, sob qualquer forma direta ou indireta.

(E) Qualquer autoridade, desde que noticiada acerca de ato ímprobo causador de lesão ao erário ou de enriquecimento ilícito, poderá representar ao Juiz de Direito para a indisponibilidade de bens do indiciado.

A: incorreta, pois trata-se de improbidade na modalidade "enriquecimento ilícito" (art. 9º, VIII, da Lei 8.429/1992); B: incorreta, pois, nesse caso, há limite à sanção patrimonial (art. 1º, parágrafo único, da Lei 8.429/1992); C: incorreta, pois o sucessor somente está sujeito às sanções de ordem patrimonial (art. 8º da Lei 8.429/1992); D: correta (art. 3º da Lei 8.429/1992); E: incorreta, pois é necessário representar ao Ministério Público, que terá legitimidade e capacidade postulatória para requerer a indisponibilidade em juízo.
Gabarito "D".

(Analista – TRE/MT – 2010 – CESPE) Assinale a opção correta a respeito da Lei 8.429/1992, que regulamenta os atos de improbidade administrativa.

(A) Enquanto as empresas públicas podem ser sujeitos passivos da improbidade administrativa, as sociedades de economia mista não podem, em razão do regime de direito privado a que estão submetidas.

(B) Aquele que, não sendo agente público, induz ou concorre para a prática do ato de improbidade ou dele se beneficia sob qualquer forma não se submete às disposições da Lei 8.429/1992, devendo a sua conduta ser apurada de acordo com o Código Penal.

(C) Segundo o Supremo Tribunal Federal (STF), os deputados federais, os senadores e o presidente da República, na qualidade de agentes políticos, não se submetem às regras da lei em apreço, em razão de se sujeitarem a regime especial de responsabilização.

(D) Somente a ação praticada com dolo pelo agente público e com comprovada lesão ao patrimônio público é passível de responsabilização pelo integral ressarcimento do dano.

(E) Por não ser admitida pela Constituição Federal de 1988 (CF) que nenhuma pena passará da pessoa do condenado, não é possível a responsabilização do sucessor daquele que causar lesão ao patrimônio ou se enriquecer ilicitamente, ainda que seja até o limite do valor da herança.

A: incorreta, nos termos do art. 1º c/c o art. 2º da Lei 8.429/1992, valendo salientar que qualquer entidade da Administração Indireta (além de outras entidades previstas na lei) pode ser sujeito passivo do ato de improbidade; B: incorreta, pois tais pessoas estão sujeitas às disposições da Lei de Improbidade (art. 3º da Lei 8.429/1992); C: correta, pois o STF fixou entendimento de que os agentes políticos que respondam por crime de responsabilidade (exs.: presidente, ministros de Estado, desembargadores, entre outros) não estão sujeitos à incidência da Lei 8.429/1992 (RE 579799, DJ 19.12.2008), dada a similitude das sanções nas duas esferas. Todavia, o STF não incluiu os prefeitos nesse rol, apesar destes responderem por crime de responsabilidade (Rcl 6034, DJ 29.08.2008); D: incorreta, pois o STJ consagrou entendimento de que as modalidades dos arts. 9º e 11 requerem dolo para se configurar, diferente da modalidade do art. 10, que pode se configurar mediante conduta culposa ou dolosa (EREsp 875.163/RS, DJ 30.06.2010); E: incorreta (art. 8º da Lei 8.429/1992).
Gabarito "C".

(Analista – TRT/8ª – 2010 – FCC) De acordo com a Lei 8.429/1992, constitui ato de improbidade administrativa importando enriquecimento ilícito, dentre outros,

(A) liberar verba pública sem a estrita observância das normas pertinentes ou influir de qualquer forma para a sua aplicação irregular.

(B) frustrar a licitude de processo licitatório ou dispensá-lo indevidamente.

(C) ordenar ou permitir a realização de despesas não autorizadas em lei ou regulamento.

(D) agir negligentemente na arrecadação de tributo ou renda, bem como no que diz respeito à conservação do patrimônio público.

(E) perceber vantagem econômica para intermediar a liberação ou aplicação de verba pública de qualquer natureza.

A: incorreta, pois se trata da modalidade prejuízo ao erário (art. 10, XI, da Lei 8.429/1992); B: incorreta, pois se trata da modalidade prejuízo ao erário (art. 10, VIII, da Lei 8.429/1992); C: incorreta, pois se trata da modalidade prejuízo ao erário (art. 10, IX, da Lei 8.429/1992); D: incorreta, pois se trata da modalidade prejuízo ao erário (art. 10, X, da Lei 8.429/1992); E: correta, pois se trata da modalidade enriquecimento ilícito (art. 9º, IX, da Lei 8.429/1992).
Gabarito "E".

(Analista – TRT/23ª – 2011 – FCC) Constitui ato de improbidade administrativa previsto especificamente no artigo 10, da Lei 8.429/1992, isto é, ato causador de prejuízo ao erário:

(A) frustrar a licitude de processo licitatório.

(B) receber vantagem econômica de qualquer natureza, direta ou indireta, para fazer declaração falsa sobre medição ou avaliação em obras públicas.

(C) adquirir, para si ou para outrem, no exercício de mandato, cargo, emprego ou função pública, bens de qualquer natureza cujo valor seja desproporcional à evolução do patrimônio ou à renda do agente público.

(D) receber vantagem econômica de qualquer natureza, direta ou indiretamente, para omitir ato de ofício, providência ou declaração a que esteja obrigado.

(E) utilizar, em obra ou serviço particular, o trabalho de servidores públicos da União.

A: correta (art. 10, VIII, da Lei 8.429/1992); B: incorreta, pois constitui ato de improbidade que importa em *enriquecimento ilícito do agente* (art. 9ª, VI, da Lei 8.429/1992); C: incorreta, pois constitui ato de improbidade que importa em *enriquecimento ilícito do agente* (art. 9º, VII, da Lei 8.429/1992); D: incorreta, pois constitui ato de improbidade que importa em *enriquecimento ilícito do agente* (art. 9º, X, da Lei 8.429/1992); E: incorreta, pois constitui ato de improbidade que importa em *enriquecimento ilícito do agente* (art. 9º, IV, da Lei 8.429/1992).
Gabarito "A".

(Analista – TRT/24ª – 2011 – FCC) Nos termos da Lei 8.429/1992, revelar ou permitir que chegue ao conhecimento de terceiro, antes da respectiva divulgação oficial, teor de medida política ou econômica capaz de afetar o preço de mercadoria, bem ou serviço, constitui

(A) ato de improbidade administrativa que causa prejuízo ao erário.
(B) mero ilícito administrativo.
(C) ato de improbidade administrativa que importa enriquecimento ilícito.
(D) conduta lícita, não caracterizando qualquer irregularidade.
(E) ato de improbidade administrativa que atenta contra os princípios da Administração Pública.

Trata-se de ato de improbidade que atenta contra os princípios da Administração Pública (art. 11, VII, da Lei 8.429/1992).
Gabarito "E".

(Auditor Fiscal da Receita Federal – 2010 – ESAF) Quanto à disciplina da Lei de Improbidade Administrativa – Lei n. 8.429, de 2 de junho de 1992, é incorreto afirmar:
(A) considera-se agente público todo aquele que exerce, ainda que transitoriamente ou sem remuneração, por eleição, nomeação, designação, contratação ou qualquer outra forma de investidura ou vínculo, mandato, cargo, emprego ou função nas entidades mencionadas no art. 1º da Lei.
(B) aplicam-se também as disposições da Lei de Improbidade Administrativa, no que couber, àquele que, mesmo não sendo agente público, induza ou concorra para a prática do ato de improbidade ou dele se beneficie sob qualquer forma direta ou indireta.
(C) o Supremo Tribunal Federal excluiu da sujeição à Lei de Improbidade Administrativa os agentes políticos que estejam sujeitos ao regime de crime de responsabilidade.
(D) ocorrendo lesão ao patrimônio público por ação ou omissão, dolosa ou culposa, do agente ou de terceiro, dar-se-á o integral ressarcimento do dano e, no caso de enriquecimento ilícito, perderá o agente público ou terceiro beneficiário os bens ou valores acrescidos ao seu patrimônio.
(E) tratando-se de penalidades personalíssimas, em nenhuma hipótese, poderá o sucessor ser alcançado por sanções previstas na Lei de Improbidade Administrativa.

A: correta (art. 2º da Lei 8.429/1992); B: correta (art. 3º da Lei 8.429/1992); C: correta (RE 579799, DJ 18.12.2008); D: correta (arts. 5º e 6º da Lei 8.429/1992); E: incorreta (art. 8º da Lei 8.429/1992).
Gabarito "E".

8.9.2. Sanções e providências cautelares

(Magistratura/SC – 2015 – FCC) Existe certa polêmica entre os juristas quanto à constitucionalidade da "multa civil", prevista como espécie de sanção cabível por ato de improbidade administrativa, no art. 12 da Lei 8.429/1992. No entanto, já houve oportunidade de manifestação do Supremo Tribunal Federal sobre a matéria, tal como se passou no RE 598588 AgR, assim ementado: "AGRAVOS REGIMENTAIS NO RECURSO EXTRAORDINÁRIO. IMPROBIDADE ADMINISTRATIVA. MULTA CIVIL. ARTIGO 12, III, DA LEI 8.429/1992. As sanções civis impostas pelo artigo 12 da Lei 8.429/1992 aos atos de improbidade administrativa estão em sintonia com os princípios constitucionais que regem a Administração Pública. Agravos regimentais a que se nega provimento".

Independentemente do entendimento jurisprudencial sobre essa polêmica, são argumentos adequadamente pertinentes a ela:
(A) A situação de bis in idem caracterizada pela simultânea previsão de indisponibilidade dos bens e de multa civil, como sanções por ato de improbidade administrativa.
(B) A incompatibilidade de sanção civil com ação de improbidade administrativa, dado, justamente, tratar-se de relação jurídica administrativa.
(C) A não previsão da multa civil dentre as sanções arroladas no dispositivo constitucional que trata da improbidade administrativa.
(D) A natureza administrativa, e não jurisdicional, da ação de improbidade administrativa.
(E) A situação de bis in idem caracterizada pela simultânea previsão de ressarcimento ao erário e de multa civil, como sanções por ato de improbidade administrativa.

A: incorreta, pois as naturezas das duas consequências jurídicas são diferentes, sendo a primeira destinada a servir de cautelar para proteger bens tendo em vista futura execução de sentença, e a segunda destinada a reprimir a prática de atos de improbidade; B e D: incorretas, pois a própria CF, em seu art. 37, § 6º, prescreve sanções administrativas, políticas e civis para quem praticar ato de improbidade administrativa, tornando o ilícito de improbidade multifacetário; C: correta, pois, de fato, o art. 37, § 4º, da CF, não traz a multa civil como sanção para a prática de ato de improbidade administrativa; E: incorreta, pois as naturezas das duas consequências jurídicas são diferentes, sendo a primeira destinada a recompor o patrimônio público, e a segunda destinada a reprimir a prática de atos de improbidade.
Gabarito "C".

(Técnico – TRT/16ª – 2015 – FCC) Matheus, servidor público, concedeu benefício administrativo sem a observância das formalidades legais aplicáveis à espécie e foi condenado por improbidade administrativa, tendo em vista o cometimento de ato ímprobo causador de lesão ao erário. A propósito do tema, considere as afirmativas abaixo:
I. Comporta a medida de indisponibilidade de bens.
II. Não tem como uma de suas sanções a condenação em multa civil.
III. Admite conduta culposa.
IV. Não atinge, em qualquer hipótese, o sucessor do agente ímprobo.

Nos termos da Lei 8.429/1992 e tendo em vista as características e peculiaridades do ato ímprobo cometido por Matheus, está correto o que consta APENAS em
(A) I e IV.
(B) I, II e III.
(C) II e IV.
(D) II, III e IV.
(E) I e III.

I: correta; há improbidade no caso, prevista no art. 10, VII, da Lei 8.429/1992; assim, cabe aplicação das consequências previstas na Lei 8.429/1992 e entre elas está a medida de indisponibilidade de bens (art. 7º da Lei 8.429/1992); II: incorreta, há improbidade no caso, prevista no art. 10, VII, da Lei 8.429/1992; assim, cabe aplicação das sanções previstas no art. 12, II, da Lei 8.429/1992 e entre elas está a multa civil; III: correta, pois a modalidade de improbidade por lesão ao erário admite a forma culposa ou dolosa, na forma do art. 10, caput,

da Lei 8.429/92; IV: incorreta; há improbidade no caso, prevista no art. 10, VII, da Lei 8.429/1992; assim, cabe aplicação das consequências previstas na Lei 8.429/1992 e entre elas está que o sucessor daquele que causar lesão ao patrimônio público ou se enriquecer ilicitamente está sujeito às cominações da lei até o limite do valor da herança (art. 8º da Lei 8.429/1992).
Gabarito "E"

(Magistratura/CE – 2012 – CESPE) À luz da Lei 8.429/1992, que trata da improbidade administrativa, assinale a opção correta.

(A) A instauração de processo judicial por ato de improbidade obsta a instauração de processo administrativo para apurar fato de idêntico teor enquanto aquele não for concluído.
(B) Constitui ato de improbidade administrativa que causa lesão ao erário qualquer ação ou omissão que enseje perda patrimonial, desvio ou dilapidação dos bens e haveres públicos, mas apenas se configurado o dolo do agente.
(C) Os atos de improbidade que importem enriquecimento ilícito, que causem lesão ao erário ou que atentem contra os princípios da administração pública causam a perda ou a suspensão dos direitos políticos, por período que varia de cinco a dez anos.
(D) Entre as medidas de natureza cautelar que, previstas nessa lei, só podem ser decretadas judicialmente incluem-se a indisponibilidade dos bens, o bloqueio de contas bancárias e o afastamento do agente do exercício do cargo, emprego ou função.
(E) Tanto a perda da função pública quanto a suspensão dos direitos políticos pela prática de ato de improbidade só se efetivam com o trânsito em julgado da sentença condenatória.

A: incorreta, pois as sanções de improbidade são independentes das sanções administrativas (art. 12 da Lei 8.429/1992); **B:** incorreta, pois a modalidade de improbidade trazida na alternativa é a prevista no art. 10 da Lei 8.429/1992 (prejuízo ao erário), modalidade esse que se configura por conduta dolosa ou culposa (EREsp 875.163/RS), e não só por conduta dolosa; as outras duas modalidades – enriquecimento ilícito (art. 9º da Lei 8.429/1992) e violação a princípio administrativo (art. 11 da Lei 8.429/1992) –é que só se configuram mediante conduta dolosa; **C:** incorreta, pois tais atos causam a suspensão (e não a perda) dos direitos políticos, e o prazo varia de 3 a 10 anos (art. 12, I a III, da Lei 8.429/1992); **D:** incorreta, pois a indisponibilidade (art. 7º da Lei 8.429/1992) e o afastamento do agente (art. 20, parágrafo único, da Lei 8.429/1992) estão previstos, mas o bloqueio de contas, não, o que não quer dizer que não se possa ingressar com pedido cautelar nesse sentido, com base no poder geral de cautela; **E:** correta (art. 20, caput, da Lei 8.429/1992).
Gabarito "E"

(Ministério Público/ES – 2010 – CESPE) Com referência à improbidade administrativa, tendo em vista o disposto na Lei 8.429/1992, assinale a opção correta.

(A) A aplicação das sanções previstas na Lei de Improbidade depende da efetiva ocorrência de dano ao patrimônio público.
(B) A ação de improbidade, quando proposta pelo MP, há que ser obrigatoriamente precedida de inquérito civil público.
(C) As ações de improbidade devem ser propostas no prazo de cinco anos, contados da prática do ilícito que enseje sua propositura.
(D) A autoridade judicial ou administrativa competente poderá determinar o afastamento do agente público do exercício do cargo, emprego ou função, sem prejuízo da remuneração, quando a medida se fizer necessária à instrução processual.
(E) Não sendo a ação de improbidade proposta pelo MP, terá ele a opção de atuar, ou não, no processo, a critério de seu representante.

A: incorreta, pois as modalidades de enriquecimento ilícito do agente (art. 9º da Lei 8.429/1992) e de violação a princípios da Administração (art. 11 da Lei 8.429/1992) não dependem da efetiva ocorrência de dano ao patrimônio público, ao contrário da modalidade prevista no art. 10 da Lei 8.429/1992; **B:** incorreta, pois o inquérito civil é mera peça informativa, de modo que, caso o órgão do Ministério Público já tenha elementos para ingressar com a ação civil pública, independentemente da instauração de inquérito civil, a ação poderá ser promovida; **C:** incorreta, pois, caso se trate de agente efetivo, o prazo prescricional é contado segundo o que dispõe o Estatuto de Funcionário Público local para a pena de demissão a bem do serviço público, e, caso se trate de agente com vínculo transitório (cargo em comissão, mandato), o prazo de 5 anos é contado do término do vínculo (art. 23 da Lei 8.429/1992); **D:** correta (art. 20, parágrafo único, da Lei 8.429/1992); **E:** incorreta, pois, nesse caso, o Ministério Público atuará obrigatoriamente como fiscal da lei, sob pena de nulidade (art. 17, § 4º, da Lei 8.429/1992).
Gabarito "D"

(Advogado da União/AGU – CESPE – 2012) Julgue o seguinte item.
(1) Autorizada a cumulação do pedido condenatório e do de ressarcimento em ação por improbidade administrativa, a rejeição do pedido condenatório por prescrição não obsta o prosseguimento da demanda relativa ao pedido de ressarcimento, que é imprescritível.

1: correta, pois, de fato, o STF, com fundamento no art. 37, § 5º, da CF, vem entendendo que é imprescritível a pretensão de ressarcimento ao erário pela prática de ato ilícito (inclusive o ilícito "improbidade administrativa), conforme se verifica no MS 26.210.
Gabarito 1C

(Magistratura do Trabalho – 14ª Região – 2011) Os atos de improbidade administrativa geram consequências jurídicas e políticas, conforme texto constitucional, não se enquadrando nestas:
(A) Suspensão dos direitos políticos.
(B) Perda dos direitos políticos.
(C) Perda da função pública.
(D) indisponibilidade dos bens.
(E) Ressarcimento ao erário.

O art. 37, § 4º, da CF e o art. 12 da Lei 8.429/1992 não estabelecem a sanção de "perda dos direitos políticos", mas de "suspensão dos direitos políticos".
Gabarito "B"

(Analista – TRT/11ª – 2012 – FCC) No curso de determinada ação de improbidade administrativa, um dos réus vem a falecer, razão pela qual é chamado a intervir na lide, seu único sucessor Felipe, empresário do ramo hoteleiro. Ao final da demanda, todos os réus são condenados pela prática de ato ímprobo previsto no artigo 11, da Lei 8.429/1992 (violação aos princípios da Administração Pública), sendo-lhes impostas as seguintes sanções: ressarcimento integral do dano, perda da função pública e suspensão dos direitos políticos por cinco anos. Nesse caso, Felipe
(A) responderá apenas pelo ressarcimento do dano, devendo arcar, obrigatoriamente, com a reposição integral do prejuízo causado ao erário.

(B) estará sujeito à suspensão dos direitos políticos e ao ressarcimento integral do dano.
(C) não está sujeito às cominações previstas na Lei de Improbidade Administrativa.
(D) estará sujeito às três sanções impostas.
(E) responderá apenas pelo ressarcimento do dano, até o limite do valor da herança.

A: incorreta, pois o sucessor (Felipe) só tem que arcar com a reposição do prejuízo ao erário até o limite do valor da herança (art. 8º da Lei 8.429/1992); **B** e **D:** incorretas, pois o sucessor não está sujeito às sanções personalíssimas aplicadas ao agente ímprobo, como é o caso da perda da função pública e da suspensão dos direitos políticos; **C:** incorreta, pois, como se viu, o sucessor está sujeito às cominações pecuniárias previstas na Lei 8.429/1992 (art. 8º); **E:** correta (art. 8º da Lei 8.429/1992).
Gabarito "E".

(Analista – TRE/AP – 2011 – FCC) Nos termos da Lei 8.429/1992, o agente público que praticou ato de improbidade administrativa previsto no artigo 9º da mencionada lei (ato ímprobo que importa enriquecimento ilícito), poderá ser sancionado com a pena, dentre outras, de
(A) multa civil de cinco vezes o valor do acréscimo patrimonial.
(B) suspensão de direitos políticos de três a cinco anos.
(C) proibição de contratar com o Poder Público pelo prazo de dez anos.
(D) proibição de receber benefícios ou incentivos fiscais ou creditícios pelo prazo de doze anos.
(E) multa civil de até duzentas vezes o valor da remuneração percebida pelo agente.

A: incorreta, pois a multa civil no caso é de até 3 vezes o valor do acréscimo patrimonial (art. 12, I, da Lei 8.429/1992); **B:** incorreta, pois a suspensão dos direitos políticos no caso é de oito a dez anos (art. 12, I, da Lei 8.429/1992); **C:** correta (art. 12, I, da Lei 8.429/1992); **D:** incorreta, pois a proibição no caso é pelo prazo de dez anos (art. 12, I, da Lei 8.429/1992); **E:** incorreta, pois a multa civil no caso é de até 3 vezes o valor do acréscimo patrimonial (art. 12, I, da Lei 8.429/1992).
Gabarito "C".

(Analista – TJ/ES – 2011 – CESPE) Julgue o seguinte item.
(1) As sanções penais, civis e administrativas previstas em lei podem ser aplicadas aos responsáveis pelos atos de improbidade, de forma isolada ou cumulativa, de acordo com a gravidade do fato.

1: correta (art. 12, *caput*, da Lei 8.429/1992).
Gabarito 1C.

(Fiscal da Receita/CE – 2010) Considerando a Lei 8.429/1992, que trata das sanções aplicáveis aos agentes públicos nos casos de enriquecimento ilícito no exercício de mandato, cargo, emprego ou função na administração pública direta, indireta ou fundacional, assinale a opção correta.
(A) Caso o sócio-gerente de uma sociedade empresarial induza um servidor público a fraudar processo de licitação com vistas a favorecer essa sociedade empresarial, tal atitude fará que esse dirigente seja responsabilizado pela Lei de Improbidade Administrativa, mesmo não sendo servidor público.
(B) Retardar ou deixar de praticar, indevidamente, ato de ofício não configura ato de improbidade, mas mera infração administrativa cuja sanção será de advertência ou suspensão.

(C) Se um servidor público utilizar, na construção de sua casa, uma viatura oficial para transportar material de construção adquirido por ele, haverá enriquecimento ilícito, razão por que, necessariamente, conforme entendimento do STF, o servidor perderá a sua casa.
(D) O prefeito que praticar ato de improbidade que também seja previsto como crime de responsabilidade responderá simultaneamente tanto pelo crime de responsabilidade quanto pelo ato de improbidade.

A: correta (art. 3º da Lei 8.429/1992); **B:** incorreta (art. 11, II, da Lei 8.429/1992); **C:** incorreta, pois o servidor, apesar de responder por improbidade, não perderá a casa, ficando sujeito às sanções previstas no art. 12, I, da Lei 8.429/1992; **D:** incorreta, pois, do contrário, haveria um *bis in idem*; vale salientar que a posição do STF no sentido de que os agentes políticos que respondem por crime de responsabilidade não respondem por improbidade administrativa, ainda não está firmada em relação aos Prefeitos Municipais.
Gabarito "A".

8.9.3. Declaração de bens

(Escrevente Técnico – TJSP – 2015 – VUNESP) O agente público que se recusar a prestar declaração dos bens exigida pela Lei Federal 8.429/1992, dentro do prazo determinado,
(A) estará sujeito à penalidade de multa de até 25% (vinte e cinco por cento) de seus vencimentos anuais.
(B) será punido com a pena de demissão a bem do serviço público, sem prejuízo de outras sanções cabíveis.
(C) estará sujeito à suspensão dos vencimentos até que apresente a declaração devida.
(D) poderá ser punido com a pena de repreensão.
(E) pagará multa por dia de atraso equivalente a 10% (dez por cento) do correspondente ao valor da remuneração que percebe por dia de trabalho.

A, C, D e **E:** incorretas, pois será punido com a pena de demissão a bem do serviço público, sem prejuízo de outras sanções cabíveis (13, § 3º, da Lei 8.429/1992); **B:** correta (art. 13, § 3º, da Lei 8.429/1992).
Gabarito "B".

(Técnico – TRT/16ª – 2015 – FCC) A Lei de Improbidade Administrativa (Lei 8.429/1992) trata da importância da apresentação da declaração de bens e valores pertencentes ao patrimônio privado do agente público. De acordo com a referida lei, trata-se de condição para
(A) a nomeação e a posse.
(B) a posse, apenas.
(C) o exercício, apenas.
(D) a nomeação, apenas.
(E) a posse e o exercício.

A, B, C e **D:** incorretas, pois é condição para a *posse* e, em seguida, para o *exercício* (art. 13, *caput*, da Lei 8.429/1992); **E:** correta (art. 13, *caput*, da Lei 8.429/1992).
Gabarito "E".

8.9.4. Representação administrativa

(Ministério Público/MG – 2010.2) Acerca dos procedimentos administrativos para apuração de atos de improbidade administrativa, assinale a afirmativa CORRETA.
(A) Havendo fundados indícios de responsabilidade, a comissão investigante representará à Procuradoria ou Advocacia-Geral do ente lesado para que requeira ao juízo competente a decretação do sequestro

dos bens do agente ou terceiro que tenha enriquecido ilicitamente ou causado dano ao patrimônio público.
(B) A autoridade administrativa rejeitará, independentemente de fundamentação, a representação escrita que não contenha a qualificação do representante, informações sobre o fato e sua autoria, e indicação das provas de que tenha conhecimento.
(C) Uma vez decretada a rejeição administrativa da representação por atos de improbidade administrativa, ficará o representante impedido de representar, com base nos mesmos fatos, perante o Ministério Público.
(D) Somente o Ministério Público, por meio de inquérito civil público, poderá proceder à apuração de atos de improbidade administrativa no âmbito de quaisquer dos Poderes da União, Estado, Distrito Federal e Municípios.

A: incorreta, pois a representação poderá ser tanto à procuradoria do órgão, como ao *Ministério Público* (art. 16, caput, da Lei 8.429/1992); B: incorreta, pois a rejeição é até possível no caso, mas deve ser *fundamentada* (art. 14, § 2°, da Lei 8.429/1992); C: incorreta, pois pode haver reapresentação (art. 14, § 2°, da Lei 8.429/1992); D: correta, pois somente o MP pode instaurar um inquérito civil; outros órgãos e pessoas podem até investigar, mas não por meio de um inquérito civil.
Gabarito "D".

8.9.5. Questões processuais

(Ministério Público/SP – 2015 – MPE/SP) Aponte a alternativa correta:
(A) No processo administrativo, o afastamento temporário do agente público ao qual se atribui a prática de ato de improbidade, pela autoridade competente, está subordinado à prévia audiência do imputado.
(B) Para a decretação judicial da indisponibilidade de bens do agente público, suspeito de enriquecimento ilícito ou de ter causado danos ao patrimônio público, é imprescindível a individualização dos bens pelo Ministério Público.
(C) A indisponibilidade de bens nas ações de improbidade administrativa é medida que exige a comprovação de efetiva dilapidação patrimonial de parte do demandado.
(D) Nas ações por improbidade administrativa, a indisponibilidade de bens, requerida pelo Ministério Público, não alcança o bem de família do demandado.
(E) Nas ações por improbidade administrativa, a indisponibilidade de bens, requerida pelo Ministério Público, não atinge os proventos de aposentadoria do demandado.

A: incorreta, pois o contraditório pode ser diferido em situações de grande urgência; B e C: incorretas; o STJ também entende que a decretação dessa medida prescinde da individualização de bens na petição inicial e requer apenas o *fumus boni juris*, estando o *periculum in mora* implícito na lei (REsp 1.177.290/MT); D: incorreta, pois o STJ entende que tal medida pode alcançar bens adquiridos anteriormente à prática do ato de improbidade (REsp 839936/PR), mesmo que se tratem de bem de família (REsp 806.301/PR); E: correta, pois se sequer cabe a penhora desses bens, não há que se falar em possibilidade de indisponibilidade deles (REsp 1461892/BA, *DJe* 06.04.2015); de qualquer forma, com a entrada em vigor do Novo CPC, que admite penhora de vencimentos e proventos acima de 50 salários mínimos mensais (art. 833, § 2°, da Lei 13.105/2015), a jurisprudência passará a admitir a penhora de proventos nesses casos.
Gabarito "E".

(Procurador do Estado/PR – 2015 – PUC-PR) Sobre as hipóteses de tutela frente à lesão do patrimônio público pela prática de ato ilícito por parte de agente público, assinale a alternativa CORRETA.
(A) A prática do ato não enseja a impetração de mandado de segurança coletivo, pois não haveria direito líquido e certo no caso.
(B) A propositura de ação popular seria insuficiente por não proporcionar a reparação do dano.
(C) Diferentes órgãos do Judiciário serão competentes para apreciar a ação popular e a ação de improbidade administrativa.
(D) A ação de improbidade administrativa, considerada espécie de ação civil pública, pode ser utilizada para reparação do dano e punição do agente.
(E) Somente o mandado de segurança coletivo pode ser usado para suspender a eficácia do ato imediatamente, via decisão liminar.

A: incorreta, pois, preenchidos os demais requisitos para o mandado de segurança coletivo, não há vedação para esse instrumento nesse caso; B: incorreta, pois a ação popular é destinada não só à anulação do ato lesivo, como também ao ressarcimento do erário; C: incorreta, pois as duas ações têm a mesma competência, já que não há foro por prerrogativa de função em nenhuma das duas ações; D: correta, pois dentre as consequências previstas na Lei 8.429/1992 estão a reparação do dano e diversas punições, tais como multa civil, suspensão dos direitos políticos, perda do cargo etc. (art. 12); E: incorreta, pois também cabe liminar na ação popular, na ação por improbidade administrativa e numa ação civil pública sem pedido relacionado a sanções de improbidade administrativa.
Gabarito "D".

(Ministério Público/MG – 2010.2) Em relação à responsabilização pela prática de atos de improbidade administrativa, assinale a afirmativa CORRETA.
(A) À luz da Lei Federal 8.429/1992, a petição inicial da ação principal de responsabilização por atos de improbidade administrativa, independentemente do número de requeridos, deverá ser recebida fundamentadamente pelo juiz, no prazo de 30 (trinta) dias, com ou sem a resposta preliminar dos agentes requeridos.
(B) Uma vez apresentada a resposta preliminar na ação principal por atos de improbidade administrativa, o réu, após ser devidamente citado, poderá, dentro do prazo legal, em sede de contestação, apenas ratificar sua manifestação preliminar.
(C) A ação principal por atos de improbidade administrativa não será recebida para o agente requerido que, mesmo ouvido em sede de inquérito civil público, não apresentou resposta preliminar.
(D) Da decisão judicial que receber ou rejeitar a inicial da ação principal por ato de improbidade administrativa caberá agravo de instrumento, conforme dispõe a Lei Federal 8.429/1992.

A: incorreta, pois apenas após a resposta preliminar dos réus é que o juiz terá 30 dias para rejeitar a ação ou receber a petição inicial (art. 17, § 8°, da Lei 8.429/1992); B: correta, pois o réu, recebida a petição inicial após sua manifestação preliminar, será citado para oferecer contestação (art. 17, § 9°,

da Lei 8.429/1992), nada impedindo que apenas ratifique sua manifestação preliminar; **C:** incorreta, pois nada impede que a ação principal, no caso, seja recebida; o importante é que, na ação judicial, tenha o réu tido a oportunidade de apresentar manifestação preliminar antes do recebimento da petição inicial; **D:** incorreta, pois da decisão que receber a inicial cabe agravo de instrumento; porém, da decisão que rejeitar a inicial, cabe apelação, pois trata-se de decisão terminativa.
Gabarito "B".

(Ministério Público/MG – 2010.2) São legitimados para propositura da ação principal por ato de improbidade administrativa, nos termos da Lei 8.429/1992,

(A) somente o Ministério Público e os chefes do Poder Executivo de todos os entes da Federação.

(B) o Ministério Público, os Chefes do Poder Executivo, o autor popular e a Defensoria Pública, esta última a partir das alterações introduzidas na Lei da Ação Civil Pública pela Lei Federal 11.448/2007.

(C) o Ministério Público ou a pessoa jurídica interessada.

(D) o Ministério Público, os procuradores-gerais dos entes federados e o autor popular.

São legitimados apenas o MP e a *pessoa jurídica* interessada (ex.: o Município, o Estado, a União, a Autarquia etc.), e não os Chefes do Executivo, ou o autor popular, ou a defensoria pública (art. 17 da Lei 8.429/1992).
Gabarito "C".

(Analista – TRT/14ª – 2011 – FCC) De acordo com a Lei 8.429/1992, que dispõe sobre as sanções aplicáveis aos agentes públicos nos casos de enriquecimento ilícito no exercício de mandato, cargo, emprego ou função na administração pública direta, indireta ou fundacional, a medida de indisponibilidade de bens

(A) é decretada pelo Ministério Público.

(B) recairá somente sobre o acréscimo patrimonial, na hipótese de ato ímprobo que importe enriquecimento ilícito.

(C) exige, para seu deferimento, apenas a prova do risco de dilapidação patrimonial.

(D) consiste em forma de tutela precedida de cognição plena e exauriente.

(E) destina-se a todas as modalidades de ato ímprobo.

A: incorreta, pois é necessário processo judicial, de modo que a medida é decreta pelo juiz; ao Ministério Público cabe requerer em juízo a medida; **B:** correta (art. 7º, parágrafo único, da Lei 8.429/1992); **C:** incorreta, pois é necessário que haja fundados indícios de responsabilidade; **D:** incorreta, pois a medida é tomada para assegurar o resultado útil da demanda, o que faz com que seja requerida logo no início desta, de modo que o juiz não tem, neste momento, uma cognição plena e exauriente do caso; **E:** incorreta, pois essa medida só pode ser pedida quando o ato de improbidade causar lesão ao patrimônio público (art. 10 da Lei 8.429/1992) ou quando ensejar enriquecimento ilícito (art. 9º da Lei 8.429/1992), de modo que a medida não se destina à modalidade dos atos de Improbidade Administrativa que atentam contra os princípios da administração pública (art. 11 da Lei 8.429/1992).
Gabarito "B".

8.9.6. Prescrição

(Ministério Público/SP – 2011) A ação civil pública para a punição de atos de improbidade administrativa

(A) será proposta pela pessoa jurídica interessada, exclusivamente.

(B) prescreve em 10 (dez) anos, nos termos do art. 205 do Código Civil.

(C) é imprescritível.

(D) pode ser proposta até 5 (cinco) anos após o término do exercício de mandato, de cargo em comissão ou de função de confiança.

(E) prescreve em 5 (cinco) anos, contados a partir da demissão do servidor, a bem do serviço público, nos casos de exercício de cargo efetivo ou emprego.

A: incorreta, pois será pela pessoa jurídica interessada ou pelo Ministério Público (art. 17, *caput*, da Lei 8.429/1992); **B:** incorreta, pois, para o ressarcimento ao erário, a ação é imprescritível, e para as demais sanções, prescreve ou em 5 anos do término do mandado ou cargo em comissão, ou no prazo previsto para demissão a bem do serviço público, nos demais casos (art. 23 da Lei 8.429/1992); **C:** incorreta, pois somente a pretensão para o ressarcimento ao erário é imprescritível; **D:** correta (art. 23, I, da Lei 8.429/1992); **E:** incorreta, pois, nesses casos, a ação deve ser proposta dentro do prazo prescricional previsto em lei específica para faltas disciplinares puníveis com demissão a bem do serviço público (art. 23, II, da Lei 8.429/1992).
Gabarito "D".

Bens Públicos 9

9.1. CONCEITO DE BENS PÚBLICOS

Bens públicos são aqueles pertencentes às pessoas jurídicas de direito público interno (art. 98 do CC), podendo ser móveis ou imóveis, corpóreos ou incorpóreos. Todos os outros bens são particulares, seja qual for a pessoa a que pertencerem (segunda parte do art. 98 em questão). Assim, bens pertencentes à União, Estados, DF, Municípios, autarquias, agências reguladoras, fundações públicas de direito público e consórcios públicos de direito público são sempre bens públicos. Mas os bens pertencentes às empresas públicas, sociedades de economia mista, fundações governamentais de direito privado e consórcios públicos de direito privado são bens privados, portanto, passíveis de penhora, usucapião e alienação. Com maior motivo ainda, os bens das pessoas naturais e das jurídicas não privadas são todos bens privados também.

Porém, há certos bens adquiridos por pessoas privadas que podem ser públicos. Isso ocorre quanto aos bens adquiridos pelos concessionários de serviço público que tiverem duas características: a) forem afetados ao serviço público; b) forem reversíveis ao final da concessão (art. 35, § 1º, da Lei 8.987/1995). *Vide* o caso, por exemplo, de uma torre de energia elétrica adquirido por uma concessionária da área. Finda a concessão, esses bens são revertidos ao patrimônio público, de modo que pode se dizer que o Poder Concedente (sempre pessoa de direito público) é proprietário com termo suspensivo de tais bens (*v.* art. 131 do CC e 18 da Lei 8.987/1995).

Não se deve confundir o conceito de *bem público* com a noção de *domínio público* em sentido amplo, que abrange tanto os bens pertencentes ao Estado (bens públicos), como aqueles em relação aos quais sua utilização subordina-se às normas estabelecidas por este (bens particulares de interesse público) e ainda as coisas inapropriáveis individualmente, mas de fruição geral da coletividade (*res nullius*). Assim, tal ideia abrange tanto o domínio patrimonial (sobre os bens públicos) como o domínio eminente (sobre todas as coisas de interesse público), entendido esse como o poder político pelo qual o Estado submete à sua vontade todas as coisas de seu território, no ensinamento de Hely Lopes Meirelles. Em nome do domínio eminente é que são estabelecidas as limitações administrativas, as servidões etc.

9.2. CLASSIFICAÇÃO DOS BENS PÚBLICOS

Segundo sua destinação, os bens públicos podem ser classificados da seguinte forma (art. 99 do Código Civil):

a) **bens de uso comum do povo (ou do domínio público)**: *são os destinados a uso público, podendo ser utilizados indiscriminadamente por qualquer do povo*. Ex.: mares, rios, estradas, ruas e praças. Não há direito de uso exclusivo ou privilégios na utilização de tais bens. Apesar de destinados ao uso indistinto de todos, podem assumir caráter gratuito ou oneroso, na forma da lei (art. 103 do CC: *"o uso comum dos bens públicos pode ser gratuito ou retribuído, conforme for estabelecido legalmente pela entidade a cuja administração pertencer"*). Ex.: zona azul, pedágio, ancoragem em portos;

b) **bens de uso especial (ou do patrimônio administrativo indisponível)**: *são aqueles destinados à execução dos serviços públicos ou a servirem de estabelecimento para os entes públicos*. Ex.: edifícios onde estão as repartições públicas, equipamentos e veículos públicos; teatros, museus, universidades, bibliotecas, escolas públicas e hospitais; cemitérios e mercados públicos. Também são chamados de bens de uso especial aqueles que têm destinação específica, como museus, universidades, ou ainda aqueles utilizados pelos concessionários e permissionários do Poder Público;

c) **bens dominicais**[1] **(ou do patrimônio disponível)**: *são aqueles que não têm destinação específica, nem se encontram sujeitos ao uso comum do povo*. São bens que simplesmente integram o patrimônio do Estado e que, eventualmente, podem ser alienados. Ex.: terrenos de marinha, terras devolutas, prédios em renda etc. O CC não os trata como inalienáveis, dispondo que "podem ser alienados, observadas as exigências da lei" (art. 101), o que não quer dizer que podem ser objeto de penhora, visto que a execução contra as pessoas de direito público se faz, de acordo com o art. 100 da CF, mediante a expedição de precatório.

9.3. AFETAÇÃO E DESAFETAÇÃO

Em regra, todos os bens públicos ingressam no patrimônio público afetados por destinação específica.

Afetação *significa vinculação de um bem a uma destinação específica*. Decorre de um fato natural, da lei ou de ato administrativo. Uma avenida é afetada (destinada) à circulação de veículos e pessoas. O local onde fica uma repartição pública é afetado ao uso do Poder Público para consecução de seus fins.

Desafetação *consiste na retirada da destinação dada ao bem público, com o consequente ingresso do bem na categoria dos bens dominicais*. A desafetação só pode ocorrer em virtude de lei ou de ato administrativo decorrente de autorização legislativa.

9.4. REGIME JURÍDICO DOS BENS PÚBLICOS

Os bens públicos são gravados de uma série de condicionantes decorrentes do fato de pertencerem ao povo e de terem destinações voltadas à coletividade, direta ou indiretamente. Confira as regras decorrentes desse regime jurídico especial.

a) São **inalienáveis**, o que significa que não podem ser vendidos ou doados, salvo se passarem para a categoria de bens dominicais. São **requisitos para alienação**[2] **de bens imóveis:** (1) presença de interesse público devidamente justificado, (2) desafetação, (3) avaliação, (4) autorização legislativa e (5) licitação na modalidade concorrência. Em sendo bens móveis não serão necessárias a desafetação e a autorização legislativa. Há *dispensa de autorização legislativa* também na alienação de bens por pessoas de direito privado estatais. Há *dispensa de licitação*, se imóveis, em caso de dação em pagamento, doação ou venda para

---

1. José Cretella Júnior e José Cretella Neto diferenciam "bem dominical" de "bem dominial". Ensinam que "dominial é gênero, que abrange os três tipos de bens públicos, incluindo-se, entre estes tipos, o bem dominical, ou bem do patrimônio privado do Estado. Logo, dominial é gênero de que dominical é espécie".
2. *Vide* art. 17 da Lei 8.666/1993 (Lei de Licitações e Contratos).

outro órgão ou ente público; permuta; investidura (aquisição de área pública isoladamente inaproveitável; a Lei 9.648/1998, que trouxe redação ao § 3º do art. 17 da Lei 8.666/1993, também considera investidura a "alienação aos legítimos possuidores diretos ou, na falta destes, ao Poder Público, de imóveis para fins residenciais construídos em núcleos urbanos anexos a usinas hidrelétricas, desde que considerados dispensáveis na fase de operação dessas unidades e não integrem a categoria de bens reversíveis ao final da concessão"); disposições em geral para programas habitacionais. No caso de bens móveis, a dispensa de licitação ocorre na doação social, na permuta, venda de ações, títulos e bens produzidos pelos entes e venda de materiais e equipamentos para órgãos e entes públicos.

Instituto próximo da questão ora tratada é a *legitimação de posse*, que consiste na transferência do domínio de terra devoluta ou área pública sem utilização para particular ocupante. O Estatuto da Terra traz a regulamentação da questão na esfera federal. Trata-se de transferência de domínio voluntária, ou seja, distinta da usucapião (não voluntária), que é vedada quanto aos bens públicos;

b) São **imprescritíveis**, o que significa que não são passíveis de usucapião (prescrição aquisitiva). O art. 183, § 3º, da CF dispõe que os imóveis públicos não serão adquiridos por usucapião. O art. 191, parágrafo único, da CF repete tal regra. O art. 102 do Código Civil também dispõe dessa forma, sem que traga a restrição de que se trate de bem imóvel, já que dispõe que "os *bens públicos* não estão sujeitos a usucapião" (g.n.)[3];

c) Também são **impenhoráveis**, o que inclui a vedação de serem objeto de garantia. Isso decorre do fato de que os bens públicos devem estar disponíveis para que o Estado desenvolva suas atividades, o que não se coaduna com a entrega em garantia ou para penhora. A regra em questão não vale para os bens das pessoas jurídicas de direito privado estatais (sociedade de economia mista e empresas públicas), salvo se forem concessionárias de serviço público, hipótese em que apenas os bens afetados ao serviço serão impenhoráveis. A impossibilidade de oneração dos bens públicos encontra exceção nas operações de crédito por antecipação de receita (art. 167, IV, CF) e nos débitos com a União (art. 167, § 4º, CF).

A **execução contra o Estado** é feita por meio de precatório (art. 100 da CF). Os pagamentos das Fazendas serão feitos na **ordem cronológica de apresentação desses** (requisição do Presidente do Tribunal) e à conta do crédito respectivo, sem indicação dos casos ou pessoas. É **obrigatória a inclusão no orçamento** das entidades de direito público de verba para pagamento de débitos oriundos de sentença transitada em julgado, constante de precatório **apresentado até 1º de julho**, fazendo-se o **pagamento até o final do exercício seguinte**, em valor atualizado. **Exceções:** débitos alimentares e débitos de pequeno valor (valores distintos conforme capacidade do ente político), que seguem regra própria. Vale lembrar que o pagamento de precatório fora da ordem cronológica pode gerar sequestro (art. 100, § 6º, CF). O não pagamento, por sua vez, pode gerar pedido de intervenção no ente (art. 34, V, "a", e 35, I, CF).

Vale ressaltar que todos os bens públicos são impenhoráveis, inclusive os bens dominicais.

No entanto, há situações excepcionais em que os bens públicos podem ser objeto de constrição judicial.

---

3. *Vide* também a Súmula 340 do STF.

O STJ vem admitindo a penhora de dinheiro público quando a Fazenda Pública não cumpre decisões judiciais que determinam o fornecimento de medicamentos e tratamentos na área da saúde.

A jurisprudência é calcada no postulado da proporcionalidade, fazendo com que, na ponderação entre a regra constitucional do precatório com os princípios constitucionais da dignidade da pessoa humana e da proteção integral da saúde, preponderem os dois últimos valores.

9.5. FORMAS DE AQUISIÇÃO E USO DOS BENS PÚBLICOS

9.5.1. Aquisição

Pode se dar por desapropriação ou por compra, a qual dependerá de prévia licitação, salvo os casos de dispensa e inexigibilidade. Adquire-se também por dação em pagamento, permuta, penhora e sucessão.

9.5.2. Uso dos bens públicos

a) **uso livre**: ocorre quanto aos bens de uso comum do povo, respeitando-se as leis e sem que haja exclusividade, ainda que momentânea;

b) **autorização de uso:** ato unilateral, discricionário e precário, em que se faculta uso em caráter episódico, no interesse do particular. Ex.: fechar rua para festa; circo; carga pesada;

c) **permissão de uso:** ato unilateral, discricionário e precário, no interesse coletivo, que faculta uso com maior permanência do bem público, mediante licitação. Ex.: banca de jornal, barracas, feiras, box em mercado municipal;

d) **concessão de uso:** contrato que transfere o uso por prazo certo para finalidade específica, mediante licitação. Não há precariedade, vale dizer, a revogação antes do prazo contratual gera direito à indenização. Ex.: restaurante ou lanchonete em aeroporto ou rodoviária;

e) **concessão de direito real de uso:** contrato pelo qual se transfere, como direito real, o uso remunerado ou gratuito de imóvel não edificado, mediante licitação. Serve para urbanização, industrialização e cultivo de terra (Dec.-lei 271/1967). O direito real confere mais estabilidade à concessão feita, que fica oponível até ao Poder Público, ressalvada a possibilidade de desapropriação;

f) **concessão de uso especial** (MP 2.220/2001; art. 183, § 1º, da CF): como não se admite usucapião de bem público, nas hipóteses em que forem preenchidos os requisitos legais para o usucapião especial urbano até 30.06.2001 há direito do ocupante à concessão de uso especial, que se constitui administrativa ou judicialmente;

g) **cessão de uso:** consiste na atribuição gratuita da posse de um bem público de entidade ou órgão para outro, possibilitando ao cessionário a utilização nas condições estabelecidas no termo, por prazo certo ou indeterminado. Trata-se de ato de colaboração entre os entes públicos. Caso se trate de cessão externa, é necessária autorização legal.

Quando uma pessoa ocupa um bem público fora das situações mencionadas acima, está-se diante de uma ilegalidade. Um exemplo é um particular que invade um bem público e nele resolve construir um imóvel. Se o bem fosse privado, teríamos configurado o instituto da posse, mesmo se tratando de uma posse injusta. A posse, mesmo que injusta, pode gerar efeitos fortíssimos, como a usucapião e o direito à proteção possessória. Porém, em se tratando de bem público isso não ocorre. Não há que se falar em **posse** sobre bem público e, consequentemente, em *proteção possessória, retenção por benfeitorias* ou *usucapião*. Assim, o particular que ocupa nessas condições um bem público tem, segundo a doutrina e a jurisprudência, mera **detenção**. A detenção não gera efeito possessório algum e, assim, o Poder Público pode ingressar com ação de reintegração de posse e, mesmo se se tratar de ocupação antiga, o particular não poderá impedir que a Administração consiga uma liminar, sob alegação (do particular) de que tem uma posse antiga. Não havendo, posse, mas mera detenção, o particular não tem como defender a sua permanência no imóvel.

9.6. ESPÉCIES DE BENS NA CF (DA UNIÃO)

9.6.1. Os que atualmente lhe pertencem e os que lhe vierem a ser atribuídos

9.6.2. Terras devolutas indispensáveis à defesa

São da União as terras devolutas indispensáveis à defesa:

a) das fronteiras, fortificações e construções militares;

b) das vias federais de comunicação;

c) da preservação ambiental, definidas em lei.

Terras devolutas são as terras vazias, sem proprietário ou não afetadas a nada, representando bem disponível estatal (art. 5º do Decreto-lei 9.760/1946). As da União são as voltadas à preservação ambiental e defesa de fronteiras, fortificações e vias federais de comunicação, definidas em lei (art. 20, II, da CF). São do Estado as que não forem da União e dos Municípios as atribuídas por aqueles às edilidades. A Lei 6.383/1976 trata da discriminação das terras devolutas da União, sob responsabilidade do INCRA, podendo ser administrativa ou judicial, esta no rito sumário. O art. 29 da referida lei diz que o ocupante de terras públicas, quando as tenha tornado produtivas com o seu trabalho e o de sua família, fará jus à legitimação da posse de área contínua de até 100 hectares, preenchidos os requisitos legais.

Vale citar, ainda, a Lei 601/1850, que tem o seguinte teor: "Art. 3º São terras devolutas: § 1º As que não se acharem aplicadas a algum uso público nacional, provincial, ou municipal. § 2º As que não se acharem no domínio particular por qualquer título legítimo, nem forem havidas por sesmarias e outras concessões do Governo Geral ou Provincial, não incursas em comisso por falta do cumprimento das condições de medição, confirmação e cultura. § 3º As que não se acharem dadas por sesmarias, ou outras concessões do Governo, que, apesar de incursas em comisso, forem revalidadas por esta Lei. § 4º As que não se acharem ocupadas por posses, que, apesar de não se fundarem em título legal, forem legitimadas por esta Lei".

9.6.3. Terras tradicionalmente ocupadas pelos índios

São da União as terras tradicionalmente ocupadas pelos índios.

Os índios têm posse permanente e usufruto exclusivo das riquezas do solo, dos rios e dos lagos nelas existentes.

O aproveitamento dos demais recursos só se dará com autorização do Congresso Nacional, garantida a participação nos resultados.

9.6.4. Lagos e rios

São da União os lagos e rios:

a) de terrenos de seu domínio;

b) que banhem mais de um Estado;

c) que sirvam de limite com outros países;

d) que se estendam a território estrangeiro ou dele provenham, inclusive os terrenos marginais.

9.6.5. Terrenos de marinha

São da União os terrenos de marinha.

São aqueles formados pela porção de terras banhadas pelas águas dos rios navegáveis ou pelas águas do mar (art. 20, VII, da CF). O art. 2º do Decreto-lei 9.760/1946 os define como a faixa de 33 metros da linha do preamar médio de 1831 para a parte da terra. O particular que ocupar parte de terreno de marinha, mediante a devida outorga (enfiteuse ou aforamento, ou mesmo mero regime de ocupação), pagará à União taxa de Administração (art. 127 do Dec.-lei 9.760/1946). E caso o ocupante venha a transferir a terceiros, mediante alienação a título oneroso, esse direito sobre o bem (chamado "domínio útil"), deverá pagar o chamado laudêmio (art. 5º do Dec.-lei 2.398/1987). Aliás, o pagamento de laudêmio à União é devido não só quando há transferência do domínio ou de ocupação, seja para terceiros, seja para integralizar cotas de empresa, como também quando há transferência do direito a benfeitorias no bem (AgRg no AREsp 429.801/PE, DJe 25.02.2014). Aliás, no caso de irregularidade da ocupação, a União, independentemente de fazer a cobrança devida pela ocupação do bem, pode buscar a anulação dos registros da ocupação, podendo fazê-lo administrativamente (sem necessidade de ação judicial), "em razão do atributo da presunção de legitimidade e executoriedade do ato administrativo, justificando-se, inclusive, a inversão do ônus da prova a cargo dos" ocupantes (Resp 409.303-RS, DJ 14.10.2012).

9.6.6. Mar territorial

É da União o mar territorial, consistente na faixa de 12 milhas, contadas do litoral continental, sobre a qual o Estado exerce poderes de soberania (art. 20, VI, da CF e Lei 8.617/1993).

9.6.7. Recursos da zona econômica exclusiva

São da União os recursos da zona econômica exclusiva, que consiste na faixa de 12 a 200 milhas, sobre a qual o Estado exerce poderes de exploração dos recursos naturais do mar (art. 20, V, da CF e Lei 8.617/1993).

9.6.8. Recursos naturais da plataforma continental

São da União os recursos naturais da plataforma continental, que consiste no prolongamento natural das terras da superfície sob a água do mar, porção de terras submersas que apresentam a mesma estrutura geológica das terras do continente (art. 20, V, da CF e Lei 8.617/1993).

9.6.9. Ilhas

São da União as ilhas:

a) fluviais (de rios) e lacustres (de lagos) nas zonas limítrofes com outros países; as demais são dos Estados;

b) oceânicas (no oceano);

c) costeiras (próximas à costa), excluídas as de terceiros.

9.6.10. Recursos minerais, inclusive dos subsolos

São da União os recursos minerais, inclusive dos subsolos.

É assegurada a participação (ou compensação financeira) no resultado da exploração de petróleo, gás natural, potencial hídrico e outros recursos minerais, no respectivo território, plataforma continental, mar territorial e zona econômica exclusiva, em favor dos Estados, DF, Municípios e União, nos termos da lei (art. 20, § 1º, da CF).

9.7. QUADRO SINÓTICO

BENS PÚBLICOS
1. Conceito de bens públicos: *são os bens pertencentes às pessoas jurídicas de direito público* (art. 98 do CC)
– Ou seja, bens pertencentes aos entes políticos (União, Estados, DF e Municípios), e às autarquias, fundações públicas, agências reguladoras e associações públicas
– Doutrina: entende que também são bens públicos aqueles **afetados ao serviço público**, ainda que estejam sob a administração de uma pessoa jurídica de direito privado, como, por exemplo, os "orelhões" e as torres de celular administrados por uma empresa de telefonia
2. Classificação quanto à destinação (art. 99)
2.1. Bens de uso comum do povo
a) **conceito:** *são os destinados ao uso indistinto de todos*
b) **exemplos:** rios, mares, estradas, ruas, praças
c) **regra:** o uso desses bens pode ser gratuito ou retribuído, conforme estabelecido na lei local
2.2. Bens de uso especial
a) **conceito:** *são os destinados a serviço ou estabelecimento da administração*
b) **exemplos:** repartições públicas, teatros, universidades, escolas, bibliotecas, museus, viaturas, cemitérios e mercados públicos
2.3. Bens dominicais
a) **conceito:** *são os que constituem mero patrimônio das pessoas jurídicas de direito público*
b) **exemplos:** bens adquiridos em execução fiscal, imóveis desocupados, terras devolutas
c) **regra 1:** "não dispondo a lei em contrário, consideram-se dominicais os bens pertencentes às pessoas jurídicas de direito público a que se tenha dado estrutura de direito privado" (art. 99, parágrafo único); ex: fundações estatais
d) **regra 2:** podem ser alienados, observadas as exigências da lei; mas são impenhoráveis e imprescritíveis
Afetação: *ato ou fato que dá destinação a um bem público*
– Bens de uso comum do povo e especial são afetados
– Pode se dar por lei, ato administrativo, registro, construção, força da natureza
Desafetação: *ato ou fato que retira a destinação dada a um bem público*
– Bens dominicais são desafetados
– Deve se dar por ato da mesma hierarquia do ato que afetou, salvo desafetação por caso fortuito ou força maior

3. Regime jurídico

3.1. Imprescritíveis

a) conceito: *não estão sujeitos à usucapião*

b) fundamento: arts. 183, § 3º, e 191, parágrafo único, da CF; art. 102 do CC; Súmula 340 do STF

c) atenuantes: uso de bens públicos pode gerar direito à

– **legitimação de posse:** arts. 29 a 31 da Lei 6.383/1976, gera *licença de ocupação* por um tempo + *preferência na aquisição*

– **concessão de uso especial:** MP 2.220/2001 (art. 183, § 1º, da CF), requer atendimento aos requisitos p/ usucapião especial, até 30.06,2001; é por prazo indeterminado e transferível

3.2. Impenhoráveis

a) conceito: *não estão sujeitos à constrição judicial*

b) fundamento: art. 100 do CC (bens são inalienáveis) + art. 100 da CF (pagamentos são feitos por precatório ou, se pequeno valor, à vista)

– Precatório: requisição de pagamento feita pelo Presidente do Tribunal ao Chefe do Executivo, que deve incluir o valor no orçamento do ano seguinte, se a requisição for até 1º de julho

– Atualização: índices e juros da poupança

c) atenuantes: cabe constrição nos seguintes casos

– Sequestro pelo preterimento ou não pagamento (100, § 6º, da CF)

– Bloqueio de dinheiro para tratamento médico indispensável

3.3. Inalienáveis

a) conceito: *bens de uso comum e de uso especial são inalienáveis, enquanto conservarem a sua qualificação, na forma que a lei determinar*

b) fundamento: art. 100 do CC

c) requisitos para alienar imóvel (art. 17 da Lei 8.666/1993)

– Interesse público devidamente justificado

– Desafetação/autorização legislativa

– Avaliação

– Licitação na modalidade concorrência

3.4. Não passíveis de oneração

a) conceito: *bens públicos não podem ser dados em garantia*

b) fundamento: art. 100 do CC; se são inalienáveis, não podem ser dados em garantia

c) exceções: cabe vinculação de receitas nos seguintes casos previstos na Constituição

– Art. 167, IV: garantia às operações de crédito por antecipação de receita

– Art. 167, § 4º: garantia às dívidas junto à União

4. Uso dos bens públicos

4.1. Uso livre: existe nos bens de *uso comum do povo*, desde que sem exclusividade – ex: brincar em praça pública

4.2. Autorização de uso: unil./discr./prec./proveito próprio – ex: fechar rua para uma festa de São João

4.3. Permissão de uso: unil./discr./prec./licitação – ex: banca de jornal de praça pública

4.4. Concessão de uso: bilat./ñ prec./licitação – ex: estacionamento privado em aeroporto

4.5. Concessão de direito real de uso: bilat./ñ prec./licit./real – ex: instalação de indústria em terreno público

4.6. Concessão de uso especial: moradia em bem público até 30.06.2001 + requisitos da usucapião especial

4.7. Cessão de uso: cessão a outro ente público; ex: para a Polícia Militar

5. Bens públicos da União (art. 20 da CF)

5.1. Os que atualmente lhe pertencem e os que lhe vierem a ser atribuídos

5.2. Terras devolutas indispensáveis à defesa: a) das fronteiras, fortificações e construções militares, b) das vias federais de comunicação, c) da preservação ambiental, definidas em lei

5.3. Terras tradicionalmente ocupadas pelos índios

– Estes têm **posse permanente** e **usufruto exclusivo** das riquezas do solo, dos rios e dos lagos nelas existentes

– Aproveitamento dos demais recursos só com autorização do Congresso Nacional, garantida a participação nos resultados

5.4. Lagos e rios: a) de terrenos de seu domínio, b) que banhem mais de um Estado, c) que sirvam de limite com outros países, d) que se estendam a **território estrangeiro** ou dele provenham

– inclusive os terrenos marginais

5.5. Terrenos de marinha: faixa de terra de 33 metros da linha preamar média, em direção ao continente

5.6. Praias marítimas

5.7. Mar territorial: 12 milhas do continente

5.8. Recursos da zona econômica exclusiva: 12 a 200 milhas do continente

5.9. Ilhas:

a) **fluviais** (de rios) e **lacustres** (de lagos) nas zonas limítrofes com outros países; as demais são dos Estados

b) **oceânicas** (no oceano)

c) **costeiras** (próximas à costa), excluídas as de terceiros

5.10. Cavidades subterrâneas e sítios arqueológicos e pré-históricos

5.11. Potenciais de energia hidráulica

5.12. Recursos minerais, inclusive dos subsolos

– Assegurada a participação (ou compensação financeira) no resultado da exploração de petróleo, gás natural, potencial hídrico e outros recursos minerais

– No respectivo território, plataforma continental, mar territorial e zona econômica exclusiva

– Em favor dos Estados, DF, Municípios e União

– Nos termos da lei (art. 20, § 1º, da CF)

9.8. QUESTÕES COMENTADAS

9.8.1. Conceito e classificação dos bens públicos

(Magistratura/SC – 2015 – FCC) Pela perspectiva tão somente das definições constantes do direito positivo brasileiro, consideram-se "bens públicos" os pertencentes a

(A) um estado, mas não os pertencentes a um território.

(B) um município, mas não os pertencentes a uma autarquia.

(C) uma sociedade de economia mista, mas não os pertencentes ao distrito federal.

(D) uma fundação pública, mas não os pertencentes a uma autarquia.

(E) uma associação pública, mas não os pertencentes a uma empresa pública.

A, B, C e D: incorretas, pois bens públicos são todas aqueles pertencentes a pessoas jurídicas de direito público (art. 98 do CC) e os territórios, quando existem, e as autarquias são pessoas jurídicas de direito público; vale mencionar que as sociedades de economia mista não pessoas jurídicas de direito público e, portanto, seus bens, em regra, não são bens públicos; **E:** correta, vez que uma associação pública é uma pessoa jurídica de direito público e, portanto, seus bens são públicos (art. 98 do CC), ao passo que uma empresa pública não é pessoa jurídica de direito público, portanto, seus bens em regra são privados.

Gabarito "E"

(Procurador do Estado/AC – 2014 – FMP) X é um pescador e percorreu os Estados do Amazonas e do Acre, ambos banhados pelo Rio Tarauacá, seguindo a trilha de suas águas. Um dia, em Rio Branco, questionou o colega sobre aspectos referentes ao lindo rio que banha os dois Estados. De acordo com as informações acima e a classificação dos bens públicos, é **CORRETO** afirmar que

(A) é um bem de uso comum do povo, sem dono porque as águas não são passíveis de apropriação.

(B) é um bem de uso comum do povo, de propriedade da União.

(C) é um bem de uso especial do Estado do Acre, onde está a sua nascente.

(D) é um bem de uso comum do povo, de propriedade do Estado onde predominar o seu álveo.

Rios são considerados bens de uso comum do povo (art. 99, I, do CC). E rios que banhem mais de um Estado são considerados bens da União (art. 20, III, da CF). Assim, apenas a alternativa "b" está correta.

Gabarito "B"

(OAB/Exame Unificado – 2015.1) O prédio que abrigava a Biblioteca Pública do Município de Molhadinho foi parcialmente destruído em um incêndio, que arruinou quase metade do acervo e prejudicou gravemente a estrutura do prédio. Os livros restantes já foram transferidos para uma nova sede. O Prefeito de Molhadinho pretende alienar o prédio antigo, ainda cheio de entulho e escombros.

Sobre o caso descrito, assinale a afirmativa correta.

(A) Não é possível, no ordenamento jurídico atual, a alienação de bens públicos.
(B) O antigo prédio da biblioteca, bem público de uso especial, somente pode ser alienado após ato formal de desafetação.
(C) É possível a alienação do antigo prédio da biblioteca, por se tratar de bem público dominical.
(D) Por se tratar de um prédio com livre acesso do público em geral, trata-se de bem público de uso comum, insuscetível de alienação.

A: incorreta, pois os bens públicos podem ser alienados, preenchidos os requisitos legais (arts. 100 e 101 do Código Civil, combinados com o art. 17 da Lei 8.666/1993); **B:** incorreta, pois o prédio da biblioteca, enquanto estava funcionando normalmente estava afetado (destinado) e, portanto, era um bem de uso comum do povo; no momento em que os livros são transferidos para outra sede, a desafetação (retirada da destinação) do prédio antigo se dá automaticamente e o prédio da sede nova passar a ter a afetação que tinha o prédio antigo, passando a ser um bem de uso especial; a desafetação, salvo quando a afetação tiver se dado por meio de lei, não precisa de lei para acontecer, podendo ocorrer por decreto, por ato administrativo designando outro local para a sede ou outros tipos de atos legítimos e até mesmo pode se dar por fato da natureza, como quando um bem deixa de existir por algum evento natural; **C:** correta, pois o prédio da antiga biblioteca, com a desafetação, passa a ser um bem dominical e, portanto, alienável (art. 101 do Código Civil); **D:** incorreta, pois, segundo o Código Civil, os bens públicos destinados a serviço ou estabelecimento público são bens de uso comum do povo (art. 99, II, do Código Civil), que é justamente o caso de uma biblioteca.
Gabarito "C"

(Ministério Público/SE – 2010 – CESPE) Assinale a opção correta a respeito de bens públicos.

(A) Consideram-se bens dominicais todas as coisas, móveis ou imóveis, corpóreas ou incorpóreas, utilizadas pela administração pública para realização de suas atividades e consecução de seus fins.
(B) Os bens de uso comum do povo são aqueles que se destinam à utilização geral pelos indivíduos e podem ser federais, estaduais ou municipais.
(C) São bens patrimoniais disponíveis os de uso especial, que, entretanto, só podem ser alienados nas condições que a lei estabelecer.
(D) Diz-se afetado o bem utilizado para determinado fim público, desde que a utilização se dê diretamente pelo Estado.
(E) Os bens de uso comum do povo, os de uso especial e os dominicais têm como característica a inalienabilidade e, como decorrência desta, a imprescritibilidade, a impenhorabilidade e a impossibilidade de oneração.

A: incorreta, pois os *bens dominicais* são aqueles que são mero patrimônio do Estado, não havendo destinação alguma para a realização de suas atividades e consecução de seus fins; **B:** correta, pois os *bens de uso comum do povo* são aqueles de uso geral das pessoas, tais como ruas, praças, mares e rios, e podem ser de todas as esferas federativas; **C:** incorreta, pois os *bens de uso especial* são inalienáveis (art. 100 do Código Civil), portanto, são considerados indisponíveis; **D:** incorreta, pois um bem pode estar afetado a um fim público, sem que a utilização se dê diretamente pelo Estado; por exemplo, um orelhão (cabine telefônica) está afetado a um serviço público, mas o usuário direto não é o Estado, mas sim os indivíduos; **E:** incorreta, pois os bens dominicais são alienáveis (art. 101 do Código Civil), apesar de serem impenhoráveis e imprescritíveis (art. 102 do Código Civil).
Gabarito "B"

(Magistratura do Trabalho – 2ª Região – 2012) Observe as assertivas e ao final responda.

I. Os bens dominicais, sob o aspecto jurídico, são de domínio privado do Estado.
II. A inalienabilidade dos bens públicos é absoluta.
III. Os terrenos destinados a serviço ou estabelecimento da administração municipal, inclusive os de suas autarquias, são considerados bens públicos de uso comum.
IV. Os bens públicos de uso comum não estão sujeitos à usucapião, enquanto que os dominicais sim.
V. Os imóveis da União podem ser cedidos a pessoas físicas, em se tratando de aproveitamento econômico de interesse nacional, desde que referida cessão seja autorizada pelo Ministro de Estado da Fazenda, por delegação do Presidente da República.

Estão **corretas apenas** as assertivas:

(A) I e V;
(B) II e III;
(C) I e IV;
(D) III e V;
(E) II e V.

I: correta, pois são mero patrimônio estatal (art. 99, III, do CC), não havendo afetação (destinação) alguma; **II:** incorreta, pois a inalienabilidade só existe enquanto os bens de uso comum do povo e de uso especial conservarem a sua qualificação (art. 100 do CC); **III:** incorreta, pois esses são bens de uso especial (art. 99, II, do CC); **IV:** incorreta, pois nenhum bem público está sujeito à usucapião (art. 102 do CC); **V:** correta (art. 18, II e § 4º, da Lei 9.636/1998).
Gabarito "A"

(Analista – TRE/CE – 2012 – FCC) O bem público de uso especial

(A) pode ser utilizado pelos indivíduos, mas essa utilização deverá observar as condições previamente estabelecidas pela pessoa jurídica interessada.
(B) é destinado a fins públicos, sendo essa destinação inerente à própria natureza desse bem, como ocorre, por exemplo, com as estradas e praças.
(C) possui regime jurídico de direito público, aplicando-se, a essa modalidade de bem, institutos regidos pelo direito privado.
(D) possui regime jurídico de direito privado, portanto, passível de alienação.
(E) está fora do comércio jurídico do direito privado, ainda que não mantenha essa afetação.

A: correta, pois os bens de uso especial são aqueles destinados à execução dos serviços públicos ou a servirem de estabelecimento para os entes públicos, de maneira que os indivíduos não podem usar tais bens (como usam os bens de uso comum do povo) sem que haja obediência a condições previamente estabelecidas pela pessoa jurídica interessada; **B:** incorreta, pois esse é o conceito de bens de uso comum do povo (art. 99, I, do CC); **C:** incorreta, pois, em sendo bens públicos, não há que se observar institutos

regidos pelo direito privado; **D**: incorreta, pois são bens públicos e, portanto, têm um regime jurídico de direito público; **E**: incorreta, pois, caso deixem de ter essa afetação (de bem de uso especial), ou seja, caso passem a ser bens desafetados, passam a ser meros bens dominiais e, portanto, passam a ser bens alienáveis (art. 101 do CC).
Gabarito "A".

9.8.2. Regime jurídico dos bens públicos

(DPE/PE – 2015 – CESPE) Com relação aos bens públicos, julgue o item abaixo.

(1) É juridicamente impossível a prescrição aquisitiva de imóvel público rural por meio de usucapião constitucional *pro labore*.

1: correta, pois não é cabe usucapião em bem público, seja ele urbano (art. 182, § 3º, da CF), seja ele rural (art. 191, parágrafo único, da CF).
Gabarito 1C

(Juiz de Direito/MG – 2014) Na classificação dos bens públicos, distinguem-se os bens de uso comum do povo e os bens dominicais. Assinale a alternativa que destaca a **DIFERENÇA** entre os bens de uso comum do povo e os bens dominicais.

(A) O que diferencia os bens de uso comum do povo dos bens dominicais é o fato de que, embora ambos integrarem o patrimônio do Estado, os dominicais são aqueles de destinação específica.

(B) A diferença está no fato de que os bens de uso comum se destinam à utilização da coletividade e da própria administração pública, enquanto que os dominicais são bens sem qualquer destinação específica, não integrando a classe dos primeiros, nem à dos bens de uso especial.

(C) A diferença pode ser identificada no fato de os bens dominicais servirem para a instalação das repartições essenciais à atividade estatal, enquanto que os de uso comum não se prestam a tal finalidade.

(D) A diferença pode ser identificada no fato de os bens de uso comum do povo não poderem ser utilizados pelo poder público.

A: incorreta, pois os bens dominicais são aqueles que não têm destinação específica, diferentemente dos bens de uso comum do povo que são afetados (destinados) ao uso indistinto das pessoas; além disso, os bens dominicais são alienáveis (art. 101 do CC), diferentemente dos bens de uso comum do povo, que são inalienáveis (art. 100 do CC); **B**: correta, nos termos dos art. 99, I, II e III, do CC; **C**: incorreta, pois os bens que servem à instalação das repartições públicas são os bens de *uso especial* (e não os bens de *uso comum do povo*); **D**: incorreta, pois o poder público também pode usar os bens de uso comum do povo, como quando um veículo do Estado trafega por uma rua.
Gabarito "B".

(Magistratura/MG – 2012 – VUNESP) Analise as afirmativas a seguir.

Os bens de uso comum do povo, desde que suscetíveis de valoração patrimonial e desafetados, podem ser alienados
PORQUE
tanto uma rua quanto uma praça, uma praia ou as margens de um rio navegável são suscetíveis de valoração patrimonial e de desafetação.
Assinale a alternativa correta.

(A) A primeira afirmativa é falsa e a segunda é verdadeira.

(B) A segunda afirmativa é falsa e a primeira é verdadeira.

(C) As duas afirmativas são verdadeiras e a segunda justifica a primeira.

(D) As duas afirmativas são verdadeiras, mas a segunda não justifica a primeira.

A primeira afirmativa é verdadeira (art. 100 do CC). A segunda afirmativa é falsa, pois a praia não é suscetível de valoração patrimonial, muito menos de desafetação, tratando-se de bem absolutamente fora do comércio. Dessa forma, alternativa correta é a "b".
Gabarito "B".

(Ministério Público/SP – 2011) Os bens imóveis públicos, rurais ou urbanos,

(A) sujeitam-se à prescrição aquisitiva, qualquer que seja sua área.

(B) não podem ser adquiridos por usucapião.

(C) estão sujeitos à usucapião *pro labore*.

(D) atendida a função social da propriedade, podem ser usucapidos.

(E) se urbanos, até 250 m2, e rurais, até 50 ha, atendidos os requisitos temporal, de posse ininterrupta e sem oposição, sujeitam-se à prescrição aquisitiva.

A: incorreta, pois não cabe usucapião em bens públicos (arts. 183, § 3º, e 191, parágrafo único, ambos da CF); **B**: correta, conforme mencionado na afirmativa anterior; **C** a **E**: incorretas, pois, conforme já dito, não cabe qualquer tipo de usucapião em bens públicos.
Gabarito "B".

9.8.3. Alienação dos bens públicos

(Ministério Público/MS – 2013 – FADEMS) Em se tratando de alienação de imóvel da administração pública, havendo interesse público justificado, serão observadas as seguintes providências e normas:

(A) Será precedida de avaliação, e de autorização do Poder Executivo para órgãos da administração direta e entidades autárquicas e fundacionais.

(B) Se for para todos, inclusive as entidades paraestatais, dependerá de avaliação prévia, e via de regra, de licitação na modalidade de leilão.

(C) Dependerá de avaliação prévia e licitação, na modalidade de tomada de preços, se a venda se dirigir a outro órgão ou entidade da administração pública, de qualquer esfera de governo.

(D) Será dispensável a avaliação prévia e a licitação, na modalidade de leilão, se se tratar de permuta por outro imóvel que atenda aos requisitos do inciso X, do artigo 24 da Lei 8.666/1993.

(E) Será precedida de avaliação e de autorização do Poder Legislativo para órgãos da administração direta e entidades autárquicas e fundacionais.

A: incorreta, pois é necessário autorização do Poder Legislativo e não do Executivo (art. 17, I, da Lei 8.666/1993); **B**: incorreta, pois, via de regra, a licitação se dará na modalidade concorrência (art. 17, I, da Lei 8.666/1993); **C**: incorreta, pois, se a venda se dirigir a outro órgão ou entidade da administração pública, a licitação é dispensada (art. 17, I, "e", da Lei 8.666/1993); **D**: incorreta, pois será dispensada a concorrência (e não o leilão) no caso mencionado (art. 17, I, "c", da Lei 8.666/1993); **E**: correta (art. 17, I, da Lei 8.666/1993).
Gabarito "E".

9.8.4. Uso dos bens públicos

(Magistratura/GO – 2015 – FCC) Suponha que determinada empresa privada promotora de eventos pretenda utilizar um imóvel público, atualmente sem destinação e cuja propriedade foi adquirida pelo Estado por meio de adjudicação levada a efeito em processo de execução fiscal, para a instalação de um centro de convenções com a finalidade de realizar feiras agropecuárias. Considerando o regime jurídico a que se sujeitam os bens públicos, a utilização do imóvel pelo referido particular, em caráter exclusivo, poderá se dar mediante

(A) cessão de uso, que pressupõe a transferência do domínio e se dá, necessariamente, a título oneroso.
(B) permissão de uso, em caráter discricionário e precário em razão do interesse no uso beneficiar exclusivamente o particular.
(C) autorização de uso, sem prazo determinado e revogável mediante indenização ao particular.
(D) permissão qualificada, onerosa e precedida de licitação, que não admite indenização ao particular no caso de revogação a critério da Administração.
(E) concessão de uso, precedida de licitação, com prazo determinado, com direito do particular a indenização caso rescindida antes do termo final.

A: incorreta, pois na cessão de uso não há transferência de propriedade, mas apenas uma concessão ou permissão temporárias ao particular; **B:** incorreta, pois a permissão de uso de bem público é um instituto que beneficia o particular e o Poder Público também; apenas a autorização de uso de bem público é que beneficia exclusivamente o particular; **C:** incorreta, pois a autorização de uso de bem público é precária, de modo que não caberá indenização ao particular quando é revogada; **D:** incorreta, pois a permissão qualificada, que é aquele que a Administração acaba por conferir prazo em favor do permissionário (em tese deve evitar fazer isso, pois a permissão em geral é por prazo não determinado e pode ser revogada sem indenização a qualquer tempo), se por ventura for extinta antes do prazo combinado, enseja indenização em favor do permissionário, pela expectativa gerada neste; **E:** correta; em primeiro lugar a concessão de uso é o instrumento adequado, pois a instalação de centro de convenções requer alto investimento e isso não se coadunaria com autorizações ou permissões, que são precárias e revogáveis a qualquer tempo, o que geraria insegurança jurídica e econômica para o concessionário fazer os devidos investimentos; em segundo lugar, a caracterização da concessão de uso está correta, pois, de fato, esta é precedida de licitação tem prazo determinado e, caso revogada antes do termo final, enseja indenização em favor do concessionário.
Gabarito "E".

(Promotor de Justiça/PI – 2014 – CESPE) No que se refere aos bens públicos, assinale a opção correta.
(A) Nas hipóteses em que a alienação de bens públicos imóveis depender da realização de procedimento licitatório, em regra, a modalidade será o leilão.
(B) Admite-se a aquisição, por usucapião, de bem público imóvel submetido a regime de aforamento, desde que a ação seja ajuizada em face de pessoa jurídica de direito público e do foreiro.
(C) A concessão de direito real de uso de bem público pode ser outorgada por prazo indeterminado, não sendo transmissível por ato *inter vivos* ou *causa mortis*.
(D) São bens públicos as florestas, naturais ou plantadas, localizadas nos entes públicos e nas entidades da administração indireta, excetuadas as que estejam sob o domínio das sociedades de economia mista.
(E) Como forma de compatibilizar o direito de reunião, previsto na CF, e o direito da coletividade de utilizar livremente dos bens públicos de uso comum, a administração, previamente comunicada a respeito do fato, pode negar autorização para a utilização de determinado bem público de uso comum, ainda que a finalidade da reunião seja pacífica, desde que o faça por meio de decisão fundamentada e disponibilize aos interessados outros locais públicos.

A: incorreta, pois em matéria de alienação de imóveis públicos, a regra é a realização de concorrência e a exceção é a possibilidade de realização de leilão (arts. 23, § 3º, e 19, III, da Lei 8.666/1993); **B:** incorreta, pois os bens públicos não são passíveis de usucapião (art. 102 do CC); **C:** incorreta, pois pode ser transferida por ato *inter vivos* (art. 7º, § 4º, do Dec.-lei 271/1967); **D:** incorreta, pois bens públicos são os pertencentes às pessoas jurídicas de direito público (art. 98 do CC), sendo que os demais são privados; assim, bens de outras entidades da administração indireta que sejam pessoas jurídicas de direito privado, como é o caso das empresas públicas, são também bens privados; ou seja, são bens privados, ainda que sejam florestas, não só bens das sociedades de economia mista, como também os bens das empresas públicas; **E:** correta; o direito em questão não é absoluto, de modo que é possível, em circunstâncias excepcionais e devidamente motivadas, a providência mencionada na questão; aliás, a própria Constituição já traz uma exceção, ao dispor que esse direito cede se for frustrar outra reunião anteriormente convocada para o mesmo local (art. 5º, XVI, da CF).
Gabarito "E".

(Procurador do Estado/AC – 2014 – FMP) Numa grande área situada no Município de Sena Madureira – AC, de propriedade do Estado do Acre, um conjunto de pessoas sem moradia se estabeleceu, há mais de vinte anos, de forma pacífica, dividindo a área em frações que não excedem 250 m² atribuídas aos ocupantes que não tivessem nenhum outro imóvel. Preocupado com a insegurança jurídica, o Presidente da Associação de Moradores, que hoje também forma uma próspera Cooperativa de Extrativismo Sustentável, foi procurar uma solução na PGE-AC. Qual dentre as soluções abaixo é a **CORRETA**?
(A) É viável, em princípio, a concessão de uso especial para fins de moradia.
(B) É inviável a regularização, uma vez que os bens públicos são *res extra patrimonium nostrum*.
(C) É viável, em princípio, a usucapião extraordinária, uma vez que estão presentes o tempo, o ânimo e a posse.
(D) É inviável a regularização da atribuição de poderes sobre quaisquer áreas públicas sem licitação, pois ofenderia a Lei 8.666/1993.

A: correta (art. 2º, *caput* e § 3º, da Medida Provisória 2.220/2001); **B** e **D:** incorretas, pois, no caso, cabe aplicação do instituto da concessão de uso especial para fins de moradia, prevista na Medida Provisória 2.220/2001; **C:** incorreta, pois não cabe usucapião em bem público (art. 183, § 3º, da CF).
Gabarito "A".

9.8.5. Bens públicos em espécie

(Juiz de Direito/CE – 2014 – FCC) Acerca dos bens públicos, é correto afirmar:

(A) A imprescritibilidade é característica dos bens públicos de uso comum e de uso especial, sendo usucapíveis os bens pertencentes ao patrimônio disponível das entidades de direito público.
(B) As terras devolutas indispensáveis à preservação ambiental constituem, nos termos do art. 225, *caput*, da Constituição Federal, bem de uso comum do povo.
(C) Os bens pertencentes aos Conselhos Federais e Regionais de Fiscalização são bens públicos, insuscetíveis de constrição judicial para pagamentos de dívidas dessas entidades.
(D) Os bens das representações diplomáticas dos Estados estrangeiros e de Organismos Internacionais são considerados bens públicos, para fins de proteção legal.
(E) Os imóveis pertencentes à Petrobrás, sociedade de economia mista federal, são considerados bens públicos, desde que situados no Território Nacional.

A: incorreta, pois a imprescritibilidade é característica que diz respeito a todos os bens públicos, já que a própria Constituição Federal, sem trazer exceções, impede a usucapião em relação aos bens públicos (arts. 183, § 3º, 191, parágrafo único); **B:** incorreta, pois as terras devolutas são consideradas bens dominicais; **C:** correta, pois tais conselhos são considerados serviços públicos essenciais, de modo que seus bens são considerados impenhoráveis; **D:** incorreta, pois os bens dos estados estrangeiros e dos organismos internacionais são impenhoráveis, mas não por serem bens públicos (já que não são), mas por terem imunidade diplomática contra a penhora; **E:** incorreta, pois os bens das pessoas jurídicas de direito privado são bens privados (art. 98 do CC).
Gabarito "C"

(Procurador Legislativo – Câmara de Vereadores de São Paulo/SP – 2014 – FCC) Uma empresa concessionária de gás encanado, ao realizar perfurações no subterrâneo de uma rua, situada em área urbana, descobre um veio aurífero. O veio descoberto pertence

(A) à União, pois as jazidas, em lavra ou não, constituem propriedade distinta da do solo, para efeito de exploração ou aproveitamento.
(B) ao Município, pois situado em logradouro urbano municipal, seguindo a regra pela qual a propriedade do solo abrange a do espaço aéreo e subsolo correspondentes, em altura e profundidade úteis ao seu exercício.
(C) à empresa concessionária e ao Município, em iguais partes, em virtude de constituir aquisição originária por achado de tesouro, regulada pelo Código Civil.
(D) ao Estado-Membro, pois o serviço concedido é de titularidade estadual e a descoberta se deu em decorrência de tal atividade, seguindo a regra *accessorium sequitur summ principale*.
(E) aos trabalhadores que realizaram a descoberta e à empresa concessionária, em iguais partes, em aplicação analógica da legislação sobre garimpo, que determina a partilha da exploração entre garimpeiros e concessionários da lavra.

De acordo com o art. 176 da CF, "As jazidas, em lavra ou não, e demais recursos minerais e os potenciais de energia hidráulica constituem propriedade distinta da do solo, para efeito de exploração ou aproveitamento, e pertencem à União, garantida ao concessionário a propriedade do produto da lavra". Assim, o valor descoberto pertence à União, estando correta apenas a alternativa "a".
Gabarito "A"

(Ministério Público/CE – 2011 – FCC) Sobre os bens públicos, é INCORRETO afirmar que sejam bens de titularidade da União por força de mandamento constitucional

(A) quaisquer correntes de água que banhem mais de um Estado.
(B) as terras indígenas de aldeamentos extintos, ocupada sem passado remoto.
(C) os recursos minerais, inclusive os do subsolo.
(D) os potenciais de energia hidráulica, independentemente de onde se localizem os cursos d'água.
(E) as cavidades naturais subterrâneas e os sítios arqueológicos e pré-históricos, mesmo que localizado sem terrenos particulares.

A: assertiva correta (art. 20, III, da CF); **B:** assertiva incorreta (devendo ser assinalada); somente as terras tradicionalmente ocupadas pelos índios é que são da União (art. 20, XI, da CF); **C:** assertiva correta (art. 20, IX, da CF); **D:** assertiva correta (art. 20, VIII, da CF); **E:** assertiva correta (art. 20, X, da CF).
Gabarito "B"

Intervenção do Estado na Ordem Econômica e no Direito de Propriedade

10.1. INTERVENÇÃO DO ESTADO NA ORDEM ECONÔMICA

Apesar de vivermos num sistema de livre-iniciativa e de livre concorrência (art. 170 da CF), o Estado, para preservar outros valores previstos na Constituição, acaba por ter de intervir na ordem econômica, de modo a evitar que abusos sejam cometidos.

É interessante iniciar o tratamento da presente matéria por sua raiz constitucional para que depois possamos trazer à baila as disposições contidas na Lei 12.529/2011 (Lei do CADE ou Lei Antitruste). Vejamos tais dispositivos constitucionais:

"Art. 170. A ordem econômica, fundada na valorização do trabalho humano e na livre-iniciativa, tem por fim assegurar a todos existência digna, conforme os ditames da justiça social, observados os seguintes princípios:

I – soberania nacional; II – propriedade privada; III – função social da propriedade; IV – livre concorrência; V – defesa do consumidor; VI – defesa do meio ambiente; VII – redução das desigualdades regionais e sociais; VIII – tratamento favorecido para as empresas de pequeno porte constituídas sob as leis brasileiras e que tenham sua sede e administração no País.

Parágrafo único. É assegurado a todos o livre exercício de qualquer atividade econômica, independentemente de autorização de órgãos públicos, salvo nos casos previstos em lei."

"Art. 173. § 4º. A lei reprimirá o abuso do poder econômico que vise à dominação dos mercados, à eliminação da concorrência e ao aumento arbitrário dos lucros.

§ 5º A lei, sem prejuízo da responsabilidade individual dos dirigentes da pessoa jurídica estabelecerá a responsabilidade desta, sujeitando-a às punições compatíveis com sua natureza, nos atos praticados contra a ordem econômica e financeira e contra a economia popular."

"Art. 174. Como agente normativo e regulador da atividade econômica, o Estado exercerá, na forma da lei, as funções de fiscalização, incentivo e planejamento, sendo este determinante para o setor público e indicativo para o setor privado.

§ 1º A lei estabelecerá as diretrizes e bases do planejamento do desenvolvimento nacional equilibrado, o qual incorporará e compatibilizará os planos nacionais e regionais de desenvolvimento. (...)"

A Lei Federal 12.529/2011 estrutura o Sistema Brasileiro de Defesa da Concorrência – SBDC e dispõe sobre a prevenção e a repressão às infrações contra a ordem econômica, orientada pelos ditames constitucionais de liberdade de iniciativa, livre concorrência, função social da propriedade, defesa dos consumidores e repressão ao abuso do poder econômico (art. 1º).

O SBDC é formado pelo Conselho Administrativo de Defesa Econômica – CADE e pela Secretaria de Acompanhamento Econômico do Ministério da Fazenda (art. 3º).

O CADE é entidade judicante com jurisdição em todo o território nacional, que se constitui em autarquia federal, vinculada ao Ministério da Justiça (art. 4º). Ele é constituído pelos seguintes órgãos: a) Tribunal Administrativo de Defesa Econômica; b) Superintendência-Geral; e c) Departamento de Estudos Econômicos (art. 5º).

Constituem infrações da ordem econômica, independentemente de culpa, os atos sob qualquer forma manifestados, que tenham por objeto ou possam produzir os seguintes efeitos, ainda que não sejam alcançados (art. 36, *caput*): a) limitar, falsear ou de qualquer forma prejudicar a livre concorrência ou a livre-iniciativa; b) dominar mercado relevante de bens ou serviços; c) aumentar arbitrariamente os lucros; e d) exercer de forma abusiva posição dominante.

Só haverá configuração de infração da ordem econômica se, **ocorridas quaisquer das hipóteses previstas no artigo 36, § 3º, da Lei 12.529/2011** (exs: preços concertados, divisão ou limitação de acesso a mercado), **tal implicar na ocorrência de uma das quatro situações narradas no parágrafo anterior** (art. 36, *caput*).

A lei prevê sanções pecuniárias (art. 37) e não pecuniárias (art. 38).

No primeiro caso (sanções pecuniárias), há multa à pessoa jurídica e também ao administrador desta. Quanto ao segundo caso (sanções não pecuniárias), temos as seguintes: a imposição de publicação de notícia sobre a ocorrência da prática anticoncorrencial, a proibição de contratar com instituições financeiras oficiais e de participar de licitação, a cisão da sociedade, a transferência de controle societário, a venda de ativos, a cessação parcial da atividade ou qualquer providência necessária à eliminação dos efeitos nocivos à ordem econômica.

10.2. INTERVENÇÃO DO ESTADO NA PROPRIEDADE PRIVADA

10.2.1. Introdução

A propriedade há de atender duas funções: a função individual, mais ligada aos interesses do proprietário; e à função social, ligada ao interesse da sociedade.

Para garantir que a propriedade atenda à sua função social, o Estado nela intervém com vista a preservar os seguintes valores:

a) uso seguro da propriedade: por exemplo, criando leis (Código de Obras) e fiscalizando seu cumprimento;

b) uso organizado da propriedade: por exemplo, criando leis de zoneamento e fiscalizando seu cumprimento;

c) uso legítimo da propriedade: por exemplo, criando leis que impõem o silêncio após dado horário e fiscalizando seu cumprimento;

d) uso social da propriedade: por exemplo, valendo-se dos institutos da desapropriação, servidão, requisição, ocupação temporária;

e) preservação do meio ambiente; por exemplo: valendo-se do instituto do tombamento.

O foco do estudo da intervenção na propriedade recairá sobre as limitações administrativas, exemplificadas nos itens "a" a "c", e também sobre os demais institutos mencionados como exemplos nos itens "d" e "e".

10.2.2. Limitação administrativa

É a imposição unilateral, geral e gratuita, que traz os limites dos direitos e atividades particulares de forma a condicioná-los às exigências da coletividade. Ex.: proibição de construir sem respeitar recuos mínimos; proibição de instalar indústria ou comércio em determinadas zonas da cidade; leis de trânsito, de obras e de vigilância sanitária; lei do silêncio.

A limitação administrativa pode ser de três tipos: *positiva* (ex.: imposição de construção de muro ou de limpar o imóvel), *negativa* (ex.: limitação da altura de uma obra) ou *permissiva* (ex.: permitir vistoria de imóvel pelo Poder Público).

Perceba-se a identidade entre a limitação administrativa e o poder de polícia. Enquanto o poder de polícia é a atividade condicionadora dos direitos aos seus limites, a limitação é o próprio limite que o particular deve observar e que o Poder Público deve levar em conta na sua atividade de poder de polícia.

Nem a limitação administrativa, nem a atividade de condicionamento dos direitos feita pelo Poder Público (poder de polícia), ensejarão indenização ao particular, visto que são imposições que atingem a todos igualmente, não prejudicando ninguém especificamente, mas apenas traçando os limites do direito que cada um de nós temos.

São diferenças entre limitação administrativa e servidão: a primeira não é ônus real, ao passo que a segunda é ônus real; aquela é gratuita (atingindo a todos), enquanto esta é onerosa (pois atinge um bem em particular); a limitação importa e traça deveres de não fazer (*non facere*), já a segunda em deveres de suportar (*pati*) – suportar é mais amplo que *não fazer*).

10.2.3. Requisição de bens ou serviços

É o ato pelo qual o Estado determina e efetiva a utilização de bens ou serviços particulares, mediante indenização ulterior, para atender necessidades públicas urgentes e transitórias, ou seja, em caso de iminente perigo público.

O **requisito** para requisição de *bens* está previsto na CF, em seu artigo 5º, XXV: *no caso de iminente perigo público, a autoridade competente poderá usar de propriedade particular, assegurada ao proprietário indenização ulterior, se houver dano.*

São situações de iminente perigo público uma inundação, um incêndio, a falta de alimento etc. Em caso de inundação, por exemplo, pode o Poder Público, para dar guarida àqueles que poderão ter sua casa invadida pela água, requisitar o ginásio de um clube particular para abrigo de tais pessoas. Após isso, o particular será indenizado.

O fundamento do instituto consiste no estado de necessidade pública. O artigo 22, inciso III, da CF, diz caber privativamente à União legislar sobre "requisições civis ou militares, em caso de iminente perigo público e em tempo de guerra". A requisição administrativa de bens e serviços é tratada pela Lei Delegada 4/1962 e pelo Decreto-lei 2/1966, enquanto que as requisições civis e militares em tempo de guerra estão reguladas pelo Decreto-lei 4.812/1942.

São **diferenças entre desapropriação e requisição** as seguintes: a desapropriação só se refere a *bens*, enquanto a requisição pode ser de *bens* ou *serviços*; a primeira é direcionada a *aquisição* do bem, ao passo que a segunda busca apenas seu *uso*, de forma que a desapropriação visa atender a necessidades *permanentes* e a requisição, a necessidades *transitórias*; a primeira depende de *acordo ou processo* para se efetivar, a segunda é *autoexecutável*; a desapropriação depende de *indenização prévia*, a requisição dá ensejo a *indenização posterior* desde que haja dano.

10.2.4. Ocupação temporária (ou provisória)

Consiste no direito de uso do Poder Público sobre um bem particular não edificado, de forma transitória, remunerada ou gratuita, com o objetivo de executar obras, serviços ou atividades públicas.

O artigo 36 do Decreto-lei 3.365/1941 (Lei de Desapropriação) prevê tal ocupação: *é permitida a ocupação temporária, que será indenizada, a final, por ação própria, de terrenos não edificados, vizinhos às obras e necessários à sua realização. O expropriante prestará caução, quando exigida.*

Quanto às diferenças entre a ocupação e a requisição, a primeira incide sobre bens, enquanto a segunda sobre *bens* e *serviços*; a requisição é típica de situações de urgência, enquanto a ocupação não tem essa característica necessariamente; o exemplo de ocupação mais comum (o trazido acima) prevê que ela só se dá sobre terrenos não edificados e mediante caução (se exigida), enquanto a requisição incide sobre qualquer bem e sem caução.

Em leis esparsas existem outros tipos de ocupação, como aquela destinada a fazer pesquisas acerca da existência de minérios em bens particulares, medida que evita uma desapropriação do bem com posterior ciência de que a suspeita de que havia minério no local era infundada.

10.2.5. Servidões administrativas

É o ônus real de uso imposto pela Administração a um bem particular, com objetivo de assegurar a realização de obras e serviços públicos, assegurada indenização ao particular, salvo se não houver prejuízo.

São exemplos de servidão os seguintes: instalação de linhas e torres de transmissão de energia elétrica em bem particular; servidão de aqueduto; e servidão para instalação de placas indicativas de ruas em imóveis particulares (nesse caso geralmente não haverá dano ao particular, não se podendo falar em indenização).

Institui-se tal ônus real tal qual a desapropriação para aquisição da propriedade de um bem. Há necessidade de ato declaratório da utilidade pública da servidão (art. 40 do Dec.-lei. 3.365/1941: *o expropriante poderá constituir servidões, mediante indenização* **na forma desta lei**), com consequente tentativa de acordo para indenização, que, infrutífera, ensejará processo judicial para sua instituição. Assim, os *títulos* para instituição da servidão podem ser tanto o **acordo administrativo** como a **sentença judicial**. Após isso, um dos dois será **registrado** no Cartório Imobiliário, *constituindo*, finalmente, o direito real em tela.

A indenização segue a sorte daquela prevista para a desapropriação. A Súmula 56 do STJ tem o seguinte teor: *na desapropriação para instituir servidão administrativa são devidos juros compensatórios pela limitação do uso da propriedade.* O único cuidado que se deve ter ao ler a presente súmula é não confundir servidão com limitação administrativa.

São diferenças gerais entre a servidão administrativa e a servidão civil: a primeira é ônus real do Poder Público sobre a propriedade, enquanto a segunda é ônus real de um prédio (dominante) em face de outro prédio (serviente); aquela tem serventia pública (utilidade pública) e esta tem serventia privada (utilidade privada e bem certo).

10.2.6. Tombamento

O tombamento pode ser **conceituado** como o *ato do Poder Público que declara de valor histórico, artístico, paisagístico, turístico, cultural ou científico, bens ou locais para fins de preservação.*

O instituto está regulamentado no Dec.-lei 25/1937.

Quanto ao **objeto**, o tombamento pode alcançar tanto bens imóveis individualmente considerados (um prédio histórico), um conjunto arquitetônico (o Pelourinho, em Salvador), um bairro (o Centro do Rio de Janeiro), uma cidade (Ouro Preto) e até um sítio natural. Pode também alcançar bens móveis, como a mobília da casa de um personagem histórico, como Santos Dumont.

Admite-se o chamado *tombamento cumulativo*, que é o tombamento de um mesmo bem por mais de um ente político.

A **instituição** do tombamento pode ser *voluntária* (por requerimento do próprio dono da coisa) ou *contenciosa*. A última impõe a notificação do proprietário para, no prazo de 15 dias, impugnar, se quiser, a intenção do Poder Público de tombar a coisa. Uma vez concluído pelo tombamento, este será feito mediante inscrição do ato num dos quatro Livros do Tombo (Paisagístico, Histórico, Belas Artes e Artes Aplicadas). Em se tratando de imóvel, o ato também deve ser registrado no Registro de Imóveis.

É importante ressaltar que, com a notificação do proprietário, ocorre o *tombamento provisório*, que já limita o uso da coisa por seu dono.

Além de poder ser instituído por *ato administrativo*, o tombamento também pode advir de *ato legislativo* (por exemplo, o art. 216, § 5º, da CF, pelo qual "ficam tombados os documentos e sítios detentores de reminiscências históricas dos antigos quilombos") ou *ato judicial*. No terceiro caso, o juiz, diante de uma ação coletiva (ex.: ação popular ou ação civil pública), determina a inscrição do tombamento no Livro do Tombo.

Quanto aos **efeitos** do tombamento, temos, entre outros, os seguintes: a) o proprietário deverá conservar a coisa (se não tiver recursos, deve levar ao conhecimento do Poder Público, que fica autorizado legalmente a executar a obra); b) o proprietário não pode reparar, pintar ou restaurar a coisa, sem prévia autorização especial do Poder Público; c) os vizinhos não podem reduzir a visibilidade da coisa tombada, nem colocar anúncios sem prévia autorização especial; d) o bem tombado, se for um bem público, ou seja, pertencente a uma pessoa jurídica de direito público, é inalienável; e) o bem tombado não pode sair do País, salvo se por prazo curto, sem alienação, para fim de intercâmbio cultural e mediante autorização do Poder Público; g) o proprietário do bem tombado tem direito de ser indenizado, caso sofra restrição especial que o prejudique economicamente.

A Constituição traz uma norma especial sobre o tombamento do patrimônio cultural ao dispor que "ficam tombados todos os documentos e os sítios detentores de reminiscências históricas dos antigos quilombos" (art. 216, § 5º).

O Dec.-lei 25/1937 é de leitura obrigatória para se conhecer mais sobre o instituto do tombamento.

10.2.7. Expropriação (art. 243 da CF)

A expropriação pode ser **conceituada** como a retirada da propriedade de alguém sem o pagamento de indenização alguma.

O instituto é cabível nas seguintes **hipóteses** (art. 243 da CF, com nova redação dada pela EC 81/2014):

a) sobre propriedades rurais e urbanas de qualquer região do País onde forem localizadas culturas ilegais de plantas psicotrópicas ou a exploração de trabalho escravo na forma da lei;

b) sobre bem apreendido em decorrência de tráfico ilícito de entorpecentes e drogas afins e da exploração de trabalho escravo.

Os bens expropriados terão a seguinte **destinação**:

a) propriedades serão expropriadas e destinadas à reforma agrária e a programas de habitação popular, sem qualquer indenização ao proprietário e sem prejuízo de outras sanções previstas em lei;

b) o bem será confiscado e reverterá a fundo especial com destinação específica, na forma da lei.

Resta estudar agora a desapropriação, que consiste na retirada da propriedade de terceiro, mas mediante o devido pagamento.

10.2.8. Desapropriação

10.2.8.1. Fundamentação legal

O instituto da desapropriação está regulamentado nos seguintes diplomas: Constituição Federal – arts. 5º, XXIV, 182, § 3º, 184, 185 e 243; Decreto-lei 3.365/1941 (utilidade e necessidade pública), Lei 4.132/1962 (interesse social), Decreto-Lei 1.075/1970 (imissão provisória na posse em imóveis residenciais urbanos), Lei 8.257/1991 (glebas com culturas ilegais de plantas psicotrópicas), Lei 8.629/1993 (reforma agrária), Lei Complementar 76/1993 (rito sumário de contraditório especial para reforma agrária) e Lei 10.257/2001 (desapropriação por interesse social como instrumento de política urbana).

10.2.8.2. Direito material

Pode-se **conceituar** a desapropriação como o *procedimento pelo qual o Poder Público, fundado em necessidade pública, utilidade pública ou interesse social, compulsoriamente adquire para si um bem certo, em caráter originário, mediante indenização prévia, justa e pagável em dinheiro, salvo no caso de imóveis em desacordo com a função social da propriedade, hipóteses em que a indenização far-se-á em títulos da dívida pública.*

A desapropriação é expressão do princípio da supremacia do interesse público sobre o particular. É muito comum que entrem em choque dois interesses. De um lado, o Poder Público, interessado muitas vezes em utilizar um dado imóvel particular para, por exemplo, construir uma escola, um hospital ou uma repartição pública. De outro, o particular interessado em não alienar nem ceder um imóvel do qual é titular do direito de propriedade. Entre o interesse do Poder Público e o interesse do particular, prevalecerá o primeiro, ou seja, o Poder Público poderá exigir que o particular entregue o bem de sua propriedade, e, em troca, o particular terá direito de ser indenizado, indenização que será, em regra, prévia, justa e pagável em dinheiro.

A desapropriação é **forma originária de aquisição da propriedade**, não se vinculando, portanto, ao título anterior. Isso significa, por exemplo, que as dívidas do imóvel ficam sub-rogadas no preço pago pela desapropriação e não mais neste (art. 31 do Decreto-lei 3.365/1941). Ademais, mesmo que se tenha desapropriado imóvel de pessoa que não era seu dono, não haverá invalidade (ou seja, não há direito de reivindicação por terceiro – art. 35 do Decreto-lei 3.365/1941), ressalvado o direito de o verdadeiro dono se insurgir contra o que se supunha dono do imóvel.

A **competência para legislar** sobre desapropriação é privativa da União (art. 22, II, CF).

São **fases** da desapropriação a **declaratória**, em que o ente declara de utilidade pública determinada área a ser desapropriada, e a **executória**, em que são tomadas providências concretas para efetivar a manifestação de vontade anterior. Tenta-se, em primeiro lugar, fazer um acordo com o proprietário (desapropriação extrajudicial). Não sendo frutífera tal tentativa, ingressa-se com ação de desapropriação.

A **competência para a primeira fase** (competência para declarar bem de utilidade pública ou interesse social) é dos entes políticos (União, Estados, DF e Municípios), do DNIT (Lei 10.233/2001) e da ANEEL (art. 10 da Lei 9.074/1995).

A **competência para a segunda fase** (competência para executar a desapropriação) é dos entes políticos, autarquias e fundações públicas; concessionárias de serviço público ou entes delegados pelo Poder Público, desde que autorizados expressamente pela lei ou pelo contrato (art. 3º do Decreto-lei 3.365/1941).

O **objeto** da desapropriação é qualquer bem (móvel ou imóvel, material ou imaterial, inclusive o espaço aéreo e o subsolo), exceto moeda corrente nacional (salvo moedas raras), pessoas e direitos personalíssimos. O objeto deve também ser existente, preciso, certo e possível. É cabível a desapropriação do espaço aéreo e do subsolo quando de sua utilização pelo Poder Público resultar prejuízo patrimonial ao proprietário do solo.

Bem público pode ser desapropriado. A União pode desapropriar de todos os entes, além dos particulares. Estados desapropriam dos Municípios e dos particulares. Municípios, só dos particulares. Quando a desapropriação se dá sobre bem público, além de se respeitar os limites acima, deve ser precedida de autorização legislativa.

Por fim, vale destacar que não é possível a autodesapropriação, ou seja, a desapropriação de bem da própria pessoa.

A **declaração de utilidade pública** consiste no ato pelo qual o Poder Público manifesta intenção de adquirir compulsoriamente determinado bem submetendo-o à sua força expropriatória. Deve-se identificar o *bem*, seu *destino* e o *dispositivo legal* que autoriza o ato. Faz-se por decreto, normalmente. O Poder Legislativo pode tomar a iniciativa, cabendo ao Executivo efetivá-la. Ao Poder Judiciário é vedado decidir se se verificam ou não os casos de utilidade pública (art. 9º do Dec.-lei 3.365/1941).

São **efeitos da declaração**: a) submete o bem à força expropriatória do Estado; **b) fixa o estado** dos bens, o que não significa que não possa ser vendido ou alterado (importante, pois o Estado deverá indenizar as benfeitorias necessárias efetuadas posteriormente; as benfeitorias úteis, por sua vez, só serão indenizadas pelo Estado se este autorizar sua realização; as voluptuárias nunca serão indenizadas); **c) confere ao Poder Público o direito de penetrar** no bem, com auxílio de força policial se o caso (art. 7º do Dec.-lei 3.365/1941 – tal efeito demonstra a autoexecutoriedade do Decreto; **d) dá início ao prazo de caducidade** da declaração.

A **caducidade da declaração** consiste na perda de sua validade pelo decurso do tempo sem que o Poder Público promova os atos concretos de expropriação, ficando inviabilizada a desapropriação. Nas hipóteses de desapropriação por **utilidade pública, o prazo de caducidade é de 5 anos** (art. 10 Decreto-lei 3.365/1941). No caso de desapropriação por **interesse social, a caducidade se dá após 2 anos** (art. 3º da Lei 4.132/1962). A desapropriação por interesse social se dá quando não se cumpre a função social da propriedade, sendo as demais por utilidade ou necessidade pública. Caso haja a caducidade, somente **decorrido 1 ano** poderá haver nova declaração sobre aquele bem.

Imissão provisória de posse é a transferência da posse do bem objeto de desapropriação para o expropriante, já no início da lide, concedida pelo Juiz, se o Poder Público declarar urgência e depositar, em Juízo, a favor do proprietário, importância fixada segundo critério legal.

A **indenização** será sempre **justa**, **prévia** e, como regra, em **dinheiro**. Mas quando não se atender à função social, seja em área urbana, seja em área rural, a desapropriação decorrente de tal situação implicará pagamento por títulos públicos, resgatáveis anual e sucessivamente. Vale dizer, em que pese o pagamento seja prévio, não será em dinheiro, mas em títulos resgatáveis anualmente. Vejamos as hipóteses de pagamento com títulos públicos:

Imóvel rural: a União é competente para desapropriá-lo quando o fundamento é o não atendimento à função social; o pagamento é feito em títulos da dívida agrária, com cláusula de preservação do valor real, resgatáveis em até 20 anos, a partir do segundo ano de emissão do título. Cuidado, pois as benfeitorias úteis e necessárias são indenizadas em dinheiro (art. 184, § 1º, da CF).

Imóvel urbano: o Município é o competente para desapropriá-lo quando o fundamento é o não atendimento à função social da propriedade (imóvel não edificado, subutilizado ou não utilizado). Depende de lei específica, para a área incluída no Plano Diretor, a exigência, nos termos de lei federal, de que o proprietário promova o adequado aproveitamento do imóvel, sob pena de, sucessivamente, determinar-se o parcelamento ou edificação compulsórios, instituir-se IPTU progressivo no tempo, para só depois, mantida a situação, efetivar-se a desapropriação. Nesse caso o pagamento será feito em títulos da dívida pública (de emissão previamente aprovada pelo Senado), resgatáveis em até 10 anos, em parcelas anuais, iguais e sucessivas, assegurados o valor real da indenização e os juros legais. Não há previsão de pagamento em dinheiro das benfeitorias, talvez porque geralmente não haverá benfeitoria alguma (art. 182 da CF).

Não há indenização (confisco): na expropriação de propriedades rurais e urbanas de qualquer região, onde forem localizadas culturas ilegais de plantas psicotrópicas ou a exploração de trabalho escravo, o mesmo ocorrendo com bens de valor econômico apreendidos em decorrência de tráfico ilícito de entorpecentes e drogas afins e da exploração de trabalho escravo. Há, portanto, o confisco de tais bens, que serão utilizados em projetos sociais (assentamentos, cultivos, instituições, recuperação, fiscalização etc.).

A **justa indenização** compreende o valor de mercado do imóvel, abrangendo os danos emergentes e os lucros cessantes do proprietário. Inclui juros moratórios, compensatórios, correção monetária e honorários advocatícios. Os juros moratórios, segundo a MP 2.183-56/2001, correm a partir de 1º de janeiro do exercício seguinte ao que o pagamento deveria ser feito. Os juros compensatórios são contados desde o momento da imissão antecipada na posse, pois, a partir daí, o proprietário não mais terá a disponibilidade do bem, devendo ser compensado por isso. A correção monetária é contada desde a realização do laudo pericial que fixa o valor do bem expropriado. Os honorários são fixados tendo por base de cálculo a diferença entre o oferecido pelo Poder Público e o fixado pelo Poder Judiciário.

Consuma-se a desapropriação com o pagamento da indenização, pois a Constituição diz que a desapropriação requer prévia (e justa) indenização. É importante saber qual o momento em que se consuma a desapropriação, a fim de concluir-se até quando o Poder Público pode dela desistir Destarte, pode-se desistir da desapropriação até o último momento anterior ao do pagamento da indenização. Deve-se ressaltar que eventuais danos causados ao particular devem ser ressarcidos.

Desapropriação por zona *é aquela de área maior do que a necessária à realização de obra ou serviço, para abranger zona contígua a ela, tendo em vista* reservá-la *para o futuro ou revendê-la, se extraordinária valorização for decorrência da desapropriação a ser efetuada.* Ou seja, consiste em desapropriar área maior do que a necessária naquele momento, com a finalidade de garantir espaço para realização de obras no futuro ou com o objetivo de revender a área maior desapropriada, quando houver valorização muito grande do local, a fim de não causar enriquecimento sem causa ao antigo proprietário. A declaração de utilidade deve compreendê-las, mencionando qual é para revenda e qual será para o desenvolvimento da obra (art. 4º do Decreto-lei 3.365/1941). Parte da doutrina defende que o Poder Público deveria, no caso de valorização, cobrar o tributo contribuição de melhoria, já que se trata de alternativa menos gravosa ao proprietário, entendimento não compartilhado pela jurisprudência do STF.

Direito de extensão *consiste na faculdade do expropriado de exigir que na desapropriação se inclua a parte restante do bem que se tornou inútil ou de difícil utilização.* Deve ser exercido quando da realização do acordo administrativo ou no bojo da ação de desapropriação, sob pena de se considerar que houve renúncia.

Segundo o art. 20 do Dec.-lei 3.365/1941, a contestação somente poderá versar sobre dois pontos: a) vício do processo judicial; b) impugnação do preço. Qualquer outra questão deverá ser decidida por ação autônoma.

Quanto ao vício do processo judicial pode-se alegar, em preliminar, tanto defeitos processuais (ausência de pressupostos processuais) como aqueles relativos à ação (ausência de condição de ação).

Quanto à impugnação ao preço, o que se permite é discutir o *quantum* ofertado pelo Poder Público na sua petição inicial.

Por outro lado, pode o particular exercer o direito de extensão, ou seja, o direito *de exigir que na desapropriação se inclua a parte restante do bem que se tornou inútil ou de difícil utilização*, na própria contestação, apresentando outra avaliação do bem, abrangendo a integralidade do imóvel, e não apenas a parte incluída no plano de desapropriação, conforme entendimento do Superior Tribunal de Justiça.

O fundamento jurídico desse direito também é a norma constitucional que determina a fixação da justa indenização (art. 5º, XXIV). Isso porque, caso o expediente da desapropriação parcial com esvaziamento econômico da área remanescente não fosse impedido, a justa indenização, por vias transversas, estaria sendo prejudicada.

Não bastasse isso, há diversas outras normas repelindo esse tipo de conduta e conferindo ao prejudicado o direito de extensão. Por exemplo, há a Lei Complementar 76/1993, que dispõe sobre o procedimento sumário de desapropriação para fins de reforma agrária, e que contempla expressamente, em seu art. 4º, o direito de extensão.

Retrocessão *importa no direito do ex-proprietário de reaver o bem expropriado que não foi utilizado em finalidade pública.* O requisito aqui é o desvio de finalidade, a chamada tredestinação, utilizando-se o bem expropriado em fim não público. Não configura o instituto a utilização do bem em destinação distinta da prevista no decreto expropriatório, quando a nova finalidade for de interesse público.

10.2.8.3. Direito processual na desapropriação direta

10.2.8.3.1. Competência

O foro competente para o julgamento de ação de desapropriação é o da situação da área desapropriada. No caso da Justiça Federal, a regra permanece, ou seja, é competente o juízo federal onde se situa o imóvel objeto da demanda.

10.2.8.3.2. Legitimidade

a) **Ativa:** podem propor a ação de desapropriação as pessoas competentes para a fase de execução da desapropriação (vistas acima), ou seja, os entes políticos, as autarquias e as fundações públicas, as concessionárias de serviço público e os entes delegados pelo Poder Público também poderão, desde que autorizados expressamente por lei ou por contrato (art. 3º do Dec.-lei 3.365/1941);

b) **Passiva:** sofre a ação de desapropriação o proprietário do bem.

10.2.8.3.3. Petição inicial

A petição inicial conterá:

a) preenchimento dos requisitos previstos na legislação processual civil;

b) oferta do preço;

c) exemplar do contrato, ou do jornal oficial, em que foi publicado o decreto (serve cópia autenticada);

d) planta ou descrição do bem e suas confrontações.

10.2.8.3.4. Imissão provisória na posse

Muitas vezes, o Poder Público não tem como esperar o final da ação de desapropriação para adentrar no bem. As demandas sociais costumam ser urgentes. Nesses casos, o Poder Público pode pedir para ingressar imediatamente no imóvel. São necessários dois requisitos para a imissão provisória na posse (art. 15, *caput*, do Dec.-lei 3.365/1941), analisados abaixo.

Alegação de urgência: aqui, há três observações a serem feitas. A primeira, no sentido de que basta a mera alegação de urgência para que o requisito seja preenchido, ou seja, não é necessária a demonstração da urgência em juízo, por se tratar de questão de conveniência e oportunidade da administração pública; a segunda, no sentido de que essa alegação pode acontecer tanto no decreto expropriatório, como em momento posterior; e a terceira, no sentido de que a alegação de urgência não poderá ser renovada e obrigará o expropriante a requerer a imissão provisória dentro do prazo improrrogável de 120 dias.

Depósito imediato de quantia arbitrada pelo juiz, na forma da lei: aqui, há duas observações importantes a serem feitas. A primeira, no sentido de que não se busca, nessa fase, a fixação do real valor de mercado do imóvel que está sendo desapropriado; o que temos aqui são critérios estabelecidos pela lei para que o magistrado, num juízo preliminar, chegue a um valor razoável para determinar a imissão provisória na posse; a segunda observação é a de que existem duas regulamentações sobre a imissão provisória na posse:

a) regra (art. 15, § 1º, do Dec.-lei 3.365/1941): a imissão será autorizada mediante depósito que observe um dos seguintes critérios: a1) valor equivalente a, pelo menos, vinte vezes o valor locativo do imóvel; a2) valor venal do imóvel, desde que atualizado no ano fiscal anterior; a3) no caso de inexistência de atualização do venal do imóvel, o juiz fixará o valor do depósito observando a data da fixação do valor venal e a valorização ou desvalorização ocorridas posteriormente. Na prática, acaba sendo utilizado o valor venal atualizado. O STF emitiu a Súmula 652, dispondo ser constitucional a utilização dos critérios citados. O expropriado poderá levantar até 80% do valor depositado, após as providência do art. 34 do Dec.-lei 3.365/1941;

b) regra para desapropriação de prédios residenciais urbanos (arts. 1º a 4º do Dec.-lei 1.075/1970): a imissão será autorizada com o simples depósito do preço oferecido na petição inicial de desapropriação, todavia, caso o expropriado, em 5 dias da intimação da oferta, impugne o preço oferecido, o juiz, servindo-se de perito avaliador (caso necessário), fixará, em 48 horas, o valor provisório do imóvel; se o valor arbitrado for maior do que o oferecido na inicial pelo Poder Público, o juiz só admitirá a imissão provisória se este complementar o depósito para que esta atinja a metade do valor arbitrado. O expropriado poderá levantar a totalidade do valor depositado (ou seja, 50% do *preço depositado e complementado*) ou, quando o valor arbitrado for igual ou menor ao dobro do preço oferecido, é lícito ao expropriado optar por levantar 80% do *preço oferecido*.

10.2.8.3.5. Contestação

Segundo o art. 20 do Dec.-lei 3.365/1941, a contestação somente poderá versar sobre dois pontos: a) vício do processo judicial; b) impugnação do preço. Qualquer outra questão deverá ser decidida por ação autônoma.

Quanto ao vício do processo judicial pode-se alegar, em preliminar, tanto defeitos processuais (ausência de pressupostos processuais) como aqueles relativos à ação (ausência de condição de ação).

Quanto à impugnação ao preço, o que se permite é discutir o *quantum* ofertado pelo Poder Público na sua petição inicial.

É importante ressaltar que, caso o particular queira exercer o direito de extensão, ou seja, o direito *de exigir que na desapropriação se inclua a parte restante do bem que se tornou inútil ou de difícil utilização*, poderá fazê-lo na contestação, apresentando outra avaliação do bem, abrangendo a integralidade do imóvel, e não apenas a parte incluída no plano de desapropriação. Segundo o STJ, "o pedido e extensão formulado na contestação em nada ofende o art. 20 do Decreto-lei 3.365/1941" (Resp. 882.135/SC, DJ 17.05.2007, e Resp. 816.535/SP, DJ 16.02.2007).

O fundamento jurídico desse direito também é a norma constitucional que determina a fixação da justa indenização (art. 5º, XXIV). Isso porque, caso o expediente da desapropriação parcial com esvaziamento econômico da área remanescente não fosse impedido, a justa indenização, por vias transversas, estaria sendo prejudicada.

Além disso, há diversas outras normas repelindo esse tipo de conduta e conferindo ao prejudicado o direito de extensão. Por exemplo, há a Lei Complementar 76/1993, que dispõe sobre o procedimento sumário de desapropriação para fins de reforma agrária, e que contempla expressamente, em seu art. 4º, o direito de extensão. Para Carvalho Filho, "essas leis mais novas demonstram, à evidência, que o legislador nunca quis banir o direito de extensão do ordenamento jurídico. Ao contrário, restabeleceu-o expressamente em outras leis como que para indicar que em todos os casos de desapropriação, e presentes os mesmos pressupostos, é assegurado ao proprietário usar de seu direito de extensão". (*Manual de Direito Administrativo*, 18ª edição, Rio de Janeiro: Lumen Juris, p. 770, 2007).

Para Celso Antônio Bandeira de Mello pode-se discutir, ainda, no bojo da ação expropriatória, vícios na declaração de utilidade pública, inclusive desvio de finalidade: "se o proprietário puder objetivamente e indisputavelmente demonstrar que a declaração de utilidade pública não é um instrumento para a realização dos fins a que se preordena, mas um recurso ardiloso para atingir outro resultado, o juiz deverá reconhecer-lhe o vício e, pois, sua invalidade; cumpre que tal apreciação possa ser feita até mesmo na ação expropriatória, que, se assim não fora, de nada valeria ao particular demonstrar-lhe o vício posteriormente, pois, uma vez integrado o bem, ainda que indevidamente, ao patrimônio público – *ex vi* do art. 35 do Decreto-lei 3.365/1941 –, a questão resolver-se-ia por perdas e danos, donde ser ineficiente tal meio para garantir ao proprietário despojado a proteção estabelecida no art. 5º, XXIV, da Carta Magna" (*Curso de Direito Administrativo*, 24ª edição, São Paulo: Malheiros, pp. 866-7, 2007).

Cuidado, pois é excepcional a possibilidade de discutir a questão referida no parágrafo anterior, na ação de desapropriação. Como regra, esse tipo de questão deve ser objeto de ação própria.

10.2.8.3.6. Procedimento

Na fase judicial a desapropriação se desenvolve segundo o seguinte procedimento:

a) petição inicial, com os requisitos já mencionados, e eventual requerimento de imissão provisória na posse;

b) havendo requerimento de imissão provisória na posse, o juiz deve tomar as providências mencionadas (fixar valor para depósito e proceder à imissão na posse);

c) ao despachar a inicial o juiz deverá tomar duas providências: c1) determinar a citação do réu; c2) designar um perito de sua livre escolha para proceder à avaliação dos bens;

d) feita a citação, a ação seguirá o rito ordinário.

10.2.8.3.7. Sentença

A sentença deverá tratar dos seguintes assuntos:

a) das impugnações processuais alegadas em preliminares;

b) do *quantum* indenizatório, que deverá ser fixado levando em conta o valor de mercado do bem (a Constituição fala em "justa indenização"), os danos emergentes e os lucros cessantes, a partir do livre convencimento do juiz em face das avaliações do perito e das argumentações das partes e de seus assistentes técnicos;

c) dos consectários legais, tais como juros compensatórios, juros moratórios, correção monetária, custas e despesas processuais e honorários advocatícios.

Sobre os valores principais e os consectários legais, no caso de desapropriação se efetivar, temos o seguinte:

a) **valor de mercado do bem:** o juiz deverá arbitrar quantia que corresponda ao valor do mercado do bem, com todas as benfeitorias que já existiam no imóvel antes do ato expropriatório; quanto às benfeitorias feitas posteriormente, serão pagas as necessárias e as úteis, estas quando realizadas com autorização do expropriante. Se houver desapropriação de parte de um imóvel, tornando a parte remanescente economicamente inviável, pode-se pedir indenização pelo valor total do bem, exercendo o chamado direito de extensão;

b) **danos emergentes e lucros cessantes:** aqui entram os valores que o juiz pode arbitrar para desmonte e transporte de equipamentos instalados e em funcionamento (art. 25, parágrafo único, do Dec.-lei 3.365/1941), os valores devidos ao proprietário da coisa que tiver fundo de comércio próprio no local (ponto comercial), os valores relativos à valorização ou depreciação de eventual área remanescente, pertencente ao réu (art. 27, *caput*, do Dec.-lei 3.365/1941), dentre outros; quanto aos lucros cessantes, deve-se tomar cuidado para que não haja cumulação indevida deles com juros compensatórios (STJ, Resp. 509.854/RS, DJ 17.04.2007);

c) **juros compensatórios:** esses juros são devidos quando o Poder Público promove a imissão provisória na posse do imóvel. Nessa circunstância, o expropriado poderá levantar parte do valor depositado em juízo, mas só receberá o valor total (de mercado) do seu bem após a sentença definitiva; é sobre a diferença entre o valor total do bem e o valor ofertado por ocasião da imissão provisória na posse da coisa que incidirão os juros compensatórios. São juros justos, pois o proprietário da coisa, ao se ver desprovido dela, deixa de poder auferir renda com o bem, sendo correto que receba juros compensatórios quanto a essa diferença. Assim, os juros compensatórios são **contados** da imissão na posse (art. 15-A do Dec.-lei 3.365/1941, acrescentado pela MP 2.183/2001). A medida provisória referida estabeleceu, também, que os juros compensatórios seriam "de até 6% (seis por cento) ao ano"; todavia, o STF, na ADI 2.332-2, deferiu liminar para suspender a eficácia da expressão "de até 6% ao ano" e também para determinar "que a base de cálculo dos juros compensatórios será a diferença eventualmente apurada entre 80% do preço ofertado em juízo e o valor do bem fixado na sentença". A ideia de substituir a expressão "preço ofertado em juízo" pela expressão "80% do preço ofertado em juízo" tem razão no fato de que, normalmente, o expropriado só levanta 80% do preço depositado em juízo; com relação ao montante dos juros, com a retirada da expressão, remanesce a regra estabelecida na Súmula 618 do STF, pela qual a taxa de juros compensatórios é de 12% ao ano, o que acabou referendado pelo texto da Medida Provisória 700/2015, que trouxe a seguinte redação para o referido art. 15-A: "No caso de imissão prévia na posse, na desapropriação por necessidade ou utilidade pública e interesse social prevista na Lei 4.132, de 10 de setembro de 1962, na hipótese de haver divergência entre o preço ofertado em juízo e o valor do bem fixado na sentença, expressos em termos reais, poderão incidir juros compensatórios de até doze por cento ao ano sobre o valor da diferença eventualmente apurada, contado da data de imissão na posse, vedada a aplicação de juros compostos". Por fim, vale a pena dizer que os juros compensatórios são devidos mesmo que o imóvel não produza renda, pois o STF suspendeu a eficácia dos §§ 1º e 2º do art. 15-A do Dec.-lei 3.365/1941;

d) **juros moratórios:** esses juros são devidos quando há atraso, pelo Poder Público, do pagamento que deverá efetuar pela desapropriação. Como o pagamento, de regra, é feito por precatório, esse atraso só passa a existir "a partir de 1º de janeiro do exercício seguinte àquele em que o pagamento deveria ser feito, nos termos do art. 100 da Constituição" (art. 15-B do Dec.-lei 3.365/1941); o mesmo dispositivo estabelece que esses juros serão de 6% ao ano. Esse dispositivo não foi alterado pelo STF;

e) **correção monetária:** é contada desde a realização do laudo pericial que fixa o valor do bem expropriado;

f) **custas e despesas processuais:** são de responsabilidade do Poder Público os honorários periciais, no caso de o valor por ele oferecido ser majorado pelo magistrado;

g) **honorários advocatícios:** os honorários serão fixados entre 0,5 e 5% da diferença entre o valor oferecido pelo Poder Público e o valor fixado pelo Poder Judiciário (art. 27, § 1º, do Dec.-lei 3.365/1941, com a redação dada pela MP 2.183-56/2001), diferença que deve ser atualizada. No mesmo parágrafo do art. 27, havia previsão de que os honorários não poderiam ultrapassar os R$ 151 mil; todavia, na ADI 2.332-2 o STF também suspendeu a eficácia da expressão. É importante ressaltar que na base de cálculo dos honorários advocatícios devem ser incluídas as parcelas devidas a título de juros moratórios e compensatórios, também devidamente atualizados, nos termos da Súmula 131 do STJ.

10.2.8.3.8. Recursos

Na desapropriação, cabem os recursos à moda do que ocorre nas ações de rito ordinário. Assim, a título de exemplo, da decisão interlocutória cabe agravo, ao passo que da sentença terminativa ou de mérito cabe apelação. Das decisões proferidas pelos Tribunais Estaduais ou Federais, cabem, por exemplo, recurso especial ou recurso extraordinário.

No que concerne aos efeitos do recurso de apelação, temos as seguintes regras (art. 28 do Dec.-lei 3.365/1941):

a) se interposta pelo expropriado: terá efeito apenas devolutivo;

b) se interposta pelo Poder Público: terá efeito devolutivo e suspensivo.

Por fim, é fundamental lembrar que, no caso de a sentença condenar a Fazenda Pública em quantia superior ao dobro da oferecida na petição inicial, ficará sujeita ao duplo grau de jurisdição.

10.2.8.3.9. Desistência da desapropriação

Conforme já escrito, pode-se desistir da desapropriação até o último momento anterior ao do pagamento da indenização. Deve-se ressaltar que os danos causados ao particular devem ser ressarcidos. Assim, a desistência só se efetivará se o Poder Público: a) fizer o pedido antes de ultimada a desapropriação; b) ressarcir o expropriado de todos os danos que tiver; c) pagar as despesas processuais; d) devolver o bem.

Todavia, o STJ vem entendendo que há um quinto requisito que deve ser atendido, qual seja, o de que não tenha havido substanciais alterações no imóvel por parte do Poder Público, tornando impossível a restituição no estado em que se encontrava antes da imissão provisória (STJ, REsp 132.398/SP – Min. Hélio Mosimann, DJ 19.10.1998).

10.2.8.3.10. Intercorrências no pagamento da indenização fixada na sentença

A quantia fixada na sentença será paga por meio da expedição de precatório, ressalvadas as quantias definidas pela lei como de pequeno valor. Do valor fixado na sentença somente será abatido o montante que já tiver sido depositado por eventual imissão provisória na posse que tiver sido executada.

O pagamento por meio de precatório segue a sorte do art. 100, § 5º, da Constituição Federal: "é obrigatória a inclusão, no orçamento das entidades de direito público, de verba necessária ao pagamento de seus débitos oriundos de sentenças transitadas em julgado, constantes de precatórios judiciários, apresentados até 1º de julho, fazendo o pagamento até o final do exercício seguinte, quando terão seus valores atualizados monetariamente". Cabe ao Presidente do Tribunal que proferir a decisão exequenda determinar o pagamento integral (art. 100, § 6º, da CF).

Nos trâmites relativos ao pagamento dos precatórios podem ocorrer as seguintes intercorrências:

a) preterição da ordem cronológica: é o caso de um credor ter depositada a quantia a que tem direito antes de outro com ordem cronológica mais antiga; nesse caso, o credor mais antigo poderá ingressar com "pedido de sequestro da quantia necessária à satisfação do seu débito", que deve ser feito para o Presidente do Tribunal que tiver determinado a expedição do precatório;

b) não efetivação do depósito no prazo previsto no § 1º do art. 100 da CF: nesse caso, incidem as hipóteses dos arts. 34, V, "a", e 35, I, da CF, que permitem a intervenção da União nos Estados e dos Estados nos Municípios, quando deixar de ser paga, sem motivo de força maior, por dois anos consecutivos, a dívida fundada;

10.2.8.3.11. Pagamento integral

Efetuado o pagamento integral do valor da indenização, será expedido mandado de imissão na posse, valendo a sentença como título para registro no Registro de Imóveis.

10.2.8.4. Retrocessão

Infelizmente, é muito comum o Poder Público desapropriar um imóvel e não utilizá-lo posteriormente numa atividade de interesse público. Em algumas vezes, o Poder Público simplesmente não utiliza o imóvel. Em outras, utiliza, mas em atividades que não são de interesse público.

O Superior Tribunal de Justiça vem, em matéria de desapropriação, fazendo a distinção entre tredestinação lícita e tredestinação ilícita.

A tredestinação consiste na mudança de destinação de um imóvel desapropriado.

Como se sabe, quando se expede o decreto expropriatório, é necessário indicar a finalidade daquela desapropriação que se deseja fazer. Assim, indica-se no decreto se a finalidade é construir uma escola, construir um hospital, construir casas populares, alargar uma via pública etc. A tredestinação ocorre quando a Administração Pública, de posse do imóvel desapropriado, acaba utilizando-o em finalidade distinta da prevista inicialmente.

Ocorre que essa mudança de finalidade pode se dar para atender outra demanda de interesse público. Um exemplo dessa situação é a desapropriação de uma área para construir uma escola e depois acabar construindo um hospital. Nesse caso, tem-se a tredestinação lícita, não sendo possível questionar a desapropriação realizada e os atos subsequentes.

Outra possibilidade é a de a Administração mudar a finalidade da desapropriação realizada para o fim de atender uma demanda que não é de interesse público. Um exemplo é desapropriar uma área para construir uma escola e depois ceder essa área para um comerciante local montar uma loja de venda de automóveis. Nesse caso, tem-se a tredestinação ilícita, que autoriza a nulidade do ato consequente e a retomada da coisa pelo anterior proprietário, que tem o direito de retrocessão.

Nesses casos, fica a dúvida: o antigo proprietário poderá reivindicar o imóvel de volta, devolvendo os valores que tiver recebido, terá direito a uma mera indenização ou não terá direito algum?

Para responder a essa pergunta, temos que tratar do instituto da retrocessão.

Pelo conceito tradicional, **retrocessão** *importa no direito do ex-proprietário de reaver o bem expropriado que não foi utilizado em finalidade pública*. O requisito, como se viu, é o desvio de finalidade, a chamada tredestinação, utilizando-se o bem expropriado em finalidade não pública. Não configura o instituto a utilização do bem em finalidade distinta da prevista no decreto expropriatório, quando a nova finalidade for de interesse público.

A primeira regra sobre o assunto foi o art. 1.150 do antigo CC, cujo texto era imperativo: o Poder Público oferecerá o imóvel ao ex-proprietário, caso não tenha o destino que deu origem à desapropriação, pelo preço que o foi. Apesar da imperatividade do texto, dando a entender tratar-se de direito real do antigo proprietário, por estar o dispositivo no capítulo do direito pessoal de preferência, foi muito forte a corrente no sentido de que o direito do ex-proprietário era meramente pessoal.

Sobreveio o art. 35 do Decreto-lei 3.365/1941, cuja redação não permite a reivindicação do bem, após desapropriado. Com a entrada em vigor desse decreto-lei, ganhou força a tese de que a retrocessão tratava-se de mero direito pessoal do antigo proprietário.

Todavia, alguns acórdãos do STF também reconheceram o caráter de direito real do ex-proprietário.

O STJ, por sua vez, já há alguns anos entende tratar-se de direito real o direito do ex-proprietário, conforme se vê do seguinte acórdão: Edcl. no REsp 623.511/RJ, DJ 26.09.2005.

Há três temas bastante polêmicos que devem, ainda, ser aclarados.

O primeiro é concernente ao seguinte ponto: quando o imóvel não é utilizado em finalidade alguma pelo Poder Público, qual é o prazo para se considerar o bem não utilizado para fins de exercício do direito de retrocessão?

A resposta a essa pergunta depende da modalidade de desapropriação envolvida:

a) na desapropriação por interesse social, prevalece a tese de que o prazo é de 2 anos, visto que, segundo o art. 3º da Lei 4.132/1962, é o prazo para que o Poder Público adote "as providências de aproveitamento do bem expropriado";

b) na desapropriação para reforma agrária, o art. 16 da Lei 8.629/1993 estabelece o prazo de três anos, contados da data de registro do título translativo de domínio, para que o órgão expropriante destine a respectiva área aos beneficiários da reforma agrária;

c) na desapropriação por descumprimento da função social em imóvel urbano, o art. 8º da Lei 10.257/2001 dispõe que o Município tem o prazo de cinco anos para proceder ao adequado aproveitamento do imóvel, contado de sua incorporação ao patrimônio público;

d) na desapropriação por utilidade ou necessidade públicas, não há, na lei, prazo máximo para a ocupação do bem pelo Poder Público, prevalecendo a tese de que o prazo, então, será de 5 anos, mantendo-se a harmonia com o prazo de caducidade do decreto expropriatório, à moda do que acontece para esses dois prazos na desapropriação por interesse social.

O segundo ponto é relativo ao prazo para ingressar com a ação de retrocessão. Prevalece o entendimento de que se deve utilizar o prazo prescricional previsto para os direitos reais. Como o art. 205 do CC não faz distinção entre ações reais e pessoais, deve-se utilizar o prazo geral previsto no dispositivo, que é de 10 anos. Se o entendimento prevalecente fosse de que a retrocessão é direito pessoal, o prazo seria o previsto para ações indenizatórias contra o Poder Público.

O último ponto diz respeito à autonomia da ação que deverá ser aforada. Nesse sentido, é pacífico que se deve ingressar com ação própria, não sendo possível aproveitar a ação de desapropriação originária.

Por fim, é importante ressaltar que "ao imóvel desapropriado para implantação de parcelamento popular, destinado às classes de menor renda, não se dará outra utilização nem haverá retrocessão" (art. 5º, § 3º, do Dec.-lei 3.365/1941).

Confira acórdão do STJ reconhecendo o caráter real do direito de retrocessão, e, consequentemente, que o prazo prescricional respectivo é o das ações de natureza real:

"1. A jurisprudência desta Corte e do STF adotou corrente no sentido de que a ação de retrocessão é de natureza real e, portanto, aplica-se o art. 177 do CC/1916 e não o prazo quinquenal de que trata o Decreto 20.910/1932. 2. Recurso especial provido." (STJ, REsp 2006.01546994, DJ 14.03.2007).

10.2.8.5. Situação jurídica de terceiros

Há quatro tipos de terceiros que podem ter seus direitos afetados por uma desapropriação. Confira:

a) **verdadeiro proprietário da coisa, que não consta como réu na ação de desapropriação:** quanto a essa pessoa, incide o art. 35 do Dec.-lei 3.365/1941, que dispõe que "os bens expropriados, uma vez incorporados à Fazenda Pública, não podem ser objeto de reivindicação, ainda que fundada em nulidade do processo de desapropriação"; assim, o verdadeiro proprietário deve acionar aquele que recebeu a indenização e buscar a satisfação dos seus interesses por meio de perdas e danos, ou seja, o Poder Público, por adquirir de forma originária o bem objeto de expropriação, não sofre os efeitos da evicção;

b) **credor do expropriado:** quanto ao credor com garantia real, incide o art. 31 do Dec.-lei 3.365/1941, pelo qual "ficam sub-rogados no preço quaisquer ônus ou direitos que recaiam sobre o bem expropriado", ou seja, o credor com direito real sobre a coisa passará a ter direito real sobre a quantia depositada em juízo, operando-se, inclusive, o vencimento antecipado da dívida; já o credor sem garantia especial poderá pedir a penhora dos valores depositados em juízo;

c) **locatário do expropriado:** aquele que é locatário de um imóvel que está sendo desapropriado não tem direito de manter a locação. Esse contrato fica extinto e o locatário poderá pedir indenização do Poder Público pelos danos que tiver, por exemplo, pela perda do fundo de comércio (ponto comercial). O fundamento desse pedido é a responsabilidade objetiva do Estado pelos danos causados às pessoas e o deve ser deduzido em ação própria de indenização (art. 20 do Dec.-lei 3.365/1941);

d) **vizinho do expropriado:** segundo o art. 37 do Dec.-lei 3.365/1941, "aquele cujo bem for prejudicado extraordinariamente em sua destinação econômica pela desapropriação de área contígua terá direito a reclamar perdas e danos do expropriante".

10.2.8.6. Desapropriação indireta

Infelizmente, é comum que o Poder Público se aproprie de bem particular sem observância dos requisitos da declaração e da indenização prévia. O nome dessa situação é

desapropriação indireta, que também pode ser conceituada como *a abusiva e irregular apropriação do imóvel particular pelo Poder Público, com sua consequente integração no patrimônio público, sem obediência às formalidades e cautelas do processo de expropriação e que abre ao lesado o recurso à via judicial para ser indenizado.*

Perceba que para configurar o instituto da desapropriação indireta não basta o mero apossamento administrativo, ou seja, não basta uma invasão do Poder Público, por seus agentes, em um imóvel particular. É necessário que haja uma invasão somada a uma utilização do bem numa situação de interesse público.

Um exemplo bem comum da desapropriação indireta é a utilização de uma área particular para construção de um trecho de uma estrada.

Apesar da abusividade do procedimento, o Poder Público tem direito de ser mantido no bem, preenchido o requisito de sua utilização em atividade de interesse público. O fundamento desse direito é o próprio art. 35 do Dec.-lei 3.365/1941, que assegura que "os bens expropriados, uma vez incorporados à Fazenda Pública, não podem ser objeto de reivindicação, ainda que fundada em nulidade do processo de desapropriação. Qualquer ação, julgada procedente, resolver-se-á em perdas e danos". Trata-se do princípio do fato consumado.

Também fundamentam o instituto o art. 5º, XXIV, da CF, e o art. 15, § 3º, do Decreto-lei 3.365/1941. O primeiro porque determina o pagamento de indenização justa quando ocorre desapropriação, o que deve ocorrer tanto para aquela que respeita as regras jurídicas e, principalmente, para aquelas feitas de modo abusivo e irregular. E o segundo dispositivo porque estabelece valer para a desapropriação indireta a disciplina dos juros compensatórios, em matéria de desapropriação, quando houver imissão provisória na posse.

O particular prejudicado tem direito de ingressar com ação de indenização por desapropriação indireta.

A legitimidade ativa para a demanda é do proprietário do imóvel. Por envolver a perda da propriedade, há decisões que entendem ter a ação natureza real, de modo que o cônjuge do proprietário deve participar da demanda (STJ, REsp 64.177, DJ 25.09.1995).

A legitimidade passiva da ação é da pessoa jurídica de direito público responsável pela incorporação do bem ao seu patrimônio.

Sob o argumento de que a ação se funda em direito real sobre o imóvel, há decisões do STF no sentido de que a competência é do foro do local onde ele se encontra (STF, RE 111.988). O STJ vem julgando nesse sentido (STJ, CC 46.771-RJ, DJ 19.09.2005).

O prazo prescricional para ingressar com a ação de indenização por desapropriação indireta, nos termos da Súmula 119 do STJ, é de 20 anos. O fundamento da súmula é que esse é o prazo para a usucapião extraordinária de bens imóveis, sob a égide do antigo Código Civil (arts. 550 e 551). Todavia, no atual CC, o prazo da usucapião extraordinária é de 15 anos, como regra, e de 10 anos, quando o possuidor houver estabelecido no imóvel sua moradia habitual, ou nele realizado obras ou serviços de caráter produtivo, conforme o art. 1.238 do CC.

A **indenização** deve abarcar os seguintes pontos:

a) **valor de mercado do bem:** observar o mesmo item da desapropriação direta; se houver desapropriação indireta de parte de um imóvel, tornando a parte remanescente economicamente inviável, pode-se pedir indenização pelo valor total do bem, exercendo o chamado direito de extensão;

b) **danos emergentes e lucros cessantes:** observar o mesmo item da desapropriação direta;

c) **juros compensatórios:** aqui, os juros compensatórios são devidos desde a ocupação do imóvel pelo Poder Público. Os juros incidirão sobre o total de indenização, uma vez que, diferente da desapropriação direta, não há diferença entre o valor fixado na sentença e o valor ofertado, pois aqui não se fala em valor ofertado; os juros, aqui, terão o mesmo percentual dos juros compensatórios na desapropriação direta, uma vez que foi suspensa pelo STF a disposição que estabelecia juros de até 6% ao ano (*vide* art. 15-A, § 3º, do Dec.-lei 3.365/1941). Assim, remanesce a regra estabelecida na Súmula 618 do STF, pela qual a taxa de juros compensatórios é de 12% ao ano, o que acabou referendado pelo texto da Medida Provisória 700/2015, que trouxe a seguinte redação para o referido art. 15-A: "No caso de imissão prévia na posse, na desapropriação por necessidade ou utilidade pública e interesse social prevista na Lei 4.132, de 10 de setembro de 1962, na hipótese de haver divergência entre o preço ofertado em juízo e o valor do bem fixado na sentença, expressos em termos reais, poderão incidir juros compensatórios de até doze por cento ao ano sobre o valor da diferença eventualmente apurada, contado da data de imissão na posse, vedada a aplicação de juros compostos";

d) **juros moratórios:** esses juros são devidos quando há atraso, pelo Poder Público, do pagamento que deverá efetuar pela desapropriação. Como o pagamento, de regra, é feito por precatório, esse atraso só passa a existir "a partir de 1º de janeiro do exercício seguinte àquele em que o pagamento deveria ser feito, nos termos do art. 100 da Constituição" (art. 15-B do Dec.-lei 3.365/1941); o mesmo dispositivo estabelece que esses juros serão de 6% ao ano, mas ele não foi alterado pelo STF;

e) **correção monetária:** é contada desde a realização do laudo pericial que fixa o valor do bem expropriado;

f) **custas e despesas processuais:** são de responsabilidade do Poder Público os honorários periciais, inclusive quanto ao adiantamento das quantias para fazer frente a essas despesas (STJ, REsp 788.817, j. 19.06.2007);

g) **honorários advocatícios:** o Dec.-lei 3.365/1941 dispõe que, à moda do que ocorre na desapropriação direta, os honorários serão fixados entre 0,5 e 5% da diferença entre o valor oferecido pelo Poder Público e o valor fixado pelo Poder Judiciário (art. 27, §§ 1º e 3º, do Dec.-lei 3.365/1941, com a redação dada pela MP 2.183-56/2001); todavia, como não há diferença entre valor fixado pelo juiz e valor ofertado pelo Poder Público, já que este se apoderou do bem sem seguir os trâmites legais, devem incidir os honorários sobre o valor total da condenação, prevalecendo os parâmetros previstos na legislação processual civil, conforme lição de José Fernandes Carvalho Filho (*Manual de Direito Administrativo*, 18ª edição, Rio de Janeiro: Lumen Juris, 2007, p. 767). É importante ressaltar que na base de cálculo dos honorários advocatícios devem ser incluídas as parcelas devidas a título de juros moratórios e compensatórios, também devidamente atualizados, nos termos da Súmula 131 do STJ.

10.2.8.7. Desapropriação por não atendimento à função social da propriedade

Em área rural, a desapropriação-sanção deve atender às seguintes regras (art. 184 da CF):

a) União é quem tem competência para a desapropriação para reforma agrária pelo não cumprimento da função social da propriedade;

b) o pagamento será feito com títulos da dívida agrária, resgatáveis em até 20 anos, a partir do 2º ano de sua emissão;

c) as benfeitorias úteis e necessárias serão indenizadas em dinheiro;

d) não cabe desapropriação para reforma agrária: i) em caso de pequena e média propriedade rural se o proprietário não tiver outra; ii) em caso de propriedade produtiva.

Em área urbana, a desapropriação-sanção deve atender às seguintes regras (art. 182 da CF):

a) o Município desapropria o imóvel urbano que não estiver cumprindo a função social da propriedade;

b) o pagamento será feito com títulos da dívida pública, de emissão aprovada pelo Senado, resgatáveis em até 10 anos, em parcelas anuais, iguais e sucessivas;

c) o Estatuto da Cidade estabelece que o valor a ser apurado é o *valor venal* e não haverá *lucros cessantes*;

d) são requisitos para a aplicação do instituto os seguintes: i) lei federal, plano diretor municipal, lei municipal específica indicando áreas que devem ser utilizadas; ii) notificação para parcelamento, edificação ou utilização compulsória (1 ano para projeto e 2 anos para iniciar as obras); iii) IPTU progressivo por 5 anos, com alíquota de até 15%, no máximo dobrando a cada ano.

Cumpridos os requisitos mencionados, e permanecendo a propriedade sem cumprir a sua função social, o Município pode ingressar com ação de desapropriação-sanção.

10.3. QUADRO SINÓTICO

1. Introdução:
1.1. Propriedade tem função individual
1.2. Propriedade tem função social
– O Estado intervém na propriedade para garantir que esta atenda a sua função social
– O Estado está preocupado com os seguintes valores:
a) uso seguro da propriedade: ex. Código de Obras
b) uso organizado da propriedade: ex: Zoneamento
c) uso legítimo da propriedade: ex: Lei do Silêncio
d) uso social da propriedade: exs: desapropriação, servidão, requisição, ocupação temporária
e) preservação do meio ambiente: ex: tombamento
2. Limitação administrativa:
2.1. Conceito: *imposição geral e gratuita, que traz os limites dos direitos das pessoas, de modo a condicioná-los às exigências da coletividade;* exs: Códigos de Trânsito, de Obras e Sanitário; Lei de Zoneamento, Lei do Silêncio, Reserva Legal
2.2. Características:
a) incidência: sobre atividades, direitos e propriedade
b) destinatário: atinge pessoas indeterminadas (geral)
c) intensidade: limita, mas não inviabiliza propriedade; impõe um *non facere* (não fazer)
d) consequência: não enseja indenização (gratuita)

3. Requisição administrativa:

3.1. Conceito: *ato que determina a utilização de bens e serviços particulares, em caso de iminente perigo público, mediante indenização ulterior (art. 5º, XXV, CF);* exs: uso de clube privado para abrigar vítimas de inundação; uso de clínica privada para atender queimados

3.2. Características:

a) **incidência:** bens ou serviços

b) **destinatário:** atinge pessoas determinadas

c) **intensidade:** atinge o uso e é transitória

d) **consequência:** se houver dano, enseja indenização, mas posterior

e) **aplicação:** é autoexecutória, dispensando ingresso com ação judicial

4. Ocupação temporária:

4.1. Conceito: *é o uso, pelo Poder Público, de um bem particular não edificado, com o objetivo de executar obras ou serviços públicos (art. 36 do Dec.-lei 3.365/1941);* exs: canteiro para obra pública; pesquisa de minérios em bem privado

4.2. Características:

a) **incidência:** terreno não edificado

b) **destinatário:** atinge pessoas determinadas

c) **intensidade:** atinge o uso e é transitória

d) **consequência:** enseja indenização

e) **aplicação:** depende de ação própria, que fixará a indenização

5. Servidão administrativa:

5.1. Conceito: *ônus real de uso imposto ao particular para a realização de obras ou serviços públicos;* exs.: torre de energia elétrica, aqueduto, placa de rua

5.2. Características:

a) **incidência:** bens imóveis

b) **destinatário:** atinge pessoas determinadas

c) **intensidade:** ônus real impondo um suportar (*pati*)

d) **consequência:** enseja indenização prévia

e) **aplicação:** depende de acordo extrajudicial ou ação de desapropriação para instituição de servidão (art. 40 do Dec.-lei 3.365/1941)

6. Tombamento (Dec.-lei 25/1937)

6.1. Conceito: *ato que declara bem de valor especial para fins de proteção*

6.2. Objeto: material/imaterial, móvel/imóvel, imóvel isolado/conjunto arquitetônico, bairro, cidade

6.3. Modalidades:

a) **voluntário:** a pedido do proprietário da coisa

b) **contencioso:** praticado de ofício pela Administração; neste caso, esta notifica o proprietário para defesa em 15 dias; com a notificação ocorre o tombamento provisório, que já protege o bem a ser tombado

6.4. Instituição:

a) **por ato administrativo:** após decisão, inscreve-se no Livro do Tombo; em sendo imóvel, há de se registrar no Registro de Imóveis; **b) por ato legislativo; c) por ato judicial**

6.5. Efeitos do tombamento:

a) o proprietário deve **conservar** a coisa (se não tiver recursos, o Poder Público está autorizado pela lei a arcar com os custos)

b) o proprietário depende de **autorização especial** para reparar, pintar ou restaurar a coisa

c) os **vizinhos** não podem reduzir a visibilidade da coisa tombada

d) entes políticos têm **direito de preferência** na aquisição da coisa, sob pena de nulidade

e) bem tombado público é **inalienável**

f) bem tombado **não pode sair do País**, salvo se por prazo curto, sem alienação, para fim de intercâmbio cultural e mediante autorização pública

7. Expropriação (art. 243 da CF):

7.1. Conceito: *consiste na retirada da propriedade de alguém sem o pagamento de indenização alguma*

7.2. Hipóteses:

a) sobre gleba onde forem localizadas culturas ilegais de plantas psicotrópicas

b) sobre bem apreendido em decorrência de tráfico

7.3. Destinação das glebas e bens apreendidos:

a) glebas serão destinadas ao assentamento de colonos para cultivo de produtos alimentares e medicamentos

b) bens reverterão em benefício de instituições e pessoal especializados no tratamento de viciados e no aparelhamento e custeio de atividades de fiscalização, controle, prevenção e repressão do crime de tráfico

8. Desapropriação

8.1. Conceito: *procedimento em que o Poder Público, compulsoriamente, despoja pessoa de bem certo, adquirindo-o em caráter originário, mediante indenização*

8.2. Fundamentos da desapropriação

a) **utilidade pública** – Dec.-lei 3.365/1941

b) **necessidade pública** Dec.-lei 3.365/1941

c) **interesse social** – Lei 4.132/1962; Lei 8.629/1993 e Lei Complementar 76/1993 (reforma agrária)

8.3. Forma originária de aquisição da propriedade

a) ônus reais ficam sub-rogados no preço (art. 31 do Dec.-lei 3.365/1941)

b) não há direito de reivindicação por terceiro (art. 35 Dec.-lei 3.365/1941)

8.4. Objeto: *qualquer bem pode ser desapropriado;* móvel/imóvel, material/imaterial, inclusive espaço aéreo e subsolo; não podem ser desapropriados: a) dinheiro; b) pessoas; c) direitos da personalidade; d) bens da União

– bens privados podem ser desapropriados pelos entes políticos

– bens dos Municípios, só pela União e Estados

– bens dos Estados, só pela União

– desapropriação de bem público depende de autorização legislativa do ente expropriante

8.5. Competência

a) **para legislar:** da União (art. 22, II, da CF)

b) **para declarar** (intenção de desapropriar): entes políticos e alguns entes autorizados pela lei; ex: ANEEL – art. 10 da Lei 9.074/1995

c) **para executar** (fazer acordo ou entrar com ação): entes Políticos; pessoas de direito público; concessionárias de serviço público, autorizadas pela lei ou pelo contrato

8.6. Declaração

8.6.1. Requisitos

a) identificação do bem e do destino a ser dado

b) indicação do dispositivo legal autorizador

c) decreto do Chefe do Executivo

obs: **lei** pode declarar; **resolução** da ANEEL também

8.6.2. Efeitos

a) fixa o estado do bem para fins de indenização

b) faculta ao Poder Público a entrada no bem

c) faz iniciar o **prazo decadencial** da declaração

– 5 anos: regra

– 2 anos: desapropriação por interesse social

obs: caducando, nova declaração só após 1 ano

8.7. Indenização

8.7.1. Prévia

a) mesmo quando paga em dinheiro ou títulos

b) não impede imissão na posse, desde que haja depósito do valor provisório fixado pelo juiz

Imissão provisória

– Basta declarar urgência e depositar quantia referente ao valor venal atual ou 20 vezes o valor locatício

– Alegação de urgência não poderá ser renovada e obriga o expropriante a requerer a imissão no prazo improrrogável de 120 dias

– Desapropriado pode levantar 80% do valor depositado

8.7.2. Justa

a) **valor de mercado do bem**

b) **demais danos emergentes e lucros cessantes** – ex: deslocamento de máquinas, perda do ponto

c) **juros compensatórios:** quando há imissão provisória

– à base de 12% ano, sobre valor da indenização fixado na sentença menos 80% do preço depositado

– contados da imissão

d) **juros moratórios:** quando há atraso no precatório

– à base de 6% ao ano

– contados de 1º/jan. do ano após ao que deveria ser pago

e) **correção monetária:** da realização do laudo pericial

f) **honorários:** 0,5 a 5% sobre a diferença entre a sentença e a oferta

8.7.3. Em dinheiro: salvo se não cumprida a função social, hipótese em que pagamento é por títulos

– **Área rural** (art. 184 da CF)

a) União desapropria para reforma agrária

b) paga com títulos da dívida agrária, resgatáveis em até 20 anos, a partir do 2º ano de sua emissão

c) benfeitorias úteis e necessárias serão indenizadas em dinheiro

d) não cabe desapropriação para reforma agrária:

– de pequena e média propriedade rural, se proprietário não tiver outra

– de propriedade produtiva

– **Área urbana** (art. 182 da CF)

a) Município desapropria

b) paga com títulos da dívida pública, de emissão aprovada pelo Senado, resgatáveis em até 10 anos, em parcelas anuais, iguais e sucessivas

c) Estatuto da Cidade estabelece que o valor a ser apurado é o *valor venal* e não haverá *lucros cessantes*

d) requisitos para a aplicação do instituto:

– lei federal, plano diretor municipal, lei municipal específica indicando as áreas que devem ser utilizadas

– notificação para parcelamento, edificação ou utilização compulsória: 1 ano para projeto / 2 anos para iniciar

– IPTU progressivo por 5 anos: alíquota de até 15%, no máximo dobrando a cada ano

8.8. Requisitos para a desistência da desapropriação:

a) o pedido de desistência deve ser feito em juízo, na própria ação de desapropriação

b) o pedido deve ocorrer antes do pagamento integral da indenização

c) o bem deve ser restituído no estado em que se encontrava antes da imissão provisória

d) o expropriado deve ser ressarcido de todos os danos que tiver

e) a Fazenda deve pagar as despesas processuais

8.9. Retrocessão:

8.9.1. Conceito: *direito real do ex-proprietário de reaver bem desapropriado não utilizado em finalidade pública*

8.9.2. Hipóteses:

a) **Tredestinação ilícita:** *utilização do bem em finalidade que não é de interesse público*; ex: imóvel desapropriado para construir escola, mas repassado a indústria; se era para fazer escola, mas faz hospital, tudo bem (tredestinação lícita)

b) **Não utilização do bem nos seguintes prazos:**

– interesse social: 2 anos (art. 3º da Lei 4.132/1962), salvo parcelamento popular

– reforma agrária: 3 anos (art. 16 da Lei 8.629/1993)

– desapropriação-sanção urbana: 5 anos (art. 8º, § 4º, Lei 10.257/2001)

– utilidade pública: 5 anos; analogia ao prazo decadencial

8.9.3. Prazo para entrar com ação de retrocessão: prazo decadencial para direitos reais – 10 anos; art. 205/CC

8.10. Desapropriação por zona

8.10.1. Conceito: *desapropriação de área maior do que a necessária para a realização de obra ou serviço, para abranger zona contígua a ela*

8.10.2. Hipóteses:

a) para **reservar** área contígua para o futuro; ex: escola

b) para **revender** área contígua quando a obra ou serviço gerar extraordinária valorização; ex: Metrô no local

– STF entende constitucional

8.11. Direito de extensão

8.11.1. Conceito: *faculdade do expropriado de exigir que na desapropriação se inclua parte restante do bem que irá se tornar inútil ou de difícil utilização*

8.11.2. Momento para exercer direito: direito deve ser exercido na contestação da ação de desapropriação

8.12. Desapropriação indireta

8.12.1. Conceito: *abusiva e irregular apropriação de bem particular pelo Poder Público, que passa a utilizá-lo em atividade de interesse da coletividade;* ex: utilização de área particular para alargar avenida

8.12.2. Requisitos: apossamento + atividade pública

8.12.3. Consequência:

– Particular deve ingressar com ação de **indenização** por **desapropriação indireta**, requerendo justa indenização, sendo que juros compensatórios são de 12% ao ano desde a ocupação pelo Poder Público e sobre o valor total

– Como a questão envolve direito real (propriedade), o prazo para tanto é o previsto para a usucapião extraordinária; assim, sob a égide do CC anterior, o prazo era de 20 anos (Súmula 119 do STJ); agora deverá ser **10 anos**

10.4. QUESTÕES COMENTADAS

10.4.1. Desapropriação

(DPE/PE – 2015 – CESPE) Julgue o item abaixo, com relação à intervenção do Estado na propriedade.

(1) Salvo as impossibilidades jurídicas e materiais, mediante declaração de utilidade pública, formalizada por meio de decreto do chefe do Poder Executivo, todos os bens podem ser desapropriados pelos entes que compõem a Federação. Poderá também o Poder Legislativo tomar a iniciativa da desapropriação.

1: correta; a afirmativa fez as devidas ressalvas (jurídicas e materiais) e, assim, está correta; quanto ao legislativo, admite-se que tome iniciativa da desapropriação; apesar de não ser usual, o Legislativo, como representante do povo, pode declarar um dado bem como de interesse para desapropriação.
Gabarito 1C

(Juiz de Direito/CE – 2014 – FCC) O Decreto-Lei 3.365, de 21 de junho de 1941, estatui que

(A) caso a desapropriação seja de bem avaliado em montante inferior a 60 (sessenta) salários mínimos, será competente para conhecê-la o Juizado Especial da Fazenda Pública ou, caso haja interesse da Administração Federal, o Juizado Cível Federal.

(B) a alegação de urgência obrigará o expropriante a requerer a imissão provisória dentro do prazo de 120 (cento e vinte) dias, podendo ser renovada uma única vez.

(C) a desapropriação do solo implica necessariamente a desapropriação do subsolo.

(D) somente os juízes que tiverem garantia de vitaliciedade podem atuar nos processos de desapropriação, porém, a jurisprudência dominante considera que tal exigência, em relação aos juízes substitutos, foi revogada pela Lei Orgânica da Magistratura (Lei Complementar 35/1979).

(E) a declaração de utilidade pública para fins de desapropriação obsta a concessão de licença para construir no imóvel objeto da declaração.

A: incorreta, pois as ações de desapropriação não se incluem na competência do Juizado Especial da Fazenda Pública (art. 2º, §. 1º, I, da Lei 12.153/2009), nem do Juizado Especial Federal (art. 3º, § 1º, I, da Lei 10.259/2001); **B:** incorreta, pois esse prazo é improrrogável (art. 15, § 2º, do Dec.-lei 3.365/1941); **C:** incorreta, pois o art. 2º, § 1º, do Dec.-lei 3.365/1941 faz a devida distinção; **D:** correta; de acordo com o STJ, "Com a nova redação que a Lei Complementar 37, de 1979, deu ao artigo 22, § 2º, da Lei Complementar 35/1979, os juízes substitutos, que ainda não tenham adquirido a vitaliciedade, passaram a poder praticar todos os atos reservados aos juízes vitalícios, inclusive o conhecimento dos processos de desapropriação" (REsp 41.922/PR); **E:** incorreta, pois a Súmula 23 do STF autoriza a concessão da licença – "verificados os pressupostos legais para o licenciamento da obra, não o impede a declaração de utilidade pública para desapropriação do imóvel, mas o valor da obra não se incluirá na indenização, quando a desapropriação for efetiva".
Gabarito "D"

(Juiz de Direito/PA – 2014 – VUNESP) Assinale a alternativa que corretamente discorre acerca da desapropriação indireta.

(A) É um esbulho possessório praticado pelo Estado, que invade área privada sem contraditório ou indenização.

(B) Em nenhuma hipótese o tombamento ambiental acarretará desapropriação indireta.
(C) É uma espécie de desapropriação de fato, permitida expressamente pela legislação.
(D) Para realizar a desapropriação indireta basta afetar o bem particular ao fim público.
(E) O proprietário poderá sempre solicitar em juízo que o Poder Público restitua a coisa.

A: correta, pois, de fato, é um apossamento feito pelo Estado sem observância das normas que tratam da desapropriação; **B:** incorreta, pois se um tombamento ambiental de um bem particular trouxer tamanha restrição ao uso do bem particular que esvazie o conteúdo patrimonial do bem, o particular terá direito de ingressar com ação indenizatória por desapropriação indireta, vez que esta (a desapropriação indireta) terá de fato acontecido nessa hipótese; **C:** incorreta, pois a legislação não permite que se atue dessa maneira; assim, mesmo que o Estado tenha direito de ficar com o imóvel após esse tipo de invasão e utilização do bem em finalidade pública, os responsáveis por esse ato ilegal deverão ser responsabilizados; **D:** incorreta, pois é necessário que o Estado esteja efetivamente utilizando o bem em destinação de interesse público; **E:** incorreta, pois, uma vez que o Estado esteja utilizando efetivamente um bem de um particular em destinação de interesse público, este não poderá ingressar com ação de reintegração de posse, tendo direito apenas de ingressar com ação indenizatória por desapropriação indireta, no qual será devidamente indenizado pelo valor de mercado do bem e demais consectários legais, permanecendo o poder público com proprietário do bem.
Gabarito "A"

(OAB/Exame Unificado – 2015.2) O Município W, durante a construção de avenida importante, ligando a região residencial ao centro comercial da cidade, verifica a necessidade de ampliação da área a ser construída, mediante a incorporação de terrenos contíguos à área já desapropriada, a fim de permitir o prosseguimento das obras. Assim, expede novo decreto de desapropriação, declarando a utilidade pública dos imóveis indicados, adjacentes ao plano da pista. Diante deste caso, assinale a opção correta.
(A) É válida a desapropriação, pelo Município W, de imóveis a serem demolidos para a construção da obra pública, mas não a dos terrenos contíguos à obra.
(B) Não é válida a desapropriação, durante a realização da obra, pelo Município W, de novos imóveis, qualquer que seja a finalidade.
(C) É válida, no curso da obra, a desapropriação, pelo Município W, de novos imóveis em área contígua necessária ao desenvolvimento da obra.
(D) Em relação às áreas contíguas à obra, a única forma de intervenção estatal da qual pode se valer o Município W é a ocupação temporária.

No caso em tela incide o instituto da **desapropriação por zona**, que consiste na desapropriação de área maior do que a necessária à realização de obra ou serviço, para abranger zona contígua a ela, tendo em vista reservá-la para futuras necessidades de ampliação da intervenção estatal no local (que é o caso do enunciado da questão) ou para revendê-la, se extraordinária valorização decorrência da desapropriação a ser efetuada. A declaração de utilidade pública deve compreender essas áreas adicionais (art. 4º do Decreto-lei 3.365/1941). Assim, são válidas as desapropriações tanto das áreas que serão utilizadas neste momento, como das áreas que serão utilizadas no futuro.
Gabarito "C"

(OAB/Exame Unificado – 2014.1) Acerca da *desapropriação*, assinale a afirmativa correta.
(A) Na desapropriação por interesse social, o expropriante tem o prazo de cinco anos, contados da edição do decreto, para iniciar as providências de aproveitamento do bem expropriado.
(B) Na desapropriação por interesse social, em regra, não se exige o requisito da indenização prévia, justa e em dinheiro.
(C) O município pode desapropriar um imóvel por interesse social, mediante indenização prévia, justa e em dinheiro.
(D) A desapropriação para fins de reforma agrária da propriedade que não esteja cumprindo a sua função social não será indenizada.

A: incorreta, pois o prazo, no caso, é de 2 anos (art. 3º da Lei 4.132/1961); **B:** incorreta, pois esse requisito somente não há de ser cumprido na desapropriação-sanção para reforma agrária ou descumprimento da função social da propriedade urbana, casos em que o pagamento será feito por meio de títulos públicos, e no caso de expropriação do bem por conta de uso de imóvel para plantação de psicotrópicos ou com exploração de trabalho escravo (art. 243 da CF, com nova redação dada pela EC 81/2014); **C:** correta, não havendo impedimento legal nesse sentido; no entanto, no caso de desapropriação-sanção por interesse social em imóvel rural, a competência é apenas da União (art. 184, *caput*, da CF); **D:** incorreta, pois haverá indenização por meio de títulos da dívida agrária em relação à terra nua e por meio de dinheiro em relação às benfeitorias úteis e necessárias (art. 184, *caput* e § 1º, da CF).
Gabarito "C"

(Magistratura/PE – 2013 – FCC) Ao julgar a medida cautelar na Ação Direta de Inconstitucionalidade 2.332, o Supremo Tribunal Federal suspendeu liminarmente a eficácia da expressão "de até seis por cento ao ano", contida no art. 15-A do Decreto-lei 3.365/1941. Após essa decisão, a taxa de juros compensatórios, na desapropriação
(A) manteve-se em 6% ao ano, agora com fundamento em dispositivo do Código Civil.
(B) voltou a ser de 12% ao ano, conforme jurisprudência sumulada do próprio Tribunal.
(C) manteve-se em 6% ao ano, por expressa disposição constitucional.
(D) voltou a ser de 12% ao ano, por expressa disposição constitucional.
(E) passou a ser variável, dependendo de decisão judicial no caso concreto, a qual deverá levar em conta a política de juros definida pelos órgãos governamentais competentes.

O STF, na ADI 2.332-2, deferiu liminar para suspender a eficácia da expressão "de até 6% ao ano" e também para determinar "que a base de cálculo dos juros compensatórios será a diferença eventualmente apurada entre 80% do preço ofertado em juízo e o valor do bem fixado na sentença". A ideia de substituir a expressão "preço ofertado em juízo" pela expressão "80% do preço ofertado em juízo" tem razão no fato de que, normalmente, o expropriado só levanta 80% do preço depositado em juízo; com relação ao montante dos juros, com a retirada da expressão, remanesce a regra estabelecida na Súmula 618 do STF, pela qual a taxa de juros compensatórios é de 12% ao ano. Por fim, vale a pena dizer que os juros compensatórios são devidos mesmo que o imóvel não produza renda, pois o STF suspendeu a eficácia dos §§ 1º, 2º e 4º do art. 15-A do Decreto-lei 3.365/1941, o que acabou referendado pelo texto da Medida Provisória 700/2015, que trouxe a seguinte redação para o referido art. 15-A: "No caso de imissão prévia na posse, na desapropriação por necessidade ou utilidade pública e interesse social prevista na Lei 4.132, de 10 de setembro de 1962, na hipótese de haver divergência entre o preço ofertado em juízo e o valor do bem fixado na sentença, expressos em termos reais, poderão incidir juros compensatórios de até doze por cento ao ano sobre o valor da diferença eventualmente apurada, contado da data de imissão na posse, vedada a aplicação de juros compostos". Assim, a alternativa "B" é a correta.

Gabarito "B".

(Magistratura/RO – 2011 – PUCPR) Sobre a desapropriação por utilidade pública, avalie as perspectivas abaixo:

I. Mediante declaração de utilidade pública, todos os bens poderão ser desapropriados pela União, pelos Estados, Municípios, Distrito Federal e Territórios, inclusive do espaço aéreo ou do subsolo, cuja desapropriação só se tornará necessária quando de sua utilização resultar prejuízo patrimonial do proprietário do solo.

II. Consideram-se, entre outros casos de utilidade pública, a construção de edifícios públicos, cemitérios, criação de estádios, aeródromos ou campos de pouso para aeronaves, e a reedição ou divulgação de obra ou invento de natureza científica, artística ou literária.

III. Ao Poder Judiciário é vedado, no processo de desapropriação, decidir se verificam ou não os casos de utilidade pública.

IV. No caso de imissão prévia na posse, na desapropriação por necessidade ou utilidade pública e interesse social, inclusive para fins de reforma agrária, havendo divergência entre o preço ofertado em juízo e o valor do bem, fixado na sentença, expressos em termos reais, incidirão juros compensatórios, a contar da imissão na posse, vedado o cálculo de juros compostos.

Estão CORRETAS:

(A) Apenas as assertivas I e IV.
(B) Apenas as assertivas II e III.
(C) Apenas as assertivas I, II e IV.
(D) Apenas as assertivas III e IV.
(E) Todas as assertivas.

I: correta (art. 2º, *caput* e § 1º, do Dec.-lei 3.365/1941); **II:** correta (art. 5º do Dec.-lei 3.365/1941); **III:** correta (art. 9º do Dec.-lei 3.365/1941); **IV:** correta (art. 15-A do Dec.-lei 3.365/1941).

Gabarito "E".

(Ministério Público/PR – 2011) Relativamente à desapropriação, é incorreto afirmar:

(A) As desapropriações podem se realizar por necessidade pública, utilidade pública ou interesse social.
(B) Somente bens de natureza privada podem ser objeto de desapropriação, tendo em vista que os bens públicos são inalienáveis.
(C) São requisitos constitucionais para proceder-se a desapropriação a prévia e justa indenização em dinheiro, salvo dos casos de expropriação para reforma agrária e para urbanização, hipóteses em que a indenização pode ser paga com títulos da dívida agrária e da dívida pública municipal.
(D) É entendimento predominante na doutrina e jurisprudência que a aquisição de propriedade pela desapropriação é originária.

(E) Parte da doutrina e inúmeros julgados entendem que a retrocessão é um direito pessoal que proporciona ao expropriado tão somente perdas e danos, caso o expropriante não lhe ofereça o bem quando desistir de utilizá-lo num fim de interesse público.

A: assertiva correta (art. 5º, XXIV, da CF); **B:** assertiva incorreta, devendo ser assinalada; os bens públicos, salvo os da União, também podem ser desapropriados (art. 2º, § 2º, do Dec.-lei 3.365/1941); **C:** assertiva correta (art. 5º, XXIV, da CF); **D:** assertiva correta, pois a desapropriação é forma originária de aquisição da propriedade, não se vinculando, portanto, ao título anterior; isso significa, por exemplo, que as dívidas do imóvel ficam sub-rogadas no preço pago pela desapropriação e não mais neste (art. 31 do Decreto-lei 3.356/1941); ademais, mesmo que se tenha desapropriado imóvel de pessoa que não era seu dono, não haverá invalidade (ou seja, não há direito de reivindicação por terceiro – art. 35 do Decreto-lei 3.365/1941), ressalvado o direito de o verdadeiro dono se insurgir contra o que se supunha dono do imóvel; **E:** assertiva correta, valendo salientar, todavia, que outra parte expressiva da doutrina e da jurisprudência entendem que se trata de direito real, podendo o antigo proprietário da coisa persegui-la em caso de não uso desta em finalidade pública decorrido dado tempo previsto na lei, ou no caso de tredestinação ilícita.

Gabarito "B".

(Defensor Público/TO – 2013 – CESPE) No que tange aos requisitos necessários para que a propriedade rural cumpra a sua função social, assinale a opção correta.

(A) O proprietário rural deve residir no imóvel.
(B) A propriedade rural não pode ter área superior a cinco mil hectares.
(C) Não é necessário que se observem as disposições que regulam as relações de trabalho, desde que se respeitem os contratos de arrendamento e parcerias rurais.
(D) A propriedade rural não pode ser objeto de contrato de arrendamento.
(E) A propriedade rural deve ser aproveitada de forma racional e adequada.

A: incorreta, pois não há esse requisito nos incisos do art. 186 da CF; **B:** incorreta, pois não há teto máximo para o tamanho de uma propriedade, como requisito para que esta cumpra sua função social; **C:** incorreta, pois é requisito para a propriedade rural atender à sua função social a observância das disposições que regulam as relações de trabalho (art. 186, III, da CF); **D:** incorreta, pois não há proibição constitucional nesse sentido (art. 186 da CF); **E:** correta (art. 186, I, da CF).

Gabarito "E".

(Defensor Público/BA – 2010 – CESPE) No que se refere à desapropriação, julgue o item seguinte.

(1) Compete aos municípios a desapropriação por descumprimento da função social da propriedade urbana, e aos estados, a desapropriação de imóvel rural, por interesse social, para fins de reforma agrária.

1: errada, pois a desapropriação-sanção em imóvel rural compete à União (art. 184 da CF), sendo que competirá ao município a desapropriação-sanção em imóvel urbano (art. 182, §§ 3º e 4º, da CF).

Gabarito 1E.

(Procurador do Estado/MT – FCC – 2011) A Administração desapropriou um terreno particular para construção de uma escola, porém, por insuficiência de recursos orçamentários, desistiu da construção. Nessa situação, poderá

(A) dar ao terreno destinação diversa daquela que originou a desapropriação, mediante o instituto da retrocessão.

(B) alienar o terreno a outro particular, independentemente de oferecimento prévio ao expropriado, desde que já tenha pago a integralidade da indenização.
(C) exigir do expropriado a restituição do valor da indenização, mediante a devolução a este do terreno desapropriado, expurgando-se os juros compensatórios.
(D) alienar o terreno por meio de procedimento licitatório, oferecendo-o, previamente, ao expropriado, sob pena de caracterizar tredestinação.
(E) alienar o terreno, exclusivamente ao expropriado, por valor estabelecido em avaliação atualizada.

A: incorreta, pois dar ao terreno destinação diversa configura o instituto da tredestinação e não da retrocessão; a retrocessão é o efeito (a consequência) de se fazer uma tredestinação do tipo ilícita, ou seja, de dar uma destinação ao bem público que *não* seja de interesse público; B: incorreta, pois o particular tem direito de preferência na aquisição da coisa (art. 519 do CC); C: incorreta, pois o Poder Público só pode impor sua vontade de desistir da desapropriação, com a consequente devolução do valor pago, pelo expropriado, enquanto o valor total da desapropriação não tiver sido pago; D: correta, pois o direito de preferência deve ser concedido ao particular (art. 519 do CC); caso este não tenha interesse na coisa, a Administração poderá alienar o bem a terceiros, mas mediante processo de licitação; não se deve confundir a situação narrada na questão (bem desapropriado que não vem a ser utilizado), com a situação em que ocorre a tredestinação ilícita (a Administração resolve usar o bem expropriado, mas finalidade nova não é de interesse público), em que o particular tem o direito de reaver a coisa expropriada; trata-se do instituto da retrocessão, que, segundo os tribunais superiores, confere direito real ao expropriado; E: incorreta, pois caso o expropriado não tenha interesse, um terceiro poderá ser o adquirente da coisa, no caso, o vencedor do processo licitatório.
Gabarito "D".

(Procurador do Estado/RS – 2010 – FUNDATEC) Quanto à desapropriação, é válido dizer que:
(A) A desapropriação por interesse social é de competência privativa da União e pode ter como objeto propriedade imóvel média que não esteja cumprindo sua função social, mediante prévia e justa indenização em títulos da dívida agrária, com cláusula de preservação do valor real, resgatáveis em parcelas anuais e sucessivas.
(B) O fundamento político da desapropriação é a supremacia do interesse coletivo sobre o individual, quando incompatíveis.
(C) O prazo de caducidade da declaração para a desapropriação realizada com fundamento em utilidade pública é de dois anos.
(D) As concessionárias de serviço público não podem promover a desapropriação, mesmo quando autorizadas por contrato.
(E) As benfeitorias úteis realizadas após a declaração de utilidade pública de um bem serão indenizadas ainda quando não autorizadas pelo expropriante.

A: incorreta, pois a questão dá a entender que a União é o único ente federativo que pode desapropriar por interesse social; todavia, os demais entes políticos também podem fazer esse tipo de desapropriação; no caso de descumprimento da função social da propriedade em área rural a União tem competência privativa; no caso do descumprimento da função social em área urbana, o Município é o competente; e nos demais casos de desapropriação por interesse social todos os entes políticos podem desapropriar; B: correta, pois, caso o particular não aceite alienar a coisa ao Poder Público, este imporá a desapropriação, valendo-se da supremacia do interesse público sobre o interesse particular; C: incorreta, pois o prazo em questão é de 5 anos (art. 10 do Dec.-lei 3.365/1941); D: incorreta, pois podem promover a fase executória da desapropriação, quando autorizadas por contrato ou pela lei (art. 3º do Dec.-lei 3.365/1941); E: incorreta, pois as benfeitorias realizadas após a declaração de utilidade pública (diferentemente das benfeitorias necessárias) só serão indenizadas se autorizadas pelo expropriante (art. 26, § 1º, do Dec.-lei 3.365/1941).
Gabarito "B".

(Advogado da União/AGU – CESPE – 2012) Julgue os itens seguintes, que versam sobre desapropriação.
(1) Sujeitam-se à desapropriação o espaço aéreo, o subsolo, a posse, bem como direitos e ações, entre outros bens, desde que sejam privados e se tornem objeto de declaração de utilidade pública ou de interesse social.
(2) Tratando-se de desapropriação por zona, o domínio do expropriante sobre as áreas que sofrem valorização extraordinária é provisório, ficando, por isso, os novos adquirentes sujeitos ao pagamento da contribuição de melhoria, conforme dispõe a CF.
(3) O ato da União desapropriar, mediante prévia e justa indenização, para fins de reforma agrária, imóvel rural que não esteja cumprindo a sua função social configura desapropriação por utilidade pública.

1: incorreta, pois bens públicos dos municípios e dos estados também pode ser desapropriados (art. 2º, § 2º, do Dec.-lei 3.365/1941); **2:** incorreta, pois, na desapropriação por zona, o ente expropriante passa a ser proprietário da coisa, não sendo devido valor algum pelos antigos proprietários, que, afinal de contas, já perderam o bem expropriado e nada ganharão com a eventual valorização extraordinária deste; **3:** incorreta, pois se trata de desapropriação-sanção por interesse social (art. 184, *caput*, da CF).
Gabarito 1E, 2E, 3E.

(Magistratura Federal-4ª Região – 2010) Assinale a alternativa INCORRETA em matéria de desapropriação.
(A) Os juros compensatórios, na desapropriação indireta, incidem a partir da ocupação, calculados sobre o valor da indenização, corrigido monetariamente.
(B) Os juros compensatórios, na desapropriação direta, incidem a partir da imissão na posse, calculados sobre o valor da indenização, corrigido monetariamente.
(C) Nas ações de desapropriação, os juros compensatórios são sempre fixados em 12% (doze por cento) ao ano a partir da ocupação.
(D) A base de cálculo de honorários de advogado em desapropriação é a diferença entre a oferta e a indenização, corrigidas ambas monetariamente.
(E) Nas ações de desapropriação, incluem-se no cálculo da verba advocatícia as parcelas relativas aos juros compensatórios e moratórios, devidamente corrigidas.

A: correta, pois tais juros são calculados pelo valor da indenização fixado na sentença (art. 15-A, § 3º, do Dec.-lei 3.365/1941), e correrão desde a ocupação do imóvel pelo Poder Público, vez que, desde esse evento, o antigo proprietário da coisa passou a não ter mais como auferir renda com o bem; B: correta (art. 15-A do Dec.-lei 3.365/1941); C: incorreta (devendo ser assinalada), pois, no caso de desapropriação direta, os juros compensatórios são computados a partir da imissão provisória na posse (art. 15-A, *caput*, do Dec.-lei 3.365/1941); D: correta (art. 27, § 1º, do Dec.-lei 3.365/1941); E: correta (Súmula 131 do STJ).
Gabarito "C".

10.4.2. Requisição de bens e serviços

(Delegado/RJ – 2013 – FUNCAB) Quanto à disciplina das requisições e demais modalidades de intervenção do Estado na propriedade, assinale a alternativa correta.

(A) O objeto das requisições abrange somente os bens móveis e os serviços particulares, excluindo-se os bens imóveis, cuja intervenção se dará na forma de ocupação temporária.
(B) A requisição é direito pessoal, ao contrário da servidão, que é direito real, e tem como pressuposto constitucional o perigo público iminente.
(C) A requisição, quando causar diminuição patrimonial do particular, estará sujeita à prévia indenização nos termos da Constituição Federal.
(D) Segundo a legislação aplicável, a requisição tem o prazo máximo de 30 dias, prorrogáveis por igual período em caso de justificada necessidade.
(E) Não podem os entes federativos instituir servidões administrativas sobre os imóveis, uns dos outros.

A: incorreta, pois a requisição administrativa também pode recair sobre imóveis, não havendo limitação a apenas móveis e serviços no art. 5º, XXV, da CF; **B:** correta, pois a requisição se dá em caso de perigo público iminente (art. 5º, XXV, da CF) e é direito pessoal, ao passo que servidão é direito real e está prevista no art. 40 do Dec.-lei 3.365/1941; **C:** incorreta, pois a Constituição Federal prevê indenização ulterior no caso; **D:** incorreta, pois não há essa previsão nas leis que regulam a requisição de bens, tais como a Lei Delegada 4/1962, o Dec.-lei 2/1966 e o Dec.-lei 4.812/1942; **E:** incorreta, pois é possível desde que obedecidas as regras da lei de desapropriação (arts. 2º, § 2º, e 40 do Dec.-lei 3.365/1941).
Gabarito "B".

10.4.3. Ocupação temporária

(Ministério Público/SE – 2010 – CESPE) Assinale a opção correta a respeito da intervenção do Estado na propriedade privada e do instituto da desapropriação.

(A) O tombamento implica limitação precária e temporária ao direito de propriedade em benefício do interesse coletivo e incide apenas sobre bens imóveis.
(B) A servidão administrativa, que impõe ao proprietário a obrigação de suportar ônus parcial sobre o imóvel de sua propriedade, é direito real instituído tanto em favor do Estado quanto de particulares.
(C) Requisição é a modalidade de intervenção estatal por meio da qual o Estado utiliza bens móveis, imóveis e serviços particulares em situação de perigo público iminente, tanto para fins militares quanto civis.
(D) A ocupação temporária é direito de caráter real que tem natureza de permanência e exige situação de perigo público iminente, tanto quanto a requisição.
(E) Quaisquer entes federativos podem desapropriar bens públicos uns dos outros, desde que devidamente autorizados pelo Poder Legislativo de seu âmbito.

A: incorreta, pois o tombamento não é uma limitação temporária e precária, e pode incidir sobre bens imóveis, móveis e até imateriais; **B:** incorreta, pois é direito real instituído apenas em favor do Estado; **C:** correta, conforme os arts. 5º, XXV, e 22, III, da CF; **D:** incorreta, pois a ocupação temporária, como o próprio nome diz, é temporária (e não permanente), destinando-se ao mero uso de terreno não edificado, vizinho a uma obra pública (art. 36 do Dec.-lei 3.365/1941); **E:** incorreta, pois não é possível desapropriar bens da União; além disso, um Município não pode desapropriar bens dos Estados (art. 2º, § 2º, do Dec.-lei 3.365/1941).
Gabarito "C".

10.4.4. Servidão administrativa

(Ministério Público/SP – 2015 – MPE/SP) Sobre a servidão administrativa, é correto afirmar que ela:

(A) impõe uma obrigação de fazer.
(B) representa uma obrigação pessoal.
(C) alcança toda uma categoria abstrata de bens.
(D) constitui direito real de uso sobre coisa alheia, em favor de entidade pública ou delegada, com finalidade pública.
(E) retira a propriedade do particular.

A: incorreta, pois a servidão administrativa impõe uma obrigação de suportar (um "pati"); **B:** incorreta, pois se trata de uma obrigação de natureza real; **C:** incorreta, pois atinge pessoas e situações determinadas, diferentemente da limitação administrativa, que atinge pessoas e situações indeterminadas; **D:** correta, pois esse é o conceito de servidão administrativa; **E:** incorreta, pois, diferentemente da desapropriação, que retira a propriedade do particular, a servidão administrativa sobre um bem de um particular não retira a propriedade deste, mas apenas impõe que o particular tenha de suportar aquele gravame feito em prol do interesse público.
Gabarito "D".

(Advogado do INEA/RJ – 2014 – FGV) A União realizou o tombamento de uma casa por considerá-la patrimônio histórico-cultural. Considerando a referida situação, assinale a afirmativa correta.

(A) O tombamento poderá ser anulado por decisão judicial que entenda que o bem não é digno de ser tombado.
(B) O proprietário tem a obrigação de conservar o bem, devendo obter autorização até para pintá-lo.
(C) O tombamento retira do comércio o referido bem.
(D) O tombamento somente será considerado realizado após a publicação da decisão judicial que fixar a devida indenização.
(E) A competência para legislar sobre tombamento é privativa da União.

A: incorreta, pois não cabe ao Judiciário invadir o mérito administrativo da decisão técnica pelo tombamento, cabendo anulação apenas em caso de violação dos procedimentos e requisitos estabelecidos na lei; **B:** correta (art. 17, caput, do Dec.-lei 25/1937); **C:** incorreta, pois tal consequência só se dá quanto aos bens públicos que vêm a ser tombados (art. 11, caput, do Dec.-lei 25/1937), não ocorrendo quanto aos bens privados tombados, que continuam podendo ser alienados; **D:** incorreta, pois o tombamento independe de decisão judicial, decorrendo de decisão administrativa inscrita em um dos Livros do Tombo (art. 1º, § 1º, do Dec.-lei 25/1937); **E:** incorreta, pois não há essa previsão no art. 22 da CF, que trata das competências privativas da União para legislar.
Gabarito "B".

(Defensor Público/AM – 2013 – FCC) São características da servidão administrativa:

(A) imperatividade, perpetuidade e natureza real.
(B) gratuidade, precariedade e natureza pessoal.
(C) consensualidade, perpetuidade e natureza real.
(D) autoexecutoriedade, perpetuidade e natureza pessoal.

(E) onerosidade, precariedade e natureza real.

A: correta, pois a servidão, de fato, é imperativa (impõe-se independentemente de concordância do proprietário da área), perpétua (tem duração indeterminada) e de natureza real, já que se trata de um direito real, com todas as consequências deste; **B:** incorreta, pois, na servidão, causando-se dano (e geralmente causa), impõe-se a indenização, de modo que não é gratuita; ademais, a servidão é perpétua e não precária; **C:** incorreta, pois a servidão, caso não se dê por acordo de vontades entre particular e Poder Público será instituída por meio de ação para instituição de servidão (art. 40 do Dec.-lei 3.365/1941); **D:** incorreta, pois, não havendo acordo com o particular, há de se entrar com ação judicial, não havendo autoexecutoriedade (art. 40 do Dec.-lei 3.365/1941); a servidão, ainda, tem natureza real e não pessoal; **E:** incorreta, pois a servidão não é precária, sendo, inclusive um direito real perpétuo.
Gabarito "A".

10.4.5. Tombamento

(Magistratura Federal-5ª Região – 2011) Com base na CF e no Decreto-lei 25/1937, assinale a opção correta a respeito de tombamento de bens.
(A) Somente os bens privados constituem objeto de tombamento.
(B) Os bens privados podem ser tombados a pedido do proprietário desde que a coisa se revista dos requisitos necessários para constituir parte integrante do patrimônio histórico e artístico nacional.
(C) O tombamento compulsório ocorre mediante determinação do presidente do IPHAN, com a anuência do particular proprietário do bem.
(D) O ato de tombamento pode ser revogado, mas não anulado.
(E) Estão autorizados a proceder ao tombamento de bens a União e os municípios, mas não os estados-membros da Federação.

A: incorreta, pois os bens públicos também poderão ser tombados (tombamento de ofício – art. 5º do Dec.-lei 25/1937); inclusive, quando um bem público é tombado, este se torna inalienável (art. 11 do Dec.-lei 25/1937); **B:** correta (art. 7º do Dec.-lei 25/1937); **C:** incorreta (arts. 8º e 9º do Dec.-lei 25/1937); **D:** incorreta, pois, se o tombamento for feito mediante alguma ilegalidade, caberá anulação; **E:** incorreta, pois todos os entes políticos podem promover o tombamento.
Gabarito "B".

(OAB/Exame Unificado – 2012.1) O Município Y promove o tombamento de um antigo bonde, já desativado, pertencente a um colecionador particular. Nesse caso,
(A) o proprietário pode insurgir-se contra o ato do tombamento, uma vez que se trata de um bem móvel.
(B) o proprietário fica impedido de alienar o bem, mas pode propor ação visando a compelir o Município a desapropriar o bem, mediante remuneração.
(C) o proprietário poderá alienar livremente o bem tombado, desde que o adquirente se comprometa a conservá-lo, de conformidade com o ato de tombamento.
(D) o proprietário do bem, mesmo diante do tombamento promovido pelo Município, poderá gravá-lo com o penhor.

A: incorreta, pois o tombamento pode recair tanto sobre bem imóvel, como sobre bem móvel (art. 1º, caput, do Dec.-lei 25/1937); **B:** incorreta, pois o tombamento não tem como efeito proibir o proprietário de alienar o bem;

vale ressaltar, todavia, que quando um bem tombado é público, aí sim esse bem é inalienável (art. 11 do Dec.-lei 25/1937); **C:** incorreta, pois a alienação é possível, mas não é livre, já que deve respeitar o direito de preferência do Poder Público; **D:** correta (art. 22, § 3º, do Dec.-lei 25/1937).
Gabarito "D".

(OAB/Exame Unificado – 2010.2) Acerca do tombamento, como uma das formas de o Estado intervir na propriedade privada, os proprietários passam a ter obrigações negativas que estão relacionadas nas alternativas a seguir, à exceção de uma. Assinale-a.
(A) Os proprietários são obrigados a colocar os seus imóveis tombados à disposição da Administração Pública para que possam ser utilizados como repartições públicas, quando da necessidade imperiosa de utilização, a fim de suprir a prestação de serviços pelo Estado de forma eficiente.
(B) Os proprietários são obrigados a suportar a fiscalização dos órgãos administrativos competentes.
(C) Os proprietários não podem destruir, demolir ou mutilar o bem imóvel e somente poderão restaurá-lo, repará-lo ou pintá-lo após a obtenção de autorização especial do órgão administrativo competente.
(D) Os proprietários não podem alienar os bens, ressalvada a possibilidade de transferência para uma entidade pública.

A: incorreta (devendo ser marcada pelo examinando), pois não existe no Dec.-lei 25/1937 (Lei Geral de Tombamento) a obrigação trazida na afirmativa; **B:** correta, pois, tombado um bem, a Administração Pública fiscalizará constantemente se o proprietário vem cumprindo os deveres oriundos do tombamento, como o dever de conservar a coisa e de não alterá-la sem autorização especial; trata-se da vigilância permanente a que se refere o art. 20 do Dec.-lei 25/1937; **C:** correta, nos termos do disposto no art. 17 do Dec.-lei 25/1937; **D:** considerada correta pela examinadora, que considerou a assertiva uma obrigação negativa do proprietário do bem tombado, prevista em lei; todavia, trata-se de assertiva incorreta, pois não existe essa obrigação negativa no Dec.-lei 25/1937; esta lei não impede que o proprietário aliene um bem tombado.
Gabarito "A".

10.4.6. Limitação administrativa

(Ministério Público/MT – 2012 – UFMT) Assinale a alternativa que apresenta o instituto com característica de limitação administrativa.
(A) Desapropriação por utilidade pública
(B) Desapropriação por interesse social
(C) Requisição
(D) Ocupação temporária
(E) Área de preservação permanente

A limitação administrativa é uma imposição geral (atinge pessoas indeterminadas) e gratuita (não enseja indenização) que delimita o direito das pessoas. No caso, os institutos mencionados nas alternativas "a" a "d" atingem pessoas determinadas e ensejam indenização, de modo que não são limitações administrativa, diferente da área de preservação permanente, que é instituída de forma geral e gratuita pelo Código Florestal (arts. 4º e 6º da Lei 12.651/2012), atingindo, assim, pessoas indeterminadas.
Gabarito "E".

Determinado município deferiu a um empreendedor alvará para a construção de um hotel de vinte andares. Entretanto, antes do início da obra, sobrevieram normas de caráter geral, limitando a apenas quinze andares as construções no local. Foi solicitado, então, parecer jurídico sobre a legalidade de se revogar o primeiro alvará, para o devido cumprimento das novas regras urbanísticas.

(Advogado da União/AGU – CESPE – 2012) Com base nessa situação hipotética e na jurisprudência do STF acerca do tema, julgue os itens que se seguem.

(1) A norma que limitou a quinze o número de andares dos prédios a serem construídos na localidade constitui limitação administrativa que, dotada de caráter geral, se distingue das demais formas de intervenção estatal na propriedade, não caracterizando, via de regra, situação passível de indenização.

(2) As normas de ordem pública que impõem altura máxima aos prédios podem gerar obrigações e direitos subjetivos entre os vizinhos, interessados na sua fiel observância por parte de todos os proprietários sujeitos às suas exigências.

(3) O parecer deve orientar o governo municipal a não revogar o alvará concedido ao empreendedor, visto que o seu deferimento gerou direito adquirido ao particular.

1: correta, pois limitação administrativa é a imposição geral e gratuita, que delimita o direito de grupos indeterminados de pessoas, ajustando-os ao interesse público; no caso, trata-se de uma imposição geral, pois afeta pessoas indeterminadas, não cabendo indenização, por se tratar de intervenção gratuita na propriedade, conforme se viu no conceito; **2:** correta, o que vem sendo reconhecido pela jurisprudência face às normas decorrentes dos direitos de vizinhança, tais como as decorrentes dos artigos 1.277, 1.278, 1.299 e 1.312 do CC; **3:** incorreta, pois o alvará é ato vinculado e esse tipo de ato não pode ser revogado; não bastasse, também não cabe anulação do ato, pois, quando concedido, a lei foi adequadamente cumprida.

Gabarito 1C, 2C, 3E

Responsabilidade Civil do Estado 11

11.1. EVOLUÇÃO HISTÓRICA E TEORIAS SOBRE A RESPONSABILIDADE ESTATAL

A responsabilidade patrimonial do Estado passou pelas seguintes fases:

a) **fase da irresponsabilidade:** nessa fase, o Estado não respondia por danos causados aos particulares, sob o argumento de que o poder soberano dos reis era divino, de modo que não era correto dizer que o rei errava ("the king can do no wrong");

b) **fase civilista:** nessa fase, o Estado passou a responder, mas apenas se o dano tivesse sido causado por *culpa ou dolo de um funcionário estatal*; assim, caso o motorista de uma Prefeitura, por exemplo, atropelasse alguém por conta de uma manobra imprudente, o Estado responderia civilmente pela respectiva indenização;

c) **fase publicista:** nessa fase, o Estado passou a responder civilmente mediante a aplicação de institutos jurídicos mais adequados às características estatais, ou seja, segundo princípios próprios do direito público, daí o nome de fase *publicista*; pertencem a essa fase a responsabilização estatal segundo dois fundamentos:

c1) **culpa administrativa:** aqui, o Estado responde se o dano tiver origem num *serviço defeituoso*; por exemplo, caso alguém sofra um acidente automotivo pelo fato de haver uma enorme cratera numa rua já há alguns meses, caracteriza-se o serviço estatal defeituoso e, consequentemente, a culpa administrativa a ensejar a responsabilidade civil do Estado. Repare que, aqui, o foco não é a culpa do *funcionário*, mas a culpa do *serviço*, também chamada de culpa anônima do serviço, pois não se analisa a conduta de alguém em especial, mas o desempenho do serviço público;

c2) **risco administrativo:** aqui, o Estado responde objetivamente pelos danos que causar, ou seja, basta que uma conduta estatal cause um dano indenizável a alguém para que o Estado tenha de responder civilmente, pouco importando se há culpa do funcionário ou se há culpa administrativa. Um exemplo é um policial atirar para se defender e a bala acabar atingindo um terceiro (a chamada "bala perdida"); nesse caso, pouco importa se o policial agiu com culpa ou não, respondendo o Estado objetivamente. O princípio maior que rege a Teoria do Risco Administrativo é o da igualdade, não sendo justo que a vítima sofra sozinha por conduta estatal que, em tese, beneficia a todos; a teoria em questão objetiva que haja igualdade nos ônus e encargos sociais.

A responsabilidade fundada no **risco administrativo** é a regra hoje no direito brasileiro, que, assim, impõe que o Estado responda objetivamente pelos danos que seus agentes causarem a terceiros (art. 37, § 6º, da CF).

A responsabilidade objetiva estatal tem como marco histórico o famoso Caso Blanco, em que uma menina fora atropelada por veículo público e ficou decidido que o Poder Judiciário (que analisava casos cíveis, com princípios próprios) não era o competente para conhecer da questão, mas sim o Conselho de Estado (que analisava casos afetos ao Poder Público), que deveria aplicar princípios próprios do direito público, como o da igualdade e da legalidade, que impõem a indenização ao particular que é lesado em detrimento de uma atividade de proveito à coletividade.

Por fim, é bom ressaltar que a responsabilidade objetiva no Brasil admite excludentes de responsabilidade do Estado, de modo que não adotamos a **Teoria do Risco Integral**, que não admite excludentes, mas a **Teoria do Risco Administrativo**, conforme mencionado, teoria essa que admite excludentes de responsabilidade.

A Teoria do Risco Integral vem sendo aplicada, sem controvérsia alguma, na responsabilidade por *dano nuclear*, seja o responsável pelo dano o Estado ou o particular. Além dos casos previstos na CF, o STF entende que lei infraconstitucional também pode estabelecer novos casos de responsabilidade estatal com risco integral (ADI-4976, J. 07.05.2014).

11.2. MODALIDADES DE RESPONSABILIDADE

Conforme vimos no item anterior, a responsabilidade do Estado, como regra, é objetiva, fundada no *risco administrativo*.

Porém, a jurisprudência vem reconhecendo que, em alguns casos, a responsabilidade estatal é subjetiva, fundada na *culpa administrativa*.

Assim sendo, pode-se dizer, hoje, que há duas modalidades de responsabilidade civil estatal.

A primeira modalidade é a **responsabilidade objetiva**. Trata-se da regra em matéria de responsabilidade do Estado, nos termos do art. 37, § 6º, da CF. A responsabilidade é objetiva em duas situações:

a) **por conduta comissiva do Estado:** nesse caso pode-se dizer que o Estado causou materialmente um dano, já que atuou positivamente (comissivamente), o que faz incidir o texto do art. 37, § 6º, da CF, que não reclama conduta culposa ou dolosa para que o Estado responda civilmente por danos causados a terceiros; são exemplos de *condutas comissivas* a bala perdida de um policial, a agressão feita por agente público com arma da corporação, a transfusão de sangue contaminado com HIV em hospital público, a interdição indevida de um estabelecimento comercial, um acidente com um carro oficial dirigido de modo imprudente, dentre outros. O art. 37, § 6º, da CF estabelece que essa responsabilidade objetiva alcança as pessoas jurídicas de direito público (entes políticos, mais entidades com natureza autárquica) e as pessoas jurídicas de direito privado prestadoras de serviços públicos;

b) **por atividade de risco estatal:** nesse caso, temos situações em que não se sabe muito bem se o Estado age numa conduta comissiva ou omissiva; por exemplo, imagine um depósito de explosivos das Forças Armadas, que acaba por pegar fogo, gerando inúmeros danos na vizinhança. Perceba que pouco importa se a conduta estatal é comissiva ou omissiva, pois como a atividade de armazenar explosivos é uma atividade de risco, aplica-se o disposto no art. 927, parágrafo único, do Código Civil, para efeito de responsabilizar o Estado objetivamente; vale ressaltar que qualquer pessoa, de direito público ou de direito privado, responde objetivamente por danos causados por atividades de risco que pratiquem.

A segunda modalidade é a **responsabilidade subjetiva**. Trata-se de exceção em matéria de responsabilidade do Estado. A responsabilidade será subjetiva em três situações:

a) **por conduta omissiva do Estado:** nesse caso não se pode dizer que o Estado causou materialmente um dano, pois uma omissão não é capaz de "causar" coisa alguma, situação que impede a aplicação da responsabilidade objetiva prevista no art. 37, § 6º, da CF, que se aplica quando o Estado, por seus agentes, "causa" um dano a terceiro; por outro lado, não é possível simplesmente aplicar o Código Civil nesse tipo de situação (omissiva), pois esse Código é fundado em princípios de Direito Privado, e a responsabilidade estatal deve ser fundada em princípios de Direito Público; assim sendo, em caso de conduta omissiva do Estado, esse responderá **subjetivamente**, mas com fundamento na **culpa administrativa** e não na culpa do funcionário público. A culpa administrativa ocorre quando se demonstra que o serviço é **defeituoso** (a chamada "falta do serviço"), ou seja, quando se demonstra que o serviço: i) não funcionou, ii) funcionou atrasado ou iii) funciona mal; tal apreciação é feita levando-se em conta o que legitimamente se espera do serviço estatal. São exemplos de condutas omissivas estatais que costumam gerar responsabilidade por envolver serviço defeituoso o não recapeamento de ruas pelo Poder Público, propiciando acidentes automobilísticos; a falta de limpeza de bueiros e córregos, propiciando alagamentos e deslizamentos de imóveis; a morte de detento ocasionada por outro detento; a ausência de fiscalização ambiental pelo Estado, propiciando danos ambientais; a existência de animal em estrada, causando acidente; a falha no semáforo, causando acidente; o acidente em sala de aula de escola pública, machucando aluno; dentre outros. Todavia, a jurisprudência não costuma responsabilizar o Estado por atos causados por um fugitivo da prisão, que, tempos depois da fuga, comete crimes, causando danos a terceiros; por enquanto, o STF e o STJ vêm entendendo que a responsabilidade do Estado por omissão é subjetiva; vale ressaltar que o STF tem decisão no sentido de que a responsabilidade estatal por atos omissivos *específicos* é objetiva; um exemplo de caso de omissão específica do Estado é a agressão física a aluno por colega, em escola estadual, hipótese em que a responsabilidade estatal será objetiva, com base na Teoria do Risco Administrativo (STF, ARE 697.326 AgR/RS, DJ 26.04.2013); não se pode confundir uma *conduta omissiva genérica* (ex: o Estado não conseguir evitar todos os furtos de carros), com uma *conduta omissiva específica* (ex: o Estado ter o dever de vigilância sobre alguém e não evitar o dano); no primeiro caso, o Estado responde *subjetivamente*, só cabendo indenização se ficar provado que o serviço foi defeituoso (ex: um policial presencia um furto e nada faz); no segundo caso, o Estado responde *objetivamente*, não sendo necessário perquirir sobre se o serviço estatal foi ou não defeituoso;

b) **por condutas omissivas ou comissivas de pessoas jurídicas de direito privado estatais exploradoras de atividade econômica:** essas pessoas não são alcançadas pela responsabilidade objetiva prevista no art. 37, § 6º, da CF; dessa forma, a regulamentação de sua responsabilidade cabe ao direito privado e este, como regra, estabelece a responsabilidade civil subjetiva, em que a pessoa jurídica só responderá se um agente seu agir mediante conduta culposa ou dolosa (art. 186 do Código Civil). Todavia, o caso concreto pode envolver situação que gere responsabilidade objetiva, não pela Constituição Federal, mas pela legislação infraconstitucional; por exemplo, se a pessoa jurídica em tela causar dano em virtude de atividade de risco, responderá objetivamente (art. 927, parágrafo único, do CC); o mesmo acontecerá se se tratar de uma relação de consumo (por exemplo, a relação entre o Banco do Brasil e seus clientes);

c) **quanto à responsabilidade civil do agente público:** nesse caso, o próprio art. 37, § 6º, da CF estabelece que o agente público só responderá por danos causados a terceiros se agir com culpa ou dolo e, mesmo assim, apenas em ação regressiva movida pelo Poder Público, não sendo possível que a vítima ingresse com ação indenizatória diretamente contra o agente público que lhe causar dano.

11.3. FUNDAMENTOS DA RESPONSABILIDADE OBJETIVA E MOTIVOS QUE A ENSEJAM

São fundamentos da responsabilidade objetiva do Estado os princípios da **igualdade** e da **legalidade**.

De acordo com o princípio da *igualdade*, não é isonômico que uma pessoa sofra danos por obra do Estado, que age em favor de todas as outras pessoas, e não seja indenizada por isso.

O princípio da *legalidade*, por sua vez, não permite que o Estado haja de forma a causar danos às pessoas, pois isso é ilegal. Agindo assim, o Estado, fica, então, com a obrigação de reparar o dano.

Há quem complemente os fundamentos expostos neste estudo para dizer que a responsabilidade objetiva do Estado fundamenta-se, também, no princípio da **solidariedade social**, previsto no art. 3º da CF.

Quanto aos motivos que ensejam a responsabilidade objetiva estatal, a doutrina destaca que as funções estatais (ex.: atuação policial, realização de grandes obras etc.) ensejam danos mais intensos do que o normal, o que faz com que o Estado mereça um tratamento diferenciado, no sentido de responder efetivamente quando causá-los a terceiros.

O fato é que os deveres públicos colocam o Estado permanentemente obrigado a agir no mundo dos fatos. Não bastasse isso, o Estado possui o direito de usar a força, o que dá ensejo a maior causação de danos.

O administrado, por sua vez, não tem como se evadir dos perigos gerados pelo Estado, já que esse dita os termos de sua atividade.

Tudo isso faz com que somente a responsabilidade objetiva do Estado seja apta a garantir o efetivo ressarcimento a todas as pessoas sujeitas aos perigos causados pelo Poder Público.

11.4. PRESSUPOSTOS OU REQUISITOS DA RESPONSABILIDADE OBJETIVA

Considerando os elementos vistos no item 11.2, é possível, agora, sistematizar os requisitos para que o Estado responda objetivamente.

Grosso modo, os requisitos são três: a) conduta comissiva (não é necessário que haja culpa ou dolo); b) dano indenizável; c) nexo de causalidade entre a conduta e o dano.

Adensando melhor essas ideias, temos como primeiro requisito da responsabilidade objetiva o seguinte: **fato ou ato de agente das pessoas jurídicas de direito público ou das pessoas privadas prestadoras de serviço público.**

Dois pontos devem ser ressaltados.

O primeiro, quanto ao fato de que as pessoas jurídicas de direito público, como também as pessoas jurídicas de direito privado prestadoras de serviço público (ex.: Correios), respondem objetivamente.

O segundo, quanto ao fato de que tais pessoas respondem pelos atos lesivos praticados por seus agentes contra terceiros, desde que esses agentes tenham agido "na qualidade de agentes públicos".

Assim, se um servidor público, no final de semana, vai a um bar e acaba se desentendendo com alguém, espancando esse alguém e gerando uma série de sequelas nele, o Estado não irá responder por esse ato, pois o agente público não atuou, no caso, na qualidade de agente público.

De qualquer forma, é bom ressaltar que, se um agente público usa a arma da corporação para causar um dano a alguém, mesmo que isso ocorra em período de folga, o Estado responderá objetivamente.

O segundo requisito – **dano indenizável** – requer que o dano causado a terceiro tenha os seguintes requisitos:

a) **lesão a *direito* da vítima**, vale dizer, à esfera juridicamente protegida do indivíduo;

b) **dano *certo*** (dano necessário, não apenas eventual), ***especial*** (dano que atinge pessoas em particular e não coletividade em geral) e ***anormal*** (dano que ultrapassa os problemas e dificuldades comuns da vida em sociedade; ex.: uma pequena fila numa repartição pública ou o pó de uma obra pública não configuram o dano anormal, não gerando indenização).

O terceiro requisito – **nexo de causalidade entre a conduta estatal e o dano** – impõe que haja um nexo entre o ato estatal e o dano causado a terceiro. O STF entende que não há nexo de causalidade quando um detento foge da prisão e, tempos depois, comete crimes ou com a ajuda de comparsas (STF, AR 1.376). Todavia, houve um caso em que um presidiário, que já havia fugido sete vezes da prisão, acabou por estuprar um menor de 12 anos, caso esse que levou o STF a entender que havia nexo de causalidade, uma vez que, se a lei de execução penal tivesse sido corretamente aplicada, o preso estaria em regime fechado e não teria conseguido fugir pela oitava vez e cometido o crime (STF, RE 409.203).

Por fim, vale dizer que o STF entende que também é objetiva a responsabilidade do Estado quando este causa danos aos seus próprios agentes públicos (RE 435.444-RS).

11.5. EXCLUDENTES DA RESPONSABILIDADE DO ESTADO

Conforme visto no item 11.1, o Brasil adota a Teoria do Risco Administrativo em matéria de responsabilidade do Estado e não a Teoria do Risco Integral.

Assim sendo, a responsabilidade do Estado admite excludentes.

Confira os casos em que se reconhece que a responsabilidade estatal ficará excluída: a) força maior (ex.: um tornado causa estragos em diversos imóveis de uma cidade); b) culpa exclusiva de terceiro; c) culpa exclusiva da vítima.

A culpa concorrente da vítima e do Estado não exclui a responsabilidade estatal, gerando apenas atenuação do *quantum* indenizatório.

11.6. RESPONSABILIDADE DO AGENTE PÚBLICO. DENUNCIAÇÃO DA LIDE DO AGENTE PÚBLICO QUE CAUSOU O DANO E DIREITO DE REGRESSO

O agente público, segundo o art. 37, § 6º, da CF, responde pelos danos que causar a terceiros, perante a pessoa com quem trabalha, se agir com culpa ou dolo.

Ou seja, os agentes públicos têm dupla proteção: a) a primeira é de só responder se agirem com culpa ou dolo; b) a segunda, de não poderem ser acionados diretamente pelo terceiro lesado.

Quanto a esse segundo aspecto, fica, então, a notícia de que o terceiro lesado só poderá ingressar com ação diretamente contra o Poder Público. Em seguida, em ação de regresso, o agente público que tiver atuado com culpa ou dolo pode ser acionado pelo Poder Público para que este se ressarça dos prejuízos que teve de arcar por conta do agente público responsável pelo dano.

Assim, não cabe a responsabilidade "per saltum" da pessoa natural do agente público (STF, RE 327.904, rel. Min. Carlos Brito, j. em 15.08.2006 – Informativo 436), devendo o juiz julgar extinta, por ilegitimidade de parte, eventual ação promovida pelo terceiro lesado em face do agente público.

Resta saber se o Estado poderá, logo que acionado pelo terceiro lesado, denunciar da lide o agente público, criando demanda paralela a ser julgada em sentença única.

O Superior Tribunal de Justiça vem aceitando a denunciação da lide nesses casos. Porém, vem crescendo o entendimento de que a denunciação da lide somente é possível quando a causa de pedir trazida na ação de responsabilidade seja a narração de uma conduta culposa ou dolosa do agente público. Nesse caso, como a ação já é fundada na culpa, não há problema em se denunciar da lide o agente público, eis que a sua culpa já estará sendo discutida na demanda principal.

Porém, quando a petição inicial se funda, fática e juridicamente, na responsabilidade objetiva do Estado, parece-nos temerário que o juiz admita eventual denunciação da lide do Poder Público. Isso porque ela não se coaduna com a ideia de responsabilidade objetiva, que visa a uma indenização pronta e rápida que não aconteceria se pudesse ser chamado o agente público para responder, instaurando-se uma lide paralela, em que se tivesse que discutir sua culpa ou seu dolo.

Aliás, o STJ é pacífico no sentido de que a ação de denunciação da lide não importa na perda do direito do Estado de ingressar com ação de regresso contra o servidor, já que o Estado tem garantido o direito de se ressarcir na própria Constituição Federal (art. 37, § 6º, da CF).

Vale lembrar que, uma vez que o Estado arque com indenização em favor de terceiro e o agente público responsável pelo ato danoso tenha agido com culpa ou dolo, o Estado nem sempre terá de ingressar com ação de regresso, sendo possível, desde que haja concordância do agente público, desconto da indenização em folha de pagamento, na forma da lei, e desde que seja parceladamente, de modo a não comprometer a subsistência do agente e de sua família.

11.7. RESPONSABILIDADE DAS PESSOAS JURÍDICAS PRESTADORAS DE SERVIÇO PÚBLICO

Conforme já visto, a responsabilidade dessas pessoas, nos termos do art. 37, § 6º, da CF, também é objetiva. Assim, as concessionárias de serviço público, por exemplo, nas áreas de água e esgoto, energia elétrica, telefonia, transporte público, dentre outras, respondem pelos danos que seus agentes causarem, independentemente de culpa.

É importante ressaltar que o STF vinha entendendo que a responsabilidade objetiva dos concessionários (prevista no art. 37, § 6º, da CF) só existiria em relação ao usuário do serviço e não em relação a terceiro não usuário, que sofre dano no contexto da prestação de um serviço público. O terceiro deveria buscar responsabilização da concessionária com fundamento em outras regras jurídicas.

No entanto, houve **mudança** na orientação jurisprudencial, para admitir a responsabilidade objetiva também em favor do não usuário do serviço público. Confira: "A responsabilidade civil das pessoas jurídicas de direito privado prestadoras de serviço público é objetiva relativamente a terceiros usuários e não usuários do serviço, segundo decorre do art. 37, § 6º, da Constituição Federal. II – A inequívoca presença do nexo de causalidade entre o ato administrativo e o dano causado ao terceiro não usuário do serviço público, é condição suficiente para estabelecer a responsabilidade objetiva da pessoa jurídica de direito privado." (STF, RE 591874)

O STF passou a entender que a expressão "terceiros", contida no dispositivo constitucional citado, inclui os terceiros não usuários do serviço público. Primeiro porque não há restrição redacional nesse sentido, não se podendo fazer interpretação restritiva do dispositivo constitucional. Segundo porque a Constituição, interpretada à luz do princípio da isonomia, não permite que se faça qualquer distinção entre os chamados "terceiros", usuários e não usuários do serviço público, uma vez que todos podem sofrer dano em razão da ação administrativa estatal. Terceiro porque os serviços públicos devem ser prestados de forma adequada e em caráter geral, estendendo-se, indistintamente, a todos os cidadãos, beneficiários diretos ou indiretos da ação estatal.

11.8. RESPONSABILIDADE DAS PESSOAS DE DIREITO PRIVADO ESTATAIS EXPLORADORAS DE ATIVIDADE ECONÔMICA

O § 6º do art. 37 da Constituição Federal estabelece ser objetiva a responsabilidade das pessoas jurídicas de *direito público* e das pessoas jurídicas de *direito privado prestadoras de serviço público*.

Nesse sentido, pessoa jurídica de direito privado *exploradora de atividade econômica* não se enquadra na regra matriz da responsabilidade objetiva do Estado.

Ao contrário, tais entidades estão submetidas, como regra, ao regime jurídico próprio das empresas privadas, inclusive quanto às obrigações civis, o que inclui a responsabilidade civil (art. 173, § 1º, II, da CF), que, no Direito Privado, como regra, ainda é de natureza subjetiva.

Todavia, é bom ressaltar que o regime jurídico de direito privado, no que tange à responsabilidade civil, sofreu muitas transformações, deixando de ser calcado sempre na responsabilidade subjetiva e passando a trazer regras bastante abrangentes de responsabilidade objetiva.

Dessa forma, dependendo do tipo de relação jurídica existente entre as partes e dos contornos fáticos que envolveram a atuação da empresa estatal, pode-se caracterizar situação que enseja responsabilidade objetiva também. E isso não por conta do art. 37, § 6º, da Constituição, que não se aplica ao caso, mas por conta das próprias regras de Direito Privado.

Por exemplo, caso se configure, no caso concreto, relação de consumo ou hipótese de vítima equiparada a consumidor, a responsabilidade da empresa será objetiva. Outra possibilidade é de, apesar de a relação jurídica entre vítima e empresa ser regulada pelo Código Civil, configurar-se dano causado por atividade de risco (art. 927, parágrafo único, do CC) ou por circulação de produtos (art. 931 do CC), situações essas para as quais o atual Código Civil estabelece responsabilidade objetiva.

11.9. RESPONSABILIDADE POR OBRA PÚBLICA

Quando é o próprio Estado que executa uma obra por agentes públicos pertencentes aos quadros da própria Administração, não há dúvida alguma de que o Estado responde objetivamente por danos causados a terceiros.

A dúvida sobre se o Estado responde ou não existe quando a obra pública causadora de dano foi encomendada pelo Estado a uma empreiteira, ou seja, a um particular que tenha celebrado contrato administrativo com a Administração Pública.

A Lei 8.666/1993, que regula as licitações e os contratos administrativos, é clara ao dispor que o contratado é responsável pelos danos causados a terceiros, decorrentes de sua culpa ou dolo na execução do contrato (art. 70). O dispositivo também esclarece que tal responsabilidade não fica excluída ou reduzida pela fiscalização ou acompanhamento pelo órgão interessado.

Assim sendo, não há responsabilidade primária e solidária do Estado pelos danos causados por obras realizadas por empreiteira contratada deste.

Mas há duas situações em que o Estado poderá responder por conta de uma obra pública que tiver encomendado a um empreiteiro.

O primeiro caso diz respeito às situações em que os danos causados a terceiros são produzidos por motivo inerente à obra encomendada pelo Estado. São aquelas situações em que o contratado não age com culpa ou dolo, mas, em virtude de características próprias da obra, danos serão inevitáveis. Por exemplo, em caso de nivelamento de ruas, é praticamente inexorável a causação de danos, vez que casas à margem da via ficarão em nível mais baixo ou mais elevado que esta.

O segundo caso diz respeito à hipótese em que o contratado pela Administração, culpado pelos danos decorrentes da obra, não tem recursos para arcar com os ônus decorrentes da responsabilidade civil que carrega. Nesse caso, o Estado, por ser o patrocinador da obra e por agir em favor de toda a coletividade, deve indenizar os danos causados, socializando a sua reparação em favor daquele que sofreria sozinho caso não fosse indenizado. Tem-se, no caso, responsabilidade subsidiária do Estado.

11.10. RESPONSABILIDADE DO TABELIÃO E DO REGISTRADOR

Tanto o tabelião como o registrador respondem objetivamente perante terceiros, nos termos do que determina o art. 37, § 6º, da CF.

Além disso, o Estado, que confere uma delegação a essas pessoas, também responde objetivamente e diretamente pelos danos por eles causados. Confira a casuística: "RESPONSABILIDADE OBJETIVA – ESTADO – RECONHECIMENTO DE FIRMA – CARTÓRIO OFICIALIZADO. Responde o Estado pelos danos causados em razão de reconhecimento de firma considerada assinatura falsa. Em se tratando de atividade cartorária exercida à luz do artigo 236 da Constituição Federal, a responsabilidade objetiva é do notário, no que assume posição semelhante à das pessoas jurídicas de direito privado prestadoras de serviços públicos – § 6º do artigo 37 também da Carta da República." (STF, 2ª T., RE 201.595/SP, relator Min. MARCO AURÉLIO, DJ 20.04.2001); e "RESPONSABILIDADE CIVIL. NOTÁRIO. LEGITIMIDADE PASSIVA *AD CAUSAM*. RESPONSABILIDADE OBJETIVA DO ESTADO DE PERNAMBUCO PELOS DANOS CAUSADOS PELO TITULAR DE SERVENTIA EXTRAJUDICIAL NÃO OFICIALIZADA. PRECEDENTES. A responsabilidade civil por dano causado a particular por ato de oficial do Registro de Imóveis é pessoal, não podendo o seu sucessor, atual titular da serventia, responder pelo ato ilícito praticado pelo sucedido, antigo titular. Precedentes. Recurso especial provido." (STJ, 3ª T., REsp 696.989/PE, Rel. Ministro CASTRO FILHO, julgado em 23.05.2006, DJ 27.11.2006 p. 278)

O Ofício de Notas não é uma pessoa jurídica, mas sim uma estrutura organizada para a prestação de serviços notariais. Tal estrutura é organizada técnica e administrativamente pelo notário, que é uma pessoa física a quem é delegado o exercício da atividade notarial, mediante concurso público.

O notário exerce, então, função pública, sendo tratado pela doutrina como um particular em colaboração com o Poder Público. Trata-se, na verdade, de um agente público delegado, ou seja, de um agente público que recebe a delegação de um serviço público, que será prestado em nome próprio e por conta e risco do notário.

Assim sendo, a pessoa física titular da serventia extrajudicial é quem responde, com seu patrimônio pessoal, por eventuais danos causados a terceiros por atos praticados por si ou por seus prepostos. Nesse sentido é o disposto no art. 22 da Lei 8.935/1994. O notário, responsabilizado, poderá exercer o direito de regresso no caso de culpa ou dolo de seus prepostos.

Porém, não se pode olvidar de que a atividade prestada pelo notário é uma atividade administrativa e, portanto, de interesse estatal. Por isso, o Estado também responde pelos atos praticados pelos notários e seus prepostos.

Como tais serviços são organizados pelos Estados-membros, estes serão os responsáveis civilmente pelos prejuízos causados a terceiros, nos termos do art. 37, § 6º, da CF.

Segundo o STF, a responsabilidade civil do notário e a do Estado são objetivas, no caso.

Assim, o terceiro lesado poderá propor ação contra o notário, contra o Estado ou contra ambos, sendo que é objetiva tanto a responsabilidade da pessoa física do notário como a responsabilidade da pessoa jurídica do Estado-membro respectivo.

Vale ressaltar que há decisão do STJ com entendimento um pouco diferente. No caso, entende este Tribunal que se deve ingressar com ação em face do notário e, caso este não possa suportar a indenização, aí sim caberá acionar o Estado subsidiariamente (STJ, REsp 1.163.652/PE, DJ 01.07.2010).

11.11. RESPONSABILIDADE POR ATOS LEGISLATIVOS E JURISDICIONAIS

O Estado não responde, como regra, pela edição de leis que prejudiquem alguém.

Tal regra só cede nas seguintes situações: a) se uma lei declarada inconstitucional causa danos ao particular; b) em caso de lei de efeito concreto causar dano a uma pessoa em particular (ex: criação de Parque Florestal em área privada).

O Estado também não responde, como regra, pela expedição de decisões que prejudiquem alguém. Como exceção temos: a) o caso de erro judiciário, que é aquele reconhecido em revisão criminal ou o decorrente de prisão de alguém além do tempo permitido; reconhecido o erro judiciário, a responsabilidade do Estado é objetiva, não sendo necessário demonstração de culpa ou dolo do magistrado responsável pelo caso (STF, RE 505393/PE); b) os casos em que o juiz responde pessoalmente por dolo, fraude, recusa, omissão ou retardamento injustificado de providências de seu ofício, nos termos do legislação processual civil; c) os casos de erro grave (ex: prisão de alguém sem qualquer envolvimento com o fato criminoso – *vide* o caso do "Bar Bodega" no Informativo 570 do STF – RE 385943/SP).

11.12. RESPONSABILIDADE POR ATOS DO MINISTÉRIO PÚBLICO

O Ministério Público não é pessoa jurídica, mas órgão da Administração Direta da União (Ministério Público da União – art. 128 da CF) e dos Estados-membros.

Assim, não tendo o Ministério Público personalidade jurídica, não há como responsabilizá-lo civilmente por seus atos.

Por outro lado, a responsabilidade do Estado é, como regra, objetiva, de modo que quando um órgão estatal causa um dano a terceiro, a pessoa jurídica estatal correspondente tem de responder, ressalvada a ação de regresso em face do agente público que tiver agido com culpa ou dolo, no caso, o membro do Ministério Público.

Esse é o posicionamento do STF (AI 552.366 AgR, DJ 28.10.2009).

11.13. RESPONSABILIDADE SUBSIDIÁRIA

O Estado responde subsidiariamente pelos danos causados pelas seguintes pessoas que estiverem atuando em atividades que ele mesmo deveria prestar: a) pessoas jurídicas de direito público da Administração Indireta (autarquias, fundações públicas, agências reguladoras e associações públicas); b) pessoas jurídicas de direito privado prestadoras de serviço público; c) pessoas jurídicas de direito privado executoras de obra pública, por danos decorrentes dessa obra.

Há de se ressaltar que a responsabilidade subsidiária, para acontecer, depende da impotência econômica ou financeira da entidade estatal.

11.14. PRESCRIÇÃO

Até pouco tempo atrás não havia controvérsia alguma sobre qual era o prazo prescricional para o exercício da pretensão indenizatória em face do Estado.

Doutrina e jurisprudência eram uníssonas no sentido de que esse prazo era de 5 anos, nos termos do art. 1º do Decreto 20.910/1932, que regula a prescrição contra a Fazenda Pública.

Porém, com a entrada em vigor do atual Código Civil, que estabelece que o prazo prescricional para ações indenizatórias é de 3 anos (art. 206, § 3º, V), uma forte corrente passou a considerar que esse prazo também deveria ser aplicado às ações indenizatórias em face da Fazenda Pública. Isso porque o art. 10 do Decreto 20.910/1932 prevê que o prazo de 5 anos nele previsto "não altera as prescrições de menor prazo, constantes das leis e regulamentos, as quais ficam subordinadas às mesmas regras". Dessa forma, como o prazo previsto no Código Civil é, atualmente, um prazo "menor" do que o de 5 anos previsto no Decreto mencionado, dever-se-ia aplicar o prazo previsto no Código, fazendo com que a prescrição de ações de reparação civil em geral tivesse prazo de 3 anos contra a Fazenda Pública.

A questão hoje é bastante controversa.

Porém, o STJ, que estava bastante dividido, tem-se encaminhado no sentido de que o prazo continua de 5 anos (AgRg no Ag 1.364.269, DJ 24.09.2012). O argumento da primeira turma é no sentido de que o prazo de 5 anos é um prazo histórico, previsto em norma especial e igual a uma série de outros prazos de prescrição previstos para o exercício de pretensão indenizatória de outras naturezas em face do Estado (EResp 1.081.885/RR, rel. Hamilton Carvalhido, DJ 01.02.2011). Ao contrário, o prazo previsto no Código Civil é prazo destinado a regular as relações de Direito Privado.

Pra resolver de vez a questão, em recurso repetitivo restou estabelecido pelo STJ que as ações patrimoniais passivas ou ativas de que seja parte a Fazenda Pública regem-se pelo prazo prescricional previsto no Decreto 20.910/1932. Vale a pena replicar ementa a respeito do tema: "ADMINISTRATIVO. PROCESSUAL CIVIL. RESPONSABILIDADE CIVIL DO ESTADO. AÇÃO DE INDENIZAÇÃO CONTRA A FAZENDA PÚBLICA. PRAZO PRESCRICIONAL.DECRETO N. 20.910/1932. QUINQUENAL. TEMA OBJETO DE RECURSO REPETITIVO. SÚMULA 168/STJ. INCIDÊNCIA. 1. A jurisprudência desta Corte firmou-se no sentido de que a prescrição contra a Fazenda Pública é quinquenal, mesmo em ações indenizatórias, uma vez que é regida pelo Decreto n. 20.910/1932. (AgRg nos EAREsp 53471 / RS, relator Ministro HUMBERTO MARTINS, 1ª Seção, j. 27.02.2013).

Há de se aguardar, agora, como se posicionará a jurisprudência em relação à responsabilização civil de *pessoas jurídicas* que causarem danos à Administração por condutas definidas na Lei 12.846, de 1º de agosto de 2013. Parece-nos que, de acordo com essa lei, a prescrição da pretensão do Poder Público de buscar a reparação civil no caso mencionado (de pessoa jurídica cuja conduta incida no art. 5º da lei), voltará a ser de 5 anos, nos termos de seu art. 25, *caput*. Apesar de a lei ter usado uma terminologia totalmente inadequada ("prescrição da infração"), parece-nos que dispositivo citado **não fez** distinção entre a aplicação de sanções civis (como a de reparação civil, que, inclusive, envolve verdadeiro prazo *prescricional*) e administrativas (que, em verdade, envolve prazo decadencial, apesar de ser comum a lei usar a palavra "prescrição" para abranger prazos decadenciais também), de modo que o prazo prescricional de 5 anos se aplicaria tanto às sanções civis, como às sanções administrativas para as pessoas jurídicas que praticarem condutas definidas no art. 5º da Lei 12.846/2013.

Ainda em relação à questão da prescrição, há dois casos específicos em que o prazo prescricional para a ação indenizatória estão definidos por existir regra especial estabelecendo tais prazos, sem que haja exceção quanto à sua aplicação. O primeiro é prazo para ingresso de ação indenizatória por desapropriação indireta (prazo prescricional de 10 anos) e o segundo é para ingresso de ação indenizatória por restrições decorrentes de atos do Poder Público (prazo prescricional de 5 anos – art. 10 do Dec.-lei 3.365/1941).

Por fim, de rigor lembrar que há três casos de imprescritibilidade da pretensão de reparação civil, quais sejam: a) ressarcimento do erário; b) ressarcimento de dano ambiental; c) ressarcimento de danos por perseguição política, prisão e tortura durante a ditadura militar. Quanto a esse último caso, *vide*, por exemplo, o AgRg no Ag 1.428.635, julgado pelo STJ em 02.08.2012.

Vale, também, uma palavra sobre o termo *a quo* da contagem do prazo prescricional.

No caso, esse prazo é contado da data do fato ou do ato lesivo. Todavia, caso o dano tenha sido causado por conduta considerada crime na esfera penal, o prazo prescricional começará a fluir a partir do trânsito em julgado da ação penal (STJ, AgRg no Ag 1383364/SC, DJ 25.05.2011).

11.15. RESPONSABILIDADE CIVIL E ADMINISTRATIVA DE PESSOAS JURÍDICAS (LEI 12.846/2013)

A Lei 12.846, de 1º de agosto de 2013, dispõe sobre a responsabilização **objetiva**, nas esferas administrativa e civil, de **pessoas jurídicas**, pela prática, por estas, de atos contrários à Administração Pública, **inclusive** atos contrários à Administração Pública estrangeira, ainda que cometidos no exterior (arts. 1º e 28).

Essa responsabilidade objetiva, todavia, somente se aplica quanto aos atos lesivos **definidos no art. 5º da Lei** (por exemplo: fraude à licitação), e desde que a pessoa que tenha cometido tais atos seja uma pessoa jurídica. As demais pessoas (pessoas físicas ou naturais) e os demais casos (ilícitos não previstos no art. 5º da Lei 12.846/2013), continuam regulamentados pelas leis existentes ao tempo da Lei 12.846/2013, podendo se tratar tanto de responsabilidade subjetiva (quando se aplicar o artigo 186 do Código Civil, por exemplo), como de responsabilidade objetiva (quando se aplicar os artigos 927, parágrafo único e 931 do Código Civil, também por exemplo).

Outro requisito para que haja a responsabilidade administrativa e civil da pessoa jurídica perante a Administração é que os atos lesivos respectivos tenham sido praticados em seu **interesse ou benefício**, ainda que não exclusivamente em seu interesse ou benefício (art. 2º).

As sanções administrativas podem ser aplicadas **sem intervenção do Judiciário** no caso de aplicação de *multa* e de *publicação extraordinária de decisão condenatória* (art. 6º). A multa variará de 0,1% a 20% do faturamento bruto da pessoa jurídica no último exercício anterior ao da instauração do processo administrativo, em valor nunca inferior à vantagem auferida. Quanto à publicação extraordinária de decisão condenatória, consiste em se determinar a publicação, às expensas da pessoa jurídica infratora, de extrato da decisão condenatória em meio de comunicação de grande circulação, em edital afixado pelo prazo mínimo de 30 dias no próprio estabelecimento ou no local da atividade, e no sítio eletrônico da pessoa jurídica.

Quanto às demais sanções administrativas previstas no art. 19 da Lei (que incluem o perdimento de bens, a suspensão ou interdição parcial de atividades, a dissolução compulsória da pessoa jurídica e a proibição de contratar com a Administração), bem como quanto à reparação civil, cabe ao Poder Público ingressar com **ação judicial**, para que o Judiciário promova a devida responsabilização. A ação em questão seguirá o rito da Lei de Ação Civil Pública (art. 21, *caput*), e pode ser ajuizada não só por meio das procuradorias dos entes públicos, como também pelo Ministério Público (art. 19, *caput*), sendo, que na omissão das autoridades administrativas, este poderá também pedir em juízo a aplicação das sanções previstas no art. 6º da Lei.

É importante ressaltar que a aplicação das sanções previstas na lei ora comentada **não afetava** os processos de responsabilização e aplicação de penalidades decorrentes dos atos de improbidade nos termos da Lei 8.429/1992 e de ilícitos alcançados pela Lei 8.666/1993 ou outras normas de licitação e contratos. Porém, a Medida Provisória 703, de 18/12/15, mudou a redação do art. 30 da lei em análise para o fim de dizer que a aplicação dessas sanções não será afetada pelo acordo de leniência, ressalvada a hipótese em que esse acordo inclua essas sanções, inclusive podendo incluir sanções relativas à infração contra a ordem econômica.

Quanto à **decadência** ou **prescrição** para aplicar as sanções previstas na Lei, o prazo é de 5 anos, contados da data da ciência da infração ou, no caso de infração permanente ou continuada, do dia em que tiver cessado (art. 25). Na esfera administrativa ou judicial, a prescrição será interrompida com a instauração de processo que tenha por objeto a apuração da infração.

Outro ponto importante da lei, que deverá provocar mais efetividade na apuração dessas infrações, é a regulamentação do chamado **acordo de leniência** (art. 16), que recebeu novo regramento pela MP 703, de 18/12/15. De acordo com o texto legal em vigor com essa alteração, "a União, os Estados, o Distrito Federal e os Municípios poderão, no âmbito de suas competências, por meio de seus órgãos de controle interno, de forma isolada ou em conjunto com o Ministério Público ou com a Advocacia Pública, celebrar acordo de leniência com as pessoas jurídicas responsáveis pela prática dos atos e pelos fatos investigados e previstos nesta Lei que colaborem efetivamente com as investigações e com o processo administrativo, de forma que dessa colaboração resulte:

"I – a identificação dos demais envolvidos na infração, quando couber;

II – a obtenção de informações e documentos que comprovem a infração noticiada ou sob investigação;

III – a cooperação da pessoa jurídica com as investigações, em face de sua responsabilidade objetiva; e

IV – o comprometimento da pessoa jurídica na implementação ou na melhoria de mecanismos internos de integridade."

Vale ressaltar que o acordo de leniência somente poderá ser celebrado se preenchidos, cumulativamente, os seguintes requisitos (também com novas redações dadas pela MP 703/2015):

"I – a pessoa jurídica cesse completamente seu envolvimento na infração investigada a partir da data de propositura do acordo;

II – a pessoa jurídica, em face de sua responsabilidade objetiva, coopere com as investigações e com o processo administrativo, comparecendo, sob suas expensas, sempre que solicitada, a todos os atos processuais, até seu encerramento;

III – a pessoa jurídica se comprometa a implementar ou a melhorar os mecanismos internos de integridade, auditoria, incentivo às denúncias de irregularidades e à aplicação efetiva de código de ética e de conduta."

Outro ponto importante é que o acordo de leniência celebrado pela autoridade administrativa terá os seguintes efeitos (também com novas redações dadas pela MP 703/15):

"I – isentará a pessoa jurídica das sanções previstas no inciso II do **caput** do art. 6º e das sanções restritivas ao direito de licitar e contratar previstas na Lei 8.666, de 21 de junho de 1993, e em outras normas que tratam de licitações e contratos;

II – poderá reduzir a multa prevista no inciso I do **caput** do art. 6º em até dois terços, não sendo aplicável à pessoa jurídica qualquer outra sanção de natureza pecuniária decorrente das infrações especificadas no acordo; e

III – no caso de a pessoa jurídica ser a primeira a firmar o acordo de leniência sobre os atos e fatos investigados, a redução poderá chegar até a sua completa remissão, não sendo aplicável à pessoa jurídica qualquer outra sanção de natureza pecuniária decorrente das infrações especificadas no acordo."

É importante dizer que o acordo de leniência **não exime** a pessoa jurídica da obrigação de reparar integralmente o dano causado e **deve estipular** as condições necessárias para assegurar a efetividade da colaboração e o resultado útil do processo administrativo e quando estipular a obrigatoriedade de reparação do dano poderá conter cláusulas sobre a forma de amortização, que considerem a capacidade econômica da pessoa jurídica.

Por fim, seguem outras características desse acordo, previstas no art. 16 a 17-B, também com novas redações ou inclusões feitas pela MP 703/2015):

a) "Os efeitos do acordo de leniência serão estendidos às pessoas jurídicas que integram o mesmo grupo econômico, de fato e de direito, desde que firmem o acordo em conjunto, respeitadas as condições nele estabelecidas" (§ 5º);

b) "A proposta de acordo de leniência somente se tornará pública após a efetivação do respectivo acordo, salvo no interesse das investigações e do processo administrativo" (§ 6º);

c) "Não importará em reconhecimento da prática do ato ilícito investigado a proposta de acordo de leniência rejeitada" (§ 7º);

d) "Em caso de descumprimento do acordo de leniência, a pessoa jurídica ficará impedida de celebrar novo acordo pelo prazo de 3 (três) anos contados do conhecimento pela administração pública do referido descumprimento" (§ 8º);

e) "A formalização da proposta de acordo de leniência suspende o prazo prescricional em relação aos atos e fatos objetos de apuração previstos nesta Lei e sua celebração o interrompe" (§ 9º);

f) "A Controladoria-Geral da União - CGU é o órgão competente para celebrar os acordos de leniência no âmbito do Poder Executivo federal, bem como no caso de atos lesivos praticados contra a administração pública estrangeira" (§ 10);

g) "O acordo de leniência celebrado com a participação das respectivas Advocacias Públicas impede que os entes celebrantes ajuízem ou prossigam com as ações de que tratam o art. 19 desta Lei e o art. 17 da Lei 8.429, de 2 de junho de 1992, ou de ações de natureza civil" (§ 11);

h) "O acordo de leniência celebrado com a participação da Advocacia Pública e em conjunto com o Ministério Público impede o ajuizamento ou o prosseguimento da ação já ajuizada por qualquer dos legitimados às ações mencionadas no § 11" (§ 12);

i) Na ausência de órgão de controle interno no Estado, no Distrito Federal ou no Município, o acordo de leniência somente será celebrado pelo chefe do respectivo Poder em conjunto com o Ministério Público (§ 13);

j) O acordo de leniência depois de assinado será encaminhado ao respectivo Tribunal de Contas, que poderá, nos termos do inciso II do art. 71 da Constituição Federal, instaurar procedimento administrativo contra a pessoa jurídica celebrante, para apurar prejuízo ao erário, quando entender que o valor constante do acordo não atende o disposto na lei (§ 14);

k) "A administração pública poderá também celebrar acordo de leniência com a pessoa jurídica responsável por atos e fatos investigados previstos em normas de licitações e contratos administrativos com vistas à isenção ou à atenuação das sanções restritivas ou impeditivas ao direito de licitar e contratar" (art. 17).

l) "Os processos administrativos referentes a licitações e contratos em curso em outros órgãos ou entidades que versem sobre o mesmo objeto do acordo de leniência deverão, com a celebração deste, ser sobrestados e, posteriormente, arquivados, em caso de cumprimento integral do acordo pela pessoa jurídica" (art. 17-A);

m) "Os documentos porventura juntados durante o processo para elaboração do acordo de leniência deverão ser devolvidos à pessoa jurídica quando não ocorrer a celebração do acordo, não permanecendo cópias em poder dos órgãos celebrantes" (art. 17-B).

A Medida Provisória 703/2015 fez, assim, grandes modificações na Lei 12.846/13. Percebe-se claramente que se trata de modificações com vistas a permitir que as grandes empresas envolvidas em escândalos como a Lava-Jato e o Metrô de São Paulo consigam fechar acordos para garantir a sua sobrevivência, mantendo-se, assim, projetos de grande relevância para a infraestrutura do País e garantindo a manutenção de centenas de milhares de empregos. O mote da alteração é que se deve focar na punição de "pessoas físicas" e de "pessoas jurídicas", e não na extinção de "pessoas jurídicas". Naturalmente que a lei continua forte quanto às sanções cabíveis às pessoas jurídicas, mas agora com maior facilidade para fechar os acordos de leniência, face à flexibilização de requisitos, tais como não haver mais necessidade de a pessoa jurídica infratora ser a primeira a manifestar o interesse em cooperar para a apuração do ilícito, não haver mais necessidade de a pessoa jurídica confessar o ilícito (substituída pela necessidade de a pessoa jurídica cooperar para cessar lesões e colaborar permanentemente nas investigações) e o acordo poder incluir sanções que seriam aplicadas nos processos administrativos de que tratam as Leis 8.666/93 e 12.529/11, ou mesmo em ações de improbidade administrativa.

De qualquer forma, por se tratar de Medida Provisória, faz-se necessário acompanhar a sua tramitação, a fim de verificar o que será efetivamente convertido em lei.

Por fim, importante destacar que "os órgãos ou entidades dos Poderes Executivo, Legislativo e Judiciário de todas as esferas de governo deverão informar e manter atualizados, para fins de publicidade, no **Cadastro Nacional de Empresas Inidôneas e Suspensas – CEIS**, de caráter público, instituído no âmbito do Poder Executivo federal, os dados relativos às sanções por eles aplicadas, nos termos do disposto nos arts. 87 e 88 da Lei n. 8.666, de 21 de junho de 1993" (art. 23 – g.n.).

11.16. QUADRO SINÓTICO

1. Evolução histórica

1.1. Fase da Irresponsabilidade: Estado não responde por danos causados aos particulares, já que o poder soberano dos reis era divino – "The King can do no wrong"

1.2. Fase Civilista: Estado só responde se dano for causado por culpa ou dolo de um funcionário estatal; ex: um motorista da Prefeitura bebe muito e atropela alguém

1.3. Fase Publicista:

a) **culpa administrativa:** Estado só responde se o dano tiver origem num serviço defeituoso; ex: um buraco na rua, não recapeado pelo Estado, propicia acidente

– Foco não é a culpa do *funcionário*, mas a falha do *serviço*

b) **risco administrativo:** Estado responde objetivamente pelos danos que causar, para que haja igualdade nos ônus e encargos sociais; ex: bala perdida da PM fere alguém

2. Modalidades de responsabilidade

2.1. Objetiva:

a) atos **comissivos** das pessoas de **direito público** (art. 37, § 6º, da CF)

b) atos **comissivos** das pessoas de **direito privado prestadoras de serviço público** (art. 37, § 6º, da CF)

c) condutas que, pela sua natureza, **são de risco** (art. 927, parágrafo único, do CC)

2.2. Subjetiva:

a) condutas **omissivas** das pessoas de direito público e das pessoas de direito privado prestadoras de serviço público

– a responsabilidade dependerá da demonstração de que o serviço é **defeituoso** ("falta do serviço"): i) não funcionou, ii) funcionou atrasado ou iii) funcionou mal; exs: buraco na pista, falta de limpeza de bueiros

b) condutas **comissivas** ou **omissivas** das pessoas de direito privado não prestadoras de serviço público (art. 186 do CC)

– verifica culpa/dolo do agente

c) responsabilidade pessoal dos **agentes públicos** (art. 37, § 6º, da CF) – verifica culpa/dolo do agente

3. Requisitos da responsabilidade objetiva

3.1. Conduta: *ato de agente de pessoa de direito público ou de direito privado prestadora de serviço público;* não discute culpa/dolo, nem se o serviço é defeituoso

3.2. Dano indenizável

a) **dano certo:** *é o existente, e não apenas o eventual*

b) **dano especial:** *é o que atinge pessoas em particular*

c) **dano anormal:** *é o que ultrapassa as dificuldades comuns da vida em sociedade*

3.3. Nexo de causalidade

– Admitem-se excludentes de responsabilidade: caso fortuito, força maior, culpa exclusiva da vítima ou de terceiro

– Teoria adotada: Risco Administrativo; e não Risco Integral

4. Responsabilidade das Concessionárias de Serviço Público

a) **modalidade:** objetiva

b) **beneficiários:** usuários do serviço + terceiros não usuários (STF se pacificou nesse sentido)

c) **responsabilidade do Estado:** é subsidiária em relação à prestadora de serviço público

5. Responsabilidade do Tabelião e do Registrador

a) **modalidade:** objetiva (art. 37, § 6º, da CF)

b) **beneficiários:** usuários do serviço + terceiros não usuários

c) **responsabilidade do Estado:** é subsidiária em relação ao delegatário do serviço público

6. Responsabilidade por Ato Legislativo

a) **regra:** não responde

b) **exceções:** lei inconstitucional; lei de efeitos concretos

7. Responsabilidade por Ato Judicial

a) **regra:** não responde

b) **exceções:**

– juiz agir com dolo, fraude ou prevaricar

– prisão além do tempo (art. 5º, LXXV, da CF)

– erro judiciário: i) reconhecido em revisão criminal; ii) erro grave (prisão sem qualquer envolvimento no crime)

8. Responsabilidade do agente público

a) **regra:** responde por culpa ou dolo

b) **responsabilidade direta:** não é cabível acionar diretamente o agente público, ou seja, não cabe responsabilidade "per saltum" deste; prejudicado deve ingressar com ação diretamente contra o Estado e este pode denunciar da lide

c) **Denunciação da lide do Estado face ao agente:** não é obrigatória; o Estado deve imputar fato culposo ou doloso

9. Prescrição: a prescrição em geral contra a Fazenda Pública: 5 anos (Decreto 20.910/1932)

11.17. QUESTÕES COMENTADAS

11.17.1. Evolução histórica e Teorias

(Delegado de Polícia/GO – 2013 – UEG) Em relação ao tema da Responsabilidade Civil do Estado no ordenamento pátrio, tem-se que

(A) aquele que sofreu o dano fica dispensado de provar a relação de causalidade entre a atividade da Administração e a lesão decorrente.

(B) o lesado deverá provar a imprudência, a negligência ou imperícia do agente público na conduta administrativa.

(C) a teoria do risco integral fundamenta a responsabilidade objetiva do Estado, pela qual há assunção de todas as consequências relativas à sua atuação.

(D) a regra constitucional prevê a responsabilidade subjetiva quanto ao exercício do direito de regresso contra o agente público causador do dano.

A e B: incorretas, pois é necessário que se comprove conduta estatal, dano e nexo de causalidade entre a primeira e o segundo; só não é necessário comprovar culpa ou dolo, mas o nexo de causalidade é indispensável; **C:** incorreta, pois o Brasil adotou a Teoria do Risco Administrativo, em que a responsabilidade civil é objetiva, mas admite excludentes de responsabilidade, diferentemente da Teoria do Risco Integral, em que a responsabilidade civil é objetiva e não se admite qualquer tipo de excludente de responsabilidade; **D:** correta, pois o agente público só pode ser acionado em caso de culpa ou dolo da sua parte (art. 37, § 6º, da CF).

Gabarito "D"

11.17.2. Modalidades de responsabilidade (objetiva e subjetiva). Requisitos da responsabilidade objetiva

(Ministério Público/BA – 2015 – CEFET) Assinale a alternativa **CORRETA**, após aferir a veracidade das sentenças abaixo acerca da responsabilidade civil do Estado.

I. A atual jurisprudência do Superior Tribunal de Justiça assentou-se no sentido de que o prazo prescricional da pretensão de reparação civil deduzida contra a Fazenda Pública é de 5 (cinco) anos.

II. Segundo a doutrina pátria majoritária, em regra, a responsabilidade civil objetiva do Estado é do tipo "risco integral".

III. Haverá responsabilidade estatal quando o agente público causador do dano indenizável estiver no exercício das suas funções ou, ao menos, se esteja conduzindo a pretexto de exercê-las.

IV. Segundo a teoria da "falta do serviço", a vítima tem o ônus de comprovar a conduta culposa do agente público causador do dano.

V. Os entes da Administração Pública direta são solidariamente responsáveis pelos danos causados pelas concessionárias de serviço público por eles contratadas.

A alternativa que contém a sequência **CORRETA**, de cima para baixo, considerando V para verdadeiro e F para falso, é:

(A) VVFVV.
(B) VFVFF.
(C) FFVFF.
(D) FVFVV.
(E) VFVFV.

I: verdadeiro; o STJ, em decisão proferida em recurso repetitivo, firmou-se no sentido de que a prescrição contra a Fazenda Pública é quinquenal, mesmo em ações indenizatórias, uma vez que é regida pelo Decreto. 20.910/1932 (REsp 1251993/PR, DJe 19.12.2012); II: falso; em regra, a responsabilidade objetiva do Estado é do tipo "risco administrativo", vez que admite excludentes de responsabilidade estatal, ao contrário da responsabilidade do tipo "risco integral", que não admite qualquer tipo de excludente de responsabilidade estatal; III: verdadeiro, pois o art. 37, § 6º, da CF, que estabelece a responsabilidade objetiva estatal, é claro no sentido de que essa regra deve ser observada quando o agente público, "nessa qualidade", causar dano a terceiro, o que inclui tanto quando o agente "estiver no exercício de suas funções", como quando o agente "esteja conduzindo a pretexto de exercê-la", já que nos dois casos se coloca na qualidade de agente público; IV: falso, pois a chamada "falta do serviço" se caracteriza toda vez que se demonstrar que um serviço público foi "mal prestado", "prestado tardiamente" ou "não prestado quando deveria ser", o que prescinde da demonstração de que um agente público agiu culposamente; V: falso, pois a responsabilidade do Estado, no caso, é subsidiária em relação à concessionária de serviço público; assim, se uma empresa de ônibus concessionária de serviço público atropela alguém na rua, esta deve ser acionada diretamente (e não o Poder Público, já que este não responde solidariamente no caso), podendo o Poder Público ser acionado subsidiariamente apenas no caso de a empresa de ônibus não puder responder por falta de patrimônio passível de execução judicial.
Gabarito "B".

(Ministério Público/SP – 2015 – MPE/SP) Assinale a alternativa que contém afirmação incorreta:

(A) A responsabilidade civil do Estado pela integridade física dos detentos tem natureza objetiva.

(B) Tem cunho subjetivo a responsabilidade civil do Estado pela prestação de serviço médico-hospitalar na rede pública, quando a mesma é delegada a terceiro.

(C) Não é obrigatória a denunciação à lide de empresa contratada pela Administração para prestar serviço de conservação de rodovias nas ações de indenização baseadas na responsabilidade civil objetiva do Estado.

(D) É quinquenal o prazo de prescrição para a propositura de ação de indenização por ilícito extracontratual contra a Fazenda Pública.

(E) O termo inicial do prazo prescricional para o ajuizamento de ação de indenização contra ato do Estado ocorre no momento em que constatada a lesão e os seus efeitos, conforme o princípio da actio nata.

A: assertiva correta, pois, em que pese estar-se diante de uma omissão estatal, tem-se no caso uma atividade estatal de risco, impondo a aplicação da teoria do risco administrativo, que enseja a responsabilidade objetiva; B: assertiva incorreta, devendo ser assinalada; isso porque, em havendo delegação da prestação de serviços a terceiro, este responde diretamente e o Poder Público responde apenas subsidiariamente; C: assertiva correta; pois não existe previsão legal nesse sentido; aliás, ocorrendo um acidente numa rodovia concedida quem deve ser acionado é o concessionário de serviço público, que responde diretamente e objetivamente pelo dano; o Poder Público não deve ser acionado a princípio, pois sua responsabilidade é subsidiária; D: assertiva correta, nos termos do Decreto 20.910/1932 e conforme vem decidindo o STJ (Resp 1.251.993/PR); E: assertiva correta, pois assim vem decidindo o STJ: "Esta Corte Superior possui entendimento no sentido de que o termo inicial do prazo prescricional para o ajuizamento de ação de indenização contra ato do Estado ocorre no momento em que constatada a lesão e os seus efeitos, conforme o princípio da actio nata" (AgRg no REsp 1506636/SC, DJe 03.09.2015).
Gabarito "B".

(Juiz de Direito/PA – 2014 – VUNESP) O Supremo Tribunal Federal já decidiu, em matéria de responsabilidade estatal, que

(A) os danos praticados pelo agente público, ainda que fora do exercício da função pública, são imputáveis subjetivamente ao Estado.

(B) os atos tipicamente jurisdicionais, dentre eles incluídos o erro judicial, não produzem direito à indenização.

(C) poderá ser indenizada a vítima que demonstre especial e anormal prejuízo decorrente de norma declarada inconstitucional pelo próprio Supremo Tribunal Federal.

(D) os atos administrativos praticados por órgãos do Poder Legislativo e do Poder Judiciário, por conta de sua atipicidade, geram responsabilidade subjetiva.

(E) em princípio, o Estado possui responsabilidade subjetiva pelos atos jurisdicionais.

A: incorreta, pois a responsabilidade do Estado decorrente de ato de agente seu é objetiva (art. 37, § 6º, da CF); B: incorreta, pois o Estado responde excepcionalmente por atos tipicamente jurisdicionais, nos seguintes casos: a) de erro judiciário, que é aquele reconhecido em revisão criminal ou o decorrente de prisão de alguém além do tempo permitido; b) quando o juiz responder pessoalmente por dolo, fraude, recusa, omissão ou retardamento injustificado de providências de seu ofício, nos termos do art. 133 do CPC/1973 (art. 143 do NCPC); c) de erro grave (ex: prisão de alguém sem qualquer envolvimento com o fato criminoso – vide o caso do "Bar Bodega" no Informativo

570 do STF); **C:** correta, pois o Estado responde excepcionalmente por atos legislativos, nos seguintes casos: a) se uma lei declarada inconstitucional causa danos especiais e anormais ao particular; b) se lei de efeito concreto causar dano anormal e especial a uma pessoa em particular (ex: criação de Parque Florestal em área privada); **D:** incorreta, pois *atos administrativos* que causarem danos a terceiros, mesmo que praticados pela Administração Pública dos Poderes Judiciário e Legislativo, ensejam responsabilização objetiva na forma do art. 37, § 6°, da CF; **E:** incorreta, pois as hipóteses que ensejam a responsabilidade do Estado por ato jurisdicional (erro judiciário, dolo/ fraude de juiz ou erro grave) são todas, em última análise, hipóteses que envolvem culpa ou dolo, ou seja, elementos subjetivos.
Gabarito "C".

(Magistratura/CE – 2012 – CESPE) Acerca da responsabilidade civil do Estado, assinale a opção correta.

(A) A doutrina e a jurisprudência têm reconhecido a obrigatoriedade de o Estado indenizar tanto os danos materiais quanto os danos morais, mas não os danos emergentes e os lucros cessantes.

(B) Diferentemente das entidades estatais de direito privado que desempenham serviços públicos, as empresas privadas que prestam serviços públicos por delegação não se submetem ao regime da responsabilidade civil objetiva prevista no texto constitucional.

(C) Para que o Estado responda por danos causados por agente seu a particular, é necessário que a pessoa lesada faça prova da culpabilidade direta ou indireta da administração, tanto no caso de ação quanto no de omissão.

(D) Em matéria de responsabilidade civil do Estado, é possível a cumulação de indenizações por dano material e dano moral que decorram de um só fato.

(E) Como a responsabilidade do poder público só se configura em face de atos lícitos, os atos contrários à lei, à moral ou ao direito podem gerar a responsabilidade penal e civil do agente público, mas não a responsabilidade civil do Estado.

A: incorreta, pois a indenização tem de ser cabal, completa; outro problema da alternativa é que trouxe um erro conceitual, já que os danos emergentes e os lucros cessantes são justamente os danos materiais; **B:** incorreta, pois o art. 37, § 6°, é expresso no sentido de que as pessoas de direito privado prestadoras de serviço público respondem objetivamente; **C:** incorreta, pois a responsabilidade estatal é objetiva, ou seja, independe de demonstração de culpa ou dolo do agente público; **D:** correta; de fato a jurisprudência reconhece essa possibilidade; aliás, a jurisprudência reconhece a possibilidade de cumular três indenizações, quais sejam, por *dano material* (danos emergentes e lucros cessantes), por *dano moral* e por *dano estético*, quando houver; **E:** incorreta, pois a responsabilidade estatal é objetiva, ou seja, pode se configurar em caso de atos lícitos ou ilícitos, não perquirindo acerca da questão da ilicitude; verifica-se apenas se há conduta estatal, dano e nexo de causalidade.
Gabarito "D".

(Magistratura/PA – 2012 – CESPE) Com relação à responsabilidade civil do Estado, assinale a opção correta.

(A) Em caso de assalto praticado por policial fardado que empunhe arma da corporação militar, o Estado responde subjetivamente pelos danos causados pelo agente, ainda que o crime seja cometido fora do horário de expediente, dada a função pública exercida pelo policial.

(B) Segundo entendimento do STF, a qualificação do tipo de responsabilidade imputável ao Estado – objetiva ou subjetiva – constitui circunstância de menor relevo caso as instâncias ordinárias demonstrem, com base no acervo probatório, que a inoperância estatal injustificada tenha sido condição decisiva para a produção do dano.

(C) Segundo a jurisprudência do STF e a doutrina majoritária, para a caracterização da responsabilidade objetiva do poder público, é imprescindível a comprovação, com base na teoria do risco administrativo, da ilicitude da ação administrativa causadora do dano.

(D) Na hipótese de um raio matar presidiário em prisão estadual, o Estado responderá objetivamente pelos danos causados ao preso, dada a aplicação, no caso concreto, da teoria da responsabilidade objetiva por danos causados a pessoas sob a guarda estatal.

(E) A comprovação do dano e a existência de ação administrativa, independentemente de haver nexo causal entre eles, são os requisitos necessários para a caracterização da responsabilidade objetiva do Estado.

A: incorreta, pois o caso não é de responsabilidade subjetiva, mas de responsabilidade objetiva do Estado (STF, RE 418.023); **B:** correta (STF, AI 600.652 AgR); **C:** incorreta, pois, na responsabilidade objetiva, basta demonstrar conduta comissiva, dano e nexo de causalidade, não sendo necessário comprovar a ilicitude da ação administrativa; **D:** incorreta, pois, nesse caso, tem-se caso fortuito ou de força maior, que exclui a responsabilidade estatal, já que, no Brasil, não se adotou a Teoria do Risco Integral, que não admite excludentes de responsabilidade, mas a Teoria do Risco Administrativo, que admite excludentes de responsabilidade estatal; **E:** incorreta, pois o nexo de causalidade é elemento essencial na caracterização da responsabilidade objetiva do Estado.
Gabarito "B".

(Magistratura/SP – 2011 – VUNESP) Nas ações de indenização por danos morais ajuizadas contra a Fazenda do Estado, é correto afirmar que

(A) a correção monetária deve ser calculada a partir da data do arbitramento, e os juros de mora, a partir do evento danoso.

(B) a correção monetária deve ser calculada a partir do evento danoso, e os juros de mora, a partir da data do arbitramento.

(C) a correção monetária e os juros de mora devem ser calculados a partir da data do evento danoso.

(D) a correção monetária deve ser calculada a partir da data do evento danoso, e os juros de mora, a partir da citação.

(E) a correção monetária e os juros de mora devem ser calculados a partir da citação.

Segundo a Súmula 362 do STJ, a correção monetária do valor da indenização do dano moral incide desde a data do arbitramento. Já a Súmula 54 do STJ dispõe que os juros moratórios fluem a partir do evento danoso, em caso de responsabilidade extracontratual.
Gabarito "A".

(Ministério Público/GO – 2012) Em tema de responsabilidade civil do Estado é correto afirmar que:

(A) a morte de detento por colegas de carceragem deve ser reparada pelo Estado em razão do dever constitucional de guarda, exonerando-se a Administração da obrigação de indenizar na hipótese de restar inequivocamente demonstrada a ausência de culpa dos agentes carcerários.

(B) A responsabilidade civil do Estado funda-se no risco administrativo, decorrendo, daí a responsabilidade objetiva, que não pode ser invocada em caso de licitude da ação administrativa.
(C) Fundada na teoria do risco integral ou do risco social, a Constituição da República, art. 37, § 6º, averbou que as pessoas jurídicas de direito público e as de direito privado prestadoras de serviços públicos responderão pelos danos que seus agentes, nessa qualidade, causarem a terceiros.
(D) Tratando-se de ato omissivo do poder público, a responsabilidade civil por tal ato converte-se em subjetiva, pelo que exige dolo ou culpa, esta numa de suas três vertentes, a negligência, a imperícia ou a imprudência, não sendo, entretanto, necessário individualizá-la, dado que pode ser atribuída ao serviço público, de forma genérica, a falta do serviço.

A: incorreta; nesse caso, o STF tem reconhecido a responsabilidade objetiva do Estado, que tem por missão zelar pela integridade física do preso(ARE 662.563 AgR/GO, *DJ* 02.04.2012); assim, não há que se falar em necessidade de demonstração do elemento subjetivo para que haja obrigação de indenizar; **B:** incorreta, pois, na responsabilidade objetiva não se discute a licitude ou não do ato, mas apenas se houve conduta estatal comissiva, dano certo e anormal e nexo de causalidade entre a primeira e o segundo; **C:** incorreta, pois a Constituição adotou a teoria do risco administrativo (responsabilidade objetiva + admissão de excludentes de responsabilidade) e não a teoria do risco integral (responsabilidade objetiva + não admissão de excludentes de responsabilidade); **D:** correta, pois, em caso de conduta omissiva estatal, o STF continua entendendo que a responsabilidade é subjetiva (*vide*, por exemplo, RE 721.996 AgR/PB, *DJ* 18.02.2013), responsabilidade essa que, para se configurar, depende da demonstração da chamada "falta do serviço" ou "culpa genérica do serviço" ou "culpa anônima do serviço", caracterizada quando o serviço não funciona, funciona tarde ou funciona mal; vale ressaltar que o STF tem decisão no sentido de que a responsabilidade estatal por *atos omissivos específicos* é objetiva; um exemplo de caso de omissão específica do Estado é a agressão física a aluno por colega, em escola estadual, hipótese em que a responsabilidade estatal será objetiva, com base na Teoria do Risco Administrativo (STF, ARE 697.326 AgR/RS, DJ 26.04.2013); não se pode confundir uma *conduta omissiva genérica* (ex: o Estado não conseguir evitar todos os furtos de carros), com uma *conduta omissiva específica* (ex: o Estado ter o dever de vigilância sobre alguém e não evitar o dano); no primeiro caso, o Estado responde *subjetivamente*, só cabendo indenização se ficar provado que o serviço foi defeituoso (ex: um policial presencia um furto e nada faz); no segundo caso, o Estado responde *objetivamente*, não sendo necessário perquirir sobre se o serviço estatal foi ou não defeituoso
Gabarito "D"

(Defensor Público/AC – 2012 – CESPE) Um paciente internado em hospital público de determinado estado da Federação cometeu suicídio, atirando-se de uma janela próxima a seu leito, localizado no quinto andar do hospital.
Com base nessa situação hipotética, assinale a opção correta acerca da responsabilidade civil do Estado.
(A) A responsabilidade incidirá apenas sobre os enfermeiros que cuidavam do paciente.
(B) Exclui-se a responsabilidade do Estado, por ter sido a culpa exclusiva da vítima, sem possibilidade de interferência do referido ente público.
(C) A responsabilidade é objetiva, dada a omissão do ente público.
(D) A responsabilidade é subjetiva, dependente de prova de culpa.
(E) Não é cabível a responsabilização do Estado, pela inexistência de dano a ser reparado.

A jurisprudência ainda é no sentido de que, nas condutas omissivas estatais, a responsabilidade do Estado é subjetiva, devendo-se avaliar se há ou não falta do serviço. Em caso de suicídio de paciente com deficiência mental em hospital psiquiátrico a jurisprudência entende que o serviço estatal é defeituoso, por falta de vigilância. Porém, no caso em tela, por não haver referência a essa situação específica, tem-se a chamada culpa exclusiva da vítima, que exclui a responsabilidade estatal. Vale ressaltar que o STF tem decisão no sentido de que a responsabilidade estatal por *atos omissivos **específicos*** é objetiva; um exemplo de caso de omissão específica do Estado é a agressão física a aluno por colega, em escola estadual, hipótese em que a responsabilidade estatal será objetiva, com base na Teoria do Risco Administrativo (STF, ARE 697.326 AgR/RS, DJ 26.04.2013); não se pode confundir uma *conduta omissiva genérica* (ex: o Estado não conseguir evitar todos os furtos de carros), com uma *conduta omissiva específica* (ex: o Estado ter o dever de vigilância sobre alguém e não evitar o dano); no primeiro caso, o Estado responde *subjetivamente*, só cabendo indenização se ficar provado que o serviço foi defeituoso (ex: um policial presencia um furto e nada faz); no segundo caso, o Estado responde *objetivamente*, não sendo necessário perquirir sobre se o serviço estatal foi ou não defeituoso. Vale ressaltar, outrossim, que há decisão do STJ no seguinte sentido de que, no caso de suicídio de **detento**, o Estado responde objetivamente "face aos riscos inerentes ao meio no qual foram inseridos pelo próprio Estado", com fundamento nos arts. 927, parágrafo único, e 948, II, do CC (STJ, REsp 1.305.259-SC, j. em 02.04.2013).
Gabarito "B"

(Procurador Federal – 2010 – CESPE) Julgue o seguinte item.
(1) Pedro foi preso preventivamente, por meio de decisão judicial devidamente fundamentada, mas depois absolvido por se entender que ele não tivera nem poderia ter nenhuma participação no evento. No entanto, por causa da prisão cautelar, Pedro sofreu prejuízo econômico e moral. Nessa situação, conforme entendimento recente do STF, poderão ser indenizáveis os danos moral e material sofridos.

1: Correta, tratando-se da seguinte decisão do STF: " Responsabilidade civil objetiva do estado (CF, art. 37, § 6º) - Configuração - "Bar Bodega" - Decretação de prisão cautelar, que se reconheceu indevida, contra pessoa que foi submetida a investigação penal pelo poder público - Adoção dessa medida de privação da liberdade contra quem não teve qualquer participação ou envolvimento com o fato criminoso - Inadmissibilidade desse comportamento imputável ao aparelho de estado - Perda do emprego como direta consequência da indevida prisão preventiva - Reconhecimento, pelo Tribunal de Justiça local, de que se acham presentes todos os elementos identificadores do dever estatal de reparar o dano - Não comprovação, pelo estado de São Paulo, da alegada inexistência do nexo causal - Caráter soberano da decisão local, que, proferida em sede recursal ordinária, reconheceu, com apoio no exame dos fatos e provas, a inexistência de causa excludente da responsabilidade civil do poder público." (RE 385943 AgR, Relator(a): Min. Celso de Mello, 2.ª Turma, julgado em 15.12.2009, *DJe*-030 DIVULG 18.02.2010, public. 19.02.2010, *RT* v. 99, n. 895, 2010, p. 163-168 *LEXSTF* v. 32, n. 375, 2010, p. 152-161)
Gabarito 1C

(Analista – TRT/6ª – 2012 – FCC) De acordo com o ordenamento jurídico brasileiro, a responsabilidade civil do Estado depende necessariamente
(A) da comprovação de conduta comissiva dolosa ou omissiva culposa do agente público.
(B) do nexo de causalidade entre a ação ou omissão de seus agentes e o dano causado a terceiros.
(C) da prévia condenação do agente público em procedimento disciplinar.
(D) da comprovação da falha na prestação do serviço ou conduta dolosa do agente público.
(E) da omissão de agente público, consubstanciada na negligência na prestação do serviço.

A: incorreta, pois a responsabilidade do Estado, como regra, é objetiva, dependendo apenas de "conduta + dano + nexo de causalidade", não sendo necessário comprovar culpa ou dolo do agente (art. 37, § 6º, da CF); vale salientar que a responsabilidade do Estado por condutas omissivas é subjetiva, o que faz com que se tenha de demonstrar, além dos elementos citados, o elemento "serviço defeituoso", também chamado de "falta do serviço"; **B:** correta, pois, de fato, esses elementos são necessários; **C:** incorreta, pois a responsabilidade civil é totalmente independente da responsabilidade administrativa; **D:** incorreta, pois a comprovação da falha no serviço só é necessária no caso de omissões estatais, em que a responsabilidade é subjetiva; como regra, tem-se responsabilidade objetiva, pela qual não é necessário comprovar nem a falha no serviço, nem conduta culposa ou dolosa do agente público; **E:** incorreta, pois a omissão culposa do agente público só é pertinente quando se está analisando a responsabilidade subjetiva do Estado, que é exceção; como regra, tem-se a responsabilidade objetiva, que só requer "conduta + dano + nexo de causalidade".

Gabarito "B"

11.17.3. Responsabilidade do agente público, ação de regresso e denunciação da lide

(Magistratura/GO – 2015 – FCC) Suponha que um servidor público tenha cometido erro na alimentação do sistema informatizado de distribuição de ações judiciais, o que levou a constar, equivocadamente, a existência de antecedente criminal para determinado cidadão. Essa situação gerou prejuízos concretos para o cidadão, que foi preterido em processo de seleção para emprego de vigilante e também obrigado a desocupar o quarto na pensão onde residia. Diante dessa situação, referido cidadão

(A) possui direito de obter indenização do servidor pelos prejuízos suportados, independentemente de comprovação de dolo ou culpa, em caráter subsidiário à responsabilidade objetiva do Estado.

(B) possui direito de obter do Estado a indenização pelos danos materiais e morais sofridos, condicionado à comprovação da culpa *in elegendo ou in vigilando* da Administração.

(C) poderá acionar judicial ou administrativamente o servidor que cometeu a falha, o qual possui responsabilidade objetiva pelos prejuízos comprovados.

(D) possui direito de ser indenizado pelo Estado pelos prejuízos decorrentes da conduta do servidor público, independentemente da comprovação de dolo ou culpa deste.

(E) poderá demandar, administrativa ou judicialmente, o Estado e o servidor, que possuem responsabilidade pelos danos causados por ação ou omissão, respondendo o Estado em caráter subsidiário em relação ao servidor.

A, C e E: incorretas; primeiro porque o STF não admite que se ingresse com ação indenizatória diretamente contra o agente público por atos praticados por esse no âmbito de sua atuação nessa qualidade, seja de forma subsidiária ou, devendo o interessado acionar diretamente o Estado e mais nada poderá fazer; segundo porque os agentes públicos respondem por atos praticados nessa qualidade (em ação regressiva do Estado) apenas quanto atuar com culpa ou dolo; **B:** incorreta, pois a responsabilidade do Estado é objetiva (art. 37, § 6º, da CF), não dependendo, portanto, de comprovação de culpa ou dolo; **D:** correta, pois a responsabilidade do Estado é objetiva (art. 37, § 6º, da CF), não dependendo portanto de comprovação de culpa ou dolo.

Gabarito "D"

(Procurador do Município – São Paulo/SP – 2014 – VUNESP) Considerando o servidor público que teve seu ato de aposentadoria publicado, mas que não teve conhecimento e continua trabalhando, causando dano a terceiros, no que diz respeito à responsabilidade civil da Administração, assinale a alternativa correta.

(A) Não há responsabilidade por não ser o autor mais servidor público.

(B) Não há responsabilidade, pois se trata de usurpação de função.

(C) Há responsabilidade, por manter o servidor aparência de agente público de fato.

(D) Há responsabilidade, uma vez que é servidor enquanto não deixar o cargo.

(E) Há responsabilidade, por equivaler à teoria da culpa anônima por falta de serviço.

Há responsabilidade estatal, aplicando-se a teoria da aparência, já que o servidor atua em situação de aparência de legalidade, não se tendo como exigir que o prejudicado tivesse ciência de que não se tratava de um agente público de direito, mas sim de um mero agente público de fato.

Gabarito "C"

(Magistratura/RJ – 2011 – VUNESP) Leia as afirmações e assinale a alternativa correta.

(A) A reparação do dano causado pela Administração a terceiros obtém-se amigavelmente ou por meio da ação de indenização, e, uma vez indenizada a lesão da vítima, fica a entidade pública com o direito de voltar-se contra o servidor culpado para haver dele o despendido, por meio da Ação Regressiva.

(B) A condenação criminal não produz efeitos no processo civil e administrativo, na medida em que não faz coisa julgada relativamente à culpa do agente público.

(C) A Ação Regressiva destinada à reparação patrimonial transmite-se aos herdeiros e sucessores do servidor culpado, entretanto, não poderá ser instaurada após a cessação do exercício no cargo ou na função, por disponibilidade, aposentadoria, exoneração ou demissão.

(D) Mesmo que evidenciada a culpabilidade da vítima, subsiste a responsabilidade objetiva da Administração.

A: correta; apesar de raramente a Administração fazer esse tipo de acordo com a vítima antes de ela entrar com ação indenizatória, o fato é que isso é possível e deveria acontecer mais; em seguida ao pagamento de indenização à vítima, a Administração deve atuar regressivamente em face do servidor público que tiver agido com culpa ou dolo (art. 37, § 6º, da CF); **B:** incorreta, pois a condenação criminal põe fim à dúvida quando a prática do ato julgado na ação penal; já a absolvição penal só repercutirá nas esferas administrativa e civil se negar a existência do fato ou a sua autoria; **C:** incorreta, pois não há impedimento legal à instauração da ação regressiva após a cessação do exercício no cargo ou na função pelos motivos citados; **D:** incorreta, pois se a culpa for exclusivamente da vítima, o Estado não responderá.

Gabarito "A"

(Auditor Fiscal do Trabalho – 2010 – ESAF) Um funcionário público federal, titular do cargo de motorista, estava dirigindo um veículo oficial, em serviço, quando, por imprudência, colidiu-o contra uma árvore, danificando-o. Neste caso:

I. deverá ressarcir o dano causado ao patrimônio público.
II. deverá ser responsabilizado por ato de improbidade administrativa porque causou lesão ao erário.
III. não poderá valer-se da faculdade prevista no art. 46 da Lei 8.112/1990 (pagamento parcelado, mediante desconto em folha de pagamento) porque agiu com imprudência.
IV. somente estará obrigado a ressarcir o dano causado ao patrimônio público se for condenado judicialmente a fazê-lo.
V. o dever de indenizar poderá ser apurado na via administrativa.

Estão corretas:
(A) apenas as afirmativas I, II, III e IV.
(B) apenas as afirmativas I, II, III e V.
(C) apenas as afirmativas I e V.
(D) apenas as afirmativas I, III e IV.
(E) apenas as afirmativas I, III e V.

I: correta (art. 122 da Lei 8.112/1990); II: incorreta, pois, apesar de a improbidade administrativa por prejuízo ao erário se configurar por ato culposo ou doloso (art. 10 da Lei 8.429/1992), o fato narrado não afeta o bem jurídico protegido pela Lei de Improbidade; III: incorreta, pois o art. 46 não traz limitação nesse sentido, até porque o servidor só é obrigado a ressarcir o erário quando agir com culpa ou dolo; IV: incorreta, pois o dever de ressarcir decorre da própria lei (arts. 121 e 122 da Lei 8.112/1990); no entanto, caso o agente público não aceite o desconto em folha, o Poder Público deverá acioná-lo, ingressando com ação de cobrança; V: correta, pois o dever de indenizar pode e deve ser apurado administrativamente, mas a cobrança deve ser judicial, caso o agente público não aceite o desconto em folha de pagamento.
Gabarito "E"

11.17.4. Responsabilidade das concessionárias de serviço público

(Ministério Público/SC – 2010) Em atenção à teoria da responsabilidade civil da Administração, analise as seguintes assertivas:
I. A responsabilidade civil das pessoas jurídicas de direito privado prestadoras de serviço público é objetiva relativamente a terceiros usuários, e não usuários do serviço.
II. O servidor público causador do dano apenas responderá perante a Fazenda Pública, por dano causado a terceiro, em ação regressiva, desde que tenha ocorrido a sua denunciação à lide no processo principal.
III. Quando demandado regressivamente, o agente causador do prejuízo responderá de forma objetiva perante a Administração Pública.
IV. As ações de ressarcimento propostas pela Fazenda Pública em face do agente causador do dano são imprescritíveis.
V. Em face dos prejuízos causados a particulares, as empresas privadas prestadoras de serviços públicos submetem-se às mesmas regras de responsabilidade civil aplicáveis aos entes públicos.

De acordo com a Constituição da República:

(A) Apenas as assertivas II, III e IV estão corretas.
(B) Apenas as assertivas I, III, IV e V estão corretas.
(C) Todas as assertivas estão corretas.
(D) Apenas as assertivas I, IV e V estão corretas.
(E) Apenas as assertivas II, III e V estão corretas.

I: correta, estando a questão pacificada hoje no STF; II: incorreta, pois o Estado poderá exercer seu direito de regresso em ação autônoma, pois se trata de um direito constitucional previsto no art. 37, § 6º, da CF, não sendo possível qualquer restrição a esse direito; III: incorreta, pois o agente público só responde regressivamente se tiver agido com culpa ou dolo, conforme o texto do próprio art. 37, § 6º, da CF; IV: correta, conforme interpretação que o STF tem feito do art. 37, § 5º, da CF; V: correta, pois tantos as pessoas jurídicas de direito público, como as pessoas jurídicas de direito privado prestadoras de serviço público respondem objetivamente, nos termos do art. 37, § 6º, da CF.
Gabarito "D"

(Defensor Público/GO – 2010 – I. Cidades) Em um serviço público de transporte de passageiros, veio um passageiro a ser jogado para fora do ônibus em uma curva, e, além de se machucar gravemente, veio a atingir uma outra pessoa, transeunte, que também sofreu graves lesões. Na ação a ser movida pelo passageiro contra o Estado
(A) o usuário é quem deve acionar o Estado, não tendo direito a isto o terceiro que foi lesado em decorrência do evento originário.
(B) a responsabilidade do Estado será subjetiva para o terceiro, e objetiva para o usuário do serviço público.
(C) o Estado responderá civilmente, mas subjetivamente, por causa da presença do terceiro que está fora da relação tática original.
(D) o terceiro somente tem direito a indenização do usuário, e este do Estado.
(E) a responsabilidade do Estado será objetiva para os dois casos.

O STF vinha entendendo que a responsabilidade objetiva dos concessionários (prevista no art. 37, § 6º, da CF) só existe em relação ao usuário do serviço, e não em relação a terceiro não usuário do serviço, que sofre dano no contexto da prestação de um serviço público. O terceiro deveria buscar responsabilização da concessionária com fundamento em outras regras jurídicas. No entanto, houve mudança na orientação jurisprudencial, para admitir a responsabilidade objetiva também em favor do não usuário do serviço público. Confira: "A responsabilidade civil das pessoas jurídicas de direito privado prestadoras de serviço público é objetiva relativamente a terceiros usuários e não usuários do serviço, segundo decorre do art. 37, § 6º, da Constituição Federal. II - A inequívoca presença do nexo de causalidade entre o ato administrativo e o dano causado ao terceiro não usuário do serviço público, é condição suficiente para estabelecer a responsabilidade objetiva da pessoa jurídica de direito privado." (STF, RE 591874). O STF passou a entender que a expressão "terceiros", contida no dispositivo constitucional citado, inclui os terceiros não usuários do serviço público. Primeiro porque não há restrição redacional nesse sentido, não se podendo fazer interpretação restritiva do dispositivo constitucional. Segundo porque a Constituição, interpretada à luz do princípio da isonomia, não permite que se faça qualquer distinção entre os chamados "terceiros", usuários e não usuários do serviço público, uma vez que todos podem sofrer dano em razão da ação administrativa estatal. Terceiro porque os serviços públicos devem ser prestados de forma adequada e em caráter geral, estendendo-se, indistintamente, a todos os cidadãos, beneficiários diretos ou indiretos da ação estatal. Assim, a alternativa "E" está correta.
Gabarito "E"

(Procurador do Estado/RO – 2011 – FCC) Desgovernado, o ônibus de uma concessionária de transporte intermunicipal de passageiros, acabou por atropelar um pedestre, sendo que ambos – ônibus e pedestre – trafegavam por estrada federal. Nessa situação, constata-se a responsabilidade

(A) subjetiva direta da concessionária, sendo que a ação de reparação de danos deve ser proposta no prazo de cinco anos a partir do evento danoso.

(B) objetiva direta do Estado-concedente, sendo que a ação de reparação de danos deve ser proposta no prazo de cinco anos a partir do evento danoso.

(C) objetiva direta da concessionária, sendo que a ação de reparação de danos deve ser proposta no prazo de três anos a partir do evento danoso.

(D) objetiva subsidiária da União, titular da estrada federal em que ocorreu o acidente, sendo que a ação de reparação de danos deve ser proposta no prazo de três anos a partir do evento danoso.

(E) objetiva direta da concessionária, sendo que a ação de reparação de danos deve ser proposta no prazo de cinco anos a partir do evento danoso.

Trata-se de responsabilidade objetiva, pois a empresa de ônibus é uma pessoa jurídica de direito privado prestadora de serviço público (art. 37, § 6º, da CF). A ação deve ser promovida no prazo de 5 anos, por ser a vítima consumidor equiparado (arts. 17 e 27 do CDC). Além disso, há outra lei específica que reafirma esse prazo de cinco anos, que é a Lei 9.494/1997, que estabelece que "Prescreverá em cinco anos o direito de obter indenização dos danos causados por agentes de pessoas jurídicas de direito público e de pessoas jurídicas de direito privado prestadoras de serviços públicos" (art. 1º-C).
Gabarito "E"

Determinada empresa privada, concessionária de serviço público, por falha técnica em sua prestação. faz faltar o serviço a certos usuários. Estes, considerando-se prejudicados em seu direito de receberem o serviço, procuram partido político, que ajuíza mandado de segurança coletivo, com o objetivo de obter indenização, por parte da empresa concessionária, aos usuários lesados, garantindo-se, por ordem judicial, que não haja futuras interrupções no serviço em questão.

(Procurador Federal – 2010 – CESPE) Julgue os seguintes itens, que versam sobre responsabilidade civil do Estado.

(1) As ações de reparação de dano ajuizadas contra o Estado em decorrência de perseguição, tortura e prisão, por motivos políticos, durante o Regime Militar não se sujeitam a qualquer prazo prescricional.

(2) A responsabilidade civil objetiva da concessionária de serviço público alcança também não usuários do serviço por ela prestado.

1: correta, nos termos da jurisprudência do STJ: "Processual civil – Administrativo – Indenização – Reparação de danos morais – Regime militar – Perseguição e prisão por motivos políticos – Imprescritibilidade – Dignidade da pessoa humana – Inaplicabilidade do art. 1º do Decreto 20.910/1932 – Responsabilidade civil do Estado – Danos morais – Indenização." (REsp 1085358/PR, rel. Min. Luiz Fux, 1.ª Turma, julgado em 23.04.2009, DJe 09.10.2009); **2:** correta, tendo o STF mudado seu entendimento a respeito do assunto; assim, hoje, o STF entende que são beneficiários da responsabilidade objetiva das concessionárias de serviço público não só os usuários do serviço (ex.: passageiro de um ônibus que se acidenta), como também os não usuários do serviço (ex.: alguém que não é passageiro do ônibus, mas que estava caminhando ou andando de bicicleta quando do acidente no primeiro, vindo a sofrer danos por conta do evento); *vide*, a respeito, o RE 591.874/MS, j. 26.08.2009).
Gabarito 1C, 2C

11.17.5. Responsabilidade por atos legislativos e judiciais

(Defensor Público/GO – 2010 – I. Cidades) Considerando a jurisprudência do Supremo Tribunal Federal, acerca da responsabilidade objetiva do Estado, está correta a seguinte proposição:

(A) A responsabilidade objetiva do Estado não se aplica aos atos de juízes, salvo os casos expressamente previstos em lei.

(B) A legitimidade passiva concorrente do agente público é admitida, na ação movida com fundamento na responsabilidade civil objetiva estatal.

(C) A Constituição da República dispõe expressamente que os serviços notariais e de registro são exercidos em caráter privado, daí não se admitir responsabilidade do Estado por atos de tabelionato.

(D) A jurisprudência exige, para a configuração da responsabilidade objetiva do Estado, que o ato praticado seja ilícito.

(E) A natureza da conduta administrativa - comissiva ou omissiva -, não importa para a configuração da responsabilidade objetiva do Estado.

A: correta, valendo salientar que, em casos como de erro judiciário, dolo, fraude, recusa, omissão ou retardamento injustificado do juiz (art. 133 do CPC; art. 143 do NCPC), caberá responsabilidade estatal por ato do juiz; **B:** incorreta, pois o STF entende que a vítima só pode entrar com ação contra o Estado, não podendo ingressar diretamente contra o agente público; assim, não cabe a responsabilidade *"per saltum"* da pessoa natural do agente público (STF, RE 327.904, rel. Min. Carlos Brito, j. em 15.08.2006 – Informativo 436), devendo o juiz julgar extinta, por ilegitimidade de parte, eventual ação promovida pelo terceiro lesado em face do agente público; **C:** incorreta, pois o tabelião responde objetivamente e o Estado também responde objetivamente, ainda que haja decisões do STJ que entendem que se deve acionar primeiro o registrador ou notário, acionando-se o Estado subsidiariamente (STJ, REsp 1163652/PE, DJ 01.07.2010); **D:** incorreta, pois não se discute, na responsabilidade objetiva do Estado, culpa ou dolo, ou seja, se houve ou não prática de ato ilícito; **E:** incorreta, pois, nas condutas omissivas, a responsabilidade do Estado é subjetiva, ao passo que nas condutas comissivas, é objetiva; vale ressaltar que o STF tem decisão no sentido de que a responsabilidade estatal por *atos omissivos* **específicos** é objetiva; um exemplo de caso de omissão específica do Estado é a agressão física a aluno por colega, em escola estadual, hipótese em que a responsabilidade estatal será objetiva, com base na Teoria do Risco Administrativo (STF, ARE 697.326 AgR/RS, DJ 26.04.2013); não se pode confundir uma *conduta omissiva genérica* (ex: o Estado não conseguir evitar todos os furtos de carros), com uma *conduta omissiva específica* (ex: o Estado ter o dever de vigilância sobre alguém e não evitar o dano); no primeiro caso, o Estado responde *subjetivamente*, só cabendo indenização se ficar provado que o serviço foi defeituoso (ex: um policial presencia um furto e nada faz); no segundo caso, o Estado responde *objetivamente*, não sendo necessário perquirir sobre se o serviço estatal foi ou não defeituoso
Gabarito "A"

(Analista – TRF/4ª – 2010 – FCC) Em matéria de responsabilidade civil da Administração Pública, é correto afirmar:

(A) A responsabilidade civil prevista constitucionalmente, seja por ação ou por omissão, está fundada na Teoria do Risco Integral.

(B) Os atos jurisdicionais são absolutamente isentos de responsabilidade civil.

(C) A responsabilidade civil da Administração é do tipo subjetiva se o dano causado decorre só pelo fato ou por má execução da obra.

(D) Os atos legislativos, em regra, não acarretam responsabilidade extracontratual do Estado.

(E) A reparação do dano causado pela Administração ao particular deve ser sempre por meio judicial, vedada a forma amigável.

A: incorreta, pois adotamos a Teoria do Risco Administrativo, que admite excludentes de responsabilidade, e não a Teoria do Risco Integral, que não admite excludentes; **B:** incorreta, pois é possível a responsabilização estatal por ato judicial em caso de erro judiciário, prisão além do tempo fixado em decisão judicial e fraude ou dolo do juiz; **C:** incorreta, pois, no caso de conduta comissiva, como é o mencionado na alternativa, a responsabilidade do Estado é objetiva; **D:** correta, só havendo responsabilização por ato legislativo em caso de lei de efeito concreto ou declarada inconstitucional; **E:** incorreta, pois nada impede que haja composição extrajudicial entre o lesado e a Administração.

Gabarito "D".

Licitação Pública 12

12.1. FINALIDADES OU OBJETIVOS

A Administração Pública, para cumprir suas tarefas, **precisa realizar muitos contratos**. A maior parte deles envolve **aquisição** de bens, serviços e obras. Mas há também situações em que a Administração **aliena** bens ou faz **permissões e concessões**.

No entanto, é fundamental que a Administração Pública, previamente à contratação, siga um procedimento destinado a preservar certos princípios. Esse procedimento tem o nome de **licitação**.

A Lei 8.666/1993, em sua redação original, dispunha que a licitação tinha por finalidade atender aos seguintes objetivos (art. 3º, *caput*): a) garantir a observância do princípio da **isonomia**; b) garantir a seleção da proposta **mais vantajosa** para a administração.

A simples existência de um processo de licitação já evita que interessados em contratar com a Administração Pública sejam excluídos dessa possibilidade, o que preserva o princípio da igualdade. Além disso, a existência de concorrência entre interessados, por si só, já é capaz de obrigá-los a formular a mais vantajosa proposta possível, o que atende ao princípio da indisponibilidade do interesse público.

Mas como tais finalidades da licitação devem ser buscadas da maneira mais efetiva possível, não basta que a licitação seja procedimento obrigatório para contratações da Administração Pública. É necessário, também, que todas as regras do procedimento sejam direcionadas ao máximo atendimento desses objetivos.

Um exemplo de regra que visa a garantir o princípio da isonomia é a que veda a criação de requisitos de habilitação que não estejam dispostos no art. 27 e seguintes da Lei 8.666/1993.

Um exemplo de regra que visa a garantir a proposta mais vantajosa para a Administração é a que estabelece, na modalidade pregão, que os licitantes, depois de apresentadas suas propostas, terão oportunidade de fazer lances verbais com vistas a se chegar a melhor proposta possível (art. 4º, VIII, da Lei 10.520/2002).

A Lei 12.349/2010 alterou o art. 3º, *caput*, da Lei 8.666/1993, criando uma terceira finalidade para a licitação, qual seja: promover o **desenvolvimento nacional sustentável**.

Exemplo de regra que visa a promover o desenvolvimento nacional sustentável é a que estabelece que, em caso de empate, terão preferência as propostas relativas a bens e serviços produzidos no País (art. 3º, § 2º, II, da Lei 8.666/1993).

Em resumo, a licitação tem três finalidades: a) garantir a isonomia; b) garantir a proposta mais vantajosa para a administração; c) promover o desenvolvimento nacional sustentável.

12.2. LEGISLAÇÃO

A **regra-matriz** da licitação encontra-se no art. 37, XXI, da Constituição Federal, *in verbis*: "ressalvados os casos especificados na legislação, as obras, serviços, compras e alienações serão contratados mediante processo de licitação pública que assegure igualdade de condições a todos os concorrentes, com cláusulas que estabeleçam obrigações de pagamento, mantidas as condições efetivas da proposta, nos termos da lei, o qual somente permitirá as exigências de qualificação técnica e econômica indispensáveis à garantia do cumprimento das obrigações"

Repare que a regra-matriz traz, pelo menos, os seguintes princípios licitatórios:

a) princípio da obrigatoriedade da licitação, pelo qual qualquer contrato deve ser por ela precedido, ressalvados os casos especificados na lei;

b) princípio da isonomia, pelo qual se deve assegurar "igualdade de condições a todos os concorrentes", bem como só se permitirá exigências de qualificação "indispensáveis à garantia do cumprimento das obrigações", de modo a garantir que interessados na licitação não sejam excluídos sem justa causa;

c) princípio da indisponibilidade, pelo qual só se permitirá exigências de qualificação "indispensáveis à garantia do cumprimento das obrigações", o que garante o maior número possível de licitantes, medida que tende a fazer com que haja maior concorrência e, consequentemente, melhores propostas;

d) princípio da proporcionalidade, também decorrente da ideia de que só se permitirá exigências de qualificação "indispensáveis à garantia do cumprimento das obrigações", o que faz com a Administração não faça exigências que não sejam estritamente necessárias para cumprir as finalidades do processo de licitação;

e) princípio do devido procedimento administrativo, pelo qual as contratações da Administração devem ser feitas mediante *processo* de licitação pública, o que faz com que fique reduzida a discricionariedade da Administração, que deve seguir ritos e regras previstos em lei.

Uma vez estabelecida a regra-matriz da licitação, a Constituição Federal tratou de dispor sobre quem tem **competência para legislar** nessa matéria. Nesse sentido, o art. 22, XXVII, da CF estabelece que compete privativamente à União legislar sobre "normas gerais de licitação e contratação, em todas as modalidades, para as administrações públicas diretas, autárquicas e fundacionais da União, Estados, Distrito Federal e Municípios, obedecido o disposto no art. 37, XXI, e para as empresas públicas e sociedades de economia mista, nos termos do art. 173, § 1º, III".

Assim, a CF elegeu a **União** como responsável, privativamente, pela edição de **normas gerais** sobre licitação.

Normas gerais sobre licitação *são aquelas que tratam de questões que reclamam tratamento homogêneo em todo o País*. Já as **normas especiais** sobre licitação *são aquelas que tratam de questões que requerem tratamento peculiar no âmbito do ente local ou aquelas que envolvam a operacionalização da aplicação da lei geral no ente local.*

Argumentando ofensa à competência da União, o STF entendeu inconstitucional uma lei do Distrito Federal que criava, no âmbito da licitação, restrições a empresas que discriminarem na contratação de mão de obra (ADI 3.670, DJ 18.05.2007). O Pretório Excelso também entendeu inconstitucional lei do estado do Rio Grande do Sul que criava, também no âmbito da licitação, preferência a licitantes que usassem softwares livres ou sem restrições proprietárias (ADI 3.059, DJ 20.08.2004).

Por outro lado, na ADI 927, o STF entendeu que as disposições da Lei 8.666/1993 que tratam da doação de bem imóvel e da permuta de bem móvel têm aplicação apenas à União, já que as questões relativas ao destino de bens públicos estão ligadas ao autogoverno dos demais entes políticos quanto ao seu patrimônio público, envolvendo questão de interesse local a justificar certas normas especiais por parte destes.

Outra decisão do STF a favor de lei local considerada constitucional em face da competência da União para editar normas gerais sobre licitação foi a que aprovou legislação municipal que proibia agentes políticos e seus parentes de contratar com o município. Asseverou-se que, diante das leis gerais da União, estados e municípios podem legislar para complementar tais normas e adaptá-las às suas realidades. O STF também assentou que a referida norma municipal foi editada com base no art. 30, II, da CF, e em homenagem aos princípios da impessoalidade e moralidade administrativa, bem como com prevenção a eventuais ao interesse público e ao patrimônio do município, sem restringir a competição entre os licitantes (RE 423560/M, j. 29.05.2012).

Outro ponto importante sobre o disposto no art. 22, XXVII, da CF é o fato de ter sido feita uma ressalva para as empresas públicas e sociedades de economia mista, que deveriam obedecer ao art. 173, § 1º, III, da CF, introduzida pela EC 19/1998.

Esse dispositivo tem o seguinte teor: "§ 1º A lei estabelecerá o estatuto jurídico da empresa pública, da sociedade de economia mista e de suas subsidiárias que explorem atividade econômica de produção ou comercialização de bens ou de prestação de serviços, dispondo sobre: (...) III – licitação e contratação de obras, serviços, compras e alienações, observados os princípios da administração pública."

Repare que a Constituição admitiu que pudesse haver uma lei paralela tratando da licitação e contratação por parte de empresas públicas exploradoras de atividade econômica (produção, comércio e prestação de serviços). Essa lei, que deverá ser ordinária e federal, tem uma única condicionante: deve estabelecer as regras do certame observando os princípios da administração pública.

No entanto, enquanto essa lei não vem, entende-se que tais pessoas jurídicas têm que realizar licitação nos termos da Lei 8.666/1993, ressalvadas as hipóteses em que ela não atenda ao *pressuposto jurídico* – de ser conveniente ao interesse público – como no caso em que tais entidades, em sua atuação no mercado, desejem fazer contratos ligados à sua atividade-fim e a realização da licitação possa comprometer as atividades da estatal, impedindo que ela atue no mercado em condições paritárias com as demais empresas.

A própria Lei 8.666/1993, em seu art. 17, II, "e", estabelece que é dispensada a licitação na venda de bens móveis produzidos ou comercializados por órgãos ou entidades da Administração, em virtude de suas finalidades.

De qualquer forma, fica a notícia de que, enquanto não editada a lei referida, as empresas estatais exploradoras de atividade econômica em sentido estrito devem fazer licitação com base na Lei 8.666/1993, com a ressalva sobre os contratos relativos à sua atividade-fim e sobre o caso da Petrobras, que ainda não têm posição definitiva no STF.

O caso da Petrobras diz respeito ao art. 67 da Lei 9.478/1997, que estabelece que "os contratos celebrados pela PETROBRAS, para aquisição de bens e serviços, serão precedidos de procedimento licitatório simplificado, a ser definido em decreto do Presidente da República".

Esse decreto foi editado (Decreto 2.745/1998). Entendemos que se trata de decreto inconstitucional, pois o art. 173, § 1º, III, da CF é claro ao dispor que somente uma lei poderá estabelecer regras sobre a licitação de empresas estatais exploradoras de atividade econômica.

Todavia, o STF, nas poucas decisões dadas a respeito, demonstra que tende a fixar entendimento no sentido da validade do referido decreto. *Vide* os seguintes casos: AC 1.193, RE 441.280, MS 25.888 e MS 27.837.

O art. 175 da CF também trata do instituto da licitação quando dispõe que a concessão e a permissão de serviços públicos devem se dar "sempre através de licitação".

Resta, agora, tecer umas palavras sobre a licitação na legislação infraconstitucional.

Nesse sentido, confira as principais leis que fazem referência ao instituto:

a) Lei 8.666/1993, a mais importante delas, traz normas gerais sobre licitações e contratos da Administração Pública;

b) Lei 10.520/2002, que trata da licitação na modalidade pregão; o Decreto 3.555/2000 regulamenta o procedimento do pregão na esfera federal; o Decreto 5.450/05 define o procedimento a ser adotado no pregão eletrônico;

c) Lei Complementar 123/2006, que, em seus arts. 42 a 49-A, contém normas sobre licitação, favorecendo as microempresas e empresa de pequeno porte;

d) Lei 12.462/2011, que institui o Regime Diferenciado de Contratações Públicas – RDC;

e) Lei 11.488/2007, que, em seu art. 34, determina a aplicação da Lei Complementar 123/2006 às sociedades cooperativas;

f) Lei 8.987/1995, que trata da permissão e concessão de serviço público, inclusive quanto à licitação cabível à espécie;

g) Lei 11.079/2004, que trata das parcerias público-privadas, inclusive quanto à licitação cabível à espécie;

h) Lei 12.232/2010, que trata da licitação quanto aos contratos de serviços de publicidade;

i) Lei 9.472/1997, que estabelece novas modalidades licitatórias para a ANATEL, o pregão e a consulta (art. 54);

j) Lei 9.648/1998, que dispensa a licitação para a celebração de contratos de prestação de serviços com as organizações sociais;

k) Lei 11.107/2005 que, regulamentando os consórcios públicos, dobra o limite de valor para a contratação direta por essas entidades;

l) Lei 13.019/2014, com as alterações feitas promovidas pela Lei 13.204/2015, que, ao regulamentar a celebração de parcerias com organizações da sociedade civil, regulamenta o processo seletivo denominado "chamamento público", que tem por finalidade escolher a entidade que celebrará o respectivo termo de colaboração ou termo de fomento.

12.3. PRINCÍPIOS DA LICITAÇÃO

O art. 3º da Lei 8.666/193 estabelece os seguintes princípios da licitação: a) legalidade; b) impessoalidade; c) moralidade; d) igualdade; e) publicidade; f) probidade administrativa; g) vinculação ao instrumento convocatório; h) do julgamento objetivo; e e) os princípios correlatos.

Para guardar, lembre-se de que há quatro princípios da Administração (legalidade, impessoalidade, moralidade e publicidade) mais os seguintes: igualdade (que já está no conceito de impessoalidade), probidade (que já está no conceito de moralidade), vinculação ao instrumento convocatório e julgamento objetivo. O princípio da eficiência não está expresso no art. 3º da Lei 8.666/1993, mas, naturalmente, aplica-se à licitação, já que está expresso na Constituição Federal (art. 37, *caput*).

O princípio da **legalidade** impõe que a Administração só faça, numa licitação, o que a lei determina ou autoriza. Assim, não pode a Administração desconsiderar o disposto na Lei 8.666/1993, criando, por exemplo, novas regras sobre dispensa de licitação, modalidades de licitação novas, tipos de licitação novos, dentre outras.

O princípio da **impessoalidade** impõe que a Administração trate os licitantes de modo igualitário, não promovendo perseguições ou favorecimentos indevidos. Esse princípio também impõe que seja respeitado o princípio da finalidade, o que faz com que a licitação não possa ser utilizada para outras finalidades que não as três que o instituto tem, quais sejam, garantir a isonomia, garantir a proposta mais vantajosa para a Administração e promover o desenvolvimento nacional sustentável.

O princípio da **igualdade**, contido no princípio da impessoalidade, tem efeito relevante no que diz respeito às restrições que a Administração faz a que certas pessoas contratem com ela. Ademais, o princípio também incide quando a Administração quer ter direitos adicionais aos que já estão estipulados como cláusulas exorbitantes. Por conta disso, a Administração não pode inventar novas cláusulas exorbitantes que não estejam expressamente permitidas em lei, sob pena de ferir não só o princípio da legalidade como também o da igualdade. Há casos, todavia, em que é possível restringir a participação de certas pessoas em procedimentos licitatórios, das cooperativas na licitação para a contratação de prestação de serviços com locação de mão de obra, quando o trabalho, por sua natureza, demandar necessidade de subordinação, ante os prejuízos que podem advir para a Administração Pública caso o ente cooperativo se consagre vencedor no certame e não cumpra suas obrigações (REsp 1.204.186, DJ 29.10.2012).

Os princípios da **moralidade** e da **probidade** impõem que a Administração Pública aja sempre de forma honesta, proba, leal e de boa-fé. O princípio impede, por exemplo, que haja favorecimento indevido a algum licitante, o que também é vedado pela aplicação do princípio da impessoalidade. Impede, também, que a Administração se valha de sua condição privilegiada para fazer exigências indevidas do licitante ou contratante. Certa vez tomei conhecimento de uma situação em que um órgão público, que deixou em aberto vários pagamentos a uma empresa fornecedora, condicionou a emissão de um atestado de cumprimento da obrigação por parte desta para apresentar declaração dando por quitados todos os débitos dos órgãos públicos. No caso, a fornecedora acabou aceitando essa situação surreal, pois precisava desse atestado para participar de outro certame licitatório. A conduta da Administração Pública, no caso, foi lastimável e merece total reprovação, pois viola o princípio da boa-fé objetiva, corolário do princípio da moralidade.

O princípio da **publicidade** impõe uma série de providências em matéria de licitação. Uma delas é a exigência de que seja publicado em diário oficial e em jornal de grande circulação aviso contendo o resumo dos editais, inclusive com indicação de onde os interessados poderão ler seu texto integral (art. 21 da Lei 8.666/1993). Outra exigência é a de que todas as compras feitas pela Administração sejam objeto de publicidade em órgãos de divulgação ou em quadro de avisos de amplo acesso público (art. 16 da Lei 8.666/1993). As contratações sem licitação (licitação dispensada, dispensabilidade e inexigibilidade) também serão objeto de publicação na imprensa oficial, no prazo de 5 dias, como condição de eficácia dos atos (art. 26 da Lei 8.666/1993). Será obrigatória audiência pública nas licitações cujo valor estimado for superior a R$ 150 milhões (art. 39 da Lei 8.666/1993). Além disso, a publicação resumida do instrumento de contrato ou de seus aditamentos na imprensa oficial, que é condição indispensável para sua eficácia, será providenciada pela Administração até o quinto dia útil do mês seguinte ao de sua assinatura, para ocorrer no prazo de vinte dias daquela data, qualquer que seja seu valor, ainda que sem ônus (art. 61, parágrafo único, da Lei 8.666/1993). Atos que afetem direitos dos licitantes serão publicados na imprensa oficial, caso os prepostos destes não estiverem presentes nos atos respectivos (art. 109, § 1º, da Lei 8.666/1993). Os Tribunais de Contas e os órgãos integrantes do sistema de controle interno poderão solicitar para exame, até o dia imediatamente anterior à data do recebimento das propostas, cópia do edital de licitação já publicado (art. 113, § 2º, da Lei 8.666/1993). Os órgãos da Administração poderão expedir normas relativas aos procedimentos operacionais a serem observados na execução das licitações, no âmbito de sua competência, observadas as disposições da Lei 8.666/1993, sendo que tais normas, após aprovação da autoridade competente, deverão ser publicadas na imprensa oficial (art. 115 da Lei 8.666/1993). As sociedades de economia mista, empresas e fundações públicas e demais entidades controladas direta ou indiretamente pela União editarão regulamentos próprios devidamente publicados, ficando sujeitas às disposições da Lei 8.666/1993. Os regulamentos mencionados, no âmbito da Administração Pública, após aprovados pela autoridade de nível superior à que estiverem vinculados os respectivos órgãos, sociedades e entidades, deverão ser publicados na imprensa oficial (art. 119 da Lei 8.666/1993).

Em que pese todo esse dever de publicidade, na modalidade de licitação convite não será necessária a publicação de aviso do edital na imprensa e em jornal de grande circulação. Aliás, nessa modalidade de licitação sequer há edital. O que existe é a elaboração de uma carta-convite, que será enviada a pelo menos três fornecedores, convidando-os a participar de licitação e oferecer proposta para a Administração. A publicidade à qual se reduz esse convite é a publicação desse instrumento convocatório em local apropriado da Administração (art. 22, § 3º, da Lei 8.666/1993).

O princípio da **vinculação ao instrumento convocatório** determina que, além das disposições legais, a Administração deve seguir, rigorosamente, os termos do edital ou do convite. Assim, todas as disposições do instrumento convocatório têm de ser seguidas, sejam as que tratam dos requisitos de habilitação e dos critérios de julgamento da licitação, sejam as que tratam dos termos em que serão celebrados o futuro contrato administrativo. No mesmo sentido do princípio da vinculação ao instrumento convocatório estão também as regras da "vinculação ao termo que dispensou ou declarou inexigível a licitação" e da "vinculação à proposta do licitante vencedor", nos termos do art. 55, XI, da Lei 8.666/1993 ("a vinculação ao edital de licitação ou ao termo que a dispensou ou a inexigiu, ao convite e à proposta do licitante vencedor"). Um exemplo de aplicação desse princípio foi a decisão do STJ que manteve decisão administrativa de excluir licitante de certame licitatório em virtude de atraso de dez minutos após o horário previsto no edital para o início da sessão (REsp 421.946-DF).

O princípio do **julgamento objetivo** se dirige a dois momentos da licitação. Primeiro quanto à estipulação dos critérios de julgamento. Nesse sentido, o art. 40, VII, da Lei

8.666/1993 impõe que o edital indique, obrigatoriamente, critério de julgamento, com disposições claras e parâmetros objetivos. Segundo, quanto ao julgamento em si, que será feito em momento posterior. Nesse sentido, "no julgamento das propostas, a Comissão levará em consideração os critérios objetivos definidos no edital ou convite", sendo "vedada a utilização de qualquer elemento, critério ou fator sigiloso, subjetivo ou reservado que possa ainda que indiretamente elidir o princípio da igualdade entre os licitantes" (art. 44, § 1º, da Lei 8.666/1993). Ademais, "o julgamento das propostas será objetivo, devendo a Comissão de licitação ou o responsável pelo convite realizá-lo em conformidade com os tipos de licitação, os critérios previamente estabelecidos no ato convocatório e de acordo com os fatores exclusivamente nele referidos, de maneira a possibilitar sua aferição pelos licitantes e pelos órgãos de controle" (art. 45 da Lei 8.666/1993). A lei está tão preocupada com o dever de julgamento objetivo que há vários outros dispositivos reforçando a sua necessidade: arts. 30, § 8º, 31, §§ 2º e 5º, 42, § 5º, 46, § 1º, I, § 2º, I, e § 3º, todos da Lei 8.666/1993.

12.4. QUEM DEVE LICITAR?

O art. 1º, parágrafo único, da Lei 8.666/1993 responde à pergunta formulada neste item. Confira: "subordinam-se ao regime desta Lei, além dos órgãos da administração direta, os fundos especiais, as autarquias, as fundações públicas, as empresas públicas, as sociedades de economia mista e demais entidades controladas direta ou indiretamente pela União, Estados, Distrito Federal e Municípios".

Em resumo, pode-se dizer que estão sujeitos à Lei 8.666/1993 os seguintes entes:

a) os entes políticos (União, Estados, Distrito Federal e Municípios);

b) as pessoas jurídicas de direito público (autarquias, fundações públicas, agências reguladoras e associações públicas);

c) as pessoas jurídicas de direito privado estatais (empresas públicas, sociedades de economia mista, fundações privadas criadas pelo Estado e consórcios públicos de direito privado);

d) as entidades controladas direta ou indiretamente pelos entes políticos;

e) os fundos especiais.

Repare que as entidades paraestatais, ou seja, entidades não criadas pelos Estados, mas que atuam em atividades de utilidade pública, não têm o dever de licitar.

Assim, não são obrigadas a licitar as entidades do Sistema "S", as Organizações Sociais (OS) e as Organizações da Sociedade Civil de Interesse Público (OSCIPs). Nesse sentido, confira a seguinte decisão do Tribunal de Contas da União (TCU): "é assente que as entidades do Sistema 'S' não estão obrigadas a seguir rigorosamente os ditames da Lei 8.666/1993, todavia têm que observar os princípios constitucionais gerais da Administração Pública" (TCU, Acórdão 88/08, DOU 01.02.2008).

Apesar de tais entidades não precisarem fazer a licitação segundo a Lei 8.666/1993, elas devem fazer seus gastos observando, dentre outros, os princípios da impessoalidade, da moralidade e da eficiência.

A OAB também não tem o dever de licitar. Na ADI 3.026-4, o STF decidiu que a OAB não é uma autarquia especial e não integra a Administração Indireta como outro tipo de pessoa jurídica, de modo que não se sujeita ao controle estatal. Por outro lado, o STF reconhece que a OAB presta, sim, um serviço público. Na prática isso significa que a OAB, de um lado, não é obrigada a fazer concursos públicos, **licitações** e a se submeter à fiscalização do TCU e ao regime estatutário dos agentes públicos, podendo contratar pelo regime celetista. De outro, por ser um serviço público, a OAB pode fiscalizar os advogados e também tem direito a vantagens tributárias. Na ementa do acórdão, o STF deixa claro que a OAB não é integrante da Administração Indireta, tratando-se de uma figura ímpar no País, no caso, um Serviço Público Independente. O acórdão também conclui que a OAB não pode ser comparada às demais entidades de fiscalização profissional, pois não está voltada exclusivamente a finalidades corporativas, possuindo finalidade institucional.

12.5. CONTRATAÇÃO DIRETA

12.5.1. Pressupostos da licitação

A Constituição Federal estabelece que a Administração deve, como regra, contratar apenas mediante licitação (art. 37, XXI, da CF). Todavia, o próprio dispositivo citado admite que a lei preveja situações em que a contratação poderá ser direta, ou seja, sem licitação.

Nesse sentido, a doutrina aponta os pressupostos para que a licitação se dê. Confira:

a) **pressuposto lógico:** para que seja possível a realização da licitação, deve existir pluralidade de objetos e de ofertantes; caso o objeto seja singular ou o fornecedor seja exclusivo, estará inviabilizada a licitação;

b) **pressuposto jurídico:** também será necessário que a realização da licitação seja conveniente ao interesse público. Ex.: não é de interesse público que o Estado que tenha uma empresa de Imprensa Oficial faça licitação para que seja escolhida outra empresa para publicar seu Diário Oficial, devendo contratar diretamente com aquela;

c) **pressuposto fático:** não fará sentido fazer-se a licitação acaso não compareça nenhum interessado.

12.5.2. Grupos de contratação direta

Há três grupos de contratação direta. Confira:

a) **licitação dispensada (art. 17):** relativa à alienação de bens públicos; a lei traz um rol taxativo desses casos; não há discricionariedade para a Administração, que, nos casos indicados, não deve fazer licitação;

b) **dispensa de licitação (art. 24):** o art. 24 traz os casos em que daria para fazer a licitação, mas a lei autoriza sua não realização; trata-se de rol taxativo de casos de dispensa; há discricionariedade para a Administração decidir se vai ou não realizar a licitação no caso concreto; a lei faculta a dispensa, sem obrigar que a Administração não realize a licitação;

c) **inexigibilidade de licitação (art. 25):** o art. 25 estabelece que, quando a licitação é inviável ("não tem como ser feita"), é hipótese de sua inexigibilidade; tal dispositivo traz um rol de casos de inviabilidade, mas se trata de um rol exemplificativo; aqui não há discricionariedade para a Administração, que, nos casos de inviabilidade, não deve fazer licitação.

12.5.3. Licitação dispensada

O art. 17 da Lei 8.666/1993 prevê diversos casos de licitação dispensada, tema visto na matéria "bens públicos". De qualquer forma, vale fazer a lembrança de alguns casos.

Quanto aos **imóveis**, a alienação depende de interesse público, *autorização legislativa*, avaliação e licitação, dispensada esta na:

a) dação em pagamento;

b) doação para Administração ou para programas sociais;

c) investidura (alienação a proprietário lindeiro de área remanescente ou resultante de obra pública inaproveitável isoladamente).

Quanto aos **móveis**, a alienação depende de interesse público, avaliação e licitação, dispensada esta na doação social, na permuta entre órgãos da Administração e outros casos.

12.5.4. Dispensa de licitação

O art. 24 estabelece mais de 30 hipóteses de dispensa de licitação. Para facilitar a compreensão, classificaremos essas hipóteses em cinco grupos.

12.5.4.1. Em razão do valor (I e II)

a) contratos de até 10% do valor limite para o convite, ou seja:

R$ 15 mil para obras e serviços de engenharia;

R$ 8 mil para compras e serviços;

b) contratos de até 20% do valor limite para o convite, se feitos por consórcios públicos, empresas estatais e agências executivas (§ 1º do art. 24).

Obs.: não é possível o **fracionamento** de contratações que possam ser feitas de uma só vez, para que não haja violação reflexa da lei.

12.5.4.2. Em razão de situações excepcionais

a) em caso de **guerra** ou **grave perturbação da ordem** (III) – ex.: greve;

b) em caso de **calamidade pública** ou **emergência** (IV):

ex.: desmoronamento de uma ponte;

somente para os bens/serviços relacionados à urgência;

por, no máximo, 180 dias, vedada prorrogação do contrato;

c) em caso de **licitação deserta** (V):

caso não haja interessados à licitação e esta não possa ser repetida sem prejuízo, mantidas as condições do edital.

Obs.: não se deve confundir **licitação deserta** com **licitação fracassada**; na última, aparecem interessados, mas esses ou são inabilitados ou são desclassificados, não cabendo dispensa, mas concessão de prazo para os licitantes apresentarem nova documentação;

d) quando a União tiver que intervir no **domínio econômico** para regular preços ou normalizar o abastecimento (VI);

e) em caso de **rescisão contratual**, para conclusão do remanescente de obra; contrata-se o 2º melhor classificado nas condições oferecidas pelo vencedor do certame (XI).

12.5.4.3. Em razão do objeto

a) Para *compra* ou *locação* de **imóvel** pela Administração (X):

ex.: aluguel de imóvel para instalar um creche municipal;

imóvel destinado a finalidade precípua da Administração;

imóvel com instalação/localização ideais para Administração;

imóvel com valor compatível com o de mercado;

b) Para *aquisição* ou *restauração* de **obras de arte** e **objetos históricos** (XV):

desde que de autenticidade certificada;

desde que compatível com finalidade do órgão.

12.5.4.4. Em razão da pessoa

a) na contratação de **instituição brasileira** de pesquisa, ensino, desenvolvimento institucional ou recuperação de preso, **com** inquestionável reputação ético-profissional e **sem** fins lucrativos (XIII):

ex: contratação da FGV para uma consultoria;

b) na contratação de serviços de **organizações sociais** para atividades contempladas no contrato de gestão (XXIV).

12.5.4.5. Outros casos

VII. quando as propostas apresentadas consignarem preços manifestamente superiores aos praticados no mercado nacional, ou forem incompatíveis com os fixados pelos órgãos oficiais competentes, casos em que, observado o parágrafo único [§3º] do art. 48 da Lei 8.666/1993 e, persistindo a situação, será admitida a adjudicação direta dos bens ou serviços por valor não superior ao constante do registro de preços, ou dos serviços;

VIII. para a aquisição, por pessoa jurídica de direito público interno, de bens produzidos ou serviços prestados por órgão ou entidade que integre a Administração Pública e que tenha sido criado para esse fim específico em data anterior à vigência da Lei 8.666/1993, desde que o preço contratado seja compatível com o praticado no mercado;

IX. quando houver possibilidade de comprometimento da segurança nacional, nos casos estabelecidos em decreto do Presidente da República, ouvido o Conselho de Defesa Nacional;

XII. nas compras de hortifrutigranjeiros, pão e outros gêneros perecíveis, no tempo necessário para a realização dos processos licitatórios correspondentes, realizadas diretamente com base no preço do dia;

XVI. para a impressão dos diários oficiais, de formulários padronizados de uso da administração, e de edições técnicas oficiais, bem como para prestação de serviços de informática a pessoa jurídica de direito público interno, por órgãos ou entidades que integrem a Administração Pública, criados para esse fim específico;

XVII. para a aquisição de componentes ou peças de origem nacional ou estrangeira, necessários à manutenção de equipamentos durante o período de garantia técnica, junto ao fornecedor original desses equipamentos, quando tal condição de exclusividade for indispensável para a vigência da garantia;

XVIII. nas compras ou contratações de serviços para o abastecimento de navios, embarcações, unidades aéreas ou tropas e seus meios de deslocamento quando em estada eventual de curta duração em portos, aeroportos ou localidades diferentes de suas sedes, por motivo de movimentação operacional ou de adestramento, quando a exiguidade dos prazos legais puder comprometer a normalidade e os propósitos das operações e desde que seu valor não exceda ao limite previsto na alínea "a" do inciso II do art. 23 da Lei 8.666/1993;

XIX. para as compras de material de uso pelas Forças Armadas, com exceção de materiais de uso pessoal e administrativo, quando houver necessidade de manter a padronização requerida pela estrutura de apoio logístico dos meios navais, aéreos e terrestres, mediante parecer de comissão instituída por decreto;

XX. na contratação de associação de portadores de deficiência física, sem fins lucrativos e de comprovada idoneidade, por órgãos ou entidades da Administração Pública, para a prestação de serviços ou fornecimento de mão de obra, desde que o preço contratado seja compatível com o praticado no mercado;

XXI. para a aquisição ou contratação de produto para pesquisa e desenvolvimento, limitada, no caso de obras e serviços de engenharia, a 20% (vinte por cento) do valor de que trata a alínea "b" do inciso I do *caput* do art. 23;

XXII. na contratação de fornecimento ou suprimento de energia elétrica e gás natural com concessionário, permissionário ou autorizado, segundo as normas da legislação específica;

XXIII. na contratação realizada por empresa pública ou sociedade de economia mista com suas subsidiárias e controladas, para a aquisição ou alienação de bens, prestação ou obtenção de serviços, desde que o preço contratado seja compatível com o praticado no mercado;

XXV. na contratação realizada por Instituição Científica e Tecnológica – ICT ou por agência de fomento para a transferência de tecnologia e para o licenciamento de direito de uso ou de exploração de criação protegida;

XXVI. na celebração de contrato de programa com ente da Federação ou com entidade de sua administração indireta para a prestação de serviços públicos de forma associada nos termos do autorizado em contrato de consórcio público ou em convênio de cooperação;

XXVII. na contratação da coleta, processamento e comercialização de resíduos sólidos urbanos recicláveis ou reutilizáveis, em áreas com sistema de coleta seletiva de lixo, efetuados por associações ou cooperativas formadas exclusivamente por pessoas físicas de baixa renda reconhecidas pelo poder público como catadores de materiais recicláveis, com o uso de equipamentos compatíveis com as normas técnicas, ambientais e de saúde pública;

XXVIII. para o fornecimento de bens e serviços, produzidos ou prestados no País, que envolvam, cumulativamente, alta complexidade tecnológica e defesa nacional, mediante parecer de comissão especialmente designada pela autoridade máxima do órgão;

XXIX. na aquisição de bens e contratação de serviços para atender aos contingentes militares das Forças Singulares brasileiras empregadas em operações de paz no exterior, necessariamente justificadas quanto ao preço e à escolha do fornecedor ou executante e ratificadas pelo Comandante da Força;

XXX. na contratação de instituição ou organização, pública ou privada, com ou sem fins lucrativos, para a prestação de serviços de assistência técnica e extensão rural no âmbito do Programa Nacional de Assistência Técnica e Extensão Rural na Agricultura Familiar e na Reforma Agrária, instituído por lei federal;

XXXI. nas contratações visando ao cumprimento do disposto nos arts. 3º, 4º, 5º e 20 da Lei 10.973, de 2 de dezembro de 2004, observados os princípios gerais de contratação dela constantes;

XXXI– nas contratações visando ao cumprimento do disposto nos arts. 3º, 4º, 5º e 20 da Lei 10.973, de 2 de dezembro de 2004, observados os princípios gerais de contratação dela constantes;

XXXII– na contratação em que houver transferência de tecnologia de produtos estratégicos para o Sistema Único de Saúde– SUS, no âmbito da Lei 8.080, de 19 de setembro de 1990, conforme elencados em ato da direção nacional do SUS, inclusive por ocasião da aquisição destes produtos durante as etapas de absorção tecnológica;

XXXIII– na contratação de entidades privadas sem fins lucrativos, para a implementação de cisternas ou outras tecnologias sociais de acesso à água para consumo humano e produção de alimentos, para beneficiar as famílias rurais de baixa renda atingidas pela seca ou falta regular de água;

XXXIV– para a aquisição por pessoa jurídica de direito público interno de insumos estratégicos para a saúde produzidos ou distribuídos por fundação que, regimental ou estatutariamente, tenha por finalidade apoiar órgão da administração pública direta, sua autarquia ou fundação em projetos de ensino, pesquisa, extensão, desenvolvimento institucional, científico e tecnológico e estímulo à inovação, inclusive na gestão administrativa e financeira necessária à execução desses projetos, ou em parcerias que envolvam transferência de tecnologia de produtos estratégicos para o Sistema Único de Saúde – SUS, nos termos do inciso XXXII deste artigo, e que tenha sido criada para esse fim específico em data anterior à vigência desta Lei, desde que o preço contratado seja compatível com o praticado no mercado.

12.5.5. Inexigibilidade de licitação

O art. 25 da Lei 8.666/1993 dispõe que a licitação é inexigível quando houver **inviabilidade de competição.** O mesmo dispositivo apresenta um rol exemplificativo (três hipóteses) de casos em que existe tal **situação.**

12.5.5.1. Em caso de fornecedor exclusivo (I)

Por exemplo, quando há um único fornecedor de um medicamento. Outro exemplo é a contratação de serviço postal, que só pode ser feito pelos Correios, que tem o monopólio desse serviço.

A lei traz a seguinte disposição sobre esse caso de inexigibilidade: "para aquisição de materiais, equipamentos ou gêneros que só possam ser fornecidos por produtor, empresa ou representante comercial exclusivo, vedada a preferência de marca, devendo a comprovação de exclusividade ser feita através de atestado fornecido pelo órgão de registro do comércio do local em que se realizaria a licitação ou a obra ou serviço, pelo Sindicato, Federação ou Confederação Patronal, ou, ainda, pelas entidades equivalentes".

Trata-se de situação em que seria inútil licitar, dada a impossibilidade de competição.

Não se deve, todavia, confundir a exclusividade de produtor-vendedor com a exclusividade comercial. A primeira sempre gera a inexigibilidade. Já a segunda depende de se aferir a exclusividade do vendedor na praça de comércio em que se esteja realizando a licitação. Em caso positivo, estar-se-á em caso de inexigibilidade; se negativo, não.

No convite, considera-se como praça de comércio a localidade. Na tomada de preços, observando-se o registro cadastral. E na concorrência, o País.

Não se deve confundir, outrossim, fornecedor exclusivo com *preferência de marca*. Essa não é permitida pela Lei de Licitações, que só abre exceção quando se trata da dispensa de certame para aquisição de certos equipamentos pelas Forças Armadas, preenchidos os requisitos legais, a fim de manter a *padronização*.

12.5.5.2. Caso seja necessário contratar serviço singular (II)

Serviço singular é aquele serviço técnico *diferenciado*, não podendo se tratar de um serviço *comum*. Um exemplo é a necessidade de contratar uma consultoria para a modelagem de uma parceria público-privada, serviço que, efetivamente, é singular. Já a contratação de um escritório de advocacia para o ingresso com uma ação simples, como uma ação de revisão contratual, não envolve serviço singular, mas serviço comum, corrente.

Uma vez havendo necessidade de contratar um serviço singular, deve-se contratar *profissional com notória especialização*.

A lei traz a seguinte disposição sobre esse caso de inexigibilidade: "*para a contratação de serviços técnicos enumerados no art. 13 desta Lei, de natureza singular, com profissionais ou empresas de notória especialização, vedada a inexigibilidade para serviços de publicidade e divulgação*".

Repare que a lei dispõe que não há possibilidade de contratar por inexigibilidade serviços de publicidade ou divulgação.

12.5.5.3. Na contratação de artista (III)

A lei traz a seguinte disposição sobre esse caso de inexigibilidade: "para contratação de profissional de qualquer setor artístico, diretamente ou através de empresário exclusivo, desde que consagrado pela crítica especializada ou pela opinião pública".

12.5.6. Formalidades para a contratação direta

As dispensas, as inexigibilidades e o retardamento previsto no art. 8º, parágrafo único, da Lei 8.666/1993 deverão ser feitos mediante os seguintes requisitos, conforme o caso (art. 26 da Lei 8.666/1993):

a) existência de um processo administrativo;
b) justificativa da não realização da licitação;
c) justificativa de preço – pesquisa de preço;
d) razão da escolha do fornecedor;
e) comunicação, em 3 dias úteis, à autoridade superior, para ratificação;
f) publicação da contratação, em 5 dias, para eficácia do ato.

12.5.7. Responsabilidade em caso de superfaturamento

O art. 25, § 2º, da Lei 8.666/1993 estabelece nos casos de inexigibilidade e em qualquer dos casos de dispensa, se comprovado superfaturamento, que respondem *solidariamente* pelo dano causado à Fazenda Pública o *fornecedor ou o prestador de serviços* e o *agente público* responsável, sem prejuízo de outras sanções legais cabíveis.

12.6. FASES DA LICITAÇÃO

12.6.1. Fase interna

O procedimento licitatório importa numa sucessão de atos com vistas à escolha do vencedor do certame.

Essa sucessão de atos pode ser dividida, num primeiro momento, em duas grandes etapas, quais sejam: a fase interna e a fase externa da licitação.

A fase interna consiste no conjunto de preparativos feitos no interior da Administração, prévios à publicação do edital ou ao envio da carta-convite.

Dentre os principais atos da fase interna, destacam-se os seguintes:

a) *abertura de processo administrativo, devidamente autuado, protocolado e numerado*;

b) *solicitação de contratação com indicação sucinta do objeto*, ou seja, o órgão interessado indicará a necessidade de se fazer a compra, da contratação de serviço, da contratação de obra etc.;

c) *verificação acerca da existência de dotação orçamentária para a despesa*, ou seja, verifica-se se há previsão orçamentária para a contratação solicitada pelo órgão interessado;

d) *verificação do impacto orçamentário-financeiro*, ou seja, verifica-se se, no momento, há recursos financeiros disponíveis;

e) *autorização para abertura de licitação e designação de comissão especial de licitação, de leiloeiro ou de responsável pelo convite, de acordo com o caso*;

f) *realização de audiência pública, quando for o caso*; essa audiência é necessária quando o valor estimado para uma licitação ou conjunto de licitações com objetos similares (simultâneas ou sucessivas) for superior a R$ 150 milhões (são simultâneas aquelas que têm objetos similares e com realização prevista em intervalo de até 30 dias; são sucessivas aquelas com objetos similares, cujo edital da mais recente tenha data anterior a 120 dias do término do contrato resultante da licitação antecedente);

g) *elaboração ou finalização do texto da minuta do edital*;

h) *exame e aprovação da minuta do edital pela assessoria jurídica da Administração*; vale lembrar que o STF entende que o parecer da assessoria jurídica tem natureza jurídica de decisão (*parecer vinculante*), o que faz com que o assessor jurídico responda por qualquer irregularidade no edital que tiver aprovado;

i) *aprovação do edital*; ou seja, autoridade competente deverá apreciar a minuta e aprovar o edital.

Antes de passarmos para a fase externa da licitação, vale tratar um pouco sobre as pessoas que dirigirão os trabalhos numa licitação.

Nesse sentido, o art. 51 da Lei 8.666/1993 estabelece que a licitação será processada e julgada por comissão permanente ou especial de, *no mínimo, 3 (três) membros*, sendo pelo menos *2 (dois) deles* servidores qualificados pertencentes aos quadros *permanentes* dos órgãos da Administração responsáveis pela licitação. Ou seja, só um membro pode ser daqueles que têm cargo em comissão.

No caso de convite, a Comissão de licitação, excepcionalmente, nas pequenas unidades administrativas e em face da exiguidade de pessoal disponível, poderá ser substituída por servidor formalmente designado pela autoridade competente.

A Comissão para julgamento dos pedidos de inscrição em registro cadastral, sua alteração ou cancelamento será integrada por profissionais legalmente habilitados no caso de obras, serviços ou aquisição de equipamentos.

Os membros das Comissões de licitação responderão *solidariamente* por todos os atos praticados pela Comissão, salvo se posição individual divergente estiver devidamente fundamentada e registrada em *ata lavrada* na reunião em que tiver sido tomada a decisão.

A investidura dos membros das Comissões permanentes *não excederá a 1 (um) ano*, vedada a recondução da totalidade de seus membros para a mesma comissão no período subsequente.

No caso da modalidade *concurso*, o julgamento será feito por uma comissão especial integrada por pessoas de reputação ilibada e reconhecido conhecimento da matéria em exame, servidores públicos ou não.

12.6.2. Fase externa

Uma vez que a minuta do edital estiver aprovada, passa-se à fase externa da licitação, fase essa que tem os seguintes momentos:

12.6.2.1. Publicação do instrumento convocatório

Nessa etapa, temos duas possibilidades.

Se se tratar de licitação na modalidade **convite**, não há edital. O instrumento convocatório é a **carta-convite**, que deverá ser remetida a pelo menos 3 interessados, cadastrados ou não na Administração.

Repare que devem ser feitos, no mínimo, 3 convites. O ideal é fazer o maior número possível. Ademais, há de se convidar tanto pessoas cadastradas como pessoas não cadastradas na Administração.

Por fim, faz-se necessário afixar cópia da carta-convite em quadro de aviso da Administração.

Nas demais modalidades de licitação, o instrumento convocatório tem o nome de **edital**.

O edital é o *ato pelo qual são convocados os interessados e estabelecidas as condições que regerão o certame*, devendo **tratar**, obrigatoriamente, do seguinte (art. 40 da Lei 8.666/1993):

a) **regras procedimentais:** *modalidade* de licitação (*caput*); *objeto* do certame (I); onde estão as *informações* relevantes (IV, V e VIII); quais são as *datas* para recebimento dos envelopes com a documentação e a proposta e para início da abertura dos envelopes (*caput*); *forma de apresentação* das propostas (VI);

b) **condições de participação:** qualificação para participação na licitação (VI), em conformidade com os artigos 27 a 31; disciplina sobre a participação de consórcios no certame;

c) **critérios de julgamento:** *tipo* de licitação, tais como menor preço, melhor técnica etc. (*caput*); *critérios de avaliação* das propostas (VII); *padrão mínimo de qualidade*;

d) **futuro contrato:** *direitos* e *obrigações* de cada parte (pagamento, entrega e prazos); *prerrogativas extraordinárias* da Administração Pública; modos de *recomposição* da equação econômico-financeira (reajustes e revisões); hipóteses de *rescisão contratual*; *sanções* cabíveis e sua quantificação;

e) **anexo:** o edital deve trazer em anexo as especificações complementares e a minuta do futuro contrato a ser celebrado.

Qualquer modificação no edital exige divulgação pela mesma forma que se deu no texto original, reabrindo-se o prazo inicialmente estabelecido, exceto quando, inquestionavelmente, a alteração não afetar a formulação das propostas (art. 21, § 4º, da Lei 8.666/1993).

Os prazos estabelecidos para a apresentação da proposta pelo licitante serão contados a partir da última publicação do edital resumido ou da expedição do convite, ou ainda da efetiva disponibilidade do edital ou do convite e respectivos anexos, prevalecendo a data que ocorrer mais tarde (art. 21, § 3º, da Lei 8.666/1993).

O edital poderá ser impugnado. Essa **impugnação** obedece às seguintes regras (art. 41):

a) pode ser feita por um *interessado* e também por qualquer *cidadão*;

b) o prazo para o *cidadão* impugnar é até de *5 dias úteis* da data da abertura dos envelopes de habilitação, devendo a Administração julgar e responder à impugnação em até *3 dias úteis*;

c) o prazo para o *licitante* impugnar é até o 2º dia útil da data da abertura dos envelopes de habilitação ou da data da sessão de leilão.

A impugnação feita tempestivamente pelo licitante não o impedirá de participar do processo licitatório até o trânsito em julgado da decisão a ela pertinente.

A inabilitação do licitante importa preclusão do seu direito de participar das fases subsequentes.

Independentemente dos prazos para impugnação, nada impede que qualquer licitante, contratado ou pessoa jurídica ou física, represente para o Ministério Público, para o órgão de controle interno da Administração ou para o Tribunal de Contas acerca de irregularidades que encontrar (art. 113, § 1º).

12.6.2.2. Habilitação

12.6.2.2.1. Conceito

A expressão "habilitação" ora é utilizada para designar um *procedimento* (uma série de atos, portanto), ora é utilizada para designar um *ato administrativo* só.

Na sua **acepção procedimental**, a habilitação *é o conjunto de atos destinados a apurar a idoneidade e a capacitação de um sujeito para contratar com a Administração Pública.*

Já na **acepção de ato administrativo**, a habilitação *é o ato pelo qual a Administração Pública decide se um sujeito é dotado da idoneidade necessária para a participação na licitação.*

Em termos práticos, essa fase licitatória tem por fim verificar se o interessado tem *idoneidade* e *capacitação* para vir a contratar com a Administração Pública. O foco aqui não é verificar qual interessado tem a melhor proposta comercial (isso é visto na fase de julgamento e classificação), mas se o interessado tem aptidão para vir a ser contratado pela Administração Pública.

A Constituição Federal, em seu art. 37, XXI, acaba por trazer duas disposições sobre a habilitação, que são as seguintes: a) "processo de licitação pública que assegure igualdade de condições a todos os concorrentes"; e b) processo de licitação em que só se permite "exigências de qualificação técnica e econômica indispensáveis à garantia do cumprimento das obrigações".

O princípio da igualdade admite certas restrições à participação de interessados na licitação. Um exemplo é uma licitação para fornecimento de combustível para uma Prefeitura, em que o edital estabelece que só poderão participar do certame postos de gasolina que estejam situados até 15 km do pátio de carros da Prefeitura. Trata-se de limitação lícita, pois, se um posto de gasolina muito distante ganhar o certame, a Prefeitura gastará muita gasolina para ir ao posto abastecer os carros.

No caso relatado, a restrição à participação tem pertinência. Porém, há várias situações em administrações públicas no País que criam restrições impertinentes e, portanto, violadoras do princípio da igualdade. Confira, a respeito, a seguinte decisão do STF: "LICITAÇÃO PÚBLICA. Concorrência. Aquisição de bens. Veículos para uso oficial. **Exigência de que sejam produzidos no Estado-membro**. Condição compulsória de acesso. Art. 1º da Lei 12.204/1998, do Estado do Paraná, com a redação da Lei 13.571/2002. Discriminação arbitrária. Violação ao princípio da isonomia ou da igualdade. Ofensa ao art. 19, II, da vigente Constituição da República. Inconstitucionalidade declarada. Ação direta julgada, em parte, procedente. Precedentes do Supremo. É inconstitucional a lei estadual que estabeleça como condição de acesso a licitação pública, para aquisição de bens ou serviços, que a empresa licitante tenha a fábrica ou sede no Estado-membro" (STF, ADI 3583, DJ 13.03.2008).

As exigências, além de atender à isonomia, devem estar previstas em lei (princípio da legalidade) e ser indispensáveis à garantia do cumprimento das obrigações pelo interessado. Confira decisão do Tribunal de Contas da União (TCU), que se deparou com exigência em edital não prevista em lei:

"Além disso, para a habilitação de interessado em participar de licitação só pode ser exigida a documentação exaustivamente enumerada nos arts. 27 a 31 da Lei de Licitações e Contratos, onde não há menção à necessidade de comprovação de que a empresa não tenha entre seus sócios participante de outra entidade que esteja em situação de inadimplência em contratação anterior com a Administração Pública." (TCU, Acórdão 991/06, DOU 26.06.2006).

12.6.2.2.2. Momento

Após a publicação do edital, segue-se um prazo para os interessados na licitação apresentarem dois envelopes para a Administração. O primeiro envelope é composto dos documentos que comprovam a *idoneidade* e a *capacitação* do licitante (documentos de habilitação) e o segundo traz documento com a proposta comercial do licitante (documentos de proposta).

A fase de habilitação consiste justamente em abrir o envelope contendo os documentos de habilitação e em verificar se o interessado atende às qualificações necessárias à participação no certame.

Resta saber em que momento isso deve ser feito, ou seja, quando é que ocorre a fase de habilitação.

Como **regra**, a habilitação ocorre logo após o recebimento dos dois envelopes mencionados e antes da abertura dos envelopes com a proposta (art. 43 da Lei 8.666/1993). Em outras palavras, a habilitação normalmente ocorre após a publicação do edital e antes da fase de julgamento e classificação.

O procedimento de habilitação envolve os seguintes atos:

a) os documentos poderão ser apresentados em *original*, por qualquer processo de *cópia autenticada* por cartório competente ou por *servidor da administração ou publicação em órgão da imprensa oficial* (art. 32);

b) os envelopes serão abertos e os documentos apreciados (art. 43, I);

c) os licitantes presentes e a comissão rubricarão todos os documentos (art. 43, § 2º);

d) os licitantes que demonstrarem os requisitos de qualificação serão habilitados;

e) os licitantes que não demonstrarem os requisitos de qualificação serão inabilitados;

f) caso não haja recurso por parte dos inabilitados, serão devolvidos a estes os envelopes fechados contendo as respectivas propostas; havendo recurso, os envelopes fechados só serão devolvidos quando e se o recurso for denegado (art. 43, II);

g) a inabilitação posterior de um licitante só poderá acontecer se houver fatos supervenientes ou se fatos que já ensejavam a inabilitação só forem conhecidos após o julgamento;

h) após a fase de habilitação, não cabe desistência de proposta, salvo por motivo justo decorrente de fato superveniente e aceito pela comissão (art. 43, § 6º);

i) se todos os licitantes forem inabilitados, a Administração poderá fixar aos licitantes o prazo de 8 dias úteis para a apresentação de nova documentação escoimada das causas referidas que levaram à inabilitação, facultada, no caso de convite, a redução deste prazo para três dias úteis (art. 48, § 3º).

Na **tomada de preços**, o momento da habilitação é um pouco diferente. Isso porque, nessa modalidade, só poderá participar da licitação aquele que já esteja previamente cadastrado ou que apresente os documentos para o devido cadastro até o 3º dia anterior à data do recebimento das propostas.

Assim, na tomada de preços temos a chamada *habilitação prévia* e não a *habilitação preliminar*, que é aquela que ocorre após o edital (e que é a regra, como vimos).

Num primeiro momento, só pode participar da tomada de preços quem já esteja previamente *cadastrado*, ou seja, que já tenha a documentação de habilitação já apresentada à Administração.

Os arts. 34 a 37 da Lei 8.666/1993 tratam dos registros cadastrais, que são muito comuns nos órgãos e entidades da Administração Pública que realizam frequentemente licitações. O registro cadastral deve estar permanentemente aberto aos interessados, devendo a unidade responsável proceder, no mínimo anualmente, ao chamamento público para a atualização dos registros existentes e ingresso de novos interessados, sendo autorizado que unidades administrativas utilizem registros cadastrais de outros órgãos ou entidades da Administração Pública.

O interessado que já tem registro cadastral receberá um documento cujo nome é "certificado de registro cadastral" (art. 32, § 2º, da Lei 8.666/1993), o qual será apresentado quando for participar de uma tomada de preços.

Já o interessado em participar de uma tomada de preços que não estiver previamente cadastrado tem a possibilidade de participar da licitação desde que atenda às condições exigidas para cadastramento até o 3º dia anterior à data do recebimento das propostas. Ou seja, publicado o edital de uma tomada de preços, o interessado deverá correr para conseguir seu cadastramento, nos termos dos arts. 34 a 37 da Lei 8.666/1993 e das demais regras locais, até o momento acima referido.

Caso a *comissão do certame* ou a *comissão de cadastramento*, no momento do recebimento dos envelopes com a proposta, não tenha tido tempo ainda de analisar se os documentos apresentados para cadastro são suficientes, deverá a comissão de licitação receber a proposta sob condição, vale dizer, condicionada à regularidade do cadastro solicitado, que será verificada em seguida. Nesse caso, procede-se de modo semelhante à concorrência, pois a comissão vai ter que parar e verificar a qualificação antes de abrir os envelopes das propostas, podendo marcar outra data para tanto, se for o caso.

Já quanto ao **convite**, ao **concurso**, ao **leilão** e ao **fornecimento de bens para pronta entrega**, pode-se dispensar, no todo ou em parte, a documentação dos arts. 28 a 31. Ou seja, na prática, seguem o critério de habilitação preliminar, mas, em alguns casos, pode a Administração dispensar todas ou algumas das exigências de qualificação. No entanto, a regularidade do interessado com a Seguridade Social é exigência de qualificação que não pode ser dispensada em hipótese alguma, nos termos do art. 195, § 3º, da CF.

Por fim, no **pregão** temos uma inversão de fases. Primeiro é aberto o envelope com as propostas comerciais, passando à existência de lances verbais e a uma negociação com o melhor classificado e depois é aberto o envelope com os documentos de habilitação do melhor classificado no certame (art. 4º, XII, da Lei 10.520/2002). Ou seja, primeiro vem a fase de julgamento e classificação e depois a de habilitação. Aqui, fala-se em **habilitação posterior**.

Em resumo, o momento da habilitação, em regra, é logo após a publicação do edital (*habilitação preliminar*), mas se dará antes do edital na tomada de preços (*habilitação prévia*) e após o julgamento e classificação no pregão (*habilitação posterior*).

12.6.2.2.3. Documentação a ser apresentada (qualificação)

O art. 27 da Lei 8.666/1993 dispõe que, nas licitações, exigir-se-á dos interessados, exclusivamente, documentação relativa a:

a) habilitação jurídica;
b) qualificação técnica;
c) qualificação econômico-financeira;
d) regularidades fiscal e trabalhista;
e) regularidade quanto ao trabalho de menores.

A **habilitação jurídica** consiste na *comprovação da existência de capacidade de fato e da titularidade de condições para contratar com a Administração Pública*. São exigidos, conforme o caso, os seguintes documentos (art. 28 da Lei 8.666/1993):

a) cédula de identidade;
b) registro comercial, no caso de empresa individual;
c) ato constitutivo, estatuto ou contrato social em vigor, devidamente registrado, em se tratando de sociedades comerciais, e, no caso de sociedades por ações, acompanhado de documentos de eleição de seus administradores;
d) inscrição do ato constitutivo, no caso de sociedades civis, acompanhada de prova de diretoria em exercício;
e) decreto de autorização, em se tratando de empresa ou sociedade estrangeira em funcionamento no País, e ato de registro ou autorização para funcionamento expedido pelo órgão competente, quando a atividade assim o exigir.

A **regularidade fiscal** *consiste na existência de inscrição nos cadastros públicos de contribuinte e na inexistência de débitos fiscais exigíveis.* São exigidos, conforme o caso, os seguintes documentos (art. 29 da Lei 8.666/1993):

a) prova de inscrição no Cadastro de Pessoas Físicas (CPF) ou no Cadastro Geral de Contribuintes (CGC);

b) prova de inscrição no cadastro de contribuintes estadual ou municipal, se houver, relativo ao domicílio ou sede do licitante, pertinente ao seu ramo de atividade e compatível com o objeto contratual;

c) prova de regularidade para com a Fazenda Federal, Estadual e Municipal do domicílio ou sede do licitante, ou outra equivalente, na forma da lei;

d) prova de regularidade relativa à Seguridade Social e ao Fundo de Garantia por Tempo de Serviço (FGTS), demonstrando situação regular no cumprimento dos encargos sociais instituídos por lei.

Há de se ressaltar que só se pode exigir do licitante a apresentação de inscrições e certidões pertinentes. Assim, uma empresa prestadora de serviço não é obrigada a apresentar demonstração de inscrição no Fisco estadual, nem certidão negativa de tributo estadual.

Da mesma forma, não se pode exigir certidões com requisitos formais que podem não ser uniformes nas mais variadas esferas administrativas brasileiras. Nesse sentido, confira a seguinte decisão do STJ: "A despeito da vinculação ao edital a que se sujeita a Administração Pública (art. 41 da Lei 8.666/1993), afigura-se ilegítima a exigência da apresentação de certidões comprobatórias de regularidade fiscal quando não são fornecidas, do modo como requerido pelo edital, pelo município de domicílio do licitante" (STJ, REsp 974854/MA, DJ 16.05.2008)

A **qualificação técnica** *consiste na idoneidade técnica para a execução do objeto licitado, mediante a demonstração de experiência anterior na execução de contrato similar e da disponibilidade de pessoal e de equipamentos indispensáveis.* Podem ser exigidos, conforme o caso, os seguintes documentos (art. 30 da Lei 8.666/1993):

a) registro ou inscrição na entidade profissional competente (capacidade genérica);

b) comprovação de aptidão para desempenho de atividade pertinente e compatível em características, quantidades e prazos com o objeto da licitação (capacidade específica);

c) indicação das instalações e do aparelhamento e do pessoal técnico adequados e disponíveis para a realização do objeto da licitação, bem como da qualificação de cada um dos membros da equipe técnica que se responsabilizará pelos trabalhos (capacidade operacional);

d) comprovação, fornecida pelo órgão licitante, de que recebeu os documentos e, quando exigido, de que tomou conhecimento de todas as informações e das condições locais para o cumprimento das obrigações objeto da licitação;

e) prova de atendimento de requisitos previstos em lei especial, quando for o caso.

As qualificações previstas nos itens "b" e "c" serão feitas por **atestados** fornecidos por pessoas jurídicas de direito público ou privado. Caso se trate de serviços ou obras, será necessário que os atestados sejam registrados nas entidades profissionais competentes.

A respeito da exigência de atestados, um exemplo é uma licitação para construir uma rodovia. Certamente, o edital exigirá, como qualificação técnica, dentre outros requisitos, que os licitantes apresentem atestado de que já fizeram obra semelhante, requisito indispensável para se aferir sua aptidão para executar a obra caso venha a ganhar a licitação. Por se tratar de obra, tal atestado deverá ser registrado na entidade profissional competente.

Quanto à capacitação técnico-profissional (pessoal técnico especializado), a exigência deve se limitar à comprovação do licitante de possuir em seu quadro permanente, na data prevista para entrega da proposta, profissional detentor de atestado de responsabilidade técnica por execução de obra ou serviço de características semelhantes, limitadas estas exclusivamente às parcelas de maior relevância e valor significativo do objeto da licitação, vedadas as exigências de quantidades mínimas ou prazos máximos. Tais profissionais deverão participar da obra ou serviço objeto da licitação, admitindo-se a substituição por profissionais de experiência equivalente ou superior, desde que aprovada pela administração.

Será sempre admitida a comprovação de aptidão por meio de certidões ou atestados de obras ou serviços similares de complexidade tecnológica e operacional equivalente ou superior.

É vedada a exigência de comprovação de atividade ou de aptidão com limitações de tempo ou de época ou ainda em locais específicos, ou quaisquer outras não previstas na Lei 8.666/1993 que inibam a participação na licitação.

As exigências mínimas relativas a instalações de canteiros, máquinas, equipamentos e pessoal técnico especializado, considerados essenciais para o cumprimento do objeto da licitação, serão atendidas mediante a apresentação de relação explícita e da declaração formal da sua disponibilidade, sob as penas cabíveis, vedadas as exigências de propriedade e de localização prévia.

Admite-se a exigência de experiência anterior: "é lícita cláusula em edital de licitação exigindo que o licitante, além de contar, em seu acervo técnico, com um profissional que tenha conduzido serviço de engenharia similar àquele em licitação, já tenha atuado em serviço similar. Esse entendimento está em consonância com a doutrina especializada que distingue a qualidade técnica profissional da qualidade técnica operacional e com a jurisprudência do STJ, cuja Segunda Turma firmou o entendimento de que 'não fere a igualdade entre os licitantes, tampouco a ampla competitividade entre eles, o condicionamento editalício referente à experiência prévia dos concorrentes no âmbito do objeto licitado, a pretexto de demonstração de qualificação técnica, nos termos do art. 30, II, da Lei 8.666/1993' (REsp 1.257.886-PE, j. 03.11.2011). Além disso, outros dispositivos do mesmo art. 30 permitem essa inferência. Dessa forma, o § 3º do art. 30 da Lei 8.666/1993 estatui que existe a possibilidade de que a comprovação de qualificação técnica se dê por meio de serviços similares, com complexidade técnica e operacional idêntica ou superior. Ainda, o § 10 do art. 30 da mesma lei frisa ser a indicação dos profissionais técnicos responsáveis pelos serviços de engenharia uma garantia da administração". (STJ, RMS 39.883-MT, Rel. Min. Humberto Martins, j. 17.12.2013)

Segundo o art. 30, § 8º, da Lei 8.666/1993, no caso de obras, serviços e compras de grande vulto, de alta complexidade técnica, poderá a Administração exigir dos licitantes a metodologia de execução, cuja avaliação, para efeito de sua aceitação ou não, antecederá sempre à análise dos preços e será efetuada exclusivamente por critérios objetivos.

Entende-se por licitação de alta complexidade técnica aquela que envolva alta especialização como fator de extrema relevância para garantir a execução do objeto a ser contratado, ou que possa comprometer a continuidade da prestação de serviços públicos essenciais.

O Tribunal de Contas da União (TCU), chamado a interpretar várias das disposições acima em caso concreto, exarou interessante decisão, que determinou à Administração Pública que:

"9.3.4. Abstenha-se de exigir comprovação de vínculo empregatício do responsável técnico de nível superior com a empresa licitante, uma vez que extrapola as exigências de qualificação técnico-profissional, definidas no art. 30, II e § 1º, da Lei 8.666/1993.

9.3.5. Abstenha-se de exigir, para a comprovação de qualificação técnico-operacional dos licitantes, o requisitos de propriedade e de localização prévia dos equipamentos a serem utilizados na obra, conforme o disposto no § 6º do art. 30 da Lei 8.666/1993.

9.3.6. Não exija, como requisito para habilitação dos licitantes, a apresentação de certificados de qualidade e outros documentos que não integrem o rol da documentação exigida por lei, para comprovação de capacidade técnica, nos termos do inciso II c/c o § 1º, ambos do art. 30 da Lei 8.666/1993, abstendo-se especialmente de exigir certificado do Programa Brasileiro de Qualidade e Produtividade de Habitat (PBQPH) – Nível A, aceitando-o, se for o caso, apenas como critério de pontuação técnica.

9.3.7. Abstenha-se de efetuar exigência de quantitativos mínimos de serviços nos atestados técnico-profissionais, para fins de qualificação técnico-profissional, ante a expressa vedação do art. 30, § 1º, I, da Lei 8.666/1993" (TCU Acórdão 608/08, Plenário, DOU 14.05.2008).

A **qualificação econômico-financeira** *consiste em o licitante ter recursos financeiros e situação econômica adequados à satisfatória execução do objeto da contratação.* Podem ser exigidos, conforme o caso, os seguintes documentos (art. 31 da Lei 8.666/1993):

a) balanço patrimonial e demonstrações contábeis do último exercício social, já exigíveis e apresentados na forma da lei, que comprovem a boa situação financeira da empresa, vedada a sua substituição por balancetes ou balanços provisórios, podendo ser atualizados por índices oficiais quando encerrado há mais de 3 (três) meses da data de apresentação da proposta;

b) certidão negativa de falência, concordata ou recuperação judicial expedida pelo distribuidor da sede da pessoa jurídica, ou de execução patrimonial, expedida no domicílio da pessoa física;

c) garantia, nas mesmas modalidades e critérios previstos no "caput" e § 1º do art. 56 da Lei 8.666/1993, limitada a 1% (um por cento) do valor estimado do objeto da contratação.

A exigência de *índices* limitar-se-á à demonstração da capacidade financeira do licitante para assumir compromissos caso seja contratado, vedada a exigência de valores mínimos de faturamento anterior, índices de rentabilidade ou lucratividade.

A Administração, nas *compras para entrega futura* e na *execução de obras e serviços*, poderá exigir capital mínimo ou patrimônio líquido mínimo, ou ainda as garantias previstas no § 1º do art. 56 da Lei 8.666/1993, como dado objetivo de comprovação da qualificação econômico-financeira dos licitantes e para efeito de garantia ao adimplemento do contrato a ser ulteriormente celebrado.

O capital mínimo ou o valor do patrimônio líquido a que nos referimos não poderá exceder a 10% (dez por cento) do valor estimado da contratação, devendo a comprovação ser feita relativamente à data da apresentação da proposta, na forma da lei, admitida a atualização para esta data por meio de índices oficiais.

Poderá ser exigida, ainda, a relação dos compromissos assumidos pelo licitante que importem diminuição da capacidade operativa ou absorção de disponibilidade financeira (dívidas do licitante!), calculada esta em função do patrimônio líquido atualizado e sua capacidade de rotação.

A comprovação de boa situação financeira da empresa será feita de forma objetiva, pelo cálculo de índices contábeis previstos no edital e devidamente justificados no processo administrativo da licitação que tenha dado início ao certame, vedada a exigência de índices e valores não usualmente adotados para correta avaliação de situação financeira suficiente ao cumprimento das obrigações decorrentes da licitação.

O Tribunal de Constas da União (TCU), chamado a interpretar questão atinente à qualificação econômico-financeira em caso concreto, exarou interessante decisão: "Os índices e seus valores devem ser fixados de modo a avaliar a capacidade financeira da empresa em cumprir com suas obrigações contratuais. Não é fazendo comparações com a capacidade econômico-financeira das maiores empresas do ramo (índices de liquidez geral e de liquidez corrente iguais ou superiores a 3,00) que se aferirá a capacidade econômico-financeira para a execução de determinado contrato. A obra em questão, devido a seu porte, não necessita da capacidade técnica, operacional e econômico-financeira de grandes construtoras, de grandes empresas de capital aberto, mas, antes, se destina a empresas locais e regionais de médio porte (TCU, Acórdão 1.899/06, Plenário, DOU 16.10.2006).

A **regularidade quanto ao trabalho de menores** *consiste em o licitante cumprir o disposto no inciso XXXIII do art. 7º da CF, que proíbe o trabalho noturno, perigoso e insalubre a menor de 18 anos, bem como qualquer trabalho a menores de 16 anos, salvo na condição de aprendiz, a partir de 14 anos.*

O licitante deve demonstrar essa qualificação por meio da apresentação de uma declaração de regularidade.

O descumprimento dessa regra, caso descoberto no futuro, ensejará a rescisão do contrato administrativo (art. 78, parágrafo único, XVIII, da Lei 8.666/1993).

Resta saber como fica o atendimento aos requisitos de habilitação quando um **consórcio** de empresas participa como licitante.

Em primeiro lugar, é importante dizer que o edital deve prever se é possível ou não a participação de um consórcio de empresas.

Caso o edital preveja essa possibilidade, há de determinar o seguinte aos consorciados:

a) que comprovem o *compromisso* público ou particular, subscrito pelos consorciados, de constituir formalmente o consórcio, caso venham a ser contratados; a constituição e o registro do consórcio serão feitos antes da celebração do contrato;

b) que indiquem a *empresa líder* do consórcio, que será responsável por este e deverá atender às condições de liderança previstas no edital, valendo salientar que somente empresa brasileira pode ser líder de consórcio;

c) que fica *proibida a participação* de empresa consorciada, na mesma licitação, por meio de mais de um consórcio ou isoladamente;

d) que ficam responsáveis *solidariamente* pelos atos praticados em consórcio, tanto na fase de licitação, quanto na de execução do contrato.

Resta saber, agora, quais regras regerão o cumprimento dos requisitos para a habilitação quando se tem um consórcio de empresas disputando a licitação. Confira:

a) cada consorciado deve apresentar os documentos de habilitação (arts. 28 a 31 da Lei 8.666/1993);

b) para efeito de qualificação técnica, admite-se o somatório dos quantitativos de cada consorciado, na proporção de sua respectiva participação;

c) para efeito de qualificação econômico-financeira, admite-se o somatório dos valores de cada consorciado, na proporção de sua respectiva participação;

d) pode a administração estabelecer, para o consórcio, um acréscimo de até 30% dos valores exigidos para licitante individual, inexigível este acréscimo para os consórcios compostos, em sua totalidade, por micro e pequenas empresas assim definidas em lei.

A **regularidade trabalhista** *consiste na inexistência de débitos inadimplidos perante a Justiça do Trabalho (Lei 12.440/2011).*

A prova dessa regularidade se dá pela CNDT (Certidão Negativa de Débitos Trabalhistas), expedida eletrônica e gratuitamente.

O interessado não obterá CNDT se em seu nome constar inadimplemento de obrigações estabelecidas em sentença transitada em julgado, acordos judiciais e acordos firmados perante o Ministério Público do Trabalho ou Comissão de Conciliação Prévia

Todavia, verificada a existência de débitos garantidos por penhora suficiente ou com exigibilidade suspensa, será expedida Certidão Positiva de Débitos Trabalhistas em nome do interessado com os mesmos efeitos da CNDT.

A CNDT certificará a empresa em relação a todos os seus estabelecimentos, agências e filiais e o seu prazo de validade é de 180 dias contados de sua emissão.

12.6.2.3. Julgamento e classificação

Essa fase consiste na *verificação objetiva da conformidade das propostas com os critérios previamente estabelecidos, bem como na ordenação da melhor para a pior para a Administração.*

Nessa fase, deve a Administração abrir os envelopes que contêm as *propostas comerciais* dos licitantes.

Vale lembrar que, aqui, as propostas também devem ser rubricadas pelos licitantes presentes e pela comissão (art. 43, § 2º, da Lei 8.666/1993).

As propostas devem ser analisadas, em primeiro lugar, quanto à sua aptidão. Havendo vícios na proposta, o licitante será desclassificado.

Confira os vícios que ensejam desclassificação:

a) vício formal: *consiste no descompasso da proposta com as regras e padrões estipulados no edital ou na lei.* Dentre os vícios formais está a existência de proposta que faz referência à proposta de outro (ex.: "a proposta da empresa é R$ 0,01 centavo mais barata que a proposta mais barata dos demais licitantes");

b) vício material: *consiste no descompasso da proposta com o objeto licitado.* Um exemplo é uma licitação para adquirir papel A4, mas que recebe uma proposta para papel A3;

c) vício quanto à exequibilidade: *consiste na existência de proposta de valor insuficiente para cobrir os custos do fornecedor.* Imagine uma licitação para comprar combustível, em que o fornecedor vencedor oferece o preço de R$ 1,39 para fornecer gasolina, tendo a Administração feito pesquisa de preço e encontrado como valor de mercado a quantia de R$ 2,90; ora, com um preço desses, ou a gasolina é roubada ou é "batizada"; esse preço é manifestamente inexequível. A lei exige que a proposta seja *manifestamente inexequível* para que seja desclassificada, devendo-se levar em conta os parâmetros estabelecidos no § 1º do art. 41 da Lei 8.666/1993;

d) outros vícios: não se admitirá proposta que apresente preços global ou unitários simbólicos, irrisórios ou de valor zero, incompatíveis com os preços dos insumos e salários de mercado, acrescidos dos respectivos encargos, ainda que o ato convocatório da licitação não tenha estabelecido limites mínimos, exceto quando se referirem a materiais e instalações de propriedade do próprio licitante, para os quais ele renuncie a parcela ou à totalidade da remuneração (art. 44, § 3º, da Lei 8.666/1993).

Quando todos os licitantes são inabilitados, quando todas as propostas forem desclassificadas, a Administração poderá fixar aos licitantes o prazo de 8 dias úteis para a apresentação de outras propostas escoimadas de vícios, facultada, no caso de convite, a redução deste prazo para 3 dias úteis.

Em seguida à verificação de vícios nas propostas, deve a Administração julgar aquelas consideradas aptas, procedendo-se, depois, à classificação das que forem aceitas.

Não se considerará qualquer oferta de vantagem não prevista no edital ou no convite, inclusive financiamentos subsidiados ou a fundo perdido, nem preço ou vantagem baseada nas ofertas dos demais licitantes.

O julgamento e a classificação variarão de acordo com o tipo de licitação (menor preço, maior lance, melhor técnica etc.), tema que será visto em item adiante.

12.6.2.4. Homologação

A homologação *é o ato pelo qual se examina a regularidade do procedimento licitatório*.

A autoridade competente (por exemplo, o Secretário Municipal de Administração) deve verificar a regularidade do procedimento e, estando este em ordem, deve homologar o certame licitatório.

12.6.2.5. Adjudicação

A adjudicação *é o ato pelo qual se atribui o objeto do certame ao vencedor da licitação*.

Como regra, a adjudicação é feita após a homologação (art. 43, VI, da Lei 8.666/1993).

Porém, na modalidade de licitação pregão, primeiro é feita a adjudicação e, depois, a homologação (art. 4º, XXI e XXII, da Lei 10.520/2002).

São efeitos da adjudicação os seguintes:

a) o direito de o adjudicatório não ser preterido, caso a Administração faça a contratação;

b) a vinculação do adjudicatário à proposta por ele feita;

c) a liberação dos demais licitantes para retirar documentos e levantar garantias.

Apesar da vinculação do adjudicatário, decorridos 60 (sessenta) dias da data da entrega das propostas, sem a convocação para a contratação, esse ficará liberado dos compromissos assumidos (art. 64, § 3º, da Lei 8.666/1993).

A recusa injustificada do adjudicatário em assinar o contrato, aceitar ou retirar o instrumento equivalente, dentro do prazo estabelecido pela Administração, caracteriza o descumprimento total da obrigação assumida, sujeitando-o às penalidades legalmente estabelecidas (art. 81 da Lei 8.666/1993).

12.7. MODALIDADES DE LICITAÇÃO

12.7.1. Concorrência

A expressão "modalidades" significa "procedimento", "rito". Não se deve confundir *modalidade* de licitação (concorrência, tomada de preços, convite etc.) com *tipo* de licitação (menor preço, melhor técnica etc.). A primeira, como se viu, diz respeito ao *procedimento* a ser seguido pela Administração. O segundo diz respeito ao *critério de julgamento* a ser seguido pela Administração.

A concorrência pode ser **conceituada** como *a modalidade destinada a transações de grande vulto e a casos especiais elencados na lei, que permite a participação de qualquer interessado que, na fase inicial de habilitação, comprove possuir os requisitos mínimos de qualificação exigidos no edital.*

Essa modalidade tem **destinação obrigatória** para os contratos de:

a) **grande vulto**, ou seja, para *obras e serviços de engenharia* de valor superior a R$ 1,5 milhão, e, quanto às *compras e demais serviços*, de valor superior a R$ 650 mil;

b) **compra de imóveis**, de qualquer valor;

c) **alienações de imóveis**, de qualquer valor; vale salientar que também se admite o leilão para alienação de imóveis adquiridos em processos judiciais e por dação em pagamento (art. 19 da Lei 8.666/1993);

d) **alienação de móveis**, quando estes forem avaliados em valor superior a R$ 650 mil; se o valor for inferior a essa quantia, pode-se usar a modalidade tomada de preços ou leilão (art. 17, § 6º, da Lei 8.666/1993);

e) **concessões de direito real de uso** (art. 23, § 3º, da Lei 8.666/1993);

f) **concessões de serviço público** (art. 2º, II, da Lei 8.987/1995);

g) **licitações internacionais**, de qualquer valor; vale salientar que, nas licitações internacionais, é cabível também a tomada de preços, quando o órgão ou entidade dispuser de cadastro internacional de fornecedores, bem como convite, se não houver fornecedor do bem ou serviço no País (art. 23, § 3º, da Lei 8.666/1993);

h) **aquisição de bens por sistema de registro de preços** (art. 15, § 3º, I, da Lei 8.666/1993): vale salientar que o registro de preços também pode ser feito por meio da modalidade pregão (art. 11 da Lei 10.520/2002); o Sistema de Registro de Preços é um procedimento que a Administração pode adotar perante compras rotineiras de bens padronizados (ex.: material de escritório, medicamentos): presumindo que adquirirá tais bens múltiplas vezes, a Administração abre licitação, e aquele que oferecer a cotação mais baixa terá seus preços registrados para quando a Administração precisar; não se trata de modalidade de licitação, já que inclusive é precedida de uma (concorrência ou pregão), mas de procedimento a ser feito para situações de fornecimento contínuo.[1]

---

1. Cada registro valerá por um ano. O § 3º do art. 15 da Lei dispõe que o sistema de registro de preços será regulamentado por decreto, atendidas as peculiaridades regionais, observado o seguinte: I – seleção feita mediante concorrência; II – estipulação prévia do sistema de controle e atualização dos preços registrados; III – validade do registro não superior a 1 ano. O § 4º, por sua vez, assevera que a existência de preços registrados não obriga a Administração a firmar as contratações que deles poderão advir, ficando-lhe facultada a utilização de outros meios, respeitada a legislação relativa às licitações, sendo assegurado ao beneficiário do registro preferência em igualdade de condições.

Essa modalidade tem **destinação facultativa** para os casos em que couber modalidade licitatória de menor expressão, tais como tomada de preços e convite (art. 23, § 4º, da Lei 8.666/1993).

A concorrência tem como **principais características** as seguintes:

a) **prazos maiores:** o prazo mínimo entre a publicação do aviso do edital e o recebimento das propostas é de 30 dias, como regra, e de 45 dias se o contrato a ser celebrado contemplar o regime de empreitada integral ou quando a licitação for do tipo "melhor técnica" ou "técnica e preço" (art. 21, § 2º, I, "b", e II, "a", da Lei 8.666/1993); há de se lembrar que o prazo é contado da última publicação do aviso do edital; além disso, na contagem do prazo, deve-se excluir o dia do início e incluir o dia do vencimento (art. 110 da Lei 8.666/1993);

b) **universalidade:** a concorrência admite a participação de qualquer interessado que atenda, na fase inicial de habilitação preliminar, os requisitos de qualificação previstos no edital (art. 22, § 1º, da Lei 8.666/1993), ou seja, não é necessário que o interessado esteja previamente cadastrado para participar da concorrência, daí porque se fala em acesso universal ao certame; todavia, na fase de habilitação, aquele licitante que não cumprir os requisitos de qualificação será inabilitado;

c) **habilitação preliminar:** conforme já mencionado, a habilitação, na concorrência, é feita logo após a publicação do edital e antes do julgamento das propostas, daí porque se fala em *habilitação preliminar*, diferente da tomada de preços (*habilitação prévia*) e do pregão (*habilitação posterior*).

12.7.2. Tomada de preços

A tomada de preços pode ser **conceituada** como *a modalidade destinada a transações de médio vulto, que só permite a participação de interessados devidamente cadastrados ou que atendam às condições do cadastro até o 3º dia anterior à data do recebimento das propostas, observada a necessária qualificação* (art. 22, § 2º, da Lei 8.666/1993).

Essa modalidade tem **destinação prevista** para os contratos de:

a) **médio vulto**, ou seja, para *obras e serviços de engenharia* de valor até R$ 1,5 milhões, e, quanto às *compras e demais serviços*, de valor até R$ 650 mil;

b) **licitações internacionais**, quando o órgão ou a entidade dispuser de cadastro internacional de fornecedores, bem como convite, se não houver fornecedor do bem ou serviço no País (art. 23, § 3º, da Lei 8.666/1993).

Essa modalidade tem **destinação facultativa** para os casos em que couber o convite, modalidade licitatória de menor expressão (art. 23, § 4º, da Lei 8.666/1993).

Existe uma **proibição** muito séria, que tem em mira evitar fraudes na utilização das modalidades licitatórias.

É vedada a utilização da modalidade "tomada de preços" para parcelas de uma mesma obra ou serviço, ou ainda para obras e serviços da mesma natureza e no mesmo local que possam ser realizadas conjunta e concomitantemente, sempre que o somatório de seus valores caracterizar o caso de concorrência, exceto para as parcelas de natureza específica que possam ser executadas por pessoas ou empresas de especialidade diversa daquela do executor da obra ou serviço (art. 23, § 5º, da Lei 8.666/1993).

A ideia da lei é evitar fracionamentos de contratos para que se utilize tomada de preços quando caberia concorrência.

A tomada de preços tem como **principais características** as seguintes:

a) **prazos intermediários:** o prazo mínimo entre a publicação do aviso edital e o recebimento das propostas é de 15 dias, como regra, e de 30 dias quando a licitação for do tipo "melhor técnica" ou "técnica e preço" (art. 21, § 2º, II, "b", e III, da Lei 8.666/1993); há de se lembrar que o prazo é contado da última publicação do aviso do edital; além disso, na contagem do prazo, deve-se excluir o dia do início e incluir o dia do vencimento;

b) **prévio cadastro:** o interessado em participar da licitação deve já ter um registro cadastral, ou seja, deve ter um documento cujo nome é *certificado de registro cadastral* (art. 32, § 2º, da Lei 8.666/1993), documento esse que será apresentado por ele quando for participar da tomada de preços; caso o interessado não tenha cadastro prévio, poderá participar da licitação desde que atenda às condições exigidas para cadastramento até o 3º dia anterior à data do recebimento das propostas; ou seja, publicado o edital, o interessado deverá correr para conseguir seu cadastramento, nos termos dos arts. 34 a 37 da Lei 8.666/1993 e das demais regras locais, até o momento acima referido.

12.7.3. Convite

O convite pode ser **conceituado** como *a modalidade destinada a transações de menor vulto, na qual se deve convidar ao menos três interessados, cadastrados ou não, permitida a participação de outros interessados cadastrados que manifestarem interesse com antecedência de até 24 horas da data da apresentação das propostas* (art. 22, § 3º, da Lei 8.666/1993).

Essa modalidade tem **destinação** para os contratos de **menor vulto**, ou seja, para *obras e serviços de engenharia* de valor até R$ 150 mil, e, quanto às *compras e demais serviços*, de valor até R$ 80 mil.

Aqui também existe aquela séria **proibição**, que tem em mira evitar fraudes na utilização das modalidades licitatórias.

É vedada a utilização da modalidade "convite" para parcelas de uma mesma obra ou serviço, ou ainda para obras e serviços da mesma natureza e no mesmo local que possam ser realizadas conjunta e concomitantemente sempre que o somatório de seus valores caracterizar o caso de tomada de preços ou concorrência, exceto para as parcelas de natureza específica que possam ser executadas por pessoas ou empresas de especialidade diversa daquela do executor da obra ou serviço (art. 23, § 5º, da Lei 8.666/1993).

A ideia da lei é evitar fracionamentos de contratos para que se utilize convite, quando caberia tomada de preços ou concorrência.

O convite tem como **principais características** as seguintes:

a) **prazo menor:** o prazo mínimo entre a publicação do aviso edital e o recebimento das propostas é de 5 dias *úteis*, contados da expedição do convite (art. 21, § 2º, IV, e § 3º, da Lei 8.666/1993); há de se lembrar que o prazo é contado da última publicação do aviso do edital; além disso, na contagem do prazo, deve-se excluir o dia do início e incluir o dia do vencimento;

b) **publicidade reduzida:** no convite, a publicidade se reduz à expedição de carta-convite a pelo menos três interessados e à afixação de cópia do convite no quadro de avisos da Administração Pública;

c) **participação restrita a convidados ou cadastrados:** confira as regras (art. 22, §§ 3º, 6º e 7º, da Lei 8.666/1993):

c1) devem ser convidados pelo menos três interessados, cadastrados ou não;

c2) se existir na praça mais de três interessados, a cada novo convite, deve-se chamar, no mínimo, um cadastrado que não tenha sido ainda convidado, até que todos os cadastrados sejam convidados;

c3) quando, por limitações do mercado ou manifesto desinteresse dos convidados, for impossível a obtenção do número mínimo de licitantes, pode-se convidar número menor, desde que haja a devida motivação, sob pena de repetição do convite;

c4) interessados em participar da licitação podem fazê-lo mesmo que não tenham sido convidados, desde que sejam cadastrados na repartição e que manifestem interesse até 24 horas da data da apresentação das propostas; é necessário, então, que o interessado faça um requerimento nesse prazo; a doutrina entende que só se pode exigir prévio cadastro desse interessado não convidado se a Administração tiver exigido habilitação no convite feito no caso concreto;

d) **habilitação facultativa:** a fase de habilitação não é obrigatória no convite, podendo ser dispensada no todo ou em parte (art. 32, § 1º, da Lei 8.666/1993); porém, a regularidade com a Seguridade Social deve sempre ser exigida, por força de determinação prevista na Constituição Federal (art. 195, § 3º, da CF);

e) **direção dos trabalhos:** a regra é que a licitação pelo convite seja dirigida por uma comissão de licitação, como nas modalidades concorrência e tomada de preços; porém, em pequenas unidades, pode substituí-la por servidor formalmente designado (art. 51, § 1º, da Lei 8.666/1993).

12.7.4. Concursos

O concurso pode ser **conceituado** como *a modalidade destinada à escolha de trabalho técnico, científico ou artístico, mediante prêmios ou remuneração ao vencedor* (art. 22, § 4º, da Lei 8.666/9193).

Essa modalidade tem **destinação** para a *premiação de trabalhos* técnicos (ex.: concurso para a escolha do melhor projeto arquitetônico), científicos (ex.: concurso para a escolha da melhor monografia jurídica) e artísticos (exs.: concursos para escolha de melhores hino, brasão da cidade, fotografia, poema etc.).

O concurso tem como **principais características** as seguintes:

a) **prazo:** o prazo mínimo entre a publicação do aviso do edital e o recebimento do trabalho pronto é de 45 dias; há de se lembrar que o prazo é contado da última publicação do aviso do edital; além disso, na contagem do prazo, deve-se excluir o dia do início e incluir o dia do vencimento; o prazo é grande, pois o interessado não vai entregar uma mera proposta, mas já entregará o trabalho pronto;

b) **regulamento:** o edital deve, no mínimo, fazer referência ao local onde está o regulamento do concurso; deve também indicar a qualificação exigida dos participantes (ex.: dizer que o concurso é só para os estagiários de uma Prefeitura); deve, ainda, traçar as diretrizes e a forma de apresentação do trabalho, bem como as condições de realização e os prêmios a serem dados ao(s) vencedor(es); se o objeto do concurso for um projeto (ex.: projeto arquitetônico), o vencedor deverá autorizar sua execução a qualquer tempo, segundo a conveniência da Administração;

c) **habilitação facultativa:** a fase de habilitação não é obrigatória no concurso, podendo ser dispensada no todo ou em parte (art. 32, § 1º, da Lei 8.666/1993);

d) **julgamento:** o julgamento será feito por uma comissão especial integrada por pessoas de reputação ilibada e reconhecido conhecimento da matéria em exame, servidores públicos ou não (art. 51, § 5º, da Lei 8.666/1993).

12.7.5. Leilão

O leilão pode ser **conceituado** como *a modalidade destinada à venda de bens móveis inservíveis, de produtos apreendidos ou penhorados, de imóveis adquiridos em processo judicial ou por dação em pagamento e de ativos, ações e outros direitos relacionados ao Programa Nacional de Desestatização.*

Essa modalidade tem **destinação** indicada no conceito, valendo salientar, quanto à desestatização, que essa é regulamentada na Lei 9.491/1997.

O leilão tem como **principais características** as seguintes:

a) **prazo:** o prazo mínimo entre a publicação do aviso do edital e a sessão de leilão é de 45 dias; há de se lembrar que o prazo é contado da última publicação do aviso do edital; além disso, na contagem do prazo, deve-se excluir o dia do início e incluir o dia do vencimento;

b) **tipo de licitação:** como o leilão visa à alienação de bens, o tipo licitatório cabível (critério de julgamento) é o de maior lance; esse deve ser igual ou superior ao valor da avaliação; os lances são verbais ou mediante procedimentos tecnológicos;

c) **habilitação facultativa:** a fase de habilitação não é obrigatória no leilão, podendo ser dispensada no todo ou em parte (art. 32, § 1º, da Lei 8.666/1993);

d) **direção dos trabalhos:** pode ser cometida a leiloeiro oficial ou a servidor designado pela Administração (art. 53 da Lei 8.666/1993).

12.7.6. Pregão

Essa modalidade de licitação não está prevista na Lei 8.666/1993, mas na Lei 10.520/2002. Trata-se de modalidade aplicável à Administração Pública Direta e Indireta de todos os entes políticos (União, Estados, DF e Municípios).

O pregão pode ser **conceituado** como *a modalidade destinada à aquisição de bens e serviços comuns, caracterizada pela inversão de fases, aumento dos momentos de competição, celeridade, oralidade e redução de exigências para a participação.*

Essa modalidade é **destinada** à aquisição de *bens e serviços comuns*.

Bens e serviços comuns são "aqueles cujos padrões de desempenho e qualidade possam ser objetivamente definidos no edital, por meio de especificações usuais no mercado" (art. 1º, parágrafo único, da Lei 10.520/2002).

Enfim, bens e serviços comuns são aqueles que têm especificações usuais no mercado.

São exemplos de *bens comuns* os seguintes: água mineral, combustível, material hospitalar, medicamentos, material de limpeza, móveis, veículos, computadores, dentre outros.

São exemplos de *serviços comuns* os seguintes: de digitação, de manutenção, de assinatura (de TV, revista e telefonia móvel), de copa, de garçom, de ascensorista, de lavanderia, de limpeza, de reprografia, de vigilância, dentre outros.

O fato é que, nos dias de hoje, quase tudo tem especificação usual no mercado e, portanto, quase tudo pode ser adquirido pela Administração mediante a modalidade pregão.

Aliás, é bom ressaltar que não há limitação de valor para aquisição mediante o pregão. Assim, até mesmo uma compra de milhões de reais, que ensejaria concorrência, pode ser feita pelo pregão.

A única exigência é que se trate de bens e serviços comuns.

Nada obstante, há situações que não ensejam o uso de pregão. Um exemplo é a contratação de uma obra. A *obra* não está no conceito nem de *serviço*, nem de *compra de bens*, para fins de licitação (art. 6º, I, II e III, da Lei 8.666/1993). Como regra, também não é possível a utilização de pregão para alienação de bens e para as locações imobiliárias.

Serviços de engenharia, ao contrário, desde que sejam serviços com especificações usuais no mercado, como o serviço de terraplenagem, podem ser contratados mediante pregão.

O pregão tem como **principais características** as seguintes (Lei 10.520/2002):

a) **prazo:** o prazo mínimo entre a publicação do aviso do edital e a data para a apresentação das propostas (data da sessão de pregão) é de *8 dias úteis* (art. 4º, V);

b) **tipo de licitação:** menor preço (art. 4º, X);

c) **direção dos trabalhos:** haverá um pregoeiro e a respectiva equipe de apoio, sendo que esta será integrada em sua maioria por servidores ocupantes de cargo efetivo ou emprego na Administração Pública (art. 3º, IV);

d) **inversão de fases:** primeiro vem a fase de *julgamento* e depois a de *habilitação*; primeiro vem a *adjudicação* e depois a *homologação* (art. 4º, VII, XII, XXI e XXII);

e) **lances verbais:** faz-se uma classificação provisória e depois selecionam-se as melhores propostas (1ª classificada mais propostas até 10% superiores, garantidas três propostas diferentes) para uma fase de lances verbais, com vistas a alcançar a proposta mais vantajosa para a Administração (art. 4º, VIII);

f) **negociação do preço:** o licitante que chegar à melhor proposta estará sujeito, ainda, a uma negociação de preço que o pregoeiro fará caso o proposto não atinja um valor aceitável (art. 4º, XI, XVI e XVII);

g) **exigências vedadas:** é vedada a exigência de *garantia da proposta*, de *aquisição de edital* por interessado e de pagamento de *taxas* (salvo de reprografia) (art. 5º);

h) **redução das exigências de habilitação** (art. 4º, XIII);

i) **concentração dos atos do certame na sessão de pregão:** faz-se tudo na sessão, inclusive a adjudicação do objeto do certame, se não houver recurso;

j) **recurso único e oral** (art. 4º, XVIII).

Quanto ao **procedimento** da fase externa do pregão, confira o passo a passo:

a) publicação do edital;

b) antes de iniciar a sessão pública, faz-se o credenciamento do licitante ou de seus representantes, que devem identificar-se e, conforme o caso, comprovar a existência de poderes para a formulação de propostas e para a prática de todos os demais atos inerentes ao certame;

c) aberta a sessão, os interessados apresentarão uma *declaração de habilitação* (declaração dando ciência de que cumprem os requisitos de habilitação) e entregarão os *envelopes contendo a proposta comercial*;

d) *abertura dos envelopes com a proposta comercial*;

e) *desclassificação* de eventuais propostas com vícios;

f) elaboração de *classificação provisória*;

g) *seleção das propostas* que passarão aos lances verbais; deve-se selecionar o 1º classificado (autor da oferta de valor mais baixo) e os autores das ofertas com preços até 10% superiores àquela; há de se garantir, no mínimo, três propostas diferentes; repare que não são três licitantes diferentes, mas três propostas de valor diferente, o que faz com que, muitas vezes, haja bem mais do que três licitantes nessa fase, bastando que haja licitantes com propostas de valor igual;

h) *início de nova disputa*, com *lances verbais* e sucessivos, até se chegar ao melhor lance possível;

i) *classificação definitiva*, levando em conta também os que não foram selecionados para os lances verbais, mas excluindo os que já foram desclassificados;

j) *negociação* com o autor da oferta de menor valor;

k) *exame da aceitabilidade* da proposta de menor valor;

l) *declaração da aceitabilidade da proposta* ou nova negociação com outro classificado;

m) *abertura do envelope de habilitação* da oferta com preço aceitável;

n) *saneamento de eventuais falhas* nos documentos de habilitação;

o) *declaração de habilitação* do licitante que tem preço aceitável ou exame sucessivo das ofertas subsequentes até apuração de uma aceitável e que atenda aos requisitos de habilitação;

p) *declaração do licitante vencedor*;

q) consulta aos licitantes sobre o interesse em apresentar *recurso*;

r) *adjudicação do objeto do certame ao vencedor na própria sessão de pregão*, caso não haja recurso; o recurso deve ser interposto na própria sessão de pregão (por meio do pregoeiro), apresentando-se o motivo; em seguida, a sessão ficará suspensa e o recorrente terá 3 dias para apresentar suas razões, seguindo-se o prazo de 3 dias para os demais licitantes se manifestarem;

s) *elaboração e subscrição da ata da sessão*;

t) *homologação do certame pela autoridade competente* (não é o pregoeiro, mas a autoridade superior) e publicação da decisão homologatória;

u) *empenho de despesa*;

v) *convocação do vencedor* para celebração do contrato; vale salientar que o prazo de validade das propostas é de 60 dias, se outro não estiver fixado no edital;

x) havendo recusa do adjudicatário, negociação com os próximos classificados, até que haja preço aceitável com condições de habilitação;

z) *celebração do contrato*.

Vale salientar que a Lei 10.520/2002 admite o pregão por meio eletrônico, cuja regulamentação se encontra no Decreto 5.450/2005 para o âmbito da União.

Esse decreto dispõe que o pregão eletrônico deve ser utilizado preferencialmente em relação ao pregão presencial.

Uma diferença básica do pregão eletrônico para o pregão presencial é o fato de que, no primeiro, o interessado deve estar previamente credenciado no SICAF – Sistema de Cadastramento Unificado de Fornecedores.

12.7.7. Vedação

Por fim, vale citar que é **vedada** a criação de outras modalidades de licitação ou a combinação das previstas em lei (art. 22, § 8º, da Lei 8.666/1993).

Assim, não é possível que qualquer dos entes da Administração Pública venha a criar uma nova modalidade de licitação, ou mesmo combinar modalidades para o fim de criar uma inédita modalidade licitatória.

Somente por meio de lei – e deve se tratar de uma lei federal, pois somente a União poderá legislar sobre normas gerais em matéria de licitação – é que é possível criar uma nova modalidade licitatória.

Um exemplo é o **pregão**, que foi criado pela Lei 10.520/2002.

Outro exemplo é a modalidade de licitação denominada **consulta**, que é exclusiva da Agência Nacional de Telecomunicações – ANATEL. O art. 54 da Lei 9.472/1997 estabelece que essa agência pode utilizar o procedimento da consulta mediante procedimentos próprios determinados por atos normativos expedidos pela agência, desde que não seja para a contratação de obras e serviços de engenharia.

12.8. TIPOS DE LICITAÇÃO

Não se deve confundir as *modalidades* de licitação (ou procedimentos licitatórios – concorrência, convite etc.) com *tipos* de licitação (ou critérios de julgamento – menor preço, melhor técnica etc.).

Feita tal observação, vejamos os tipos de licitação.

12.8.1. Menor preço

Esse tipo é o mais comum em matéria de licitação. Isso porque a Administração adquire muitos bens, e esse tipo é o adequado para as compras e aquisições estatais.

Esse tipo de licitação é compatível com as modalidades concorrência, tomada de preços, convite e pregão.

Devem ser desclassificadas as propostas com preço simbólico, irrisório, de valor zero ou impraticável, tanto para mais como para menos.

A lei diz que serão desclassificadas as propostas com preços manifestamente inexequíveis ou que não venham a ter demonstrada sua viabilidade por meio de documentação da coerência com os custos dos insumos e a produtividade.

Em caso de empate, têm preferência, sucessivamente, os bens e serviços:

a) produzidos no País;

b) produzidos ou prestados por empresas brasileiras;

c) produzidos ou prestados por empresas que invistam em pesquisa e desenvolvimento de tecnologia no País;

d) produzidos ou prestados por empresas que comprovem cumprimento de reserva de cargos prevista em lei para pessoa com deficiência ou para reabilitado da Previdência Social e que atendam às regras de acessibilidade previstas na legislação.

Permanecendo o empate, far-se-á um sorteio, em ato público, para o qual todos os licitantes serão convocados, vedado qualquer outro processo.

12.8.2. Maior lance ou oferta

Esse tipo de licitação é próprio para a alienação de bens móveis e imóveis e concessão de direito real de uso de bens públicos.

Esse tipo de licitação é compatível com as modalidades concorrência e leilão.

12.8.3. Melhor técnica e técnica e preço

Esses tipos de licitação são utilizados exclusivamente para *serviços de natureza predominantemente intelectual*, em especial na elaboração de projetos, cálculos, fiscalização, supervisão e gerenciamento, de engenharia consultiva em geral e, em particular, para elaboração de estudos técnicos preliminares e projetos básicos e executivos, bem como para contratação de bens e serviços de informática.

Quanto aos bens e serviços de informática cabe também o pregão (e não a concorrência, própria dos casos em que se usa o tipo melhor técnica), ressalvadas as aquisições em que a técnica é realmente importante e que os produtos não possam ser definidos por especificações usuais de mercado. Nesse sentido, o TCU tem o seguinte entendimento: "alerta ao DNIT no sentido de que as contratações para aquisição de bens e serviços de informática não precisam ser realizadas, necessariamente, sob a forma de licitação do tipo 'técnica e preço', podendo também ocorrer sob a forma de pregão, conforme já tratado pelo TCU em diversos julgados precedentes, a exemplo dos Acórdãos de 237/2009-P, 144/2008-P, 2.658/2007-P, 1.782/2007-P, 1.114/2006-P, 2.138/2005-P, 2.094/2004-P, 1.182/2004-P, 740/2004-P (com redação alterada pelo Acórdão 1.299/2006- P) e 313/2004-P (item 1.6.2, TC-019.930/2008-9, Acórdão 819/2009-Plenário)".

Excepcionalmente, utilizar-se-á esse tipo de licitação para fornecimento de bens, execução de obras ou prestação de serviços de grande vulto, quando dependentes de tecnologia sofisticada, desde que haja autorização expressa da autoridade de maior nível hierárquico da Administração promotora da licitação.

No tipo "melhor técnica", o ato convocatório fixará preço máximo a ser pago. Há três tipos de documentos: com a qualificação, com a proposta técnica e com a proposta de preço. Deve-se seguir o seguinte procedimento:

    a) abertura de *envelope com a documentação de habilitação*;

    b) quanto aos habilitados, abertura do *envelope com a proposta técnica*; tal proposta seguirá os termos do edital e poderá tratar da capacitação e experiência; da metodologia e organização; da tecnologia e dos recursos materiais; da qualificação das equipes técnicas;

    c) *avaliação e classificação das propostas técnicas*;

    d) *valorização mínima* das propostas técnicas;

    e) abertura dos envelopes com as *propostas de preço* daqueles que têm a valorização mínima;

f) negociação entre os licitantes, considerando a melhor proposta técnica e o menor preço com valorização mínima, até se chegar ao vencedor.

No tipo "melhor técnica e preço" far-se-á a classificação das propostas segundo critério de média nas notas respectivas. Deve-se seguir o seguinte procedimento:

a) abertura de *envelope com a documentação de habilitação*;

b) quanto aos habilitados, abertura do *envelope com a proposta técnica*; tal proposta seguirá os termos do edital e poderá tratar da capacitação e experiência; da metodologia e organização; da tecnologia e dos recursos materiais; da qualificação das equipes técnicas;

c) avaliação e classificação das *propostas técnicas*;

d) será feita a avaliação e a valorização das *propostas de preços*, de acordo com critérios objetivos preestabelecidos no instrumento convocatório;

e) a classificação dos proponentes far-se-á de acordo com a *média ponderada das valorizações das propostas técnicas e de preço*, de acordo com os pesos preestabelecidos no instrumento convocatório.

12.9. LICITAÇÃO COM PARTICIPAÇÃO DE MICROEMPRESA (ME) E EMPRESA DE PEQUENO PORTE (EPP)

Em primeiro lugar, vale trazer a definição dessas empresas (art. 3º da Lei Complementar 123/2006, alterado pela Lei Complementar 139/2011):

a) microempresa: empresário ou pessoa jurídica que aufira, em cada ano-calendário, receita bruta igual ou inferior a R$ 360 mil;

b) empresa de pequeno porte: empresário ou pessoa jurídica que aufira, em cada ano-calendário, receita bruta superior a R$ 360 mil e igual ou inferior a R$ 3,6 milhões.

Considera-se receita bruta o produto da venda de bens e serviços nas operações de conta própria, o preço dos serviços prestados e o resultado nas operações em conta alheia, não incluídas as vendas canceladas e os descontos incondicionais concedidos.

Não poderá se beneficiar do tratamento jurídico diferenciado previsto na Lei Complementar 123/2006 a pessoa jurídica:

a) de cujo capital participe outra pessoa jurídica;

b) que seja filial, sucursal, agência ou representação, no País, de pessoa jurídica com sede no exterior;

c) de cujo capital participe pessoa física que seja inscrita como empresário ou seja sócia de outra empresa que receba tratamento jurídico diferenciado nos termos da Lei Complementar, desde que a receita bruta global ultrapasse o limite de R$ 3,6 milhões;

d) cujo titular ou sócio participe com mais de 10% (dez por cento) do capital de outra empresa não beneficiada pela Lei Complementar, desde que a receita bruta global ultrapasse o limite de R$ 3,6 milhões;

e) cujo sócio ou titular seja administrador ou equiparado de outra pessoa jurídica com fins lucrativos, desde que a receita bruta global ultrapasse o limite de R$ 3,6 milhões;

f) constituída sob a forma de cooperativas, salvo as de consumo;

g) que participe do capital de outra pessoa jurídica;

h) que exerça atividade de banco comercial, de investimentos e de desenvolvimento, de caixa econômica, de sociedade de crédito, financiamento e investimento ou de crédito imobiliário, de corretora ou de distribuidora de títulos, valores mobiliários e câmbio, de empresa de arrendamento mercantil, de seguros privados e de capitalização ou de previdência complementar;

i) resultante ou remanescente de cisão ou qualquer outra forma de desmembramento de pessoa jurídica que tenha ocorrido em um dos 5 (cinco) anos-calendário anteriores;

j) constituída sob a forma de sociedade por ações.

Para fins dos benefícios tributários previstos na lei complementar há outras pessoas jurídicas excluídas (art. 17). Mas para fins das vantagens decorrentes do acesso aos mercados, basta verificar os requisitos de faturamento já citados, bem como as pessoas jurídicas que estão excluídas do benefício.

Confira agora os direitos conferidos a uma ME ou EPP na licitação:

a) **comprovação diferida da regularidade fiscal:** nas licitações públicas, a comprovação de regularidade fiscal das MEs e EPPs somente será exigida para efeito de assinatura do contrato (art. 42 da LC 123/2006); as MEs e EPPs, por ocasião da participação em certames licitatórios, deverão apresentar toda a documentação exigida para efeito de comprovação de regularidade fiscal, mesmo que esta apresente alguma restrição, hipótese em que será assegurado o prazo de 5 (cinco) dias úteis, cujo termo inicial corresponderá ao momento em que o proponente for declarado o vencedor do certame, prorrogáveis por igual período, a critério da Administração Pública, para a regularização da documentação, pagamento ou parcelamento do débito e emissão de eventuais certidões negativas ou positivas com efeito de certidão negativa; a não regularização da documentação nesse prazo implicará decadência do direito à contratação, sem prejuízo das sanções previstas no art. 81 da Lei 8.666/1993, sendo facultado à Administração convocar os licitantes remanescentes, na ordem de classificação, para a assinatura do contrato, ou revogar a licitação (art. 43 da LC 123/2006);

b) **empate ficto:** nas licitações será assegurada, como critério de desempate, preferência de contratação para as MEs e EPPs; entende-se por empate aquelas situações em que as propostas apresentadas pelas microempresas e empresas de pequeno porte sejam iguais ou até 10% (dez por cento) superiores à proposta melhor classificada (na modalidade de pregão, o intervalo percentual será de até 5% (cinco por cento) superior ao melhor preço). Ocorrendo o empate, a ME ou EPP melhor classificada poderá apresentar proposta de preço inferior àquela considerada vencedora do certame, situação em que será adjudicado em seu favor o objeto licitado; não ocorrendo a contratação da ME ou EPP, serão convocadas as remanescentes que porventura se enquadrem nessa condição, na ordem classificatória, para o exercício do mesmo direito; no caso de equivalência dos valores apresentados pelas MEs e EPPs que se encontrem nos intervalos estabelecidos, será realizado sorteio entre elas para que se identifique aquela que primeiro poderá apresentar melhor oferta. Na hipótese da não contratação de uma ME ou EPP, o objeto licitado será adjudicado em favor da proposta originalmente vencedora do certame; o empate ficto somente se aplicará quando a melhor oferta inicial não tiver sido apresentada por microempresa ou empresa de pequeno porte; no caso de pregão, a ME ou EPP melhor classificada será convocada para apresentar nova proposta no prazo máximo de 5 (cinco) minutos após o encerramento dos lances, sob pena de preclusão (arts. 44 e 45 da LC 123/2006);

c) **cédula de crédito microempresarial:** a ME e a EPP titulares de direitos creditórios decorrentes de empenhos liquidados por órgãos e entidades da União, Estados, Distrito

Federal e Município não pagos em até 30 (trinta) dias contados da data de liquidação poderão emitir cédula de crédito microempresarial;

d) **tratamento diferenciado:** nas contratações públicas da administração direta e indireta, autárquica e fundacional, federal, estadual e municipal, deverá ser concedido tratamento diferenciado e simplificado para as microempresas e empresas de pequeno porte objetivando a promoção do desenvolvimento econômico e social no âmbito municipal e regional, a ampliação da eficiência das políticas públicas e o incentivo à inovação tecnológica, sendo que, no que diz respeito às compras públicas, enquanto não sobrevier legislação estadual, municipal ou regulamento específico de cada órgão mais favorável à microempresa e empresa de pequeno porte, aplica-se a legislação federal (art. 47 da LC 123/2006, com redação dada pela LC 147/2014);

e) **licitação exclusiva para ME e EPP:** a administração pública **deverá** realizar processo licitatório destinado exclusivamente à participação de microempresas e empresas de pequeno porte nos itens de contratações cujo valor seja de até R$ 80.000,00 (oitenta mil reais); repare que a lei se refere aos itens de contratações e não à somatória dos itens reunidos num mesmo procedimento licitatório;

f) **subcontratação obrigatória para ME e EPP:** a administração pública **poderá** realizar processo licitatório em que seja exigida dos licitantes a subcontratação de microempresa ou de empresa de pequeno porte especificamente no que tange às licitações voltadas à aquisição de obras e serviços; ressalta-se que essa regra só vale para obras e serviços (e não para compras) e é faculdade da Administração, e não obrigação, como na regra anterior;

g) **cota obrigatória para ME e EPP:** a administração pública **deverá** realizar processo licitatório em que se estabeleça cota de até 25% (vinte e cinco por cento) do objeto para a contratação de microempresas e empresas de pequeno porte, em certames para a aquisição de bens de natureza divisível. ; apesar de a lei não fixar esse cota em 25% sempre (ou seja, no caso concreto, pode variar de qualquer número acima do número zero até os 25%), a lei obriga que essa cota seja estabelecida nos certames licitatórios, desde que se trate de certame cujo objeto seja a aquisição de bens de natureza divisível.

Na hipótese da subcontratação obrigatória (item "f"), os empenhos e pagamentos do órgão ou entidade da administração pública poderão ser destinados diretamente às microempresas e empresas de pequeno porte subcontratadas.

Não se aplicam os três últimos itens nos seguintes casos:

a) não houver um mínimo de 3 (três) fornecedores competitivos enquadrados como microempresas ou empresas de pequeno porte sediados local ou regionalmente e capazes de cumprir as exigências estabelecidas no instrumento convocatório;

b) o tratamento diferenciado e simplificado para as microempresas e empresas de pequeno porte não for vantajoso para a administração pública ou representar prejuízo ao conjunto ou complexo do objeto a ser contratado;

c) a licitação for dispensável ou inexigível, nos termos dos arts. 24 e 25 da Lei 8.666, de 21 de junho de 1993, excetuando- se as dispensas tratadas pelos incisos I e II do art. 24 da mesma Lei, nas quais a compra deverá ser feita preferencialmente de microempresas e empresas de pequeno porte, aplicando-se o disposto no inciso I do art. 48.

12.10. LICITAÇÃO E PROMOÇÃO DO DESENVOLVIMENTO NACIONAL

A Lei 12.349/2010 alterou o art. 3º da Lei 8.666/1993 para o fim de estabelecer um novo objetivo para a licitação, qual seja, a *promoção do desenvolvimento nacional sustentável*.

Para tanto, essa lei trouxe as seguintes ferramentas, previstas nos §§ 5º (alterado pela Lei 13.146/2015) a 13 do art. 3º da Lei 8.666/1993:

a) **margem de preferência ordinária:** nos processos de licitação, poderá ser estabelecida margem de preferência para: a) *bens e serviços produzidos ou prestados por empresas que comprovem cumprimento de reserva de cargos prevista em lei para pessoa com deficiência ou para reabilitado da Previdência Social e que atendam às regras de acessibilidade previstas na legislação*; b) *produtos manufaturados e para serviços nacionais que atendam a normas técnicas brasileiras*; essa margem de preferência será estabelecida com base em estudos revistos periodicamente, em prazo não superior a 5 (cinco) anos, que levem em consideração: geração de emprego e renda; efeito na arrecadação de tributos federais, estaduais e municipais; desenvolvimento e inovação tecnológica realizados no País; custo adicional dos produtos e serviços; e em suas revisões, análise retrospectiva de resultados;

b) **margem de preferência adicional:** para *os produtos manufaturados e serviços nacionais resultantes de desenvolvimento e inovação tecnológica realizados no País*, poderá ser estabelecida margem de preferência adicional àquela prevista no item anterior.

As margens de preferência por produto, serviço, grupo de produtos ou grupo de serviços referidas acima serão definidas pelo Poder Executivo federal, não podendo a soma delas ultrapassar o montante de 25% (vinte e cinco por cento) sobre o preço dos produtos manufaturados e serviços estrangeiros.

As margens de preferências mencionadas não se aplicam aos bens e aos serviços cuja capacidade de produção ou prestação no País seja inferior:

a) à quantidade a ser adquirida ou contratada;

b) ao quantitativo fixado com fundamento no § 7º do art. 23 da Lei 8.666/1993, quando for o caso.

A margem de preferência ordinária poderá ser estendida, total ou parcialmente, aos bens e serviços originários dos Estados Partes do Mercado Comum do Sul – Mercosul.

A título de exemplo do item ora estudado, o Decreto n. 7.709/2012 dá margem de preferência de 25% e 15% para aquisições de motoniveladora e pás mecânicas, escavadores, carregadoras e retroescavadeiras nacionais.

Os editais de licitação para a contratação de bens, serviços e obras poderão, mediante prévia justificativa da autoridade competente, exigir que o contratado promova, em favor de órgão ou entidade integrante da administração pública ou daqueles por ela indicados a partir de processo isonômico, medidas de compensação comercial, industrial, tecnológica ou acesso a condições vantajosas de financiamento, cumulativamente ou não, na forma estabelecida pelo Poder Executivo federal.

Nas contratações destinadas à implantação, manutenção e ao aperfeiçoamento dos sistemas de tecnologia de informação e comunicação, considerados estratégicos em ato do Poder Executivo federal, a licitação poderá ser restrita a bens e serviços com tecnologia desenvolvida no País e produzidos de acordo com o processo produtivo básico de que trata a Lei 10.176, de 11 de janeiro de 2001.

Será divulgada na internet, a cada exercício financeiro, a relação de empresas favorecidas em decorrência das margens de preferência, com indicação do volume de recursos destinados a cada uma delas.

É importante registrar que as preferências em questão e nas demais normas de licitação e contratos devem privilegiar o tratamento diferenciado e favorecido às microempresas e empresas de pequeno porte na forma da lei (art. 3º, § 14, e 5º-A da Lei 8.666/1993). Por outro lado, as preferências dispostas no art. 3º da Lei 8.666/1993 prevalecem sobre as demais preferências previstas na legislação quando estas forem aplicadas sobre produtos ou serviços estrangeiros (art. 3º, § 15, da Lei 8.666/1993).

12.11. RDC – REGIME DIFERENCIADO DE CONTRATAÇÕES PÚBLICAS

A Lei 12.462/2011 estabelece o RDC – Regime Diferenciado de Contratações Públicas, aplicável **exclusivamente** às contratações necessárias à realização (art. 1º):

a) das Olimpíadas/2016 e Paraolimpíadas/2016;

b) da Copa das Confederações/2013 e Copa do Mundo/2014;

c) das obras de infraestruturas e serviços para os aeroportos das capitais do Estados distantes até 350 km das cidades sedes dos mundiais referidos acima;

d) das ações do Programa de Aceleração do Crescimento – PAC;

e) das obras e serviços de engenharia no âmbito do Sistema Único de Saúde – SUS;

f) das obras e serviços de engenharia para construção, ampliação e reforma de estabelecimentos penais e unidades de atendimento socioeducativo;

g) das ações no âmbito da segurança pública;

h) das obras e serviços de engenharia, relacionadas a melhorias na mobilidade urbana ou ampliação de infraestrutura logística; e

i) dos contratos a que se refere o art. 47-A;

j) das ações em órgãos e entidades dedicados à ciência, à tecnologia e à inovação.

A opção pelo RDC **afasta** a aplicação da Lei 8.666/1993 (art. 1º, § 2º).

A Lei de RDC acrescenta os **princípios** da "economicidade" e da "eficiência", que não estavam expressos na Lei 8.666/1993 (art. 3º).

Essa lei também admite a chamada **contratação integrada**, ou seja, contratar uma empresa para fazer tudo, do projeto básico e executivo, à execução, testes e pré-operação (art. 9º).

Prevê ainda a chamada locação "built to suit", pela qual "A administração pública poderá firmar contratos de locação de bens móveis e imóveis, nos quais o locador realiza prévia aquisição, construção ou reforma substancial, com ou sem aparelhamento de bens, por si mesmo ou por terceiros, do bem especificado pela administração" (art. 47-A).

Também inovou ao admitir **remuneração variável** do contratado, vinculada ao desempenho, com base em metas, qualidade, sustentabilidade e prazos (art. 10).

A licitação se desenrola nas seguintes **fases**, nesta ordem: preparatória, publicação do instrumento convocatório (com prazos menores[2]), apresentação de propostas ou lances, julgamento, habilitação, recursal e encerramento (adjudicar e homologar – art. 12).

Quanto aos **tipos de licitação**, a lei prevê os seguintes: menor preço ou maior desconto, técnica e preço, melhor técnica e conteúdo artístico, maior oferta de preço ou maior retorno econômico (art. 18).

Outra inovação interessante é a vedação do **nepotismo** nas contratações diretas, ou seja, nas contratações sem licitação (art. 37).

12.12. LICITAÇÃO E SISTEMAS DE DEFESA

A Lei 12.598/2012 estabelece normas especiais para compras, contratações e desenvolvimento de produtos e sistemas de defesa.

Exemplo de norma especial e a promoção de **licitação exclusiva** para as chamadas EED – Empresas Estratégicas de Defesa, pessoa jurídica credenciada pelo Ministério da Defesa, com sede, operação, pesquisa e desenvolvimento de tecnologia no Brasil.

12.13. REVOGAÇÃO DA LICITAÇÃO

A revogação da licitação é possível, desde que fundada em situação ulterior aferida pela autoridade competente que a justifique, ou seja, que torne conveniente ou oportuna a extinção do certame, sempre respeitando a ampla defesa e o contraditório e mediante motivação.

A revogação da licitação tem efeitos *ex nunc*, já que, até a sua ocorrência, não havia nenhuma ilegalidade, daí porque, se já há vencedor e a licitação for revogada licitamente, deve-se indenizá-lo das eventuais despesas que já teve.

Caso a licitação seja revogada ilicitamente, indeniza-se o prejudicado completamente.

12.14. ANULAÇÃO DA LICITAÇÃO

A anulação da licitação deve ser de ofício ou provocada, assegurada a ampla defesa e o contraditório, e tem por motivo ilegalidade ocorrida no certame (art. 59 da Lei 8.666/1993).

Anulada a licitação, o contrato também fica anulado automaticamente, se já celebrado.

A anulação tem efeitos *ex tunc*, não gerando indenização, ressalvado o que o contratado já realizou e desde que ele não tenha sido o culpado pela anulação.

Ou seja, indenizar-se-á só o que está de boa-fé e apenas quanto ao que já foi executado, valendo lembrar que a boa-fé é presumida.

---

2. Art. 15. Será dada ampla publicidade aos procedimentos licitatórios e de pré-qualificação disciplinados por esta Lei, ressalvadas as hipóteses de informações cujo sigilo seja imprescindível à segurança da sociedade e do Estado, devendo ser adotados os seguintes prazos mínimos para apresentação de propostas, contados a partir da data de publicação do instrumento convocatório:
   I – para aquisição de bens:
   a) 5 (cinco) dias úteis, quando adotados os critérios de julgamento pelo menor preço ou pelo maior desconto; e
   b) 10 (dez) dias úteis, nas hipóteses não abrangidas pela alínea a deste inciso;
   II – para a contratação de serviços e obras:
   a) 15 (quinze) dias úteis, quando adotados os critérios de julgamento pelo menor preço ou pelo maior desconto; e
   b) 30 (trinta) dias úteis, nas hipóteses não abrangidas pela alínea a deste inciso;
   III – para licitações em que se adote o critério de julgamento pela maior oferta: 10 (dez) dias úteis; e
   IV – para licitações em que se adote o critério de julgamento pela melhor combinação de técnica e preço, pela melhor técnica ou em razão do conteúdo artístico: 30 (trinta) dias úteis.

A revogação só poderá ser feita pela autoridade competente e não pelo órgão julgador do certame, diferente do que ocorre na anulação, que pode ser feita pela comissão ou pelas demais autoridades competentes, bem como pelo Poder Judiciário.

12.15. QUADRO SINÓTICO

1. Legislação

1.1. Constituição Federal

– Art. 22, XXVII: União legisla sobre normas gerais

– Art. 173, § 1º, III: lei criará normas para estatais

– Art. 37, XXI: ressalvados os casos especificados na legislação, as obras, serviços, compras e alienações serão contratados mediante processo de licitação pública que assegure igualdade de condições a todos os concorrentes, com cláusulas que estabeleçam obrigações de pagamento, mantidas as condições efetivas da proposta, nos termos da lei, o qual somente permitirá as exigências de qualificação técnica e econômica indispensáveis à garantia do cumprimento das obrigações

1.2. Lei 8.666/1993: Lei Geral de Licitações e Contratos

1.3. Lei 10.520/2002: Lei do Pregão

2. Objetivos do procedimento licitatório (art. 3º da Lei 8.666/1993)

2.1. Garantir o princípio da **isonomia**

2.2. Garantir a **seleção mais vantajosa** para a Administração

2.3. Garantir a **promoção do desenvolvimento nacional sustentável**

3. Princípios do procedimento licitatório (art. 3º)

3.1. Legalidade

3.2. Impessoalidade

3.3. Moralidade e Probidade

3.4. Publicidade: exceção: sigilo do conteúdo da proposta (art. 3º, § 3º)

3.5. Igualdade

3.6. Vinculação ao instrumento convocatório

3.7. Julgamento objetivo

Aplicação prática da isonomia:

– **ME/EPP têm vantagens** (LC 123/2006):

i) prova ulterior de regularidade fiscal (art. 42);

ii) preferência em caso de empate;

iii) empate ficto com autorização para nova proposta (art. 44);

iv) licitação exclusiva, com cota do objeto ou com subcontratação obrigatória, para ME/EPP (art. 48)

Aplicação prática do desenvolvimento nacional sustentável:

I) Em caso de Empate, haverá preferência, sucessiva, aos bens e serviços

i) produzidos **no País**

ii) produzidos por **empresa brasileira**

iii) produzidos por **empresa que invista** em pesquisa e tecnologia no País

iv) produzidos ou prestados por empresas que comprovem cumprimento de **reserva de cargos prevista em lei para pessoa com deficiência ou para reabilitado da Previdência Social e que atendam às regras de acessibilidade** previstas na legislação

II) *Produto manufaturado* e *serviço* **nacionais**

– poderão ter **margem de preferência** de até 25% do preço do estrangeiro, conforme definição do Executivo Federal (ex: Decreto 7.709/2012, que dá margem de preferência de 18% e de 10% para motoniveladora e retroescavadeira nacionais)

– margem pode se estender a produtos/serviços do Mercosul

III) Sistemas de Defesa

– A Lei 12.598/2012 estabelece normas especiais para compras, contratações e desenvolvimento de produtos e sistemas de defesa – ex: licitação exclusiva para EED

– Empresa Estratégica de Defesa: pessoa jurídica credenciada no M. da Defesa, com sede, operação, pesquisa e desenvolvimento de tecnologia no Brasil

IV) RDC

– A Lei 12.462/2011 estabelece o RDC – Regime Diferenciado de Contratações Públicas, aplicável exclusivamente às **contratações** necessárias à realização:

a) das Olimpíadas/2016 e Paraolimpíadas/2016

b) da Copa das Confederações/2013 e Copa do Mundo/2014

c) das obras de infraestruturas e serviços para os aeroportos das capitais dos Estados distantes até 350 km das cidades sedes dos mundiais referidos acima

d) das ações do Programa de Aceleração do Crescimento – PAC

e) das obras e serviços de engenharia no âmbito do Sistema Único de Saúde – SUS;

f) das obras e serviços de engenharia para construção, ampliação e reforma de estabelecimentos penais e unidades de atendimento socioeducativo.

– **Opção** pelo RDC afasta Lei 8.666/1993

– Acrescenta **princípios** da "economicidade" e "eficiência"

– Impõe respeito especial a série de interesses **difusos**

– Admite **contratação integrada**: do projeto básico e executivo, à execução, testes e pré-operação

– Admite **remuneração variável** vinculada ao desempenho, com base em metas, qualidade, sustentabilidade e prazos de entrega

– **Fases da licitação**: preparatória, publicação do instrumento convocatório (com prazos menores), apresentação de propostas ou lances, julgamento, habilitação, recursal e encerramento (adjudicação e homologação)

– **Tipos de licitação**: menor preço ou maior desconto, técnica e preço, melhor técnica e conteúdo artístico, maior oferta de preço; ou maior retorno econômico

– Vedação de **nepotismo** nas contratações diretas

4. Quem deve licitar? (art. 1°, parágrafo único)

4.1. Órgãos da Administração Direta

4.2. Pessoas da Administração Indireta

4.3. Entidades controladas direta ou indiretamente pelos entes políticos

4.4. Fundos públicos

– Entidades do Sistema "S", Organizações Sociais e OSCIPs não estão submetidas ao dever de licitar

5. O que deve ser licitado? (art. 2°)

5.1. Contratos: *obras* (ex: construção, reforma), *serviços* (ex: demolição, seguro), *compras*, *alienações* e *locações*

5.2. Concessões: de uso de bem público e de serviço público

5.3. Permissões: de uso de bem público e de serviço público

6. Tipos de licitação

6.1. Menor preço: em caso de aquisições

– Não pode ser zero

– Não pode ser inexequível

– Não pode estar vinculado ao preço de outro licitante

– Em caso de empate, faz-se sorteio, salvo preferências

6.2. Maior lance:

– Em caso de alienações, concessões de direito real de uso e privatizações

– É típico da modalidade "leilão"

6.3. Melhor técnica e melhor técnica e preço

– Serviços de natureza predominantemente intelectual

– Ex: contratação de agência de publicidade

7. Contratação direta ("contratação sem licitação")

7.1. Licitação dispensada (art. 17)

– Relativa à alienação de bens públicos

– Rol taxativo

– Não há discricionariedade para a Administração

7.2. Dispensa de licitação (art. 24)

– Rol taxativo

– Há discricionariedade para realizar ou não a licitação – "a lei faculta a dispensa"

7.3. Inexigibilidade de licitação (art. 25)

– Rol exemplificativo

– A licitação é inviável, ou seja, "não tem como ser feita"

– Não há discricionariedade para a Administração

8. Licitação dispensada

8.1. Imóveis

– Alienação depende de interesse público, *autorização legislativa*, avaliação e licitação, dispensada esta na:

a) dação em pagamento

b) doação para Administração ou para programas sociais

d) investidura (alienação a proprietário lindeiro, de área remanescente ou resultante de obra pública, inaproveitável isoladamente)

8.2. Móveis

– A alienação depende de interesse público, avaliação e licitação, dispensada esta na doação social, na permuta entre órgãos da Administração, dentre outros casos

9. Dispensa de licitação (art. 24)

9.1. Em razão do valor (I e II)

a) contratos de até 10% do valor limite para o convite

– R$ 15 mil para obras e serviços de engenharia

– R$ 8 mil para compras e serviços

b) contratos de até 20% do valor limite para o convite, se feitos por consórcios públicos, empresas estatais e agências executivas (§ 1º)

Obs: não é possível o **fracionamento** de contratações que possam ser feitas de uma só vez, para que não haja violação reflexa da lei

9.2. Em razão de situações excepcionais

a) em caso de **guerra** ou **grave perturbação da ordem** (III) – ex: greve

b) em caso de **calamidade pública** ou **emergência** (IV)

– ex: desmoronamento de uma ponte

– Somente para os bens/serviços relacionados à emergência

– Por, no máximo, 180 dias, vedada prorrogação do contrato

c) em caso de **licitação deserta** (V)

– Caso não haja interessados na licitação e esta não possa ser repetida sem prejuízo, mantidas as condições do edital

Obs: não se deve confundir **licitação deserta**, com **licitação fracassada**; na última, aparecem interessados, mas estes ou são inabilitados ou são desclassificados, não cabendo dispensa, mas concessão de prazo para licitantes apresentarem nova documentação

d) quando a União tiver que intervir no **domínio econômico** para regular preços ou normalizar o abastecimento (VI)

e) em caso de **rescisão contratua**l, para conclusão do remanescente de obra; contrata-se o 2º melhor classificado, nas condições oferecidas pelo vencedor do certame (XI)

9.3. Em razão do objeto

a) para *compra* ou *locação* de **imóvel** pela Administração (X)

– ex: aluguel de imóvel para instalar uma creche municipal

– Imóvel destinado a finalidade precípua da Administração

– Imóvel com instalação/localização ideais para Administração

– Imóvel com valor compatível com o de mercado

b) para *aquisição* ou *restauração* de **obras de arte** e **objetos históricos** (XV)

– Desde que de autenticidade certificada

– Desde que compatível com finalidade do órgão

9.4. Em razão da pessoa

a) na contratação de **instituição brasileira** de pesquisa, ensino, desenvolvimento institucional ou recuperação de preso, **com** inquestionável reputação ético-profissional e **sem** fins lucrativos (XIII)

– ex: contratação da FGV para uma consultoria

b) na contratação de serviços de **organizações sociais**, para atividades contempladas no contrato de gestão (XXIV)

– Recomenda-se ao leitor verificar os demais incisos do art. 24 da Lei 8.666/1993

10. Inexigibilidade de licitação (art. 25)

– Quando houver **inviabilidade de competição**, em especial:

a) em caso de **fornecedor exclusivo** (I)

– Exs: quando há único fornecedor de um medicamento; para contratação de serviço postal (só há os Correios, que têm monopólio)

– É vedada a preferência de marca, salvo para padronização

b) caso seja necessário contratar **serviço singular** (II)

– Trata-se de serviço técnico *diferenciado*, não podendo se tratar de um serviço *comum*

– Havendo tal necessidade, deve-se contratar *profissional com notória especialização*

– Não há inexigibilidade no serviço de publicidade/divulgação

c) Na contratação de **artista**, desde que consagrado pela crítica especializada ou pela opinião pública

11. Formalidades para a contratação direta

a) existência de um processo administrativo

b) justificativa da não realização da licitação

c) justificativa de preço – pesquisa de preço

d) razão da escolha do fornecedor

e) comunicação, em 3 dias úteis, à autoridade superior, para ratificação

f) publicação da contratação, em 5 dias, para eficácia do ato

12. Responsabilidade em caso de superfaturamento

a) é *solidária*

b) são responsáveis o *fornecedor* e o *agente público*

13. Fases da licitação (na modalidade concorrência)

13.1. Fase interna:

a) solicitação da compra ou aquisição, com motivação

b) verificação da existência de dotação e de recursos financeiros ($)

c) *autorização da licitação* e designação de *comissão de licitação* (3 membros, pelo menos 2 efetivos)

d) audiência pública, a depender do valor

e) minuta de edital

f) aprovação pelo jurídico

g) aprovação final pela autoridade competente

13.2. Fase externa

13.2.1. Edital: contém procedimento, condições de participação, critérios de julgamento, elementos do futuro contrato; em anexo, contém minuta do contrato

– Cabe impugnação do edital por:

i) qualquer cidadão, até 5 dias úteis da data da abertura dos envelopes de habilitação

ii) licitante, até 2º dia útil da abertura dos envelopes

13.2.2. Habilitação: *verificação da idoneidade, por meio da entrega de documentos*. Qualificações verificadas:

a) jurídica: *documentos da pessoa*

b) fiscal: *inscrição e regularidade com as Fazendas, com a Seguridade Social e com o FGTS;* inscrição fiscal e certidões negativas

c) técnica: *experiência e disponibilidade de pessoal e equipamentos*; inscrição nos órgãos e atestados

d) econômico-financeira: *existência de aptidão econômica para a satisfação do objeto contratual*; exige-se balanços, certidão negativa de falência e garantia de até 1% (caução, seguro-garantia ou fiança bancária)

e) regularidade quanto ao trabalho de menores

f) trabalhista: *inexistência de débitos inadimplidos perante a Justiça do Trabalho* (Lei 12.440/2011)

– Prova se dá pela CNDT, expedida eletrônica e gratuitamente

– O interessado não obterá CNDT se em seu nome constar inadimplemento de obrigações estabelecidas em sentença transitada em julgado, acordos judiciais e acordos firmados perante o MPT ou Comissão de Conciliação Prévia

– Verificada a existência de débitos garantidos por penhora suficiente ou com exigibilidade suspensa, será expedida Certidão Positiva de Débitos Trabalhistas em nome do interessado com os mesmos efeitos da CNDT

– A CNDT certificará a empresa em relação a todos os seus estabelecimentos, agências e filiais

– O prazo de validade da CNDT é de 180 dias da emissão

13.2.3. Julgamento e classificação

– Havendo problema nessa fase, promove-se a *desclassificação* do licitante, e não a *inabilitação* deste

13.2.4. Homologação: verificação da regularidade formal do procedimento

13.2.5. Adjudicação: atribuição do objeto ao vencedor

14. Modalidades de licitação (ritos)

14.1. Concorrência

a) destinação:

– Grande vulto: **acima** de 1,5 mi (obras e serviços de engenharia) e de R$ 650 mil (compras e serviços)

– Compra e alienação de imóveis

– Concessões

– Licitações internacionais

– Registros de preços: para compras rotineiras de bens padronizados

b) características marcantes:

– Universalidade, com *habilitação preliminar*

– Prazos para apresentação da proposta: no mínimo 45 dias, se envolver técnica, e no mínimo 30 dias, nos demais casos; prazos contados da última publicação

14.2. Tomada de preços

a) destinação:

– Médio vulto: **até** 1,5 mi (obras e serviços de engenharia) e **até** R$ 650 mil (compras e serviços)

– Licitação internacional, se houver cadastro internacional

b) características marcantes:

– *Habilitação prévia*: interessado deve estar cadastrado e apresentar "certificado de registro cadastral" – SICAF

– Não cadastrado pode participar se atender condições de cadastro até o 3º dia anterior à data do recebimento das propostas

– Prazos para apresentação da proposta: no mínimo 30 dias, se envolver técnica, e no mínimo 15 dias, nos demais casos; prazos contados da última publicação

14.3. Convite

a) destinação:

– Pequeno vulto: até 150 mil (obras e serviços de engenharia) e até R$ 80 mil (compras e serviços)

b) características marcantes:

– Publicidade reduzida: não há edital, mas carta-convite e afixação desta no quadro de avisos

– Chamam-se no mínimo 3 pessoas, cadastradas ou não

– Se existir mais de três cadastrados, a cada novo convite há de se chamar cadastrado ainda não convidado

– Não cadastrado pode participar se manifestar interesse até 24 hs da data da apresentação da proposta

– Prazo: 5 dias úteis, contados da expedição do convite

– Habilitação pode ser dispensada, salvo regularidade com a Seguridade Social

14.4. Concurso

a) destinação:

– Para a *escolha de trabalhos técnico, científico ou artístico, mediante prêmios ou remuneração aos vencedores*

– Ex: concurso de fotografia, concurso de monografia jurídica, concurso de projeto arquitetônico

b) características marcantes:

– Entrega-se trabalho pronto, e não uma proposta

– Prazo para a entrega do trabalho pronto: no mínimo 45 dias após a última publicação

– Habilitação pode ser dispensada, mas o edital deve indicar eventual qualificação exigida dos participantes

14.5. Leilão

a) destinação:

– Para a *alienação de bens móveis inservíveis, produtos apreendidos ou penhorados, imóveis adquiridos em processo judicial ou por dação em pagamento e ativos, ações e outros direitos relacionados à desestatização*

– Ex: leilão de produtos apreendidos pela Receita Federal

b) características marcantes:

– Prazo para realização do evento: no mínimo 15 dias após publicação

– Tipo: maior lance, igual ou superior ao da avaliação

– Habilitação pode ser dispensada, salvo regularidade junto à Seguridade Social

– Direção do evento: leiloeiro oficial ou servidor designado

14.6. Pregão (Lei 10.520/2002)

a) destinação:

– *Aquisição de bens e serviços comuns*

– Aqueles que têm especificações usuais no mercado

– Ex: móveis, material de escritório, serviço de limpeza

b) características marcantes:

– Prazo para a realização da sessão de pregão: no mínimo 8 dias úteis, contados da última publicação
– Tipo: menor preço
– Dupla inversão de fases
– Classificação provisória + lances verbais + negociação
– Oralidade: recurso e adjudicação na própria sessão
– Direção por pregoeiro e equipe de apoio (maioria com cargos efetivos)
– Vedado: garantia da proposta e pagamento de taxas

c) procedimento

1º) Abertura dos envelopes com as propostas (inversão)
2º) Classificação provisória
3º) Lances verbais entre o 1º colocado e os com ofertas até 10% maiores – garantido ao menos 3 preços diferentes
4º) Classificação definitiva, negociação com 1º classificado e exame da aceitabilidade da melhor proposta
5º) Abertura do envelope com os documentos de habilitação do licitante que apresentar melhor proposta
6º) Declaração do licitante vencedor
7º) Oportunidade para recurso oral e motivado, concedendo-se, após, 3 dias para razões e 3 dias para resposta
8º) Adjudicação e, depois, homologação (inversão)

12.16. QUESTÕES COMENTADAS

12.16.1. Conceito, objetivos e princípios

(TRT/19ª – 2015 – FCC) O Governo Federal, ao instituir a Política Nacional de Resíduos Sólidos, incluiu, entre seus objetivos, a prioridade nas aquisições e contratações governamentais, para: (a) produtos reciclados e recicláveis; (b) bens, serviços e obras que considerem critérios compatíveis com padrões de consumo social e ambientalmente sustentáveis. O tema em questão está associado ao seguinte princípio relativo às licitações públicas:
(A) adjudicação compulsória.
(B) licitação sustentável.
(C) julgamento objetivo.
(D) ampla defesa.
(E) vinculação ao instrumento convocatório.

A: incorreta, pois a adjudicação compulsória quer dizer que o vencedor do certame deve ter atribuído a si o objeto da contratação; **B:** correta, pois a prioridade em questão de fato colabora com a sustentabilidade do meio ambiente; **C:** incorreta, pois o julgamento objetivo é regra que determina que na licitação se busque não só estabelecer critérios objetivos de julgamento, como também julgar da forma mais objetiva possível as propostas; **D:** incorreta, pois o enunciado não faz referência alguma à ampla defesa; **E:** incorreta, pois o enunciado não faz referência alguma a esse princípio, que significa que tanto a Administração como o licitante deve obedecer à risca ao que dispõe o edital de licitação.
Gabarito "B".

(Ministério Público/MS – 2013 – FADEMS) "O ajuste administrativo pelo qual a Administração adquire coisas móveis, necessárias à realização das suas obras ou à manutenção dos seus serviços", denomina-se:
(A) Contrato de serviço.
(B) Contrato de obra pública.
(C) Contrato de fornecimento.
(D) Contrato de concessão.
(E) Contrato de servidão.

A: incorreta, pois o serviço é uma atividade e não uma coisa móvel (art. 6º, II, da Lei 8.666/1993); **B:** incorreta, pois a obra é toda construção, reforma, fabricação, recuperação ou ampliação, realizada por execução direta ou indireta (art. 6º, I, da Lei 8.666/1993); **C:** correta, pois o fornecimento se dá em relação a coisas móveis e não a atividades, serviços ou obras; **D:** incorreta, pois na concessão há outorga de um direito de exploração de bem público ou de serviço público, em favor do particular; **E:** incorreta, pois a servidão consiste em um ônus real numa coisa alheia.
Gabarito "C".

(Analista – TRE/TO – 2011 – FCC) No que concerne aos princípios das licitações, é correto afirmar:
(A) O desrespeito ao princípio da vinculação ao instrumento convocatório não torna inválido o procedimento licitatório.
(B) Apenas o licitante lesado tem direito público subjetivo de impugnar judicialmente procedimento licitatório que não observou ditames legais.
(C) A licitação não será sigilosa, sendo públicos todos os atos de seu procedimento, como por exemplo, o conteúdo das propostas, inclusive quando ainda não abertas.
(D) É possível a abertura de novo procedimento licitatório, ainda que válida a adjudicação anterior.
(E) A Administração não poderá celebrar o contrato com preterição da ordem de classificação das propostas, sob pena de nulidade.

A: incorreta, pois o desrespeito é causa de nulidade do procedimento, eis que infringe princípio previsto no art. 3º da Lei 8.666/1993; **B:** incorreta (art. 41, § 1º, da Lei 8.666/1993); **C:** incorreta (art. 3º, § 3º, da Lei 8.666/1993); **D:** incorreta, pois a compulsoriedade veda também que se abra nova licitação enquanto válida a adjudicação anterior. Além disso, o direito do vencedor limita-se à adjudicação, ou seja, a atribuição a ele do objeto da licitação, e não ao contrato imediato; **E:** correta (art. 50 da Lei 8.666/1993).
Gabarito "E".

12.16.2. Contratação direta (licitação dispensada, dispensa de licitação e inexigibilidade de licitação)

(Ministério Público/BA – 2015 – CEFET) Sobre as licitações públicas, é CORRETO afirmar:
(A) Nas licitações do tipo "melhor técnica", a classificação dos proponentes far-se-á de acordo com a média ponderada das valorizações das propostas técnicas e de preço, de acordo com os pesos preestabelecidos no instrumento convocatório.
(B) E dispensável a licitação para contratar serviços de publicidade e divulgação, em virtude da impossibilidade de julgamento das propostas com base em critérios objetivos.
(C) E inexigível a licitação na hipótese de não ter havido interessados em participar do procedimento licitatório anterior, desde que a Administração demonstre, justificadamente, a inexistência de prejuízo para os cofres públicos.
(D) A Lei 8.666/1993 proíbe que um ente licitante adote o registro cadastral de fornecedores de uma outra entidade da Administração Pública.
(E) A denominada "equalização das propostas" implica, nas licitações internacionais, que as propostas apresentadas por licitantes estrangeiros serão acrescidas dos gravames consequentes dos mesmos tributos que oneram exclusivamente os licitantes brasileiros quanto à operação final de venda.

A: incorreta, pois esse critério de classificação é o da licitação do tipo "melhor técnica e preço" (art. 46, § 2º, II, da Lei 8.666/1993); **B:** incorreta, pois não há previsão legal de licitação dispensável no caso (art. 24 da ei 8.666/1993), sem contar que há proibição de se inexigir licitação no caso (art. 25, II, da Lei 8.666/1993); **C:** incorreta, pois esse caso não é de inexigibilidade, mas de dispensa de licitação (art. 24, V, da Lei 8.666/1993); **D:** incorreta, pois é possível que uma ata de registro de preços feita por um ente federativo seja utilizada por outro; na esfera da União, confira a respeito o art. 22 do Decreto 7.892/2013 e art. 34, § 2º, da Lei 8.666/1993; **E:** correta (arts. 40, IX, e 42, § 4º, ambos da Lei 8.666/1993).
Gabarito "E".

(Ministério Público/SP – 2015 – MPE/SP) Aponte a alternativa correta:
(A) É meramente exemplificativo o rol dos casos de dispensa ou inexigibilidade de licitação prevista na lei respectiva.
(B) A alienação de bens imóveis depende de autorização legislativa para órgãos da Administração Direta e entidades autárquicas e fundacionais e, para todos, inclusive as entidades paraestatais, depende de avaliação prévia.
(C) Em face da natureza singular do serviço, a contratação de escritório de advocacia para acompanhamento das causas trabalhistas do Município enquadra-se no conceito de notória especialização, o que torna inexigível a licitação.
(D) O chamado fracionamento de despesas constitui prática legal e permite a dispensa da licitação, nos casos de comprovada necessidade da Administração Pública.
(E) A Câmara Municipal pode contratar diretamente, sem a devida licitação, o fornecimento ou suprimento de serviços de telefonia com empresa especializada.

A: incorreta, pois o rol de dispensa de licitação é absolutamente taxativo; já o de inexigibilidade, por conta da cláusula aberta prevista no art. 25 da Lei 8.666/1993, pode-se dizer que o rol de inexigibilidades previsto nos inciso I a III desse dispositivo é exemplificativo, mas qualquer caso de inexigibilidade terá de se enquadrar ao menos na cláusula aberta prevista no *caput* do art. 25 citado; **B:** correta (art. 17, I, da Lei 8.666/1993); **C:** incorreta, pois a contratação sem licitação por "serviço singular" depende de o serviço que se pretende realizar seja realmente singular, o que não acontece com o serviço de defesa em ação trabalhista, que é um serviço corriqueiro, comum, que pode ser feito pelos órgãos de representação judicial da Administração (art. 25, II, da Lei 8.666/1993); **D:** incorreta, pois o fracionamento para enquadramento em hipótese de licitação dispensável é expressamente vedado pelos incisos I (parte final) e II (parte final) do art. 24 da Lei 8.666/1993; **E:** incorreta, pois esse tipo de serviço é prestado por inúmeras empresas, não havendo justificativa alguma para a não realização de licitação no caso.
Gabarito "B".

(Juiz de Direito/RJ – 2014 – VUNESP) No caso de contratação a ser feita por sociedade de economia mista com suas subsidiárias e controladas, para a aquisição ou alienação de bens, prestação ou obtenção de serviços, nos termos da Lei 8.666/1993, é correto afirmar que
(A) a licitação deverá, obrigatoriamente, ser realizada na modalidade de tomada de preços.
(B) a contratação deve ser feita por meio de licitação, necessariamente, quando o valor do bem ou do serviço for superior a oito mil reais.
(C) é dispensável a licitação, desde que o preço contratado seja compatível com o praticado no mercado.
(D) é inexigível a licitação, independentemente do preço da contratação do bem ou do serviço.

A: incorreta, pois a Lei 8.666/1993 prevê hipóteses de dispensa de licitação para o caso (art. 24, XXIII), desde que o preço contrato seja compatível com o praticado no mercado, e, para os casos em que o administrador deva ou queira fazer licitação, a lei não prevê obrigatoriedade de uso da modalidade tomada de preços; **B:** incorreta, pois há caso de dispensa de licitação, que independe do valor do bem ou do serviço (art. 24, XXIII, da Lei 8.666/1993); **C:** correta (art. 24, XXIII, da Lei 8.666/1993); **D:** incorreta, pois o caso não é de inexigibilidade (art. 25 da Lei 8.666/1993), mas de dispensa de licitação (art. 24, XXIII, da Lei 8.666/1993).
Gabarito "C".

(OAB/Exame Unificado – 2014.3) A Agência Reguladora de Serviços Públicos Estaduais, autarquia do Estado ABC, identificou um imóvel, no centro da cidade XYZ (capital do Estado) capaz de receber as instalações de sua nova sede. O proprietário do imóvel, quando procurado, demonstrou interesse na sua alienação pelo preço de avaliação da Administração Pública.
Considerando a disciplina legislativa a respeito do tema, assinale a opção correta.
(A) É possível a compra de bem imóvel pela Administração, dispensada a licitação no caso de as necessidades de instalação e localização condicionarem a sua escolha.
(B) Não é possível a celebração de contrato de compra e venda, pois a única forma de aquisição de bem imóvel pelo Estado é a desapropriação.

(C) É possível a compra de bem imóvel pela Administração, mas tal aquisição deve ser, obrigatoriamente, precedida de licitação, na modalidade de concorrência.

(D) É possível a compra de bem imóvel pela Administração, mas tal aquisição deve ser, obrigatoriamente, precedida de licitação, na modalidade de leilão.

A: correta, nos termos do art. 24, X, da Lei 8.666/1993, pelo qual é dispensável a licitação "para a compra ou locação de imóvel destinado ao atendimento das finalidades precípuas da administração, cujas necessidades de instalação e localização condicionem a sua escolha, desde que o preço seja compatível com o valor de mercado, segundo avaliação prévia"; **B:** incorreta, pois a Administração também pode adquirir bens imóveis por outros meios, tais como a compra e venda (que é o caso mencionado e previsto no art. 24, X, da Lei 8.666/1993), a permuta e até a aquisição por adjudicação do bem em processo judicial em que o Poder Público é credor do executado; **C e D:** incorretas, pois o caso em tela é de compra com dispensa de licitação (art. 24, X, da Lei 8.666/1993).
Gabarito "A".

(OAB/Exame Unificado – 2014.3) Diante das chuvas torrenciais que destruíram o telhado do prédio de uma Secretaria de Estado, o administrador entende presentes as condições para a dispensa de licitação com fundamento no Art. 24, IV, da Lei 8.666/1993 (contratação direta quando caracterizada urgência de atendimento de situação que possa ocasionar prejuízo ou comprometer a segurança de pessoas, obras, serviços, equipamentos e outros bens, públicos ou particulares).

Submete, então, à Assessoria Jurídica a indagação sobre a possibilidade de contratação de empresa de construção civil de renome nacional para a reconstrução da estrutura afetada do edifício.

Sobre as hipóteses de contratação direta, assinale a afirmativa correta.

(A) As hipóteses de dispensa e inexigibilidade de licitação não exigem justificativa de preço, porque são casos em que a própria legislação entende inconveniente ou inviável a competição pelas melhores condições de contratação.

(B) A dispensa de licitação, assim como a de inexigibilidade, não prescinde de justificativa de preço, uma vez que a autorização legal para não licitar não significa possibilidade de contratação por preços superiores aos praticados no mercado.

(C) Apenas as hipóteses de dispensa de licitação (e não as situações de inexigibilidade) exigem justificativa de preço até porque a inexigibilidade significa que somente uma pessoa pode ser contratada, o que afasta possibilidade de discussão quanto ao preço.

(D) A dispensa de licitação não exige justificativa de preço, pois a própria lei prevê, taxativamente, que não se faça licitação nas hipóteses elencadas; na inexigibilidade, a justificativa de preço é inafastável, diante do caráter exemplificativo do Art. 25 da Lei.

A, C e D: incorretas, pois, apesar de a lei não exigir licitação nessas hipóteses (arts. 24 e 25 da Lei 8.666/1993), a mesma lei impõe que no processo administrativo que será aberto para a contratação direta (sem licitação), tanto por dispensa como inexigibilidade, é necessário apresentar documentação com a "justificativa do preço" que se pagará na contratação respectiva (art. 26, III, da Lei 8.666/93); **B:** correta (art. 26, III, da Lei 8.666/93). Alternativa correta é a "B".
Gabarito "B".

(Magistratura/DF – 2011) A Lei 8.666/1993 prevê que a licitação é dispensável:

(A) quando não acudirem interessados à licitação anterior e esta, justificadamente, não puder ser repetida sem prejuízo para a Administração, não sendo necessário manter todas as condições preestabelecidas, já que ninguém conseguiu cumpri-las;

(B) na celebração de contrato de programa com ente da Federação ou com entidade de sua administração indireta, para a prestação de serviços públicos de forma associada nos termos do autorizado em contrato de consórcio público ou em convênio de cooperação;

(C) na contratação de fornecimento ou suprimento de energia elétrica e gás natural com qualquer tipo de empresa;

(D) nas compras de hortifrutigranjeiros, pão e outros gêneros perecíveis, pois não é possível realizar licitação para compras dessa natureza.

A: incorreta, pois é necessário manter todas as condições preestabelecidas (art. 24, V, da Lei 8.666/1993); **B:** correta (art. 24, XXVI, da Lei 8.666/1993); **C:** incorreta, pois deve ser uma contratação com concessionário, permissionário ou autorizado (art. 24, XXII, da Lei 8.666/1993); **D:** incorreta, pois é possível sim fazer licitação no caso; há dispensa apenas no tempo necessário para a realização dos processos licitatórios correspondentes (art. 24, XII, da Lei 8.666/1993).
Gabarito "B".

(Defensor Público/GO – 2010 – I. Cidades) Na hipótese de contratação direta em casos singulares, em contratos abaixo de R$ 8.000,00

(A) há uma contratação direta por dispensa da licitação, sendo necessária a verificação do menor preço.

(B) há uma fase discricionária, para a verificação dos requisitos da singularidade e da notória especialização, com posterior escolha do profissional.

(C) a contratação implica em menor preço, após pesquisa de mercado.

(D) o serviço singular implica em serviços que são incomparáveis uns com os outros.

(E) a primeira fase é discricionária, na averiguação dos preços e depois há uma fase vinculada, para escolha do melhor profissional.

A: incorreta, pois, havendo dispensa de licitação, é necessário pesquisa de preço e justificativa da contratação; **B:** incorreta, pois, primeiro, vê-se a singularidade do serviço, sendo que, somente uma vez constatada essa singularidade, é que se passará à escolha do profissional, que deverá ter notória especialização (art. 25, II, da Lei 8.666/1993); **C:** incorreta, pois, na contratação direta, a lei não exige o menor preço, mas a "justificativa do preço" (art. 26, parágrafo único, III, da Lei 8.666/1993); **D:** correta, pois implica em serviços diferenciados, que não podem ser objeto de comparação entre si; **E:** incorreta, pois há certa discricionariedade nessas duas fases.
Gabarito "D".

(Delegado/AP – 2010) É dispensável a licitação:

(A) nos casos de emergência ou de calamidade pública para parcelas de obras e serviços que possam ser concluídas no prazo máximo de 180 (cento e oitenta) dias consecutivos e ininterruptos, contados da ocorrência da emergência ou calamidade, podendo ser prorrogado uma única vez.

(B) para o fornecimento de bens e serviços, produzidos ou prestados no País, que envolvam, cumulativamente, alta complexidade tecnológica e defesa nacional, mediante parecer de comissão especialmente designada pela autoridade máxima do órgão.

(C) para locação ou permissão de uso de bens imóveis de uso comercial de âmbito local com área de até 350 m2 (trezentos e cinquenta metros quadrados) e inseridos no âmbito de programas de regularização fundiária de interesse social desenvolvidos por órgãos ou entidades da administração pública.

(D) para a contratação de serviços técnicos relativos a treinamento e aperfeiçoamento de pessoal, com profissionais ou empresas de notória especialização.

(E) para contratação de obra complementar, desde que atendida a ordem de classificação da licitação anterior e aceitas as mesmas condições oferecidas pelo licitante vencedor, inclusive quanto ao preço, devidamente corrigido.

A: incorreta, pois é vedada a prorrogação do contrato no caso (art. 24, IV, da Lei 8.666/1993); **B:** correta (art. 24, XXVIII, da Lei 8.666/1993); **C:** incorreta, pois o caso é de licitação dispensada (art. 17, I, *h*, da Lei 8.666/1993) e o limite de metragem é de 250 m2, e não de 350 m2; **D:** incorreta, pois não existe previsão de dispensa de licitação para a hipótese; **E:** incorreta, pois a hipótese é de dispensa para a contratação de *remanescente de obra*, e não para *obra complementar*.
Gabarito "B"

(Procurador do Estado/RO – 2011 – FCC) NÃO é hipótese legal de dispensa de licitação:

(A) A alienação gratuita ou onerosa, aforamento, concessão de direito real de uso, locação ou permissão de uso de bens imóveis residenciais construídos, destinados ou efetivamente utilizados no âmbito de programas habitacionais ou de regularização fundiária de interesse social desenvolvidos por órgãos ou entidades da administração pública.

(B) A contratação de remanescente de obra, serviço ou fornecimento, em consequência de rescisão contratual, desde que atendida a ordem de classificação da licitação anterior e aceitas as mesmas condições oferecidas pelo licitante vencedor, inclusive quanto ao preço, devidamente corrigido.

(C) A contratação da coleta, processamento e comercialização de resíduos sólidos urbanos recicláveis ou reutilizáveis, em áreas com sistema de coleta seletiva de lixo, efetuados por associações ou cooperativas formadas exclusivamente por pessoas físicas de baixa renda reconhecidas pelo poder público como catadores de materiais recicláveis, com o uso de equipamentos compatíveis com as normas técnicas, ambientais e de saúde pública.

(D) A contratação de associação de portadores de deficiência física, sem fins lucrativos e de comprovada idoneidade, por órgãos ou entidades da Administração Pública, para a prestação de serviços ou fornecimento de mão de obra, desde que o preço contratado seja compatível com o praticado no mercado.

(E) O credenciamento de número indeterminado de profissionais de saúde para atendimento de saúde complementar aos servidores públicos, garantindo-se a publicidade do procedimento, a objetividade dos requisitos, a regulamentação da prestação dos serviços e a fixação criteriosa da tabela de remuneração dos serviços prestados.

A: correta – é hipótese de licitação dispensada (art. 17, I, "f", da Lei 8.666/1993); **B:** correta – é hipótese de dispensa (art. 24, XI, da Lei 8.666/1993); **C:** correta – é hipótese de dispensa (art. 24, XXVII, da Lei 8.666/1993); **D:** correta – é hipótese de dispensa (art. 24, XX, da Lei 8.666/1993); **E:** incorreta – *não* é hipótese, devendo ser assinalada; isso porque não existe essa previsão no rol taxativo da dispensa de licitação.
Gabarito "E"

(Analista – TRT/24ª – 2011 – FCC) Para a contratação de serviço técnico de treinamento e aperfeiçoamento de pessoal, de natureza singular, com empresa de notória especialização,

(A) exige-se, obrigatoriamente, licitação na modalidade tomada de preços.
(B) é inexigível a licitação.
(C) é dispensável a licitação.
(D) exige-se, obrigatoriamente, licitação na modalidade convite.
(E) exige-se, obrigatoriamente, licitação na modalidade concurso.

Art. 25, I, da Lei 8.666/1993.
Gabarito "B"

(Analista – TRE/AP – 2011 – FCC) NÃO constitui hipótese de inexigibilidade de licitação a

(A) aquisição de materiais que só possam ser fornecidos por empresa exclusiva.
(B) contratação de serviço técnico de restauração de obras de arte e bens de valor histórico, de natureza singular, com empresa de notória especialização.
(C) contratação de profissional do setor artístico, consagrado pela opinião pública.
(D) contratação de instituição dedicada à recuperação social do preso, de inquestionável reputação ético-profissional e sem fins lucrativos.
(E) contratação de parecer, de natureza singular, com profissional de notória especialização.

A: incorreta, pois se trata de hipótese de inexigibilidade (art. 25, I, da Lei 8.666/1993); **B:** incorreta, pois se trata de hipótese de inexigibilidade (art. 25, II, da Lei 8.666/1993); **C:** incorreta, pois se trata de hipótese de inexigibilidade (art. 25, III, da Lei 8.666/1993); **D:** correta, pois se trata de hipótese de dispensa (art. 24, XIII, da Lei 8.666/1993); **E:** incorreta, pois se trata de hipótese de inexigibilidade (art. 25, II, da Lei 8.666/1993).
Gabarito "D"

(Analista – TRF/4ª – 2010 – FCC) É dispensável a licitação

I. na contratação de instituição brasileira incumbida, regimental ou estatutariamente, de pesquisa, do ensino ou do desenvolvimento institucional, ou de instituição dedicada à recuperação social do preso, desde que a contratada detenha inquestionável reputação ético-profissional e não tenha fins lucrativos.

II. na contratação de associação de portadores de deficiência física, sem fins lucrativos e de comprovada idoneidade, por órgãos ou entidades da Administração Pública, para prestação de serviços ou fornecimento de mão de obra, desde que o preço contratado seja compatível com o praticado no mercado.

III. para as organizações industriais da Administração Federal direta, em face de suas peculiaridades e cujos materiais sejam aplicados exclusivamente na manutenção, reparo ou fabricação de meios operacionais de infraestrutura.

IV. na contratação realizada por empresa pública ou sociedade de economia mista com suas subsidiárias e controladas, para a aquisição ou alienação de bens, prestação ou obtenção de serviços, desde que o preço contratado seja compatível com o praticado no mercado.

V. na compra de bens de natureza divisível e desde que não haja prejuízo para o conjunto ou complexo, com vistas à ampliação da competitividade, podendo o edital fixar quantitativo mínimo para preservar a economia de escala.

Conforme a Lei, é correto o que consta APENAS em

(A) III, IV e V.
(B) II e III.
(C) I e V.
(D) I, II e IV.
(E) II, III e V.

I: correta (art. 24, XIII, da Lei 8.666/1993); II: correta (art. 24, XX, da Lei 8.666/1993), III: incorreta, pois as organizações industriais da Administração Federal direta terão limites diferenciados para as compras e serviços em geral, de acordo com o disposto no art. 23, § 6º, da Lei 8.666/1993; IV: correta (art. 24, XXIII, da Lei 8.666/1993); V: incorreta, pois na compra de bens de natureza divisível, e desde que não haja prejuízo para o conjunto ou complexo, é permitida a cotação de quantidade inferior à demandada na licitação, com vistas à ampliação da competitividade, podendo o edital fixar quantitativo mínimo para preservar a economia de escala (art. 23, § 7º, da Lei 8.666/1993).
Gabarito "D".

12.16.3. Modalidades de licitação e registro de preços

(Ministério Público/SP – 2015 – MPE/SP) Nos termos da Lei 8.666/1993 (Lei de Licitações):

I. As normas de licitações e contratos devem privilegiar o tratamento diferenciado e favorecido às microempresas e empresas de pequeno porte na forma da lei.

II. A licitação não será sigilosa, sendo públicos e acessíveis ao público os atos de seu procedimento, salvo quanto ao conteúdo das propostas, até a respectiva abertura.

III. São modalidades de licitação: a) concorrência; b) tomada de preços; c) convite; d) praça; e) leilão.

IV. Praça é a modalidade de licitação entre quaisquer interessados para a venda de bens imóveis inservíveis para a administração, a quem oferecer o maior lance, igual ou superior ao valor da avaliação.

V. Leilão é a modalidade de licitação entre quaisquer interessados para a venda de bens móveis inservíveis para a administração ou de produtos legalmente apreendidos ou penhorados, a quem oferecer o maior lance, igual ou superior ao valor da avaliação.

Está correto apenas o contido em:

(A) I e II.
(B) II.
(C) II, III, IV e V.
(D) I, III, IV e V.
(E) Todos os itens estão corretos.

I: correta (arts. 170, IX, e 179, ambos da CF); II: correta (art. 3º, § 3º, da Lei 8.666/1993); III: incorreta, pois a "praça" não é uma modalidade de licitação; a questão poderia ter se referido também às modalidades "concurso" e "pregão"; IV: incorreta, pois a "praça" não é uma modalidade de licitação; V: incorreta, pois o leilão também se destina à "alienação de bens imóveis prevista no art. 19 da Lei 8.666/1993 (art. 22, § 5º, da Lei 8.666/1993).
Gabarito "A".

(Magistratura/DF – 2011) Acerca do Pregão, é correto afirmar:

(A) É necessária a exigência de garantia da proposta;
(B) O prazo de validade das propostas será de 30 (trinta) dias, se outro não estiver fixado no edital;
(C) As compras e contratações de bens e serviços comuns, no âmbito da União, dos Estados, do Distrito Federal e dos Municípios, quando efetuadas pelo sistema de registro de preços previsto no art. 15 da Lei 8.666, de 21 de junho de 1993, poderão adotar a modalidade de pregão, conforme regulamento específico;
(D) a definição do objeto deverá ser precisa, suficiente e clara, permitidas especificações minuciosas e excessivas, ainda que isso restrinja a competitividade.

A: incorreta, pois é vedada tal exigência (art. 5º, I, da Lei 10.520/2002); B: incorreta, pois o prazo de validade da proposta é de 60 dias, se outro não estiver fixado no edital (art. 6º da Lei 10.520/2002); C: correta (art. 11 da Lei 10.520/2002); D: incorreta, pois deve-se fazer especificações usais no mercado, evitando-se ao máximo a restrição da competitividade.
Gabarito "C".

(Magistratura/PE – 2011 – FCC) É regra estranha ao tratamento legal da modalidade de licitação dita pregão, em termos de normas gerais, a que determina que

(A) no curso da sessão, o autor da oferta de valor mais baixo e os das ofertas com preços até 20% superiores àquela poderão fazer novos lances verbais e sucessivos, até a proclamação do vencedor.
(B) o prazo fixado para a apresentação das propostas, contado a partir da publicação do aviso, não será inferior a 8 dias úteis.
(C) para julgamento e classificação das propostas, será adotado o critério de menor preço, observados os prazos máximos para fornecimento, as especificações técnicas e parâmetros mínimos de desempenho e qualidade definidos no edital.
(D) examinada a proposta classificada em primeiro lugar, quanto ao objeto e valor, caberá ao pregoeiro decidir motivadamente a respeito da sua aceitabilidade.
(E) encerrada a etapa competitiva e ordenadas as ofertas, o pregoeiro procederá à abertura do invólucro contendo os documentos de habilitação do licitante que apresentou a melhor proposta, para verificação do atendimento das condições fixadas no edital.

A: correta, pois é regra estranha ao pregão, já que são chamados para lances verbais os licitantes com ofertas de preço até 10% (dez por cento) superiores à melhor oferta, garantidas pelo menos três propostas diferentes (art. 4º, VIII e IX, da Lei 10.520/2002); B: incorreta, pois essa regra é própria do pregão (art. 4º, V, da Lei 10.520/2002); C: incorreta, pois essa regra é própria do pregão (art. 4º, X, da Lei 10.520/2002); D: incorreta, pois essa regra é própria do pregão (art. 4º, XI, da Lei 10.520/2002); E: incorreta, pois essa regra é própria do pregão (art. 4º, XII, da Lei 10.520/2002).
Gabarito "A".

(Procurador do Estado/MT – FCC – 2011) São modalidades licitatórias adequadas para as situações descritas:

(A) pregão para aquisição e alienação de bens e serviços comuns e concorrência para alienação de imóveis de qualquer valor.
(B) leilão para alienação de bens móveis e imóveis de pequeno valor e pregão para aquisição de bens e serviços comuns.
(C) concorrência para alienação de imóveis acima de R$ 1.500.000,00 (um milhão e meio de reais) e leilão para alienação de imóveis avaliados abaixo desse valor e móveis de qualquer valor.
(D) concurso para contratação de quaisquer serviços técnicos especializados e leilão para alienação de bens móveis inservíveis ou de produtos legalmente apreendidos ou penhorados.
(E) convite para obras e serviços de engenharia, com valor da contratação estimado em até R$ 150.000,00 (cento e cinquenta mil reais) e concorrência para concessão de serviços públicos de qualquer valor.

A: incorreta, pois o pregão é para a *aquisição* de bens e serviços e não para a *alienação* destes (art. 1º da Lei 10.520/2002); **B:** incorreta, pois não há limitação de valor para utilização do leilão (art. 22, § 5º, da Lei 8.666/1993); **C:** incorreta, pois, para a alienação de imóveis de qualquer valor, a regra é o uso da concorrência (arts. 17, I, e 23, § 3º, da Lei 8.666/1993), ressalvada a possibilidade prevista no art. 19 da Lei 8.666/1993, de se utilizar leilão para alienação de imóveis cuja aquisição haja derivado de procedimentos judiciais ou de dação em pagamento; **D:** incorreta, pois o concurso se destina à escolha, e não à contratação de trabalhos; ademais, a destinação é para a escolha de trabalhos técnicos, científicos ou artísticos, ou seja, não inclui apenas os serviços técnicos especializados de que trata o art. 13, § 1º, da Lei 8.666/1993; **E:** correta (art. 23, I, "a", da Lei 8.666/1993 e art. 2º, II, da Lei 8.987/1995).
Gabarito "E".

(Analista – TRE/AP – 2011 – FCC) Nos termos da Lei de Licitações (Lei 8.666/1993), constituem, dentre outras, hipóteses em que será possível a licitação na modalidade tomada de preços:

(A) licitações internacionais, mesmo que o órgão ou entidade não disponha de cadastro internacional de fornecedores.
(B) compras e serviços, com exceção dos serviços de engenharia, cujo valor seja de setecentos mil reais.
(C) casos em que couber convite.
(D) obras e serviços de engenharia cujo valor seja de um milhão e seiscentos mil reais.
(E) concessões de direito real de uso.

A: incorreta, pois na hipótese caberá apenas a modalidade concorrência (art. 23, § 3º, da Lei 8.666/1993); **B:** incorreta, pois para compras e serviços acima de R$ 650.000,00 será adotada a modalidade concorrência (art. 23, II, da Lei 8.666/1993); **C:** correta (art. 23, § 4º, da Lei 8.666/1993); **D:** incorreta, pois para obras e serviços de engenharia que ultrapassem R$ 1.500.000,00 será adotada a modalidade concorrência (art. 23, I, da Lei 8.666/1993); **E:** incorreta, pois para a concessão de direito real de uso será adotada a modalidade concorrência (art. 23, § 3º, da Lei 8.666/1993).
Gabarito "C".

(Analista – TRT/23ª – 2011 – FCC) No que concerne ao pregão, é INCORRETO afirmar:

(A) Admite, como uma de suas modalidades, o pregão eletrônico, que se processa, em ambiente virtual, por meio da internet.
(B) Destina-se à aquisição de bens e serviços comuns.
(C) Os lances ocorrem em sessão pública no pregão denominado presencial.
(D) Poderá dar-se no âmbito da União, Estados, Distrito Federal e Municípios.
(E) Existe, em regra, limitação de valor para a contratação.

A: correta (art. 2º, § 1º, da Lei 10.520/2002 e art. 2º, *caput*, do Decreto 5.450/05); **B:** correta (art. 1º da Lei 10.520/2002); **C:** correta (art. 4º, VI e VIII, da Lei 10.520/2002); **D:** correta (art. 11 da Lei 10.520/2002); **E:** incorreta, pois não há previsão de limite de valor na Lei 10.520/2002.
Gabarito "E".

(Analista – TRF/4ª – 2010 – FCC) A fase preparatória do pregão observará o seguinte:

I. A autoridade competente justificará a necessidade de contratação e definirá o objeto do certame, as exigências de habilitação, os critérios de aceitação das propostas, as sanções por inadimplemento e as cláusulas do contrato, inclusive com fixação dos prazos para fornecimento.
II. A definição do objeto deverá ser precisa, suficiente e clara, não sendo vedadas especificações que, por excessivas, irrelevantes ou desnecessárias, limitem a competição.
III. Dos autos do procedimento constarão a justificativa das definições referidas e os indispensáveis elementos técnicos sobre os quais estiverem apoiados, bem como o orçamento, elaborado pelo órgão ou entidade promotora da licitação dos bens ou serviços a serem licitados.
IV. A autoridade competente designará, dentre os servidores do órgão ou entidade promotora da licitação, apenas o pregoeiro.
V. A equipe de apoio não deverá ser integrada por servidores ocupantes de cargo efetivo ou emprego da administração.

De acordo com a Lei, é correto o que consta APENAS em
(A) III e V.
(B) II, III e IV.
(C) IV e V.
(D) I, II e V.
(E) I e III.

I: correta (art. 3º, I, da Lei 10.520/2002); **II:** incorreta, pois são vedadas especificações que, por excessivas, irrelevantes ou desnecessárias, limitem a competição (art. 3º, II, da Lei 10.520/2002); **III:** correta (art. 3º, III, da Lei 10.520/2002); **IV:** incorreta, pois a autoridade competente designará, dentre os servidores do órgão ou entidade promotora da licitação, além do pregoeiro e respectiva equipe de apoio, cuja atribuição inclui, dentre outras, o recebimento das propostas e lances, a análise de sua aceitabilidade e sua classificação, bem como a habilitação e a adjudicação do objeto do certame ao licitante vencedor (art. 3º, IV, da Lei 10.520/2002); **V:** incorreta, pois a equipe de apoio deverá ser integrada em sua maioria por servidores ocupantes de cargo efetivo ou emprego da administração, preferencialmente pertencentes ao quadro permanente do órgão ou entidade promotora do evento (art. 3º, § 1º, da Lei 10.520/2002).
Gabarito "E".

12.16.4. Fases da licitação

(Magistratura/PI – 2011 – CESPE) À luz do disposto na Lei 8.666/1993, assinale a opção correta com relação à licitação.

(A) Os casos de inexigibilidade de licitação, por representarem inviabilidade de competição e exceção ao princípio da licitação, estão exaustivamente arrola-

dos na legislação federal, não podendo, portanto, ser ampliados pela administração pública.
(B) Em qualquer caso, os membros das comissões de licitação devem responder solidariamente pelos atos que praticarem.
(C) Sob pena de nulidade, a licitação de obras e serviços somente será possível quando, entre outras exigências, houver orçamento que detalhe a composição de seus custos unitários e projeto básico aprovado pela autoridade competente, disponível para exame dos interessados em participar do processo licitatório.
(D) É vedada a licitação ou contratação de obra ou serviço que inclua a elaboração de projeto executivo como encargo do licitante ou do contratado.
(E) Para o resguardo da lisura e da isonomia entre os concorrentes, todos os atos do procedimento licitatório devem permanecer sigilosos até a fase de abertura das propostas.

A: incorreta, pois os casos de inexigibilidade de licitação tem rol exemplificativo no art. 25 da Lei 8.666/1993; os casos de dispensa de licitação é que tem rol exaustivo (art. 24 da Lei 8.666/1993); **B:** incorreta, pois a responsabilidade solidária de um membro da comissão fica afastada caso a posição individual divergente deste esteja devidamente fundamentada e registrada em ata lavrada na reunião em que tiver sido tomada a decisão; **C:** correta (art. 7º, § 2º, I e II, e § 6º, da Lei 8.666/1993); **D:** incorreta, pois é possível que haja esse tipo de encargo (art. 9º, § 2º, da Lei 8.666/1993); **E:** incorreta, pois só devem ficar em sigilo, até a abertura das propostas, o conteúdo destas (art. 3º, § 3º, da Lei 8.666/1993).
Gabarito "C"

(Cartório/MG – 2012 – FUMARC) Para habilitação nas licitações, serão exigidos os seguintes documentos, dentre outros, **EXCETO:**
(A) qualificação técnica.
(B) qualificação legal e societária.
(C) regularidade fiscal e trabalhista.
(D) qualificação econômico-financeira.

As qualificações exigidas são a habilitação jurídica, a qualificação técnica, a qualificação econômico-financeira, a regularidade fiscal, a regularidade trabalhista e a não existência de trabalho infantil (art. 27 da Lei 8.666/1993). Não há previsão de "qualificação legal e societária", de modo que a alternativa "B" deve ser assinalada.
Gabarito "B"

12.16.5. Tipos de licitação (menor preço, melhor técnica e técnica/preço e maior lance)

(Juiz de Direito/CE – 2014 – FCC) No que tange ao julgamento das licitações, a Lei Federal 8.666, de 21 de junho de 1993,
(A) exige, para contratação de bens e serviços de informática, a adoção do tipo de licitação "melhor técnica", permitido o emprego de outro tipo de licitação nos casos indicados em decreto do Poder Executivo.
(B) admite a utilização de critério sigiloso em licitações, quando houver possibilidade de comprometimento da segurança nacional, nos casos estabelecidos em decreto do Presidente da República, ouvido o Conselho de Defesa Nacional.
(C) admite que haja fase de julgamento por lances verbais, somente nas modalidades concorrência e tomada de preço.

(D) considera inexequíveis, no caso de licitações de menor preço para compras, as propostas cujos valores sejam inferiores a 70% (setenta por cento) do valor orçado pela Administração.
(E) não permite a desistência de proposta após a fase de habilitação, salvo por motivo justo decorrente de fato superveniente e aceito pela Comissão de Licitação.

A: incorreta, pois a lei determina, no caso, a adoção do tipo de licitação "melhor técnica e preço" (e não "melhor técnica"), conforme art. 45, § 4º, da Lei 8.666/1993; **B:** incorreta, pois a lei veda o sigilo (salvo do conteúdo das propostas, até a abertura dos envelopes respectivos), conforme arts. 3º, § 3º, e 44, § 1º, ambos da Lei 8.666/1993; **C:** incorreta, pois a Lei 8.666/1993 não prevê lances verbais, apesar de outras leis o fazerem, como a Lei do Pregão (Lei 10.520/2002 – art. 4º, VIII e IX); **D:** incorreta, pois a Lei 8.666/1993 considera inexequíveis as propostas cujos valores forem inferiores a 70% dos menores valores indicados nas alíneas "a" e "b" do § 1º do art. 48 quando se tratar de licitações de menor preço para "obras" e "serviços de engenharia" (art. 48, § 1º), não havendo regra tão objetiva quando se tratar de licitações de menor preço para "compras" (art. 48, II); **E:** correta (art. 43, § 6º, da Lei 8.666/1993).
Gabarito "E"

(Analista – TRE/AL – 2010 – FCC) De acordo com a Lei 8.666/1993, constituem tipos de licitação, EXCETO na modalidade concurso, dentre outros,
(A) empreitada por preço global e empreitada integral.
(B) menor preço e técnica e preço.
(C) convite e tomada de preços.
(D) execução direta e execução indireta.
(E) menor preço e tarefa.

Art. 45, § 1º, I e III, da Lei 8.666/1993.
Gabarito "B"

12.16.6. Revogação e anulação da licitação

(Magistratura/GO – 2015 – FCC) Suponha que o Estado de Goiás tenha instaurado um procedimento licitatório para a contratação de obra de grande vulto e, ao final do certame, já tendo conhecimento do vencedor, considerou prudente não prosseguir com a contratação haja vista que a empresa que apresentou a melhor proposta teve envolvimento comprovado em investigações em curso para apuração de fraudes em outras licitações no Estado e superfaturamento de contratos. Diante deste cenário, com base nas disposições da Lei 8.666/1993,
(A) deverá desclassificar a empresa vencedora, caso o resultado da licitação já tenha sido homologado, podendo contratar diretamente a execução das obras, observada a compatibilidade de preços com os praticados no mercado.
(B) poderá revogar a licitação, por razões de interesse público, decorrente de fato superveniente devidamente comprovado, pertinente e suficiente para justificar tal conduta.
(C) deverá anular a licitação, por ilegalidade, de ofício ou por provocação de terceiros, mediante parecer escrito e devidamente fundamentado.
(D) poderá desconsiderar a proposta apresentada pelo licitante vencedor e adjudicar o objeto ao segundo

colocado, por decisão fundamentada da comissão de licitação.
(E) poderá deixar de contratar a empresa vencedora, desde que ainda não tenha adjudicado o objeto da licitação, independentemente desta ter sido formalmente apenada com suspensão ou declaração de inidoneidade.

A: incorreta, pois a desclassificação é instituto aplicável nas hipóteses em que há problema na proposta comercial apresentada pelo licitante (exs.: a proposta não se refere ao item licitado; ou a proposta é inexequível; ou a proposta está vinculada a proposta de outro licitante etc.); B: correta, pois, no caso, em virtude da prudência administrativa, há fortes razoes de interesse público para a revogação da licitação, já que não é possível anulá-la (pois não há ilegalidade alguma no certame, pelo fato de o investigado não ter sido ainda punido administrativamente com a pena de inidoneidade para participar de certames licitatórios), nem é prudente contratar o investigado, diante do quadro probatório que demonstra ter agido com fraude em outras licitações e contratos; C: incorreta, pois somente se anula uma licitação se esta for ilegal e, no caso narrado, não se vislumbra ilegalidade em qualquer ato licitatório, tratando-se de problema relacionado ao licitante; seria caso de anular a licitação caso o licitante com problema já estivesse impedido formalmente de participar de licitações e, mesmo assim, tivesse sido habilitado para as próximas fases do certame, o que não é o caso, pois o enunciado apenas afirma que o licitante está envolvido em investigações relacionadas a fraudes, não havendo indicação de que j[a fora punido administrativamente com a pena de suspensão ou inidoneidade para participar de certames licitatórios; D: incorreta, pois, não havendo indicação no enunciado da questão de que o licitante investigado já fora punido administrativamente com a pena de suspensão ou inidoneidade para participar de certames licitatórios, não se pode excluí-lo do certame por esse motivo; E: incorreta, pois mesmo que o objeto tenha sido adjudicado, a Administração não obrigada a contratar, podendo, mesmo nessa fase, revogar o certame.
Gabarito "B".

(Magistratura/SP – 2013 – VUNESP) A anulação ex officio da licitação, fundada na ilegalidade do procedimento licitatório, gera efeitos ex tunc;
(A) ainda assim sujeita a Administração a pagar indenização às partes.
(B) são idênticos os efeitos produzidos na anulação da licitação e na anulação do contrato.
(C) como a Administração tem o dever de velar pela legalidade de seus atos, o decreto de anulação da licitação, fundada na ilegalidade do procedimento, prescinde, na esfera administrativa, do exercício do direito de defesa.
(D) o terceiro de boa-fé atingido pela invalidação da licitação será indenizado pelos prejuízos decorrentes da anulação.

A: incorreta, pois a anulação da licitação por motivo de ilegalidade não gera, como regra, o dever de indenizar (art. 49, § 1º, da Lei 8.666/1993), ressalvado o disposto no art. 59, parágrafo único, da Lei 8.666/1993; B: incorreta, pois a anulação da licitação, regulamentada no art. 49 da Lei 8.6666/1993, como regra não impõe o dever de indenizar, ao passo que a anulação do contrato, regulamentada no art. 59 da Lei 8.666/1993, impõe indenização ao contrato pelo que este houver executado até a data em que ela for declarada e por outros motivos regularmente comprovados, salvo comprovada má-fé do contratado (art. 59, parágrafo único, da Lei 8.666/1993); C: incorreta, pois a anulação do certame deve ser precedida de contraditório e ampla defesa (art. 49, § 3º, da Lei 8.666/1993); D: correta, pois, considerando a responsabilidade objetiva da Administração por atos que prejudicam terceiros (art. 37, § 6º, da CF), estes devem ser indenizados.
Gabarito "D".

12.16.7. Procedimento licitatório simplificado da Petrobras

(Advogado – Petrobrás – 2012 – CESGRANRIO) O Regulamento do Procedimento Licitatório Simplificado da Petrobras, aprovado pelo Decreto n. 2.745, de 24.08.1998, estabelece, a respeito do julgamento das licitações, que
(A) a desistência de proposta é absolutamente vedada após a fase de habilitação.
(B) o julgamento das propostas será feito em duas etapas, nas licitações do tipo melhor preço e melhor técnica.
(C) as propostas serão classificadas por ordem crescente dos valores ofertados.
(D) as vantagens não previstas no instrumento convocatório e as ofertas de redução sobre a proposta mais barata não serão levadas em conta.
(E) apenas os licitantes inabilitados têm direito à interposição de recurso no procedimento licitatório.

A: incorreta, pois cabe desistência por motivo justo decorrente de fato superveniente e aceito pela Comissão (Item 6.8 do Regulamento); B: incorreta, pois o julgamento das propostas será feito em duas etapas nas licitações de melhor técnica e preço e de melhor técnica (Item 6.20 do Regulamento); C: incorreta, pois serão classificadas por ordem decrescente dos valores ofertados, a partir da mais vantajosa (Item 6.16 do Regulamento); D: correta (Item 6.12 do Regulamento); E: incorreta, pois qualquer interessado prejudicado por ato de habilitação, classificação ou julgamento pode recorrer (Item 9.1 do Regulamento).
Gabarito "D".

12.16.8. Microempresa e empresa de pequeno porte

(Defensor Público/RS – 2011 – FCC) Com relação aos benefícios das microempresas e das empresas de pequeno porte nas licitações, que independem de regulamentação pelo órgão licitante, de acordo com a Lei Complementar Federal 123/2006, é correto afirmar:
(A) A microempresa e a empresa de pequeno porte têm preferência, como critério de desempate, para a contratação em licitações.
(B) A regularidade jurídica da microempresa e da empresa de pequeno porte será exigida apenas na assinatura do contrato.
(C) A microempresa será automaticamente declarada vencedora se a sua proposta for superior ao melhor preço em até dez por cento.
(D) A microempresa e a empresa de pequeno porte estão dispensadas de apresentar a documentação fiscal para participar em licitações.
(E) A microempresa terá preferência na contratação quando sua proposta for equivalente à apresentada por empresa de pequeno porte.

A: correta (art. 44 da LC 123/2006); B: incorreta, pois é a regularidade fiscal que será exigida apenas para efeito da assinatura do contrato (art. 42 da LC 123/2006); C: incorreta, pois, nesse caso, dar-se-á oportunidade à microempresa de apresentar proposta inferior àquela considerada vencedora no certame (art. 45, I, da LC 123/2006); D: incorreta, pois o que a lei faz é autorizar a sua apresentação no início do certame mesmo que apresente alguma restrição, conferindo-se prazo para a empresa apresentar documentação em ordem no prazo de cinco úteis contados do momento em que o proponente for declarado vencedor do certame, prazo esse que é prorrogável por igual período, a critério da Administração (art. 43, caput e § 1º, da LC 123/2006); **E:** incorreta, pois a preferência existe da microempresa e da empresa de pequeno porte, de um lado, em face das empresas em geral, de outro, e não entre as duas primeiras (art. 44, *caput*, da LC). Por fim, de rigor lembrar que a Lei Complementar 147/2014 modificou alguns dos direitos das ME e EPPs em contratações públicas, destacando-se o seguinte: i) tratamento diferenciado: nas contratações públicas **será** concedido tratamento diferenciado e simplificado para as MEs e EPPs objetivando a promoção do desenvolvimento econômico e social no âmbito municipal e regional, a ampliação da eficiência das políticas públicas e o incentivo à inovação tecnológica, sendo que, no que diz respeito às compras públicas, enquanto não sobrevier legislação estadual, municipal ou regulamento específico de cada órgão mais favorável à microempresa e empresa de pequeno porte, aplica-se a legislação federal (art. 47 da LC 123/2006, com redação dada pela LC 147/2014); ii) licitação exclusiva para ME e EPP: a administração pública **deverá** realizar processo licitatório destinado exclusivamente à participação de microempresas e empresas de pequeno porte nos itens de contratações cujo valor seja de até R$ 80.000,00 (oitenta mil reais); repare que a lei se refere aos itens de contratações e não à somatória dos itens reunidos num mesmo procedimento licitatório; iii) subcontratação obrigatória para ME e EPP: a administração pública **poderá** realizar processo licitatório em que seja exigida dos licitantes a subcontratação de MEs e EPPs especificamente no que tange às licitações voltadas à aquisição de obras e serviços; ressalta-se que essa regra só vale para obras e serviços (e não para compras) e é faculdade da Administração, e não obrigação, como na regra anterior; cota obrigatória para ME e EPP: a administração pública **deverá** realizar processo licitatório em que se estabeleça cota de até 25% (vinte e cinco por cento) do objeto para a contratação de MEs e EPPs, em certames para a aquisição de bens de natureza divisível; apesar de a lei não fixar essa cota em 25% sempre (ou seja, no caso concreto, pode variar de qualquer número acima do número zero até os 25%), a lei obriga que essa cota seja estabelecida nos certames licitatórios, desde que se trate de certame cujo objeto seja a aquisição de bens de natureza divisível.

Gabarito "A".

12.16.9. Regime diferenciado de contratações públicas – RDC

(**Procurador do Estado/PR – UEL-COPS – 2011**) Quanto ao Regime Diferenciado de Contratações Públicas – RDC, é correto dizer que:

(A) o RDC aplica-se a toda e qualquer contratação pública, desde que abrangida no período de tempo pertinente à Copa das Confederações, Copa do Mundo da FIFA, Jogos Paraolímpicos e Olimpíadas (critério cronológico);

(B) no que respeita ao seu relacionamento com a Lei Geral de Licitações e Contratações Públicas (8.666/1993), o RDC acolhe os tipos e modalidades de licitação segundo o critério de definição conforme o valor da futura contratação;

(C) o procedimento licitatório do RDC define como regra a avaliação dos preços antes da habilitação dos licitantes, sendo o modelo da concorrência (habilitação antes da avaliação dos preços) apenas adotado na condição de inversão de fases, desde que fundamentadamente justificada a exceção;

(D) o RDC envolve a aplicação integrada da Lei 8.666/1993, na condição de norma geral de licitações e contratações públicas, sempre subsidiária a todos os dispositivos do RDC;

(E) todas as alternativas estão incorretas.

A: incorreta, pois o RDC se aplica exclusivamente às licitações e contratos necessários à realização dos eventos mencionados (art. 1º da Lei 12.462/2011), bem como outros eventos mencionados pela lei, tais como ações do PAC, obras e serviços do SUS e obras e serviços de engenharia no âmbito dos sistemas público de ensino; as demais contratações que não se refiram a esses eventos devem obedecer à Lei 8.666/1993; **B:** incorreta, pois a Lei 12.462/2011 dispõe que os tipos licitatórios são os previstos na Lei 8.666/1993 (menor preço, melhor técnica e técnica e preço), acrescentando-se os tipos maior desconto, melhor conteúdo artístico e maior retorno econômico (art. 18 da Lei 12.462/2011); **C:** correta, pois o art. 12, *caput* e incisos IV e V, estabelece essa ordem (primeiro julgamento das propostas e depois habilitação), sendo que o parágrafo único do mesmo dispositivo permite a inversão de fases, para o fim de a habilitação acontecer primeiro; **D:** incorreta, pois a opção pelo RCD resultará no afastamento das normas da Lei 8.666/1993 (art. 1º, § 2º, da Lei 12.462/2011), ressalvadas as hipóteses em que a própria Lei 12.462/2011 estabelecer que se aplica a Lei 8.666/1993); **E:** incorreta, pois, como se viu, a alternativa "c" está correta.

Gabarito "C".

Contratos Administrativos 13

13.1. CONCEITO DE CONTRATO ADMINISTRATIVO

O contrato administrativo pode ser conceituado *como o acordo de vontades entre a Administração e terceiros pertinente a obras, serviços, compras, alienações ou locações, em que existem cláusulas exorbitantes em favor da primeira, preservado o equilíbrio econômico-financeiro entre as partes.*

Repare que um contrato só será do tipo "contrato administrativo" se o acordo de vontades cumprir os seguintes requisitos: a) presença da *Administração Pública*; b) existência de cláusulas que coloquem a Administração em *posição de supremacia* em relação à outra parte contratante; c) *reciprocidade nas obrigações*, que devem ser pertinentes a obras, serviços, compras, alienações ou locações.

Quanto ao terceiro requisito, vale destacar que o contrato administrativo não se confunde com o convênio administrativo, pois, no primeiro, há obrigações recíprocas (um quer uma coisa ou serviço e o outro quer uma remuneração em dinheiro), ao passo que no segundo há interesses comuns (os convenentes querem desenvolver um projeto comum, dividindo tarefas), estabelecendo-se uma parceria para unir esforços no cumprimento desse interesse comum.

Preenchidos tais requisitos, estar-se-á diante de um contrato administrativo, cujo regime jurídico, naturalmente, é diferenciado em relação ao dos contratos privados.

13.2. CARACTERÍSTICAS PRINCIPAIS DO CONTRATO ADMINISTRATIVO

O contrato administrativo tem duas características marcantes. A primeira delas é a existência de **cláusulas exorbitantes** em favor do Poder Público, que tem mais direitos que o particular em relação às *cláusulas regulamentares* do contrato. A segunda é o direito ao **equilíbrio econômico-financeiro**, o que faz com que ambas as partes tenham direito a que as *cláusulas econômicas* do contrato mantenham o equilíbrio que detinham quando de sua celebração.

Vamos a um exemplo. A Administração, em virtude de ter cláusulas exorbitantes em seu favor, pode, unilateralmente, modificar uma cláusula contratual para o fim de determinar que o contratado forneça mais produtos do que o previsto no contrato. Esse direito da Administração existe justamente porque há **cláusulas exorbitantes** em seu favor, cláusulas essas que existem apenas quanto às *cláusulas regulamentares* do contrato (ex.: prazos, quantidade, especificações etc.). O contratado será obrigado a cumprir essa ordem da Administração, mas terá, de outra parte, direito a que seja mantido o **equilíbrio econômico-financeiro**, ou seja, a que seja mantido o equilíbrio das *cláusulas econômicas* do contrato. Isso se dará mediante o aumento da quantia a ser paga para o contratado, que, tendo de trazer mais produtos, deverá receber mais por isso.

As **cláusulas exorbitantes** se justificam pois a Administração, diferentemente do particular, age em nome de toda a coletividade, de forma que tais poderes são indispensáveis à preservação do interesse público buscado na contratação.

O art. 58 da Lei 8.666/1993 exemplifica esse tipo de cláusula ao dispor que a Administração tem a prerrogativa de interferir nos contratos para:

a) **modificá-los, unilateralmente**, para melhor adequação às finalidades de interesse público, respeitados os direitos do contratado;

b) **rescindi-los, unilateralmente**, nos casos especificados no inc. I do art. 79 da Lei 8666/1993;

c) **fiscalizar-lhes a execução**;

d) **aplicar-lhes sanções** motivadas pela inexecução total ou parcial do ajuste;

e) **nos casos de serviços essenciais**, ocupar, provisoriamente, bens móveis, imóveis, pessoal e serviços vinculados ao objeto do contrato, na hipótese de necessidade de acautelar apuração administrativa de faltas contratuais pelo contratado, bem como na hipótese de rescisão do contrato administrativo (essa cláusula era muito utilizada nas concessões de serviço público; porém, com a edição da Lei 8.987/1995, passou-se a aplicar as regras específicas desta lei).

Quanto à característica da **manutenção do equilíbrio econômico-financeiro**, vale salientar que essa ela tem raiz constitucional, estando prevista no art. 37, XXI, do Texto Maior, no ponto em que o dispositivo assevera que o processo de licitação pública deve assegurar *"igualdade de condições a todos os concorrentes, com cláusulas que estabeleçam obrigações de pagamento, mantidas as condições efetivas da proposta* (...)". Além disso, também está prevista na Lei 8.666/1993, que estabelece que as cláusulas econômicas de contrato administrativo não podem ser alteradas sem a concordância do contratado, devendo ser revistas se houver alteração contratual que desequilibre a equação econômico-financeira original (art. 58, § 1º, da Lei 8.666/1993).

13.3. REGIME JURÍDICO DO CONTRATO ADMINISTRATIVO

Como se sabe, os contratos administrativos têm seu regime jurídico delineado na Lei 8.666/1993. Porém, além dessa lei, a Constituição e outros diplomas legislativos também participam da formação do precitado regime jurídico.

Sobre o tema, confira o art. 54 da Lei 8.666/1993: "os contratos administrativos de que trata esta Lei regulam-se pelas suas cláusulas e pelos preceitos de direito público, aplicando-se-lhes, supletivamente, os princípios da teoria geral dos contratos e as disposições de direito privado".

Assim, pode-se sistematizar a questão, concluindo-se que se aplicam aos contratos administrativos as seguintes normas jurídicas, sucessivamente:

1º) CF: ex.: princípio da eficiência;

2º) Lei 8.666/1993 e Preceitos de Direito Público: ex.: casos de rescisão;

3º) Cláusulas editalícias e contratuais;

4º) Princípios da Teoria Geral dos Contratos: ex.: princípio da função social dos contratos;

5º) Disposições de Direito Privado: ex.: regras sobre vícios redibitórios (Código Civil e CDC), desconsideração da personalidade jurídica (art. 50 do Código Civil), cláusula penal máxima (art. 412 do Código Civil), juiz pode reduzir valor de multa, se excessiva, como no caso de uma multa de 88% reduzida para 10% (*vide* REsp 330.677).

13.4. FORMALIZAÇÃO DO CONTRATO ADMINISTRATIVO

Para um contrato administrativo ser celebrado são necessários os seguintes requisitos:

a) ato administrativo motivado especificando a necessidade de contratação;

b) solicitação com indicação do objeto a ser contratado e de sua quantidade;

c) constatação da existência de recurso próprio para a despesa;

d) verificação do impacto orçamentário-financeiro; não basta haver previsão orçamentária. No curso de cada exercício financeiro há de se verificar se existem recursos em caixa, respeitando-se as cotas trimestrais de despesas fixadas (art. 47 da Lei 4.320/1964) e há de se obedecer também a outros requisitos legais (ex.: art. 42 da Lei de Responsabilidade Fiscal – LC 101/2000);

e) autorização para abertura de licitação;

f) elaboração e aprovação de edital;

g) reserva de recursos;

h) *licitação*, salvo dispensa ou inexigibilidade desta;

i) *convocação do adjudicatário*: estipula-se prazo para o adjudicatário (vencedor da licitação) comparecer para assinar o contrato (art. 64, *caput*, da Lei 8.666/1993), o qual pode ser prorrogado uma vez, com justificativa do contratado (art. 64, § 1º, da Lei 8.666/1993). Decorridos 60 dias da data de entrega das propostas, sem convocação, o adjudicatário fica liberado do dever de assinar o contrato, ou seja, fica liberado dos compromissos assumidos (art. 64, § 3º, da Lei 8.666/1993). Se o convocado não assinar contrato, a Administração tem duas opções (art. 64, § 2º, da Lei 8.666/1993): i) convocar o licitante remanescente, nas mesmas condições do vencedor; ou ii) revogar o certame;

j) os contratos devem conter determinadas cláusulas *escritas* acerca do *regime de execução, reajustes, condições de pagamento e atualização, prazos de início, execução, conclusão, multas e rescisão; garantias (caução, seguro, fiança)*;

k) *devem ser escritos*, sendo nulo o contrato verbal com a Administração, salvo o de pequenas compras de pronto pagamento, assim entendidas aquelas de valor não superior a 5% do limite para aquisições por convite. A lei admite em alguns casos o regime de adiantamento (art. 68 da Lei 4.320/1964), em que se entrega numerário ao servidor para gasto futuro. Isso deve acontecer apenas nos casos definitivos em lei, como, por exemplo, no pagamento de diárias;

l) o *instrumento* do contrato é obrigatório nos casos de concorrência e de tomada de preços, bem como nas dispensas e inexigibilidades compreendidas naquelas modalidades, e facultativo nas compras de entrega imediata e sem obrigações futuras, bem como nos demais casos escritos não compreendidos nas duas modalidades acima, nos quais pode ser substituído por carta-contrato, nota de empenho de despesa, autorização de compra ou ordem de execução de serviço. A minuta do futuro contrato integrará sempre o edital;

m) o *contrato* tem como condição de *eficácia* a publicação de seu resumo na Imprensa Oficial, a qual deve se dar até o 5º dia útil do mês seguinte à sua assinatura e até 20 dias após esta, seja de que valor for;

n) faculta-se à Administração a exigência de *garantias* a fim de assegurar a execução do contrato, devendo estar prevista no edital. O particular deve escolher entre caução, em dinheiro ou títulos da dívida pública, seguro-garantia ou fiança bancária. A garantia não pode exceder a 5% do valor do contrato, salvo quanto a obras, serviços e fornecimentos de grande vulto envolvendo alta complexidade técnica e riscos financeiros consideráveis, quando o limite poderá ser elevado até a 10% do valor do contrato. A garantia será liberada ou restituída após a execução, e, quando em dinheiro, será atualizada monetariamente.

13.5. ALTERAÇÕES DOS CONTRATOS (ART. 65 DA LEI 8.666/1993)

13.5.1. Unilaterais

São as alterações feitas por imposição da Administração. As modificações aqui permitidas, que serão a seguir expostas, são feitas unilateralmente pela Administração, mas não podem implicar alteração do objeto contratual, sob pena de se caracterizar burla ou fraude à licitação feita. Permitem-se apenas alterações no projeto ou meramente quantitativas. Vejamos as alterações permitidas (art. 65, I):

a) **qualitativa:** *quando houver modificação do projeto ou das especificações para melhor adequação técnica aos seus objetivos;*

b) **quantitativa:** *quando necessária a modificação do valor contratual em decorrência de acréscimo ou diminuição quantitativa de seu objeto, nos limites permitidos na lei.*

No caso de alteração do projeto ou especificações (alteração qualitativa), temos duas situações típicas:

a) situações novas: por exemplo, decisão judicial impondo que dada obra atenda a preceitos técnicos em matéria de acústica;

b) situações existentes, mas desconhecidas: o solo se revela diferente do imaginado (ex.: tem muita pedra; tem falha geológica), impondo fundação diferenciada.

Um bom projeto básico evita isso, o que faz com que os tribunais de contas tenham cada vez mais recomendado a feitura de bons projetos antes que um edital de licitação seja elaborado.

A alteração qualitativa não admite que seja alterado o próprio objeto contratual. Assim, não é possível alterar o objeto contratual de cimento para tijolo, por exemplo.

Já quando é necessária a modificação do valor contratual em decorrência de acréscimo ou diminuição nas obras, serviços e compras, temos os seguintes limites:

a) acréscimo: até 25% do valor inicial; tratando-se de reforma, é possível acréscimo de até 50% do valor inicial;

b) diminuição: até 25% do valor inicial.

Não são computados nos limites os *reajustes* e *revisões*.

As alterações de valor devem levar em conta os ganhos e as perdas de escala.

13.5.2. Bilaterais

São as autorizadas pela lei, sendo feitas de comum acordo entre as partes, ou por processo judicial promovido pelo interessado, para restabelecer o equilíbrio inicial quando houver prejuízo significativo causado por um dos seguintes fatos:

a) **força maior ou caso fortuito:** alteração que requer i) desequilíbrio contratual, ii) evento lesivo consistente em força maior ou caso fortuito e iii) configuração de álea econômica extraordinária e extracontratual (prejuízo significativo). Ex.: uma grande chuva destrói uma obra pública em andamento, executada por uma construtora contratada pela Administração;

b) **sujeições ou interferências imprevistas:** *descoberta de um óbice natural ao cumprimento do contrato na forma prevista*. Ex.: descoberta de que o terreno em que o particular deverá construir a obra contratada é rochoso, aumentando em demasia os custos para a realização da fundação. Preenchidos os requisitos de desequilíbrio e configuração de álea extraordinária, também se enseja a alteração bilateral;

c) **fato da administração**: *toda ação ou omissão da Administração que se dirige e incide direta e especificamente sobre o contrato, retardando ou impedindo sua execução.* Ex.: atraso do Poder Público na entrega do imóvel para feitura de uma obra contratada com o particular. Esta alteração unilateral também gera, por óbvio, direito ao reequilíbrio econômico-financeiro[1]. Para alteração do contrato motivada pelo fato da administração é necessário: i) desequilíbrio contratual, ii) fato da administração e iii) configuração de álea econômica extraordinária e extracontratual (prejuízo significativo);

d) **fato do príncipe:** *fato geral do Poder Público que afeta substancialmente o contrato, apesar de não se dirigir especificamente a ele.* Ex.: mudança de política cambial por parte do Banco Central (STJ, ROMS 15.154);

e) **modificação tributária:** *criação, alteração ou extinção de tributo ou encargo legal que interfira diretamente nos preços (custos) para mais ou para menos* (art. 65, § 5º). Assim, aumentos significativos em tributos como ISS, ICMS, IPI, dentre outros, geram o direito à revisão contratual. Note que o aumento no imposto sobre a renda não interfere nos custos de uma empresa, mas apenas na renda desta, não ensejando a revisão contratual; da mesma forma, a criação da CPMF não enseja a revisão, por não gerar um prejuízo significativo, segundo o Tribunal de Contas da União (TCU);

f) **aplicação da Teoria da Imprevisão:** caso não se configure nenhuma das hipóteses acima, é possível invocar-se cláusula genérica para alteração contratual, que requer *desequilíbrio contratual causado pela sobrevinda de fatos imprevisíveis ou previsíveis, porém de consequências incalculáveis, retardadores ou impeditivos da execução do contrato*. Vale dizer, são necessários: i) desequilíbrio contratual ulterior, ii) imprevisibilidade ou previsibilidade de consequência incalculável e iii) retardamento ou impedimento da execução do ajustado (prejuízo significativo). Ex.: advento de guerra causando aumento demasiado no preço do petróleo, atingindo contratos em curso; crise mundial aumentando muito o dólar.

Não caberá revisão contratual nos seguintes casos: a) de culpa do contratado; b) de evento existente antes das propostas; c) de ausência de prejuízo significativo.

A jurisprudência entende que não dá ensejo à revisão contratual dois fatos: a) dissídio coletivo, por se tratar de algo previsível (STJ, REsp 668.376), ressalvadas situações excepcionais; b) inflação, por também se tratar de fato previsível e que é compensado pelo instituto do *reajuste* e não da *revisão*.

---

1. Art. 65: (...) "§ 6º Em havendo alteração unilateral do contrato que aumente os encargos do contratado, a Administração deverá restabelecer, por aditamento, o equilíbrio econômico-financeiro inicial."

O reajuste *é a atualização monetária em contratos de trato sucessivo, feita a cada 12 meses*. Ele difere da revisão, pois esta decorre de evento *extraordinário*, ao passo que o reajuste decorre de evento *ordinário*.

O reajuste tem como termo inicial a data prevista para a apresentação da proposta do licitante (art. 40, XI, da Lei 8.666/1993 e art. 3º, § 1º, da Lei 10.192/2001), nos termos do que decide o STJ (REsp 846.367/RS).

Em caso de atraso no pagamento, incide correção monetária mensal (Lei do Plano Real).

Por fim, e voltando à questão da *revisão* contratual, caso qualquer das situações ocorridas anteriormente leve a uma consequência tal que a revisão contratual não consiga trazer novamente o equilíbrio originário, o contrato deverá ser extinto.

13.6. EXECUÇÃO DO CONTRATO

Dispõe o artigo 66 da Lei 8.666/1993 que o contrato deverá ser executado fielmente: *Art. 66. O contrato deverá ser executado fielmente pelas partes, de acordo com as cláusulas avençadas e as normas desta lei, respondendo cada uma delas pelas consequências de sua inexecução total ou parcial.*

O contrato administrativo, portanto, faz lei entre as partes, que devem cumpri-lo integralmente.

Nada obstante, como se viu, tal regra sofre as seguintes exceções:

a) a Administração pode modificar unilateralmente condições contratuais;

b) nestes casos, e naqueles outros em que se configurarem hipóteses de desequilíbrio econômico-financeiro, deve-se promover sua modificação.

Outra questão importante nesta matéria é o fato de que a Administração deverá manter um representante para fiscalizar a execução dos contratos, enquanto o contratado deve indicar um preposto, aceito pela primeira, para acompanhar a execução do ajuste.

Deve-se destacar, ainda, que o contratado, na execução do ajuste, não pode deixar de cumprir suas obrigações por suspensão do contrato de até 120 dias, bem como por atraso no seu pagamento por até 90 dias. Vale dizer: a exceção de contrato não cumprido não pode ser alegada pelo particular em tais condições, em que pese poder ser alegada pelo Poder Público, se a culpa é do particular.

O contratado tem como prestação principal adimplir o objeto contratual, devendo também: observar as normas técnicas adequadas, empregar o material apropriado, sujeitar-se aos acréscimos e supressões legais, executar pessoalmente o objeto do contrato (a execução é pessoal, mas não personalíssima, daí a possibilidade de contratar terceiros para colaborar ou até para executar partes, desde que nos limites admitidos pela Administração na execução do contrato – *vide* art. 72, por exemplo, que trata da subcontratação), atender aos encargos trabalhistas, previdenciários, fiscais e comerciais decorrentes da execução, bem como manter o preposto acima indicado.

Vale ressaltar que, na execução do contrato, o particular é responsável pelas obrigações que contrair, as quais não poderão ser imputadas ao Poder Público: "*Art. 71. O contratado é responsável pelos encargos trabalhistas, previdenciários, fiscais e comerciais resultantes da execução do contrato.*"

Assim sendo, a Administração não poderá ser acionada por terceiros, em virtude de atos do contratado.

A Lei 9.032/1995, todavia, dispõe que a Administração Pública responde solidariamente com o contratado pelos *encargos previdenciários* resultantes da inexecução do contrato, nos termos do art. 31 da Lei 8.212/1991.

O TST também admite que a Administração responda por encargos trabalhistas no caso de terceirização de serviços, como nos contratos em que a Administração faz com empresas de vigilância, limpeza, dentre outros. Porém, a responsabilidade da Administração é subsidiária e depende de que esta tenha agido de forma culposa na aplicação da Lei 8.666/1993 (conforme Súmula 331 do TST, após as decisões do STF proferidas na Rcl 8150 e na ADC 16).

Executado o contrato, esse será recebido provisoriamente pela Administração, em até 15 dias da comunicação escrita do contratado, pelo responsável pelo acompanhamento e definitivamente por servidor ou comissão designada pela autoridade, após decurso do prazo de observação ou vistoria que ateste a adequação do objeto ao contrato, tudo sem prejuízo da responsabilidade civil pela solidez e segurança da obra ou do serviço (art. 73).

A **inexecução total ou parcial** do contrato enseja sua rescisão, com as consequências contratuais e as previstas em lei ou regulamento (art. 77). O art. 78 da Lei 8.666/1993 enumera os motivos para rescisão do contrato, dentre eles os seguintes:

a) o não cumprimento ou o cumprimento irregular de cláusulas contratuais;

b) a lentidão no seu cumprimento, o atraso injustificado no início, a paralisação sem justa causa e sem prévia comunicação;

c) a subcontratação não admitida no contrato;

d) o desatendimento das determinações regulares da autoridade designada para acompanhamento de sua execução;

e) razões de interesse público (revogação do contrato);

f) *suspensão* da execução por mais de 120 dias ou *atraso* por mais de 90 dias; em ambos os casos a extinção será opção do contratado, não cabendo rescisão, todavia, se houver calamidade pública, grave perturbação da ordem interna ou guerra;

g) caso fortuito ou força maior impeditivos da execução.

Os casos de rescisão serão formalmente motivados nos autos do processo administrativo, assegurados o contraditório e a ampla defesa. Quando a rescisão não se der por culpa do contratado (incisos XII a XVII do art. 78), esse será ressarcido dos prejuízos que houver sofrido, tendo ainda direito à devolução da garantia, pagamento pela execução até a rescisão e pagamento do custo da desmobilização. A rescisão pelo não cumprimento das cláusulas contratuais acarretará, sem prejuízo das sanções legais, na assunção imediata do objeto pela Administração, com a ocupação e utilização do local, instalações, equipamentos, material e pessoal empregados na execução do contrato necessários à sua continuidade e retenção dos créditos decorrentes do contrato até o limite dos prejuízos causados à Administração.

Os artigos 86 e seguintes tratam das sanções administrativas cabíveis em caso de inexecução parcial ou total do contrato, garantida prévia defesa, servindo como exemplo: advertência, multa, suspensão temporária de participação em licitação e impedimento de contratar por prazo não superior a 2 anos, declaração de inidoneidade para licitar ou contratar com a Administração enquanto durarem os motivos da punição ou até que seja promovida a reabilitação perante a autoridade, que depende de cumprimento de sanções e ressarcimento ao erário, podendo-se aplicar as duas últimas sanções também aos profissionais que tiverem dado causa ao ilícito.

Quanto a sanção de inidoneidade para licitar ou contratar com a Administração, ela se irradia para todas as esferas de governo. Assim, na esteira de um exemplo tirado da jurisprudência do STJ, uma empresa que tenha recebido essa sanção de um município, por ter fornecido medicamento adulterado a este, ficará impedida de contratar com todos os outros municípios, Estados, DF e União (Resp 520.553). Porém, essa sanção tem efeitos futuros, ou seja, não alcança os contratos em curso quando de sua aplicação, sem prejuízo de que, dentro de cada contrato em curso possa haver sua rescisão por específicas inexecuções em cada contrato (STJ, MS 13.964/DF).

Quanto à possibilidade do TCU declarar a inidoneidade de empresa privada para participar de licitações, o STF entende que esse tribunal tem competência, na esteira do disposto no art. 46 da Lei 8.443/1992 - Lei Orgânica do TCU (MS 30.788/MG, J. 21.05.2015).

13.7. EXTINÇÃO DO CONTRATO

O contrato administrativo se extingue pelas seguintes causas:

a) **conclusão do objeto ou decurso do tempo:** quanto à questão da duração do contrato, é importante que fique claro que todo contrato administrativo deve ter prazo determinado e respeitar os créditos orçamentários; quanto aos serviços contínuos (ex.: limpeza, vigilância merenda etc.), cabem sucessivas prorrogações, limitando-se a contratação total a até 60 meses, sendo que, em casos excepcionais, devidamente justificados e mediante autorização da autoridade superior, cabe outra prorrogação, por mais 12 meses, totalizando 72 meses; já quanto a serviços relativos à segurança nacional, o prazo máximo do contrato é de 120 meses;

b) **acordo entre as partes (rescisão amigável ou bilateral):** ocorre por acordo entre as partes, desde que haja interesse público. A extinção bilateral também é chamada de distrato;

c) **culpa da Administração (rescisão judicial):** a chamada *rescisão judicial* ocorre por ação judicial promovida pelo particular, que não pode promover a extinção do ajuste unilateralmente. O particular deverá trazer como fundamento o descumprimento, por parte do Poder Público, de obrigações contratuais. Conforme já escrito, o particular não pode alegar a exceção de contrato não cumprido até 120 dias de suspensão do contrato e 90 dias de atraso no pagamento; a suspensão do contrato consiste em a Administração dizer para o contratado que é para ele suspender o cumprimento de suas obrigações, período em que também não receberá quantia alguma; o atraso no pagamento é pior, pois o particular deve continuar cumprindo com suas obrigações, mas nada poderá fazer para rescindir o contrato se o atraso não superar 90 dias. Naturalmente, o contratado prejudicado pela suspensão ou atraso no contrato poderá, posteriormente, requerer compensação financeira pelos danos que suportar com essas condutas da Administração;

d) **por vontade da Administração (rescisão unilateral ou administrativa):** essa forma de extinção é promovida pela Administração, respeitando o contraditório e a ampla defesa, nos seguintes casos:

d1) **anulação:** por motivo de *ilegalidade* na licitação ou no contrato;

d2) **revogação:** por inconveniência ou inoportunidade; nesse caso, o STJ entende o seguinte: "esta Corte Superior já se pronunciou no sentido de que a rescisão do contrato administrativo por ato unilateral da Administração Pública, sob justificativa de interesse público, impõe ao contratante a obrigação de indenizar o contratado pelos prejuízos daí decorrentes, como tais considerados não apenas os danos emergentes, mas também os lucros cessantes. Precedentes. É que, sob a perspectiva do Direito Administrativo Consensual, os particulares que travam contratos com a Administração Pública devem ser vistos como parceiros, devendo o princípio da boa-fé objetiva (e seus corolários relativos à tutela da legítima expectativa) reger as relações entre os contratantes público e privado" (REsp 1240057/AC, *DJe* 21.09.2011);

d3) inexecução do contrato pelo contratado.

13.8. OUTRAS QUESTÕES REFERENTES A CONTRATOS ADMINISTRATIVOS

Uma questão que aparece com certa frequência é saber se é possível a aplicação do instituto da **arbitragem** para regular contratos administrativos.

A jurisprudência vem entendendo que essa possibilidade existe, caso se trate de empresas estatais, dada a natureza dos interesses de que cuidam tais empresas.

Não há norma na Lei 8.666/1993 estabelecendo a possibilidade de aplicação da mediação e da arbitragem quanto às pessoas jurídicas de direito público.

Porém, em matéria de concessão de serviço público e de parceria público-privada, a lei admite que o edital preveja a utilização de arbitragem para a resolução de disputas decorrentes ou relacionadas ao contrato (art. 23-A da Lei 8.987/1995 e art. 11, III, da Lei 11.079/2004).

Naturalmente, a arbitragem não poderá discutir cláusulas regulamentares desses contratos, podendo incidir apenas sobre questões de outra natureza.

Outra questão bastante polêmica é quanto à possibilidade de **retenção de pagamento da contratada pela não manutenção da regularidade fiscal**. O STJ entende que não é possível *retenção* por esse motivo, já que não há previsão legal nesse sentido, lembrando que o objetivo da retenção é cobrir prejuízos causados pelo contratado e multas aplicadas pela Administração (arts. 80, IV, e 87, § 2º). Porém, é possível *rescindir* o contrato no caso por descumprimento de cláusula essencial desse.

13.9. CONTRATOS ADMINISTRATIVOS *VERSUS* CONVÊNIOS

No Direito Administrativo há diversas espécies de negócios bilaterais. São exemplos desses negócios o contrato administrativo, o contrato regido pelo direito privado, a concessão de serviço público, a concessão de uso de bem público, o convênio, o consórcio, o contrato de gestão e o termo de parceria.

Mas há duas categorias que podem ser tomadas como gênero. A primeira delas é o **contrato em sentido** amplo, que abrange o contrato administrativo, o contrato regido pelo direito privado e as concessões. E a segunda delas são os **convênios em sentido amplo**, que abrange os convênios em sentido estrito, o consórcio, o contrato de gestão e o termo de parceria.

Contratos e convênios têm em comum o fato de serem negócios jurídicos bilaterais. E têm como diferenças as seguintes: a) no primeiro há interesses contrapostos, ao passo que no segundo há interesses e objetivos comuns; b) no primeiro existe relação de crédito e débito, podendo o contratado aplicar o dinheiro que receber como remuneração como bem lhe convier, ao passo que no segundo os recursos recebidos por um dos convenentes devem ser aplicados para alcançar os objetivos comuns de ambas as partes; c) no primeiro, os contratantes são considerados "partes" e não têm o dever de prestar contas sobre o uso dos recursos relativos à remuneração de cada qual, ao passo que no segundo os convenentes são considerados "partícipes" e têm o dever de prestar contas sobre a aplicação dos recursos recebidos.

Um convênio deverá observar os preceitos do art. 116 da Lei 8.666/1993, bem como, nos celebrados com a União, às disposições da Instrução Normativa 1/1997, da Secretaria do Tesouro Nacional.

Vale ressaltar que há na legislação, hoje, previsão de outras formas de vínculo para a gestão associadas de certos serviços públicos, por meio da celebração de convênios de cooperação e até pela criação conjunta, pelos entes políticos, de pessoas jurídicas, denominadas consórcios públicos (vide, a respeito, o art. 241 da CF e a Lei 11.107/2005).

Segundo jurisprudência do Supremo Tribunal Federal (STF), é inconstitucional a exigência de autorização legislativa para a celebração de convênio ou consórcio: "A jurisprudência do Supremo Tribunal Federal é firme no sentido de que a regra que subordina a celebração de acordos ou convênios firmados por órgãos do Poder Executivo à autorização prévia ou ratificação da Assembleia Legislativa, fere o princípio da independência e harmonia dos poderes (art. 2º da CF)." (ADI 342/PR, DJ 11.04.2003)

Por outro lado, sempre que possível, deve-se promover certame concorrencial com vistas a se preservar os princípios da impessoalidade, da moralidade e da eficiência.

Isso porque não há lei geral federal determinado que, previamente à celebração de convênios, há de se fazer licitação pública, porém, em homenagem aos princípios citados, de rigor, sempre que possível, entabular o acordo após disputa entre interessados que leve em conta critérios isonômicos e protetores do interesse público. Por meio de edital de chamamento, por exemplo, pode-se buscar uma boa disputa entre interessados, quando a Administração quiser celebrar convênio com alguma entidade privada.

Já quanto ao consórcio público, a sua constituição, que se dá entre entes políticos, por óbvio não requer licitação. Porém, quando o consórcio público estiver constituído enquanto pessoa jurídica, a sua contratação pelos entes políticos consorciados não requer licitação, mas as contratações feitas pelo próprio consórcio (ex: compras de materiais e equipamentos), aí sim requerem este certame.

Por fim, vale citar mencionar que, de acordo com a Lei 13.019/2014, são regidos pelo art. 116 da Lei 8.666/1993: a) convênios entre entes federados ou pessoas jurídicas a eles vinculadas; b) convênios e contratos celebrados com entidades filantrópicas e sem fins lucrativos nos termos do § 1º do art. 199 da Constituição Federal.

13.10. QUADRO SINÓTICO

1. Conceito: *acordo de vontades entre a Administração e terceiros, pertinente a obras, serviços, compras, alienações ou locações, em que existem cláusulas exorbitantes em favor da primeira, preservado o equilíbrio econômico-financeiro das partes*
2. Características marcantes
2.1. Cláusulas exorbitantes
a) modificação e rescisão unilaterais
b) fiscalização da execução e aplicação unilateral de sanções
c) ocupação provisória de instalações – para acautelar a apuração de faltas ou no caso de rescisão
2.2. Manutenção do equilíbrio econômico-financeiro
– Equilíbrio das "cláusulas econômicas" deve ser mantido
– Administração aumenta tarefas, mas compensa economicamente

3. Regime jurídico geral

– Aplicam-se aos contratos administrativos as seguintes normas jurídicas, sucessivamente

1º) CF

– ex: princípio da eficiência

2º) Lei 8.666/1993 e Preceitos de Direito Público

– ex: casos de rescisão

3º) Cláusulas editalícias e contratuais

4º) Princípios da Teoria Geral dos Contratos

– ex: princípio da função social dos contratos

5º) Disposições de Direito Privado

– ex.: regras sobre vícios redibitórios

4. Formalidades para a contratação

4.1. Processo de licitação ou de contratação direta

4.2. Convocação do adjudicatário

– estipula-se prazo para adjudicatário (vencedor da licitação) comparecer para assinar o contrato

– adjudicatário fica liberado do dever de assinar contrato decorridos 60 dias da data de entrega das propostas

– se convocado não assinar contrato, administração pode:

a) convocar licitante remanescente, na mesma condição

b) revogar o certame

4.3. Instrumento escrito

– Verbal: só compra à vista, com valor até 5% do convite

– Concorrência e tomada de preços: usa-se contrato

– Demais casos: carta-contrato, nota de empenho, autorização de compra, ordem de execução de serviços

5. Alterações contratuais

5.1. Unilaterais: *feitas por imposição da Administração*

5.1.1. Qualitativas: em caso de alteração do projeto ou especificações, para adequação técnica aos seus objetivos

a) situações novas: decisão judicial impondo que dada obra atenda preceitos técnicos em matéria de acústica

b) situações existentes, mas desconhecidas: solo se revela diferente do imaginado, impondo fundação diferenciada

Obs. 1: bom projeto básico evita isso

Obs. 2: não pode alterar o próprio objeto do contrato

5.1.2. Quantitativas: quando necessária modificação do valor contratual em decorrência de aumento ou diminuição nas obras, serviços ou compras, com os seguintes limites

a) acréscimo: até 25% do valor inicial; 50%, se for reforma

b) diminuição: até 25% do valor inicial

Obs: não são computados nos limites os *reajustes* e *revisões*

5.2. Bilaterais (revisão): *feitas por acordo ou decisão judicial* para restabelecer o equilíbrio econômico-financeiro do contrato, por *prejuízo significativo* causado por:

a) caso fortuito ou força maior: p. ex., um tornado destrói uma obra pública construída por um particular

b) fato da administração: *conduta específica da Administração sobre um contrato, retardando ou impedindo sua execução*; ex.: suspensão do contrato

c) fato do príncipe: *conduta geral do P. Público que acaba afetando um contrato*; ex.: mudança da *política cambial* ou em *tributo*s, interferindo nos *custos* do contratado

d) outro fato imprevisível ou previsível de consequências incalculáveis (Teoria da Imprevisão): p. ex., uma guerra ou uma crise mundial, interferindo no equilíbrio

– **Não gera revisão:** dissídio coletivo, inflação, CPMF, IR

5.3. Reajuste: *é a atualização monetária em contratos de trato sucessivo feita a cada 12 meses*

– Difere da revisão, pois esta decorre de evento *extraordinário* e o reajuste decorre de evento *ordinário*

– Reajuste tem como termo inicial a data prevista para a apresentação da proposta (art. 40, XI, da Lei 8.666/1993 e art. 3º, § 1º, da Lei 10.192/2001)

– Em caso de atraso no pagamento, incide correção monetária mensal (art. 15 da Lei do Plano Real)

6. Extinção do contrato

6.1. Decurso do tempo

– Duração deve respeitar autorização orçamentária

– Serviços contínuos: cabem sucessivas prorrogações, limitando contratação total em até **60 meses**, sendo que, em casos excepcionais, devidamente justificados e mediante autorização da autoridade superior, cabe outra prorrogação, por **mais 12 meses**

– Até **120 meses**: serviços relativos à segurança nacional

6.2. Bilateral

– Em caso de acordo entre as partes (distrato)

6.3. Judicial

– Havendo *culpa* da Administração, particular entra em Juízo

– Particular não pode alegar exceção de contrato não cumprido, salvo após

i) 90 dias de atraso no pagamento

ii) 120 dias de suspensão do contrato

– desde que, em qualquer caso, não haja calamidade pública, guerra etc.

6.4. Unilateral

– Promovida pela Administração, respeitando o contraditório e a ampla defesa, nos seguintes casos:

6.4.1. Anulação

– Por motivo de *ilegalidade* na licitação ou no contrato

– Retroage, impedindo e desconstituindo efeitos

– Mas a Administração deve indenizar contratado pelo já executado e por prejuízos, salvo se houver culpa deste

– Boa-fé do particular é presumida

– Comprovada a má-fé do particular, não se indenizará

6.4.2. Revogação: por inconveniência ou inoportunidade

– Particular será indenizado por lucros cessantes

6.4.3. Inexecução do contrato pelo contratado

7. Outras questões

7.1. Aplicação da arbitragem para regular contratos de empresas estatais

– É possível

7.2. Retenção de pagamento pela não manutenção da regularidade fiscal

– Não é possível *retenção* por esse motivo

– Mas é possível *rescindir* o contrato no caso

– Retenção é cabível para cobrir multa (art. 87, § 1º)

7.3. Responsabilidade do contratado

– O contratado tem responsabilidade exclusiva pelos encargos trabalhistas, fiscais e comerciais que tiver, salvo quanto à responsabilidade por dívida *previdenciária*

– Terceirização: Administração responde subsidiariamente se agir com culpa na aplicação da Lei 8.666/1993 – Súmula TST 331

13.11. QUESTÕES COMENTADAS

13.11.1. Conceito, características principais, formalização e cláusulas contratuais necessárias

(Magistratura/SC – 2015 – FCC) Existe no direito brasileiro, especialmente no âmbito da doutrina, imprecisão na compreensão conceitual do dito "contrato administrativo". Com efeito, o direito positivo brasileiro não é expresso ao cuidar da matéria, nem mesmo o faz de modo nacionalmente unificado. Quando muito, encontram-se exemplos de tratamento da noção de contrato, no direito positivo, com o sentido pragmático de fixação de entendimento necessário para a aplicação de determinada Lei. É o que se passa, por exemplo, com a Lei 8.666/1993:

"Para os fins desta Lei, considera-se contrato todo e qualquer ajuste entre órgãos ou entidades da Administração Pública e particulares, em que haja um acordo de vontades para a formação de vínculo e a estipulação de obrigações recíprocas, ..."

Conhecendo o espírito da Lei 8.666/1993, assim se completa corretamente a definição de contrato apresentada acima:

(A) ... observados estritamente os tipos contratuais fixados por esta Lei".

(B) ... não sendo admissível contrato celebrado pela Administração e predominantemente regido pelo direito privado".

(C) ... devendo tais contratos, salvo exceções legalmente previstas, ser regidos pelos princípios gerais aplicáveis aos contratos privados".

(D) ... seja qual for a denominação utilizada".

(E) ... excluídas as relações jurídicas em que as partes possuam interesses convergentes".

A definição em tela encontra-se no art. 2º, parágrafo único, da Lei 8.666/1993, e o complemento adequado é o seguinte: '...seja qual for a denominação utilizada". Isso se dá porque no Direito Administrativo, mais do que o nome jurídico que se dá a um ajuste, vale mesmo o regime jurídico que ele deve obedecer. Por exemplo, no passado várias administrações municipais chamavam de "permissão" o ajuste feito com empresas de ônibus locais, quando na verdade deveriam dar "concessão", vez que um serviço dessa natureza não pode ser delegado ao particular por meio de um instrumento jurídico tão precário como a permissão. Pois bem. Mesmo usando esse nome nos ajustes, os municípios que eram questionados judicialmente por essas delegatárias de transporte coletivo acabavam por perder as demandas respectivas, com o Judiciário reconhecendo que se tratava de "concessão" (e não de "permissão") justamente porque no Direito Administrativo não importa a "denominação utilizada", mas sim o regime jurídico que deve ser aplicado ao caso.
Gabarito "D"

(DPE/PE – 2015 – CESPE) Com relação aos contratos administrativos, julgue o item a seguir.

(1) De acordo com a Lei 8.666/1993, o contrato administrativo deve ser escrito, sendo nulo e de nenhum efeito todo contrato verbal celebrado com a administração pública.

1: incorreta, pois a Lei 8.666/1993 admite, excepcionalmente, o contrato administrativo verbal (art. 60, parágrafo único).
Gabarito 1E

(Procurador do Estado/PR – 2015 – PUC-PR) A respeito do regime brasileiro dos contratos administrativos, é **CORRETO** afirmar que:

(A) O reajuste contratual se identifica com a revisão contratual, pois as expressões são sinônimas e possuem os mesmos pressupostos fáticos e normativos.

(B) A Administração Pública não celebra apenas contratos administrativos, mas também tem legitimidade para pactuar contratos de direito privado.

(C) As "cláusulas exorbitantes" são sintetizadas na prerrogativa da Administração Pública de impor unilateralmente sanções administrativas pecuniárias.

(D) A regra de exceção de contrato não cumprido (exceptio non adimplet contractus) é absoluta e inaplicável aos contratos administrativos.

(E) O contrato administrativo exclui a necessidade de existir acordo de vontades entre as partes contratantes, vez que a Administração Pública deve obediência ao interesse público, além de ser detentora do ius variandi.

A: incorreta; o reajuste é a atualização monetária em contratos de trato sucessivo, feita a cada 12 meses. Ele difere da revisão, pois esta decorre de evento extraordinário, ao passo que o reajuste decorre de evento ordinário; **B:** correta; são exemplos de contratos privados firmados pela Administração os de financiamento, seguro e locação (art. 62, § 3º, I, da Lei 8.666/1993); **C:** incorreta, pois também são cláusulas exorbitantes as prerrogativas da Administração de, unilateralmente, e nos termos da lei, modificar, rescindir e fiscalizar os contratos administrativos, além de aplicar outros tipos de sanções (art. 58 da Lei 8.666/1993); **D:** incorreta, pois o contratado, na execução do ajuste, não pode deixar de cumprir suas obrigações por suspensão do contrato de até 120 dias, bem como por atraso no seu pagamento por até 90 dias; vale dizer: a exceção de contrato não cumprido não pode ser alegada pelo particular em tais condições, em que pese poder ser alegada pelo Poder Público, se a culpa é do particular; **E:** incorreta, pois esse acordo existe ao menos em dois momentos, quais sejam, quando o particular faz proposta em certame licitatório e, vencedor, a Administração o chama para celebrar o contrato; e quando o particular e a Administração resolvem, nos termos da lei, efetuar o distrato de um contrato administrativo.
Gabarito "B"

(Magistratura/SP – 2013 – VUNESP) Ante a recusa do adjudicatário para assinar o contrato, a Administração poderá

(A) convocar qualquer dos licitantes, observados os critérios da conveniência e oportunidade, para assinar o contrato.

(B) convocar qualquer dos licitantes, desde que prestada garantia adicional consistente em caução em dinheiro ou em títulos da dívida pública, para assinar o contrato.

(C) convocar os licitantes remanescentes, na ordem de classificação, para fazê-lo nas mesmas condições do primeiro classificado, inclusive quanto aos preços atualizados de conformidade com o ato convocatório, ou revogar a licitação.

(D) convocar os licitantes remanescentes, na ordem de classificação, para fazê-lo nos termos de suas propostas, inclusive quanto aos preços.

Segundo o art. 64, § 2º, da Lei 8.666/1993, a Administração, nesse caso, poderá "convocar os licitantes remanescentes, na ordem de classificação, para fazê-lo em igual prazo e nas mesmas condições propostas pelo primeiro classificado, inclusive quanto aos preços atualizados de conformidade com o ato convocatório, ou revogar a licitação", de modo que a alternativa "c" é a correta.
Gabarito "C"

(Procurador do Estado/MT – FCC – 2011) De acordo com a Lei 8.666/1993, podem ser exigidas dos licitantes garantias de

(A) proposta, apenas para licitação na modalidade concorrência, limitada a 5% do valor estimado para a contratação e de execução contratual, limitada a 10% do valor do contrato.

(B) proposta, limitada a 1% do valor estimado da contratação, e de execução contratual, limitada a 5% do valor do contrato, podendo esta última alcançar até 10% do valor do contrato para obras, serviços e fornecimentos de grande vulto, alta complexidade e riscos financeiros consideráveis, demonstrados em parecer aprovado pela autoridade competente.

(C) proposta e de execução contratual, esta última apenas para contratos de obras na modalidade empreitada integral, ambas limitadas a 5% do valor do contrato, podendo ser prestadas mediante caução em dinheiro, seguro-garantia ou fiança bancária.

(D) proposta e de execução contratual, ambas apenas para contratos de obras, serviços e fornecimentos de grande vulto e alta complexidade, limitadas a 5% do valor do objeto.

(E) execução contratual, limitada a 5% do objeto, podendo alcançar até 10% do valor do contrato para obras, serviços e fornecimentos de grande vulto e alta complexidade, vedada a garantia de proposta, exceto na licitação para alienação de imóveis.

A garantia da proposta é limitada a 1% do valor estimado da contratação (art. 31, III, da Lei 8.666/1993). A garantia de execução contratual é limitada a 5% do valor do contrato (art. 56, § 2º, da Lei 8.666/1993), podendo alcançar até 10% do valor para obras, serviços e fornecimentos de grade vulto, alta complexidade e riscos financeiros consideráveis, demonstrados em parecer aprovado pela autoridade competente (art. 56, § 3º, da Lei 8.666/1993). Dessa forma, a alternativa "b" é a correta.

Gabarito "B".

(Analista – TRE/TO – 2011 – FCC) Nos contratos administrativos,

(A) nenhum contrato com a Administração Pública pode ser de forma verbal.

(B) o instrumento de contrato é obrigatório nos casos de concorrência e tomada de preços, sendo dispensável em algumas hipóteses de inexigibilidade e dispensa de licitação.

(C) é permitida a qualquer interessado a obtenção gratuita de cópia autenticada de contrato administrativo.

(D) a minuta do futuro contrato integrará sempre o edital ou ato convocatório da licitação.

(E) decorridos cinquenta dias da data da entrega das propostas, sem convocação para a contratação, ficam os licitantes liberados dos compromissos assumidos.

A: incorreta, pois os contratos de pequenas compras de pronto pagamento, assim entendidas aquelas de valor não superior a 5% (cinco por cento) do limite estabelecido no art. 23, inciso II, alínea "a" da Lei 8.666/1993, feitas em regime de adiantamento (art. 60, parágrafo único, da Lei 8.666/1993); **B:** incorreta, pois o instrumento de contrato é obrigatório nos casos de concorrência e de tomada de preços, bem como nas dispensas e inexigibilidades cujos preços estejam compreendidos nos limites destas duas modalidades de licitação, e facultativo nos demais em que a Administração puder substituí-lo por outros instrumentos hábeis, tais como carta-contrato, nota de empenho de despesa, autorização de compra ou ordem de execução de serviço (art. 62, *caput*, da Lei 8.666/1993); **C:** incorreta, pois é permitido, a qualquer interessado, a obtenção de cópia autenticada, mediante o pagamento dos emolumentos devidos (art. 63 da Lei 8.666/1993); **D:** correta (art. 62, § 1º, da Lei 8.666/1993); **E:** incorreta, pois o prazo é de 60 (sessenta) dias (art. 64, § 3º, da Lei 8.666/1993).

Gabarito "D".

13.11.2. Alteração dos contratos

(Ministério Público/BA – 2015 – CEFET) Acerca dos contratos administrativos, é CORRETO afirmar:

(A) O contratado é obrigado a aceitar, nas mesmas condições contratuais, os acréscimos que se fizerem no caso particular de reforma de edifício ou de equipamento, até o limite de 50% (cinquenta por cento) do valor inicial atualizado do contrato.

(B) Nos contratos privados da Administração Pública, dos quais são exemplos o contrato de seguro, de financiamento e de locação, não há a incidência de cláusulas de privilégio.

(C) As cláusulas de reajuste dos contratos administrativos podem ser unilateralmente alteradas pela Administração Pública, desde que demonstrado o interesse público.

(D) No exercício do controle externo, o Tribunal de Contas da União poderá determinar a imediata sustação de contrato administrativo ante suspeitas fundadas de irregularidades, comunicando, posteriormente, sua decisão ao Congresso Nacional.

(E) No contrato de concessão de serviço público, a concessionária poderá interromper os serviços contratados, independentemente de autorização judicial, após 90 (noventa) dias de atraso dos pagamentos devidos pelo ente concedente.

A: correta (art. 65, § 1º, da Lei 8.666/1993); **B:** incorreta; em que pese tais contratos serem típicos da esfera privada, a Lei 8.666/1993 determina que as cláusulas exorbitantes constantes do art. 58 da lei sejam aplicadas a esses contratos "no que couber", de modo que é incorreto dizer que não há incidência alguma de cláusulas de privilégio nesse tipo de contrato (art. 62, § 3º, I, da Lei 8.666/1993); **C:** incorreta, pois, de acordo com o art. 58, § 1º, da Lei 8.666/1993, "as cláusulas econômico-financeiras e monetárias dos contratos administrativos não poderão ser alteradas sem prévia concordância do contratado."; **D:** incorreta, pois, os tribunais de contas podem sustar meros atos administrativos na forma mencionada (art. 71, X, da CF), mas não podem fazer o mesmo em relação a contratos administrativos, os quais só poderão ser sustados pelo Legislativo (art. 71, § 1º, da CF); **E:** incorreta; em primeiro lugar, vale lembrar que esse tipo de contrato é remunerado e geral por tarifas e não por pagamentos do ente concedente (art. 9º e ss. da Lei 8.897/1995); no mais, não há previsão na Lei 8.987/1995 de interrupção de serviços contratados por falta de pagamentos pelo Poder Público (diferentemente do que acontece em simples contratos de prestação de serviço regidos pela Lei 8.666/1993); ao contrário, em caso de descumprimento contratual pelo ente concedente, a Lei 8.987/1995 determina que o concessionário ingresse com ação judicial, impedindo que a concessionária interrompa ou paralise o serviço até que sobrevenha decisão judicial com trânsito em julgado.

Gabarito "A".

(Ministério Público/RJ – 2011) Em contrato administrativo de obra pública, para reforma de edifício, o Estado pode ampliar o objeto e rever o preço, elevando-o até 50 % (cinquenta por cento) do valor inicial atualizado do contrato, obrigando-se, contudo, a ter a anuência do contratado. Em tal cenário, pode afirmar-se que a proposição está:

(A) incorreta, porque o limite de alteração, nessa hipótese, não pode ultrapassar a 25%(vinte e cinco por cento);
(B) correta, não sendo admitida, entretanto, nova ampliação do objeto e revisão do valor inicial;
(C) incorreta, porque a reforma de edifício se caracteriza como serviço, cujo limite de revisão do preço é inferior;
(D) incorreta, porque esse tipo de alteração é prerrogativa da Administração, sendo dispensável a anuência do contratado;
(E) correta, admitindo-se nova elevação do preço inicial se a alteração resultar de acordo entre os pactuantes.

A: incorreta, pois, de fato o limite de alteração para mais é de 50% em caso de reforma (art. 65, § 1º, da Lei 8.666/1993); B: incorreta, pois a lei admite a alteração no valor inicial para fazer frente à alteração contratual (art. 65, § 1º, da Lei 8.666/1993); C: incorreta, pois o art. 65, § 1º, da Lei 8.666/1993 permite expressamente essa revisão; D: correta, pois, de fato, a lei deixa claro que, no caso, "o contratado fica obrigado a aceitar" tal alteração (art. 65, § 1º, da Lei 8.666/1993), ou seja, não é necessária a anuência; E: incorreta, pois não é necessária a anuência do contratado (art.65, § 1º, da Lei 8.666/1993).
Gabarito "D".

13.11.3. Execução do contrato

(Magistratura/RR – 2015 – FCC) Observe o seguinte artigo da Lei 8.666/1993, parcialmente transcrito abaixo:
"Art. 87. Pela inexecução total ou parcial do contrato a Administração poderá, garantida a prévia defesa, aplicar ao contratado as seguintes sanções:
I. advertência;
II. multa, na forma prevista no instrumento convocatório ou no contrato;
III. suspensão temporária de participação em licitação e impedimento de contratar com a Administração (omissis);
IV. declaração de inidoneidade para licitar ou contratar com a Administração pública (omissis)."
No tocante às sanções administrativas previstas pela Lei 8.666/1993, é correto afirmar que
(A) a multa pode ser aplicada cumulativamente com quaisquer das outras sanções mencionadas no art. 87.
(B) o art. 87 estabelece uma ordem de aplicação gradual das sanções, que deve ser estritamente observada, em razão do princípio da proporcionalidade.
(C) tais sanções somente podem ser aplicadas no curso da relação contratual, sendo que eventual extinção do contrato torna extinto o jus puniendi da Administração.
(D) as sanções previstas no art. 87 são aplicáveis apenas aos sujeitos que celebraram contrato com a Administração, não havendo possibilidade de aplicação a outros sujeitos, não compreendidos na relação contratual.
(E) a declaração de inidoneidade para licitar ou contratar com a Administração pública produzirá efeitos pelo prazo máximo de 5 (cinco) anos, após o que, o particular será reabilitado, desde que tenha promovido o ressarcimento integral dos prejuízos resultantes da infração.

A: correta (art. 87, § 2º, da Lei 8.666/1993); B: incorreta, pois o art. 87 não estabelece uma ordem para aplicação dessas penalidades; o edital, sim, deverá estabelecer quando (e que quantum, no caso da multa) cada sanção deve ser aplicada, obedecendo, ele sim, o princípio da proporcionalidade; C: incorreta, pois não há essa limitação no texto legal; aliás, não é raro descobrir-se alguma irregularidade grave praticada por um contratado apena após o término do contrato, o que impõe que penalidades sejam aplicadas; D: incorreta, pois também é cabível a aplicação das sanções previstas nos incisos III e IV do art. 87 para outras empresas ou profissionais que incidirem nas hipóteses previstas no art. 88 da Lei 8.666/93; E: incorreta, pois a reabilitação poderá se dar no prazo de 2 anos de sua aplicação.
Gabarito "A".

(Ministério Público/SP – 2015 – MPE/SP) Sobre as sanções administrativas previstas na Lei 8.666/1993, marque a assertiva correta:
(A) Dependem de sentença judicial a aplicação das sanções previstas na Lei 8.666/1993, pela Administração Pública, em caso de irregularidades do particular na execução do contrato.
(B) A multa de mora por atraso injustificado na execução do contrato será descontada da garantia prestada pelo contratado, independentemente de processo administrativo.
(C) A lei não permite a cumulação da multa de mora com a multa pela inexecução total ou parcial do contrato administrativo.
(D) A declaração de inidoneidade para licitar ou contratar com a Administração Pública é de competência exclusiva do Ministro de Estado, do Secretário Estadual ou Municipal, conforme o caso, e cabe pedido de reconsideração no prazo de 10 dias úteis da intimação do ato.
(E) A suspensão temporária de participação em licitação e o impedimento de contratar com a Administração competem exclusivamente ao Ministro de Estado, ao Secretário Estadual ou Municipal, conforme o caso, e cabe pedido de reconsideração no prazo de 10 dias úteis da intimação do ato.

A: incorreta, pois a Administração é quem tem competência para aplicar tais sanções (art. 87, caput, da Lei 8.666/1993); B: incorreta, pois é necessário regular processo administrativo para que essa medida de retenção da multa seja tomada (art. 86, § 2º, da Lei 8.666/1993); C: incorreta, pois a primeira tem finalidade compensatória da Administração e a segunda tem finalidade punitiva; D: correta (art. 87, § 3º, da Lei 8.666/1993); E: incorreta, pois essas características não são da suspensão temporária de participação em licitação e impedimento de contratar com esta, mas sim da sanção de declaração de inidoneidade para licitar ou contratar com a Administração (art. 87, § 3º, da Lei 8.666/1993).
Gabarito "D".

(Analista – TRF/4ª – 2010 – FCC) A critério da autoridade competente, em cada caso, e desde que prevista no instrumento convocatório, poderá ser exigida prestação de garantia nas contratações de obras, serviços e compras. Analise:
I. Caberá ao contratado optar por uma das seguintes modalidades de garantia: caução em dinheiro ou títulos da dívida pública; seguro-garantia; fiança bancária.
II. A garantia prestada pelo contratado não será liberada ou restituída após a execução do contrato, e, quando em dinheiro, não será atualizada monetariamente.
III. Nos casos de contratos que importem entrega de bens pela Administração, dos quais o contratado fi-

cará depositário, ao valor da garantia não será necessário acrescer o valor desses bens.

IV. A garantia não excederá a cinco por cento do valor do contrato e terá seu valor atualizado nas mesmas condições daquele, ressalvado o previsto no § 3º do art.56 da Lei.

V. Para obras, serviços e fornecimentos de grande vulto envolvendo alta complexidade técnica e riscos financeiros consideráveis, demonstrados através de parecer tecnicamente aprovado pela autoridade competente, o limite de garantia previsto poderá ser elevado para até dez por cento do valor do contrato.

De acordo com a Lei, é correto o que consta APENAS em

(A) II, III.
(B) I, IV e V.
(C) III, IV e V.
(D) I, III e V.
(E) I e II.

I: correta (art. 56, § 1º, I, II e III, da Lei 8.666/1993); II: incorreta, pois a garantia será liberada ou restituída após a execução do contrato (art. 56, § 4º, da Lei 8.666/1993); III: incorreta (art. 56, § 5º, da Lei 8.666/1993); IV: correta (art. 56, § 2º, da Lei 8.666/1993); V: correta (art. 56, § 3º, da Lei 8.666/1993).
Gabarito "B".

13.11.4. Extinção do contrato

(Magistratura/PE – 2013 – FCC) Nos termos da Lei 8.666/1993, quando a rescisão do contrato administrativo se der por ocorrência de caso fortuito ou de força maior, regularmente comprovada, impeditiva da execução do contrato e sem que haja culpa do contratado, terá o contratado alguns direitos de cunho patrimonial. Entre eles NÃO figura o de

(A) recebimento de multa compensatória, calculada em razão do escoamento do prazo contratual.
(B) devolução de garantia.
(C) ser ressarcido dos prejuízos regularmente comprovados que houver sofrido.
(D) pagamentos devidos pela execução do contrato até a data da rescisão.
(E) pagamento do custo da desmobilização.

O art. 79, § 2º, da Lei 8.666/1993 prevê todos os direitos mencionados nas alternativas, salvo o "recebimento de multa compensatória, calculada em razão do escoamento do prazo contratual", daí porque a alternativa "A" é a correta.
Gabarito "A".

(Magistratura/BA – 2012 – CESPE) Assinale a opção correta com relação aos contratos administrativos.

(A) Caso a administração constate, no cumprimento do contrato, lentidão que impossibilite a conclusão da obra ou prestação nos prazos estipulados, o contrato poderá ser rescindido unilateralmente.
(B) Caso haja rescisão unilateral do contrato pela administração, em razão de cumprimento irregular de prazos, especificações ou projetos, a administração deverá devolver a garantia prestada pelo contratado, arcando com os custos de desmobilização.
(C) A instauração de insolvência civil do contratado não serve de motivo para a administração rescindir o contrato.

(D) A subcontratação total ou parcial do objeto contratado não admitida no edital ou no contrato não autoriza a rescisão unilateral do contrato, desde que este seja cumprido de acordo com o prazo estipulado.
(E) É nulo e sem nenhum efeito, em qualquer caso, qualquer contrato verbal com a administração pública.

A: correta (art. 78, III, da Lei 8.666/1993); **B:** incorreta, pois a rescisão por esse motivo não está dentre as exceções previstas no art. 79, § 2º, da Lei 8.666/1993 (v. art. 78, II, da Lei 8.666/1993); **C:** incorreta, pois é caso sim de rescisão (art. 78, IX, da Lei 8.666/1993); **D:** incorreta, pois admite a rescisão sim (art. 78, VI, da Lei 8.666/1993); **E:** incorreta, pois há exceção em que é possível contrato verbal, quando se tratar de valor bem pequeno (até 5% do limite para o convite), nos termos do art. 60, parágrafo único, da Lei 8.666/1993.
Gabarito "A".

(Ministério Público/RR – 2012 – CESPE) Assinale a opção correta acerca dos contratos administrativos, conforme a lei, a doutrina e a jurisprudência.

(A) Conforme a legislação de regência, admite-se a exigência de prestação de garantia em diversas modalidades nas contratações de obras, serviços e compras, cabendo ao contratante a escolha da modalidade de garantia.
(B) Segundo a doutrina, a natureza *intuito personae* não se insere, em regra, entre as peculiaridades do contrato administrativo.
(C) De acordo com o STJ, a rescisão de contrato administrativo por ato unilateral da administração, com fundamento no interesse público, impõe ao contratante a obrigação de indenizar o contratado pelos prejuízos decorrentes do ato, entre os quais se incluem os danos emergentes, mas não os lucros cessantes.
(D) A rescisão amigável ou administrativa mediante acordo entre as partes não é cabível nas hipóteses configuradoras dos chamados fatos da administração.
(E) Os contratos administrativos em sentido próprio e restrito são lavrados nas repartições interessadas, com exceção dos contratos relativos a direitos reais sobre imóveis, os quais devem ser formalizados por instrumento lavrado em cartório de notas.

A: incorreta, pois cabe ao contratado essa escolha (art. 56, § 1º, da Lei 8.666/1993); **B:** incorreta, pois o contrato administrativo é considerado *intuito personae*, já que não pode ser cumprido por terceiros que não o contratado, ressalvadas as exceções legais (ex: art. 72 da Lei 8.666/1993); **C:** incorreta, pois, segundo o STJ, "esta Corte Superior já se pronunciou no sentido de que a rescisão do contrato administrativo por ato unilateral da Administração Pública, sob justificativa de interesse público, impõe ao contratante a obrigação de indenizar o contratado pelos prejuízos daí decorrentes, como tais considerados não apenas os danos emergentes, mas também os lucros cessantes. Precedentes. É que, sob a perspectiva do Direito Administrativo Consensual, os particulares que travam contratos com a Administração Pública devem ser vistos como parceiros, devendo o princípio da boa-fé objetiva (e seus corolários relativos à tutela da legítima expectativa) reger as relações entre os contratantes público e privado" (REsp 1240057/AC, *DJe* 21.09.2011); **D:** incorreta, pois a única condicionante legal a que se faça a rescisão amigável é que "haja conveniência para a Administração" (art. 79, II, da Lei 8.666/1993), situação que não é incompatível com a ocorrência de um fato da administração a justificar resilição bilateral do contrato; **E:** correta (art. 60, *caput*, da Lei 8.666/1993).
Gabarito "E".

(Delegado de Polícia/GO – 2013 – UEG) De acordo com a Lei 8.666/1993, que prevê sanções administrativas pela inexecução total ou parcial do contrato,

(A) a suspensão temporária de participação em licitação e impedimento para contratar com a Administração poderão durar até 3 (três) anos.

(B) as sanções de advertência, impedimento de contratar e a sanção de declaração de inidoneidade poderão ser aplicadas juntamente com a multa.

(C) a sanção da multa poderá ser instituída pela Administração, e o valor será livremente estipulado pelo administrador tão logo ocorra a prática lesiva ao ajuste.

(D) a aplicação da sanção de advertência poderá ser realizada independentemente da abertura de oportunidade para apresentação de defesa prévia.

A: incorreta, pois a suspensão temporária de participação em licitação e o impedimento para contratar com a Administração não podem superar o prazo de 2 anos (art. 87, III, da Lei 8.666/1993); **B:** correta (art. 87, I, III e IV, respectivamente, c/c com art. 87, § 2°, da Lei 8.666/1993); **C:** incorreta, pois a multa será aplicada de acordo com os critérios previstos no instrumento convocatório ou no contrato, não sendo possível que esses critérios sejam criados depois pela Administração; **D:** incorreta, pois é garantida a defesa prévia (art. 87, § 2°, da Lei 8.666/1993) na aplicação das sanções previstas no art. 87 da Lei 8.666/1993, que inclui a sanção de advertência (art. 87, *caput* e I, da Lei 8.666/1993).
Gabarito "B".

13.11.5. Figuras assemelhadas (contrato de gestão, termo de parceria, convênio, contrato de programa etc.)

(Defensor Público/AM – 2010 – I. Cidades) O convênio no campo do Direito Administrativo é:

(A) Espécie de negócio jurídico-administrativo, unilateral, com partícipes, visando à consecução de interesses contrapostos harmonicamente.

(B) Uma espécie de negócio jurídico-administrativo que pode ser realizado tanto entre a Administração e os particulares, quanto entre entes administrativos, tendo como finalidade a consecução de objetivos comuns.

(C) Uma espécie de contrato administrativo que para sua efetivação prescinde de licitação.

(D) Um dos atos administrativos que podem ser editados pela Administração.

(E) O resultado de um negócio jurídico-administrativo com interesses divergentes entre as partes.

A: incorreta, pois o convênio é ato *bilateral*, com partícipes, visando à consecução de interesses *comuns*; **B:** correta, pois traz informações corretas sobre o convênio; **C:** incorreta, pois o convênio não se confunde com o contrato administrativo; ademais, quando couber, o convênio será precedido de licitação, em virtude do disposto no art. 116 da Lei 8.666/1993; **D:** incorreta, pois o convênio é ato bilateral, e pressupõe a presença de outro partícipe; **E:** incorreta, pois, no convênio, há interesses comuns, e não interesses contrapostos ou divergentes.
Gabarito "B".

Serviço Público 14

14.1. CONCEITO DE SERVIÇO PÚBLICO

O serviço público pode ser conceituado como *toda atividade oferecida aos administrados, prestada pelo Estado ou por concessionário, sob regime de Direito Público*.

São exemplos de serviço público os serviços de fornecimento de energia, água, telefone, transporte coletivo, coleta de lixo, dentre outros.

14.2. INSTITUIÇÃO DE SERVIÇOS PÚBLICOS

A Constituição Federal e as leis federais, estaduais ou municipais são os instrumentos aptos a instituir os serviços públicos.

Assim, não é possível que o Chefe do Executivo, por exemplo, por meio de decreto determine que um dado serviço, antes privado, passe a ser público. Ou seja, caso determinado Município queira estabelecer que o serviço funerário é um serviço público, será necessário que uma lei local traga essa disposição.

São exemplos de serviços públicos criados pela Constituição Federal os seguintes: serviço postal, telecomunicações, radiodifusão sonora e de sons e imagens, energia elétrica, navegação aérea, aeroespacial, infraestrutura aeroportuária, transporte ferroviário, portos, transporte rodoviário, transporte coletivo urbano, seguridade social, saúde, educação, dentre outros.

14.3. CARACTERÍSTICAS DOS SERVIÇOS PÚBLICOS

Quando a CF ou a lei elegem um dado serviço como público, o Poder Público passa a ser o **titular** de serviço, ou seja, passa a ter o direito e o dever de **regulamentar**, **fiscalizar** e **executar** o serviço.

Com relação à **execução**, ou seja, à sua mera prestação aos usuários, o Poder Público pode passar seu exercício ao particular, por meio de concessão ou permissão de serviço público, precedidas de licitação.

O Estado continuará a ser titular, dono do serviço, ditando as regras e fiscalizando sua prestação, e o particular ficará com seu exercício, em troca do qual receberá uma remuneração.

Há serviços, todavia, inerentes à própria ideia de Estado (como o de polícia judiciária, polícia administrativa, jurisdição, dentre outros), que não podem ser concedidos, eis que são ***serviços próprios do Estado***, ou seja, ***de execução privativa deste***.

Há, de outra parte, serviços, como educação e saúde, em que o particular não precisa receber concessão ou permissão do Poder Público para prestá-lo, ficando, todavia, sujeito à fiscalização estatal (arts. 199 e 209 da CF, respectivamente).

A Lei 8.987/1995 dispõe sobre o regime de concessão e permissão da prestação de serviços previsto no art. 175 da Constituição Federal.

14.4. SERVIÇO ADEQUADO

O art. 6º da Lei 8.987/1995 impõe a que o serviço público seja adequado, estabelecendo que **serviço adequado** é o que satisfaz as seguintes condições:

a) generalidade: *todos devem ter acesso ao serviço, garantido o tratamento equânime aos usuários que estiverem na mesma situação;*

b) eficiência: os serviços públicos devem ser atuais e atender satisfatoriamente aos interesses dos usuários;

c) segurança: os serviços devem ser seguros, não causando danos ao particular;

d) cortesia: os usuários devem ser tratados com urbanidade, respeito, educação e atenção;

e) atualidade: compreende a modernidade das técnicas, do equipamento e das instalações e a sua conservação, bem como a melhoria e a expansão do serviço;

f) modicidade das tarifas: ou seja, as tarifas devem ter preços acessíveis. A modicidade impõe uma tarifa acessível, o que não significa que o poder concedente tenha que subsidiar o serviço. Se uma tarifa, para ser módica, leva o serviço a se tornar deficitário, há de ser bem prudente em termos de responsabilidade fiscal, podendo ser que o modelo escolhido tenha sido inadequado (já que se deve usar a parceria público-privada quando as tarifas são insuficientes) ou que a concessionária esteja gerindo mal o serviço. Problemas de déficit devem ser resolvidos, num primeiro momento, pelo aumento de tarifa (sem que esta deixa de ser acessível), bem como verificar se o edital da concessão permite que se institua outras fontes de renda, como a publicidade. O uso de dinheiro do orçamento para cobrir tarifas deficitários de ser avaliado com calma. Há casos em que isso pode se revelar injusto socialmente, pois pessoas que não usam dado serviço podem estar tendo que contribuir com ele (pois o dinheiro do orçamento público é de todos nós) e pessoas com renda considerável podem estar tendo a ajuda do dinheiro do povo para cobrir serviços públicos não usadas pelas camadas mais pobres. Um exemplo seria um aporte de dinheiro público para marinas públicas usadas por iates privados. Se acontecesse haveria uma grande injustiça social. Nesses caso, a tarifa cobrada dos donos dos iates têm que cobrir o custo e lucro da respectiva concessão.

g) regularidade e continuidade: *impõe que o serviço esteja sempre à disposição para utilização coletiva.* O serviço público não pode ser interrompido, mesmo em caso de greve, quando será mantido para garantir o mínimo à população, salvo em situação de emergência ou após aviso prévio por: a) razões de ordem técnica ou segurança; b) inadimplemento do usuário, considerado o interesse da coletividade. O STJ admite o corte do serviço por inadimplemento, desde que haja comunicação prévia (REsp 783.575/RS), corte esse que pode atingir tanto os particulares, como a Administração. Não cabe o corte, porém, em quatro casos:

i) em relação a *serviços essenciais*, como de um hospital ou uma creche (STJ, AgRg no Edcl na Susp. de Liminar 606/CE);

ii) em relação a *débitos antigos* (STJ AgRg no Ag 88.502); apenas o débito presente enseja o corte; débitos antigos devem ser cobrados pelas vias ordinárias;

iii) em caso de *cobrança por aferição unilateral por fraude no medidor* (STJ, REsp 975.314); nesse caso, como é a concessionária que estipula o valor a ser pago, não seria correto que ela pudesse cortar o serviço;

iv) em caso de *cobrança feita junto ao atual usuário do serviço por débito pretérito de usuário anterior*; aliás, o atual usuário sequer pode ser cobrado pela dívida do usuário anterior (STJ, AgRg no REsp 1.327.162, DJ 28.09.2012).

14.5. CLASSIFICAÇÃO DOS SERVIÇOS PÚBLICOS

14.5.1. Quanto à obrigatoriedade

a) **compulsórios:** *são os de utilização obrigatória;* por conta disso, são remunerados por taxa (regime tributário), como o serviço de coleta de lixo;

b) **facultativos**: *são os de utilização não obrigatória*; portanto, são remunerados por tarifa ou preço público (regime não tributário), como o de transporte coletivo.

14.5.2. Quanto à essencialidade

a) **serviços públicos:** *são os que a Administração presta diretamente à comunidade por serem essenciais à sobrevivência do grupo social* (exs.: defesa, polícia); tais serviços também são chamados de *pró-comunidade* ou *próprios do Estado;*

b) **serviços de utilidade pública:** *são os prestados pela Administração ou concessionários, por ser conveniente que haja regulamentação e controle* (exs.: luz, gás, telefone); tais serviços são chamados de *pró-cidadão* ou *impróprios* do Estado.

14.5.3. Quanto aos destinatários

a) **uti singuli**: *são os que têm usuários determinados* (ex.: água, luz);

b) **uti universi**: *são os que têm usuários indeterminados* (ex.: segurança).

14.5.4. Quanto à finalidade

a) **administrativos:** *são os executados para atender às necessidades da Administração ou preparar outros serviços que serão prestados ao público;*

b) **industriais/comerciais:** *são os que produzem renda para quem os presta, por meio de tarifa ou preço público* (ex.: correios); os **serviços públicos econômicos**, por sua possibilidade de lucro, representam atividades de caráter mais industrial e comercial, tais como o de energia elétrica, e normalmente são prestados pelos particulares;

c) **sociais:** *são os definidos pela Constituição como serviços sociais*, como o de educação, saúde etc.; os **serviços públicos sociais** são aqueles destinados a atender às necessidades básicas da população, tais como assistência médica e educacional. São serviços normalmente deficitários, que podem ser prestados pelo Estado ou **por particulares**.

14.6. QUADRO SINÓTICO

1. Conceito: *atividade oferecida aos administrados, prestada pelo Estado ou por concessionário, sob regime de Direito Público*

– Ex: energia, água, telefone, transporte coletivo, lixo

– Constituição Federal ou lei local estabelecem os serviços que são ou serão públicos

2. Deveres do Estado quanto ao serviço público

– **Regulamentar:** dispor como o serviço deverá ser prestado

– **Fiscalizar:** verificar se o particular está cumprindo o regulamento do serviço

– **Executar:** por si ou por terceiro, mediante concessão ou permissão

3. Princípios do serviço adequado

3.1. Generalidade: *todos devem ter acesso ao serviço, garantido o tratamento equânime aos usuários que estiverem na mesma situação*

3.2. Eficiência

3.3. Segurança

3.4. Cortesia

3.5. Atualidade: compreende a modernidade das técnicas, do equipamento e das instalações e a sua conservação, bem como a melhoria e expansão do serviço

3.6. Modicidade das tarifas: ou seja, as tarifas devem ter preços acessíveis

3.7. Regularidade e Continuidade: *impõe que o serviço esteja sempre à disposição para utilização coletiva*

– O serviço público não pode ser interrompido, mesmo em caso de greve, quando será mantido para garantir o mínimo à população

– Exceções: o serviço pode ser interrompido em situação de emergência ou após aviso prévio, por: a) razões de ordem técnica ou segurança; b) inadimplemento do usuário, considerado o interesse da coletividade

– O STJ admite o corte do serviço por inadimplemento

– Não cabe o corte em 3 casos: a) serviços essenciais; b) débitos antigos; c) cobrança por aferição unilateral

4. Classificação do serviço público

4.1. Quanto à essencialidade:

a) *serviços públicos*: *são os que a Administração presta diretamente à comunidade, por serem essenciais à sobrevivência do grupo social* (exs: defesa, polícia)

– Outros nomes: *pró-comunidade* ou *próprios do Estado*

b) *serviços de utilidade pública*: *são os prestados pela Administração ou concessionários, por ser conveniente que haja regulamentação e controle* (exs: luz, gás, telefone)

– Outros nomes: *pró-cidadão* ou *impróprios do Estado*

4.2. Quanto aos destinatários:

a) *uti singuli*: tem *usuários determinados* (ex: água, luz)

b) *uti universi*: tem *usuários indeterminados* (ex: segurança)

4.3. Quanto à finalidade:

a) **administrativos:** *executados para atender as necessidades da Administração ou preparar outros serviços que serão prestados ao público*

b) **industriais/comerciais:** *são os que produzem renda para quem os presta, por meio de tarifa ou preço* (ex: correios)

c) **sociais:** educação, saúde etc.

14.7. QUESTÕES COMENTADAS

14.7.1. Conceito, características principais, classificação e princípios

(Magistratura/RR – 2015 – FCC) Observe a seguinte notícia, do Informativo do STF 777:

"PSV: remuneração do serviço de iluminação pública (Enunciado 41 da Súmula Vinculante) – O Plenário acolheu proposta de edição de enunciado de súmula vinculante com o seguinte teor: 'O serviço de iluminação pública não pode ser remunerado mediante taxa'. Assim, tornou vinculante o conteúdo do Verbete 670 da Súmula do STF". A vedação mencionada justifica-se porque

(A) trata-se de serviço *uti universi*, devendo ser custeado por impostos ou pela instituição de contribuição específica para seu custeio, pelos municípios.

(B) se trata de *uti singuli*, porém de natureza indelegável, devendo por essa razão ser custeado exclusivamente por impostos.

(C) caso seja delegada sua prestação ao particular, a remuneração se dará por tarifa, e não por taxa.

(D) o serviço de iluminação pública não admite prestação sob nenhum tipo de concessão e, portanto, seria incabível a remuneração de um concessionário privado por meio da cobrança do usuário.

(E) embora se trate de serviço público indivisível, o seu custeio já está embutido nos preços públicos pagos aos concessionários de fornecimento de energia elétrica, conforme disposições contratuais padronizadas pela ANEEL.

A: correta; a taxa é tributo cabível pelo exercício do poder de polícia ou pelo exercício de um serviço público divisível, o que não acontece em relação ao serviço de iluminação pública, que não é divisível (*uti singuli*), mas sim indivisível (*uti universi*); **B:** incorreta, pois, como se viu, o serviço em questão é *uti universi*, podendo, vale ressaltar, ser custeado por impostos ou contribuição específica; **C:** incorreta, pois a pergunta quer saber porque há vedação da cobrança de taxa no caso e a resposta, diferentemente do que a alternativa propõe, não guarda qualquer relação com o instituto da tarifa, mas sim com o problema de ser o serviço indivisível; de qualquer forma, se houvesse delegação do serviço ao particular, a tarifa também não poderia ser cobrada ante a ausência de divisibilidade do serviço; **D:** incorreta, pois não há vedação constitucional ou legal a que esse serviço seja delegado; todavia, pela ausência de divisibilidade do serviço, estaria comprometida a cobrança pela via da tarifa, sem prejuízo que o serviço fosse cobrado do usuário, pelo Poder Público, via instituição de contribuição específica; **E:** incorreta, pois o custeio de serviço não está embutido nos preços públicos pagos aos concessionários de energia elétrica, que sequer são os responsáveis por esse serviço, que fica a cargo dos Municípios em geral.
Gabarito "A"

(Ministério Público/SP – 2015 – MPE/SP) No tocante ao serviço público, correto é afirmar que:

(A) o Estado detém titularidade exclusiva sobre os serviços de saúde, de educação, de previdência social e de assistência social.

(B) os serviços de saúde, de educação, de previdência social e de assistência social deverão ser prestados exclusivamente por meio de concessão, permissão ou autorização.

(C) os serviços de radiodifusão sonora ou de sons e imagens deverão ser prestados exclusivamente por meio de concessão, permissão ou autorização.

(D) os serviços de telecomunicações não podem ser prestados por concessão, permissão ou autorização.

(E) a União detém o monopólio sobre os serviços da Loteria Federal e da Loteria Esportiva.

A: incorreta; a *assistência à saúde* é permitida à iniciativa privada, na forma do previsto no art. 199 da CF, assim como a *previdência privada* (art. 202 da CF), a *assistência social* (art. 204, I, parte final, da CF) e a *educação* (art. 209 da CF); **B:** incorreta; na educação em geral, basta uma autorização (art. 209, II, da CF); na saúde, a autorização sequer é exigida, mas a atividade é fiscalizada; **C:** incorreta, pois tais serviços também poderão ser presados diretamente pelo Estado (art. 21, XII, "a", da CF); **D:** incorreta, pois podem ser prestados nessa modalidade (art. 21, XI, da CF); **E:** correta, valendo salientar que o particular que promover jogos de azar ou loteria sem autorização legal comete contravenção penal (arts. 50 e ss. do Decreto-lei 3.688/1941).
Gabarito "E"

(DPE/PE – 2015 – CESPE) Com base na jurisprudência do STJ, julgue os item seguinte.

(1) Segundo o entendimento jurisprudencial dominante no STJ relativo ao princípio da continuidade dos serviços públicos, não é legítimo, ainda que cumpridos os requisitos legais, o corte de fornecimento de serviços públicos essenciais, em caso de estar inadimplente pessoa jurídica de direito público prestadora de serviços indispensáveis à população.

1: correta (STJ, REsp 848.784-RJ).
Gabarito 1C

(Promotor de Justiça/MG – 2014) De acordo com a Constituição Federal, existem atividades e/ou serviços sobre os quais o Estado não possui titularidade exclusiva; assim, independente de tratarem de um dever do Estado, é permitido que particulares os executem, desde que observada a legislação aplicável, a EXCEÇÃO de:

I. Saúde.
II. Previdência social.
III. Educação.
IV. Defesa nacional.

Está(ão) CORRETO(S) o(s) inciso(s):

(A) I e II
(B) II e IV
(C) III
(D) IV

A atividade de defesa nacional é privativa do Estado. Já as atividades de saúde, previdência social e educação podem ser executadas pelo particular, que, todavia, devem respeitar regime especial regulado pelo Estado, que inclui inclusive certas autorizações para o exercício dessas atividades.
Gabarito "D"

(Magistratura do Trabalho – 15ª Região – 2010) Não é princípio, ou requisito que se amolde ao regime jurídico do serviço público:

(A) a continuidade;
(B) a cortesia na sua prestação;
(C) a imutabilidade do regime jurídico;
(D) a generalidade;
(E) a modicidade das tarifas.

O art. 6º, § 1º, da Lei 8.987/1995 estabelece a necessidade de o serviço público observar a continuidade, a cortesia na sua prestação, a generalidade, a modicidade das tarifas e outras diretrizes, mas não determina que se deve observar a "imutabilidade do regime jurídico". Aliás, em relação às cláusulas regulamentares de um serviço público, estas devem variar de acordo com as exigências do interesse público, de modo que são mutáveis. Se se tratar de uma concessão de serviço público, o concessionário se sujeita a essas mudanças nas cláusulas regulamentares, tendo direito apenas à manutenção do equilíbrio das cláusulas meramente econômicas dos contratos de concessão.

Gabarito "C".

(Analista – TRT/6ª – 2012 – FCC) A respeito dos princípios e regime jurídico aplicável ao serviço público é correto afirmar que

(A) o princípio da universalidade veda a exploração por regime de concessão de serviços de natureza essencial.

(B) a modicidade tarifária impõe a obrigação do poder concedente de subsidiar a prestação de serviço público por concessionários ou permissionários quando o mesmo se mostrar deficitário.

(C) o princípio da universalidade e da igualdade dos usuários veda a suspensão da prestação de serviço público por inadimplemento do usuário.

(D) o princípio da continuidade do serviço público impede a Administração de encampar o serviço enquanto não selecionar, por procedimento licitatório, nova concessionária ou permissionária.

(E) o princípio da continuidade do serviço público impede o concessionário de rescindir unilateralmente o contrato no caso de descumprimento das normas contratuais pelo poder concedente, devendo intentar ação judicial para esse fim.

A: incorreta, pois esse princípio tem outro sentido, qual seja, o de impor que os serviços públicos estejam à disposição de todos; ademais, a lei não impede que um serviço essencial seja objeto de concessão; **B:** incorreta, pois a modicidade impõe uma tarifa acessível, o que não significa que o poder concedente tenha que subsidiar o serviço; o fato de um serviço se mostrar deficitário tem que ser analisado com calma, podendo ser que o modelo escolhido tenha sido inadequado (já que se deve usar a parceria público-privada quando as tarifas são insuficientes) ou que a concessionária esteja gerindo mal o serviço; problemas de déficit devem ser resolvidos, num primeiro momento, pelo aumento de tarifa (sem que esta deixa de ser acessível); outra possibilidade é verificar se o edital permite que se institua outras fontes de renda, como a publicidade; **C:** incorreta, pois, em caso de não pagamento, a Lei 8.987/1995 admite a interrupção no fornecimento do serviço (art. 6º,§ 3º, II, da Lei 8.987/1995); **D:** incorreta, pois o art. 37 da Lei 8.987/1995 não estabelece esse requisito prévio à encampação; **E:** correta (art. 39 da Lei 8.987/1995).

Gabarito "E".

Concessões de Serviço Público — 15

15.1. CONCEITO DE CONCESSÃO DE SERVIÇO PÚBLICO

A concessão de serviço público pode ser conceituada como a *atribuição pelo Estado, mediante licitação, do exercício de um serviço público de que é titular, a alguém que aceita prestá-lo em nome próprio, por sua conta e risco, nas condições fixadas e alteráveis unilateralmente pelo Poder Público, ressalvada a manutenção do equilíbrio econômico-financeiro do contrato*[1].

A matéria vem regulamentada na Lei 8.987/1995, nos termos das diretrizes apontadas no art. 175 da Constituição Federal[2].

15.2. NOÇÕES GERAIS ACERCA DA CONCESSÃO DE SERVIÇO PÚBLICO

O concessionário de serviço público recebe o **exercício (e não a titularidade)** dos serviços públicos. Assim, só se concede o exercício do serviço público e não sua titularidade, que continua com o Estado, o qual, por ser dele titular, ditará as regras e fiscalizará o exercício concedido ao particular. A saúde e a educação, apesar de serem serviços públicos, não dependem de concessão para que os particulares as prestem, bastando autorizações, em alguns casos. O objetivo da concessão é o de obter o melhor serviço possível.

Quanto à **remuneração** do concessionário, esta se dará por tarifa, subsídio e outros meios alternativos, como a publicidade, a qual é muito comum e pode ser verificada nos anúncios publicitários afixados nos ônibus de transporte coletivo.

A natureza da concessão não é simplesmente contratual, mas complexa. Trata-se de relação jurídica com três partes:

a) **ato regulamentar:** ato unilateral do Poder Público que fixa as condições de funcionamento, organização e modo da prestação dos serviços, podendo ser alterado unilateralmente também, de acordo com as necessidades públicas;

b) **ato condição:** concordância do concessionário, que aceita submissão ao ato regulamentar e às demais condições;

c) **contrato:** instrumento no qual estará prevista a questão financeira, garantindo-se, para o presente e para o futuro, o equilíbrio econômico-financeiro dos contratantes;

---

1. *Vide* a obra de Celso Antônio Bandeira de Mello.
2. "Art. 175. Incumbe ao Poder Público, na forma da lei, diretamente ou sob regime de concessão ou permissão, sempre através de licitação, a prestação de serviços públicos.
   Parágrafo único. A lei disporá sobre:
   I – o regime das empresas concessionárias e permissionárias de serviços públicos, o caráter especial de seu contrato e de sua prorrogação, bem como as condições de caducidade, fiscalização e rescisão da concessão ou permissão;
   II – os direitos dos usuários;
   III – a política tarifária;
   IV – a obrigação de manter serviço adequado."

caso haja alteração regulamentar ou outra alteração extracontratual que cause desequilíbrio, deve o Poder Público reequilibrar o contrato, mantendo a proporção, a igualdade inicial.

O Estado muda, unilateralmente, a regulamentação (as cláusulas regulamentares, que trazem as especificações de como e em que condições os serviços devem ser prestados), só respeitando a natureza do objeto do contrato e a equação econômico-financeira (cláusulas regulamentares que trazem as especificações sobre a parte econômica do contrato).

15.3. FORMALIDADES PARA A REALIZAÇÃO DA CONCESSÃO

Uma vez que um serviço é considerado público e se trate de um daqueles que o Estado pode fazer concessão, esta dependerá dos seguintes requisitos para que aconteça:

a) **lei:** esta deverá autorizar a concessão ou permissão do serviço público;

b) **licitação na modalidade concorrência:** além de ser necessária a realização de licitação, ela deve se dar, em matéria de concessão de serviço público, naquela modalidade mais abrangente, qual seja, a concorrência.

Quanto à licitação para a outorga de concessão, o julgamento será feito segundo um dos seguintes critérios: a) menor valor da tarifa; b) maior oferta pela concessão; c) melhor proposta técnica com preço fixado no edital; d) combinação de proposta técnica com valor da tarifa; e) combinação de proposta técnica com o preço da concessão; f) melhor preço da concessão, após aprovação da proposta técnica; g) menor tarifa, após aprovação da proposta técnica.

A Lei 9.491/1997, que regula o Programa Nacional de Desestatização, traz a modalidade leilão como adequada à respectiva licitação.

15.4. PODERES DO CONCEDENTE

A Lei 8.987/1995 estabelece que o titular do serviço público (concedente) tem os seguintes poderes numa concessão de serviço públicos:

a) **de inspeção e fiscalização:** vê-se desempenho, cumprimento de deveres e de metas;

b) **de alteração unilateral das cláusulas regulamentares:** respeitados equilíbrio financeiro e os limites legais (p. ex., não pode alterar a natureza do objeto da concessão);

c) **de intervenção:** em casos de comprometimento do serviço público, a Administração pode intervir na concessionária para regularizar a situação; ex.: intervenção em empresa de ônibus que não está desempenhando corretamente seu papel, mesmo após notificações e aplicação de multa;

d) **extinção da concessão antes do prazo:** a extinção pode se dar, dentre outros motivos, por conveniência e oportunidade do concedente para melhorar o serviço público (encampação ou resgate), ou por falta cometida pelo concessionário (caducidade);

e) **aplicação de sanções ao concessionário inadimplente:** multas, por exemplo.

15.5. PRAZO

A Lei 8.987/1995 não estabelece prazo máximo ou mínimo para a concessão de serviço público.

Portanto, faz-se necessário que o edital de concorrência pública para a outorga da concessão estabeleça qual será o prazo do contrato celebrado com o vencedor do certame.

Admite-se prorrogação da concessão, desde que haja previsão editalícia.

15.6. TRANSFERÊNCIA DA CONCESSÃO E DO CONTROLE ACIONÁRIO DA CONCESSIONÁRIA

A lei autoriza a transferência da concessão se a Administração previamente anuir, o que parece burlar a ideia de licitação, a nosso ver.

Por maior razão, a lei também autoriza a transferência do controle acionário da pessoa jurídica vencedora da licitação, também desde que haja anuência do Poder Concedente.

O art. 27 da Lei 8.987/1995 dispõe ser causa de caducidade da concessão (extinção por culpa do particular) a transferência da concessão ou do controle acionário sem tal anuência do Poder Concedente.

15.7. DIREITOS DO CONCESSIONÁRIO

O concessionário tem dois direitos básicos:

a) **manutenção do equilíbrio econômico-financeiro** do contrato no decorrer de sua execução;

b) não sofrer exigência de prestação **estranha ao objeto da concessão**.

Uma vez garantidos esses direitos, o concessionário é obrigado a cumprir as determinações regulamentares do Poder Concedente, que, de acordo com as exigências do interesse público, modificará as cláusulas regulamentares do serviço, estabelecendo os detalhes de como este deverá ser prestado.

15.8. FORMAS DE EXTINÇÃO

a) **Advento do termo contratual:** forma usual, em que termina o prazo da concessão e ela fica extinta. Os bens aplicados no exercício do serviço são revertidos para o Poder Concedente, nos termos previstos no edital. Hely Lopes Meirelles denomina tal forma de extinção como reversão, porque há retorno do serviço ao Poder Concedente. Preferimos não tratar da hipótese por este nome, uma vez que o instituto da reversão, que será visto a seguir, é a *consequência* da extinção da concessão e não uma *forma* de sua extinção.

b) **Rescisão judicial:** forma de extinção feita a pedido de qualquer um dos "contratantes". Como o Poder Público pode extinguir de ofício a concessão, geralmente a rescisão judicial será pedida pelo concessionário, por culpa do Poder Concedente. Na ação pode-se pleitear indenização por não ter havido, ainda, amortização do investimento feito pelo concessionário. Os serviços prestados pela concessionária não poderão ser interrompidos ou paralisados até a decisão judicial transitar em julgado. Extinta a concessão, os bens também são revertidos para o poder público, para garantia da continuidade do serviço público, na forma prevista no edital.

c) **Rescisão consensual:** mútuo acordo, com reversão dos bens da mesma forma.

d) **Rescisão por ato unilateral do Poder Concedente:**

d1) encampação ou resgate: é o encerramento da concessão por ato do Poder Concedente, durante o transcurso do prazo inicialmente fixado, *por motivo de conveniência e oportunidade administrativa* (espécie de revogação) sem que o concessionário haja dado causa ao ato extintivo. Depende de lei específica que o autorize, como forma de proteção ao concessionário e também porque geralmente enseja grandes custos. É necessária prévia indenização, que compense o investimento ainda não amortizado, bem como que faça frente aos lucros cessantes pela extinção prematura do contrato de concessão, já que não há culpa do concessionário. Bens revertem ao Poder Concedente. Ex.: fim dos bondes.

d2) caducidade ou decadência: encerramento da concessão antes do prazo, *por inadimplência do concessionário*[3]. Depende de prévio processo administrativo, com direito a ampla defesa, para apuração da falta grave do concessionário, processo que só poderá ser acionado após comunicação detalhada à concessionária dos descumprimentos contratuais referidos no § 1º do art. 38 da Lei, dando-lhe prazo para regularização. Além das hipóteses previstas em tal dispositivo, é também causa da caducidade a transferência da concessão ou do controle acionário sem prévia anuência do Poder Concedente (art. 27). A declaração de caducidade será feita por decreto do Poder Concedente. Só se indeniza a parcela não amortizada, uma vez que houve culpa daquele que exercia o serviço público. Da eventual indenização devida serão descontados os valores relativos a multas contratuais e danos causados pela concessionária.

d3) anulação da concessão: é o encerramento da concessão quando esta for outorgada com vício jurídico. Se não houve má-fé por parte do concessionário, este terá direito à indenização pelas despesas que teve e para a amortização do investimento.

d4) falência da concessionária: faz com que se extinga a concessão feita.

d5) extinção da empresa ou morte do concessionário: também faz extinguir a concessão.

15.9. REVERSÃO DOS BENS

Consiste na *passagem ao Poder Concedente dos bens do concessionário aplicados no serviço público como consequência da extinção da concessão, cuja finalidade é manter a continuidade do serviço público.*

A reversão se dará nos limites definidos no edital de convocação para a licitação, assegurando-se ao concessionário a amortização do investimento que fez. Ex.: frota de ônibus de empresa que teve sua concessão extinta passa para o Poder Público.

---

3. "Art. 38. A inexecução total ou parcial do contrato acarretará, a critério do poder concedente, a declaração de caducidade da concessão ou a aplicação das sanções contratuais, respeitadas as disposições deste artigo, do art. 27, e as normas convencionadas entre as partes.
   § 1º A **caducidade da concessão poderá ser declarada pelo poder concedente quando**:
   I – o serviço estiver sendo prestado de forma inadequada ou deficiente, tendo por base normas, critérios, indicadores e parâmetros definidores de qualidade do serviço;
   II – a concessionária descumprir cláusulas contratuais ou disposições legais ou regulamentares concernentes à concessão;
   III – a concessionária paralisar o serviço ou concorrer para tanto, ressalvadas as hipóteses decorrentes de caso fortuito ou força maior;
   IV – a concessionária perder as condições econômicas, técnicas ou operacionais para manter a adequada prestação do serviço concedido;
   V – a concessionária não cumprir as penalidades impostas por infrações, nos devidos prazos;
   VI – a concessionária não atender a intimação do poder concedente no sentido de regularizar a prestação do serviço;
   VII – a concessionária for condenada por sentença transitada em julgado por sonegação de tributos, inclusive contribuições sociais."

15.10. RESPONSABILIDADE DO CONCESSIONÁRIO

Cabe lembrar aqui que o § 6º do artigo 37 da CF, que prevê a responsabilidade objetiva do Estado, dispõe que *as pessoas jurídicas de direito privado prestadoras de serviço público respondem pelos danos que seus agentes, nessa qualidade, causarem a terceiros.*

Daí se conclui não somente que a responsabilidade dos concessionários é objetiva, como também que o Estado não responderá pelos danos causados por tais pessoas jurídicas a terceiros, mas sim o próprio concessionário.

O Poder Público responderá apenas subsidiariamente (ou seja, após o esgotamento do patrimônio da concessionária), desde que o dano tenha sido causado na prestação do serviço público.

15.11. PERMISSÕES DE SERVIÇO PÚBLICO

O **conceito tradicional** de permissão de serviço público é o seguinte: *ato unilateral e precário, "intuito personae", por meio do qual o Poder Público transfere a alguém o exercício de um serviço público, mediante licitação.*

Apesar da confusão na doutrina e na jurisprudência, principalmente após a Constituição de 1988 (que parece dar natureza contratual à permissão) e a Lei 8.987/1995 (que também utiliza a palavra "contrato de adesão" para designá-la), deve-se encarar a permissão como *ato unilateral, precário e sem direito à indenização por extinção unilateral*, adotando-se seu conceito tradicional, já que o art. 2º, IV, da Lei 8.987/1995 é claro ao dispor que a permissão é precária, característica essa incompatível com a ideia de contrato, que é vínculo firme, que faz lei entre as partes, e não vínculo precário.

Assim, a Administração deve ser muito responsável quando analisa se um caso concreto é hipótese de concessão ou de permissão de serviço público. Se este requisitar grandes investimentos (ex.: serviço de transporte coletivo de massa), a Administração deverá outorgar concessão. Senão, poderá ser outorgada permissão (ex.: serviço de transporte individual por táxi).

Isso não foi respeitado no passado, principalmente na concessão do serviço de transporte coletivo, em que se outorgava permissão, quando deveria ser concessão.

Dessa forma, tendo em vista o princípio da boa-fé, da presunção de legitimidade dos atos da Administração e da relevância desses fatos, em casos em que caberia concessão e fora dada permissão, caso haja revogação dessa antes do tempo, deve-se usar o regime jurídico da concessão para reger as consequências decorrentes de tal intenção do Poder Público.

Nesse sentido, Maria Sylvia Zanella Di Pietro traz a diferenciação entre a permissão tradicional e a **permissão condicionada ou qualificada**, ensinando o seguinte: "A rigor, a autorização de uso e a permissão de uso são precárias, enquanto a concessão é estável. Na prática administrativa, tem-se admitido autorização e permissão com prazo (sendo chamadas de condicionadas ou qualificadas), o que confere ao beneficiário a mesma estabilidade que decorre da concessão e, portanto, o mesmo direito à indenização, em caso de revogação do ato antes do prazo estabelecido. Confundem-se, nessas hipóteses, os institutos da autorização e permissão, de um lado, e a concessão, de outro."

Com o fim de fecharmos o raciocínio, podemos conferir as disposições da Lei 8.987/1995 acerca da concessão e da permissão de serviço público:

a) **concessão de serviço público:** *a delegação de sua prestação, feita pelo Poder Concedente, mediante licitação, na modalidade concorrência, à pessoa jurídica ou consórcio de empresas que demonstre capacidade para o seu desempenho, por sua conta e risco e por prazo determinado* (art. 2º, II);

b) **permissão de serviço público:** *a delegação, a título precário, mediante licitação, da prestação de serviços públicos, feita pelo Poder Concedente à pessoa física ou jurídica que demonstre capacidade para o seu desempenho, por sua conta e risco* (art. 2º, IV).

Por outro lado, o art. 40 da Lei 8.987/1995 estabelece que "a permissão de serviço público será formalizada mediante **contrato de adesão** que observará os termos desta lei, das demais normas pertinentes e do edital de licitação, inclusive quanto à precariedade e à revogabilidade unilateral do contrato pelo poder concedente. Parágrafo único. Aplica-se às permissões o disposto nesta lei." (g.n.)

Diante de todo o exposto, confiram-se as principais diferenças entre os institutos da concessão e da permissão:

a) enquanto a concessão tem efetiva natureza contratual, a permissão é precária, não dando ensejo a indenização pela sua extinção (a lei diz que se formalizará a permissão mediante um *contrato* de adesão, mas deixa claro, mais de uma vez, sua precariedade), salvo em caso de permissão condicionada ou qualificada;

b) a concessão só pode ser atribuída a pessoa jurídica ou consórcios de empresas, enquanto que a permissão pode ser atribuída tanto a pessoa jurídica quanto física;

c) a concessão requer licitação na modalidade concorrência, ao passo que permissão apenas requer licitação, não havendo necessidade de que se utilize a modalidade em questão.

15.12. CONCESSÃO DE SERVIÇO PÚBLICO PRECEDIDA DA EXECUÇÃO DE OBRA PÚBLICA

O art. 2º, inciso III, da Lei 8.987/1995 define tal concessão como "a construção total ou parcial, conservação, reforma, ampliação ou melhoramento de quaisquer obras de interesse público, delegada pelo poder concedente, mediante licitação, na modalidade concorrência, à pessoa jurídica ou consórcio de empresas que demonstre capacidade para a sua realização, por sua conta e risco, de forma que o investimento da concessionária seja remunerado e amortizado mediante a exploração do serviço ou da obra por prazo determinado."

15.13. PARCERIAS PÚBLICO-PRIVADAS

15.13.1. Introdução

A tão esperada Lei da Parceria Público-Privada é mais uma etapa da chamada Reforma do Estado, que se iniciou em meados da década de 1990, e que tinha e tem por finalidade reduzir a participação do Estado na execução de tarefas econômicas, próprias do particular.

São **marcos** dessa reforma: a) o Programa de Privatização do Governo Federal, caracterizado pela venda de ações e de outros ativos de empresas estatais; b) a criação das agências reguladoras, com consequente incremento das concessões de serviços públicos aos particulares; c) e as parcerias público-privadas.

Tais parcerias foram criadas sob os seguintes **argumentos**: a) necessidade de investimentos na área da infraestrutura; b) carência de recursos públicos atuais para esses investimentos; c) desinteresse do setor privado na sua realização, principalmente em setores incapazes de gerar remuneração direta compatível com o custo do empreendimento.

A ideia central da parceria, portanto, é unir duas forças, a pública e a privada, com garantias especiais e reforçadas de que o parceiro privado será efetiva e adequadamente remunerado.

Mesmo antes da lei federal que hoje regula a matéria, diversos Estados-membros já haviam legislado sobre o tema, como Minas Gerais (Lei 14.868/2003), Goiás (Lei 14.910/2004), Santa Catarina (Lei 12.930/2004) e São Paulo (Lei 11.688/2004).

Diante desse quadro, qual lei deverá prevalecer, a local ou a federal? A lei federal é expressa ao dispor que se aplica à administração direta e indireta da União, dos Estados, do Distrito Federal e dos Municípios. Assim, e considerando que compete à lei federal traçar normas gerais de licitação e contratação (art. 22, XXVII, da CF), as leis locais serão aplicadas no que não contrariar as normas gerais previstas na Lei 11.079/2004.

15.13.2. Conceito de PPP

A partir das disposições da lei, elaboramos um conceito de parceria público-privada: *é o contrato de prestação de serviços ou de concessão de serviços públicos e de obras públicas, de grande vulto e de período não inferior a 5 anos, caracterizado pela busca da eficiência na realização de seu escopo e pela existência de garantias especiais e reforçadas para o cumprimento da necessária contraprestação pecuniária do parceiro público ao parceiro privado, financiado pelo mercado financeiro.*

Confira o conceito, agora, esquematizado:

- contrato de prestação de serviços ou de concessão de serviços públicos ou de obras públicas:

- de grande vulto (igual ou superior a R$ 20 milhões);

- de período não inferior a 5 anos;

- caracterizado pela busca da eficiência na realização de seu escopo

- e pela existência de garantias especiais e reforçadas

- para o cumprimento da necessária contraprestação pecuniária do parceiro público ao parceiro privado;

- financiado pelo mercado financeiro.

15.13.3. Espécies

A lei usa a expressão "modalidades" de parceria para fazer referência ao tema. Por ser uma expressão que indica o "procedimento licitatório" (concorrência, tomada de preços etc.), preferimos reservar a palavra "modalidade" para tratar do *procedimento* do certame para a contratação da parceria, e a palavra "espécie" para tratar das duas *formas* de parceria.

A **concessão patrocinada** *é a concessão de serviços públicos ou de obras públicas em que, além das tarifas cobradas dos usuários, faz-se necessária uma contraprestação pecuniária do parceiro público ao parceiro privado* (art. 2º, § 1º, da Lei 11.079/2004).

São exemplos de concessão patrocinada as relativas a concessões para o saneamento básico, para construção e reforma de rodovias e para a consecução de outros serviços públicos delegáveis em que as tarifas a serem cobradas não sejam suficientes para cobrir os custos do concessionário.

A *concessão patrocinada* é muito parecida com a *concessão de serviço público* prevista na Lei 8.987/1995. A diferença é que, na primeira, as tarifas cobradas dos usuários do serviço (por exemplo, o pedágio de uma rodovia) não são suficientes para cobrir os custos do serviço e a remuneração da concessionária, o que faz com que seja necessário um "patrocínio" por parte do parceiro público (o Poder Público), que pagará uma contraprestação ao parceiro privado (ao concessionário do serviço).

Já a **concessão administrativa** *é contrato de prestação de serviços (qualificados) de que a Administração seja usuária direta ou indireta* (art. 2º, § 2º, da Lei 11.079/2004).

Quando a Administração contrata a prestação de um serviço do particular, essa contratação é regulada pela Lei 8.666/1993, tratando-se de um *contrato administrativo* simples.

Porém, quando a Administração contrata serviços de que seja usuária direta ou indireta, serviços esses que não têm como objetivo único o fornecimento de mão de obra, o fornecimento e instalação de equipamentos ou a execução de obra pública, aí sim teremos o instituto da concessão administrativa, uma das duas espécies de parceria público-privada.

São exemplos de concessão administrativa a construção de centros administrativos para as instalações do Poder Público, de hospitais, de escolas, de presídios etc. Perceba-se que, em qualquer dos casos, não há tarifa a ser paga pelos usuários, mas só contraprestação a ser paga pelo Poder Público.

Assim, na concessão administrativa temos as seguintes características:

a) não há cobrança de tarifa de usuários;

b) não cabe se tiver como objeto único o fornecimento de mão de obra, o fornecimento e instalação de equipamentos ou a execução de obra pública;

c) são exemplos a construção de escolas, hospitais e presídios, desde que o concessionário não se limite a fazer as construções, tendo também como tarefa a administração desses equipamentos públicos.

A criação das duas concessões especiais mencionadas fez com que a lei se referisse às demais concessões, regidas pela Lei 8.987/1995, como **concessões comuns** (art. 2º, § 3º, da Lei 11.079/2004). Estas continuarão a ser utilizadas para os casos em que as tarifas dos usuários forem suficientes para cobrir os custos do contratado, o prazo contratual for inferior a 5 anos ou o valor do contrato, inferior a R$ 20 milhões.

15.13.4. Diretrizes

O art. 4º da Lei 11.079/2004 elenca as diretrizes que deverão ser observadas na contratação de parceria público-privada. Vejamos:

a) **Busca da eficiência no cumprimento das missões estatais e no emprego dos recursos públicos.** Decorrem desta diretriz as regras que estabelecem:

a1) o dever de criação de critérios objetivos de avaliação de desempenho do parceiro privado (art. 5º, VII);

a2) a realização de vistoria dos bens reversíveis (art. 5º, X);

a3) a necessidade de compartilhamento com a Administração de ganhos efetivos do parceiro decorrentes da redução do risco de crédito dos financiamentos utilizados pelo parceiro privado (art. 5º, IX);

b) **Responsabilidade fiscal na celebração e na execução das parcerias.** Decorrem desta diretriz as regras que estabelecem:

b1) a elaboração de estimativa de impacto-financeiro nos exercícios em que deva vigorar a parceria (art. 10, II);

b2) a necessidade de compatibilidade entre o contrato e as leis de diretrizes orçamentárias e do plano plurianual (art. 10, III e V);

b3) a necessidade de autorização legislativa específica para as concessões patrocinadas em que mais de 70% da remuneração do parceiro for paga pela Administração (art. 10, § 3º);

c) **Respeito ao interesse dos destinatários dos serviços.** Decorrem desta diretriz as regras que estabelecem a necessidade de que haja previsão contratual de mecanismos para:

c1) a preservação da atualidade da prestação dos serviços;

c2) a avaliação do desempenho do parceiro privado, segundo critérios objetivos (art. 5º, V e VII);

d) **Transparência dos procedimentos e das decisões.** Decorrem desta diretriz as regras que estabelecem:

d1) a submissão da minuta de edital a consulta pública, com prazo mínimo de 30 dias para o oferecimento de sugestões (art. 10, VI);

d2) a necessidade de fixação no contrato das penalidades aplicáveis à Administração e aos parceiros privados (art. 5º II), providência rara nos contratos administrativos;

e) **Repartição objetiva dos riscos entre as partes.** Decorre desta diretriz a regra que estabelece a repartição de riscos, inclusive os referentes a caso fortuito, força maior, fato do príncipe e álea econômica extraordinária (art. 5º III);

f) **Respeito aos interesses do parceiro privado.** Decorrem desta diretriz as regras que estabelecem:

f1) a vigência do contrato compatível com a amortização dos investimentos, não inferior a 5, nem superior a 35 anos, incluindo eventual prorrogação (art. 5º, I);

f2) a aplicação automática das cláusulas de atualização monetária (art. 5º, § 1º);

f3) a possibilidade de as obrigações pecuniárias da Administração terem garantias especiais, tais como vinculação de receitas, instituição de fundos especiais, contratação de seguro-garantia, oferecimento de garantias prestadas por instituições financeiras, organismos internacionais, e fundo garantidor e empresa estatal criados para esta finalidade (art. 8º);

g) **Diferimento dos valores a serem pagos pelo Poder Público.** Decorre dessa diretriz a regra que estabelece que a contraprestação da Administração será obrigatoriamente *precedida* da entrega do serviço (art. 7º). Ou seja, primeiro o parceiro privado faz sua parte e apenas após a Administração faz o pagamento. Não mais se fará pagamentos mensais mediante medições dos serviços prestados. O pagamento se dará apenas após a conclusão da obra. A lei permite que a Administração, nos termos do contrato, efetue pagamento da contraprestação relativa a parcela fruível de serviço objeto do contrato de parceria.

15.13.5. Características marcantes

Das sete diretrizes apontadas, as três primeiras ("a", "b" e "c") já estavam adequadamente definidas em lei (*vide* as Leis 8.987/1995 e 8.666/1993, e a Lei de Responsabilidade Fiscal). A quarta e a quinta ("d" e "e") geravam uma série de dúvidas. E a sexta e a sétima ("f" e "g") são bem inovadoras.

A sétima diretriz é bem interessante, pois cria um modelo novo. Para fazer frente à escassez de recursos para o presente, a Administração se reserva o direito de **só pagar** sua contraprestação ao parceiro privado **quando** este disponibilizar o serviço objeto do contrato. Assim, somente após a construção da escola, do hospital, do presídio, da rodovia, é que a Administração pagará sua contraprestação. Além de não gastar agora, a Administração se livra de uma série de transtornos decorrentes das medições mensais para pagamento, das revisões contratuais e dos problemas na condução e na fiscalização do contratado. Este, por sua vez, ganha em eficiência, pois se compromete a entregar um projeto pronto.

E como o modelo resolve o problema do financiamento do particular? Afinal de contas, como o parceiro privado conseguirá fazer tão grandes investimentos sem o aporte de recursos pela Administração mês a mês? A solução encontrada pela lei é o financiamento no mercado financeiro.

A lei dispõe que, antes da celebração do contrato, deverá ser criada uma Sociedade de Propósito Específico (SPE), cuja incumbência é implantar e gerir o objeto da parceria. Tal sociedade poderá assumir a forma de companhia aberta, com valores mobiliários admitidos a negociação no mercado. Deve obedecer a padrões de governança corporativa e adotar contabilidade e demonstrações financeiras padronizadas. A Administração não poderá ser titular da maioria de seu capital votante (art. 9º).

Trata-se de uma sociedade criada pelo *próprio* parceiro privado, ou seja, pelo vencedor do certame licitatório para a consecução de suas atividades. Há pelo menos três vantagens na criação da SPE: a) evita a figura do consórcio na execução do contrato, focando a cobrança da execução do serviço numa pessoa apenas; b) permite que valores mobiliários dessas empresas sejam vendidos, atraindo investimento; c) possibilita que a empresa consiga empréstimos em bancos de fomento, também para atrair investimentos.

Eis o novo modelo. O parceiro privado tomará empréstimos no mercado financeiro para realizar investimentos para o parceiro público, que somente começará a pagar sua contraprestação após a disponibilização do serviço.

E como o modelo resolve o problema do risco em se emprestar dinheiro para parceiros da Administração? Afinal de contas, no Brasil o Poder Público é useiro e vezeiro em não pagar os particulares. A solução encontrada pela lei foi dar garantias especiais e reforçadas de que o parceiro irá receber sua contraprestação e, consequentemente, terá como pagar o mercado financeiro pelos investimentos feitos.

A questão está colocada na sexta diretriz do item anterior, que estabelece dois princípios: a) o da *garantia da amortização do investimento*; e b) o da *garantia da satisfação efetiva e imediata do crédito*. O primeiro se revela com a fixação de prazos mínimos de vigência da parceria. Já o segundo, com a criação de garantias especiais e reforçadas em favor do parceiro privado.

As garantias passam por fianças bancárias e seguros e preveem até a instituição de um "fundo garantidor ou uma empresa estatal criada para essa finalidade" (art. 8º, V).

Para o âmbito da União, a lei autorizou que as pessoas de direito público correspondentes (União, autarquias, fundações públicas), seus fundos especiais e suas empresas públicas dependentes (as duas últimas só apareceram com a Lei 12.409/2011) participem, no limite global de R$ 6 bilhões do que chamou de Fundo Garantidor de Parcerias Público-Privadas (FGP), de natureza privada e patrimônio próprio separado do patrimônio pessoal de seus participantes. Tal fundo está sendo formado por aporte de bens (dinheiro, imóveis dominicais, móveis) e direitos (ações excedentes ao necessário para o controle de sociedades de economia mista, e títulos da dívida pública) dos participantes, também chamados de cotistas. Empresa especializada será incumbida de avaliar os bens e direitos transferidos (art. 16).

O FGP será criado, administrado, gerido e representado, judicial e extrajudicialmente, por instituição financeira controlada, direta ou indiretamente, pela União, que zelará pela manutenção de sua rentabilidade e liquidez (art. 17).

O estatuto e o regulamento do FGP devem deliberar sobre a política de concessão de garantias, inclusive no que se refere à relação entre ativos e passivos do Fundo (art. 18, *caput*). A garantia será prestada nas seguintes modalidades: fiança, sem benefício de ordem para o fiador; penhor de bens móveis e hipoteca de bens imóveis, ambos do Fundo; alienação fiduciária; garantia, real ou pessoal, vinculada ao patrimônio de afetação do Fundo (art. 18, § 1º).

A garantia poderá ser acionada a partir do 15º dia do vencimento de título exigível aceito pelo parceiro público. No caso de emissão de fatura não aceita, mas também não rejeitada expressa e motivadamente, a garantia poderá ser acionada transcorridos 45 dias de seu vencimento (art. 18, §§ 4º e 5º). A quitação do débito pelo Fundo importará sua sub-rogação nos direitos do parceiro privado.

Se necessário, os bens e direitos do fundo poderão ser objeto de constrição judicial e alienação para satisfazer as obrigações garantidas (art. 18, § 7º).

O FGP poderá usar parcela da cota da União para prestar garantia aos seus fundos especiais, às suas autarquias, às suas fundações públicas e às suas empresas estatais dependentes (art. 18, § 8º, incluído pela Lei 12.409/2011).

Toda essa sistemática de garantias especiais tem uma razão: conforme visto, o Poder Público não costuma pagar em dia seus fornecedores, gerando grande insegurança por parte destes, principalmente quanto à realização de grandes investimentos. O não pagamento pela Administração ensejava a propositura de ação judicial, com recebimento do crédito, ao final, após a expedição de precatórios.

Se de um lado, resolve o problema, de outro, a solução sofre críticas de alguns, no sentido de que é inconstitucional, porque trata de modo diferente os credores do Poder Público. Não satisfeitos seus créditos, uma parte dos credores (aqueles que têm outros contratos com a Administração) deve recorrer ao Judiciário, e só receberá após a expedição de um precatório. A outra parte (a dos que têm uma parceria público-privada) receberá sem ter que esperar por um precatório judicial.

Críticas à parte, é bom destacar que os demais entes da federação também poderão criar, por meio de lei, fundo com características semelhantes ou mesmo uma empresa estatal (como foi o caso de São Paulo, que criou a Companhia Paulista de Parcerias), uma vez que essa garantia é prevista de modo genérico (para todos os entes políticos) no art. 8º, V, da Lei 11.079/2004.

Por fim, vale destacar um ponto bastante polêmico, que é o da possibilidade de o edital (e o respectivo contrato) prever que se possa usar a arbitragem para a solução dos conflitos entre os parceiros. Dispõe o inciso III do art. 11 da Lei 11.079/2004 que tais instrumentos poderão prever "o emprego dos mecanismos privados de resolução de disputas, inclusive a arbitragem, a ser realizada no Brasil e em língua portuguesa, nos termos da Lei 9.037, de 23 de setembro de 1996, para dirimir conflitos decorrentes ou relacionados ao contrato". De nossa parte, entendemos que esse mecanismo de solução de conflitos só poderá incidir quanto a questões de ordem estritamente técnica não jurídica, tais como questões econômicas, contábeis e de engenharia. O princípio da indisponibilidade do interesse público impede que decisões de ordem administrativa sejam revistas por órgão que não seja a própria Administração ou o Poder Judiciário.

15.13.6. Procedimento e tipo licitatório

O *procedimento* ou *modalidade* de licitação para contratação da parceria é o da concorrência. O rito, todavia, sofre duas alterações marcantes. De um lado, traz a previsão de regras semelhantes às do pregão. De outro, permite o saneamento de falhas cometidas pelos licitantes. Quanto ao tipo licitatório, também temos novidade.

Vejamos as novidades:

a) **Inversão de fases.** O art. 13 dispõe que o edital *poderá* prever a inversão das fases de habilitação e julgamento. Quanto a este, há previsão de que possa ser precedido de uma etapa chamada de "qualificação de propostas técnicas", desclassificando-se os licitantes que não alcançarem a pontuação mínima (art. 12, I). Repare que não se trata de "qualificação habilitatória", mas de valoração de propostas técnicas;

b) **Lances verbais.** Com relação às propostas econômicas, o edital definirá se haverá apenas "propostas escritas em envelopes lacrados" ou se haverá "propostas escritas, seguidas de lance em viva voz" (art. 12, III);

c) **Tipo de "menor valor da contraprestação a ser paga pela Administração".** Na verdade, trata-se do famoso tipo "menor preço" adaptado às características das parcerias. A lei também admite o tipo "melhor proposta em razão da combinação do menor valor da contraprestação a ser paga pela Administração com o critério de melhor técnica, de acordo com os pesos estabelecidos no edital" (*vide* art. 12, II);

d) **Saneamento de falhas.** O edital poderá prever a possibilidade de saneamento de falhas, de complementação de insuficiências ou ainda de correções de caráter formal no curso do procedimento, desde que o licitante possa satisfazer as exigências dentro do prazo fixado no instrumento convocatório (art. 12, IV).

15.14. QUADRO SINÓTICO

1. Conceito: atribuição do exercício de serviço público a alguém, que o prestará em nome próprio e por conta e risco, segundo condições fixadas pelo Poder Público

2. Noções Gerais
– Regulamentada na Lei 8.987/1995
– É concedido o *exercício*, e não a *titularidade* do serviço
– A remuneração se dá por *tarifas*, *subsídios* e outras formas, como a publicidade

3. Natureza contratual complexa

a) ato regulamentar: ato unilateral do Poder Público, que fixa as condições da prestação do serviço

b) contrato: trata da questão econômico-financeira

4. Poderes do concedente

a) fiscalização: vê-se desempenho, cumprimento de deveres e de metas

b) alteração unilateral das cláusulas regulamentares: respeitados o equilíbrio financeiro e os limites legais (p. ex., não pode alterar a natureza do objeto da concessão)

c) intervenção: em casos de comprometimento do serviço público, a Administração pode intervir na concessionária para regularizar a situação. Ex.: intervenção em empresa de ônibus que não está desempenhando corretamente seu papel, mesmo após notificações e aplicação de multa

d) extinção da concessão antes do prazo: pode se dar por motivos de conveniência e oportunidade para melhorar o serviço público ou por falta cometida pelo concessionário

e) aplicação de sanções ao concessionário inadimplente: multas, por exemplo

5. Prazo

– Não existe na lei, devendo ser fixado no contrato

– Admite-se prorrogação do prazo, desde que haja previsão no contrato; ex.: para amortizar investimentos

6. Transferência da concessão e do controle acionário da concessionária

– São autorizadas, mediante anuência da Administração

7. Direitos do concessionário

a) manutenção do equilíbrio econômico-financeiro

b) não sofrer exigência estranha ao objeto da concessão

8. Formas de extinção

8.1. Pelo advento do termo contratual: forma usual

8.2. Por rescisão judicial

– Feita a pedido do concessionário, por culpa do poder concedente

– A ação pode pleitear indenização por não ter havido, ainda, amortização do investimento feito pelo concessionário

8.3. Por rescisão consensual: por mútuo acordo

8.4. Pela falência da concessionária

8.5. Pela morte do permissionário ou pela extinção da pessoa jurídica

8.6. Por rescisão unilateral do Poder Concedente

a) encampação ou resgate: *extinção pela Administração durante o prazo da concessão, por motivo de conveniência e oportunidade administrativa*

– Depende de lei específica e de prévia indenização

– Ex.: fim dos bondes.

b) caducidade: *extinção antes do prazo, por inadimplência do concessionário*

– Requer prévio processo administrativo, com ampla defesa, para apuração da falta grave do concessionário

– Só se indeniza o investimento não amortizado, uma vez que houve culpa do concessionário.

c) anulação: extinção por ilegalidade; indeniza-se concessionário por despesas, salvo má-fé

9. Reversão dos bens

9.1. Conceito: *é a passagem ao poder concedente dos bens do concessionário aplicados no serviço público, como consequência da extinção da concessão*

– A finalidade é manter a continuidade do serviço

9.2. Extensão: a reversão se dará nos limites definidos no edital de convocação para a licitação, assegurando-se ao concessionário a amortização do investimento que fez

10. Parceria Público-Privada (Lei 11.079/2004)

10.1. Conceito

– contrato de *prestação de serviços* ou de *concessão de serviços públicos ou de obras públicas*

i) de grande vulto (igual ou superior a R$ 20 milhões)

ii) de período não inferior a 5 anos

iii) caracterizado pela busca da eficiência na realização de seu escopo

iv) e pela existência de garantias especiais e reforçadas

v) para o cumprimento da necessária contraprestação pecuniária do parceiro público ao parceiro privado,

vi) financiado pelo mercado financeiro

10.2. Espécies

a) concessão patrocinada: *é a concessão de serviços ou de obras públicas em que, além das tarifas cobradas dos usuários, há contraprestação pecuniária do parceiro público ao parceiro privado* (art. 2º, § 1º, da Lei 11.079/2004). Ex.: saneamento básico, construção e reforma de rodovias

b) concessão administrativa: *é o contrato de prestação de serviços* qualificados *de que a Administração seja usuária direta ou indireta* (art. 2º, § 2º, da Lei 11.079/2004).

– Não há cobrança de tarifa de usuários

– Não cabe se tiver como objeto único fornecimento de mão de obra, instalação de equipamentos ou obra pública

– Ex.: construção de escolas, hospitais e presídios

c) concessão comum: é a que não se encaixa numa PPP; ex.: quando as tarifas dos usuários são suficientes para cobrir os custos do contratado. Usa-se a Lei 8.987/1995.

10.3. Modelo

– O vencedor da licitação fará o investimento com recursos próprios e financiamento do mercado financeiro

– O vencedor entregará a obra pronta para o parceiro público

– Somente neste momento é que o parceiro público começará a pagar sua contraprestação, que tem garantias especiais, como seguro-pagamento, fiança bancária e fundo ou empresa estatais dotados de bens passíveis de penhora

10.4. Características da licitação na PPP

a) inversão de fases: o edital poderá prever a inversão das fases de habilitação e julgamento

b) lances verbais: o edital poderá prever que, após a entrega dos envelopes, serão feitos lances em viva voz

c) tipo de licitação: é o de "menor valor da contraprestação a ser paga pela Administração". Pode-se combinar com melhor técnica

d) saneamento de falhas: o edital poderá prever a possibilidade de saneamento de falhas, de complementação de insuficiências ou ainda de correções de caráter formal no curso do procedimento, desde que o licitante possa satisfazer as exigências dentro do prazo fixado no instrumento convocatório (art. 12, IV)

15.15. QUESTÕES COMENTADAS

15.15.1. Autorização e Permissão de serviço público

(Procurador do Município/Sorocaba-SP – 2012 – VUNESP) Constitui característica da permissão de serviço público, entre outras:

(A) o serviço pode ser cedido pelo permissionário.

(B) independe de licitação, se assim atender o interesse público.

(C) deve ser concedida com fixação de prazo.

(D) tem a titularidade de seu objeto transferida ao particular.

(E) pode ser revogada a qualquer momento, em razão de interesse público.

A: incorreta, pois a permissão se dá *intuitu personae*; **B:** incorreta, pois depende sim de licitação (art. 2º, IV, da Lei 8.987/1995); **C:** incorreta, pois a lei não exige a fixação de prazo, até porque a permissão é precária (art. 2º, IV, da Lei 8.987/1995), ou seja, pode ser revogada a qualquer tempo, sendo desnecessária, assim, a fixação de prazo; **D:** incorreta, pois, seja na permissão, seja na concessão o particular não recebe a titularidade do serviço público, que continua sendo do Poder Público, mas apenas a possibilidade de executar o serviço público; **E:** correta, pois a permissão, como se viu, é precária, ou seja, pode ser revogada a qualquer tempo, de modo a atender ao interesse público (art. 2º, IV, da Lei 8.987/1995).

Gabarito "E".

(Analista – TRT/14ª – 2011 – FCC) Entende-se por permissão de serviço público a

(A) contratação mediante ato administrativo discricionário e precário, sem necessidade de realização do certame licitatório, de pessoa jurídica que comprove plena capacidade para a execução do serviço.

(B) delegação a título precário, mediante contrato de adesão e prévia licitação, objetivando a prestação de serviço público, formalizado entre o poder público e a pessoa física ou jurídica que tenha demonstrado, no procedimento licitatório, capacidade para a sua prestação.

(C) expedição de ato unilateral, discricionário e precário, em favor de pessoa jurídica ou física que comprove formalmente perante o poder concedente, a sua plena capacidade para a prestação do serviço.

(D) transferência através de contrato por prazo determinado e prévia licitação, na modalidade concorrência, celebrado pelo poder concedente com a pessoa jurídica ou consórcio de empresas, que tenha demonstrado capacidade para a sua prestação, por sua conta e risco.

(E) outorga mediante ato unilateral e precário, expedido pelo poder público à pessoa física ou jurídica que tenha demonstrado no decorrer do procedimento licitatório, capacidade para a prestação do serviço, por sua conta e risco.

A: incorreta, pois a permissão depende de licitação e pode ser conferida tanto a pessoa jurídica, como a pessoa física (art. 2°, IV, da Lei 8.987/1995); **B:** correta, pois está de acordo com a definição estabelecida no art. 2°, IV, c/c art. 40, ambos da Lei 8.987/1995; **C:** incorreta, pois faltou dizer que é necessário licitação (art. 2°, IV, da Lei 8.987/1995); **D:** incorreta, pois a definição dada na alternativa é de concessão (art. 2°, II, da Lei 8.987/1995), e não de permissão (art. 2°, IV, da Lei 8.987/1995); **E:** incorreta, pois as expressões "outorga" e "ato unilateral" estão substituídas, nos arts. 2°, IV, e 40, *caput*, da Lei 8.987/1995, pelas expressões "delegação" e "contrato de adesão". A expressão "contrato de adesão" parece meio contraditória com a ideia de "precariedade" (já que os contratos, por definição, fazem lei entre as partes, não sendo "precários"), no entanto essa expressão consta da Lei 8.987/1995 (art. 40, *caput*), devendo-se assinalar a alternativa que se apresenta mais próxima do texto legal.
Gabarito "B".

(Analista – TRT/23ª – 2011 – FCC) No que se refere à autorização de serviço público, é correto afirmar:

(A) Trata-se de ato precário, podendo, portanto, ser revogado a qualquer momento, por motivo de interesse público.

(B) Trata-se de ato unilateral, sempre vinculado, pelo qual o Poder Público delega a execução de um serviço público de sua titularidade, para que o particular o execute predominantemente em seu próprio benefício.

(C) O serviço é executado em nome do autorizatário, por sua conta e risco, sem fiscalização do Poder Público.

(D) Trata-se de ato unilateral, discricionário, porém não precário, pelo qual o Poder Público delega a execução de um serviço público, para que o particular o execute predominantemente em benefício do Poder Público.

(E) Trata-se de ato que depende de licitação, pois há viabilidade de competição.

A: correta, pois traz elementos característicos da autorização de serviço público, que é o ato administrativo unilateral, discricionário e precário pelo qual a Administração faculta ao particular, em proveito deste, o exercício de um serviço público; **B:** incorreta, pois a autorização é ato discricionário, e não vinculado; **C:** incorreta, pois o Poder Público fiscaliza, sim, o particular, já que se trata de um serviço público; **D:** incorreta, pois é ato precário; ademais, é ato que beneficia preponderantemente o particular, e não o Poder Público; **E:** incorreta, pois a autorização independe de licitação.
Gabarito "A".

15.15.2. Concessão de serviço público

(Magistratura/GO – 2015 – FCC) Suponha que em determinada rodovia estadual, objeto de concessão, o reajuste de pedágio, aplicado em conformidade com o regramento estabelecido no contrato de concessão, tenha causado forte insatisfação da população, que passou a exigir do Poder Concedente a revogação do aumento. O Poder Concedente, pretendendo acolher o pleito da população, poderá, com base na legislação que rege a matéria,

(A) retomar o serviço por motivo de interesse público, mediante encampação, condicionada a autorização legislativa específica e após prévio pagamento da indenização prevista legalmente.

(B) reduzir unilateralmente o valor do pedágio, estando a concessionária obrigada a suportar a redução da receita tarifária, por se tratar de fato do príncipe.

(C) retomar a rodovia, mediante declaração de caducidade da concessão, indenizando a concessionária pelos investimentos não amortizados.

(D) decretar a intervenção na concessão, indenizando a concessionária pelos lucros cessantes correspondentes ao prazo restante da concessão.

(E) alterar a equação econômico-financeira do contrato, concedendo subsídio à concessionária para compensar a redução da receita tarifária.

A: correta (art. 37 da Lei 8.987/1995); **B:** incorreta, pois a concessionária tem direito de ver mantido o equilíbrio econômico-financeiro do contrato (art. 9°, § 2°, da Lei 8.987/1995); **C:** incorreta, pois a caducidade é a extinção da concessão pela inexecução do contrato pela concessionária (art. 38, *caput*, da Lei 8.987/1995), o que não aconteceu no caso; **D:** incorreta, pois a intervenção do concedente se dá para garantir a adequação do serviço, o que não é o caso, pois não há elementos no sentido de que o serviço não está sendo prestado corretamente, ensejando medida tão drástica como a intervenção (art. 32 da Lei 8.987/1995); **E:** incorreta, pois esse tipo de medida deveria estar prevista no edital de licitação (art. 11 da Lei 8.987/1995).
Gabarito "A".

(Juiz de Direito/PA – 2014 – VUNESP) Sobre a concessão de serviços públicos, é correto afirmar que

(A) a responsabilidade do concessionário por prejuízos causados a terceiros será objetiva, nos termos da Constituição Federal.

(B) o concessionário corre os riscos normais do empreendimento, não havendo, nesse caso, direito à manutenção do equilíbrio econômico-financeiro do contrato.

(C) em caso de encampação pelo Poder Público, não poderá o poder concedente incorporar os bens do concessionário que eram necessários ao serviço.

(D) o Poder Público poderá rescindir o contrato por motivo de interesse público, pois são transferidos ao concessionário a execução e a titularidade do serviço.

(E) o usuário não poderá exigir judicialmente o cumprimento da obrigação pelo concessionário.

A: correta (art. 37, § 6º, da CF); **B:** incorreta, pois a Lei 8.987/1995 assegura o direito à manutenção do equilíbrio econômico-financeiro do contrato (art. 9º, §§. 2º e 4º, da Lei 8.987/1995); **C:** incorreta, pois a lei prevê a reversão dos bens ao Poder Público nesse caso (art. 35, § 1º, da Lei 8.987/1995); **D:** incorreta, pois, apesar de caber a extinção do contrato por motivo de interesse público pela chamada encampação (art. 37 da Lei 8.987/1995), o concessionário não recebe a titularidade do serviço público (que fica mantida com o Poder Concedente), mas apenas a execução do serviço; **E:** incorreta, pois os usuários podem sim exigir judicialmente o cumprimento de seus direitos pela concessionária.
Gabarito "A"

(Juiz de Direito/RJ - 2014 - VUNESP) A propósito da concessão de serviços públicos, assinale a alternativa correta.

(A) A concessionária poderá contratar com terceiros o desenvolvimento de atividades inerentes, acessórias ou complementares ao serviço concedido, sendo, entretanto, expressamente vedada a subconcessão do serviço.

(B) Incumbe ao poder concedente zelar pela boa qualidade do serviço, receber, apurar e solucionar queixas e reclamações dos usuários, que serão cientificados, em até trinta dias, das providências tomadas.

(C) A alteração de alíquota do imposto sobre a renda, após a apresentação da proposta de concessão, quando comprovado seu impacto, implicará a revisão da tarifa, para mais ou para menos, conforme o caso.

(D) As disputas decorrentes ou relacionadas ao contrato de concessão não poderão ser resolvidas por meio do emprego de mecanismos privados, devendo ser submetidas ao Poder Judiciário brasileiro.

A: incorreta, a primeira parte do texto está correta (art. 25, § 1º, da Lei 8.987/1995), mas a segunda não, já que a lei admite subconcessão (art. 26 da Lei 8.987/1995); **B:** correta (art. 29, VII, da Lei 8.987/1995); **C:** incorreta (art. 9º, § 3º, da Lei 8.987/1995); **D:** incorreta (art. 23-A da Lei 8.987/1995).
Gabarito "B"

(OAB/Exame Unificado - 2015.1) O Estado X, após regular processo licitatório, celebrou contrato de concessão de serviço público de transporte intermunicipal de passageiros, por ônibus regular, com a sociedade empresária "F", vencedora do certame, com prazo de 10 (dez) anos. Entretanto, apenas 5 (cinco) anos depois da assinatura do contrato, o Estado publicou edital de licitação para a concessão de serviço de transporte de passageiros, por ônibus do tipo executivo, para o mesmo trecho. Diante do exposto, assinale a afirmativa correta.

(A) A sociedade empresária "F" pode impedir a realização da nova licitação, uma vez que a lei atribui caráter de exclusividade à outorga da concessão de serviços públicos.

(B) A outorga de concessão ou permissão não terá caráter de exclusividade, salvo no caso de inviabilidade técnica ou econômica devidamente justificada.

(C) A lei atribui caráter de exclusividade à concessão de serviços públicos, mas a violação ao comando legal somente conferirá à sociedade empresária "F" direito à indenização por perdas e danos.

(D) A lei veda a atribuição do caráter de exclusividade à outorga de concessão, o que afasta qualquer pretensão por parte da concessionária, salvo o direito à rescisão unilateral do contrato pela concessionária, mediante notificação extrajudicial.

A e C: incorretas, pois o caso em questão traz dois tipos de serviços diferentes (de transporte intermunicipal comum e de transporte por ônibus do tipo executivo), devendo cada empresa concessionária atuar em seu ramo de serviço; ademais, segundo o art. 16 da Lei 8.987/1995, a outorga de concessão ou permissão não terá caráter de exclusividade, salvo no caso de inviabilidade técnica ou econômica justificada, o que não acontece no caso em tela; **B:** correta (art. 16 da Lei 8.987/1995); **D:** incorreta, pois, como se viu, a lei dispõe que não haverá exclusividade e no caso em tela cada concessionária atuará num tipo de serviço diferente, não havendo qualquer justificativa para a rescisão unilateral mencionada.
Gabarito "B"

(OAB/Exame Unificado - 2015.1) Após fortes chuvas, devido ao enorme volume de água, parte de uma rodovia federal sofreu rachaduras e cedeu, tornando necessária a interdição da pista e o desvio do fluxo de tráfego até a conclusão das obras de reparo. A exploração da rodovia havia sido concedida, mediante licitação, à sociedade empresária "Traffega", e esta não foi capaz de lidar com a situação, razão pela qual foi decretada a intervenção na concessão.

Sobre a hipótese apresentada, assinale a afirmativa correta.

(A) A intervenção somente pode ser decretada após a conclusão de processo administrativo em que seja assegurada a ampla defesa.

(B) A administração do serviço será devolvida à concessionária, cessada a intervenção, se não for extinta a concessão.

(C) A intervenção decorre da supremacia do interesse público sobre o privado e dispensa a instauração de processo administrativo.

(D) A intervenção é causa obrigatória de extinção da concessão e assunção do serviço pelo poder concedente.

A: incorreta, pois a intervenção na concessão, que será determinada por decreto do poder concedente, dar-se-á imediatamente, diferindo-se a ampla defesa para o momento seguinte, ocasião em que se terá 30 dias para instaurar um processo administrativo para comprovar as causas determinantes da medida e apurar responsabilidades, devolvendo-se o serviço ao concessionário e pagando-se indenização a ele, caso comprovado que ela não observou os ditames legais (art. 33, *caput* e § 1º, da Lei 8.987/1995); **B:** correta (art. 34 da Lei 8.987/1995); **C:** incorreta, pois é necessário instaurar processo administrativo para comprovar as causas determinantes da medida e apurar responsabilidades, assegurado o direito de ampla defesa, sendo que, "se ficar comprovado que a intervenção não observou os pressupostos legais e regulamentares será declarada sua nulidade, devendo o serviço ser imediatamente devolvido à concessionária, sem prejuízo de seu direito à indenização", valendo informar que o procedimento administrativo em questão "deverá ser concluído no prazo de até cento e oitenta dias, sob pena de considerar-se inválida a intervenção" (art. 33 da Lei 8.987/1995); **D:** incorreta, pois a intervenção não está prevista na lei como motivo suficiente para a extinção da concessão (art. 35 da Lei 8.987/1996), lembrando-se que, "cessada a intervenção, se não for extinta a concessão, a administração do serviço será devolvida à concessionária, precedida de prestação de contas pelo interventor, que responderá pelos atos praticados durante a sua gestão" (art. 34 da Lei 8.987/1995).
Gabarito "B"

(Magistratura/DF – 2011) Considerando o disposto na Lei 8.987/1995, assinale a afirmativa falsa:

(A) É admitida a subconcessão, nos termos previsto no contrato de concessão, desde que expressamente autorizada pelo poder concedente;

(B) A transferência de concessão ou do controle societário da concessionária sem prévia anuência do poder concedente implicará a caducidade da concessão;

(C) No exercício da fiscalização, o poder concedente terá acesso somente aos dados relativos à administração, contabilidade e recursos técnicos e econômicos da concessionária;

(D) Extinta a concessão, retornam ao poder concedente todos os bens reversíveis, direitos e privilégios transferidos ao concessionário conforme previsto no edital e estabelecido no contrato.

A: assertiva correta (art. 26 da Lei 8.987/1995); **B:** assertiva correta (art. 27 da Lei 8.987/1995); **C:** assertiva falsa, devendo ser assinalada; haverá acesso também, aos dados relativos aos recursos financeiros da concessionária (art. 30 da Lei 8.987/1995); **D:** assertiva correta (art. 35, § 1º, da Lei 8.987/1995).
Gabarito "C"

(Magistratura/PE – 2011 – FCC) Nos termos da Lei federal que dispõe sobre normas gerais de concessão de serviços públicos, a encampação, entendida como

(A) intervenção do poder concedente na concessão, ocupando provisoriamente as instalações da empresa concessionária, é cabível para garantir a continuidade da prestação do serviço.

(B) o modo de encerramento do contrato, por motivo de inexecução por parte da empresa concessionária, depende de apuração das faltas mediante devido processo legal.

(C) a retomada do serviço pelo poder concedente durante o prazo da concessão, por motivo de interesse público, depende de lei autorizativa específica e prévio pagamento da indenização.

(D) o modo de encerramento do contrato, por motivo de caso fortuito ou de força maior, depende de autorização judicial.

(E) o desfazimento do contrato devido a ilegalidade não imputável à intenção das partes, enseja o pagamento de indenização correspondente aos investimentos não amortizados realizados pela empresa concessionária.

A: incorreta, pois esse é o instituto da intervenção na concessão; **B:** incorreta, pois esse é o instituto da caducidade da concessão; **C:** correta (art. 37 da Lei 8.987/1995); **D:** incorreta, pois a encampação se dá por interesse público (art. 37 da Lei 8.987/1995), e não pelos motivos mencionados; **E:** incorreta, pois a encampação é a extinção da concessão por motivo de interesse público, e não por problema relacionado à legalidade.
Gabarito "C"

(Delegado/AP – 2010) Com relação aos contratos de concessão de serviços públicos, analise as afirmativas a seguir:

I. Em havendo alteração unilateral do contrato que afete o seu inicial equilíbrio econômico-financeiro, o poder concedente deverá restabelecê-lo, concomitantemente à alteração.

II. A tarifa não será subordinada à legislação específica anterior e, somente nos casos expressamente previstos em lei, sua cobrança poderá ser condicionada à existência de serviço público alternativo e gratuito para o usuário.

III. A criação, alteração ou extinção de quaisquer tributos ou encargos legais, inclusive os impostos sobre a renda, após a data da assinatura do contrato, implicará a revisão da tarifa, para mais ou para menos, conforme o caso.

IV. O poder concedente não poderá prever, em favor da concessionária, no edital de licitação, a possibilidade de outras fontes provenientes de receitas alternativas, complementares, acessórias ou de projetos associados, a fim de favorecer a modicidade das tarifas para os usuários.

Assinale:

(A) se somente as afirmativas I e IV estiverem corretas.
(B) se somente as afirmativas I e II estiverem corretas.
(C) se somente as afirmativas II e IV estiverem corretas.
(D) se somente as afirmativas II e III estiverem corretas.
(E) se somente as afirmativas III e IV estiverem corretas.

I: correta (art. 9º, § 4º, da Lei 8.987/1995); **II:** correta (art. 9º, § 1º, da Lei 8.987/1995); **III:** incorreta, pois essa regra não vale para alterações no imposto sobre a renda (art. 9º, § 3º, da Lei 8.987/1995); **IV:** incorreta, pois é possível, sim, essa previsão (art. 11 da Lei 8.987/1995).
Gabarito "B"

(Analista – TRE/TO – 2011 – FCC) Na concessão de serviço público:

(A) A inexecução total ou parcial do contrato acarretará, a critério do poder concedente, a declaração de caducidade da concessão ou a aplicação das sanções contratuais, respeitadas as disposições legais e as normas convencionadas entre as partes.

(B) Extinta a concessão, retornam ao poder concedente todos os bens reversíveis, com exceção dos direitos e privilégios transferidos ao concessionário conforme previsto no edital e estabelecido no contrato.

(C) A retomada do serviço pelo poder concedente durante o prazo da concessão, por motivo de interesse público, mediante lei autorizativa específica e após prévio pagamento da indenização denomina-se reversão.

(D) O contrato de concessão poderá ser rescindido por iniciativa da concessionária, no caso de descumprimento das normas contratuais pelo poder concedente, através de requerimento administrativo promovido para esse fim.

(E) A extinção do contrato de concessão pode ocorrer por diversas formas e razões, sendo uma delas a anulação, que pode provir de decisão administrativa ou judicial e os efeitos que produz são *ex nunc*.

A: correta (art. 38 da Lei 8.987/1995); **B:** incorreta, pois não é "com exceção dos direitos...", mas "inclusive" com os direitos e privilégios transferidos ao concessionário (art. 35, § 1º, da Lei 8.987/1995); **C:** incorreta, pois tal retomada da concessão tem o nome de encampação (art. 37 da Lei 8.987/1995); **D:** incorreta, pois o concessionário só pode pedir a rescisão de uma concessão mediante ação judicial especialmente intentada para esse fim (art. 39 da Lei 8.987/1995); **E:** incorreta, pois a anulação tem efeitos *ex tunc*.
Gabarito "A"

(Auditor Fiscal do Trabalho – 2010 – ESAF) Naquilo que diz respeito à extinção do contrato de concessão de serviço público, correlacione as colunas abaixo e assinale a opção que contemple a correlação correta.

(1) Retomada do serviço, por motivo de interesse público.
(2) Retomada do serviço, por inexecução total ou parcial do contrato por parte da concessionária.
(3) Extinção do contrato, por descumprimento de normas contratuais pelo concedente.

( ) caducidade;
( ) encampação;
( ) rescisão.

(A) 3 / 1 / 2
(B) 2 / 3 / 1
(C) 1 / 2 / 3
(D) 2 / 1 / 3
(E) 3 / 2 / 1

A retomada por interesse público tem o nome de *encampação ou resgate* (art. 37 da Lei 8.987/95). A retomada por inexecução contratual tem o nome de *caducidade* (art. 38 da Lei 8.987/95). E a retomada por descumprimento de normas contratuais pelo Poder Concedente tem o nome de *rescisão* (art. 39 da Lei 8.987/95).
Gabarito "D".

15.15.3. Parcerias Público-Privadas (PPP)

(Magistratura/SC – 2015 – FCC) Um estado, aplicando a Lei 11.079/2004 (conhecida como lei das parcerias público-privadas), pretende publicar edital de pregão para a celebração de contrato de concessão administrativa, a vigorar por 10 anos, renováveis por igual período, tendo por objeto a execução de obra pública consistente na nova sede administrativa para o governo. Considerando apenas esses elementos do edital, bem como o regime traçado pela referida lei para as concessões administrativas, um procurador do estado emitiu parecer apontando ilegalidade no tocante aos seguintes elementos:

I. aplicação, pelo estado, da Lei 11.079/2004.
II. modalidade de licitação escolhida.
III. prazo do futuro contrato.
IV. objeto do futuro contrato.

Tem razão o procurador no tocante ao que afirmou em
(A) I e IV, apenas.
(B) I, II, III e IV.
(C) II e IV, apenas.
(D) I e III, apenas.
(E) II e III, apenas.

I: incorreta, pois não tem razão o procurador, já que caberia sim a concessão administrativa no caso, aplicando-se a Lei 11.079/2004, já que se tem prazo não inferior a 5 anos, certamente se tem um contrato com valor não inferior R$ 20 milhões (já que se trata da sede administrativa de um governo estadual, que se presume de enorme porte) e não há tarifas dos usuários, de modo que a concessão administrativa é adequada (art. 2º, §§. 2º e 4º, da Lei 11.079/2004); **II:** correta, pois tem razão o procurador, já que, numa PPP, a modalidade licitatória é a concorrência (art. 10, *caput*, da Lei 11.079/2004); **III:** incorreta, pois não tem razão o procurador, já que uma PPP não pode ter prazo inferior a 5 anos (art. 2º, § 4º, II, da Lei 11.079/2004);

IV: correta, pois o procurador tem razão no sentido que o objeto de uma PPP não pode ser só a construção de uma obra pública (art. 2º, § 4º, III, da Lei 11.079/2004), sendo certo que caberia a PPP se o objeto do futuro contrato envolvesse também a gestão dos prédios construídos.
Gabarito "C".

(Procurador do Estado/PR – 2015 – PUC-PR) Sobre as parcerias público-privadas (Lei 11.079/2004 – Lei de PPP), é **CORRETO** afirmar que:

(A) São contratos de parcerias público-privadas as concessões patrocinadas, as concessões administrativas e as concessões comuns.
(B) A elaboração do projeto executivo pode ser delegada ao parceiro privado, mas não a do projeto básico, que deve integrar o instrumento convocatório da licitação.
(C) O aporte de recursos do parceiro público para o parceiro privado exige a prévia execução das obras, a respectiva medição e o início da prestação do serviço.
(D) A concessão administrativa é o contrato de concessão de serviços públicos ou de obras públicas quando envolver, adicionalmente à tarifa cobrada dos usuários, a contraprestação pecuniária do parceiro público ao parceiro privado.
(E) A obrigação de constituir sociedade de propósito específico para implantar e gerir o objeto da parceria público-privada tem como fonte a Lei de PPP.

A: incorreta, pois somente as duas primeiras são parcerias público privadas (art. 2º, *caput*, da Lei 11.079/2004); as concessões comuns são reguladas pela Lei 8.987/1995 e são destinadas aos casos em que as tarifas pagas pelos usuários do serviço são suficientes para remunerar a empresa concessionária; **B:** incorreta; as disposições da Lei 8.987/1995 aplicam-se no que couber às parcerias público-privadas, sendo que, dentre as disposições previstas na primeira lei está a que permite que o edital de licitação para uma concessão traga apenas "elementos" para a construção de um projeto básico pelo concessionário; assim, é incorreto dizer que apenas o projeto executivo pode ser delegado para o parceiro privado numa PPP, pois o projeto básico também pode ser delegado, desde que se obedeça aos elementos mínimos previstos no edital de licitação; **C:** incorreta, pois a Lei 11.079/2004 prevê que possa haver aportes do parceiro público ao parceiro privado na fase de investimentos do projeto (art. 5º, XI); **D:** incorreta, pois essa definição é de *concessão patrocinada* (art. 2º, § 1º, da Lei 11.079/2004)) e não de *concessão administrativa*; **E:** correta (art. 9º da Lei 11.079/2004).
Gabarito "E".

(Procurador do Estado/MT – FCC – 2011) A parceria público-privada é a modalidade de contrato administrativo, que
(A) tem por objeto, exclusivamente, a execução de obra pública ou a prestação de serviço público.
(B) aplica-se apenas a contratos de valor igual ou superior a R$ 20.000.000,00 (vinte milhões de reais) com período de prestação do serviço igual ou superior a 5 (cinco) anos.
(C) prescinde de prévio procedimento licitatório, quando a Administração Pública figurar como usuária direta.
(D) aplica-se apenas a contratos que não envolvam serviços públicos, mas sim atividades econômicas de interesse público.

(E) aplica-se apenas a serviços públicos não passíveis de cobrança de tarifa e que necessitam de contraprestação pública.

A: incorreta, pois tem por objeto a *concessão* de serviços públicos ou de obras públicas (concessão patrocinada) ou a prestação de serviços qualificados (concessão administrativa, que é prestação de serviços qualificados, pois não pode envolver simplesmente um fornecimento de mão de obra, o fornecimento e instalação de equipamentos ou a execução de obra pública), tudo nos termos do art. 2°, §§ 1°, 2° e 4°, III, da 11.079/2004); **B:** correta (art. 2°, § 4°, I, da 11.079/2004); **C:** incorreta, pois é necessário licitação na modalidade concorrência (art. 10 da 11.079/2004); **D:** incorreta, pois se aplicam justamente a contratos de concessão de serviços públicos ou obras públicas ou prestação de serviços qualificados de que a Administração seja usuária direta ou indireta (art. 2°, §§ 1° e 2°, da 11.079/2004); **E:** incorreta, pois se aplicam também a situações em que há tarifas, mas em que estas sejam insuficientes (art. 2°, § 1°, da 11.079/2004).

Gabarito "B".

Processo Administrativo 16

16.1. ASPECTOS GERAIS

No contexto do controle interno da Administração, o processo administrativo é tema de bastante importância.

É por meio do processo administrativo que os requerimentos do particular serão analisados, que punições serão constituídas, que a Administração desenvolverá suas competências.

O controle interno se dará, então, por meio de processos administrativos.

Como **modalidades** de processo administrativo tem-se:

a) processo de expediente: é aquele destinado a registrar situações administrativas, não incidindo sobre direitos, daí a impropriedade do nome;

b) processo de outorga: é aquele em que se pleiteia um direito ou situação individual perante a Administração;

c) processo de controle: é aquele em que se controla o mérito de atos praticados (aprovação) ou o respeito às formalidades legais (homologação);

d) processo punitivo: é aquele destinado à imposição de penalidades em geral;

e) processo administrativo disciplinar: é aquele destinado à apuração de faltas disciplinares de servidores;

f) processo administrativo tributário, dentre outros.

O processo administrativo pode ser **conceituado** como *o conjunto de atos coordenados para obtenção de uma decisão final no âmbito administrativo*. São exemplos de processo administrativo o processo disciplinar, o processo licitatório, o processo para aplicação de sanções decorrentes da polícia administrativa, dentre outros.

O *processo administrativo* não se confunde com o *procedimento administrativo*. Este consiste no rito, no procedimento aplicável a um processo administrativo. No processo judicial há diversos ritos, como o ordinário, o sumário, dentre outros.

Como **princípios específicos** do processo administrativo, pode-se apontar:

a) **legalidade objetiva** (art. 2º, *caput*, da Lei 9.784/1999): o processo é para fazer valer a lei;

b) **oficialidade ou impulsão** (art. 29 da Lei 9.784/1999): a Administração instaura e movimenta o processo de ofício;

c) **informalismo** (art. 2º, parágrafo único, IX, da Lei 9.784/1999): respeita-se a forma legal tendo em conta a instrumentalidade das formas;

d) **verdade material:** impõe a busca da verdade real;

e) **publicidade** (art. 2º, parágrafo único, V, da Lei 9.784/1999): impõe a divulgação dos atos do processo;

f) **contraditório e ampla defesa** (art. 5º, LV, da CF);

g) **devido processo legal** (art. 5º, LIV, da CF): devido *processo legal substancial* (ou *material*) é a exigência de proporcionalidade (razoabilidade) das decisões, ao passo que o *devido processo legal formal* é o conjunto de garantias mínimas para que um processo seja constitucionalmente devido;

h) **razoável duração do processo** (art. 5º, LXXVIII, da CF): além dos meios que garantam a celeridade da tramitação.

As **fases** do processo administrativo são, em regra, as seguintes: instauração, instrução, defesa, relatório (peça informativa e opinativa) e julgamento pela autoridade competente.

No plano federal, há uma **Lei de Processo Administrativo Federal**, que é a **Lei 9.784/1999**.

A Lei 9.784/1999 é a Lei Geral de Processo Administrativo Federal. Assim, havendo uma lei específica tratando de alguma espécie de processo administrativo (exs.: Lei 8.666/1993, que trata do processo licitatório; Lei 8.112/1990, que trata do processo disciplinar), a Lei 9.784/1999 só poderá ser aplicada subsidiariamente (art. 69).

No mais, a Lei 9.784/1999 poderá também ser aplicada em relação a processos administrativos de Estados-membros e Municípios. A Lei Federal se aplicará por inteiro quando não houver lei de processo administrativo num dado Estado-membro ou município e se aplicará de modo subsidiário quando já houver lei de processo em algum ente federativo.

A aplicação subsidiária consiste em a Lei Geral de Processo Administrativo incidir quanto a aspectos que não foram regulados pela lei específica ou pela lei local.

16.2. PROCESSO ADMINISTRATIVO FEDERAL (LEI 9.784/1999)

Conforme mencionado, no plano federal, há uma lei geral de **Processo Administrativo**, que é a **Lei 9.784/1999**. Essa lei traz as regras do processo administrativo nesse plano (federal), para as três esferas da administração (do Legislativo, do Executivo e do Judiciário), inclusive para o Ministério Público e para Tribunal de Contas, sempre no que diz respeito à atividade administrativa, não podendo essa lei incidir sobre atividades legislativa e jurisdicionais.

Essa lei traz **princípios administrativos** (art. 2º), bem como regras sobre **direitos e deveres dos administrados** (arts. 3º e 4º), **formação do processo** (arts. 5º a 8º), **legitimação dos interessados** (arts. 9º e 10), **competência** (arts. 11 a 17), **impedimentos e suspeições** (arts. 18 a 21), **forma, comunicações, instrução, julgamento e motivação** (arts. 22 a 50), **desistência, casos de extinção, anulação, revogação, convalidação, recurso administrativo e revisão** (arts. 51 a 65), dentre outros aspectos, sendo diploma de importante leitura.

Para os fins de sua aplicação, a Lei 9.784/1999 traz os seguintes **conceitos**:

a) **órgão:** a unidade de atuação integrante da estrutura da Administração direta e da estrutura da Administração indireta;

b) **entidade:** a unidade de atuação dotada de personalidade jurídica;

c) **autoridade:** o servidor ou agente público dotado de poder de decisão.

O art. 2º da Lei 9.784/1999, além de trazer princípios específicos dos processos administrativos, traz também outros princípios e critérios a serem observadas nestes.

Quanto aos **princípios**, são enumerados os seguintes (art. 2º, *caput*): a) legalidade; b) finalidade; c) motivação; d) razoabilidade; e) proporcionalidade; f) moralidade; g) ampla defesa; h) contraditório; i) segurança jurídica; j) interesse público; e k) eficiência.

Todos os princípios mencionados já foram conceituados e explicados no capítulo que trata dos princípios administrativos. Porém, vale fazer algumas observações a respeito dos princípios enumerados.

A primeira delas é quanto ao **princípio da finalidade**, pelo qual o agente público deve sempre aplicar a lei buscando a finalidade desta (tanto a finalidade mediata, que é atender ao interesse público, como a finalidade imediata, que é atender ao específico objetivo buscado em determinada competência fixada em lei), bem como evitando subjetividades e favorecimentos ou perseguições indevidos. Vale lembrar que, pelo princípio da finalidade, um agente público, diante de uma regra de competência, deve atuar nesta buscando apenas a finalidade para a qual esta regra foi criada, não podendo buscar por meio de uma determinada regra de competência nem mesmo uma finalidade patentemente de interesse público, caso a competência manejada tenha sido criada para finalidade diversa. Assim, apesar de o princípio da finalidade decorrer logicamente dos princípios da legalidade e da impessoalidade, é sempre bom pontuar que a Administração deve atender à finalidade para a qual seus atos são previstos, como forma de evitar o desvio de poder ou de finalidade.

A segunda observação diz respeito ao fato de que os **princípios da razoabilidade e da proporcionalidade** estão trazidos individualmente no dispositivo, dando a entender que não se confundem um com o outro. Para alguns, que entendem que os dois princípios são coincidentes, sendo a proporcionalidade apenas a dimensão da razoabilidade, o objetivo legal de citar os dois princípios individualmente é apenas de reforçar a importância destes e garantir que as ideias nele contidas serão devidamente obedecidas. Para outros, a existência de diferenças entre os princípios é a razão de os dois terem sido citados. A questão foi trabalhada no capítulo de princípios administrativos, no item 2.3.7.

Quanto aos **critérios** a serem seguidos pela Administração Pública nos processos administrativos, a lei determina a observação do seguinte (art. 2º, parágrafo único):

I – atuação conforme a lei e o Direito; aqui podemos perceber a influência dos princípios da legalidade e da legitimidade;

II – atendimento a fins de interesse geral, vedada a renúncia total ou parcial de poderes ou competências, salvo autorização em lei; aqui podemos perceber a influência dos princípios da finalidade e da indisponibilidade do interesse público;

III – objetividade no atendimento do interesse público, vedada a promoção pessoal de agentes ou autoridades; aqui podemos perceber a influência dos princípios da impessoalidade, da finalidade e da moralidade;

IV – atuação segundo padrões éticos de probidade, decoro e boa-fé; aqui podemos perceber a influência do princípio da moralidade;

V – divulgação oficial dos atos administrativos, ressalvadas as hipóteses de sigilo previstas na Constituição; aqui podemos perceber a influência dos princípios da publicidade e da transparência;

VI - adequação entre meios e fins, vedada a imposição de obrigações, restrições e sanções em medida superior àquelas estritamente necessárias ao atendimento do interes-

se público; aqui podemos perceber a influência do princípio da proporcionalidade e, para quem entende serem sinônimos, do princípio da razoabilidade;

VII - *indicação dos pressupostos de fato e de direito que determinarem a decisão*; aqui podemos perceber a influência do princípio da motivação;

VIII - *observância das formalidades essenciais à garantia dos direitos dos administrados*; aqui podemos perceber a influência dos princípios da formalidade moderada, da instrumentalidade das formas e da segurança jurídica;

IX - *adoção de formas simples, suficientes para propiciar adequado grau de certeza, segurança e respeito aos direitos dos administrados*; aqui podemos perceber a influência dos princípios da formalidade moderada, da instrumentalidade das formas e da eficiência;

X - *garantia dos direitos à comunicação, à apresentação de alegações finais, à produção de provas e à interposição de recursos, nos processos de que possam resultar sanções e nas situações de litígio*; aqui podemos perceber a influência dos princípios do contraditório, da ampla defesa e do devido processo legal;

XI - *proibição de cobrança de despesas processuais, ressalvadas as previstas em lei*; aqui podemos perceber a influência do princípio do acesso à justiça administrativa;

XII - *impulsão, de ofício, do processo administrativo, sem prejuízo da atuação dos interessados*; aqui podemos perceber a influência dos princípios do impulso oficial e da legalidade;

XIII - *interpretação da norma administrativa da forma que melhor garanta o atendimento do fim público a que se dirige, vedada aplicação retroativa de nova interpretação*; aqui podemos perceber a influência dos princípios da legalidade, da finalidade e da segurança jurídica.

A Lei 9.784/1999 também arrola, em rol exemplificativo, os **direitos dos administrados** (art. 3º):

a) ser tratado com respeito pelas autoridades e servidores, que deverão facilitar o exercício de seus direitos e o cumprimento de suas obrigações; também é direito dos administrados ser tratados com cortesia, que é algo que vai além do mero respeito, direito esse que decorre da interpretação sistemática, que leva em conta o disposto no art. 6º,§ 1º, da Lei 8.987/1995;

b) ter ciência da tramitação dos processos administrativos em que tenha a condição de interessado, ter vista dos autos, obter cópias de documentos neles contidos e conhecer as decisões proferidas; esse direito decorre do princípio da publicidade e também é essencial para a garantida do contraditório e da ampla defesa; qualquer tentativa de obstar isso deve ser reprimida exemplarmente, pois viola de modo afrontoso dos direitos decorrentes dos princípios da ampla defesa e do contraditório;

c) formular alegações e apresentar documentos antes da decisão, os quais serão objeto de consideração pelo órgão competente; a garantia da ampla defesa impõe que os administrados sempre falem por último, logo antes da decisão, sem prejuízo de que após a formulação das alegações, e já no âmbito do processo decisório final, seja dado um parecer pelo setores técnicos e jurídicos previamente à decisão em si da autoridade;

d) fazer-se assistir, facultativamente, por advogado, salvo quando obrigatória a representação, por força de lei; a assistência do advogado é direito do administrado, mas não é obrigatória, o que significa que não haverá nulidade do processo administrativo se não houver a presença de advogado; aliás, mesmo no processo disciplinar, que pode até resultar na demissão de um agente público, não é indispensável a presença de advogado, nos termos da Súmula Vinculante STF n. 5, para a qual a falta de defesa técnica por advogado no processo disciplinar não ofende a Constituição.

A Lei 9.784/1999 arrola, ainda, os **deveres dos administrados** (art. 4º), em rol exemplificativo (pois outros deveres podem estar em outras leis ou atos normativos):

a) expor os fatos conforme a verdade; apesar de haver esse dever, a lei não traz sanção específica para o administrado que falta com a verdade no processo administrativo;

b) proceder com lealdade, urbanidade e boa-fé;

c) não agir de modo temerário; apesar de haver esse dever, a lei não traz sanção específica para o administrado que falta com a verdade no processo administrativo;

d) prestar as informações que lhe forem solicitadas e colaborar para o esclarecimento dos fatos; aqui também não há sanção específica pelo descumprimento, mas, a depender do caso, é possível que se configure o crime de desobediência à ordem legal de funcionário público (art. 330 do CP);

Quanto ao **início do processo**, há de observar as seguintes regras (arts. 5º a 8º):

a) o processo administrativo pode iniciar-se de ofício ou a pedido de interessado; a autoridade, quando tiver motivo para instaurar um processo de ofício, pode fazê-lo por meio de uma portaria que narre fatos que ensejam a abertura do processo (por exemplo, a descoberta de uma possível ilegalidade) e que determina a instauração do processo e a autuação do procedimento; já quando um interessado faz um requerimento a autoridade simplesmente determina a atuação deste para início do processo a pedido do interessado.

b) o requerimento inicial do interessado, salvo casos em que for admitida solicitação oral, deve ser formulado por **escrito** *e conter os seguintes dados: i) órgão ou autoridade administrativa a que se dirige; ii) identificação do interessado ou de quem o represente; iii) domicílio do requerente ou local para recebimento de comunicações; iv) formulação do pedido, com exposição dos fatos e de seus fundamentos; v) data e assinatura do requerente ou de seu representante*; destaque-se na regra que o processo deve ser iniciado por **escrito**, não podendo tal se dar de forma oral, salvo se alguma lei autorizar que isso aconteça; além de escrito, é necessário que o documento tenha um **destinatário**, **identifique interessado** com nome, endereço e demais dados de qualificação (o que impede que um documento apócrifo se inicie a partir de pedido de interessado), contenha **pedido**, com exposição de fatos e fundamentos, e seja **datado** e **assinado**.

c) é vedada à Administração a recusa imotivada de recebimento de documentos, devendo o servidor orientar o interessado quanto ao suprimento de eventuais falhas;

d) os órgãos e entidades administrativas deverão elaborar modelos ou formulários padronizados para assuntos que importem pretensões equivalentes; essa regra é a consagração do princípio do acesso à justiça administrativa (decorrentes da ideia de República, do princípio da legalidade, do princípio da moralidade, e do devido processo administrativo, com respeito ao contraditório e à ampla defesa), cujos passos iniciais depende de se facilitar a elaboração de pedidos administrativos, o que efetivamente ocorre quando se tem modelos ou formulários padronizados para requerimentos, dada a ignorância da população em geral acerca da forma como se deve buscar direitos administrativamente;

e) quando os pedidos de uma pluralidade de interessados tiverem conteúdo e fundamentos idênticos, poderão ser formulados em um único requerimento, salvo preceito legal em contrário; essa regra está a admitir o litisconsórcio ativo nos processos administrativos, como de resto é algo consagrado nos processos judiciais.

Quanto aos **legitimados** para o processo administrativo, são os seguintes (art. 9º):

a) pessoas físicas ou jurídicas que o iniciem como titulares de direitos ou interesses individuais ou no exercício do direito de representação; aqui, solta aos olhos a ausência de legitimidade para sujeitos de direitos despersonalizados, como é o caso dos condomínios edilícios e da massa falida; porém, por analogia ao disposto na lei processual civil, há de se considerar que esses sujeitos têm não só a legitimidade (que decorre do direito material), como a capacidade para estar num processo administrativo requerendo a defesa de seus interesses;

b) aqueles que, sem terem iniciado o processo, têm direitos ou interesses que possam ser afetados pela decisão a ser adotada; por conta dessa regra, admite-se o chamado litisconsórcio ativo ulterior, em que um terceiro que não iniciou o processo (também chamado de assistente litisconsorcial) pode requerer o seu ingresso na demanda para atuar junto com aquele que tiver feito o pedido inicial;

c) as organizações e associações representativas, no tocante a direitos e interesses coletivos; aqui, por analogia, deve-se concluir que todos os legitimados para a ação civil pública (art. 5º da Lei 7.347/1985) também são legitimados para iniciar um processo administrativo, até porque, quem pode o mais (ajuizar uma ação judicial), tem que poder o menos (iniciar um processo administrativo sobre os mesmos fatos); assim, em tese, até mesmo o Ministério Público poderá iniciar um processo administrativo para defender interesse próprio (nos termos do item "a" acima), o que pode acontecer, por exemplo, quando tiver alguma questão administrativa que deseje regularizar (por exemplo, um pedido de licença para a União); já na defesa de direitos e interesses coletivos (de um grupo ou categoria de pessoas, como de um plano de saúde, por exemplo), tal pleito administrativo até faz sentido, como num pleito em favor de um grupo, formulado junto à ANS ou à ANVISA, por exemplo; todavia, normalmente o Ministério Público procede de um jeito diferente, preferindo instaurar inquéritos civis, tentar um termo de ajustamento de conduta e já ingressar com uma ação judicial se não tiver sucesso;

d) as pessoas ou as associações legalmente constituídas quanto a direitos ou interesses difusos; aqui, como se tem interesses difusos requeridos em face da Administração, a tendência é que envolva uma das matérias que admite a ação popular, de modo que faz sentido que se tenha atribuído legitimidade a uma pessoa só (que nem precisa ser um cidadão, como na ação popular), para fazer um pedido administrativo que venha a beneficiar pessoas indetermináveis (titulares de interesses difusos); aqui, da mesma forma como comentado acima, há de se admitir que os demais legitimados para a ação civil pública também são legitimados para iniciar um processo administrativo para defender os mesmos representados que podem defender num processo judicial.

Quanto à capacidade processual, o art. 10 da Lei 9.784/1999 dispõe que são capazes, para fins de processo administrativo, os maiores de 18 anos, ressalvada previsão especial em ato normativo próprio.

Outro tema muito caro quando se pretender iniciar um processo administrativo é o da **competência**, que tem as seguintes regras:

a) a competência é irrenunciável e se exerce pelos órgãos administrativos a que foi atribuída como própria, salvo os casos de delegação e avocação legalmente admitidos (art. 11); por conta desse dispositivo uma autoridade não pode se eximir de decidir, nem pode renunciar sua competência em favor de outro órgão, já que a renúncia é definitiva; o que se pode fazer é delegar a competência, já que a delegação é temporária e regulamentada nos arts. 12 a 14;

b) um órgão administrativo e seu titular poderão, se não houver impedimento legal, delegar parte da sua competência a outros órgãos ou titulares, ainda que estes não lhe sejam hierarquicamente subordinados, quando for conveniente, em razão de circunstâncias de índole técnica, social, econômica, jurídica ou territorial; essa regra se aplica à delegação de competência dos órgãos colegiados aos respectivos presidentes (art. 12); repare que a delegação não poderá se dar se houver alguma lei a impedindo-a para determinado caso, se for de toda a competência (só cabe delegação de parte da competência) e se não houver conveniência pública na delegação;

c) não podem ser objeto de delegação: i) a edição de atos de caráter normativo; ii) a decisão de recursos administrativos; iii) as matérias de competência exclusiva do órgão ou autoridade (art. 13); assim, o Presidente da República não pode delegar a competência que tem para editar regulamentos de lei (ato de caráter normativo), uma autoridade competente para julgar um recurso não pode delegar essa competência para outra autoridade e as matérias de competência exclusiva de um órgão ou autoridade, assim entendidas quando a lei expressamente dispuser que se trata de competência exclusiva (o que, como regra, não é o que acontecer) não podem ser objetos de delegação;

d) o ato de delegação e sua revogação deverão ser publicados no meio oficial, sendo que o ato de delegação atenderá às seguintes regras: i) especificará as matérias e poderes transferidos, os limites da atuação do delegado, a duração e os objetivos da delegação e o recurso cabível, podendo conter ressalva de exercício da atribuição delegada; ii) é revogável a qualquer tempo pela autoridade delegante; iii) as decisões adotadas por delegação devem mencionar explicitamente esta qualidade e considerar-se-ão editadas pelo delegado (art. 14); como requisito formal para uma delegação de competência válida, é necessário publicar o ato delegatório, ato esse que deve especificar não só as matérias e poderes transferidos, como os limites da delegação, a duração, os objetivos e o recurso cabível; se o ato delegatório não for publicado ou não especificar a matéria objeto de delegação o ato praticado pela autoridade delegatária é nulo; quanto à ausência de prazo de duração da delegação no ato de delegação, parece-nos que não causa a nulidade absoluta dos atos produzidos pelo delegatário, pois, enquanto não revogado o ato de delegação, presume-se mantida a vontade de mantê-la (até porque a revogação pode se dar a qualquer tempo), tratando-se de uma mera irregularidade;

e) será permitida, em caráter excepcional e por motivos relevantes devidamente justificados, a avocação temporária de competência atribuída a órgão hierarquicamente inferior (art. 15); a avocação consiste no movimento contrário à delegação; enquanto nesta alguém que tem competência a delega para terceiro, naquela alguém que não detém uma competência retira, temporariamente, a competência de quem a tem; todavia, por ter caráter excepcional, a autoridade que avocar (sempre uma autoridade hierarquicamente superior ao do detentor da competência) terá de justificar com muito rigor essa necessidade; um exemplo é um Ministro de Estado avocar a competência para a apuração de uma irregularidade no ministério de grande repercussão nacional;

f) os órgãos e entidades administrativas divulgarão publicamente os locais das respectivas sedes e, quando conveniente, a unidade fundacional competente em matéria de interesse especial (art. 16); sem essa divulgação fica difícil, muitas vezes, saber onde apresentar requerimentos administrativos, bem como quem é a autoridade competente para o respectivo endereçamento;

g) inexistindo competência legal específica, o processo administrativo deverá ser iniciado perante a autoridade de menor grau hierárquico para decidir (art. 17); essa regra é muito útil para saber em relação a qual autoridade se dever endereçar um pedido administrativo; a lei foi muito sábia ao indicar que se deve endereçar o pedido à autoridade de menor grau, pois, assim, garante-se que alguém mais próximo à controvérsia possa apreciar o pedido formulado, bem como se garante que, decidida a questão pela menor autoridade, o interessado tenha mais instâncias para apresentar recursos, quando a decisão se dá de modo desfavorável a ele;

Assim como no processo judicial, o processo administrativo deve se resguardar de situações em que o julgador possa ter interesse pessoal no caso por parentesco ou outro tipo de relação com os interessados no processo. Aqui temos os temas do impedimento e da suspeição.

Quanto ao **impedimento**, são impedidos de atuar em processo administrativo o servidor ou autoridade que (art. 18):

a) tenha interesse direto ou indireto na matéria; por exemplo, uma autoridade do INSS não pode apreciar um pedido de aposentadoria feito por ele mesmo;

b) tenha participado ou venha a participar como perito, testemunha ou representante, ou se tais situações ocorrem quanto ao cônjuge, companheiro ou parente e afins até o terceiro grau; por exemplo, um médico do INSS que tenha feito uma perícia num caso e, depois, devido a uma promoção sua para um setor que julga recursos em face de decisões no órgão, depara-se com o mesmo caso onde funcionou como perito é considerado impedido, pois perdeu a imparcialidade por ter apreciado o mesmo caso anteriormente; da mesma forma, também haverá impedimento da autoridade que tenha de decidir algum caso no INSS que tenha sido objeto de perícia por sua esposa num momento anterior;

c) esteja litigando judicial ou administrativamente com o interessado ou respectivo cônjuge ou companheiro.

O impedimento, segue, ainda, a duas regras (art. 19): a) autoridade ou servidor que incorrer em impedimento deve comunicar o fato à autoridade competente, abstendo-se de atuar; b) a omissão do dever de comunicar o impedimento constitui falta grave, para efeitos disciplinares.

As duas regras acima se complementam. De um lado, o agente público impedido tem o dever de, por iniciativa própria, considerar-se impedido. De outro, se não o fizer responderá por falta grave e será punido disciplinarmente. Caso o agente público não se declare impedido, o interessado poderá requerer administrativamente a declaração de impedimento do servidor, que, se não for feita, enseja recurso administrativo à autoridade superior.

Já quanto à **suspeição**, *pode ser arguida a suspeição de autoridade ou servidor que tenha amizade íntima ou inimizade notória com algum dos interessados ou com os respectivos côn-*

juges, companheiros, parentes e afins até o 3º grau (art. 20). Vale ressaltar que *o indeferimento de alegação de suspeição poderá ser objeto de recurso, sem efeito suspensivo* (art. 21).

Um processo, para se desenvolver precisa de uma forma, de um lugar e do cumprimento de certos prazos, possibilitando, assim, o seu andamento.

Quanto à **forma**, o processo administrativo obedece às seguintes regras (art. 22):

a) os atos do processo administrativo não dependem de forma determinada senão quando a lei expressamente a exigir; ou seja, a regra é a liberdade da forma, porém, quando a lei estipular alguma forma (como no caso em que se determina que o requerimento administrativo inicial seja feito por escrito – art. 6º, *caput*, da Lei 9.784/1999), esta deve ser obedecida, sob pena de nulidade;

b) os atos do processo devem ser produzidos por escrito, em vernáculo, com a data e o local de sua realização e a assinatura da autoridade responsável; repare que não só o requerimento inicial, como também os demais atos do processo (tanto do interessado, como da Administração) devem se dar por escrito;

c) salvo imposição legal, o reconhecimento de firma somente será exigido quando houver dúvida de autenticidade; há repartições que não aceitam a juntada de documentos sem que haja reconhecimento firma (quando se tratar de declarações ou contratos) e sem que sejam documentos autenticados; tal determinação é abusiva e não pode ser feita; todavia, em seguida à juntada dos documentos, o valor probatório de certos documentos será cotejado em funções de outras provas;

d) a autenticação de documentos exigidos em cópia poderá ser feita pelo órgão administrativo; às vezes a autoridade pede para que se traga algum documento ao processo, ocasião em que o interessado pode pedir para um servidor da repartição que reconheça a autenticidade da cópia, apresentando-lhe, no ato, o documento original;

e) o processo deverá ter suas páginas numeradas sequencialmente e rubricadas; é fundamental que a portaria de instauração do processo ou o requerimento inicial seja devidamente autuado e que a numeração de páginas com rubrica também se dê no processo.

Quanto ao **tempo**, o processo administrativo obedece às seguintes regras (arts. 23 e 24):

a) os atos do processo devem realizar-se em dias úteis, no horário normal de funcionamento da repartição na qual tramitar o processo;

b) serão concluídos depois do horário normal os atos já iniciados, cujo adiamento prejudique o curso regular do procedimento ou cause dano ao interessado ou à Administração; muitas vezes, uma perícia acaba tendo de se realizar fora de um horário normal de trabalho, como em situações de urgência ligadas a questões de vigilância sanitária, por exemplo;

c) inexistindo disposição específica, os atos do órgão ou autoridade responsável pelo processo e dos administrados que dele participem devem ser praticados no prazo de cinco dias, salvo motivo de força maior; o prazo de 5 dias para a prática de atos pela autoridade ou pelo interessado (administrado) é a regra geral em matéria de processo administrativo, regra essa que só cede quando há disposição específica fixando prazo em números diferentes de dias, como é o caso do prazo para interpor recurso administrativo, que, segundo o art. 59, *caput*, da Lei 9.784/1999, é de 10 dias;

d) esse prazo de 5 dias pode ser dilatado até o dobro, mediante comprovada justificação;

Quanto ao **lugar**, os atos do processo devem realizar-se preferencialmente na sede do órgão, cientificando-se o interessado se outro for o local de realização (art. 25).

O desenvolvimento do processo, depende, ainda, de uma efetiva **comunicação de atos**, que obedece às seguintes regras (arts. 26 a 28):

a) o órgão competente perante o qual tramita o processo administrativo determinará a intimação do interessado para ciência de decisão ou a efetivação de diligências; a ausência de intimação fere o princípio do contraditório e da ampla defesa;

b) a intimação deverá conter: i) identificação do intimado e nome do órgão ou entidade administrativa; ii) finalidade da intimação; iii) data, hora e local em que deve comparecer; iv) se o intimado deve comparecer pessoalmente, ou fazer-se representar; v) informação da continuidade do processo independentemente do seu comparecimento; vi) indicação dos fatos e fundamentos legais pertinentes; intimações que não tragam tais elementos podem tornar o ato processual respectivo nulo, caso haja prejuízo ao requerente;

c) a intimação observará a antecedência mínima de 3 dias úteis quanto à data de comparecimento; repare que não são 3 dias corridos, mas 3 dias úteis; não respeitado esse prazo, o interessado não será obrigado a comparecer ao ato processual marcado;

d) a intimação pode ser efetuada por ciência no processo, por via postal com aviso de recebimento, por telegrama ou outro meio que assegure a certeza da ciência do interessado; a intimação por vista no processo se dá quando o interessado vai à repartição ver o processo ou participar de algum ato processual, ocasião em que se aproveita e se faz a intimação dele na hora;

e) no caso de interessados indeterminados, desconhecidos ou com domicílio indefinido, a intimação deve ser efetuada por meio de publicação oficial; repare que não é necessário publicar edital em jornal de grande circulação, bastando a publicação em diário oficial; conjugando-se essa regra com a imediatamente superior, verifica-se que a regra não é intimar o interessado por diário oficial, mas sim por ciência no processo, carta com aviso de recebimento, telegrama ou outro meio afim; assim, se um interessado for intimado por diário oficial, tendo seu endereço devidamente indicado no processo administrativo, poderá invocar nulidade da intimação;

f) as intimações serão nulas quando feitas sem observância das prescrições legais, mas o comparecimento do administrado supre sua falta ou irregularidade; aqui temos a aplicação prática do princípio da instrumentalidade das formas, já que, com o comparecimento do interessado, o desrespeito à forma não gerará prejuízo algum;

g) o desatendimento da intimação não importa o reconhecimento da verdade dos fatos, nem a renúncia a direito pelo administrado; portanto, a revelia em atender uma intimação não gera o efeito típico do processo civil de se considerar verdadeiro eventual fato imputado pela Administração ou administrado, nem se considera que este está renunciado a algum direito;

h) no prosseguimento do processo, será garantido direito de ampla defesa ao interessado;

i) devem ser objeto de intimação os atos do processo que resultem para o interessado em imposição de deveres, ônus, sanções ou restrição ao exercício de direitos e atividades e os atos de outra natureza, de seu interesse;

O processo administrativo se desenrola nas seguintes **fases**: instauração, instrução, defesa, relatório (peça informativa e opinativa) e julgamento pela autoridade competente.

Tratamos até agora da instauração e de questões necessárias ao desenvolvimento regular do processo como legitimados, suspeição e impedido, forma, lugar e tempo. Agora é ora de tratar da instrução.

A Lei 9.784/1999 traz as seguintes regras acerca da **instrução processual**:

a) *as atividades de instrução destinadas a averiguar e comprovar os dados necessários à tomada de decisão realizam-se de ofício ou mediante impulsão do órgão responsável pelo processo, sem prejuízo do direito dos interessados de propor atuações probatórias; o órgão competente para a instrução fará constar dos autos os dados necessários à decisão do processo e os atos de instrução que exijam a atuação dos interessados devem realizar-se do modo menos oneroso para estes* (art. 29); aqui vê-se a aplicação prática dos princípios do impulso oficial, do contraditório e ampla defesa e da menor onerosidade na produção de provas;

b) *são inadmissíveis no processo administrativo as provas obtidas por meios ilícitos* (art. 30); trata-se de mera repetição da consagrada regras constitucional (art. 5º, LVI, da CF);

c) *quando a matéria do processo envolver assunto de interesse geral, o órgão competente poderá, mediante despacho motivado, abrir período de consulta pública para manifestação de terceiros, antes da decisão do pedido, se não houver prejuízo para a parte interessada; a abertura da consulta pública será objeto de divulgação pelos meios oficiais, a fim de que pessoas físicas ou jurídicas possam examinar os autos, fixando-se prazo para oferecimento de alegações escritas; o comparecimento à consulta pública não confere, por si, a condição de interessado do processo, mas confere o direito de obter da Administração resposta fundamentada, que poderá ser comum a todas as alegações substancialmente iguais* (art. 31); trata-se de importante regra nos dias atuais, que reclamam maior possibilidade de participação das pessoas das decisões públicas, tratando-se de importante tendência do Direito Administrativo, que, espera-se, deve sair do papel, pois ainda se vê muito pouco abertura de consulta pública mesmo nos casos em que é obrigatória, como nos assuntos de interesse geral; imagine um caso em que um interessado legitimado pela lei faz um requerimento à ANVISA para que proíba a comercialização de certos tipos de medicamentos para emagrecimento; nesse caso, certamente há interesse geral que justifica a abertura de uma consulta pública;

d) *antes da tomada de decisão, a juízo da autoridade, diante da relevância da questão, poderá ser realizada audiência pública para debates sobre a matéria do processo* (art. 32);

e) *os órgãos e entidades administrativas, em matéria relevante, poderão estabelecer outros meios de participação de administrados, diretamente ou por meio de organizações e associações legalmente reconhecidas* (art. 33);

f) *os resultados da consulta e audiência pública e de outros meios de participação de administrados deverão ser apresentados com a indicação do procedimento adotado* (art. 34);

g) *quando necessária à instrução do processo, a audiência de outros órgãos ou entidades administrativas poderá ser realizada em reunião conjunta, com a participação* *de titulares ou representantes dos órgãos competentes, lavrando-se a respectiva ata, a ser juntada aos autos* (art. 35);

h) *cabe ao interessado a prova dos fatos que tenha alegado, sem prejuízo do dever atribuído ao órgão competente para a instrução e do disposto no art. 37 da lei* (art. 36); como no processo civil, o ônus da prova compete a quem faz o requerimento inicial, sem prejuízo de que a Administração também busque o maior número de provas possível; porém, no final das apurações, não havendo prova dos fatos que ensejariam o direito reclamado, a Administração terá de julgar em desfavor ao requerente, pois o ônus probatório é deste;

i) *quando o interessado declarar que fatos e dados estão registrados em documentos existentes na própria Administração responsável pelo processo ou em outro órgão administrativo, o órgão competente para a instrução proverá, de ofício, à obtenção dos documentos ou das respectivas cópias* (art. 37); infelizmente, isso é muito comum; o interessado muitas vezes está sendo prejudicado por conduta de agentes públicos e estes, para piorar a situação, ainda dificultam o acesso em favor do interessado de documentos de interesse deste; a regra em questão visa a evitar esse tipo de abuso de poder; não há sanção se a Administração continuar inerte nesse sentido, daí porque, em não logrando êxito, o requerente deve acionar o Judiciário para conseguir os documentos, sem prejuízo de representar o agente público por abuso de poder, falta disciplinar e cometimento de ato de improbidade na modalidade violação a princípios da administração;

j) *o interessado poderá, na fase instrutória e antes da tomada da decisão, juntar documentos e pareceres, requerer diligências e perícias, bem como aduzir alegações referentes à matéria objeto do processo; os elementos probatórios deverão ser considerados na motivação do relatório e da decisão; somente poderão ser recusadas, mediante decisão fundamentada, as provas propostas pelos interessados quando sejam ilícitas, impertinentes, desnecessárias ou protelatórias* (art. 38); aqui está-se a consagrar a ampla defesa e o contraditório; destaque para o ponto em que se permite ao interessado requerer perícias (isso não é muito comum na prática de processos administrativos, mas o direito existe) e de apresentar alegações referente ao que se tratou no processo;

k) *quando for necessária a prestação de informações ou a apresentação de provas pelos interessados ou terceiros, serão expedidas intimações para esse fim, mencionando-se data, prazo, forma e condições de atendimento; não sendo atendida a intimação, poderá o órgão competente, se entender relevante a matéria, suprir de ofício a omissão, não se eximindo de proferir a decisão* (art. 39);

l) *quando dados, atuações ou documentos solicitados ao interessado forem necessários à apreciação de pedido formulado, o não atendimento no prazo fixado pela Administração para a respectiva apresentação implicará arquivamento do processo* (art. 40); aqui tem-se uma sanção pesada contra o interessado que não está colaborando; o arquivamento do processo não se confunde com a extinção dele, nem com a formação de coisa julgada administrativa contra a pretensão do interessado; a lei não se refere a "indeferir" o pedido, mas a "arquivar" o pedido; a lei proíbe que o interessado venha a se arrepender e a apresentar os documentos e dados que deveria ter apresentado; nesse caso, de rigor a continuidade do processo, até por economia processual, já que se pode, com isso, evitar uma ação judicial a ser promovida pelo interessado;

m) *os interessados serão intimados de prova ou diligência ordenada, com antecedência mínima de três dias úteis, mencionando-se data, hora e local de realização* (art. 41);

aqui mais uma vez a regra que exige intimação com antecedência mínima de 3 dias úteis para diligências que reclamarem a presença do interessado;

n) *quando deva ser obrigatoriamente ouvido um órgão consultivo, o parecer deverá ser emitido no prazo máximo de 15 dias, salvo norma especial ou comprovada necessidade de maior prazo; se um parecer obrigatório e vinculante deixar de ser emitido no prazo fixado, o processo não terá seguimento até a respectiva apresentação, responsabilizando-se quem der causa ao atraso; se um parecer obrigatório e não vinculante deixar de ser emitido no prazo fixado, o processo poderá ter prosseguimento e ser decidido com sua dispensa, sem prejuízo da responsabilidade de quem se omitiu no atendimento* (art. 42).

o) *quando por disposição de ato normativo devam ser previamente obtidos laudos técnicos de órgãos administrativos e estes não cumprirem o encargo no prazo assinalado, o órgão responsável pela instrução deverá solicitar laudo técnico de outro órgão dotado de qualificação e capacidade técnica equivalentes* (art. 43);

p) *encerrada a instrução, o interessado terá o direito de manifestar-se no prazo máximo de 10 dias, salvo se outro prazo for legalmente fixado* (art. 44); aqui, duas observações; a primeira, de que aquele prazo de 5 dias, que é a regra, cede para 10 dias quando se tratar das alegações finais após a instrução; a segunda, de que o princípio do contraditório e da ampla defesa reclama que o interessado fale por último antes das medidas preparatórias para que se dê a decisão, que envolvem relatório e parecer, estes sim podendo se dar após as alegações finais, já fazem parte da decisão como um todo;

q) *em caso de risco iminente, a Administração Pública poderá motivadamente adotar providências acauteladoras sem a prévia manifestação do interessado* (art. 45); aqui tem-se a expressão do poder geral de cautela administrativa, equivalente ao poder geral de cautela do juiz, poder exercitado para que se proteja o bem jurídico a ser apreciado no processo administrativo enquanto o processo não se encerra; por exemplo, é possível que a Administração venha a suspender provisoriamente a venda de um produto que deva ter autorização dele, enquanto o processo não seja julgado;

r) *os interessados têm direito à vista do processo e a obter certidões ou cópias reprográficas dos dados e documentos que o integram, ressalvados os dados e documentos de terceiros protegidos por sigilo ou pelo direito à privacidade, à honra e à imagem* (art. 46);

s) *o órgão de instrução que não for competente para emitir a decisão final elaborará relatório indicando o pedido inicial, o conteúdo das fases do procedimento e formulará proposta de decisão, objetivamente justificada, encaminhando o processo à autoridade competente* (art. 47).

Uma vez que houve a instauração do processo, a instrução desse e a oportunidade de alegações pelo administrativo, chega-se ao momento da decisão.

Sobre o **dever de decidir** e à **motivação das decisões**, há de se obedecer às seguintes regras:

a) *a Administração tem o dever de explicitamente emitir decisão nos processos administrativos e sobre solicitações ou reclamações, em matéria de sua competência* (art. 48); assim como o juiz, a autoridade não pode se eximir de julgar, nem pode fazê-lo sem a devida motivação quanto aos aspectos de fato e de direito envolvidos na questão;

b) *concluída a instrução de processo administrativo, a Administração tem o prazo de até 30 dias para decidir, salvo prorrogação por igual período expressamente motivada* (art. 49); aqui, também um prazo diferente dos prazos de 5 dias; repare que os 30 dias são contados do fim da instrução do processo, e não da data em que é iniciado o processo; e repare também que Administração pode, desde que motive adequadamente, prorrogar esse prazo por mais 30 dias; a disposição do art. 49 é tão importante que pode ser utilizada por analogia em administrações de todo País, para o fim de exigir que sempre que um requerimento for feito à Administração, havendo elementos para decidir, a decisão nunca poderá passar dos 30 dias (ou dos 30 dias mais a prorrogação motivada), salvo disposição em sentido contrário em lei local; não havendo decisão nesse prazo, cabe ação judicial para que o juiz determine a decisão imediata (em atos discricionários) ou substitua imediatamente a vontade da Administração (em atos vinculados), face à ilegal omissão desta;

c) os atos administrativos deverão ser motivados, com indicação dos fatos e dos fundamentos jurídicos, quando (art. 50): *i) neguem, limitem ou afetem direitos ou interesses; ii) imponham ou agravem deveres, encargos ou sanções; iii) decidam processos administrativos de concurso ou seleção pública; iv) dispensem ou declarem a inexigibilidade de processo licitatório; v) decidam recursos administrativos; vi) decorram de reexame de ofício; vii) deixem de aplicar jurisprudência firmada sobre a questão ou discrepem de pareceres, laudos, propostas e relatórios oficiais; viii) importem anulação, revogação, suspensão ou convalidação de ato administrativo*; repare que os casos em que a motivação é obrigatória são tão amplos, que se pode dizer que a regra é a motivação, não havendo o dever de motivar apenas quando a lei expressamente dispensar tal ato, como no caso da livre nomeação e exoneração de quem tem cargo em comissão (art. 37, II, da CF);

d) a motivação deve ser explícita, clara e congruente, podendo consistir em declaração de concordância com fundamentos de anteriores pareceres, informações, decisões ou propostas, que, neste caso, serão parte integrante do ato; aqui se explica que a motivação tem que ser explícita e o mais clara e transparente possível, bem como que é legal a motivação *aliunde*, ou seja, a que concorda com os fundamentos de anterior pareceres ou decisões;

e) na solução de vários assuntos da mesma natureza, pode ser utilizado meio mecânico que reproduza os fundamentos das decisões, desde que não prejudique direito ou garantia dos interessados;

f) a motivação das decisões de órgãos colegiados e comissões ou de decisões orais constará da respectiva ata ou de termo escrito; aqui fica um alerta para integrantes de comissões, que, não concordando com alguma decisão tomada pelo órgão, deve pedir para colocar em ata sua discordância, sob pena de estar sujeito às consequências da decisão com a qual não concordou, mas também não ressalvou em ata.

Por ocasião da decisão no processo administrativo ou mesmo antes disso podem ocorrer algumas intercorrências. Nesse ponto, há de se trazer as regras sobre **desistência e outros casos de extinção do processo**:

a) o interessado poderá, mediante manifestação escrita, desistir total ou parcialmente do pedido formulado ou, ainda, renunciar a direitos disponíveis; havendo vários interessados, a desistência ou renúncia atinge somente quem a tenha formulado; a desistência ou renúncia do interessado, conforme o caso, não prejudica o prosseguimento do processo, se a Administração considerar que o interesse público assim o exige (art. 51); repare que a renúncia ou desistência pode se dar a qualquer tempo; porém, muitas vezes um requerimento denuncia alguma ilegalidade na Administração e esta, mesmo diante da desistência do processo pelo denunciante, tem o direito de prosseguir no processo, pois, no final, pode ser que seja comprovada mesmo uma ilegalidade e a Administração não pode conviver com isso, em razão do princípio da legalidade;

b) o órgão competente poderá declarar extinto o processo quando exaurida sua finalidade ou o objeto da decisão se tornar impossível, inútil ou prejudicado por fato superveniente (art. 52).

Sobre a **anulação**, a **revogação** e a **convalidação**, confira-se as regras:

a) a Administração deve anular seus próprios atos, quando eivados de vício de legalidade, e pode revogá-los por motivo de conveniência ou oportunidade, respeitados os direitos adquiridos (art. 53); aqui temos o princípio da autotutela, que também está previsto na Súmula n. 473 do STF; repare que atos inconvenientes ou inoportunos são revogados, ao passo que atos ilegais, anulados; importante ressaltar que o STF tem insistido na necessidade de instauração de processo administrativo prévio, dotado de contraditório e de ampla defesa, toda vez que eventual decisão da Administração que anule ou revogue um ato pude influir negativamente no direito de alguém; interessante notar que a Min. Carmen Lúcia, inclusive, sugeriu que a Súmula 473 do STF (que tem teor semelhante ao art. 53 da Lei 9.784/1999) fosse objeto de súmula vinculante para acrescer o trecho ""garantidos, em todos os casos, o devido processo legal administrativo e a apreciação judicial" (RE 594.296), sugestão que se aguarda seja aprovada, já que de acordo com o mandamento constitucional e a própria Lei 9.784/1999;

b) o direito da Administração de anular os atos administrativos de que decorram efeitos favoráveis para os destinatários decai em cinco anos, contados da data em que foram praticados, salvo comprovada má-fé; no caso de efeitos patrimoniais contínuos, o prazo de decadência contar-se-á da percepção do primeiro pagamento; considera-se exercício do direito de anular qualquer medida de autoridade administrativa que importe impugnação à validade do ato (art. 54); aqui se tem o prazo decadencial para anular atos que beneficiam pessoas de boa-fé, que é de 5 anos; se o ato ilegal beneficia alguém de má-fé (e o ônus de provar a má-fé é da Administração), não há prazo para a anulação, ressalvada a posição daqueles que, invocando o princípio da segurança jurídica, entendem que o prazo nesse segundo caso é de 15 anos, maior prazo prescricional previsto no Código Civil (art. 1.238); repare que os 5 anos são contados não da data da publicação ou do conhecimento do ato, mas da data em que o ato foi praticado; no caso de atos com efeitos contínuos (por exemplo, uma aposentadoria), o prazo de 5 anos é contado da percepção do primeiro pagamento;

c) em decisão na qual se evidencie não acarretarem lesão ao interesse público nem prejuízo a terceiros, os atos que apresentarem defeitos sanáveis poderão ser convalidados pela própria Administração (art. 55); aqui temos o instituto da convalidação, que aproveita atos com vícios sanáveis na própria categoria de atos do ato original, com efeito retroativo para sanar a ilegalidade como um todo.

Acerca do **recurso administrativo**, a lei traz as seguintes regras:

a) das decisões administrativas cabe recurso, em face de razões de legalidade e de mérito (art. 56); repare que se pode recorrer contra pressupostos processuais e condições para o processo (temas preliminares) e contra o mérito da decisão;

b) o recurso será dirigido à autoridade que proferiu a decisão, a qual, se não a reconsiderar no prazo de 5 dias, o encaminhará à autoridade superior (art. 56, § 1º); repare que a autoridade para a qual é dirigido o recurso é a mesma autoridade que apreciou a questão; essa autoridade, ao receber o recurso, recebe o chamado poder regressivo, que permite que ela mude de ideia no prazo de 5 dias, como se tivesse sido feito um pedido de reconsideração pra ela; não entendendo ser o caso de reconsiderar, a autoridade deverá encaminhar o recurso para a autoridade superior, que julgará esse recurso;

c) salvo exigência legal, a interposição de recurso administrativo independe de caução (art. 56, § 2º); em reforço a essa regra a Súmula Vinculante STF n. 21 estabelece que "é inconstitucional a exigência de depósito ou arrolamento prévios de dinheiro ou bens para admissibilidade de recurso administrativo; da mesma forma, a Súmula STJ 373 é no sentido de que "É ilegítima a exigência de depósito prévio para admissibilidade de recurso administrativo".

d) *se o recorrente alegar que a decisão administrativa contraria enunciado da súmula vinculante, caberá à autoridade prolatora da decisão impugnada, se não a reconsiderar, explicitar, antes de encaminhar o recurso à autoridade superior, as razões da aplicabilidade ou inaplicabilidade da súmula, conforme o caso* (art. 56, § 3º); temos aqui um dever jurídico à autoridade prolatora da decisão que vai causar um constrangimento interessante a ela; é muito comum que autoridades, ao apreciarem pedidos de reconsideração, simplesmente escrevam que mantêm a decisão por seus próprios fundamentos; mas agora isso não mais será possível se houver alegação de violação a enunciado de súmula vinculante, pois a autoridade será obrigada a explicar as razões da aplicabilidade ou não da súmula, o que pode até levar a autoridade a reformar totalmente sua decisão, quando for o caso;

e) *o recurso administrativo tramitará no máximo por 3 instâncias administrativas, salvo disposição legal diversa* (art. 57); o texto em questão gera uma dúvida interessante; afinal, tem-se a instância inicial que toma a decisão original e mais 3 instâncias após a primeira decisão tomada sobre o caso, ou, somando todas as instância pelas quais um processo administrativo tramita temos um total de 3 instâncias? Ao nosso ver, uma leitura atenta do dispositivo faz concluir que temos, na verdade, além da instância original, mais até 3 instâncias recursais; isso porque a instância original não é uma "instância recursal", mas simplesmente a primeira e original instância de um processo administrativo, ao passo que o dispositivo é claro ao dispor que "o recurso (...) tramitará no máximo por 3 instâncias""; ora, a lei é clara que só a fase de recursos tem 3 instâncias, não incluindo a primeira fase do processo, que não é recursal, mas simplesmente a instância original do processo; vale lembrar que, em matéria de direitos fundamentais (no caso, à ampla defesa) não é dado ao intérprete restringir onde não haja restrição; no mais, o dispositivo encerra sua prescrição esclarecendo que se houver outra disposição em lei especial, esta prevalecerá, valendo lembrar também que, se o processo já se inicia em autoridades muito graduadas, como Ministros e Presidente da República, por um imperativo lógico não se conseguirá alcançar 3 instâncias administrativas;

f) *têm legitimidade para interpor recurso administrativo* (art. 58): *i) os titulares de direitos e interesses que forem parte no processo; ii) aqueles cujos direitos ou interesses forem indiretamente afetados pela decisão recorrida; iii) as organizações e associações representativas, no tocante a direitos e interesses coletivos; iv) os cidadãos ou associações, quanto a direitos ou interesses difusos*; as disposições aqui repetem as diretrizes estampadas na lei quando trata dos legitimados para o processo administrativo (art. 9º);

g) *salvo disposição legal específica, é de 10 dias o prazo para interposição de recurso administrativo, contado a partir da ciência ou divulgação oficial da decisão recorrida* (art. 59, *caput*); essa é uma regra extremamente importante, pois traz o prazo de todos os recursos administrativos que não tenham, em outra lei, prazo diverso; assim, para cada recurso que se interpor no processo administrativo (para cada uma das 3 instâncias recursais) ter-se-á o mesmo prazo de 10 dias; outro ponto que deve ser destacado é que esse prazo deve ser contado a partir da ciência ou divulgação oficial da decisão recorrida, lembrando-se que há regras específicas a serem obedecidas nas intimações dos interessados, nos arts. 26 e seguintes da Lei 9.784/1999;

h) *quando a lei não fixar prazo diferente, o recurso administrativo deverá ser decidido no prazo máximo de 30 dias, a partir do recebimento dos autos pelo órgão competente* (art. 59, § 1º); **esse prazo *poderá ser prorrogado por igual período, ante justificativa explícita*** (art. 59, § 2º); repare que o mesmo prazo que a Administração tem para decidir inicialmente (em primeira instância) um processo administrativo (art. 49) é também o prazo para decidir os recursos administrativos, prazo esse de 30 dias; não bastasse, da mesma forma que, quanto à decisão inicial, admite-se prorrogação motivada do prazo para decidir, por mais 30 dias, também no julgamento de recursos cabe tal prorrogação, desde que também diante de uma justificativa explícita; vale ressaltar que a não apreciação de recurso no prazo também enseja a tomada de medidas judiciais em face da negligência administrativa, sem prejuízo de se buscar a responsabilização administrativa do servidor desidioso;

i) *o recurso interpõe-se por meio de requerimento no qual o recorrente deverá expor os fundamentos do pedido de reexame, podendo juntar os documentos que julgar convenientes* (art. 60); assim como nos pedidos iniciais, em recursos também é comum separar a parte "dos fatos", da parte "do direito" e depois fazer o "pedido", no caso, de reforma da decisão, tudo sem prejuízo da juntada de documentos, mesmo nessa fase do processo; quanto à separação indicada (fatos, direito e pedido) não é algo absoluto e que, se não feito, enseja não conhecimento do recurso; estamos numa época em que se deve buscar ao máximo o "acesso à justiça administrativa", de modo que se no recurso (ou mesmo no pedido inicial) a autoridade puder entender qual pedido foi feito e qual é a mínima justificativa apresentada, tal é suficiente, havendo provas dos fatos alegados, para apreciação e quem sabe julgamento a favor do requerente; aliás, quanto à produção de provas, de rigor lembrar que a Administração também deve buscar produzi-las (pelo princípio da impulsão oficial), ainda que o ônus probatório não seja dele, e que busca pela verdade é tão importante em matéria pública, que mesmo na fase recursal se admite a juntada de documentos, o que não é permitido no processo civil, salvo se se tratar de fato novo;

j) *salvo disposição legal em contrário, o recurso não tem efeito suspensivo; havendo justo receio de prejuízo de difícil ou incerta reparação decorrente da execução, a autoridade recorrida ou a imediatamente superior poderá, de ofício ou a pedido, dar efeito suspensivo ao recurso* (art. 61); quando um administrado tem uma decisão administrativa a seu favor e um terceiro vem a recorrer dessa decisão, como o recurso como regra não tem efeito suspensivo, o administrado que iniciou aquele processo pode já pedir para a Administração executar imediatamente a decisão que tiver sido tomada em seu favor; todavia, se o administrado tiver feito um requerimento inicial e este tiver sido negado, o recurso interposto, como não tem efeito suspensivo, não ajuda em nada ao recorrente para executar imediatamente a decisão, pois nada lhe é dado ainda neste momento; o administrador deve aguardar o julgamento do recurso e, se este for provido, aí sim poderá pedir a execução imediata da decisão, já que eventual outro recurso a ser interposto por um terceiro não terá efeito suspensivo; de qualquer forma, em qualquer dos casos mencionados, nada impede que alguém interponha recurso e peça para a Administração suspender a decisão recorrida (ou seja, atribuir, além do efeito devolutivo natural de todo recurso, o efeito suspensivo também); um exemplo é a situação em que se toma a decisão de demolir um imóvel do administrado; nesse caso, em havendo recurso por parte do administrado, este pode pedir que se atribua efeito suspensivo ao recurso, o que terá por consequência a suspensão temporária da decisão de demolir o imóvel;

k) *interposto o recurso, o órgão competente para dele conhecer deverá intimar os demais interessados para que, no prazo de 5 dias úteis, apresentem alegações* (art. 62); aqui tem-se o chamado prazo para resposta ao recurso; tal prazo só será concedido a alguém quando houver um terceiro interessado, ou seja, quando houver, além do requerente e da

Administração, uma terceira pessoa com interesse direto no processo; repare que o prazo aqui não é de 10 dias, como é o prazo para recorrer, mas também não é de 5 dias corridos, mas, sim, de 5 dias úteis, o que faz diferença;

l) *o recurso não será conhecido quando interposto (art. 63): i) fora do prazo; ii) perante órgão incompetente, caso em que será indicada ao recorrente a autoridade competente, sendo-lhe devolvido o prazo para recurso; iii) por quem não seja legitimado; iv) após exaurida a esfera administrativa*; se o recurso estiver fora de prazo, é óbvio que não deva ser conhecido, o mesmo se podendo dizer de recurso interposto por aquele que não seja legitimado recursal ou interposto em casos quando já exaurida a esfera administrativa, ou seja, quando já não caiba mais recurso no caso, como quando já se tenha percorrido três instâncias recursais; o que se tem de interessante na regra em tela é que, caso o recurso seja interposto junto a órgão incompetente, a autoridade para a qual for dirigido o recurso, em vez de não conhecer e arquivar o caso, deve não conhecer do recurso e indicar qual é a autoridade correta para dirigir recurso, dando o prazo de 10 dias (da intimação de sua decisão) para o recorrente interponha novo recurso, agora junto à autoridade correta;

m) *o não conhecimento do recurso não impede a Administração de rever de ofício o ato ilegal, desde que não ocorrida preclusão administrativa* (art. 63, § 2º); essa regra demonstra o quão é importante o princípio da legalidade no Direito Administrativo; isso porque a regra está a admitir que mesmo um recurso não conhecido (por exemplo, por ter sido interposto fora de prazo) pode levar à Administração a, ciente de algum fato que revele que há uma ilegalidade a ser sanada, rever de ofício o ato que o requerente queria que fosse revisto pelo recurso interposto, tudo porque a Administração não fecha os olhos para a ilegalidade, sob pena de violar não só o princípio da autotutela e o princípio da legalidade, como o princípio basilar que está por trás destes, que é o princípio da indisponibilidade do interesse público; a título de exemplo, vale citar um caso em que uma pessoa ingresse com um pedido administrativo para ver declarado a nulidade de um auto de infração, ao argumento de que fora expedido por autoridade absolutamente incompetente; imagine, agora, que os autos com esse requerimento acabem por ir para a tal autoridade absolutamente incompetente, que resolve, ela mesma, apreciar o pedido e indeferi-lo; em seguida, imagine que o administrado ingresse, fora do prazo, com um recurso contra essa decisão, alegando ter havido incompetência para o julgamento do pedido administrativo, impedimento para o julgamento e, no mérito, patente ilegalidade do auto de infração, por incompetência absoluta da autoridade; numa situação dessas, a autoridade que receber esse recurso deve não conhecer o recurso do requerente, mas, diante de tantas ilegalidades que poderá verificar facilmente da leitura do recurso, poderá, com fulcro no princípio da legalidade e no art. 63, § 2º, da Lei 9.784/1999, anular qualquer um dos atos de ofício, seja o auto de infração (ficando prejudicado os requerimentos posteriores), seja, no caso de não ter elementos ainda para decidir sobre o auto de infração, a decisão que apreciou o requerimento inicial, a fim de que o processo seja apreciado nos termos da lei pela autoridade incompetente; resta saber o que significa a ressalva no dispositivo citado, de que essa providência de autotutela só pode se dar "desde que não ocorrida preclusão administrativa"; a preclusão, em matéria processual é a perda de uma oportunidade processual, seja por perda do prazo, seja por comportamento anterior contraditório com o objetivo recursal; no caso em questão, como o princípio da autotutela para anular atos ilegais deve respeitar apenas o prazo de 5 anos para anular atos que beneficiam terceiros de boa-fé, só se pode concluir que a expressão "preclusão administrativa" foi usada contra a Administração e não contra o administrado (aliás, a palavra "administrativa", que vem em seguida à palavra "preclusão" leva a essa conclusão também), com o fito de dizer que a administração pode anular os seus atos a qualquer tempo, desde que não tenha havido ainda decadência do direito de anular;

n) *o órgão competente para decidir o recurso poderá confirmar, modificar, anular ou revogar, total ou parcialmente, a decisão recorrida, se a matéria for de sua competência; sendo que, se da aplicação do disposto neste artigo puder decorrer gravame à situação do recorrente, este deverá ser cientificado para que formule suas alegações antes da decisão* (art. 64); quando um administrado reconhecer, ao final do recurso, deve pedir o seu provimento para modificar a decisão em seu favor ou anular a decisão em seu favor; porém, a autoridade que apreciar o recurso pode, também, confirmar a decisão (nesse caso o recurso não é provido), modificar a decisão em desfavor do administrado, anular a decisão em desfavor do administrado ou mesmo revogar a decisão (em favor ou em desfavor do administrado), pois, em se tratando de decisão discricionária, esta pode ser revogada a qualquer tempo, de acordo com a conveniência e a oportunidade administrativas; quando o autoridade aprecia o recurso a favor do administrado, não há problema algum; o problema é quando o administrado recorre de uma decisão que não lhe agradou totalmente e, no bojo do recurso dele, a Administração resolve piorar ainda mais a situação do administrador (modificando, anulando ou revogando decisões em seu desfavor); nesse caso, se estivéssemos diante de um processo penal, não caberia agravar a decisão em desfavor do recorrente, pois lá vige o princípio da impossibilidade da *reformatio in pejus*; todavia, em direito administrativo é diferente; a Lei 9.784/1999 admite a *reformatio in pejus* em matéria recursal; a única ressalva é que, em homenagem à ampla defesa e ao contraditório devidos ao administrado, a Administração em suspeitando que irá agravar a situação do recorrente deve, antes de fazê-lo, intimar o recorrente, deixando claro que está tendente a reformar a decisão em seu desfavor em certo e determinado ponto, e dando oportunidade para que o administrado formule suas alegações antes da decisão;

o) *se o recorrente alegar violação de enunciado da súmula vinculante, o órgão competente para decidir o recurso explicitará as razões da aplicabilidade ou inaplicabilidade da súmula, conforme o caso* (art. 64-A);

p) *acolhida pelo Supremo Tribunal Federal a reclamação fundada em violação de enunciado da súmula vinculante, dar-se-á ciência à autoridade prolatora e ao órgão competente para o julgamento do recurso, que deverão adequar as futuras decisões administrativas em casos semelhantes, sob pena de responsabilização pessoal nas esferas cível, administrativa e penal* (art. 64-B); quando o STF expede uma súmula vinculante, esta, como o próprio nome diz, "terá efeito vinculante em relação aos demais órgãos do Poder Judiciário e à administração pública direta e indireta, nas esferas federal, estadual e municipal" (art. 2º, *caput*, da Lei 11.417/2006); nesse sentido, as autoridades e órgãos públicos são obrigados a obedecer rigorosamente as súmulas e, caso não o façam, o prejudicado poderá, após esgotar as vias administrativas alegando a violação à súmula vinculante (art. 7º, § 1º, da Lei 11.417/2006), ingressar com Reclamação Constitucional junto ao STF (art. 7º, *caput*, da Lei 11.417/2006), a fim de que este anule o ato administrativo e determine que o órgão adeque as futuras decisões administrativas em casos semelhantes, sob pena de responsabilização pessoal nas esferas cível, administrativa e penal;

q) *os processos administrativos de que resultem sanções poderão ser revistos, a qualquer tempo, a pedido ou de ofício, quando surgirem fatos novos ou circunstâncias relevantes suscetíveis de justificar a inadequação da sanção aplicada* (art. 65); *da revisão do processo não poderá resultar agravamento da sanção* (art. 65, parágrafo único); aqui se está a tratar da chamada "revisão administrativa", que, à moda do que se dá com a "revisão criminal", permite, mas desde que a favor do requerente, que sanções aplicadas a este sejam revistas, caso surjam fatos novos ou circunstâncias relevantes suscetíveis de justificar a inadequação da sanção aplicada; aqui, como se viu, não cabe *reformatio in pejus*, como cabe em caso de recurso administrativo, conforme visto acima.

Quanto à **contagem de prazos**, as regras são as seguintes (arts. 66 e 67):

a) *os prazos começam a correr a partir da data da cientificação oficial, excluindo-se da contagem o dia do começo e incluindo-se o do vencimento*; aqui temos uma regra comum no Direito, igual ao regime do Código de Processo Civil;

b) *considera-se prorrogado o prazo até o primeiro dia útil seguinte se o vencimento cair em dia em que não houver expediente ou este for encerrado antes da hora normal;*

c) *os prazos expressos em dias contam-se de modo contínuo;*

d) *os prazos fixados em meses ou anos contam-se de data a data. Se no mês do vencimento não houver o dia equivalente àquele do início do prazo, tem-se como termo o último dia do mês;*

e) *salvo motivo de força maior devidamente comprovado, os prazos processuais não se suspendem*; um exemplo de força maior é uma greve no transporte coletivo, que impeça que alguém compareça a alguma audiência ou que protocole no prazo algum requerimento o recurso.

Quanto às **sanções**, a Lei 9.784/1999 estabelece que "as sanções, a serem aplicadas por autoridade competente, terão natureza pecuniária ou consistirão em obrigação de fazer ou de não fazer, assegurado sempre o direito de defesa" (art. 68).

A título de **disposições finais**, as regras são as seguintes:

a) *os processos administrativos específicos continuarão a reger-se por lei própria, aplicando-se-lhes apenas subsidiariamente os preceitos desta Lei* (art. 69); isso já foi visto no início da análise da Lei 9.784/1999, tratando-se de consequência direta do fato desta lei ser uma lei geral de processos administrativos, que, assim, cede em face da existência de regras em sentido contrários em alguma lei específica que trate de um específico processo administrativo, como a Lei 8.666/1993 (Licitações e Contratos) ou a Lei 8.112/1990 (Estatuto dos Servidores Federais), tudo sem prejuízo de que a lei em tela (9.784/1999) seja aplicada subsidiariamente aos processos administrativos regidos pelas leis citadas, quando não houver, na lei específica, regra sobre questão determinada;

b) *terão prioridade na tramitação, em qualquer órgão ou instância, os procedimentos administrativos em que figure como parte ou interessado* (art. 69-A): i) *pessoa com idade igual ou superior a 60 (sessenta) anos; ii) pessoa portadora de deficiência, física ou mental; iii) pessoa portadora de tuberculose ativa, esclerose múltipla, neoplasia maligna, hanseníase, paralisia irreversível e incapacitante, cardiopatia grave, doença de Parkinson, espondiloartrose anquilosante, nefropatia grave, hepatopatia grave, estados avançados da doença de Paget (osteíte deformante), contaminação por radiação, síndrome de imunodeficiência adquirida, ou outra doença grave, com base em conclusão da medicina especializada, mesmo que a doença tenha sido contraída após o início do processo;*

c) *a pessoa interessada na obtenção do benefício, juntando prova de sua condição, deverá requerê-lo à autoridade administrativa competente, que determinará as providências a serem cumpridas* (art. 69-A, § 1º);

d) *deferida a prioridade, os autos receberão identificação própria que evidencie o regime de tramitação prioritária* (art. 69-A, § 2º);

e) *a lei entrou em vigor na data de sua publicação* (art. 70).

16.3. QUADRO SINÓTICO

1. Processo administrativo

1.1. Importância: é por meio dele que os requerimentos do particular são analisados, as punições são constituídas e a administração desenvolve suas competências

1.2. Conceito: *é o conjunto de atos coordenados para obtenção de uma decisão final no âmbito administrativo*

– São exemplos de processo administrativo o processo disciplinar, o processo licitatório, o processo para aplicação de sanções decorrentes da polícia administrativa, dentre outros

1.3. Distinção: processo não se confunde com procedimento; este é o rito

1.4. Regulamentação: na esfera federal está prevista na Lei 9.784/1999

– Trata-se de Lei Geral do Processo Administrativo Federal

- Havendo lei específica federal, esta tem primazia, aplicando-se a Lei 9.784/1999 apenas subsidiariamente (art. 69)

– Ex.1: Lei 8.112/1990 (processo disciplinar)

– Ex.2: Lei 8.666/1993 (processo licitatório)

– Lei 9.784/1999 também se aplica às demais Administrações dos outros entes políticos, por inteiro, não havendo lei local, ou subsidiariamente, quanto a aspectos não regulados no local

1.5. Incidência: sobre a esfera administrativa direta e indireta dos três poderes, inclusive MP e T. de Contas

1.6. Modalidades de processo administrativo

a) processo de expediente: destinado a registrar situações administrativas, não incidindo sobre direitos; ex: prontuário

b) processo de outorga: destinado ao pleito de um direito ou situação individual perante a Administração; Ex: licença

c) processo de controle: destinado ao controle de mérito de ato (aprovação) ou de formalidade legal (homologação)

d) processo punitivo: destinado à imposição de penalidades em geral; ex: multa administrativa

e) processo disciplinar: destinado à apuração de faltas disciplinares de servidores; ex: demissão

f) processo tributário, dentre outros

1.7. Princípios do processo administrativo

a) legalidade objetiva (art. 2º): processo é p/ fazer valer lei

b) oficialidade ou impulsão (art. 29): a Administração instaura e movimenta o processo de ofício

c) informalismo (art. 2º, parágrafo único, IX): respeita-se a forma legal tendo em conta a instrumentalidade das formas

d) verdade material: busca-se a verdade real

e) publicidade (art. 2º, parágrafo único, V): divulga-se atos oficiais

f) contraditório e ampla defesa (art. 5º, LV, da CF)

g) devido processo legal (art. 5º, LIV, da CF): devido *processo legal substancial* (ou *material*) é a exigência de proporcionalidade (razoabilidade) das decisões, ao passo que o *devido processo legal formal* é o conjunto de garantias mínimas para que um processo seja constitucionalmente devido;

h) razoável duração do processo (art. 5º, LXXVIII, da CF): além dos meios que garantam a celeridade da tramitação.

1.8. Fases do processo

a) instauração

b) instrução

c) defesa

d) relatório (peça informativa e opinativa)

e) julgamento pela autoridade competente

1.9. Questões regulamentadas na Lei 9.784/1999:

a) princípios administrativos (art. 2º)

b) direitos e deveres dos administrados (arts. 3º e 4º)

c) formação do processo (arts. 5º a 8º)

d) legitimação dos interessados (arts. 9º e 10)

e) competência (arts. 11 a 17)

f) impedimentos e suspeições (arts. 18 a 21)

g) forma, tempo, lugar, comunicações, instrução, julgamento e motivação (arts. 22 a 50)

h) desistência, casos de extinção, anulação, revogação e convalidação (arts. 51 a 55)

2. Recurso hierárquico

2.1. Efeitos: Como regra, o recurso hierárquico tem somente efeito **devolutivo**, tendo também efeito suspensivo nas hipóteses em que a lei assim dispuser ou quando o administrador aplicá-lo motivadamente, não se presumindo sua existência

– Recebido no efeito suspensivo, sem exigência de caução do particular, este não terá interesse processual em ingressar com demanda no Poder Judiciário, salvo se o recurso pleitear que a administração deixe de se omitir diante de um caso concreto

– Disso decorre o impedimento da fluência do prazo prescricional

2.2. Legitimidade: tem legitimidade para interpor recurso as seguintes pessoas:

a) os titulares dos direitos discutidos no processo;

b) os terceiros afetados pela decisão;

c) as organizações e associações representativas, em caso de interesses coletivos;

d) os cidadãos ou associações, quanto aos interesses difusos

2.3. Endereçamento: os recursos serão dirigidos à **autoridade que proferiu a decisão**, a qual, se não a reconsiderar no prazo de 5 dias, o encaminhará à autoridade superior (art. 56)

2.4. Prazo: como regra, é de 10 dias, contado da ciência ou divulgação oficial da decisão (art. 59)

– Na contagem dos prazos, exclui-se o dia do início e inclui-se o do vencimento (art. 66)

2.5. Instâncias: o recurso administrativo **tramitará no máximo por três instâncias**, salvo disposição legal diversa (art. 57)

2.6. Autotutela: o **não conhecimento** do recurso não impede a Administração de rever de ofício o ato ilegal, desde que não ocorrida a preclusão administrativa (art. 63)

2.7. Decisões possíveis:

a) **não conhecimento** do recurso

b) **confirmação, modificação, anulação** ou **revogação**, total ou parcial, da decisão recorrida, se a matéria for da competência de quem conhece o recurso

2.8. *Reformatio in pejus*: cabe quanto aos recursos hierárquicos, mas o recorrente deve ser cientificado previamente para que formule suas alegações antes da decisão (art. 64)

16.4. QUESTÕES COMENTADAS

(Procurador do Estado/PR – 2015 – PUC-PR) Em vista da Lei 9.784/1999 (Lei Federal de Processo Administrativo), é **CORRETO** afirmar que:

(A) A Lei 9.784/1999 abriga não só temas de Direito Administrativo processual, mas também trata de assuntos relativos ao Direito Administrativo material.

(B) Nos termos da Lei 9.784/1999, a atividade probatória depende da iniciativa do particular interessado.

(C) Nos termos da Lei 9.784/1999, as defesas diretas e indiretas devem ser apreciadas simultaneamente, quando do julgamento final do processo.

(D) A Lei 9.784/1999 instalou o princípio da concentração dos recursos, que deverão ser julgados simultaneamente, mas em momento anterior à decisão final.

(E) Os legitimados a instalar e/ou participar do processo administrativo da Lei 9.784/1999 são apenas aqueles que vierem a ser diretamente afetados pela decisão a ser proferida.

A: correta, valendo trazer como exemplos de direito material o art. 2º da Lei 9.784/1999 e como exemplo de direito processual a maior parte das regras dos arts. 5º e ss. da mesma lei; **B:** incorreta, pois a atividade probatória realiza-se "de ofício ou mediante impulsão do órgão responsável pelo processo, sem prejuízo do direito dos interessados de propor atuações probatórias" (art. 29, *caput*, da Lei 9.784/1999); **C:** incorreta, pois não há previsão na Lei 9.784/1999 de que as defesas diretas e indiretas devam ser apreciadas simultaneamente quando do julgamento final do processo; aliás, recomenda-se que temas de defesa prejudiciais ao andamento do processo, como a alegação de suspeição, sejam apreciados logo no início deste; **D:** incorreta, pois é logicamente impossível recorrer de uma decisão antes dessa decisão ter sido tomada; **E:** incorreta, pois também são legitimados organizações e associações de defesa de interesses coletivos e difusos (art. 9º, III e IV, da Lei 9.784/1999).

Gabarito "A"

(Procurador do Estado/PR – 2015 – PUC-PR) Sobre a estruturação da competência dos órgãos e entidades da Administração Pública brasileira, é CORRETO afirmar que:

(A) A delegação de competência é forma de descentralização por meio da qual um órgão administrativo, superior ou equivalente na escala hierárquica, transfere a outro órgão (subordinado ou não) parcela de sua competência.

(B) Não podem ser objeto de delegação os atos normativos, a decisão em recursos administrativos e as matérias de competência exclusiva.

(C) A avocação de competência pode ser compreendida como a possibilidade de o superior hierárquico trazer para si a apreciação de determinada matéria, originalmente atribuída à competência privativa do órgão (ou agente) a si subordinado, mas que este abdicou do exercício.

(D) A avocação de competência é ato discricionário da administração, ao passo que a delegação é ato vinculado.

(E) O ato de delegação não é revogável, mas pode ser anulado pela autoridade superior (desde que obedecido o devido processo legal).

A: incorreta, pois a distribuição interna de competências diz respeito à *desconcentração* e não à *descentralização*; **B:** correta (art. 13 da Lei 9.784/1999); **C:** incorreta, pois a competência não pode ser abdica, renunciada (art. 11 da Lei 9.784/1999) e, havendo avocação, esta não pode ser definitiva, mas sempre temporária (art. 15 da Lei 9.784/1999); **D:** incorreta, pois tanto a avocação como a delegação são atos discricionários da administração; **E:** incorreta, pois o ato de delegação é revogável a qualquer tempo pela autoridade delegante (art. 14, § 2º, da Lei 9.784/1999).

Gabarito "B".

(Magistratura/BA – 2012 – CESPE) Com base no que dispõe a lei que regula os procedimentos administrativos (Lei n. 9.784/1999), assinale a opção correta.

(A) Um órgão administrativo e seu titular podem delegar parte da sua competência a outros órgãos ou titulares, incluindo-se a edição de atos normativos.

(B) O não atendimento da intimação feita pelo órgão competente perante o qual tramita processo administrativo implicará reconhecimento da verdade dos fatos por parte do administrado.

(C) Cabe ao interessado a prova dos fatos que tenha alegado, ainda que dependam de dados registrados em documentos existentes na própria administração.

(D) Acolhida pelo STF a reclamação fundada em violação de enunciado da súmula vinculante, deve-se dar ciência à autoridade prolatora e ao órgão competente para o julgamento do recurso, que deverão adequar as futuras decisões administrativas em casos semelhantes, sob pena de responsabilização pessoal nas esferas civil, administrativa e penal.

(E) O direito da administração de anular os atos administrativos de que decorram efeitos favoráveis para os destinatários decai em cinco anos, contados da data em que foram praticados, ainda que comprovada má-fé.

A: incorreta, pois não é possível delegar a competência para a edição de atos normativos (art. 13, I, da Lei 9.784/1999); **B:** incorreta, pois o desatendimento da intimação não importa o reconhecimento da verdade dos fatos, nem a renúncia a direito pelo administrado (art. 27, *caput*, da Lei 9.784/1999); **C:** incorreta, pois nesse caso cabe à Administração prover, de ofício, à obtenção dos documentos ou das respectivas cópias (arts. 36 e 37 da Lei 9.784/1999); **D:** correta (art. 64-B da Lei 9.784/1999); **E:** incorreta, pois, em caso de má-fé esse direito não decai (art. 54, *caput*, da Lei 9.784/1999).

Gabarito "D".

(Magistratura/PR – 2010 – PUC/PR) Em relação ao Processo Administrativo e à Lei 9.784/1999, assinale a alternativa CORRETA:

(A) Em caso de revisão administrativa, o órgão competente para decidir poderá confirmar, modificar, anular ou revogar a decisão a ser revista, se a matéria for de sua competência.

(B) O dever legal de decidir está condicionado à presença do interesse público e somente é estabelecido na Lei n. 9.784/1999, após 60 dias prorrogáveis por igual período depois de concluída a instrução do processo administrativo.

(C) O direito da Administração de anular os atos administrativos de que decorram efeitos favoráveis para os destinatários decai em 05 (cinco) anos contados da data em que foram praticados, salvo comprovada má-fé.

(D) A verdade sabida é admitida em processos administrativos sumários, especialmente quando já está estabelecida a autoria e a materialidade do ilícito administrativo.

A: incorreta, pois a revisão não pode resultar agravamento da sanção (art. 65, parágrafo único, da Lei 9.784/1999), de modo que não é qualquer *modificação* de decisão que poderá acontecer; a alternativa em análise, na verdade, trouxe o texto do que pode ser feito pelo órgão competente em caso de *recurso administrativo* (art. 64, *caput*, da Lei 9.784/1999), e não em caso de *revisão administrativa*; **B:** incorreta, pois a Administração, concluída a instrução, tem o prazo de até 30 dias, prorrogável por igual período, mediante expressa motivação (art. 49 da Lei 9.784/1999); **C:** correta (art. 54 da Lei 9.784/1999); **D:** incorreta, pois a verdade sabida, que é aquela testemunhada ou conhecida inequivocamente pelo superior hierárquico, não é suficiente para a apenação de um servidor, sendo necessário dar a este direito de defesa, com respeito ao devido processo disciplinar.

Gabarito "C".

(Ministério Público/CE – 2011 – FCC) No que tange aos processos administrativos, a Lei 9.784/1999

(A) não admite a recusa motivada do recebimento de documentos pela Administração.

(B) dispõe que, caso o requerente da instauração do processo venha dele desistir ou renunciar ao direito ou interesse nele veiculado, fica a Administração impedida de dar prosseguimento ao processo.

(C) impede a delegação de poderes de um órgão a outro que não lhe seja subordinado hierarquicamente.

(D) considera suspeito, para fins de atuação em processo administrativo, o agente público que tenha participado ou venha a participar como perito, testemunha ou representante nesse mesmo processo.

(E) considera legítima a participação de agentes públicos nos processos administrativos, na qualidade de interessados.

A: incorreta, pois o que é vedada a recusa imotivada (art. 6º, parágrafo único, da Lei 9.784/1999); **B:** incorreta, pois "a desistência ou renúncia do interessado, conforme o caso, não prejudica o prosseguimento do processo, se a Administração considerar que o interesse público assim exige" (art. 51, § 2º, da Lei 9.784/1999); **C:** incorreta, pois a delegação pode se dar em favor de órgão ou titular de cargo, ainda que estes não sejam hierarquicamente subordinados àquele que delega (art. 12, *caput*, da Lei 9.784/1999); **D:** incorreta, pois esse caso é de impedimento (art. 18, II, da Lei 9.784/1999) e não de suspeição; **E:** correta; desde que se trate de interessado (art. 9º da Lei 9.784/1999), o fato de se tratar de agente público (conceito, aliás, extremamente amplo, que engloba até concessionários de serviço público) não torna ilegítima a participação dessa pessoa num processo administrativo; naturalmente que se o agente público for o próprio responsável por apreciar o processo administrativo por ele mesmo iniciado para tratar de assunto particular seu, haverá impedimento do agente público para apreciar o processo administrativo em questão, mas nada impede que o processo administrativo mencionado tramite e receba decisão final.

Gabarito "E".

(Procurador do Município/Teresina-PI – 2010 – FCC) Processo administrativo.

I. São legitimados como interessados aqueles que, sem terem iniciado o processo, têm direitos ou interesses que possam ser afetados pela decisão ser adotada.

II. Inexistindo competência legal específica, o processo administrativo deverá ser iniciado perante a autoridade de maior grau hierárquico para decidir.

III. O recurso administrativo tramitará no máximo por duas instâncias administrativas, salvo disposição legal diversa.

IV. Um dos critérios a serem observados no processo administrativo é a proibição de cobrança de despesas processuais, ressalvadas as previstas em lei.

SOMENTE estão corretas as assertivas

(A) II e IV.
(B) I e II.
(C) I e III.
(D) I e IV.
(E) II e III.

I: correta (art. 9°, II, da Lei 9.784/1999); II: incorreta, pois será iniciado perante a autoridade de MENOR grau hierárquico para decidir (art. 17 da Lei 9.784/1999); III: incorreta, pois tramitará por no máximo três instâncias (art. 57 da Lei 9.784/1999); IV: correta (art. 2°, parágrafo único, XI, da Lei 9.784/1999).
Gabarito "D".

(Analista – TRT/8ª – 2010 – FCC) Em relação à Lei 9.784/1999 que regula o processo administrativo, considere:

I. Para os fins da referida lei, considera-se órgão a unidade de atuação integrante da estrutura da Administração direta e da estrutura da Administração indireta.
II. São deveres do administrado, perante a administração, sem prejuízo de outros previstos em ato normativo, não agir de modo temerário.
III. O Administrado deve fazer-se assistir, obrigatoriamente e em qualquer hipótese, por advogado, nos procedimentos nela previstos.
IV. Nos processos administrativos serão observados, entre outros, os critérios de indicação dos pressupostos de fato e de direito que determinarem a decisão.
V. Os atos administrativos deverão ser motivados, com indicação dos fatos e dos fundamentos jurídicos, salvo quando decidam imotivadamente processos administrativos de concurso ou seleção pública.

Está correto o que se afirma APENAS em

(A) I, II e IV.
(B) I e III.
(C) II, III e V.
(D) III e IV.
(E) III, IV e V.

I: correta (art. 1°, § 2°, I, da Lei 9.784/1999); II: correta (art. 4°, III, da Lei 9.784/1999); III: incorreta, pois a assistência de advogado é facultativa (art. 3°, IV, da Lei 9.784/1999); IV: correta (art. 2°, parágrafo único, VII, da Lei 9.784/1999); V: incorreta (art. 50, III, da Lei 9.784/1999).
Gabarito "A".

(Analista – TRT/9ª – 2010 – FCC) Conforme expressamente previsto na Lei 9.784/1999, que estabelece normas sobre o processo administrativo, os seus preceitos aplicam-se

(A) apenas aos órgãos da Administração Pública Federal direta.
(B) à Administração Pública da União, dos Estados, do Distrito Federal e dos Municípios e aos órgãos dos Poderes Legislativo e Judiciário da União e dos Estados.
(C) apenas aos Poderes Executivo, Legislativo e Judiciário da União e dos Estados.
(D) aos órgãos do Poder Judiciário da União, quando no desempenho de função administrativa e jurisdicional.
(E) à Administração Pública Federal e aos órgãos dos Poderes Legislativo e Judiciário da União, quando no desempenho de função administrativa.

A: incorreta, pois também se aplica à Administração Indireta (art. 1° da Lei 9.784/1999); B e C: incorretas, pois a lei só aplica aos órgãos mencionados da esfera da União (art. 1° da Lei 9.784/1999); de qualquer forma, há entendimentos jurisprudenciais no sentido de que a lei também se aplicará a Estados e Municípios que não tiverem lei de processo administrativo; D: incorreta, pois não se aplica quanto aos atos de natureza jurisdicional, mas tão somente quanto aos atos de natureza administrativa (art. 1°, § 1°, da Lei 9.784/1999); E: correta (art. 1°, § 1°, da Lei 9.784/1999).
Gabarito "E".

(Analista – TRT/24ª – 2011 – FCC) De acordo com Lei 9.784/1999, no processo administrativo será observado, dentre outros, o critério de

(A) garantia dos direitos à comunicação, à apresentação de alegações finais, à produção de provas e à interposição de recursos, nos processos de que possam resultar sanções e nas situações de litígio.
(B) impulsão do processo administrativo mediante atuação dos interessados, vedada a impulsão, de ofício, pela Administração Pública.
(C) cobrança de despesas processuais, não havendo tal cobrança apenas em hipóteses excepcionais previstas em lei.
(D) interpretação da norma administrativa da forma que melhor garanta o atendimento do fim público a que se dirige, permitida a aplicação retroativa de nova interpretação.
(E) atendimento a fins de interesse geral, permitida, em regra, a renúncia total ou parcial de poderes ou competências.

A: correta (art. 2°, parágrafo único, X, da Lei 9.784/1999); B: incorreta, pois a impulsão de ofício é dever da Administração (art. 2°, parágrafo único, XII, da Lei 9.784/1999); C: incorreta, pois é o contrário, ou seja, não cabe cobrança de despesas processuais, salvo os casos previstos em lei (art. 2°, parágrafo único, XI, da Lei 9.784/1999); D: incorreta, pois é vedada a interpretação retroativa (art. 2°, parágrafo único, XIII, da Lei 9.784/1999); E: incorreta, pois é vedada a renúncia total ou parcial de poderes ou competências (art. 2°, parágrafo único, II, da Lei 9.784/1999).
Gabarito "A".

(Analista – TRT/8ª – 2010 – FCC) Quanto à competência no Processo Administrativo, de acordo com a Lei 9.784/1999, é INCORRETO que

(A) o ato de delegação é revogável a qualquer tempo pela autoridade delegante.
(B) a competência é irrenunciável e se exerce pelos órgãos administrativos a que foi atribuída como própria, salvo os casos de delegação e avocação legalmente admitidos.
(C) não será permitida, em qualquer caso, a avocação de competência atribuída a órgão hierarquicamente inferior, salvo por delegação desta, nas matérias exclusivamente normativas.
(D) o ato de delegação e sua revogação deverão ser publicados no meio oficial.
(E) não podem ser objeto de delegação, além de outros, a edição de atos de caráter normativo.

A: assertiva correta (art. 14, § 2°, da Lei 9.784/1999); B: assertiva correta (art. 11 da Lei 9.784/1999); C: assertiva incorreta, devendo ser assinalada, pois a

avocação é possível, cumpridos os requisitos do art. 15 da Lei 9.784/1999; **D:** assertiva correta (art. 14, *caput*, da Lei 9.784/1999); **E:** assertiva correta (art. 13, I, da Lei 9.784/1999).
Gabarito "C"

(Analista – TRF/4ª – 2010 – FCC) Quanto ao Processo Administrativo (Lei 9.784/1999), é correto afirmar:
(A) São legitimados, além de outros, como interessados no processo administrativo, as pessoas e as associações legalmente constituídas quanto a direitos ou interesses difusos.
(B) Da decisão que indeferir a alegação de suspeição da autoridade administrativa processante não caberá recurso, ainda que se funde nas mesmas razões reservadas ao impedimento.
(C) Não pode ser objeto de delegação, além de outros, a decisão de recursos administrativos, salvo as matérias de competência exclusiva do órgão ou autoridade.
(D) Inexistindo competência legal específica, o processo administrativo deverá ser iniciado perante a autoridade de maior grau hierárquico para decidir.
(E) O desatendimento da intimação para o processo importa o reconhecimento da verdade dos fatos, bem como a renúncia a direito pelo administrado.

A: correta (art. 9º, IV, da Lei 9.784/1999); **B:** incorreta, pois cabe recurso (art. 21 da Lei 9.784/1999); **C:** incorreta, pois as matérias de competência exclusiva do órgão ou entidade não podem ser delegadas (art. 13, III, da Lei 9.784/1999); **D:** incorreta, pois deve ser iniciado perante a autoridade de *menor* grau hierárquico para decidir (art. 17 da Lei 9.784/1999); **E:** incorreta, pois o desatendimento da intimação não importa nas consequências mencionadas (art. 27 da Lei 9.784/1999).
Gabarito "A"

(Analista – TRE/AP – 2011 – FCC) No processo administrativo disciplinado pela Lei 9.784/99 pode ser arguida a suspeição de autoridade ou servidor que
(A) tenha interesse direto na matéria.
(B) tenha participado ou venha a participar como perito, testemunha ou representante.
(C) esteja litigando judicial ou administrativamente com o interessado.
(D) esteja litigando judicial ou administrativamente com cônjuge ou companheiro do interessado.
(E) tenha amizade íntima com parente de terceiro grau de algum dos interessados.

A: incorreta, pois esse caso é de impedimento (art. 18, I, da Lei 9.784/1999), e não de suspeição; **B:** incorreta, pois esse caso é de impedimento (art. 18, II, da Lei 9.784/1999), e não de suspeição; **C:** incorreta, pois esse caso é de impedimento (art. 18, III, da Lei 9.784/1999), e não de suspeição; **D:** incorreta, pois esse caso é de impedimento (art. 18, III, da Lei 9.784/1999), e não de suspeição; **E:** correta, pois esse caso é de suspeição (art. 20 da Lei 9.784/1999).
Gabarito "E"

(Analista –TRE/AP – 2011 – FCC) Inexistindo disposição específica, em regra, os atos do órgão ou autoridade responsável pelo processo e dos administrados que dele participem devem ser praticados no prazo de
(A) cinco dias, improrrogáveis.
(B) dez dias prorrogado por mais dez, mediante comprovada justificação.
(C) vinte dias, improrrogáveis.
(D) cinco dias prorrogado pelo dobro, mediante comprovada justificação.
(E) quarenta e oito horas, improrrogáveis.

Art. 24 da Lei 9.784/1999.
Gabarito "D"

(Analista –TRF/4ª – 2010 – FCC) De acordo com a Lei, os atos do processo administrativo não dependem de forma determinada senão quando a lei expressamente assim exigir. Analise:
I. Os atos do processo devem ser produzidos por escrito, em vernáculo, com a data e o local de sua realização e a assinatura da autoridade responsável.
II. Salvo imposição legal, o reconhecimento de firma somente será exigido quando houver dúvida de autenticidade.
III. A autenticação de documentos exigidos em cópia não poderá ser feita pelo órgão administrativo.
IV. O processo não necessita ter suas páginas numeradas sequencialmente ou rubricadas.
V. Serão concluídos depois do horário normal os atos já iniciados, cujo adiamento prejudique o curso regular do procedimento ou cause dano ao interessado ou à Administração.

É correto o que consta APENAS em
(A) I, III e V.
(B) II e III.
(C) I, II e V.
(D) I e IV.
(E) III e IV.

I: correta (art. 22, § 1º, da Lei 9.784/1999); **II:** correta (art. 22, § 2º, da Lei 9.784/1999); **III:** incorreta, pois pode ser feita pelo órgão administrativo (art. 22, § 3º, da Lei 9.784/1999); **IV:** incorreta, pois tais providências são necessárias (art. 22, § 4º, da Lei 9.784/1999); **V:** correta (art. 23, parágrafo único, da Lei 9.784/1999).
Gabarito "C"

(Analista – TRF/1ª – 2011 – FCC) No que concerne à comunicação dos atos, prevista na Lei 9.784/1999, é correto afirmar que
(A) os atos do processo que resultem para o interessado em imposição de deveres, ônus, sanções ou outras restrições devem ser objeto de intimação, o mesmo não ocorrendo para os atos de outra natureza, ainda que de interesse do administrado.
(B) a intimação pode ser efetuada por ciência no processo, por via postal com aviso de recebimento, ou ainda, por telegrama, não sendo cabível por outro meio, ainda que assegure a certeza da ciência do interessado.
(C) no caso de interessados indeterminados, desconhecidos ou com domicílio indefinido, a intimação deve ser efetuada por meio de publicação oficial.
(D) as intimações serão nulas quando feitas sem observância das prescrições legais, e o comparecimento do administrado não supre sua falta ou irregularidade.
(E) a intimação observará a antecedência mínima de cinco dias úteis quanto à data de comparecimento.

A: incorreta, pois deve ser objeto de intimação do interessado a ciência de qualquer decisão ou a efetivação de diligências (art. 26 da Lei 9.784/1999), bem como os atos de outra natureza, de interesse do primeiro (art. 28 da

Lei 9.784/1999); **B:** incorreta, pois a intimação também cabe por outros meios que assegurem a certeza da ciência do interessado (art. 26, § 3º, da Lei 9.784/1999); **C:** correta (art. 26, § 4º, da Lei 9.784/1999); **D:** incorreta, pois o comparecimento do administrado supre a falta ou a irregularidade da intimação (art. 26, § 5º, da Lei 9.784/1999); **E:** incorreta, pois observará a antecedência mínima de 3 dias úteis (art. 26, § 2º, da Lei 9.784/1999).
Gabarito "C".

(Analista – TRT/8ª – 2010 – FCC) De acordo com a Lei 9.784/1999, os atos administrativos deverão ser motivados, com indicação dos fatos e dos fundamentos jurídicos, salvo quando, dentre outras hipóteses,
(A) imponham ou agravem deveres, encargos ou sanções.
(B) aplicarem jurisprudência firmada sobre a questão ou não discreparem de pareceres, laudos, propostas e relatórios oficiais.
(C) dispensem ou declarem a inexigibilidade de processo licitatório.
(D) importem anulação, revogação, suspensão ou convalidação de ato administrativo.
(E) neguem, limitem ou afetem direitos ou interesses.

A: incorreta – art. 50, II, da Lei 9.784/1999; **B:** correta – art. 50, VII, da Lei 9.784/1999, aplicando-o *a contrario sensu*; **C:** incorreta – art. 50, IV, da Lei 9.784/1999; **D:** incorreta – art. 50, VIII, da Lei 9.784/1999; **E:** incorreta – art. 50, I, da Lei 9.784/1999.
Gabarito "B".

(Analista – TRT/14ª – 2011 – FCC) As atividades de instrução destinadas a averiguar e comprovar os dados necessários a tomada de decisão devem atender a certos requisitos. E, no que se refere à consulta e audiência pública, é correto afirmar que,
(A) a consulta pública é cabível em todas as matérias do processo, ainda que envolvam assuntos de matéria individual, salvo os de natureza difusa em razão das peculiaridades da consulta e da audiência pública.
(B) os órgãos e entidades administrativas, em matéria relevante, poderão estabelecer outros meios de participação de administrados, diretamente ou por meio de associações legalmente reconhecidas.
(C) é vedada aos órgãos e entidades administrativas, em qualquer hipótese, o estabelecimento de outros meios de participação de administrados.
(D) os resultados da audiência pública devem ser apresentados com a indicação do procedimento adotado, condição desnecessária quando tratar-se de consulta pública.
(E) tendo em vista a natureza informal da consulta pública, são admitidas no processo administrativo quaisquer espécies de provas, inclusive as obtidas por meio ilícitos.

A: incorreta, pois a consulta pública poderá ser aberta em caso de matéria que envolva assunto de interesse geral, e não em caso de assunto de interesse individual (art. 31, *caput*, da Lei 9.784/1999; **B:** correta (art. 33 da Lei 9.784/1999; **C:** incorreta, pois, como se viu, o art. 33 da Lei 9.784/1999 admite, em matéria relevante, o estabelecimento de meios de participação de administrados; **D:** incorreta, pois tanto o resultado da audiência pública, como o de outros meios de participação de administrados (como a consulta pública) deverão ser apresentados com a indicação do procedimento adotado (art. 34 da Lei 9.784/1999); **E:** incorreta, pois são inadmissíveis no processo as provas obtidas por meios ilícitos (art. 30 da Lei 9.784/1999).
Gabarito "B".

(Analista – TRE/RS – 2010 – FCC) Quanto à extinção do processo administrativo previsto na Lei 9.784/1999, considere as seguintes afirmações:

I. O interessado poderá desistir total ou parcialmente do pedido formulado mediante manifestação escrita, mas não pode renunciar a nenhum direito.
II. Havendo vários interessados, a desistência atinge somente quem a tenha formulado.
III. A desistência do interessado, conforme o caso, não prejudica o prosseguimento do processo, se a Administração considerar que o interesse público assim o exige.
IV. O órgão competente para movimentar o processo administrativo não poderá declarar extinto o processo mesmo quando exaurida sua finalidade.
V. O órgão competente para movimentar o processo administrativo poderá declarar extinto o processo quando o objeto da decisão se tornar impossível, inútil ou prejudicado por fato superveniente.

Está correto o que consta SOMENTE em
(A) II, III e V.
(B) I e III.
(C) I, IV e V.
(D) III e IV.
(E) IV e V.

Arts. 51 e 52 da Lei 9.784/1999.
Gabarito "A".

(Analista – TRF/4ª – 2010 – FCC) Conforme art. 49 da Lei, concluída a instrução do processo administrativo, a Administração tem, para decidir, salvo prorrogação por igual período expressamente motivada, o prazo de até
(A) 30 dias.
(B) 45 dias.
(C) 60 dias.
(D) 90 dias.
(E) 180 dias.

Art. 49 da Lei 9.784/1999.
Gabarito "A".

(Analista – TRE/AP – 2011 – FCC) De acordo com a Lei 9.784/1999, o recurso administrativo
(A) deverá ser interposto no prazo de quinze dias, contado a partir da ciência ou divulgação oficial da decisão recorrida, salvo disposição legal específica.
(B) será dirigido à autoridade que proferiu a decisão, a qual, se não a reconsiderar no prazo de quarenta e oito horas, o encaminhará à autoridade superior.
(C) tramitará no máximo por duas instâncias administrativas, salvo disposição legal diversa.
(D) deverá ser decidido no prazo máximo de noventa dias, a partir do recebimento dos autos pelo órgão competente, quando a lei não fixar prazo diferente.
(E) poderá ser interposto, dentre outros, por organizações e associações representativas, no tocante a direitos e interesses coletivos e por cidadãos ou associações, quanto a direitos ou interesses difusos.

A: incorreta, pois o prazo para o recurso é de 10 dias (art. 59, *caput*, da Lei 9.784/1999); **B:** incorreta, pois a autoridade tem 5 dias para reconsiderar a decisão (art. 56, § 1º, da Lei 9.784/1999); **C:** incorreta, pois tramitará por no

máximo 3 instâncias (art. 57 da Lei 9.784/1999); **D:** incorreta, pois deverá ser decidido no prazo máximo de 30 dias (art. 59, § 1°, da Lei 9.784/1999); **E:** correta (art. 58, III e IV, da Lei 9.784/1999).
Gabarito "E".

(Analista – TRF/4ª – 2010 – FCC) Na sistemática do Processo Administrativo previsto na Lei 9.784/1999,
(A) os prazos do processo e do recurso começam a correr a partir da data da cientificação oficial, incluindo-se na contagem o dia do começo e excluindo-se o do vencimento.
(B) o não conhecimento do recurso impede a Administração de rever de ofício o ato ilegal, ainda que não ocorrida preclusão administrativa.
(C) quando a lei não fixar prazo diferente, o recurso administrativo deverá ser decidido no prazo máximo de quinze dias, a partir da sua interposição nos autos pelo interessado.
(D) salvo disposição legal específica, é de dez dias o prazo para interposição de recurso administrativo, contado a partir da ciência ou divulgação oficial da decisão recorrida.
(E) salvo disposição legal em contrário, o recurso não tem efeito devolutivo, embora sempre suspenda a decisão atacada até o seu julgamento final.

A: incorreta, pois, exclui o dia do começo e inclui-se o dia do vencimento (art. 66 da Lei 9.784/1999); **B:** incorreta, pois a administração pode rever o ato nesse caso (art. 63, § 2°, da Lei 9.784/1999); **C:** incorreta, pois o prazo para a decisão do recurso é de 30 dias, contados do recebimento dos autos pelo órgão competente (art. 59, § 1°, da Lei 9.784/1999); **D:** correta (art. 59, *caput*, da Lei 9.784/1999); **E:** incorreta, pois, como regra, o recurso tem apenas efeito devolutivo, não tendo efeito suspensivo (art. 61 da Lei 9.784/1999).
Gabarito "D".

(Analista – TRF/4ª – 2010 – FCC) Em tema de recurso no processo administrativo previsto na Lei 9.784/1999, é INCORRETO afirmar:
(A) O recurso será dirigido à autoridade que proferiu a decisão, a qual, se não a reconsiderar no prazo de cinco dias, o encaminhará à autoridade superior.
(B) O recurso administrativo tramitará no máximo por três instâncias administrativas, salvo disposição legal diversa.
(C) O não conhecimento do recurso impede a Administração de rever de ofício o ato ilegal, ainda que ocorrida preclusão administrativa.
(D) O recurso administrativo, quando a lei não fixar prazo diferente, deverá ser decidido no prazo máximo de trinta dias, a partir do recebimento dos autos pelo órgão competente.
(E) O órgão competente, interposto o recurso, para dele conhecer deverá intimar os demais interessados a fim de que, no prazo de cinco dias úteis, apresentem alegações.

A: correta (art. 56, § 1°, da Lei 9.784/1999); **B:** correta (art. 57 da Lei 9.784/1999); **C:** incorreta, devendo ser assinalada, pois a administração pode, sim, rever de ofício o ato ilegal se ainda não houver preclusão administrativa (art. 63, § 2°, da Lei 9.784/1999); **D:** correta (art. 59, § 1°, da Lei 9.784/1999); **E:** correta (art. 62 da Lei 9.784/1999).
Gabarito "C".

(Auditor Fiscal da Receita Federal – 2010 – ESAF) João pretende fazer um requerimento, de seu interesse, junto à unidade da Secretaria da Receita Federal do Brasil em sua cidade. Conforme o que determina a Lei 9.784, de 29 de janeiro de 1999, assinale a opção que relata a correta conduta.
(A) Tratando-se de uma situação urgente, João protocolou seu requerimento num domingo, pela manhã, junto ao segurança do prédio em que funciona a Receita Federal do Brasil em sua cidade, conforme a exceção legal para as hipóteses de emergência.
(B) O servidor da Receita Federal do Brasil negou-se a receber o requerimento de João alegando a ausência de reconhecimento de sua firma pelo cartório competente.
(C) Tendo em mãos os documentos originais, João solicitou ao servidor da Receita Federal do Brasil que autenticasse as cópias que apresentava, tendo sido seu pedido deferido.
(D) Após o transcurso de 15 (quinze) dias do protocolo de seu pedido, João recebeu a intimação para o seu próprio comparecimento à sede do órgão naquele mesmo dia, com um prazo de 3 (três) horas para a apresentação.
(E) Tendo comparecido na data, hora e local marcados, João alegou a nulidade absoluta da intimação. A autoridade competente, assim, declarou nulo o ato e determinou que a intimação fosse realizada novamente.

A: incorreta, pois os atos do processo devem realizar-se em dias úteis (art. 23 da Lei 9.784/1999); **B:** incorreta, pois, salvo imposição legal, o reconhecimento de firma somente será exigido quando houver dúvida de autenticidade (art. 22, § 2°, da Lei 9.784/1999); **C:** correta (art. 22, § 3°, da Lei 9.784/99); **D:** incorreta, pois a intimação observará a antecedência mínima de *três dias úteis* quanto à data de comparecimento (art. 26, § 2°, da Lei 9.784/99); **E:** incorreta, pois o comparecimento do administrado supre sua falta ou irregularidade (art. 26, § 5°, da Lei 9.784/1999).
Gabarito "C".

Controle da Administração   17

17.1. CONTROLE INTERNO

17.1.1. Introdução

O controle interno pode ser **conceituado** como o *controle exercido no interior da própria Administração, tendo fundamento no princípio da autotutela*.

Quanto à **iniciativa**, o controle interno deve se dar *de ofício*, podendo iniciar-se, também, por *provocação do interessado*.

Quanto à **extensão**, o controle abrange a fiscalização *contábil, financeira, orçamentária, operacional* e *patrimonial* (art. 70 da CF).

Quanto aos **meios**, o controle interno se dá pela *fiscalização hierárquica* (já vista no item Poder Hierárquico), pela *supervisão ministerial* (vista no capítulo da Organização da Administração) e também pelos *recursos administrativos*, que serão analisados no próximo item.

17.1.2. Recursos administrativos em sentido amplo

Os **recursos administrativos** são *todos os meios administrativos hábeis a provocar o controle da atividade administrativa*. Aqui a expressão "recursos administrativos" é utilizada em sentido amplo, abrangendo todo e qualquer tipo de provocação administrativa do interessado, com vistas ao controle da atividade da Administração.

São **modalidades** dos recursos administrativos:

a) **representação**, consistente na denúncia de irregularidade, feita na Administração;

b) **reclamação administrativa**, consistente na dedução das seguintes pretensões:

b1) pedido de reconsideração: feito para a mesma autoridade que decidiu;

b2) revisão: destinada ao reexame de matéria já definitivamente apreciada pela Administração quando surgirem fatos ou circunstâncias que possam modificar a decisão anterior, não podendo haver reforma em prejuízo de quem a pede (art. 65 da Lei 9.784/1999), ou seja, em matéria de revisão não cabe *reformatio in pejus*. Um exemplo é o pedido de revisão da demissão de um agente público, mas que acabou sendo absolvido na esfera criminal por negativa de autoria ou inexistência do fato;

b3) recurso hierárquico: feito para o superior hierárquico de quem decidiu. Será hierárquico *próprio* se dirigido à autoridade superior do mesmo órgão da inferior (ex.: para secretário da educação contra ato de um diretor da secretaria); será hierárquico *impróprio*, se dirigido para autoridade superior fora do órgão da inferior (ex.: para o Prefeito contra ato do secretário da saúde).

17.1.3. Recurso hierárquico

Como regra, o recurso hierárquico tem somente **efeito** devolutivo, tendo também efeito suspensivo nas hipóteses em que a lei assim dispuser ou quando o administrador aplicá-lo motivadamente, não se presumindo sua existência. Recebido no efeito suspensivo, sem exigência de caução do particular, este não terá interesse processual em ingressar com demanda no Poder Judiciário (salvo se o recurso pleitear que a administração deixe de se omitir diante de um caso concreto). Disso decorre o impedimento da fluência do prazo prescricional.

Tem **legitimidade** para interpor recurso as seguintes pessoas: a) os titulares dos direitos discutidos no processo; b) os terceiros afetados pela decisão; c) as organizações e associações representativas, em caso de interesses coletivos; d) os cidadãos ou associações, quanto aos interesses difusos.

Quanto ao recurso hierárquico, a Lei 9.784/1999 dispõe, em seu art. 56, que os recursos serão **dirigidos** à autoridade que proferiu a decisão, a qual, se não a reconsiderar no prazo de 5 dias, o encaminhará à autoridade superior.

O **prazo** para recurso é, como regra, de 10 dias, contado da ciência ou divulgação oficial da decisão (art. 59), sendo que, na contagem dos prazos, exclui-se o dia do início e inclui-se o do vencimento (art. 66).

O recurso administrativo **tramitará no máximo por três instâncias**, salvo disposição legal diversa (art. 57).

O **não conhecimento** do recurso não impede a Administração de rever de ofício o ato ilegal, desde que não ocorrida a preclusão administrativa (art. 63).

O órgão competente para decidir o recurso pode tomar as **seguintes decisões**: não conhecer do recurso, ou confirmar, modificar, anular ou revogar, total ou parcialmente, a decisão recorrida, se a matéria for de sua competência.

Cabe *reformatio in pejus*, mas o recorrente deve ser cientificado para a defesa, se, da aplicação de tal regra, puder decorrer gravame à situação do recorrente (art. 64).

17.1.4. Coisa julgada e prescrição administrativas

Toda decisão administrativa é passível de ser reapreciada pelo Poder Judiciário nos aspectos de legalidade, moralidade e razoabilidade.

Assim, uma decisão administrativa, mesmo confirmada por um recurso administrativo, não faz aquela coisa julgada prevista na lei processual civil ou penal, coisa julgada que faz com que a decisão fique, definitivamente, imutável no mundo jurídico.

Porém, na esfera administrativa existe a chamada **coisa julgada administrativa**, que consiste na *impossibilidade de retratação por parte da Administração Pública, quando decida favoravelmente ao administrado, desde que, é claro, não se trate de decisão ilegal.*

Em outras palavras, a coisa julgada administrativa consiste no não cabimento mais de recursos na esfera administrativa. De qualquer forma, nada impede que a decisão seja revista no âmbito do Poder Judiciário ou, caso seja ilegal, seja revista pela Administração no prazo de 5 anos (art. 54 da Lei 9.784/1999), sob pena de decadência, salvo comprovada má-fé, hipótese em que não há prazo para anulá-la.

O outro conceito importante é o de **prescrição administrativa,** que *consiste na perda do prazo para recorrer de decisão administrativa (prazo previsto na lei local) ou na perda do prazo para que a Administração reveja seus atos (5 anos) ou, ainda, na perda do prazo para punir (previsto também na lei local).*

Prescrição das pretensões contra o particular: o prazo prescricional para a Administração ingressar com demanda contra o particular é o da lei civil (10 anos, como regra; 3 anos para reparação civil; 5 anos para responsabilidade contratual).

Prescrição das pretensões contra a Fazenda Pública: o prazo é de 5 anos, permitida uma única interrupção, quando então o prazo recomeça a contar, agora, por mais 2 anos e meio, desde que, na somatória do prazo que já decorreu com esse novo prazo não fique reduzido a prazo inferior aos 5 anos originariamente previstos. A Súmula 383 do STF assim dispõe: *a prescrição em favor da Fazenda Pública recomeça a correr, por dois anos e meio, a partir do ato interruptivo, mas não fica reduzida aquém de cinco anos, embora o titular do direito a interrompa durante a primeira metade do prazo.* Vale salientar que o art. 10 do Decreto 20.910/1932, que trata da prescrição quinquenal contra a Fazenda, dispõe que o prazo de cinco anos *"não altera as prescrições de menor prazo, constantes das leis e regulamentos, as quais ficam subordinadas às mesmas regras".*

17.2. CONTROLE EXTERNO

17.2.1. Introdução

O controle externo pode ser **conceituado** como *aquele exercido por órgão ou pessoa que está fora da Administração.*

Quanto ao órgão controlador, o controle externo pode ser de duas espécies, quais sejam, **parlamentar** e **judicial**.

17.2.2. Controle parlamentar

O art. 49, X, da CF, diz ser **competência exclusiva** do Congresso Nacional *fiscalizar e controlar, diretamente, ou por qualquer de suas Casas, os atos do Poder Executivo, incluídos os da administração indireta.*

Tal controle, no plano financeiro-econômico, é exercido com o **auxílio** dos tribunais de contas, que são órgãos independentes, mas que atuam como auxiliares do Poder Legislativo no controle parlamentar.

Os tribunais de contas fiscalizam toda a administração direta e indireta, bem como qualquer pessoa física ou jurídica, desde que tenha recebido recurso de origem estatal.

O controle externo da Câmara Municipal será exercido com o auxílio dos Tribunais de Contas dos Estados ou dos Conselhos ou Tribunais de Contas dos Municípios, onde houver, sendo vedada a criação de Tribunais, Conselhos ou órgãos de Contas Municipais (art. 31 da CF), ressalvados os já existentes, no Município de São Paulo e no Município do Rio de Janeiro.

O parecer prévio, emitido pelo órgão competente sobre as contas que o Prefeito deve anualmente prestar, só deixará de prevalecer por decisão de dois terços dos membros da Câmara Municipal (art. 31 da CF).

Quanto ao controle legislativo, vale lembrar que o artigo 49, V, diz que é competência exclusiva do Congresso *"sustar os atos normativos do Poder Executivo que exorbitem do poder de regulamentar ou dos limites de delegação legislativa"*.

O artigo 49, IX, por sua vez, confere a competência para *"julgar anualmente as contas prestadas pelo Presidente da República e apreciar os relatórios sobre a execução dos planos de governo"*.

Vale salientar que a Constituição Federal traz uma série de situações em que o Poder Legislativo controlará atos do Poder Executivo, como na aprovação de tratados e convenções internacionais, autorização para declarar guerra e fazer a paz, aprovação ou suspensão de intervenção federal ou estado de sítio, todas previstas no artigo 49. Há também controle, previsto no artigo 52, a ser feito pelo Senado Federal, quanto à aprovação da escolha de ocupantes de certos cargos, autorização de operações externas financeiras e endividamentos. Tudo sem contar o fato de que se pode constituir CPI por prazo certo e para apurar fato determinado (art. 58, § 3º, da CF).

O artigo 71 da Constituição traz, ainda, dentre outras, as seguintes disposições a respeito da competência do Tribunal de Contas:

a) *aplicar aos responsáveis, em caso de ilegalidade de despesa ou irregularidades de contas, as sanções previstas em lei, que estabelecerá, entre outras cominações, multa proporcional ao dano causado ao erário;*

b) *assinar prazo para que o órgão ou entidade adote as providências necessárias ao exato cumprimento da lei, se verificada ilegalidade;*

c) *sustar, se não atendida, a execução do ato impugnado, comunicando a decisão à Câmara dos Deputados e ao Senado Federal;*

d) *no caso de contrato, o ato de sustação será adotado diretamente pelo Congresso Nacional, que solicitará, de imediato, ao Poder Executivo as medidas cabíveis;*

e) *se o Congresso Nacional ou o Poder Executivo, no prazo de noventa dias, não efetivar as medidas previstas no item anterior, o Tribunal decidirá a respeito;*

f) *as decisões do Tribunal de que resulte imputação de débito ou multa terão eficácia de título executivo.*

g) *apreciar, para fins de registro, a legalidade dos atos de admissão de pessoal, a qualquer título, na administração direta e indireta, incluídas as fundações instituídas e mantidas pelo Poder Público, excetuadas as nomeações para cargo de provimento em comissão, bem como a das concessões de aposentadorias, reformas e pensões, ressalvadas as melhorias posteriores que não alterem o fundamento legal do ato concessório;* quanto a essa competência, vale trazer à colação a Súmula Vinculante 3 do STF: "Nos processos perante o Tribunal de Contas da União asseguram-se o contraditório e a ampla defesa quando da decisão puder resultar anulação ou revogação de ato administrativo que beneficie o interessado, excetuada a apreciação da legalidade do ato de concessão inicial de aposentadoria, reforma e pensão".

17.2.3. Controle judicial

O controle judicial dos atos da administração pública pode se dar por qualquer tipo de demanda judicial.

Porém, há **ações especiais** contra atos do Poder Público, como o mandado de segurança, o *habeas data*, a ação popular e a ação civil pública, por exemplo.

Não há ato administrativo **imune** ao controle judicial. Até o ato discricionário está sujeito ao controle jurisdicional, desde que tal controle se atenha aos aspectos de legalidade, razoabilidade e moralidade, não sendo possível invadir-se o puro mérito administrativo, ou seja, a conveniência e a oportunidade que remanesce ao agente público diante dos chamados atos discricionários.

Neste ponto, vale destacar que determinados atos estão sujeitos a **controle especial**. São eles: os atos políticos (ex.: iniciativa e veto a projeto de lei, nomeação de Ministro, concessão de indulto etc.), os atos legislativos (leis) e os atos *interna corporis* (regimentos de tribunais e de corporações legislativas).

Os primeiros terão âmbito de controle muito pequeno. Os segundos serão controlados por meio de ações de constitucionalidade, salvo as leis de efeito concreto, que podem ser atacadas por meios comuns, como o mandado de segurança e a ação popular. Os últimos, por dizerem respeito aos interesses internos da corporação legislativa, não são passíveis de controle quanto ao seu conteúdo, sendo possível tão somente analisá-los quanto a aspectos formais.

Em virtude do princípio da inafastabilidade da jurisdição, o interessado **não é obrigado a esgotar as vias administrativas** para pleitear proteção judicial em decorrência de lesão a direito seu. Nesse sentido, confira a seguinte decisão do STJ: "o esgotamento prévio das instâncias administrativas não é condição para que a parte se socorra do Poder Judiciário e pleiteie o reconhecimento de seu direito líquido e certo" (STJ, RMS 13.893/MS, DJ 24.03.2008).

Questão importante diz respeito ao prazo de **prescrição** para o ingresso com ação contra a Fazenda Pública.

Como regra, esse prazo é de 5 anos, nos termos do art. 1º do Decreto 20.910/1932.

Todavia, em matéria de ação indenizatória, o prazo é de 3 anos.

Há tema bastante interessante no que diz respeito ao prazo prescricional para ingressar com ação contra a Fazenda Pública quanto a eventos que ensejam direitos de trato sucessivo.

A título de exemplo, imagine que os vencimentos de servidor público não tenham sido adequadamente reajustados há 10 anos. É possível, hoje, que esse servidor proponha ação judicial visando à condenação do ente federativo em relação ao pagamento retroativo do reajuste bem como à determinação de que esse reajuste seja aplicado aos vencimentos futuros?

O Decreto 20.910/1932, que regula a prescrição das dívidas da Fazenda Pública, dispõe que essas prescrevem em 5 anos, contados da data do ato ou fato do qual se originarem (art. 1º), conforme já vimos.

Todavia, há súmula do Superior Tribunal de Justiça que estabelece que, nas relações de trato sucessivo em que a Fazenda Pública figure como devedora, quando *não haja negativa do direito reclamado pelo interessado*, a prescrição atinge apenas as prestações vencidas antes do quinquênio anterior à propositura da ação, não ocorrendo prescrição do fundo de direito.

Assim, desde que não tenha havido negativa expressa da Administração em relação ao direito do servidor, este poderá aforar ação mesmo já tendo transcorrido o prazo de 5 anos da data em que os reajustes deveriam ter sido feitos. E isso se dá porque, nas relações de trato sucessivo, a lesão se renova mensalmente.

Apesar de a prescrição não atingir o fundo de direito, o servidor não poderá reclamar, na ação proposta, prestações vencidas antes do quinquênio anterior à propositura da ação, por ter ocorrido prescrição.

Quanto à ação adequada a ser proposta pelo servidor, em que pese não se operar a decadência para a propositura de mandado de segurança com relação a prestações de trato sucessivo, essa ação não é adequada, pois haveria problema em se formar título executivo para a cobrança dos últimos cinco anos de prestações devidas.

Como é cediço, o mandado de segurança não pode ser utilizado como ação de cobrança. O máximo que a Lei de Mandado de Segurança permite é que o pagamento de prestações pecuniárias asseguradas na sentença será efetuado relativamente às prestações que se vencerem a contar do ajuizamento da inicial.

Dessa forma, o servidor deve ingressar com ação de conhecimento pelo rito ordinário, objetivando a cobrança das prestações atrasadas e das prestações que se vencerem a contar do ajuizamento da inicial (obrigação de pagar), bem como a implantação do reajuste para as prestações futuras (obrigação de fazer), com pedido de tutela antecipada.

A respeito, confira os seguintes entendimentos jurisprudenciais:

> Súmula 85 do STJ. "Nas relações jurídicas de trato sucessivo em que a fazenda pública figure como devedora, quando não tiver sido negado o próprio direito reclamado, a prescrição atinge apenas as prestações vencidas antes do quinquênio anterior à propositura da ação."

> "A Administração Pública quedou-se omissa em repassar o reajuste de fevereiro de 1995 determinado pelas Leis Municipais 10.688/1988 e 10.722/1989 aos vencimentos dos servidores públicos municipais. Desse modo, verifica-se tratar de lesão que se renova mensalmente, caracterizando, por conseguinte, relação jurídica de trato sucessivo, nos termos da Súmula 85 do STJ." (STJ, AgRg no Ag 1118098/SP, DJ 29.06.2009)

> "Nas demandas em que se discute o reajuste de vencimentos de servidores, e não havendo negativa expressa da Administração, a prescrição não atinge o próprio fundo de direito, mas tão somente as parcelas anteriores ao quinquênio que antecedeu à propositura da ação." (STJ, AgRg no Ag 1056855/SP, DJ 13.10.2008)

> "Por se tratar de prestação de trato sucessivo, o termo inicial para a impetração da ação mandamental se renova a cada mês que a administração se omite em aplicar o reajuste pleiteado; não ocorre, portanto, a decadência do artigo 18 da Lei 1.533/1951 [art. 23 da Lei 12.016/2009]. O STJ possui jurisprudência uniforme no sentido de que, sem a negativa do próprio direito reclamado, não ocorre a prescrição do fundo de direito, mas, tão somente, das parcelas vencidas antes do quinquênio que antecedeu a propositura da ação." (STJ, RMS 24.094/RS, DJ 19/12/2008)

17.3. MANDADO DE SEGURANÇA

17.3.1. Conceito e características principais

O mandado de segurança pode ser **conceituado** como *a ação constitucional pela qual se pede a proteção a direito líquido e certo lesado ou ameaçado de lesão por ato de autoridade pública ou de agente de pessoa jurídica delegado do Poder Público, não amparado por* habeas corpus *ou* habeas data.

Trata-se, assim, de ação com as seguintes **características**:

a) é **ação constitucional** (art. 5º, LXIX), tratando de cláusula pétrea e garantia fundamental;

b) só pode atacar ato de **autoridade pública** ou **de agente delegatário**;

c) exige **direito líquido e certo**, ou seja, só pode concedida a segurança se houver prova pré-constituída dos fatos que levam ao direito invocado;

d) protege direito **já lesado** ou **ameaçado de lesão**;

e) não cabe, se no caso concreto, couber, **habeas corpus** ou **habeas data**.

17.3.2. Espécies

Há duas **espécies** de mandado de segurança:

a) Individual: impetrado para defender direito próprio da *pessoa natural* ou *jurídica* impetrante, com regulamentação no art. 5º, LXIX, da CF;

b) coletivo: impetrado por partido político com representação nacional, organização sindical, entidade de classe ou associação legalmente constituída em funcionamento há pelo menos um ano, para defender interesses de seus membros ou associados, regulamentado no art. 5º, LXX, da CF.

17.3.3. Mandado de segurança coletivo (Lei 12.016/2009)

Aqui temos a chamada legitimação extraordinária, uma espécie de substituição processual em que alguns legitimados atuam em favor do interesse de terceiros, no caso de membros ou associados daqueles.

De acordo com o art. 21 da Lei 12.016/2009, são **legitimados** para o mandado de segurança coletivo os seguintes:

a) partido político com representação no Congresso Nacional: devem atuar na defesa de seus interesses legítimos relativos a seus integrantes ou à finalidade partidária. Todavia, não se admite o mandado de segurança coletivo nesse caso, para impugnar a majoração de tributo;

b) organização sindical, entidade de classe ou associação legalmente constituída e em funcionamento há pelo menos 1 ano: devem atuar na defesa de direitos líquidos e certos da totalidade, ou de parte, dos seus membros ou associados, na forma de seus estatutos e desde que pertinentes às suas finalidades.

Acerca desses legitimados, confira-se os seguintes regras:

a) dispensa-se, para tanto, autorização especial dos membros ou associados (art. 21 + Súmula STF 629)

b) pouco importa se estatutos não tratam da representação judicial dos associados (STF, MS 25.347)

c) o sindicato não tem que mostrar 1 ano de constituição

d) o direito dos associados deve estar compreendido nas atividades exercidas por estes, não se exigindo que seja interesse próprio, peculiar, da classe (MS 22.132)

Quanto aos **direitos protegidos** num mandado de segurança coletivo, temos as seguintes regras (art. 21, parágrafo único, da Lei 12.016/2009):

a) interesses coletivos: são os transindividuais, de natureza indivisível, de que seja titular grupo ou categoria de pessoas ligadas entre si ou com a parte contrária por uma relação jurídica básica; um exemplo é um mandado de segurança ajuizado por um legitimado para proibir divulgação de dados pessoais de servidores na internet;

b) interesses individuais homogêneos: são os decorrentes de origem comum e da atividade ou situação específica da totalidade ou de parte dos associados ou membros do impetrante; um exemplo é um mandado de segurança ajuizado por um legitimado para proteger soldados cabos que foram impedidos de fazer curso para a formação de sargentos, por terem procedimento penal em curso contra si.

Quanto à **coisa julgada** num mandado de segurança coletivo, esta fica limitada aos membros do grupo ou categoria substituídos pelo impetrante (art. 22), não tendo efeito *erga omnes*.

Caso haja **ações individuais** tratando das mesmas questões de um mandado de segurança coletivo, este não induz litispendência para aquelas, mas os efeitos da coisa julgada dele não beneficiarão o impetrante a título individual se não requerer a desistência de seu mandado de segurança no prazo de 30 dias a contar da ciência comprovada da impetração da segurança coletiva.

Cabe pedido de **liminar** em mandado de segurança coletiva, porém, esta só poderá ser concedida após audiência do representante judicial da pessoa jurídica de direito público, que deverá ser pronunciar em 72 horas.

Quanto aos demais pontos do **regime jurídico** do mandado de segurança coletivo, aplicam-se as regras gerais do mandado de segurança. Como exemplos, tem-se a impossibilidade de ajuizar mandado de segurança coletivo contra lei em tese e a necessidade de se tratar de direito líquido e certo o defendido nessa ação, ou seja, de direito cujos fatos podem ser comprados de plano, mediante prova escrita pré-constituída. Caso não haja essa prova, o legitimado deve ingressar com outra ação que permite dilação probatória, como é o caso da ação civil pública.

17.3.4. Mandado de segurança individual (Lei 12.016/2009)

Quanto aos **requisitos para o cabimento** do mandado de segurança coletivo, tem-se os seguintes:

a) impugnação de ato de autoridade ou de agente de pessoa jurídica no exercício de atribuições do Poder Público; assim, **não cabe** MS contra atos de: i) pessoas naturais e de pessoas jurídicas privadas; ii) gestão comercial praticados p/ estatais e concessionários; e **cabe** MS contra atos de: i) a) pessoas jurídicas de direito público; ii) representantes ou órgão de partidos políticos; iii) dirigentes de PJs ou de pessoas naturais no exercício de atribuições do poder público, quanto a essas funções; iv) dirigente de estatal, regidos pelo dir. público (STJ S. 333);

b) existência de direito líquido e certo, que é *aquele cujos fatos que o fundamentam possam ser comprovados de plano,* ou seja, é que há prova documental ou prova pré-constituída, sendo desnecessário dilação probatória; para explicar o sentido desse requisito a doutrina também usa a expressão "fatos líquidos e certos", como sendo aqueles provados na sua existência e incontroversos na sua ocorrência; vale ressaltar que a complexidade na aplicação do Direito não impede o manejo do mandado de segurança (Súmula STF n. 625 "controvérsia sobre matéria de direito não impede concessão de MS"); assim, a necessidade de fazer interpretações e ponderações não inviabiliza o *mandamus,* mas a necessidade de fazer dilação probatória, essa sim inviabiliza.

c) ajuizamento no prazo decadencial; de acordo com o art. 23 da lei, o mandado de segurança deve ser ajuizado no prazo de 120 dias da ciência do ato impugnado, valendo salientar que o STF, na Súmula 632, considera constitucional esse prazo; por ser um prazo decadencial, não pode ser suspenso ou interrompido, mesmo nas férias, porém, há decisão do STJ entendendo que, se o fim do prazo cair em feriado forense, fica prorrogado para o 1º dia útil seguinte (AgRg Resp 681.751 e MS 10.222); no mais, seguem as seguintes informações sobre esse requisito: i) o prazo se inicia da ciência, pelo interessado, do ato impugnado; ii) nas relações de trato sucessivo, o prazo se renova a cada ato lesivo; iii) nas condutas omissivas estatais, o prazo é contado da data final que a autoridade tinha para expedir o ato; iv) não ocorre caducidade se MS for interposto a tempo, mas em juízo incompetente; v) pedido de reconsideração na esfera administrativa não interrompe o prazo para o mandado de segurança (Súmula STF n. 430);

d) **não cabimento, no caso, de** *habeas corpus* **ou** *habeas data*;

e) **inexistência de outros impedimentos, como:** i) não se concederá MS contra ato de que caiba recurso administrativo com efeito suspensivo, independentemente de caução (Súmula STF n. 429: salvo se se tratar de omissão da autoridade), contra decisão judicial da qual caiba recurso com efeito suspensivo e contra decisão judicial transitada em julgado (art. 5º da Lei 12.016/2009); ii) não cabe MS contra lei em tese (Súmula STF 266); iii) não cabe MS como substitutivo de ação de cobrança (Súmula STF n. 269), sendo que a concessão de MS não produz efeitos patrimoniais em relação a período pretérito, os quais devem ser reclamados administrativamente ou pela via judicial própria (Súmula STF n. 271), apesar de o art. 14, § 4º, da lei admitir que um pagamento a servidor assegurado em MS só será efetuado quanto às prestações que se vencerem a contar da data do ajuizamento da inicial, sendo que pagamentos passados devem ser cobrados na via própria, com expedição de precatório; iv) não cabe MS contra atos *interna corporis*, mas cabe contra atos em CPI, se violado direito, como a quebra de sigilo sem motivação (STF, MS 24.831).

Quanto à **legitimidade** para o mandado de segurança, há de se obedecer às seguintes regras:

a) **ativa:** pode ajuizar MS a pessoa natural (até menor), a pessoa jurídica, as universalidades legais, os órgão público de grau superior (ex: Mesa da Câmara – para defesa de prerrogativas) e o Ministério Público;

b) **passiva:** deve estar no polo passivo de MS a **autoridade coatora**, ou seja, a autoridade que tiver praticado o ato impugnado ou da qual emane a ordem para a sua prática (art. 6º, § 3º); a doutrina a jurisprudência são pacíficas no sentido de que a autoridade a ser indicada é aquela que tem poder de decisão sobre o ato (ou seja, aquela que também pode desfazer o ato por vontade própria), e não o mero executor do ato; ademais, se quem praticou o ato recebeu delegação para tanto, contra este (delegatário) caberá o MS (Súmula STF n. 510).

Há também uma importante casuística, de acordo com a espécie de ato quanto às vontades necessárias para a sua formação. Vejamos: i) em atos colegiados: deve-se indicar o presidente daquele colegiado (ex: Presid. da Comissão de Licitação); ii) em atos complexos: indica-se todas as autoridades que praticaram o ato; iii) em atos compostos (composto de dois ou mais atos, como a nomeação de Ministro para STJ, em que há atos do STJ e do Presidente da República); a indicação da autoridade depende da fase, sendo que, no exemplo dado, após nomeação do ministro, só se indica a última autoridade praticante do ato (Presidente da República), independentemente do problema invocado (Súmula STF n. 627)

Quando o ato impugnado afeta juridicamente outras pessoas, em litisconsórcio necessário, todos devem ser colocados no polo passivo, extinguindo-se o MS se impetrante não promover a citação do litisconsorte passivo necessário (Súmula STF n. 631).

Na petição inicial do MS deve-se indicar o cargo da autoridade coatora. Havendo indicação errônea de autoridade coatora, a consequência é radical: extingue-se o processo, sem apreciação de mérito. Mas o autor da ação pode ajuizar outro MS, agora em face da autoridade coatora correta.

De qualquer forma, pode ser que o juiz não perceba a indicação errônea da autoridade quando recebe o mandado de segurança e que a autoridade coatora indicada acabe por apresentar a defesa (as informações). Nesse caso, preenchidos certos requisitos, é possível que o processo não seja extinto sem apreciação de mérito e seja julgado no mérito, como se tivesse sido indicada a autoridade competente. Isso se dá quando presentes os requisitos da **Teoria da Encampação** que são os seguintes (STJ, AgRg RMS 27.578)

a) a autoridade apontada como coatora é superior hierárquico da autoridade que praticou o ato;

b) a autoridade apontada como coatora não tem foro diferenciado;

c) a autoridade apontada como coatora, não se limita a alegar sua ilegitimidade e, efetivamente, defende o ato impugnando, manifestando-se sobre o mérito da causa

Cumpridos esses requisitos o juiz deve julgar o mérito do MS, pois não há prejuízo algum com a indicação errônea da autoridade competente.

Quanto à **competência** para o mandado de segurança, tem-se as seguintes regras.

A **regra geral** é que a competência para o MS é a da *sede da autoridade coatora, observada a sua categoria funcional*.

Há de se verificar, também, a **Justiça** competente, se estadual (para autoridades municipais ou estaduais), federal (para autoridades federais; tem-se tal autoridade toda vez que consequências patrimoniais tiverem de ser suportadas pela União ou entidade por ela controlada) ou especial (para casos de competência das Justiças Eleitoral, do Trabalho e Militar).

E também se fazer necessário verificar o **Grau**. Há casos em que a competência é originária de tribunais, observando-se ao seguinte:

a) STF: é o tribunal competente para MS contra atos do Presidente da República, das Mesas da Câmara e Senado, do TCU, do CNJ, do CNMP, do Procurador-Geral da República e do próprio STF. Vide art. 102, I, "d" e "r", CF). Segundo a Súmula STF n. 624, não compete ao STF conhecer originariamente de MS contra atos de outros tribunais;

b) STJ: é o tribunal competente para MS contra atos de Ministro de Estado, Comandante das Forças Armadas e do Próprio STJ. Vide o art. 105, I, "b", da CF). Segundo a Súmula STJ 177, o fato de um órgão colegiado ser dirigido por um Ministro não torna o STJ competente para o MS respectivo.

c) TRF: é o tribunal competente para MS contra atos de Juiz Federal e do próprio tribunal. Vide o art. 108, I, "c", da CF.

Quanto à **Justiça Federal,** o Brasil é divido em **5 Regiões**, cada uma com um Tribunal Regional Federal, valendo salientar que se encontra suspensa, por decisão do STF, a EC 73, que cria mais quatro Tribunais Regionais Federais (6ª, 7ª, 8ª e 9ª Regiões). Cada Região é composta por duas ou mais **Seções Judiciárias** (correspondentes aos Estados e ao Distrito Federal). Cada Seção Judiciária é subdividida em **Subseções Judiciárias**. As Subseções são divididas em **Varas**. E os magistrados são os Juízes Federais e os Desembargadores Federais.

Quanto à **Justiça Estadual,** cada **Estado** e o **DF** tem seu Tribunal de Justiça. O Estado é dividido em **Comarcas**. E os magistrados são os Juízes de Direito e Desembargadores

Quanto aos **mandados de segurança nos tribunais**, vale trazer ainda as seguintes regras:

a) nos termos da Constituição Estadual de cada Estado, são comuns competências originárias dos TJs para julgamento de MS impetrados contra determinadas autoridades (governadores, prefeitos, secretários etc.);

b) em casos de mandado de segurança que tem competência originária em um tribunal (TJ, TRF), do acórdão denegatório da segurança (só do acórdão denegatório!) cabe Recurso Ordinário ao STJ;

c) nos demais casos em que se tem decisão dada por tribunal, cabe recursos extraordinário e especial.

Quanto aos requisitos da **petição inicial** num MS, tem-se os seguintes:

a) cumprimento dos requisitos da lei processual civil – juiz ou tribunal, a que é dirigida, nomes, prenomes, estado civil, profissão, domicílio e residência das partes, fatos e fundamentos jurídicos do pedido; pedido, com suas especificações, valor da causa, requerimento de provas e honorários (em MS não cabe esses requerimentos), requerimento de notificação/citação, instrução da petição com documentos;

b) indicação da autoridade coatora, mais pedido notificação desta;

c) indicação da pessoa jurídica à qual a autoridade integra, acha-se vinculada ou exerce atribuições, mais requerimento de ciência ao órgão de representação judicial da pessoa jurídica interessada, para, querendo, ingresse no feito;

d) indicação de eventuais litisconsortes necessários, mais pedido de citação destes (eventual);

e) requerimento de oitiva de representante do MP;

f) pedido de concessão de liminar, quando for o caso;

g) apresentação da petição em mais de uma via (além da via do protocolo), com os documentos que instruírem a primeira reproduzidos na segunda, para que se utilize a outra via para cientificação da autoridade coatora;

h) caso documento necessário se ache em repartição, requerimento para juiz ordenar exibição do documento ou cópia.

O **tratamento das partes** deve ser o seguinte: a) polo ativo: impetrante; b) polo passivo: impetrado.

Quanto ao pedido de **liminar**, pede-se a suspensão do ato que deu motivo ao MS ou outro tipo de comando para acautelar o direito a ser protegido. Os **requisitos** para essa concessão são: a) demonstração de fundamento relevante (*fumus boni iuris*); b) demonstração de que do ato impugnado pode resultar ineficácia da medida, se deferida ao final (*periculum in mora*). O juiz, ao deferir a liminar, pode, se entender necessário, exigir do impetrante caução, fiança, ou depósito, para assegurar ressarcimento à pessoa jurídica em caso de revogação da medida. A lei também traz **limites à concessão de liminar** em MS (7º, § 2º), ao dispor que esta não cabe quando tenha por objeto: i) a compensação de créditos tributários; ii) a entrega de mercadorias e bens provenientes do exterior; iii) a reclassificação ou equiparação de servidores públicos; iv) a concessão de aumentos ou a extensão de vantagens ou pagamentos de qualquer natureza. A liminar durará até a sentença.

Quanto ao **rito** do MS, segue-se o seguinte: a) **petição inicial**; b) **notificações e citações de praxe**; c) aguardo do prazo de 10 dias para as **informações** da autoridade coatora e para a **contestação** da pessoa jurídica interessada, que geralmente são apresentadas em peça única; d) **oitiva do MP,** em 10 dias; e) sentença. Quanto à **sentença**, esta tem caráter **mandamental**, ou seja, a ordem judicial (o mandamento) deve ser cumprida independentemente de execução de sentença, bastando que o juiz transmita tal ordem por ofício dirigido à autoridade coatora e à pessoa jurídica, ofício esse que pode ser entregue por oficial de justiça, correio, telegrama, fax etc. Constitui crime a desobediência a decisões em MS, sem prejuízo de outras sanções (arts. 26 Lei de MS e 330 do CP).

A sentença que conceder MS pode ser executada provisoriamente, salvo em casos em que não cabia liminar. A execução provisória é possível, pois recursos contra decisões em mandado de segurança não têm efeito suspensivo.

Quanto aos pagamentos determinados a servidores, só as prestações que se vencerem a contar do ajuizamento da inicial em que podem ter determinação para que a Administração faça o pagamento. Quanto às demais, devem ser cobradas em vias próprias, com expedição de precatório.

Quanto aos **recursos** cabíveis em MS, tem-se os seguintes:

a) **embargos de declaração**, na forma da lei processual civil; b) **agravo:** contra decisões interlocutórias, na forma da lei processual civil; c) **apelação:** contra sentença, na forma da lei processual civil; d) **reexame obrigatório:** de decisão concessiva de MS; e) **embargos infringentes:** não cabe em MS; f) **recursos extraordinário e especial:** na forma da lei processual civil; g) **recurso ordinário:** a ser julgado pelo STJ, em MS julgado em única instância por TRFs e TJs, quando a decisão for **denegatória** (art. 102, II, CF); a ser julgado pelo **STF**, em MS julgado em única instância por Tribunais Superiores, quando a decisão for **denegatória** (art. 105, II, da CF).

A lei de mandado de segurança também prevê o chamado **Pedido de Suspensão** (art.15). Trata-se de um pedido *Sui Generis* (uma mistura de ação com recurso, mas não é nem uma coisa, nem outra, mas um gênero à parte). O **objeto** desse pedido é a suspensão da execução de liminar ou de um sentença concessiva da segurança. A **legitimidade ativa:** para esse pedido é da pessoa jurídica de direito público que tiver de suportar direta ou indiretamente a liminar ou a sentença, e do Ministério Público também. A **competência** para apreciar esse pedido é do Presidente do Tribunal ao qual competir conhecer o respectivo recurso. Por exemplo, se se trata de uma liminar dada em primeira instância na justiça estadual, caberia agravo de instrumento para o TJ. Assim, o Pedido de Suspensão deve ser endereçado ao Presidente desse específico TJ. No caso, o agravo discutirá a legalidade da decisão e o pedido de suspensão, outros fundamentos. Admite-se que o recurso e o pedido sejam feitos simultaneamente, ou que só se ingresse com um ou só se ingresse com o outro. A lei prevê que o único fundamento que pode ser discutido nesse pedido é o seguinte: se a decisão impugnada causa grave lesão à ordem, à saúde, à segurança e à economia públicas. O pedido, deve, então, tentar demonstrar se há grave lesão à ordem administrativa em geral, ao normal execução do serviço público, ao regular andamento de obras públicas, ao devido exercício de função da Administração, entre outros fundamentos no mesmo sentido, ou seja, acerca das consequências danosas à ordem pública e aos altos interesses administrativos. O presidente do Tribunal pode, antes de julgar o mérito do pedido, conferir **efeito suspensivo liminar**, em decisão contra a qual cabe agravo em 5 dias para órgão do próprio tribunal, que pode derrubar a decisão do presidente. Indeferido o efeito suspensivo liminar ou provido o agravo contra decisão que deu efeito suspensivo liminar, cabe novo pedido de suspensão ao presidente do tribunal competente para conhecer de eventual recurso especial ou extraordinário. Se indeferido, cabe também agravo pelo Poder Público, que, improvido, permite também um novo pedido de suspensão. Conforme mencionado, o pedido de Suspensão não prejudica os recursos que discutem o mérito da questão. Em casos de **liminares idênticas**, pode-se estender os efeitos da suspensão de uma liminar para os outros casos.

17.4. HABEAS DATA

O *habeas data* pode ser **conceituado** como *a ação constitucional concedida para: a) assegurar o conhecimento de **informações** relativas à pessoa do impetrante, constantes de registros ou bancos de dados de entidades governamentais ou de caráter público; b) **retificar** dados, quando não se prefira fazê-lo por processo sigiloso, judicial ou administrativo* (art. 5º, LXXII, da CF); *c)* **anotar** *nos assentamentos do interessado contestação ou explicação sobre dado verdadeiro mas justificável e que esteja sob pendência judicial ou amigável* (art. 7º, III, da Lei 9.507/1997).

São requisitos para o **cabimento e concessão** os seguintes:

a) informação sobre a pessoa do impetrante; o pedido para ter *informação, retificação* ou *anotação* deve ser sobre a *pessoa do impetrante*, e não qualquer informação de *interesse pessoal*; por exemplo, cabe HD para ter acesso a dados constantes do prontuário de servidor público ou a dados do impetrante constantes nos registros das Polícias Civil e Federal; **não cabe** HD para: i) pedir informações sobre terceiros; ex: sobre autores de agressões contra o interessado (STF, RMS 24.617); repare que se busca informação de interesse pessoal do impetrante, mas não sobre o próprio impetrante, mas sobre terceiro; ii) simples obtenção de vista de processo administrativo (STF, HD 90-AgR); iii) fazer valer o direito à informação, de interesse particular ou coletivo (art. 5º, XXXIII, da CF); o direito ao HD não se confunde com o direito de petição ou de certidão;

b) informação constante de banco de dados ou registro de caráter público; considera-se de caráter público todo registro ou banco de dados contendo informações que sejam ou que possam ser **transmitidas** a terceiros ou que **não sejam de uso privativo** do órgão ou entidade produtora ou depositária das informações (art. 1º, parágrafo único, Lei 9.507/1997); assim, **cabe** HD: i) em face de entidade governamental ou de caráter público; governamental inclui empresas estatais; ii) para assegurar informações sobre cadastro de devedores ou listagens de mala-direta; e **não cabe** HD quando se quer: i) ficha de pessoal do Banco do Brasil, pois não é um registro de caráter público; ii) extrato bancário requerido a banco estatal, pois também não é um banco de dados ou um registro de caráter público;

c) prova de indeferimento ou omissão no atendimento a pedido informações (art. 8º, parágrafo único, da Lei 9.507/1997 e Súmula STJ n. 2); o interessado na informação, retificação ou anotação deverá fazer requerimento ao órgão ou entidade depositária do registro, que será apreciado em 48 horas, comunicando-se a decisão ao requerente em 24 horas; deve haver prova da: i) recusa ao acesso às **informações** ou decurso de mais de 10 dias sem decisão; ii) recusa em fazer-se a **retificação** ou decurso de mais de 15 dias sem decisão; iii) recusa em fazer-se a **anotação** ou decurso de mais de 10 dias sem decisão; vale ressaltar que a informação incompleta equivale à recusa (STJ, HD n. 149);

d) direito líquido e certo de não ser prejudicado; os *fatos que o impetrante usa para fundamentar seu direito devem ser comprovados de plano*; ou seja, há de se levar a juízo, prova documental, pré-constituída, sem dilação probatória; o STJ determina que essa regra também se aplica ao HD, de modo que o impetrante deve demonstrar desde logo, com a propositura da ação, a incorreção de dado constante do registro do órgão competente (HD 210, 18/02/2011); não é cabível que se faça um pedido de informações somado já a uma eventual retificação, pois não se sabe se esta será necessária (STJ, HD n. 160); o impetrante deve, também, demonstrar que o pedido não é mero capricho, mas o problema na informação vem causando prejuízo moral ou material; não cabe HD para excluir nome de dívida ativa, pois isso demandaria dilação probatória.

Seguem **outras informações** sobre o HD: a) não há prazo para ingressar com essa ação; b) se couber HD, não cabe MS; c) não é possível fazer outros tipos de pedido que não um dos três mencionados; d) são gratuitos os procedimentos administrativos para o acesso a informações, retificação de dados e anotação de justificação, bem como a ação de *habeas data*; e) não se pode negar HD com fundamento na proteção do direito à intimidade e à vida privada, porém, se o inquérito for sigiloso, por motivo de segurança, o HD pode ser negado; f) o instituto foi criado para possibilitar acesso aos registros do antigo SNI – Serviço Nacional de Informações

Quanto à **legitimidade**, tem-se o seguinte: **a) ativa:** pessoa natural ou pessoa jurídica; **c) passiva:** é o **coator**, que é o próprio órgão ou entidade. Ex: gestão de dados dos examinandos do ENEM compete ao INEP (pessoa jurídica), e não ao Ministro da Educação, que é parte ilegítima para o HD. Havendo indicação errônea da autoridade coatora, cabe, preenchidos os três requisitos, a aplicação da Teoria da Encampação (STJ, HD n. 147), na forma do que acontece com o mandado de segurança.

Sobre a **competência** para o HD, tem-se o seguinte: é a da *sede do coator, observada a sua categoria funcional*; porém, o impetrante pode se valer da opção prevista no art. 109, § 2º, da CF, que permite, nas causas aforadas contra a União, que o autor ajuíze ação na seção judiciária em que for domiciliado

Há de se verificar, também, a **Justiça** competente, se estadual (para autoridades municipais ou estaduais) ou federal (para autoridades federais; tem-se tal autoridade toda vez que consequências patrimoniais tiverem de ser suportadas pela União ou entidade por ela controlada).

E também se faz necessário verificar o **Grau**. Há casos em que a competência é originária de tribunais, observando-se ao seguinte:

a) STF: é o tribunal competente para HD contra atos do Presidente da República, das Mesas da Câmara e Senado, do TCU, do CNJ, do CNMP, do Procurador-Geral da República e do próprio STF. Vide art. 102, I, "d" e "r", CF);

b) STJ: é o tribunal competente para HD contra atos de Ministro de Estado, Comandante das Forças Armadas e do Próprio STJ. Vide o art. 105, I, "b", da CF).

c) TRF: é o tribunal competente para MS contra atos de Juiz Federal e do próprio tribunal. Vide o art. 108, I, "c", da CF.

São **requisitos da petição inicial** os seguintes:

a) cumprimento dos requisitos da lei processual civil: i) juiz ou tribunal, a que é dirigida; ii) nomes, prenomes, estado civil, profissão, domicílio e residência das partes; iii) fato e fundamentos jurídicos do pedido; iv) pedido, com suas especificações; v) valor da causa; vi) requerimento de provas (em MS não há esse requerimento); vii) requerimento de honorários (não há entendimento pacífico a respeito desse tema); viii) requerimento de citação do réu; ix) instrução da petição com documentos;

b) indicação do coator, mais notificação deste;

c) indicação de eventuais litisconsortes necessários, mais pedido de notificação destes (eventual);

d) requerimento de oitiva de representante do MP;

e) pedido de concessão de liminar (é comum);

f) apresentação em duas vias, com os documentos que instruírem a primeira reproduzidos na segunda;

O **tratamento das partes** deve ser o seguinte: a) polo ativo: impetrante; b) polo passivo: impetrado ou coator.

Quanto à **liminar,** não está na Lei de HD, mas, tendo em vista a inafastabilidade da jurisdição e o poder geral de cautela do juiz, cabe para que não pereça o direito. São requisitos para a sua concessão o fundamento relevante (*fumus boni juris*) e que do ato impugnado puder resultar ineficácia da medida, se deferida ao final (*periculum in mora*).

Quanto ao **rito** do HD, segue o seguinte: **a) petição inicial; b) notificação do coator; c)** 10 dias para **informações** da autoridade coatora; c) **oitiva do MP,** em 5 dias; d) **sentença**, em 5 dias.

Quanto à **sentença** (arts. 13 e 14 da Lei 9.507/1997), tem natureza **mandamental**, ou seja, consiste numa ordem judicial a ser cumprida independentemente de execução de sentença, sendo que o **cumprimento** se dará com o juiz determinando a transmissão da ordem, por ofício, para o coator, por meio de oficial de justiça, correio, telegrama, fax etc. O descumprimento da ordem configura **crime** de desobediência, sem prejuízo de outras sanções (art. 330 do CP). A sentença que conceder HD pode ser executada provisoriamente, já que tem efeito imediato e a apelação só tem efeito devolutivo. Quanto ao **teor** da sentença, obedece ao seguinte: se julgar procedente, o juiz marcará data e horário para que o coator: i) apresente ao impetrante as informações a seu respeito; ii) apresente em juízo a prova da retificação ou da anotação.

Quanto aos **recursos** cabíveis em HD, tem-se os seguintes:

a) **embargos de declaração**, na forma da lei processual civil; b) **agravo:** contra decisões interlocutórias, na forma da lei processual civil; c) **apelação:** contra sentença, na forma da lei processual civil; f) **recursos extraordinário e especial:** na forma da lei processual civil; g) **recurso ordinário:** a ser julgado pelo STJ, em MS julgado em única instância por TRFs, quando a decisão for **denegatória**; a ser julgado pelo **STF**, em MS julgado em única instância por Tribunais Superiores, quando a decisão for **denegatória**.

Quanto ao **Pedido de Suspensão**, segue a mesma sorte do que acontece no mandado de segurança.

17.5. AÇÃO POPULAR

A ação popular pode ser **conceituada** como *a ação constitucional promovida pelo cidadão com vistas a anular ato lesivo a) ao patrimônio público ou de entidade de que o Estado participe, b) à moralidade administrativa, c) ao meio ambiente ou d) ao patrimônio histórico e cultural, ficando o autor, salvo comprovada má-fé, isento de custas judiciais e do ônus da sucumbência.*

O fundamento constitucional dessa ação é o art. 5º, LXXIII, da CF, e sua regulamentação está presente na Lei 4.717/1965.

Repare que a ação popular defende interesses que, por sua natureza, são difusos. Porém, diferentemente da ação civil pública (Lei 7.347/1985), que pode ser manejada para defender qualquer interesse difuso, a ação popular só pode defender os quatro interesses acima mencionados (patrimônio público, moralidade administrativa, meio ambiente e patrimônio histórico e cultural), lembrando que, no caso da lesão à moralidade administrativa, não é necessário que haja lesão lesividade material (lesão econômica).

Quanto à **legitimidade** para a ação popular, tem-se o seguinte:

a) ativa: o legitimado ativo é o cidadão, ou seja, aquele que *está no gozo dos direitos políticos*; a prova da cidadania será feita com o título eleitoral (art. 1º, § 3º), não importa se o cidadão tem domicílio eleitoral em cidade diversa da qual a ação é ajuizada (STJ, Resp 1.242.800); é facultado a qualquer cidadão habilitar-se como assistente ou litisconsorte do autor da ação popular; normalmente, tem-se um assistente litisconsorcial (STJ, AgRg 916.010); as pessoas jurídicas não têm legitimidade para a ação popular (Súmula STF n. 365); o MP pode aditar a petição inicial (STJ, AgRg no Aresp 12962) e, em caso de desistência ou absolvição de instância, qualquer cidadão ou o MP poderão prosseguir na ação (art. 9º);

b) passiva (art. 6º): os legitimados passivos são, em litisconsórcio passivo necessário, os seguintes: i) autoridades, funcionários ou administradores que houverem autorizado, aprovado, ratificado ou praticado o ato impugnado ou que, por omissão, dado oportunidade à lesão; ii) beneficiários do auto, se houver; iii) pessoas jurídicas de direito público ou de direito privado, cujo ato seja objeto de impugnação. Essas últimas pessoas (item "iii") serão citadas e terão três opções: i) contestar o pedido; ii) abster-se de contestar o pedido; iii) atuar ao lado do autor, sendo que o ente público pode ir para polo ativo a qualquer tempo (STJ) e o MP atuará como fiscal da lei, não podendo assumir a defesa do ato impugnado ou de seus autores.

Quanto à **competência**, tem-se as seguintes regras:

a) é competente para conhecer da ação, processá-la e julgá-la o juiz que, de acordo com a organização judiciária de cada Estado, o for para as causas que interessem à União, ao Distrito Federal, ao Estado ou ao Município (art. 5 º);

b) a propositura da ação prevenirá a jurisdição do juízo para todas as ações que forem intentadas contra as mesmas partes e sob os mesmos fundamentos

c) não há foro por prerrogativa de função na ação popular; até mesmo uma ação contra o Presidente da República será promovida em 1ª instância (STF, AO 859)

São requisitos da **petição inicial** os seguintes:

a) cumprimento dos requisitos da lei processual civil: i) juiz ou tribunal, a que é dirigida; ii) nomes, prenomes, estado civil, profissão, domicílio e residência das partes; iii) fato e fundamentos jurídicos do pedido; iv) pedido, com suas especificações; v) valor da causa; vi) requerimento de provas; vii) requerimento de honorários; viii) requerimento de citação do réu; ix) instrução da petição com documentos;

b) indicação de litisconsortes necessários, mais pedido de citação destes;

c) requisição de documentos negados (eventual);

d) pedido de concessão de liminar (eventual);

e) requerimento de oitiva de representante do MP;

f) requerimento de isenção de custas judiciais.

Na medida do possível, há de se tentar capitular o caso concreto na petição inicial da ação popular não só numa das quatro hipóteses constitucionais, como também nos arts. 2º a 4º da Lei de Ação Civil Pública.

Quanto ao **tratamento** das partes, temos o seguinte: **a)** polo ativo: autor ou autor popular; b) polo passivo: réu.

Quanto aos **objetos** ou **pedidos** que podem ser formulados, tem-se o seguinte:

a) anulação do ato lesivo (CF e art. 11 da LAP);

b) condenação ao pagamento de perdas e danos dos responsáveis e beneficiários (art. 11 da LAP);

c) restituição de bens ou valores (art. 14, § 4º, da LAP).

É cabível pedido de suspensão **liminar** do ato lesivo (art. 5º, § 4º, da LAP).

O **rito** da ação é ordinário (art. 7º), mas o prazo para contestação é de **20 dias**, prorrogáveis por mais 20 dias, a requerimento do interessado, desde que devidamente justificado, nos termos da lei.

Quanto à **instrução probatória, o** STJ entende que autor popular também não tem o dever de adiantamento de honorários periciais, por aplicação analógica da Lei 7.347/1985 (STJ, Resp 1.225.103).

Em relação, à sentença (arts. 12 e ss.), confira-se as regras a serem seguidas:

a) provimento: a sentença tem conteúdo constitutivo negativo (a parte que anula o ato lesivo) e/ou condenatório (a parte que condena ao ressarcimento do erário ou a alguma obrigação de fazer decorrente da anulação do ato);

b) cumprimento: segundo o CPC; decorridos 60 dias da sua publicação, representante do MP promoverá em 30 dias a sua execução; as pessoas jurídicas protegidas podem promover a execução da sentença que lhes beneficiar, contra os demais réus, ainda que tenham defendido o ato impugnado (art. 17)

c) coisa julgada (art. 18); em caso de procedência/improcedência do pedido, o efeito é *erga omnes*; já no caso de improcedência por falta de provas, qualquer cidadão poderá intentar outra ação idêntica, valendo-se de nova prova

Quanto aos **recursos**, cabem recursos em geral previstos na lei processual civil, sendo que o reexame necessário se dará quando houver carência ou improcedência da ação. No mais, a apelação na ação popular tem efeito suspensivo. Porém, por se tratar de uma ação coletiva à modo que acontece com a ação civil pública há entendimentos segundo o qual a apelação só tem efeito devolutivo, por conta do disposto na Lei 7.347/1985. Em nossa opinião o tema, por ser de grande repercussão pública, precisa ficar bem equacionado, de modo que o juiz deverá, sempre que receber a apelação numa ação coletiva movida em face do Poder Público, dizer expressamente em que efeito a recebe.

Quanto à **prescrição**, a Lei de Ação Popular estabelece que essa ação prescreve em 5 anos, sendo que o termo *a quo* costuma ser a publicação do ato lesivo. Porém, segundo o STF, é imprescritível a pretensão de reparação do dano ao erário, em caso de ato ilícito

17.6. AÇÃO CIVIL PÚBLICA

A ação civil pública pode ser **conceituada** como *a ação constitucional promovida pelo MP e demais legitimados previstos na lei, com vistas a proteger interesses, bens e direitos a) difusos, b) coletivos e c) individuais homogêneos.*

Essa ação encontra **previsão** nos seguintes diplomas legislativos: a) art. 129, III, da CF; b) Lei 7.347/1985 (Lei de Ação Civil Pública – LACP); c) Lei 8.078/1990 (CDC) c/c art. 21 da Lei 7.347/1985; c) Lei 8.069/1990 (ECA); d) Estatuto do Idoso; entre outras.

Quanto aos **interesses protegidos** pela ACP, são os seguintes (art. 81, parágrafo único, CDC)

a) difusos: *os transindividuais, de natureza indivisível, de que sejam titulares pessoas indeterminadas e ligadas por circunstâncias de fato* (indisponíveis); por exemplo, temos o interesse de todos na despoluição de um rio;

b) coletivos: *os transindividuais, de natureza indivisível, de que seja titular grupo, categoria ou classe de pessoas ligadas entre si ou com a parte contrária por uma relação jurídica base* (disponíveis pelo grupo); como exemplo, temos o interesse de todos servidores em conseguir um aumento em sua remuneração;

c) individuais homogêneos: *os decorrentes de origem comum* (disponível individualmente); como exemplo, temos os interesses das vítimas de um determinado acidente aéreo.

Quanto à **legitimidade ativa** (arts. 5º LACP e 82 do CDC), tem-se os seguintes legitimados:

a) Ministério Público

b) União, Estados, Distrito Federal e Municípios

c) Entidades da administração pública direta e indireta

d) Defensoria Pública

e) Órgãos da administração pública direta ou indireta, especificamente destinados à defesa dos interesses e direitos protegidos pelo CDC

f) Associações legalmente constituídas há pelo menos 1 (um) ano (tempo) e que incluam entre seus fins sociais a defesa dos interesses e direitos a serem protegidos (pertinência), dispensada a autorização dos associados; o juiz pode dispensar o requisito temporal, se manifesto o interesse social

Quanto ao Ministério Público, tem os seguintes papéis: a) é legitimado ativo; b) e, não sendo autor, atua necessariamente como fiscal da lei. Ademais, o **inquérito civil** (que não é requisito essencial para ingressar com ACP) e a **requisição** são atribuições privativos do MP. Vale ressaltar que o MP não pode defender interesse individual disponível (art. 127, *caput*, da CF, *a contrario sensu*), salvo se houver interesse social envolvido (art. 127, *caput*, da CF), como em matéria de mensalidades escolares e saúde.

Quanto ao **litisconsórcio ativo**, pode ser original ou ulterior (em que se tem a assistência litisconsorcial), com a presença de qualquer um dos legitimados.

No que se refere à **competência** (art. 2º da LACP), o regime é o seguinte:

a) é a do local do **dano**, cuja competência é absoluta

b) se o interesse for individual homogêneo: em se tratando de dano local, a competência é do local do dano; em se tratando de dano regional, a capital do Estado; se nacional, o DF (art. 93 do CDC)

c) não há foro por prerrogativa de função

d) a propositura da ação prevenirá a jurisdição do juízo para ações que possuam mesma causa de pedir ou objeto

e) em caso de procedência, a sentença fará coisa julgada *erga omnes*, nos limites da competência territorial do órgão prolator (art. 17 da LACP); a jurisprudência está tendendo no sentido de que, como o Poder Judiciário é uno, a jurisdição produz efeitos em todo o território nacional, conforme entende, por ex., Nelson Nery Junior

São requisitos da **petição inicial** os seguintes:

a) cumprimento dos requisitos da lei processual civil: i) juiz ou tribunal, a que é dirigida; ii) nomes, prenomes, estado civil, profissão, domicílio e residência das partes; iii) fato e fundamentos jurídicos do pedido; iv) pedido, com suas especificações; iv) valor da causa; v) requerimento de provas; vi) requerimento de honorários, salvo se MP autor; vii) requerimento de citação do réu; vii) instrução da petição com documentos;

b) indicação de eventuais litisconsortes necessários, mais pedido de citação destes

c) requisição de documentos negados (eventual);

d) pedido de concessão de liminar (eventual);

e) requerimento de oitiva de representante do MP;

f) requerimento de isenção de custas judiciais, despesas e de eventual ônus de sucumbência (art. 18 da LACP)

O tratamento das partes é o seguinte: a) polo ativo: autor; b) polo passivo: réu.

Quanto aos **objetos** ou **pedidos** passíveis de serem feitos, tem-se os seguintes:

a) anulação do ato lesivo;

b) condenação ao pagamento de perdas e danos, morais e materiais – cabe também qualquer tipo de provimento;

c) qualquer tipo de provimento jurisdicional que possa salvaguardar os direitos envolvidos (art. 83 do CDC).

Quanto ao pedido de **liminar**, é cabível (arts. 12 da LACP e 84 do CDC), mas depende de prévia audiência do representante judicial da pessoa jurídica de direito público, quando esta for ré, no prazo de 72 horas (art. 2º da Lei 8.437/1992 – liminar cautelar; também vale para a tutela antecipada, conforme a Lei 9.494/1997).

O **rito** é o ordinário, aplicando-se o CPC, subsidiariamente (art. 19), bem como o disposto no Título III do CDC, no que for cabível (art. 21).

Em relação, à sentença, confira-se as regras a serem seguidas:

a) **provimento:** a sentença tem conteúdo constitutivo negativo (a parte que anula o ato lesivo) e/ou condenatório (a parte que condena ao ressarcimento do erário ou a alguma obrigação de fazer decorrente da anulação do ato);

b) cumprimento: segundo o CPC; decorridos 60 dias do trânsito em julgado, o representante do MP promoverá a execução; as pessoas jurídicas protegidas podem promover a execução da sentença que lhes beneficiar, contra os demais réus, ainda que tenham defendido o ato impugnado.

c) coisa julgada (art. 16); em caso de procedência/improcedência do pedido, o efeito é *erga omnes*; já no caso de improcedência por falta de provas, qualquer legitimado poderá intentar outra ação idêntica, valendo-se de nova prova

Em caso de litigância de má-fé, a associação e os diretores responsáveis pela ação serão solidariamente condenados em honorários, décuplo das custas e perdas e danos

Quanto aos **recursos**, cabem recursos em geral previstos na lei processual civil. No mais, a apelação na ação civil pública tem apenas efeito devolutivo, porém, se o Poder Público é réu, há de se lembrar que existe o reexame necessário se perder a demanda, o que impediria que a sentença produzisse efeitos enquanto não fosse confirmada. Em nossa opinião o tema, por ser de grande repercussão pública, precisa ficar bem equacionado, de modo que o juiz deverá, sempre que receber a apelação numa ação coletiva movida em face do Poder Público dizer expressamente em que efeito a recebe.

Quanto à **prescrição**, opera-se de acordo com a matéria envolvida. Porém, é imprescritível a prescrição em caso de danos ao erário causado por ato ilícito e em caso de dano ambiental.

Em relação à **coisa julgada** (art. 103 do CDC), tem-se as seguintes regras:

a) difusos: i) em caso de procedência: *erga omnes*; ii) em caso de improcedência: *erga omnes*;

b) coletivos: i) em caso de procedência: *ultra partes*, limitada a grupo, categoria, classe; ii) em caso de improcedência: *ultra partes*;

c) individuais homogêneos: i) em caso de procedência: *erga omnes*, para beneficiar a todos, salvo se vítima, ciente da ação coletiva, continuou com ação individual que tiver ajuizado – art. 104 do CDC; ii) em caso de improcedência: sem eficácia *erga omnes*.

É importante ressaltar que, em caso de improcedência por falta de provas, não há efeitos *erga omnes*.

Quanto à **execução que envolve direito individual homogêneo** (art. 103 do CDC), tem-se as seguintes regras:

a) haverá condenação genérica;

b) a liquidação e execução poderão ser pedidos tanto pela vítima/sucessores, bem como pelos legitimados para a ACP (estes devem tentar particularizar situação do substituído – STJ – EResp 1.103.434);

c) no primeiro caso, competência para execução é tanto do juízo da ação condenatória, como do juízo da liquidação; no segundo, competência é do juízo da ação condenatória

Quanto à **destinação das condenações em dinheiro**, não havendo interesse individual a ser satisfeito, valores reverterão para o fundo de interesses difusos (art. 13 da LACP)

17.7. AUTOCOMPOSIÇÃO DE CONFLITOS EM QUE FOR PARTE PESSOAS JURÍDICA DE DIREITO PÚBLICO (LEI 13.140/2015)

A solução alternativa de conflitos envolvendo pessoas de direito público estatal não é novidade no Direito Brasileiro, estando prevista em diplomas como a Lei de Concessão de

Serviços Públicos e Lei de Parcerias Público-Privadas, que admitem até mesmo a arbitragem em alguns casos.

A novidade estão na edição da Lei 13.129, de 26 de maio de 2015, que alterou o p. 1o do art. 1º da Lei 9.307/1996, para o fim de admitir, genericamente, a utilização da arbitragem para dirimir conflitos relativos a direitos patrimoniais disponíveis da administração pública direta e indireta, lei essa já em vigor, e na edição da Lei 13.140, de 26 de junho de 2015, que regulamenta, de um lado, a mediação entre particulares, e, de outro, que mais nos interessa, a autocomposição de conflitos no âmbito da Administração Pública.

Em relação a esta autocomposição de conflitos em que se tem como parte pessoa jurídica de direito público, os entes políticos (União, Estados, DF e Municípios) poderão criar câmaras de prevenção e resolução administrativa de conflitos, no âmbito de seus respectivos órgãos da Advocacia Pública, onde houver, com competência para (art. 32):

I – dirimir conflitos entre órgãos e entidades da administração pública;

II – avaliar a admissibilidade dos pedidos de resolução de conflitos, por meio de composição, no caso de controvérsia entre particular e pessoa jurídica de direito público;

III – promover, quando couber, a celebração de termo de ajustamento de conduta.

O modo de composição e funcionamento das câmaras mencionadas será estabelecido em regulamento de cada ente federado, sendo que a submissão do conflito a essas câmaras é facultativa e será cabível apenas nos casos previstos no regulamento do respectivo de cada ente federado, ficando absolutamente vedada essa competência em caso de controvérsias que somente possam ser resolvidas por atos ou concessão de direitos sujeitos a autorização do Poder Legislativo, sendo que a lei já deixa expresso, para que não haja dúvidas, que estão compreendidas na competência dessas câmaras a prevenção e a resolução de conflitos que envolvam equilíbrio econômico-financeiro de contratos celebrados pela administração com particulares.

Havendo consenso entre as partes, o acordo será reduzido a termo e constituirá título executivo extrajudicial.

Segundo o art. 33 da lei, enquanto não forem criadas as câmaras de mediação, os conflitos poderão ser dirimidos nos termos do procedimento de mediação previsto na lei para a mediação entre particulares (arts. 14 a 20 da lei).

Outros pontos importantes dessa autocomposição estatal são:

a) a Advocacia Pública da União, dos Estados, do Distrito Federal e dos Municípios, onde houver, poderá instaurar, de ofício ou mediante provocação, procedimento de mediação coletiva de conflitos relacionados à prestação de serviços públicos (art. 33, parágrafo único); por exemplo, isso pode ser feito em matéria de problemas de falta de água ou de energia elétrica;

b) a instauração de procedimento administrativo para a resolução consensual de conflito no âmbito da administração pública suspende a prescrição (art. 34), sendo que se considera instaurado o procedimento quando o órgão ou entidade pública emitir juízo de admissibilidade, retroagindo a suspensão da prescrição à data de formalização do pedido de resolução consensual do conflito; e, em se tratando de matéria tributária, a suspensão da prescrição deverá observar o disposto na Lei 5.172, de 25 de outubro de 1966 –Código Tributário Nacional.

No âmbito específico dos conflitos envolvendo a Administração Federal Direta e suas Autarquias e Fundações, a lei federal já traz as seguintes regras (art. 35 a 40):

a) essas controvérsias poderão ser objeto de transação por adesão, com fundamento em: autorização do Advogado-Geral da União, com base na jurisprudência pacífica do STF ou de tribunais superiores; ou parecer do Advogado-Geral da União, aprovado pelo Presidente da República;

b) ao fazer o pedido de adesão, o interessado deverá juntar prova de atendimento aos requisitos e às condições estabelecidos na resolução administrativa;

c) a resolução administrativa terá efeitos gerais e será aplicada aos casos idênticos, tempestivamente habilitados mediante pedido de adesão, ainda que solucione apenas parte da controvérsia;

d) a adesão implicará renúncia do interessado ao direito sobre o qual se fundamenta a ação ou o recurso, eventualmente pendentes, de natureza administrativa ou judicial, no que tange aos pontos compreendidos pelo objeto da resolução administrativa;

e) se o interessado for parte em processo judicial inaugurado por ação coletiva, a renúncia ao direito sobre o qual se fundamenta a ação deverá ser expressa, mediante petição dirigida ao juiz da causa;

f) a formalização de resolução administrativa destinada à transação por adesão não implica a renúncia tácita à prescrição nem sua interrupção ou suspensão;

g) no caso de conflitos que envolvam controvérsia jurídica entre órgãos ou entidades de direito público que integram a administração pública federal, a Advocacia-Geral da União deverá realizar composição extrajudicial do conflito, observados os procedimentos previstos em ato do Advogado-Geral da União, sendo que, se não houver acordo quanto à controvérsia jurídica, caberá ao Advogado-Geral da União dirimi-la, com fundamento na legislação afeta;

h) nos casos em que a resolução da controvérsia implicar o reconhecimento da existência de créditos da União, de suas autarquias e fundações em face de pessoas jurídicas de direito público federais, a Advocacia-Geral da União poderá solicitar ao Ministério do Planejamento, Orçamento e Gestão a adequação orçamentária para quitação das dívidas reconhecidas como legítimas;

i) a composição extrajudicial do conflito não afasta a apuração de responsabilidade do agente público que deu causa à dívida, sempre que se verificar que sua ação ou omissão constitui, em tese, infração disciplinar;

j) nas hipóteses em que a matéria objeto do litígio esteja sendo discutida em ação de improbidade administrativa ou sobre ela haja decisão do Tribunal de Contas da União, a conciliação de que trata o caput dependerá da anuência expressa do juiz da causa ou do Ministro Relator.

k) é facultado aos Estados, ao Distrito Federal e aos Municípios, suas autarquias e fundações públicas, bem como às empresas públicas e sociedades de economia mista federais, submeter seus litígios com órgãos ou entidades da administração pública federal à Advocacia-Geral da União, para fins de composição extrajudicial do conflito;

l) nos casos em que a controvérsia jurídica seja relativa a tributos administrados pela Secretaria da Receita Federal do Brasil ou a créditos inscritos em dívida ativa da União: – não se aplicam as disposições dos incisos II e III do *caput* do art. 32; – as empresas públicas, sociedades de economia mista e suas subsidiárias que explorem atividade econômica de produção ou comercialização de bens ou de prestação de serviços em regime de concorrência não poderão exercer a faculdade prevista no art. 37; quando forem partes as pessoas de direito público federais, (a) a submissão do conflito à composição extrajudicial pela Advocacia-Geral da União implica renúncia do direito de recorrer ao Conselho Administrativo de Recursos Fiscais; (b) a redução ou o cancelamento do crédito dependerá de manifestação conjunta do Advogado-Geral da União e do Ministro de Estado da Fazenda.

De acordo com o art. 39 da lei, a propositura de ação judicial em que figurem concomitantemente nos polos ativo e passivo órgãos ou entidades de direito público que integrem a administração pública federal deverá ser previamente autorizada pelo Advogado-Geral da União.

E de acordo com o art. 40 da lei, os servidores e empregados públicos que participarem do processo de composição extrajudicial do conflito, somente poderão ser responsabilizados civil, administrativa ou criminalmente quando, mediante dolo ou fraude, receberem qualquer vantagem patrimonial indevida, permitirem ou facilitarem sua recepção por terceiro, ou para tal concorrerem.

Por fim, vale observar que a lei em questão foi publicada em 29.06.2015, com *vacatio legis* de 180 dias contados daquela data (art. 47).

17.8. QUADRO SINÓTICO

1. Controle interno

1.1. Conceito: *controle exercido no interior da própria administração, tendo fundamento no princípio da autotutela*

1.2. Início: deve se dar de ofício, podendo iniciar-se, também, por provocação do interessado

1.3. Classificação

a) quanto à extensão: abrange a fiscalização contábil, financeira, orçamentária, operacional e patrimonial (art. 70 da CF)

b) quanto aos critérios: legalidade, legitimidade e economicidade (art. 70 da CF)

b) quanto aos meios: dá-se pela fiscalização hierárquica, pela supervisão ministerial e pelos recursos administrativos

1.4 Recursos administrativos em sentido amplo

– Os **recursos administrativos** são *todos os meios administrativos hábeis a provocar o controle da atividade administrativa*

– Aqui a expressão "recursos administrativos" é utilizada em sentido amplo, abrangendo todo e qualquer tipo de provocação administrativa do interessado, com vistas ao controle da atividade administrativa

1.5. São **modalidades** dos recursos administrativos:

1.5.1 Representação, consistente na denúncia de irregularidade, feita junto à Administração

1.5.2. Reclamação administrativa, consistente na dedução das seguintes pretensões:

a) pedido de reconsideração: feito para a mesma autoridade que decidiu

b) revisão: *destinada ao reexame de matéria já definitivamente apreciada pela Administração quando surgirem fatos ou circunstâncias que possam modificar a decisão anterior*

– Não pode haver reforma em prejuízo de quem a pede (art. 65 da Lei 9.784/9199), ou seja, em matéria de revisão não cabe *reformatio in pejus*;

– Um exemplo é o pedido de revisão da demissão de um agente público, mas que acabou sendo absolvido na esfera criminal por negativa de autoria ou inexistência do fato

c) recurso hierárquico: feito para o superior hierárquico do que decidiu.

– Será hierárquico *próprio* se for julgado por autoridade superior do mesmo órgão da inferior (ex.: para secretário da educação contra ato de um diretor da secretaria)

– Será hierárquico *impróprio*, se for julgado por autoridade superior fora do órgão da inferior (ex.: para o Prefeito contra ato do secretário da saúde)

2. Controle externo

2.1. Conceito: *é o controle exercido por órgão ou pessoa que está fora da administração pública controlada*

2.2. Espécies: pode ser parlamentar ou judicial

2.3. Controle parlamentar:

a) fiscalização e controle geral dos atos do Poder Executivo, incluídos os da administração indireta (art. 49, X, da CF)

b) sustação de atos normativos exorbitantes (art. 49, V, da CF)

c) julgamento anual das contas do Chefe do Executivo

d) apreciação de concessões de rádio e TV (art. 49, XII, da CF)

e) aprovação de certas concessões de uso e ações nucleares (art. 49, XII e XIV, da CF)

f) aprovação de estado de defesa e intervenção federal; autorização de estado de sítio (art. 49, IV, da CF)

g) convocação de ministro para prestar informações; pela Casa ou Comissão da Casa (art. 50 da CF)

h) aprovação de escolha para determinados cargos (Senado – art. 52 da CF)

i) autorização de operações externas financeiras e endividamento (Senado)

j) instituição de CPI por prazo certo e para apurar fato determinado (art. 58, § 3º, da CF)

k) exercício do controle contábil, financeiro, orçamentário, operacional e patrimonial da Administração Direta e Indireta e de quem administre recurso público, com o auxílio do Tribunal de Contas (arts. 70 e 71 da CF)

2.4. Tribunal de Contas

2.4.1. Município

– O controle externo da Câmara Municipal será exercido com o auxílio dos Tribunais de Contas dos Estados ou do Município ou dos Conselhos ou Tribunais de Contas dos Municípios, onde houver, sendo vedada a criação de Tribunais, Conselhos ou órgãos de Contas Municipais (art. 31 da CF) ressalvados os já existentes, nos municípios de São Paulo e Rio de Janeiro

– O parecer prévio, emitido pelo órgão competente sobre as contas que o Prefeito deve anualmente prestar, só deixará de prevalecer por decisão de dois terços dos membros da Câmara Municipal (art. 31 da CF)

2.4.2. Regras em geral

a) a fiscalização contábil, financeira, orçamentária, operacional e patrimonial da União e das entidades da administração direta e indireta, quanto à legalidade, legitimidade, economicidade, aplicação das subvenções e renúncia de receitas, será exercida pelo Congresso Nacional, mediante controle externo, e pelo sistema de controle interno de cada Poder (art. 70, *caput*, da CF)

b) prestará contas qualquer pessoa física ou jurídica, pública ou privada, que utilize, arrecade, guarde, gerencie ou administre dinheiros, bens e valores públicos ou pelos quais a União responda, ou que, em nome desta, assuma obrigações de natureza pecuniária (art. 70, parágrafo único, da CF)

Ao Tribunal de contas compete (art. 71, da CF):

a) aplicar aos responsáveis, em caso de ilegalidade de despesa ou irregularidades de contas, as **sanções** previstas em lei, que estabelecerá, entre outras cominações, multa proporcional ao dano causado ao erário

b) assinar **prazo** para que o órgão ou entidade adote as providências necessárias ao exato cumprimento da lei, se verificada ilegalidade

c) **sustar**, se não atendida, a execução do **ato** impugnado, comunicando a decisão à Câmara dos Deputados e Senado

d) no caso de **contrato**, o ato de sustação será adotado diretamente pelo Congresso Nacional, que solicitará, de imediato, ao Poder Executivo as medidas cabíveis

e) se o Congresso Nacional ou o Poder Executivo, no prazo de noventa dias, não efetivar as medidas previstas no parágrafo anterior, o Tribunal decidirá a respeito

f) as decisões do Tribunal de que resulte imputação de **débito** ou **multa** terão eficácia de título executivo

2.5. Controle judicial:

2.5.1. Meios: por qualquer tipo de demanda, mas há ações especiais

2.5.2. Extensão: incide sobre a legalidade em sentido amplo, que abrange a legalidade em sentido estrito, a moralidade, a razoabilidade e os outros princípios

– Alguns atos têm controle especial, como os atos políticos (ex.: iniciativa e veto a projeto de lei, nomeação de Ministro, concessão de indulto etc.), os atos legislativos (leis) e os atos *interna corporis* (regimentos de tribunais e de corporações legislativas).

– Pela inafastabilidade da jurisdição, a pessoa não é obrigada a esgotar as vias administrativas p/ buscar o Judiciário

2.5.3. Prescrição contra a Fazenda (Dec. 20.910/1932):

Dec. 20.910/1932 Como regra, esse prazo é de 5 anos (art. 1º)

Dec. 20.910/1932 Cabe 1 interrupção, ocasião em que prazo recomeça a contar por 2,5 anos (Súm/STF 383: não menos de 5 anos)

– Há regra própria quanto a eventos que ensejam direitos de trato sucessivo (lesão se renova periodicamente):

– Súmula 85 do STJ: nas relações jurídicas de trato sucessivo em que a fazenda pública figure como devedora, quando não tiver sido negado o próprio direito reclamado [fundo de direito], a prescrição atinge apenas as prestações vencidas antes do quinquênio anterior à propositura da ação

3. Mandado de segurança

3.1. Conceito: *é a ação constitucional pela qual se pede a proteção a direito líquido e certo lesado ou ameaçado de lesão por ato de autoridade pública ou de agente de pessoa jurídica delegado do Poder Público, não amparado por* habeas corpus *ou* habeas data

3.2. Espécies

3.2.1. MS Individual: impetrado para defender direito próprio da *pessoa natural* ou *jurídica* impetrante (Art. 5º, LXIX, CF)

3.2.2. MS Coletivo: impetrado por partido político com representação nacional, organização sindical, entidade de classe ou associação legalmente constituída em funcionamento há pelo menos um ano, para defender interesses de seus membros ou associados (Art. 5º, LXX, CF)

3.3. MS Coletivo (Lei 12.016/2009)

3.3.1. Legitimados (art. 21 da Lei 12.016/2009)

3.3.1.1. Partido político com representação no Congresso Nacional: na defesa de seus interesses legítimos relativos a seus integrantes ou à finalidade partidária; ex: não cabe para impugnar a majoração de tributo

3.3.1.2. Organização sindical, entidade de classe ou associação legalmente constituída e em funcionamento há pelo menos 1 ano: na defesa de direitos líquidos e certos da totalidade, ou de parte, dos seus membros ou associados, na forma de seus estatutos e desde que pertinentes às suas finalidades; dispensa-se, para tanto, autorização especial dos membros ou associados (art. 21 + Súmula STF 629); pouco importa se estatutos não tratam da representação judicial dos associados (STF, MS 25.347); sindicato não tem que mostrar 1 ano de constituição; direito dos associados deve estar compreendido nas atividades exercidas por estes, não se exigindo que seja interesse próprio, peculiar, da classe (MS 22.132)

3.3.2. Direitos protegidos (art. 21, parágrafo único, da Lei 12.016/2009): **a) Coletivos:** transindividuais, de natureza indivisível, de que seja titular grupo ou categoria de pessoas ligadas entre si ou com a parte contrária por uma relação jurídica básica; ex.: MS para proibir divulgação de dados pessoais de servidores na internet; **b) individuais homogêneos:** decorrentes de origem comum e da atividade ou situação específica da totalidade ou de parte dos associados ou membros do impetrante; Ex: MS para proteger cabos que foram impedidos de fazer curso para a formação de sargentos, por terem procedimento penal em curso contra si

3.3.3. Coisa julgada: limitada aos membros do grupo ou categoria substituídos pelo impetrante (art. 22)

3.3.4. Ações individuais: MS Coletivo não induz litispendência para as ações individuais, mas os efeitos da coisa julgada não beneficiarão o impetrante a título individual se não requerer a desistência de seu mandado de segurança no prazo de 30 dias a contar da ciência comprovada da impetração da segurança coletiva

3.3.5. Liminar: só poderá ser concedida após audiência do representante judicial da pessoa jurídica de direito público, que deverá ser pronunciar em 72 horas

3.3.6. Regime jurídico: quanto aos demais pontos, aplicam as regras gerais de mandado de segurança

3.4. MS Individual (Lei 12.016/2009)

3.4.1. Requisitos para o cabimento

3.4.1.1. Ato de autoridade ou de agente de pessoa jurídica no exercício de atribuições do Poder Público

– **Não cabe** contra atos de:

a) pessoas naturais e de pessoas jurídicas privadas

b) gestão comercial praticados p/ estatais e concessionários

– **Cabe** contra atos de:

a) pessoas jurídicas de direito público

b) representantes ou órgão de partidos políticos

c) dirigentes de PJs ou de pessoas naturais no exercício de atribuições do poder público, quanto a essas funções

d) dirigente de estatal, regidos pelo dir. público (STJ S. 333)

3.4.1.2. Direito líquido e certo

– Aquele cujos fatos que o fundamentam possam ser comprovados de plano

– Prova documental; prova pré-constituída; desnecessidade de dilação probatória

– Fatos líquidos e certos: "provados na sua existência e incontroversos na sua ocorrência"

Obs: a complexidade na aplicação do Direito não impede o manejo de MS – Súmula STF 625: "controvérsia sobre matéria de direito não impede concessão de MS"

– Assim, a necessidade de fazer interpretações e ponderações não inviabiliza MS, mas a necessidade de fazer dilação probatória inviabiliza

3.4.1.3. Ajuizamento no prazo decadencial (art. 23)

a) regra: 120 dias, não podendo ser suspenso ou interrompido, mesmo nas férias (STF 632: é constitucional)

b) exceção: há decisão do STJ entendendo que, se o fim do prazo cair em feriado forense, fica prorrogado para o 1º dia útil seguinte (AgRg Resp 681.751 e MS 10.222)

c) casuística:

– prazo inicia da ciência, pelo interessado, do ato impugnado

– trato sucessivo, prazo se renova a cada ato lesivo

– na omissão, prazo é contado da data final que a autoridade tinha para expedir o ato

– não ocorre caducidade se MS for interposto a tempo, mas em juízo incompetente

– Pedido de reconsideração não interrompe prazo p/ MS (STFSúm.430)

3.4.1.4. Inexistência de outros impedimentos

a) art. 5º da Lei 12.016/2009: não se concederá MS de

– ato de que caiba recurso administrativo com efeito suspensivo, independentemente de caução (STF Súm. 429: salvo se se trata de omissão da autoridade)

– decisão judicial da qual caiba recurso c/ efeito suspensivo

– decisão judicial transitada em julgado

Obs: não há mais proibição de MS contra ato disciplinar

b) Súm. STF 266: não cabe MS contra lei em tese

c) Doutrina/Jurisp.: não cabe MS contra atos *interna corporis*

– mas cabe contra atos em CPI, se violado direito, como a quebra de sigilo sem motivação (STF, MS 24.831)

d) Súmulas STF 269 e 271:

– 269: o MS não é substitutivo de ação de cobrança

– 271: concessão de MS não produz efeitos patrimoniais em relação a período pretérito, os quais devem ser reclamados administrativamente ou pela via judicial própria

– Art. 14, § 4º: pagamento a servidor assegurado em MS só será efetuado quanto às prestações que se vencerem a contar da data do ajuizamento da inicial

3.4.1.5. Não cabimento, no caso, de *habeas corpus* ou *habeas data*

3.4.2. Legitimidade

3.4.2.1. Ativa: pessoa natural (até menor), pessoa jurídica, universalidades legais, órgão público de grau superior (ex: Mesa da Câmara – para defesa de prerrogativas) e MP

3.4.2.2. Passiva: é a **autoridade coatora**: a que tiver praticado o ato impugnado ou da qual emane a ordem para a sua prática (art. 6º, § 3º)

– é a autoridade com poder de decisão, e não o mero executor do ato

– se quem praticou o ato recebeu delegação, contra este caberá MS (STF Súm. 510)

– deve-se indicar o próprio cargo da autoridade coatora

– ato colegiado: deve-se indicar o presidente daquele colegiado (ex: Presid. da Comissão de Licitação)

– ato complexo: indica-se todas as autoridades

– ato composto: composto de dois ou mais atos; ex: nomeação de Ministro para STJ; depende da fase; após nomeação, só contra o último praticante, independentemente do problema invocado (STF Súm. 627)

– ato impugnado que afete juridicamente outras pessoas, em litisconsórcio necessário: todos devem ser colocados no polo passivo; extingue-se MS se impetrante não promover citação do litisconsorte passivo necessário (STF Súm. 631)

– Indicação errônea de autoridade coatora: gera a extinção do processo, sem apreciação de mérito

Porém, preenchidos certos requisitos, aplica-se a **Teoria da Encampação**. Requisitos (STJ, AgRg RMS 27.578)

a) autoridade apontada como coatora é superior hierárquico da autoridade que praticou ou ato

b) autoridade apontada como coatora não tem foro diferenciado

c) autoridade apontada como coatora, não se limita a alegar sua ilegitimidade e, efetivamente, defende o ato impugnando, manifestando-se sobre o mérito da causa

Cumpridos os requisitos, juiz julga mérito do MS

3.4.3. Competência

3.4.3.1. Regra: é a da *sede da autoridade coatora, observada a sua categoria funcional*

– Há de se verificar a **Justiça**:

a) Estadual: autoridades municipais ou estaduais

b) Federal: autoridade federal; tem-se tal autoridade toda vez que consequências patrimoniais tiverem de ser suportadas pela União ou entidade por ela controlada

c) Especial: verificar competência das Justiças Eleitoral, do Trabalho e Militar

– Há de se verificar o **Grau**:

a) STF: é o tribunal competente para MS contra atos do Presidente da República, das Mesas da Câmara e Senado, do TCU, do CNJ, do CNMP, do Procurador-Geral da República e do próprio STF. Vide art. 102, I, "d" e "r", CF). Segundo a Súmula STF n. 624, não compete ao STF conhecer originariamente de MS contra atos de outros tribunais;

b) STJ: é o tribunal competente para MS contra atos de Ministro de Estado, Comandante das Forças Armadas e do Próprio STJ. Vide o art. 105, I, "b", da CF). Segundo a Súmula STJ n. 177, o fato de um órgão colegiado ser dirigido por um Ministro não torna o STJ competente para o MS respectivo.

c) TRF: é o tribunal competente para MS contra atos de Juiz Federal e do próprio tribunal. Vide o art. 108, I, "c", da CF.

3.4.3.2. Justiça federal

– O Brasil é divido em **5 Regiões**, cada uma com um Tribunal Regional Federal

– Cada Região é composta por duas ou mais **Seções Judiciárias** (correspondentes aos Estados e ao Distrito Federal)

– Cada Seção Judiciária é subdividida em **Subseções Judiciárias**

– As Subseções são divididas em **Varas**

– Há Juízes Federais e Desembargadores Federais

3.4.3.3. Justiça estadual

– Cada **Estado** e o **DF** tem seu Tribunal de Justiça

– O Estado é dividido em **Comarcas**

– Há Juízes de Direito e Desembargadores

3.4.3.4. Mandados de segurança nos tribunais

– Nos termos da Constituição Estadual de cada Estado, são comuns competências originárias dos TJs para julgamento de MS impetrados contra determinadas autoridades (governadores, prefeitos, secretários etc.)

– Do acórdão denegatório da segurança cabe Recurso Ordinário ao STJ

– Nos demais casos, cabe recursos extraordinário e especial

– Vide competência originária do STF e do STJ

3.4.4. Liminar

a) teor: suspensão do ato que deu motivo ao MS ou outro tipo de comando para acautelar o direito a ser protegido

b) requisitos:

– fundamento relevante (*fumus boni iuris*)
– do ato impugnado puder resultar ineficácia da medida, se deferida ao final (*periculum in mora*)
Obs: é possível exigir do impetrante caução, fiança, ou depósito, para assegurar ressarcimento à pessoa jurídica
c) **limites:** não cabe liminar que tenha por objeto a (7°, § 2°)
– compensação de créditos tributários
– a entrega de mercadorias e bens provenientes do exterior
– a reclassificação ou equiparação de servidores públicos
– a concessão de aumentos ou a extensão de vantagens ou pagamentos de qualquer natureza
d) **duração:** efeitos persistirão até sentença
e) **cumprimento:** autoridades remeterão cópia do mandado ao órgão competente, em 48 horas, para tanto

3.4.5. Rito
– Inicial
– Notificações, citações
– 10 dias para **informações** da autoridade coatora e para a **contestação** da pessoa jurídica interessada
– Oitiva do MP, em 10 dias
– Sentença

3.4.6. Sentença
a) **mandamental:** ordem judicial a ser cumprida independentemente de execução de sentença
b) **cumprimento:** juiz transmitirá ordem por ofício, para a autoridade coatora e a pessoa jurídica
– oficial de justiça, correio, telegrama, fax etc.
c) **crime:** desobediência a decisões no MS, sem prejuízo de outras sanções (arts. 26 Lei de MS e 330 do CP)
d) **efeito imediato:** a sentença que conceder MS pode ser executada provisoriamente, salvo em casos em que não cabia liminar
e) **cobrança:** pagamentos a servidores, só de prestações que se vencerem a contar do ajuizamento da inicial

3.4.7. Recursos
– **Embargos de declaração:**
– **Agravo:** decisões interlocutórias
– **Apelação:** da sentença
– **Reexame obrigatório:** de decisão concessiva
– **Embargos infringentes:** não cabe
– **Recursos extraordinário e especial**
– **Recurso ordinário:**
a) **STJ:** MS julgado em única instância por TRFs e TJs, quando a decisão for **denegatória** (art. 102, II, CF)
b) **STF:** MS julgado em única instância por Tribunais Superiores, quando a decisão for **denegatória** (art. 105, II, CF)

4. Habeas Data
4.1. Conceito: *é a ação constitucional concedida para:*
a) **assegurar** o conhecimento de *informações* relativas à pessoa do impetrante, constantes de registros ou bancos de dados de entidades governamentais ou de caráter público
b) **retificar** dados, quando não se prefira fazê-lo por processo sigiloso, judicial ou administrativo
(art. 5°, LXXII, da CF)
c) **anotar** nos assentamentos do interessado contestação ou explicação sobre dado verdadeiro mas justificável e que esteja sob pendência judicial ou amigável
(art. 7°, III, da Lei 9.507/1997)
4.2. Requisitos para o cabimento e concessão:

4.2.1. Informação sobre a pessoa do impetrante

– *Informação / retificação / anotação* sobre a *pessoa do impetrante*, e não qualquer informação de *interesse pessoal*

– Ex1: dados constantes do prontuário de servidor público

– Ex2: dados nos registros das Polícias Civil e Federal

– **Não cabe:**

a) para pedir informações sobre terceiros; ex.: sobre autores de agressões contra o interessado (STF, RMS 24.617)

b) para simples obtenção de vista de processo administrativo (STF, HD 90-AgR)

c) para fazer valer o direito à informação, de interesse particular ou coletivo (art. 5°, XXXIII, da CF); o direito ao HD não se confunde com o direito de petição ou de certidão

4.2.2. Banco de dados ou registro de caráter público

– Considera-se de caráter público todo registro ou banco de dados contendo informações que sejam ou que possam ser **transmitidas** a terceiros ou que **não sejam de uso privativo** do órgão ou entidade produtora ou depositária das informações (art. 1°, parágrafo único, Lei 9.507/1997)

Cabe:

– Em face de entidade governamental ou de caráter público; governamental inclui empresas estatais

– Para assegurar informações sobre cadastro de devedores ou listagens de mala-direta

Não cabe:

– Ficha de pessoal do BB não é registro de caráter público

– Extrato bancário requerido a banco estatal não é público

4.2.3. Prova de indeferimento ou omissão no atendimento a pedido informações (8°, parágrafo único, e Súm./STJ 2)

– O interessado na informação, retificação ou anotação deverá fazer requerimento ao órgão ou entidade depositária do registro, que será apreciado em 48 horas, comunicando-se a decisão ao requerente em 24 horas

Deve haver prova da:

a) recusa ao acesso às **informações** ou decurso de mais de 10 dias sem decisão

b) recusa em fazer-se a **retificação** ou decurso de mais de 15 dias sem decisão

c) recusa em fazer-se a **anotação** ou decurso de mais de 10 dias sem decisão

Obs: informação incompleta equivale à recusa (STJ, HD 149)

4.2.4. Direito líquido e certo de não ser prejudicado

– *Aquele cujos fatos que o fundamentam possam ser comprovados de plano*

– Prova documental, pré-constituída; sem dilação probatória

– O STJ determina que essa regra também se aplica ao HD, de modo que o impetrante deve demonstrar desde logo, com a propositura da ação, a incorreção de dado constante do registro do órgão competente (HD 210, 18/02/2011)

– Não é cabível pedido de informações + eventual retificação, pois não se sabe se esta será necessária (STJ, HD 160)

– Há de se demonstrar que pedido não é mero capricho; que problema na informação causa prejuízo moral ou material

– Não cabe para excluir nome de dívida ativa (dilação probatória)

4.3. Outras características do *habeas data* (HD)

4.3.1. Não há prazo para ingressar com o HD

4.3.2. Se couber HD, não cabe MS

4.3.3. Não é possível fazer outros tipos de pedido

4.3.4. São gratuitos os procedimentos administrativos para o acesso a informações, retificação de dados e anotação de justificação, bem como a ação de *habeas data*

4.3.5. Não se pode negar HD com fundamento na proteção do direito à intimidade e à vida privada, porém, se o inquérito for sigiloso, por motivo de segurança, o HD pode ser negado

4.3.6. O instituto foi criado para possibilitar acesso aos registros do antigo SNI – Serviço Nacional de Informações

4.4. Legitimidade

4.4.1. Ativa: pessoa natural ou pessoa jurídica

4.4.2. Passiva: é o **coator**, que é o próprio órgão ou entidade.

– Ex: gestão de dados dos examinandos do ENEM compete ao INEP (pessoa jurídica), e não ao Ministro da Educação, que é parte ilegítima para o HD

– Cabe aplicação da Teoria da Encampação (STJ, HD 147)

4.5. Competência

– É a da *sede do coator, observada a sua categoria funcional;*

– Porém, o impetrante pode se valer da opção prevista no art. 109, § 2º, da CF, que permite, nas causas aforadas contra a União, que o autor ajuíze ação na seção judiciária em que for domiciliado

– Há de se verificar a **Justiça**:

a) estadual: autoridades municipais ou estaduais; entidades privadas

b) federal: autoridade federal; tem-se tal autoridade toda vez que consequências patrimoniais houverem de ser suportadas pela União ou entidade por ela controlada

– Há de se verificar o **Grau**:

a) **STF**: é o tribunal competente para HD contra atos do Presidente da República, das Mesas da Câmara e Senado, do TCU, do CNJ, do CNMP, do Procurador-Geral da República e do próprio STF. Vide art. 102, I, "d" e "r", CF);

b) **STJ**: é o tribunal competente para HD contra atos de Ministro de Estado, Comandante das Forças Armadas e do Próprio STJ. Vide o art. 105, I, "b", da CF).

c) **TRF**: é o tribunal competente para MS contra atos de Juiz Federal e do próprio tribunal. Vide o art. 108, I, "c", da CF.

4.6. Liminar

a) **previsão:** não está na Lei de HD; mas, tendo em vista a inafastabilidade da jurisdição e o poder geral de cautela do juiz, cabe para que não pereça direito

b) **requisitos:**

– fundamento relevante (*fumus boni juris*)

– do ato impugnado puder resultar ineficácia da medida, se deferida ao final (*periculum in mora*)

4.7. Rito

– Inicial

– Notificação

– 10 dias para **informações** da autoridade coatora

– **Oitiva do MP**, em 5 dias

– **Sentença**, em 5 dias

4.8. Sentença (arts. 13 e 14)

a) **mandamental:** ordem judicial a ser cumprida independentemente de execução de sentença

b) **cumprimento:** juiz transmitirá ordem por ofício, para o coator

– oficial de justiça, correio, telegrama, fax etc.

c) **crime:** desobediência a decisões no HD, sem prejuízo de outras sanções (art. 330 do CP)

d) **efeito imediato:** sentença que conceder HD pode ser executada provisoriamente; apelação tem efeito devolutivo

e) **teor:** se julgar procedente, juiz marcará data e horário para que o coator:

– apresente ao impetrante as informações a seu respeito

– apresente em juízo a prova da retificação ou da anotação

4.9. Recursos

– **Embargos de declaração:**

– **Agravo:** decisões interlocutórias

– **Apelação:** da sentença

– **Recursos extraordinário e especial**

– **Recurso ordinário:**

a) **STJ:** HD julgado em única instância por TRFs, quando a decisão for denegatória (art.105, II, *b*, da CF)

b) **STF:** HD julgado em única instância por Tribunais Superiores, quando a decisão for denegatória (art. 102, II, *a*, da CF

5. Ação Popular

5.1. Conceito: é a ação constitucional promovida pelo cidadão com vistas a anular ato lesivo

a) ao patrimônio público ou de entidade de que o Estado participe

b) à moralidade administrativa

c) ao meio ambiente

d) ao patrimônio histórico e cultural

– Ficando o autor, salvo comprovada má-fé, isento de custas judiciais e do ônus da sucumbência

(art. 5º, LXXIII, da CF)

(Lei 4.717/1965 – LAP)

Obs.1: art. 1º da LAP trata das entidades protegidas

Obs.2: lesão à moralidade não requer lesividade material

Obs.3: não defende interesse individual, nem substitui ADI

5.2. Legitimidade

5.2.1. Ativa: cidadão

– aquele que está no gozo dos direitos políticos

– a prova da cidadania será feita com o título eleitoral (art. 1º, § 3º)

– não importa se o cidadão tem domicílio eleitoral em outra cidade (STJ, Resp 1.242.800)

– é facultado a qualquer cidadão habilitar-se como assistente ou litisconsorte do autor da ação popular; normalmente, tem-se um assistente litisconsorcial (STJ, AgRg 916.010)

– pessoa jurídica não tem legitimidade p/ AP (Súm. STF 365)

– MP pode aditar a petição inicial (STJ, AgRg no Aresp 12962)

– em caso de desistência ou absolvição de instância, qualquer cidadão ou o MP poderão prosseguir na ação (art. 9º)

5.2.2. Passiva: (art. 6º) (litisconsórcio passivo necessário)

a) autoridades, funcionários ou administradores que houverem autorizado, aprovado, ratificado ou praticado o ato impugnado ou que, por omissão, dado oportunidade à lesão

b) beneficiários do auto, se houver

c) pessoas jurídicas de direito público ou de direito privado, cujo ato seja objeto de impugnação

– Tais pessoas (item "c") serão citadas e terão três opções:

i) contestar o pedido

ii) abster-se de contestar o pedido

iii) atuar ao lado do autor

– Ente público pode ir para polo ativo a qualquer tempo (STJ)

– MP atuará como fiscal da lei, não podendo assumir a defesa do ato impugnado ou de seus autores

5.3. Competência (art. 5º)

– é competente para conhecer da ação, processá-la e julgá-la o juiz que, de acordo com a organização judiciária de cada Estado, o for para as causas que interessem à União, ao Distrito Federal, ao Estado ou ao Município

– a propositura da ação prevenirá a jurisdição do juízo para todas as ações que forem intentadas contra as mesmas partes e sob os mesmos fundamentos

– não há foro por prerrogativa de função na ação popular; até mesmo uma ação contra o Presidente da República será promovida em 1ª instância (STF, AO 859)

5.4. Objetos

a) anulação do ato lesivo (CF e art. 11 da LAP)

b) condenação ao pagamento de perdas e danos dos responsáveis e beneficiários (art. 11 da LAP)

c) restituição de bens ou valores (art. 14, § 4º, da LAP)

5.5. Liminar

– é cabível a suspensão liminar do ato lesivo (art. 5º, § 4º, da LAP)

5.6. Rito (art. 7º)

– Ordinário

– Mas o prazo para contestação é de **20 dias**, prorrogáveis por mais 20 dias, a requerimento do interessado, desde que devidamente justificado, nos termos da lei

5.7. Instrução probatória

– STJ entende que autor popular também não tem o dever de adiantamento de honorários periciais, por aplicação analógica da Lei 7.347/1985 (STJ, Resp 1.225.103)

5.8. Sentença (arts. 12 e ss.)

a) provimento: constitutivo negativo e condenatório

b) cumprimento:

– segundo o CPC

– decorridos 60 dias da sua publicação, representante do MP promoverá em 30 dias a sua execução

– as pessoas jurídicas protegidas podem promover a execução da sentença que lhes beneficiar, contra os demais réus, ainda que tenham defendido o ato impugnado (art. 17)

c) coisa julgada: (art. 18)

– procedência/improcedência: efeito *erga omnes*

– improcedência por falta de provas: qualquer cidadão poderá intentar outra ação idêntica, valendo-se de nova prova

5.9. Recursos

– **Embargos de declaração:**

– **Agravo:** decisões interlocutórias

– **Apelação:** da sentença; tem efeito suspensivo

– **Reexame Necessário:** carência ou improcedência da ação

– **Demais recursos**

5.10. Prescrição

– A ação popular prescreve em 5 anos

– Termo *a quo* costuma ser a publicação do ato lesivo

– Porém, segundo o STF, é imprescritível a pretensão de reparação do dano ao erário, em caso de ato ilícito

6. Ação Civil Pública

6.1. Conceito: *é a ação constitucional promovida pelo MP e demais legitimados previstos na lei com vistas a proteger interesses, bens e direitos a) difusos; b) coletivos; c) individuais homogêneos*

6.2. Previsão: art. 129, III, da CF; Lei 7.347/1985 (Lei de Ação Civil Pública – LACP); Lei 8.078/1990 (CDC) (art. 21 da Lei 7.347/1985); Lei 8.069/1990 (ECA); Estatuto do Idoso; dentre outras

6.3. Interesses protegidos: (art. 81, parágrafo único, CDC)

6.3.1. Difusos: *os transindividuais, de natureza indivisível, de que sejam titulares pessoas indeterminadas e ligadas por circunstâncias de fato* (indisponíveis)

– ex.: interesse de todos na despoluição de um rio

6.3.2. Coletivos: *os transindividuais, de natureza indivisível, de que seja titular grupo, categoria ou classe de pessoas ligadas entre si ou com a parte contrária por uma relação jurídica base* (disponíveis pelo grupo)

– ex.: interesse de todos servidores em conseguir aumento

6.3.3. Individuais homogêneos: *os decorrentes de origem comum* (disponível individualmente)

– ex.: vítimas de acidente aéreo

6.4. Legitimidade Ativa (arts. 5º LACP e 82 do CDC)

– Ministério Público

– União, Estados, Distrito Federal e Municípios

– Entidades da administração pública direta e indireta

– Defensoria Pública

– Órgãos da administração pública direta ou indireta, especificamente destinados à defesa dos interesses e direitos protegidos pelo CDC

– Associações legalmente constituídas há pelo menos 1 (um) ano (tempo) e que incluam entre seus fins sociais a defesa dos interesses e direitos a serem protegidos (pertinência), dispensada a autorização dos associados; o juiz pode dispensar o requisito temporal, se manifesto o interesse social

6.5. Ministério Público

6.5.1. Papéis

a) Legitimado ativo

b) Não sendo autor, atua necessariamente como fiscal da lei

6.5.2. Inquérito civil e requisição: privativos do MP; inquérito civil não é requisito para ingressar com ACP

6.5.3. Tese contra o Ministério Público

– Não pode defender interesse individual disponível (art. 127, *caput*, da CF, *a contrario sensu*); exceção: quando há interesse social envolvido (art. 127, *caput*, da CF), como em matéria de mensalidades escolares e saúde

6.6. Litisconsórcio ativo:

– Pode ser original ou ulterior, com a presença de qualquer legitimado

6.7. Competência (art. 2º da LACP)

– é a do local do **dano**, cuja competência é absoluta

– Individual homogêneo: se dano local, local do dano; se dano regional, capital do Estado; se nacional, DF (art. 93)

– não há foro por prerrogativa de função

– a propositura da ação prevenirá a jurisdição do juízo para ações que possuam mesma causa de pedir ou objeto

– em caso de procedência, a sentença fará coisa julgada *erga omnes*, nos limites da competência territorial do órgão prolator (art. 16 da LACP); a jurisprudência está encaminhando no sentido de que, como o Poder Judiciário é uno, a jurisdição produz efeitos em todo o território nacional, conforme entende, por ex., Nelson Nery Junior

6.8. Objetos

a) anulação do ato lesivo

b) condenação ao pagamento de perdas e danos, morais e materiais – cabe também qualquer tipo de provimento

c) qualquer tipo de provimento jurisdicional (art. 83 do CDC)

6.9. Liminar

– é cabível pedido de liminar (arts. 12 da LACP e 84 da CDC)

– Depende de prévia audiência do representante judicial da PJ de D. Público, no prazo de 72 hs (art. 2º da Lei 8.437/1992 – liminar cautelar; também vale para a tutela antecipada, conforme a Lei 9.494/1997)

6.10. Rito

– Aplica-se o CPC, subsidiariamente (art. 19)

- Aplica-se o disposto no Título III do CDC, no que for cabível (art. 21)

6.11. Sentença

a) **provimento:** constitutivo negativo, condenatório etc.

b) **cumprimento:**

– segundo o CPC

– decorridos 60 dias do trânsito em julgado, representante do MP promoverá a execução (art. 15)

c) **coisa julgada:** (art. 16)

– procedência/improcedência: efeito *erga omnes*

– improcedência por falta de provas: qualquer legitimado poderá intentar outra ação idêntica, valendo-se de nova prova

Obs: em caso de litigância de má-fé, a associação e os diretores responsáveis pela ação serão solidariamente condenados em honorários, décuplo das custas e perdas e danos

6.12. Recursos

– **Embargos de declaração:**

– **Agravo:** decisões interlocutórias

– **Apelação:** da sentença; tem efeito devolutivo, como regra

– **Reexame Necessário:** conforme CPC

– **Demais recursos**

6.13. Prescrição
– Conforme a matéria envolvida
– Imprescritível: dano ao erário causado por ato ilícito e dano ambiental

6.14. Coisa julgada (art. 103 do CDC)

6.14.1. Difusos:
– Procedência: *erga omnes*
– Improcedência: *erga omnes*

6.14.2. Coletivos:
– Procedência: *ultra partes*, limitada a grupo, categoria, classe
– Improcedência: *ultra partes*

6.14.3. Individuais homogêneos:
– Procedência: *erga omnes*, para beneficiar, salvo se vítima, ciente da ação coletiva, continuou com ação individual
– Improcedência: sem eficácia *erga omnes*

Obs.: improcedência p/ falta de provas não gera *erga omnes*

6.15. Execução – individual homogêneo (art. 103 do CDC)
– Haverá condenação genérica
– Liquidação e execução poderão ser pedidos tanto pela vítima/sucessores, como pelos legitimados para a ACP (estes devem tentar particularizar situação do substituído – STJ – EResp 1.103.434)
– No primeiro caso, a competência para execução é tanto do juízo da ação condenatória, como do juízo da liquidação; no segundo, competência é do juízo da ação condenatória

6.16. Destinação das condenações em dinheiro
– Não havendo interesse individual a ser satisfeito, valores reverterão para o fundo de interesses difusos (art. 13 da LACP)

17.9. QUESTÕES COMENTADAS

17.9.1. Controle do legislativo e do Tribunal de Contas

(DPE/PE – 2015 – CESPE) No que se refere ao controle da administração pública, julgue o seguinte item.

(1) Por ser um órgão constitucional autônomo, a DP não está sujeita a controle interno de suas funções administrativas.

1: incorreta, pois todos os entes públicos estão sujeitos ao controle interno (art. 74, *caput*, da CF).
Gabarito 1E

(OAB/Exame Unificado – 2015.1) O Estado X está ampliando a sua rede de esgotamento sanitário. Para tanto, celebrou contrato de obra com a empresa "Enge-X-Sane", no valor de R$ 50.000.000,00 (cinquenta milhões de reais). A fim de permitir a conclusão das obras, com a extensão da rede de esgotamento a quatro comunidades carentes, o Estado celebrou termo aditivo com a referida empresa, no valor de R$ 10.000.000,00 (dez milhões de reais), custeados com recursos transferidos pela União, mediante convênio, elevando, assim, o valor total do contrato para R$ 60.000.000,00 (sessenta milhões de reais).
Considerando que foram formuladas denúncias de sobrepreço ao Tribunal de Contas da União, assinale a afirmativa correta.

(A) O Tribunal de Contas da União não tem competência para apurar eventual irregularidade, uma vez que se trata de obra pública estadual, devendo o interessado formular denúncia ao Tribunal de Contas do Estado.

(B) O Tribunal de Contas da União não tem competência para apurar eventual irregularidade, mas pode, de ofício, remeter os elementos da denúncia para o Tribunal de Contas do Estado.

(C) O Tribunal de Contas da União é competente para fiscalizar a obra e pode determinar, diante de irregularidades, a imediata sustação da execução do contrato impugnado.

(D) O Tribunal de Contas da União é competente para fiscalizar a obra e pode indicar prazo para que o órgão ou a entidade adote as providências necessárias ao exato cumprimento da lei, se verificada ilegalidade.

A: incorreta, pois havendo recurso federal o TCU tem competência (art. 71, VI, da CF); **B:** incorreta, pois essa competência existe nos termos do art. 71, IX, da CF; **C:** incorreta, pois a sustação de *contratos* administrativos (não de meros *atos* administrativos) só pode ser feita pelo Legislativo (art. 71, § 1º, da CF); **D:** correta, pois Segundo o parágrafo único do art. 70 da CF, "Prestará contas qualquer pessoa física ou jurídica, pública ou privada, que utilize, arrecade, guarde, gerencie ou administre dinheiros, bens e valores públicos ou pelos quais a União responda, ou que, em nome desta, assuma obrigações de natureza pecuniária". Ademais, o art. 71, VI, da CF dispõe que compete ao Tribunal de Contas da União, "fiscalizar a aplicação de quaisquer recursos repassados pela União mediante convênio, acordo, ajuste ou outros instrumentos congêneres, a Estado, ao Distrito Federal ou a Município". Não bastasse o art. 71, IX, da CF faculta ao Tribunal de Contas da União "assinar prazo para que o órgão ou entidade adote as providências necessárias ao exato cumprimento da lei, se verificada ilegalidade". Assim, não só cabe ao TCU fiscalizar

o contrato (pois há recursos federais envolvidos), como também cabe determinar providências ao exato cumprimento da lei em caso de ilegalidade.
Gabarito "D".

(OAB/Exame Unificado – 2014.3) A ONG "Festivus", uma associação de caráter assistencial, qualificada como Organização da Sociedade Civil de Interesse Público (OSCIP), celebrou Termo de Parceria com a União e dela recebeu R$ 150.000,00 (cento e cinquenta mil reais) para execução de atividades de interesse público. Uma revista de circulação nacional, entretanto, divulgou denúncias de desvio de recursos e de utilização da associação como forma de fraude.
Com base na hipótese apresentada, considerando a disciplina constitucional e legal, assinale a afirmativa correta.
(A) O Tribunal de Contas da União não tem competência para apurar eventual irregularidade, uma vez que se trata de pessoa jurídica de direito privado, não integrante da Administração Pública.
(B) O Tribunal de Contas da União tem competência para apurar eventual irregularidade praticada pela OSCIP, por se tratar de pessoa jurídica integrante da administração indireta federal.
(C) O Tribunal de Contas da União tem competência para apurar eventual irregularidade praticada pela OSCIP, por se tratar de recursos públicos federais.
(D) O controle exercido sobre a utilização dos recursos repassados à OSCIP é realizado apenas pela própria Administração e pelo Ministério Público Federal.

Segundo o parágrafo único do art. 70 da CF, "Prestará contas qualquer pessoa física ou jurídica, pública ou privada, que utilize, arrecade, guarde, gerencie ou administre dinheiros, bens e valores públicos ou pelos quais a União responda, ou que, em nome desta, assuma obrigações de natureza pecuniária". Ademais, o art. 71, II, da CF dispõe que compete ao Tribunal de Contas da União, julgar as contas dos responsáveis por dinheiros, bens e valores advindos da Administração Pública. Nesse sentido, como a OSCIP recebeu dinheiro público para aplicá-lo em atividade de interesse público, esse dinheiro permanece público até a sua aplicação e, havendo desvio ou fraude no seu uso, caberá ao Tribunal de Contas apurar as irregularidades respectivas. A alternativa correta é a "C".
Gabarito "C".

(Analista – TRT/9ª – 2010 – FCC) No que diz respeito ao *controle da Administração*, é CORRETO afirmar:
(A) Controle administrativo é o poder de fiscalização e correção que a Administração Pública exerce sobre sua própria atuação, assim ocorrendo apenas mediante provocação do administrado.
(B) O controle legislativo é exercido, no âmbito estadual, pela Assembleia Legislativa, vedada a instituição de Comissão Parlamentar de Inquérito.
(C) O mandado de injunção tem recebido nova interpretação constitucional, não se limitando à declaração da existência da mora legislativa para a edição da norma regulamentadora, admitindo-se ao Judiciário assegurar, concretamente, o exercício do direito individualizado pela falta da norma.
(D) A Constituição atribuiu à CPI poderes de investigação, como convocar e obrigar testemunhas a comparecerem para depor e ordenar a quebra de sigilo bancário, fiscal e telefônico, esta última (quebra do sigilo telefônico) sujeita à prévia autorização judicial.
(E) É cabível mandado de segurança contra atos de gestão comercial praticados pelos administradores de empresas públicas, de sociedades de economia mista e de concessionárias de serviço público.

A: incorreta, pois o controle administrativo interno deve se dar de modo permanente e de ofício pela própria Administração; **B:** incorreta, pois as CPIs também podem ser instaladas nas esferas estadual e municipal; **C:** correta, pois, atualmente, o STF vem adotando posição concretista; um exemplo disso foi o que aconteceu com relação à greve e à aposentadoria especial dos servidores públicos; em vez de simplesmente declarar a mora legislativa, o STF, nos mandados de injunção relativos a esses dois casos, resolveu dizer que os direitos poderiam ser aplicados imediatamente, adotando-se como regulamentação as leis que tratam desses institutos para os trabalhadores da esfera privada, até que sobrevenha uma lei específica para esses dois casos: **D:** incorreta, pois a quebra de sigilo, desde que devidamente motivada, pode ser feita por uma CPI, que tem poderes instrutórios de uma autoridade judiciária; **E:** incorreta, pois tais atos não são considerados atos de autoridade para fins de cabimento de mandado de segurança.
Gabarito "C".

(Analista – TRT/14ª – 2011 – FCC) O controle legislativo da Administração é
(A) exercido sempre mediante provocação do cidadão ou legitimado devendo ser submetido previamente ao Judiciário para fins de questões referentes à legalidade.
(B) próprio do Poder Público, visto seu caráter técnico e, subsidiariamente, político, com abrangência em todas as situações e sem limites de qualquer natureza legal.
(C) um controle externo e político, motivo pelo qual pode-se controlar os aspectos relativos à legalidade e à conveniência pública dos atos do Poder Executivo que estejam sendo controlados.
(D) sempre um controle subsequente ou corretivo, mas restrito à conveniência e oportunidade dos atos do Poder Executivo objetos desse controle e de efeitos futuros.
(E) exercido pelos órgãos legislativos superiores sobre quaisquer atos praticados pelo Poder Executivo, mas vedado o referido controle por parte das comissões parlamentares.

A: incorreta, pois o Legislativo tem independência para realizar esse controle, previsto na Constituição Federal (arts. 70 e 71); **B:** incorreta, pois, se o controle é legislativo, ele é da competência do Legislativo, que, diga-se de passagem, recebe o auxílio dos Tribunais de Contas (art. 71 da CF); **C:** correta, conforme o disposto no art. 70 da CF; **D:** incorreta, pois o controle legislativo controla a *legalidade* (além da legitimidade e da economicidade), sendo incorreto dizer que é um controle só de mérito, ou seja, de aspectos de conveniência e oportunidade; **E:** incorreta, pois não é qualquer ato do Executivo que está sujeito a controle; há questões de mérito administrativo que não podem ser controladas pelo Legislativo.
Gabarito "C".

(Auditor Fiscal da Receita Federal – 2010 – ESAF) Não se inclui na competência do Tribunal de Contas da União, determinada pela Constituição Federal, enquanto órgão auxiliar do Congresso Nacional na realização do controle externo da administração pública federal:

(A) julgar as contas dos administradores e demais responsáveis por dinheiros, bens e valores públicos da administração direta e indireta.
(B) julgar as contas daqueles que derem causa a perda, extravio ou outra irregularidade de que resulte prejuízo ao erário público.
(C) fiscalizar a aplicação de quaisquer recursos repassados pela União mediante convênio, acordo, ajuste ou outros instrumentos congêneres, a Estado, ao Distrito Federal ou a Município.
(D) revogar os atos administrativos em que se constate ilegalidade de que resulte prejuízo ao erário, comunicando a decisão à Câmara dos Deputados e ao Senado Federal.
(E) aplicar aos responsáveis, em caso de ilegalidade de despesa ou irregularidade de contas, as sanções previstas em lei, que estabelecerá, entre outras cominações, multa proporcional ao dano causado ao erário.

A: assertiva correta (art. 71, II, da CF); **B:** assertiva correta (art. 71, II, parte final, da CF); **C:** assertiva correta (art. 71, VI, da CF); **D:** assertiva incorreta, pois o máximo que o TCU pode fazer é *sustar a execução* de atos impugnados (art. 71, X, da CF); **E:** assertiva correta (art. 71, VIII, da CF).
Gabarito "D"

17.9.2. Controle pelo Judiciário

(Magistratura/RR – 2015 – FCC) Acerca da prescrição nas relações envolvendo a Administração pública, o Decreto 20.910, de 6 de janeiro de 1932 estatui:
"Art. 1º As dívidas passivas da União, dos Estados e dos Municípios, bem assim todo e qualquer direito ou ação contra a Fazenda federal, estadual ou municipal, seja qual for a sua natureza, prescrevem em cinco anos contados da data do ato ou fato do qual se originarem."
Considerando-se que tal disposição veio a ser complementada pela edição de outros dispositivos legais acerca do assunto, é correto afirmar que a norma ali veiculada
(A) não foi recepcionada pela Constituição Federal de 1988, uma vez que norma veiculada por ato do Poder Executivo não possui força legal.
(B) não se aplica aos entes da Administração Indireta que se dedicam ao desempenho de atividade econômica em sentido estrito, nas relações que estabelecem no exercício de tais atividades.
(C) é aplicável somente às relações entre a Administração pública e os servidores públicos, sendo que nas relações jurídicas envolvendo particulares, aplicam-se as normas sobre prescrição do Código Civil de 2002, que derrogou parcialmente tal diploma.
(D) não é aplicável aos entes autárquicos e fundacionais, visto que não mencionados no texto normativo.
(E) permite que a Administração pública adquira, por usucapião, bem de propriedade de particular, desde que o apossamento administrativo se dê por prazo igual ou superior a cinco anos.

A: incorreta, pois, à época, esse tipo de decreto tinha força de lei, daí porque foi recepcionado; **B:** correta, pois os entes citados não podem ser considerados "Fazenda Pública", expressão que diz respeito aos entes de natureza pública; **C:** incorreta, pois essa norma vale tanto para pretensões de servidores em relação ao Poder Público, como para pretensões de particulares para o mesmo Poder, o que se observa pelo texto, que é claro ao dispor que a regra abarca "todo e qualquer direito ou ação contra a Fazenda"; **D:** incorreta, pois os entes citados (autarquias e fundações) podem ser considerados "Fazenda Pública", expressão que diz respeito aos entes de natureza pública; **E:** incorreta, pois quando o Poder Público invade uma área particular e a ela dá uma finalidade pública (apossamento administrativo) há aquisição imediata da propriedade, não sendo necessário o transcurso do prazo de 5 anos, tratando-se da chamada desapropriação indireta, cabendo ao particular apenas ingressar com uma ação indenizatória em face do Poder Público.
Gabarito "B"

(Magistratura/SC – 2015 – FCC) A Constituição Federal, no art. 37, § 5º, assim dispõe: "A lei estabelecerá os prazos de prescrição para ilícitos praticados por qualquer agente, servidor ou não, que causem prejuízos ao erário, ressalvadas as respectivas ações de ressarcimento". Em julgamento de 2 de agosto de 2013, o Plenário do Supremo Tribunal Federal, ao apreciar o recurso extraordinário 669.069, admitiu sua repercussão geral, afirmando: "Apresenta repercussão geral o recurso extraordinário no qual se discute o alcance da imprescritibilidade da pretensão de ressarcimento ao erário prevista no artigo 37, § 5º, da Constituição Federal". Assim decidindo, o Tribunal reconheceu
(A) não haver imprescritibilidade das ações judiciais que visem a reparar prejuízos ao erário.
(B) haver a imprescritibilidade apenas das ações de improbidade administrativa que visem ao ressarcimento ao erário.
(C) haver a imprescritibilidade de quaisquer ações judiciais que visem ao ressarcimento ao erário.
(D) que a imprescritibilidade das ações judiciais que visem ao ressarcimento ao erário tem efeitos *erga omnes*, não atingindo apenas os servidores públicos.
(E) haver divergência relevante sobre a interpretação do dispositivo constitucional em questão, quanto ao alcance da imprescritibilidade das ações judiciais que visem a reparar prejuízos ao erário.

A a D: incorretas, pois o STF apenas reconheceu que há divergência relevante sobre a interpretação desse dispositivo, ou seja, quanto a prescritibilidade ou não das ações de ressarcimento quando houver dano ao erário, determinando que a questão fosse julgada definitivamente pelo Excelso Pretório, sem que a decisão mencionada tivesse entrado no mérito da questão; **E:** correta, pois o STF apenas reconheceu que há a divergência mencionada, justificando que a questão fosse julgada definitivamente pelo Excelso Pretório, sem que a decisão mencionada tivesse entrado no mérito da questão.
Gabarito "E"

(Juiz de Direito/MG – 2014) O direito brasileiro adota o sistema da unidade de jurisdição. Assinale a alternativa que apresenta a definição CORRETA da competência do judiciário brasileiro, quando provocado, no exame do controle dos atos da administração pública.
(A) Em razão do princípio constitucional que orienta que "a lei não excluirá da apreciação do Poder Judiciário lesão ou ameaça a direito" (Art. 5º, XXXV da CF/1988), poderá o juiz examinar, além do aspecto legal do ato, também o mérito administrativo, sem que isso importe em ofensa à independência dos poderes.
(B) No exercício do controle jurisdicional do ato administrativo, o juiz deve analisar os critérios de conveniência e oportunidade na sua realização.

(C) No controle jurisdicional do ato administrativo, deve o juiz, além de examinar a motivação e a finalidade, decidir sobre o mérito administrativo.
(D) O controle judicial dos atos da administração pública é exclusivamente o da legalidade, não podendo o juiz, em qualquer hipótese, adentrar o mérito administrativo, apreciando a conveniência e oportunidade do ato.

A a C: incorretas, pois o juiz só pode apreciar a legalidade, a razoabilidade e a moralidade do ato administrativo, sendo que a margem de liberdade que sobrar após essa apreciação (o mérito, ou a conveniência ou oportunidade) é intangível; **D:** correta, valendo salientar que a alternativa traz a expressão legalidade em sentido amplo, abrangendo o respeito à legalidade em sentido estrito e também à razoabilidade e à moralidade.
Gabarito "D".

(Procurador/DF – 2013 – CESPE) Com referência ao controle jurisdicional, julgue o item abaixo.
(1) *O habeas corpus* é remédio cabível para o controle jurisdicional de ato da administração; contudo, salvo os pressupostos de legalidade, o referido remédio não será cabível em relação a punições disciplinares militares.

1: certa (art. 142, § 2º, da CF).
Gabarito 1C

(Analista – TRT/6ª – 2012 – FCC) Um dos instrumentos existentes para o exercício do controle judicial da atividade administrativa é a ação popular, sendo correto afirmar que
(A) determina a integração obrigatória, no polo passivo da lide, da pessoa jurídica de direito público da qual emanou o ato impugnado.
(B) determina a integração obrigatória, no polo ativo da lide, da pessoa de direito público da qual emanou o ato impugnado.
(C) pressupõe a comprovação da lesão ao patrimônio público, não sendo suficiente a lesão à moralidade administrativa.
(D) somente pode ser intentada por cidadão no gozo dos direitos políticos.
(E) pode ser intentada por qualquer cidadão brasileiro, nato ou naturalizado, e pelo Ministério Público.

A: incorreta, pois a pessoa jurídica cujo ato seja objeto de impugnação poderá abster-se de contestar o pedido (ou seja, não se integrar ao polo passivo da lide) ou poderá atuar ao lado do autor (ou seja, integrar-se ao polo ativo da lide), nos termos do art. 6º § 3º, da Lei 4.717/1965; **B:** incorreta, pois a pessoa jurídica poderá ficar no polo passivo (polo da qual, a princípio, constará – art. 6º, *caput*, da Lei 4.717/1965), poderá se abster de integrar da lide e, como terceira opção, poderá integrar o polo ativo da lide (art. 6º, *caput*, da Lei 4.717/1965); **C:** incorreta, pois cabe ação popular em quatro casos (lesão ao patrimônio público, à moralidade administrativa, ao meio ambiente e ao patrimônio histórico e cultural), cada caso suficiente por si só para que ingresse com ação popular (art. 5º, LXXIII, da CF); **D:** correta (art. 1º, *caput* e § 3º, da Lei 4.717/1965); **E:** incorreta, pois só pode ser intentada por cidadão com gozo dos direitos políticos, não podendo ser intentada pelo Ministério Público.
Gabarito "D".

(Analista – TRE/AC – 2010 – FCC) O mandado de segurança, como instrumento de controle judicial da Administração, tem cabimento, dentre outras hipóteses, contra
(A) coisa julgada, pois é remédio constitucional para assegurar direito líquido e certo.
(B) lei em tese, inclusive decretos, regulamentos, instruções normativas ou atos equivalentes.
(C) ato de que caiba recurso administrativo com efeito suspensivo, mesmo que o interessado o tenha interposto.
(D) atos ou condutas ilegais atribuídas ao Poder Público ou a agentes de pessoas jurídicas privadas, no exercício de função delegada.
(E) atos *interna corporis*, em qualquer hipótese, porque nenhuma lesão ou ameaça a direito pode ser subtraída da apreciação do Poder Judiciário.

A: incorreta (art. 5º, III, da Lei 12.016/2009); **B:** incorreta (Súmula 266 do STF); **C:** incorreta (art. 5º, I, da Lei 12.016/2009); **D:** correta (art. 1º, § 1º, parte final, da Lei 12.016/2009); **E:** incorreta, pois os atos *interna corporis*, que são aqueles que dizem respeito à mera regulamentação interna de certos órgãos, não são, como regra, passíveis de qualquer controle pelo Judiciário, inclusive o controle por mandado de segurança.
Gabarito "D".